A CRIANÇA
em Desenvolvimento

B414c Bee, Helen.
A criança em desenvolvimento / Helen Bee, Denise Boyd ; tradução: Cristina Monteiro ; revisão técnica: Antonio Carlos Amador Pereira. – 12. ed. – Porto Alegre : Artmed, 2011.
568 p. : il. color. ; 28 cm.

ISBN 978-85-363-2525-5

1. Psicologia do desenvolvimento – Criança. 2. Psicologia infantil. I. Boyd, Denise. II. Título.

CDU 159.922.7

Catalogação na publicação: Ana Paula M. Magnus – CRB 10/2052

HELEN BEE
DENISE BOYD
Houston Community College

A CRIANÇA
em Desenvolvimento
12ª Edição

Tradução:
Cristina Monteiro

Consultoria, supervisão e revisão técnica desta edição:
Antonio Carlos Amador Pereira
Professor no Departamento de Psicologia do Desenvolvimento
da Faculdade de Ciências Humanas e da Saúde da PUC-SP

2011

Obra originalmente publicada sob o título *The Developing Child*, 12th Edition
ISBN 978-0-205-68593-6

Authorized translation from the English language edition, entitled DEVELOPING CHILD,THE, 12th Edition by HELEN BEE; DENISE BOYD, published by Pearson Education, Inc., publishing as Allyn & Bacon, © 2010. All rights reserved. No part of this book may be reproduced or transmitted in any form or by any means, electronic or mechanical, including photocopying, recording or by any information storage retrieval system, without permission from Pearson Education,Inc.

Portuguese language edition published by Artmed Editora SA, © 2011

Tradução autorizada a partir do original em língua inglesa da obra intitulada DEVELOPING CHILD,THE, 12ª Edição, autoria de HELEN BEE; DENISE BOYD, publicado por Pearson Education, Inc., sob o selo Allyn & Bacon, © 2010. Todos os direitos reservados. Este livro não poderá ser reproduzido nem em parte nem na íntegra, nem ter partes ou sua íntegra armazenado em qualquer meio, seja mecânico ou eletrônico, inclusive fotorreprográfico, sem permissão da Pearson Education,Inc.

A edição em língua portuguesa desta obra é publicada por Artmed Editora SA, © 2011

Capa: *Mário Röhnelt*

Preparação de original: *Marcos Vinícius Martim da Silva*

Leitura final: *Lara Frichenbruder Kengeriski/Cristine Henderson Severo*

Editora sênior – Saúde mental: *Mônica Ballejo Canto*

Editora responsável por esta obra: *Lívia Allgayer Freitag*

Projeto e editoração: *Techbooks*

Reservados todos os direitos de publicação, em língua portuguesa, à
ARTMED® EDITORA S.A.
Av. Jerônimo de Ornelas, 670 – Santana
90040-340 Porto Alegre RS
Fone (51) 3027-7000 Fax (51) 3027-7070

É proibida a duplicação ou reprodução deste volume, no todo ou em parte, sob quaisquer formas ou por quaisquer meios (eletrônico, mecânico, gravação, fotocópia, distribuição na Web e outros), sem permissão expressa da Editora.

SÃO PAULO
Av. Embaixador Macedo Soares, 10.735 – Pavilhão 5 – Cond. Espace Center
Vila Anastácio 05095-035 São Paulo SP
Fone (11) 3665-1100 Fax (11) 3667-1333

SAC 0800 703-3444

IMPRESSO NO BRASIL
PRINTED IN BRAZIL

Agradecimentos

Agradeço às pessoas maravilhosas na Allyn & Bacon que participaram no desenvolvimento e finalização deste projeto, incluindo Christina Lembo e Patrick Cash-Peterson. Além disso, sou grata a todos os revisores que se dispuseram a comentar sobre esta edição e edições anteriores de *A criança em desenvolvimento*. As seguintes pessoas forneceram *feedback* inestimável através de suas revisões para a décima segunda edição:

Elizabeth M. Blunk, Texas State University
Megan E. Bradley, Frostburg State College
Richard Cavasina, California University of Pennsylvania
Emily Doolittle, George Washington University
Joann Farver, University of Southern California
Janet Gebelt, Westfield State College
Myra Heinrich, Mesa State College
Wendy Jordanov, Tennessee State University
Amanda Nolen, University of Arkansas at Little Rock
Brady J. Phelps, South Dakota State University
June Rosenberg, Lyndon State College
Diane Serafin, Luzerne County Community College
Delar K. Singh, Eastern Connecticut State University
Monica Sylvia, Le Moyne College
Gordon Lee Whitman, Tidewater Community College

Agradeço também às seguintes pessoas que forneceram críticas e comentários atenciosos sobre edições e esboços anteriores:

Steven H. Baron, Montgomery County Community College
Janette B. Benson, University of Denver
Marvin W. Berkowitz, Marquette University
Katherine Black, University of Hartford
Elizabeth M. Blunk, Texas State University
Megan E. Bradley, Frostburg State University
Peter J. Byrne, Maria College
Tsu-Ming Chiang, Georgia College and State University
Saundra K. Ciccarelli, Gulf Coast Community College
Joan Cook, County College of Morris
Rita M. Curl, Minot State University
Wallace E. Dixon, Jr., Heidelberg College
Emily Doolittle, George Washington University
Jerome Dusek, Syracuse University
Cynthia Erdley, University of Maine
Donna Frick-Horbury, Appalachian State University
Gloria Gartner, Lakeland Community College
Janet Gebelt, Westfield State College
Betty K. Hathaway, University of Arkansas at Little Rock
Celia B. Hilber, Jacksonville State University
Patricia A. Jarvis, Illinois State University
Wendy Jordanov, Tennessee State University
Janice H. Kennedy, Georgia Southern University

Kee Jeong Kim, Virginia Technical University
Pamela Ludemann, Framingham State College
Philip J. Mohan, University of Idaho
Terese Morrow, Illinois Central College
Brady J. Phelps, South Dakota State University
Jane A. Rysberg, California State University
Donald Sanzotta, Cayuga Community College
Jane P. Sheldon, University of Michigan-Dearborn
Delar K. Singh, Eastern Connecticut State University
Nancy White, Youngstown State University
Gordon Lee Whitman, Tidewater Community College
Ric Wynn, County College of Morris
Sheri D. Young, John Carroll University

Sumário

Destaques 17

Aos Estudantes 19

Aos Profissionais 21

Parte I Introdução

Capítulo 1 Questões Básicas no Estudo do Desenvolvimento 25

Questões no estudo do desenvolvimento 26
- Duas questões fundamentais 26
- Influências no desenvolvimento 28
- A perspectiva ecológica 32
- Vulnerabilidade e resiliência 33
- Três tipos de mudança 34

Teorias do desenvolvimento 35
- Teorias psicanalíticas 35
- Teorias cognitivas 37
- Teorias da aprendizagem 39

Ciência do desenvolvimento no mundo real Ajudando crianças que têm medo de ir para a escola 40
- Comparando teorias 42

Encontrando as respostas: modelos e métodos de pesquisa 44
- As metas da ciência do desenvolvimento 44
- Estudando mudanças relacionadas à idade 45
- Métodos descritivos 46
- Métodos experimentais 47

Reflexão sobre a pesquisa Respondendo a relatos da mídia da pesquisa 49
- Pesquisa intercultural 50
- Ética da pesquisa 50

Pensamento crítico 52

Conduza sua própria pesquisa 52

Resumo 52

Termos-chave 53

Parte II — O Princípio da Vida

Capítulo 2 Desenvolvimento Pré-natal 54

Concepção e genética 55
    O processo da concepção 55
    Reflexão sobre a pesquisa Tecnologia reprodutiva assistida 56
    Genótipos, fenótipos e padrões de herança genética 58

Desenvolvimento da concepção ao nascimento 60
    Os estágios de desenvolvimento pré-natal 61
    Diferenças de sexo no desenvolvimento pré-natal 65
    Comportamento pré-natal 66

Problemas no desenvolvimento pré-natal 68
    Transtornos genéticos 68
    Ciência do desenvolvimento no mundo real Avaliação e tratamento fetal 70
    Erros cromossômicos 71
    Teratógenos: doenças maternas 71
    Teratógenos: drogas 74
    Outros teratógenos e fatores maternos 77

Pensamento crítico 80
Conduza sua própria pesquisa 80
Resumo 81
Termos-chave 82

Capítulo 3 Nascimento e Primeira Infância 83

Nascimento 84
    Escolhas de nascimento 85
    O processo de nascimento 86
    Baixo peso ao nascer 90

Comportamento na primeira infância 92
    Reflexos e estados comportamentais 92
    Reflexão sobre a pesquisa Variações nos choros dos bebês 96
    Capacidades motoras, sensoriais e perceptuais 97
    Aprendizagem 98
    Temperamento e habilidades sociais 100

Saúde e bem-estar na primeira infância 102
    Nutrição, cuidados de saúde e vacinações 102
    Ciência do desenvolvimento no mundo real Peito ou mamadeira? 103
    Doenças 103
    Mortalidade infantil 105

Pensamento crítico 107
Conduza sua própria pesquisa 107
Resumo 107
Termos-chave 108

Parte III   A Criança Física

Capítulo 4   Desenvolvimento Físico   109

O cérebro e o sistema nervoso   111
  Surtos de crescimento   111
  Desenvolvimento sináptico   112
  Mielinização   114
  Lateralização   115

Tamanho, forma e habilidades   117
  Crescimento   117
  Ossos, músculos e gordura   119
  Usando o corpo   120

Os sistemas endócrino e reprodutivo   121
  Hormônios   122
  Sequência de mudanças em meninas e meninos   124
  O momento da puberdade   125

Comportamento sexual na adolescência   126
  Prevalência e prognosticadores de comportamento sexual   127
  Doenças sexualmente transmissíveis   128
  Gravidez adolescente   129
  Jovens de minoria sexual   130

Saúde e bem-estar   132
  Saúde na infância   132
  Ciência do desenvolvimento no mundo real Uma boa noite de sono para as crianças (e para os pais!)   133
  Reflexão sobre a pesquisa Causas e consequências de abuso e negligência da criança   134
  Ganho excessivo de peso   135
  Pobreza e saúde das crianças   137
  Comportamento arriscado na adolescência   139
  Mortalidade   141

Pensamento crítico   142
Conduza sua própria pesquisa   142
Resumo   142
Termos-chave   144

Capítulo 5   Desenvolvimento Perceptual   145

Reflexão sobre o desenvolvimento perceptual   146
  Formas de estudar as primeiras habilidades perceptuais   146
  Explicações do desenvolvimento perceptual   147

Habilidades sensoriais   149
  Visão   149
  Audição e outros sentidos   150

Habilidades perceptuais   152
  Olhar   152
  Reflexão sobre a pesquisa Estudos de Langlois sobre as preferências dos bebês por rostos atraentes   154
  Escutar   155

Combinando informações de diversos sentidos 156
Ignorando informação perceptual 157

O conceito de objeto 158
Percepção do objeto 158
Permanência do objeto 160

Percepção de sinais sociais 161
Discriminação precoce de expressões emocionais 161
Ciência do desenvolvimento no mundo real **Respostas do bebê à depressão materna** 162
Comunalidade e variações entre culturas 163

Pensamento crítico 163

Conduza sua própria pesquisa 164

Resumo 164

Termos-chave 165

Parte IV — A Criança Pensante

Capítulo 6 — Desenvolvimento Cognitivo I: Estrutura e Processo 166

As ideias básicas de Piaget 167
Esquemas 168
Adaptação 169
Causas do desenvolvimento cognitivo 170

Infância 171
A visão de Piaget do período sensório-motor 171
Desafios à visão da infância de Piaget 172

Os anos pré-escolares 174
A visão de Piaget sobre o estágio pré-operacional 174
Desafios à visão de Piaget da primeira infância 175
Teorias da mente 177
Falsa crença e teoria da mente entre culturas 179
Teorias alternativas do pensamento da primeira infância 180

A criança em idade escolar 182
A visão de Piaget sobre as operações concretas 182
Abordagens diferentes ao pensamento operacional concreto 184

Adolescência 185
A visão de Piaget sobre as operações formais 186
Trabalho pós-piagetiano sobre o pensamento adolescente 188
Reflexão sobre a pesquisa **O egocentrismo adolescente de Elkind** 189

Desenvolvimento de habilidades de processamento de informação 190
Ciência do desenvolvimento no mundo real **Perguntas capciosas e a memória das crianças** 191
Mudanças na capacidade e na eficiência de processamento 191
Estratégias de memória 192
Metamemória e metacognição 195
Expertise 196

Pensamento crítico 197

Conduza sua própria pesquisa 197

Resumo 198

Termos-chave 199

Capítulo 7 Desenvolvimento Cognitivo II: Diferenças Individuais nas Capacidades Cognitivas 200

Medindo o poder intelectual 201
    Os primeiros testes de QI 201
    Reflexão sobre a pesquisa O efeito Flynn 203
    Testes modernos de QI 203
    Estabilidade dos escores 206
    O que os escores de QI predizem 207

Explicando diferenças individuais nos escores de QI 208
    Estudos de gêmeos e de adoção 208
    Características familiares e escores de QI 210
    Intervenções precoces e escores de QI 212
    Interações entre hereditariedade e ambiente 214

Explicando diferenças de grupo nos escores de teste de QI ou de realização 215
    Diferenças étnicas 215
    Ciência do desenvolvimento no mundo real A ameaça do estereótipo 216
    Diferenças interculturais 217
    Diferenças de sexo 219

Buscando visões alternativas da inteligência 220
    Teoria do processamento de informação 220
    Teoria triárquica da inteligência de Sternberg 222
    Inteligências múltiplas de Gardner 223
    Criatividade 224

Pensamento crítico 224

Conduza sua própria pesquisa 225

Resumo 225

Termos-chave 226

Capítulo 8 Desenvolvimento da Linguagem 227

Antes da primeira palavra: a fase pré-linguística 228
    Primeiros sons e gestos 229
    Reflexão sobre a pesquisa Linguagem de sinais e gestos em crianças surdas 230
    Linguagem receptiva 230

Aprendendo palavras e significados de palavras 231
    As primeiras palavras 231
    Aprendizagem posterior de palavras 233
    Restrições à aprendizagem de palavras 234

Aprendendo as regras: o desenvolvimento da gramática e da pragmática 235
    Holofrases e primeiras frases 235
    A explosão da gramática 236
    Aprendizagem posterior da gramática 238
    Pragmática 238

Explicando o desenvolvimento da linguagem 239
    Teorias ambientais 240
    Teorias nativistas 241
    Teorias construtivistas 242

Diferenças individuais e de grupo no desenvolvimento da linguagem 243
    Diferenças na taxa 243
    Diferenças interculturais no desenvolvimento da linguagem 244

Aprendendo a ler e a escrever   245
    Fundamentos básicos: a consciência fonológica   246
    Alfabetização na escola   247
    Aprendendo uma segunda língua   248
    Ciência do desenvolvimento no mundo real Uma língua ou duas?   249
Pensamento crítico   250
Conduza sua própria pesquisa   250
Resumo   251
Termos-chave   252

Parte V   A Criança Social

Capítulo 9   Desenvolvimento da Personalidade: Visões Alternativas   253

Definindo personalidade   254
    Temperamento   255
    Ciência do desenvolvimento no mundo real Temperamento intempestivo em uma turma de crianças pequenas   255
    Os Cinco Grandes   257
Explicações genéticas e biológicas da personalidade   260
    O argumento biológico   260
    Crítica das teorias biológicas   263
Explicações da personalidade na perspectiva da aprendizagem   263
    O argumento da aprendizagem   263
    Crítica dos modelos de aprendizagem   265
    Reflexão sobre a pesquisa Lócus de controle e saúde do adolescente   267
Explicações psicanalíticas da personalidade   267
    O argumento psicanalítico   268
    Estágios psicossexuais de Freud   269
    Estágios psicossociais de Erikson   270
    Evidência e aplicações   272
    Crítica sobre as teorias psicanalíticas   273
Uma possível síntese   274
Pensamento crítico   276
Conduza sua própria pesquisa   276
Resumo   276
Termos-chave   278

Capítulo 10   Conceitos de *Self*, Gênero e Papéis Sexuais   279

O conceito de *self*   280
    O *self* subjetivo   280
    O *self* objetivo   281
    O *self* emocional   283
    Autoconceito na idade escolar   284
    Autoconceito e identidade na adolescência   285
    Identidade étnica na adolescência   288
    Ciência do desenvolvimento no mundo real Ritos de passagem do adolescente   290

Autoestima   291
    O desenvolvimento da autoestima   291
    Consistência da autoestima com o passar do tempo   293
O desenvolvimento dos conceitos de gênero e de papéis sexuais   294
    Padrões de desenvolvimento   294
    Reflexão sobre a pesquisa Diferenças de gênero no temperamento: reais ou imaginadas?   295
    Conceitos e estereótipos do papel sexual   296
    Explicando o desenvolvimento do papel sexual   299
    Abordagens biológicas   302
Pensamento crítico   303
Conduza sua própria pesquisa   303
Resumo   304
Termos-chave   305

Capítulo 11 Desenvolvimento de Relacionamentos Sociais   306

Relacionamentos com os pais   307
    Teoria do apego   307
    O apego dos pais ao filho   309
    O apego da criança ao pai   310
    Relacionamentos entre pai e filho na adolescência   313
Variações na qualidade dos apegos   315
    Apegos seguro e inseguro   315
    Temperamento e apego   317
    Estabilidade e consequências de longo prazo da qualidade do apego   318
Relacionamentos com o grupo de iguais   320
    Relacionamentos entre iguais na infância e nos anos pré-escolares   320
    Relacionamentos entre iguais na idade escolar   321
    Condição social   322
    Relacionamentos entre iguais na adolescência   324
    Relacionamentos entre irmãos   328
Comportamento com o grupo de iguais   329
    Comportamento pró-social   329
    Agressividade   329
    Ciência do desenvolvimento no mundo real Criando filhos prestativos e altruístas   330
    Reflexão sobre a pesquisa Valentões (*bullies*) e vítimas   332
    Traço de agressividade   332
Pensamento crítico   333
Conduza sua própria pesquisa   333
Resumo   334
Termos-chave   335

Capítulo 12 Reflexão Sobre Relacionamentos: Desenvolvimento Sociocognitivo e Moral   336

O desenvolvimento da cognição social   337
    Alguns princípios e questões gerais   337
    Descrevendo outras pessoas   338
    Ciência do desenvolvimento no mundo real Aprendendo e desaprendendo o preconceito   339
    Entendendo os sentimentos dos outros   341
    Reflexão sobre a pesquisa Prevenção da violência através do aumento da competência emocional das crianças   343

        Descrevendo as amizades   343
        Entendendo regras e intenções   345
    Desenvolvimento moral   346
        Dimensões do desenvolvimento moral   346
        Estágios de desenvolvimento moral de Kohlberg   349
        Causas e consequências do desenvolvimento moral   353
        Visões alternativas   355
    Pensamento crítico   357
    Conduza sua própria pesquisa   357
    Resumo   358
    Termos-chave   359

Parte VI   A Criança Integral

Capítulo 13   Ecologia do Desenvolvimento: A Criança Dentro do Sistema Familiar   360

    Entendendo o sistema familiar   361
        Teoria dos sistemas familiares   361
        Abordagem bioecológica de Bronfenbrenner   362
    Dimensões da interação familiar   363
        Os indivíduos no sistema familiar   364
        Afeto e responsividade   366
        Métodos de controle e padrões de comunicação   367
        Reflexão sobre a pesquisa Bater ou não bater?   369
    Estilos de paternagem   369
        Tipos de estilos de paternagem   370
        Estilos de paternagem e desenvolvimento   371
        Diferenças étnicas e socioeconômicas nos estilos de paternagem   372
    Estrutura familiar, divórcio e emprego dos pais   374
        Estrutura familiar   374
        Divórcio   378
        Ciência do desenvolvimento no mundo real Quando o divórcio é inevitável   380
        Empregos dos pais   380
        Apoio social para os pais   382
    Pensamento crítico   383
    Conduza sua própria pesquisa   383
    Resumo   383
    Termos-chave   384

Capítulo 14   Além da Família: O Impacto da Cultura mais Ampla   385

    Cuidado não parental   386
        Dificuldades no estudo do cuidado não parental   386
        Efeitos do cuidado não parental precoce no desenvolvimento   388
        Cuidado antes e após a escola   390
        Ciência do desenvolvimento no mundo real Escolhendo uma creche   390

O impacto das escolas 392
    Educação da primeira infância 392
    Ensino fundamental 395
    A transição para o ensino médio 397
    Envolvimento e falta de envolvimento no ensino médio 399
    Reflexão sobre a pesquisa **Os efeitos do emprego na adolescência** 400
    Educação escolar em casa 402

O impacto da mídia de entretenimento 403
    Televisão e *videogames* 403
    Computadores e multitarefas eletrônicas 405

Efeitos do macrossistema: o impacto da cultura mais ampla 407
    Condição socioeconômica e desenvolvimento 407
    Raça e etnia 412
    A cultura como um todo 417

Pensamento crítico 418

Conduza sua própria pesquisa 418

Resumo 418

Termos-chave 419

Capítulo 15   Desenvolvimento Atípico   420

Entendendo o desenvolvimento atípico 421
    Tipos de problemas 421
    Ciência do desenvolvimento no mundo real **Saber quando procurar ajuda profissional** 422
    Perspectivas teóricas sobre desenvolvimento atípico 423
    Psicopatologia do desenvolvimento 424

Problemas de atenção e problemas externalizantes 425
    Transtorno de déficit de atenção/hiperatividade 425
    Transtorno desafiador de oposição (TDO) 429
    Transtorno da conduta 430

Problemas internalizantes 432
    Transtornos da alimentação 432
    Depressão 434
    Reflexão sobre a pesquisa **Transtorno bipolar infantil** 435
    Suicídio na adolescência 436

Desenvolvimento intelectual e social atípico 437
    Retardo mental 437
    Transtornos de aprendizagem 439
    Dotação 441
    Transtornos invasivos do desenvolvimento 442

Educação escolar para crianças atípicas 444

Pensamento crítico 447

Conduza sua própria pesquisa 447

Resumo 447

Termos-chave 449

Epílogo   Reunindo Tudo: A Criança em Desenvolvimento   450

    Transições, consolidações e sistemas   450
    Do nascimento aos 24 meses   451
        Processos centrais   452
        Influências sobre os processos básicos   454
    Os anos pré-escolares   455
        Processos centrais   456
        Influências sobre os processos básicos   457
    Os anos do ensino fundamental   457
        A transição entre 5 e 7 anos   458
        Processos centrais   459
        Influências sobre os processos básicos: o papel da cultura   460
    Adolescência   460
        Início e final da adolescência   461
        Processos centrais e suas associações   463
        Influências sobre os processos básicos   465
    Um retorno a algumas questões básicas   465
        Quais são as principais influências sobre o desenvolvimento?   466
        O momento importa?   467
        Qual é a natureza da mudança do desenvolvimento?   470
        Qual é a importância de diferenças individuais?   470
        Uma questão final: a alegria do desenvolvimento   472

Glossário   473

Referências   483

Créditos das Fotos   544

Índice Onomástico   546

Índice Remissivo   560

Destaques

CIÊNCIA DO DESENVOLVIMENTO NO MUNDO REAL

Ajudando crianças que têm medo de ir para a escola   40
Avaliação e tratamento fetal   70
Peito ou mamadeira?   103
Uma boa noite de sono para as crianças (e para os pais!)   133
Respostas do bebê à depressão materna   162
Perguntas capciosas e a memória das crianças   191
A ameaça do estereótipo   216
Uma língua ou duas?   249

Temperamento intempestivo em uma turma de crianças pequenas   255
Ritos de passagem do adolescente   290
Criando filhos prestativos e altruístas   330
Aprendendo e desaprendendo o preconceito   339
Quando o divórcio é inevitável   380
Escolhendo uma creche   390
Saber quando procurar ajuda profissional   422

REFLEXÃO SOBRE A PESQUISA

Respondendo a relatos da mídia da pesquisa   49
Tecnologia reprodutiva assistida   56
Variações nos choros dos bebês   96
Causas e consequências de abuso e negligência da criança   134
Estudos de Langlois sobre as preferências dos bebês por rostos atraentes   154
O egocentrismo adolescente de Elkind   189
O efeito Flynn   203
Linguagem de sinais e gestos em crianças surdas   230

Lócus de controle e saúde do adolescente   267
Diferenças de gênero no temperamento: reais ou imaginadas?   295
Valentões (*bullies*) e vítimas   332
Prevenção da violência através do aumento da competência emocional das crianças   343
Bater ou não bater?   369
Os efeitos do emprego na adolescência   400
Transtorno bipolar infantil   435

TEMAS SOCIAIS E CULTURAIS INTEGRADOS

Capítulo 1
Individualismo *versus* coletivismo
Importância da pesquisa intercultural
Métodos de pesquisa intercultural
Exemplo de um estudo intercultural
O papel da cultura nas teorias de Bronfenbrenner e Erikson
O efeito da cultura no relógio social

Capítulo 2
Ligações entre raça ou etnia e transtornos genéticos

Capítulo 3
Diferenças culturais nas crenças sobre onde os bebês devem dormir
Pesquisa intercultural sobre padrões de choro dos bebês nas primeiras semanas de vida
Consistências e diferenças interculturais nas técnicas que os pais usam para acalmar bebês chorões
Mortalidade infantil entre grupos raciais e étnicos dos Estados Unidos

Capítulo 4
Pobreza e saúde das crianças
Consistência intercultural em variáveis associadas com o início da atividade sexual entre adolescentes
Cultura e gravidez adolescente
Cultura e obesidade infantil
Taxas de mortalidade infantil em países desenvolvidos e menos desenvolvidos

Capítulo 5
Variações interculturais na permanência do objeto
Consistências e diferenças interculturais na aprendizagem das crianças sobre emoções
Universais na interpretação de expressões faciais
Etnia e preferência dos bebês por rostos atraentes

Capítulo 6
O papel do conhecimento socialmente adquirido no desenvolvimento cognitivo

Pesquisa intercultural sobre a teoria da mente e falsa crença
Teoria sociocultural de Vygotsky
A ligação entre cultura e pensamento operacional formal
Pesquisa intercultural examinando mudanças na eficiência do processamento de informação na infância

Capítulo 7
Variáveis culturais associadas com ganhos históricos de escore de QI
Crenças culturais sobre ordem de nascimento
A influência da ameaça do estereótipo sobre os escores de QI de crianças de minoria
Fatores culturais nas diferenças de escores de teste entre grupos raciais e étnicos
Viéses culturais nos testes de QI e nas escolas
Diferenças interculturais nos escores de testes de QI e de aptidão
Explicações ambientais para diferenças sexuais no desempenho da matemática

Capítulo 8
Linguagem dirigida ao bebê
Universais e variações interculturais nas primeiras palavras das crianças e na sequência de estágios no desenvolvimento da linguagem
Pesquisa intercultural examinando a consciência fonológica no início da leitura
As vantagens e desvantagens do desenvolvimento do bilinguismo
Aprendizes de segunda língua em escolas dos Estados Unidos

Capítulo 9
Pesquisa intercultural sobre os Cinco Grandes traços da personalidade
Consistências e variações interculturais no temperamento do bebê
Diferenças interculturais nas interações dos pais com bebês

Capítulo 10
Validade intercultural do conceito de crise de identidade
Desenvolvimento de identidade racial e étnica
Programas de ritos de passagem para crianças e jovens afro-americanos
A influência do individualismo e do coletivismo no desenvolvimento da identidade do adolescente
A relevância da cultura para diferenças sexuais na autoestima
Base cultural dos papéis de gênero
Estudos interculturais de estereótipos de papel sexual
Variáveis culturais nas explicações da aprendizagem social do desenvolvimento do papel de gênero

Capítulo 11
Diferenças interculturais nas interações dos pais com bebês
Estudos interculturais de ansiedade de separação e com estranhos
Efeitos sobre o apego do cuidado do bebê compartilhado em culturas africanas
Pesquisa intercultural sobre qualidade do apego
Estudos interculturais de amizade
Universalidade cultural da segregação de gênero na infância
Estudos interculturais sobre valentões (*bullies*) e vítimas
Pesquisa intercultural sobre agressão

Capítulo 12
Preconceito racial na infância
Estudos interculturais de raciocínio moral
A influência de papéis de gênero baseados na cultura sobre o raciocínio moral
Pesquisa intercultural examinando o raciocínio pró-social

Capítulo 13
Teoria ecológica de Bronfenbrenner
Ligações entre estilos parentais e raça ou etnia na cultura dos Estados Unidos
Interações entre raça ou etnia, situação socioeconômica e estilo parental

Capítulo 14
Variações nos arranjos de cuidado da criança entre grupos raciais e étnicos dos Estados Unidos
Estudos interculturais sobre experiência escolar e surgimento de habilidades cognitivas avançadas
Associações entre raça ou etnia, desempenho escolar e envolvimento na escola
Diferenças de grupo racial ou étnico nos efeitos do emprego sobre o desenvolvimento do adolescente
Efeitos da pobreza sobre o desenvolvimento da criança
Explicação da diferença entre raça e etnia
Características de famílias afro-americanas, hispano-americanas e asiático-americanas
Crenças culturais e desenvolvimento da criança

Capítulo 15
Diferenças interculturais na incidência de vários transtornos psicológicos
Fatores culturais influenciando o desenvolvimento de transtornos da alimentação

Aos Estudantes

Olá e bem-vindo ao estudo de uma matéria fascinante – as crianças e seu desenvolvimento. Bem-vindo, também, à aventura da ciência. Desde a primeira edição deste livro, um dos objetivos de Helen Bee tem sido transmitir um senso de excitação em relação à indagação científica. Esperamos que cada um de vocês obtenha algum entendimento da forma como os psicólogos pensam, dos tipos de perguntas que eles fazem e das formas como eles tentam responder a essas perguntas. Também desejamos que você obtenha algum entendimento do fermento teórico e intelectual que é parte de qualquer ciência. Pense na psicologia como um tipo de história de detetive: os psicólogos descobrem pistas após um trabalho cuidadoso, frequentemente difícil; eles fazem suposições ou hipóteses; e, então, buscam novas pistas para confirmar tais hipóteses.

Naturalmente, também queremos que você termine de ler este livro com uma base de conhecimento firme no campo. Embora ainda haja muita coisa que os psicólogos do desenvolvimento não sabem ou não entendem, muitos fatos e diversas observações foram acumulados. Esses fatos e essas observações lhe serão úteis profissionalmente se você estiver planejando (ou já estiver exercendo) uma carreira que envolve trabalhar com crianças (como ensino, enfermagem, assistência social, medicina ou psicologia); a informação também lhe será útil como pai, agora e no futuro. Esperamos que você aprecie a leitura tanto quanto apreciamos a escrita.

Como trabalhar com este livro

Para obter o máximo de qualquer livro, você deve se imaginar trabalhando com ele a fim de poder entender e lembrar a informação nele contida, em vez de lê-lo como você leria uma revista, um artigo de jornal ou um romance. Para trabalhar com seu livro mais efetivamente, tire proveito de seus aspectos estruturais e pedagógicos.

Objetivos da aprendizagem Antes de ler cada capítulo, leia os Objetivos da Aprendizagem em seu início. Cada um desses Objetivos é combinado a uma das subseções do capítulo, de modo que essas questões fornecem um esboço do material que você conhecerá ao final do capítulo. Mais informação ficará em sua mente se você tiver uma ideia do que esperar.

Vinhetas A história no início de cada capítulo despertará seu interesse nos tópicos e nos temas principais.

Títulos e subtítulos Pense nos títulos e em seus subtítulos como uma forma de dividir a informação que os acompanham em categorias. A informação em cada seção principal e subseção está ligada ao título e ao subtítulo sob o qual ela é encontrada. Cada um dos Objetivos da Aprendizagem listados no início do capítulo é repetido ao lado de seu subtítulo correspondente para ajudá-lo a manter em mente o grande quadro. Pensar no material dessa forma cria um tipo de rede de informação em sua mente que tornará mais fácil lembrar o material quando você for testado. Estruturar suas anotações para corresponder a esses títulos e Objetivos da Aprendizagem o ajudará ainda mais. Para ter a melhor chance de criar a rede de informação, interrompa a leitura entre seções importantes, reflita sobre o que você leu e revise suas anotações.

Glossário de margem   Os termos-chave são definidos nas margens. À medida que você chegar a cada termo em negrito no texto, pare e leia sua definição na margem. Então volte e releia a sentença que introduziu o termo-chave. Ler os termos-chave nas margens um pouco antes de fazer um exame também pode ser uma estratégia de revisão se você tiver estudado todo o material no qual os termos são introduzidos.

Questões de pensamento crítico   As questões de Pensamento Crítico o encorajam a relacionar o material no livro com suas próprias experiências. Elas também podem ajudá-lo a lembrar o texto porque associar nova informação a coisas que você já sabe é uma estratégia de memória altamente efetiva.

Conduza sua própria pesquisa   Cada capítulo termina com um destaque que o encoraja a reproduzir seus achados de um estudo do desenvolvimento de uma maneira informal ou a descobrir mais sobre um tópico específico.

Resumo   Examinar o resumo do capítulo também pode ajudá-lo a avaliar quanta informação você lembra. Os resumos são organizados pelas mesmas questões do Objetivo da Aprendizagem apresentadas no início do capítulo.

Termos-chave   Os termos-chave são listados em ordem alfabética ao final de cada capítulo além de serem definidos nas margens. Quando você terminar o capítulo, tente lembrar a definição de cada termo. Um número de página é listado para cada termo, de modo que você pode facilmente retornar se não puder lembrar a definição.

Neste ponto, a tarefa de entender e lembrar a informação em um livro de psicologia do desenvolvimento pode parecer aterradora. Entretanto, quando você terminar de ler este livro, terá um melhor entendimento tanto de si mesmo quanto de outras pessoas. Portanto, o benefício que você obterá de todo seu árduo trabalho valerá bem a pena.

Denise Boyd

Aos Profissionais

Um dos maiores desafios de atualizar um texto é estar aberto a novas teorias e novos conceitos e disposto a repensar e reorganizar todos os capítulos, em vez de se apegar reflexivamente (ou defensivamente) a antigos preceitos. A revisão também envolve, às vezes, eliminar exemplos favoritos que estão desatualizados e buscar novas metáforas que falarão aos estudantes atuais; talvez o mais difícil de tudo: deve-se eliminar – bem como adicionar – material. Durante muitas edições, as mudanças se acumulam. Se você comparasse esta edição com a primeira, publicada em 1975, não encontraria quase nenhuma frase em comum, muito menos parágrafos em comum. Contudo, meu objetivo foi reter a maior parte das linhas da primeira à décima primeira edições que tornaram a abordagem de Helen Bee ao desenvolvimento única. Em particular, quatro metas centrais conduziram a escrita de *A criança em desenvolvimento*:

- Envolver ativamente o estudante de tantas maneiras quanto possível.
- Encontrar aquele equilíbrio difícil, mas essencial, entre teoria, pesquisa e aplicação prática.
- Apresentar o pensamento e a pesquisa mais atuais.
- Manter uma forte ênfase na cultura.

Novidades da 12ª edição

A 12ª edição apresenta informação atualizada sobre teorias e pesquisas apresentadas na edição anterior, bem como adições à maioria dos capítulos. A lista a seguir destaca algumas das mudanças mais significativas em cada capítulo.

Capítulo 1
- Uma nova seção chamada "Três Tipos de Mudança" discute mudanças normativas do período etário, normativas do período histórico e não normativas.
- Uma nova tabela resume os vários métodos de pesquisa abordados no capítulo.
- A nova janela *Ciência do desenvolvimento no mundo real* é intitulada "Ajudando crianças que têm medo de ir para a escola".

Capítulo 2
- Uma nova vinheta de abertura do capítulo sobre *gêmeos semi-idênticos* examina o que acontece quando gêmeos recebem genes idênticos de sua mãe e genes diferentes de seu pai.
- Os tópicos nos quais a discussão foi atualizada incluem impressão genômica, desenvolvimento cerebral fetal, HIV/AIDS, medicamentos prescritos/sem receita, consciência do peso materno durante a gravidez e como a idade materna afeta o desenvolvimento fetal.
- Diversas novas imagens destacam *insights* no desenvolvimento pré-natal obtidos por meio do uso de novas tecnologias, incluindo um sonograma tridimensional do bocejo fetal, um gráfico mostrando correlações entre desenvolvimento cerebral fetal e comportamento fetal e a imagem por ressonância magnética (MRI) de um cérebro fetal.

Capítulo 3
- Novos tópicos apresentados incluem a teoria dos sistemas dinâmicos de Esther Thelen do reflexo e desenvolvimento motor do bebê e diferenças étnicas no cuidado pré-natal precoce.

Capítulo 4

- Uma nova vinheta de abertura do capítulo sobre uma criança pequena praticante de esqui aquático examina como elementos maturacionais e experienciais atuam juntos para influenciar o desenvolvimento.
- Novos tópicos discutidos incluem o córtex pré-frontal, estabilização da curva de crescimento, adolescentes de gênero cruzado e o impacto da lateralidade sobre o desenvolvimento.
- Tópicos nos quais a cobertura foi ampliada e atualizada incluem DSTs, a influência da dieta sobre tendências seculares na idade da menarca e no desenvolvimento de características sexuais secundárias, além de ganho excessivo de peso na infância.
- Duas novas tabelas mostram de quais drogas os adolescentes abusam e os fatores ambientais associados com pobreza e saúde.
- A nova janela *Ciência do desenvolvimento no mundo real* é intitulada "Uma boa noite de sono para as crianças (e para os pais!)".

Capítulo 5

- Uma nova vinheta de abertura do capítulo sobre a interpretação de uma criança do Juramento de Fidelidade (*Pledge of Allegiance*) examina as complexidades do desenvolvimento perceptual.

Capítulo 6

- Uma nova vinheta de abertura do capítulo examina o que acontece quando crianças de diferentes idades – e em diferentes estágios piagetianos – jogam um jogo de tabuleiro juntas.
- Novos tópicos incluem esquemas figurativos e operativos; centração e descentração; complexidade relacional, seriação e transitividade; inibição de resposta e estratégias de memória.

Capítulo 7

- Novos temas abordados incluem criatividade, o relacionamento entre características familiares e escores de QI, dados sobre escores de QI de gêmeos "virtuais" e informação sobre testes de QI de grupo.
- Novas figuras comparam correlações de escores de QI de pessoas de diferentes graus de relações biológicas e mostram correlações de gêmeos idênticos e fraternos do nascimento à idade adulta.

Capítulo 8

- A nova janela *Reflexão sobre a pesquisa* é intitulada "Linguagem de sinais e gestos em crianças surdas".
- Foi ampliada a cobertura dos diferentes métodos de ensino da leitura (isto é, fônica sistemática e explícita, linguagem total e a abordagem equilibrada).

Capítulo 9

- A nova janela *Ciência do desenvolvimento no mundo real* é intitulada "Temperamento intempestivo em uma turma de crianças pequenas".
- A nova janela *Reflexão sobre a pesquisa* é intitulada "Lócus de controle e saúde do adolescente".
- Nova cobertura da teoria do determinismo recíproco de Bandura é acompanhada por uma nova figura.

Capítulo 10

- A nova janela *Reflexão sobre a pesquisa* é intitulada "Diferenças de gênero no temperamento: reais ou imaginadas?".
- Uma nova figura ilustra as mudanças na rigidez/flexibilidade do papel sexual através das idades.

Capítulo 11
- Uma nova vinheta de abertura do capítulo discute a resiliência intelectual e psicossocial dos Meninos Perdidos do Sudão.
- Há uma nova discussão de relacionamentos românticos adolescentes homossexuais.
- O conceito de modelos internos de funcionamento foi integrado à discussão sobre a teoria do apego.

Capítulo 12
- A discussão sobre o modelo de raciocínio pró-social de Eisenberg foi atualizada.

Capítulo 13
- As duas seções sobre dinâmica e interação familiar – "Outros aspectos da dinâmica familiar" e "Dimensões da interação familiar" – foram integradas para uma apresentação mais forte, mais focalizada do material.
- Novos tópicos discutidos incluem o modelo de interação familiar de Belsky, neurônios espelho e famílias misturadas e estendidas.

Capítulo 14
- As seções revisadas e atualizadas incluem aquelas sobre cuidado não parental; televisão, *videogames*, computadores e multitarefas eletrônicas e pobreza da criança.
- As abordagens desenvolvimentais e acadêmicas são incluídas em nova cobertura da educação na primeira infância.

Capítulo 15
- Uma nova vinheta de abertura do capítulo examina como transtornos da alimentação e outras mudanças não normativas podem afetar o desenvolvimento.
- A nova janela *Reflexão sobre a pesquisa* é intitulada "Transtorno bipolar infantil".
- Novo conteúdo inclui uma seção sobre como as perspectivas teóricas explicam o desenvolvimento atípico, a cobertura de transtorno desafiador de oposição e novas tabelas sobre TDAH e categorias de retardo mental.
- A seção sobre psicopatologia do desenvolvimento foi revisada e atualizada.

Epílogo
- Cobertura do desenvolvimento cerebral foi acrescentada às tabelas dos marcos etários.

Pedagogia

A 12ª edição de *A criança em desenvolvimento* inclui diversos aspectos pedagógicos importantes.

Objetivos da aprendizagem Os Objetivos da Aprendizagem, cada um combinado a uma das subseções do capítulo, são introduzidos na primeira página do capítulo. Os Objetivos reaparecem na margem ao lado da subseção correspondente e novamente no resumo do final do capítulo. São um recurso que auxilia os estudantes a organizar e reter o material à medida que leem o livro, informando-os sobre o material-chave que se espera que extraiam daquela seção. Os Objetivos da Aprendizagem ajudam você a avaliar os resultados de aprendizagem do estudante porque estão ligados aos itens de teste no *Test Bank*, que integra o pacote de ensino e aprendizagem (em inglês).

Vinhetas Cada capítulo começa com uma vinheta instigante, que desperta o interesse dos leitores no assunto do capítulo.

Glossário de margem Todos os termos em negrito no texto são definidos na margem e em um glossário ao final do livro.

Questões de pensamento crítico As questões de pensamento crítico ao final do capítulo encorajam os estudantes a relacionar informação no texto com suas próprias experiências pessoais.

Conduza sua própria pesquisa Cada capítulo termina com um destaque que dá aos leitores instruções para reproduzir os achados de um estudo do desenvolvimento de uma maneira informal ou descobrir mais sobre um tópico específico.

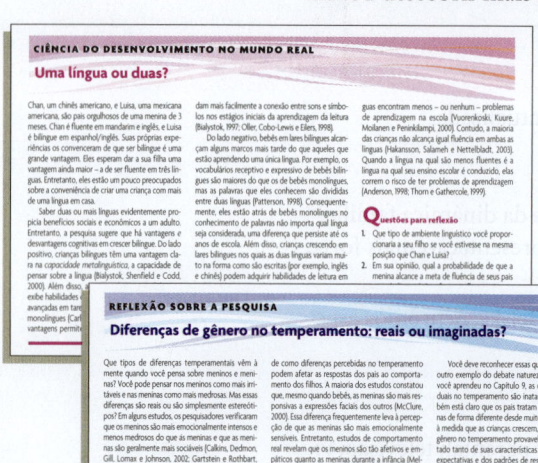

Resumo Os resumos são organizados por título do capítulo e incluem verbetes resumindo a informação que acompanha cada subtítulo.

Ciência do desenvolvimento no mundo real Cada capítulo inclui uma janela de discussão da aplicação de conhecimento científico a uma questão prática. A intenção dessas discussões é mostrar aos estudantes não apenas que é possível estudar questões aplicadas com métodos científicos, mas também que qualquer teoria e pesquisa sobre as quais eles estão lendo tem alguma relevância para suas próprias vidas. Para facilitar esse objetivo, cada janela *Ciência do desenvolvimento no mundo real* começa com uma breve vinheta sobre uma questão original e termina com questões para reflexão, que encoraja os leitores a aplicar as ideias da janela àquele assunto.

Reflexão sobre a pesquisa Cada capítulo inclui uma janela de discussão de um estudo ou uma série de estudos particularmente importantes. Cada janela *Reflexão sobre a pesquisa* termina com duas questões para análise crítica, que encorajam os leitores a avaliar criticamente os achados apresentados na janela.

Pacote de ensino e aprendizagem

Conteúdo online

- Vinte e cinco questões de múltipla escolha de cada capítulo para testar o conhecimento adquirido.

Área do professor

- Apresentação em PowerPoint, com os principais pontos abordados no texto e ilustrações.

Pacote de ensino e aprendizagem (em inglês)

Conteúdo online

- Animações multimídia interativas, para envolver completamente os estudantes e reforçar a aprendizagem.
- *Test Bank*, com cerca de 1.500 questões de múltipla escolha, preenchimento de lacunas e discursivas críticas.

Área do professor

- *Instructor's Manual*, com resumos dos principais conceitos, objetivos de ensino, listas de termos-chave, material para aulas expositivas e atividades para sala de aula.

Todo material está disponível em www.grupoaeditoras.com.br.

Questões Básicas no Estudo do Desenvolvimento 1

Objetivos da Aprendizagem

Questões no estudo do desenvolvimento

- 1.1 Que respostas foram propostas às questões de natureza-criação e continuidade-descontinuidade?
- 1.2 Quais são as variáveis internas e externas que influenciam o desenvolvimento?
- 1.3 Como a perspectiva ecológica melhora o entendimento dos cientistas do desenvolvimento da criança?
- 1.4 De que formas os conceitos de vulnerabilidade e resiliência nos ajudam a entender melhor o desenvolvimento da criança?
- 1.5 Como os três tipos de mudança relacionada à idade diferem?

Teorias do desenvolvimento

- 1.6 Quais são as principais ideias das teorias psicanalíticas?
- 1.7 Quais são as principais ideias das teorias cognitivo-desenvolvimentais e de processamento de informação?
- 1.8 Como os teóricos da aprendizagem explicam o desenvolvimento?
- 1.9 Quais são os critérios que os cientistas do desenvolvimento usam para comparar teorias?

Encontrando as respostas: modelos e métodos de pesquisa

- 1.10 Quais são as metas da ciência do desenvolvimento?
- 1.11 Quais são os prós e os contras de estudos de pesquisa transversais, longitudinais e sequenciais?
- 1.12 Quais métodos descritivos são usados por cientistas do desenvolvimento?
- 1.13 Qual é a principal vantagem do método experimental?
- 1.14 Por que a pesquisa intercultural é importante para o estudo do desenvolvimento humano?
- 1.15 Quais são os padrões éticos que os pesquisadores do desenvolvimento devem seguir?

Como muitos pais iniciantes, Derrick e Tracy compraram um livro de cuidados do bebê que incluía informação sobre a sequência normal do desenvolvimento infantil. Eles ficaram encantados ao notar que seu filho recém-nascido, Blake, parecia capaz de fazer tudo que um recém-nascido deveria ser capaz de fazer. O livro dizia que ele devia começar a tentar rolar entre o $1^{\underline{o}}$ e o $2^{\underline{o}}$ mês. No tempo certo, com 4 semanas, Blake começou a lançar seus braço e perna direitos sobre seu corpo toda vez que ele era deitado de costas, em uma tentativa infrutífera de rolar. Quando chegou ao seu aniversário de 2 meses, Blake ainda não tinha rolado, mas Derrick e Tracy foram tranquilizados pela ênfase do livro em diferenças individuais. Alguns dias depois, suas preocupações sobre o desenvolvimento de Blake evaporaram quando ele finalmente conseguiu virar de bruços.

Como esse breve olhar sobre o mundo dos pais de um recém-nascido sugere, a pesquisa sobre desenvolvimento infantil saiu do laboratório para a vida diária (Hulbert, 2003). Você poderia ficar surpreso em saber que essa tendência já estava em ascensão na década de 1920, quando o psicólogo John B. Watson (1878-1958) escreveu artigos em revistas populares e livros de sucesso defendendo horários rígidos de alimentação, desmame e treinamento da toalete e outras práticas que, ele acreditava, garantiriam a resistência emocional em crianças:

> Nunca os abrace e beije, nunca os deixe sentar em seu colo. Se puder, beije-os apenas na testa quando eles disserem boa noite. Cumprimente-os apertando as mãos de manhã. Dê-lhes um tapinha na cabeça se eles se saírem extraordinariamente bem em uma tarefa difícil. (1928, p. 81-82)

As ideias de Watson dominaram até o clássico *Meu filho, meu tesouro – Como criar seus filhos com bom senso e carinho* do Dr. Benjamin Spock (1903-1990) tornar-se o livro mais vendido em 1946. O conselho de Spock era totalmente o oposto do de Watson. Ele alertava os pais contra impor exigências excessivas aos filhos. Spock aconselhava os pais a afagar seus bebês sempre que necessário e esperar até que eles exibissem sinais de prontidão antes de desmamá-los e treiná-los na toalete.

Graças a um corpo de pesquisa sempre crescente, sabemos agora muito mais sobre desenvolvimento da criança do que era o caso nos tempos de Watson ou de Spock. Como consequência, evolucionistas mais contemporâneos consideram as ideias de Watson demasiado rígidas, se não absolutamente abusivas. Muitos também acreditam que as recomendações do livro original de Spock (que foi revisado muitas vezes desde 1946) podem ter sido um pouco indulgentes demais. O que os cientistas do desenvolvimento de hoje compartilham com Watson e Spock, entretanto, é um desejo de entender os processos subjacentes ao desenvolvimento humano e encontrar formas de ajudar pais, professores, terapeutas e outros profissionais que trabalham com crianças a fazê-lo efetivamente. Para isso, eles desenvolveram teorias e conduziram pesquisas visando descrever, explicar, prever e influenciar o desenvolvimento.

Questões no estudo do desenvolvimento

Séculos antes de os pesquisadores começarem a usar métodos científicos para estudar mudanças relacionadas à idade, os filósofos propuseram explicações do desenvolvimento baseadas em observações da vida diária. Muitas dessas questões e asserções sobre a natureza do desenvolvimento humano continuam a ser centrais à **ciência do desenvolvimento** da atualidade.

Objetivo da aprendizagem 1.1
Que respostas foram propostas às questões de natureza-criação e continuidade-descontinuidade?

Duas questões fundamentais

Duas importantes questões moldaram o estudo científico do desenvolvimento da criança. Primeiro, os filósofos e os cientistas têm debatido o grau com que tendências inatas e fatores ambientais influenciam o desenvolvimento. Segundo, há opiniões divergentes quanto a se a mudança relacionada à idade ocorre em estágios.

O debate natureza-criação O argumento sobre natureza *versus* criação, também referido como herança *versus* ambiente ou nativismo *versus* empirismo, é uma das questões teóricas mais antigas e mais centrais dentro da psicologia e da filosofia. Por exemplo, alguma vez você ouviu alguém dizer que "fala de bebê" interferia no desenvolvimento da linguagem de uma criança? Se sim, então você ouviu um argumento pelo lado da criação. Tal afirmação supõe que o desenvolvimento da linguagem é principalmente uma questão de imitação: a criança deve ouvir uma linguagem que seja adequadamente pronunciada e gramaticalmente correta a fim de desenvolver fluência linguística. O lado da natureza contestaria afirmando que as crianças possuem algum tipo de mecanismo interno para assegurar que elas desenvolvam linguagem fluente, não importa quantos "gu-gu-gagás" elas ouçam das pessoas à sua volta. "Qual lado está certo?" os estudantes

ciência do desenvolvimento
O estudo de mudanças, relacionadas à idade, no comportamento, no pensamento, nas emoções e nos relacionamentos sociais.

invariavelmente perguntam. Se houvesse uma resposta simples, o debate teria terminado há muito tempo. Em vez disso, a controvérsia continua com relação a muitos processos do desenvolvimento, incluindo o desenvolvimento da linguagem.

Filosoficamente, o lado da natureza na controvérsia era representado pelos *idealistas* e *racionalistas*, principalmente Platão e René Descartes – ambos acreditavam que pelo menos algum conhecimento é inato. Do outro lado da discussão estava um grupo de filósofos britânicos denominados *empiristas,* incluindo John Locke, insistindo que, no nascimento, a mente é uma lousa em branco – em latim, uma *tabula rasa*. Todo conhecimento, os empiristas argumentavam, é criado pela experiência. Desse ponto de vista, mudança do desenvolvimento é o resultado de fatores externos, ambientais, agindo sobre uma criança cuja única característica interna relevante é a capacidade de responder.

Em oposição aos racionalistas e aos empiristas, outros filósofos acreditavam que o desenvolvimento envolvia uma interação entre forças internas e externas. Por exemplo, a noção cristã do *pecado original* ensina que as crianças nascem com uma natureza egoísta e devem ser espiritualmente renascidas. Após o renascimento, as crianças têm acesso ao Espírito Santo, que as ajuda a aprender a se comportar moralmente através de instrução na prática religiosa parental e baseada na igreja.

O filósofo francês Jean-Jacques Rousseau também acreditava na ideia da interação entre forças internas e externas, mas alegava que todos os seres humanos são naturalmente bons e buscam experiências que os ajudem a crescer. Para Rousseau, o objetivo do desenvolvimento humano era alcançar o potencial inato. Resultados evolutivos "bons", como uma disposição a compartilhar suas posses com outros menos afortunados, resultavam de crescer em um ambiente que não interferiu na expressão da criança de suas próprias características inatas. Em contraste, "maus" resultados, como comportamento agressivo, eram aprendidos de outros ou surgiam quando uma criança experimentava frustração em suas tentativas de seguir os preceitos da bondade inata com a qual ele nasceu.

As visões de dois dos pioneiros da psicologia ilustram a forma como os primeiros psicólogos abordavam a questão natureza-criação. Baseado em uma ideia da teoria da evolução de Darwin, um dos primeiros pesquisadores da infância, G. Stanley Hall (1844-1924), acreditava que os marcos da infância eram ditados por um plano de desenvolvimento inato e eram semelhantes àqueles ocorridos no desenvolvimento da espécie humana. Ele acreditava que os desenvolvimentalistas devem identificar **normas** ou idades médias nas quais os marcos acontecem. As normas, dizia Hall, poderiam ser usadas para aprender sobre a evolução das espécies e para acompanhar o desenvolvimento de crianças individualmente. Portanto, para Hall, o desenvolvimento estava principalmente do lado da natureza.

John Watson, sobre cujas opiniões você leu no início do capítulo, explicou o desenvolvimento de uma forma radicalmente diferente da de G. Stanley Hall. De fato, Watson cunhou um novo termo, behaviorismo, para se referir a seu ponto de vista (Watson, 1913). O **behaviorismo** define desenvolvimento em termos de mudanças de comportamento causadas por influências ambientais. Watson não acreditava em um plano de desenvolvimento inato de nenhum tipo. Antes, defendia que, através da manipulação do ambiente, as crianças podiam ser treinadas para ser ou fazer qualquer coisa (Jones, 1924; Watson, 1930). Como Watson observou,

> Deem-me uma dúzia de bebês saudáveis, bem formados, e meu próprio mundo especificado para criá-los e garanto pegar qualquer um aleatoriamente e treiná-lo para se tornar qualquer tipo de especialista que eu poderia escolher – médico, advogado, comerciante, chefe e, sim, até mendigo e ladrão, independentemente de seus talentos, inclinações, capacidades, vocações e a raça de seus ancestrais. (1930, p. 104)

Em um famoso estudo conhecido como o experimento do "Pequeno Albert", Watson condicionou um bebê a ter medo de ratos brancos (Watson e Rayner, 1920). Enquanto o bebê brincava com o rato, Watson fazia sons estrondosos que assustavam a criança. Com o tempo, o bebê passou a associar o rato aos ruídos. Ele chorava e tentava escapar da sala sempre que o rato estava presente. Baseado no estudo do Pequeno Albert

normas Idades médias nas quais eventos do desenvolvimento acontecem.

behaviorismo A visão teórica que define desenvolvimento em termos de mudanças de comportamento causadas por influências ambientais.

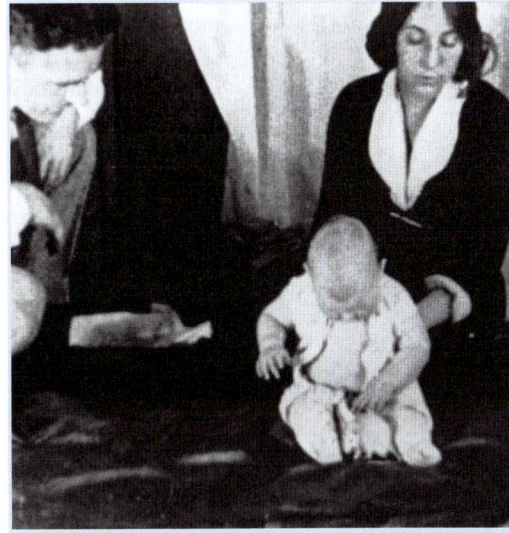

A pesquisa pioneira de John Watson sobre aprendizagem emocional em bebês ajudou os psicólogos a entender melhor o papel do condicionamento clássico no desenvolvimento da criança.

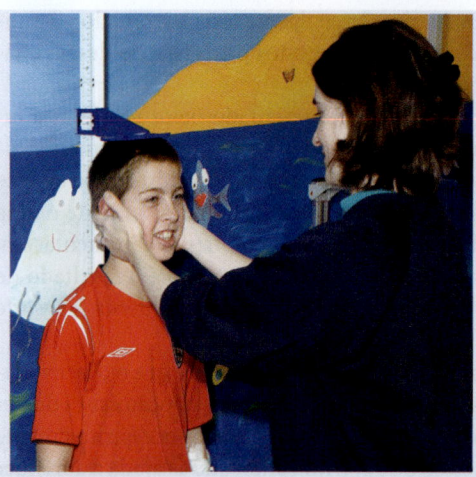

Qual foto representa mudança *contínua* ou *quantitativa*? Qual ilustra mudança *descontínua* ou *qualitativa*?

e em diversos outros, Watson afirmava que todas as mudanças relacionadas a idade são resultado de aprendizagem (Watson, 1928).

Estágios e sequências A controvérsia natureza-criação não é a única "grande questão" na psicologia do desenvolvimento. Um debate igualmente central diz respeito à *questão de continuidade-descontinuidade*: a capacidade crescente de uma criança é simplesmente "quase a mesma" ou reflete um novo tipo de atividade? Por exemplo, uma criança de 2 anos provavelmente não tem amigos individuais entre seus companheiros de brinquedo, enquanto uma de 8 anos provavelmente tem vários. Poderíamos pensar nisso como uma mudança *quantitativa* (uma mudança na quantidade) de zero amigos para alguns amigos; isso sugere que os aspectos qualitativos da amizade são os mesmos em todas as idades – ou, como os desenvolvimentalistas expressariam, mudanças nas amizades são de natureza *contínua*. Alternativamente, poderíamos considerar as diferenças nas amizades de uma idade para outra como uma mudança *qualitativa* (uma mudança na espécie ou no tipo) – de desinteresse por amigos para interesse ou de um tipo de relacionamento para outro. Em outras palavras, nesse ponto de vista, as mudanças nas amizades são *descontínuas*, uma vez que cada mudança representa uma mudança na qualidade dos relacionamentos de uma criança com seus pares. Portanto, amizades aos 2 anos são bastante diferentes de amizades aos 8 anos, e diferem em aspectos que não podem ser capturados pela sua descrição somente em termos do número de amigos que uma criança tem.

De particular importância é a ideia de que, se o desenvolvimento consiste apenas de adições (mudança quantitativa), então o conceito de estágios não é necessário para explicá-lo. Entretanto, se o desenvolvimento envolve reorganização ou surgimento de estratégias totalmente novas (mudança qualitativa), então o conceito de estágios pode ser útil. Certamente, ouvimos muito sobre linguagem "do estágio" nas conversas diárias sobre filhos: "ele está simplesmente nos terríveis 2 anos" ou "é apenas uma fase que ele está atravessando". Embora nem sempre haja concordância sobre o que constituiria evidência da existência de estágios distintos, a descrição usual é que uma mudança de estágio envolve não apenas uma mudança nas habilidades, mas alguma mudança descontínua na estrutura subjacente (Lerner, Theokas e Bobek, 2005). A criança em um novo estágio aborda tarefas de forma diferente, vê o mundo de forma diferente, está preocupada com assuntos diferentes.

Objetivo da aprendizagem 1.2
Quais são as variáveis internas e externas que influenciam o desenvolvimento?

Influências no desenvolvimento

Os psicólogos do desenvolvimento modernos ainda debatem as questões de natureza-criação e continuidade-descontinuidade. Mas a maioria concorda que essencialmente cada faceta do desenvolvimento de uma criança é um produto de algum padrão de interação de natureza e criação (Rutter, 2002). Além disso, a maioria reconhece que alguns aspectos do desenvolvimento são contínuos e outros, mais "de estágio". Consequentemente, as discussões se tornaram um pouco mais complexas.

Maturação A natureza molda o desenvolvimento mais claramente através da programação genética que pode determinar sequências completas de desenvolvimento posterior. O desenvolvimentalista Arnold Gesell (1880-1961) usou o termo **maturação** para descrever padrões de mudança sequencial geneticamente programados, e esse termo ainda é usado hoje uniformemente (Gesell, 1925; Thelen e Adolph, 1992). Qualquer padrão maturacional é marcado por três qualidades: ele é universal, aparecendo em todas as crianças por meio de fronteiras culturais; é sequencial, envolvendo algum padrão de habilidade ou características em expansão; é relativamente impermeável à influência ambiental. Em sua forma mais pura, uma sequência de desenvolvimento determinada pela maturação ocorre independente de prática ou treinamento. Você não tem de praticar o crescimento dos pelos púbicos; você não tem de ser ensinado a caminhar. De fato, apenas condições extremas, como subnutrição grave, impedem essas sequências de se manifestarem. Contudo, mesmo teóricos maturacionistas confirmados concordam que a experiência desempenha um papel.

O momento da experiência A pesquisa moderna nos diz que experiência específica interage com padrões maturacionais de formas complexas. Por exemplo, Greenough (1991) observa que uma das proteínas necessárias para o desenvolvimento do sistema visual é controlada por um gene cuja ação é desencadeada apenas por experiência visual. Além disso, é necessário experiência para manter as conexões neurais subjacentes à visão (Briones, Klintsova e Greenough, 2004). Portanto, alguma experiência visual é necessária para o programa genético operar. O momento de experiências específicas também pode importar. O impacto de uma experiência visual em particular pode ser muito diferente se ela ocorrer no nascimento do que se ela ocorrer quando o bebê é mais velho.

O pensamento dos desenvolvimentalistas sobre a importância do momento foi estimulado, em parte, pela pesquisa em outras espécies que mostrava experiências específicas exercendo efeitos diferentes ou mais fortes em alguns pontos no desenvolvimento do que em outros. O exemplo mais famoso é o fato de filhotes de pato se tornarem fixados (*imprinted*) em (ficam apegados e seguem) qualquer pato ou qualquer outro objeto móvel, grasnador, que esteja à volta deles 15 horas após chocarem. Se nada estiver se movendo ou grasnando naquele momento crítico, eles não se tornam fixados (Hess, 1972). Portanto, o período exato em torno de 15 horas após a incubação é um **período crítico** para o desenvolvimento de uma resposta de seguimento adequada do pato.

Em seres humanos, vemos com mais frequência períodos sensíveis do que períodos críticos genuínos. A diferença é que um **período sensível** é um momento em que uma experiência em particular pode ser melhor incorporada ao processo maturacional, enquanto um período crítico é um momento em que uma experiência *deve* acontecer ou um determinado marco do desenvolvimento nunca ocorrerá. Por exemplo, a fase de bebê e a primeira infância são períodos sensíveis para o desenvolvimento da linguagem. Uma criança que é fisicamente isolada de outros seres humanos por um pai abusivo durante esses anos não desenvolverá linguagem normalmente, mas desenvolverá alguma função de linguagem uma vez que seja reintegrada a um ambiente social normal.

Tendências inatas e restrições Outro tipo de influência interna é descrita pelos conceitos de "tendências inatas" ou "restrições" no desenvolvimento. Por exemplo, pesquisadores como Elizabeth Spelke (1991) concluíram que os bebês vêm ao mundo com certas "concepções preexistentes" ou restrições em seu entendimento do comportamento dos objetos. Bebês muito pequenos já parecem entender que objetos não apoiados se moverão para baixo e que um objeto em movimento continuará a se mover na mesma direção a menos que ele encontre um obstáculo. Os teóricos não propõem que esses padrões de resposta incorporados sejam o final da história; antes, eles os veem como o ponto de partida. O desenvolvimento é um resultado da experiência filtrada através dessas tendências iniciais, mas aquelas tendências limitam o número de caminhos evolutivos possíveis (Campbell e Bickhard, 1992; Cole, 2005).

Genética do comportamento O conceito de maturação e a ideia de tendências inatas buscam explicar padrões e sequências do desenvolvimento que são os mesmos para todas as crianças. Ao mesmo tempo, a natureza contribui para variações de um indivíduo para outro. O estudo das contribuições genéticas ao comportamento individual, denominado **genética do comportamento**, usa duas técnicas de pesquisa principais – o estudo de gêmeos idênticos e fraternos e o estudo

---

maturação Padrões sequenciais de mudança governados por instruções contidas no código genético e compartilhadas por todos os membros de uma espécie.

período crítico Qualquer período de tempo durante o desenvolvimento em que um organismo é especificamente responsivo e aprende a partir de um tipo específico de estimulação. A mesma estimulação em outros pontos no desenvolvimento tem pouco ou nenhum efeito.

período sensível Um período durante o qual determinadas experiências podem contribuir mais para o desenvolvimento adequado. Ele é semelhante a um período crítico, mas os efeitos de privação durante um período sensível não são tão graves quanto durante um período crítico.

O estudo de gêmeos idênticos, como essas duas meninas, é um dos métodos clássicos de genética do comportamento. Sempre que pares de gêmeos idênticos são mais parecidos entre si em algum comportamento ou qualidade do que são pares de gêmeos fraternos, uma influência genética provavelmente está operando.

de crianças adotadas. Se gêmeos idênticos são mais parecidos entre si em alguma dimensão do que são outros tipos de irmãos, apesar de terem crescido em ambientes diferentes, isso é uma evidência irresistível de uma contribuição genética para esse traço. No caso de crianças adotadas, a estratégia é comparar o grau de semelhança entre a criança adotada e seus pais biológicos (com os quais ela compartilha genes, mas não ambiente) ao grau de semelhança entre a criança adotada e seus pais adotivos (com os quais ela compartilha ambiente, mas não genes). Se a criança vier a ser mais parecida com seus pais biológicos do que com seus pais adotivos, ou se seu comportamento ou suas habilidades são melhor previstos pelas características de seus pais biológicos do que por características de seus pais adotivos, essa evidência novamente demonstraria a influência da hereditariedade. Geneticistas do comportamento demonstraram que a hereditariedade afeta uma variedade notavelmente ampla de comportamentos (Posthuma, de Geus e Boomsma, 2003); eles incluem funcionamento intelectual, social e emocional. Assim, você lerá sobre os resultados de estudos de gêmeos e de adoção em vários capítulos futuros.

Interação gene-ambiente A herança genética de uma criança também pode afetar seu ambiente (Caspi e Moffitt, 2006), um fenômeno que poderia ocorrer por meio de qualquer um ou de ambos os caminhos. Primeiro, a criança herda seus genes de seus pais, que também criam o ambiente no qual ela está crescendo; portanto, uma herança genética pode prever alguma coisa sobre seu ambiente. Por exemplo, pais que apresentam escores de QI mais altos não apenas têm a probabilidade de passar seus genes de "QI bom" para seus filhos, mas também de criar um ambiente mais rico, mais estimulante. Similarmente, crianças que herdam uma tendência a agressividade ou hostilidade de seus pais provavelmente vivem em um ambiente familiar que é mais alto em crítica e negatividade – porque essas são expressões das próprias tendências genéticas dos pais a agressividade ou hostilidade (Reiss, 1998).

Segundo, o padrão único de qualidades herdadas de cada criança afeta a forma como ela se comporta com outras pessoas, o que, por sua vez, afeta a forma como adultos e outras crianças respondem a ela. Um bebê irritado ou de temperamento difícil pode receber menos sorrisos e mais repressão do que um bebê tranquilo e de temperamento sereno; uma criança geneticamente brilhante pode exigir mais atenção pessoal, fazer mais perguntas ou buscar brinquedos mais complexos do que uma criança menos brilhante (Saudino e Plomin, 1997). Além disso, as interpretações das crianças de suas experiências são afetadas por todas as suas tendências herdadas, incluindo não apenas inteligência, mas também temperamento ou patologia (Plomin, Reiss, Hetherington e Howe, 1994).

Modelos internos de experiência Embora com frequência associemos experiência exclusivamente a fatores externos, é igualmente importante considerar a visão de cada indivíduo sobre suas experiências – em outras palavras, o aspecto interno da experiência. Por exemplo, suponha que um amigo lhe diga "Seu novo corte de cabelo está ótimo. Acho que é muito mais apropriado quando ele está curto assim". Seu amigo entende isso como um elogio, mas o que determina sua reação é como você ouve o comentário, não o que é pretendido. Se seu modelo interno de *self* inclui a ideia básica "Geralmente pareço bem", você provavelmente ouvirá o comentário de seu amigo como um elogio; mas se seu modelo interno de *self* ou de relacionamentos inclui alguns elementos mais negativos, como "Em geral faço as coisas errado e as outras pessoas me criticam", você pode ouvir uma crítica implícita no comentário de seu amigo ("Seu cabelo costuma parecer horrível").

Os teóricos que enfatizam a importância desses sistemas de significado argumentam que cada criança cria um conjunto de **modelos internos de experiência** – um conjunto de ideias ou suposições centrais sobre o mundo, sobre si mesma e sobre relacionamentos com outras pessoas

---

genética do comportamento O estudo das contribuições genéticas para comportamento ou traços como inteligência e personalidade.

modelo interno de experiência Um conceito teórico enfatizando que cada criança cria um conjunto de ideias ou suposições centrais sobre o mundo, o *self* e relacionamentos com outros através dos quais toda experiência subsequente é filtrada.

– através dos quais toda experiência subsequente é filtrada (Epstein, 1991; Reiss, 1998). Tais suposições são certamente baseadas em parte em experiências reais, mas uma vez que são formadas em um modelo interno, elas se generalizam para além da experiência original e afetam a forma como a criança interpreta experiências futuras. Uma criança que espera que os adultos sejam confiáveis e afetuosos terá mais probabilidade de interpretar o comportamento de novos adultos dessa forma e criará relacionamentos amistosos e afetuosos com outros fora da família. O autoconceito de uma criança parece operar quase da mesma maneira, como um modelo interno de funcionamento de "Quem sou eu" (Bretherton, 1991). Esse modelo de *self* é baseado na experiência, mas também molda a experiência futura.

Modelo de influência ambiental de Aslin Os modelos teóricos são úteis para tentar organizar ideias sobre como todos esses fatores internos e ambientais interagem para influenciar o desenvolvimento. Um exemplo particularmente bom de uma abordagem teórica que tenta explicar as influências ambientais é um conjunto de modelos resumidos por Richard Aslin (1981), baseado em trabalho anterior de Gottlieb (1976a, 1976b) e mostrado esquematicamente na Figura 1.1. Aslin e seus colegas usaram esses modelos para estudar a percepção da fala de bebês e outros aspectos do desenvolvimento da linguagem (p.ex., Maye, Weiss e Aslin, 2008). Em cada desenho, a linha tracejada representa o caminho de desenvolvimento de alguma habilidade ou comportamento que ocorreria sem uma experiência particular; a linha contínua representa o caminho de desenvolvimento se a experiência fosse acrescentada.

Para fins de comparação, o primeiro dos cinco modelos mostra um padrão maturacional sem efeito ambiental. O segundo modelo, que Aslin denomina *manutenção*, descreve um padrão no qual algum estímulo ambiental é necessário para sustentar uma habilidade ou um comportamento que já se desenvolveu em termos maturacionais. Por exemplo, os gatos nascem com visão binocular completa, mas se for coberto um de seus olhos por um período de tempo, sua habilidade binocular diminui.

O terceiro modelo mostra um efeito de *facilitação* do ambiente, no qual uma habilidade ou um comportamento se desenvolve mais cedo do que normalmente se desenvolveria em virtude de determinadas experiências. Por exemplo, crianças com quem os pais falam mais frequentemente nos primeiros 18 a 24 meses, usando sentenças mais complexas, parecem desenvolver sentenças de duas palavras e outras primeiras formas gramaticais um pouco mais cedo do que crianças com quem os pais falam menos. Contudo, crianças com quem se fala menos eventualmente aprendem a criar sentenças complexas e usam a maioria das formas gramaticais corretamente; a experiência de mais conversa não oferece, portanto, um ganho permanente.

Quando uma determinada experiência leva a um ganho permanente ou a um nível de desempenho permanentemente mais alto, Aslin denomina o modelo de *sintonia*. Por exemplo, crianças de famílias pobres que frequentam creches especiais quando bebês e na primeira infância têm, durante toda a infância, escores de QI consistentemente mais altos do que crianças dos mesmos tipos de famílias que não têm tal experiência enriquecida (Ramey e Ramey, 2004). O modelo final de Aslin, *indução*, descreve um efeito puramente ambiental: na ausência de alguma experiência, um determinado comportamento não se desenvolve absolutamente. Dar a uma criança aulas de tênis ou expô-la a uma segunda língua se enquadra nessa categoria de experiência.

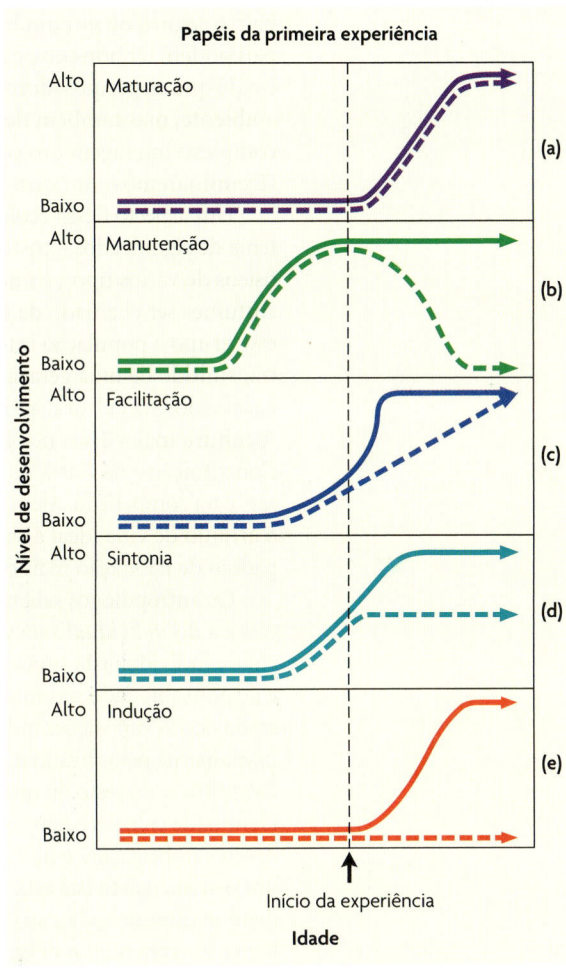

Figura 1.1 Modelos de influência ambiental de Aslin

Os cinco modelos de Aslin de relacionamentos possíveis entre maturação e ambiente. O modelo de cima mostra um efeito puramente maturacional; o modelo de baixo (indução) mostra um efeito puramente ambiental. Os outros três mostram combinações interativas: manutenção, na qual a experiência impede a deterioração de uma habilidade desenvolvida em termos maturacionais; facilitação, na qual a experiência acelera o desenvolvimento de algum processo maturacional; sintonia, na qual a experiência aumenta o nível final de alguma habilidade ou comportamento acima do nível maturacional "normal".

(*Fonte*: Aslin, Richard N. "Experiential Influence and Sensitive Periods in Perceptual Development". *Development of perception. Psychobiological perspectives: Vol.2. The visual system* (1981), p. 50. Reimpresso com permissão de Elsevier Science e do autor.)

> **Objetivo da aprendizagem 1.3**
> Como a perspectiva ecológica melhora o entendimento dos cientistas do desenvolvimento da criança?

A perspectiva ecológica

Até bem recentemente, a maioria das pesquisas sobre influências ambientais focava na família (frequentemente apenas na mãe) e na estimulação disponível na casa da criança, como os tipos de brinquedos ou os livros disponíveis para a criança. Quando os psicólogos examinavam um contexto familiar mais amplo, era geralmente apenas em termos da situação econômica da família – seu nível de riqueza ou pobreza. Desde o início da década de 1980, entretanto, houve um forte impulso de ampliar o âmbito da pesquisa, para considerar a *ecologia*, ou *contexto*, no qual cada criança se desenvolve. Urie Bronfenbrenner, uma das figuras-chave nessa área de estudo (1979; 1989), enfatiza que cada criança cresce em um ambiente social complexo (uma ecologia social) com um elenco distinto de personagens: irmãos, irmãs, um ou ambos os pais, avós, babás, animais de estimação, professores, amigos. E esse elenco está embutido em um sistema social mais amplo: os pais têm empregos dos quais podem ou não gostar; eles podem ou não ter amigos íntimos e apoiadores; eles podem estar vivendo em um bairro seguro ou em um bairro cheio de perigos; a escola local pode ser excelente ou pobre e os pais podem ter bons ou péssimos relacionamentos com a escola. O argumento de Bronfenbrenner é o de que os pesquisadores não apenas devem incluir descrições desses aspectos mais amplos do ambiente, mas também devem considerar as formas como todos os componentes desse sistema complexo interagem uns com os outros para afetar o desenvolvimento de uma criança individual. (Examinaremos com mais detalhes a teoria de Bronfenbrenner no Capítulo 13.)

Um aspecto dessa ecologia mais ampla é o conceito ainda mais abrangente de *cultura*, um sistema de significados e costumes, incluindo valores, atitudes, metas, leis, crenças, morais e artefatos físicos de vários tipos, como ferramentas e formas de moradias. Para um sistema de significados e costumes ser chamado de cultura, ele deve ser compartilhado por algum grupo identificável, seja esse grupo a população inteira de um país, seja uma subseção dessa população; ele deve então ser transmitido de uma geração para a seguinte (Cole, 2005). Famílias e crianças estão evidentemente encaixados na cultura, assim como estão localizados em um nicho ecológico dentro da cultura. A cultura majoritária nos EUA, por exemplo, é fortemente moldada pelos valores expressos na Constituição e na Carta de Direitos; ela também inclui uma forte ênfase em atitudes de "poder fazer" e na competição. Além disso, as crenças culturais norte-americanas incluem a suposição de que o arranjo de vida ideal é cada família ter uma casa separada – uma crença que contribui para um padrão de habitação mais espalhado nos Estados Unidos do que o que existe na Europa.

Os antropólogos salientam que uma dimensão-chave na qual as culturas diferem uma das outras é a do *individualismo* versus *coletivismo* (Kashima et al., 2005). Pessoas em culturas com uma ênfase individualista supõem que o mundo é constituído de pessoas independentes cuja realização e responsabilidade são mais individuais do que coletivas. A maioria das culturas europeias é baseada nessas suposições individualistas, como o é a cultura norte-americana dominante, criada primariamente pelos brancos que vieram da Europa para os Estados Unidos. Em contraste, a maioria das culturas do resto do mundo opera com um sistema de crença coletivista no qual a ênfase está na identidade coletiva e não tanto na identidade individual, na solidariedade do grupo, na partilha, em deveres e obrigações e na tomada de decisão grupal (Kashima et al., 2005). Uma pessoa vivendo em um sistema coletivista está integrada em um grupo forte e coeso que protege e alimenta aquele indivíduo durante toda a sua vida. O coletivismo é o tema dominante na maioria dos países asiáticos, bem como em muitas culturas africanas e sul-americanas. Fortes elementos de coletivismo também são parte das subculturas afro-americana, hispano-americana, indígena e asiático-americana.

Greenfield (1995) dá um exemplo maravilhoso de como a diferença entre culturas coletivistas e individualistas pode afetar as práticas reais de criação de filhos bem como os julgamentos das pessoas da criação de filhos de outras pessoas. Ela observa que mães da cultura dos maias Zinacanteco mantêm contato corporal quase constante com seus bebês e não se sentem confortáveis quando são separadas deles. Elas acreditam que seus bebês requerem esse contato para serem felizes. Quando essas mães viram uma antropóloga americana visitante largar seu próprio bebê, elas ficaram chocadas e atribuíram o choro regular do bebê ao fato de que ele era separado de sua mãe muito frequentemente. Greenfield argumenta que o contato corporal constante das mães maias é uma consequência lógica de sua abordagem coletivista, porque sua meta básica é mais interdependência do que independência. A antropóloga americana, ao contrário, opera com uma meta básica de independência para seu filho e portanto enfatiza mais separação. Cada grupo julga a forma do outro de criar filhos como menos ideal ou até inadequada.

Não obstante essas diferenças, os pesquisadores observam que é errado pensar em coletivismo e individualismo em termos ou-ou, porque há elementos de ambos em qualquer cultura (Green, Deschamps e Paez, 2005). Consequentemente, quando os pesquisadores categorizam uma determinada cultura como coletivista ou individualista, estão se referindo a qual dos dois conjuntos de valores é predominante. Portanto, pessoas que vivem em sociedades individualistas podem, não obstante, como indivíduos, desenvolver uma orientação coletivista. O mesmo é verdadeiro para suas contrapartes em sociedades coletivistas.

Vulnerabilidade e resiliência

> **Objetivo da aprendizagem 1.4**
> De que formas os conceitos de vulnerabilidade e resiliência nos ajudam a entender melhor o desenvolvimento da criança?

Neste ponto, deve estar claro que natureza e criação não atuam independentemente para moldar o desenvolvimento de cada criança; elas interagem de formas complexas e fascinantes. Desse modo, o mesmo ambiente pode ter efeitos bastante diferentes sobre crianças que nascem com diferentes características. Uma abordagem de pesquisa influente explorando tal interação é o estudo de crianças vulneráveis e resilientes. Em seu estudo de longo prazo sobre um grupo de crianças nascidas em 1955 na ilha de Kauai, Havaí, Emmy Werner e Ruth Smith (Werner, 1993, 1995; Werner e Smith, 1992, 2001) verificaram que apenas cerca de dois terços das crianças que cresceram em famílias caóticas, no nível da pobreza vieram a ter sérios problemas quando adultas. O outro terço, descrito como *resiliente*, tornou-se "adultos competentes, confiantes e carinhosos" (Werner, 1995, p. 82). Portanto, ambientes semelhantes estavam associados com resultados bastante diferentes.

Teóricos como Norman Garmezy, Michael Rutter, Ann Masten e outros (Garmezy, 1993; Garmezy e Rutter, 1983; Masten e Coatsworth, 1995; Rutter, 1987, 2005b) argumentam que a melhor forma de compreender os resultados como os de Werner e Smith é pensar em toda criança como nascida com certas *vulnerabilidades*, tais como um temperamento difícil, uma anormalidade física, alergias ou uma tendência genética ao alcoolismo. Toda criança também nasce com alguns *fatores protetores*, como inteligência alta, boa coordenação, um temperamento fácil ou um sorriso encantador, que tendem a torná-la mais resiliente em face do estresse. Essas vulnerabilidades e os fatores protetores interagem com o ambiente da criança; portanto, o mesmo ambiente pode ter efeitos bastante diferentes dependendo das qualidades que a criança traz para a interação.

Um modelo mais geral descrevendo a interação entre as qualidades da criança e o ambiente vem de Fran Horowitz (1987, 2003), que propõe que os ingredientes essenciais são a vulnerabilidade ou resiliência de cada criança e a "facilitatividade" do ambiente. Um ambiente altamente facilitativo é aquele no qual a criança tem pais amorosos e responsivos e recebe uma quantidade rica de estimulação. Se o relacionamento entre vulnerabilidade e facilitatividade fosse meramente cumulativo, os melhores resultados ocorreriam para bebês resilientes criados em ambientes ideais, e os piores resultados, para bebês vulneráveis em ambientes pobres, com uma mistura das duas combinações enquadrando-se entre os dois. Mas não é isso que Horowitz propõe, conforme representado esquematicamente na Figura 1.2. Ela sugere que uma criança resiliente em um ambiente pobre pode se sair muito bem, desde que possa aproveitar toda a estimulação e as oportunidades disponíveis. Similarmente, sugere que uma criança vulnerável pode se sair bastante bem em um ambiente altamente facilitativo. De acordo com esse modelo, é apenas o "revés duplo" – a

Muitas crianças que crescem em bairros assolados pela pobreza têm alto desempenho e são bem ajustadas. Os desenvolvimentalistas usam o termo *resiliente* para referir-se a crianças que demonstram resultados positivos de desenvolvimento apesar de serem criadas em ambientes de alto risco.

Figura 1.2 Modelo de vulnerabilidade e resiliência de Horowitz

O modelo de Horowitz descreve um possível tipo de interação entre a vulnerabilidade da criança e a qualidade do ambiente. A altura da superfície mostra a "excelência" do resultado do desenvolvimento (como QI ou habilidade em relacionamentos sociais). Neste modelo, apenas a combinação de um bebê vulnerável com um ambiente não facilitador terá um resultado realmente insatisfatório.

(*Fonte: Exploring Developmental Theories: Toward a Structural/Behavioral Model of Development*, por Horowitz, F.D. Copyright 1987 por Taylor & Francis Group LLC-Books. Reproduzida com permissão de Taylor & Francis Group LLC-Books no formato de Manual via Copyright Clearance Center.)

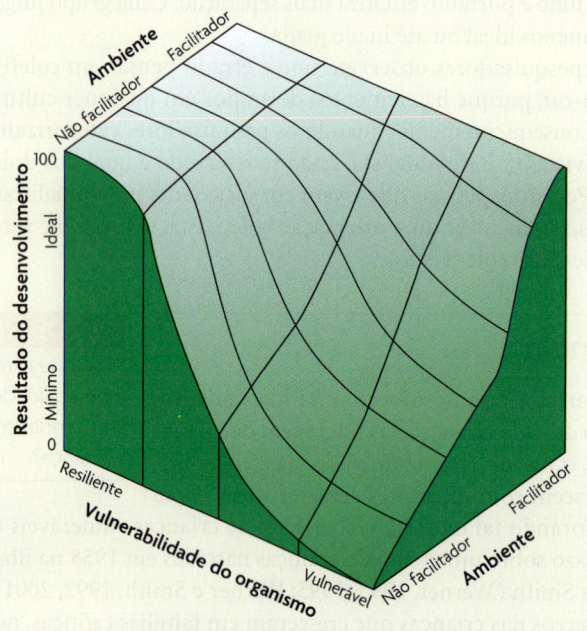

criança vulnerável em um ambiente pobre – que leva a resultados realmente insatisfatórios.

De fato, como veremos durante todo o livro, um corpo crescente de pesquisa mostra precisamente esse padrão. Por exemplo, escores de QI muito baixos são mais comuns entre crianças que foram bebês com baixo peso no nascimento e que foram criadas em famílias de nível de pobreza, enquanto crianças com baixo peso no nascimento criadas em famílias de classe média têm geralmente QIs médios, assim como bebês de peso normal criados em famílias de nível de pobreza (Werner, 1986). Além disso, entre crianças com baixo peso de nascimento que são criadas em nível de pobreza, cujas famílias oferecem fatores "protetores" (como maior estabilidade residencial, condições de vida menos aglomeradas e mais aceitação, mais estimulação e mais materiais de aprendizagem) alcançam escores de QI mais altos do que crianças com peso de nascimento equivalentemente baixo criadas nas condições de nível de pobreza menos ideais (Bradley et al., 1994). O ponto-chave aqui é que o mesmo ambiente pode ter efeitos bastante diferentes, dependendo das qualidades ou capacidades que a criança traz para a equação.

Objetivo da aprendizagem 1.5
Como os três tipos de mudança relacionada à idade diferem?

Três tipos de mudança

As mudanças relacionadas à idade são parte de nossas vidas diárias, de modo que frequentemente damos pouca atenção a elas. Contudo, considere a diferença entre o primeiro passo de um ser humano e seu primeiro namoro. Evidentemente, ambos estão relacionados à idade, mas representam tipos de mudança fundamentalmente diferentes. Em geral, os cientistas do desenvolvimento concebem cada mudança relacionada à idade como enquadrando-se em uma de três categorias.

As **mudanças normativas do período etário** são universais; ou seja, são comuns a todo indivíduo de uma espécie e estão ligadas a idades específicas. Algumas mudanças universais, como os primeiros passos de um bebê, acontecem porque somos todos organismos biológicos sujeitos a um processo de amadurecimento geneticamente programado. O bebê que muda de engatinhar para andar e o adulto mais velho cuja pele se torna progressivamente mais enrugada estão ambos seguindo um plano que é uma parte intrínseca do corpo físico, muito provavelmente algo no próprio código genético. Entretanto, algumas mudanças são universais devido a experiências compartilhadas. Em qualquer cultura, o *relógio social* ou um conjunto de normas etárias, define uma sequência de experiências normais de vida, como o tempo certo para começar o treinamento da toalete, a idade na qual espera-se que uma criança se vista sozinha e a expectativas em relação à capacidade de crianças em idade escolar fazerem o dever de casa sem supervisão adulta.

Igualmente importante como fonte de variação na experiência de vida são as forças históricas, que afetam cada geração de forma um pouco diferente. Essas mudanças são denominadas **mudanças normativas do período histórico**. Os cientistas sociais usam a palavra **coorte** para descrever um grupo de indivíduos que nasce dentro de um período de anos razoavelmente estreito e, portanto, compartilham as mesmas experiências históricas nos mesmos momentos de suas vidas. Por exemplo, durante a década de 1980, um tipo de instrução denominada *linguagem integral* era o método dominante de ensino da leitura nos Estados Unidos. Durante a década de 1990, a *fônica* se tornou a estratégia de ensino predominante. Como resultado, a coorte de adultos que frequentaram o ensino fundamental na década de 1980 exibe habilidades de alfabetização diferentes daqueles que receberam sua educação na década de 1990. As diferenças derivam de variações baseadas no

mudanças normativas do período etário Mudanças que são comuns a todo membro de uma espécie.

mudanças normativas do período histórico Mudanças que ocorrem na maioria dos membros de uma coorte como resultado de fatores atuando durante um período histórico específico e bem definido.

coorte Um grupo de indivíduos que compartilham as mesmas experiências históricas nos mesmos momentos em suas vidas.

método de ensino nas mudanças normativas do período histórico que ambas as coortes sofreram quando estavam no ensino fundamental.

Finalmente, as **mudanças não normativas**, ou **diferenças individuais** resultam de eventos únicos, não compartilhados. Um evento claramente não compartilhado na vida de cada pessoa é a concepção; a combinação de genes que cada indivíduo recebe na concepção é única. Assim, diferenças genéticas – incluindo características físicas, como tipo físico, cor do cabelo e transtornos genéticos – representam uma categoria de diferenças individuais. Características influenciadas por hereditariedade e ambiente, como inteligência e personalidade, constituem uma outra classe dessas diferenças. Outras diferenças individuais são o resultado do momento de um evento do desenvolvimento.

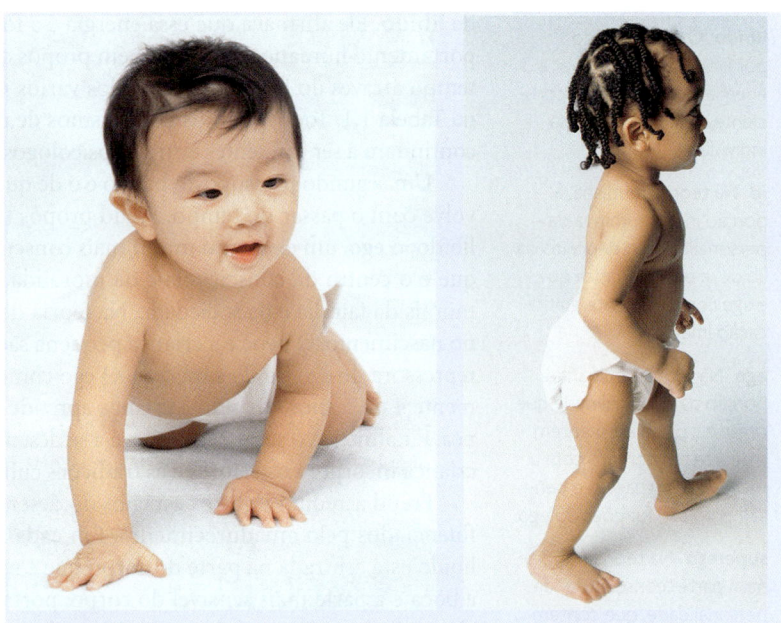

A mudança de engatinhar para andar é um exemplo de uma mudança normativa do período etário.

Teorias do desenvolvimento

Teorias do desenvolvimento são conjuntos de afirmações que propõem princípios gerais de desenvolvimento. Os estudantes frequentemente dizem que não gostam de ler sobre teorias; o que querem são os fatos. Entretanto, as teorias são importantes, porque nos ajudam a examinar os fatos de diferentes perspectivas. Uma breve introdução a diversas teorias importantes o ajudará a entender algumas das informações mais detalhadas sobre elas apresentadas nos capítulos posteriores.

Teorias psicanalíticas

A suposição mais característica e central das **teorias psicanalíticas** é que o comportamento é governado por processos inconscientes e conscientes. Os teóricos psicanalíticos também veem o desenvolvimento como fundamentalmente constituído de estágios, com cada estágio centrado em uma forma particular de tensão ou em uma determinada tarefa. A criança passa por esses estágios, resolvendo cada tarefa ou reduzindo cada tensão da melhor maneira possível. Essa ênfase no papel formativo da experiência inicial – particularmente, a primeira experiência familiar – é uma marca registrada das teorias psicanalíticas. Nesse ponto de vista, os primeiros 5 ou 6 anos de vida constituem um tipo de período sensível para a criação da personalidade do indivíduo. Geralmente, credita-se a Sigmund Freud (1856-1939) a criação da abordagem psicanalítica (1905, 1920); sua terminologia e muitos de seus conceitos se tornaram parte de nossa cultura intelectual. Outro teórico nessa tradição, Erik Erikson (1902-1994), também teve um grande impacto sobre a forma como os psicólogos pensam sobre o desenvolvimento da personalidade.

Objetivo da aprendizagem 1.6
Quais são as principais ideias das teorias psicanalíticas?

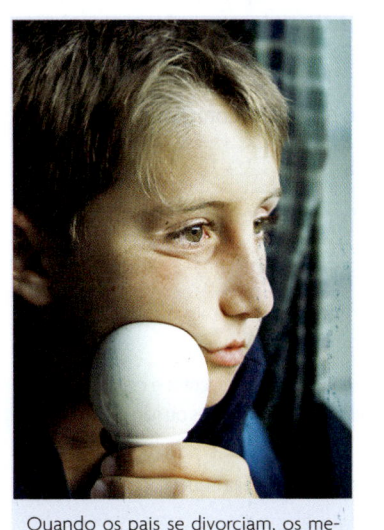

Quando os pais se divorciam, os meninos têm mais probabilidade de apresentar comportamento perturbado ou desempenho escolar mais insatisfatório do que as meninas. Mas por quê? As teorias podem ajudar a explicar fatos como esse.

mudanças não normativas (diferenças individuais) Mudanças que resultam de eventos únicos, não compartilhados.

teorias do desenvolvimento Conjuntos de afirmações que propõem princípios gerais do desenvolvimento.

teorias psicanalíticas Teorias do desenvolvimento baseadas na suposição de que mudanças relacionadas à idade resultam de conflitos, determinados maturacionalmente, entre pulsões internas e demandas da sociedade.

Teoria de Freud Freud propôs a existência de uma pulsão sexual básica, inconsciente, instintiva, que chamou

libido O termo usado por Freud para descrever a energia sexual básica, inconsciente, instintiva em cada indivíduo.

id Na teoria freudiana, a porção inata, primitiva da personalidade, o depósito da libido, a energia básica que exige continuamente gratificação imediata.

ego Na teoria freudiana, a porção da personalidade que organiza, planeja e mantém a pessoa em contato com a realidade. Linguagem e pensamento são funções do ego.

superego Na teoria freudiana, a parte "consciência" da personalidade, que contém valores e atitudes parentais e sociais incorporados durante a infância.

estágios psicossexuais Os estágios do desenvolvimento da personalidade sugeridos por Freud, consistindo dos estágios oral, anal, fálico, de latência e genital.

estágios psicossociais Os estágios do desenvolvimento da personalidade sugeridos por Erikson, envolvendo confiança básica, autonomia, iniciativa, diligência, identidade, intimidade, generatividade e integridade do ego.

de **libido**. Ele afirmava que essa energia é a força motivadora atrás de, virtualmente, todo comportamento humano. Freud também propôs que material inconsciente é criado com o passar do tempo através do funcionamento dos vários *mecanismos de defesa*, vários dos quais são listados na Tabela 1.1. Todos usamos mecanismos de defesa todos os dias, e as ideias de Freud sobre eles continuam a ser influentes entre os psicólogos (Cramer, 2000).

Um segundo pressuposto básico é o de que a personalidade tem uma estrutura que se desenvolve com o passar do tempo. Freud propôs três partes da personalidade: o **id**, que é a fonte da libido; o **ego**, um elemento muito mais consciente, o "executivo" da personalidade; e o **superego**, que é o centro da consciência e da moralidade, uma vez que ele incorpora normas e censuras morais da família e da sociedade. Na teoria de Freud, essas três partes não estão todas presentes no nascimento. O bebê e a criança pequena são totalmente id – instinto e desejo, sem a influência repressora do ego ou do superego. O ego começa a se desenvolver nas idades de 2 a aproximadamente 4 ou 5 anos, quando a criança aprende a adaptar suas estratégias de gratificação instantânea. Finalmente, o superego começa a se desenvolver exatamente antes da idade escolar, quando a criança incorpora os valores e as tradições culturais dos pais.

Freud acreditava que os estágios do desenvolvimento da personalidade eram fortemente influenciados pelo amadurecimento. Em cada um dos cinco **estágios psicossexuais** de Freud, a libido está centrada na parte do corpo que é mais sensível naquela idade. Em um recém-nascido, a boca é a parte mais sensível do corpo, portanto a energia libidinal é focalizada lá. O estágio é chamado de *estágio oral*. À medida que o desenvolvimento neurológico progride, o bebê tem mais sensação no ânus (daí o *estágio anal*) e posteriormente nos órgãos genitais (os estágios *fálico* e, eventualmente, o *genital*).

Teoria de Erikson Os estágios que Erikson propôs, chamados **estágios psicossociais**, são influenciados muito menos pelo amadurecimento e muito mais por demandas culturais comuns para crianças de uma determinada idade, tal como as exigências de que uma criança esteja treinada na toalete por volta dos 2 anos e de que aprenda habilidades escolares nas idades de 6 ou 7 anos. Na visão de Erikson, toda criança passa por uma sequência fixa de tarefas, cada uma centrada no desenvolvimento de uma determinada faceta da identidade. Por exemplo, a primeira tarefa, central aos primeiros 12 a 18 meses de vida, é desenvolver um senso de *confiança básica*. Se os cuidadores da criança não são responsivos e amorosos, entretanto, a criança pode desenvolver um senso de desconfiança básica, que afetará suas respostas em todos os estágios posteriores.

Nas teorias tanto de Freud como de Erikson, o ponto crítico é que o grau de sucesso que uma criança experimenta em satisfazer as demandas desses vários estágios dependerá muito fortemente das interações que ela tem com pessoas e objetos em seu mundo. Esse elemento interativo na teoria de Freud e em todas as teorias psicanalíticas subsequentes é absolutamente central. A confiança

Tabela 1.1 Alguns mecanismos de defesa comuns

Mecanismo	Definição	Exemplo
Negação	Comportar-se como se o problema não existisse	Uma mulher grávida que não faz a consulta pré-natal porque se convence de que possivelmente pode não estar grávida ainda que tenha todos os sintomas.
Repressão	Esquecer intencionalmente alguma coisa desagradável	Uma criança "esquece" uma provocação perturbadora no ônibus assim que chega em casa em segurança da escola todos os dias.
Projeção	Ver os próprios comportamentos e crenças nos outros, estejam eles presentes ou não	Uma mulher queixa-se de seu chefe a um colega e sai da conversa acreditando que o colega compartilha seu desprezo pelo chefe, ainda que o colega não tenha feito nenhum comentário sobre o que ela disse.
Regressão	Comportar-se de maneira inadequada para a idade	Uma criança de 2 anos treinada na toalete começa a urinar na cama toda noite após a chegada de um novo bebê.
Deslocamento	Direcionar emoção a um objeto ou pessoa que não a provocou	Uma adulta idosa sofre um derrame, fica fisicamente prejudicada e expressa sua frustração através de abuso verbal aos funcionários do hospital.
Racionalização	Criar uma explicação para justificar uma ação ou para lidar com uma decepção	Um homem roubando dinheiro de seu empregador diz para si mesmo, "Ele não me deu um aumento. E daí se eu pegar R$50,00?".

básica não pode ser desenvolvida a menos que os pais ou os outros cuidadores respondam ao bebê de uma maneira amorosa, consistente. O estágio oral não pode ser totalmente completado a menos que o desejo do bebê por estimulação oral seja suficientemente satisfeito. E quando um estágio não é totalmente resolvido, o velho padrão ou a necessidade não satisfeita persiste, afetando a capacidade do indivíduo de lidar com tarefas ou estágios posteriores. Assim, por exemplo, um adulto jovem que desenvolveu um senso de desconfiança nos primeiros anos de vida pode ter mais dificuldade para estabelecer um relacionamento íntimo seguro com um(a) parceiro(a) ou com amigos.

Teorias cognitivas

> **Objetivo da aprendizagem 1.7**
> Quais são as principais ideias das teorias cognitivo-desenvolvimentais e de processamento de informação?

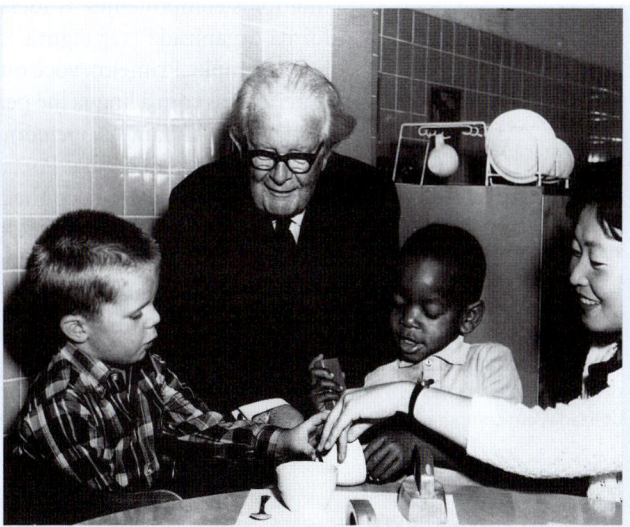

Nas teorias psicanalíticas, a qualidade e o caráter dos relacionamentos de uma criança com algumas pessoas fundamentais são considerados centrais ao desenvolvimento total da criança. As **teorias cognitivo-desenvolvimentais**, que enfatizam primariamente mais o desenvolvimento cognitivo do que a personalidade, invertem essa ordem de importância, enfatizando a centralidade das ações da criança no ambiente e seu processamento cognitivo das experiências.

Teoria de Piaget A figura central na teoria cognitivo-desenvolvimental foi Jean Piaget (1896-1980), um psicólogo suíço cujas teorias (1952, 1970, 1977; Piaget e Inhelder, 1969) moldaram o pensamento de diversas gerações de psicólogos do desenvolvimento. Piaget ficou impressionado pelas grandes regularidades no desenvolvimento do pensamento das crianças. Ele percebeu que todas as crianças parecem passar pelos mesmos tipos de descobertas sequenciais sobre seu mundo, cometendo os mesmos tipos de erros e chegando às mesmas conclusões. Por exemplo, todas as crianças de 3 e 4 anos parecem pensar que se você despejar água de um copo curto e largo em um copo alto e fino, haverá mais água no copo fino, uma vez que o nível de água é maior lá do que no copo largo. Em contraste, a maioria das crianças de 7 anos percebe que a quantidade de água é a mesma nos dois copos.

As observações detalhadas de Piaget sobre essas mudanças sistemáticas no pensamento das crianças levou-o a diversas suposições, a mais central das quais diz que é da natureza do organismo humano adaptar-se ao seu ambiente. Este é um processo ativo. Ao contrário de muitos teóricos, Piaget não pensava que o ambiente molda a criança. Antes, a criança (como o adulto) busca ativamente entender seu ambiente. No processo, ela explora, manipula e examina objetos e pessoas em seu mundo.

O processo de adaptação, na visão de Piaget, é constituído de diversos subprocessos importantes – *assimilação, acomodação* e *equilibração* – sobre os quais você aprenderá mais no Capítulo 6. O que é importante entender neste ponto preliminar é que Piaget acreditava que a criança desenvolve uma série de "entendimentos" ou "teorias" razoavelmente distintos sobre a forma como o mundo funciona, baseado em sua exploração ativa do ambiente. Cada uma dessas "teorias" corresponde a um estágio específico. Piaget acreditava que virtualmente todos os bebês começam com as mesmas habilidades e estratégias incorporadas e, visto que os ambientes que as crianças encontram são altamente semelhantes em aspectos importantes, ele acreditava que os estágios pelos quais o pensamento das crianças passa também são semelhantes. Piaget propôs uma sequência fixa de quatro estágios principais, cada um originando-se daquele que o precedeu, e cada um consistindo de um sistema ou uma organização mais ou menos completa de conceitos, estratégias e suposições.

Piaget baseou muitas de suas ideias na observação naturalista de crianças de diferentes idades em parquinhos e em escolas.

teorias cognitivo-desenvolvimentais Teorias do desenvolvimento que enfatizam as ações das crianças no ambiente e sugerem que mudanças relacionadas à idade no raciocínio precedem e explicam mudanças em outras áreas.

Teoria de Vygotsky O psicólogo russo Lev Vygotsky (1896-1934) é normalmente considerado pertencente ao campo cognitivo-desenvolvimental porque também estava primariamente preocupado em entender as origens do conhecimento da criança (1978/1930). Vygotsky diferia de Piaget, contudo, em um aspecto fundamental: ele estava convencido de que formas complexas de pensamento têm suas origens em interações sociais (Duncan, 1995). De acordo com Vygotsky, a aprendizagem de novas habilidades cognitivas é conduzida por um adulto (ou por uma criança mais hábil, como um irmão mais velho), que modela e estrutura a experiência de aprendizagem da criança, um processo que Jerome Bruner posteriormente chamou de **andaimagem** (**scaffolding**) (Wood, Bruner e Ross, 1976). Essa nova aprendizagem, Vygotsky sugeriu, é melhor alcançada no que ele chamou de **zona de desenvolvimento proximal** – aquela gama de tarefas que são muito difíceis para a criança fazer sozinha, mas que ela pode conseguir com orientação. À medida que a criança se torna mais hábil, a zona de desenvolvimento proximal amplia-se constantemente, incluindo tarefas sempre mais difíceis. Vygotsky acreditava que a chave para esse processo interativo estava na linguagem que o adulto usa para descrever ou estruturar a tarefa. Posteriormente, a criança poderia usar essa mesma linguagem para orientar suas tentativas independentes de fazer os mesmos tipos de tarefas.

Teoria do processamento de informação Embora não sejam verdadeiramente uma teoria cognitivo-desenvolvimental, muitas das ideias e diversos estudos de pesquisa com a **teoria do processamento de informação** aumentaram o entendimento dos psicólogos dos estágios de Piaget e de outras mudanças no pensamento relacionadas à idade. O objetivo da teoria do processamento de informação é explicar como a mente administra a informação (Klahr, 1992). Os teóricos do processamento de informação usam o computador como um modelo de pensamento humano. Razão pela qual, frequentemente usam termos de computação como *hardware* e *software* para falar sobre processos cognitivos humanos.

Criar teorias sobre e estudar processos de memória são tópicos centrais à teoria do processamento de informação (Birney, Citron-Pousty, Lutz e Sternberg, 2005). Os teóricos geralmente dividem a memória em subprocessos de codificação, armazenamento e recuperação. *Codificação* é a organização da informação a ser armazenada na memória. Por exemplo, você pode estar codificando a informação neste capítulo ao relacioná-la à sua própria infância. *Armazenamento* é manter a informação e *recuperação* é buscar a informação da memória.

A maioria das pesquisas sobre memória supõe que o sistema de memória é constituído de múltiplos componentes. A ideia é que a informação passa através desses componentes de uma forma organizada (ver Figura 1.3). O processo de entender uma palavra falada serve como um bom exemplo. Primeiro, você ouve a palavra quando o som entra em sua *memória sensorial*. Suas experiências com a língua lhe permitem reconhecer o padrão de sons como uma palavra. A seguir, a palavra passa para sua *memória de curto prazo*, o componente do sistema de memória onde toda informação é processada. Portanto, a memória de curto prazo é frequentemente denominada *memória de trabalho*. O conhecimento do significado da palavra é então evocado da *memória de longo prazo*, o componente do sistema onde a informação é permanentemente armazenada, e colocada na memória de curto prazo, onde ela é associada aos sons da palavra para permitir que você entenda o que acabou de ouvir.

Cada componente da memória administra a informação de forma diferente. A informação flui através da memória sensorial como em uma corrente. Porções de informação que não são levadas em consideração desaparecem rapidamente. A memória de curto prazo tem capacidade extremamente limitada – a memória de curto prazo de um adulto pode reter aproximadamente

andaimagem (*scaffolding*) O termo usado por Bruner para descrever o processo pelo qual um professor (pai, irmão mais velho ou outra pessoa no papel de professor) estrutura um encontro de aprendizagem com uma criança, de modo a conduzi-la passo a passo – um processo consistente com a teoria de Vygotsky de desenvolvimento cognitivo.

zona de desenvolvimento proximal Na teoria de Vygotsky, a gama de tarefas que são muito difíceis para uma criança fazer sozinha, mas que podem ser realizadas com sucesso por meio da orientação de um adulto ou de uma criança mais experiente.

teorias do processamento de informação Um conjunto de teorias baseado na ideia de que os seres humanos processam informação de formas semelhantes às utilizadas em computadores.

Figura 1.3 O sistema de processamento de informação

A pesquisa de processamento de informação na memória é baseada na suposição de que a informação move-se para dentro, para fora e através de memórias sensoriais, de curto prazo e de longo prazo de uma forma organizada.

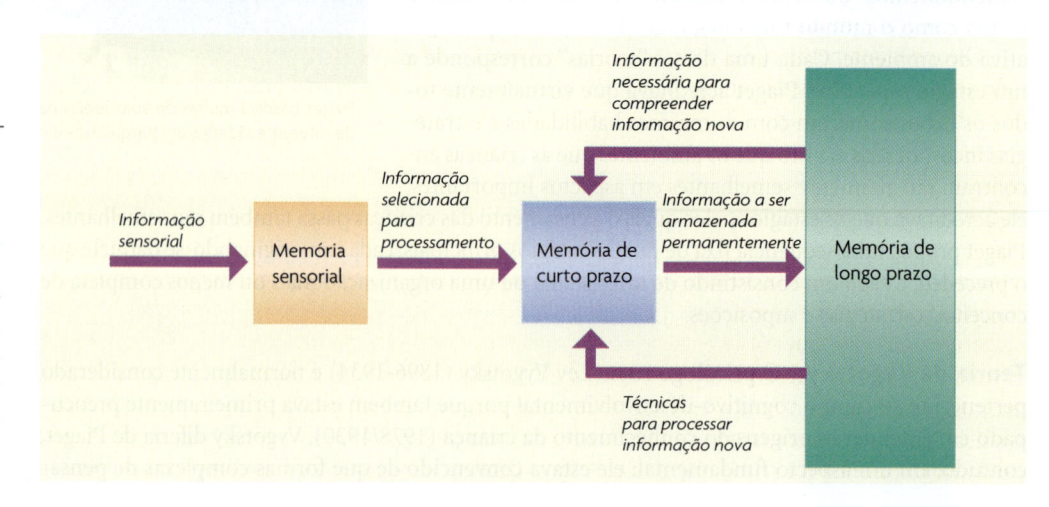

Informação sensorial → Memória sensorial → Informação selecionada para processamento → Memória de curto prazo → Informação a ser armazenada permanentemente → Memória de longo prazo

Informação necessária para compreender informação nova

Técnicas para processar informação nova

sete itens de cada vez. Entretanto, a informação pode ser retida na memória de curto prazo desde que seja processada de alguma forma – por exemplo, quando você repete sua lista de compras para você mesmo à caminho do supermercado.

A memória de longo prazo tem capacidade ilimitada, e a informação é frequentemente armazenada em termos de associações significativas. Por exemplo, suponha que você leia uma frase como "Bill escreveu uma carta para seu irmão". Quando você pensar na frase mais tarde, você poderia erroneamente lembrar que ela continha a palavra *caneta*. Isso acontece porque a informação sobre o processo de escrita e os instrumentos usados para realizá-lo são armazenados juntos na memória de longo prazo.

Há diferenças tanto relacionadas à idade quanto individuais no processamento de informação. Como você aprenderá no Capítulo 6, o número de itens que podem ser retidos de cada vez na memória de curto prazo é muito mais limitado em crianças pequenas do que em adultos e em crianças mais velhas. Além disso, entre crianças da mesma idade, algumas usam estratégias mais eficientes para lembrar e resolver problemas. Examinar as diferenças de ambos os tipos e o pensamento das crianças dos pontos de vista de Piaget e de Vygotsky fornece um quadro mais completo de como as crianças adquirem a capacidade de raciocinar logicamente.

Teorias da aprendizagem

> **Objetivo da aprendizagem 1.8**
> Como os teóricos da aprendizagem explicam o desenvolvimento?

As **teorias da aprendizagem** representam uma tradição teórica muito diferente daquela dos psicanalistas ou dos cognitivo-desenvolvimentalistas, na qual a ênfase é muito mais na forma como o ambiente molda a criança do que em como a criança entende suas experiências. Os teóricos da aprendizagem não afirmam que a genética ou as tendências inatas não são importantes, mas eles consideram o comportamento humano enormemente plástico, moldado por processos de aprendizagem previsíveis. Três das teorias da aprendizagem mais importantes são o modelo de condicionamento clássico de Pavlov, o modelo de condicionamento operante de Skinner e a teoria sociocognitiva de Bandura.

Condicionamento clássico

O **condicionamento clássico**, tornado famoso pelos experimentos de Ivan Pavlov (1849-1936) com a salivação de seu cão, envolve a aquisição de novos sinais para respostas existentes. Se você tocar um bebê no queixo, ele se voltará na direção do toque e começará a sugar. Na terminologia técnica do condicionamento clássico, o toque no queixo é o *estímulo não condicionado;* a virada e a sucção são *respostas não condicionadas*. O bebê já está programado para fazer tudo aquilo; esses são reflexos automáticos. A aprendizagem ocorre quando algum estímulo novo é introduzido ao sistema.

O modelo geral é que outros estímulos que estão presentes antes ou ao mesmo tempo como estímulo não condicionado eventualmente ativarão as mesmas respostas. Na situação doméstica típica, por exemplo, inúmeros estímulos ocorrem aproximadamente ao mesmo tempo do toque no queixo do bebê antes da amamentação: o som dos passos da mãe se aproximando, os indícios sinestésicos de ser pego e os indícios táteis de ser segurado nos braços da mãe. Todos esses estímulos podem eventualmente se tornar *estímulos condicionados* e podem ativar a resposta do bebê de virada e sucção, mesmo sem qualquer toque no queixo.

O condicionamento clássico é de especial interesse no estudo do desenvolvimento da criança devido ao papel que ele desempenha no desenvolvimento de respostas emocionais, como a experiência de Watson com o Pequeno Albert demonstrou tão adequadamente. Por exemplo, coisas ou pessoas apresentadas quando você se sente bem se tornarão estímulos condicionados para aquela mesma sensação de bem-estar; coisas ou pessoas previamente associadas com algum sentimento desconfortável podem se tornar estímulos condicionados para uma sensação de inquietação ou ansiedade. Isso é especialmente importante na infância, visto que a mãe ou o pai de um bebê estão presentes frequentemente quando coisas agradáveis acontecem – quando a criança sente-se aquecida, confortável e acarinhada. Portanto, a mãe e o pai geralmente vêm a ser estímulos condicionados para sentimentos prazerosos, um fato que torna possível que a mera presença dos pais reforce também outros comportamentos. Um irmão mais velho irritante poderia vir a ser um estímulo condicionado para sentimentos de raiva, mesmo após o irmão há muito ter parado de atormentar. Essas respostas emocionais classicamente condicionadas são notavelmente poderosas. Elas começam a ser formadas bem no início da vida, continuam a ser criadas durante toda a infância e a idade adulta e afetam profundamente

teorias da aprendizagem
Teorias psicológicas que explicam o desenvolvimento em termos de experiências de aprendizagem acumuladas.

condicionamento clássico
Um dos três tipos principais de aprendizagem. Uma resposta automática ou não condicionada – como uma emoção ou um reflexo – que vem a ser ativada por um novo indício, chamado de estímulo condicionado, após ter sido combinada diversas vezes com esse estímulo.

A pesquisa laboratorial envolvendo animais foi importante no desenvolvimento da teoria do condicionamento operante de Skinner.

as experiências emocionais de cada indivíduo. Além disso, os terapeutas podem usar os princípios do condicionamento clássico para ajudar crianças a resolver uma variedade de problemas emocionais (ver *Ciência do desenvolvimento no mundo real*).

Condicionamento operante O segundo tipo principal de aprendizagem é muito frequentemente chamado de condicionamento operante, embora também se possa encontrar referências a ele como *condicionamento instrumental*. O **condicionamento operante** é o processo através do qual a frequência de um comportamento aumenta ou diminui devido às consequências que o comportamento produz. Quando um comportamento aumenta, diz-se que ele foi *reforçado*; quando diminui, diz-se que o comportamento foi *punido*. O psicólogo B.F. Skinner (1904-1990) descobriu os princípios do condicionamento operante em uma série de estudos com animais. Ele acreditava que esses princípios influenciam fortemente o desenvolvimento humano.

O reforço ocorre quando uma consequência resulta em um aumento na frequência de um determinado comportamento. Com **reforço positivo**, um estímulo *adicionado* ou consequência aumenta um comportamento. Certos tipos de estímulos prazerosos – tais como elogio, sorriso, comida, abraço ou atenção – servem como reforços positivos para a maioria das pessoas na maior parte do tempo. Mas estritamente falando, um reforço é definido por seu efeito; não sabemos se alguma coisa é reforçadora até observarmos que sua presença aumenta a probabilidade de algum comportamento. Por exemplo, se um pai dá sobremesa a uma criança como recompensa por boas maneiras à mesa, e a frequência de boas maneiras à mesa aumentar, a sobremesa será um reforço. Se a frequência não aumentar, a sobremesa não será um reforço.

O **reforço negativo** aumenta um comportamento porque envolve o término ou a remoção de um estímulo desagradável. Suponha que seu filhinho está chorando e pedindo que você o segure. A princípio você o ignora, mas finalmente o pega no colo. O que acontece? Ele para de chorar. Portanto seu comportamento de pegá-lo no colo foi negativamente reforçado pela cessação de seu choro, e você estará mais propenso a pegá-lo no colo da próxima vez que ele chorar. Ao mesmo tempo, o choro dele provavelmente foi positivamente reforçado por sua atenção, então ele provavelmente chorará em ocasiões semelhantes.

CIÊNCIA DO DESENVOLVIMENTO NO MUNDO REAL

Ajudando crianças que têm medo de ir para a escola

A Dra. Rawlins é uma psicóloga que trabalha em um grande distrito escolar urbano. As crianças com quem ela trabalha sofrem de uma ampla variedade de problemas emocionais, mas um dos mais comuns é a *recusa escolar*, uma condição na qual uma criança se recusa a ir para a escola. Você poderia ficar surpreso em saber que os mecanismos atuando na experiência do condicionamento clássico de Watson com o Pequeno Albert são semelhantes aos que os psicólogos usam para ajudar crianças a superar a recusa escolar.

Lembre que o Pequeno Albert aprendeu a associar um estímulo neutro (um rato) com um estímulo ao qual seus reflexos inatos o predispuseram a responder com o medo (um ruído alto). A menos que uma criança esteja tentando evitar uma ameaça específica, tal como um valentão da escola, os psicólogos especulam que a recusa escolar resulta de um padrão semelhante de associações. Por alguma razão, o estímulo neutro da escola foi associado a estímulos que naturalmente provocam respostas de ansiedade nas crianças. Portanto, os psicólogos consideram que o medo da escola pode ser desaprendido através do mesmo mecanismo de estímulo-resposta que o produziu – um tipo de terapia chamada *dessensibilização sistemática* (Kauffman, 2005; Wolpe, 1958).

Para iniciar uma intervenção de dessensibilização sistemática, um terapeuta começa ensinando a criança a controlar sua taxa respiratória e suas contrações musculares a fim de alcançar um estado de relaxamento físico. Uma vez que a criança tenha dominado esse controle, o terapeuta a ajuda a aprender a "ligar" sua resposta de relaxamento em associação com cada passo na sequência de eventos envolvida em ir para a escola e permanecer lá. Por exemplo, a criança primeiro aprende a relaxar intencionalmente enquanto se arruma para a escola. Em seguida, ela pratica relaxamento intencional enquanto espera pelo ônibus e enquanto está no ônibus. Uma vez na escola, a criança é encorajada a iniciar sua resposta de relaxamento na porta de entrada da escola. O passo final é aprender a relaxar intencionalmente na sala de aula e iniciar a resposta de relaxamento sempre que experimentar sentimentos de ansiedade durante o dia escolar. Após repetir esses passos várias vezes, a maioria das crianças com recusa escolar aprende a associar ir para a escola com respostas de relaxamento em vez de com ansiedade.

Questões para reflexão

1. Como a dessensibilização sistemática poderia ser usada para ajudar uma criança que foi mordida por um cão a superar seu medo subsequente de todos os cães?
2. Que ações por parte dos pais, professores ou colegas poderiam impedir uma criança com recusa escolar de se beneficiar da dessensibilização sistemática?

Em situações laboratoriais, os pesquisadores não deixam de reforçar um comportamento toda vez que ele ocorre e de interromper o reforçamento completamente a fim de produzir *extinção* de uma resposta. No mundo real, entretanto, a consistência do reforço é mais a exceção do que a regra. Muito mais comum é um padrão de *reforçamento parcial*, no qual um comportamento é reforçado em algumas ocasiões, mas não em outras. Estudos de reforçamento parcial mostram que crianças e adultos levam mais tempo para aprender comportamentos sob condições de reforço parcial, mas uma vez estabelecidos, tais comportamentos são muito mais resistentes à extinção. Se você sorrir para sua filha nas cinco ou seis vezes em que ela trouxer um desenho para lhe mostrar (e se ela achar seu sorriso reforçador), ela continuará trazendo desenhos por muito tempo, mesmo se você parar de sorrir completamente.

Reforços tanto positivos como negativos fortalecem o comportamento. A **punição**, ao contrário, enfraquece o comportamento. Às vezes, punições envolvem eliminar coisas boas (por exemplo, não pegar sua filha no colo, tirar privilégios de TV ou mandá-la para o quarto). Frequentemente, envolvem administrar coisas desagradáveis como uma repreensão ou uma palmada. O que é confuso em relação a essas consequências é que elas nem sempre fazem o que se pretende: elas nem sempre suprimem o comportamento indesejado.

Digamos, por exemplo, que um pai suspenda os privilégios de dirigir de um adolescente por ele ter chegado em casa depois da hora estipulada na esperança de que o castigo interrompa o comportamento de chegar em casa tarde. Para alguns adolescentes, essa abordagem será efetiva. Outros, contudo, podem responder com desafio, ficando fora de casa cada vez mais tarde toda vez que seus privilégios de dirigir forem restaurados. Para esses adolescentes, a "punição" do pai é uma forma de reconhecimento para a atitude desafiadora que eles esperam projetar. Para eles, a "punição" é na verdade um reforço positivo. Portanto, a punição, como o reforço, deve ser definida em termos de seu efeito sobre o comportamento; se uma consequência não enfraquecer ou interromper um comportamento, ela não é uma punição.

Teoria sociocognitiva de Bandura

Albert Bandura, cuja variação da teoria da aprendizagem é de longe a mais influente hoje entre psicólogos do desenvolvimento, construiu a base desses conceitos de aprendizagem tradicionais, mas acrescentou diversas outras ideias fundamentais (1989, 2004, 2008). Primeiro, ele afirma que a aprendizagem nem sempre requer reforço direto. A aprendizagem também pode ocorrer meramente como resultado de observar alguém realizando alguma ação. A aprendizagem desse tipo, denominada *aprendizagem observacional* ou *modelação**, está envolvida em uma ampla variedade de comportamentos. As crianças aprendem a bater assistindo a outras pessoas na vida real e na televisão. Elas aprendem a ser generosas observando outros doarem dinheiro ou compartilharem bens. Bandura também chama a atenção para uma outra classe de reforço denominada *reforços intrínsecos*. Estes são reforços internos, tais como o orgulho que uma criança sente quando descobre como desenhar uma estrela ou o senso de satisfação que você pode experimentar após um exercício vigoroso.

Finalmente, e talvez mais importante, Bandura contribuiu muito para a transposição da brecha entre teoria da aprendizagem e teoria cognitivo-desenvolvimental ao enfatizar elementos cognitivos (mentais) importantes na aprendizagem observacional. De fato, ele agora chama sua teoria de "teoria sociocognitiva" em vez de "teoria da aprendizagem social", como foi originalmente rotulada (Bandura, 1986, 1989). Por exemplo, Bandura agora enfatiza o fato de que a modelação pode ser o veículo para aprender informação abstrata e habilidades concretas. Na modelação abstrata, o observador deduz uma regra que pode ser a base do comportamento do modelo, então aprende a regra e o comportamento específico. Uma criança que vê seus pais sendo voluntários um dia por mês em um banco de alimentos pode deduzir uma regra sobre a importância de "ajudar os outros", mesmo se os pais

condicionamento operante O tipo de aprendizagem no qual a probabilidade de uma pessoa realizar algum comportamento é aumentada ou diminuída devido às consequências que produz.

reforço positivo O processo de fortalecimento de um comportamento pela apresentação de algum estímulo prazeroso ou positivo.

reforço negativo O processo de fortalecimento de um comportamento pela remoção ou cessação de um estímulo desagradável.

punição A remoção de um estímulo desejável ou a administração de uma consequência desagradável após algum comportamento indesejado a fim de pará-lo.

Usar palitinhos para comer é apenas um exemplo da infinidade de habilidades que são aprendidas através de modelação.

---

* N. de R.T.: Convencionou-se usar "modelagem" para traduzir *shapping* e "modelação" para referir-se a *modeling*.

nunca realmente articularem essa regra. Portanto, através da modelação, uma criança pode adquirir atitudes, valores, formas de resolver problemas, até padrões de autoavaliação.

Coletivamente, os acréscimos de Bandura à teoria da aprendizagem tradicional tornam sua teoria muito mais flexível e poderosa, embora ela ainda não seja uma teoria fortemente desenvolvimental. Ou seja, Bandura tem pouco a dizer sobre quaisquer mudanças que possam ocorrer com a idade no que ou em como uma criança pode aprender por modelação. Em comparação, as teorias tanto psicanalítica quanto cognitivo-desenvolvimental são fortemente desenvolvimentais, enfatizando a mudança qualitativa sequencial, frequentemente em estágios, que ocorre com a idade.

> **Objetivo da aprendizagem 1.9**
> Quais são os critérios que os cientistas do desenvolvimento usam para comparar teorias?

Comparando teorias

Após aprender sobre teorias do desenvolvimento, os estudantes geralmente querem saber qual delas é a correta. Entretanto, os desenvolvimentalistas não pensam em teorias em termos de certo ou errado mas, antes, comparam-nas à base de suas suposições e avaliam o quanto elas são úteis para entender o desenvolvimento humano.

Suposições sobre o desenvolvimento Quando dizemos que uma teoria supõe que alguma coisa é verdadeira, queremos dizer que ela começa de um ponto de vista geral sobre o desenvolvimento. Podemos pensar nas suposições de uma teoria em termos de suas respostas a três perguntas sobre desenvolvimento.

Uma pergunta trata da *questão ativa ou passiva*: uma pessoa é ativa na modelagem de seu próprio desenvolvimento ou ela é um recipiente passivo de influências ambientais? Teorias que defendem que as ações de uma pessoa sobre o ambiente são os determinantes mais importantes de seu desenvolvimento são o lado ativo dessa questão. As teorias cognitivo-desenvolvimentais, por exemplo, tipicamente veem o desenvolvimento dessa forma. Em contraste, teorias sobre o lado passivo da questão, como o condicionamento clássico ou operante, afirmam que o desenvolvimento resulta da ação do ambiente sobre o indivíduo.

Como você aprendeu anteriormente, a *questão de natureza ou criação* é uma das mais importantes na psicologia do desenvolvimento. Todas as teorias desenvolvimentais, embora admitindo que tanto natureza como criação estão envolvidas no desenvolvimento, fazem suposições sobre sua importância relativa. Teorias defendendo que a biologia contribui mais para o desenvolvimento do que o ambiente representam o lado natureza. Aquelas que consideram as influências ambientais mais importantes representam o lado criação. Outras teorias supõem que natureza e criação são igualmente importantes, e que é impossível dizer qual contribui mais para o desenvolvimento.

As teorias do desenvolvimento também discordam sobre a *questão de estabilidade* versus *mudança*. Teorias que não têm estágios afirmam que o desenvolvimento é um processo estável e contínuo. As teorias de estágios, por outro lado, enfatizam mudança mais do que estabilidade. Elas defendem que o desenvolvimento acontece em saltos de passos mais baixos para mais altos.

A Tabela 1.2 lista as teorias sobre as quais você leu neste capítulo e as suposições que cada uma faz em relação a essas questões. Visto que cada teoria é baseada em diferentes suposições, cada uma adota uma abordagem diferente ao estudo do desenvolvimento. Por conseguinte, a pesquisa derivada de cada uma revela alguma coisa diferente sobre o desenvolvimento.

As suposições de uma teoria também moldam a forma como ela é aplicada no mundo real. Por exemplo, um professor que abordasse o ensino do ponto de vista cognitivo-desenvolvimental criaria uma sala de aula na qual as crianças experimentariam em algum grau aprendizagem por conta própria. Ele também reconheceria que as crianças diferem em capacidades, interesses, nível de desenvolvimento e outras características internas. Ele acreditaria que a estruturação do ambiente educacional é importante, mas que o que cada estudante aprende de fato seria determinado por suas próprias ações sobre o ambiente. Em contrapartida, um professor que adotasse a perspectiva da teoria da aprendizagem orientaria e reforçaria a aprendizagem das crianças muito cuidadosamente. Esse tipo de professor daria pouca importância às diferenças de capacidade entre os alunos. Antes, ele tentaria alcançar os mesmos objetivos de ensino para todos através da manipulação adequada do ambiente.

Utilidade Os desenvolvimentalistas também comparam teorias no que se refere à sua utilidade. Antes de ler esta seção, você deve entender que há uma quantidade razoável de discordância

Tabela 1.2 Comparando teorias

	Teoria	Principais ideias	Ativa ou passiva?	Natureza ou criação?	Estágios ou sem estágios?
Teorias psicanalíticas	Teoria Psicossexual de Freud	A personalidade se desenvolve em cinco estágios do nascimento à adolescência; em cada estágio, a necessidade por prazer físico está focalizada em uma parte diferente do corpo.	Passiva	Natureza	Estágios
	Teoria Psicossocial de Erikson	A personalidade se desenvolve através de oito crises existenciais durante todo o período da vida; uma pessoa termina cada crise com uma resolução boa ou pobre.	Passiva	Ambas	Estágios
Teorias cognitivas	Teoria Cognitivo-Desenvolvimental de Piaget	O raciocínio se desenvolve em quatro estágios universais do nascimento à adolescência; em cada estágio, a criança constrói um tipo de esquema diferente.	Ativa	Ambas	Estágios
	Teoria Sociocultural de Vygotsky	A interação social é crítica para desenvolver o pensamento e a solução de problemas; estágios no desenvolvimento do raciocínio refletem linguagem internalizada.	Ativa	Ambas	Estágios
	Teoria do Processamento de Informação	O computador é usado como um modelo para o funcionamento cognitivo humano; os processos de codificação, armazenamento e recuperação se alteram com a idade, causando mudanças na função da memória.	Ativa	Ambas	Algumas teorias têm estágios; outras não
Teorias da aprendizagem	Condicionamento Clássico	A aprendizagem ocorre quando estímulos neutros se tornam tão fortemente associados a estímulos naturais que eliciam as mesmas respostas.	Passiva	Criação	Sem estágios
	Condicionamento Operante	O desenvolvimento envolve mudanças de comportamento moldadas por reforço e punição.	Passiva	Criação	Sem estágios
	Teoria Sociocognitiva de Bandura	As pessoas aprendem a partir de modelos; aquilo que elas aprendem de um modelo depende de como elas interpretam a situação cognitiva e emocionalmente.	Ativa	Criação	Sem estágios

entre os psicólogos exatamente sobre o quanto cada teoria é útil. Contudo, há alguns critérios gerais que a maioria dos psicólogos usa para avaliar a utilidade de uma teoria.

Um tipo de utilidade tem a ver com a capacidade da teoria de gerar previsões que podem ser testadas com métodos científicos. Por exemplo, uma crítica à teoria de Freud é que muitas de suas alegações são difíceis de testar. Por outro lado, quando Piaget afirmou que a maioria das crianças pode resolver problemas hipotéticos por volta dos 12 anos, fez uma afirmação que é facilmente testada. Portanto, a teoria de Piaget é considerada por muitos desenvolvimentalistas mais útil nesse sentido do que a de Freud. Vygotsky, os teóricos da aprendizagem e os teóricos do processamento de informação também propuseram muitas ideias possíveis de serem testadas (Thomas, 2000).

Outro critério pelo qual os psicólogos julgam a utilidade das teorias é seu *valor heurístico*, o grau com que elas estimulam pensamento e pesquisa. Em termos de valor heurístico, teríamos que dar às teorias de Freud e de Piaget notas igualmente altas. Ambas são responsáveis por uma enorme quantidade de teorização e pesquisa sobre desenvolvimento humano, com frequência por psicólogos que discordam fortemente delas.

Uma outra forma de pensar sobre a utilidade da teoria é em termos de valor prático. Em outras palavras, uma teoria pode ser considerada útil se fornecer soluções a problemas da vida real. Nesse critério, as teorias da aprendizagem e do processamento de informação parecem se destacar pelo fato de fornecerem instrumentos que podem ser usados para influenciar o comportamento. Uma pessoa que sofre de ataques de ansiedade, por exemplo, pode aprender a usar *biofeedback*, uma técnica derivada das teorias do condicionamento clássico, para lidar com eles. Da mesma forma, um estudante que precisa aprender a estudar mais efetivamente pode obter ajuda em cursos de habilidades de estudo baseados nas teorias do processamento de informação.

Por fim, naturalmente, não importa quantas hipóteses testáveis ou técnicas práticas uma teoria produz; ela é de pouco ou nenhum valor para os desenvolvimentalistas se não explicar os fatos básicos do desenvolvimento. Nesse critério, as teorias da aprendizagem, especialmente aquelas dos condicionamentos clássico e operante, são consideradas por muitos desenvolvimentalistas um pouco menos úteis do que outras perspectivas (Thomas, 2000). Embora expliquem como comportamentos específicos podem ser aprendidos, a complexidade do desenvolvimento humano não pode ser reduzida a associações entre estímulos e respostas ou comportamentos e reforços.

Ecletismo Como se pode ver, a razão de comparar teorias não é concluir qual é verdadeira. Antes, nós as comparamos para entender a contribuição única que cada uma dá ao entendimento abrangente do desenvolvimento humano. Desse modo, os cientistas do desenvolvimento dos dias atuais tentam evitar um tipo de adesão rígida a uma única perspectiva teórica – o que era característico de teóricos como Freud, Piaget e Skinner. Em vez disso, a maioria adota uma abordagem conhecida como **ecletismo**, o uso de múltiplas perspectivas teóricas para explicar e estudar o desenvolvimento humano (Parke, 2004).

Para entender melhor a abordagem eclética, pensa-se sobre como as ideias retiradas de diversas teorias poderiam nos ajudar a entender melhor o comportamento disruptivo de uma criança na escola. Observações das atitudes da criança e suas reações em relação a seus colegas de classe podem sugerir que seu comportamento está sendo recompensado pelas respostas das outras crianças (uma explicação comportamental). A exploração mais profunda da situação familiar da criança pode indicar que seu comportamento de *acting out* reflete uma reação emocional a um evento como um divórcio (uma explicação psicanalítica). A reação emocional pode se originar de sua incapacidade de entender por que motivo seus pais estão se divorciando (uma explicação cognitivo-desenvolvimental). Quando adequadamente aplicadas, cada uma dessas perspectivas pode ajudar a obter *insight* sobre os problemas do desenvolvimento. Além disso, podemos integrar todas elas em uma explicação mais completa do que qualquer uma das perspectivas isoladamente poderia nos fornecer.

Encontrando as respostas: modelos e métodos de pesquisa

A maneira mais fácil de entender os métodos de pesquisa é examinar uma questão específica e as formas alternativas pelas quais ela pode ser respondida. Suponha que queremos responder a seguinte questão: "O que faz com que os intervalos de atenção das crianças aumentem à medida que elas ficam mais velhas?". Como poderíamos responder a esta pergunta?

Objetivo da aprendizagem 1.10
Quais são as metas da ciência do desenvolvimento?

As metas da ciência do desenvolvimento

A psicologia do desenvolvimento usa o método científico para alcançar suas metas: *descrever, explicar, prever* e *influenciar* o desenvolvimento humano da concepção à morte. Descrever o desenvolvimento é simplesmente relatar o que acontece. "Os intervalos de atenção das crianças ficam mais longos à medida que elas crescem" é um exemplo de uma declaração que representa a meta de descrição da psicologia do desenvolvimento. Tudo o que teríamos de fazer é medir por quanto tempo crianças de várias idades prestam atenção a alguma coisa para satisfazer tal objetivo.

Explicar o desenvolvimento envolve contar porque um determinado evento ocorre. Como você aprendeu anteriormente neste capítulo, os desenvolvimentalistas se baseiam em teorias para gerar explicações. Teorias úteis produzem previsões que os pesquisadores podem testar – ou **hipóteses** – tais como "Se alterações no cérebro provocam aumentos nos intervalos de atenção das crianças, então crianças cujo desenvolvimento cerebral está à frente do de seus colegas também deveriam ter intervalos de atenção mais longos". Para testar essa hipótese biológica, precisaríamos medir algum aspecto da estrutura ou da função cerebral bem como o intervalo de atenção. Então teríamos que encontrar uma forma de relacionar uma coisa à outra.

Poderíamos, em vez disso, testar uma explicação experiencial de aumento do intervalo de atenção comparando crianças da mesma idade que diferem na quantidade de prática que elas obtêm ao prestarem atenção. Por exemplo, poderíamos postular que a experiência de aprender a tocar um instrumento musical aumenta a capacidade da criança de prestar atenção. Se compararmos crianças da mesma idade que tocam e que não tocam um instrumento e se verificarmos que aquelas com treinamento musical saem-se melhor em testes de atenção do que seus colegas da mesma idade que não tiveram treinamento musical, a perspectiva experiencial ganha apoio.

ecletismo O uso de múltiplas perspectivas teóricas para explicar e estudar o desenvolvimento humano.

hipótese Uma previsão testável baseada em uma teoria.

Se tanto as hipóteses biológicas quanto as hipóteses experienciais são apoiadas por pesquisa, elas fornecem muito mais *insight* sobre a alteração do intervalo de atenção relacionado à idade do que qualquer hipótese isolada. Dessa forma, as teorias acrescentam uma tremenda profundidade ao entendimento dos psicólogos a respeito dos fatos do desenvolvimento humano e fornecem informação que pode ser usada para influenciar o desenvolvimento. Digamos, por exemplo, que uma criança é diagnosticada com uma condição que pode afetar o cérebro, como epilepsia. Se sabemos que desenvolvimento cerebral e intervalo de atenção estão relacionados, podemos usar testes de intervalo de atenção para fazer julgamentos sobre o quanto sua condição médica pode já ter influenciado seu cérebro. Ao mesmo tempo, por sabermos que a experiência também afeta a memória, podemos ser capazes de lhe fornecer treinamento que a ajude a superar os problemas de intervalo de atenção que provavelmente aparecerão no futuro.

Estudando mudanças relacionadas à idade

> **Objetivo da aprendizagem 1.11**
> Quais são os prós e os contras de estudos de pesquisa transversais, longitudinais e sequenciais?

Quando os pesquisadores começam a estudar mudanças relacionadas à idade, eles têm basicamente três escolhas: (1) estudar diferentes grupos de pessoas de diferentes idades, usando o que é chamado de **modelo transversal**; (2) estudar as *mesmas* pessoas durante um período de tempo, usando um **modelo longitudinal**; (3) combinar modelos transversais e longitudinais de alguma forma em um **modelo sequencial.**

Modelos transversais Para estudar a atenção transversalmente, poderíamos selecionar grupos de participantes em cada uma de diversas idades, como grupos de 2, 5, 8 e 11 anos. Se verificarmos que cada grupo demonstra um intervalo de atenção médio mais longo do que todos os grupos que são mais jovens, podemos ficar tentados a concluir que o intervalo de atenção aumenta com a idade; não podemos, porém, dizer isso conclusivamente com dados transversais, pois essas crianças diferem não apenas em idade, mas também em coorte. As diferenças na atenção poderiam refletir diferenças educacionais e não estar realmente ligadas a idade ou desenvolvimento. Além disso, modelos transversais não podem nos dizer nada sobre sequências de mudança com a idade ou sobre a consistência do comportamento individual com o passar do tempo, porque cada criança é testada apenas uma vez. Entretanto, a pesquisa transversal é muito útil porque é relativamente rápida de fazer e pode dar indicações de possíveis diferenças ou mudanças etárias.

Modelos longitudinais Os modelos longitudinais parecem resolver os problemas que surgem com os modelos transversais porque acompanham os mesmos indivíduos durante um período de tempo. Por exemplo, para examinar nossa hipótese do intervalo de atenção, poderíamos testar um determinado grupo de crianças primeiro aos 2, então aos 5, em seguida aos 8 e, finalmente, aos 11 anos. Esses modelos examinam sequências de mudança e consistência ou inconsistência individual com o passar do tempo. E, visto que esses modelos comparam as mesmas pessoas em diferentes idades, eles contornam os problemas de coorte dos modelos transversais. Entretanto, os modelos longitudinais têm várias dificuldades importantes. Um problema é que os modelos longitudinais tipicamente envolvem administrar a cada participante os mesmos testes repetidamente. Com o tempo, as pessoas aprendem como fazer os testes. Esses efeitos práticos podem distorcer a medição de quaisquer mudanças subjacentes do desenvolvimento.

Outro problema significativo com os modelos longitudinais é que nem todos aderem ao programa. Alguns participantes desistem, outros morrem ou se mudam. Via de regra, os mais saudáveis e mais bem educados têm mais probabilidade de aderir; tal fato influencia os resultados, particularmente se o estudo continuar até a idade adulta.

Os modelos longitudinais também não contornam realmente o problema de coorte. Por exemplo, o Oakland Growth Study, um estudo famoso, acompanhou indivíduos nascidos entre 1918 e 1928 até a velhice. Consequentemente, os participantes experimentaram certos eventos históricos importantes, como a Grande Depressão e a Segunda Guerra Mundial, o que provavelmente influenciou seu desenvolvimento. Portanto, não sabemos se as mudanças que sofreram através desses anos, quando eram crianças e adolescentes, foram causadas por processos do desenvolvimento ou pelo período histórico único no qual estavam crescendo.

Modelos sequenciais Uma forma de evitar as deficiências tanto dos modelos transversais quanto dos modelos longitudinais é usar um modelo sequencial. Para estudar nossa questão de intervalo

modelo transversal Um modelo de pesquisa no qual amostras de participantes de diversos grupos etários diferentes são estudadas ao mesmo tempo.

modelo longitudinal Um modelo de pesquisa no qual os mesmos participantes são observados ou avaliados repetidamente durante um período de meses ou anos.

modelo sequencial Um modelo de pesquisa que combina modelos transversais e longitudinais de alguma forma.

Apenas estudando as mesmas crianças com o passar do tempo (ou seja, longitudinalmente) é que os desenvolvimentalistas identificam consistências (ou mudanças) no comportamento com o passar do tempo.

de atenção usando um modelo sequencial, começaríamos com pelo menos dois grupos etários. Um grupo poderia incluir crianças de 2 a 4 anos, e o outro poderia ter crianças de 5 a 7 anos. Testaríamos cada grupo durante um número de anos, conforme ilustrado na Figura 1.4. Cada ponto de testagem além do inicial fornece dois tipos de comparações. As comparações de grupo etário fornecem o mesmo tipo de informação que um modelo transversal forneceria. As comparações dos escores ou comportamentos dos participantes em cada grupo com seus próprios escores ou comportamentos em um ponto de testagem anterior fornecem, ao mesmo tempo, evidências longitudinais.

Os modelos sequenciais também permitem comparações de coorte. Observe na Figura 1.4, por exemplo, que aqueles no Grupo A têm de 5 a 7 anos no ponto de testagem 1, e aqueles no Grupo B têm de 5 a 7 anos no ponto de testagem 2. Igualmente, os membros do Grupo A têm de 8 a 10 anos no ponto 2, e suas contrapartes no Grupo B têm essa idade no ponto 3. Se comparações da mesma idade dos dois grupos revelam que seus intervalos de atenção médios são diferentes, os pesquisadores têm evidência de que, por alguma razão, as duas coortes diferem. Inversamente, se os grupos têm desempenho semelhante, os investigadores podem concluir que seus respectivos desempenhos representam mais características do desenvolvimento do que efeitos de coorte. Além disso, se os dois grupos demonstram padrões de mudança relacionados à idade semelhantes com o passar do tempo, os pesquisadores podem concluir que o padrão de desenvolvimento não é específico a nenhuma coorte em particular. Encontrar o mesmo padrão de desenvolvimento nas duas coortes fornece aos psicólogos evidências mais fortes do que apenas dados transversais ou longitudinais.

Figura 1.4   Um modelo sequencial hipotético

Um modelo sequencial hipotético de intervalo de atenção dos 2 aos 13 anos.

		Idade no ponto de testagem 1	Idade no ponto de testagem 2	Idade no ponto de testagem 3
Grupo	A	5 a 7	8 a 10	11 a 13
	B	2 a 4	5 a 7	8 a 10

Objetivo da aprendizagem 1.12
Quais métodos descritivos são usados por cientistas do desenvolvimento?

Métodos descritivos

Um pesquisador interessado em estudar os relacionamentos entre idade e intervalo de atenção deve decidir como proceder para encontrar relações entre *variáveis*. Variáveis são características que diferem de uma pessoa para outra, tais como altura, inteligência e personalidade. Quando duas ou mais variam juntas, há algum tipo de relação entre elas. A hipótese de que o intervalo de atenção aumenta com a idade envolve duas variáveis – intervalo de atenção e idade – e sugere uma relação entre elas. Há diversas formas de identificar e descrever essas relações.

Estudos de caso e observação naturalista **Estudos de caso** são exames profundos de um único indivíduo. Para examinar mudanças no intervalo de atenção, um pesquisador poderia usar um estudo de caso comparando os escores de um indivíduo em testes de atenção em várias idades durante a infância. Esse estudo poderia dizer muito sobre a estabilidade ou a instabilidade da atenção no indivíduo estudado, mas o pesquisador não saberia se os achados seriam aplicáveis a outros sujeitos.

Ainda assim, os estudos de caso são extremamente úteis na tomada de decisões. Por exemplo, para descobrir se uma criança tem retardo mental, um psicólogo pode fazer um estudo de caso extensivo envolvendo testes, entrevistas com os pais da criança, observações comportamentais, e assim por diante. Os estudos de caso também costumam ser a base de hipóteses importantes sobre eventos incomuns do desenvolvimento, tais como traumatismos cranianos e derrames.

Quando usam **observação naturalista**, os psicólogos observam pessoas em seus ambientes normais. Por exemplo, para descobrir mais sobre intervalo de atenção em crianças de diferentes idades, um pesquisador deve observá-las em suas casas ou creches. Esses estudos fornecem aos desenvolvimentalistas informações sobre processos psicológicos em contextos do cotidiano.

A fraqueza desse método, entretanto, é o *viés do observador*. Por exemplo, se um pesquisador observando crianças de 2 anos está convencido de que a maioria delas têm intervalos de atenção muito curtos, é provável que ele ignore qualquer comportamento que vá contra essa visão. Devido a essa tendência, estudos de observação naturalista frequentemente usam observadores "cegos" – que não sabem sobre o que trata a pesquisa. Na maioria dos casos, a bem da precisão, esses estudos empregam dois ou mais observadores. Dessa forma, a observação de cada um pode ser verificada em relação à dos outros.

Como nos estudos de caso, os resultados de estudos de observação naturalista têm poder de generalização limitado. Além disso, estudos de observação naturalista consomem muito tempo. Eles devem ser repetidos em uma variedade de situações antes de os pesquisadores estarem seguros de que o comportamento das pessoas reflete desenvolvimento e não as influências de um ambiente específico.

Correlações Uma **correlação** é um número variando de –1,00 a +1,00 que descreve a força de uma relação entre duas variáveis. Uma correlação 0 indica que não há relação entre variáveis. Uma correlação positiva significa que escores altos em uma variável são geralmente acompanhados por escores altos em outra. Quanto mais próxima de +1,00 estiver uma correlação positiva, mais forte é a relação entre as variáveis. Duas variáveis que se movem em direções opostas resultam em uma correlação negativa; portanto, quanto mais perto de –1,00 estiver a correlação, mais fortemente as duas são inversamente relacionadas.

Para entender as correlações positiva e negativa, pense sobre a relação entre temperatura e o uso de condicionadores de ar e aquecedores. Temperatura e uso de ar condicionado estão positivamente correlacionados. À medida que a temperatura sobe, aumenta o número de condicionadores de ar em uso. Inversamente, temperatura e uso de aquecedor estão negativamente correlacionados. À medida que a temperatura diminui, o número de aquecedores em uso aumenta.

Se quisermos testar a hipótese de que intervalo de atenção maior está relacionado a aumentos na idade, podemos usar uma correlação. Tudo o que precisaríamos fazer seria administrar testes de intervalo de atenção a crianças de várias idades e calcular a correlação entre escores de teste e idades. Se houvesse uma correlação positiva entre a duração dos intervalos de atenção e a idade – se crianças mais velhas prestassem atenção por períodos mais longos de tempo –, então poderíamos dizer que nossa hipótese foi apoiada. Do contrário, se houvesse uma correlação negativa – se crianças mais velhas prestassem atenção por períodos de tempo mais curtos do que crianças mais jovens –, então teríamos de concluir que nossa hipótese não foi apoiada.

estudos de caso Estudos em profundidade sobre indivíduos.

observação naturalista Um método de pesquisa no qual os participantes são observados em seus ambientes normais.

correlação Uma estatística usada para descrever a força de uma relação entre duas variáveis. Ela pode variar de –1,00 a +1,00. Quanto mais próxima de +1,00 ou de –1,00 mais forte é a relação que está sendo descrita.

Métodos experimentais

> Objetivo da aprendizagem 1.13
> Qual é a principal vantagem do método experimental?

Úteis como são, os estudos de caso, as observações naturalistas e as correlações revelam pouco sobre relacionamentos *causais* entre variáveis. Por exemplo, a quantidade de tempo que as crianças passam assistindo televisão está correlacionada com ganho de peso excessivo, porém é altamente duvidoso que assistir televisão faça as crianças ganharem peso demais. Antes, assistir televisão e ganho de peso estão correlacionados porque ambos estão ligados às causas reais de ganho de peso: calorias em excesso (fazer lanches enquanto assiste à televisão) e pouco exercício.

Quando os cientistas do desenvolvimento buscam identificar a causa de uma mudança relacionada à idade, eles recorrem a experiências. Uma **experiência** é um método de pesquisa que testa uma hipótese causal. Suponha, por exemplo, que acreditamos que diferenças etárias no intervalo de atenção são causadas pelo fracasso de crianças mais jovens em usar estratégias de manutenção da atenção, tais como ignorar distrações. Poderíamos testar essa hipótese fornecendo treinamento de atenção a um grupo de crianças e nenhum treinamento a outro grupo. Se as crianças treinadas tiverem escores mais altos em testes de atenção do que apresentavam antes do treinamento, e se o grupo sem treinamento não apresentar mudança, poderíamos afirmar que nossa hipótese foi apoiada.

Um aspecto fundamental de uma experiência é que os participantes são designados *aleatoriamente* para um de diversos grupos. Em outras palavras, o acaso determina o grupo no qual o pesquisador coloca cada participante. Quando os participantes são divididos aleatoriamente, os grupos têm médias e quantidades iguais de variação no que diz respeito a variáveis como inteligência, traços de personalidade, altura, peso, condição de saúde, e assim por diante. Consequentemente, nenhuma dessas variáveis pode afetar o resultado da experiência.

Os participantes no **grupo experimental** recebem o tratamento que o experimentador acredita que produzirá um determinado efeito, enquanto aqueles no **grupo-controle** recebem ou nenhum tratamento especial ou um tratamento neutro. O suposto elemento causal na experiência é chamado de **variável independente**, e o comportamento no qual é esperado que a variável independente mostre seu efeito é chamado de **variável dependente** (ou *variável de resultado*).

A aplicação desses termos à experiência de treinamento da atenção pode ajudar você a entendê-los melhor. O grupo que recebe o treinamento de atenção é o grupo experimental, enquanto aqueles que não recebem instrução formam o grupo-controle. O treinamento de atenção é a variável que nós, os experimentadores, acreditamos que causará diferenças no intervalo de atenção, portanto ele é a variável independente. O desempenho em testes de atenção é a variável que estamos usando para medir o efeito do treinamento. Portanto, o desempenho nos testes é a variável dependente.

As experiências são essenciais para o entendimento de muitos aspectos do desenvolvimento. No entanto, dois problemas especiais no estudo do desenvolvimento infantil limitam o uso de experiências. Primeiro, muitas das questões que os desenvolvimentalistas querem responder têm a ver com os efeitos de experiências desagradáveis ou estressantes – por exemplo, abuso ou exposição pré-natal a álcool ou tabaco. Por razões éticas óbvias, os pesquisadores não podem manipular essas variáveis. Por exemplo, eles não podem pedir a um grupo de mulheres grávidas para tomar duas doses de bebidas alcoólicas por dia e a outro para não tomar nenhuma. Para estudar os efeitos dessas experiências, os desenvolvimentalistas contam com métodos não experimentais, como as correlações.

Segundo, a variável independente nas quais os desenvolvimentalistas estão geralmente mais interessados é a própria idade, e eles não podem designar participantes aleatoriamente a grupos etários. Os pesquisadores podem comparar os intervalos de atenção de crianças de 4 e de 6 anos, mas elas diferem em vários aspectos além de suas idades. Crianças mais velhas tiveram mais e diferentes experiências. Portanto, ao contrário dos psicólogos que estudam outros aspectos do comportamento, os psicólogos do desenvolvimento *não podem* manipular sistematicamente muitas das variáveis nas quais estão mais interessados.

Para contornar esse problema, os desenvolvimentalistas usam inúmeras estratégias, às vezes denominadas *quase-experiências*, nas quais comparam grupos sem designar os participantes aleatoriamente. As comparações transversais são uma forma de quase-experiência. Assim também são os estudos nos quais os pesquisadores selecionam grupos que naturalmente diferem em alguma dimensão de interesse, tais como crianças cujos pais preferem colocá-las em creches comparadas a crianças cujos pais as mantêm em casa. Essas comparações apresentam problemas, pois os grupos que diferem em um aspecto provavelmente também serão diferentes em outro. Famílias que colocam seus filhos na creche também têm a probabilidade de serem mais pobres, de terem apenas um pai solteiro, e podem ter diferentes valores ou formação religiosa em relação

---

experiência Um método de pesquisa para testar uma hipótese causal, na qual os participantes são divididos aleatoriamente em grupos experimentais e grupos-controle e, então, é administrada ao grupo experimental uma determinada experiência que se espera que altere o comportamento de alguma forma.

grupo experimental Um grupo de participantes em uma experiência que recebe um determinado tratamento visando produzir algum efeito específico.

grupo-controle Um grupo de participantes em uma experiência que não recebe tratamento especial ou recebe apenas tratamento neutro.

variável independente Uma condição ou evento que um experimentador varia de alguma forma sistemática a fim de observar o impacto daquela variação sobre o comportamento dos participantes.

variável dependente A variável em uma experiência que se espera que demonstre o impacto das manipulações da variável independente; também chamada de *variável de resultado*.

àqueles que criam seus filhos em casa. Se os pesquisadores constatam que os dois grupos diferem de alguma forma, é porque eles passaram suas horas do dia em diferentes lugares ou é devido às diferenças em suas famílias? Essas comparações podem se tornar um pouco mais claras se os grupos de comparação forem inicialmente selecionados de modo a combinar naquelas variáveis que os pesquisadores pensam que poderiam importar, tais como renda, estado civil ou religião. Mas uma quase-experiência, por sua própria natureza, sempre produzirá resultados mais ambíguos do que uma experiência totalmente controlada. Entretanto, conforme observado na discussão *Reflexão sobre a pesquisa*, os relatos da mídia da pesquisa frequentemente não fornecem aos consumidores informações suficientes sobre os métodos de pesquisa. Essas informações são vitais para determinar a validade de um achado, além de ajudar pais e profissionais que trabalham com crianças a determinar a relevância da pesquisa para suas próprias vidas.

REFLEXÃO SOBRE A PESQUISA
Respondendo a relatos da mídia da pesquisa

Nesta era da informação, os pais são bombardeados com relatos da mídia sobre pesquisas quase diariamente. A reflexão sobre esses relatos pode ajudar a entender por que é importante saber sobre os métodos de pesquisa mesmo se você não tem a intenção de fazer uma pesquisa. Para fins de ilustração, considere o seguinte: em 2004, os noticiários fizeram inúmeras reportagens alertando os pais de crianças pequenas de que assistir televisão demais nos primeiros anos poderia levar mais tarde ao transtorno de déficit de atenção/hiperatividade (TDAH) (Clayton, 2004). Essas advertências eram baseadas, diziam os repórteres, em um estudo científico que foi publicado na prestigiada revista *Pediatrics*. Como uma pessoa que não é especialista no assunto em questão pode avaliar afirmações como essas?

As estratégias de pensamento usadas por psicólogos e outros cientistas podem nos ajudar a peneirar tais informações. O *pensamento crítico*, a base do método científico, é o processo de avaliar objetivamente alegações, proposições e conclusões para determinar se elas resultam logicamente da evidência apresentada. Quando nos envolvemos em pensamento crítico, exibimos essas características:

- **Pensamento independente.** Quando pensamos criticamente, não aceitamos e acreditamos automaticamente no que lemos ou ouvimos.
- **Suspensão de julgamento.** O pensamento crítico requer obter informação relevante e atualizada sobre todos os lados de uma questão antes de tomar uma posição.
- **Disposição de modificar ou abandonar julgamentos anteriores.** O pensamento crítico envolve avaliar novas evidências quando elas contradizem crenças preexistentes.

A aplicação da primeira dessas três características ao estudo de televisão-TDAH envolve reconhecer que a validade de qualquer estudo não é determinada pela autoridade de sua fonte. Em outras palavras, revistas prestigiadas – ou livros de psicologia – não deveriam ser consideradas fontes de verdades fixas e imutáveis. De fato, aprender a questionar "verdades" aceitas é importante para o próprio método científico.

A segunda e a terceira características do pensamento crítico, a suspensão do julgamento e a disposição para mudança, podem requerer a mudança de alguns velhos hábitos. Se você é como a maioria das pessoas, reage a relatos da mídia sobre a pesquisa com base em suas experiências pessoais, um tipo de evidência que os cientistas chamam de *evidência anedótica*. Por exemplo, em resposta ao relato da mídia sobre assistir televisão e TDAH, uma pessoa poderia dizer "Eu concordo com aquele estudo porque meu primo tem um TDAH tão grave que precisou abandonar os estudos no ensino médio, e ele estava sempre colado na televisão quando era pequeno". Uma outra poderia retrucar dizendo "Eu não concordo com aquele estudo porque eu assistia muita televisão quando era criança e não tenho TDAH".

A suspensão do julgamento requer que você adie a aceitação ou a rejeição dos achados do estudo até acumular mais evidências. Isso envolveria determinar quais achados, se houvessem, foram relatados por outros pesquisadores em relação a uma possível ligação entre assistir televisão e TDAH. Descobrir outros estudos relevantes pode ajudar a formar um quadro abrangente do que todo o corpo de pesquisa diz sobre o assunto. Finalmente, quando evidências suficientes foram acumuladas, um pensador crítico deve estar disposto a abandonar noções pré-concebidas e crenças anteriores que estejam em conflito.

A qualidade da evidência é tão importante quanto a quantidade. Portanto, um pensador crítico avaliaria os achados do estudo televisão-TDAH em termos dos métodos usados para obtê-los. Os pesquisadores dividiram aleatoriamente as crianças em grupos experimentais e grupos-controle que assistiam televisão durante diferentes quantidades de tempo e, então, avaliaram se os grupos diferiam em sintomas de TDAH vários anos mais tarde? Nesse caso, o estudo seria uma experiência e as alegações da mídia poderiam ser justificadas. Se, entretanto, os pesquisadores simplesmente mediram o quanto as crianças assistiam televisão na primeira infância e, então, correlacionaram essa variável com uma medida de TDAH posterior, então as alegações de uma relação causal entre as duas variáveis não seriam justificadas. Em vez disso, seria apropriado examinar variáveis subjacentes – como o envolvimento parental – que poderiam explicar a associação. [A pesquisa citada nesses relatos foi de natureza correlacional, portanto, as fortes alegações causais sugeridas por muitos relatos da mídia (Christakis, Zimmerman, Giuseppe e McCarty, 2004) eram inadequadas.]

Uma crítica desse tipo sugere que os pais não precisam ficar preocupados sobre quanto tempo seus filhos pequenos passam na frente da televisão? Evidentemente não. Antes, ela confirma uma questão levantada no início do capítulo. O desenvolvimento é um processo complexo envolvendo interações entre muitas variáveis. Portanto, estudos científicos podem ajudar os pais a entender melhor o desenvolvimento, mas eles devem ser comparados com outras fontes de informação, incluindo as próprias prioridades e os valores dos pais na formulação de cada decisão.

Questões para análise crítica

1. Como você poderia aplicar os conceitos de vulnerabilidade e resiliência a questões relativas ao papel da televisão no desenvolvimento de TDAH?
2. Que outras variáveis, além do envolvimento dos pais, poderiam contribuir para uma relação entre televisão e TDAH?

Objetivo da aprendizagem 1.14
Por que a pesquisa intercultural é importante para o estudo do desenvolvimento humano?

Pesquisa intercultural

A **pesquisa intercultural**, ou pesquisa comparando culturas ou contextos, está se tornando cada vez mais comum na psicologia do desenvolvimento. Ela é importante por duas razões. Primeiro, os desenvolvimentalistas desejam identificar mudanças universais – ou seja, eventos ou processos previsíveis que ocorrem na vida de indivíduos em todas as culturas. Eles não desejam postular uma afirmação geral sobre o desenvolvimento – tal como "O intervalo de atenção aumenta com a idade" – se o fenômeno em questão acontecer apenas em culturas ocidentais, industrializadas. Sem a pesquisa intercultural, é impossível saber se estudos envolvendo norte-americanos ou europeus se aplicam a pessoas em outras partes do mundo.

Segundo, um dos objetivos da psicologia do desenvolvimento é produzir descobertas que possam ser usadas para melhorar a vida das pessoas. A pesquisa intercultural é crucial também para esse objetivo. Por exemplo, os desenvolvimentalistas sabem que crianças em culturas que enfatizam a comunidade mais do que o indivíduo são mais cooperativas do que crianças em culturas mais individualistas. Entretanto, para usar essa informação como meio de todas as crianças aprenderem a cooperar, os desenvolvimentalistas precisam saber exatamente como adultos em culturas coletivas ensinam seus filhos a se tornarem cooperativos. A pesquisa intercultural ajuda os desenvolvimentalistas a identificar variáveis específicas que expliquem diferenças culturais.

Todos os métodos sobre os quais você aprendeu, que são resumidos na Tabela 1.3, são usados na pesquisa intercultural. Os pesquisadores interculturais também pedem emprestado métodos de outras disciplinas. Uma dessas estratégias, tomada emprestada do campo da antropologia, é compilar uma *etnografia* – uma descrição detalhada de uma cultura ou um contexto cultural baseada em observação extensiva. Com frequência, o observador vive dentro da cultura por um período de tempo ou até mesmo por vários anos. Cada etnografia busca ser a única, embora às vezes seja possível comparar diversos estudos diferentes para verificar se existem padrões de desenvolvimento semelhantes em contextos variados.

Alternativamente, os investigadores podem tentar comparar duas ou mais culturas diretamente, testando crianças ou adultos de cada uma de diversas culturas com as mesmas medidas ou com medidas comparáveis. Geralmente, isso envolve comparações entre países diferentes e, às vezes, as comparações são entre subculturas dentro do mesmo país, como na pesquisa cada vez mais comum nos Estados Unidos, que compara crianças ou adultos de diferentes grupos étnicos ou comunidades, tais como afro-americanos, hispano-americanos, asiático-americanos e europeu-americanos.

A maioria dos estudos na ciência do desenvolvimento envolve crianças de sociedades industrializadas que frequentam a escola por várias horas do dia. Ao estudar crianças como esta menina, cujas culturas requerem que passem grande parte de seu tempo trabalhando em vez de irem para a escola, os desenvolvimentalistas podem determinar que mudanças relacionadas à idade no funcionamento cognitivo provavelmente são atribuídas à educação formal e quais se originam de processos do desenvolvimento naturais, presumivelmente universais.

Objetivo da aprendizagem 1.15
Quais são os padrões éticos que os pesquisadores do desenvolvimento devem seguir?

Ética da pesquisa

Não importa qual das estratégias de pesquisa resumidas na Tabela 1.3 um pesquisador escolha usar, ele é eticamente obrigado a conduzir sua pesquisa de acordo com um conjunto bem-estabelecido de regras. *Ética da pesquisa* são diretrizes que os pesquisadores seguem para proteger os direitos dos animais e dos seres humanos que participam dos estudos. As diretrizes éticas são publicadas por organizações profissionais como a American Psychological Association (Associação Psicológica Americana), a American Educational Research Association (Associação de Pesquisa Educacional Americana) e a Society for Research in Child Development (Sociedade para Pesquisa no Desenvolvimento Infantil). Universidades, fundações privadas e órgãos governamentais têm comitês de revisão que asseguram que todas as pesquisas patrocinadas sejam éticas. As diretrizes para a pesquisa animal incluem o requisito de que os animais sejam protegidos de dor e sofrimento desnecessários. Além disso, os pesquisadores devem demonstrar que os possíveis benefícios de seus estudos para populações humanas ou animais são maiores do que qualquer possível dano aos sujeitos.

Os padrões éticos para pesquisa envolvendo participantes humanos são baseados nos seguintes temas principais:

pesquisa intercultural
Qualquer estudo que envolve comparações de diferentes culturas ou contextos.

Tabela 1.3 Métodos e modelos de pesquisa

Método	Descrição	Vantagens	Limitações
Modelos transversais	Participantes de diferentes idades estudados em certa época.	Fornecem rápido acesso a dados sobre diferentes idades.	Ignoram diferenças individuais; efeitos de coorte.
Modelos longitudinais	Participantes em um grupo estudados diversas vezes.	Acompanha mudanças do desenvolvimento em indivíduos e em grupos.	Consome tempo; os achados podem se aplicar apenas ao grupo que é estudado.
Modelos sequenciais	Estudo que combina componentes longitudinais e transversais.	Produz dados transversais e longitudinais relevantes à mesma hipótese.	Consome tempo; diferentes taxas de atrito entre grupos.
Estudos de caso	Estudo em profundidade de um ou de alguns indivíduos usando observação, entrevistas ou testagem psicológica.	Fornece informação profunda; importante no estudo de eventos incomuns.	Os resultados podem não ser generalizados para além do caso que é estudado; consome tempo; sujeito a interpretação errônea.
Observação naturalista	Observação de comportamento em ambientes naturais.	Os participantes se comportam naturalmente.	As expectativas dos pesquisadores podem influenciar os resultados; pouco controle sobre as condições.
Estudos de correlação	Determinação da relação matemática entre duas variáveis.	Avalia força e direção das relações.	Não pode demonstrar causa e efeito.
Experiências	Designação aleatória de participantes para grupos-controle ou experimentais; manipulação da variável independente.	Identificam relações causa-efeito.	Os resultados podem não ser generalizados para situações fora da pesquisa; muitas variáveis não podem ser estudadas nas experiências.
Pesquisa intercultural	Pesquisa que descreve a cultura ou a inclui como uma variável.	Fornece informação sobre universalidade e especificidade de cultura de mudanças relacionadas à idade.	Consome tempo; difícil de construir testes e métodos que sejam igualmente válidos em diferentes culturas.

Proteção contra dano. É antiético fazer pesquisa que possa causar dano físico ou psicológico permanente aos participantes. Além disso, se houver uma possibilidade de dano temporário, os pesquisadores devem fornecer aos participantes alguma forma de reparação. Por exemplo, se o estudo lembrar os participantes de experiências desagradáveis, tais como um estupro, os pesquisadores devem fornecer-lhes aconselhamento.

Consentimento informado. Os pesquisadores devem informar os participantes sobre qualquer possível dano e requerer que eles assinem um formulário de consentimento determinando que estão cientes dos riscos envolvidos na participação. A fim de que crianças participem nos estudos, seus pais devem dar permissão após o pesquisador tê-los informado dos possíveis riscos. Se as crianças tiverem mais de 7 anos, elas também devem dar seu próprio consentimento. Se a pesquisa ocorrer em uma escola ou creche, um administrador representando a instituição também deve consentir. Além disso, participantes humanos, crianças ou adultos, têm o direito de interromper a participação em um estudo a qualquer momento. Os pesquisadores são obrigados a explicar esse direito às crianças em linguagem que elas possam entender.

Confidencialidade. Os participantes têm direito à confidencialidade. Os pesquisadores devem manter as identidades dos participantes em sigilo e devem relatar dados de forma tal que nenhuma porção particular de informação possa ser associada a qualquer participante específico. A exceção à confidencialidade existe quando as crianças revelam aos pesquisadores que estão sendo abusadas ou foram abusadas de alguma forma por um adulto. Na maioria dos estados, todos os cidadãos devem relatar casos suspeitos de abuso da criança.

Conhecimento de resultados. Os participantes – ou seus pais, se eles forem crianças – e os administradores de instituições nas quais a pesquisa acontece têm o direito a um resumo por escrito dos resultados do estudo.

Proteção contra trapaça. Se a trapaça foi uma parte necessária do estudo, os participantes têm o direito de ser informados sobre ela tão logo o estudo termine.

Pensamento crítico

- Como cultura, religião e ciência moldaram suas visões do desenvolvimento?
- Os pesquisadores encontraram uma correlação positiva entre a idade da mãe no nascimento de seu filho e o futuro QI da criança; mães muito jovens têm filhos com QIs mais baixos. Como uma abordagem ecológica poderia nos ajudar a entender tal achado?

Conduza sua própria pesquisa

Jenna é uma criança de 6 anos que tem acessos de raiva toda vez que não lhe fazem as vontades. Descreva seu comportamento a várias pessoas e peça-lhes para explicá-lo. Compare suas explicações com as dos teóricos psicanalíticos, cognitivos e da aprendizagem.

Resumo

QUESTÕES NO ESTUDO DO DESENVOLVIMENTO

1.1 Que respostas foram propostas às questões de natureza-criação e continuidade-descontinuidade?

- A questão relacionada ao grau com que o desenvolvimento é influenciado pela natureza e pela criação tem sido central ao estudo do desenvolvimento por milhares de anos. Os teóricos favoráveis à natureza aprovam explicações biológicas, enquanto aqueles que defendem a criação endossam explicações experienciais de mudanças relacionadas à idade. Os psicólogos que endossam a continuidade enfatizam os aspectos quantitativos do desenvolvimento, enquanto aqueles que consideram o desenvolvimento descontínuo frequentemente propõem modelos de estágio para explicar mudança do desenvolvimento.

1.2 Quais são as variáveis internas e externas que influenciam o desenvolvimento?

- As variáveis internas que influenciam o desenvolvimento incluem fatores como maturação, períodos críticos e sensíveis, tendências inatas, variações genéticas individuais e modelos internos de experiência. As variáveis externas incluem comportamentos dos pais e características do ambiente físico. Os modelos teóricos tentam explicar como as variáveis internas e externas interagem.

1.3 Como a perspectiva ecológica melhora o entendimento dos cientistas do desenvolvimento da criança?

- A perspectiva ecológica tenta explicar como fatores externos, como, por exemplo, família e cultura, influenciam o desenvolvimento. Bronfenbrenner propôs um modelo contextual destacando os aspectos mais amplos do ambiente de uma criança. As influências culturais infiltram-se através de instituições sociais e através da vizinhança e da família. Todos os componentes desse sistema complexo interagem para afetar o desenvolvimento.

1.4 De que formas os conceitos de vulnerabilidade e resiliência nos ajudam a entender o desenvolvimento da criança?

- Os psicólogos do desenvolvimento discutem com frequência o desenvolvimento em termos de vulnerabilidade e resiliência. A ideia é a de que certos fatores de risco, como pobreza, predispõem a um desenvolvimento de formas indesejáveis. Entretanto, fatores protetores, como QI alto, previnem algumas crianças de serem negativamente influenciadas por fatores de risco.

1.5 Como os três tipos de mudança relacionada à idade diferem?

- Mudanças normativas do período etário são aquelas experimentadas por todos os seres humanos. Mudanças normativas do período histórico são comuns a indivíduos que têm experiências culturais e históricas semelhantes. Mudanças não normativas, como o momento das experiências, podem levar a diferenças individuais no desenvolvimento.

TEORIAS DO DESENVOLVIMENTO

1.6 Quais são as principais ideias das teorias psicanalíticas?

- As teorias psicanalíticas sugerem que pulsões internas influenciam fortemente o desenvolvimento. Tanto Freud como Erikson propuseram estágios para explicar o processo de desenvolvimento da personalidade à medida que as pessoas envelhecem.

1.7 Quais são as principais ideias das teorias cognitivo-desenvolvimentais e de processamento de informação?

- As teorias cognitivo-desenvolvimentais propõem que processos cognitivos básicos influenciam o desenvolvimento em todas as outras áreas. A teoria de Piaget foi especialmente influente, mas o interesse nas ideias de Vygotsky cresceu nos últimos anos. A teoria do processamento de informação também explica o desenvolvimento em termos de processos cognitivos.

1.8 Como os teóricos da aprendizagem explicam o desenvolvimento?

- As teorias da aprendizagem enfatizam a influência do ambiente sobre o comportamento das crianças. Os princípios dos condicionamentos clássico e operante explicam a aprendizagem em termos de ligações entre estímulos e respostas. A teoria sóciocognitiva de Bandura dá mais peso ao processamento cognitivo de experiências de aprendizagem das crianças e tenta explicar como a modelação influencia o desenvolvimento.

1.9 Quais são os critérios que os cientistas do desenvolvimento usam para comparar teorias?

- Os psicólogos não pensam nas teorias como "verdadeiras" ou "falsas". Antes, eles as comparam com base em suposições e utilidades.

ENCONTRANDO AS RESPOSTAS: MODELOS E MÉTODOS DE PESQUISA

1.10 Quais são as metas da ciência do desenvolvimento?

- As metas da psicologia do desenvolvimento são descrever, explicar, prever e influenciar mudanças relacionadas à idade. Os psicólogos do desenvolvimento usam vários métodos para alcançar esses objetivos.

1.11 Quais são os prós e os contras de estudos de pesquisa transversais, longitudinais e sequenciais?

- Os modelos transversais, nos quais grupos etários separados são testados uma vez, fornecem respostas rápidas a questões sobre diferenças etárias, mas não permitem a observação de processos do desenvolvimento. Os modelos longitudinais, que testam os mesmos indivíduos repetidamente com o passar do tempo, permitem que os pesquisadores observem os processos do desenvolvimento em atividade, mas não determinam se as mudanças observadas podem ser generalizadas para outros indivíduos além daqueles que participam do estudo. Os modelos sequenciais equilibram os prós e os contras de modelos transversais e longitudinais combinando ambas as abordagens.

1.12 Quais métodos descritivos são usados por cientistas do desenvolvimento?

- Estudos de caso e observação naturalista fornecem uma quantidade importante de informação, mas oferecem pouca possibilidade de generalização. Estudos correlacionais medem relações entre variáveis. Eles podem ser feitos rapidamente e produzem informação mais generalizável do que a informação de estudos de caso ou observação naturalista.

1.13 Qual é a principal vantagem do método experimental?

- Para testar hipóteses causais, é necessário usar estudos experimentais nos quais os participantes são divididos aleatoriamente em grupos experimentais ou grupos-controle. Um experimentador manipula uma variável independente a fim de observar seus efeitos sobre uma variável dependente.

1.14 Por que a pesquisa intercultural é importante para o estudo do desenvolvimento humano?

- A pesquisa intercultural ajuda os desenvolvimentalistas a identificar padrões universais e variáveis culturais que afetam o desenvolvimento.

1.15 Quais são os padrões éticos que os pesquisadores do desenvolvimento devem seguir?

- Os princípios éticos que orientam a pesquisa psicológica incluem proteção contra dano, consentimento informado, confidencialidade, conhecimento de resultados e proteção contra trapaça.

Termos-chave

andaimagem (*scaffolding*) (p. 38)
behaviorismo (p. 27)
ciência do desenvolvimento (p. 26)
condicionamento clássico (p. 39)
condicionamento operante (p. 41)
coorte (p. 34)
correlação (p. 47)
ecletismo (p. 44)
ego (p. 36)
estudos de caso (p. 47)
estágios psicossexuais (p. 36)
estágios psicossociais (p. 36)
experiência (p. 48)
genética do comportamento (p. 30)
grupo-controle (p. 48)
grupo experimental (p. 48)
hipótese (p. 44)

id (p. 36)
libido (p. 36)
maturação (p. 29)
modelo interno de experiência (p. 30)
modelo longitudinal (p. 45)
modelo sequencial (p. 45)
modelo transversal (p. 45)
mudanças normativas do período etário (p. 34)
mudanças normativas do período histórico (p. 34)
mudanças não normativas (diferenças individuais) (p. 35)
normas (p. 27)
observação naturalista (p. 47)
período crítico (p. 29)
período sensível (p. 29)

pesquisa intercultural (p. 50)
punição (p. 41)
reforço negativo (p. 41)
reforço positivo (p. 41)
superego (p. 36)
teorias cognitivo-desenvolvimentais (p. 37)
teorias da aprendizagem (p. 39)
teorias do desenvolvimento (p. 35)
teorias do processamento de informação (p. 38)
teorias psicanalíticas (p. 35)
variável dependente (p. 48)
variável independente (p. 48)
zona de desenvolvimento proximal (p. 38)

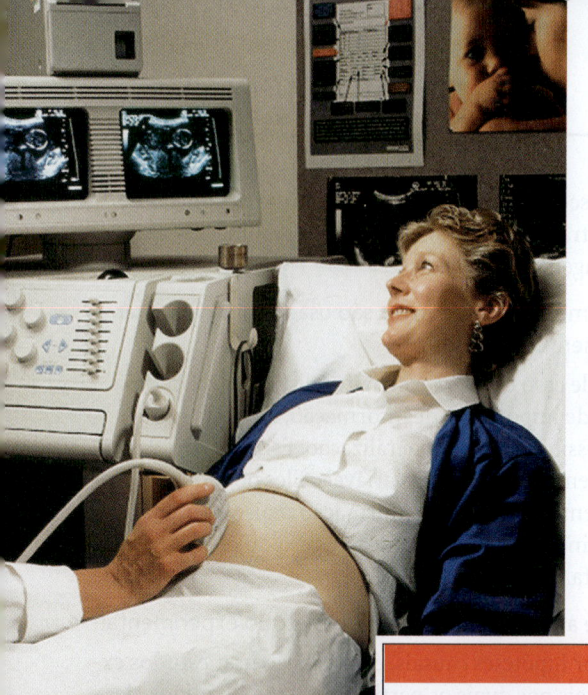

2 Desenvolvimento Pré-natal

Objetivos da Aprendizagem

Concepção e genética

2.1 Quais são as características do zigoto?
2.2 De que formas os genes influenciam o desenvolvimento?

Desenvolvimento da concepção ao nascimento

2.3 O que acontece em cada um dos estágios de desenvolvimento pré-natal?
2.4 Como os fetos masculino e feminino diferem?
2.5 Que comportamentos os cientistas observam nos fetos?

Problemas no desenvolvimento pré-natal

2.6 Quais são os efeitos das principais doenças dominantes, recessivas e ligadas ao sexo?
2.7 Como trissomias e outros transtornos dos autossomos e dos cromossomos sexuais afetam o desenvolvimento?
2.8 Como doenças maternas e perigos ambientais afetam o desenvolvimento pré-natal?
2.9 Quais são os possíveis efeitos adversos do tabaco, do álcool e de outras drogas sobre o desenvolvimento pré-natal?
2.10 Quais são os riscos associados a drogas legais, dieta, idade, sofrimento emocional e pobreza maternos?

Embora não saibamos os detalhes de seu caso, podemos provavelmente supor que o casal não identificado, que chamaremos de Sr. e Sra. X, estava tão excitado com a chegada iminente dos gêmeos quanto qualquer outro casal estaria. Quando os meninos gêmeos nasceram, ficou logo evidente que alguma coisa tinha dado errado. Um dos bebês parecia ser um menino normal, mas a outra criança tinha órgãos genitais que não eram claramente masculinos nem femininos. Testes mostraram que o corpo do gêmeo com genitália ambígua possuía tecido tanto masculino como feminino. A análise do DNA revelou que os corpos de ambos carregavam genes masculinos e femininos, mas o bebê com genitália normal não tinha nenhum tecido feminino. Para entender melhor o caso, o médico do casal os encaminhou para pesquisadores de genética no Good Samaritan Hospital, em Fênix, Arizona.

Após novos exames do DNA dos gêmeos, os geneticistas do Good Samaritan determinaram que eles eram *semi-idênticos* (Whitfield, 2007). Ou seja, eles eram o produto de um único óvulo que tinha sido fecundado por dois espermatozoides e, então, dividido em dois embriões. Portanto, eles eram idênticos com respeito aos genes que receberam de sua mãe, mas eram não idênticos com relação aos genes de seu pai. Para complicar as coisas, cada menino recebeu uma mistura diferente de genes dos dois espermatozoides. Foi essa combinação diferente de genes do pai que levou à diferença anatômica entre a genitália dos dois meninos. (A propósito, os meninos eram e continuam sendo completamente normais em todos os outros aspectos.)

Como você poderia imaginar, gêmeos semi-idênticos são uma ocorrência extremamente rara. De fato, antes do caso desses gêmeos vir à luz, estudos laboratoriais com células reprodutivas humanas tinham convencido os especialistas de que a combinação de um único óvulo com múltiplos espermatozoides não poderia produzir uma criança viva. Mas tecnologias que estão evoluindo a um ritmo surpreendente permitiram que os pesquisadores do Good Samaritan rastreassem cada gene nos corpos dos gêmeos, identificando se era originário do pai ou da mãe, e encontrassem os dois espermatozoides que estavam envolvidos na concepção dos meninos. A evidência resultante levou os pesquisadores à inevitável conclusão de que um feito que se tinha provado impossível no laboratório havia sido alcançado.

Graças a essas mesmas tecnologias, os cientistas estão obtendo *insights* sobre os processos de desenvolvimento pré-natal que estavam envoltos em mistério há apenas algumas décadas. Neste capítulo, você ficará familiarizado com alguns desses *insights*. Como resultado, esperamos que você obtenha uma maior apreciação do surpreendente processo de desenvolvimento pré-natal.

zigoto Célula única formada pela combinação de um espermatozoide com um óvulo durante a concepção.

óvulo A célula liberada mensalmente dos ovários de uma mulher que, se fecundada, forma a base para o organismo em desenvolvimento.

tuba uterina O tubo entre o ovário e o útero pelo qual o óvulo se desloca para o útero e no qual a concepção geralmente ocorre.

Concepção e genética

O primeiro passo no desenvolvimento de um ser humano é o momento da *concepção*, quando duas únicas células – uma de um homem e a outra de uma mulher – se juntam para formar uma nova célula chamada **zigoto**. Esse evento coloca em movimento forças genéticas poderosas que influenciarão o indivíduo durante toda a vida.

O processo da concepção

Objetivo da aprendizagem 2.1
Quais são as características do zigoto?

Comumente, uma mulher produz um óvulo (ovo) por mês em um de seus dois ovários. O **óvulo** é liberado de um ovário aproximadamente entre dois períodos menstruais. Se não for fecundado, desloca-se do ovário para a **tuba uterina** em direção ao **útero**, onde gradualmente se desintegra e é expelido como parte do próximo fluxo menstrual. Se um casal tiver relações sexuais durante os poucos dias cruciais em que o óvulo está na tuba uterina, um dos milhões de **espermatozoides** ejaculados como parte de cada orgasmo masculino pode viajar toda a distância através da vagina, cérvix e útero até a tuba uterina e penetrar no óvulo. Então, uma criança foi concebida. O zigoto, por sua vez, continua em sua jornada pela tuba uterina e, finalmente, implanta-se na parede do útero. (Ver *Reflexão sobre a pesquisa*.)

útero O órgão feminino no qual o embrião/feto se desenvolve (popularmente referido como *ventre*).

espermatozoide As células produzidas nos testículos do homem que podem fecundar um óvulo após a relação sexual.

cromossomos As estruturas, dispostas em 23 pares, dentro de cada célula no corpo que contém informação genética. Cada cromossomo é constituído de muitos segmentos chamados genes.

A genética básica da concepção Exceto em indivíduos com tipos particulares de anormalidade genética, o núcleo de cada célula no corpo humano contém um conjunto de 46 **cromossomos** arranjados em 23 pares. Esses cromossomos incluem toda a informação genética, governando não apenas características individuais, como cor do cabelo, altura, forma corporal, temperamento e aspectos de inteligência, mas também todas aquelas características compartilhadas pelos membros de nossa espécie, tais como padrões de desenvolvimento físico e tendências inatas de vários tipos.

REFLEXÃO SOBRE A PESQUISA
Tecnologia reprodutiva assistida

Os médicos definem *infertilidade* como o fracasso em conceber após 12 meses consecutivos de intercurso sem proteção (Mitchell, 2002). Procurando auxílio para conceber e dar à luz bebês saudáveis, muitos casais inférteis apelam para *técnicas reprodutivas assistidas (TRA)*. O uso de *medicamentos para aumentar a fertilidade* e estimular os ovários a produzir óvulos é a abordagem mais comum ao tratamento da infertilidade. Aumentar o número de óvulos que uma mulher produz aumenta as chances de uma concepção natural. Além disso, esses medicamentos desempenham um papel importante em outras técnicas reprodutivas assistidas. Elas são frequentemente usadas junto com *inseminação artificial*, o processo de injetar esperma no útero de uma mulher nos momentos em que se sabe que óvulos estão presentes.

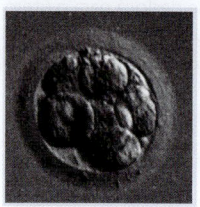

Os medicamentos de fertilidade são também empregadas na *fertilização vitro (FIV; in vitro é vidro* em latim), popularmente conhecida como o método "bebê de proveta". O primeiro passo na FIV envolve o uso desses medicamentos para estimular os ovários da mulher a produzir múltiplos óvulos. Os óvulos são extraídos dos ovários e combinados ao esperma em um recipiente laboratorial. Se a concepção ocorrer, um ou mais embriões – idealmente no estágio de desenvolvimento celular seis a oito – são transferidos para o útero da mulher na esperança de que na gravidez normal se desenvolva. Os óvulos usados na FIV podem vir da mulher que carregará a criança ou de uma doadora. Igualmente, o esperma pode vir do parceiro da mulher ou de um doador.

Um embrião de oito células é ideal para transferência de FIV. Aqui é mostrado um embrião no dia da transferência para o útero de uma mulher.

Entretanto, a FIV não é um procedimento altamente bem-sucedido. Menos de um terço desses procedimentos resultam em um nascimento vivo (Wright, Schieve, Reynolds e Jeng, 2005). Quanto mais avançada a idade da mulher, menor a probabilidade de ela ser capaz de ter uma gravidez por FIV bem-sucedida. Aproximadamente 35% das pacientes de FIV de 20 a 29 anos consegue um nascimento vivo, e apenas cerca de 13% dos procedimentos de FIV envolvendo mulheres acima dos 40 anos é bem-sucedido (Society for Assisted Reproductive Technology, 2008). Além disso, o FIV é caro e normalmente não é coberto por plano de saúde (Jain, Harlow e Hornstein, 2002).

A FIV bem-sucedida acarreta uma série diferente de riscos. Nascimentos múltiplos são mais frequentes entre pacientes de FIV, principalmente porque os médicos preferem transferir vários zigotos ao mesmo tempo a fim de aumentar a probabilidade de pelo menos um nascimento vivo (Society for Assisted Reproductive Technology, 2004). Desse modo, 13-33% das pacientes de FIV dão à luz gêmeos, e outros 2-5% dão à luz trigêmeos (Society for Assisted Reproductive Technology, 2008). Nascimentos múltiplos estão associados a nascimento prematuro, baixo peso e defeitos de nascimento. Portanto, reduzir a frequência de nascimentos múltiplos entre mulheres passando por tratamento de infertilidade tornou-se uma meta importante da medicina reprodutiva (Jain, Missmer e Hornstein, 2004).

Apesar dos riscos associados à FIV, a maioria das mulheres que consegue gestações bem-sucedidas como resultado dessa técnica dão à luz bebês saudáveis e normais. Além disso, estudos tanto comparativos (bebês e crianças de FIV *versus* não FIV) quanto longitudinais têm demonstrado que crianças concebidas através de FIV com peso de nascimento normal e sem nenhum defeito de nascimento desenvolvem-se identicamente a seus pares concebidos naturalmente (Levy-Shiff et al., 1998; van Balen, 1998). Esses achados devem encorajar e dar esperança àqueles casais que precisam apelar para a tecnologia reprodutiva assistida para realizar seu desejo de ter filhos.

Questões para análise crítica

1. Retorne à discussão sobre ética de pesquisa no Capítulo 1. Seria ético usar tecnologia reprodutiva assistida para manipular experimentalmente variáveis associadas à concepção, tais como o momento da concepção em relação às estações do ano, a fim de determinar os efeitos dessas variáveis sobre o desenvolvimento durante a infância? Por quê?
2. O uso de tecnologia reprodutiva assistida para ajudar mulheres após a menopausa a engravidar é controverso. Quais são os argumentos a favor e contra essa prática?

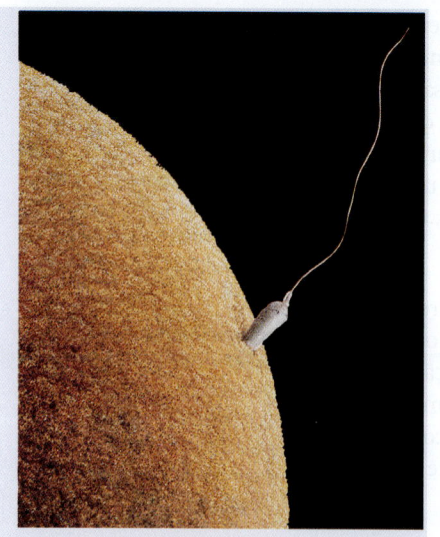

Esta foto mostra o momento da concepção, quando um único espermatozoide perfurou o revestimento em torno do óvulo.

As únicas células que não contêm 46 cromossomos são o espermatozoide e o óvulo, coletivamente denominados **gametas** ou *células germinativas*. Nos primeiros estágios do desenvolvimento, os gametas se dividem como todas as outras células fazem (um processo denominado *mitose*), com cada conjunto de 23 pares de cromossomos duplicando-se. No passo final de divisão do gameta, entretanto, denominado *meiose*, cada nova célula recebe apenas um cromossomo de cada par original. Portanto, cada gameta tem apenas 23 cromossomos em vez de 23 pares. Quando uma criança é concebida, os 23 cromossomos no óvulo e os 23 no espermatozoide se combinam para formar os 23 pares que serão parte de cada célula no novo corpo em desenvolvimento.

Os cromossomos são compostos de longas cadeias de moléculas de uma substância química chamada **ácido desoxirribonucleico (DNA)**. Em um *insight* pelo qual ganharam o Prêmio Nobel em 1953, James Watson e Francis Crick deduziram que o DNA tem o formato de uma hélice dupla, um pouco como uma escada torcida. O aspecto notável dessa escada é que os degraus são construídos de modo que a hélice inteira possa "descomprimir-se"; então cada metade pode guiar a duplicação da parte faltante, permitindo, assim, a multiplicação de células a fim de que cada nova célula contenha todo o conjunto de informação genética.

A cadeia de DNA que compõe cada cromossomo pode ser subdividida ainda em segmentos denominados **genes**, cada um dos quais controla ou influencia um determinado aspecto de um organismo ou uma porção de algum padrão de desenvolvimento. Um gene que controla ou influencia alguma característica específica, tal como tipo sanguíneo ou cor do cabelo, sempre aparece no mesmo lugar (posição ou *locus*; plural *loci*) no mesmo cromossomo em qualquer indivíduo da mesma espécie. Por exemplo, a posição do gene que determina se você tem sangue tipo A, B, ou O está no cromossomo 9, e genes semelhantes para tipo sanguíneo são encontrados no cromossomo 9 em todos os outros seres humanos. Em fevereiro de 2001, cientistas trabalhando em um grupo de estudos notável conhecido como *Projeto do Genoma Humano (HGP)* anunciaram que tinham identificado a posição de cada gene humano (U.S. Department of Energy, 2001) (ver Figura 2.1).

Há na verdade dois tipos de cromossomos. Em 22 dos pares de cromossomos, denominados *autossomos*, os membros do par se parecem e contêm posições genéticas exatamente iguais. O 23º par, entretanto, opera de forma diferente. Os cromossomos desse par determinam o sexo da criança e são, portanto, chamados de *cromossomos sexuais*; eles ocorrem em duas variedades, referidas como os cromossomos X e Y.

Uma mulher normal tem dois cromossomos X no 23º par (um padrão XX), enquanto um homem normal tem um cromossomo X e um cromossomo Y (um padrão XY). O cromossomo X é consideravelmente maior do que o cromossomo Y e contém muitas posições genéticas não encontradas no Y.

Note que o sexo da criança é determinado pelo cromossomo sexual que ela recebe do espermatozoide. Visto que uma mulher tem apenas cromossomos X, todo óvulo carrega um X. Mas considerando que um homem tem cromossomos X e Y, quando os gametas do pai se dividem, metade carregará um X e metade, um Y. Se o espermatozoide que fecundar o óvulo carregar um X, então a criança herda um padrão XX e é uma menina. Se o espermatozoide fertilizador carregar um Y, então a combinação é XY e a criança é um menino.

Os geneticistas levaram esse entendimento um passo adiante, descobrindo que é apenas uma seção muito pequena do cromossomo Y o que realmente determina a masculinidade – um segmento referido como *SRY* (região determinante do sexo do cromossomo Y). Às vezes, entre 4 a 8 semanas após a concepção, códigos genéticos SRY sinalizam ao corpo do embrião masculino para começar a secretar hormônios chamados *andrógenos*. Esses hormônios provocam o desenvolvimento da genitália masculina. Se andrógenos não estão presentes, a genitália feminina se desenvolve, não importa qual seja a condição cromossômica do embrião.

gametas Espermatozoides e óvulos. Essas células, ao contrário de todas as outras células do corpo, contêm apenas 23 cromossomos em vez de 23 pares.

ácido desoxirribonucleico (DNA) A substância química da qual os cromossomos são compostos.

gene Um segmento de DNA de codificação exclusiva que afeta um ou mais processos ou desenvolvimentos corporais específicos.

Doença de Creutzfeldt-Jakob
Doença de Gerstmann-Straussler
Insônia, familiar fatal
Síndrome de Hallervorden-Spatz
Síndrome de Alagille
Distrofia corneana
Inibidor da ligação de DNA, negativo dominante
Síndrome de anomalias faciais
Gigantismo
Retinoblastoma
Sarcoma de Rous
Câncer de cólon
Galactosialidose
Imunodeficiência combinada severa
Anemia hemolítica
Obesidade/hiperinsulinismo
Pseudo-hipoparatiroidismo, tipo 1a
Displasia poliostótica associada à Síndrome de McCune Albrigth
Somatotrofinoma
Adenoma pituitário secretor de ACTH
Síndrome de Shah-Waardenburg

Diabete insípido, neuro-hipofiseal
SRY (região determinante do sexo do cromossomo Y)
Síndrome de McKusick-Kaufman
Angiopatia amiloide cerebral
Trombofilia
Infarto do miocárdio, suscetibilidade a
Transtorno neurodegenerativo tipo Huntington
Anemia, diseritropoiética congênita
Displasia acromesomélica, tipo Hunter-Thompson
Bracdactilia tipo C
Condrodisplasia, tipo Grebe
Supressor de tumor mieloide
Câncer de mama
Diabete do jovem de início na maturidade, tipo 1
Diabete melito, não dependente de insulina
Doença de Graves, suscetibilidade a
Epilepsia do lobo frontal e neonatal benigna tipo 1
Displasia epifiseal, múltipla
Padrão variante eletrencefalográfico
Pseudo-hipoparatiroidismo, tipo 1b

Figura 2.1 Cromossomo humano nº 20

Esta figura representa o "mapa" genético do cromossomo humano nº 20; ele foi criado por cientistas associados ao Projeto do Genoma Humano. Os pesquisadores produziram mapas igualmente específicos para todos os 23 cromossomos humanos. Esses mapas incluem genes para traços normais (cor dos olhos) e para transtornos genéticos.

Objetivo da aprendizagem 2.2
De que formas os genes influenciam o desenvolvimento?

Genótipos, fenótipos e padrões de herança genética

Quando os 23 cromossomos do pai e os 23 da mãe se unem na concepção, eles fornecem uma mistura de "instruções" que nem sempre combinam. Quando os dois conjuntos de instruções são os mesmos em qualquer posição (tais como genes para sangue tipo A de ambos os pais), os geneticistas dizem que o padrão genético é **homozigótico**. Quando os dois conjuntos de instruções diferem, diz-se que o padrão genético é **heterozigótico**, tal como um par de genes que inclui um para sangue tipo A de um dos pais e um para sangue tipo O do outro. Como essas diferenças são resolvidas? Os geneticistas ainda têm um longo caminho a percorrer antes de chegarem a uma resposta completa a essa questão, mas alguns padrões são muito claros. A Tabela 2.1 dá alguns exemplos de características físicas que seguem as regras sobre as quais você lerá nesta seção.

Tabela 2.1 Traços normais

Dominante	Recessivo	Poligênico
Sardas	Pé chato	Altura
Cabelo grosso	Lábios finos	Tipo físico
Covinhas	Sangue RH negativo	Cor dos olhos
Cabelo crespo	Cabelo fino	Cor da pele
Miopia	Cabelo ruivo	Personalidade
Lábios grossos	Cabelo loiro	
Sangue RH positivo	Sangue tipo O	
Sangue tipos A e B		
Cabelo escuro		

Fonte: Tortora e Grabowski, 1993.

Genótipos e fenótipos Em primeiro lugar, é importante saber que os geneticistas (e os psicólogos) fazem uma distinção importante entre o **genótipo**, que é o conjunto específico de "instruções" contidas nos genes de um determinado indivíduo, e o **fenótipo**, que é o conjunto de características reais observáveis. O fenótipo é um produto de três coisas: o genótipo, as influências ambientais do momento da concepção em diante, e a interação entre os dois. Uma criança poderia ter um genótipo associado a QI alto; contudo, se sua mãe beber muito álcool durante a gravidez, pode haver dano ao seu sistema nervoso, resultando em retardo leve. Uma outra criança poderia ter um genótipo incluindo a mistura de genes que contribui para um temperamento "difícil", mas se seus pais forem particularmente sensíveis e carinhosos ela pode aprender outras formas de conduzir-se.

Genes dominantes e recessivos Sempre que um determinado traço é governado por um único gene, como ocorre em aproximadamente 1.000 características físicas individuais, os padrões de herança seguem regras bem-definidas. A Figura 2.2 oferece uma visão esquemática de como o **padrão de herança dominante/recessivo** funciona, usando os genes para cabelo crespo e liso como exemplo. Visto que o cabelo liso é controlado por um gene recessivo, um indivíduo precisa herdar esse gene de ambos os pais a fim de que seu fenótipo inclua cabelo liso. Uma criança que recebe apenas um gene para cabelo liso terá cabelo crespo, mas ela pode passar o gene de cabelo liso para seus descendentes.

Sendo o cabelo crespo controlado por um gene dominante, uma criança que herda esse gene de qualquer um dos pais terá cabelo crespo. Entretanto, seu cabelo pode não ser tão crespo quanto o do pai do qual ela recebeu essa característica. Os genes variam em *expressividade*, um termo que simplesmente significa que o mesmo gene pode se manifestar diferentemente em dois indivíduos que o possuem.

O padrão dominante/recessivo nem sempre funciona de maneira tão direta. Por exemplo, os seres humanos carregam genes para três tipos sanguíneos: A (dominante), B (dominante) e O (recessivo). Cada indivíduo tem apenas dois desses genes. Se um gene é A e o outro é O, então o tipo sanguíneo do indivíduo é A. Como se sabe, um indivíduo deve herdar dois genes O recessivos para ter sangue tipo O. Mas o que acontece se um indivíduo recebe um gene A e um gene B? Levando em consideração o fato de que ambos são dominantes, o indivíduo tem tipo sanguíneo AB, e diz-se que os genes são *codominantes*.

Herança poligênica e multifatorial No **padrão de herança poligênico**, muitos genes influenciam o fenótipo. Há muitos traços poligênicos nos quais o padrão dominante/recessivo também é ativo. Por exemplo, os geneticistas acreditam que as crianças recebem de cada pai três genes para cor da pele (Tortora e Derrickson, 2005). A pele escura é dominante sobre a pele clara, mas

---

homozigótico Termo que descreve o padrão genético quando os dois genes no par em qualquer posição genética carregam ambos as mesmas instruções.

heterozigótico Termo que descreve o padrão genético quando dois genes no par em qualquer posição genética carregam instruções diferentes, como um gene para olhos azuis de um dos pais e um gene para olhos castanhos do outro.

genótipo O padrão de características e sequências do desenvolvimento mapeadas nos genes de qualquer indivíduo específico, que serão modificadas por experiência individual no fenótipo.

fenótipo A expressão de um conjunto particular de informação genética em um ambiente específico; o resultado observável da operação conjunta de influências genéticas e ambientais.

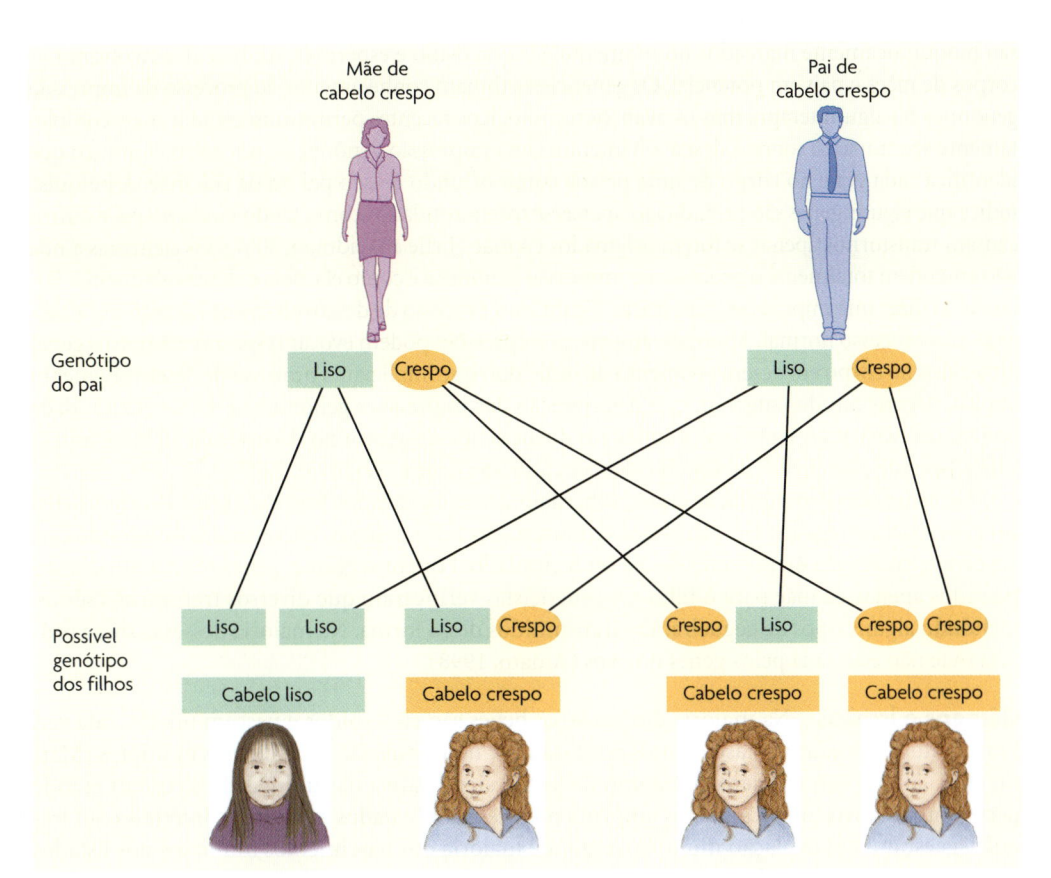

Figura 2.2 A genética do tipo de cabelo

Exemplos de como os genes para cabelo crespo e liso passam de pais para filhos.

cores misturadas de pele são possíveis. Portanto, quando um dos pais tem pele escura e o outro tem pele clara, seus filhos muito provavelmente terão uma pele de cor intermediária entre as duas. Os genes dominantes do pai de pele escura assegurará que as crianças sejam mais escuras do que o pai de pele clara, mas os genes do pai de pele clara farão com que as crianças não tenham pele tão escura quanto a do pai de pele escura.

A cor dos olhos é outro traço poligênico com um padrão dominante/recessivo (Tortora e Derrickson, 2005). Os cientistas não sabem ao certo quantos genes influenciam a cor dos olhos. Eles sabem, no entanto, que os genes produzem cores específicas, fazendo com que a parte colorida do olho seja escura ou clara. Cores escuras (preto, castanho, avelã e verde) são dominantes sobre cores claras (azul e cinza). Entretanto, cores misturadas também são possíveis. Pessoas cujos cromossomos carregam uma combinação de genes para olhos verdes, azuis e cinzas podem ter fenótipos que incluem cor de olhos azul-acinzentado, azul-esverdeado ou cinza-esverdeado. Igualmente, genes que causam nuanças diferentes de castanho podem combinar seus efeitos para produzir variações nos fenótipos das crianças que são distintas daquelas de seus pais de olhos castanhos.

Muitos genes influenciam a altura, e não há padrão de herança dominante/recessivo entre eles. A maioria dos geneticistas acredita que cada gene de altura tem uma pequena influência sobre o tamanho de uma criança (Tanner, 1990) e que a altura será a soma dos efeitos de todos esses genes.

A altura, como a maioria dos traços poligênicos, também é resultado de um **padrão de herança multifatorial** – ou seja, ela é afetada tanto por genes como pelo ambiente. Por essa razão, os médicos usam a altura de uma criança como uma medida de sua saúde geral (Sulkes, 1998; Tanner, 1990). Se uma criança é doente, malnutrida ou emocionalmente negligenciada, ela será menor do que outras de sua idade. Portanto, quando uma criança é mais baixa do que 97% de seus pares da mesma idade, os médicos tentam determinar se ela é baixa devido a seus genes ou porque alguma coisa está causando seu crescimento insatisfatório (Tanner, 1990).

Impressão genômica e herança mitocondrial Os cientistas descobriram alguns princípios adicionais de herança genética. Através de um processo denominado *impressão genômica*, alguns genes

padrão de herança dominante/recessivo O padrão de transmissão genética no qual um único gene dominante influencia o fenótipo de uma pessoa; um indivíduo precisa ter dois genes recessivos para expressar um traço recessivo.

padrão de herança poligênico Qualquer padrão de transmissão genética na qual múltiplos genes contribuem para o resultado, tal como se presume que ocorra para traços complexos como inteligência ou temperamento.

padrão de herança multifatorial O padrão de transmissão genética no qual tanto gene quanto ambiente influenciam o fenótipo.

são bioquimicamente marcados no momento em que óvulo e espermatozoide se desenvolvem nos corpos de mães e pais em potencial. Os geneticistas tinham conhecimento do processo de impressão genômica há algum tempo, mas os avanços tecnológicos recentes permitiram estudar mais completamente seu impacto sobre o desenvolvimento. Uma impressão genômica é um rótulo químico que identifica cada gene no corpo de uma pessoa como oriundo de seu pai ou de sua mãe. A pesquisa indica que alguns genes são prejudiciais apenas se forem rotulados como tendo vindo do pai e outros causam transtornos apenas se forem originados da mãe (Jirtle e Weidman, 2007). Os cientistas ainda não entendem totalmente o processo de impressão genômica e como ela afeta o desenvolvimento. Poder-se-ia dizer que impressões genômicas "ligam" um processo de desenvolvimento atípico ou "desligam" um processo normal. Alternativamente, as impressões podem evocar respostas em outros genes ou tecidos no corpo em desenvolvimento do indivíduo que implicam o processo de desenvolvimento atípico. Alguns estudos sugerem que deterioração das impressões genômicas relacionadas à idade podem ser particularmente importantes em doenças que aparecem no decorrer da vida, incluindo vários tipos de câncer, diabete tipo II e doença cardíaca (Jirtle e Weidman, 2007).

Na *herança mitocondrial*, as crianças herdam genes localizados fora do núcleo do zigoto. Esses genes são carregados em estruturas denominadas *mitocôndrias*, encontradas no líquido que envolve o núcleo do óvulo antes de ele ser fecundado. Por conseguinte, genes mitocondriais são passados apenas da mãe para o filho. Os geneticistas verificaram que diversos transtornos sérios, incluindo alguns tipos de cegueira, são transmitidos dessa forma. Na maioria desses casos, a própria mãe não é afetada pelos genes nocivos (Amato, 1998).

Gêmeos e irmãos Na maioria dos casos, os bebês são concebidos e nascem um de cada vez. Entretanto, 3 de cada 100 nascimentos nos Estados Unidos hoje são nascimentos múltiplos (Martin et al., 2007). Esse número aumentou de forma significativa nas últimas décadas, em grande parte porque novos medicamentos amplamente prescritos e dados a mulheres inférteis com frequência estimulam ovulação múltipla. A grande maioria dos nascimentos múltiplos nos Estados Unidos são de gêmeos; trigêmeos ou múltiplos em maior número ocorrem apenas cerca de uma vez em cada 1.000 nascimentos (Martin et al., 2007).

Por volta de dois terços dos gêmeos são **gêmeos fraternos**. Os gêmeos fraternos se desenvolvem quando dois óvulos foram produzidos e fecundados, cada um por um espermatozoide separado. Esses gêmeos, também chamados de **gêmeos dizigóticos**, não são geneticamente mais parecidos do que qualquer outro par de irmãos e podem inclusive não ser do mesmo sexo. O terço restante é de **gêmeos idênticos** (também chamados de **gêmeos monozigóticos**). Nesses casos, um único óvulo fecundado divide-se inicialmente da forma normal; então, por razões desconhecidas, separa-se em duas partes, cada uma desenvolvendo-se em um indivíduo separado. Visto que os gêmeos idênticos se desenvolvem precisamente do mesmo óvulo fecundado, eles têm heranças genéticas idênticas. Você lembrará do Capítulo 1 que a comparação do grau de semelhança desses dois tipos de gêmeos é uma estratégia de pesquisa importante no campo da genética do comportamento.

Desenvolvimento da concepção ao nascimento

Quando pensamos sobre desenvolvimento pré-natal, nossos pensamentos frequentemente se concentram na mulher grávida, porque a gravidez é visível. Até muito recentemente, o processo de desenvolvimento pré-natal era quase completamente envolto em mistério. Os únicos indícios que os cientistas tinham sobre o processo vinham de exames de embriões e fetos que eram espontaneamente abortados ou de estudos de embriologia animal.

Devido ao pouco que se sabia sobre desenvolvimento pré-natal, havia muita confusão sobre a associação entre experiências da mulher grávida e o desenvolvimento intrauterino e experiências da criança. Por exemplo, a gravidez foi tradicionalmente dividida em três *trimestres* de igual duração, assim os médicos e os casais grávidos tendiam a pensar no desenvolvimento pré-natal como consistindo de três estágios análogos. Uma consequência da confusão era que muitas pessoas acreditavam que quando a mãe *sentia* o feto se mexer pela primeira vez, esta era realmente a primeira vez que o feto havia se mexido.

Naturalmente, a tecnologia mudou tudo isso. Graças a uma variedade de técnicas, os cientistas descobriram que há na verdade três estágios de desenvolvimento pré-natal, mas a criança em

---

gêmeos fraternos (dizigóticos) Crianças trazidas na mesma gestação, mas que se desenvolvem de dois óvulos fecundados separadamente. Elas não são mais parecidas do que outros pares de irmãos.

gêmeos idênticos (monozigóticos) Crianças trazidas na mesma gestação que se desenvolvem do mesmo óvulo fecundado. Elas são clones genéticos uma da outra.

estágio germinal O primeiro estágio de desenvolvimento pré-natal, começando na concepção e terminando na implantação do zigoto no útero (aproximadamente as primeiras duas semanas).

blastócito Nome para a massa de células de cerca de 4 a 10 dias após a fecundação.

embrião O nome dado ao organismo em desenvolvimento durante o período de desenvolvimento pré-natal entre duas e oito semanas após a concepção, começando com a implantação do blastócito na parede uterina.

desenvolvimento chega ao *terceiro* estágio antes de a mãe terminar seu primeiro trimestre. Além disso, sabemos que o movimento espontâneo do feto começa dentro de poucas semanas a partir da concepção.

Um dos efeitos mais significativos das melhorias na tecnologia foi oferecer aos pais maior conhecimento do processo de desenvolvimento pré-natal. Os pesquisadores constataram que os sentimentos de vinculação à criança ainda não nascida tanto do pai quanto da mãe se intensificam quando eles podem observar o feto durante um exame de ultrassom (Sandelowski, 1994).

Os estágios de desenvolvimento pré-natal

> **Objetivo da aprendizagem 2.3**
> O que acontece em cada um dos estágios de desenvolvimento pré-natal?

O período de gestação do bebê humano é de 38 semanas (cerca de 265 dias). Essas 38 semanas são divididas em três estágios de duração desigual, identificados por mudanças específicas dentro do organismo em desenvolvimento (ver Tabela 2.2 na página 62).

O estágio germinal O **estágio germinal** começa na concepção e termina quando o zigoto é implantado na parede do útero. Após a concepção, o zigoto passa aproximadamente uma semana flutuando da tuba uterina para o útero. A divisão celular começa cerca de 24 a 36 horas após a concepção; dentro de dois a três dias, há várias dezenas de células e toda a massa tem aproximadamente o tamanho da cabeça de um alfinete. Cerca de quatro dias após a concepção, a massa de células, agora denominada **blastócito**, começa a se subdividir, formando uma esfera com duas camadas de células em torno de um centro oco. A camada mais externa formará as várias estruturas que suportarão o organismo em desenvolvimento, enquanto a camada interna formará o próprio **embrião**. Quando ele toca a parede do útero, a camada celular externa do blastócito se decompõe no ponto de contato. Pequenas espirais se desenvolvem e prendem a massa celular à parede uterina, um processo denominado *implantação*. Quando a implantação está completa (normalmente 10 a 14 dias após a concepção), o blastócito tem talvez 150 células (Tanner, 1990). A sequência é ilustrada esquematicamente na Figura 2.3.

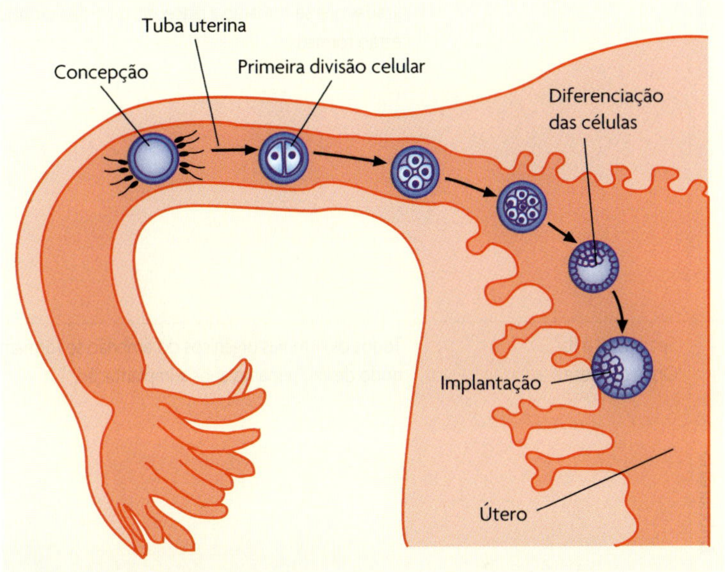

Figura 2.3 Migração do zigoto
Este esquema mostra a progressão normal de desenvolvimento para os primeiros 10 dias de gestação, da concepção à implantação.

O estágio embrionário O **estágio embrionário** começa quando a implantação está completa. A camada celular externa do blastócito ocupa-se de duas membranas, cada uma das quais forma estruturas vitais de apoio. A membrana interna se torna um saco ou uma bolsa chamada **âmnion**, cheia de líquido (líquido amniótico) no qual o embrião flutua. A membrana externa, denominada **córion**, desenvolve-se em dois órgãos, a **placenta** e o **cordão umbilical**. A placenta, que está totalmente desenvolvida em aproximadamente quatro semanas de gestação, é uma massa de células posicionada contra a parede do útero. Ela serve como fígado e rins para o embrião até que seus próprios órgãos comecem a funcionar. Ela também fornece oxigênio e remove o dióxido de carbono do sangue.

Ligada ao sistema circulatório do embrião por meio do cordão umbilical, a placenta também serve como um filtro entre o sistema circulatório da mãe e o embrião. Nutrientes como oxigênio, proteínas, açúcares e vitaminas do sangue materno podem passar para o embrião ou feto; resíduos digestivos e dióxido de carbono do sangue do bebê passam para a mãe, cujo próprio corpo pode eliminá-los. Ao mesmo tempo, muitas (mas não todas) substâncias nocivas, como vírus ou hormônios da mãe, são filtradas por serem muito grandes para atravessar as várias membranas da placenta. A maioria dos medicamentos e dos anestésicos, entretanto, atravessa a placenta, assim como alguns organismos de doença.

estágio embrionário O segundo estágio de desenvolvimento pré-natal, de duas a oito semanas, quando os órgãos do embrião se formam.

âmnion O saco – ou bolsa – cheio de líquido no qual o embrião flutua durante a vida pré-natal.

córion A camada externa de células do blastócito durante o desenvolvimento pré-natal, da qual tanto a placenta quanto o cordão umbilical são formados.

placenta Um órgão que se desenvolve entre o feto e a parede do útero durante a gestação.

cordão umbilical O cordão ligando o embrião/feto à placenta, contendo duas artérias e uma veia.

Tabela 2.2 Marcos no desenvolvimento pré-natal

Estágio/estrutura de tempo		Marcos
Germinal	Dia 1: Concepção	Espermatozoide e óvulo se unem e formam um zigoto contendo instruções genéticas para o desenvolvimento de um novo e único ser humano.
	Dias 10 a 14: Implantação	O zigoto se abriga dentro do revestimento do útero. Células especializadas que se tornarão a placenta, o cordão umbilical e o embrião já estão formadas.
Embrionário	Semanas 3 a 8: Organogênese	Todos os sistemas orgânicos do embrião se formam durante o período de seis semanas após a implantação.
Fetal	Semanas 9 a 38: Crescimento e refinamento dos órgãos	O feto cresce de 3cm para um tamanho de 50cm de comprimento e para um peso de 3-4kg. Na semana 12, a maioria dos fetos pode ser identificada como masculino ou feminino. Mudanças no cérebro e nos pulmões tornam a viabilidade possível na semana 24; o desenvolvimento ótimo requer outras 14 a 16 semanas no útero. A maioria dos neurônios se forma na semana 28, e as ligações entre eles começam a se desenvolver logo em seguida. Nas últimas oito semanas, o feto pode ouvir e cheirar, é sensível a toque e responde à luz. A aprendizagem também é possível.

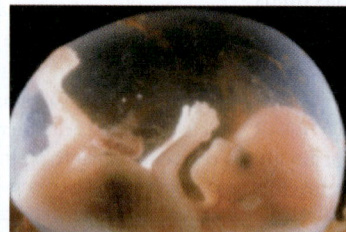

Esperma e óvulo

Zigoto

Feto de seis semanas

Doze semanas

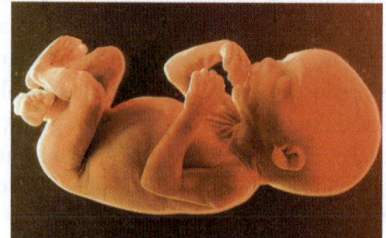

Catorze semanas

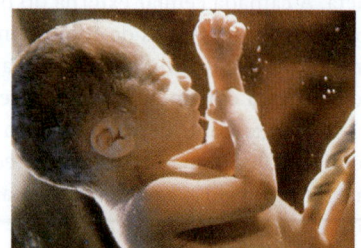

Feto bem-desenvolvido (idade não informada)

Fonte: Kliegman, 1998; Tortora e Grabowski, 1993.

Enquanto as estruturas de apoio estão se desenvolvendo, a massa de células que formará o embrião propriamente dito está se dividindo ainda mais em diversos tipos de células que formam rudimentos da pele, receptores sensoriais, células nervosas, músculos, sistema circulatório e órgãos internos – um processo chamado *organogênese*.

Um batimento cardíaco pode ser detectado cerca de 4 semanas após a concepção; o início dos pulmões e dos membros também são aparentes nessa época. Ao final do período embrionário, dedos, olhos, pálpebras, nariz, boca e orelhas externas rudimentares estão todos presentes, assim como as partes básicas do sistema nervoso; estes e outros marcos do desenvolvimento são resumidos na Tabela 2.2. O estágio embrionário termina quando a organogênese está completa e as células ósseas começam a se formar, normalmente em torno de oito semanas após a concepção.

O estágio fetal Uma vez completada a organogênese, o organismo em desenvolvimento é conhecido como **feto**; e a fase final do desenvolvimento pré-natal, o **estágio fetal**, inicia (durando de aproximadamente oito semanas até o nascimento). De um peso de cerca de 600g e de um comprimento de 2,5cm, o feto se desenvolve em um bebê pesando de 3-4kg e com cerca de 50cm, pronto para nascer. Além disso, esse estágio envolve refinamentos dos sistemas orgânicos que são essenciais para a vida fora do útero (ver Tabela 2.3).

Ao final da semana 23, um pequeno número de bebês alcança a **viabilidade**, ou seja, a capacidade de viver fora do útero (Moore e Persaud, 1993). Entretanto, a maioria dos bebês nascidos tão cedo morre, e aqueles que sobrevivem lutam durante muitos meses. Permanecer no útero apenas 1 semana a mais, até o final da semana 24, aumenta enormemente as chances de sobrevivência de um bebê. A semana extra provavelmente permite que a função pulmonar se torne mais eficiente. Além disso, a maioria das estruturas cerebrais está completamente desenvolvida ao final da 24ª semana. Por essas razões, a maioria dos especialistas aceita 24 semanas como a idade média de viabilidade.

O cérebro fetal Como vimos anteriormente, as estruturas funcionais de todos os sistemas orgânicos do corpo são formadas durante o estágio embrionário. Contudo, a maior parte da formação e dos refinamentos do cérebro ocorrem durante o estágio fetal (ver Figura 2.4). Os **neurônios**, células especializadas do sistema nervoso, na verdade começam a se desenvolver durante o estágio embrionário, na semana 3. Mas o ritmo de formação neural atinge seu pico entre a 10ª e a 18ª semanas, um processo conhecido como **proliferação neuronal**.

Entre a 13ª e a 21ª semanas, ocorre a **migração neuronal**, um processo no qual os neurônios recém-formados migram para as regiões especializadas do cérebro onde ficarão pelo resto da vida

feto O nome dado ao organismo em desenvolvimento cerca de oito semanas após a concepção até o nascimento.

estágio fetal O terceiro estágio de desenvolvimento pré-natal, oito semanas até o nascimento, quando crescimento e refinamento de órgãos ocorrem.

viabilidade A capacidade do feto de sobreviver fora do útero.

neurônios As células no sistema nervoso que são responsáveis pela transmissão e pela recepção de impulsos nervosos.

proliferação neuronal O rápido desenvolvimento de neurônios entre a 10ª e a 18ª semanas de gestação.

migração neuronal O movimento de neurônios para regiões especializadas do cérebro.

Tabela 2.3 Marcos do estágio fetal

Período	O que se desenvolve
Semanas 9-12	Impressões digitais; reflexo de preensão; expressões faciais; deglutição e "respiração" rítmica de líquido amniótico; micção; genitália aparente; períodos alternados de atividade física e repouso.
Semanas 13-16	Folículos pilosos; respostas à voz da mãe e a ruídos altos; tamanho de 20 a 25cm; pesa 170g.
Semanas 17-20	Movimentos fetais sentidos pela mãe; batimento cardíaco detectável com estetoscópio; lanugem (pelos) cobre o corpo; os olhos respondem à luz introduzida no útero; pálpebras; unhas; 30cm de comprimento.
Semanas 21-24	Vérnix (substância oleosa) protege a pele; os pulmões produzem surfactante (vital à função respiratória); a viabilidade torna-se possível, embora a maioria nascida neste período não sobreviva.
Semanas 25-28	Reconhecimento da voz da mãe; períodos regulares de repouso e atividade; 35 a 38cm de comprimento; pesa 900g; boa chance de sobrevivência.
Semanas 29-32	Crescimento muito rápido; anticorpos adquiridos da mãe; gordura depositada sob a pele; 40 a 43cm de comprimento; pesa 1,8kg; excelente chance de sobrevivência.
Semanas 33-36	Movimento para posição de cabeça para baixo para o nascimento; os pulmões amadurecem; 45cm de comprimento; pesa 2,3-2,7kg; virtualmente 100% de chance de sobrevivência.
Semanas 37+	Condição a termo; 48 a 50cm de comprimento; pesa 2,7-4kg.

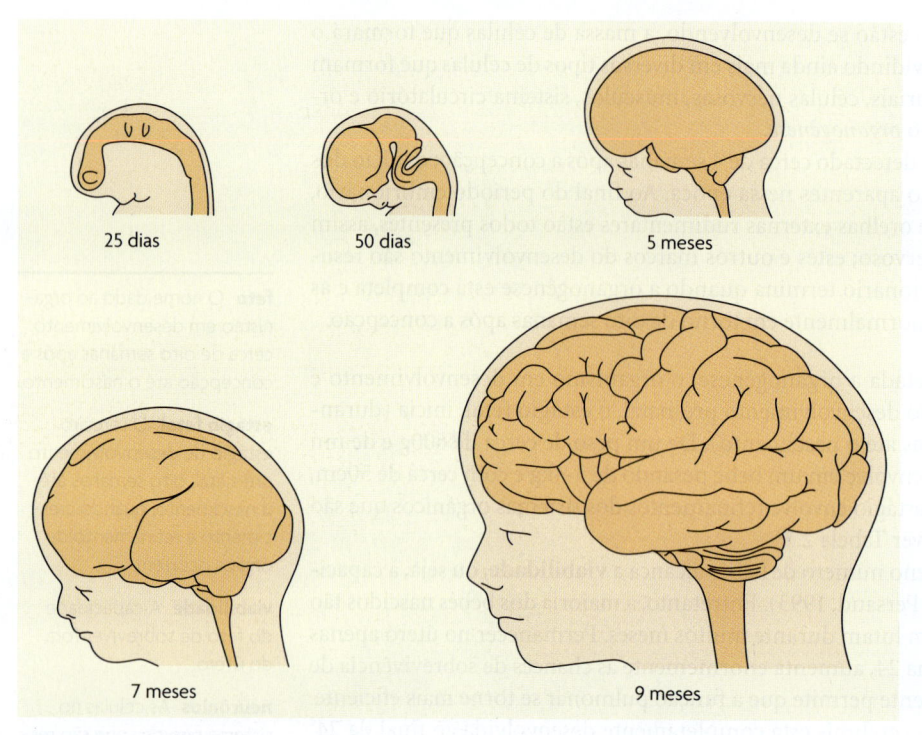

Figura 2.4 O cérebro pré-natal

Estágios no desenvolvimento pré-natal do cérebro, começando com o tubo neural no período embrionário.

(*Fonte*: Desenhos de Tom Prentiss em "The Development of the Brain" por W. Maxwell Cowan em *Scientific American*. Setembro de 1979, p. 112-114. Adaptada com permissão de Nelson H. Prentiss.)

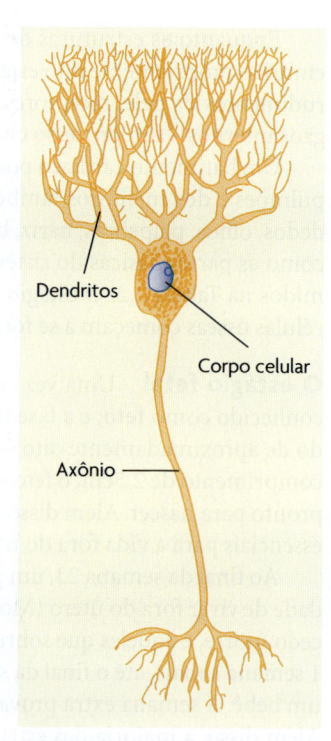

Figura 2.5 Estrutura do neurônio

A estrutura de um único neurônio desenvolvido. Os corpos celulares são os primeiros a se desenvolver, sobretudo entre 10 e 20 semanas de gestação. Axônios e dendritos começam a desenvolver-se nos últimos 2 meses de gestação e continuam a aumentar em tamanho e complexidade por vários anos após o nascimento.

---

corpo celular A parte da célula que contém o núcleo e na qual todas as funções celulares vitais são realizadas.

sinapses Espaços minúsculos através dos quais os impulsos neuronais fluem de um neurônio para o seguinte.

axônios Extensões caudadas de neurônios.

dendritos Protrusões com ramificações dos corpos celulares dos neurônios.

células gliais A "cola" que mantém os neurônios juntos para dar forma à estrutura do sistema nervoso.

---

do indivíduo (Chong et al., 1996). Enquanto estão migrando, os neurônios consistem apenas de **corpos celulares**, a parte da célula que contém o núcleo e na qual todas as funções celulares vitais são realizadas (ver Figura 2.5). Uma vez alcançado seu destino final no cérebro fetal, os neurônios começam a desenvolver conexões. Essas conexões, denominadas **sinapses**, são espaços minúsculos entre os neurônios através dos quais impulsos neurais viajam de um neurônio para o seguinte. Diversas mudanças no comportamento fetal sinalizam que o processo de formação de sinapses está em andamento. Por exemplo, o feto exibe períodos alternados de atividade e repouso e começa a bocejar (Walusinski, Kurjak, Andonotopo e Azumendi, 2005; ver Figura 2.6). Quando observadas, essas mudanças dizem aos médicos que o desenvolvimento cerebral do feto está prosseguindo normalmente.

A formação de sinapses requer o desenvolvimento de duas estruturas neuronais. Os **axônios** são extensões caudadas que podem crescer até vários centímetros de comprimento. Os **dendritos** são ramificações parecidas com tentáculos que se estendem do corpo celular (ver Figura 2.5). Acredita-se que o desenvolvimento dos dendritos é altamente sensível a influências ambientais adversas, como subnutrição materna e defeitos no funcionamento placentário (Dieni e Rees, 2003).

Simultaneamente à migração neuronal, **células gliais** começam a se desenvolver. Essas células são a "cola" que mantém os neurônios juntos para dar forma às estruturas principais do cérebro. À medida que as células gliais se desenvolvem, o cérebro começa a assumir uma aparência mais madura, que pode ser observada usando imagem de ressonância magnética (IRM) e outras tecnologias modernas sobre as quais você lerá mais tarde (ver Figura 2.7).

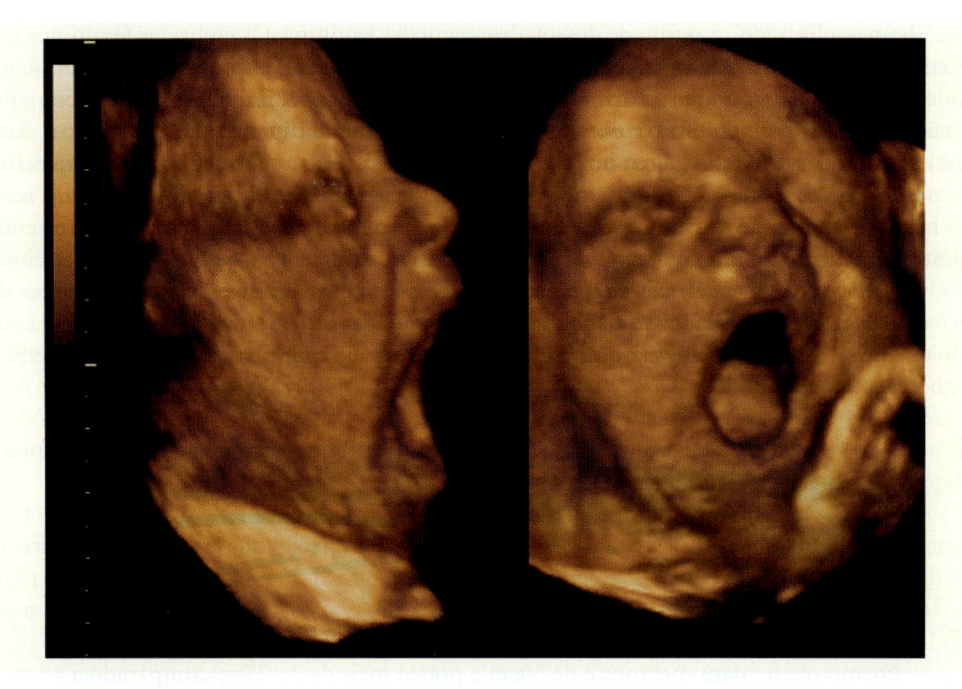

Figura 2.6 Bocejo fetal

O bocejo fetal aparece entre a 10ª e a 15ª semana. Sua presença sinaliza o início de estágios do sono no cérebro fetal.

(*Fonte*: O. Walusinski et al., "Fetal yawning: A behavior's birth with 4D US revealed." *The Ultrasound Review of Obstetrics & Gynecology*. 5 (2005). 210-217. Reimpressa com permissão.)

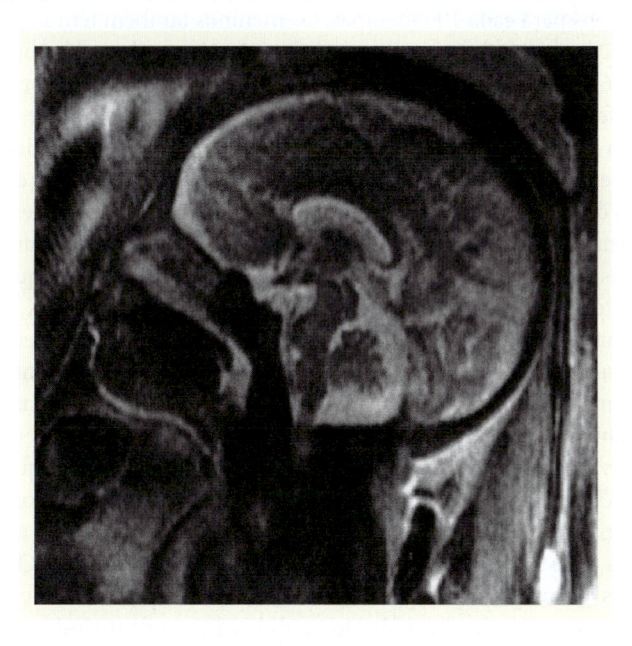

Figura 2.7 Um cérebro fetal normal no terceiro trimestre

Células gliais que se desenvolvem durante os últimos meses de desenvolvimento pré-natal mantêm os neurônios unidos e dão forma e estrutura ao cérebro fetal.

(*Fonte*: S.Brown, J. Estroff e C Barnewolf, "Fetal MRI." *Applied Radiology*. 33 (2004): 9-25. Copyright © 2004 por Applied Radiology/ Anderson Publishing. Reimpressa com permissão.)

Diferenças de sexo no desenvolvimento pré-natal

Objetivo da aprendizagem 2.4
Como os fetos masculino e feminino diferem?

Visto que quase todo o desenvolvimento pré-natal é controlado por sequências maturacionais que são as mesmas para todos os membros de nossa espécie – homens e mulheres igualmente – não há muitas diferenças de sexo no desenvolvimento pré-natal. Contudo, há algumas, e elas preparam o terreno para algumas das diferenças físicas que são evidentes em idades posteriores.

Às vezes, entre quatro e oito semanas após a concepção, o embrião masculino começa a secretar andrógenos, incluindo o hormônio masculino – testosterona – dos testículos rudimentares. Se esse hormônio não for secretado ou for secretado em quantidades inadequadas, o embrião será "desmasculinizado", a ponto de desenvolver genitália feminina. Os embriões femininos parecem não secretar nenhum hormônio equivalente no período pré-natal. Entretanto, a presença acidental de hormônio masculino no momento crítico (proveniente de algum medicamento que a mãe possa tomar ou de um transtorno genético denominado hiperplasia adrenal) atua para "desfeminizar" ou masculinizar o feto feminino, podendo resultar em genitália masculina e, frequentemente, em masculinização do comportamento posterior (Collaer e Hines, 1995). Diversos hormônios que afetam o desenvolvimento pré-natal dos órgãos genitais (particularmente, a testosterona em homens) também parecem agir sobre o padrão de desenvolvimento cerebral, produzindo diferenças cerebrais sutis entre homens e mulheres e influenciando os padrões de secreção de hormônio do crescimento na adolescência, os níveis de agressão física e a relativa dominância dos hemisférios direito e esquerdo do cérebro (Ruble e Martin, 1998; Todd et al., 1995). Embora a pesquisa inicial tenha levantado algumas questões muito intrigantes, as evidências nessa área ainda são relativamente incompletas; está claro que qualquer papel que esses hormônios pré-natais desempenham na arquitetura e no funcionamento do cérebro é altamente complexo (Baron-Cohen, Lutchmaya e Knickmeyer, 2006).

As meninas progridem um pouco mais rápido em alguns aspectos do desenvolvimento pré-natal, particularmente no desenvolvimento esquelético. Elas estão quatro a seis semanas à frente em desenvolvimento ósseo no nascimento (Tanner, 1990). Apesar do desenvolvimento mais rápido das meninas, os meninos são ligeiramente mais pesados e maiores no nascimento, com mais tecido muscular e menos células adiposas. Por exemplo, nos Estados Unidos, o tamanho e o peso de nascimento médio para meninos é de 50cm e pouco mais de 3,175kg, comparado a 48cm e 3,175kg para meninas (Needlman, 1996).

Os meninos são consideravelmente mais vulneráveis a todos os tipos de problemas pré-natais. Muito mais meninos são concebidos – na ordem de aproximadamente 120 a 150 embriões masculinos para cada 100 femininos –, porém mais meninos são abortados espontaneamente. No nascimento, há cerca de 105 meninos para cada 100 meninas. Os meninos também têm mais probabilidade de sofrer lesões no nascimento (talvez por serem maiores) e têm mais malformações congênitas (Zaslow e Hayes, 1986). Os fetos masculinos também parecem ser mais sensíveis a variáveis como cocaína, que pode afetar negativamente o desenvolvimento pré-natal (Levine et al., 2008). A notável diferença de sexo na vulnerabilidade a certos problemas parece persistir durante toda a vida. Os homens têm expectativa de vida mais curta, taxas mais altas de problemas de comportamento, mais incapacidades de aprendizagem e, em geral, mais respostas negativas a estressores como insensibilidade materna (Warren e Simmens, 2005). Uma possível explicação para pelo menos algumas dessas diferenças de sexo pode estar na distinção genética básica. Visto que muitos genes para problemas e transtornos são recessivos e estão contidos no cromossomo X, a combinação XX oferece a uma menina mais proteção contra genes recessivos "ruins" que podem estar contidos em um desses cromossomos; o gene dominante no cromossomo X correspondente seria expressado alternativamente. Uma vez que os meninos têm apenas um cromossomo X, tal gene recessivo tem muito mais probabilidade de ser expressado fenotipicamente.

Alguns estudos sugerem que fetos masculinos, em média, são fisicamente mais ativos do que fetos femininos (DiPietro, Hodgson, Costigan, Hilton e Johnson, 1996; Di Pietro, Hodgson, Costigan e Johnson, 1996). Entretanto, outros estudos demonstraram que uma diferença de sexo na vigília é responsável por esses achados (de Medina, Visser, Huizink, Buitelaar e Mulder, 2003). Ou seja, fetos masculinos ficam acordados durante mais tempo do que fetos femininos e, como resultado, parecem ser mais ativos. Quando os níveis de atividade são medidos dentro de períodos de vigília, fetos masculinos e femininos são igualmente ativos. Em contraste, a pesquisa mostrando que fetos femininos são mais responsivos a estímulos externos não parece indicar que há uma diferença de sexo real na responsividade (Groome et al., 1999).

Objetivo da aprendizagem 2.5
Que comportamentos os cientistas observam nos fetos?

Comportamento pré-natal

Nos últimos anos, técnicas como imagem por ultrassom têm fornecido aos pesquisadores uma grande quantidade de informação sobre o comportamento fetal. Alguns pesquisadores sugerem que estabelecer normas para comportamento fetal ajudaria os provedores de tratamento de saúde a avaliar melhor a saúde do feto (Nijhuis, 2003). Dessa forma, nos últimos anos o número de estudos de pesquisa examinando o comportamento fetal aumentou significativamente. Esses estudos produziram achados bastante notáveis, alguns dos quais são mostrados na Figura 2.8.

Em primeiro lugar, os pesquisadores verificaram que o feto responde a sons com mudanças na frequência cardíaca cardíaco, giros da cabeça e movimentos corporais já na 25ª semana de gestação (Joseph, 2000). Os pesquisadores também demonstraram que é possível observar atividade cerebral do feto pela exploração do abdômen materno com os mesmos tipos de técnicas usadas para examinar a função cerebral após o nascimento – técnicas como imagem de ressonância magnética (IRM). Estudos usando essas técnicas constataram que fetos a termo exibem reações neurológicas e comportamentais a sons (Moore et al., 2001).

A pesquisa também sugere que o feto pode diferenciar entre estímulos familiares e estímulos novos por volta da 32ª ou 33ª semana (Sandman, Wadhwa, Hetrick, Porto e Peeke, 1997). Em um estudo clássico, mulheres grávidas recitaram um verso infantil curto em voz alta todos os dias entre as semanas 33 e 37. Na semana 38, os pesquisadores executaram uma gravação do mesmo verso que a mãe havia recitado e de outro verso desconhecido, realizando, após, uma medição da taxa cardíaca fetal. A frequência cardíaca caiu durante a execução do verso familiar, mas não durante o verso não familiar, sugerindo que o feto tinha aprendido os padrões sonoros do verso (DeCasper, Lecaneut, Busnel, Granier-DeFerre e Maugeais, 1994). A capacidade de aprender dessa forma parece surgir entre as semanas 24 e 38 (Krueger Holditch-Davis, Quint e DeCasper, 2004; Pressman, DiPietro, Costigan, Shupe e Johnson, 1998).

A evidência de aprendizagem fetal também vem de estudos nos quais recém-nascidos parecem lembrar estímulos aos quais foram expostos no período pré-natal; os batimentos cardíacos de sua mãe, o odor do líquido amniótico e histórias ou trechos de música que ouviram no útero

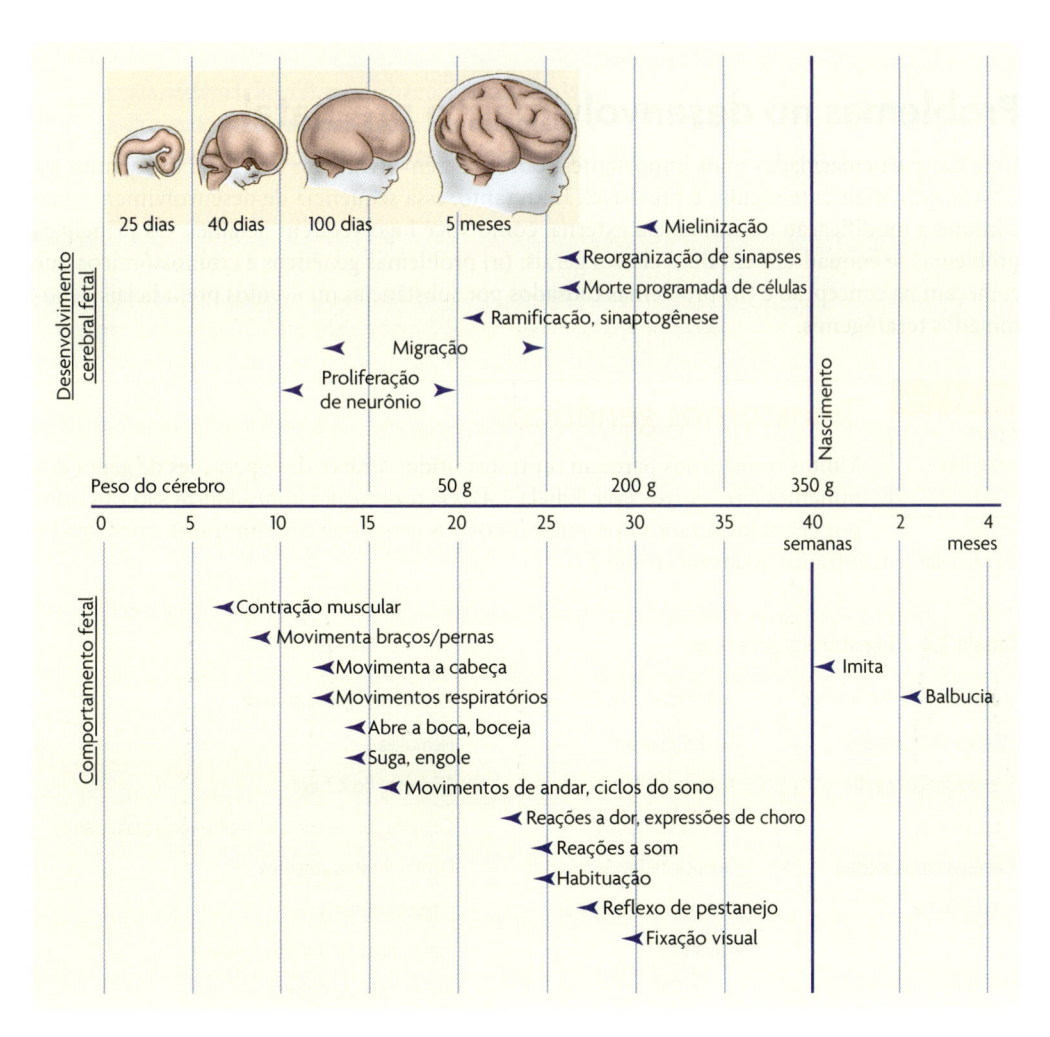

Figura 2.8 Correlações entre comportamento fetal e desenvolvimento cerebral

Os pesquisadores descobriram inúmeras correlações entre desenvolvimento cerebral fetal e comportamento.

(*Fonte*: O. Walusinski et al., "Fetal yawning: A behavior's birth with 4D US revealed." *The Ultrasound Review of Obstetrics & Gynecology*. 5 (2005). 210-217. Reimpressa com permissão.)

(Righetti, 1996; Schaal, Marlier e Soussignan, 1998). Em outro estudo clássico de aprendizagem pré-natal, mulheres grávidas leram uma história infantil como *O gato no chapéu,* do Sr. Seuss, em voz alta todos os dias nas últimas seis semanas de suas gestações. Após o nascimento dos bebês, foi-lhes dado para sugar chupetas especiais que ligavam e desligavam uma variedade de sons. Cada tipo de som exigia um tipo especial de sucção. Os pesquisadores verificaram que os bebês adaptaram rapidamente seus padrões de sucção a fim de escutar a história familiar, mas não mudaram sua sucção a fim de escutar uma história não familiar (DeCasper e Spence, 1986). Em outras palavras, os bebês preferiram o som da história que tinham ouvido no útero.

Os desenvolvimentalistas estão tentando descobrir se a aprendizagem pré-natal afeta o desenvolvimento posterior e, nesse caso, de que forma (Bornstein et al., 2002). Em um estudo, mulheres grávidas usaram cintos equipados com alto-falantes através dos quais expuseram seus fetos a uma média de 70 horas de música clássica por semana entre a semana 28 e o nascimento (Lafuente et al., 1997). Aos seis meses, os bebês que tinham ouvido a música eram mais avançados do que os bebês de controle em muitas habilidades motoras e cognitivas. Naturalmente, o significado exato desse resultado é difícil de avaliar, mas ele sugere que o ambiente sensorial pré-natal pode ser importante no desenvolvimento posterior.

Os pesquisadores também foram capazes de identificar diferenças individuais no comportamento fetal. Você já leu sobre a diferença de sexo no nível de atividade. Como na maioria das diferenças de sexo, entretanto, a variedade de diferenças individuais dentro de cada gênero é muito maior do que a variação nos níveis *médios* de atividade entre fetos masculinos e femininos. Estudos longitudinais demonstraram que fetos muito ativos, tanto masculinos quanto femininos, tendem a se tornar crianças mais ativas. Além disso, essas crianças têm maior probabilidade de serem rotuladas de "hiperativas" por pais e professores. Ao contrário, fetos menos ativos que a média têm maior probabilidade de ter retardo mental (Accardo et al., 1997).

Problemas no desenvolvimento pré-natal

Uma das particularidades mais importantes sobre o desenvolvimento pré-natal é o quanto ele é extraordinariamente regular e previsível. Entretanto, essa sequência de desenvolvimento não é imune a modificação ou influência externa, como você logo verá em detalhes. Os principais problemas se enquadram em duas classes gerais: (a) problemas genéticos e cromossômicos que começam na concepção e (b) problemas causados por substâncias ou eventos prejudiciais denominados **teratógenos**.

Objetivo da aprendizagem 2.6
Quais são os efeitos das principais doenças dominantes, recessivas e ligadas ao sexo?

Transtornos genéticos

Muitos transtornos parecem ser transmitidos através das operações de genes dominantes e recessivos (ver Tabela 2.4). Os *transtornos autossômicos* são causados por genes localizados nos autossomos. Os genes que causam transtornos *ligados ao sexo* são encontrados no cromossomo X.

Tabela 2.4 Transtornos genéticos

Autossômicos dominantes	Autossômicos recessivos	Recessivos ligados ao sexo
Doença de Huntington	Fenilcetonúria	Hemofilia
Pressão sanguínea alta	Anemia falciforme	Síndrome do X-frágil
Dedos extras	Fibrose cística	Cegueira para as cores vermelha-verde (daltonismo)
Cefaleias enxaquecosas	Doença de Tay-Sachs	Dentes frontais ausentes
Esquizofrenia	Cistos renais em bebês	Cegueira noturna
	Albinismo	Alguns tipos de distrofia muscular
		Alguns tipos de diabete

Fontes: Amato, 1993; Tortora e Grabowski, 1993.

teratógenos Substâncias, como vírus e drogas, ou eventos que podem causar defeitos de nascimento.

Transtornos autossômicos A maioria dos transtornos autossômicos recessivos são diagnosticados na infância. Por exemplo, um gene recessivo pode causar problemas de digestão do aminoácido fenilalanina. Toxinas se desenvolvem no cérebro do bebê e causam retardo mental. Essa condição, chamada *fenilcetonúria (PKU)*, é encontrada em aproximadamente 1 a cada 15.000 bebês nos Estados Unidos (Arnold, 2007; Mijuskovic, 2006). Se um bebê não consome alimentos contendo fenilalanina, ele não se tornará mentalmente retardado. O leite é um dos alimentos que bebês com PKU não podem ingerir, portanto o diagnóstico precoce é essencial. Por essa razão, a maioria dos estados requer que todos os bebês sejam testados para PKU logo após o nascimento.

Como muitos transtornos recessivos, a PKU está associada à etnia. Bebês brancos têm mais probabilidade de ter o transtorno do que bebês de outros grupos étnicos. Similarmente, bebês africanos ocidentais e afro-americanos têm mais probabilidade de sofrer de *anemia falciforme*, um transtorno recessivo que causa deformidades das hemácias (Overby, 2002). Na anemia falciforme, o sangue não consegue carregar oxigênio suficiente para manter os tecidos corporais saudáveis. Poucas crianças com anemia falciforme vivem além dos 20 anos, e a maioria que sobrevive até a idade adulta morre antes dos 40 anos.

Quase metade dos africanos ocidentais tem anemia falciforme ou um traço de célula falciforme (Amato, 1998). Pessoas com *traço de célula falciforme* são portadoras de um único gene recessivo para anemia falciforme, o que causa anormalidades em algumas outras hemácias. Os médicos podem identificar portadores do gene de célula falciforme testando seu sangue para traço de célula falciforme. Quando pais em potencial sabem que são portadores do gene, eles podem tomar decisões informadas sobre gestação futura. Nos Estados Unidos, aproximadamente 1 em 600 afro-americanos tem anemia falciforme, e 1 em 12 tem traço de célula falciforme (Distenfeld e Woermann, 2007). Anemia falciforme e traço de célula falciforme também ocorrem mais frequentemente em pessoas de ascendência mediterrânea, caribenha, indiana, árabe e latino-americana do que naqueles de ascendência europeia (Overby, 2002).

Cerca de 1 em cada 3.000 bebês nascidos de casais judeus de ascendência leste-europeia sofre de outro transtorno recessivo, *doença de Tay-Sachs*. Quando chega a idade de 1 a 2 anos, é provável que um bebê com Tay-Sachs apresente retardo mental grave e cegueira. Pouquíssimos sobrevivem além dos 3 anos (Painter e Bergman, 1998).

Transtornos causados por genes dominantes, como *doença de Huntington*, geralmente não são diagnosticados antes da idade adulta (Amato, 1998). Esse transtorno faz o cérebro se deteriorar e afeta as funções psicológicas e motoras. Até recentemente, filhos de pessoas com doença de Huntington tinham que esperar até ficarem doentes a fim de ter certeza de que eram portadores do gene. Agora, os médicos podem usar um teste sanguíneo para identificar o gene de Huntington. Portanto, pessoas que têm um dos pais com essa doença podem tomar melhores decisões sobre suas próprias futuras gestações e podem se preparar para viver com um transtorno sério quando ficarem mais velhas.

Transtornos ligados ao sexo A maioria dos transtornos ligados ao sexo são causados por genes recessivos (ver Figura 2.9). Um transtorno recessivo ligado ao sexo razoavelmente comum é a *cegueira para as cores vermelho-verde (daltonismo)*. Pessoas com esse transtorno têm dificuldade para diferenciar entre as cores vermelho e verde quando elas estão perto uma da outra. A prevalência desse transtorno é de 8% em homens e 0,5% em mulheres (U.S. National Library of Medicine Genetics Home Reference, 2008). A maioria das pessoas aprende formas de compensar o transtorno e levam vidas perfeitamente normais.

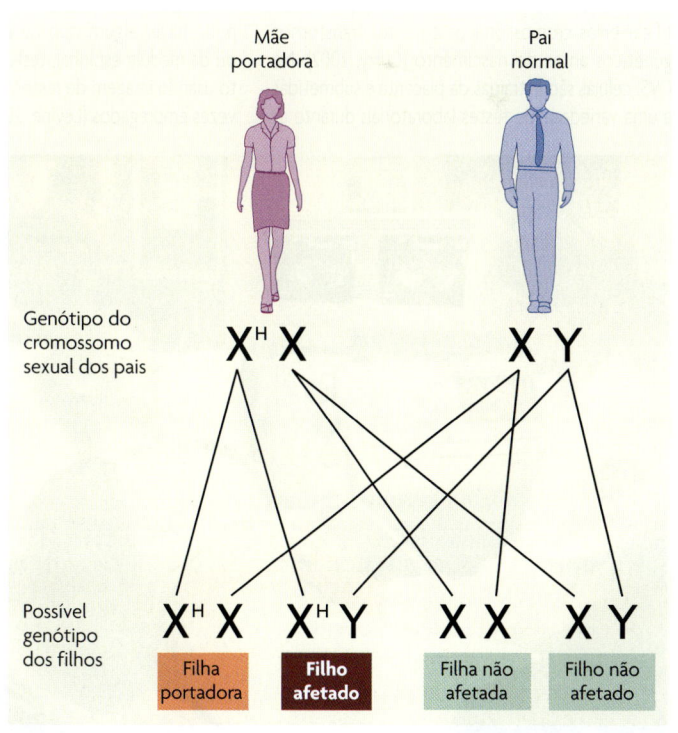

Figura 2.9 Herança ligada ao sexo

Compare este padrão de transmissão ligada ao sexo de uma doença recessiva (hemofilia) com o padrão mostrado na Figura 2.2.

Um transtorno recessivo ligado ao sexo mais sério é a *hemofilia*. O sangue de pessoas com hemofilia não possui componentes químicos responsáveis pela coagulação. Portanto, quando uma pessoa hemofílica sangra, o fluxo não para naturalmente. Aproximadamente 1 em 5.000 bebês meninos nasce com esse transtorno, que é quase desconhecido em meninas (Scott, 1998).

Cerca de 1 a cada 1.500 homens e 1 a cada 2.500 mulheres tem um transtorno ligado ao sexo chamado de *síndrome do X frágil* (Amato, 1998). Uma pessoa com esse transtorno tem um cromossomo X com um ponto "frágil" ou danificado. A síndrome do X frágil pode causar retardo mental que piora progressivamente à medida que as crianças ficam mais velhas (Adesman, 1996). De fato, especialistas estimam que 5-7% de todos os homens com retardo mental têm síndrome do X frágil (Zigler e Hodapp, 1991). Essa síndrome também está fortemente associada ao autismo, um transtorno que interfere na capacidade de formar vínculos emocionais com outros (Cohen et al., 2005). Felizmente, a síndrome do X frágil é um dos diversos transtornos que podem ser diagnosticados antes do nascimento (ver *Ciência do desenvolvimento no mundo real*).

CIÊNCIA DO DESENVOLVIMENTO NO MUNDO REAL
Avaliação e tratamento fetal

Shilpa e Rudy Patel estão se preparando para o nascimento de seu primeiro filho. Como muitos outros casais, eles estão esperando que o bebê seja saudável. No caso deles, entretanto, há uma causa real para preocupação: um transtorno genético, conhecido como *síndrome do X frágil*, ocorre na família de Shilpa.

Um procedimento que pode ser usado para testar o feto de Shilpa é conhecido como *amostragem vilocoriônica (CVS)*. A CVS e um outro procedimento, a *amniocentese*, podem ser usados para identificar erros cromossômicos e muitos transtornos genéticos antes do nascimento (Curry, 2002). Na CVS, células são extraídas da placenta e submetidas a uma variedade de testes laboratoriais durante as primeiras semanas de desenvolvimento pré-natal. Na amniocentese, uma agulha é usada para extrair líquido amniótico contendo células fetais entre as semanas 14 e 16 de gestação. Células fetais filtradas do líquido são então testadas em uma variedade de formas para diagnosticar transtornos cromossômicos e genéticos. Além disso, a *ultrassonografia* tornou-se uma parte rotineira do cuidado pré-natal nos Estados Unidos devido a sua utilidade na monitoração do crescimento fetal em gestações de alto risco. Quando um teste de ultrassom sugere que pode haver algum tipo de anormalidade cerebral ou da medula espinhal, testes de acompanhamento usando imagem de ressonância magnética são às vezes empregados (Levine, 2002). Essas imagens são mais detalhadas do que aquelas produzidas por ultrassonografia.

Muitos testes laboratoriais que usam sangue, urina e/ou amostras do líquido amniótico maternos também ajudam os médicos a monitorar o desenvolvimento fetal. Por exemplo, a presença de uma substância chamada *alfa-fetoproteína* no sangue de uma mãe está associada a inúmeros defeitos pré-natais, incluindo anormalidades no cérebro e na medula espinhal. Os médicos também podem usar um teste laboratorial para avaliar a maturidade dos pulmões fetais (Kliegman, 1998). Esse teste é de suma importância quando os médicos precisam antecipar o parto devido à saúde da mulher grávida.

A *fetoscopia* envolve a inserção de uma câmera minúscula dentro do útero para observar diretamente o desenvolvimento fetal. A fetoscopia permite que os médicos corrijam cirurgicamente alguns tipos de defeitos (Kliegman, 1998) e tem possibilitado técnicas como transfusões de sangue e transplantes de medula óssea fetais. Os especialistas também usam a fetoscopia para tirar amostras de sangue do cordão umbilical. Testes sanguíneos fetais podem ajudar os médicos a identificar uma infecção bacteriana que esteja fazendo um feto crescer muito lentamente (Curry, 2002). Uma vez diagnosticada, a infecção pode ser tratada pela injeção de antibióticos no líquido amniótico para ser engolido pelo feto ou pela injeção de medicamentos no cordão umbilical (Kliegman, 1998).

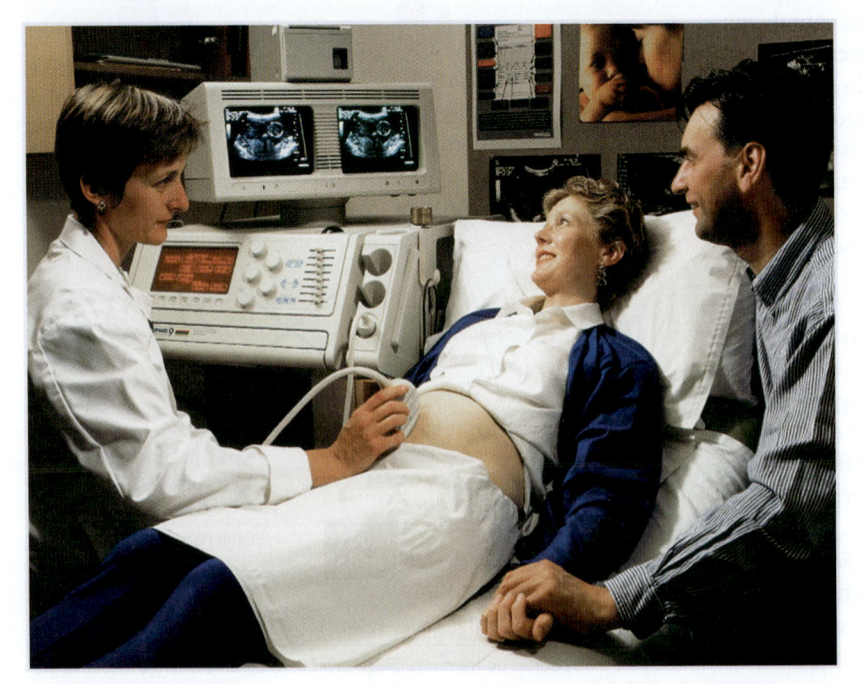

Questões para Reflexão

1. Como você pensa que responderia à notícia de que um filho que estivesse esperando era portador de algum tipo de defeito genético?
2. Suponha que Shilpa e Rudy fiquem sabendo que seu bebê é uma menina. Essa notícia os deixaria mais ou menos preocupados sobre a influência que o defeito do X frágil pode ter sobre o desenvolvimento de seu bebê? Por quê?

A tecnologia do ultrassom permite que os pais experimentem o desenvolvimento pré-natal de uma forma mais íntima.

Erros cromossômicos

> **Objetivo da aprendizagem 2.7**
> Como trissomias e outros transtornos dos autossomos e dos cromossomos sexuais afetam o desenvolvimento?

Mais de 50 anomalias cromossômicas foram identificadas, e a maioria resulta em aborto. Quando os bebês sobrevivem, os efeitos dos erros cromossômicos tendem a ser severos.

Trissomias Uma *trissomia* é uma condição na qual um indivíduo tem três cópias de um determinado autossomo. A mais comum é a **síndrome de Down** (também chamdada de **trissomia 21**), na qual a criança tem três cópias do cromossomo 21. Aproximadamente 1 em cada 700-800 bebês nasce com essa anormalidade (CDC, 2006c). Essas crianças têm aspectos faciais característicos, mais especificamente uma face achatada e olhos um pouco oblíquos com uma prega epicântica na pálpebra superior (uma extensão da prega palpebral normal), tamanho cerebral total diminuído e, frequentemente, outras anormalidades como defeitos cardíacos. Não raro, elas têm retardo mental.

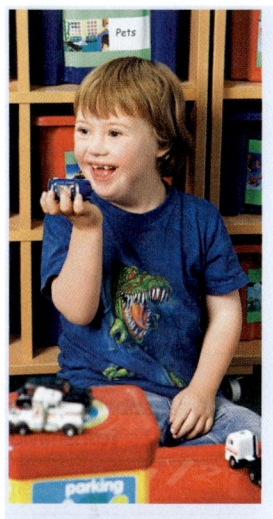

O risco de gerar uma criança com trissomia 21 varia com a idade da mãe. Entre mulheres com mais de 35 anos, as chances de conceber um bebê com o transtorno são de 1 em 385 (Chen, 2007). Aos 40, o risco sobe para 1 em 106, e aos 45, as chances são de 1 em 30. A idade paterna também é um fator (Fisch et al., 2003). Curiosamente, em mães com menos de 35 anos, a idade do pai não tem efeito sobre o risco de trissomia 21. Entretanto, um homem com mais de 40 anos que concebe uma criança com uma mulher com mais de 35 tem duas vezes mais probabilidade de ser pai de uma criança com síndrome de Down do que um pai mais jovem.

Os cientistas identificaram crianças também com trissomias no 13º e no 18º pares de cromossomos (Amato, 1998). Esses transtornos têm efeitos mais graves do que a trissomia 21. Poucas crianças com trissomia 13 ou trissomia 18 vivem além do primeiro ano de vida. Como ocorre com a trissomia 21, as chances de ter um filho com um desses transtornos aumenta com a idade da mãe.

Note as características faciais distintivas desta criança com síndrome de Down.

Anomalias do cromossomo sexual Uma segunda classe de anomalias, associada a uma divisão incompleta ou incorreta de qualquer um dos cromossomos sexuais, ocorre em aproximadamente 1 a cada 400 nascimentos (Berch e Bender, 1987). A mais comum é um padrão XXY, denominado síndrome de Klinefelter, que ocorre em aproximadamente 1 a cada 1.000 homens. Os meninos afetados muito frequentemente parecem normais, embora tenham braços e pernas caracteristicamente longos e testículos subdesenvolvidos. A maioria não tem retardo mental, mas incapacidades de linguagem e aprendizagem são comuns. Um pouco mais raro é um padrão XYY. Essas crianças também desenvolvem-se como meninos; em geral são incomumente altas, com retardo mental.

Um padrão de um único X (XO), denominado síndrome de Turner, e um padrão de triplo-X (XXX) também podem ocorrer, e em ambos os casos a criança desenvolve-se como menina. Meninas com síndrome de Turner – talvez 1 a cada 3.000 nascimentos vivos de meninas (Tanner, 1990) – apresentam atraso de crescimento e são geralmente estéreis. Sem terapia hormonal, elas não menstruam nem desenvolvem as mamas na puberdade. Estudos de neuroimagem mostram que a síndrome de Turner está associada ao desenvolvimento anormal tanto do cerebelo como do cérebro (Brown et al., 2002). Essas meninas também apresentam um desequilíbrio interessante em suas habilidades cognitivas: com frequência se saem particularmente mal em testes que medem capacidade espacial, mas em geral apresentam desempenho de nível normal ou acima do normal em testes de habilidade verbal (Golombok e Fivush, 1994). Meninas com um padrão XXX apresentam estatura normal, mas são lentas no desenvolvimento físico. Ao contrário de meninas com síndrome de Turner, elas têm capacidades verbais marcadamente pobres e QI global baixo, e saem-se particularmente mal na escola em comparação a outras crianças com anomalias do cromossomo sexual (Bender et al., 1995; Rovet e Netley, 1983).

síndrome de Down (trissomia 21) Uma anomalia genética na qual cada célula contém três cópias do cromossomo 21 em vez de duas. As crianças nascidas com esse padrão genético têm aspectos físicos característicos e geralmente apresentam retardo mental.

Teratógenos: doenças maternas

> **Objetivo da aprendizagem 2.8**
> Como doenças maternas e perigos ambientais afetam o desenvolvimento pré-natal?

Um desenvolvimento pré-natal desviante também pode resultar de variações no ambiente no qual o embrião e o feto são criados. Um teratógeno em particular, como um medicamento ou uma doença na mãe, resultará em um defeito no embrião ou feto apenas se ocorrer durante um determinado período de dias ou semanas de vida pré-natal. A regra geral é que cada sistema orgânico é mais vulnerável à ruptura na época em que está se desenvolvendo mais rapidamente (Moore e Persaud, 1993). A Figura 2.10 mostra as épocas em que partes diferentes do corpo são mais vulneráveis a teratógenos. Como se pode ver, as primeiras oito semanas são o período de maior vulnerabilidade para todos os sistemas orgânicos.

Rubéola As primeiras semanas de gestação compreendem um período crítico para um efeito negativo da rubéola (também denominada sarampo alemão). A maioria dos bebês expostos à rubéola nas primeiras quatro a cinco semanas apresentam algumas anormalidades, enquanto apenas aproximadamente 10% daqueles expostos nos últimos 6 meses de gestação são afetados negativamente (Moore e Persaud, 1993). Surdez, catarata e defeitos cardíacos são as anormalidades mais comuns. Esses efeitos são observáveis imediatamente após o nascimento. Mas a pesquisa recente sugere que a rubéola pode estar ligada a resultados do desenvolvimento – tais como o diagnóstico de esquizofrenia – que não são aparentes até a adolescência ou a idade adulta (Brown, 2000-2001). Felizmente, a rubéola é evitável. Existe uma vacina e ela deve ser administrada a todas

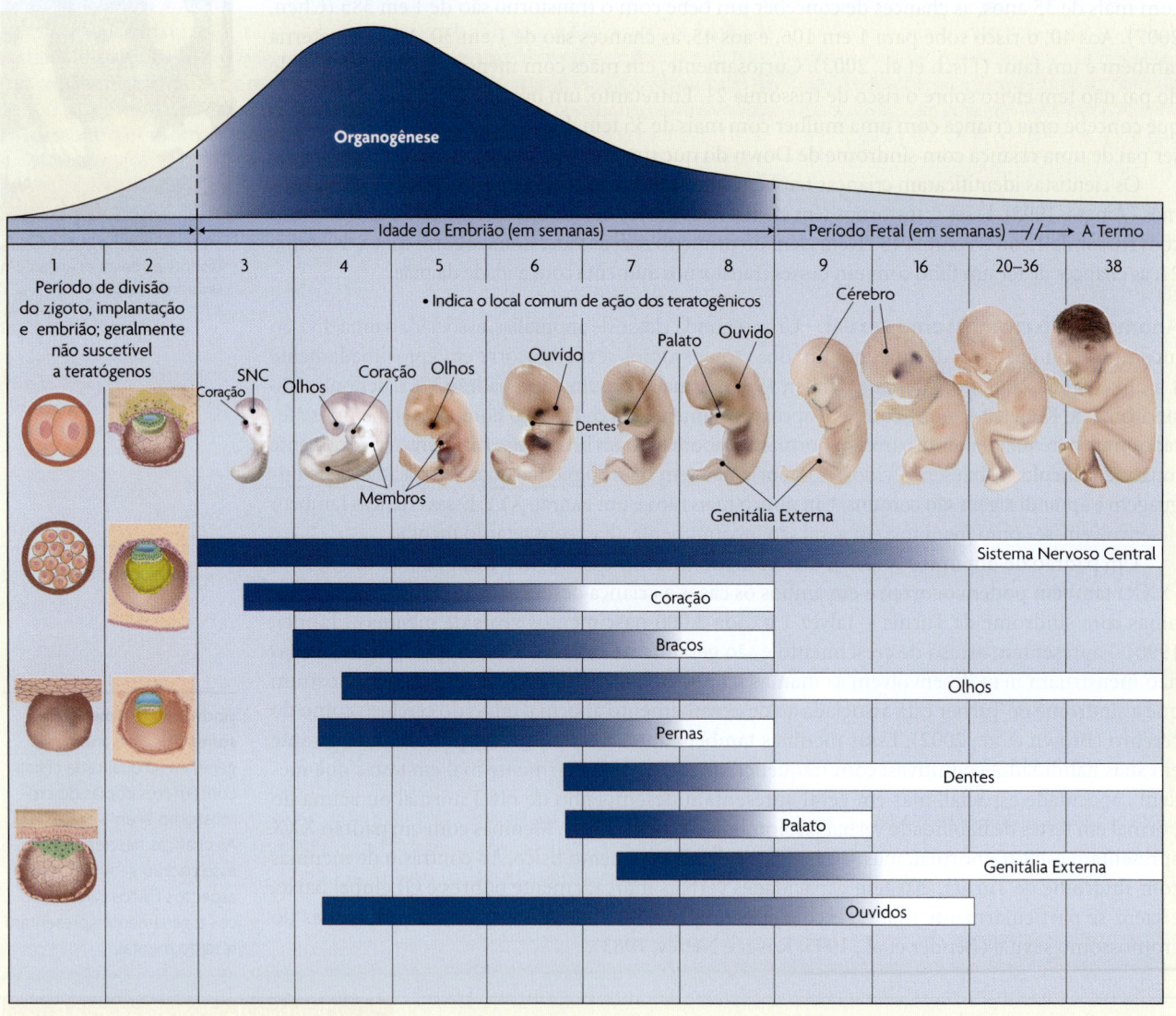

NOTA: Porções escuras designam períodos altamente sensíveis; porções claras designam períodos menos sensíveis.

Figura 2.10   O momento da exposição a teratógeno

O momento da exposição a teratógeno é crucial. Observe que os teratógenos têm o maior impacto durante o estágio embrionário, exceto em certas partes do corpo como cérebro e ouvidos, que continuam em risco para efeitos teratogênicos por crescerem e se desenvolverem durante o período fetal.

(*Fonte*: De C. Moore, J. Barresi e C. Thompson. "The cognitive basis of future-oriented prosocial behavior." *Social Development*, 7 (1998): 198-218. Copyright © 1998 por Blackwell Publishers, Inc. Reimpressa com permissão.)

as crianças como parte de um programa de vacinação regular (American College of Obstetrics and Gynecology [ACOG], 2002). Mulheres adultas que não foram vacinadas quando crianças podem ser vacinadas mais tarde, mas a vacinação deve ser feita pelo menos três meses antes de uma gravidez para fornecer imunidade completa. Além disso, a própria vacina pode ser teratogênica, outra boa razão para aguardar vários meses antes de tentar conceber.

HIV/AIDS Nos Estados Unidos, mais de 6.000 bebês nascem de mulheres com HIV/AIDS a cada ano (CDC, 2007a). Esses números sinistros são, entretanto, contrabalançados por algumas boas novas. Primeiro, apenas aproximadamente um quarto dos bebês nascidos de mães com HIV realmente se tornam infectados (Mofenson, 2002). Ainda mais encorajador é o achado de que mulheres infectadas que são tratadas com *coquetéis antirretrovirais* durante a gravidez têm risco significativamente mais baixo de transmitir a doença para seus filhos – apenas 2% (CDC, 2007a). Visto que a maioria das mulheres com HIV são assintomáticas e não têm conhecimento de que estão infectadas, os Centros para Controle da Doença recomendam aconselhamento e testagem voluntária para todas as mulheres grávidas no início de suas gestações, de modo que elas possam iniciar o tratamento com antirretrovirais, caso seja necessário.

Em outras partes do mundo, o HIV é muito mais prevalente entre mulheres grávidas. Infelizmente, muitas mulheres com HIV em países não industrializados sabem pouco ou nada sobre tratamentos disponíveis e possíveis consequências do vírus para sua saúde, para a saúde de seus bebês e de seus parceiros. Por exemplo, um estudo envolvendo 79 mulheres grávidas com HIV entre 18 e 38 anos, em Burkina Faso, África Ocidental, verificou que a maioria das participantes não pretendia informar seus parceiros sobre sua condição de HIV porque temiam ser estigmatizadas (Issiaka et al., 2001). Além disso, nenhuma delas tinha conhecimento de organizações comunitárias nas quais indivíduos com HIV poderiam obter informação e apoio. Esses achados sugerem que a necessidade por educação básica sobre o HIV no mundo em desenvolvimento é urgente.

Citomegalovírus e outras doenças sexualmente transmissíveis Uma doença sexualmente transmissível (DST) muito menos conhecida, mas bastante difundida e potencialmente séria é o *citomegalovírus (CMV)*, um vírus do grupo do herpes. Acredita-se agora que ele seja a causa infecciosa mais prevalente tanto de retardo mental quanto de surdez congênitos. O CMV tipicamente apresenta poucos sintomas em um adulto. Na maioria dos casos, uma pessoa afetada nem mesmo sabe que é portadora do vírus, embora em uma fase ativa ele às vezes crie sintomas que sugerem mononucleose, incluindo glândulas inchadas e febre baixa. Em bebês infectados no período pré-natal ou durante o nascimento, entretanto, o vírus pode produzir incapacidades invalidantes.

Aproximadamente metade de todas as mulheres em idade fértil tem anticorpos para CMV (CDC, 2006a); isso indica que elas foram infectadas em algum momento. Talvez 2% dos bebês cujas mães possuem anticorpos para CMV é infectado no período pré-natal, o que significa que aproximadamente 1 a cada 150 bebês é congenitamente infectado.

Como o CMV, o vírus do herpes também pode ser transmitido para o feto durante o parto se a doença da mãe estiver na fase ativa naquela ocasião. A criança não apenas experimenta periodicamente as feridas genitais características da doença, como também pode sofrer outras complicações – principalmente menigoencefalite, uma inflamação do cérebro e da medula espinhal potencialmente séria. Devido a esse risco aumentado, muitos médicos agora recomendam parto cirúrgico (cesariana) em mães com herpes, embora o parto normal seja possível se a doença estiver inativa.

Duas outras DSTs, *sífilis* e *gonorreia*, também causam defeitos de nascimento (Di Mario, Say e Lincetto, 2007). Ao contrário da maioria dos teratógenos, uma infecção por sífilis é mais prejudicial durante as últimas 26 semanas de desenvolvimento pré-natal e causa defeitos em olhos, ouvidos e cérebro. A gonorreia, que pode provocar cegueira no bebê, também é geralmente transmitida durante o nascimento. Por essa razão, os médicos costumam tratar os olhos do recém-nascido com um unguento especial que previne dano da gonorreia.

Doenças crônicas Condições como doença cardíaca, diabete, lúpus, desequilíbrio hormonal e epilepsia também podem afetar o desenvolvimento pré-natal (Adab, Jacoby, Smith e Chadwick, 2001; Kliegman, 1998; McAllister et al., 1997; Sandman et al., 1997). E a pesquisa recente indica que exposição pré-natal a algumas condições de saúde maternas, como as flutuações na taxa de metabolismo características do diabete, podem predispor bebês a atrasos do desenvolvimento (Levy-Shiff, Lerman, Har-Even e Hod, 2002). Um dos objetivos mais importantes da nova especialidade de *medicina materno-fetal* é gerenciar as gestações de mulheres que têm essas condições a fim de que a saúde tanto da mãe quanto do feto seja preservada. Por exemplo, a gravidez afeta com frequência os níveis de açúcar no sangue da mulher diabética de maneira tão drástica que se torna impossível mantê-los sob controle. Por sua vez, níveis erráticos de açúcar sanguíneo podem prejudicar o sistema nervoso do feto ou fazê-lo crescer muito rapidamente (Allen e Kisilevsky, 1999; Kliegman, 1998). Para prevenir essas complicações, um especialista materno-fetal deve encontrar uma dieta, um medicamento ou uma combinação dos dois que estabilize o açúcar sanguíneo da mãe sem prejudicar o feto.

Perigos ambientais Há inúmeras substâncias encontradas no ambiente que podem ter efeitos prejudiciais sobre o desenvolvimento pré-natal. Por exemplo, mulheres que trabalham com mercúrio (dentistas, técnicas dentárias, operárias de fábricas de semicondutores) são aconselhadas a limitar sua exposição a essa substância potencialmente teratogênica (March of Dimes, 2008b). Consumir grandes quantidades de peixe também pode expor mulheres grávidas a altos níveis de mercúrio (devido à poluição industrial dos oceanos e dos canais). O peixe também pode conter níveis elevados de outro poluente industrial problemático conhecido como bifenil policlorado, ou PCBs. Por essas razões, os pesquisadores recomendam que mulheres grávidas limitem seu consumo de peixe, especialmente atum fresco, tubarão, peixe-espada e cavala (March of Dimes, 2008b).

Há diversos outros perigos ambientais que mulheres grávidas são aconselhadas a evitar (March of Dimes, 2008b):

- *Chumbo*, encontrado em superfícies pintadas em casas antigas, canos de água potável, vidraria de cristal e alguns recipientes de cerâmica.
- *Arsênico*, encontrado na poeira de madeira serrada.
- *Cádmio*, encontrado em fábricas de semicondutores.
- *Gases anestésicos*, encontrados em consultórios dentários, ambulatórios cirúrgicos e salas de operação de hospitais.
- *Solventes*, como álcool e diluentes de tinta.
- *Substâncias contendo parasitas*, como fezes de animais, carne mal passada, aves domésticas ou ovos.

> **Objetivo da aprendizagem 2.9**
> Quais são os possíveis efeitos adversos do tabaco, do álcool e de outras drogas sobre o desenvolvimento pré-natal?

Teratógenos: drogas

Há atualmente grande quantidade de literatura sobre os efeitos de drogas no período pré-natal, especialmente substâncias controladas, como cocaína e maconha (Barth, 2001). Classificar os efeitos das drogas tem se revelado uma tarefa imensamente desafiadora, pois diversas mulheres usam múltiplas substâncias: mulheres que bebem álcool têm mais propensão a fumar do que as que não bebem; aquelas que usam cocaína também têm mais probabilidade de tomar outras drogas ilegais ou de fumar ou beber em excesso, e assim por diante. Além disso, muitas mulheres que usam drogas têm problemas como depressão, que podem ser responsáveis pelos efeitos aparentes das drogas que usam (Pajulo, Savonlahti, Sourander, Helenius e Piha, 2001). Além disso, os efeitos das drogas podem ser sutis, visíveis apenas muitos anos após o nascimento na forma de transtornos leves de aprendizagem ou risco aumentado de problemas de comportamento.

Fumo A pesquisa recente sugere que fumar durante a gravidez pode causar dano genético no feto em desenvolvimento (de la Chica, Ribas, Giraldo, Egozcue e Fuster, 2005). A ligação entre fumo e baixo peso no nascimento é bem-estabelecida. Os bebês de mães que fumam são em média cerca de 450g mais leves no nascimento do que bebês de mães não fumantes (Mohsin, Wong, Baumann e Bai, 2003) e têm quase duas vezes mais probabilidade de nascer com um peso abaixo de 2,5kg, a definição comum de baixo peso ao nascimento. O principal agente causador do problema nos cigarros é a nicotina; ela contrai os vasos sanguíneos, reduzindo o fluxo sanguíneo e a nutrição para a placenta.

Os efeitos do fumo sobre altura e peso ainda são evidentes quando os filhos de mães fumantes e não fumantes antigem idade escolar (Cornelius, Goldschmidt, Day e Larkby, 2002). Pesquisadores e médicos também verificaram que o tabagismo pré-natal aumenta o risco de inúmeros problemas de saúde nas crianças (DiFranza, Aligne e Weitzman, 2004). Esses problemas incluem suscetibilidade a infecções respiratórias, asma e infecções de ouvido.

A exposição pré-natal a tabaco também parece ter efeitos de longo prazo sobre o desenvolvimento cognitivo e social das crianças. Alguns estudos sugerem que há taxas mais altas de problemas de aprendizagem e de comportamento antissocial entre crianças cujas mães fumaram durante a gravidez (DiFranza, Aligne e Weitzman, 2004). Além disso, filhos de mulheres que fumaram durante a gravidez têm mais probabilidade de ser diagnosticados com transtorno de déficit de atenção/hiperatividade (Linnet et al., 2003; Thapar et al., 2003).

Bebida Os efeitos do álcool sobre o feto em desenvolvimento variam de leves a graves. No extremo do *continuum* estão crianças que exibem uma síndrome chamada **síndrome alcoólica fetal (SAF)**, que afeta entre 1 e 2 a cada 1.000 bebês nos Estados Unidos (Chambers e Vaux, 2006). A projeção desses números a todas as crianças nascidas nos Estados Unidos significa que até 12 mil crianças com SAF nascem a cada ano. Essas crianças, cujas mães eram geralmente bebedoras pesadas ou alcoolistas, são geralmente menores que o normal, com cérebros menores e frequentemente com anomalias ou deformidades físicas características. Elas frequentemente têm defeitos cardíacos e seus rostos têm certos aspectos distintivos (visíveis nas duas fotos abaixo), incluindo nariz e ponte nasal um pouco achatados e um espaço incomumente longo entre nariz e boca. Entretanto, o transtorno costuma ser difícil de diagnosticar. Os especialistas recomendam que os médicos que suspeitam que uma criança possa ter SAF realizem uma avaliação multidisciplinar, que inclua uma história médica e comportamental abrangente tanto da mãe quanto da criança, bem como testagem neuropsicológica (Chudley et al., 2005).

O melhor estudo das consequências da exposição pré-natal a álcool foi realizado por Ann Streissguth e colaboradores (Baer, Sampson, Barr, Connor e Streissguth, 2003), que acompanharam um grupo de mais de 500 mulheres que bebiam quantidades de álcool de moderadas a pesadas enquanto grávidas. Streissguth testou os filhos dessas mulheres repetidamente, começando imediatamente após o nascimento; novamente, aos 4 anos; na idade escolar e, finalmente, nas

síndrome alcoólica fetal (SAF) Um padrão de anormalidades, incluindo retardo mental e anomalias físicas menores, frequentemente encontradas em crianças nascidas de mães alcoolistas.

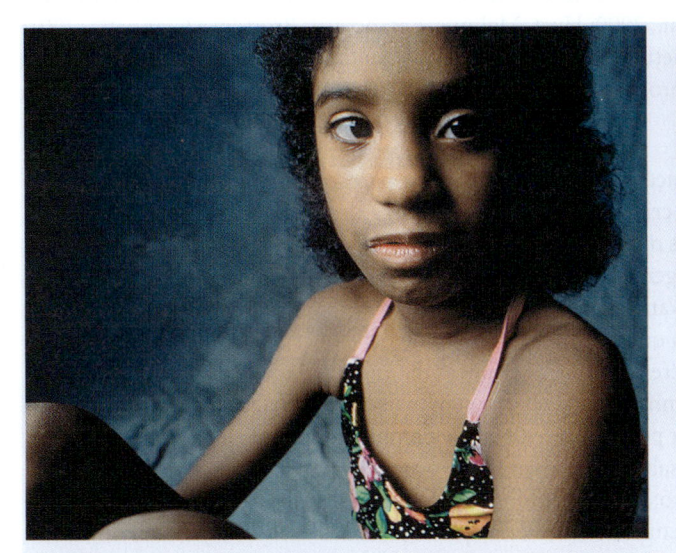

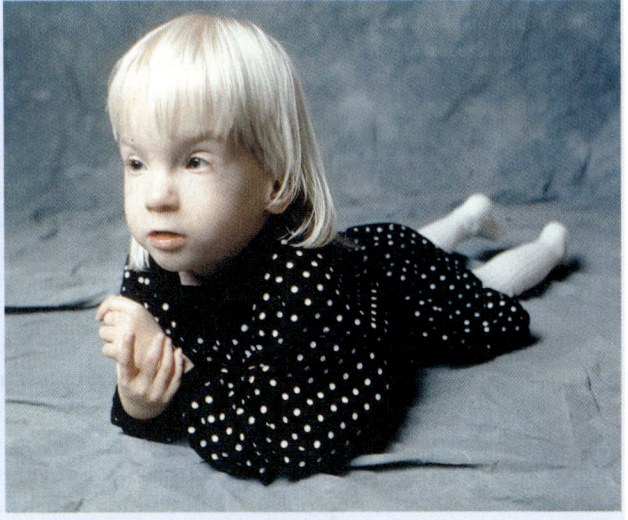

Essas duas crianças, de países diferentes e formações étnicas diferentes, foram diagnosticadas como tendo síndrome alcoólica fetal (SAF). Ambas apresentam retardo mental e têm cabeças relativamente pequenas. Note também o nariz curto e a ponte nasal baixa, típicos de crianças com SAF.

idades de 11, 14, e 21 anos. Eles constataram que o consumo de álcool estava associado a lentidão e sucção mais fraca nos bebês; escores mais baixos em medidas de inteligência aos 8 meses, aos 4 e aos 7 anos; e problemas com atenção e vigilância aos 4, 7, 11, e 14 anos. Os professores também avaliaram as crianças de 11 anos em desempenho escolar global e em vários problemas de comportamento; nas duas medidas, as crianças cujas mães tinham consumido mais álcool durante a gravidez foram classificadas como significativamente piores. Streissguth também indagou as mães sobre sua dieta, sua educação e seus hábitos de vida. Ela verificou que as ligações entre o consumo de álcool de uma mãe e resultados piores para a criança persistiam mesmo quando todas essas outras variáveis eram controladas estatisticamente. Essas crianças são agora todas adultos jovens, e os investigadores encontraram deficiências em suas habilidades de processamento de informação, demonstrando que os efeitos de exposição pré-natal a álcool persistem até a idade adulta (Connor, Sampson, Bookstein, Barr e Streissguth, 2001). Além do mais, elas têm mais probabilidade que seus pares que não foram expostos a álcool no período pré-natal de ter problemas com abuso de álcool (Baer et al., 2003).

A evidência recente também destaca efeitos mais leves do consumo de álcool moderado ou "social", tal como dois copos de vinho por dia. Filhos de mães que bebem nesse nível durante a gravidez têm mais probabilidade de ter escores de QI abaixo de 85 e intervalos de atenção mais insatisfatórios. Eles também têm mais probabilidade do que seus pares não expostos a álcool de apresentar problemas de aprendizagem, tanto em situações sociais quanto na escola (Kodituwakku, May, Clericuzio e Weers, 2001). Portanto, ainda não sabemos se há algum nível seguro de consumo de álcool durante a gravidez.

Cocaína Números significativos de mulheres grávidas nos Estados Unidos (e presumivelmente em outras partes do mundo) também usam várias drogas ilegais, mais comumente cocaína. Aproximadamente um terço de todos os bebês expostos a cocaína nascem prematuramente e, entre aqueles levados a termo, muitos têm peso de nascimento mais baixo do que o normal. Além disso, bebês expostos a cocaína têm três vezes mais probabilidade de apresentar uma circunferência pequena da cabeça ou alguns sinais de anormalidades neurológicas (Needlman, Frank, Augustyn e Zuckerman, 1995; Singer, Arendt e Minnes, 1993). Alguns (mas não todos) também apresentam sintomas significativos de abstinência de droga após o nascimento, tais como irritabilidade, inquietação, choro agudo, tremores e níveis mais baixos de responsividade a suas mães (Ukeje, Bendersky e Lewis, 2001).

Alguns estudos sugerem que exposição pré-natal a cocaína está associada com diversos tipos de déficits em crianças de idade pré-escolar e escolar. Esses incluem vocabulário reduzido aos 6 anos, desenvolvimento cognitivo e motor atrasado entre 3 e 5 anos e controle do impulso insatisfatório (Delaney-Black et al., 2000; Hurt, Malmus, Betancourt, Brodsky e Giannetta, 2001; Savage, Brodsky, Malmud, Giannetta e Hurt, 2005). Como resultado, crianças expostas a cocaína no período pré-natal têm mais probabilidade de necessitar de serviços de educação especial na escola (Levine et al., 2008).

Maconha e heroína A exposição pré-natal a maconha parece interferir no crescimento de uma criança. Mesmo aos 6 anos, crianças cujas mães usaram a droga durante a gravidez são, em média, menores do que seus pares não expostos à droga (Cornelius et al., 2002). Os pesquisadores agora também têm evidências sugerindo que exposição pré-natal a maconha afeta adversamente o desenvolvimento do cérebro (Wang et al., 2004). Esses achados podem ajudar a explicar por que inúmeros estudos demonstraram que o comportamento de bebês e crianças que foram expostas à droga no período pré-natal diferem de outras crianças da mesma idade. Por exemplo, os bebês de mulheres que fumavam maconha duas vezes por semana sofrem de tremores e problemas de sono. Além disso, eles parecem ter pouco interesse em seu ambiente até 2 meses após o nascimento (Brockington, 1996). Não se sabe como essas diferenças precoces afetam o desenvolvimento posterior dos bebês. Entretanto, alguns estudos sugerem que transtornos de aprendizagem e problemas de atenção são mais comuns entre crianças cujas mães usaram maconha durante a gravidez (Fried e Smith, 2001).

Tanto heroína quanto metadona, uma droga frequentemente usada no tratamento da dependência da heroína, podem causar aborto, parto e morte prematuros (Brockington, 1996; Dharan, Parviainen, Newcomb e Poleshuck, 2006). Além disso, 60-80% dos bebês nascidos de mulheres dependentes de heroína ou metadona também são dependentes dessas drogas. Bebês dependentes têm choros agudos e sofrem de sintomas de abstinência, incluindo irritabilidade, tremores incontroláveis, vômito, convulsões e problemas de sono. Esses sintomas podem durar até 4 meses.

O grau com que heroína e metadona afetam o desenvolvimento depende da qualidade do ambiente no qual os bebês são criados. Bebês que são cuidados por mães que continuam dependentes elas mesmas geralmente não se saem tão bem quanto aqueles cujas mães param de usar drogas ou que são criados por parentes ou famílias adotivas (Brockington, 1996). Aos 2 anos, a maioria dos bebês dependentes de heroína ou metadona colocados em lares bons estão se desenvolvendo normalmente.

Outros teratógenos e fatores maternos

Objetivo da aprendizagem 2.10
Quais são os riscos associados a drogas legais, dieta, idade, sofrimento emocional e pobreza maternos?

Uma variedade de fatores adicionais, de vitaminas a poluentes ambientais e emoções maternas, podem afetar o desenvolvimento pré-natal. Alguns são listados na Tabela 2.5 e outros são discutidos em mais detalhes nesta seção.

Medicamentos prescritos e medicamentos vendidos sem receita Você pode ter ouvido falar sobre a tragédia da talidomida que ocorreu na década de 1960. O medicamento envolvido era um tranquilizante leve que os médicos prescreviam a mulheres grávidas que estivessem experimentando sintomas graves de enjoo matinal. Lamentavelmente, o medicamento causou malformações sérias nos membros de milhares de fetos que foram expostos a ele (Vogin, 2005).

Em geral, os médicos são contrários ao uso de quaisquer remédios desnecessários durante a gravidez. No entanto, algumas mulheres grávidas precisam tomar medicamentos a fim de tratar condições de saúde que podem estar ameaçando a sua vida e a de seu filho ainda não nascido. Por exemplo, mulheres grávidas com epilepsia devem tomar medicamento anticonvulsivo porque as próprias convulsões são potencialmente prejudiciais ao feto. Outros medicamentos que mulheres grávidas podem ter que arriscar tomar, ainda que possam ser prejudiciais, incluem aqueles que tratam condições cardíacas, controlam sintomas de asma e alguns tipos de drogas psiquiátricas. Em todos esses casos, os médicos avaliam os benefícios do medicamento em relação aos possíveis efeitos teratogênicos e procuram uma combinação de substância e dosagem que trate efetivamente a condição de saúde da mãe e ao mesmo tempo coloque seu feto em risco mínimo.

Tabela 2.5 Alguns teratógenos importantes

Teratógeno	Possíveis efeitos ao feto
Doenças maternas	
Câncer	Tumor fetal ou placentário
Toxoplasmose	Inchaço cerebral, anormalidades espinhais
Catapora	Cicatrizes, dano ocular
Parvovírus	Anemia
Hepatite B	Hepatite
Clamídia	Conjuntivite, pneumonia
Tuberculose	Pneumonia ou tuberculose
Medicamentos	
Inalantes	Síndrome tipo SAF, parto prematuro
Isotretinoína/Vitamina A	Deformidades faciais, da orelha, cardíacas
Estreptomicina	Surdez
Penicilina	Transtornos cutâneos
Tetraciclina	Deformidades dentárias
Pílulas de dieta	Baixo peso ao nascimento

Fontes: Amato, 1998; Kliegman, 1998.

Ao contrário dos medicamentos prescritos, muitas pessoas, grávidas ou não, tomam remédios vendidos sem prescrição cotidianamente sem consultar um médico. Muitos desses medicamentos, como o acetaminofen, são seguros para mulheres grávidas a menos que tomados em excesso (Organization of Teratology Information Specialists, 2005). Entretanto, os especialistas aconselham mulheres grávidas a discutir os remédios que elas geralmente tomam com os médicos no início de suas gestações. Essas discussões devem tratar tanto de medicamentos como de quaisquer vitaminas ou suplementos que a mulher grávida costuma tomar. Seus médicos as aconselharão quanto a quais substâncias são seguras e quais são arriscadas. Frequentemente, também, os médicos podem sugerir alternativas mais seguras; a maioria prefere medicamentos mais antigos que foram minuciosamente testados (Vogin, 2005).

Dieta Tanto a adequação geral da dieta de uma mulher grávida, medida em termos de calorias, quanto a presença de certos nutrientes essenciais são críticos ao desenvolvimento pré-natal. No mínimo, uma mãe necessita de calorias e proteínas totais suficientes para prevenir subnutrição. Quando uma mulher experimenta subnutrição grave durante a gravidez, particularmente durante o último trimestre, ela enfrenta um risco muito maior de parto de natimorto, baixo peso de nascimento ou morte do bebê durante o primeiro ano de vida (Di Mario, Say e Lincetto, 2007). Autópsias mostram que bebês nascidos de mães subnutridas têm cérebros menores, com células cerebrais em menor número e menores do que o normal (Georgieff, 1994).

Um nutriente específico vital cuja importância durante a gravidez se tornou evidente é o ácido fólico, uma vitamina B encontrada principalmente no fígado, no feijão, em vegetais de folhas verdes, no brócolis, no suco de laranja, em cereais matinais fortificados e em produtos de grãos, especialmente germe de trigo. Quantidades inadequadas desse nutriente foram claramente associadas com o risco de defeitos do tubo neural – como, por exemplo, espinha bífida, uma deformidade na qual a parte inferior da espinha não se fecha (Mersereau, 2004). Muitas dessas crianças (mas não todas) têm retardo; a maioria tem alguma paralisia da parte inferior do corpo. Visto que o tubo neural desenvolve-se primariamente durante as primeiras semanas de gestação, antes que uma mulher possa mesmo saber que está grávida, é importante para as que planejam uma gravidez ingerir pelo menos o nível mínimo de ácido fólico: 400 microgramas por dia. Para ajudar a elevar a ingestão normal acima do nível desejado, novos regulamentos pela Food and Drug Administration nos Estados Unidos requerem que 140 microgramas de ácido fólico sejam adicionados a cada 100 gramas de farinha enriquecida, aumentando muito a probabilidade de que a maioria das mulheres receba quantidades suficientes do composto. Desde que a determinação foi instituída, o número de bebês nascidos com espinha bífida nos Estados Unidos foi reduzido em aproximadamente um terço (Mersereau et al., 2004).

Os nutricionistas recomendam que mulheres grávidas ingiram aproximadamente 300 calorias a mais por dia do que antes da gestação (March of Dimes, 2008a). A falta de recursos financeiros pode impedir que mulheres vivendo na pobreza ingiram as calorias necessárias. Entretanto, mal nutrição durante a gravidez também ocorre entre mulheres que não são pobres, mas que expressam preocupação sobre ganho de peso tanto antes quanto durante a gravidez. Por exemplo, um estudo japonês revelou que mulheres jovens preocupadas com peso e que estavam abaixo do peso antes da gravidez tendiam a permanecer assim durante a gravidez (Takimoto, 2006). Os pesquisadores também verificaram que cerca de 25% das mulheres grávidas da classe média nos Estados Unidos restringe intencionalmente a ingestão calórica para evitar ganhar o que elas consideram uma quantidade inaceitável de "peso do bebê" (Shearer, 2007). Os pesquisadores argumentam que o comportamento dessas mulheres expõe desnecessariamente seus fetos aos efeitos potencialmente devastadores da má nutrição (Franko e Spurrell, 2000). Portanto, os médicos precisam tomar medidas para identificar mulheres grávidas excessivamente preocupadas com peso e educá-las sobre as necessidades nutricionais do feto.

Também há riscos associados a engordar demais. Em particular, mulheres que engordam muito têm mais probabilidade de ter um parto por cesariana (Takimoto, 2006); elas também estão propensas a obesidade pós-parto, que acarreta uma série de riscos à saúde, incluindo doença cardíaca e diabete (Johnson e Yancey, 1996). Ganhos de peso dentro das médias recomendadas parecem ideais, embora haja uma ampla variabilidade de uma mulher para outra.

Finalmente, mulheres que são obesas antes de ficarem grávidas têm alguns riscos adicionais, independente da quantidade de peso que ganhem. Essas mulheres têm aproximadamente duas vezes mais probabilidade de terem bebês com defeitos de tubo neural, independente de sua ingestão de ácido fólico (Scialli, 2007) – um achado que fala em favor da perda de peso antes da gravidez para mulheres que são classificadas como obesas.

A idade da mãe Você tem ouvido relatos sensacionalistas da mídia sobre mulheres dando à luz aos 50 e mesmo aos 60 anos? As gestações nessas idades são muito raras, mas é verdade que a idade média na qual as mulheres estão dando à luz pela primeira vez aumentou nas últimas décadas. Em 1970, a idade média com que uma mulher nos Estados Unidos tinha seu primeiro filho era de 21,4 anos. Em comparação, em 2003, a idade média era de 25,1 anos (Martin et al., 2005). A mudança deve-se largamente à prevalência aumentada de primeiros filhos entre mulheres no final da terceira década e início da quarta.

Na maioria dos casos, mães mais velhas têm gestações tranquilas e dão à luz bebês saudáveis, mas os riscos associados à gravidez aumentam um pouco à medida que as mulheres envelhecem (Martin et al., 2005). Seus bebês também correm maior risco de pesar menos de 2,5kg no nascimento, um achado que é explicado em parte pela maior incidência de nascimentos múltiplos entre mães mais velhas. Contudo, bebês nascidos de mulheres com mais de 35 anos, sejam nascimentos únicos ou múltiplos, correm maior risco de apresentar problemas como malformações cardíacas e transtornos cromossômicos.

No outro lado do *continuum* de idade, quando se compara as taxas de problemas vistos em mães adolescentes com aqueles vistos em mães de 20 e poucos anos, quase todos os pesquisadores encontram taxas mais altas de problemas entre as adolescentes. Entretanto, mães adolescentes também têm mais probabilidade de serem pobres e menos probabilidade de receberem cuidado pré-natal adequado (Martin et al., 2005). Portanto, é muito difícil determinar os fatores causais. Um estudo notavelmente bem-planejado, entretanto, tornou a ligação entre gravidez precoce e resultados insatisfatórios bastante clara.

Alison Fraser e colaboradores (1995) estudaram 135.088 meninas e mulheres brancas, com idades de 13 a 24 anos, que deram à luz no estado de Utah entre 1970 e 1990. Esta é uma amostra rara para estudos sobre esse assunto. Quase dois terços das mães adolescentes neste grupo eram casadas, e a maioria teve cuidado pré-natal adequado; 95% continuava na escola. Essas condições especiais permitiram que Fraser separasse os efeitos de etnia, pobreza, estado civil e a idade da mãe – todos os quais são normalmente confundidos em estudos de gravidez na adolescência. No total, Fraser encontrou taxas mais altas de resultados adversos de gravidez entre mães de 17 anos ou mais jovens do que entre as mães de 20 anos ou mais. A taxa de nascimentos pré-termo foi duas vezes mais alta; a incidência de baixo peso ao nascimento foi quase duas vezes maior. E essas diferenças foram encontradas mesmo entre mães adolescentes que eram casadas, estavam na escola e tinham cuidado pré-natal adequado. Os resultados foram ainda mais arriscados entre mães adolescentes que não tiveram cuidado pré-natal adequado, mas esse cuidado apenas não eliminava o risco aumentado de problemas ligados a partos de adolescentes, simplesmente porque a razão de esse risco aumentado existir entre mães adolescentes não estar inteiramente claro. A possibilidade mais provável é que haja alguma consequência biológica negativa de gravidez em uma menina cujo próprio crescimento não está completo.

Estresse e estado emocional A ideia de que estresses emocionais e físicos estão associados a resultados de gravidez insatisfatórios está firmemente estabelecida no folclore, mas "seu fundamento científico é muito menos seguro" (DiPietro, 2004). Os resultados de estudos em animais são claros: exposição da fêmea prenhe a estressores como calor, luz, ruído, choque ou superlotação aumenta significativamente o risco de filhotes com baixo peso ao nascimento, bem como com problemas futuros (Schneider, 1992). Os estudos em seres humanos são mais difíceis de interpretar porque mulheres que experimentam altos níveis de estresse têm bastante probabilidade de serem diferentes em outros aspectos daquelas que não experimentam estresse, portanto é mais difícil descobrir relações causais claras. Não obstante, inúmeros estudos cuidadosos demonstram que eventos estressantes de vida, sofrimento emocional e estresse físico estão todos associados a leves aumentos nos problemas da gravidez, como baixo peso no nascimento (DiPietro, 2004). Além disso, estudos envolvendo estressores induzidos experimentalmente (requerer que uma mulher grávida se submeta a algum tipo de teste cognitivo, por exemplo) mostram que eles parecem causar alterações de curto prazo na atividade fetal, na taxa cardíaca e em outras respostas (DiPietro, Costigan e Gurewitsch, 2003). Se essas alterações são suficientes para afetar o desenvolvimento de alguma forma significativa é até agora desconhecido.

Similarmente, emoções maternas estão associadas a medidas de resposta fetal, como o nível de atividade. Janet DiPietro e colaboradores (2002) constataram que os fetos de mulheres que têm emoções positivas em relação a sua condição são menos ativos do que aqueles de mães que sentem mais negativamente suas gestações. Os efeitos de longo prazo dessa associação, se existem, têm sido difíceis de identificar. Entretanto, os pesquisadores verificaram que sofrimento emocional grave e prolongado durante a gravidez pode ter associações de longo prazo com o desenvolvimento das crianças. Igualmente, os pesquisadores verificaram que filhos de mães que relataram altos níveis de sofrimento psicológico durante a gravidez são emocionalmente mais negativos tanto aos 6 meses quanto aos 5 anos do que os filhos de mães não angustiadas (Martin, Noyes, Wisenbaker e Huttunen, 1999). Mas os críticos desses estudos alegam que a associação real é uma questão de genes maternos e/ou estilo de paternagem; mães emocionalmente negativas e deprimidas podem usar estratégias de paternagem ineficazes ou simplesmente terem mais probabilidade, por razões genéticas, de ter filhos emocionalmente menos positivos que seus pares (Lau, Riisdijk, Gregory, McGuffin e Elev, 2007).

Um achado razoavelmente consistente, entretanto, é que os fetos de mães gravemente angustiadas tendem a crescer mais lentamente do que outros (Linnet et al., 2003). Os desenvolvimentalistas postulam que esse efeito pode resultar diretamente de hormônios relacionados à emoção ou pode ser um efeito indireto do estado emocional da mãe. Uma mãe estressada ou deprimida pode comer menos, ou seu sistema imunológico pode limitar sua capacidade de combater vírus e bactérias, qualquer desses fatos pode retardar o crescimento fetal. Consequentemente, muitos psicólogos sugerem que proporcionar apoio social e aconselhamento a mulheres grávidas estressadas e/ou deprimidas pode levar a melhoras tanto na saúde materna quanto na saúde fetal (Brockington, 1996). Além disso, muitos estudos sugerem que medicamentos antidepressivos não prejudicam o feto e podem ser muito úteis para mulheres grávidas que estão gravemente deprimidas (Rybakowski, 2001).

Pobreza A sequência básica de desenvolvimento fetal evidentemente não é diferente para crianças nascidas de mães pobres do que para crianças nascidas de mães de classe média, mas muitos dos problemas que podem afetar negativamente o desenvolvimento pré-natal são mais comuns entre os pobres. Por exemplo, nos Estados Unidos, mães que não se formaram no ensino médio têm aproximadamente duas vezes mais chances de terem um bebê de baixo peso ao nascimento ou um bebê natimorto do que mães com educação universitária. Mulheres pobres têm mais probabilidade de ter sua primeira gravidez mais cedo e de ter mais gestações no total, além de terem menos chance de terem sido vacinadas contra doenças como a rubéola. Elas também têm menos probabilidade de buscar cuidado pré-natal e, se o fizerem, buscam muito mais no final de suas gestações. Uma porção significativa dessa diferença poderia ser superada nos Estados Unidos: dedicar os recursos necessários para fornecer cuidado pré-natal bom e universal poderia reduzir significativamente não apenas a taxa de morte de bebês, mas também a taxa de anormalidades físicas e, talvez, mesmo a de retardo mental. Acesso igual a cuidado pré-natal não é a única resposta. No Canadá, por exemplo, onde tal cuidado é universalmente disponível, as diferenças de classe social nos partos de baixo peso ao nascimento e nas taxas de mortalidade infantil permanecem (Spencer, 2003).

Pensamento crítico

- Na sua opinião, quais são as vantagens e as desvantagens do aconselhamento genético para casais que querem ter um filho, mas que estão preocupados com um transtorno genético ou cromossômico que ocorre em uma ou em ambas as famílias?
- Com o advento de coquetéis antirretrovirais, a taxa de transmissão de HIV de mãe para feto foi enormemente reduzida. Você acredita que esses achados justificam a testagem e o tratamento obrigatórios de mulheres grávidas com alto risco de ter HIV/AIDS? Por quê?

Conduza sua própria pesquisa

Em todas as culturas, há crenças tradicionais sobre gravidez, muitas das quais são mitos. Por exemplo, você pode ter ouvido dizer que o trabalho de parto seja mais provável de começar durante uma lua cheia ou que "ventre carregando meninos é alto", mas "ventre carregando meninas é baixo." Outras ideias populares incluem a noção de que comer comidas temperadas ou fazer sexo provocará parto prematuro. Faça um levantamento entre seus colegas, amigos e parentes para descobrir que tipos de coisas eles ouviram sobre gravidez. Se você tiver acesso a pessoas de culturas diferentes, analise semelhanças e diferenças nessas crenças entre os grupos.

Resumo

CONCEPÇÃO E GENÉTICA

2.1 Quais são as características do zigoto?

- Na concepção, 23 cromossomos do espermatozoide se unem com 23 do óvulo para constituir o conjunto de 46 que serão reproduzidos em cada célula do corpo do novo bebê. Cada cromossomo consiste de uma cadeia longa de ácido desoxirribonucleico (DNA) composto de segmentos denominados genes. O sexo do bebê é determinado pelo 23º par de cromossomos, um padrão de XX para uma menina e XY para um menino.

2.2 De que formas os genes influenciam o desenvolvimento?

- Os geneticistas diferenciam entre o genótipo, que é o padrão de características herdadas, e o fenótipo, que é o resultado da interação de genótipo e ambiente. Os genes são transmitidos de pai para filho de acordo com padrões complexos de herança que incluem dominante/recessivo, poligênico, multifatorial e ligado ao sexo.

DESENVOLVIMENTO DA CONCEPÇÃO AO NASCIMENTO

2.3 O que acontece em cada um dos estágios de desenvolvimento pré-natal?

- Durante os primeiros dias após a concepção, denominada estágio germinal de desenvolvimento, o zigoto (a célula inicial formada por óvulo e espermatozoide) divide-se, desloca-se para a tuba uterina e é implantado na parede do útero. O segundo estágio, o período embrionário, que dura até 8 semanas após a fecundação, inclui o desenvolvimento das várias estruturas que apoiam o desenvolvimento fetal, como a placenta, e formas primitivas de todos os sistemas orgânicos. As últimas 30 semanas de gestação, denominadas período fetal, são dedicadas principalmente a aumento e refinamentos em todos os sistemas orgânicos.

2.4 Como os fetos masculino e feminino diferem?

- Durante o período embrionário, o embrião XY secreta o hormônio testosterona, que estimula o crescimento da genitália masculina e muda o cérebro para um padrão "masculino". Os meninos são mais ativos, têm desenvolvimento esquelético mais lento, são maiores no nascimento e são mais vulneráveis à maioria das formas de estresse pré-natal.

2.5 Que comportamentos os cientistas observam nos fetos?

- O feto responde a estímulos e parece aprender no útero. Diferenças temperamentais no útero (tal como nível de atividade) persistem até a infância, e alguns aspectos do ambiente sensorial pré-natal podem ser importantes para o futuro desenvolvimento.

PROBLEMAS NO DESENVOLVIMENTO PRÉ-NATAL

2.6 Quais são os efeitos das principais doenças dominantes, recessivas e ligadas ao sexo?

- Os transtornos dominantes geralmente não se manifestam até a idade adulta. A doença de Huntington, um transtorno fatal do sistema nervoso, é um deles. Os transtornos recessivos afetam os indivíduos mais cedo na vida, frequentemente levando a retardo mental e/ou morte prematura. Esses transtornos incluem fenilcetonúria, anemia falciforme e doença de Tay-Sachs. Um transtorno ligado ao sexo razoavelmente comum é a cegueira para as cores vermelha e verde (daltonismo). Hemofilia e síndrome do X frágil são transtornos mais sérios ligados ao sexo que afetam homens muito mais frequentemente que mulheres.

2.7 Como trissomias e outros transtornos dos autossomos e dos cromossomos sexuais afetam o desenvolvimento?

- Números anormais de cromossomos ou dano cromossômico causam inúmeros transtornos sérios, incluindo síndrome de Down.

2.8 Como doenças maternas e perigos ambientais afetam o desenvolvimento pré-natal?

- Algumas doenças contraídas pela mãe, incluindo rubéola, AIDS, doenças sexualmente transmissíveis – como herpes genital e CMV – e doenças crônicas, podem causar anormalidades ou doenças na criança. Os perigos ambientais incluem poluentes, como mercúrio, chumbo e substâncias contendo parasitas, como fezes de animais. Seu efeito sobre o feto varia com o momento da exposição.

2.9 Quais são os possíveis efeitos adversos do tabaco, do álcool e de outras drogas sobre o desenvolvimento pré-natal?

- Drogas como álcool e nicotina parecem ter efeitos prejudiciais sobre o feto em desenvolvimento; os efeitos da droga dependem do momento da exposição e da dosagem.

2.10 Quais são os riscos associados a drogas legais, dieta, idade, sofrimento emocional e pobreza maternos?

- Alguns medicamentos vendidos sem receita têm efeitos teratogênicos. Os médicos precisam saber quais medicamentos a mulher grávida toma regularmente a fim de darem orientação quanto ao uso adequado desses remédios durante a gravidez. Se a mãe sofre de subnutrição, ela enfrenta um risco aumentado de parto de natimorto, baixo peso ao nascimento e morte do bebê durante o primeiro ano de vida. Mães mais velhas e mães muito jovens também correm riscos aumentados, assim como seus bebês. Depressão grave ou doença física crônica de longo prazo na mãe podem aumentar o risco de complicações durante a gravidez ou dificuldades no bebê. Inúmeros fatores de risco pré-natais estão associados a pobreza, incluindo idade mais precoce na primeira gravidez e falta de acesso a cuidado pré-natal.

Termos-chave

ácido desoxirribonucleico (DNA) (p. 57)
âmnion (p. 61)
axônios (p. 64)
blastócito (p. 60)
cordão umbilical (p. 61)
corpo celular (p. 64)
cromossomos (p. 55)
células gliais (p. 64)
córion (p. 61)
dendritos (p. 64)
embrião (p. 60)
espermatozoide (p. 55)
estágio embrionário (p. 51)
estágio fetal (p. 63)
estágio germinal (p. 60)
fenótipo (p. 58)
feto (p. 63)
gametas (p. 57)
gene (p. 57)
genótipo (p. 58)
gêmeos fraternos (dizigóticos) (p. 60)
gêmeos idênticos (monozigóticos) (p. 60)
heterozigótico (p. 58)
homozigótico (p. 58)
migração neuronal (p. 63)
neurônios (p. 63)
óvulo (p. 55)
padrão de herança dominante/recessivo (p. 59)
padrão de herança multifatorial (p. 59)
padrão de herança poligênico (p. 59)
placenta (p. 61)
proliferação neuronal (p. 63)
sinapses (p. 64)
síndrome alcoólica fetal (SAF) (p. 75)
síndrome de Down (trissomia 21) (p. 71)
teratógenos (p. 68)
tuba uterina (p. 55)
útero (p. 55)
viabilidade (p. 63)
zigoto (p. 55)

Nascimento e Primeira Infância 3

Objetivos da Aprendizagem

Nascimento

3.1 Que decisões os pais devem tomar sobre o processo de nascimento em sociedades industrializadas?

3.2 Quais são os eventos e os riscos associados a cada estágio do processo de nascimento?

3.3 Quais são algumas das possíveis consequências do baixo peso ao nascer?

Comportamento na primeira infância

3.4 Que reflexos e estados comportamentais são exibidos pelos bebês?

3.5 Que tipos de capacidades motoras, sensoriais e perceptuais os recém-nascidos têm?

3.6 Que tipos de aprendizagem os bebês exibem?

3.7 Como os recém-nascidos diferem em temperamento e que habilidades eles trazem para as interações sociais?

Saúde e bem-estar na primeira infância

3.8 Quais são as necessidades nutricionais, de cuidados de saúde e de vacinação do bebê?

3.9 Que tipos de doenças tipicamente ocorrem na infância?

3.10 Que fatores contribuem para a mortalidade infantil?

Quando Mahajabeen Shaik deu à luz gêmeas, a maior das duas, Hiba, pesava robustas 500g, pequena mas suficiente para sua idade gestacional de 26 semanas. Mas a outra filha, Rumaisa, tinha apenas 250g, um peso de nascimento que lhe deu a distinção de ser o menor bebê sobrevivente já nascido. Extraordinariamente, especialistas em medicina neonatal da Universidade Loyola, de Chicago, disseram a Mahajabeen e a seu marido, Mohammed Rahman, que as desigualdades favoreciam uma infância normal para ambas as meninas (Associated Press, 2005). Os médicos lhes contaram a história de uma das "graduadas" da unidade de tratamento intensivo neonatal (NICU) da Loyola, Madeline Mann, que pesou apenas 280g quando nasceu, em 1989 (Muraskas e Hasson, 2004). Os primeiros quatro meses de sua vida foram passados na NICU da Loyola. Nos anos após sua alta do hospital, Madeline floresceu como uma menina ativa e forte. À medida que progredia nos anos escolares, tornou-se claro que não apenas ela estava livre de quaisquer incapacidades sérias, mas também que era muito talentosa em uma variedade de áreas. Madeline destacou-se na escola, obtendo escores altos em testes de desempenho padronizados, e aprendeu a tocar violino. Ela também participou de

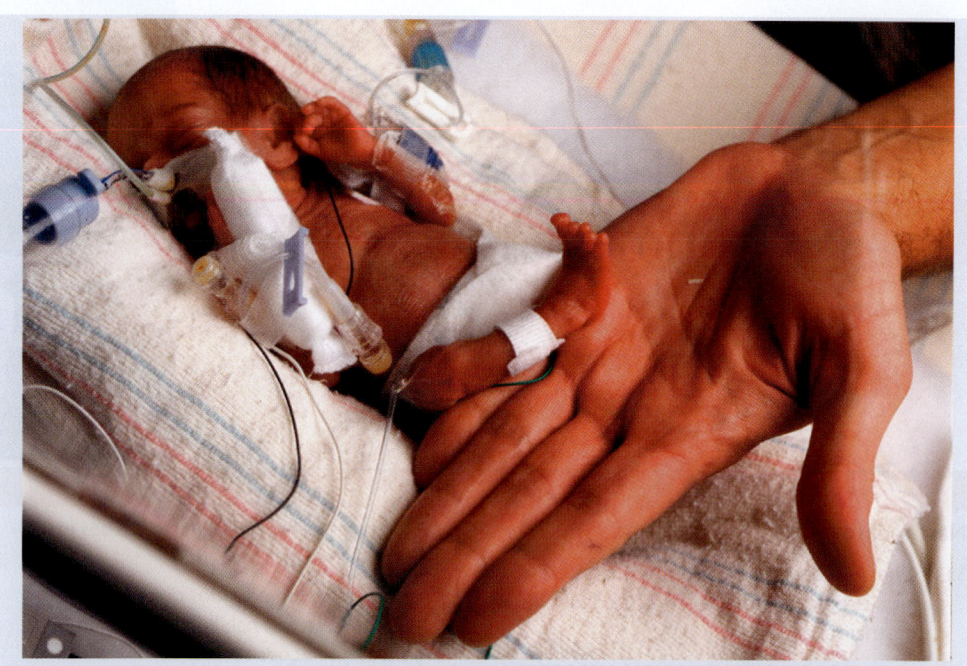

Rumaisa Rahman é mostrada aqui com poucas semanas de vida. O menor bebê sobrevivente, ela pesava apenas 250g no nascimento.

esportes. Na adolescência, a única indicação de que ela tinha sido um bebê prematuro era seu tamanho pequeno. Aos 14 anos, Madeline tinha apenas 1,4m de altura e pesava apenas 28kg. Contudo, durante toda sua vida, sua taxa de crescimento tinha sido inteiramente normal, e ela estivera livre de quaisquer maiores problemas de saúde.

Encorajada pela história de Madeline, Mahajabeen e Mohammed acompanharam esperançosos enquanto suas gêmeas ficavam mais fortes a cada dia. Quando as meninas tinham 5 meses, ambas estavam fora do hospital e se desenvolvendo normalmente. O caso delas, como o de Madeline Mann, é notável. Na verdade, há apenas 58 casos documentados de recém-nascidos sobreviventes que pesaram 350g ou menos (Muraskas e Hasson, 2004). Além disso, a maioria daqueles que sobrevivem tem problemas de saúde ou neurológicos vitalícios.

Felizmente, a maioria dos bebês nasce na hora certa e não requer cuidado intensivo. Na maioria dos casos, também, as mães não dão à luz sob circunstâncias de emergência e podem escolher o ambiente no qual seus bebês nascerão. Começamos nossa discussão sobre nascimento e primeira infância com um resumo da série de escolhas de nascimento disponíveis hoje.

Nascimento

Para os pais, o parto é uma experiência que combina grande estresse físico com uma ampla variedade de emoções: a alegria de ver o bebê pela primeira vez, curiosidade sobre que tipo de indivíduo ele será, preocupação com possíveis problemas físicos, ansiedade sobre a capacidade de ser um pai efetivo, e assim por diante. Para a criança, naturalmente, o nascimento marca sua entrada na família e na comunidade.

Escolhas de nascimento

> **Objetivo da aprendizagem 3.1**
> Que decisões os pais devem tomar sobre o processo de nascimento em sociedades industrializadas?

No mundo industrializado, os pais devem fazer inúmeras escolhas antes do parto. Os pais podem se preocupar em relação a estarem fazendo as melhores escolhas para si mesmos e para o bebê.

Medicamentos durante o trabalho de parto e o parto Levantamentos indicam que aproximadamente 40% das mulheres grávidas nos Estados Unidos temem sentir dor durante o parto (Grissbuehler e Eberhard, 2002). Portanto, uma decisão crucial sobre o processo de nascimento diz respeito ao uso de analgésicos durante o parto. Quatro tipos de alívio da dor são usados (American College of Obstetricians and Gynecologists [ACOG], 2004). *Analgésicos sistêmicos* são geralmente administrados como injeções. Eles aliviam a dor sem causar perda de consciência, como um comprimido de acetaminofen (Tylenol) alivia a dor de cabeça. *Anestésicos locais* também são injetados e causam entorpecimento em uma área muito pequena, semelhante à injeção de novocaína que um dentista dá antes de obturar um dente. Os anestésicos locais são administrados frequentemente quando um procedimento chamado *episiotemia* é necessário (uma pequena incisão que aumenta o tamanho da vagina). *Analgésicos regionais*, geralmente chamados de *bloqueios epidurais*, são as formas mais comumente usadas de alívio da dor. Eles provocam uma perda completa de sensação abaixo do ponto na espinha onde a substância é injetada. A *anestesia geral* alivia a dor e induz inconsciência. Visto que a anestesia geral é a forma de ação mais rápida de alívio da dor, ela é comumente usada em situações de emergência nas quais outras formas de alívio da dor agem muito lentamente.

O estudo das ligações causais entre o uso dessas substâncias e o posterior comportamento ou desenvolvimento do bebê revelou-se extremamente difícil. Experiências controladas obviamente não são possíveis, visto que as mulheres não podem ser submetidas aleatoriamente a regimes de medicamentos específicos. No mundo real, substâncias também são administradas em muitas combinações diferentes. Entretanto, houve muitos estudos dos efeitos imediatos de anestesia obstétrica sobre recém-nascidos.

Um achado importante é que quase todas as substâncias administradas durante o parto atravessam a placenta e entram na corrente sanguínea do feto. Visto que os recém-nascidos não possuem as enzimas necessárias para decompor essas substâncias rapidamente, o efeito de qualquer uma dura mais tempo no bebê do que na mãe. Não surpreendentemente, então, bebês medicados podem apresentar sinais de estarem sob a influência dessas substâncias (Sola, Rogido e Partridge, 2002). Por exemplo, eles podem ter batimentos cardíacos mais lentos ou mais rápidos, dependendo de quais medicamentos suas mães receberam. Em casos raros, bebês de mães anestesiadas experimentam convulsões.

Devido a esses riscos, muitas mulheres preferem evitar completamente o uso de substâncias no parto. O termo geral *parto natural* é comumente usado para referir-se a essa escolha em particular. Essa abordagem também é chamada de *método Lamaze*, em homenagem ao médico que popularizou a noção de parto natural e criou uma variedade de técnicas de manejo da dor. No parto natural, as mulheres contam com métodos psicológicos e comportamentais de manejo da dor em vez de analgésicos.

O parto natural envolve diversos componentes. Primeiro, uma mulher escolhe alguém, geralmente o pai do bebê, para servir de técnico de parto. *Aulas de preparação para o parto* preparam psicologicamente a mulher e seu técnico de parto para a experiência. Por exemplo, eles aprendem a usar o termo *contração* em vez de *dor*. Além disso, acreditar que o bebê se beneficiará do parto natural dá à mulher a motivação que ela necessita para suportar o trabalho de parto sem a ajuda de medicamentos analgésicos. Finalmente, técnicas de relaxamento e respiração lhe fornecem as respostas emocionais que servem para substituir as emoções negativas que tipicamente resultam do desconforto físico das contrações. Ajudada por seu técnico, a mulher focaliza a atenção em sua respiração em vez de na dor.

Esses casais, como tantos hoje, estão tendo uma aula sobre parto juntos. Ter o pai presente no parto como técnico parece reduzir a dor da mãe e até encurtar a duração do trabalho de parto.

O local do parto Outra escolha que os pais devem fazer é onde o bebê irá nascer. Nos Estados Unidos, há tipicamente quatro alternativas: (1) a tradicional

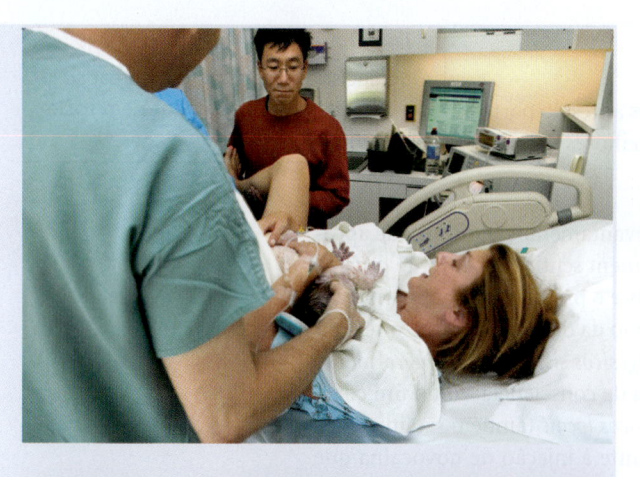

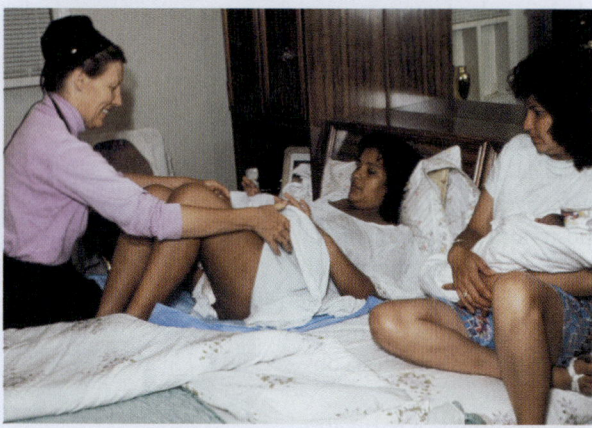

Nos Estados Unidos, o local de parto mais comum é em um hospital, sendo realizado por um médico. Em outras sociedades industrializadas, os partos em casa realizados por uma parteira são bastante comuns.

maternidade do hospital; (2) um centro de parto ou uma sala de parto localizado em um hospital, que fornece um cenário mais doméstico, com o trabalho de parto e o parto completados na mesma sala e membros da família frequentemente presentes todo o tempo; (3) um centro de parto independente, como um centro de parto hospitalar não localizado em um hospital, com o parto realizado por uma parteira em vez de (ou além de) um médico e (4) em casa.

No século passado, apenas cerca de 5% dos bebês nos Estados Unidos nascia em hospitais; hoje, o número é de 99% (Martin et al., 2007). O 1% restante nasce em casa ou em centros de parto independentes. Pesquisa limitada no Canadá e nos Estados Unidos (Janssen, Holt e Myers, 1994; Johnson e Davies, 2005) indica que esses partos não hospitalares, se planejados e realizados por uma parteira ou profissional equivalente, não são mais arriscados do que partos em hospitais.

A presença dos pais no parto A presença do pai durante o trabalho de parto e o parto tornou-se a norma nos Estados Unidos, tanto que se tornou difícil estudar essa variável. Décadas atrás, quando as políticas hospitalares variavam muito em relação à presença do pai na sala de parto, era possível comparar partos com pai presente a partos com pai ausente. Esses estudos revelaram que, quando o pai estava presente, as mulheres em trabalho de parto experimentavam menos dor, solicitavam menos medicamentos, davam à luz mais cedo e experimentavam menos complicações (Henneborn e Cogan, 1975). Entretanto, contrário às expectativas de alguns, os pesquisadores constataram que estar presente no parto de um filho tinha pouco efeito sobre os vínculos emocionais do pai com os bebês (Palkovitz, 1985). Esses achados sugerem que a prática de encorajar o pai a estar presente nas salas de parto norte-americanas é parte de uma tendência cultural mais ampla a um maior envolvimento do pai durante os primeiros anos das crianças mais do que o resultado de pesquisa sobre vinculação.

Objetivo da aprendizagem 3.2
Quais são os eventos e os riscos associados a cada estágio do processo de nascimento?

O processo de nascimento

O parto progride em geral através de três estágios. Ocasionalmente, complicações ocorrem, mas a maioria delas é tratada pelos médicos de forma a assegurar a saúde tanto da mãe quanto do bebê. Quando o bebê nasce, sua saúde é avaliada e a família começa a conhecer seu mais novo membro.

Os estágios do trabalho de parto O estágio 1 cobre o período durante o qual dois importantes processos ocorrem: **dilatação** e **esvaecimento**. O colo do útero (a abertura no fundo do útero) deve se abrir como as lentes de uma câmera (dilatação) e se achatar (esvaecimento). No momento do parto propriamente dito, o colo do útero deve estar dilatado em aproximadamente 10 centímetros. Essa parte do trabalho de parto foi comparada ao que acontece quando você coloca um suéter com uma gola muito apertada. Você tem que empurrar e alargar a gola com sua cabeça a fim de vesti-lo. Finalmente, você "dilata" a gola o suficiente para que a parte mais larga de sua cabeça possa passar. Uma boa quantidade de esvaecimento pode realmente ocorrer nas últimas semanas da gestação, assim como alguma dilatação. Não é raro que as mulheres estejam 80% esvaecidas e 1 a 3cm dilatadas quando começam o trabalho de parto. As contrações do primeiro estágio do trabalho de parto, que são à princípio mais espaçadas e posteriormente mais frequentes e rítmicas, servem para completar os dois processos.

Usualmente, o próprio estágio 1 é dividido em fases. Na fase inicial (ou *latente*), as contrações são relativamente espaçadas e não costumam ser muito desconfortáveis. Na fase *ativa*, que começa quando o colo do útero está de 3 a 4cm dilatado e continua até a dilatação chegar a 8cm, as con-

dilatação Um processo-chave no primeiro estágio do parto, durante o qual o colo do útero se dilata o suficiente para permitir que a cabeça do feto passe pelo canal de nascimento. A dilatação total é de 10cm.

esvaecimento O achatamento do colo do útero, que, junto com a dilatação, é um processo-chave do primeiro estágio do parto.

trações são mais próximas e mais intensas. Os últimos 2cm de dilatação são alcançados durante um período denominado fase de *transição*. É esse período, quando as contrações são pouco espaçadas e fortes, que as mulheres consideram o mais doloroso.

Felizmente, a transição é relativamente breve, especialmente nas gestações posteriores. A Figura 3.1 mostra a duração das diversas subfases, embora nenhuma das figuras nem os números médios transmitam a ampla variabilidade individual que existe. Entre mulheres dando à luz um primeiro filho, o estágio 1 do trabalho de parto pode durar de 3 a 20 horas (Biswas e Craigo, 1994; Kilpatrick e Laros, 1989). A média é de aproximadamente 8 horas para primeiros partos e 6 horas para partos subsequentes (Albers, 1999). Os tempos são geralmente mais longos para mulheres que recebem anestesia do que para aquelas dando à luz por parto natural.

Ao final da fase de transição, a mãe normalmente terá o impulso de ajudar o bebê a sair "empurrando". Quando o atendente de parto (médico ou parteira) tiver certeza de que o colo do útero está totalmente dilatado, encorajará esse impulso, e o segundo estágio do trabalho de parto – o parto propriamente dito – começa. A cabeça do bebê se move do colo do útero expandido para o canal de nascimento e, finalmente, para fora do corpo da mãe. A maioria das mulheres considera essa parte do trabalho de parto muito menos dolorosa do que a fase de transição. A duração média do estágio 2 é de aproximadamente 50 minutos para primeiro parto e 20 minutos para partos posteriores (Moore e Persaud, 1993). Ele raramente leva mais de 2 horas.

Na maioria dos partos, a cabeça dos bebês sai primeiro, com o rosto voltado para a espinha da mãe. Três a quatro por cento, entretanto, têm uma orientação diferente, ou os pés saem primeiro ou primeiro saem as nádegas (denominado apresentações *de nádegas*) (ACOG, 2007). Várias décadas atrás, a maioria dos partos de nádegas eram realizados com a ajuda de instrumentos médicos como fórceps: hoje, quase quatro quintos dos partos com apresentações de nádegas são feitos por secção cesariana – um procedimento discutido mais completamente na próxima seção. O estágio 3, em geral bastante breve, é a liberação da placenta (também chamada de *secundinas*) e de outro material do útero. Você pode ver todos esses passos apresentados na Figura 3.2.

Complicações Muitas complicações são possíveis durante o parto. Os pesquisadores verificaram que complicações potencialmente fatais durante o parto (colapso do cordão umbilical, por exemplo) estão associadas a resultados insatisfatórios do desenvolvimento, tal como autocontrole pobre posteriormente na infância e na adolescência (Beaver e Wright, 2005). É importante observar, entretanto, que a associação entre complicações do parto e resultados posteriores do desenvolvimento podem não ser causais. Em vez disso, fatores como pobreza e saúde materna provavelmente estão ligadas a risco aumentado tanto de complicações do parto quanto de resultados insatisfatórios de desenvolvimento.

Contudo, complicações do parto que interferem nas funções vitais da criança podem levar a dano cerebral e, como resultado, causar uma variedade de problemas posteriores de desenvolvimento. Uma dessas complicações é uma insuficiência de oxigênio para o bebê, um estado denominado **anoxia**. Durante o período imediatamente após o parto, a anoxia pode ocorrer porque o sistema de circulação umbilical não consegue continuar suprindo oxigênio sanguíneo até o bebê respirar ou porque o cordão umbilical foi de alguma forma comprimido durante o trabalho de parto ou o parto. Os efeitos de longo prazo da anoxia têm sido difíceis de determinar. Anoxia prolongada está frequentemente (mas não invariavelmente) associada a consequências importantes, como paralisia cerebral ou retardo mental (Venerosi, Valanzano, Cirulli, Alleva e Calamandrei, 2004). Períodos mais breves de privação de oxigênio parecem ter poucos efeitos de longo prazo, embora esta ainda seja uma conclusão experimental.

Os bebês também podem deslocar os ombros ou os quadris durante o parto. Alguns sofrem fraturas; em outros, os nervos que controlam os músculos faciais são comprimidos, causando paralisia temporária em um lado do rosto. Essas complicações geralmente não são sérias e se resolvem com pouco ou nenhum tratamento.

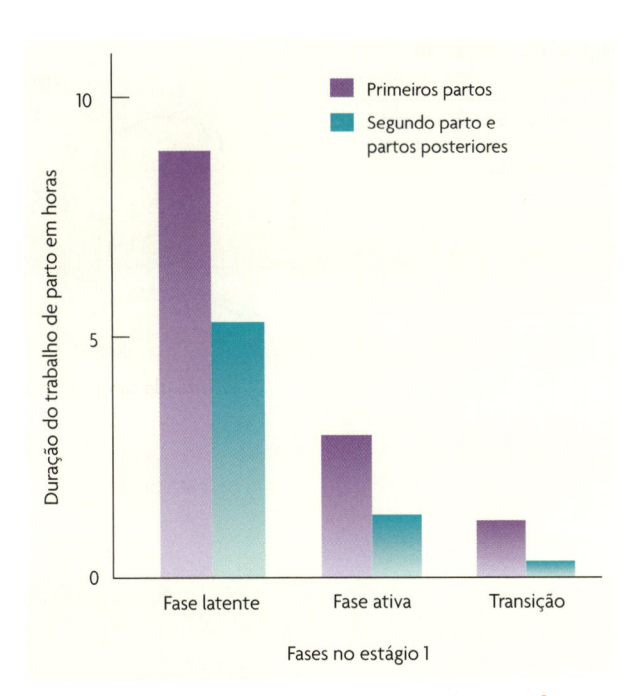

Figura 3.1 Fases do trabalho de parto

Padrão típico de tempo das fases do estágio 1 do trabalho de parto para primeiros partos e para partos subsequentes. A fase latente relativamente longa mostrada aqui é contada a partir de 0cm de dilatação, que aumenta um pouco as horas totais. A duração média do estágio 1 é de aproximadamente 8 horas para um primeiro parto e de 6 horas para partos posteriores.

(*Fonte*: Baseado em Biswas e Craigo, 1994, das Figuras 10-16, p. 216, e 10-17, p. 217.)

anoxia Uma carência de oxigênio. Este é um dos possíveis riscos do parto. Pode resultar em dano cerebral se for prolongada.

Figura 3.2 Fases do parto

A sequência de passos durante o parto é mostrada claramente nesses desenhos.

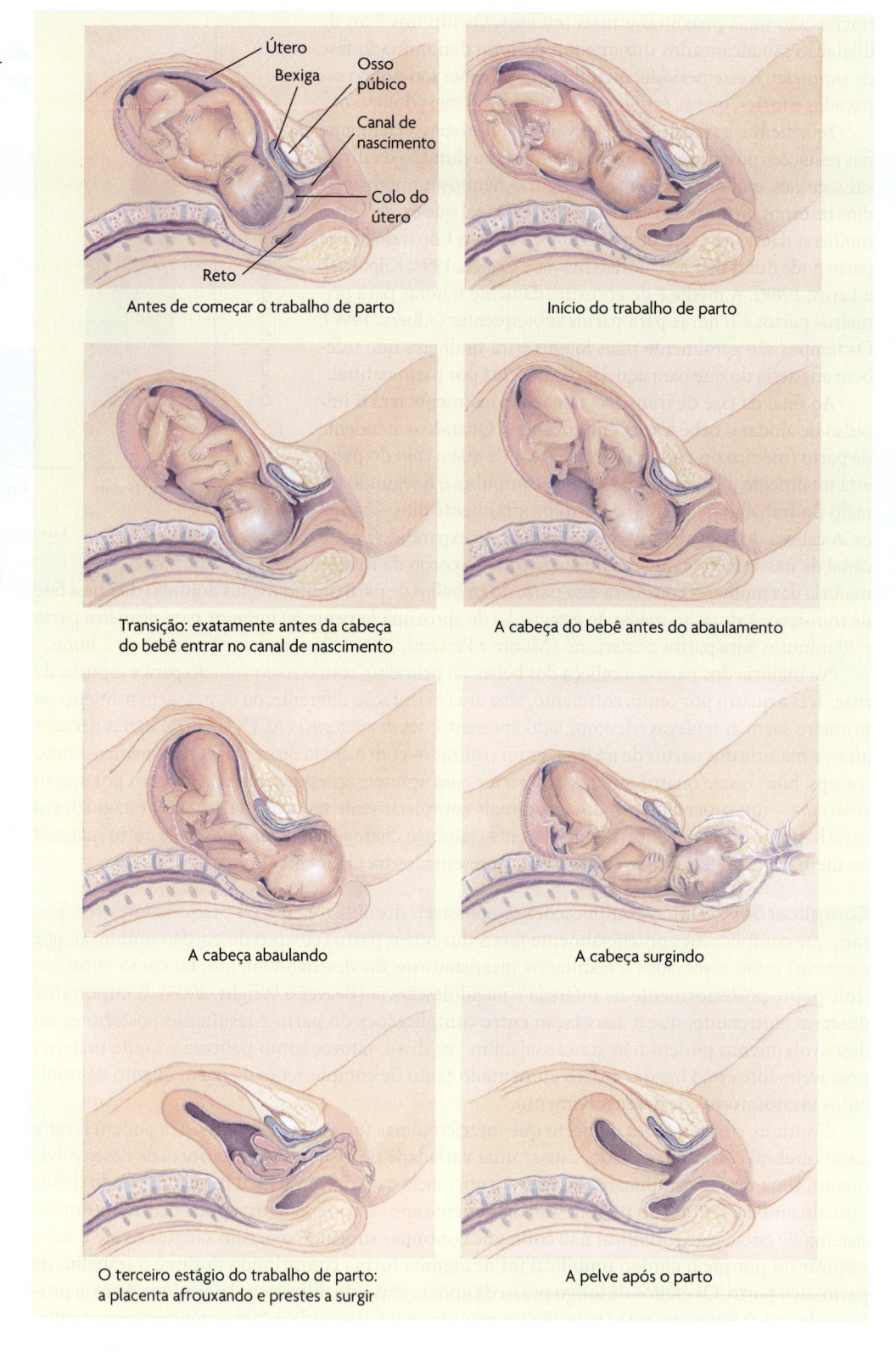

- Antes de começar o trabalho de parto (Útero, Bexiga, Osso púbico, Canal de nascimento, Colo do útero, Reto)
- Início do trabalho de parto
- Transição: exatamente antes da cabeça do bebê entrar no canal de nascimento
- A cabeça do bebê antes do abaulamento
- A cabeça abaulando
- A cabeça surgindo
- O terceiro estágio do trabalho de parto: a placenta afrouxando e prestes a surgir
- A pelve após o parto

secção cesariana (secção-c) Parto da criança através de uma incisão no abdome da mãe.

Partos por cesariana Às vezes, é necessário retirar o bebê cirurgicamente através de incisões feitas nas paredes abdominal e uterina. Há diversas situações que justificam o uso dessa operação denominada **secção cesariana** (ou **secção-c**). Os fatores que exigem o procedimento incluem sofrimento fetal durante o trabalho de parto, trabalho de parto que não progride em uma quantidade razoável de tempo, um feto que é muito grande para ser retirado por via vaginal e condições de saúde maternas que podem ser agravadas por parto vaginal (doença cardiovascular, lesão espinhal, etc.) ou que podem ser perigosas para um feto nascido por via vaginal (herpes, por exemplo) (ACOG, 2008A).

Muitos observadores afirmam que a taxa atual de partos por cesariana nos Estados Unidos é muito alta. O National Center for Health Statistics (Martin et al., 2007) relata que mais de 30% de todos os partos em 2005 nos Estados Unidos envolveram uma secção cesariana. Os críticos da frequência com que secções-c ocorrem dizem que muitas dessas operações são desnecessárias. Suas alegações se justificam?

Um fator que está por trás das estatísticas atuais de secção-c é que, como vimos anteriormente, um número maior mulheres mais velhas está tendo bebês (Joseph et al., 2003). Essas mulheres têm mais probabilidade de conceber gêmeos ou múltiplos. Nesses casos, o parto cirúrgico quase sempre aumenta as vantagens em favor da saúde pós-natal dos bebês. Portanto, os benefícios do parto por cesariana superam seus riscos.

Em contraste, levantamentos sugerem que cerca de 14% das secções-c realizadas nos Estados Unidos entre 2000 e 2005 foram inteiramente eletivas (McCourt et al., 2007). Nesses casos, mulheres que não tinham problemas médicos e que estavam carregando fetos saudáveis requisitaram um parto cirúrgico, e seus médicos concordaram. O comitê de ética do American College of Obstetrics and Gynecology (2008b) determinou que partos cirúrgicos eletivos são éticos desde que o profissional esteja certo de que, para as pacientes que os solicitam, os partos vaginais acarretam riscos iguais.

Mas o parto por cesariana deve ser considerado apenas outra opção de nascimento? Os críticos dizem que os possíveis benefícios das cesarianas eletivas não justificam expor as mulheres a seus riscos (Hall, 2003). Eles alegam que muitas pacientes obstétricas não percebem que uma secção-c é uma cirurgia importante e acarreta os mesmos riscos que outras operações abdominais. Esses riscos incluem reações alérgicas a anestésicos, infecção, lesões acidentais a outros órgãos (bem como ao feto) e perda excessiva de sangue. Consequentemente, esses críticos acreditam que o parto eletivo por cesariana representa uma escolha mal informada por parte da paciente e uma prática irresponsável por parte do médico. Além disso, alguns pesquisadores começaram a testar a hipótese de que durante o trabalho de parto o corpo da mãe produz hormônios que cruzam a placenta antes do nascimento do bebê e influenciam o funcionamento do sistema imunológico no recém-nascido (Malamitsi-Puchner et al., 2005). Se a pesquisa futura apoiar essa hipótese, os críticos podem ter ainda outra razão, muito importante, para argumentar que os partos por cesariana sejam evitados exceto em situações nas quais o parto vaginal é perigoso para o bebê ou para a mãe.

Avaliação do recém-nascido Tornou-se costumeiro na maioria dos hospitais a avaliação de condição de um bebê imediatamente após o nascimento, e então novamente 5 minutos mais tarde, para detectar quaisquer problemas que possam requerer cuidado especial. O sistema de avaliação mais frequentemente usado é o *escore de Apgar*, desenvolvido por uma médica, Virginia Apgar (1953). O recém-nascido recebe uma nota de 0 a 2 em cada um dos cinco critérios listados na Tabela 3.1. Um escore máximo de 10 é raro imediatamente após o nascimento, porque a maioria dos bebês ainda está um pouco azulado nos dedos naquele estágio. Na avaliação de 5 minutos, entretanto, 85-90% dos bebês recebe notas 9 ou 10, significando que estão saindo para um bom início. Qualquer escore de 7 ou acima indica que o bebê não corre nenhum risco. Um escore de 4, 5, ou 6 geralmente significa que o bebê precisa de ajuda para estabelecer padrões respiratórios normais; um escore de 3 ou abaixo indica um bebê em condições críticas, necessitando de intervenção ativa, embora bebês com escores de Apgar tão baixos possam sobreviver e frequentemente sobrevivam (Casey, McIntire, e Leveno, 2001).

Outro teste usado para avaliar recém-nascidos, amplamente usado por pesquisadores, é a Escala de Avaliação Comportamental Neonatal de Brazelton (Brazelton, 1984). Nesse teste, um examinador qualificado verifica as respostas do recém-nascido a uma variedade de estímulos; seus reflexos, tônus muscular, alerta e aconchego; e sua capacidade de se acalmar ou se consolar após ficar aborrecido. Os escores nesse teste podem ser úteis para identificar crianças que podem ter problemas neurológicos significativos. O mais interessante é que diversos investigadores (Francis, Self e Horowitz, 1987) verificaram que ensinar os pais a administrar esse teste a seus próprios

Tabela 3.1 Método de avaliação para escore de Apgar

Aspecto do bebê observado	Escore atribuído		
	0	1	2
Taxa cardíaca	Ausente	<100/min.	>100/min.
Taxa respiratória	Sem respiração	Choro fraco e respiração superficial	Choro forte e respiração regular
Tônus muscular	Flácido	Alguma flexão das extremidades	Bem flexionado
Resposta a estimulação dos pés	Nenhuma	Algum movimento	Choro
Cor	Azul; pálido	Corpo rosa, extremidades azuis	Completamente rosa

Fonte: Francis et al., 1987, p. 731-732.

bebês resultou em efeitos benéficos à interação pais-bebê, aparentemente porque ele aumenta a consciência dos pais de todos os sinais sutis que o bebê fornece.

A primeira acolhida Muitos pais experimentam intensa alegria quando acolhem pela primeira vez o bebê, com risos, exclamações de prazer pelas feições do bebê e primeiro toque tentativo e delicado. Eis as reações de uma mãe ao ver sua nova filha:

> Ela é grande, não é? O que você acha? (O médico faz um comentário.) Oh, veja, ela tem cabelo. (risadas). Oh, amada (beija o bebê). (MacFarlane, 1977, p. 64-65)

A maioria dos pais está intensamente interessada em que o bebê olhe para eles imediatamente. Eles ficam encantados quando o bebê abre os olhos e tentam estimulá-lo a fazê-lo se ele não o faz. O toque tentativo inicial dos pais também parece seguir um padrão: o pai primeiro toca o bebê muito cuidadosamente com a ponta de um dedo e então prossegue gradualmente para acariciar com a mão inteira (Macfarlane, 1977). A delicadeza vista na maioria desses primeiros encontros é surpreendente.

Objetivo da aprendizagem 3.3
Quais são algumas das possíveis consequências do baixo peso ao nascer?

Baixo peso ao nascer

A variação de peso ideal para bebês – o peso que está associado a risco mais baixo de morte ou incapacidade futura – é entre aproximadamente 3.000 e 5.000g (Rees, Lederman e Kiely, 1996). Diversos rótulos diferentes são usados para descrever bebês cujo peso está abaixo dessa variação ideal. Todos os bebês com menos de 2.500g são descritos com o termo mais geral **baixo peso ao nascer (BPN)**. Aqueles abaixo de 1.500g são geralmente denominados **peso ao nascer muito baixo (PNMB)**, e aqueles abaixo de 1.000g são denominados **peso ao nascer extremamente baixo (PNEB)**. A incidência de baixo peso no nascimento diminuiu nos Estados Unidos na última década, mas ainda é alta: cerca de 80% dos recém-nascidos pesa menos de 2.500g (Martin et al., 2007). Aproximadamente 19% daqueles bebês pequenos pesa menos de 1.500g. Bebês que pesam mais de 1.500g e que recebem bom cuidado neonatal têm perto de 100% de chance de sobrevivência. Entretanto, nos grupos de PNMB e PNEB, quanto mais o bebê pesar, maior sua chance de sobrevivência.

baixo peso ao nascer (BPN) Termo para qualquer bebê nascido com um peso abaixo de 2.500g, incluindo tanto os nascidos prematuros (pré-termo) como aqueles pequenos para o tempo.

peso ao nascer muito baixo (PNMB) Termo para qualquer bebê nascido com um peso abaixo de 1.500g.

peso ao nascer extremamente baixo (PNEB) Termo para qualquer bebê nascido com um peso abaixo de 1.000g.

Causas de baixo peso ao nascer Baixo peso ao nascer ocorre por uma variedade de razões, das quais a mais óbvia e comum é que o bebê nasce antes de completar as 38 semanas de gestação. Qualquer bebê nascido antes de 38 semanas de gestação é denominado **bebê pré-termo ou prematuro**. Os nascimentos múltiplos têm especial probabilidade de terminar em parto prematuro. Além disso, mães que sofrem de doenças crônicas e aquelas que desenvolvem uma condição médica séria durante a gravidez têm mais probabilidade de dar à luz bebês prematuros (Sola, Rogido e Partridge, 2002). Na maioria dos casos de parto prematuro, o trabalho de parto começa espontaneamente. Entretanto, devido a uma condição no feto ou na mãe, os médicos às vezes preferem fazer o parto de bebês antes de 38 semanas de gestação por meio de secção-c.

Também é possível que um bebê tenha completado o período gestacional de 38 semanas, mas ainda pese menos de 2,5 Kg ou menos do que seria esperado para o número de semanas de gestação completadas, por maior que possa ter sido. Tal bebê é chamado de **bebê pequeno para a idade gestacional**. Os bebês nesse grupo parecem ter sofrido de subnutrição pré-natal, tal como poderia ocorrer com constrição do fluxo sanguíneo causado pelo tabagismo da mãe ou por outros problemas pré-natais significativos. Esses bebês geralmente têm prognósticos mais insatisfatórios do que bebês de peso equivalente que pesam uma quantidade adequada para sua idade gestacional, especialmente se o bebê pequeno para o tempo também é prematuro (Sola, Rogido e Partridge, 2002).

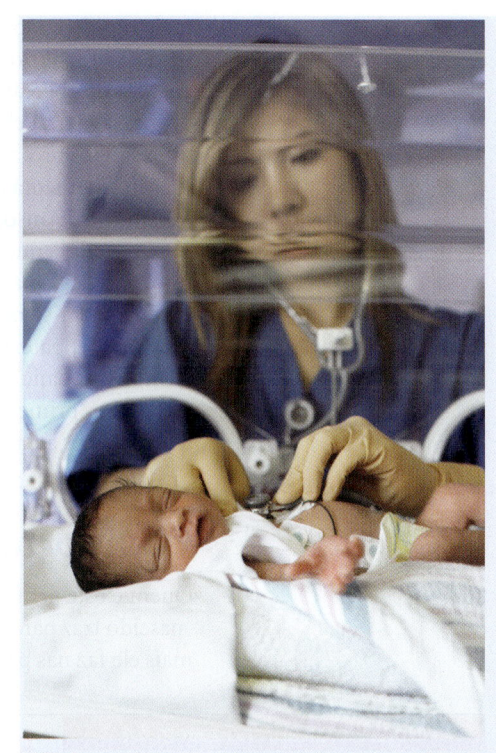

Condição de saúde de bebês com baixo peso ao nascer Todos os bebês com baixo peso ao nascer compartilham algumas características, incluindo níveis marcadamente mais baixos de responsividade no nascimento e nos primeiros meses de vida. Aqueles nascidos mais de 6 semanas antes do termo também costumam sofrer de **síndrome de desconforto respiratório**. Seus pulmões desenvolvidos de maneira deficiente não possuem uma substância química importante chamada de *surfactante*, que permite que as bolsas de ar permaneçam infladas; algumas das bolsas colapsam, resultando em dificuldades respiratórias sérias (Sola, Rogido e Partridge, 2002). A partir de 1990, os neonatologistas começaram a tratar esse problema administrando uma versão de surfactante sintética ou derivada de animais, uma terapia que reduziu a taxa de morte entre bebês de peso ao nascer muito baixo em aproximadamente 30% (Hamvas et al., 1996; Schwartz, Anastásia, Scanlon e Kellogg, 1994).

Bebês com baixo peso ao nascer como este não são apenas pequenos; eles também são mais enrugados e macilentos, porque a camada de gordura sob a pele não se desenvolveu completamente. Eles também têm mais probabilidade de apresentar dificuldades respiratórias significativas, porque seus pulmões não possuem surfactante.

Consequências de longo prazo do baixo peso ao nascer Reconhecidamente, de dois terços a três quartos de bebês prematuros são indistinguíveis de seus pares quando chegam à idade escolar (Bowen, Gibson e Hand, 2002; Foulder-Hughes e Cooke, 2003a). Mas o restante experimenta dificuldades na escola. Os dois fatores preditivos críticos para essas crianças parecem ser o peso ao nascer e a idade gestacional (Foulder-Hughes e Cooke, 2003b; McGrath e Sullivan, 2002). Quanto menor o peso ao nascer de uma criança e quanto mais prematura a idade gestacional na qual ela nasceu, maior o risco de que ela exiba problemas escolares. Os pesquisadores constataram que crianças nascidas antes da 27ª semana que pesaram menos de 1.000g têm muito mais chances de sofrer de problemas no ensino fundamental do que crianças de BPN que nasceram mais tarde e/ou pesaram mais de 1.000g (Shum, Neulinger, O'Callaghan e Mohay, 2008). Além disso, essa diferença persiste até a 4ª série em muitos casos. Entretanto, a pesquisa também mostra que essas crianças apresentam progresso com o passar do tempo, indicando que suas dificuldades não sugerem necessariamente a presença de uma incapacidade permanente (Fussell e Burns, 2007).

Entretanto, também é importante que os pais saibam que o tipo de cuidado que um bebê prematuro recebe contribui para o ritmo de seu desenvolvimento (White-Traut et al., 2002). Por exemplo, uma inovação relativamente recente no cuidado de recém-nascidos prematuros é uma intervenção chamada "método canguru", no qual os pais aprendem como aumentar a quantidade de contato pele-com-pele que os bebês iniciam com eles. Uma parte importante da intervenção envolve permitir que os pais segurem esses minúsculos recém-nascidos por períodos de tempo muito longos. Os pesquisadores constataram que bebês submetidos ao método canguru crescem e se desenvolvem mais rapidamente do que bebês prematuros que recebem cuidado neonatal convencional (Feldman e Eidelman, 2003; Tessier et al., 2003). Um bônus adicional é que o cuidado de canguru aumenta a confiança das mães em sua capacidade de cuidar de seus recém-nascidos prematuros (Johnson, 2007).

Os defensores da terapia de massagem para bebês prematuros também citam a necessidade do contato pele-com-pele. A pesquisa deles mostra que recém-nascidos prematuros ganham peso

bebê pré-termo ou prematuro Um bebê nascido antes da idade gestacional de 38 semanas.

bebê pequeno para a idade gestacional Um bebê que pesa menos que o normal para o número de semanas de gestação completadas.

síndrome de desconforto respiratório Um problema frequentemente encontrado em bebês nascidos mais de seis semanas antes do termo, no qual os pulmões do bebê não possuem uma substância química (surfactante) necessária para manter as bolsas de ar infladas.

mais rápido e são mais responsivos a seus ambientes após algumas sessões de terapia de massagem (Dieter, Field, Hernandez-Reif, Emory e Redzepi, 2003). Levantamentos mostram que cerca de 40% dos berçários de recém-nascidos nos Estados Unidos fornece algum tipo de intervenção de massagem a bebês prematuros (Field, Hernandez-Reif, Feijó e Freedman, 2006). Similarmente, os pesquisadores verificaram que o contato físico que resulta da "cama de casal" para gêmeos prematuros aumenta as chances desses bebês apresentarem resultados de desenvolvimento positivos (Diamond e Amso, 2008)

À medida que os bebês prematuros crescem, Susan Landry e colaboradores (2004) verificaram, aqueles cujas mães são boas para identificar e modelar seus comportamentos de atenção desenvolvem-se mais rapidamente do que aqueles cujas mães têm menos dessa capacidade. Naturalmente, paternagem responsiva é importante também para o desenvolvimento de bebês a termo. Mas Landry e colaboradores (2006) constataram que responsividade parental consistente durante os primeiros anos de vida é mais crítica para o desenvolvimento de bebês prematuros do que de bebês a termo.

Comportamento na primeira infância

Quem é este pequeno estranho que traz alegria e tensão? Que qualidades e habilidades o recém-nascido traz para o processo de interação? Ele chora, respira, olha um pouco em volta. Mas o que mais ele faz nas primeiras horas e dias? Que habilidades o bebê possui?

Objetivo da aprendizagem 3.4
Que reflexos e estados comportamentais são exibidos pelos bebês?

Reflexos e estados comportamentais

Uma parte importante do repertório de comportamentos do bebê é uma grande coleção de **reflexos**, que são respostas físicas desencadeadas involuntariamente por estímulos específicos. Além disso, os recém-nascidos exibem um ciclo comportamental que inclui períodos de alerta, sonolência e fome.

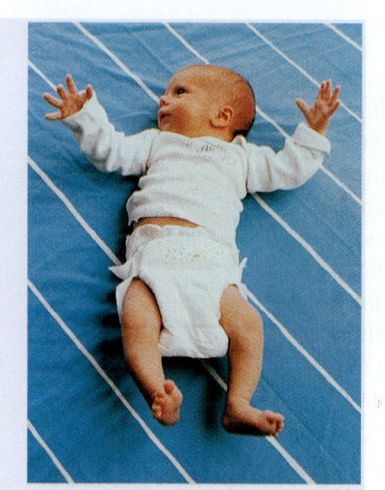

Reflexos Alguns reflexos persistem até a idade adulta, tal como o pestanejo automático quando um sopro de ar bate em seu olho ou o estreitamento involuntário da pupila do olho quando você está em um ambiente luminoso. Outros, às vezes referidos como **reflexos adaptativos**, são essenciais para a sobrevivência do bebê, mas gradualmente desaparecem no primeiro ano de vida. Os reflexos de sucção e deglutição são proeminentes nessa categoria, assim como o **reflexo de rotação** – a virada automática da cabeça na direção de qualquer toque na bochecha, um reflexo que ajuda o bebê a colocar o mamilo na boca durante a amamentação. Esses reflexos não estão mais presentes em bebês mais velhos ou em adultos, mas são claramente bastante adaptativos para o recém-nascido.

Finalmente, os recém-nascidos têm uma grande coleção de **reflexos primitivos**, controlados pela medula e pelo mesencéfalo, ambos próximos de serem totalmente desenvolvidos no nascimento. Por exemplo, se você fizer um ruído alto ou sobressaltar um bebê de alguma outra forma, você o verá lançar seus braços para fora e arquear as costas, um padrão que é parte do **reflexo de Moro** (também chamado de *reflexo de sobressalto*). Acaricie firmemente a sola de seu pé, e ele abrirá os dedos; esta reação é denominada **reflexo de Babinski**.

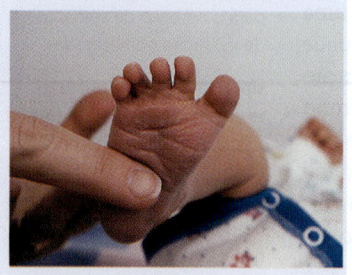

Esses vários reflexos primitivos desaparecem durante o primeiro ano de vida (ver Tabela 3.2), aparentemente suplantados pela ação do córtex, que nessa idade está muito mais desenvolvido. Contudo, ainda que esses reflexos representem padrões neurologicamente primitivos, eles estão ligados a padrões de comportamento posteriores importantes. O reflexo tônico do pescoço (descrito na Tabela 3.2), por exemplo, forma a base para a posterior capacidade do bebê de alcançar objetos, porque ele focaliza a atenção do bebê na mão; o reflexo de preensão, também, está ligado à posterior capacidade de segurar objetos.

De forma semelhante, o reflexo do caminhar pode estar ligado ao futuro caminhar voluntário. Em um estudo anterior, Zelazo e colaboradores (1972) estimularam o reflexo

O reflexo de Moro

O reflexo de Babinski

Tabela 3.2 Exemplos de reflexos primitivos e adaptativos

Reflexo	Estimulação	Resposta	Padrão de desenvolvimento
Tônico-cervical	Quando o bebê está deitado de costas e acordado, vire sua cabeça para um lado.	O corpo assume uma postura de "defesa", com o braço estendido do lado para o qual a cabeça é virada.	Desaparece aos 4 meses
Preensão	Toque a palma da mão do bebê com seu dedo.	O bebê fechará o punho fortemente em torno de seu dedo.	Desaparece aos 3 a 4 meses
Moro	Faça um ruído alto perto do bebê, ou deixe-o "cair" leve e subitamente.	O bebê estende as pernas, os braços e os dedos, arqueia as costas, e recua a cabeça.	Desaparece em torno dos 6 meses
Marcha automática	Segure o bebê embaixo dos braços com os pés apenas tocando o chão ou outra superfície plana.	O bebê fará movimentos de passos, alternando os pés como no caminhar.	Desaparece em torno de 8 semanas na maioria dos bebês
Babinski	Acaricie firmemente a sola do pé do bebê dos dedos até o calcanhar.	O bebê abrirá os dedos dos pés.	Desaparece entre 8 e 12 meses
Rotação	Acaricie a bochecha do bebê com o dedo ou o mamilo.	O bebê vira a cabeça na direção do toque, abre a boca e faz movimentos de sucção.	Após 3 semanas, transforma-se em uma resposta de virar a cabeça voluntária

reflexos Reações corporais automáticas à estimulação específica, tal como o espasmo do joelho ou o reflexo de Moro. Adultos têm muitos reflexos, mas o recém-nascido também tem alguns reflexos primitivos que desaparecem à medida que o córtex se desenvolve.

reflexos adaptativos Reflexos que são essenciais para a sobrevivência do bebê, mas que desaparecem no primeiro ano de vida.

reflexo de rotação O reflexo que faz o bebê automaticamente virar na direção de um toque na bochecha, abrir a boca e fazer movimentos de sucção.

reflexos primitivos Coleção de reflexos vistos em crianças pequenas que gradualmente desaparecem durante o primeiro ano de vida, incluindo os reflexos de Moro e de Babinski.

reflexo de Moro O reflexo que faz o bebê estender suas pernas, braços e dedos, arquear as costas e recuar a cabeça quando sobressaltado (por exemplo, por um som alto ou por uma sensação de ser deixado cair).

reflexo de Babinski Um reflexo encontrado em bebês muito pequenos que os faz abrir os dedos em resposta a uma carícia firme na sola do pé.

teoria dos sistemas dinâmicos A visão de que diversos fatores interagem para influenciar o desenvolvimento.

do caminhar repetidamente em alguns bebês todos os dias da 2ª a 8ª semana após o nascimento. Ao final das 8 semanas, esses bebês estimulados davam muito mais passos por minutos quando eram segurados na posição de caminhar do que bebês não estimulados. E ao final do primeiro ano, os bebês estimulados aprenderam a andar sozinhos cerca de um mês antes do que bebês de comparação que não tiveram seu reflexo de caminhar estimulado.

A falecida Esther Thelen (1941-2004) citou descobertas de Zelazo em relação ao reflexo do caminhar como um exemplo de sua **teoria dos sistemas dinâmicos**, a noção de que diversos fatores interagem para influenciar o desenvolvimento (Thelen, 1996). Thelen observou que bebês ganham uma quantidade proporcionalmente substancial de peso aproximadamente ao mesmo tempo em que não mais apresentam o reflexo de marcha automática. Consequentemente, Thelen afirmava que os bebês não exibem mais o reflexo de marcha automática porque seus músculos ainda não são suficientemente fortes para administrar o peso aumentado de suas pernas. O caminhar verdadeiro, de acordo com Thelen, surge tanto como resultado de um plano genético para desenvolvimento da habilidade motora quanto devido a uma mudança na razão de força muscular para peso nos corpos dos bebês. Essa mudança posterior é fortemente influenciada por variáveis ambientais, especialmente nutrição. Portanto, as correntes de influência que estão incorporadas na teoria dos sistemas dinâmicos incluem fatores genéticos inatos e variáveis ambientais como a disponibilidade de nutrição adequada.

O estudo clássico de Wayne Dennis (1960) com crianças criadas em orfanatos iranianos pressagiou a teoria de Thelen. Seu trabalho demonstrou que bebês que eram rotineiramente colocados de costas no berço aprendiam a caminhar eventualmente, mas o faziam cerca de um ano mais tarde do que bebês em situações menos restritivas. A pesquisa envolvendo bebês em ambientes normais apoia a noção de que a experiência influencia o desenvolvimento motor. Em um estudo, bebês muito pequenos que receberam mais prática de sentar eram capazes de ficar sentados eretos por mais tempo do que aqueles sem tal prática (Zelazo, Zelazo, Cohen e Zelazo, 1993). As oportunidades para praticar habilidades motoras parecem ser particularmente importantes para crianças pequenas que têm transtornos, tal como paralisia cerebral, que prejudicam o funcionamento motor (Kerr, McDowell e McDonough, 2007). Consequentemente, os desenvolvimentalistas estão razoavelmente seguros de que restringir seriamente o movimento de um bebê lentifica a aquisição de habilidades motoras, e muitos estão começando a aceitar a ideia de que as experiências de movimento de um bebê em ambientes normais também podem influenciar o desenvolvimento de habilidades motoras.

Portanto, reflexos primitivos não são apenas curiosidades. Eles podem ser informativos, como quando um bebê não consegue demonstrar um reflexo que deveria estar lá ou exibe um reflexo depois da época em que ele normalmente desaparece. Por exemplo, bebês expostos a narcóticos ou aqueles que sofrem de anoxia no nascimento podem apresentar apenas reflexos muito fracos; bebês com síndrome de Down têm reflexos de Moro muito fracos e, às vezes, têm reflexos de sucção pobres. Quando um reflexo primitivo persiste passada a época normal, ele pode sugerir algum dano ou disfunção neurológica (Scerif et al., 2005; Schott e Rossor, 2003). Os reflexos também são o ponto de partida para muitas habilidades físicas importantes, incluindo alcançar, segurar e caminhar.

Estados comportamentais   Os pesquisadores descreveram cinco estados diferentes de sono e vigília em recém-nascidos, referidos como **estados de consciência**, resumidos na Tabela 3.3. A maioria dos bebês passa por esses estados na mesma sequência: de sono profundo para sono mais leve, para inquietação e fome e, então, para vigília alerta. Após serem alimentados, eles ficam sonolentos e caem em sono profundo. O ciclo se repete aproximadamente a cada 2 horas.

Os recém-nascidos dormem quase 90% do tempo – tanto de dia quanto de noite (Sola, Rogido e Partridge, 2002). Quando atinge 6 ou 8 semanas de idade, a maioria dos bebês diminui um pouco sua quantidade total de sono por dia e mostra sinais de ritmos de sono dia/noite (os chamados *ritmos circadianos*). Bebês dessa idade começam a encadear dois ou três ciclos de 2 horas sem despertar totalmente; nesse ponto, dizemos que o bebê pode "dormir a noite toda." Aos 6 meses, os bebês ainda estão dormindo pouco mais de 14 horas por dia, mas a regularidade e a previsibilidade do sono são ainda mais perceptíveis (Iglowstein, Jenni, Molinari e Largo, 2003). A maioria dos bebês de 6 meses têm padrões claros de sono noturno e cochilam durante o dia em horas mais previsíveis. Naturalmente, os bebês variam muito em torno dessas médias (ver Figura 3.3).

As crenças culturais desempenham um papel importante nas respostas dos pais aos padrões de sono dos bebês. Por exemplo, os pais nos Estados Unidos tipicamente veem o ciclo de sono errático de um recém-nascido como um problema de comportamento que requer "correção" através de intervenção parental (Harkness, 1998). Colocado de outra forma, os pais nos Estados Unidos vivem eles próprios em função do relógio e, portanto, são motivados a treinar seus bebês a se adaptar ao contexto cultural dentro do qual eles nasceram (Cole, 2005). Como resultado, os pais norte-americanos focalizam muita atenção em tentar forçar os bebês a dormir a noite inteira.

Em contraste, na maioria das culturas no mundo (e em culturas ocidentais até talvez 200 anos atrás), os bebês dormem na mesma cama com seus pais, comumente até serem desmamados, um padrão frequentemente chamado de *partilha do sono*. Tal arranjo é estabelecido por qualquer de inúmeras razões, incluindo falta de espaço de sono alternativo para o bebê. Mais frequentemente, a partilha do sono parece refletir um valor coletivista básico, que enfatiza o contato e a interdependência em vez da separação (Harkness e Super, 1995). As vantagens práticas da partilha do sono, tal como a facilidade para amamentar, levaram a um aumento em sua popularidade nos Estados Unidos e em outras nações ocidentais, uma tendência que estimulou inúmeros novos estudos sobre a

Tabela 3.3   Os estados básicos de sono e vigília do bebê

Estado	Características
Sono profundo	Olhos fechados, respiração regular, sem movimento exceto sobressaltos ocasionais
Sono ativo	Olhos fechados, respiração irregular, pequenas contrações musculares, sem movimento corporal grosseiro
Desperto quieto	Olhos abertos, sem movimento corporal geral, respiração regular
Desperto ativo	Olhos abertos, com movimentos da cabeça, membros e tronco; respiração irregular
Chorando e inquieto	Olhos podem estar parcial ou inteiramente fechados; movimento difuso vigoroso com choro ou sons de agitação

Fontes: Baseado no trabalho de Hutt, Lenard e Prechtl, 1969; Parmelee, Wenner e Schulz, 1964; Prechtl e Beintema, 1964.

estados de consciência As mudanças periódicas no alerta, sonolência, irritabilidade, etc., que caracterizam o comportamento de um bebê.

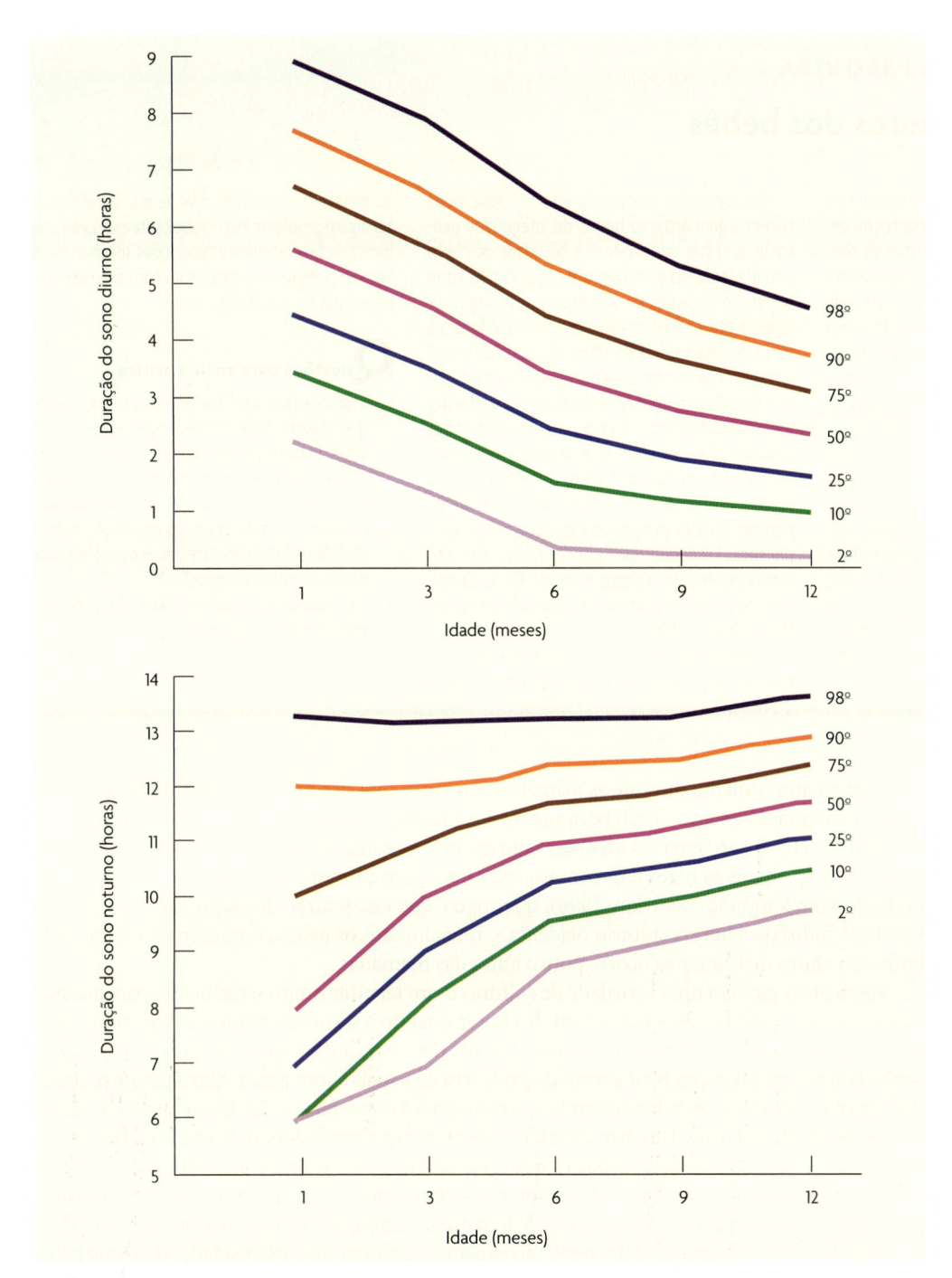

Figura 3.3   Sono diurno e noturno durante o primeiro ano

A figura mostra as porcentagens entre bebês para várias quantidades de sono (por exemplo, o 98° percentil significa que 98% dos bebês dormem menos; o 2° percentil significa que 2% dos bebês dormem menos). Como se pode ver os cochilos diurnos diminuem à medida que a duração do sono noturno aumenta durante o primeiro ano de vida.

(*Fonte*: De Ivo Iglowstein, Oskar G. Jenni, Luciano Molinari, e Remo H. Largo. Sleep Duration from Infancy to Adolescence: Reference Values and Generational Trends. *Pediatrics*, Fev, 2003; *111*, 302-307. Copyright © 2003 pela American Academy of Pediatrics. Adaptada com permissão.)

prática. Um achado é que mães que partilham o sono com os bebês os amamentam por um período de tempo mais longo do que mães que não partilham o sono (Taylor, Donovan e Leavitt, 2008).

O choro é outra parte normal do ciclo de estados comportamentais do bebês (ver *Reflexão sobre a pesquisa*). Um pesquisador estudando recém-nascidos normais verificou que eles choravam de 2 a 11% do tempo (Korner, Hutchinson, Koperski, Kraemer e Schneider, 1981). A porcentagem

REFLEXÃO SOBRE A PESQUISA

Variações nos choros dos bebês

Os pais sempre souberam que alguns bebês têm choros que são particularmente penetrantes ou desagradáveis; outros bebês parecem ter sons de choros menos irritantes. Os pesquisadores confirmaram essa observação dos pais em uma ampla variedade de estudos (Soltis, 2004). Muitos grupos de bebês com anormalidades médicas conhecidas têm choros de sons diferentes, incluindo aqueles com síndrome de Down, encefalite, meningite e muitos tipos de dano cerebral. Essa observação foi estendida para bebês que parecem fisicamente normais, mas que correm o risco de problemas futuros devido a algum problema perinatal, tais como bebês prematuros ou pequenos para a idade gestacional. Esses bebês tipicamente têm sons de choro que são acusticamente distinguíveis daqueles de um bebê normal, de baixo risco. Em particular, o choro desses bebês de mais alto risco tem uma qualidade mais irritante, penetrante. Curiosamente, os choros de bebês com cólica também têm algumas dessas mesmas qualidades.

Na suposição de que o choro do bebê pode refletir algum aspecto básico de integridade neurológica, Lester quis saber se a qualidade do choro poderia ser usada como um teste diagnóstico. Entre um grupo de bebês de alto risco, por exemplo, se poderia prever funcionamento intelectual futuro a partir de uma medida da altura do choro do bebê? A resposta parece ser sim. Em um estudo de pesquisa clássico, Lester (1987) verificou que entre bebês prematuros, aqueles com choros de maior altura nos primeiros dias de vida tiveram escores mais baixos em um teste de QI aos 5 anos. O mesmo tipo de associação também foi encontrado entre bebês normais e bebês expostos a metadona no período pré-natal. Em todos esses grupos, quanto mais alto e mais penetrante o choro, menor o QI ou desenvolvimento motor posterior da criança (Huntington, Hans e Zeskind, 1990).

Eventualmente, pode ser possível que os médicos usem a presença desse tipo de choro irritante ou penetrante como um sinal de que o bebê pode ter algum problema físico subjacente ou como uma forma de fazer melhores suposições sobre os resultados de longo prazo para bebês com alto risco para problemas futuros (Soltis, 2004).

Questões para análise crítica

1. Suponha que você fez um estudo mostrando que quanto mais irritáveis são os choros do bebê, maior a probabilidade de os pais desenvolverem atitudes hostis em relação a seu bebê. Quais seriam as implicações desse achado para explicações neurológicas da correlação entre a qualidade dos choros dos bebês e problemas de desenvolvimento futuros?
2. Que tipo de pesquisa seria necessária para estabelecer normas para o choro do bebê?

---

frequentemente aumenta durante as primeiras semanas, com um pico de 2-3 horas de choro por dia às 6 semanas e, então, caindo para menos de 1 hora por dia aos 3 meses (Needlman, 1996). Esse pico no choro às 6 semanas foi observado em bebês de inúmeras culturas diferentes, incluindo culturas nas quais as mães têm contato corporal quase constante com o bebê (St. James-Roberts, Bowyer, Varghese e Sawdon, 1994), que sugere que esse padrão de choro não é restrito aos Estados Unidos ou a outras culturas ocidentais. Inicialmente, os bebês choram mais à noite; mais tarde, seu choro mais intenso ocorre pouco antes das mamadas.

Além disso, pais em uma variedade de culturas usam técnicas muito semelhantes para acalmar bebês chorões. A maioria dos bebês para de chorar quando é segurada, abraçada e quando se fala com eles. Encorajá-los a chupar um bico geralmente também ajuda. Os pais às vezes se preocupam com o fato de que pegar um bebê chorando pode levá-lo a mais choro ainda. Mas a pesquisa sugere que a pronta atenção a um bebê chorando nos primeiros 3 meses na verdade leva a menos choro futuramente (Cecchini, Lai e Langher, 2008). É importante que profissionais da saúde esclareçam os novos pais sobre esses achados, porque estudos sugerem que pais de recém-nascidos que aprendem a lidar efetivamente com acessos de choro têm mais confiança em seus novos papéis. Essa confiança, por sua vez, contribui para satisfação no relacionamento conjugal (Meijer e Wittenboer, 2007).

A função básica do choro de um bebê, obviamente, é sinalizar uma necessidade. Visto que os bebês não podem se mover para perto de alguém, eles têm que trazer alguém até eles, e o choro, nesse caso, é a principal forma para atrair atenção. De fato, os bebês têm todo um repertório de sons de choro, com choros diferentes para dor, raiva ou fome. O choro de raiva, por exemplo, é tipicamente mais alto e mais intenso, e o choro de dor tem um início muito abrupto – ao contrário dos tipos mais básicos de choros de fome ou aflição, que geralmente começam com choramingo ou gemido.

Para os 15-20% de bebês que desenvolvem **cólica**, um padrão envolvendo acessos intensos de choro totalizando 3 horas ou mais por dia, nada parece ajudar (Coury, 2002). Tipicamente, a cólica aparece por volta das 2 semanas de vida e, então, desaparece espontaneamente aos 3 ou 4 meses. O choro é geralmente pior no final da tarde e no início da noite. Nem psicólogos nem médicos sabem por que a cólica começa ou por que ela para sem qualquer intervenção. É um padrão difícil para conviver, mas a boa notícia é que ele passa.

Finalmente, o estado comportamental do bebê mais apreciado por muitos cuidadores é aquele no qual os bebês estão acordados e alertas. Entetanto, os recém-nascidos ficam nesse esta-

cólica Um padrão de choro persistente e frequentemente inconsolável, totalizando mais de 3 horas por dia, encontrado em alguns bebês nos primeiros 3 a 4 meses de vida.

do apenas 2 a 3 horas por dia, em média, e a quantidade total de tempo acordado é desigualmente distribuída durante um período de 24 horas. Em outras palavras, os 15 minutos de tempo acordado pode acontecer às 6 horas da manhã, então 30 minutos à 1 hora da tarde, outros 20 minutos às 4 horas da tarde, e assim por diante. Durante os primeiros 6 meses, avanços no desenvolvimento neurológico permitem que os bebês permaneçam acordados e alertas por períodos de tempo mais longos enquanto seus padrões de sono, choro e alimentação se tornam mais regulares.

Capacidades motoras, sensoriais e perceptuais

> **Objetivo da aprendizagem 3.5**
> Que tipos de capacidades motoras, sensoriais e perceptuais os recém-nascidos têm?

Embora as capacidades motoras dos recém-nascidos sejam extremamente limitadas, eles entram no mundo com todo o equipamento necessário para começar a assimilar informação do entorno. Como vimos no Capítulo 2, alguns aspectos de **sensação** – o processo de assimilar informação bruta através dos sentidos – estão bem estabelecidos antes do nascimento (por exemplo, audição). Outros requerem algum refinamento durante os primeiros meses e anos. A **percepção**, a atribuição de significado a informação sensorial, se desenvolve rapidamente também durante os primeiros meses e anos.

Habilidades motoras

As habilidades motoras do bebê surgem apenas gradualmente nas primeiras semanas. Com 1 mês, um bebê consegue levantar seu queixo do chão ou do colchão. Aos 2 meses, ele pode manter a cabeça firme enquanto está sendo segurado e está começando a estender a mão para objetos perto dele. Essas habilidades motoras em aperfeiçoamento seguem dois amplos padrões originalmente identificados por Gesell: o desenvolvimento prossegue da cabeça para baixo, em um padrão denominado **céfalo-caudal**, e do tronco para fora, em outro padrão denominado **próximo-distal** (Gesell, 1952). Portanto, o bebê pode manter a cabeça ereta antes de poder sentar ou rolar e pode sentar antes de poder engatinhar.

Outro aspecto interessante das habilidades motoras de bebês pequenos é como eles realizam repetidamente sua gama limitada de movimentos (Adolph e Berger, 2005). Eles chutam, giram, acenam, pulam, batem, esfregam, arranham ou balançam repetida e ritmicamente. Esses padrões repetidos tornam-se particularmente proeminentes por volta dos 6 ou 7 meses de idade, embora você possa ver casos desse comportamento mesmo nas primeiras semanas, particularmente em movimentos de dedos e em chutes com as pernas. Esses movimentos não parecem ser totalmente voluntários ou coordenados, mas eles também não parecem ser aleatórios. Por exemplo, Thelen (1995) observou que os movimentos de chute atingem um pico exatamente antes do bebê começar a engatinhar, como se os chutes rítmicos fossem uma parte da preparação para isso. O trabalho de Thelen revelou certos padrões e ordem nos movimentos aparentemente aleatórios do

A pequena Lucy tinha 5 meses quando esta foto foi tirada, mostrando seu aviãozinho. Pode-se ver que, nessa idade, ela é capaz de manter ereta não apenas sua cabeça, mas também parte de seu tórax – um grande avanço em relação às habilidades motoras vistas em recém-nascidos.

sensação O processo de obter informação bruta por meio dos sentidos.

percepção A atribuição de significado a informação sensorial.

céfalo-caudal Um dos dois padrões básicos de desenvolvimento físico na infância (o outro é o próximo-distal), no qual o desenvolvimento prossegue da cabeça para baixo.

próximo-distal Um dos dois padrões de desenvolvimento físico na infância (o outro é o céfalo-caudal), no qual o desenvolvimento prossegue do centro para fora, ou seja, do tronco para os membros.

bebê, mas mesmo esse entendimento não altera o fato de que, em comparação com capacidades perceptuais, as capacidades motoras iniciais do bebê são bastante limitadas.

Capacidades sensoriais e perceptuais   Os bebês vêm equipados com um conjunto surpreendentemente maduro de habilidades perceptuais. O recém-nascido pode fazer várias coisas:

- Focalizar os dois olhos no mesmo ponto, com 20-25cm sendo a melhor distância focal; discriminar o rosto de sua mãe de outros rostos quase imediatamente; e, dentro de poucas semanas, acompanhar um objeto com os olhos – embora não muito eficientemente.
- Ouvir facilmente sons dentro da variação de altura e intensidade da voz humana; localizar aproximadamente objetos por seus sons; discriminar algumas vozes individuais, em particular a voz de sua mãe.
- Sentir os quatro sabores básicos (doce, ácido, amargo e salgado) mais um quinto sabor chamado umami, que é evocado por um aminoácido encontrado na carne, no peixe e em legumes.
- Identificar odores corporais familiares, incluindo discriminar o cheiro de sua mãe do cheiro de uma mulher estranha.

Mesmo breve, este resumo salienta vários pontos. Em primeiro lugar, as habilidades perceptuais de recém-nascidos são muito melhores do que a maioria dos pais acredita – melhores do que a maioria dos psicólogos e médicos acreditavam até poucos anos atrás. Quanto melhores se tornaram as técnicas de pesquisa, mais passamos a entender o quanto o bebê recém-nascido é na verdade hábil – evidência importante do significado da natureza na interação natureza-criação.

Mais surpreendente ainda é o quanto as habilidades perceptuais do bebê são bem-adaptadas para as interações que ele terá com as pessoas em seu mundo. Ele ouve melhor na variação da voz humana, e pode discriminar sua mãe (ou outros cuidadores regulares) de outras pessoas com base no cheiro, na visão ou no som quase imediatamente. A distância na qual ele pode focalizar melhor seus olhos, cerca de 20-25cm, é aproximadamente a distância entre seus olhos e o rosto da mãe durante a amamentação.

Como veremos no Capítulo 5, um recém-nascido tem um longo caminho a percorrer no desenvolvimento de habilidades perceptuais sofisticadas, mas o bebê começa a vida capaz de fazer discriminações essenciais e de localizar objetos através de vários indícios perceptuais.

Objetivo da aprendizagem 3.6
Que tipos de aprendizagem os bebês exibem?

Aprendizagem

Os bebês usam suas habilidades motoras, sensoriais e perceptuais para influenciar as pessoas e os objetos em seu ambiente. Essas ações lhes permitem estabelecer um entendimento fundamental do mundo sob o qual eles devem construir seu futuro cognitivo e seu desenvolvimento social. Portanto, todos os três tipos de habilidades facilitam a **aprendizagem** inicial, ou mudam devido à experiência.

Condicionamento clássico   A maior parte da pesquisa sobre aprendizagem em recém-nascidos sugere que eles podem ser classicamente condicionados, embora seja difícil (Herbert, Eckerman, Goldstein e Stanton, 2004). O condicionamento que se relaciona à alimentação de alguma forma tem mais probabilidade de ser bem-sucedido, talvez porque essa atividade seja muito crítica para a sobrevivência do bebê. Como exemplo, Elliott Bass e colaboradores (1984) deram a bebês de 1 e 2 dias de vida água com açúcar em uma mamadeira (o estímulo não condicionado), que estimulou a sucção (a resposta condicionada). Então, pouco antes de receberem a água com açúcar, as testas dos bebês eram tocadas (o estímulo condicionado). Após várias dessas repetições, os experimentadores tocaram as testas dos bebês sem dar a água com açúcar para ver se eles começariam a sugar – o que eles fizeram, demonstrando assim o condicionamento clássico.

Quando os bebês têm 3 ou 4 semanas de idade, o condicionamento clássico não é mais difícil de ser estabelecido; ele ocorre facilmente com muitas respostas diferentes. Em particular, isso significa que as respostas emocionais condicionadas sobre as quais você leu no Capítulo 1 podem começar a se desenvolver já na primeira semana de vida. Portanto, a simples presença de mamãe ou papai ou de outra pessoa favorita pode desencadear uma "sensação boa", uma resposta que pode contribuir para o apego futuro da criança com o pai.

aprendizagem Mudança devida à experiência.

Condicionamento operante Os recém-nascidos também aprendem evidentemente por condicionamento operante. Tanto a resposta de sucção quanto a de virar a cabeça foram aumentadas com sucesso pelo uso de reforços, como líquidos doces ou o som da voz ou dos batimentos cardíacos da mãe (Moon e Fifer, 1990). No mínimo, o fato de que o condicionamento desse tipo pode ocorrer significa que a base neurológica para a aprendizagem ocorrer está presente no nascimento. Resultados como este também nos dizem alguma coisa sobre os tipos de reforços que são efetivos com crianças muito pequenas. Certamente, é muito significativo para todo o processo de interação mãe-bebê que a voz da mãe seja um reforçador efetivo para virtualmente todos os bebês.

Aprendizagem esquemática O fato de que os bebês podem reconhecer vozes e batimentos cardíacos nos primeiros dias de vida também é importante, pois sugere que outro tipo de aprendizagem também está acontecendo. Este terceiro tipo de aprendizagem, às vezes referida como **aprendizagem esquemática**, deriva tanto seu nome como muitas de suas raízes conceituais da teoria de Piaget. A ideia básica é que desde o início o bebê organiza suas experiências em expectativas ou combinações conhecidas. Essas expectativas, frequentemente denominadas *esquemas*, são construídas sobre muitas exposições a experiências em particular, mas daí em diante ajudam o bebê a distinguir entre o familiar e o estranho. Carolyn Rovee-Collier (1986) sugeriu que poderíamos pensar sobre o condicionamento clássico em bebês como sendo uma variedade de aprendizagem esquemática. Quando um bebê começa a mover sua cabeça como se procurasse o mamilo assim que ouve os passos da mãe entrando no quarto, isso não é apenas algum tipo de condicionamento clássico automático, mas o início do desenvolvimento de expectativas. Desde as primeiras semanas, o bebê parece fazer conexões entre eventos em seu mundo, tais como entre o som dos passos de sua mãe e a sensação de ser segurado ou entre o toque do seio e a sensação de um estômago cheio. Portanto, o primeiro condicionamento clássico pode ser o início do processo de desenvolvimento cognitivo.

Habituação Um conceito relacionado a aprendizagem esquemática é a habituação. **Habituação** é a redução automática na força ou no vigor de uma resposta a um estímulo repetido. Por exemplo, suponha que você vive em uma rua razoavelmente barulhenta, onde o som de carros passando se repete todos os dias. Após algum tempo, você não apenas não reage ao som, mas literalmente não o percebe como sendo alto. A capacidade para isso – para amortecer a intensidade de uma resposta física a algum estímulo repetido – é obviamente vital em nossas vidas diárias. Se reagíssemos constantemente a cada visão, som e cheiro que acompanhamos, passaríamos todo o tempo respondendo a esses eventos repetidos, e não nos sobraria energia ou atenção para coisas novas e que merecem atenção. A capacidade de desabituar é igualmente importante. Quando um estímulo habituado muda de alguma forma, tal como um cantar de pneus extra-alto repentino na rua movimentada de sua casa, você novamente responde totalmente. O reaparecimento da força de resposta original é um sinal de que o observador – bebê, criança ou adulto – percebeu alguma mudança significativa.

Uma capacidade rudimentar de se habituar e de se desabituar é estabelecida no nascimento em bebês humanos, assim como em outras espécies. Em bebês de 10 semanas, essa capacidade é bem-desenvolvida. Um bebê parará de olhar para alguma coisa que você continuar colocando na frente de seu rosto; ele parará de apresentar uma reação de sobressalto (reflexo de Moro) a sons altos após as primeiras apresentações, mas se sobressaltará novamente se o som for mudado; ele parará de virar a cabeça na direção de um som repetido (Swain, Zelazo e Clifton, 1993). Essa habituação em si não é um processo voluntário; ela é inteiramente automática. Contudo, a fim de que ela funcione, o recém-nascido deve estar equipado com a capacidade de reconhecer experiências familiares. Ou seja, ele deve ter, ou deve desenvolver, esquemas de algum tipo.

A existência desses processos no recém-nascido tem um outro benefício para os pesquisadores: permitiu-lhes entender ao que um bebê responde como "o mesmo" ou "diferente". Se um bebê é habituado a algum estímulo, tal como um som ou uma figura específica, o experimentador pode então apresentar ligeiras variações do estímulo original para ver o ponto em que a desabituação ocorre. Dessa forma, os pesquisadores começaram a ter uma ideia de como o bebê recém-nascido ou a criança pequena experimenta o mundo à sua volta – um assunto sobre o qual você lerá mais no Capítulo 5.

aprendizagem esquemática O desenvolvimento de expectativas em relação a que ações levam a quais resultados ou que eventos tendem a ocorrer juntos.

habituação Uma diminuição automática na intensidade de uma resposta a um estímulo repetido, permitindo que uma criança ou um adulto ignore o familiar e focalize a atenção na novidade.

Objetivo da aprendizagem 3.7
Como os recém-nascidos diferem em temperamento e que habilidades eles trazem para as interações sociais?

Temperamento e habilidades sociais

Evidentemente, muitos aspectos do início do desenvolvimento são universais, tais como os reflexos e a capacidade de responder a condicionamento. Entretanto, também há diferenças individuais importantes entre os bebês. Todos os bebês choram, mas alguns choram mais que outros; alguns são facilmente irritados por uma fralda molhada, enquanto outros parecem ser mais tolerantes a desconfortos físicos. Além disso, recém-nascidos humanos, ao contrário daqueles em muitas outras espécies, estão muito longe de serem independentes. Para sobreviverem, alguém deve fornecer cuidado consistente por um período prolongado. Portanto, a capacidade do bebê de induzir outros ao papel de cuidador é crítica. É aqui que as habilidades "sociais" dos bebês, juntamente com a capacidade dos pais de se adaptar ao papel de cuidador, entram em cena.

Temperamento Os bebês variam na forma de reagir a coisas novas, em seus humores típicos, em sua taxa de atividade, em sua preferência por interações sociais ou solidão, na regularidade de seus ritmos diários e em muitos outros aspectos. Os desenvolvimentalistas coletivamente chamam essas diferenças de **temperamento**. Você lerá muito mais sobre temperamento no Capítulo 9, mas visto que o conceito aparecerá com frequência à medida que prosseguirmos, é importante neste estágio inicial introduzir termos e ideias básicas.

Na pesquisa clássica, os desenvolvimentalistas Alexander Thomas e Stella Chess (1977) descreveram três categorias de temperamento do bebê, a **criança fácil**, a **criança difícil** e a **criança lenta para responder**. As crianças fáceis, que incluem aproximadamente 40% do grupo de estudo original de Thomas e Chess, abordam eventos novos positivamente. Elas experimentam alimentos novos sem muita "onda", por exemplo. Elas também exibem ciclos de sono e alimentação previsíveis, são geralmente felizes e ajustam-se facilmente a mudanças.

Em comparação, a criança difícil é menos previsível em relação a ciclos de sono e fome e é lenta para desenvolver ciclos regulares. Essas crianças reagem vigorosa e negativamente a coisas novas, são mais irritáveis e choram mais. Thomas e Chess salientam, entretanto, que uma vez que o bebê difícil tenha se adaptado a alguma coisa nova, ele frequentemente fica bastante feliz por isso, ainda que o processo de adaptação em si seja fatigante. Na amostra original de Thomas e Chess, cerca de 10% das crianças era claramente classificável nesse grupo.

As crianças no grupo lento para responder não são tão negativas em reagir a coisas novas ou a pessoas novas quanto as crianças difíceis. Em vez disso, elas apresentam um tipo de resistência passiva. Em vez de cuspir uma comida nova violentamente e chorando, a criança lenta para responder pode deixar a comida escorrer para fora da boca e pode resistir levemente a qualquer tentativa de fazê-la comer novamente. Esses bebês apresentam poucas reações intensas, positivas ou negativas, embora uma vez que eles se tenham adaptado a alguma coisa nova sua reação costuma ser razoavelmente positiva. Aproximadamente 15% da amostra de Thomas e Chess seguia esse padrão.

Embora essas diferenças no estilo ou no padrão de resposta tendam a persistir durante a infância, nenhum psicólogo estudando o temperamento sugere que tais diferenças individuais sejam absolutamente fixas no nascimento. As diferenças temperamentais inatas são moldadas, fortalecidas, resolvidas ou neutralizadas pelos relacionamentos e pelas experiências da criança. Os bebês entram no mundo com repertórios ou padrões de comportamento um pouco diferentes, e aquelas diferenças não apenas afetam as experiências que um bebê pode escolher, mas também ajudam a moldar o padrão de interação emergente que se desenvolve entre bebê e pais. Por exemplo, crianças pequenas e crianças em idade pré-escolar com temperamentos difíceis são mais frequentemente criticadas ou punidas fisicamente por seus pais do que crianças fáceis, presumivelmente porque o comportamento delas é mais perturbador (Vitaro, Barker, Boivin, Brendgen e Tremblay, 2006). Contudo, uma vez estabelecido, esse padrão de crítica e punição em

Naturalmente, você não pode avaliar o temperamento de um bebê com base em uma figura, mas pode supor que o pequeno Benjamin, sorrindo alegremente, tem um temperamento mais fácil do que Eleanor, que está empurrando sua comida e que pode ter um temperamento lento para responder.

temperamento Predisposições inatas que formam as bases da personalidade.

criança fácil Um bebê que se adapta facilmente à mudança e que exibe padrões regulares de alimentação, sono e alerta.

criança difícil Um bebê que apresenta comportamento irritável e irregular.

criança lenta para responder Um bebê que pode parecer irresponsivo, mas que simplesmente leva mais tempo do que outros bebês para responder.

si provavelmente terá outras consequências para uma criança. Não obstante, nem todos os pais de crianças difíceis respondem dessa forma. Um pai hábil, especialmente aquele que percebe corretamente a "dificuldade" da criança como uma qualidade temperamental e não como resultado de teimosia ou de inépcia, pode evitar algumas das armadilhas e lidar de maneira mais competente com a criança difícil.

O aparecimento da expressão emocional   Não há de fato uma forma de saber exatamente que emoção um bebê está sentindo. A melhor maneira de fazê-lo é tentar julgar que emoção um bebê parece expressar através de seu corpo e rosto. Os pesquisadores fizeram isso confrontando bebês a vários tipos de eventos com probabilidade de estimular emoções; eles fotografavam ou filmavam esses encontros e solicitavam que juízes adultos dissessem que emoção o rosto do bebê expressava (Izard, 2007).

A Tabela 3.4 resume o pensamento atual sobre as idades nas quais várias expressões importantes aparecem pela primeira vez. Como se pode ver, algumas expressões emocionais rudimentares são visíveis no nascimento, incluindo uma espécie de meio-sorriso que delicia os pais ainda que eles não possam imaginar como evocá-lo consistentemente. Dentro de poucas semanas, contudo, os bebês começam a apresentar um sorriso social completo. Felizmente, um dos gatilhos mais primitivos para esse maravilhoso sorriso é o tipo de voz aguda que todos os adultos parecem usar naturalmente com bebês. Portanto, os adultos parecem ser programados para se comportar exatamente das formas a que os bebês responderão positivamente. Um pouco mais tarde, os bebês também sorrirão em resposta a um rosto sorridente, especialmente um rosto familiar.

Em poucos meses, as expressões emocionais se diferenciam ainda mais, de modo que expressam tristeza, raiva e surpresa. Bebês de quatro meses também começam a rir – e há poucas coisas mais prazerosas na vida do que o som de um bebê dando risadas! O medo aparece como uma expressão emocional distinta por volta dos 7 meses.

Revezamentos   Outra habilidade social que o bebê traz para as interações é a capacidade de revezamento. Quando adultos, revezamos todo o tempo, mais claramente em conversas e em

O sorriso e a risada de um bebê são um prazer absoluto para os pais. O riso é uma das respostas sociais/emocionais importantes que contribuem para o surgimento do vínculo pai-filho, parte da "cola" que cimenta o relacionamento.

Tabela 3.4   O aparecimento de expressões emocionais na infância

Idade	Emoção expressada	Exemplos de estímulos que ativam essa expressão
No nascimento	Interesse	Novidade ou movimento
	Sofrimento	Dor
	Aversão	Substâncias ofensivas
	Sorriso neonatal (um "meio-sorriso")	Aparece espontaneamente sem razão conhecida
3 a 6 semanas	Sorriso de prazer/social (precursor da alegria)	Voz humana aguda; bater as mãos do bebê; uma voz familiar; um rosto inclinado em cumprimento
2 a 3 meses	Tristeza	Procedimento médico doloroso
7 meses	Cautela (precursor do medo)	O rosto de um estranho
	Frustração (precursor da raiva)	Ser restringido; ser impedido de realizar alguma ação estabelecida
	Surpresa	Caixa de surpresas
	Medo	Novidade extrema; altura (tal como a experiência do abismo visual)
	Raiva	Falha ou interrupção de alguma ação, tal como tentar pegar uma bola que rolou para baixo de um sofá.
	Alegria	Resposta imediata a uma experiência com significado positivo, como a chegada do cuidador ou um jogo de esconde-esconde.

Fonte: Izard e Malateste, 1987; Mascolo e Fischer, 1995; Sroufe, 1996.

contatos visuais. De fato, é muito difícil ter qualquer tipo de encontro social com alguém que não espera sua vez. Kenneth Kaye (1982) afirma que o início desse revezamento pode ser visto em bebês muito pequenos em seus padrões alimentares. Já nos primeiros dias de vida, um bebê suga em um padrão "arrancada-pausa." Ele suga por algum tempo, para, suga por algum tempo, para, e assim por diante. As mães entram nesse processo embalando o bebê durante as pausas; desse modo, criam um padrão alternado: sucção, pausa, embalo, pausa, sucção, pausa, embalo, pausa. O ritmo da interação é muito semelhante a uma conversa. Não está claro se essa qualidade de conversa muito precoce da interação ocorre porque o adulto percebe o ritmo natural do bebê e adapta suas próprias respostas ao tempo do bebê ou se alguma adaptação mútua está acontecendo. Entretanto, é extremamente intrigante que esse revezamento aparente seja visto em bebês de apenas alguns dias de vida.

Saúde e bem-estar na primeira infância

Você pode ter ouvido referências sobre o aumento da expectativa de vida nos Estados Unidos. No início do século XX, a expectativa de vida média dos norte-americanos era de apenas 49 anos, mas ao final do século, ela aumentou para 76 anos. Um dos fatores mais significativos por trás dessa estatística é a redução na mortalidade infantil que ocorria em sociedades industrializadas durante o século XX. A tecnologia médica melhorada e o entendimento aprimorado das necessidade nutricionais e de saúde dos recém-nascidos são responsáveis por essa tendência. Infelizmente, contudo, muitos bebês morrem no primeiro ano de vida. De fato, a infância continua a ser associada a uma taxa de morte mais alta do que qualquer outro período da vida, exceto a velhice. Muitas dessas mortes são devidas a transtornos genéticos; outras resultam de causas que são mais facilmente evitáveis.

Objetivo da aprendizagem 3.8
Quais são as necessidades nutricionais, de cuidados de saúde e de vacinação do bebê?

Nutrição, cuidados de saúde e vacinações

Os recém-nascidos, naturalmente, são fisicamente dependentes de seus cuidadores. Para desenvolver-se normalmente, eles necessitam de nutrição adequada, cuidados médicos regulares e proteção contra doenças.

Nutrição Alimentar-se não está entre os estados listados na Tabela 3.3, mas certamente é algo que bebês recém-nascidos fazem frequentemente! Visto que o ciclo natural de um recém-nascido parece ter uma duração de aproximadamente 2 horas, ele pode comer quase dez vezes por dia. Gradualmente, o bebê toma cada vez mais leite em cada mamada e não precisa se alimentar com tanta frequência. Aos 2 meses, o número médio é de cinco ou seis mamadas por dia, caindo para aproximadamente três mamadas entre os 8 e os 12 meses (Overby, 2002). Bebês que mamam no peito ou na mamadeira alimentam-se com a mesma frequência, mas essas duas formas de alimentação diferem em outros aspectos importantes (ver *Ciência do desenvolvimento no mundo real*).

Até os 6 meses, os bebês necessitam apenas do leite materno ou de uma fórmula acompanhada por suplementos apropriados (American Academy of Pediatrics [AAP], 2005). Por exemplo, os pediatras geralmente recomendam suplementos de vitamina B12 para bebês cujas mães são vegetarianas (Moilanen, 2004). Os médicos podem recomendar alimentação de fórmula suplementar para bebês que não estão crescendo satisfatoriamente, mas o leite materno satisfaz as necessidades nutricionais da maioria dos bebês.

Não há evidências apoiando a crença de que alimentos sólidos encorajam os bebês a dormir durante toda a noite. Na realidade, a introdução prematura de alimento sólido pode na verdade interferir na nutrição. Os pediatras geralmente recomendam evitar alimentos sólidos até 4 a 6 meses de idade (Overby, 2002). Os primeiros sólidos devem ser cereais de grão único, como arroz, com adição de ferro. Os pais devem introduzir seus bebês a não mais que um novo alimento por semana; se seguirem um plano sistemático, as alergias alimentares podem ser facilmente identificadas (Tershakovec e Stallings, 1998).

Cuidados de saúde e vacinações Os bebês necessitam de exames médicos frequentes. Embora grande parte dos *check-ups de bebês* possa parecer rotina, eles são extremamente importantes para o

CIÊNCIA DO DESENVOLVIMENTO NO MUNDO REAL

Peito ou mamadeira?

A futura mãe, Suzanne, achava fácil decidir onde dar à luz e quem ela gostaria que servisse como seu técnico de parto. Agora, suas maiores preocupações giravam em torno de como ela alimentaria seu bebê. Ela tinha ouvido falar que o aleitamento materno era melhor, mas esperava voltar ao trabalho dentro de poucas semanas após o parto. Consequentemente, estava tendendo à mamadeira, mas buscava informações que a tranquilizassem de que seu bebê se desenvolveria adequadamente com a fórmula.

Todos os pais, como Suzanne, querem fazer o melhor para os seus bebês, e os desenvolvimentalistas costumam concordar que o aleitamento materno é superior à mamadeira por satisfazer as necessidades nutricionais dos bebês (Overby, 2002). Entretanto, nem todas as mães *podem* amamentar seus bebês. Algumas têm um suprimento insuficiente de leite. Outras sofrem de condições médicas que requerem medicamentos que podem infiltrar-se no leite e prejudicar o bebê. Além disso, vírus, incluindo HIV, podem ser transmitidos da mãe para a criança através da amamentação. E quanto a mães adotivas?

Os desenvolvimentalistas apressam-se em tranquilizar as mães que não podem amamentar sobre o fato de que seus bebês muito provavelmente se desenvolverão tão bem quanto bebês alimentados no seio. Entretanto, é importante entender que várias décadas de pesquisa extensiva em muitos países, comparando grandes grupos de bebês alimentados no peito e na mamadeira, deixam claro que o aleitamento materno é nutritivamente superior à alimentação por mamadeira. Toda a pesquisa foi resumida em uma declaração de política oficial emitida pela American Academy of Pediatrics em 2005 (AAP, 2005). Em média, bebês alimentados no peito, além de terem menos probabilidade de sofrer de problemas como diarreia, gastroenterite, bronquite, infecções de ouvido e cólica, são menos propensos a morrer na infância (AAP, 2005). O leite materno também parece promover o crescimento de nervos e do trato intestinal, contribuir mais rapidamente para ganho de peso e altura, e estimular melhor a função do sistema imunológico. A pesquisa também sugere que o aleitamento materno pode proteger os bebês de se tornarem obesos no futuro. Por essas razões, os médicos recomendam fortemente o aleitamento materno se ele for possível, mesmo se a mãe puder amamentar por apenas poucas semanas após o nascimento ou se seu leite precisar ser suplementado com fórmulas (Tershakovec e Stallings, 1998).

Para aquelas que não podem amamentar, os especialistas em nutrição salientam que bebês alimentados com fórmulas de alta qualidade e adequadamente esterilizadas em geral se desenvolvem muito bem (AAP, 2005). Além disso, atualmente há uma ampla variedade de fórmulas que satisfazem as exigências de bebês que têm necessidades especiais, tais como aqueles intolerantes à lactose. Também é tranquilizador saber que as interações sociais entre mãe e filho parecem não ser afetadas pelo tipo de alimentação. Bebês alimentados por mamadeira são abraçados e acarinhados da mesma forma que bebês alimentados no peito, e suas mães parecem ser tão sensíveis, responsivas e ligadas a seus bebês quanto as mães de bebês alimentados no peito (Field, 1977).

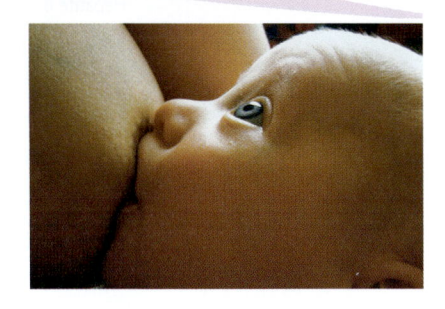

Questões para reflexão

1. Se Suzanne fosse sua amiga e lhe pedisse conselhos sobre essa importante decisão, o que você lhe diria?
2. A pesquisa ligando aleitamento materno a proteção contra obesidade foi correlacional. Que outras variáveis poderiam explicar essa relação?

---

desenvolvimento dos bebês. Por exemplo, as habilidades motoras dos bebês são geralmente avaliadas durante visitas de rotina ao consultório de um médico ou a uma clínica de saúde. Um bebê cujo desenvolvimento motor é menos avançado do que o esperado para sua idade pode requerer avaliação adicional para problemas do desenvolvimento, como, por exemplo, retardo mental (Sulkes, 1998).

Um dos elementos mais importantes do *check-up de bebês* é a vacinação contra uma variedade de doenças (ver Tabela 3.5). Embora vacinações posteriores na infância forneçam grande proteção contra essas doenças, as evidências sugerem que a imunização é mais efetiva quando começa no primeiro mês de vida e continua durante a infância e a adolescência (AAP, 2008). Mesmo adultos necessitam de injeções ocasionais "de reforço" para manter a imunidade.

Doenças

Objetivo da aprendizagem 3.9
Que tipos de doenças tipicamente ocorrem na infância?

Virtualmente, todos os bebês ficam doentes, a maioria deles repetidamente. Entre bebês ao redor do mundo, três tipos de doenças são mais comuns: diarreia, infecções do trato respiratório superior e infecções de ouvido.

Diarreia No mundo inteiro, uma das doenças mais comuns e fatais da infância é a diarreia, respondendo pela morte de cerca de 3,5 milhões de bebês e crianças a cada ano. Nos países em desenvolvimento, uma a cada quatro mortes de crianças com menos de 5 anos é causada por diarreia; em alguns países, a taxa é ainda maior (Cheng, Mcdonald e Thielman, 2005). Nos Estados Unidos, a diarreia raramente é responsável por morte em bebês, mas virtualmente todo bebê ou criança pequena tem pelo menos um episódio de diarreia por ano; por volta de um em cada

Tabela 3.5 Esquema de vacinações recomendado para crianças do nascimento aos 10 anos

Vacina	Idade recomendada
BGG-ID (tuberculose)	Ao nascer
Hepatite B	Três doses: ao nascer; 1 mês; 6 meses
Tetravalente (difteria, tétano, coqueluche, meningite e outras infecções)	Três doses: 1 mês; 2 meses; 4 meses
VOP (poliomielite)	Três doses + reforço: 2 meses; 6 meses; 15 meses
VORH (rotavírus)	Duas doses: 2 meses; 4 meses
Febre amarela	Dose + reforço: 9 meses; 10 anos
Tríplice viral (sarampo, rubéola e caxumba)	Dose + reforço: 12 meses; 4-6 anos
Tríplice bacteriana (difteria, tétano e coqueluxe)	Dois reforços: 15 meses

Fonte: Dados do Ministério da Saúde do Brasil (2010).

dez casos é suficientemente grave para a criança ser levada ao médico (Kilgore, Holman, Clarke e Glass, 1995). Na maioria das ocasiões, a causa da doença é uma infecção viral ou bacteriana, a mais comum delas sendo o *rotavírus*, um micro-organismo que se espalha por contato físico com outras pessoas infectadas (Laney, 2002).

Virtualmente todas as mortes por diarreia poderiam ser prevenidas pela administração de líquidos para reidratar a criança (Laney, 2002). Em casos mais sérios, essa reidratação deve envolver uma solução especial de sais (sais de reidratação oral ou SRO). Com algum sucesso, a Organização Mundial de Saúde esteve durante alguns anos envolvida em um programa de treinamento de profissionais da saúde ao redor do mundo no uso de SRO, (Muhuri, Anker e Bryce, 1996). Contudo, a diarreia continua sendo uma doença muito séria para bebês e crianças em muitas partes do mundo.

Infecções do trato respiratório superior Uma segunda doença comum durante a infância é algum tipo de infecção respiratória do trato superior. Nos Estados Unidos, o bebê tem em média sete resfriados no primeiro ano de vida. (É muito lenço de papel!) Curiosamente, a pesquisa em inúmeros países mostra que bebês em creches têm aproximadamente duas vez mais dessas infecções do que aqueles criados inteiramente em casa, provavelmente porque bebês em ambientes de grupo estão expostos a uma variedade mais ampla de germes e vírus (Lau, Uba e Lehman, 2002). Em geral, quanto mais exposta a pessoas diferentes for a criança, mais resfriados ela tem probabilidade de pegar. Isso não é tão ruim quanto pode parecer. O risco aumentado de infecção entre bebês em creches cai após os primeiros meses, enquanto aqueles criados inteiramente em casa têm taxas muito altas da doença quando entram na escola pela primeira vez. Estar em uma creche simplesmente significa que o bebê é exposto mais cedo aos vários micro-organismos tipicamente transmitidos por crianças.

Infecções de ouvido A **otite média (OM)**, uma inflamação do ouvido médio causada por uma infecção bacteriana, é a principal causa de visitas a consultórios médicos nos Estados Unidos (Waseem, 2007). Mais de 90% das crianças teve pelo menos um episódio de OM no primeiro ano de vida; cerca de um terço teve seis ou mais acessos antes dos 7 anos. Graças a medicamentos antibióticos, a maioria dos casos de OM se resolve rapidamente. Entretanto, os médicos têm ficado preocupados nos últimos anos com a crescente resistência da bactéria que causa otite média. Como resultado, muitos médicos recomendam uma resposta "esperar-e-ver" para casos de OM (AAP, 2004). Se a criança desenvolver uma febre alta ou se a infecção continuar por 3 a 4 dias, então antibióticos são prescritos. Estudos controlados por placebo sugerem que 75% dos casos de OM se resolve dentro de 7 dias do diagnóstico inicial (AAP, 2004).

Em algumas crianças, a OM se torna crônica, definida como um episódio de otite média que permanece intratável após 6 meses de tratamento de antibiótico (Waseem, 2007). Nesses casos, alguns médicos recomendam que as crianças se submetam a uma cirurgia para inserir cânulas nos ouvidos. As cânulas permitem que o líquido saia do ouvido médio através do tímpano. Essa drena-

otite média (OM) Uma inflamação do ouvido médio que é causada por uma infecção bacteriana.

gem é necessária porque líquido crônico não apenas aumenta a frequência de infecções, mas também interfere na audição. Os pesquisadores constataram que mesmo perdas auditivas leves causam dificuldades em percepção da fala e podem tornar lento o ritmo de desenvolvimento da linguagem. Como resultado, crianças nas quais o líquido crônico nos ouvidos permanece sem tratamento têm mais probabilidade de fracassar na escola do que aquelas com audição normal (Tharpe, 2006).

Mortalidade infantil

> **Objetivo da aprendizagem 3.10**
> Que fatores contribuem para a mortalidade infantil?

Uma pequena minoria de bebês enfrenta não apenas alguns resfriados como também a possibilidade de morte. Nos Estados Unidos, aproximadamente sete em cada mil bebês morrem antes de 1 ano (Heron, Hoyert, Xu, Scott e Tejada-Vera, 2008). A taxa vem diminuindo regularmente nas últimas décadas (de 20 por 1.000 em 1970), mas os Estados Unidos continuam a ter uma taxa de mortalidade infantil mais alta do que outras nações industrializadas. Quase dois terços dessas mortes de bebês ocorrem no primeiro mês de vida e estão diretamente associadas a anomalias congênitas ou baixo peso ao nascimento (Heron et al., 2008). Menos de três mortes por mil nascimentos ocorrem no restante do primeiro ano.

Síndrome da morte súbita do bebê
Uma fração significativa de mortes no primeiro ano de vida é atribuível à **síndrome da morte súbita do bebê (SIDS)**, na qual um bebê aparentemente saudável morre súbita e inesperadamente. Nos Estados Unidos, a SIDS é a principal causa de morte em bebês de mais de 1 mês de vida (Task Force on Sudden Infant Death Syndrome, 2005). A SIDS ocorre no mundo inteiro; por razões inexplicadas, entretanto, a taxa varia bastante de um país para outro. Por exemplo, as taxas são particularmente altas na Austrália e na Nova Zelândia e baixas no Japão e na Suécia (Hoffman e Hillman, 1992).

Os médicos ainda não descobriram a causa básica da SIDS, embora tenham descoberto muita coisa sobre os grupos que têm o maior risco: bebês com baixo peso ao nascer, do sexo masculino, afro-americanos e com mães jovens. A SIDS também é mais comum no inverno e entre bebês que dormem de bruços (Task Force on Sudden Infant Death Syndrome, 2005), especialmente sobre um colchão, um travesseiro ou um acolchoado macio ou fofo. A crescente evidência sobre o papel da posição de dormir convenceu pediatras em muitos países a mudar seu conselho padrão a hospitais e famílias sobre a melhor posição de dormir para os bebês. A American Academy of Pediatrics, por exemplo, tem recomendado, desde 1992, que bebês saudáveis devem ser posicionados de lado ou de costas quando forem colocados para dormir. Médicos em outros países têm feito recomendações semelhantes, uma mudança no conselho que foi seguido de uma queda significativa em casos de SIDS em todos os países envolvidos (Fein, Dubin e Selbst, 2002; Willinger, Hoffman e Hartford, 1994). Nos Estados Unidos, por exemplo, o número de casos de SIDS caiu quase 30% desde 1992. Contudo, a posição de dormir não pode ser toda a explicação; naturalmente, a maioria dos bebês que dorme de bruços não morre de SIDS.

O tabagismo da mãe durante a gravidez ou de qualquer pessoa na casa após o nascimento da criança é outra contribuição importante para SIDS. Bebês expostos a essa fumaça têm quatro vezes mais probabilidade de morrer de SIDS (CDC, 2006d). Portanto, além de aconselhar mulheres grávidas a não fumar, os profissionais da saúde alertam os pais contra permitir o fumo na casa após o nascimento do bebê.

Estudos da imagem dos cérebros de bebês com alto risco para SIDS, tais como aqueles que exibem apneia nos primeiros dias de vida, sugerem que o desenvolvimento neuronal prossegue a uma taxa mais lenta nessas crianças do que em outras que não exibem tais fatores de risco (Morgan et al., 2002). Os padrões de sono refletem essas diferenças neurológicas e também predizem risco de SIDS. Bebês que apresentam períodos de sono cada vez mais prolongados durante os primeiros meses têm um risco mais baixo de morrer com SIDS do que bebês cujos períodos de sono não ficam muito mais longos conforme ficam mais velhos (Cornwell e Feigenbaum, 2006). Igualmente, autópsias de bebês de SIDS revelaram que seus cérebros frequentemente apresentam sinais de mielinização atrasada.

síndrome da morte súbita do bebê (SIDS) A morte inesperada de um bebê que parece saudável; também chamada de morte do berço. A causa de SIDS é desconhecida.

Diferenças étnicas na mortalidade infantil
Existem grandes variações nas taxas de mortalidade infantil entre grupos étnicos nos Estados Unidos, conforme mostrado na Figura 3.4

Figura 3.4 Mortalidade infantil entre grupos étnicos

Como se pode ver, as taxas de mortalidade infantil variam amplamente entre grupos raciais e étnicos norte-americanos.

(*Fonte*: Heron et al., 2008; MacDorman e Atkinson, 1999; Matthews, 2005.)

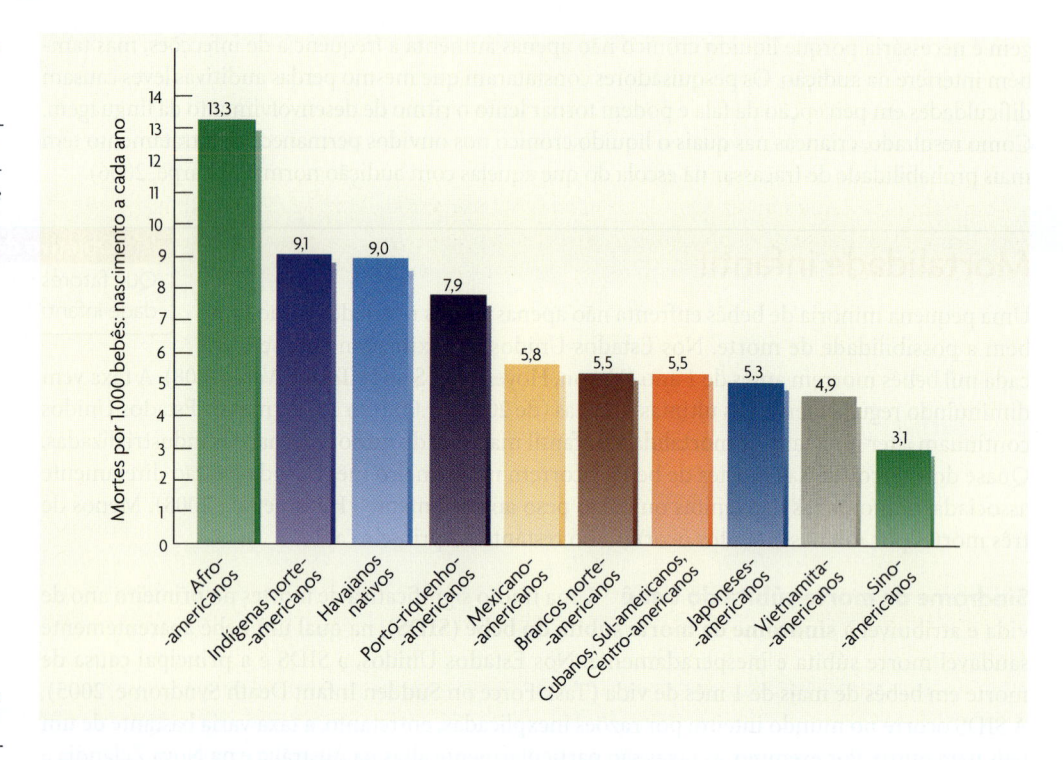

Figura 3.5 Cuidado pré-natal precoce e etnia

Existem amplas disparidades entre grupos étnicos com relação a acesso ao cuidado pré-natal, embora esse fator não possa explicar totalmente as diferenças de grupo na mortalidade infantil. Note, por exemplo, que afro-americanos e mexicano-americanos têm taxas semelhantes de cuidado pré-natal precoce, mas variam amplamente na mortalidade infantil.

(*Fonte*: National Center for Health Statistics [NCHS], 2007. *Health, United States, 2007*. Hyattsville, MD: Autor.)

(Heron et al., 2008; MacDorman e Atkinson, 1999; Matthews, 2005). As taxas são mais baixas entre bebês asiático-americanos; em torno de cinco a cada mil morrem por ano. Entre bebês norte-americanos brancos, a taxa é de aproximadamente 5,5 mortes em mil nascimentos. Os três grupos com as taxas mais altas de morte infantil são indígenas norte-americanos (9,1 mortes por 1.000), havaianos nativos (9 mortes por 1.000) e afro-americanos (13,3 mortes por 1.000). Uma razão para essas diferenças é o fato de que bebês indígenas norte-americanos e afro-americanos têm de duas a três vezes mais probabilidade de sofrer de anormalidades congênitas e baixo peso ao nascimento – as duas principais causas de morte infantil – do que bebês em outros grupos. Além disso, a SIDS é duas a três vezes mais comum entre eles.

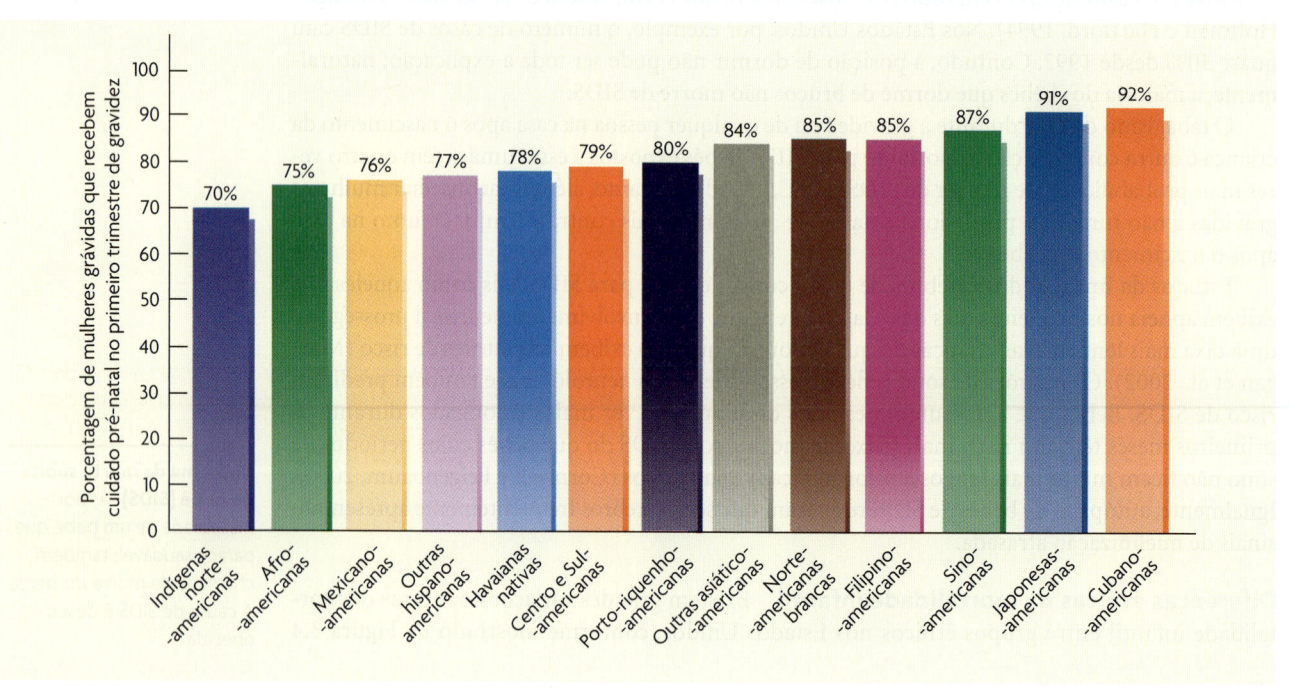

Visto que bebês nascidos em famílias pobres, independente de etnia, têm mais probabilidade de morrer do que aqueles cujas famílias estão melhores economicamente, alguns observadores têm sugerido que a pobreza explica as taxas mais altas de morte infantil entre indígenas norte-americanos e afro-americanos, os dois grupos com as mais altas taxas de pobreza. Entretanto, as taxas de mortalidade infantil entre grupos hispano-americanos sugerem que a ligação entre pobreza e mortalidade infantil não é tão direta. A taxa de mortalidade infantil entre bebês mexicano-americanos é de 5,8 por 1.000, e a taxa de mortalidade para descendentes de cubanos, sul-americanos e centro-americanos é de apenas 5,5 por 1.000 (MacDorman e Atkinson, 1999). Esses grupos têm quase tanta probabilidade de serem pobres quanto afro-americanos e indígenas norte-americanos. Em comparação, famílias porto-riquenhas não têm probabilidade de serem mais pobres do que outras famílias hispano-americanas, mas a taxa de mortalidade é de 7,9 por 1.000 entre seus bebês. Similarmente, as taxas de cuidado pré-natal precoce – definido como consultar um médico ou uma parteira durante o primeiro trimestre de gravidez – são quase idênticas para mulheres afro-americanas e mulheres hispano-americanas (National Center for Health Statistics [NCHS], 2007). Consequentemente, o acesso ao cuidado pré-natal não pode explicar as diferenças na mortalidade infantil entre esses grupos (ver Figura 3.5).

Curiosamente, mortalidade entre os bebês de imigrantes de todos os grupos raciais e étnicos são mais baixas do que as taxas entre bebês de mães nascidas nos EUA. Esse achado também desafia a explicação da pobreza para diferenças de grupo racial e étnico na mortalidade infantil, porque mulheres imigrantes têm mais probabilidade de serem pobres e menos probabilidade de receberem cuidado pré-natal do que mulheres nascidas nos Estados Unidos (MacDorman e Atkinson, 1999). Muitos pesquisadores sugerem que taxas mais baixas de uso de tabaco e álcool entre mulheres nascidas fora dos Estados Unidos podem ser um fator importante.

Pensamento crítico

- Como você faria para aumentar a consciência do público sobre as vantagens do aleitamento materno, da importância de vacinações precoces e dos riscos ao desenvolvimento associados a infecções de ouvido?
- Gere sua própria hipótese para explicar diferenças de grupo na mortalidade infantil. Que tipo de informação você necessitaria para testá-la?

Conduza sua própria pesquisa

Você pode descobrir mais sobre as preocupações das mulheres em relação à criação de filhos realizando o que os pesquisadores chamam de um estudo de *resposta-livre*. Simplesmente peça a diversas mulheres, tanto grávidas como não grávidas, para expressarem suas preocupações em suas próprias palavras. Escreva o que elas dizem. Quando você tiver coletado certa quantidade de respostas, analise-as por temas comuns.

Resumo
NASCIMENTO

3.1 Que decisões os pais devem tomar sobre o processo de nascimento em sociedades industrializadas?

- Os pais devem decidir se usam medicamentos analgésicos durante o parto, se seu bebê deve nascer em um hospital ou um outro local e se o pai deve estar presente durante o parto. A maioria dos medicamentos dados a uma mulher durante o parto passam para a corrente sanguínea do bebê e têm efeitos de curto prazo sobre a sua responsividade. Em gestações não complicadas, de baixo risco, o parto em casa ou em um centro de partos pode ser tão seguro quanto o parto em hospital. A presença do pai durante o parto tem uma variedade de consequências positivas, incluindo redução da experiência de dor da mãe, mas não parece afetar a ligação do pai com o bebê.

3.2 Quais são os eventos e os riscos associados a cada estágio do processo de nascimento?

- O processo de parto normal tem três estágios: dilatação e esvaecimento, parto e liberação placentária. Diversos tipos de problemas podem ocorrer no parto, incluindo suprimento reduzido de oxigênio para o bebê (anóxia). Hoje, pouco mais de um quarto de todos os partos nos Estados Unidos ocorre por secção cesariana. Os recém-nascidos são tipicamente avaliados usando o escore de Apgar, que é uma classificação em cinco dimensões. A maioria dos pais mostra intenso interesse nas feições do novo bebê, especialmente nos olhos.

3.3 Quais são algumas das possíveis consequências do baixo peso ao nascer?

- Bebês que nascem pesando menos de 2.500 gramas são designados com baixo peso ao nascer (BPN); aqueles abaixo de 1.500 gramas são peso muito baixo ao nascer (PNMB); aqueles abaixo de 1.000 gramas são extremamente baixo peso ao nascer (PNEB). Quanto mais baixo o peso, maior o risco de morte neonatal ou de problemas permanentes e significativos, como escore baixo de QI ou incapacidades de aprendizagem.

COMPORTAMENTO NA PRIMEIRA INFÂNCIA

3.4 Que reflexos e estados comportamentais são exibidos pelos bebês?

- Os bebês têm uma ampla variedade de reflexos. Alguns, como o reflexo de sucção, são essenciais para a vida. Outros, mais primitivos, estão presentes no recém-nascido, mas desaparecem no primeiro ano. Ciclos de sono, vigília e choro estão presentes desde o início.

3.5 Que tipos de capacidades motoras, sensoriais e perceptuais os recém-nascidos têm?

- As habilidades motoras são apenas rudimentares ao nascimento. As habilidades perceptuais incluem a capacidade de focalizar os dois olhos; acompanhar visualmente objetos de movimentos lentos; discriminar a mãe pela visão, pelo odor e pelo som; responder a cheiros, gostos e ao toque.

3.6 Que tipos de aprendizagem os bebês exibem?

- Dentro das primeiras semanas de vida, os bebês são capazes de aprender através de associação de estímulos (condicionamento clássico), por consequências agradáveis e desagradáveis (condicionamento operante), por categorização de estímulos (aprendizagem esquemática) e por exposição repetida a estímulos (habituação).

3.7 Como os recém-nascidos diferem em temperamento e que habilidades eles trazem para as interações sociais?

- Os bebês diferem em diversas dimensões, incluindo vigor de resposta, taxa de atividade geral, inquietação, irritabilidade e aconchego. Thomas e Chess identificaram três categorias comportamentais: fácil, difícil e lenta para responder. Os bebês desenvolvem a capacidade de expressar uma variedade de emoções, como prazer e sofrimento, durante o primeiro ano.

SAÚDE E BEM-ESTAR NA PRIMEIRA INFÂNCIA

3.8 Quais são as necessidades nutricionais, de cuidados de saúde e de vacinação do bebê?

- O leite materno ou a fórmula suprem todas as necessidades nutricionais de um bebê até os 6 meses. Os bebês requerem avaliações periódicas para acompanhar seu crescimento e seu desenvolvimento. Eles também necessitam ser vacinados contra uma variedade de doenças.

3.9 Que tipos de doenças tipicamente ocorrem na infância?

- As doenças comuns da infância incluem diarreia, infecções do trato respiratório superior e infecções de ouvido. No mundo em desenvolvimento, a diarreia é a principal causa de morte infantil. No mundo industrializado, infecções de ouvido são as mais sérias dessas doenças, embora raramente sejam fatais. Todas as formas de doença respiratória do trato superior são mais comuns entre crianças que frequentam creches do que entre aquelas criadas em casa.

3.10 Que fatores contribuem para a mortalidade infantil?

- Nos Estados Unidos e em outros países industrializados, a maioria das mortes de bebês nas primeiras semanas é devida a anomalias congênitas ou ao baixo peso ao nascimento; após as primeiras semanas, a síndrome de morte súbita do bebê (SIDS) é a causa mais comum de morte no primeiro ano. Bebês afro-americanos, havaianos nativos e indígenas norte-americanos exibem taxas mais altas de mortalidade infantil do que norte-americanos brancos e outros grupos étnicos nos Estados Unidos. A pobreza pode ser um fator, mas outros grupos com taxas de pobreza semelhantes, como os hispano-americanos, têm taxas de mortalidade infantil mais baixas do que afro-americanos, havaianos nativos e indígenas norte-americanos.

Termos-chave

anoxia (p. 87)
aprendizagem (p. 98)
aprendizagem esquemática (p. 99)
baixo peso ao nascer (BPN) (p. 90)
bebê pequeno para a idade gestacional (p. 91)
bebê pré-termo ou prematuro (p. 91)
criança difícil (p. 100)
criança fácil (p. 100)
criança lenta para responder (p. 100)
céfalo-caudal (p. 97)
cólica (p. 96)
dilatação (p. 86)
estados de consciência (p. 94)
esvaecimento (p. 86)
habituação (p. 99)
otite média (OM) (p. 104)
percepção (p. 97)
peso ao nascer extremamente baixo (PNEB) (p. 90)
peso ao nascer muito baixo (PNMB) (p. 90)
próximo-distal (p. 97)
reflexo de Babinski (p. 93)
reflexo de Moro (p. 93)
reflexo de rotação (p. 93)
reflexos (p. 93)
reflexos adaptativos (p. 93)
reflexos primitivos (p. 93)
secção cesariana (secção-c) (p. 88)
sensação (p. 97)
síndrome da morte súbita do bebê (SIDS) (p. 105)
síndrome de desconforto respiratório (p. 91)
temperamento (p. 100)
teoria dos sistemas dinâmicos (p. 93)

Desenvolvimento Físico 4

Objetivos da Aprendizagem

O cérebro e o sistema nervoso

4.1 Quais são os principais surtos de crescimento no cérebro?

4.2 O que são sinaptogênese e poda?

4.3 Como o processo de mielinização influencia a função cerebral?

4.4 Quais são os marcos do processo de lateralização?

Tamanho, forma e habilidades

4.5 Que padrões de crescimento são evidentes na infância e na adolescência?

4.6 De que maneiras ossos, músculos e gordura mudam?

4.7 Como muda a capacidade das crianças de usar o corpo?

Os sistemas endócrino e reprodutivo

4.8 Quais são as contribuições dos vários hormônios para o desenvolvimento físico?

4.9 Quais são as sequências de mudanças puberais em meninos e meninas?

4.10 Como o momento da puberdade afeta o desenvolvimento dos adolescentes?

Comportamento sexual na adolescência

4.11 Quais são os fatores étnicos, sociais e acadêmicos que predizem comportamento sexual precoce?

4.12 Que doenças sexualmente transmissíveis são comuns entre adolescentes sexualmente ativos?

4.13 Quais são os fatores associados à gravidez na adolescência?

4.14 De que formas adolescentes homossexuais, bissexuais e transgêneros são diferentes e semelhantes a seus pares?

Saúde e bem-estar

4.15 Quais são as necessidades e as preocupações de saúde de crianças e adolescentes?

4.16 De que formas o ganho excessivo de peso ameaça a saúde imediata e futura de crianças e adolescentes?

4.17 Como a pobreza afeta a saúde das crianças?

4.18 Como os psicólogos explicam o comportamento arriscado na adolescência?

4.19 Quais são as principais causas de morte entre crianças e adolescentes?

Você já tentou praticar esqui aquático? Se passou mais tempo boiando na água do que deslizando sobre a sua superfície, você poderia se sentir um pouco constrangido ao saber sobre a perícia com esquis do menino de 2 anos, Cole Marsolek, de Menomonie, Wisconsin. Cole se tornou uma celebridade local quando uma estação de televisão de Mineápolis apresentou um vídeo do garoto esquiando no Lago Tainter de Wisconsin, segurando a corda do esqui com uma mão e acenando entusiasticamente para seus admiradores na margem com a outra.

A maioria das crianças que aprendem a esquiar na água quando pequenas são expostas a múltiplos elementos experienciais, como, por exemplo, aulas de natação infantil.

Para que você não pense que a proeza de Cole é única, uma rápida busca no YouTube.com gerará inúmeros vídeos de crianças pequenas esquiando, algumas muitos meses mais jovens que Cole.

Aprender a esquiar nos primeiros anos de vida na verdade não é tão notável quando pensamos nisso como um evento do desenvolvimento que envolve os tipos de interação entre maturação e experiência, capturados tão bem pelo modelo de Aslin (ver Figura 1.1). As crianças possuem o subsistema neurológico necessário para esquiar, o *sentido vestibular*, no nascimento, mas seus sistemas nervosos ainda não desenvolveram todas as conexões necessárias para controlar o corpo. Igualmente, seus sistemas esquelético e muscular devem atravessar diversos marcos maturacionais críticos antes de ser possível esquiar. Além disso, à medida que os bebês crescem, suas proporções corporais mudam de modo que eles se tornam menos pesados em cima, um requisito básico para manter uma posição ereta na terra ou na água.

Todos esses processos maturacionais estão evoluindo, uma fase experiencial está sendo formada. A maioria das crianças que aprende a esquiar, quando pequenas, observa seus pais se divertindo ao esquiar antes de poder caminhar. Passeios de barco os acostumam ao som do motor e ao sentimento de estar em um ambiente instável. Aulas de natação para bebês os ajudam a aprender a manobrar na água usando um colete salva-vidas.

Todos esses elementos maturacionais e experienciais aparecem juntos entre o primeiro e o segundo aniversários, quando os pais escolhem o momento em particular no desenvolvimento de seus filhos para introduzi-los ao esqui aquático. Ou seja, assim que as crianças podem caminhar bem, os pais interessados em estimular essa habilidade colocam seus filhos sobre esquis pela primeira vez. Além disso, os pais usam esquis de treinamento especialmente projetados que são mais fáceis para a criança se equilibrar do que esquis de adultos. Durante as primeiras tentativas, os pais dão o apoio físico de segurar a mão de seus filhos, como os pais de crianças mais velhas fazem quando as ajudam a aprender a andar de bicicleta. Quando as crianças conseguem permanecer eretas nos esquis com segurança, os pais lhes dão a oportunidade de praticar suas habilidades. Além disso, eles aplaudem e estimulam as crianças à medida que as distâncias que elas conseguem percorrer sem fracassar gradualmente aumentam.

Às vezes, explicar um resultado incomum nos ajuda a entender melhor os fatores que atuam juntos para produzir eventos evolutivos mais típicos. Portanto, o essencial que você deve extrair dessa breve explicação do fenômeno de esquiar na água com idade tão precoce é que os marcos do desenvolvimento físico que todas as crianças compartilham – amadurecimento do cérebro, aquisição de habilidades motoras, puberdade, etc. – resultam de interações entre fatores maturacionais e experienciais semelhantes àqueles responsáveis por permitir que crianças pequenas esquiem. Esses marcos comuns são o tema deste capítulo. À medida que ler sobre eles, você obterá um melhor entendimento das formas como variáveis internas e externas interagem para produzi-los.

O cérebro e o sistema nervoso

A Figura 4.1 mostra as principais estruturas do cérebro. No nascimento, o **mesencéfalo** e a **medula** são as mais completamente desenvolvidas. Essas duas partes, ambas na parte inferior do crânio e ligadas à medula espinhal, regulam funções vitais como frequência cardíaca, respiração, atenção, sono, vigília, eliminação e movimento da cabeça e do pescoço – todas as tarefas que um recém-nascido pode realizar ao menos moderadamente bem. Ao nascimento, a parte menos desenvolvida do cérebro é o **córtex cerebral**, a substância cinzenta torcida que encobre o mesencéfalo e está envolvida na percepção, no movimento corporal, no pensamento e na linguagem. Mudanças no cérebro e no sistema nervoso continuam durante toda a infância e a adolescência. Há diversos processos críticos que contribuem para essas mudanças.

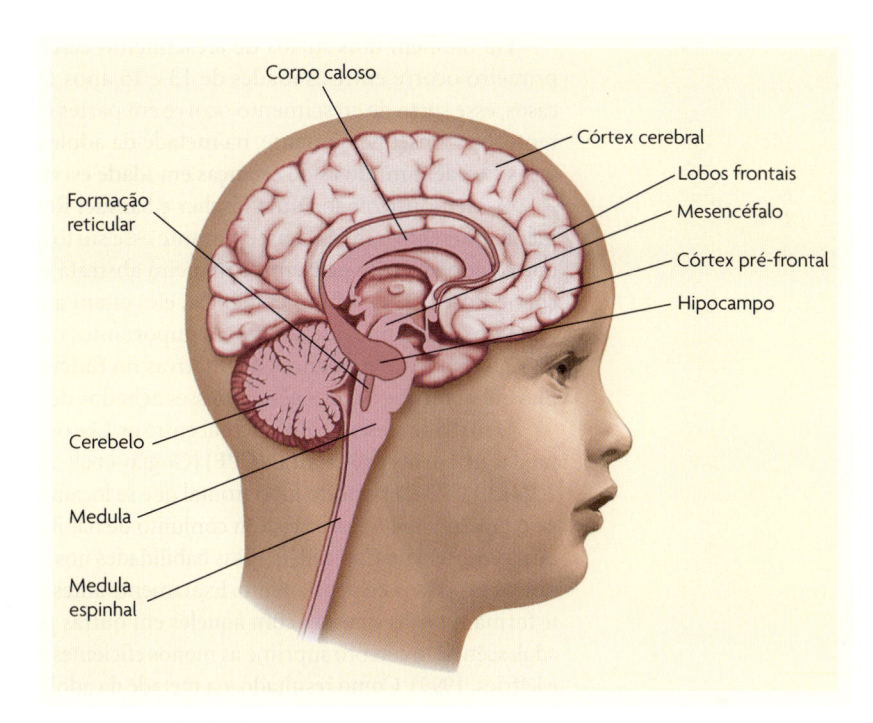

Figura 4.1 Principais estruturas do cérebro

A medula e o mesencéfalo são largamente desenvolvidos no nascimento. Nos primeiros dois anos após o nascimento, é principalmente o córtex que se desenvolve, embora os dendritos continuem a crescer e sinapses continuem a se formar por todo o sistema nervoso. O córtex pré-frontal é a última parte do cérebro a amadurecer.

Surtos de crescimento

Objetivo da aprendizagem 4.1
Quais são os principais surtos de crescimento no cérebro?

Um dos mais importantes princípios do desenvolvimento neurológico é que o cérebro cresce mais em surtos do que de maneira suave, contínua (Fischer e Rose, 1994). Cada um desses surtos envolve todos os principais processos de desenvolvimento sobre os quais você lerá nas seções que se seguem, e cada um é acompanhado por um período de estabilidade. Na infância, os intervalos de crescimento e estabilidade são muito curtos. Há surtos de crescimento curtos com intervalos de aproximadamente 1 mês até que o bebê tenha 5 meses. À medida que o bebê fica mais velho, os períodos de crescimento e estabilidade se tornam mais longos, com surtos ocorrendo em torno dos 8, 12 e 20 meses. Entre as idades de 2 e 4 anos, o crescimento prossegue muito lentamente, e então há outro surto importante aos 4 anos.

Curiosamente, muitos surtos de crescimento são *localizados*; ou seja, eles são restritos a uma ou a algumas partes do cérebro em vez de se aplicarem ao cérebro inteiro (Thompson et al., 2000). Os neurologistas correlacionaram alguns desses surtos de crescimento cerebral localizados a marcos do desenvolvimento cognitivo (Fischer e Rose, 1994). Por exemplo, o surto dos 20 meses acontece ao mesmo tempo em que a maioria dos bebês mostra evidência de planejamento dirigido ao objetivo em seu comportamento. Uma criança pequena pode mover uma cadeira de um local para outro a fim de ficar alto o suficiente para alcançar um objeto proibido. Similarmente, o surto em torno dos 4 anos é acompanhado pelo alcance de um nível impressionante de fluência tanto na fala quanto no entendimento da linguagem.

Dois surtos de crescimento importantes ocorrem no cérebro durante a meninice (Spreen, Risser e Edgell, 1995). O primeiro está ligado às surpreendentes melhoras nas habilidades motoras finas e na coordenação olho-mão que geralmente surgem entre 6 e 8 anos. Durante o surto experimentado entre os 10 e os 12 anos, os lobos frontais do córtex cerebral (ver Figura 4.1) se tornam o foco dos processos de desenvolvimento (van der Molen e Molenaar, 1994). Previsivelmente, lógica e planejamento, duas funções cognitivas que melhoram significativamente durante esse período, são realizadas primariamente pelos lobos frontais. Além disso, esse surto está associado a melhoras na função da memória (Hepworth, Rovet e Taylor, 2001).

mesencéfalo Uma área do cérebro localizada acima da medula e abaixo do córtex que regula atenção, sono, vigília e outras funções automáticas; ele é bem desenvolvido ao nascimento.

medula Uma parte do cérebro que se localiza imediatamente acima da medula espinhal; ela é bem desenvolvida ao nascimento.

córtex cerebral A porção cinzenta torcida do cérebro que governa percepção, movimento corporal, pensamento e linguagem.

Há também dois surtos de crescimento cerebral importantes nos anos da adolescência. O primeiro ocorre entre as idades de 13 e 15 anos (Spreen, Risser e Edgell, 1995). Na maioria dos casos, esse surto de crescimento ocorre em partes que controlam a percepção espacial e as funções motoras. Consequentemente, na metade da adolescência, as capacidades dos adolescentes nessas áreas excedem muito as de crianças em idade escolar.

Os neuropsicólogos Kurt Fischer e Samuel Rose acreditam que uma rede neural qualitativamente diferente também surge durante esse surto de crescimento cerebral, uma rede que permite que os adolescentes pensem de maneira abstrata e reflitam sobre seus processos cognitivos (Fischer e Rose, 1994). Como evidência, eles citam a pesquisa neurológica e psicológica, de estudos repetidos, revelando que alterações importantes na organização cerebral aparecem entre as idades de 13 e 15 anos, e mudanças qualitativas no funcionamento cognitivo aparecem após os 15 anos. Eles afirmam que a consistência desses achados de pesquisa é instigante demais para ser ignorada.

O surto de crescimento cerebral entre os 13 e os 15 anos também está associado a mudanças profundas no **córtex pré-frontal (CPF)** (Gogtay et al., 2004; Kanemura, Aihara, Aoki, Araki e Nakazawa, 2004). O CPF é a parte do lobo frontal que se localiza atrás da testa (ver Figura 4.1). Ele é responsável pelo *processamento executivo*, um conjunto de habilidades de processamento de informação sobre as quais você lerá no Capítulo 6. Essas habilidades nos permitem controlar e organizar conscientemente nossos processos de pensamento. Exatamente antes da puberdade, os neurônios no CPF rapidamente formam novas sinapses com aqueles em outras partes do cérebro. Durante os primeiros anos da adolescência, o cérebro suprime as menos eficientes dessas sinapses (Giedd, 2004; Giedd, Blumenthal e Jeffries, 1999). Como resultado, na metade da adolescência, as habilidades de processamento executivo dos adolescentes excedem muito as que eles exibiam durante a meninice.

O segundo surto de crescimento cerebral começa em torno dos 17 anos e continua até o início da idade adulta (van der Molen e Molenaar, 1994). Nessa época, os lobos frontais do córtex cerebral são o foco do desenvolvimento (Davies e Rose, 1999). Você pode lembrar que essa área do cérebro controla a lógica e o planejamento. Portanto, não é surpreendente que adolescentes mais velhos tenham desempenho diferente de adolescentes mais jovens ao lidar com problemas que requerem essas funções cognitivas.

córtex pré-frontal (CPF) A parte do lobo frontal localizada atrás da testa e que é responsável pelo processamento executivo.

Objetivo da aprendizagem 4.2
O que são sinaptogênese e poda?

Desenvolvimento sináptico

Um dos processos que contribuem para o crescimento cerebral é denominado **sinaptogênese**, o processo de criar conexões (*sinapses*) entre neurônios (Johnson, 2005). O cérebro é composto de dois tipos básicos de células: neurônios e células gliais. Virtualmente, todas de ambos os tipos de células já estão presentes no nascimento. O processo evolutivo após o nascimento envolve sobretudo a criação de sinapses, as conexões entre neurônios. O desenvolvimento de sinapse resulta do crescimento de dendritos e axônios (ver Figura 4.2). Ambos desempenham um papel na comunicação neuronal, que é realizada com substâncias químicas denominadas **neurotransmissores**, tais como serotonina, dopamina e endorfinas. Os neurotransmissores são armazenados nas extremidades dos botões terminais e liberados quando necessário. Eles são captados por *sítios receptores* nos dendritos. Portanto, como se pode ver, as sinapses são onde a ação está, por assim dizer, em tudo o que acontece no cérebro.

A sinaptogênese ocorre a uma taxa rápida no córtex durante os primeiros dois anos após o nascimento, resultando em uma triplicação do peso total do cérebro durante esses anos (Johnson, 2005). Essa arrancada na sinaptogênese, bem como outros surto que ocorrem mais tarde no desenvolvimento, é seguida por um período de **poda**, quando conexões desnecessárias são eliminadas, fazendo todo o sistema operar de maneira mais eficiente.

Por exemplo, no início do desenvolvimento, cada célula muscular parece desenvolver conexões sinápticas com diversos neurônios motores na medula espinhal. Mas após

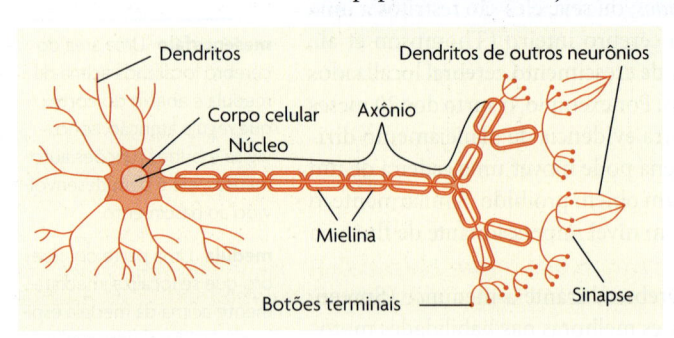

Figura 4.2 O neurônio

Um neurônio normal tem três partes principais: (1) um corpo celular, que realiza as funções metabólicas do neurônio; (2) fibras ramificadas denominadas dendritos, que são os receptores primários de impulsos de outros neurônios; (3) uma extensão delgada, semelhante a uma cauda, denominada axônio – a extremidade transmissora do neurônio –, que termina em muitos ramos, cada um com um terminal de axônio. O axônio é coberto com mielina, uma substância gordurosa que torna a transmissão de impulsos neurais mais eficiente.

o processo de poda, cada fibra muscular é conectada a apenas um neurônio. Alguns neurofisiologistas sugeriram que a "onda" inicial de formação de sinapse segue um padrão estabelecido (Greenough, Black e Wallace, 1987). O organismo parece ser programado para gerar certos tipos de conexões neurais e o faz em abundância, criando caminhos redundantes. De acordo com esses argumentos, a poda que ocorre a partir dos 18 meses é uma resposta à experiência, resultando em retenção seletiva dos caminhos mais eficientes. Entretanto, os neurofisiologistas salientam que algumas sinapses são formadas inteiramente como resultado de experiência e que a sinaptogênese continua durante nossa vida à medida que aprendemos novas habilidades.

De acordo com o padrão global "inicia-e-para" do desenvolvimento cerebral, a poda não ocorre ao mesmo tempo em todas as partes do cérebro. Por exemplo, a densidade máxima de sinapses nas porções do cérebro que têm a ver com compreensão e produção de linguagem ocorre em torno dos 3 anos. Em contraste, a parte do córtex dedicada à visão é maximamente densa aos 4 meses, com poda rápida daí em diante (Huttenlocher, 1994).

Um dos pontos mais intrigantes sobre esse processo de sinaptogênese é que a combinação da onda inicial de crescimento sináptico e da poda significa que a criança de 1 ano tem uma maior densidade de dendritos e sinapses do que um adulto – uma informação que tem surpreendido muitos psicólogos. Mesmo aos 4 anos, quando o primeiro evento de poda ocorreu em todas as áreas do cérebro, a densidade sináptica é aproximadamente duas vezes maior do que a do cérebro de um adulto. A poda continua em estirões durante toda a infância e a adolescência.

A pesquisa sobre sinaptogênese e poda apoia o antigo ditado "use ou perca" (Nelson, de Haan e Thompson, 2006). Uma criança crescendo em um ambiente rico e intelectualmente desafiador reterá uma rede de sinapses mais complexa do que uma criança crescendo com menos estímulos – uma variação da interação natureza-criação que Aslin chama de *sintonia* (ver Figura 1.1). A evidência em apoio a essa proposição vem de diversos tipos de pesquisa, incluindo trabalho com animais. Por exemplo, ratos que são criados em ambientes altamente estimulantes quando filhotes terão uma rede mais densa de conexões de neurônios, dendritos e sinapses quando adultos do que ratos que não receberam tanta estimulação (Escorihuela, Tobena e Fernández-Teruel, 1994). Estudos com animais também mostram que ambientes enriquecidos ajudam o cérebro jovem a superar o dano causado por teratógenos como o álcool (Hannigan, O'Leary-Moore e Berman, 2007). Além disso, tanto em primatas quanto em seres humanos, bebês que experimentam privação sensorial significativa – por serem cegos de um olho, por exemplo – desenvolvem (ou retêm) redes sinápticas menos densas na parte do cérebro ligada àquela função em particular (Gordon, 1995). Portanto, os primeiros meses parecem ser um período sensível para a retenção de sinapses; a complexidade neural que não é retida nesses primeiros anos não se desenvolve novamente mais tarde. Amor e afeição, embora críticos para um bebê por outras razões, não são suficientes para otimizar a organização do cérebro; o bebê necessita de estimulação visual e auditiva padronizada, particularmente linguagem.

Um segundo ponto básico é que a **plasticidade** do cérebro – sua capacidade de responder à experiência – está no auge nos primeiros anos de vida (Nelson, de Haan e Thomas, 2006). Entretanto, é importante notar que o cérebro possui algum grau de plasticidade durante todo o período de vida. Igualmente importante é a questão de que as implicações da associação entre plasticidade e idade são complexas. Em primeiro lugar, precisamente porque o cérebro é tão plástico nos primeiros anos, ele também é mais vulnerável à privação nesse período do que mais tarde na vida. O cérebro de um adolescente que tem uma história de nutrição adequada é muito mais capaz de suportar o estresse de um período temporário de subnutrição do que o cérebro de um bebê. Ao mesmo tempo, contudo, se um adolescente estiver tão gravemente subnutrido a ponto de seu cérebro ser danificado, ele provavelmente será capaz de superar o dano uma vez que a nutrição adequada seja restaurada, mas ele o fará em um ritmo mais lento do que teria sob as mesmas condições mais cedo na vida.

Por fim, devemos levantar outra questão sobre plasticidade. Quase tudo o que os cientistas sabem sobre o papel da experiência no desenvolvimento do cérebro é derivado de estudos com crianças cujos ambientes são caracterizados por deficiências (Nelson, de Haan e Thomas, 2006). Por exemplo, sabemos que nutrição inadequada pode retardar o desenvolvimento cerebral e, consequentemente, interferir no desenvolvimento cognitivo e social (Liu, Raine, Venables e Mednick, 2004). Entretanto, esses achados não significam que *supernutrição* ou uma dieta que fornece nutrição além do requerido para o crescimento normal acelerem o crescimento cerebral e o desen-

---

sinaptogênese O processo de formação de sinapse.

neurotransmissores Substâncias químicas que realizam a transmissão de sinais de um neurônio para outro nas sinapses.

poda O processo de eliminar sinapses não utilizadas.

plasticidade A capacidade do cérebro de mudar em resposta à experiência.

volvimento cognitivo. Na verdade, esse tipo de conclusão enganadora, frequentemente deduzida de estudos enfatizando a importância da experiência para o desenvolvimento do cérebro, leva a crenças inadequadas.

Similarmente, nos últimos anos, muitos educadores sugeriram que os professores devem empregar estratégias de ensino voltadas para os processos de desenvolvimento que estão acontecendo no cérebro de seus alunos (Berninger e Richards, 2002). Provavelmente seria benéfico que os professores entendessem o desenvolvimento do cérebro. Entretanto, a pesquisa visando o estabelecimento de marcos para desenvolvimento cerebral normal, tais como aqueles que são há muito conhecidos para habilidades motoras (engatinhar precede ficar de pé, ficar de pé precede o caminhar, e assim por diante), apenas começou (Biedd et al., 1999). Portanto, a maioria dos neurocientistas concorda que ainda é muito cedo para formar conclusões sobre como o conhecimento do desenvolvimento cerebral poderia inspirar estratégias de ensino "baseadas no cérebro" para estudantes de diferentes idades.

> **Objetivo da aprendizagem 4.3**
> Como o processo de mielinização influencia a função cerebral?

Mielinização

Um segundo processo crucial no desenvolvimento neuronal é a criação de bainhas, ou coberturas, em torno de axônios individuais, que os isolam uns dos outros eletricamente e melhoram a condutividade dos nervos. Essas bainhas são compostas de uma substância chamada *mielina* (ver Figura 4.2); o processo de desenvolvimento das bainhas é denominado **mielinização.**

A sequência de mielinização segue padrões tanto céfalo-caudais quanto próximo-distais. Portanto, os nervos que servem às células musculares nas mãos são mielinizados mais cedo do que aqueles que servem aos pés. A mielinização é mais rápida durante os primeiros dois anos após o nascimento e continua em um ritmo mais lento durante toda a infância e a adolescência. Por exemplo, as partes do cérebro que estão envolvidas na visão alcançam a maturidade em torno do segundo aniversário (Lippé, Perchet e Lassonde, 2007). Em contraste, as partes do cérebro que governam os movimentos motores não estão totalmente mielinizadas até aproximadamente a idade de 6 anos (Todd, Swarzenski, Rossi e Visconti, 1995).

A mielinização leva à melhora nas funções cerebrais. Por exemplo, a **formação reticular** (ver Figura 4.1) é a parte do cérebro responsável por manter sua atenção naquilo que você está fazendo e por ajudá-lo a separar a informação importante da insignificante. A mielinização da formação reticular começa no bebê, mas continua em surtos durante toda a infância e a adolescência. De fato, o processo não está completo até meados da segunda década (Spreen et al., 1995). Portanto, os adolescentes têm períodos de atenção mais longos do que as crianças, que, por sua vez, têm períodos de atenção mais longos do que os bebês.

Também importante é a mielinização dos neurônios que ligam a formação reticular aos lobos frontais. Está bem documentado que a **atenção seletiva**, a capacidade de focalizar a atividade cognitiva nos elementos importantes de um problema ou uma situação, aumenta significativamente durante a meninice (Wetzel, Widmann, Berti e Schröger, 2006). Parece provável que a mielinização de ligações entre os lobos frontais e a formação reticular age para permitir que crianças em idade escolar desenvolvam esse importante tipo de concentração (Sowell et al., 2003).

Para entender a importância da atenção seletiva, imagine que seu professor de psicologia, que geralmente distribui provas impressas em papel branco, lhe dá uma prova impressa em papel azul. Você não vai passar muito tempo pensando por que a prova é azul em vez de branca; isso é um detalhe irrelevante. Em vez disso, sua capacidade de atenção seletiva o levará a ignorar a cor do papel e a se concentrar nas questões da prova. Em contraste, algumas crianças menores do ensino fundamental poderiam ser tão distraídas pela cor incomum do papel que seu desempenho na prova seria afetado. À medida que os nervos ligando a formação reticular e os lobos frontais se tornam mais totalmente mielinizados durante os anos escolares, as crianças começam a funcionar mais como adultos na presença dessas distrações.

Os neurônios das **áreas de associação** – partes do cérebro responsáveis pela funções sensorial, motora e intelectual – estão mielinizados em algum grau na época em que as crianças entram na escola. Entretanto, dos 6 aos 12 anos, as células nervosas nessas áreas tornam-se quase completamente mielinizadas. Os neurocientistas acreditam que essa progressão do processo de mie-

---

mielinização O processo pelo qual uma camada isolante de uma substância chamada mielina é adicionada aos neurônios.

formação reticular A parte do cérebro que regula a atenção.

atenção seletiva A capacidade de focalizar a atividade cognitiva nos elementos importantes de um problema ou uma situação.

áreas de associação Partes do cérebro responsáveis pelas funções sensorial, motora e intelectual.

linização contribui para aumentos na velocidade de processamento de informação. Por exemplo, suponha que você pedisse que uma criança de 6 anos e uma criança de 12 anos identificassem figuras de itens comuns – uma bicicleta, uma maçã, uma mesa, um cão – o mais rapidamente possível. Ambas teriam igual conhecimento dos nomes dos itens, mas a criança de 12 anos seria capaz de produzir os nomes dos itens muito mais rapidamente do que a de 6 anos. Esses aumentos na velocidade de processamento provavelmente contribuem para melhoras na função da memória sobre as quais você lerá posteriormente, no Capítulo 6 (Johnson, 2005; Kail 1991).

Os neurônios em outras partes do cérebro, como o **hipocampo** (ver Figura 4.1), também são mielinizados na infância (Tanner, 1990). O hipocampo está envolvido na transferência de informação para a memória de longo prazo. O amadurecimento dessa estrutura cerebral provavelmente responde pelas melhoras na função da memória, na cognição espacial e na capacidade de se movimentar (Nelson, de Haan e Thomas, 2006). Além disso, o amadurecimento das conexões entre o hipocampo e o córtex cerebral é provavelmente responsável pelo achado comum de que as memórias mais primitivas das pessoas envolvem eventos que aconteceram quando elas tinham em torno de 3 anos (Zola e Squire, 2003).

> **hipocampo** Uma estrutura cerebral que está envolvida na transferência de informação para a memória de longo prazo.
>
> **corpo caloso** A estrutura que liga os hemisférios direito e esquerdo do córtex cerebral.
>
> **lateralização** O processo pelo qual as funções cerebrais são divididas entre os dois hemisférios do córtex cerebral.

Lateralização

> **Objetivo da aprendizagem 4.4**
> Quais são os marcos do processo de lateralização?

Tão importante quanto a formação de sinapses e a mielinização é a especialização funcional que ocorre nos dois hemisférios do cérebro. O **corpo caloso** (ver Figura 4.1), a estrutura através da qual os lados esquerdo e direito do córtex cerebral se comunicam, cresce e amadurece mais durante os primeiros anos da infância do que em qualquer outro período da vida. O crescimento dessa estrutura acompanha a especialização funcional dos hemisférios esquerdo e direito do córtex cerebral. Esse processo é denominado **lateralização**.

Dominância cerebral esquerda e direita A Figura 4.3 ilustra como as funções cerebrais são lateralizadas em 95% dos seres humanos, um padrão conhecido como *dominância cerebral esquerda*. Em uma pequena proporção dos 5% restantes, as funções são invertidas, um padrão denominado *dominância cerebral direita*. Entretanto, a maioria das pessoas que não são dominantes cerebrais esquerdas tem um padrão de *dominância mista*, com algumas funções seguindo um padrão típico e outras, invertido. (A propósito, os termos *cérebro-esquerdo* e *cérebro-direito* são às vezes usados para descrever personalidade ou estilo de aprendizagem. Esse uso não tem nada a ver com a lateralização física de funções nos dois hemisférios do cérebro.)

Os neurocientistas suspeitam de que nossos genes ditam quais funções serão lateralizadas e quais não serão, porque algum grau de lateralização já está presente no feto humano (Gupta et al., 2005). Por exemplo, tanto fetos quanto adultos viram suas cabeças a fim de serem capazes de escutar linguagem com o ouvido direito. Visto que sons que entram no ouvido direito são enviados para o lado esquerdo do cérebro para serem interpretados, esses achados sugerem que a linguagem começa a ser lateralizada na maioria dos fetos. A lateralização total da função de linguagem, contudo, não acontece até o período próximo ao final da primeira metade da infância (Spreen et al., 1995).

Parece que a experiência de aprendizagem e uso da linguagem, e não simplesmente o amadurecimento geneticamente programado do cérebro, é o impulso por trás da especialização hemisférica. Crianças pequenas cujas habilidades de linguagem são as mais avançadas também apresentam o grau mais forte de lateralização (Mills, Coffey-Corina e Neville, 1994). Os neurocientistas não determinaram se algumas crianças avançam rapidamente na aquisição de linguagem por seus cérebros se lateralizarem a um ritmo mais rápido. Poderia ocorrer também que os cérebros de algumas crianças lateralizem a função de linguagem mais rapidamente por estarem aprendendo mais rápido.

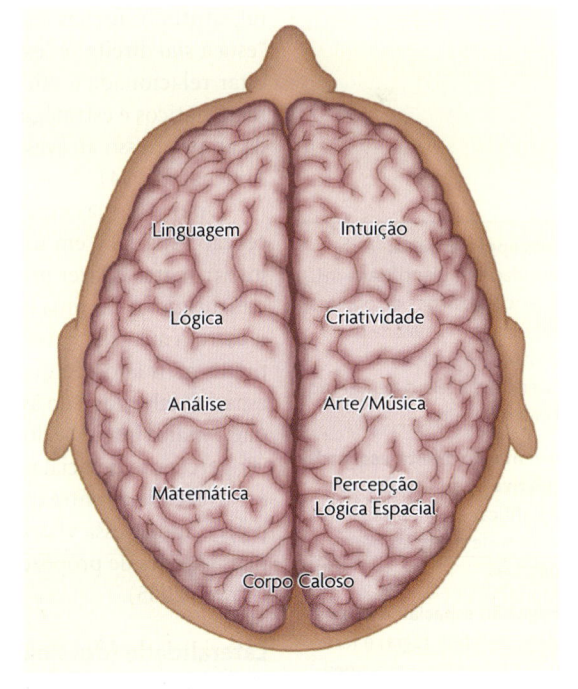

Figura 4.3 Lateralização das funções cerebrais

As funções cerebrais são lateralizadas, conforme mostrado na figura. Os neurologistas pensam que o esboço básico de lateralização é geneticamente determinado, enquanto o momento específico da lateralização de cada função é determinado por uma interação de genes e experiências.

Estudos com crianças surdas e que estão aprendendo a linguagem de sinais também sugerem que a experiência contribui para o desenvolvimento do cérebro (Johnson, 2005; Mills et al., 1994). Para processar significados do sinal, essas crianças usam a mesma área do cérebro que as crianças que podem ouvir usam para significados da palavra falada. Do mesmo modo, os vocabulários de sinais de crianças surdas crescem aproximadamente na mesma taxa que os vocabulários de crianças que estão aprendendo a linguagem falada. Entretanto, o processamento da gramática da linguagem de sinais por crianças surdas acontece em uma área inteiramente diferente daquela usada por crianças que podem ouvir para entender a estrutura da linguagem falada. Além disso, o conhecimento gramatical é adquirido em um ritmo mais lento por crianças que são surdas. Essas observações indicam que alguns aspectos do desenvolvimento cerebral estão ligados mais aos tipos de estímulos linguísticos aos quais o cérebro é exposto – em outras palavras, à experiência – do que a um plano genético rígido.

Percepção espacial A lateralização também está associada ao desenvolvimento da **percepção espacial**, a capacidade de identificar e influenciar relacionamentos de objetos no espaço. Por exemplo, quando você usa um mapa para ir de um lugar para outro, está usando percepção espacial para lê-lo e para relacioná-lo ao mundo real. Durante a primeira infância e a meninice, a percepção espacial é lateralizada para o hemisfério direito do cérebro na maioria das pessoas. A percepção de objetos como rostos lateraliza-se nos anos pré-escolares. Entretanto, a percepção espacial complexa, como a leitura de um mapa, não está fortemente lateralizada antes dos 8 anos (Roberts e Bell, 2000). Ao mesmo tempo, as áreas do corpo caloso que estão envolvidas na comunicação inter-hemisférica – relacionada a tarefas perceptuais espaciais – crescem rapidamente (Thompson et al., 2000). Como resultado tanto da lateralização quanto do crescimento do corpo caloso, crianças com mais de 8 anos exibem habilidades perceptuais espaciais superiores às de crianças menores.

Um teste comportamental de lateralização da percepção espacial utilizado pelos neurocientistas envolve **orientação direita-esquerda relativa**, a capacidade de identificar direita e esquerda a partir de múltiplas perspectivas. Esses testes geralmente mostram que a maioria das crianças com menos de 8 anos sabe a diferença entre sua própria direita e sua esquerda. Em geral, contudo, apenas aquelas com mais de 8 anos entendem a diferença entre afirmações como "está à *sua* direita" e "está à *minha* direita". A lateralização da percepção espacial também pode estar relacionada à eficiência aumentada com que crianças mais velhas aprendem conceitos matemáticos e estratégias de solução de problemas. Além disso, ela está um tanto correlacionada ao progresso através dos estágios de desenvolvimento cognitivo de Piaget (van der Molen e Molenaar, 1994).

Diferenças nas experiências visuais foram postuladas para explicar distinções sexuais na percepção espacial e em uma função relacionada denominada **cognição espacial**, a capacidade de inferir regras e fazer previsões sobre o movimento de objetos no espaço. Por exemplo, quando está dirigindo em uma estrada de duas pistas e faz um julgamento sobre o espaço para ultrapassar o carro à sua frente, você utiliza cognição espacial. Desde muito cedo, os meninos têm escores muito mais altos do que meninas, em média, quando solicitados a realizar tarefas de cognição espacial, talvez devido às preferências de brinquedo (Hyde, 2005). Alguns pesquisadores afirmam que o maior interesse dos meninos em atividades como construir com blocos os ajuda a desenvolver percepção espacial mais aguda. A pesquisa mostrando que a diferença de gênero na cognição espacial é maior entre crianças de famílias de renda média e alta do que de famílias de baixa renda parece apoiar essa visão, provavelmente porque famílias com maiores recursos econômicos são mais capazes de proporcionar aos meninos materiais de jogo que eles requerem especificamente (Bower, 2005).

Lateralidade (dominância manual) **Lateralidade**, a tendência a usar principalmente a mão direita ou a esquerda, é outro aspecto importante da lateralização neurológica (Tanner, 1990). Estudos relacionando lateralização cerebral a lateralidade sugerem que um processo neurológico comum pode estar envolvido em ambas. Aproximadamente 96% dos destros possui o padrão típico de linguagem à esquerda (Pujol, Deus, Losilla e Capdevila, 1999). Entretanto, apenas 75% dos canhotos é de dominantes cerebrais esquerdos. Cerca de 1% dos canhotos tem especialização de linguagem cerebral direita completa; o restante tem um padrão de dominância misto (Pujol et al., 1999).

---

percepção espacial A capacidade de identificar e influenciar relações de objetos no espaço; na maioria das pessoas, essa habilidade é lateralizada para o hemisfério cerebral direito.

orientação direita-esquerda relativa A capacidade de identificar direita e esquerda a partir de múltiplas perspectivas.

cognição espacial A capacidade de inferir regras e fazer previsões sobre o movimento de objetos no espaço.

lateralidade Uma forte preferência por usar principalmente uma mão ou a outra; desenvolve-se entre os 3 e os 5 anos.

Costumava-se pensar que o destrismo aumentava entre seres humanos à medida que as sociedades se tornavam mais instruídas. A ideia era a de que, ao ensinar crianças a escrever, os pais e os professores as encorajavam a usar a mão direita. Dessa forma, o destrismo tornou-se um tipo de costume passado de uma geração para a seguinte através de instrução. Ao examinar esqueletos que antecedem a invenção da escrita, os arqueólogos determinaram que as proporções de destrismo e canhotismo eram aproximadamente as mesmas em populações antigas instruídas comparadas ao seres humanos modernos: 83% destros, 14% canhotos e 3% ambidestros (Steele e Mayes, 1995). Esses achados sugerem que a prevalência de destrismo provavelmente é resultado de herança genética. Além disso, os geneticistas do National Cancer Institute (NCI) identificaram um gene dominante para destrismo que eles acreditam ser tão comum na população humana que a maioria das pessoas recebe uma cópia dele de ambos os pais (Klar, 2003).

Outras evidências para a hipótese genética podem ser encontradas em estudos demonstrando que a lateralidade aparece muito cedo na vida – frequentemente antes do primeiro aniversário – embora não se torne bem-estabelecida até os anos pré-escolares (Stroganova, Posikera, Pushina e Orekhova, 2003). A pesquisa comparando o desempenho de crianças com a mão direta e com a mão esquerda em tarefas manuais, tais como mover pinos de um lugar para outro em um tabuleiro, também apoia a hipótese genética. A maioria desses estudos mostra que crianças mais velhas são melhores em tarefas motoras finas com a mão não dominante do que crianças mais jovens (Dellatolas et al., 2003; Roy, Bryden e Cavill, 2003). Achados de estudos comparando uso da mão não dominante em crianças e adultos seguem o mesmo padrão (Annett, 2003; Cavill e Bryden, 2003). Portanto, a experiência no uso das mãos parece moderar, mais do que fortalecer, a vantagem da mão dominante sobre a mão não dominante.

Naturalmente, o que os desenvolvimentalistas querem saber basicamente é como ser canhoto ou destro afeta o desenvolvimento de uma criança. Em certa época, o canhotismo era considerado um resultado do desenvolvimento altamente indesejável. Isso era devido a superstições sobre associações entre canhotismo e a presença de maus espíritos. Como resultado, pais e professores encorajavam os canhotos a mudar para o destrismo. Hoje, desenvolvimentalistas e pais tendem a acreditar que é melhor permitir que uma criança siga suas tendências naturais com relação à lateralidade.

Entretanto, a pesquisa sugere que o canhotismo está associado a resultados insatisfatórios do desenvolvimento tanto na área cognitiva quanto na área socioemocional (Johnston, Nicholls, Shah e Shields, 2008). Mas essa associação é provavelmente resultado de um fator subjacente que influencia tanto a lateralidade quanto os resultados do desenvolvimento. É importante lembrar, também, que apenas uma pequena proporção de crianças canhotas exibe esses déficits. Consequentemente, os pais devem evitar forçar uma criança canhota a ser destra com a finalidade de prevenir problemas de desenvolvimento. Mesmo se os pais tiverem sucesso em mudar a preferência de mão da criança, caso haja um fator de risco oculto presente, ele ainda estará lá. Portanto, a pesquisa visando encontrar e moderar os efeitos da causa subjacente da correlação entre lateralidade e resultados insatisfatórios do desenvolvimento é necessária, mas não uma campanha para mudar a preferência de mão das crianças.

Tamanho, forma e habilidades

Como vimos, as mudanças no sistema nervoso das crianças têm influências poderosas sobre seu desenvolvimento. Mas mudanças em outros sistemas também são importantes.

Crescimento

Objetivo da aprendizagem 4.5
Que padrões de crescimento são evidentes na infância e na adolescência?

Aos 2 anos, uma criança tem aproximadamente metade da altura que terá quando adulta (difícil de acreditar, não?). Você pode achar surpreendente que o crescimento do nascimento à maturidade não seja contínuo nem regular.

Durante a primeira fase, que cobre aproximadamente os primeiros dois anos, o bebê ganha altura muito rapidamente, acrescentando de 25 a 30 centímetros no primeiro ano e triplicando seu peso corporal no mesmo período. Em torno dos 2 anos, a criança se fixa em um acréscimo mais lento, porém constante, de 5 a 7 centímetros e de aproximadamente 2,72kg por ano até a adolescência.

Durante a segunda fase, o crescimento torna-se mais previsível de um ponto de medição para o seguinte. Quando profissionais da saúde medem a altura e peso das crianças, eles usam uma estatística chamada *correlação de percentil* para descrever como a criança se compara a outras da mesma idade. Uma correlação de percentil é a porcentagem de indivíduos cujas medidas são iguais ou menores que aquelas da criança que está sendo descrita. Por exemplo, se o peso de uma criança está no 25º percentil, 25% das crianças dessa idade pesa menos que ela e 75% pesa mais. Em outras palavras, uma criança que está no 25º percentil está aproximadamente na média; outra que está no 75º percentil é maior que a maioria das crianças da sua idade.

As correlações de percentis de altura e peso de crianças podem variar muito nos primeiros 2 anos de vida. Portanto, uma criança poderia ser descrita corretamente como "pequena para a idade" em uma avaliação e "grande para a idade" em outra. Mas a partir da idade de 2 anos, as correlações de percentil para altura e peso começam a se estabilizar. Quando as correlações de percentil para altura e peso de uma criança tornam-se estáveis, diz-se que ela estabeleceu sua curva ou taxa de crescimento individual. A Figura 4.4, que é baseada em dados longitudinais derivados de várias centenas de crianças (Mei, Grummer-Strawn, Thompson e Dietz, 2004), ilustra esse padrão. Como se pode ver, poucas crianças mudam as correlações após os 30 a 36 meses. Portanto, se a **curva de crescimento** de uma criança de 3 anos está no 25º percentil, sua altura adulta também será muito próxima do mesmo percentil.

A terceira fase é o dramático "estirão de crescimento" do adolescente, quando a criança pode acrescentar de 7 a 15 centímetros ao ano por vários anos, após o qual a taxa de crescimento novamente se lentifica até o tamanho adulto final ser alcançado. Esse estirão de crescimento é, em média, maior para meninos do que para meninas, mas virtualmente todas as crianças apresentam um período de crescimento mais rápido em algum momento entre as idades de 9 e 15 anos.

A forma e as proporções do corpo da criança também mudam. Em um adulto, a cabeça é em torno de um oitavo a um décimo da altura total. Em uma criança pequena, a cabeça é proporcionalmente muito maior a fim de acomodar o cérebro de tamanho quase adulto do bebê. As mãos e os pés de uma criança normalmente alcançam o tamanho adulto total no final do ensino fundamental ou no início da adolescência, tornando sua aparência um pouco desajeitada. Entretanto, os pesquisadores não encontraram nenhum ponto no processo de crescimento do adolescente no qual eles se tornam consistentemente menos coordenados ou menos habilidosos em tarefas físicas (Butterfield, Lehnhard, Lee e Coladaci, 2004).

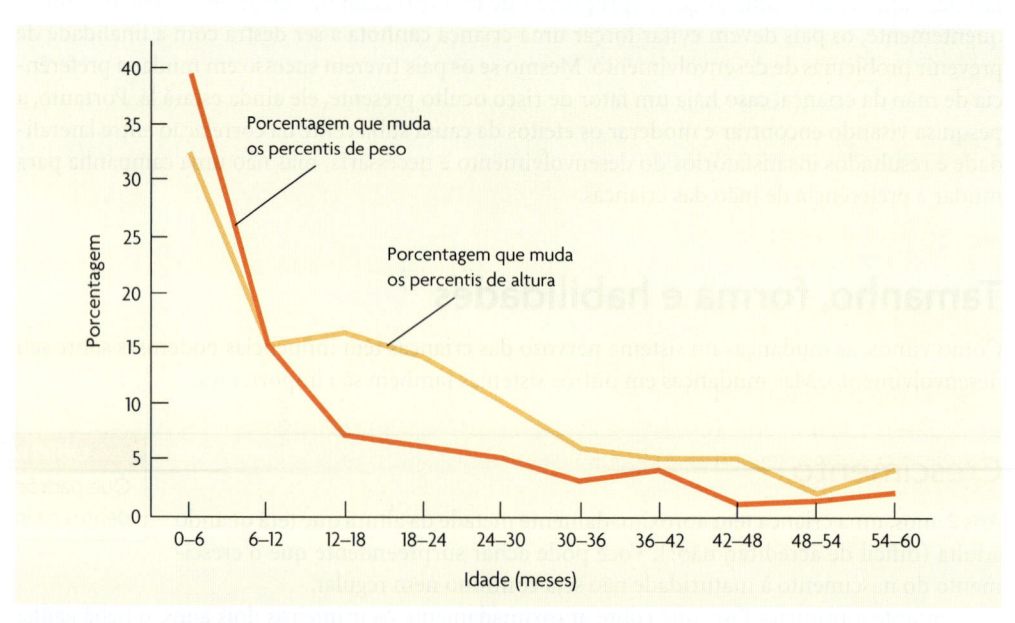

Figura 4.4 Mudanças na curva de crescimento do nascimento aos 5 anos

A figura mostra a porcentagem de crianças em cada grupo etário que apresentam mudanças nas correlações de percentil para sua altura e seu peso de uma avaliação para a seguinte.

(*Fonte*: Mei, Grummer-Strawn, Thompson e Dietz, 2004.)

curva de crescimento O padrão e a taxa de crescimento exibidos por uma criança com o passar do tempo.

Ossos, músculos e gordura

Objetivo da aprendizagem 4.6
De que maneiras ossos, músculos e gordura mudam?

A mão, o pulso, os tornozelos e o pé têm todos menos ossos no nascimento do que terão na maturidade completa. Um adulto tem nove ossos separados em seu pulso, enquanto uma criança de 1 ano tem apenas três; os seis ossos restantes se desenvolvem durante o período da infância. Como muitos aspectos do desenvolvimento físico, esse processo ocorre mais cedo em meninas do que em meninos. Por exemplo, os nove ossos do pulso adulto são normalmente visíveis ao raio-x – embora ainda não totalmente enrijecidos ou completamente "articulados" (significando que eles ainda não funcionam tão bem juntos quanto funcionarão na idade adulta) – aos 51 meses em meninas, mas não até os 66 meses em meninos (Needlman, 1996). Consequentemente, nos primeiros anos de escola, as meninas exibem coordenação mais avançada em habilidades como caligrafia.

Em outra parte do corpo, entretanto, os ossos se fundem em vez de se diferenciar. O crânio de um recém-nascido é composto de diversos ossos separados por espaços denominados **fontanelas**. As fontanelas permitem que a cabeça seja comprimida sem ferimento durante o processo de nascimento, e dão ao cérebro espaço para crescer. Na maioria das crianças, as fontanelas são preenchidas por ossos entre os 12 e os 18 meses, criando um único osso do crânio.

Os ossos também mudam em qualidade, bem como em número, no decorrer do desenvolvimento. Os ossos de um bebê são mais macios, com um conteúdo maior de água, do que os ossos de um adulto. O processo de endurecimento ósseo, denominado **ossificação**, ocorre regularmente do nascimento até a puberdade, seguindo um padrão tão regular e previsível que os médicos usam a **idade óssea** como a melhor medida isolada do amadurecimento físico de uma criança; raios-x das mãos e do pulso mostram o estágio de desenvolvimento dos ossos do pulso e dos dedos. Na fase de bebê e na primeira infância, a sequência de desenvolvimento geralmente segue os padrões céfalo-caudal e próximo-distal. Por exemplo, os ossos da mão e do pulso endurecem antes dos ossos dos tornozelos e dos pés.

Os músculos – como os ossos – mudam em qualidade da infância até a adolescência, tornando-se mais longos e mais compactos, desenvolvendo uma proporção maior de músculo para água a uma taxa razoavelmente constante durante toda a infância. Na adolescência, os músculos sofrem um estirão de crescimento, assim como ocorre com a altura, de modo que os adolescentes tornam-se muito mais fortes em apenas poucos anos. Tanto meninos quanto meninas apresentam esse aumento na forma, mas o aumento é muito maior em meninos (Malina, 2007). Por exemplo, em um estudo transversal clássico feito no Canadá, envolvendo 2.673 crianças e adolescentes, Smoll e Schutz (1990) mediram a força fazendo cada criança pendurar-se em uma barra tanto tempo quanto possível, mantendo os olhos nivelados com a barra. Conforme podemos observar na Figura 4.5, meninos de 9 anos puderam manter-se pendurados com os braços flexionados por aproximadamente 40% mais tempo do que as meninas da mesma idade; aos 17 anos, os meninos podiam manter a posição por quase três vezes mais tempo do que as meninas. Resultados semelhantes foram encontrados para outras medidas de força (Butterfield et al., 2004). Essa diferença substancial é um reflexo da diferença de sexo na massa muscular. Em homens adultos, em torno de 38% da massa corporal total é músculo, comparado com apenas cerca de 31% em mulheres adultas (Janssen, Heumsfield, Wang e Ross, 2000). Tal diferença de sexo na massa muscular (e de força) parece ser largamente um resultado de diferenças hormonais, embora diferenças de sexo nos padrões de exercício ou aptidão física também possam desempenhar algum papel (Gabbard, 2008).

Outro componente importante do corpo é a gordura, a maior parte da qual é armazenada imediatamente sob a pele. Essa gordura subcutânea desenvolve-se a partir das 34 semanas de vida pré-natal e tem um primeiro pico em torno dos 9 meses após o nascimento (a chamada gordura de bebê); a espessura dessa camada de gordura diminui até aproximadamente os 6 ou

fontanela Um de diversos "pontos moles" no crânio que estão presentes no nascimento, mas que desaparecem quando os ossos do crânio se fundem.

ossificação O processo de endurecimento pelo qual o tecido mole torna-se osso.

idade óssea Uma medida de amadurecimento físico baseada em exame de raio-x dos ossos, tipicamente os ossos do pulso e da mão. Duas crianças da mesma idade cronológica podem ter idade óssea diferente porque suas taxas de amadurecimento físico diferem.

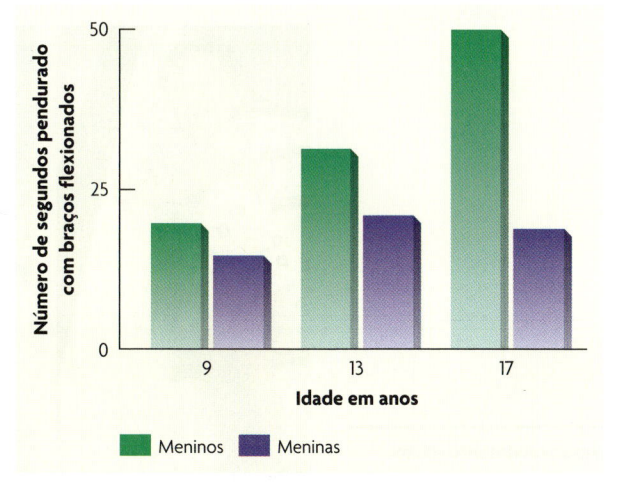

Figura 4.5 Diferenças de sexo na força

Tanto meninos quanto meninas ficam mais fortes entre a infância e a adolescência, mas os meninos ganham muito mais força.

(*Fonte*: Smoll e Schutz, 1990, da Tabela 1, p. 363.)

7 anos; após esse período ela aumenta até a adolescência. Mais uma vez, há uma diferença de sexo nesses padrões. A partir do nascimento, as meninas têm ligeiramente mais tecido adiposo do que os meninos, e essa diferença torna-se gradualmente mais marcada durante a infância. Na adolescência, a diferença aumenta ainda mais. O tamanho da mudança é ilustrado em resultados do estudo canadense citado anteriormente (Smoll e Schutz, 1990). Entre as idades de 13 e 17 anos, a porcentagem do peso corporal constituído de gordura subiu de 21,8 para 24% entre as meninas nesse estudo, mas caiu de 16,1 para 14% entre os meninos. Portanto, durante e após a puberdade, as proporções de gordura aumentam entre meninas e diminuem entre meninos, enquanto a proporção de peso muscular aumenta em meninos e diminui em meninas.

> **Objetivo da aprendizagem 4.7**
> Como muda a capacidade das crianças de usar o corpo?

Usando o corpo

A capacidade de usar o corpo para realizar atividades físicas envolve interações de diversos sistemas separados.

Energia   *Energia* é a capacidade de manter atividade motora. Por exemplo, se você observar as crianças nos parquinhos, perceberá que os pré-escolares exibem explosões curtas de atividade física seguidas por períodos de repouso. Crianças em idade escolar apresentam um padrão semelhante, mas seus períodos de atividade são mais longos e seus períodos de repouso são mais curtos do que aqueles de crianças mais jovens porque elas possuem mais energia (Gabbard, 2008).

As mudanças na energia estão ligadas ao crescimento do coração e dos pulmões, que é especialmente evidente durante a puberdade. À medida que o coração e os pulmões aumentam de tamanho, a frequência cardíaca cai. Essas mudanças são mais marcadas para meninos do que para meninas – outro dos fatores que aumenta a capacidade dos meninos de esforço contínuo. Antes da puberdade, meninos e meninas são razoavelmente semelhantes em força física, velocidade e energia, ainda que, mesmo nessas idades mais precoces, quando existe uma diferença, ela favorece os meninos. Após a puberdade, os meninos têm uma clara vantagem em todas as três áreas (Smoll e Schutz, 1990).

Desenvolvimento motor   O **desenvolvimento motor** inclui tanto habilidades de movimento – frequentemente denominadas *habilidades motoras grosseiras*, tais como engatinhar, caminhar, correr e andar de bicicleta – quanto habilidades manipulativas, frequentemente denominadas *habilidades motoras finas*, tais como agarrar ou pegar objetos, segurar um lápis ou enfiar linha em uma agulha. As habilidades motoras grosseiras, bem como as motoras finas, estão presentes de alguma forma em todas as idades, conforme mostra a Tabela 4.1. Via de regra, entretanto, as

desenvolvimento motor
Crescimento e mudança na capacidade de dominar habilidades motoras grosseiras (como caminhar ou correr) e habilidades motoras finas (como desenhar ou escrever).

Com 1 ano, Nellie (esquerda) não apenas pode caminhar; ela pode se movimentar em escadas. Aos 5 ou 6 anos, a maioria das crianças desenvolveu habilidades motoras grosseiras muito boas, necessárias para correr e chutar (meio). Contudo, uma criança de 5 ou 6 anos abordará uma tarefa exigindo habilidades motoras finas, tal como usar tesouras, com concentração tensa e movimentos corporais lentos, ainda imprecisos (direita).

Tabela 4.1 Sequências do desenvolvimento de várias habilidades motoras

Idade	Habilidades locomotoras (motoras grosseiras)	Habilidades manipulativas (motoras finas)
1-3 meses	Reflexo de passo; levanta a cabeça; senta com apoio.	Segura objetos se colocados na mão; começa a golpear objetos.
4-6 meses	Rola sobre o corpo; senta com autoapoio aos 6 meses; rasteja.	Estende a mão e segura objetos, usando uma mão.
7-9 meses	Senta-se sem apoio.	Transfere objetos de uma mão para a outra; pode segurar com polegar e indicador ("agarrar de pinça") aos 9 meses.
10-12 meses	Dá impulso para levantar; caminha agarrando a mobília, então caminha sem ajuda; agacha-se e inclina-se.	Segura uma colher atravessada na palma da mão, mas tem pouca pontaria para colocar a comida na boca.
13-18 meses	Caminha para frente e para trás; corre (14-20 meses).	Empilha dois blocos; coloca objetos em pequenos recipientes e os despeja fora.
2-4 anos	Corre facilmente; sobe escadas usando um pé por degrau; salta com os dois pés; pedala e dirige um triciclo.	Pega objetos pequenos (por exemplo, sucrilhos); segura o lápis com os dedos (2-3 anos), então entre o polegar e os dois primeiros dedos (3-4 anos); corta papel com tesoura.
4-6 anos	Sobe e desce escadas usando um pé por degrau; caminha na ponta dos pés; caminha sobre uma linha fina; salta, atira e pega razoavelmente bem.	Enfia linha em contas, mas não em agulhas (4-5 anos); enfia linha na agulha (5-6 anos); segura o lápis naturalmente, mas escreve ou desenha com rigidez e concentração.
6-9 anos	Chuta e bate em objetos parados (por exemplo, bola) com força; intercepta objetos em movimento correndo, mas precisa parar para bater, chutar ou pegar; velocidade de corrida de 3 a 4m por segundo.	Usa preensão madura ao escrever ou desenhar; usa movimento descendente para bater em objetos com instrumento (por exemplo, martelo); rebate objeto com uma mão com controle limitado.
9-12 anos	Chuta, bate e pega objetos em movimento correndo; aumento significativo no pulo vertical; velocidade de corrida de 4 a 5m por segundo.	Usa movimento descendente ou horizontal para bater em objetos com instrumento quando apropriado (por exemplo, martelo *versus* bastão de beisebol); rebate objeto com uma mão com bom controle.

Fonte: Capute et al., 1984; Connolly e Dalgleish, 1989; Den Ouden, Rijken, Brand, Verloove-Vanhorick e Ruys, 1991; Fagard e Jacquet, 1989; Gabbard, 2008; Gallahue e Ozmun, 1995; Hagerman, 1996; Needlman, 1996; Overby, 2002; Thomas, 1990.

habilidades motoras grosseiras se desenvolvem mais cedo, com as habilidades motoras finas vindo em seguida. Portanto, crianças de 6 anos podem correr, saltar, pular e escalar bem; muitas podem andar de bicicleta. Mas as crianças dessa idade não têm habilidade para usar um lápis ou para cortar precisamente com tesouras (ver Figura 4.6). Quando elas usam esses instrumentos, todo o seu corpo fica envolvido – a língua se move e o braço e as costas estão ligados à escrita ou ao movimento de corte –, um padrão claramente evidente na fotografia da menina recortando. Nos anos do ensino fundamental, as habilidades motoras finas melhoram rapidamente, tornando possível para a maioria das crianças não apenas escrever mais clara e facilmente, como também tocar um instrumento musical, desenhar e desenvolver habilidades esportivas que requerem coordenação motora fina.

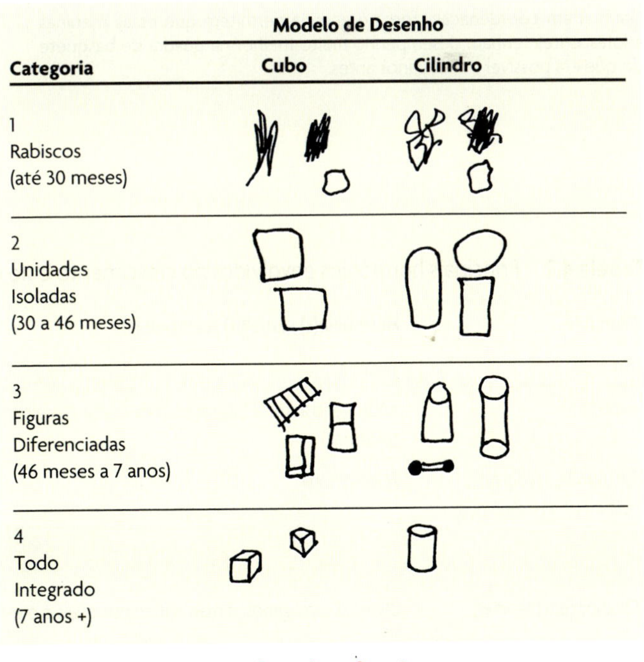

Os sistemas endócrino e reprodutivo

Um dos conjuntos mais óbvios de mudanças físicas envolve o desenvolvimento da maturidade sexual. Todo o processo é controlado por sinais químicos especiais e é um pouco diferente em meninas e meninos.

Figura 4.6 **Estágios nos desenhos de crianças**

Exemplos de desenhos em cada categoria de duas formas de objetos.

(*Fonte*: Toomela, A. (1999). "Drawing Development: Stages in the Representation of a Cube and a Cylinder". *Child Development, 70*, 1141-1150. Reimpressa com permissão da Society for Research in Child Development.)

> **Objetivo da aprendizagem 4.8**
> Quais são as contribuições dos vários hormônios para o desenvolvimento físico?

Hormônios

Os hormônios, que são secreções das várias **glândulas endócrinas** do corpo, governam o crescimento puberal e as alterações físicas de diversas formas, resumidas na Tabela 4.2. A **glândula pituitária** (hipófise) fornece o gatilho para a liberação de hormônios de outras glândulas; portanto, ela é às vezes chamada de *glândula mestre*. Por exemplo, a glândula tireoide secreta tiroxina apenas quando recebe um sinal da pituitária na forma de secreção de um hormônio específico estimulador da tireoide.

A taxa de crescimento das crianças é governada em grande parte pelo hormônio tireoideano e pelo hormônio de crescimento da pituitária. O hormônio tireoideano, secretado em maiores quantidades nos primeiros dois anos, cai para um nível mais baixo e permanece estável até a adolescência (Tanner, 1990). Secreções dos testículos e dos ovários, bem como do andrógeno adrenal, também estão em níveis muito baixos nos primeiros anos da infância. Como mostra a Figura 4.7, isso muda aos 7 ou 8 anos, quando o andrógeno adrenal começa a ser secretado em grandes quantidades – o primeiro sinal das mudanças da puberdade (Rosenthal e Gitelman, 2002).

Embora a **puberdade** seja frequentemente considerada um evento isolado, na verdade ela é uma série de marcos que culminam na capacidade de produzir. Após as alterações hormonais iniciais, que acontecem em torno dos 7 ou 8 anos, há uma sequência complexa de outras alterações hormonais. A glândula pituitária começa a secretar níveis aumentados de **hormônios gonadotróficos.** Estes, por sua vez, estimulam o desenvolvimento de glândulas nos testículos e ovários, que então secretam mais dos chamados *hormônios sexuais* – testosterona em meninos e uma forma de estrógeno, denominado *estradiol*, em meninas.

Juntamente com os hormônios gonadotróficos, a glândula pituitária secreta três outros hormônios que interagem com os hormônios sexuais e afetam o crescimento: *ACTH*, que sinaliza às glândulas adrenais para que secretem andrógeno adrenal; *hormônio estimulador da tireoide* e *hormônio de*

Ganhos em coordenação, força e energia permitem que essas meninas adolescentes tenham desempenho muito melhor na quadra de basquete do que era possível poucos anos antes.

Tabela 4.2 Principais hormônios envolvidos no crescimento e no desenvolvimento físico

Glândula	Hormônio(s) sexual(is) secretado(s)	Aspectos do crescimento influenciados
Tireoide	Tiroxina	Desenvolvimento cerebral normal e taxa de crescimento global
Adrenal	Andrógeno adrenal (quimicamente muito semelhante à testosterona)	Algumas mudanças puberais, bem como o desenvolvimento de maturidade esquelética e muscular
Células de Leydig nos testículos (em meninos)	Testosterona	Crucial na formação de órgãos genitais masculinos no período pré-natal; ativa a sequência de mudanças de características sexuais primárias e secundárias; estimula a produção aumentada de hormônio de crescimento e afeta ossos e músculos
Ovários (em meninas)	Diversos estrógenos, o mais crítico dos quais é o estradiol	Desenvolvimento do ciclo menstrual, dos seios e dos pelos púbicos
Pituitária (hipófise)	Hormônio de crescimento (GH), hormônio estimulador da tireoide (TSH), ACTH e os hormônios gonadotróficos	Hormônio de crescimento governa a taxa de amadurecimento físico; outros hormônios pituitários sinalizam às respectivas glândulas sexuais para secretarem; hormônios gonadotróficos ajudam a controlar o ciclo menstrual

Fonte: Tanner, 1990.

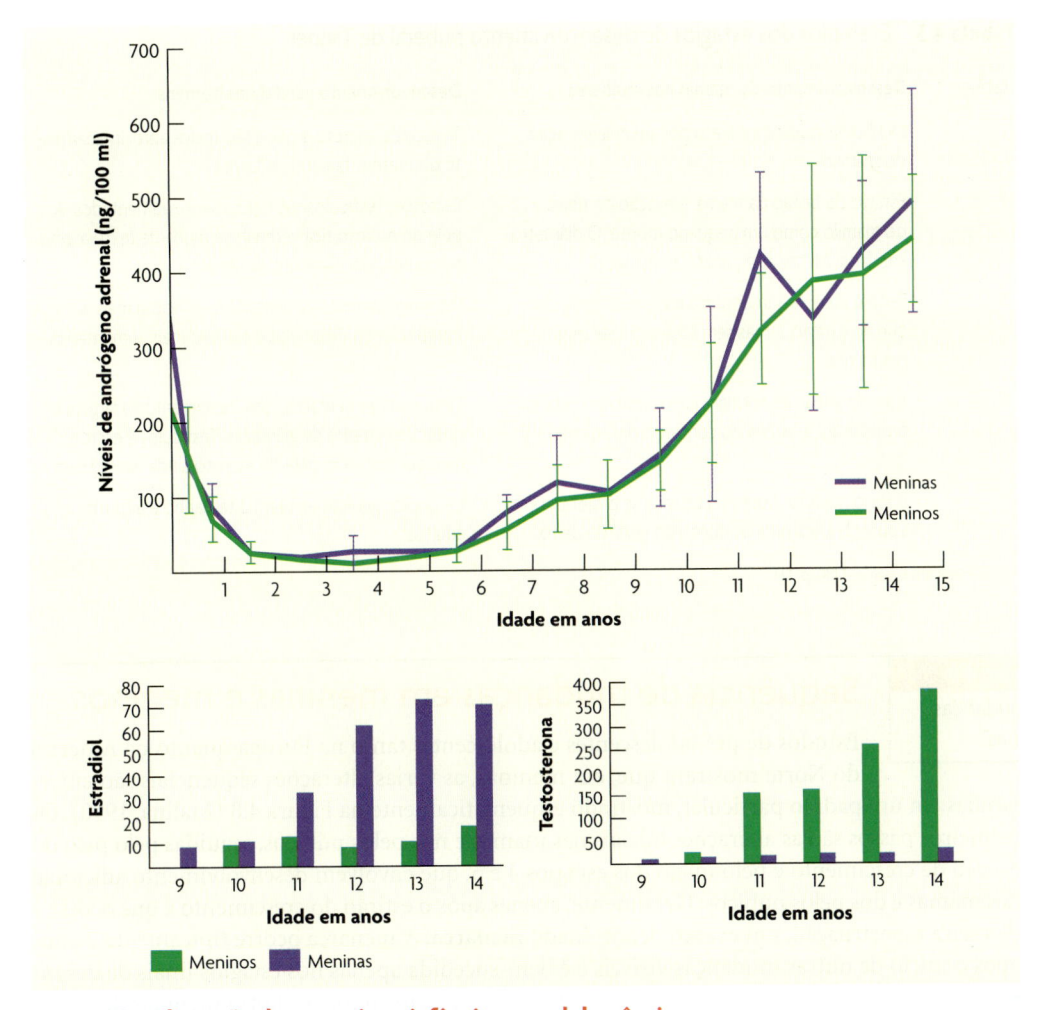

Figura 4.7 Alterações hormonais na infância e na adolescência

Alterações nos hormônios antes e durante adolescência. O gráfico superior mostra alterações no andrógeno adrenal, que são equivalentes em meninos e meninas; os gráficos inferiores mostram aumentos no estradiol para meninas em picogramas por mililitro, e em testosterona para meninos em nanogramas por mililitro.

(*Fonte*: Dados de andrógeno de M.K. McClintock e G. Herdt, de "Rethinking Puberty: The Development of Sexual Attraction." *Current Directions in Psychological Science*. Vol. 5, n. 6 (Dezembro 1996). p. 181, Fig. 2. © 1996 American Psychological Association. Com permissão da Cambridge University Press. Dados de estradiol e testosterona de Elizabeth Susman, Fig. 2, de "Modeling Developmental Complexity in Adolescence: Hormones and Behavior in Context", p. 291. *Journal of Research on Adolescence*, 7, 1997. © 1997 por Lawrence Erlbaum Associates, Inc. Com permissão do editor e do autor.)

glândulas endócrinas Glândulas (incluindo as adrenais, a tireoide, a pituitária, os testículos e os ovários) que secretam hormônios responsáveis por governar o crescimento físico global e a maturidade sexual.

glândula pituitária Glândula que fornece o gatilho para a liberação de hormônios de outras glândulas.

puberdade Série de alterações hormonais e físicas durante a adolescência que levam à maturidade sexual.

hormônios gonadotróficos Hormônios secretados pela glândula pituitária no início da puberdade que estimulam o desenvolvimento de glândulas nos testículos e ovários – responsáveis por secretar testosterona ou estrógeno.

crescimento geral. O andrógeno adrenal, que é quimicamente muito semelhante à testosterona, desempenha um papel particularmente importante para as meninas, desencadeando o estirão de crescimento e afetando o desenvolvimento de pelos púbicos. Para os meninos, o andrógeno adrenal é menos significativo, presumivelmente porque eles já têm hormônio masculino na forma de testosterona em suas correntes sanguíneas. Os níveis aumentados de hormônios sexuais e de crescimento desencadeiam duas séries de mudanças corporais: desenvolvimento dos órgãos sexuais e uma série muito mais ampla de mudanças no cérebro, nos ossos, nos músculos e em outros órgãos corporais.

As mudanças mais óbvias da puberdade são aquelas associadas à maturidade sexual. As mudanças nas *características sexuais primárias* incluem o crescimento dos testículos e do pênis nos homens, e dos ovários, do útero e da vagina nas mulheres. As mudanças nas *características sexuais secundárias* incluem desenvolvimento de seios nas meninas, mudança na tonalidade da voz e crescimento de barba nos meninos, bem como o crescimento de pelos corporais em ambos os sexos. Esses desenvolvimentos físicos ocorrem em uma sequência definida, comumente dividida em cinco estágios seguindo um sistema originalmente sugerido por J.M. Tanner (1990) (ver Tabela 4.3). O estágio 1 descreve a pré-adolescência; o estágio 2, os primeiros sinais de uma mudança puberal; os estágios 3 e 4 descrevem os passos intermediários e o estágio 5, a característica adulta final.

Tabela 4.3 Exemplos dos estágios de desenvolvimento puberal de Tanner

Estágio	Desenvolvimento de mamas nas mulheres	Desenvolvimento genital nos homens
1	Nenhuma mudança exceto por alguma elevação do mamilo.	Testículos, escroto e pênis são todos aproximadamente do mesmo tamanho e forma.
2	Estágio do botão da mama: elevação do peito e do mamilo como um pequeno monte. O diâmetro areolar aumenta comparado ao estágio 1.	Escroto e testículos são ligeiramente aumentados. A pele do escroto fica vermelha e muda de textura; pouco ou nenhum aumento do pênis.
3	Peito e auréola aumentados e elevados mais do que no estágio 2, mas sem separação de seus contornos.	Pênis ligeiramente aumentado, a princípio mais no comprimento. Testículos e escroto mais aumentados.
4	Auréola e mamilo formam um monte secundário projetando-se acima do contorno das mamas.	Pênis mais aumentado, com crescimento na largura e desenvolvimento de glândulas. Testículos e escroto mais aumentados; pele do escroto ainda mais escura.
5	Estágio maduro. Apenas o mamilo se projeta, com a auréola encaixada ao contorno geral do peito.	Os órgãos genitais atingem o tamanho e a forma adultos.

Fonte: Petersen e Taylor, 1980, p. 127.

Objetivo da aprendizagem 4.9
Quais são as sequências de mudanças puberais em meninos e meninas?

Sequência de mudanças em meninas e meninos

Estudos de pré-adolescentes e adolescentes tanto na Europa quanto na América do Norte mostram que, em meninas, as várias alterações sequenciais são entrelaçadas em um padrão particular, mostrado esquematicamente na Figura 4.8 (Malina, 1990). Os primeiros passos são as alterações iniciais nas mamas e nos pelos púbicos, seguidas pelo pico do estirão de crescimento e pelo início dos estágios 4 e 5, que envolvem desenvolvimento adicional das mamas e dos pelos púbicos. Geralmente, apenas após o estirão do crescimento é que ocorre a primeira menstruação, um evento denominado **menarca**. A menarca ocorre tipicamente 2 anos após o início de outras mudanças visíveis e é bem-sucedida apenas nos estágios finais de desenvolvimento de mamas e pelos púbicos. Entre meninas de países industrializados, hoje, a menarca ocorre, em média, entre as idades de 12 ½ e 13 ½; 95% das meninas experimenta esse evento entre as idades de 11 e 15 anos (Adelman e Ellen, 2002).

Curiosamente, o momento da menarca mudou bastante de meados do século XIX para meados do século XX. Em 1840, a idade média da menarca em países industrializados ocidentais era aproximadamente 17 anos; a média caiu constantemente, daquela época até a década de 1950, a uma taxa de aproximadamente 4 meses por década entre populações europeias, um exemplo do que os psicólogos chamam de **tendência secular** (Roche, 1979). A alteração era mais provavelmente causada por mudanças significativas no estilo de vida e na dieta, particularmente aumentos na ingestão de proteína e gordura juntamente com reduções no exercício físico, que resultou em um aumento na proporção de gordura corporal nas mulheres.

A estabilidade da idade média da menarca em cerca de 12,5 anos, durante a última metade do século, apoia a noção de que há um limite genético na variação etária dentro da qual a menarca pode ocorrer (Viner, 2002). Contudo, tendência nos hábitos dietéticos das crianças durante esse mesmo período levaram a algumas mudanças importantes no desenvolvimento do sistema endócrino entre meninas. O consumo aumentado de gorduras levou a proporções mais altas de gordura corporal entre as me-

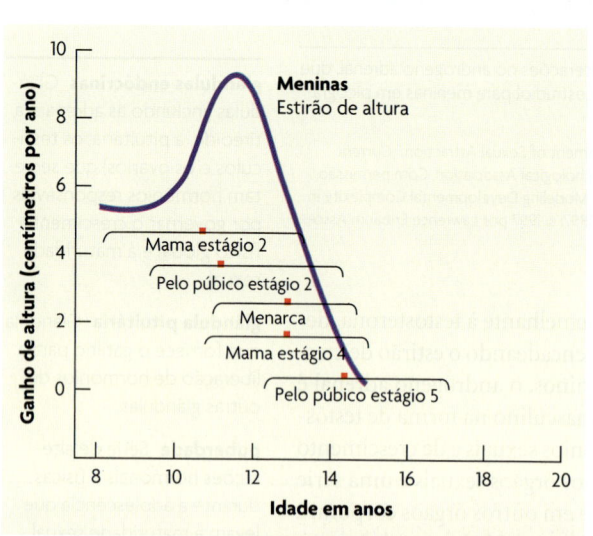

Figura 4.8 Sequência de alterações puberais em meninas
A figura mostra a sequência normal e o momento das alterações puberais para meninas. A caixa vermelha em cada linha preta representa a idade média em que a mudança ocorre; a linha indica a variação de tempos normais. Note a ampla variação de normalidade para todas essas mudanças. Também note como relativamente tarde na sequência o estirão de crescimento e a menarca ocorrem.

(*Fonte*: Malina, 1990; Tanner, 1990.)

ninas de hoje, que, por sua vez, desencadearam alterações hormonais. Embora essas alterações tenham exercido pouco impacto sobre a idade média da menarca, elas levaram a declínios nas idades médias nas quais as meninas apresentam características sexuais secundárias, tais como o aparecimento de botões das mamas e pelos púbicos (Anderson, Dallal e Must, 2003; Wang, 2002). Em média, as meninas de hoje apresentam esses sinais cerca de um a dois anos antes do que suas mães e avós, resultando em um prolongamento do tempo médio entre o aparecimento de características sexuais secundárias e menarca (Parent et al., 2003). Pouco se sabe sobre como essas mudanças hormonais precoces afetam a saúde futura das meninas. Diversos estudos estão em andamento para determinar se meninas acima do peso que exibem desenvolvimento precoce de características sexuais secundárias têm risco aumentado para câncer de mama, obesidade na idade adulta e doença cardíaca (National Cancer Institute, 2006; Pierce e Leon, 2005). Curiosamente, também, os pesquisadores estão investigando por que o sobrepeso atrasa o desenvolvimento puberal em meninos e se esses atrasos afetam sua saúde futura (Wang, 2002).

Por cerca de dois anos após a menarca, a ovulação ocorre em apenas 30% dos ciclos menstruais das meninas (Adelman e Ellen, 2002). Durante os dois anos seguintes, essa porcentagem de ovulação sobe para a taxa adulta de 80%. Tal irregularidade sem dúvida contribui para a suposição difundida (mas falsa) entre meninas no início da adolescência de que elas não podem ficar grávidas por que são muito jovens.

Em meninos, como em meninas, o pico do estirão de crescimento chega razoavelmente tarde na sequência, como se pode ver na Figura 4.9. Esses dados sugerem que, em média, um menino completa os estágios 2 e 3 de desenvolvimento genital e de desenvolvimento de pelos púbicos antes de alcançar seu pico de crescimento. O desenvolvimento de barba e o engrossamento da voz ocorre quase no final da sequência. É difícil determinar precisamente quando nessa sequência o menino começa a produzir esperma viável. Parece que um menino pode alcançar a fertilidade precocemente aos 12 anos ou tardiamente aos 16 e ainda estar dentro da variação normal (Adelman e Ellen, 2002). Sequencialmente, a fertilidade em geral ocorre pouco antes de um menino atingir sua altura adulta total.

Embora a ordem de desenvolvimento puberal pareça ser altamente consistente, há muita variabilidade individual. As Figuras 4.8 e 4.9 retratam o padrão normativo ou médio, mas adolescentes individuais frequentemente se desviam da norma. Por exemplo, uma menina poderia atravessar diversos estágios de desenvolvimento de pelos púbicos antes das primeiras mudanças nas mamas se tornarem evidentes; ou poderia experimentar a menarca muito mais cedo na sequência do que o normal. É importante manter essa variação em mente se você estiver tentando fazer uma previsão sobre um adolescente em particular.

menarca Início da menstruação.

tendência secular Um padrão de alteração em alguma característica através de diversas coortes, tais como mudanças sistemáticas no tempo médio da menarca ou na altura ou peso médio.

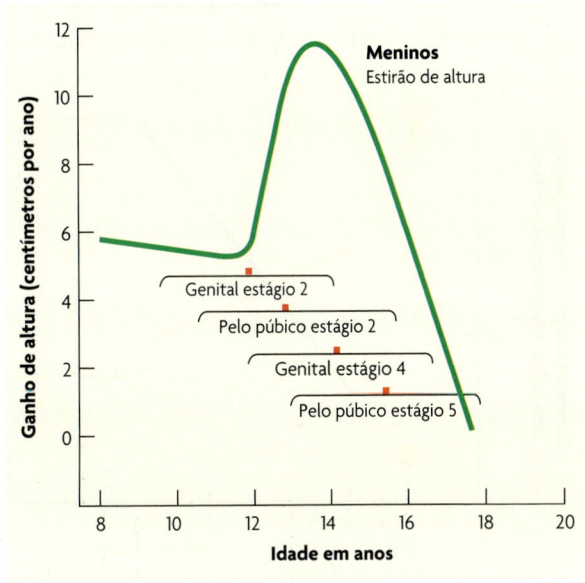

Figura 4.9 Sequência de alterações puberais em meninos

A sequência de alterações puberais começa aproximadamente dois anos mais tarde para meninos do que para meninas; mas, como nas meninas, o estirão de altura ocorre relativamente tarde na sequência.

(*Fonte*: Malina, 1990; Tanner, 1990.)

O momento da puberdade

Em qualquer amostra aleatória de adolescentes entre 12 e 13 anos, você encontrará alguns que já estão no estágio 5 e outros ainda no estágio 1 nos passos de amadurecimento sexual. Na cultura norte-americana, a maioria dos jovens parece compartilhar a expectativa de que as alterações puberais aconteçam em algum momento entre as idades de 12 e 14 anos. Coincidentemente, a maioria das meninas adquire um tipo físico *endomórfico* ou um pouco flácido, culturalmente indesejável, como resultado da puberdade. Portanto, meninas de desenvolvimento precoce devem ter mais problemas de ajustamento do que meninas de desenvolvimento médio ou tardio. Similarmente, a puberdade proporciona à maioria dos meninos um tipo físico *mesomórfico*, ou magro e muscular, culturalmente admirado. Portanto, meninos de

Objetivo da aprendizagem 4.10
Como o momento da puberdade afeta o desenvolvimento dos adolescentes?

desenvolvimento precoce devem exibir melhor ajustamento psicológico e social do que meninos de desenvolvimento médio ou tardio.

A pesquisa nos Estados Unidos indica que meninas com desenvolvimento precoce (que experimentam mudanças corporais antes dos 10 ou 11 anos) apresentam imagens corporais consistentemente mais negativas, tais como pensar em si mesmas como muito gordas (Sweeting e West, 2002). Essas meninas também têm mais probabilidade de se envolverem em apuros na escola e em casa, mais probabilidade de se tornarem sexualmente ativas e mais probabilidade de serem deprimidas do que meninas que têm desenvolvimento médio ou tardio (Kaltiala-Heino, Kosunen e Rimpela, 2003). Entre meninos, tanto puberdade muito precoce quanto puberdade muito tardia estão associadas a depressão (Kaltiala-Heino, Kosunen e Rimpela, 2003). Entretanto, os pesquisadores também verificaram consistentemente que meninos ligeiramente à frente de seus pares no desenvolvimento puberal ocupam com frequência papéis de liderança e são mais bem sucedidos acadêmica e economicamente na idade adulta (Taga, Markey e Friedman, 2006). O uso de substâncias também está associado à puberdade precoce tanto em meninas quanto em meninos, porque, com base em sua aparência, os precoces são frequentemente convidados a se unirem a grupos de adolescentes mais velhos entre os quais o uso de substâncias é uma atividade social importante (Costello, Sung, Worthman e Angold, 2007). Além disso, a paternagem modera os efeitos do momento da puberdade, de modo que meninos e meninas de amadurecimento precoce têm mais probabilidade de se envolverem em atividade sexual e abuso de substâncias se seus pais forem permissivos.

Em quase todos os estudos examinando o momento da puberdade, contudo, precocidade e atraso têm sido definidos em termos das mudanças físicas reais. Os resultados foram um pouco mais claros quando os pesquisadores perguntaram aos adolescentes sobre seus modelos internos de precocidade ou atraso. A ligação entre o modelo interno e o resultado é especialmente salientada em um estudo clássico de bailarinas feito por Jeanne Brooks-Gunn (Brooks-Gunn, 1987; Brooks-Gunn e Warren, 1985). Ela estudou meninas de 14 a 18 anos, algumas das quais eram bailarinas sérias estudando na escola de uma companhia de balé nacional. Um corpo magro, quase pré-púbere é altamente desejável entre essas bailarinas. Brooks-Gunn, portanto, esperava que bailarinas com desenvolvimento puberal muito tardio tivessem na verdade uma melhor imagem de si mesmas do que aquelas que se desenvolveram no tempo médio. E foi exatamente isso que ela descobriu (ver Figura 4.10). Entre as não bailarinas, a menarca no tempo biologicamente médio estava associada a uma melhor imagem corporal do que a menarca tardia, mas exatamente o inverso era verdadeiro para as bailarinas. Portanto, conforme previsto, é a discrepância entre o modelo interno de puberdade de uma menina adolescente e sua realidade experiencial que prediz os efeitos do momento da puberdade. A pesquisa ainda precisa examinar a relação entre modelos internos de puberdade de meninos e suas experiências reais.

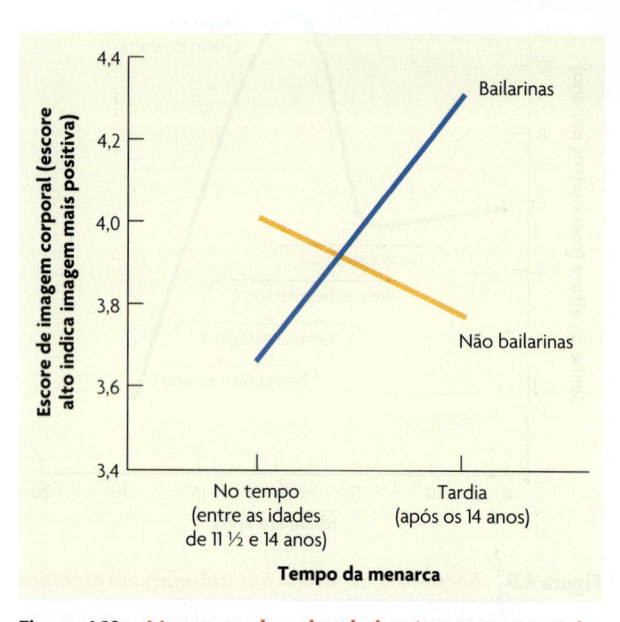

Figura 4.10 Momento da puberdade e imagem corporal

Bailarinas sérias claramente preferem ter uma puberdade muito tardia. Neste estudo, bailarinas cujas menarcas tinham acontecido "na hora" pelos padrões comuns, na verdade, tinham imagens corporais mais insatisfatórias do que aquelas que tinham sido objetivamente muito tardias, enquanto o inverso era verdadeiro para não bailarinas. Portanto, é a percepção do momento e não o momento real que é crítico.

(*Fonte*: Brooks-Gunn e Warren, 1985, da Tabela 1, p. 291.)

Comportamento sexual na adolescência

Nos Estados Unidos, a maioria das pessoas torna-se sexualmente ativa em algum momento antes dos 20 anos, aproximadamente pouco antes de terminar o ensino médio (ver Figura 4.11). Para alguns adolescentes, ser "sexualmente ativo" constitui um único ato de intercurso sexual em algum momento durante os anos do ensino médio. Entretanto, muitos outros têm múltiplos parceiros e frequentemente praticam sexo sem proteção.

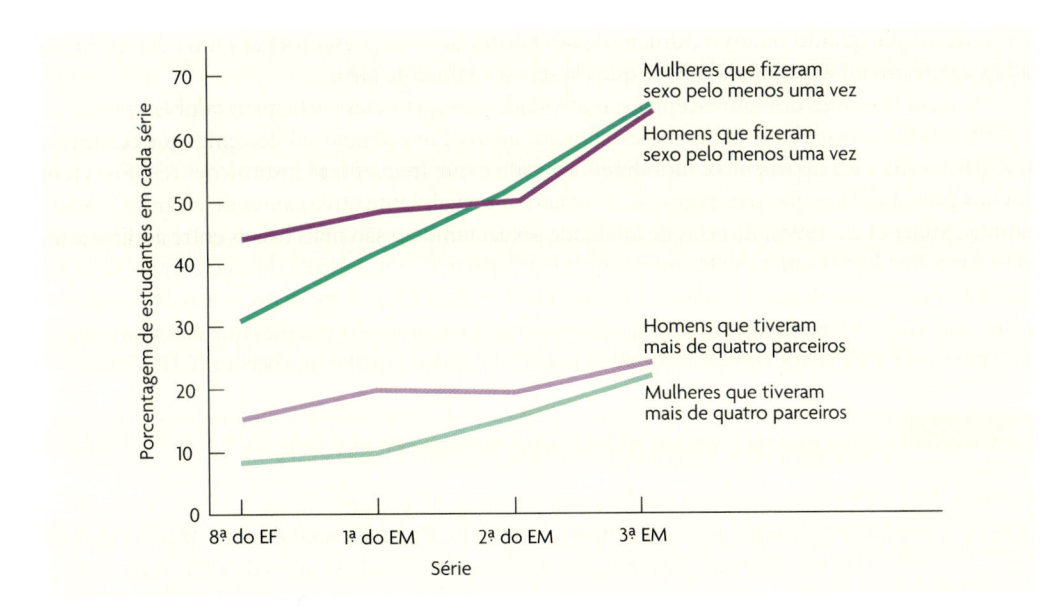

Figura 4.11 **Experiência sexual entre estudantes do ensino médio nos Estados Unidos**

O gráfico ilustra os dados de uma amostra representativa de mais de 15.000 estudantes do ensino médio entrevistados em 2005. Como se pode ver, o número de estudantes que fizeram sexo pelo menos uma vez aumenta substancialmente da 8ª série do ensino fundamental para a 3ª série do ensino médio, e uma porcentagem alarmante de adolescentes tiveram quatro ou mais parceiros ao final dos anos do ensino médio.

(*Fonte*: CDC, 2006f.)

Prevalência e prognosticadores de comportamento sexual

Objetivo da aprendizagem 4.11
Quais são os fatores étnicos, sociais e acadêmicos que predizem comportamento sexual precoce?

A Figura 4.11 mostra achados de um levantamento nacional de larga escala de estudantes do ensino médio nos Estados Unidos (Centers for Disease Control [CDC], 2006f). Como se pode ver pela figura, foi constatado que meninos do ensino médio são sexualmente mais ativos do que meninas. Além disso, a proporção de adolescentes sexualmente experientes aumentava entre as últimas séries. Uma estatística ilustrada pela figura que preocupa particularmente os órgãos de saúde pública é a proporção de adolescentes que tiveram múltiplos parceiros antes de terminar o ensino médio. A pesquisa mostrou que quanto mais parceiros um adolescente (ou um adulto, nesse sentido) tem, mais probabilidade ele tem de contrair uma doença sexualmente transmissível.

A experiência sexual varia entre grupos étnicos (CDC, 2006f). Cerca de 67% dos estudantes afro-americanos do ensino médio relata ter experimentado intercurso sexual ao menos uma vez em suas vidas. As taxas entre estudantes hispano-americanos e brancos são de 51 e 44%, respectivamente. Estudantes afro-americanos têm mais probabilidade do que adolescentes hispano-americanos e brancos de terem seu primeiro encontro sexual antes dos 13 anos (17% *versus* 7 e 4%, respectivamente).

Embora a atividade sexual de meninos esteja um pouco correlacionada com a quantidade de testosterona em seu sangue, os fatores sociais são prognosticadores muito melhores de atividade sexual de adolescentes do que os hormônios (Halpern, Udry, Campbell e Suchindran, 1993; Udry e Campbell, 1994). Aqueles que iniciam atividade sexual cedo costumam viver em bairros pobres, nos quais os jovens não são monitorados de perto por adultos. Eles vêm de famílias pobres ou de famílias nas quais a atividade sexual é tolerada e as regras de namoro são frouxas. Eles têm mais probabilidade de usar álcool. Muitos sofreram abusos e/ou negligência na primeira infância (Herrenkohl, Herrenkohl, Egolf e Russo, 1998).

Entre as meninas, aquelas sexualmente ativas têm mais probabilidade de terem apresentado menarca precoce, de terem baixo interesse na escola, de seu primeiro namoro ter sido em uma idade relativamente precoce e de terem um histórico de abuso sexual (Buzi, Roberts, Ross, Addy e Markham, 2003; Ompad et al., 2006). Em geral, esses mesmos fatores predizem atividade sexual entre brancas, afro-americanas e hispânicas. E

O namoro precoce está associado a atividade sexual precoce.

em cada grupo, quanto maior o número desses fatores de risco presentes para uma determinada adolescente, maior a probabilidade de que ela seja sexualmente ativa.

As crenças morais dos adolescentes e as atividades das quais eles participam também predizem em alguma medida se eles se tornarão sexualmente ativos. Por exemplo, adolescentes que acreditam que o sexo antes do casamento é moralmente errado e que frequentam instituições religiosas têm menos probabilidade que seus pares de se tornarem sexualmente ativos antes de alcançar a idade adulta (Miller et al., 1998). As taxas de atividade sexual também são mais baixas entre adolescentes que estão envolvidos em esportes ou em outras ocupações após a escola do que entre seus pares que não participam dessas atividades (Savage e Holcomb, 1999). Além disso, o uso de álcool está associado a 25-30% de encontros sexuais adolescentes; portanto, adolescentes que não usam álcool têm menos probabilidade de serem sexualmente ativos do que aqueles que bebem (CDC, 2000).

Objetivo da aprendizagem 4.12
Que doenças sexualmente transmissíveis são comuns entre adolescentes sexualmente ativos?

Doenças sexualmente transmissíveis

Previsivelmente, à medida que as taxas de comportamento sexual aumentam entre adolescentes, elevam-se as taxas de **doenças sexualmente transmissíveis (DSTs)**, doenças disseminadas por contato sexual. As taxas de DST tendem a ser mais altas entre indivíduos sexualmente ativos mais jovens do que entre os mais velhos. De fato, mais da metade de todos os novos casos de DST a cada ano nos Estados Unidos ocorre em jovens de 15 a 24 anos. A taxa de uma DST, a *clamídia*, é mais alta entre adolescentes do que em qualquer outro grupo etário. Nos Estados Unidos, cerca de 3% das mulheres de 15 a 19 anos sexualmente ativas têm clamídia (CDC, 2007). Mas as taxas de clamídia empalidecem em comparação àquelas associadas ao *vírus do papiloma humano (HPV)*. Aproximadamente metade as meninas de 15 a 19 anos sexualmente ativas têm testes positivos para HPV (Quick Stats, 2007). Se você ler os verbetes na Tabela 4.4, pode ver facilmente que os efeitos de DSTs podem ser muito graves, especialmente nos casos de infecções "silenciosas", como a clamídia e o HPV, que frequentemente não produzem sintomas até causarem um enorme dano.

doenças sexualmente transmissíveis (DSTs) Categoria de doenças disseminadas por contato sexual, incluindo clamídia, verrugas genitais, sífilis, gonorreia e HIV; também chamadas doenças venéreas.

Muitos adolescentes também são lamentavelmente ignorantes acerca de doenças sexualmente transmissíveis e suas possíveis consequências, embora aproximadamente 90% dos estudantes do ensino médio relate ter ouvido falar sobre doenças sexualmente transmissíveis (DSTs) na escola (CDC, 2000; Rosenthal, Lewis, Succop e Burklow, 1997; Sharma e Sharma, 1997). Mesmo quando têm conhecimento sobre DSTs, muitos adolescentes não possuem a assertividade necessária para resistir à pressão de um parceiro romântico ou para discutir o uso de preservativo.

Recentemente, a Food and Drug Administration aprovou uma vacina que os especialistas acreditam que protegerá as mulheres contra quatro tipos de HPV (CDC, 2006b). A vacina é recomendada para todas as mulheres entre as idades de 9 e 26 anos. Entretanto, ainda não se sabe qual o tempo de duração dos efeitos protetores da vacina. Além disso, os especialistas salientam que há outras formas de HPV contra as quais a vacina não oferece proteção. Por essas razões, os órgãos de saúde pública afirmam que meninas e mulheres que tomam a vacina devem continuar usando preservativos.

Tabela 4.4 Doenças sexualmente transmissíveis comuns

Doença	Sintomas	Tratamento	Consequências de longo prazo
Clamídia	Micção dolorosa; corrimento; desconforto abdominal; um terço não tem sintomas	Antibióticos	Doença inflamatória pélvica; esterilidade
Verrugas genitais (HPV)	Proliferações indolores nos órgãos genitais e/ou no ânus	Remoção das verrugas; sem cura conhecida	Risco aumentado de câncer cervical
Herpes genital	Bolhas dolorosas nos órgãos genitais	Sem cura conhecida; pode ser controlada com vários medicamentos	Risco de transmissão aos parceiros e a bebês durante o parto
Gonorreia	Corrimento; micção dolorosa	Antibióticos	Doença inflamatória pélvica
Sífilis	Feridas na boca e nos órgãos genitais	Antibióticos	Paralisia; dano cerebral; morte
HIV/AIDS	Fadiga; febre; infecções frequentes	Drogas antirretrovirais	Infecções crônicas; morte

Adolescentes do sexo masculino que praticam sexo homossexual têm um risco mais alto de contrair HIV/AIDS do que outros grupos. Entre adolescentes do sexo masculino com testes positivos para HIV, 60% adquiriu o vírus dessa forma (CDC, 2007b). Além disso, cerca de 60% de adolescentes do sexo feminino que têm testes positivos para HIV adquiriu a infecção através de contato sexual com um homem que praticou sexo homossexual em algum momento no passado. Levantamentos mostrando que a doença é virtualmente inexistente entre adolescentes homossexuais do sexo masculino antes dos 15 anos, mas está presente em aproximadamente 10% deles aos 22 anos, motivou os órgãos de saúde pública a aumentar seus esforços para educar os adolescentes sobre HIV/AIDS (Valleroy et al., 2000). Além disso, eles recomendaram exames universais para HIV em adolescentes que praticam sexo homossexual a fim de que coquetéis antirretrovirais possam ser prescritos o mais cedo possível no curso da doença. Programas de educação e avaliação são especialmente importantes entre adolescentes afro-americanos do sexo masculino, que respondem por 69% de todos os novos casos de HIV/AIDS entre jovens de 13 a 19 anos nos Estados Unidos (CDC, 2007b).

Para combater a disseminação de DSTs entre adolescentes, muitos desenvolvimentalistas e defensores da saúde pública dizem que são necessários programas de educação sexual mais efetivos. A maioria sugere que programas incluindo treinamento de habilidades sociais e tomada de decisão, juntamente com informação sobre DSTs e gravidez, têm mais probabilidade de reduzir a prevalência de atividade sexual e de aumentar o número de adolescentes que se protegem contra doenças e gravidez quando praticam sexo do que as abordagens apenas informativas. Entretanto, não surgiu nenhum consenso claro sobre a efetividade das várias abordagens à educação sexual (Hovell et al., 1998). Além disso, os pesquisadores constataram que os estudantes preferem obter de seus pais as informações sobre sexo (Measor, 2004; Somers e Surmann, 2004). As informações fornecidas por colegas e adultos jovens que tiveram experiências pessoais com gravidez não planejada e doenças sexualmente transmissíveis também pode influenciar a tomada de decisão sexual dos adolescentes em um grau maior do que programas educacionais formais (Kidger, 2004).

Gravidez adolescente

> **Objetivo da aprendizagem 4.13**
> Quais são os fatores associados à gravidez na adolescência?

A taxa de gravidez adolescente é mais alta nos Estados Unidos do que em qualquer outro país industrializado ocidental (Ambuel, 1995; Singh e Darroch, 2000). Por exemplo, a taxa anual global é de aproximadamente 40 gestações por 1.000 adolescentes nos Estados Unidos; de apenas 17 gestações por 1.000 em Israel e 4 por 1.000 no Japão (Martin et al., 2006; Merrick e Morad, 2002). Existem diferenças étnicas também dentro dos Estados Unidos (Hamilton, Martin e Ventura, 2007). Entre asiático-americanas, a taxa de gravidez adolescente é de aproximadamente 15 por 1.000, enquanto a taxa entre brancas é de 25 por 1.000. Entre hispano-americanas e afro-americanas, as taxas são de 83 e 65 por 1.000, respectivamente.

Entretanto, as estatísticas de gravidez adolescente podem ser confusas, porque elas geralmente se referem a todas as gestações entre mulheres com menos de 20 anos. Para esclarecer a extensão do problema de gravidez adolescente, é útil dividir as estatísticas por subgrupos. Por exemplo, nos Estados Unidos, a taxa de gravidez anual é de 1 por 1.000 para meninas com menos de 15 anos; 22 por 1.000 entre meninas de 15 a 17 anos; 70 por 1.000 entre meninas de 18-19 anos (Martin et al., 2006). Olhar os números dessa forma mostra que a gravidez adolescente é muito mais frequente entre adolescentes mais velhas e, na verdade, é mais provável de acontecer após a menina terminar o ensino médio.

A idade na qual um adolescente se torna pai é apenas um aspecto do problema. As taxas de parto entre adolescentes caíram em toda a população norte-americana desde a década de 1960, inclusive entre meninas de 15 a 19 anos. O que aumentou foi a taxa de partos para adolescentes solteiras. Em 1970, cerca de três quartos das mães adolescentes eram casadas; em 2004, uma proporção semelhante, cerca de 80%, era de solteiras (Martin et al., 2006).

A proporção de mães adolescentes que eventualmente se casaram com o pai do bebê também diminuiu nos últimos anos e, novamente, há diferenças étnicas. Menos de 5% das mães adolescentes afro-americanas se casa com o pai do bebê, comparado a 26% de hispânicas e 41% de brancas (Population Resource Center, 2004). Além disso, entre grupos étnicos, 17% das mães adolescentes mantêm relacionamentos românticos com os pais dos bebês além dos primeiros meses após o nascimento (Gee e Rhodes, 1999, 2003).

Ficar grávida durante a adolescência depende de muitos dos mesmos fatores que predizem atividade sexual em geral (Miller, Benson e Galbraith, 2001). Quanto mais jovem uma menina se tornar sexualmente ativa, mais probabilidade ela tem de ficar grávida. Entre meninas adolescentes de famílias pobres, de famílias monoparentais ou de famílias com pais relativamente sem educação, as taxas de gravidez são mais altas (Vikat, Rimpela, Kosunen e Rimpela, 2002). Igualmente, meninas cujas mães se tornaram sexualmente ativas em uma idade precoce e tiveram seu primeiro filho cedo provavelmente seguirão um caminho semelhante.

Em comparação, a probabilidade de gravidez é mais baixa entre meninas adolescentes que vão bem na escola e têm aspirações educacionais fortes. Essas meninas têm tanto menos probabilidade de serem sexualmente ativas em uma idade precoce quanto mais probabilidade de usarem contracepção se forem sexualmente ativas. Meninas que têm boa comunicação sobre sexo e contracepção com suas mães também têm menos probabilidade de engravidar (Dogan-Até e Carrión-Basham, 2007).

Quando meninas adolescentes ficam grávidas, na maioria dos casos, enfrentam o conjunto de decisões mais significativo que encontrarão em suas jovens vidas. Aproximadamente um terço de gestações adolescentes entre todos os grupos étnicos termina em aborto provocado, e cerca de 14% resultam em abortos espontâneos (Alan Guttmacher Institute, 2004). Entre brancas, 7% das adolescentes levam a gravidez até o fim e dão o bebê para a adoção, enquanto 1% de adolescentes afro-americanas abre mão de seus bebês para famílias adotivas.

Os filhos de mães adolescentes têm mais chances do que crianças nascidas de mães mais velhas de crescerem na pobreza, com todas as consequências negativas concomitantes para o desenvolvimento ideal da criança (Burgess, 2005). Por exemplo, eles tendem a alcançar os marcos do desenvolvimento mais lentamente do que bebês de mães mais velhas (Pomerleau, Scuccimarri e Malcuit, 2003). Entretanto, os filhos de mães adolescentes cujos próprios pais ajudam com o cuidado da criança, com as finanças e com as habilidades de paternagem ficam menos propensos a sofrer esses efeitos negativos (Birch, 1998; Uno, Florsheim e Uchono, 1998). Além disso, programas sociais que oferecem a mães adolescentes creches e o apoio que elas necessitam para permanecer na escola afetam positivamente tanto essas mães quanto seus bebês. Esses programas também melhoram os resultados para pais adolescentes (Kost, 1997).

> **Objetivo da aprendizagem 4.14**
> De que formas adolescentes homossexuais, bissexuais e transgêneros são diferentes e semelhantes a seus pares?

Jovens de minoria sexual

O surgimento de uma atração física por membros do sexo oposto, ou *heterossexualidade*, é um dos aspectos definidores da adolescência para a maioria dos adolescentes. Para alguns, entretanto, a adolescência é o momento em que eles descobrem – ou confirmam suspeitas há muito existentes – de que são atraídos por pessoas do mesmo sexo (*homossexualidade*) ou de ambos os sexos (*bissexualidade*). Outros, ainda, tornam-se cada vez mais convencidos de que seu gênero psicológico é inconsistente com seu sexo biológico (*transgenderismo*).

Adolescentes homossexuais e bissexuais Levantamentos envolvendo milhares de adolescentes revelaram que aproximadamente 92% identificam-se exclusivamente como heterosssexuais na *orientação sexual*, a preferência de uma pessoa por parceiros do mesmo sexo ou do sexo oposto (Austin et al., 2004; Remafedi, Resnick, Blum e Harris, 1998). Em torno de 7% dos adolescentes relatam que ainda estão inseguros de sua orientação sexual, e 1% diz que se classifica como exclusivamente homossexual ou bissexual. Na idade adulta, 94% relatam ser exclusivamente heterossexuais, e pouco mais de 5% descrevem-se como homossexual ou bissexual, restando apenas uma proporção muito pequena que ainda não se decidiu quanto a sua orientação (Langer, Arnedt e Sussman, 2004).

Diversos estudos sugeriram uma base genética para a homossexualidade (Lippa, 2005). A maioria desses estudos indica que quando um gêmeo idêntico é homossexual, a probabilidade de que o outro também seja homossexual é de 50 a 60%, enquanto a taxa de concordância é de apenas aproximadamente 20% para gêmeos fraternos e de apenas 11% para pares de meninos sem parentesco biológico adotados pela mesma família (Dawood, Pillard, Horvath, Revelle e Bailey, 2000; Kendler, Thornton, Gilman e Kessler, 2000). Estudos com famílias também sugerem que a homossexualidade masculina ocorre em famílias – ou seja, as famílias com maioria dos homens

O processo através do qual um indivíduo vem a perceber que é homossexual parece ser gradual. Grupos como este oferecem aos adolescentes o apoio social que eles necessitam para lidar com seus próprios sentimentos e com as respostas negativas de alguns de seus pares a sua orientação sexual.

homossexuais têm uma proporção maior de outros homens homossexuais do que famílias de homens heterossexuais (Kirk, Bailey e Martin, 2000). Esses achados fortalecem a hipótese de que a homossexualidade tem uma base biológica (Dawood et al., 2000).

Outros estudos sugerem que os padrões de hormônio pré-natal também podem ser um fator causal na homossexualidade (Lippa, 2005). Por exemplo, homens cujas mães tomam a droga dietilestilbestrol (DES, um estrógeno sintético) durante a gravidez têm mais chances de serem homossexuais quando adultos do que aqueles que não foram expostos a DES no útero (Meyer-Bahlburg et al., 1995). Além disso, há evidências de que muitos meninos que demonstram fortes preferências por brinquedos do sexo oposto na primeira infância apresentam preferências homossexuais quando chegam à adolescência (Bailey e Zucker, 1995). Curiosamente, também, estudos mostram que ossos longos nas pernas e nos braços de crianças em idade escolar que se tornam homossexuais não crescem tão rapidamente quanto os de crianças que eventualmente se tornam heterossexuais (Martin e Nguyen, 2004). Esses achados indicam que diferenças de amadurecimento entre homossexuais e heterossexuais são evidentes antes da puberdade e envolvem outros sistemas corporais que não os próprios órgãos sexuais. Considerados juntos, estudos de exposição a hormônio pré-natal, pesquisas examinando preferências de atividades da primeira infância e estudos comparando os processos de amadurecimento físico em heterossexuais e homossexuais são consistentes com a hipótese de que a homossexualidade é programada no nascimento.

Tal evidência não significa que o ambiente não desempenhe nenhum papel na homossexualidade. Por exemplo, quando um de um par de gêmeos idênticos é homossexual, o outro gêmeo *não* compartilha aquela orientação sexual em 40 a 50% das vezes. Alguma coisa além da biologia deve estar em atividade, embora os desenvolvimentalistas ainda não saibam que fatores ambientais podem estar envolvidos.

Seja qual for a causa das variações na orientação sexual, o processo através do qual um indivíduo vem a perceber que é homossexual parece ser gradual (Diamond, 2007). Alguns pesquisadores pensam que o processo começa na meninice como um sentimento de dúvida sobre a própria heterossexualidade (Carver, Egan e Perry, 2004). Estudos retrospectivos constataram que muitos homens e mulheres homossexuais lembram terem tido fantasias homossexuais durante a adolescência, mas poucos aceitaram totalmente sua homossexualidade ainda na adolescência (Wong e Tang, 2004). Em vez disso, os passos finais na direção da total autoconsciência e aceitação da própria homossexualidade parece ocorrer no início da idade adulta.

Ao mesmo tempo que os adolescentes homossexuais lutam com questões sobre sua orientação sexual, muitos relatam se sentir isolados e não aceitos por seus pares (Galliher, Rostosky e Hughes, 2004; Martin e D'Augelli, 2003). Isso pode ajudar a explicar por que uma proporção mais alta de adolescentes homossexuais do que heterossexuais sofrem de depressão e tentam o suicídio (Cato e Canetto, 2003; Savin-Williams e Ream, 2003). Muitos profissionais da saúde mental sugerem que, para responder às necessidades desses adolescentes, os diretores de escola forneçam apoio emocional e social (Rostosky, Owens, Zimmerman e Riggle, 2003; van Wormer e McKinney, 2003).

Embora os adolescentes homossexuais evidentemente enfrentem desafios, eles compartilham muitas das mesmas preocupações de seus pares heterossexuais. Por exemplo, meninas homossexuais e heterossexuais têm mais probabilidade que os meninos de ficarem insatisfeitas com sua aparência física (Saewyc, Bearinger, Heinz, Blum e Resnick, 1998). Consequentemente, as dietas são mais comuns entre meninas homossexuais e heterossexuais do que entre meninos de qualquer orientação sexual. Como suas contrapartes heterossexuais, adolescentes homossexuais do sexo masculino bebem álcool com mais frequência e se envolvem mais em comportamento de risco do que adolescentes do sexo feminino.

Adolescentes transgêneros Adolescentes e adultos *transgêneros* são aqueles cujo gênero psicológico é o oposto de seu sexo biológico. Alguns estudos sugerem que indivíduos transgêneros podem ter sido expostos a quantidades atípicas de andrógenos no útero (Lippa, 2005). Entretanto, a maioria não tem tal histórico, a causa do transgenderismo permanece um mistério. Contudo, adolescentes transgêneros geralmente relatam que, desde a primeira infância, eram mais interessados em atividades associadas ao sexo oposto do que naquelas típicas de seu próprio sexo (Lippa, 2005). Entretanto, a maioria das crianças que são atraídas por atividades de gênero cruzado, e mesmo aquelas que expressam um desejo de ser do gênero oposto, não exibe transgenderismo após a puberdade (Cohen-Kettenis e van Goozen, 1997). Portanto, esses comportamentos por parte de crianças não são considerados preditivos do desenvolvimento de transgenderismo na adolescência.

Devido ao medo de serem estigmatizados, a maioria dos adolescentes que suspeitam ser transgêneros mantém seus sentimentos para si mesmos. A negação e a raiva que são frequentemente expressadas por membros da família quando adolescentes transgêneros se aventuram a "sair do armário" amplificam o sofrimento desses adolescentes (Zamboni, 2006). Como resultado, da mesma forma que os adolescentes homossexuais e bissexuais, os adolescentes transgêneros têm mais probabilidade de sofrer de depressão e têm risco mais alto de suicídio do que adolescentes heterossexuais (Rosenberg, 2003).

Saúde e bem-estar

Você leu sobre a saúde física dos bebês no Capítulo 3, e as crianças têm muitas das mesmas necessidades. Entretanto, suas necessidades e o foco das preocupações em relação à sua saúde mudam significativamente após a puberdade; assim, é importante separar nossa discussão de problemas de saúde e examinar primeiro a infância e então a adolescência.

Objetivo da aprendizagem 4.15
Quais são as necessidades e as preocupações de saúde de crianças e adolescentes?

Saúde na infância

Em geral, a infância é um período da vida razoavelmente saudável. Entretanto, as crianças sofrem muitos acidentes, e os hábitos de saúde formados durante esses anos podem persistir por toda a vida, influenciando a saúde individual para o bem ou para o mal.

Necessidades de tratamento de saúde Assim como os bebês, as crianças pequenas continuam a requerer avaliações médicas periódicas e uma variedade de vacinas (Overby, 2002). Nas avaliações anuais, os médicos monitoram o crescimento e o desenvolvimento motor de pré-escolares. Ao mesmo tempo, os médicos e enfermeiros frequentemente servem como primeira fonte de ajuda dos pais com crianças que têm incapacidades sensoriais ou do desenvolvimento que não foram diagnosticadas mais precocemente (Coury, 2002). Além disso, os profissionais da saúde fornecem aos pais estratégias para lidar com problemas cotidianos de paternagem. Por exemplo,

CIÊNCIA DO DESENVOLVIMENTO NO MUNDO REAL

Uma boa noite de sono para as crianças (e para os pais!)

Toda noite, Luis e Ramona passam pela mesma provação quando colocam seu filho de 3 anos, Manny, na cama. O menino implora para dormir com eles, mas eles sempre recusam. Após quatro ou cinco ciclos de súplica e soluços, geralmente durando mais de uma hora, Manny finalmente fica tão exausto que não pode mais permanecer acordado. Apesar da consistência de seus pais, Manny frequentemente consegue o que quer. Ele acorda toda noite por volta das 2 horas e tenta entrar na cama dos pais sem que eles percebam. Às vezes, um dos pais acorda e o leva de volta para a sua cama e, no processo, inicia-se outra rodada do ciclo de súplica e soluços que Manny exibe na hora de dormir. Outras vezes, eles estão dormindo tão profundamente que a invasão de Manny tarde da noite passa despercebida, e só o encontram na cama na manhã seguinte.

O comportamento noturno de Manny é bastante familiar para muitos pais de crianças pré-escolares. Aqui estão algumas estratégias que a maioria de profissionais de saúde recomenda:

- Proporcione à criança um esquema diurno estruturado e previsível, e mantenha-se firme nele o máximo possível todos os dias.
- Estabeleça um horário de dormir regular que seja de 8 a 10 horas antes da hora de acordar desejada.
- Interrompa os cochilos diurnos para uma criança que tenha dificuldade de dormir ou que acorde muito cedo pela manhã.
- Estabeleça um conjunto rotineiro de "atividades calmantes", como um banho, um livro de histórias e um beijo de boa-noite; resista às tentativas da criança de prolongar ou modificar a rotina.
- Forneça à criança um *objeto transicional* como uma boneca ou um bicho de pelúcia que seja reservado especialmente para a hora de dormir.

Fazer esses ajustes pode ser um desafio, especialmente quando a criança resiste ativamente a eles. Entretanto, a pesquisa confirma que esses tipos de mudanças podem reduzir significativamente os conflitos relacionados ao sono (Borkowski, Hunter e Johnson, 2001). Portanto, alguns dias ou mesmo semanas de persistência da parte dos pais podem resultar em anos de sono não perturbado para os pais e também para as crianças.

Questões para reflexão

1. Se você fosse pai(mãe) de Manny, que estratégias usaria para tentar impedi-lo de acordar à noite e ir para sua cama?
2. Na sua opinião, em que grau as preocupações parentais sobre onde as crianças dormem são motivadas por crenças culturais e padrões de comportamento?

---

os pais pedem com frequência conselhos em relação aos hábitos de sono de seus filhos pequenos (ver *Ciência do desenvolvimento no mundo real*).

Crianças em idade escolar também se beneficiam do cuidado médico regular. Em primeiro lugar, há algumas vacinas importantes que são geralmente administradas durante esse período (Umetsu, 1998). Além disso, muitas crianças em idade escolar têm problemas de saúde não diagnosticados. Por exemplo, 10 a 20% têm dificuldade para dormir (Owens, Spirito, McGuinn e Nobile, 2000; Sadeh, Gruber e Raviv, 2002). Na maioria dos casos, os pais de crianças de idade escolar não têm conhecimento desses problemas até que um médico ou um enfermeiro pergunte especificamente para uma criança sobre padrões de sono como parte de uma avaliação de rotina. As dificuldades de sono estão associadas a problemas de atenção, concentração e comportamento; dessa forma, encontrar um problema de sono não detectado e corrigi-lo pode melhorar significativamente a vida da criança (Sadeh et al., 2002).

Curvas de crescimento e saúde Anteriormente você aprendeu que a estabilização da curva de crescimento de uma criança permite que profissionais da saúde predigam sua altura futura. Por essa razão, a curva de crescimento é crucial para avaliações da saúde das crianças (Overby, 2002). Um desvio para baixo de uma curva de crescimento estabelecida para altura pode ser um sinal de que uma criança está sofrendo de uma doença não diagnosticada (Styne e Glaser, 2002). Um desvio para cima para peso pode significar que a criança está tendendo a ficar acima do peso. A importância da avaliação da curva de crescimento é uma razão para a maioria dos profissionais da saúde afirmar que é crítico para a saúde das crianças pequenas que elas sejam examinadas pelo mesmo médico, ou pelo menos na mesma clínica, a cada avaliação (Children's Hospital of Philadelphia, 2008).

Doenças e acidentes Nos Estados Unidos, a criança média tem de quatro a seis surtos de doença a cada ano, mais frequentemente resfriados ou gripes (Sulkes, 1998). Crianças que estão experimentando altos níveis de estresse ou conflito familiar têm mais chances de ficar doentes (Guttman e Dick, 2004).

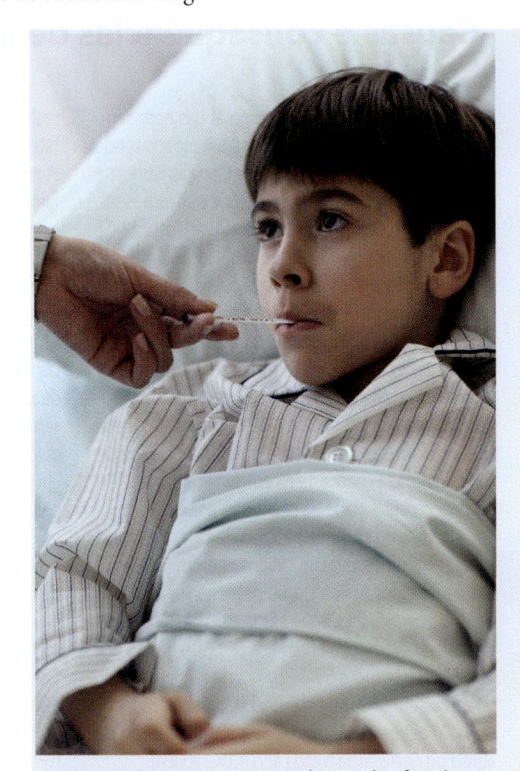

A maioria das crianças nos Estados Unidos fica doente na cama aproximadamente cinco dias por ano, mais frequentemente com um resfriado ou uma gripe.

Outro perigo para elas são os acidentes. Em qualquer idade, cerca de um quarto de todas as crianças com menos de 5 anos nos Estados Unidos tem pelo menos um acidente que requer algum tipo de atenção médica, e acidentes são a principal causa de morte em crianças pré-escolares e em idade escolar (Fein, Durbin e Selbest, 2002). Em todas as idades, acidentes são mais comuns entre meninos do que entre meninas, presumivelmente devido aos estilos de brincadeira mais ativos e arriscados. A maioria dos acidentes entre crianças ocorre em casa – quedas, cortes, envenenamento acidental, etc. Acidentes de automóvel são a segunda principal fonte de ferimentos em crianças de idade escolar nos Estados Unidos, seguido por adversidades relacionadas a bicicleta (National Center for Injury Prevention and Control [NCIPC], 2000). De fato, 80% dos ferimentos relacionados a bicicleta envolvem crianças. A pesquisa sugere que usar um capacete ao dirigir uma bicicleta reduz as chances de ferimento na cabeça em mais de 85%. Consequentemente, muitas cidades e estados promulgaram leis exigindo que ciclistas crianças e adultos usem capacetes. Finalmente, alguns "acidentes" são na verdade resultado de abuso parental (ver *Reflexão sobre a pesquisa*).

Nutrição   Visto que as crianças crescem mais lentamente durante os primeiros anos da infância, pode parecer que elas comem menos do que quando eram bebês. Além disso, aversões a alimentos frequentemente se desenvolvem durante os anos pré-escolares. Por exemplo, uma criança que amava cenouras quando bebê pode se recusar a comê-las aos 2 ou 3 anos. Por consequência, os conflitos entre crianças pequenas e seus pais costumam se concentrar no comportamento alimentar da criança (Overby, 2002).

Os nutricionistas salientam que é importante os pais manterem em mente que crianças pequenas comem apenas metade da quantidade de comida dos adultos. Portanto os pais não devem ficar tão preocupados com a quantidade de comida que uma criança consome a ponto de permitir suas preferências por doces e outros alimentos ricos em calorias e gorduras (Wong, 1993). Embora crianças pequenas raramente estejam acima do peso, muitas adquirem hábitos alimentares duran-

---

REFLEXÃO SOBRE A PESQUISA

Causas e consequências de abuso e negligência da criança

Entender o que se qualifica como abuso nem sempre é simples; hoje a maioria dos psicólogos tende a seguir definições propostas por Douglas Barnett e colaboradores (1993), bem como por outros pesquisadores (Rogosch, Cicchetti, Shields e Toth, 1995). *Abuso físico* envolve a imposição não acidental de ferimento físico à criança – qualquer coisa de uma contusão até ferimentos tão extremos que a criança requer hospitalização ou morre; *abuso sexual* envolve qualquer tipo de contato sexual entre uma criança e um adulto responsável que seja para fins de gratificação ou ganho do adulto; *negligência física* inclui falha em fornecer adequadamente alimentação e cuidados básicos à criança, falha em fornecer supervisão adequada para a idade da criança ou ambos.

A cada ano, cerca de 1 milhão de casos de abuso e negligência nos Estados Unidos chegam à atenção das autoridades policiais e/ou profissionais da saúde (Fein, Durbin e Selbts, 2002; Lamb e Lewis, 2005). Dois terços envolvem ferimentos físicos, outro quarto envolve abuso sexual e 50% é resultado de negligência, tal como subnutrir um bebê (Sulkes, 1998). Infelizmente, 2.000 bebês e crianças morrem como resultado de abuso ou negligência a cada ano (CDC, 2006e).

Certos fatores de risco predispõem os pais a abuso e/ou negligência de seus filhos, mas o abuso normalmente não ocorre a menos que diversos desses fatores ocorram na mesma família ao mesmo tempo. Primeiro, o risco de abuso é mais alto em qualquer família que esteja passando por estresse significativo, originado por desemprego, pobreza, bairro violento, falta de apoio social ou por um bebê especialmente difícil ou exigente (CDC, 2006e). Segundo, alguns pais, particularmente aqueles que foram vítimas de abuso, simplesmente não conhecem outra forma de lidar com frustração, estresse ou desobediência, que não seja atacando a criança de alguma forma. Outros pais são deprimidos ou incapazes de formar o tipo de vínculo emocional que ajudaria a prevenir abuso (Wiehe, 2003). Dependência de álcool e drogas por parte dos pais também desempenha um papel significativo em muitos casos (Eiden, Foote e Schuetze, 2007). Um terceiro elemento é a falta de apoio social ou algum grau de isolamento social.

Algumas crianças que são frequente ou gravemente abusadas desenvolvem *transtorno de estresse pós-traumático (TEPT)*. Esse transtorno envolve níveis extremos de ansiedade, memórias de *flashback* de episódios de abuso, pesadelos e outros distúrbios do sono. Para algumas, esses sintomas persistem até a idade adulta (Koenen, Moffitt, Poulton, Martin e Caspi, 2007). Crianças que sofrem abuso também têm mais probabilidade do que seus pares que não sofrem abuso de exibir atrasos em todas as esferas do desenvolvimento (Cicchetti, Rogosch, Maughan, Toth e Bruce, 2003). Do lado positivo, em estudos envolvendo crianças abusadas e/ou negligenciadas que foram colocadas em lares adotivos, os desenvolvimentalistas verificaram que as diferenças entre crianças abusadas e não abusadas no desenvolvimento físico, cognitivo e social desaparecem dentro de 1 ano (Olivan, 2003). Como se poderia suspeitar, contudo, esses estudos sugerem que o fator crítico no processo de emparelhamento é a qualidade do ambiente pós-abuso.

Questões para análise crítica

1. Como pesquisador, de que forma você poderia propor um estudo para determinar as qualidades que diferenciam vítimas de abuso que experimentam consequências negativas de longo prazo daquelas que parecem não experimentar efeitos duradouros?
2. Que fator ou fatores subjacentes poderiam explicar a correlação entre estressores familiares como desemprego parental e abuso da criança?

te esses anos que levam a problemas de peso futuros. Os nutricionistas recomendam manter uma variedade de alimentos à mão e permitir que o apetite de uma criança seja um bom guia de quanta comida ela deve comer. Naturalmente, essa abordagem funciona apenas se o acesso de crianças pequenas a alimentos doces e outros alimentos atrativos, mas não nutritivos, for limitado.

Durante os anos escolares, as crianças tornam-se mais abertas a escolhas alimentares, mas diferentes tipos de problemas nutricionais aparecem. Muitas crianças de idade escolar fazem escolhas alimentares sem supervisão adulta pela primeira vez em suas vidas. Elas usam suas mesadas para comprar itens na cantina da escola ou param em um mercadinho a caminho da escola ou na volta para casa. Não surpreendentemente, as escolhas alimentares de crianças em idade escolar nessas circunstâncias nem sempre são sábias, e muitas consomem uma grande quantidade de alimentos pouco nutritivos – refrigerantes, doces, etc. – dos quais seus pais podem não ter conhecimento.

Ganho excessivo de peso

Objetivo da aprendizagem 4.16
De que formas o ganho excessivo de peso ameaça a saúde imediata e futura de crianças e adolescentes?

O **ganho excessivo de peso** é um dos problemas de saúde mais sérios da infância e da adolescência. Ele é um padrão no qual as crianças ganham mais peso em um ano do que é adequado para sua altura, sua idade e seu sexo. Se uma criança ganha quantidades excessivas de peso durante alguns anos, ela corre o risco de ter problemas de peso e uma série de problemas sérios de saúde na idade adulta.

Uma discussão sobre terminologia é necessária aqui, porque você provavelmente está familiarizado com o termo *obesidade* em relação a problemas de peso. Para adultos, obesidade tem uma definição fixa que é baseada no **índice de massa corporal** (**IMC**), uma medida que estima a proporção de gordura corporal de uma pessoa. Adultos cujos IMCs excedem 30 são classificados como obesos (CDC, 2007e). No que se refere a crianças, os órgãos de saúde pública falam em termos de ganho excessivo de peso, conforme definido acima, porque algum grau de aumento no IMC ocorre naturalmente em crianças que estão crescendo – como a proporção de gordura para músculo nas mudanças de seus corpos. Além disso, quando alterações hormonais pré-puberais ocorrem nos últimos anos da meninice, os IMCs das meninas podem se tornar temporariamente distorcidos à medida que o acúmulo de tecido adiposo concomitante supera o crescimento de outros tipos de tecido. Portanto, seria errado concluir que uma menina de 10 ou 11 anos é obesa

Esta criança acima do peso não apenas tem diferentes tipos de choques com seus pares – ela também tem mais probabilidade de estar acima do peso quando adulta, com todos os riscos de saúde que acompanham o sobrepeso.

ganho excessivo de peso Um padrão no qual crianças ganham mais peso em um ano do que o adequado para sua idade, sua altura e seu sexo.

índice de massa corporal (IMC) Uma medida que estima a proporção de gordura corporal de uma pessoa.

IMC para a idade Comparação do IMC de uma criança individual com as normas estabelecidas para seu grupo etário e seu sexo.

sobrepeso Descreve uma criança cujo IMC está no 95º percentil.

em risco para sobrepeso Descreve uma criança cujo IMC está entre o 85º e 95º percentis.

quando o que está realmente acontecendo é que seu corpo está em um estágio de transição. Usar terminologia diferente ajuda a tornar clara a ideia de que o processo de diagnosticar problemas de peso não é o mesmo para crianças e para adultos.

Para determinar se o ganho de peso de uma criança em especial é adequado, os profissionais da saúde usam uma medida chamada **IMC para a idade**, uma variação do IMC que se aplica a adultos (CDC, 2007e). O IMC-para-a-idade é determinado calculando-se seu IMC e comparando-o com os de outros de sua idade. Padrões diferentes são usados para meninos e meninas, porque seus IMCs não aumentam na mesma taxa.

Crianças cujos IMCs ficam no 95º percentil (os 5% superiores) são consideradas com **sobrepeso**, e aquelas cujos IMCs ficam entre o 85º e 95º percentis são classificadas como **em risco para sobrepeso** (CDC, 2007e). Devido aos estirões de crescimento e à instabilidade inerente de variáveis físicas na infância, avaliações múltiplas são necessárias antes que uma criança seja realmente classificada como um ou outro. Como se pode ver na Figura 4.12, os números de crianças e adolescentes acima do peso nos Estados Unidos cresceram em uma taxa alarmante nas duas últimas décadas (NCHS, 2007). Aumentos semelhantes foram documentados em todos os países do mundo que medem a prevalência de sobrepeso entre crianças e adolescentes (Wang e Lobstein, 2006).

Quando a criança cresce sem interromper o padrão de ganho de peso excessivo, maior a chance de ela estar acima do peso na idade adulta (Magareu, Daniels, Boulton e Cockington, 2003; Singh, Mulder, Twisk, van Mechelen e Chinapaw, 2008). Apenas um quinto dos bebês acima do peso se torna um adulto acima do peso, mas metade daqueles que estão acima do peso no ensino fundamental continua acima do peso na idade adulta (Serdula et al., 1993). Além disso, mais da metade das crianças acima do peso tem um ou mais fatores de risco, tais como níveis elevados de colesterol ou pressão alta, o que as predispõe a doença cardíaca na vida futura (National Center for Chronic Disease Prevention and Health Promotion [NCCDPHP], 2000).

Como se poderia suspeitar, comer em excesso ou comer demais alimentos errados causa ganho excessivo de peso em crianças assim como em adultos (NCCDPHP, 2000). Entretanto, estudos de gêmeos e de adoção sugerem que a tendência a ganhar quantidades excessivas de peso na infância provavelmente resulta de uma interação entre uma predisposição genética para obesidade e fatores ambientais que promovem o comer excessivo ou baixos níveis de atividade (Stunkard, Harris, Pedersen e McClearn, 1990; Wardle, Carnell, Haworth e Plomin, 2008). Qualquer que possa ser a contribuição genética, a pesquisa sugere que um padrão cultural de diminuição na atividade física e aumentos no consumo de alimentos de conveniência altamente calóricos levou à atual epidemia de sobrepeso em crianças e adultos (NCCDPHP, 2000).

É importante ter em mente, entretanto, que dietas para perder peso para crianças podem ser arriscadas. Uma vez que elas ainda estão crescendo, as necessidades nutricionais de crianças acima do peso diferem daquelas de adultos acima do peso (Tershkovec e Stallings, 1998). Consequentemente, crianças acima do peso requerem dietas especiais desenvolvidas e supervisionadas por especialistas em nutrição. Além disso, aumentar a quantidade de exercícios que as crianças fazem é tão importante quanto mudar seus hábitos alimentares (NCCDPHP, 2000). Os especialistas em gerenciamento de peso na infância recomendam que os pais de crianças acima do peso e de crianças em risco adotem as seguintes medidas (CDC, 2007e):

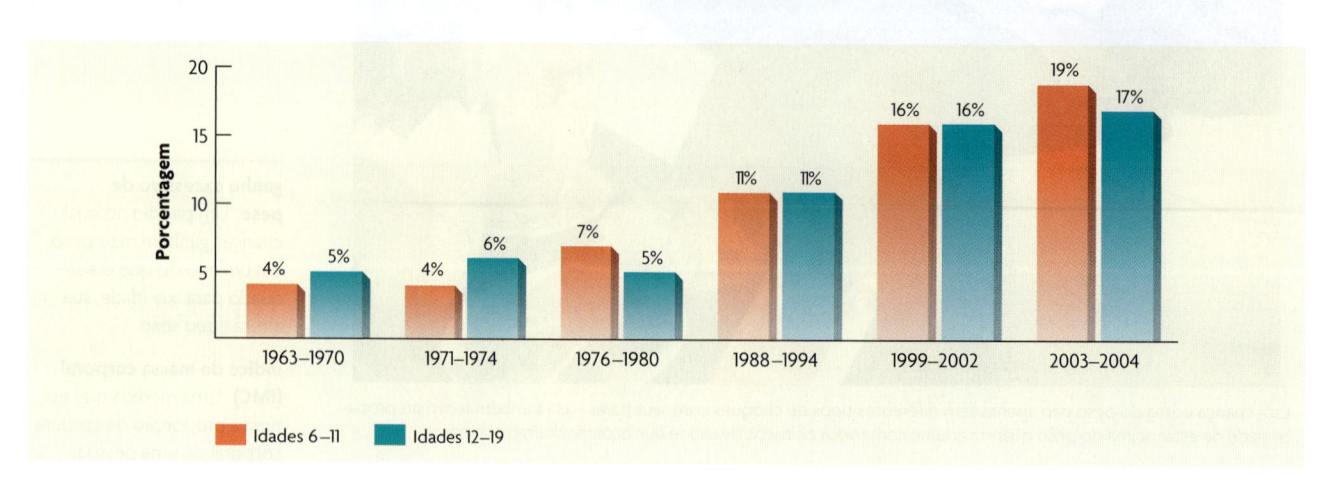

Figura 4.12 Prevalência de sobrepeso entre crianças e adolescentes nos Estados Unidos

A porcentagem de crianças e adolescentes que estão acima do peso aumentou drasticamente durante as duas últimas décadas.

(*Fonte*: NCHS, 2007b.)

Período	Idades 6–11	Idades 12–19
1963–1970	4%	5%
1971–1974	4%	6%
1976–1980	7%	5%
1988–1994	11%	11%
1999–2002	16%	16%
2003–2004	19%	17%

- Fornecer grande quantidade de vegetais, frutas e produtos de grãos integrais.
- Incluir leite e produtos laticínios semidesnatados ou desnatados.
- Preferir carnes magras, frango, peixe, lentilha e feijões como proteínas.
- Servir porções de tamanho razoável.
- Encorajar todos na família a beber muita água.
- Limitar vegetais adoçados com açúcar.
- Limitar o consumo de açúcar e gordura saturada.
- Limitar o tempo de TV, *videogame* e computador das crianças.
- Envolver toda a família em atividades físicas como caminhada e ciclismo.

A prevalência de sobrepeso é um pouco menor entre adolescentes do que entre crianças em idade escolar (NCHS, 2007b). Um fator que pode explicar essa diferença etária é que mais adolescentes do que crianças pequenas tentam ativamente perder peso, incluindo aqueles que não têm problemas de peso. A dieta em adolescentes representa a culminação de uma tendência à consciência cada vez maior do desejo social de magreza e ao conhecimento de métodos populares de perda de peso – evidente entre meninos e meninas já aos 7 anos (Kostanski, Fisher e Gullone, 2004). Entre os adolescentes, os levantamentos sugerem que 40% deles fazem dieta regularmente, e 20% usam medidas extremas, como tomar comprimidos para inibir o apetite e fazer jejum (CDC, 2006f; Neumark-Sztainer, Wall, Eisenberg, Story e Hannan, 2006). Como você terá conhecimento no Capítulo 15, essas medidas extremas podem ser indicativas de um *transtorno da alimentação*, um transtorno psicológico sério envolvendo distorções de pensamento e de comportamento que ultrapassam a dieta habitual. Na maioria dos adolescentes, entretanto, a dieta habitual é provavelmente resultado de uma capacidade cada vez maior de autorreflexão (mais sobre isso no Capítulo 6).

Pobreza e saúde das crianças

Objetivo da aprendizagem 4.17
Como a pobreza afeta a saúde das crianças?

Conforme sugere a Tabela 4.5, crianças que vivem na pobreza têm um risco mais alto para inúmeros problemas de saúde do que seus pares que estão em

Tabela 4.5 Comparação de problemas de saúde de crianças pobres e não pobres

Problema	Taxa para crianças pobres comparadas a crianças não pobres
Baixo peso ao nascer	1,5 a 2 vezes mais alta
Vacinação adiada	3 vezes mais alta
Asma	Um pouco mais alta
Envenenamento por chumbo	3 vezes mais alta
Mortalidade neonatal	1,5 vezes mais alta
Mortes por acidentes	2 a 3 vezes mais alta
Mortes por doença	3 a 4 vezes mais alta
Número relatado de saúde razoável ou insatisfatória (em vez de boa saúde)	2 vezes mais alta
Porcentagem com condições limitando atividade escolar	2 a 3 vezes mais alta
Parada do desenvolvimento (estar no 5° percentil ou inferior para altura)	2 vezes mais alta
Dias doentes na cama ou perda de dias de escola	40% mais alta
Visão gravemente prejudicada	2 a 3 vezes mais alta
Anemia por deficiência grave de ferro	2 vezes mais alta

Fonte: Brooks-Gunn, J. e Duncan, G.J., "The Effect of Poverty on Children", *The Future of Children*, 7(2), 1997, p. 55-71; Starfield, B., "Childhood Morbity: Comparisons, Clusters, and Trends", *Pediatrics*, 88, 1991, p. 519-526.

Tabela 4.6 Correlatos de pobreza e saúde

Características dos pais	Características do ambiente
Condição e histórico de saúde	Ambiente seguro para crianças (por exemplo, travas de segurança em armários)
Depressão	
Habilidades de paternagem (por exemplo, hora de dormir consistente)	Limpeza da casa, vizinhança, creches
	Tipos de alimentos disponíveis em casa
Ensino de hábitos de saúde (por exemplo, ensinar as crianças a escovar os dentes)	Tipos de alimentos vendidos nos armazéns do bairro
	Remédios disponíveis nas farmácias do bairro
Tabagismo	Cintos de segurança, assentos de segurança para crianças nos veículos
Abuso de substância	
Obesidade	Cintos de segurança, assentos de segurança para crianças nos veículos
Obediência ao cuidado pré-natal	
Conhecimento do desenvolvimento infantil	Mofo, poluição e outros irritantes respiratórios
Registro em seguro-saúde, programas disponíveis de apoio nutricional	Acesso a tratamento de saúde
	Locais seguros e adequados para brinquedo motor no bairro
Horário de trabalho	Brinquedos seguros e adequados em casa
Desemprego	Acesso a creches de alta qualidade
Arranjos de cuidado não parental	Nível de violência no bairro
Educação	

Fonte: Ashiabi e O'Neal, 2007; Burgess, Propper e Rigg, 2004; Dowd, 2007.

melhores situações (Burgess, Propper e Rigg, 2004; Case, Lubotsky e Paxson, 2002; Currie, Shields e Wheatley Price, 2004; Currie e Stable, 2003). Contudo, os pesquisadores tipicamente não estudam a renda isolando-a de outras variáveis. Em vez disso, a maioria examina os efeitos da **condição socioeconômica (CSE)** – um termo coletivo que inclui os fatores econômicos, ocupacionais e educacionais que influenciam a posição relativa de uma família na sociedade – sobre a saúde das crianças. Esses estudos mostram que variáveis como situação de emprego, ocupação e níveis educacionais parentais predizem melhor a saúde das crianças do que somente a renda. Contudo, a identificação de fatores de risco nos diz pouco sobre por que esses fatores são importantes.

Uma possível explicação para essa associação é o acesso a tratamento de saúde. Contudo, estudos recentes comparando famílias pobres nos Estados Unidos com aquelas no Canadá e no Reino Unido, onde todos os cidadãos têm acesso a tratamento de saúde gratuito, não conseguiram apoiar totalmente essa hipótese (Case, Lee e Paxson, 2007). Crianças de famílias pobres em todas as três nações têm mais problemas de saúde do que aquelas em lares mais abastados. Portanto, o acesso a tratamento médico é uma peça do confuso relacionamento de CSE-saúde nos Estados Unidos, mas não é tudo.

Examinando além do acesso a tratamento, os pesquisadores identificaram inúmeras variáveis que podem ajudar a explicar a associação entre pobreza e saúde das crianças (Chen, 2004). Por exemplo, o uso de tabaco é mais frequente entre adultos em lares de baixa renda (Gilman, Abrams e Buka, 2003). Como resultado, crianças em lares de CSE mais baixa têm mais probabilidade de serem expostas a nicotina antes do nascimento e a tabagismo indireto nos primeiros anos. A Tabela 4.6 lista diversos outros desses fatores.

Isoladamente, nenhum dos fatores na Tabela 4.6, especialmente se ele for experimentado apenas temporariamente, é suficiente para explicar a relação entre pobreza e saúde das crianças. Mas a presença de diversos deles na vida de uma criança aumenta significativamente as chances de que a criança desenvolva um problema de saúde. Entretanto, há inúmeros fatores que ajudam a proteger as crianças dos efeitos prejudiciais dos estressores cumulativos associados à pobreza. Esses fatores incluem conhecimento parental do desenvolvimento infantil e uma rede de apoio social forte (Barrow, Armstrong, Varga e Boothroyd, 2007; Seo, 2006). Portanto, o efeito final que viver na pobreza tem sobre a saúde de uma determinada criança dependerá dos efeitos combinados dos fatores de risco e de proteção que estão presentes na

---

condição socioeconômica (CSE) Um termo coletivo que inclui os fatores econômicos, ocupacionais e educacionais que influenciam a posição relativa de uma família na sociedade.

busca de sensações Um forte desejo de experimentar excitação emocional e física associada a comportamentos arriscados como dirigir em alta velocidade e fazer sexo sem proteção.

própria criança e em seu ambiente. A pobreza não garante resultados ruins, mas arranja as cartas contra muitas crianças.

Comportamento arriscado na adolescência

> **Objetivo da aprendizagem 4.18**
> Como os psicólogos explicam o comportamento arriscado na adolescência?

Para a maioria dos indivíduos, a adolescência é um dos períodos mais saudáveis da vida. Entretanto, à medida que os adolescentes ganham independência, eles encontram inúmeros riscos à saúde como resultado de suas próprias escolhas comportamentais.

Busca de sensações Muitos adolescentes parecem ter o que os desenvolvimentalistas descrevem como um nível aumentado de **busca de sensações**, ou um desejo de experimentar altos níveis de excitação, como aqueles que acompanham dirigir em alta velocidade ou os "baratos" associados às drogas. A busca de sensações leva à imprudência (o que a maioria dos pesquisadores do desenvolvimento chama de comportamento "arriscado" ou "de alto risco"), o que, por sua vez, leva a taxas aumentadas de acidentes e ferimentos nessa faixa etária. Por exemplo, os adolescentes dirigem mais rápido e usam cinto de segurança menos frequentemente que os adultos (CDC, 2000). Para reduzir o número de acidentes entre motoristas adolescentes, muitos estados nos Estados Unidos promulgaram leis que permitem licenças apenas para motoristas "graduados" (Cobb, 2000). Adolescentes de 16 anos podem dirigir na maioria desses estados, mas devem permanecer livres de acidentes e multas por um determinado período de tempo antes de poderem ter privilégios como dirigir à noite.

Os comportamentos de risco podem ser mais comuns na adolescência do que em outros períodos porque ajudam os adolescentes a obter a aceitação de seus pares e a estabelecer autonomia em relação aos pais e a outras figuras de autoridade (Jessor, 1992). Entretanto, fatores neurológicos também podem ser importantes. Laurence Steinberg sugere que a busca de sensações aumenta na adolescência devido a alterações no cérebro que estimulam os adolescentes a se concentrarem mais na gratificação emocional do que ocorria em anos anteriores (Steinberg, 2008). A busca de sensações diminui, diz Steinberg, à medida que o córtex pré-frontal amadurece e permite que os adolescentes tenham melhor controle de seus impulsos e sejam mais capazes de adiar gratificação emocional em favor de objetivos construtivos, como a realização acadêmica.

Uso de álcool e drogas Como se pode observar na Figura 4.13, o uso de drogas ilícitas é um pouco menos comum entre coortes recentes do que em coortes passadas de adolescentes (Johnston, O'Malley, Bachman e Schulenberg, 2007). Os pesquisadores atribuem essa tendência à aprovação cada vez menor do uso de drogas entre adolescentes e ao melhor entendimento dos adolescentes contemporâneos das consequências negativas de usá-las. Contudo, os especialistas concordam que o uso de drogas entre adolescentes continua a ser um problema significativo devido aos riscos aos quais eles se expõem, tais como dirigir embriagado e a possibilidade de adicção duradoura, quando usam essas substâncias.

A Tabela 4.7 lista as porcentagens de estudantes de 8ª série do ensino fundamental e 1ª e 2ª séries do ensino médio que relataram o uso de cada droga listada nos 12 meses anteriores ao levantamento. Evidentemente, como ocorreu em coortes anteriores, a maconha é a substância ilícita que os adolescentes usam mais frequentemente, mas um número surpreendente de adolescentes está usando medicamentos como Ritalina, Oxicontin e Vicodin. Porcentagens semelhantes de adolescentes usam

Figura 4.13 Tendências de uso de drogas ilícitas entre adolescentes

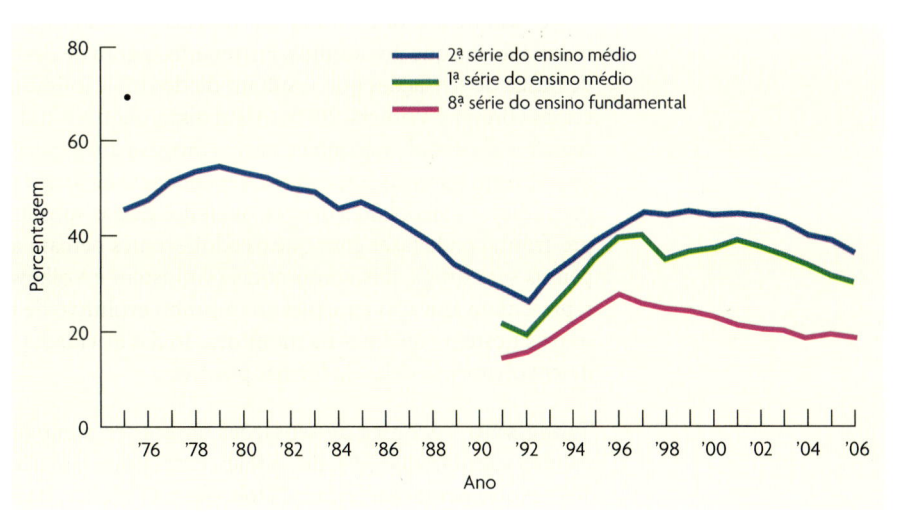

Esta figura mostra a porcentagem de adolescentes que admitiram ter usado drogas ilícitas nos 12 meses anteriores. Como se pode ver, as taxas de uso de droga diminuíram desde a década de 1970.

(*Fonte*: Johnston, O'Malley, Bachman e Schulenberg, 2007.)

Tabela 4.7 Porcentagem de adolescentes que usaram drogas ilícitas nos últimos 12 meses

Droga	8ª série EF	1ª série EM	2ª série EM
Álcool	34%	56%	67%
Maconha	12%	25%	32%
Vicodin*	3%	7%	10%
Comprimidos para emagrecer*	5%	8%	8%
Tranquilizantes*	3%	5%	7%
Remédios para resfriado sem receita médica*	4%	5%	7%
Cocaína	2%	3%	5%
Oxicontin*	3%	4%	4%
MDMA (Ecstasy)	1%	3%	4%
Crack	1%	1%	2%
Ritalina*	3%	4%	4%
Metanfetamina	2%	2%	3%
LSD	<1%	2%	2%
Heroína	1%	1%	1%

*Uso recreativo, fora do propósito para o qual a substância é medicamente aprovada.

Fonte: Johnston et al., 2007.

medicamentos vendidos sem receita, como remédios para tosse. (Nota: Os números na tabela para essas substâncias se referem apenas ao seu uso para outras finalidades além daquelas para as quais elas foram medicamente aprovadas.) Não obstante, o uso de drogas ilícitas é muito menos prevalente que o uso de álcool. Quase um terço dos estudantes de ensino médio relataram ter ficado bêbados no mês anterior ao levantamento.

Adolescentes que expressam o maior interesse em buscar sensações são aqueles que têm maior probabilidade de usar drogas e de consumir álcool (Donohew et al., 1999). Além disso, adolescentes com alta busca de sensações escolhem amigos semelhantes a eles. Uma vez que esses grupos são formados, a busca de sensações se torna um aspecto central de suas atividades. Assim, por exemplo, se um membro experimenta maconha ou álcool, os outros também o fazem. Entretanto, adolescentes que passam muito tempo sozinhos também podem ser vulneráveis ao abuso de substância. Os pesquisadores constataram que adolescentes tímidos, particularmente aqueles com alto grau de neuroticismo, têm mais probabilidade de usar álcool e drogas do que seus pares mais extrovertidos (Kirkcaldy, Siefen, Surall e Bischoff, 2004).

O uso de álcool e outras substâncias por adolescentes leva a diminuição das inibições, da mesma forma que nos adultos. Entretanto, o grau de desinibição e a periculosidade das atividades de busca de sensações que resultam de desinibição induzida por álcool são maiores nos adolescentes (Breyer e Winters, 2005). Além disso, alguns estudos sugerem que o cérebro do adolescente requer mais álcool, maconha e outras drogas para experimentar um "barato", desse modo, o risco de respostas adversas imediatas e dependência de longo prazo é aumentado. Uma vez que se tornem adictos a álcool ou a drogas, os efeitos dessas substâncias sobre o desenvolvimento do córtex pré-frontal pode fazer com que os adolescentes percam a capacidade de julgar o valor de recompensas sem droga, tais como notas (Goldstein e Volkow, 2002). Por essa razão, álcool e drogas representam ameaças enormes ao caminho evolutivo de um adolescente – uma razão a mais para os pais ficarem vigilantes na monitoração das atividades de seus filhos adolescentes e apoiarem o desenvolvimento deles de formas positivas.

Tabagismo A busca de sensações parece ser menos importante no uso de tabaco. Levantamentos sugerem que 12% dos adolescentes norte-americanos representam fumantes regulares, e 30% experimentaram cigarros (Johnston, O'Malley, Bachman e Schulenberg, 2007). As taxas de tabagismo caíram consideravelmente desde que, graças a campanhas de educação do público e à inclusão de informação antitabagismo nos currículos escolares, mais adolescentes têm conhecimento das consequências do fumo para a saúde do que em coortes anteriores. Além disso, muitos adolescentes relatam que se opõem ao tabagismo devido a seu possível efeito sobre sua atratividade a parceiros românticos em potencial.

Adolescentes que acreditam já terem a saúde abalada apresentam mais chances de fumar do que aqueles que se acham saudáveis (Kirkcaldy, Siefen, Surall e Bischoff, 2004; Leff et al., 2003). Note, entretanto, que *percepções* da própria saúde podem ser muito diferentes de condição de saúde real. Portanto, a questão aqui é que adolescentes que começam a fumar *acreditam* que sua saúde é fraca, independentemente do quanto eles podem ser realmente saudáveis. Eles também parecem acreditar que têm pouco ou nenhum poder de afetar sua saúde futura. Em outras palavras, adolescentes fumantes desse tipo têm uma atitude de "O que eu tenho a perder?" em relação ao fumo porque se veem como destinados a um futuro de saúde fraca não importa o que façam.

A influência dos pares desempenha um papel importante no tabagismo adolescente. Quando um adolescente não fumante começa a se associar com um grupo coeso de adolescentes entre os quais o fumo é um comportamento proeminente e um sinal de associação ao grupo, ele provavelmente adotará o hábito também. De fato, alguns desenvolvimentalistas aconselham os pais que se os amigos de seu filho adolescente fumam, especialmente amigos íntimos com os quais o filho passa muito tempo, os pais devem provavelmente supor que seu filho também fuma (Urberg, Degirmencioglu e Pilgrim, 1997). Além disso, o período entre as idades de 15 e 17 anos parece ser o tempo durante o qual um adolescente está mais suscetível a influências dos pares com relação ao tabagismo (West, Sweeting e Ecob, 1999). Evidentemente, então, ao monitorar os amigos de seus filhos de 15 a 17 anos e ao desencorajá-los a se associarem com fumantes, os pais podem ajudar a evitar que seus filhos adolescentes fumem (Mott, Crowe, Richardson e Flay, 1999).

A influência dos pais também é importante – um padrão especialmente claro para mães e filhas (Kandel e Wu, 1995). Quando um adulto para de fumar, a probabilidade de que seus filhos fumem diminui. Portanto, uma outra forma de prevenir o tabagismo adolescente é encorajar os pais a abandonar o hábito. Além disso, ter uma regra familiar contra uso de substâncias – incluindo drogas, álcool e tabaco – tem muito mais influência sobre as decisões de um adolescente sobre usar essas substâncias do que a maioria dos pais pensa (Abdelrahman, Rodriguez, Ryan, French e Weinbaum, 1998; Mott et al., 1999). Igualmente, adolescentes que consideram o tabagismo moralmente errado são menos propensos a fumar do que seus pares que não consideram o fumo uma questão moral (Taylor et al., 1999). Portanto, pais que pensam que o uso de tabaco é moralmente errado devem discutir suas crenças com seus filhos.

Mortalidade

> **Objetivo da aprendizagem 4.19**
> Quais são as principais causas de morte entre crianças e adolescentes?

Aqueles de nós que vivem em países com taxas relativamente baixas de mortalidade infantil estão acostumados a pensar na infância como um tempo basicamente saudável. Contudo, no mundo inteiro, mais de 10% das crianças morrem antes dos 5 anos; em muitos países, a taxa é mais alta que 20% (Public Health Policy Advisory Board, 2001). Em países menos desenvolvidos, a causa mais comum de morte é a diarreia, agravada pela subnutrição (Dillingham e Guerrant, 2004). Em comparação, as principais causas de morte de crianças nos Estados Unidos são acidentes, particularmente acidentes de automóvel (Hoyert, Kung e Smith, 2005).

Felizmente, a taxa de mortes na infância nos Estados Unidos vem diminuindo uma média de aproximadamente 2% ao ano nas últimas cinco décadas (Hoyert et al., 2005; Singh e Yu, 1996), sugerindo que, como sociedade, começamos a controlar pelo menos algumas das causas de mortalidade, particularmente através do uso de cintos e assentos de segurança para crianças e capacetes para bicicletas. Entretanto, os Estados Unidos continuam a ter amplas variações étnicas nas médias de mortalidade entre crianças. Crianças afro-americanas – especialmente meninos afro-americanos – têm as mais altas taxas de morte, principalmente devido a índices muito mais altos de acidentes e homicídios; crianças asiático-americanas têm os índices mais baixos, com crianças brancas americanas no meio (Heron, 2007).

Durante a adolescência, os acidentes continuam a ser a causa mais frequente de morte na maioria dos grupos nos Estados Unidos. Entretanto, entre afro-americanos, o homicídio supera os acidentes como causa principal de morte após os 15 anos (Heron, 2007). De fato, meninos adolescentes afro-americanos têm quase dez vezes mais probabilidade que seus pares brancos de morrer como resultado de homicídio. A proporção de meninas adolescentes afro-americanas em relação às brancas que morrem como resultado de homicídio é quase tão alta, embora as taxas de homicídio sejam muito mais baixas entre mulheres do que entre homens em todos os grupos étnicos. As taxas de suicídio e acidentes são mais baixas entre adolescentes afro-americanos do que em outros grupos étnicos. E mortes devido a doença ocorrem com quase a mesma frequência entre afro-americanos quanto entre adolescentes de outras etnias. Entretanto, a incidência muito alta de mortes por homicídio eleva as taxas de mortalidade globais para adolescentes afro-americanos acima das de adolescentes em outros grupos.

Pensamento crítico

- Neste capítulo você aprendeu que os meninos desenvolvem habilidades motoras finas em um ritmo mais lento do que as meninas. Como você acha que essa diferença de sexo afeta as experiências dos meninos na escola?
- O que você diria à mãe de uma criança acima do peso que acredita que seu filho está apenas carregando alguma "gordura de bebê" que certamente perderá no futuro?

Conduza sua própria pesquisa

Estudos de comportamento alimentar mostraram que meninas em idade escolar e adolescentes têm cinco ou seis vezes mais probabilidade que meninos de terem feito dieta pelo menos dez vezes no último ano. Tente indagar 20 estudantes do sexo masculino e 20 do sexo feminino sobre quantas vezes tentaram deliberadamente perder peso no último ano. Compare seus achados com taxas de diferenças de sexo na dieta entre crianças e adolescentes. Desenvolva uma teoria para explicar quaisquer diferenças etárias que você encontrar.

Resumo

O CÉREBRO E O SISTEMA NERVOSO

4.1 Quais são os principais surtos de crescimento no cérebro?

- O cérebro desenvolve-se em surtos. Diversos surtos curtos ocorrem nos primeiros anos, seguidos por períodos de crescimento mais longos em torno das idades de 4, 6, 10, 13 e 17 anos.

4.2 O que são sinaptogênese e poda?

- Na maior parte do cérebro, o desenvolvimento sináptico (sinaptogênese) alcança seu primeiro pico entre 12 e 24 meses, após isso há uma eliminação (poda) de sinapses desnecessárias. Períodos de crescimento sináptico seguidos por poda de caminhos redundantes continuam a ocorrer durante toda a infância e a adolescência.

4.3 Como o processo de mielinização influencia a função cerebral?

- A mielinização de fibras nervosas ocorre rapidamente nos primeiros anos, mas continua durante toda a infância e a adolescência. A mielinização aumenta a eficiência da transmissão neural. É um processo gradual; apenas as estruturas que são necessárias para apoiar as funções vitais básicas são mielinizadas no nascimento. Estruturas cerebrais que são críticas para a memória e para outras formas de processamento complexo de informação tornam-se mielinizadas mais tarde na infância.

4.4 Quais são os marcos do processo de lateralização?

- Mudanças significativas na lateralização cerebral acontecem na primeira infância. Alguns aspectos da função de linguagem são lateralizados. Outros não são lateralizados até o final da primeira infância. A percepção de objeto é lateralizada na primeira infância, mas a percepção espacial complexa não é lateralizada até os 8 anos. A lateralidade (dominância manual) está fracamente relacionada a lateralização cerebral, mas a associação entre as duas é pouco entendida atualmente.

TAMANHO, FORMA E HABILIDADES

4.5 Que padrões de crescimento são evidentes na infância e na adolescência?

- As mudanças na altura e no peso são rápidas durante os primeiros dois anos, e então se nivelam a um ritmo constante até a adolescência, quando um estirão de crescimento agudo ocorre.

4.6 De que maneiras ossos, músculos e gordura mudam?

- Os ossos aumentam em número em algumas articulações (pulso) mas diminuem em quantidade em outras (crânio). O endurecimento ósseo, ou ossificação, contribui para o desenvolvimento de habilidades motoras. O tecido muscular aumenta principalmente na densidade e no comprimento das fibras, com um aumento muito maior na adolescência para meninos do que para meninas. Células adiposas são adicionadas nos primeiros anos e então novamente de forma muito rápida na adolescência, neste caso mais para meninas do que para meninos.

4.7 Como muda a capacidade das crianças de usar o corpo?

- Crianças de 6 ou 7 anos fazem uso confiante da maioria das habilidades motoras grosseiras, embora ainda haja refinamentos por vir; as habilidades motoras finas para muitas tarefas escolares não estão totalmente desenvolvidas até algum momento nos anos do ensino fundamental.

OS SISTEMAS ENDÓCRINO E REPRODUTIVO

4.8 Quais são as contribuições dos vários hormônios para o desenvolvimento físico?

- As mudanças físicas da adolescência são desencadeadas por um conjunto complexo de alterações hormonais, começando por volta dos 8 anos. Aumentos muito grandes nos hormônios gonadotróficos que, por sua vez, ativam a produção aumentada de estrógeno e testosterona, são centrais ao processo.

4.9 Quais são as sequências de mudanças puberais em meninos e meninas?

- Em meninas, a maturidade sexual é alcançada em um conjunto de mudanças começando já a partir dos 8 ou 9 anos. A menarca ocorre relativamente tarde na sequência. Os meninos atingem a maturidade mais tarde, com o estirão de crescimento ocorrendo um ano ou mais após o início das alterações genitais.

4.10 Como o momento da puberdade afeta o desenvolvimento dos adolescentes?

- As variações na taxa de desenvolvimento puberal têm alguns efeitos psicológicos. Em geral, crianças cujo desenvolvimento físico é mais precoce ou mais tardio do que elas esperam ou desejam apresentam mais efeitos negativos do que aquelas cujo desenvolvimento acontece "na hora".

COMPORTAMENTO SEXUAL NA ADOLESCÊNCIA

4.11 Quais são os fatores étnicos, sociais e acadêmicos que predizem comportamento sexual precoce?

- A atividade sexual entre adolescentes aumentou nas últimas décadas nos Estados Unidos. Comparados com adolescentes que adiam a atividade sexual até o fim do ensino médio, adolescentes que iniciam a atividade sexual mais cedo são menos interessados na escola e têm mais probabilidade de virem de famílias mais pobres ou de famílias nas quais a atividade sexual é tolerada, mais probabilidade de usar álcool e mais probabilidade de terem sofrido abuso.

4.12 Que doenças sexualmente transmissíveis são comuns entre adolescentes sexualmente ativos?

- Os adolescentes nos Estados Unidos sofrem de uma variedade de doenças sexualmente transmissíveis. As DSTs mais comuns entre adolescentes são clamídia e o vírus do papiloma humano (HPV). A maioria dos adultos apoia programas de educação sexual para combater a disseminação de DSTs, mas não há consenso sobre a efetividade de várias abordagens.

4.13 Quais são os fatores associados à gravidez na adolescência?

- Os fatores de risco para gravidez adolescente incluem atividade sexual precoce, baixo nível de educação parental, vir de um lar monoparental e ser filha de mãe adolescente. As consequências de longo prazo para meninas que têm filhos durante a adolescência são em média negativas, embora uma minoria significativa dessas meninas seja capaz de superar suas desvantagens iniciais.

4.14 De que formas adolescentes homossexuais, bissexuais e transgêneros são diferentes e semelhantes a seus pares?

- A pesquisa sugere que tanto hereditariedade quanto ambiente contribuem para o desenvolvimento da orientação sexual. A atração sexual surge no início da adolescência tanto para adolescentes heterossexuais quanto homossexuais. Alguns adolescentes homossexuais experimentam relacionamentos com o mesmo sexo e com o sexo oposto antes de estabelecer uma identidade homossexual. Adolescentes transgêneros são aqueles cujo gênero psicológico não combina com seu sexo biológico. A causa do transgenderismo é desconhecida, mas hormônios pré-natais podem ser um fator.

SAÚDE E BEM-ESTAR

4.15 Quais são as necessidades e as preocupações de saúde de crianças e adolescentes?

- Como os bebês, as crianças mais velhas se beneficiam de avaliações médicas regulares. Muitas vacinas são necessárias para matrícula e frequência a uma escola. Doenças agudas são uma parte normal do início de vida das crianças e acidentes são razoavelmente comuns. Crianças de todas as idades necessitam de avaliações e vacinações regulares.

4.16 De que formas o ganho excessivo de peso ameaça a saúde imediata e futura de crianças e adolescentes?

- O ganho excessivo de peso é um padrão no qual as crianças ganham mais peso em um ano do que é adequado para sua altura, sua idade e seu sexo. Se uma criança ganha quantidades excessivas de peso durante alguns anos, ela corre o risco de ter problemas de peso e inúmeros problemas sérios de saúde na idade adulta.

4.17 Como a pobreza afeta a saúde das crianças?

- Virtualmente todas as formas de incapacidade física, doença crônica, doença aguda e acidentes são mais frequentes entre crianças que vivem na pobreza. As explicações se concentram no acesso limitado a tratamento de saúde e em situações domésticas e de vizinhança mais perigosas entre os pobres, bem como nos efeitos de comportamentos parentais como tabagismo e abuso de substância sobre a saúde das crianças.

4.18 Como os psicólogos explicam o comportamento arriscado na adolescência?

- Aumentos na busca de sensações na adolescência podem ser causados por alterações no cérebro. As influências dos pares e o desejo de estabelecer autonomia também podem ser fatores de contribuição. Os comportamentos de busca de sensações são um risco significativo à saúde nesse grupo etário. O uso de tabaco, álcool e drogas são riscos adicionais para alguns adolescentes.

4.19 Quais são as principais causas de morte entre crianças e adolescentes?

- Após a primeira infância, as taxas de mortalidade são baixas entre crianças, com a maioria das mortes sendo devido a acidentes. Entre adolescentes, o homicídio é uma causa significativa de morte, especialmente para meninos afro-americanos.

Termos-chave

áreas de associação (p. 114)
atenção seletiva (p. 114)
busca de sensações (p. 138)
cognição espacial (p. 116)
condição socioeconômica (CSE) (p. 138)
corpo caloso (p. 115)
córtex cerebral (p. 111)
córtex pré-frontal (CPF) (p. 112)
curva de crescimento (p. 118)
desenvolvimento motor (p. 120)
doenças sexualmente transmissíveis (DSTs) (p. 128)
em risco para sobrepeso (p. 136)
fontanela (p. 119)

formação reticular (p. 114)
ganho excessivo de peso (p. 135)
glândula pituitária (hipófise) (p. 123)
glândulas endócrinas (p. 123)
hipocampo (p. 115)
hormônios gonadotróficos (p. 123)
idade óssea (p. 119)
IMC para a idade (p. 136)
índice de massa corporal (IMC) (p. 135)
lateralidade (dominância manual) (p. 116)
lateralização (p. 115)
medula (p. 111)
menarca (p. 125)

mesencéfalo (p. 111)
mielinização (p. 114)
neurotransmissores (p. 113)
orientação direita-esquerda relativa (p. 116)
ossificação (p. 119)
percepção espacial (p. 116)
plasticidade (p. 113)
poda (p. 113)
puberdade (p. 123)
sinaptogênese (p. 113)
sobrepeso (p. 136)
tendência secular (p. 125)

Desenvolvimento Perceptual 5

Objetivos da Aprendizagem

Reflexão sobre o desenvolvimento perceptual

5.1 Quais são as três abordagens ao estudo das habilidades perceptuais dos bebês?

5.2 Quais são os argumentos a favor das visões nativista e empirista do desenvolvimento perceptual?

Habilidades sensoriais

5.3 Como as habilidades visuais do bebê mudam durante os primeiros meses de vida?

5.4 Como os sentidos de audição, olfato, paladar, tato e movimento dos bebês se comparam aos de crianças mais velhas e adultos?

Habilidades perceptuais

5.5 Como a percepção visual muda durante os primeiros meses e anos de vida?

5.6 Como os bebês percebem a fala humana e outros estímulos auditivos?

5.7 O que é percepção intermodal e quando ela se desenvolve?

5.8 O que são constâncias perceptuais e quando elas são importantes para a percepção?

O conceito de objeto

5.9 Que tipos de regras os bebês parecem usar na percepção de objetos?

5.10 O que é permanência do objeto e como ela se desenvolve?

Percepção de sinais sociais

5.11 Como a capacidade dos bebês de perceber emoções muda durante o primeiro ano?

5.12 Que diferenças interculturais foram observadas na percepção emocional?

Quando o ônibus escolar de Julio iniciou a rota familiar da escola para casa, o aluno do jardim de infância pensou sobre o quanto ele estava orgulhoso de si mesmo por aprender a recitar o Juramento de Fidelidade. Sua classe do jardim de infância tinha trabalhado nisso durante semanas, e ele mal podia esperar para chegar em casa e recitá-lo para sua mãe. Quando o ônibus parou na frente do prédio de apartamentos da família de Julio, ele saltou pela porta e disse para a mãe que o aguardava, "Mamãe, eu consigo dizer todo o juramento. Quer ouvir?".

A mãe de Julio respondeu, "Claro, mas espere até entrarmos em casa".

Uma vez dentro do apartamento, Julio colocou sua mochila sobre o sofá e aprumou os ombros, limpando a garganta enquanto arrumava a camiseta. Ele irradiava orgulho quando começou:

Juro lealdade à bandeira dos estacos umidos da América e à república…

Quando Julio terminou, sua mãe aplaudiu e o elogiou, mas sentiu-se compelida a corrigir seus erros. "Foi maravilhoso, filho. Acho que ainda é preciso praticar um pouco mais. Primeiro, é 'u*n*idos', não 'u*m*idos'", ela disse.

"O que é 'unidos'?" Julio perguntou, parecendo confuso.

"Significa coisas separadas que são reunidas em uma só, como quando você monta um quebra-cabeças e as peças formam uma figura grande", respondeu a mãe.

"Oh, entendi... 'unidos'", Julio disse, experimentando a nova palavra.

A mãe de Julio explicou cuidadosamente cada palavra que ele tinha entendido mal no juramento e ajudou-o a praticar, recitando-o até ele poder entender perfeitamente.

Todos já ouvimos crianças cometerem erros como os de Julio, e a maioria de nós os considera adoráveis. Você deve lembrar do Capítulo 3 que *sensação* é o processo de assimilar informação sensorial bruta, e *percepção* é o processo de dar significado àquela informação. Em outras palavras, o estímulo sensorial chega ao cérebro vindo de fora, e nós usamos informações que já estão armazenadas no cérebro para dar sentido a ele. No caso de Julio, ele não estava familiarizado com a palavra "unidos", então ligou a informação sensorial contida no som da palavra a uma que ele conhecia, "úmido". Portanto, para Julio, "unidos" tornou-se "úmidos".

A mãe de Julio foi capaz de explicar os significados das palavras no juramento de modo que ele pudesse percebê-los adequadamente. Mas como o ambiente explica a bebês o que eles precisam saber para dar significado ao que veem, ouvem, cheiram, provam e sentem? Como veremos, alguns desenvolvimentalistas argumentam que os bebês adquirem tal conhecimento através de observação e ação sobre o mundo. Outros dizem que há alguns mecanismos perceptuais básicos que estão presentes no cérebro ao nascimento. Neste capítulo, você lerá sobre esse debate e ficará sabendo o que pesquisadores de ambos os lados descobriram sobre a capacidade de bebês e crianças pequenas de entender o mundo.

Reflexão sobre o desenvolvimento perceptual

O estudo do desenvolvimento perceptual tem sido significativo porque vem representando um campo de batalha fundamental na discussão sobre natureza *versus* criação – embora os teóricos que estudam o desenvolvimento perceptual se refiram ao contraste entre *nativismo* e *empirismo*. **Nativismo** é a visão de que a maioria das capacidades perceptuais é inata. O **empirismo** afirma que essas habilidades são aprendidas. Essa questão tem sido tão central em estudos da percepção que os pesquisadores costumam dedicar quase toda a sua atenção nos bebês; apenas observando bebês eles podem observar o organismo quando ele está relativamente livre da influência de experiências específicas (Bornstein, Arterberry e Nash, 2005).

nativismo A visão de que as capacidades perceptuais são inatas.

empirismo A visão de que as capacidades perceptuais são aprendidas.

> **Objetivo da aprendizagem 5.1**
> Quais são as três abordagens ao estudo das habilidades perceptuais dos bebês?

Formas de estudar as primeiras habilidades perceptuais

Levou algum tempo para os psicólogos imaginarem uma forma de estudar as habilidades perceptuais dos bebês. Eles não podem falar e não podem responder a perguntas comuns; portanto, como os pesquisadores decifrariam apenas o que eles podiam ver, ouvir ou discriminar? Finalmente, pesquisadores perspicazes imaginaram três métodos básicos para "perguntar" a um bebê sobre o que ele experimenta. Com a técnica da preferência, criada por Robert Fantz (1956), simplesmente são mostradas ao bebê duas figuras – ou dois objetos – e o pesquisador observa por quanto tempo o bebê olha para cada um. Se muitos bebês aos quais é mostrado o mesmo par de figuras consistentemente olharem mais tempo para uma figura do que para a outra, esse resultado não apenas indica que os bebês veem alguma diferença entre as duas, mas também revela alguma coisa sobre os tipos de objetos ou figuras que atraem sua atenção.

Outra estratégia tira partido dos processos de habituação e desabituação sobre os quais você aprendeu no Capítulo 3. Os pesquisadores primeiro apresentam a um bebê uma figura ou um som repetidamente até que ele se habitue – ou seja, até ele parar de olhar ou de mostrar interesse. Então os experimentadores apresentam nova figura, novo som ou objeto que seja ligeiramente diferente do original e observam se o bebê mostra um interesse renovado (desabituação). Se o bebê não mostrar interesse renovado, eles sabem que ele percebe o estímulo ligeiramente mudado como "diferente" em algum aspecto do original.

A terceira opção é usar os princípios do condicionamento operante, descrito no Capítulo 1. Por exemplo, um bebê poderia ser treinado para virar sua cabeça ao ouvir um determinado som, com a utilização de um brinquedo interessante em movimento como um reforço. Após a resposta aprendida ser bem estabelecida, o experimentador pode variar o som de alguma forma sistemática para ver se o bebê ainda vira a cabeça.

Sucesso! A colher está na boca! Com 1 ano, Genevieve ainda não tem muita habilidade, mas ela já é capaz de coordenar as habilidades perceptuais e motoras envolvidas nessa tarefa complexa pelo menos um pouco.

Explicações do desenvolvimento perceptual

> **Objetivo da aprendizagem 5.2**
> Quais são os argumentos a favor das visões nativista e empirista do desenvolvimento perceptual?

Observamos anteriormente que o estudo da percepção, mais do que qualquer outro tema na psicologia do desenvolvimento – exceto, talvez, pela inteligência –, tem sido dominado por questões de natureza *versus* criação, ou nativismo *versus* empirismo. Certamente, há outras questões teóricas merecedoras de estudo, mas dada a importância do argumento histórico entre os nativistas e os empiristas, vale a pena examinar mais de perto o atual entendimento dessa questão sobre desenvolvimento perceptual.

Argumentos a favor do nativismo   Não é difícil encontrar argumentos fortes a favor da posição nativista sobre desenvolvimento perceptual. À medida que os pesquisadores se tornaram cada vez mais perspicazes para imaginar formas de testar as habilidades perceptuais dos bebês, eles encontraram mais e mais habilidades já presentes em bebês recém-nascidos ou muito jovens: os recém-nascidos têm boa audição, visão fraca mas adequada e excelente percepção de tato e paladar. Eles têm pelo menos alguma visão em cores e pelo menos uma capacidade rudimentar de localizar a fonte de sons em torno deles. Mais impressionante ainda, eles são capazes de fazer discriminações bastante sofisticadas desde os primeiros dias de vida, incluindo identificar suas mães por visão, olfato ou som.

Bebês recém-nascidos ou muito jovens também não têm que ser ensinados a olhar. Há "regras" para olhar, escutar e tocar que podem ser detectadas no nascimento. Como Kagan (1971, p. 60) expressa: "A natureza aparentemente equipou o recém-nascido com uma tendência inicial no processamento de experiência. Ele não precisa, como os empiristas do século XIX acreditavam, aprender o que deve examinar". Além disso, estudos sobre o entendimento objetal dos bebês indicam uma forte possibilidade de que outras "suposições" ou tendências sobre a forma como o mundo é organizado também podem ser inatas.

O fato de que as "regras" parecem mudar com a idade também pode ser explicado em termos nativistas, visto que o sistema nervoso está passando por um amadurecimento rápido durante os primeiros meses de vida, de uma forma aparentemente automática, na medida em que sinapses pré-programadas são formadas rapidamente. Além disso, essas mudanças de regra parecem ocorrer em surtos. Um desses conjuntos de mudanças parece ocorrer em torno dos 2 ou 3 meses, quando os bebês parecem desviar o foco de seus olhos de contornos e bordas para uma análise visual mais detalhada de objetos ou figuras. Aproximadamente na mesma idade, um bebê torna-se capaz de acompanhar suavemente objetos. Outra mudança parece ocorrer em torno dos 4 meses, quando uma quantidade de habilidades de discriminação, incluindo percepção profunda e coordenação de informação auditiva e visual, torna-se evidente pela primeira vez.

Naturalmente, é possível que esse amontoado de mudanças aos 4 meses reflita o fato acidental de muitos pesquisadores escolherem estudar bebês dessa idade em vez de bebês mais jovens. Talvez, contudo, uma razão importante para os pesquisadores escolherem estudar bebês dessa idade é que eles são significativamente mais fáceis de testar – porque houve alguma mudança maturacional subjacente que os torna mais atentos, mais capazes de se focalizar, mais estáveis no estado.

Finalmente, podemos encontrar apoio para uma posição nativista em comparações do desenvolvimento perceptual de bebês nascidos após o período gestacional normal *versus* aqueles nascidos prematuros ou no tempo normal. Em um desses estudos, Yonas (1981) comparou a resposta de dois grupos de bebês de 6 semanas de vida: um grupo de bebês de tempo normal e um grupo de bebês nascidos 3 a 4 semanas mais tarde (pós-maturo). Os dois grupos foram testados para percepção profunda usando o método de vulto de objetos. Yonas verificou que os bebês pós-maturos apresentavam reações mais consistentes ao vulto de objetos, ainda que ambos os grupos tivessem precisamente o mesmo número de semanas de experiência com objetos desde o nascimento. Portanto, parece que é a idade maturacional, e não a experiência, que importa nesse caso, o que fortalece uma posição nativista ou biológica.

Argumentos a favor do empirismo

Do outro lado da razão, entretanto, podemos encontrar grande quantidade de evidências de pesquisa com outras espécies de que algum nível mínimo de experiência é necessário para sustentar o desenvolvimento dos sistemas perceptuais – o padrão de efeito ambiental que Aslin denomina *manutenção* (ver Figura 1.1). Por exemplo, animais privados de luz apresentam deterioração de todo o sistema visual e uma diminuição consequente nas capacidades perceptuais (Hubel e Weisel, 1963). Igualmente, animais privados de estímulos auditivos exibem habilidades perceptuais auditivas atrasadas ou não desenvolvidas (Dammeijer, Schlundt, Chenault, Manni e Anteunis, 2002).

Também é possível encontrar apoio para a versão negativa do efeito de facilitação de Aslin: bebês sem estimulação perceptual suficiente podem se desenvolver mais lentamente. O estudo de bebês órfãos no Irã, feito por Wayne Dannis (1960), ilustra essa possibilidade. Os bebês que não tiveram uma chance de olhar coisas, de explorar objetos com mãos, olhos e boca, e que foram privados da oportunidade de se movimentar livremente, apresentaram atraso no desenvolvimento de habilidades tanto perceptuais quanto motoras.

Sintonia também pode ocorrer. As evidências de estudos com outras espécies sugerem que animais completamente privados de experiências visuais nos primeiros meses de vida nunca desenvolvem o mesmo grau de percepção profunda que aqueles com experiência visual total (Gottlieb, 1976b). A capacidade de integrar informação de diferentes sentidos também depende de experiência precoce. Por exemplo, você tem uma boa ideia da sensação de um determinado tecido apenas olhando para ele. Isso é devido a experiências nas quais você usou tanto a visão quanto seu sentido de tato para absorver informações sobre o tecido. Então, quando você vê diferentes tipos de tecidos, seu cérebro pode formar uma hipótese razoável sobre a sensação deles sem na verdade tocá-los. Estudos com primatas mostram que a capacidade de criar ligações entre os vários sentidos não se desenvolve a menos que a informação que requer múltiplas modalidades sensoriais esteja presente no ambiente nos primeiros meses após o nascimento (Batterson, Rose, Yonas, Grant e Sackett, 2008).

Integrando as posições nativista e empirista

Podemos entender melhor o desenvolvimento de habilidades perceptuais pensando nelas como o resultado de uma interação entre fatores inatos e experienciais. A relação entre os processos inatos e o papel do ambiente é um pouco como a diferença entre o sistema operacional de um computador e seus aplicativos. A máquina perceptual (caminhos neurais específicos, regras para examinar o mundo, tendência a procurar padrões, etc.) pode ser pré-programada; enquanto o aplicativo (o programa que governa a resposta de uma criança a um ambiente real em particular) depende da experiência específica. Uma criança é capaz de fazer discriminação visual entre pessoas ou entre objetos dentro dos primeiros dias ou semanas de vida. Isso está incorporado à máquina. A discriminação específica e o número de objetos separados que ela aprende a reconhecer, entretanto, dependerão de sua experiência.

Ela inicialmente é capaz de discriminar todos os contrastes de sons que existem em qualquer linguagem falada, mas os contrastes de sons específicos nos quais ela eventualmente se concentra e a linguagem real que ela aprende dependem da linguagem que ela ouve. O sistema básico é, portanto, adaptado ao ambiente específico no qual a criança se encontra. Um exemplo perfeito disso, naturalmente, é a capacidade do recém-nascido de discriminar o rosto de sua mãe do rosto de uma mulher muito parecida. Tal discriminação deve ser resultado de experiência; contudo, a capacidade de fazer a distinção deve ser inata. Portanto, como é o caso de virtualmente todas as disputas teóricas dicotômicas, ambos os lados estão certos. Natureza e criação estão envolvidas.

Habilidades sensoriais

Quando os desenvolvimentalistas estudam as habilidades sensoriais, eles estão perguntando apenas que informação os órgãos sensoriais recebem. A estrutura do olho permite que os bebês vejam cores? A estrutura do ouvido e do córtex é tal que um bebê muito jovem pode diferenciar intensidades diferentes? O tema comum que permeia tudo o que você lerá sobre habilidades sensoriais nesta seção é que bebês recém-nascidos e jovens têm muito mais capacidade sensorial do que os médicos ou psicólogos pensavam mesmo há poucas décadas. Talvez porque as habilidades motoras dos bebês sejam tão obviamente pobres, supúnhamos que suas habilidades sensoriais eram igualmente fracas. Mas estávamos errados.

acuidade visual O quanto uma pessoa pode enxergar bem.

rastreamento Seguir um objeto em movimento com os olhos.

Visão

Até 20 ou 30 anos atrás, muitos textos médicos afirmavam que bebês recém-nascidos eram cegos. Agora sabemos que o recém-nascido tem habilidades visuais mais pobres do que crianças mais velhas, mas definitivamente não é cego.

> **Objetivo da aprendizagem 5.3**
> Como as habilidades visuais do bebê mudam durante os primeiros meses de vida?

Acuidade visual Em adultos, o padrão usual para **acuidade visual** – o quanto se pode enxergar bem – é a visão 20/20. Se você tem visão 20/20, pode enxergar e identificar alguma coisa que esteja a 20 pés (6 metros) de distância. Uma pessoa com visão 20/100, ao contrário, tem que estar a 20 pés (6 metros) de distância para enxergar alguma coisa que a pessoa de visão normal pode enxergar de 100 pés (30 metros). Em outras palavras, quanto mais alto o segundo número, mais pobre é a acuidade visual da pessoa. No nascimento, a acuidade visual de um bebê está na variação de 20/200 a 20/400, mas melhora rapidamente durante o primeiro ano como resultado de todas as mudanças que ocorrem no cérebro, incluindo mielinização, desenvolvimento dendrítico e poda. A maioria dos bebês alcança o nível de visão 20/20 em torno dos 2 anos (Keech, 2002).

O fato de que o recém-nascido enxerga deficientemente não é uma coisa tão negativa como poderia parecer a princípio. Naturalmente, isso significa que um bebê não enxerga de longe as coisas muito claramente; ele provavelmente pode enxergar suficientemente bem para distinguir duas pessoas em pé perto dele. Mas ele enxerga muito bem de perto, que é tudo o que ele necessita para a maioria dos encontros com as pessoas que cuidam dele ou com objetos imediatamente à mão, como o seio, a mamadeira ou móbiles pendurados sobre seu berço.

Acompanhando objetivos no campo visual Quando um bebê tenta colocar uma colher na boca, uma das coisas que ele precisa fazer é manter seus olhos em sua mão ou na colher enquanto a movimenta em sua direção. Esse processo de acompanhar um objeto em movimento com os olhos é denominado **rastreamento**, e você faz isso todos os dias em uma variedade de situações. Você rastreia o movimento de outros carros quando está dirigindo; rastreia enquanto observa um amigo caminhar em sua direção através da sala; etc. Visto que um bebê recém-nascido ainda não pode se mover independentemente, uma quantidade de experiências com objetos acontecem com coisas

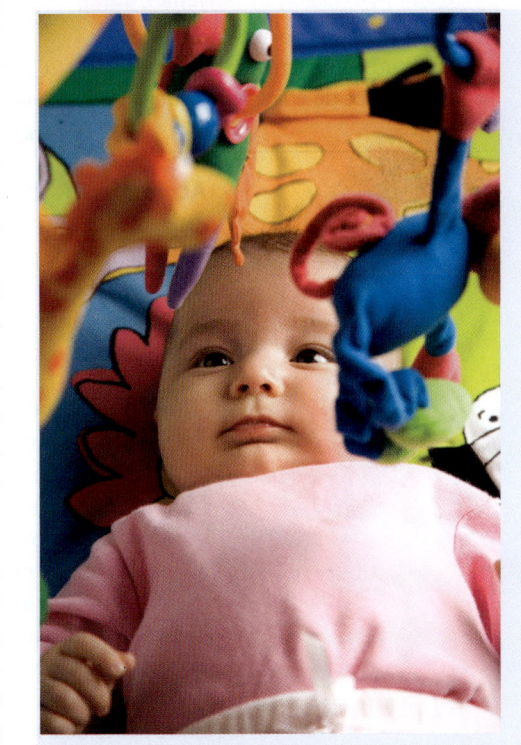

Aos 2 meses, a acuidade visual de Eleanor é tão boa que ela pode enxergar claramente o móbile colorido pendurado sobre seu berço.

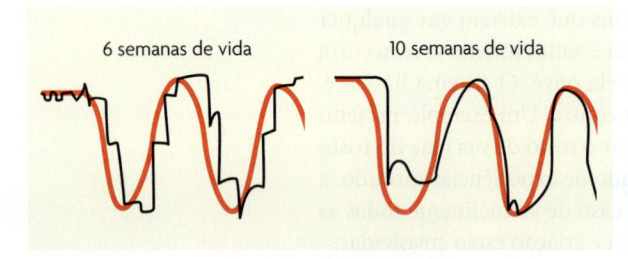

Figura 5.1 Habilidades de rastreamento dos bebês

A linha vermelha em cada figura mostra a trajetória da linha em movimento que os bebês tentaram acompanhar com os olhos na experiência de Aslin. A linha preta representa os movimentos de um bebê de 6 semanas e novamente com 10 semanas. Com 6 semanas, o bebê acompanhou mais ou menos a linha, mas não regularmente. Com 10 semanas, a habilidade de rastreamento do mesmo bebê era notavelmente regular e precisa.

(*Fonte*: Aslin, Richard N., "Motor Aspects of Visual Development in Infancy." *Handbook of Infant Perception: Vol. 1, From Sensation to Perception*. P. Salapatek e L. Cohen, Eds. © 1987 por Academic Press. Adaptada com permissão.)

que se movem na direção dele ou para longe dele. Se ele quiser ter sucesso em reconhecer objetos, precisa ser capaz de manter seus olhos sobre eles enquanto se movem; ele deve ser capaz de rastrear.

Estudos realizados por Richard Aslin (1987) e outros mostram que o rastreamento é inicialmente bastante ineficiente, mas melhora muito rapidamente. Bebês com menos de 2 meses apresentam algum rastreamento por breves períodos se o alvo estiver se movendo de maneira muito lenta, mas uma mudança ocorre em algum momento em torno de 6 a 10 semanas, e o rastreamento dos bebês se torna hábil muito rapidamente. Você pode ver a mudança na Figura 5.1, extraída de um estudo de Aslin.

Visão em cores Os pesquisadores estabeleceram que os tipos de células oculares necessárias para perceber as cores vermelho e verde (os cones) estão claramente presentes na idade de 1 mês, talvez até no nascimento; os cones necessários para perceber a cor azul estão provavelmente presentes também nessa idade (Bornstein et al., 1992). Portanto, os bebês podem e realmente enxergam e discriminam entre várias cores (Pereverzeva, Hui-Lin Chien, Palmer e Teller, 2002).

Juntos, os achados de pesquisa sobre rastreamento e visão colorida certamente não apoiam a noção de que um bebê é cego no nascimento. Embora seja verdadeiro que a acuidade visual do bebê é inicialmente pobre, ela melhora rapidamente, e outras capacidades visuais são notavelmente bem desenvolvidas desde o início. Há também algumas sugestões interessantes de que algum tipo de "mudança de marcha" pode ocorrer aproximadamente aos 2 meses; inúmeras habilidades, incluindo a exploração de objetos e o rastreamento, melhoram de maneira significativa aproximadamente naquela idade (Bronson, 1994). Mas não sabemos ainda se essas mudanças são o resultado de alterações neurológicas, tais como a rápida proliferação de sinapses e o crescimento de dendritos, de mudanças no próprio olho ou talvez da experiência da criança.

Audição e outros sentidos

Objetivo da aprendizagem 5.4
Como os sentidos de audição, olfato, paladar, tato e movimento dos bebês se comparam aos de crianças mais velhas e adultos?

Conforme vimos no Capítulo 2, os bebês podem ouvir muito antes de nascer. Entretanto, assim como a visão, a audição melhora consideravelmente nos primeiros meses de vida. Os outros sentidos seguem um curso semelhante.

Acuidade auditiva Embora a audição das crianças melhore até a adolescência, a **acuidade auditiva** dos recém-nascidos – como eles ouvem – é na verdade melhor do que sua acuidade visual. As evidências de pesquisa sugerem que dentro da variação geral de altura e intensidade da voz humana, os recém-nascidos ouvem quase tão bem quanto os adultos. Apenas com sons agudos é que a acuidade auditiva deles é menor que a de um adulto; sons agudos devem ser mais altos para um recém-nascido ouvir do que para crianças mais velhas ou adultos (Werner e Gillenwater, 1990).

Detecção de localizações Outra habilidade auditiva básica que existe no nascimento e melhora com a idade é a capacidade de determinar a localização de um som. Visto que seus dois ouvidos são separados um do outro, os sons chegam em um ouvido ligeiramente antes de chegar ao outro; isso permite determinar a localização. Apenas se um som vier de uma fonte equidistante dos dois ouvidos (ao longo da linha média) é que esse sistema falha. Nesse caso, o som chega aos dois ouvidos ao mesmo tempo e você sabe apenas que o som está em algum lugar em sua linha média. Os recém-nascidos podem julgar pelo menos a direção geral da qual um som veio porque eles viram suas cabeças aproximadamente na direção correta do som. A localização mais específica de sons, entretanto, não é bem desenvolvida no nascimento. Por exemplo, Barbara Morrongiello observou as reações de bebês a sons tocados na linha média e então a sons vindos de vários graus distantes da linha média. Entre bebês de 2 meses, é necessário um desvio de cerca de 27 graus afastados da linha média antes que o bebê apresente uma resposta alterada; entre bebês de 6 meses, um desvio de apenas 12 graus é necessário, enquanto aos 18 meses a discriminação de um desvio de 4 graus é possível – quase o nível de habilidade visto em adultos (Morrongiello, 1988, Morrongiello, Fenwick e Chance, 1990).

acuidade auditiva O quanto uma pessoa pode ouvir bem.

Olfato e paladar Os sentidos de paladar e olfato dos bebês foram estudados muito menos do que os outros sentidos. Entretanto, temos algum conhecimento básico sobre eles. Como em adultos, os dois sentidos estão intricadamente relacionados – ou seja, se você não pode sentir cheiros por alguma razão (por exemplo, quando você está resfriado), sua sensibilidade ao gosto também é significativamente reduzida. O olfato é registrado nas membranas mucosas do nariz, que podem discriminar variações quase ilimitadas. As células dessas membranas estão presentes desde o início do desenvolvimento pré-natal, mesmo antes da fase embrionária estar completa (Elmas, Erdogan e Özogul, 2003). Portanto, os bebês vêm ao mundo com o equipamento necessário para sentir cheiros e são aparentemente capazes de usar o sentido do olfato para aprender sobre o mundo mesmo antes de nascer. Os pesquisadores descobriram que recém-nascidos reconhecem o odor de seu próprio líquido amniótico e que bebês de até 1 semana de vida podem discriminar entre os odores de sua mãe e de outras mulheres (Doty, 2003; Rattaz, Goubet e Bullinger, 2005).

O paladar é detectado pelas papilas gustativas na língua, que registram quatro sabores básicos – doce, ácido, amargo e salgado – e um quinto sabor chamado *umami* – o sabor evocado por glutamato, um aminoácido presente na carne, no peixe e nos legumes. Os recém-nascidos parecem responder diferentemente aos quatro sabores básicos (Crook, 1987). Algumas das demonstrações mais claras desse fato vêm de um conjunto simples de estudos realizados por Jacob Steiner (Ganchrow, Steiner e Daher, 1983; Steiner, 1979). Bebês recém-nascidos que nunca foram alimentados foram fotografados antes e depois de água aromatizada ter sido colocada em suas bocas. Variando o sabor, Steiner pôde determinar se os bebês reagiam diferentemente a sabores diversos. Como se pode ver na Figura 5.2, os bebês responderam de modo muito distinto aos sabores doce, ácido e amargo. Os recém-nascidos também podem sentir o sabor umami. Em geral, eles expressam prazer quando os pesquisadores os testam para sensibilidade a esse sabor (Nicklaus, Boggio e Issanchou, 2005). Alguns pesquisadores especulam que as preferências dos recém-nascidos por alimentos doces e outros aromatizados com umami explicam sua atração pelo leite materno, uma substância que é naturalmente rica em açúcares e glutamatos.

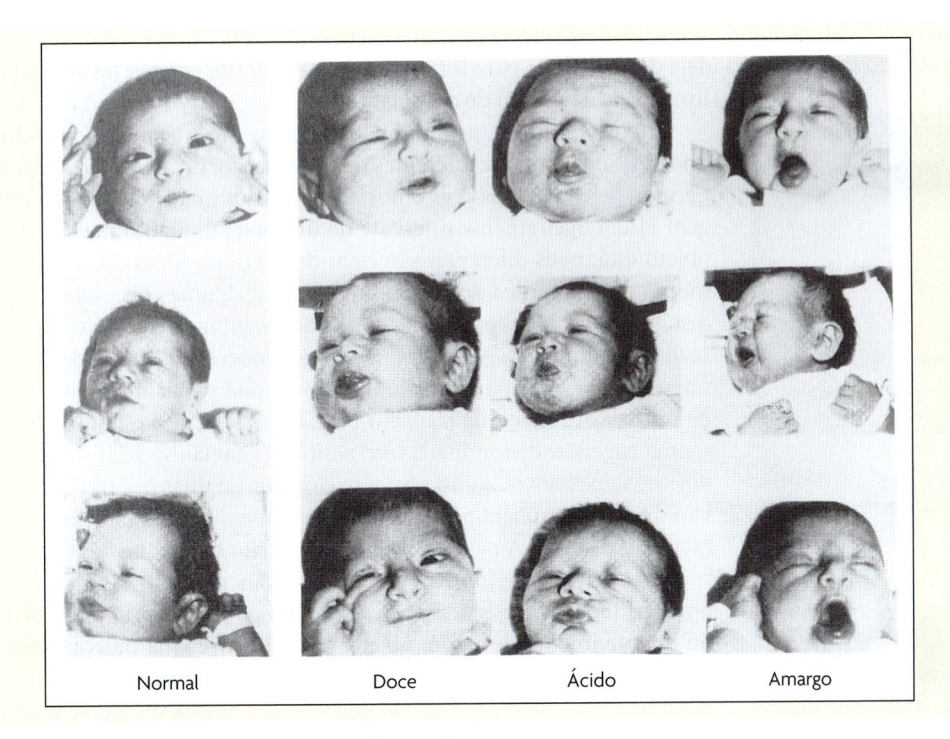

Figura 5.2   Respostas de recém-nascidos a sabores

Estes são três dos recém-nascidos que Steiner observou em suas experiências de resposta a sabor. A coluna da esquerda mostra a expressão normal de cada bebê. As outras colunas mostram a mudança na expressão quando eles experimentaram os sabores doce, ácido e amargo. O notável é como as expressões a cada sabor são semelhantes.

(*Fonte*: Steiner, J.E., "Human Facial Expressions in Response to Taste and Smell Stimulation", em *Advances in Child Development and Behavior*, Vol. 13, H.W. Reese e L.P. Lipsitt, Eds. © 1979 por Academic Press. Com permissão.)

Os sentidos de tato e movimento   Os sentidos de tato e movimento dos bebês podem ser os mais desenvolvidos de todos. A pesquisa sobre a qual você leu no Capítulo 3 a respeito dos efeitos da massagem em bebês prematuros ilustra que mesmo os mais jovens são sensíveis ao tato (Dieter, Field, Hernadez-Reif, Emory e Redzepi, 2003). A percepção de movimento está claramente presente mesmo nos bebês mais jovens, embora um grau considerável de aperfeiçoamento ocorra durante o primeiro ano de vida (Bosworth e Birch, 2005).

Habilidades perceptuais

Em estudos de habilidades perceptuais, os desenvolvimentalistas perguntam o que o indivíduo faz com a informação sensorial – como ela é interpretada ou combinada. Os pesquisadores verificaram que bebês muito pequenos são capazes de fazer discriminações notavelmente precisas entre sons, visões e sensações físicas, e que eles prestam atenção e respondem a padrões, não apenas a eventos individuais.

Objetivo da aprendizagem 5.5
Como a percepção visual muda durante os primeiros meses e anos de vida?

Olhar

Uma pergunta importante a fazer sobre percepção visual é relacionada a se o bebê percebe seu ambiente da mesma forma que crianças mais velhas e adultos. Ele pode julgar a que distância está um objeto apenas olhando para ele? Ele examina visualmente um objeto de uma forma sistemática? Os desenvolvimentalistas acreditam que os padrões dos bebês ao olhar objetos dizem muito sobre o que eles estão tentando obter da informação visual.

Percepção de profundidade   Uma das habilidades perceptuais que tem sido mais estudada é a percepção de profundidade. Você precisa dessa capacidade sempre que tenta pegar alguma coisa ou decide se há espaço para virar à esquerda antes que um carro que se aproxima o alcance. Similarmente, um bebê precisa ser capaz de julgar a profundidade a fim de realizar todos os tipos de tarefas simples, incluindo julgar a que distância está um objeto que ele quer pegar, a que distância ele está do solo se tiver a ideia de se arrastar para fora do sofá ou mirar uma colher na direção de uma tigela de pudim de chocolate.

É possível julgar profundidade usando qualquer um (ou todos) dos três tipos bastante diferentes de informação: primeiro, *sugestões binoculares* envolvem os dois olhos, cada um dos quais recebe uma imagem visual ligeiramente diferente de um objeto; quanto mais perto o objeto está, mais diferentes são essas duas visões. Além disso, a informação dos músculos dos olhos também diz alguma coisa sobre a que distância um objeto pode estar. Segundo, as informações pictóricas, às vezes denominada *sugestões monoculares*, requerem estímulo de apenas um olho. Por exemplo, quando um objeto está parcialmente na frente de outro, você sabe que o objeto parcialmente oculto está mais longe – uma sugestão denominada *interposição*. O tamanho relativo de dois objetos semelhantes, como postes telefônicos ou duas pessoas que você vê à distância, também pode indicar que o objeto aparentemente menor está mais distante. A perspectiva linear (o efeito linear que faz trilhos de trem parecerem estar juntos a uma certa distância) é outra sugestão monocular. Terceiro, *sugestões cinéticas* vêm ou de seu próprio movimento ou do movimento de algum objeto: se você mover sua cabeça, objetos próximos de você parecem se mover mais do que objetos distantes (um fenômeno chamado *paralaxe do movimento*). Similarmente, se você vê algum objeto se movendo, tal como uma pessoa caminhando na rua ou um trem movendo-se sobre os trilhos, quanto mais perto ele estiver, mais distância ele parecerá cobrir em um determinado tempo.

Com que idade um bebê pode julgar profundidade e quais dessas sugestões ele usa? Esta ainda é uma área ativa de pesquisa, portanto os

Uma das muitas habilidades que Lucy, 5 meses, precisa ter a fim de alcançar e pegar um brinquedo é a capacidade de julgar profundidade. Ela deve determinar a distância que o brinquedo está e se ele está suficientemente perto para ela alcançar com sua mão.

cientistas não têm uma resposta final. A melhor conclusão no momento parece ser que a informação cinética é usada primeiro, talvez em torno dos 3 meses; as sugestões binoculares são usadas a partir dos 4 meses e as pictóricas (monoculares) são usadas por último, talvez aos 5 ou 7 meses (Bornstein et al., 1992; Frichtel e Lécuyer, 2006).

Em um estudo anterior bastante inteligente, Eleanor Gibson e Richard Walk (1960) criaram um aparelho chamado abismo visual. Como se pode ver pela foto, ele consiste de uma grande mesa de vidro com um padrão de tabuleiro de xadrez imediatamente abaixo do vidro; do outro lado – o lado do "abismo" – o tabuleiro de xadrez está vários centímetros abaixo do vidro. Um bebê colocado sobre o aparelho poderia julgar a profundidade por vários meios, mas é principalmente a informação cinética que seria útil, visto que o bebê em movimento veria a superfície mais próxima mover-se mais do que a superfície mais distante. Se um bebê não tem percepção de profundidade, ele deve ser igualmente propenso a rastejar em qualquer um dos lados da mesa, mas se ele puder julgar profundidade, ele deverá relutar em rastejar do lado do "abismo".

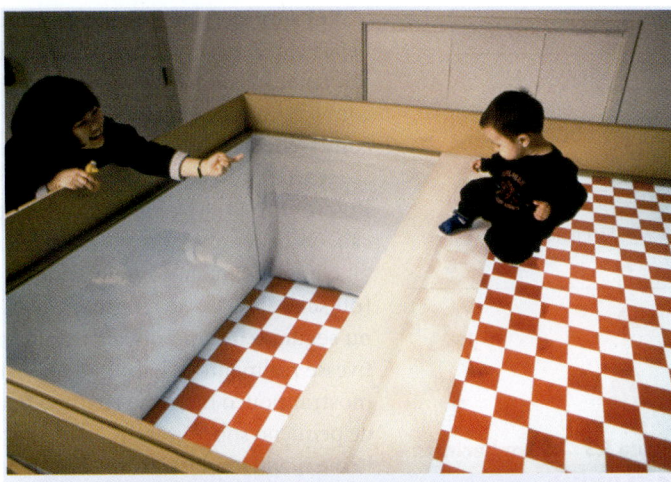

Em um experimento usando um aparelho de "abismo visual", como o usado por Gibson e Walk, a mãe tenta induzir seu bebê a rastejar até o lado do "abismo". Mas, uma vez que o bebê pode perceber profundidade, ele teme cair se chegar perto dela, então permanece imóvel, parecendo preocupado.

Visto que um bebê deveria ser capaz de rastejar a fim de ser testado no procedimento de Gibson e Walk, os bebês estudados tinham todos ao menos 6 meses. A maioria desses bebês não rastejaram do lado do penhasco, mas eram bastante propensos a rastejar do lado "raso". Em outras palavras, bebês de 6 meses têm percepção de profundidade.

Entretanto, o desenvolvimento da percepção de profundidade, ou *estereopsia*, como a forma madura dessa habilidade de percepção visual é chamada, está longe de ser completa aos 6 meses. A fim de exibir níveis adultos de estereopsia, o cérebro das crianças deve ser capaz de fundir totalmente as imagens recebidas dos olhos em uma única imagem. Esse processo, denominado *fusão binocular*, desenvolve-se durante os primeiros 10 anos (Gabbard, 2008). A obtenção da fusão binocular – e as consequentes melhoras na estereopsia – é a principal razão por que as habilidades de arremessar e pegar melhoram de maneira notável no final da infância.

Para o quê os bebês olham Ainda que um bebê não possa imediatamente julgar profundidade, seu comportamento é governado por informação visual desde os primeiros minutos de vida. Desde o início, os bebês olham para o mundo em torno deles de uma maneira não aleatória. Na frase de Marshall Haith (1980), há "regras pelas quais os bebês olham". Além disso, essas regras parecem mudar com a idade.

Nos primeiros dois meses, a atenção visual dos bebês é guiada por uma busca por padrões significativos (Bornstein, Arterberry e Nash, 2005). Os bebês exploram o mundo em torno deles – não muito suavemente ou de maneira hábil com certeza, mas, não obstante, regularmente, mesmo no escuro. Esse esquadrinhamento geral continua até eles chegarem a um contraste claro/escuro bem definido, que tipicamente sinaliza a borda de algum objeto. Quando encontra essa borda, o bebê para de buscar e move seus olhos para a frente e para trás, sobre e em torno da borda. Portanto, a regra inicial parece ser: procure até encontrar uma borda e então a examine. O movimento também captura a atenção de um bebê dessa idade, assim ele olhará para coisas que se movem bem como para coisas com um contraste claro/escuro perceptível.

Essas regras parecem mudar entre 2 e 3 meses, talvez porque então o córtex já se desenvolveu mais completamente. Aproximadamente nessa época, a atenção do bebê parece mudar de onde um objeto está para o que o objeto é. Dizendo de outra forma, o bebê parece passar de uma estratégia criada primeira que busca encontrar coisas para uma estratégia que busca identificar coisas. Bebês dessa idade começam a explorar rapidamente uma figura inteira em vez de se concentrar nas bordas. Como resultado, eles passam mais tempo olhando os aspectos internos de algum objeto ou de uma série de objetos e, portanto, são mais capazes de identificá-los.

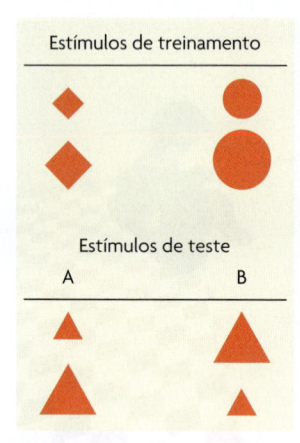

Figura 5.3 Reconhecimento de padrão

No estudo dos Carons, os pesquisadores primeiro habituaram cada bebê a um conjunto de estímulos de treinamento (todos "pequeno sobre grande", neste caso). Então, mostraram a cada bebê dois estímulos de teste: um que tinha o mesmo padrão dos estímulos de treinamento (A) e um que tinha um padrão diferente (B). Bebês de 3 e 4 meses mostraram interesse renovado no estímulo B, mas não no estímulo A, indicando que estavam prestando atenção ao padrão e não apenas a estímulos específicos.

(*Fonte*: Esta figura foi publicada em *Preterm Birth and Psychological Development*, de S. Friedman e M. Sigman, em "Processing of relational information as an index of infant risk", A.J. Caron e R.F. Caron (Eds.), p. 227-228. © 1981 por Academic Press. Reimpressa com permissão.)

O surpreendente sobre essa mudança por volta dos 3 meses é o grau de detalhes que os bebês parecem ser capazes de assimilar e aos quais parecem reagir. Eles reparam se duas figuras são colocadas horizontal ou verticalmente, podem dizer a diferença entre figuras com duas e com três coisas nelas, e claramente percebem padrões, mesmo aqueles aparentemente abstratos, como "coisa grande sobre coisa pequena".

Um estudo anterior, que ilustra esse ponto particularmente bem, foi realizado por Albert e Rose Caron (1981). Eles usaram "estímulos de treinamento" em um procedimento de habituação. Os bebês observavam uma série de figuras que compartilhavam uma determinada relação, tal como "pequeno sobre grande". Após o bebê se desinteressar pelos estímulos de treinamento (ou seja, após ele se habituar), os Carons mostravam outra figura (o "estímulo de teste") que ou seguia o mesmo ou seguia algum outro padrão, tal como aqueles na Figura 5.3. Se o bebê tivesse realmente se habituado ao padrão das figuras originais (pequeno sobre grande), deveria mostrar pouco interesse em uma figura como o estímulo de teste A ("Hum, a mesma coisa chata de pequeno sobre grande"), mas deveria mostrar interesse renovado no estímulo de teste B ("Ei, isso é novidade!"). Caron e Caron verificaram que crianças de 3 e 4 meses faziam precisamente isso. Portanto, mesmo nessa idade precoce, os bebês encontram e prestam atenção a padrões, não apenas a estímulos específicos.

Os pesquisadores também têm se interessado pela percepção dos bebês em relação a rostos. Estudos de imagem cerebral sugerem que há uma área do cérebro dedicada a processamento de rostos tanto em adultos quanto em bebês de até 3 meses (Johnson, 2005). Além disso, entre os rostos, os bebês preferem claramente uns a outros. Eles preferem rostos atraentes (um resultado intrigante discutido em *Reflexão sobre a pesquisa*), e agora parece evidente que eles preferem o rosto da mãe desde as primeiras horas de vida (Bushnell, 2001). A pesquisa recente indica que o reconhecimento da voz da mãe dirige a atenção do recém-nascido para o seu rosto (Sai, 2005). Lembre-se do Capítulo 3, em que o reconhecimento da voz materna já acontece no período pré-natal. Após o nascimento, uma vez que aconteceu a associação entre a voz da mãe e seu rosto, os recém-nascidos passam mais tempo olhando para o rosto dela do que para outros estímulos visuais, armando o cenário para a formação de uma memória para rostos.

Além da questão de preferência, há também a questão relativa ao que os bebês estão olhando quando exploram um rosto. Antes dos 2 meses, os bebês parecem olhar principalmente para as bordas (a linha do cabelo e o queixo), uma conclusão apoiada pelo achado de Pascalis e colaboradores (1995) de que recém-nascidos podiam não discriminar o rosto da mãe do de uma estranha se a linha do cabelo estivesse coberta. Após os 4 meses, entretanto, cobrir a linha do cabelo não afetou a capacidade do bebê de reconhecer a mãe. Em geral, os bebês parecem começar a se focalizar nos aspectos internos de um rosto, particularmente nos olhos, aproximadamente aos 2 ou 3 meses.

REFLEXÃO SOBRE A PESQUISA

Estudos de Langlois sobre as preferências dos bebês por rostos atraentes

Muitos estudos sobre a percepção dos bebês parecem apontar para a conclusão de que mais regras perceptuais são inatas do que era suposto. Uma dessas regras parece ser uma preferência por rostos atraentes. No primeiro estudo em uma importante série de experimentos, Langlois e colaboradores (1987) testaram bebês de 2 a 3 meses e de 6 a 8 meses de vida. Foram mostradas a cada bebê fotografias coloridas de mulheres brancas adultas, metade classificada por juízes adultos como atraente, metade classificada como sem atrativos. Em cada experiência, o bebê via duas fotografias simultaneamente, com cada rosto de tamanho aproximadamente real, enquanto o experimentador espiava através de um orifício na tela para contar o número de segundos que o bebê olhava para cada retrato. Cada bebê via alguns pares atraente/atraente, alguns pares sem atrativo/sem atrativo, e alguns pares mistos. Com os pares mistos, mesmo os bebês de 2 a 3 meses consistentemente olharam mais tempo para os rostos atraentes. Diversos estudos posteriores, incluindo alguns nos quais retratos de indivíduos de diferentes etnias foram usados, produziram achados semelhantes (Langlois, Roggman e Rieser-Danner, 1990).

É difícil imaginar que tipo de experiências de aprendizagem poderiam explicar essa preferência em um bebê de 2 meses. Em vez disso, esses achados levantam a possibilidade de que há algum modelo inato para forma e configuração "correta" ou "mais desejada" para membros de nossa espécie, e que nós simplesmente preferimos aquelas que combinam melhor com esse modelo.

Questões para análise crítica

1. Se existe um modelo inato que é usado como padrão em relação ao qual os rostos são comparados, como esse modelo poderia afetar nossas interações com os outros?
2. Como os pesquisadores determinariam o grau com que a atratividade afeta as percepções dos adultos de rostos de bebês? Por que tal pesquisa seria incapaz de nos dizer se o conceito de atratividade é inato?

Escutar

> **Objetivo da aprendizagem 5.6**
> Como os bebês percebem a fala humana e outros estímulos auditivos?

Quando mudamos de olhar para escutar, encontramos indicações igualmente intrigantes de que bebês muito jovens fazem discriminações refinadas entre sons individuais, mas também prestam atenção a padrões. Estudos anteriores estabeleceram que bebês de apenas 1 mês já podem discriminar entre sons como *pa* e *ba* (Trehub e Rabinovich, 1972). Estudos usando respostas condicionadas de virada da cabeça mostraram que talvez por volta dos 6 meses os bebês podem discriminar entre "palavras" de duas sílabas como *bada* e *baga* e podem até responder a uma sílaba que esteja oculta dentro de uma cadeia de sílabas, como em *tibati* ou *kabako* (MacWhinney, 2005).

Ainda mais notável é o achado de que os bebês são na verdade melhores para discriminar alguns tipos de sons da fala do que os adultos. Cada língua usa apenas um subconjunto dos possíveis sons de fala. O japonês, por exemplo, não usa o som de *l* que aparece no inglês; o espanhol faz uma distinção entre *d* e *t* diferente daquela que ocorre em inglês. Até aproximadamente os 6 meses, os bebês podem discriminar corretamente todos os contrastes de som que aparecem em qualquer língua, incluindo sons que eles não ouvem na língua falada para eles. Em torno dos 6 meses, eles começam a perder a capacidade de distinguir pares de vogais que não ocorrem na língua que eles estão ouvindo; na idade de 1 ano, a capacidade de discriminar contrastes de consoantes não ouvidas começa a diminuir (Dietrich, Swingley e Werker, 2007).

Algumas das melhores evidências nessa questão vêm do trabalho de Janet Werker e colaboradores (Werker e Desjardins, 1995; Werker e Tees, 1984). Eles testaram bebês de 6 a 10 meses em vários pares de consoantes, incluindo um par significativo em inglês (*ba* versus *da*), um par que ocorre na língua indígena norte-americana, salish (*ki* versus *qi*) e um do híndi, uma língua do subcontinente indiano (*t.a* versus *ta*). Outros bebês foram testados com contrastes de vogais do inglês e do alemão. A Figura 5.4 mostra os resultados nos contrastes que ocorrem em inglês para bebês crescendo em famílias que falam inglês. Você pode ver que aos 6 meses, esses bebês podiam ainda ouvir facilmente as diferenças entre pares de consoantes estrangeiras, mas já estavam perdendo a capacidade de discriminar vogais estrangeiras. Bebês com idades de 10 e 12 meses não podiam ouvir facilmente nenhum dos tipos de contraste. Similarmente, Werker verificou que bebês híndi de 12 meses podem discriminar facilmente um contraste do híndi, mas não um contraste do inglês. Portanto, cada grupo de bebês perde apenas a capacidade de distinguir pares que não aparecem na língua que ouvem diariamente.

Os pesquisadores também verificaram que bebês são sensíveis aos padrões de entonação e ênfase da fala que estão escutando. Por exemplo, Anne Fernald (1993) verificou que bebês de 5 meses sorriem mais quando ouvem gravações de adultos dizendo alguma coisa em um tom positivo ou de aprovação do que quando eles ouvem alguém falar em um tom negativo, mesmo que as palavras sejam em italiano, alemão ou inglês. Aos 8 meses, os bebês demonstram clara preferência pela língua falada mais frequentemente por suas mães (MacWhinney, 2005). Mais impressionante ainda é um estudo mostrando que aos 9 meses, bebês escutando a língua inglesa preferem ouvir palavras que usam o padrão inglês típico de ênfase na primeira sílaba (como *fal*ter, *com*et ou *gen*tle) em vez daqueles que enfatizam a segunda sílaba (como com*ply* ou as*sign*) (Jusczyk e Hohne, 1997). Presumivelmente, os bebês que escutam outra língua prefeririam escutar qualquer padrão de ênfase que fosse típico daquela língua. Toda essa pesquisa mostra que muito cedo – desde o nascimento e talvez mesmo antes do nascimento – o bebê está prestando atenção a aspectos cruciais da língua que ele ouve, como ênfase e entonação.

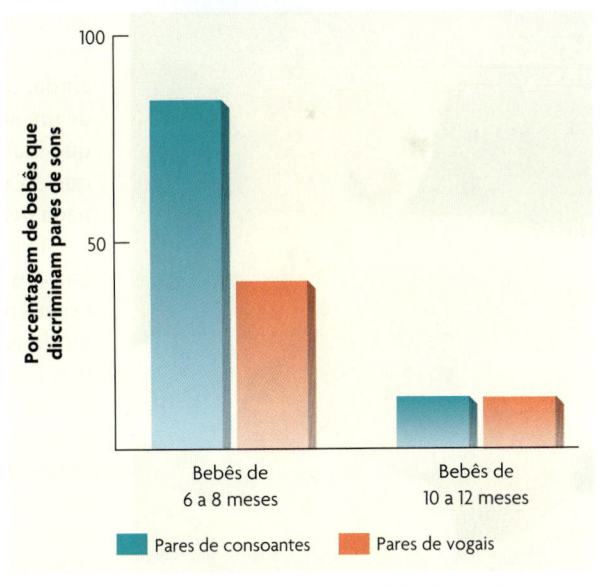

Figura 5.4 Estudos da percepção da fala de Werker

Esses dados dos estudos de Werker são para bebês crescendo em famílias de língua inglesa, mas têm resultados semelhantes de bebês em famílias que falam híndi e famílias que falam salish. Em todos os casos, bebês de 6 meses ainda podem "ouvir" as diferenças entre pares de consoantes que não ocorrem na língua de sua família, mas aos 12 meses essa capacidade já quase desapareceu. A discriminação de pares de vogais não ouvidas desaparece ainda mais cedo.

(*Fonte:* "Listening to Speech in the First Year of Life: Experimental Influences on Phoneme Perception", por Werker e Desjardins, *Current Directions in Psychological Science*, Vol. 4, n. 3 (Junho de 1995), p. 80, Fig. 2. Com permissão de Blackwell Publishers.)

A percepção de padrão também é evidente; a pesquisa mostra que, aos 5 meses, os bebês podem reconhecer seus próprios nomes (Newman, 2005). Estudos que examinam as respostas dos bebês a música mostram que os bebês têm uma misteriosa capacidade de reconhecer também padrões de sons (Trehub, 2003). Eles respondem a notas dissonantes (tons que não soam agradáveis quando tocados juntos) exatamente como os adultos (Trainor, Tsang e Cheung, 2002). Igualmente, eles reconhecem melodias familiares, não importa em que tom elas sejam tocadas. Eles também percebem quando uma melodia familiar é tocada em um instrumento que difere daquele com o qual eles estavam familiarizados com a canção (Trainor, Anonymous e Tsang, 2004). Da mesma forma, eles podem discriminar entre sons que têm ritmos diferentes, como valsas e marchas.

Curiosamente, também, os bebês são capazes de reconhecer outro universal em cantigas infantis – a diferença entre canções de brincadeira (por exemplo, "Um elefante se balançava numa teia de aranha") e canções de ninar ("Dorme neném"). Os bebês respondem a canções de ninar voltando sua atenção para si mesmos e brincando com suas mãos ou sugando seus polegares (Rock, Trainor e Addison, 1999). Ao contrário, eles exibem respostas dirigidas ao exterior a canções de brincadeira e se comportam de formas que parecem encorajar os adultos a continuar cantando (Rock et al., 1999). Essa capacidade de discriminar o tipo de canção pode se originar da capacidade de reconhecer as características emocionais de uma peça musical, outro aspecto da percepção musical que aparece cedo na vida (Adachi, Trehub e Abe, 2004; Schmidt, Trainor e Santeso, 2003).

Objetivo da aprendizagem 5.7
O que é percepção intermodal e quando ela se desenvolve?

Combinando informações de diversos sentidos

Se você pensa sobre como recebe e usa informação perceptual, perceberá que raramente tem informações de apenas um sentido de cada vez. Comumente, você tem som e visão, tato e visão ou combinações ainda mais complexas de olfato, visão, tato e som. Os psicólogos têm estado interessados em saber com que precocidade um bebê pode combinar tais informações. Por exemplo, em que momento um bebê pode integrar informação de diversos sentidos, tal como que movimentos da boca acompanham quais sons? Mais complexo ainda, com que precocidade um bebê pode aprender alguma coisa por meio de um sentido e transferir aquela informação para outro (por exemplo, com que idade uma criança pode reconhecer somente pelo tato um brinquedo que ela viu, mas nunca tocou antes)? Essa habilidade é geralmente denominada **percepção intermodal**.

Piaget acreditava que a percepção intermodal não estava presente até quase o final do primeiro ano de vida, após o bebê ter acumulado muitas experiências com objetos específicos e como eles se pareciam, soavam e eram sentidos. Outros teóricos, incluindo os eminentes psicólogos perceptuais James J. Gibson (1904-1979) e Eleanor J. Gibson (1910-2002), afirmaram que alguma integração ou mesmo transferência intersensorial está incorporada no nascimento (Gibson, 2002). O bebê então aumenta aquele conjunto inato de habilidades a partir da experiência específica com objetos. A pesquisa favorece a visão gibsoniana: achados empíricos mostram que a percepção intermodal é possível já na idade de 1 mês e torna-se comum aos 6 meses (Rose e Ruff, 1987; Schweinle e Wilcox, 2004). Além disso, a pesquisa comparando essas habilidades entre crianças nascidas prematuramente e nascidas a termo sugere que processos maturacionais básicos desempenham um papel importante no desenvolvimento delas (Espy et al., 2002).

A pesquisa também sugere que a percepção intermodal é importante na aprendizagem do bebê. Um grupo de pesquisadores constatou que bebês que se habituavam a um estímulo audiovisual combinado eram mais capazes de reconhecer um estímulo novo do que bebês que não se habituavam nem a estímulo auditivo nem a estímulo visual isoladamente (Bahrick e Lickliter, 2000). Por exemplo, suponha que você mostrasse um vídeo de alguma canção para um bebê, mostrasse o vídeo sem o som para outro e tocasse uma gravação de áudio da canção para um terceiro. A pesquisa sugere que o

Com 3 semanas, este bebê já discrimina o rosto de sua mãe do rosto de outra mulher; ele também pode identificar a mãe pela voz e pelo cheiro.

percepção intermodal Formação de uma única percepção de um estímulo que é baseada em informação de dois ou mais sentidos.

primeiro bebê reconheceria uma mudança no cantor (estímulo visual) ou na canção (estímulo auditivo) mais rapidamente do que qualquer um dos outros dois.

Em crianças mais velhas, a percepção intermodal pode ser facilmente demonstrada. Por exemplo, em diversos experimentos anteriores maravilhosamente inteligentes, Elizabeth Spelke demonstrou que bebês de 4 meses podem associar ritmos de som com movimento (1979). Ela mostrou aos bebês dois filmes simultaneamente, um mostrando um canguru de brinquedo saltando para cima e para baixo e outro, um burro saltando para cima e para baixo, com um dos animais saltando a uma taxa mais rápida. De um altofalante localizado entre os dois filmes, o bebê ouvia uma gravação de áudio de um som rítmico animado que combinava com o padrão de salto de um dos dois animais. Nessa situação, os bebês mostraram uma preferência por assistir ao filme mostrando a taxa de salto que combinava com o som.

Ainda que Leslie, 7 meses, não esteja olhando para este brinquedo enquanto o mastiga, ela está aprendendo alguma coisa sobre como ele deve se parecer baseado na sensação em sua boca e em suas mãos – um exemplo de percepção intermodal.

Uma ilustração ainda mais notável do mesmo processo básico vem do trabalho de Jeffery Pickens (1994). Ele mostrou a bebês de 5 meses dois filmes lado a lado; cada filme mostrava um trem movendo-se ao longo de um trilho. Então de um altofalante ele tocou várias sequências de sons de motor, tal como ficando cada vez mais alto (desse modo parecendo aproximar-se) ou ficando cada vez mais fraco (desse modo parecendo afastar-se). Os bebês nessa experiência assistiram mais ao filme do trem cujo movimento combinava com o padrão de sons de motor. Ou seja, eles pareciam ter algum entendimento da ligação entre o padrão de som e o padrão de movimento – conhecimento que demonstra não apenas percepção intermodal, mas também entendimento surpreendentemente sofisticado dos acompanhamentos do movimento.

constâncias perceptuais Uma coleção de regras mentais que permitem aos seres humanos perceber forma, tamanho e cor como constantes mesmo quando as condições perceptuais (tais como quantidade de luz, ângulo de visão, etc.) mudam.

constância de tamanho A capacidade de ver o tamanho de um objeto como sendo o mesmo apesar de mudanças no tamanho da imagem retinal; um elemento chave na constância de tamanho é a capacidade de julgar profundidade.

Ignorando informação perceptual

> **Objetivo da aprendizagem 5.8**
> O que são constâncias perceptuais e quando elas são importantes para a percepção?

Embora os bebês sejam hábeis em fazer discriminações perceptuais de vários tipos, eles devem adquirir um outro tipo muito diferente de habilidade perceptual: a capacidade de ignorar alguns tipos de dados perceptuais. Especificamente, a criança deve adquirir um conjunto de regras denominadas **constâncias perceptuais**.

Quando você vê alguém se afastando, a imagem da pessoa em sua retina realmente se torna menor. Contudo você não vê a pessoa ficando menor, mas, antes, do mesmo tamanho e movendo-se para cada vez mais longe. Ao fazer isso, está sendo demonstrada a **constância de tamanho**; você é capaz de ver o tamanho como constante ainda que a imagem retinal tenha mudado. Outras constâncias incluem a capacidade de reconhecer que as formas dos objetos são as mesmas, ainda que você esteja olhando para eles de ângulos diferentes, chamada (com bastante lógica) de **constância de forma**, e a capacidade de reconhecer que as cores são constantes ainda que a quantidade de luz ou sombra sobre elas mude, denominada **constância de cor**.

Juntas, as diversas constâncias específicas constituem o conceito mais amplo de **constância do objeto (objetal)**, que é o reconhecimento de que os objetos permanecem os mesmos, embora a informação sensorial sobre eles tenha mudado de alguma forma. Os bebês começam a mostrar sinais dessas constâncias aos 3 ou 4 meses e se tornam mais hábeis durante os primeiros anos (Kavšek, 2002). Pense sobre constância de forma com ilustração.

A constância de forma talvez tenha a relevância cotidiana mais óbvia para um bebê. Ele precisa perceber que sua mamadeira ainda é sua mamadeira ainda que ela seja ligeiramente virada e, portanto, apresente uma forma diferente aos seus olhos; ele tem que perceber que seus brinquedos são os mesmos quando estão em posições diferentes. O início desse entendimento parece

constância de forma Habilidade de ver a forma de um objeto como sendo a mesma, apesar de mudanças na forma da imagem retinal; uma constância perceptual básica.

constância de cor Habilidade de ver a cor de um objeto como sendo a mesma, apesar de mudanças na iluminação ou sombra.

constância do objeto (objetal) Expressão geral que descreve a habilidade de ver que os objetos permanecem os mesmos, apesar de mudanças na informação sensorial sobre eles.

estar presente em torno dos 2 ou 3 meses. Um estudo clássico foi feito por Thomas Bower (1966), que primeiro treinou bebês de 2 meses a virar a cabeça quando vissem um determinado retângulo. Ele então mostrou-lhes imagens inclinadas ou ligeiramente viradas do mesmo retângulo para verificar se os bebês responderiam a elas da mesma forma, ainda que a imagem retinal fundida por esses retângulos inclinados fosse, na realidade, um trapezoide e não exatamente um retângulo. Bebês de dois meses continuaram a virar suas cabeças para esses retângulos inclinados e virados, mostrando que tinham alguma constância de forma.

O conceito de objeto

A aquisição das várias constâncias perceptuais é apenas parte de uma tarefa maior que a criança precisa enfrentar; ela também deve entender a natureza dos próprios objetos. Em primeiro lugar, um bebê deve de alguma forma aprender a tratar algumas combinações de estímulos como "objetos", e outras não – um processo geralmente referido como *percepção objetal*. Um aspecto ainda mais sofisticado do conceito inicial de objetos do bebê é o entendimento de que eles continuam a existir mesmo quando estão fora da visão, um entendimento geralmente referido como **permanência do objeto.**

permanência do objeto O entendimento de que os objetos continuam a existir mesmo quando não podem ser percebidos diretamente.

Objetivo da aprendizagem 5.9
Que tipos de regras os bebês parecem usar na percepção de objetos?

Percepção do objeto

O trabalho mais completo e inteligente sobre percepção do objeto em bebês foi feito por Elizabeth Spelke e colaboradores (Spelke e Kinzler, 2007). Spelke acredita que os bebês nascem com certas suposições inatas sobre a natureza dos objetos. Uma destas é a suposição de que, quando duas superfícies estão ligadas, elas pertencem ao mesmo objeto; Spelke chama isso de *princípio da superfície comum*. Para estudar isso (Spelke, 1982), ela primeiro habituou alguns bebês de 3 meses a uma série de vitrines de dois objetos; outros bebês foram habituados à visão de vitrines de um objeto. Então eram mostrados aos bebês dois objetos tocando um no outro, tal como blocos quadrados colocados um ao lado do outro de modo a criar um retângulo. Sob essas condições, os bebês que tinham sido habituados a vitrines de dois objetos mostraram interesse renovado, indicando claramente que eles "viam" isso como diferente, presumivelmente como um único objeto. Os bebês que tinham visto as vitrines de um objeto durante a habituação não mostraram interesse renovado. Spelke também demonstrou que bebês aos 2 ou 3 meses já são notavelmente conscientes dos tipos de movimentos de que os objetos são capazes, mesmo quando estão fora de vista. Eles esperam que um objeto continue a se mover em sua trajetória inicial, e demonstram surpresa se o movimento do objeto viola essa expectativa. Eles também parecem ter alguma consciência de que objetos sólidos não podem passar através de outros objetos sólidos.

Em outro experimento, Spelke (1991) usou o procedimento mostrado esquematicamente na parte superior da Figura 5.5. Foi mostrada repetidamente a bebês de 2 meses uma série de eventos

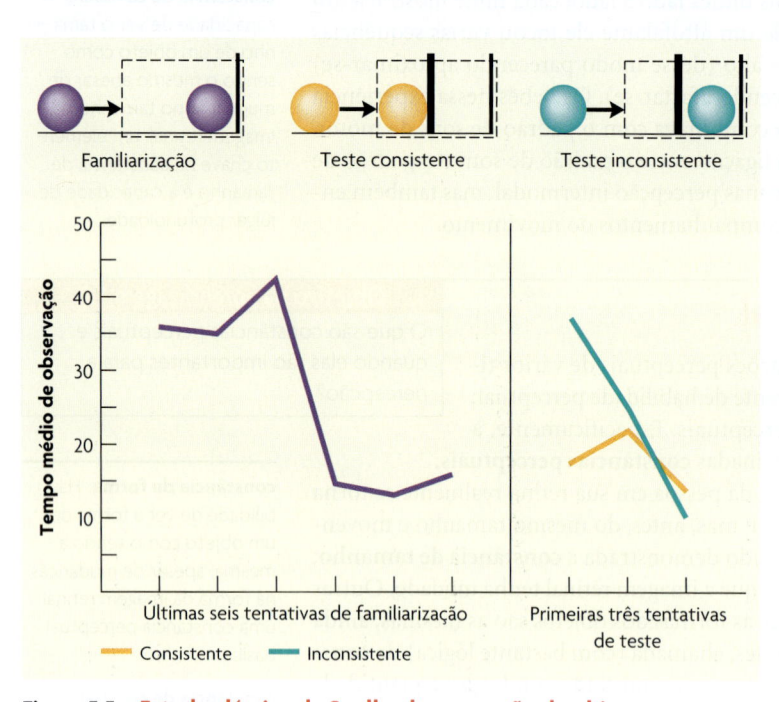

Figura 5.5 Estudo clássico de Spelke da percepção do objeto

A parte de cima da figura mostra uma versão esquematizada das três condições que Spelke usou. O gráfico abaixo da condição mostra os resultados reais. Você pode ver que os bebês pararam de olhar para a bola e para a tela após uma série de tentativas de familiarização, mas mostraram interesse renovado na versão inconsistente – um sinal de que viram isso como diferente ou supreendente. O próprio fato de que os bebês acharam a tentativa inconsistente supreendente é por si só evidência de que já aos 2 meses eles têm muito mais conhecimento sobre objetos e seu comportamento do que a maioria dos desenvolvimentalistas pensava.

(Fonte: *Epigenesis of Mind: Essays on Biology and Cognition*, por E. S. Spelke. Copyright 1991 por Taylor & Francis Group LLC-Books. Reproduzida com permissão de Taylor & Francis Group LLC-Books e da autora no formato Textbook via Copyright Clearance Center © 1991 por Lawrence Erlbaum Associates, Inc. Com permissão do editor e da autora.)

como aquele na seção de "familiarização" da figura: uma bola era rolada do lado esquerdo para o direito e desaparecia atrás de uma tela (a linha tracejada na Figura 5.5). A tela era então retirada e o bebê podia ver que a bola estava parada contra a parede do lado direito. Após o bebê ficar entediado vendo essa sequência (habituado), ele era testado com duas variações, uma "consistente" e uma "inconsistente". Na variação consistente, uma segunda parede era colocada atrás da tela e a sequência era conduzida como antes, exceto pelo fato de que agora, quando a tela era removida, a bola podia ser vista repousando contra a parede mais próxima. Na variação inconsistente, a bola era secretamente colocada do lado afastado da nova bola. Quando a tela era retirada, a bola era visível nesse lugar presumivelmente impossível. Os bebês nesse experimento ficaram bastante desinteressados na condição consistente, mas mostraram interesse nitidamente renovado na condição inconsistente, como se pode ver na parte inferior da Figura 5.5, que mostra os resultados reais do experimento.

Spelke não está sugerindo que todo o conhecimento de objetos de uma criança é inato; ela está sugerindo que algumas regras são inatas e que outras são aprendidas através de experiência. Outros pesquisadores, como Renée Baillargeon (1994, 2008), argumentam que o conhecimento básico não é inato, mas que as estratégias para aprendizagem o são. De acordo com essa visão, os bebês inicialmente desenvolvem hipóteses básicas sobre a forma como os objetos funcionam – como eles se movem, como eles se ligam uns aos outros. Essas hipóteses básicas iniciais são modificadas bastante rapidamente, com base na experiência do bebê com objetos. Por exemplo, Baillargeon considera que bebês de 2 a 3 meses já estão operando com uma hipótese básica de que um objeto cairá se não estiver apoiado por alguma coisa, mas eles não têm noção de quanto apoio é necessário. Aproximadamente aos 5 meses, essa hipótese básica é refinada, e eles entendem que o bloco da face sorridente no arranjo superior da Figura 5.6 (condição a) permanecerá apoiado, mas o bloco no arranjo de baixo (condição b), não (Baillargeon, 1994). Entretanto, outros psicólogos questionam as conclusões de Baillargeon. Por exemplo, Leslie Cohen, psicóloga do desenvolvimento, e colaboradores conduziram experimentos semelhantes com bebês de 8 meses, e afirmam que os bebês respondem aos estímulos usados nesses estudos mais com base na novidade do que devido a um entendimento de arranjos de blocos estáveis ou instáveis (Cashon e Cohen, 2000). Tais interpretações variadas demonstram simplesmente como é difícil fazer inferências sobre o pensamento dos bebês a partir de suas interações com objetos físicos.

A pesquisa recente também examinou o grau com que os bebês podem fazer uso prático de seu entendimento dos objetos e de seus movimentos. Por exemplo, diversos estudos demonstraram que bebês de 2 meses sentem dificuldade quando precisam usar esse entendimento para procurar um objeto escondido (Kloos, Haddad e Keen, 2006). Em um estudo, foi apresentada a crianças de 2, 2,5 e 3 anos uma vitrine semelhante àquela na porção superior da Figura 5.5, e elas responderam exatamente da mesma forma que os bebês mais jovens às vitrines consistente e inconsistente (Berthier, DeBlois, Poirier, Novak e Clifton, 2000). Em seguida, um tabuleiro no qual havia diversas portas tomou o lugar da tela; entretanto, a barreira projetava-se várias polegadas acima desse tabuleiro (ver Figura 5.7). Após várias tentativas, as crianças observavam a bola rolando atrás do tabuleiro e era solicitado que elas abrissem a porta atrás da qual achavam que a bola estaria. Ainda que pudessem ver claramente atrás de qual porta a barreira fora colocada em cada tentativa, nenhuma das crianças de 2 anos e apenas algumas de 2,5 anos tiveram sucesso nessa tarefa, ao contrário da grande maioria das crianças de 3 anos. Os desenvolvimentalistas interpretam tais resultados

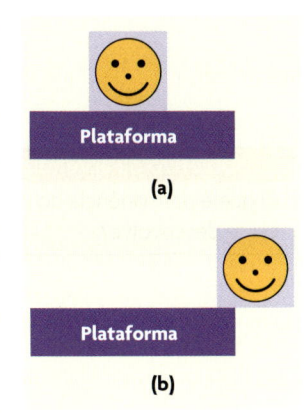

Figura 5.6 Estudo de Baillargeon da percepção do objeto

A pesquisa de Renée Baillargeon sugere que bebês de 2 e 3 meses pensam que o bloco da face sorridente não cairá sob nenhuma dessas condições, mas aos 5 meses eles percebem que apenas a condição mostrada em (a) é estável. Na condição (b), o bloco cairá.

(*Fonte*: "How do Infants Learn About the Physical World?", por Baillargeon, R., *Current Directions in Psychological Science*, Vol. 3, n. 5 (Outubro de 1994). p. 234, Fig. 1. Com permissão de Blackwell Publishers.)

Figura 5.7 Entendimento da criança pequena sobre o movimento do objeto

Os pesquisadores usam dispositivos como este para descobrir se crianças pequenas podem prever que um objeto em movimento será parado pela barreira projetada acima da parede das portas. Crianças com menos de 3 anos normalmente não conseguem identificar a porta atrás da qual o objeto será encontrado.

como significando que o entendimento de objetos de bebês jovens é a base sobre a qual o conceito de objeto é gradualmente construído e aplicado a interações com objetos do mundo real durante os primeiros 3 anos de vida (Mash, Novak, Berthier e Keen, 2006).

> **Objetivo da aprendizagem 5.10**
> O que é permanência do objeto e como ela se desenvolve?

Permanência do objeto

O estudo da percepção do objeto é uma área de pesquisa bastante nova. Em comparação, a permanência do objeto tem sido extensamente estudada. Isso aconteceu em grande parte porque esse entendimento em particular foi fortemente enfatizado na teoria do desenvolvimento infantil de Piaget (Piaget e Inhelder, 1969).

Estágios no desenvolvimento da permanência do objeto De acordo com as observações de Piaget, reproduzidas frequentemente por pesquisadores posteriores, o primeiro sinal de que um bebê está desenvolvendo permanência objetal aparece por volta dos 2 meses. Suponha que você mostre um brinquedo a uma criança dessa idade e então coloque uma tela na frente do brinquedo e o remova. Quando você retirar a tela, o bebê mostrará alguma indicação de surpresa, como se soubesse que alguma coisa deveria estar ali. A criança, portanto, parece ter um esquema, ou uma expectativa, rudimentar sobre a permanência de um objeto. Entretanto, bebês dessa idade não mostram sinais de procurar um brinquedo que pode ter caído da beirada do berço ou que desapareceu debaixo de um cobertor ou atrás de uma tela – um padrão de reação dos quais os pais tiram partido quando um bebê está agitado por algum brinquedo ou objeto que não pode alcançar ou quando querem que a criança pare de brincar com algum objeto. Portanto, com bebês jovens, há um conceito efêmero da permanência de objetos, mas ele ainda não está suficientemente bem desenvolvido para motivá-los a procurar por um objeto escondido.

Em torno dos 6 ou 8 meses, isso começa a mudar. Bebês dessa idade olham sobre a beirada do berço à procura de um brinquedo que caiu ou por sobre a beirada do cadeirão para ver a comida derramada. (De fato, bebês dessa idade podem deixar seus pais loucos brincando de "deixar cair".) Bebês dessa idade também procurarão objetos parcialmente escondidos. Se você colocar um brinquedo favorito sob uma coberta mas deixar parte dele aparecendo, o bebê pegará o brinquedo, o que sugere que de algum modo ele reconhece que o objeto inteiro está lá, ainda que possa ver apenas uma parte dele. Contudo, se você cobrir o brinquedo completamente com a coberta ou colocá-lo atrás de uma tela, o bebê parará de procurar por ele e não tentará pegá-lo, mesmo que tenha visto você colocar a coberta sobre ele.

Isso muda novamente em algum momento entre 8 e 12 meses. Nessa idade, a estratégia parental "longe dos olhos, longe da mente" não funciona mais. Os bebês dessa idade tentarão pegar ou procurar um brinquedo que foi encoberto completamente por uma coberta ou escondido por uma tela. Portanto, aos 12 meses, a maioria dos bebês parece entender o fato básico de que os objetos continuam a existir mesmo quando não são mais visíveis.

A constância do objeto tem intrigado pesquisadores e teóricos em parte porque ela forma um tipo de ponte entre estudos da percepção e estudos do início do desenvolvimento cognitivo. Muitos desenvolvimentalistas também têm se deparado com uma possível ligação entre o surgimento da constância do objeto e o apego mais primitivo do bebê. Parece razoável supor que algum tipo de permanência do objeto é necessário antes que um bebê possa se tornar apegado a uma pessoa individual, tal como sua mãe ou seu pai. Visto que apegos únicos claros não aparecem muito antes dos 5 meses, mais ou menos na época em que o bebê está mostrando sinais de permanência do objeto, a associação parece muito razoável.

Curiosamente, e com surpresa para muitos desenvolvimentalistas, a maioria dos testes diretos dessa hipótese não mostrou muito sinal dessa ligação causal. Contudo, o problema pode ser mais com as técnicas de pesquisa do que com a hipótese. Como John Flavell (1985, p. 135) questiona, "como poderia uma criança ansiar e procurar persistentemente por uma outra pessoa significativa, se ela ainda fosse cognitivamente incapaz de representar mentalmente aquela pessoa na sua ausência?". A lógica de Flavell é persuasiva, mas, como sempre, teremos que esperar por novas evidências de pesquisa para termos certeza.

Piaget propôs que as experiências dos bebês com objetos, como brincar de "deixar cair", os ajudam a alcançar a permanência do objeto.

Permanência do objeto e práticas culturais Poderia parecer que as experiências de manipulação de objetos contribuem para o desenvolvimento da permanência do objeto. Entretanto, o estudo longitudinal clássico de Susan Goldberg (1972), com 38 bebês zambianos, indicou que esse não é o caso. Imediatamente após o nascimento, os bebês zambianos são carregados em uma espécie de tipoia nas costas de suas mães. Eles passam muito pouco tempo no chão ou em qualquer posição na qual tenham alguma chance de movimento independente até que sejam capazes de se sentar, em torno dos 6 meses. Nesse ponto, eles geralmente são colocados em uma esteira no quintal da casa. Dessa perspectiva o bebê pode assistir a toda atividade em torno da casa e na vizinhança, mas tem poucos objetos com os quais brincar.

Contudo, apesar dessa experiência muito limitada de manipular objetos, testes de permanência do objeto mostraram que, em média, os bebês zambianos estavam à frente de bebês norte-americanos em uma medida de conceito objetal aos 6 meses. Aos 9 e 12 meses, os bebês zambianos estavam ligeiramente atrás dos bebês norte-americanos, mas Goldberg acredita que essa diferença é devida não a alguma falha cognitiva, mas ao fato de que, nessas idades, os bebês zambianos eram bastante irresponsivos e passivos em relação a objetos e, portanto, era muito difícil testá-los. Ela observou que adultos zambianos desencorajam ativamente que bebês mais velhos toquem e manipulem objetos e, dessa forma, postulou, os bebês podem ter interpretado os objetos na experiência como coisas às quais eles não deveriam responder. Não obstante, a pesquisa de Goldberg revelou uma progressão clara da permanência do objeto durante os primeiros 18 meses que era bastante semelhante àquela observada em bebês ocidentais.

Bebês carregados em tipoias durante várias horas por dia têm oportunidades limitadas de manipular objetos; contudo, os pesquisadores verificaram que eles entendem melhor os objetos e seus movimentos aos 6 meses do que bebês em outras culturas. Entretanto, no final dessa fase, esses bebês desenvolvem conceitos objetais mais lentamente, porque, de acordo com os pesquisadores, os adultos desencorajam ativamente que eles toquem ou manipulem objetos.

Percepção de sinais sociais

A descrição da capacidade do bebê de discriminar rostos, apresentada anteriormente neste capítulo, trata-os como se eles fossem objetos puramente físicos, com propriedades fixas como características dos olhos, linhas do cabelo, e assim por diante. Mas, naturalmente, os rostos de outras pessoas também fornecem sinais sociais na forma de expressões emocionais distintas. Variações nas entonações vocais e na linguagem corporal da mesma forma fornecem sinais sociais. Essas são informações importantes para um bebê detectar e decifrar. Pais, professores e outros adultos transmitem uma grande quantidade de informação através de sua expressão emocional. Nas interações com iguais, também, a capacidade de ler a emoção do outro é fundamental para qualquer tipo de brinquedo cooperativo contínuo ou para as adaptações sutis necessárias para a formação de amizades duradouras.

Discriminação precoce de expressões emocionais

Objetivo da aprendizagem 5.11
Como a capacidade dos bebês de perceber emoções muda durante o primeiro ano?

As pesquisas sugerem que os bebês começam a prestar atenção a sinais sociais/emocionais nos rostos das pessoas em torno dos 2 ou 3 meses. Por exemplo, nessa idade, os bebês começam a sorrir mais para rostos humanos do que para o rosto de uma boneca ou para outro objeto inanimado, sugerindo que nesse estágio precoce, ele já está respondendo aos sinais sociais disponíveis no rosto humano (Nelson, de Hann e Thomas, 2006). A orientação do rosto parece ser um ingrediente crítico nesse primeiro sorriso preferencial. Albert Caron e colaboradores (1997) constataram que os bebês sorriem mais apenas quando o rosto está voltado para eles; se o rosto estiver virado de lado, o bebê não sorri.

Bebês dessa idade também estão começando a perceber e a responder diferentemente a variações nas expressões emocionais dos outros. Inicialmente, eles discriminam melhor as emoções quando recebem informação por meio de muitos canais simultaneamente – tal como quando veem uma determinada expressão facial e ouvem a emoção correspondente expressada na voz do

CIÊNCIA DO DESENVOLVIMENTO NO MUNDO REAL
Respostas do bebê à depressão materna

Marsha, mãe pela primeira vez, havia acabado de ser diagnosticada com depressão pós-parto. Seu médico garantiu que havia uma boa chance de os antidepressivos que ela começara a tomar, juntamente com o psicoterapeuta recomendado, lhe permitirem sair da depressão em poucas semanas. Contudo, Marsha disse ao seu psicoterapeuta que estava preocupada sobre como sua depressão poderia afetar o desenvolvimento de seu bebê de 1 mês. Em resposta, o terapeuta encorajou Marsha a participar de um programa de treinamento visando ajudar mulheres deprimidas a reconhecer como sua doença estava afetando seus comportamentos como mãe. Além disso, o programa ajudaria Marsha a aprender a exibir comportamentos maternos mais efetivos.

Marsha estava certa em preocupar-se com os efeitos de sua própria depressão sobre o desenvolvimento de seu bebê. Em primeiro lugar, uma das características de pessoas que sofrem de depressão é a exibição de expressões faciais tristes, mesmo em situações nas quais se sentem felizes. E, como você aprendeu, os bebês usam as expressões faciais dos pais para guiá-los na expressão de suas próprias emoções. Portanto, quais são os efeitos sobre os bebês de interações diárias com uma mãe deprimida?

Os desenvolvimentalistas verificaram que bebês que interagem regularmente com mães deprimidas expressam mais emoções negativas e menos positivas. Eles sorriem menos, mostram mais expressões faciais tristes e irritadas, e são mais desorganizados e angustiados (Dawson, Panagiotides, Kinger e Spieker, 1997; Field, Healy, Goldstein e Guthertz, 1990; Pickens e Field, 1993). Achados recentes sugerem, entretanto, que a relação entre depressão materna e depressão do bebê pode derivar de exposição pré-natal aos aspectos bioquímicos do estado emocional de suas mães. Além disso, estudos mostraram que os hormônios relacionados a estresse e depressão são passados da mãe para o bebê no período pré-natal ou por meio da amamentação (Hart et al., 2004).

Seja a ligação entre depressão materna e depressão do bebê derivada da capacidade dos bebês de perceber expressão facial, seja de natureza bioquímica, parece claro que os comportamentos maternos também são importantes. Bebês cujas mães deprimidas exibem comportamentos maternos sensíveis têm menos probabilidade de exibir efeitos negativos de longo prazo do que bebês de outras mães deprimidas (NICHD Early Child Care Research Network, 1999). Em outras palavras, quando mães deprimidas exibem os mesmos tipos de comportamentos maternos que a maioria das mães não deprimidas, seu estado emocional não parece ter efeitos negativos sobre o desenvolvimento de seus bebês. Portanto, visto que a ligação entre depressão materna e seus efeitos sobre os bebês é comportamental, o treinamento parental pode fornecer um caminho através do qual os possíveis efeitos negativos da depressão materna possam ser moderados. De fato, diversos estudos demonstraram que o treinamento pode aumentar a frequência de comportamentos sensíveis em mães deprimidas (Doesum, Hosman e Riksen-Walraven, 2005). Além disso, os medicamentos antidepressivos afetam positivamente muitos aspectos do comportamento de mães deprimidas, incluindo tornar o tom de suas interações verbais com os bebês mais parecido com o de mães não deprimidas (Kaplan, Bachorowski, Smoski e Zinser, 2001).

Questões para reflexão

1. Como os pesquisadores poderiam estudar se a genética desempenha um papel na correlação entre depressão materna e depressão do bebê?
2. Com base nessa discussão, que itens poderiam ser incluídos em uma lista de verificação observacional resumida que os profissionais da saúde pudessem usar para identificar comportamentos-problema em mães deprimidas?

---

referenciamento social Usar a reação emocional de outra pessoa a alguma situação como base para decidir a própria reação. Um bebê faz isso quando verifica a expressão facial ou a linguagem corporal do pai antes de responder positiva ou negativamente a alguma coisa nova.

adulto (Flom e Bahrick, 2007). Por exemplo, em um estudo clássico, Haviland e Lelwica (1987) verificaram que quando as mães expressavam felicidade com o rosto e a voz, bebês de 10 meses pareciam felizes e interessados e olhavam fixo para a mãe; quando as mães expressavam tristeza, os bebês apresentavam movimentos aumentados da boca ou olhavam para longe; quando as mães expressavam raiva, alguns bebês choravam vigorosamente, enquanto outros mostravam um tipo de olhar parado ou "congelado".

Aos 5 a 7 meses, os bebês podem começar a "ler" um canal de cada vez, a responder a expressão facial sozinha ou a expressão vocal sozinha, mesmo quando as emoções são exibidas por um estranho em vez da mãe ou do pai (Flom e Bahrick, 2007). Especificamente, eles podem dizer a diferença entre vozes felizes e tristes e entre rostos felizes, surpresos e medrosos. Eles também parecem ter algum entendimento preliminar de que expressões emocionais vocais e faciais costumam ocorrer juntas.

No final do primeiro ano de vida, os bebês dão outro passo importante e associam a informação sobre a expressão emocional de uma pessoa ao contexto ambiental. Por exemplo, um bebê de 12 meses, ante algum evento novo e potencialmente apavorante – como um brinquedo novo ou um adulto estranho – pode primeiro olhar para o rosto da mãe ou do pai para verificar a expressão emocional do adulto. Se a mãe parecer satisfeita ou feliz, o bebê provavelmente explorará o novo brinquedo com mais facilidade ou aceitará o estranho com menos agitação. Se a mãe parecer preocupada ou assustada, o bebê responde àqueles sinais e reage à situação nova com preocupação ou medo equivalente. Os pesquisadores descreveram isso como um processo de **referenciamento social** (Thompson e Goodwin, 2005; Walker-Andrews, 1997). Não apenas os bebês usam as emoções dos outros para guiar suas próprias respostas, mas a pesquisa recente sugere que, aos 12 meses, eles podem usar sinais não verbais para identificar a causa da resposta emocional da outra pessoa (Moses, Baldwin, Rosicky e Tidball, 2001). Além disso, bebês de 1 ano podem se acalmar quando seus cuidadores se comportam de formas esperadas (Cole, Martin e Dennis, 2004). Por exemplo, um bebê que está frustrado pela fome se acalmará quando vir seu cuidador preparando-se para alimentá-lo ou lhe fornecendo algum outro tipo de nutrição. Entretanto, a capacidade básica dos bebês de perceber emoções traz riscos potenciais para aqueles cujas mães são deprimidas (ver *Ciência do desenvolvimento no mundo real*).

Comunalidade e variações entre culturas

> **Objetivo da aprendizagem 5.12**
> Que diferenças interculturais foram observadas na percepção emocional?

É razoável perguntar se as crianças em todas as culturas aprendem sobre emoções da mesma maneira. Os Utka, um grupo Inuit do nordeste do Canadá, têm duas palavras para medo, diferenciando entre medo de desastre físico e medo de ser maltratado. Algumas línguas africanas não têm palavras separadas para medo e tristeza. Os samoanos usam a mesma palavra para amor, simpatia e afeição, e os taitianos não têm absolutamente nenhuma palavra que transmita a noção de culpa. Esses exemplos, retirados por James Russell (1989) da literatura antropológica, nos lembram que precisamos ser muito cuidadosos quando falamos sobre o processo "normal" de uma criança aprender sobre expressão e significado emocional. De um ponto de vista ocidental, de língua inglesa, emoções como medo e raiva parecem "básicas", entendidas facilmente pelos bebês desde cedo. Mas qual seria a sequência evolutiva para uma criança que cresce em uma cultura na qual medo e tristeza não são diferenciados?

Figura 5.8 **Emoções básicas**

Que emoções estão sendo expressadas em cada uma dessas fotos? Se você disse felicidade, tristeza, medo, surpresa, aversão e raiva, é porque concorda com virtualmente todos os observadores, em muitos países, que olharam essas figuras.

(Copyright Paul Ekman.)

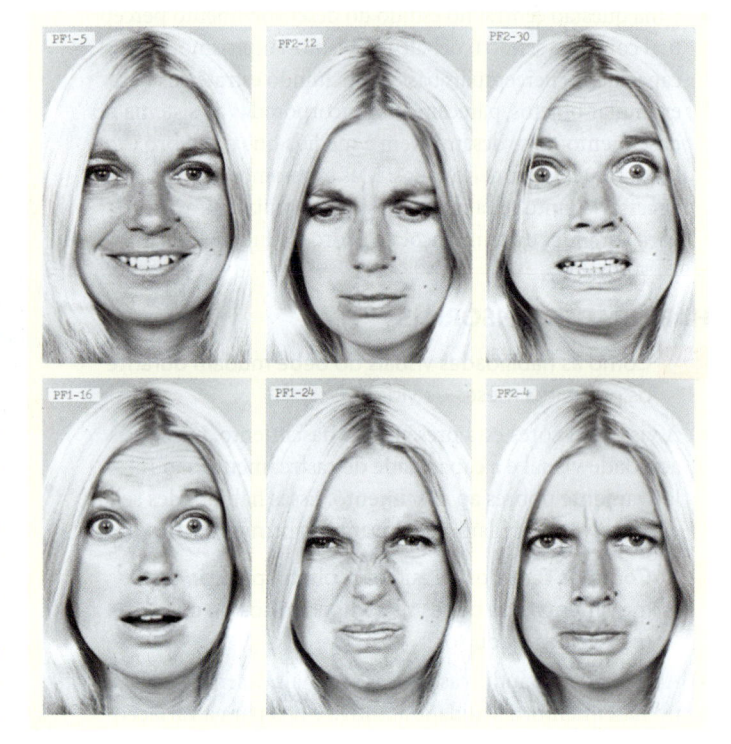

O trabalho de Paul Ekman (1972, 1973, 1989 e 2007) forneceu evidências de uma forte semelhança intercultural nas expressões faciais das pessoas ao transmitirem algumas dessas emoções "básicas" como medo, felicidade, tristeza, raiva e aversão. (A Figura 5.8 mostra duas dessas expressões comuns.) Em todas as culturas estudadas até agora, os adultos entendem essas expressões faciais como tendo o mesmo significado central. Variações culturais são definidas em cima desses padrões expressivos básicos, e as culturas têm regras diferentes sobre que emoções podem ser expressadas e quais devem ser mascaradas. Poderia ser postulado que bebês e crianças pequenas são muito bons para discriminar e entender os padrões centrais, compartilhados; mesmo crianças de 2 anos podem reconhecer e categorizar expressões felizes e tristes. Além desse entendimento básico, a criança deve lentamente aprender todos os revestimentos culturais – as ligações entre emoção e situação que se aplicam a cada cultura, os significados específicos da linguagem emocional e os roteiros que governam a expressão adequada de emoção em uma determinada cultura. Isso não é tarefa pequena. O que se deve salientar é quanto dessa informação o pré-escolar já compreende e reflete em seu próprio comportamento.

Pensamento crítico

- Como nativistas e empiristas explicam as respostas dos bebês à música?
- A pesquisa mostra que os bebês não possuem permanência do objeto antes dos 8 meses. Como esse aspecto da percepção poderia ser útil aos cuidadores?

Conduza sua própria pesquisa

Se você tem acesso a bebês de 3 a 6 meses, pode reproduzir os achados de pesquisa mostrando que eles respondem diferentemente a canções de brincadeira e a canções de ninar. Peça à mãe ou ao pai do bebê para cantar os dois tipos de canções e observe se o bebê exibe os tipos de comportamento descritos no texto. Lembre que os pesquisadores constataram que canções de ninar induzem comportamentos dirigidos ao interior, como chupar o dedo, e canções de brincadeira induzem comportamentos dirigidos ao exterior, como balbucio e sorriso.

Resumo

REFLEXÃO SOBRE O DESENVOLVIMENTO PERCEPTUAL

5.1 Quais são as três abordagens ao estudo das habilidades perceptuais dos bebês?

- Estudos do desenvolvimento perceptual foram enormemente auxiliados por avanços metodológicos, tais como a técnica de preferência de Fantz e o uso de técnicas de habituação ou condicionamento operante com bebês muito jovens.

5.2 Quais são os argumentos a favor das visões nativista e empirista do desenvolvimento perceptual?

- Uma questão central no estudo do desenvolvimento perceptual continua sendo o debate nativismo-empirismo. Muitas capacidades perceptuais básicas, incluindo estratégias para examinar objetos, parecem estar incorporadas ao sistema no nascimento ou se desenvolvem à medida que o cérebro evolui durante os primeiros anos. Mas experiência específica é necessária tanto para manter o sistema subjacente quanto para aprender discriminações e padrões fundamentais.

HABILIDADES SENSORIAIS

5.3 Como as habilidades visuais do bebê mudam durante os primeiros meses de vida?

- A visão em cores está presente no nascimento, mas a acuidade visual e a capacidade de rastreamento são relativamente pobres ao nascimento. Essas habilidades se desenvolvem rapidamente durante os primeiros meses.

5.4 Como os sentidos de audição, olfato, paladar, tato e movimento dos bebês se comparam aos de crianças mais velhas e adultos?

- As habilidades auditivas básicas são mais desenvolvidas no nascimento; a acuidade auditiva é boa para a variação da voz humana e o recém-nascido pode localizar pelo menos a direção aproximada de um som. As capacidades sensoriais para olfato e paladar, e os sentidos de tato e movimento, também são bem desenvolvidos ao nascimento.

HABILIDADES PERCEPTUAIS

5.5 Como a percepção visual muda durante os primeiros meses e anos de vida?

- A percepção de profundidade está presente ao menos de forma rudimentar aos 3 meses. O bebê inicialmente usa sugestões cinéticas, então sugestões binoculares e, finalmente, sugestões pictóricas em torno dos 5 ou 7 meses. A atenção visual parece seguir regras definidas, mesmo nas primeiras horas de vida. Os bebês podem discriminar o rosto e a voz da mãe de outros rostos e outras vozes, quase imediatamente após o nascimento.

5.6 Como os bebês percebem a fala humana e outros estímulos auditivos?

- Desde o início, os bebês parecem prestar atenção e discriminar entre todos os possíveis contrastes do som da fala; com a idade de 1 ano, o bebê faz discriminações finas apenas entre sons da fala que ocorrem na língua que ele está habituado a ouvir. Os bebês também prestam atenção e discriminam entre diferentes padrões de sons, tais como melodias ou inflexões de fala.

5.7 O que é percepção intermodal e quando ela se desenvolve?

- Percepção intermodal, a capacidade de coordenar informação de dois ou mais sentidos, foi demonstrada em bebês de até 1 mês e é encontrada seguramente em bebês de 4 meses.

5.8 O que são constâncias perceptuais e quando elas são importantes para a percepção?

- Constâncias perceptuais são regras mentais que permitem aos seres humanos perceber os aspectos dos objetos da mesma forma sob condições variadas (por exemplo, ângulo de visão). Constâncias perceptuais, como a constância de tamanho, de forma e de cor, estão todas presentes ao menos de forma rudimentar aos 4 meses.

O CONCEITO DE OBJETO

5.9 Que tipos de regras os bebês parecem usar na percepção de objetos?

- Bebês jovens têm um entendimento bastante complexo dos objetos, de suas propriedades e de seus possíveis movimentos. Eles usam o princípio da superfície comum, a suposição de que duas superfícies unidas pertencem ao mesmo objeto; também parecem saber que os objetos caem quando não estão apoiados. Igualmente, parecem discriminar entre arranjos de objetos estáveis e instáveis como torres de blocos.

5.10 O que é permanência do objeto e como ela se desenvolve?

- O entendimento de permanência do objeto (a percepção de que os objetos existem mesmo quando estão fora de vista) começa aos 2 ou 3 meses, e é bastante bem desenvolvido aos 10 meses.

PERCEPÇÃO DE SINAIS SOCIAIS

5.11 Como a capacidade dos bebês de perceber emoções muda durante o primeiro ano?

- A capacidade dos bebês de discriminar entre expressões emocionais aparece no início do primeiro ano. Aos 6 meses, a maioria dos bebês pode discriminar entre informação emocional contida nas expressões faciais e aquela apresentada por tom vocal. Aos 12 meses, os bebês não apenas reconhecem indicadores não verbais das emoções dos outros, mas também mudam as suas próprias para combinar com as de seus cuidadores (referenciamento social).

5.12 Que diferenças interculturais foram observadas na percepção emocional?

- A pesquisa intercultural demonstrou que as expressões faciais têm o mesmo significado em todas as culturas estudadas até agora. O que varia entre as culturas em algum grau são as situações associadas a várias emoções bem como as regras sociais para expressá-las.

Termos-chave

acuidade auditiva (p. 150)
acuidade visual (p. 149)
constância de cor (p. 157)
constância de forma (p. 157)
constância de tamanho (p. 157)
constância do objeto (objetal) (p. 157)
constâncias perceptuais (p. 157)
empirismo (p. 146)
nativismo (p. 146)
percepção intermodal (p. 156)
permanência do objeto (p. 158)
rastreamento (p. 149)
referenciamento social (p. 162)

6 Desenvolvimento Cognitivo I: Estrutura e Processo

Objetivos da Aprendizagem

As ideias básicas de Piaget

- 6.1 Qual o papel dos esquemas no desenvolvimento cognitivo?
- 6.2 Como assimilação, acomodação e equilibração alteram os esquemas?
- 6.3 Quais são as quatro causas do desenvolvimento cognitivo propostas por Piaget?

Infância

- 6.4 Como Piaget descreveu o desenvolvimento cognitivo nos primeiros dois anos de vida?
- 6.5 O que os pesquisadores descobriram sobre a capacidade do bebê de lembrar e imitar as ações dos outros?

Os anos pré-escolares

- 6.6 Quais são as características do pensamento das crianças durante o estágio pré-operacional?
- 6.7 Como a pesquisa recente desafiou a visão de Piaget sobre este período?
- 6.8 O que é uma teoria da mente e como ela se desenvolve?
- 6.9 O que as pesquisas indicam sobre a correlação entre cultura e teoria da mente?
- 6.10 Como as teorias dos neopiagetianos e de Vygotsky explicam o desenvolvimento cognitivo?

A criança em idade escolar

- 6.11 O que são operações concretas e como elas representam um avanço sobre formas de pensamento anteriores?
- 6.12 O que a pesquisa de Siegler sugere sobre pensamento operacional concreto?

Adolescência

- 6.13 Quais são os elementos-chave do pensamento operacional formal?
- 6.14 O que a pesquisa pós-piagetiana sugere sobre este estágio?

Desenvolvimento de habilidades de processamento de informação

- 6.15 Como a capacidade e a eficiência de processamento cognitivo mudam com a idade?
- 6.16 Que tipos de melhoras no uso de estratégias acontecem durante a infância e a adolescência?
- 6.17 O que são metamemória e metacognição e que importância têm no desenvolvimento cognitivo?
- 6.18 Como a *expertise* influencia a função da memória?

Q uando o último convidado da festa de aniversário finalmente partiu, Sheilah se apressou em limpar as migalhas de bolo enquanto o aniversariante Rudy, 7 anos, examinava seus presentes. Um deles era um curioso jogo de tabuleiro. "Mamãe", ele disse, "você pode jogar este jogo comigo agora?".

Sheilah respondeu que estava ocupada e sugeriu que Rudy jogasse com sua irmã de 4 anos, Marcella. "Ela é muito pequena", protestou Rudy.

"Dê uma chance a ela", sua mãe respondeu. Rudy, relutante, concordou e saiu à procura de sua irmã.

Rudy encontrou Marcella no quarto dela e começou a explicar-lhe o jogo. "Você pega uma dessas pecinhas e eu pego outra. Que cor você quer?", ele perguntou. Os dois decidiram que Rudy pegaria uma peça vermelha e Marcella, uma azul. "Você coloca as pecinhas neste quadrado e gira a roleta. Então você tem que mover sua peça quantos espaços disser na roleta. Se parar em um desses quadrados", ele explicou, apontando para um quadrado com uma estrela nele, "você joga outra vez. Se você parar em um com um sinal de pare, você perde uma vez de jogar".

Marcella pareceu entender, então Rudy decidiu deixá-la jogar primeiro. Ele girou a roleta e a seta parou no quatro. "Certo", disse Rudy, "você tem que mover sua peça quatro espaços".

Marcella pegou sua peça e começou a contar os espaços, "1, 2, 3", quando subitamente parou. "Quatro é um sinal de pare. Eu não quero ficar em um sinal de pare. Vou girar a roleta de novo".

Com isso, Rudy ficou indignado. "Você não pode girar de novo; isso é trapaça", ele gritou. "Mamãe", Rudy chamou gritando para que Sheilah pudesse ouvi-lo no outro quarto, "Eu não posso jogar com ela porque ela trapaceia". Marcella começou a soluçar enquanto Rudy guardava o jogo e disse, "Vá brincar com suas bonequinhas".

Cenas como essa são muito familiares a pais cujos filhos estão em cada um dos lados da transição, nos termos de Piaget, do estágio pré-operacional para o estágio operacional concreto. Crianças no estágio operacional concreto, como Rudy, têm uma forte preferência por experiências estruturadas com resultados que dependem de regras. Elas podem imaginar o quanto será divertido ganhar em um jogo de tabuleiro, mas sabem que para alcançar uma vitória legítima um jogador deve obedecer as regras. Para crianças pré-operacionais, como Marcella, o mundo é mais fluido. Como as crianças de 7 anos, elas imaginam vencer um jogo, mas ainda não entendem que a legitimidade do resultado depende das regras. Ou seja, sem regras, um jogo não é um jogo. Portanto, elas preferem fingir atividades de jogo nas quais as regras são facilmente mudadas e dependem principalmente dos caprichos do jogador.

As ideias básicas de Piaget

Piaget foi o primeiro a responder a uma pergunta fundamental: como o conhecimento de mundo de uma criança muda com a idade? Ao respondê-la, a suposição mais central de Piaget era a de que a criança é um participante ativo no desenvolvimento de conhecimento, construindo seu próprio entendimento. Essa ideia, talvez mais do que qualquer outra, influenciou o pensamento de todos os desenvolvimentalistas que seguiram Piaget. Além disso, após três décadas de pesquisa dedicada a desafiar sua afirmação de que o funcionamento cognitivo se desenvolve em estágios, todo o conceito de estágios cognitivos está desfrutando de um ressurgimento de interesse entre psicólogos do desenvolvimento (Feldman, 2004; Homer e Hayward, 2008; Kuhn, 2008; Shayer, 2008). Naturalmente, as centenas de estudos, feitos desde que Piaget propôs pela primeira vez os estágios, revelaram inúmeras deficiências em seu relato original do desenvolvimento cognitivo. Contudo, o esboço básico que ele descreveu pela primeira vez há mais de 70 anos sobre as mudanças cognitivas da infância para a adolescência parece ser razoavelmente preciso.

A metáfora da criança como um "pequeno cientista", construindo seu entendimento de mundo, vem diretamente da teoria de Piaget.

Esquemas

Objetivo da aprendizagem 6.1
Qual o papel dos esquemas no desenvolvimento cognitivo?

Um conceito piagetiano essencial – e um dos mais difíceis de compreender – é o de um **esquema** (às vezes denominado *plano*). Esse termo é usado com frequência como um sinônimo aproximado da palavra *conceito* ou das expressões *categoria mental* ou *complexo de ideias*, mas Piaget utilizou-o mais amplamente do que isso. Ele via o conhecimento não meramente como categorias mentais passivas, mas como ações, mentais ou físicas; cada uma dessas ações é o que ele entendia por um esquema. Portanto um esquema não é realmente uma categoria, mas a *ação* de categorizar de alguma forma particular. Algumas ações puramente físicas ou sensoriais também são esquemas. Se você pegar e olhar uma bola, você está usando seu "esquema de olhar", seu "esquema de pegar" e seu "esquema de segurar".

Piaget propôs que todo bebê começa a vida com um pequeno repertório de esquemas sensoriais ou motores simples, tais como olhar, provar, tocar, ouvir e agarrar. Para o bebê, um objeto é uma coisa que tem certo sabor, dá certa sensação quando é tocado ou tem uma cor particular. Mais tarde, a criança também desenvolve esquemas mentais, tais como categorizar ou comparar um objeto a outro. No decorrer do desenvolvimento, a criança gradualmente adquire esquemas mentais extremamente complexos, tais como análise dedutiva ou raciocínio esquemático. De fato, os seres humanos continuam a adquirir novos esquemas, tanto físicos quanto mentais, durante toda a vida. Então de onde, você poderia estar se perguntando, esses esquemas provêm?

De acordo com Piaget, quando as pessoas atuam em seus ambientes, um processo mental inato chamado **organização** faz com que elas deduzam esquemas generalizáveis de experiências específicas. Por exemplo, quando um bebê manuseia um objeto esférico, como uma bola, o esquema que ele constrói será aplicado a todos os objetos semelhantes. Portanto, quando ele vir um bola de vidro decorativa, ele tentará segurá-la da mesma maneira que seguraria uma bola de borracha. Os esquemas organizam nosso pensamento de acordo com categorias para nos ajudar a determinar que tipos de atitudes tomar em resposta a variações nas características ambientais.

De acordo com Piaget, **esquemas figurativos** são representações mentais das propriedades básicas dos objetos no mundo. Por exemplo, uma criança usa esquemas figurativos quando rotula corretamente cães e gatos, lista suas características (por exemplo, narizes úmidos, pelo, bigodes) e descreve seus comportamentos típicos (por exemplo, latir, abanar o rabo, miar). Saber que cães e gatos são tipos diferentes de animais e que os animais representam uma categoria diferente de outras (por

esquema Palavra de Piaget para as ações básicas de conhecer, incluindo ações físicas (esquemas sensório-motores, como olhar ou estender o braço) e ações mentais (tais como classificar, comparar e inverter). Uma experiência é assimilada em um esquema, e o esquema é criado ou modificado através de acomodação.

organização O processo de deduzir esquemas generalizáveis de experiências específicas.

esquemas figurativos Representações mentais das propriedades básicas de objetos no mundo.

exemplo, roupas, comida, etc.) também envolve esquemas figurativos. Ao contrário, os **esquemas operativos** permitem que as crianças entendam as associações lógicas entre objetos no mundo e raciocinem ou atuem sobre eles. Por exemplo, esquemas operativos entram em ação quando as crianças entendem que poodles são cães, cães são mamíferos, mamíferos são animais, e assim por diante.

Adaptação

> **Objetivo da aprendizagem 6.2**
> Como assimilação, acomodação e equilibração alteram os esquemas?

Nossos esquemas nem sempre funcionam da forma que esperamos. Portanto, de acordo com Piaget, o processo mental que ele chama de **adaptação** complementa a organização, trabalhando para mudar esquemas que não se ajustam bem aos desafios oferecidos por nossos ambientes. Três subprocessos estão envolvidos na adaptação.

Assimilação é o processo de assimilar, de absorver algum evento e torná-lo parte de um esquema. Piaget diria que quando um bebê manuseia uma bola de vidro decorativa da mesma forma que ele aprendeu a manipular uma bola de borracha, ele a assimilou a seu esquema de manuseio de bola. A chave aqui é que a assimilação é um processo ativo. Em primeiro lugar, assimilamos informação seletivamente. Não nos comportamos como um mata-borrão, absorvendo tudo o que experimentamos; antes, prestamos atenção apenas àqueles aspectos de qualquer experiência para a qual já temos esquemas. Por exemplo, quando você escuta um professor dar uma aula, você pode tentar escrever tudo em seu caderno ou armazená-lo em seu cérebro, mas na verdade você assimila apenas os pensamentos que pode associar a algum conceito ou modelo que você já tem.

O processo complementar à assimilação é a **acomodação**, que envolve mudar um esquema como resultado de informação nova absorvida por assimilação. O bebê que pega uma bola de vidro pela primeira vez responderá à natureza escorregadia da superfície, comparada àquilo que ele esperava com base em sua experiência com bolas de borracha, e acomodará seu esquema de manuseio de bola. Dessa forma, ele desenvolverá um esquema de manuseio de bola que pode levar em consideração diferentes características de superfície de diferentes tipos de bolas. Portanto, na teoria de Piaget, o processo de acomodação é o segredo da mudança do desenvolvimento. Através da acomodação, reorganizamos nossos pensamentos, melhoramos nossas habilidades e mudamos nossas estratégias.

O terceiro aspecto da adaptação é a **equilibração**, o processo de por em equilíbrio assimilação e acomodação. Isso não é diferente daquilo que um cientista faz quando desenvolve uma teoria sobre algum conjunto de informação. O cientista quer ter uma teoria que explique toda a observação – ou seja, que tenha coerência interna. Quando novos achados de pesquisa surgem, ele os assimila em sua teoria existente; se eles não se ajustarem perfeitamente, ele faz modificações (acomodações) na teoria a fim de que ela assimile a informação à qual anteriormente não se ajustou. Entretanto, se evidências não confirmadoras se acumulam em demasia, o cientista pode ter que descartar totalmente sua teoria ou mudar alguns pressupostos teóricos básicos; qualquer uma das respostas é uma forma de equilibração.

A analogia de um mapa rodoviário pode ser útil. Suponha que você tenha acabado de se mudar para uma nova cidade e, em vez de comprar um mapa local, você tenta aprender os caminhos apenas com um mapa desenhado a mão por um amigo. Enquanto você anda pela nova cidade, faz correções em seu mapa – redesenhando-o e fazendo suas próprias anotações. O mapa redesenhado e revisado certamente é uma melhora em relação à versão original, mas eventualmente você descobrirá que ele é tanto impossível de ler quanto seriamente falho. Então você começa novamente e desenha um novo mapa, com base em todas as novas informações. Você o carrega junto para toda parte, revisando-o e escrevendo nele até que este, também, esteja tão cheio de informações que você precise começar de novo. As correções e as anotações que você faz em seu mapa são análogas às acomodações na teoria de Piaget; o processo de começar de novo e desenhar um novo mapa é análogo à equilibração. Cada modificação de um mapa existente ou o desenho de um novo permite que você assimile mais facilmente suas experiências de dirigir ou caminhar. Dizendo mais objetivamente, com cada modificação, seu mapa funciona melhor do que antes.

Piaget acreditava que uma criança operava de maneira semelhante, criando esquemas coerentes, mais ou menos internamente consistentes. Entretanto, visto que o bebê começa com um repertório de esquemas muito limitado (um mapa inicial muito primitivo), as primeiras estruturas que a criança cria simplesmente não serão adequadas. Essas inadequações, Piaget acreditava, forçam a criança a fazer mudanças periódicas maiores nos esquemas internos.

---

esquemas operativos Representações mentais das associações lógicas entre objetos no mundo.

adaptação Os processos através dos quais os esquemas mudam.

assimilação A parte do processo de adaptação proposto por Piaget que envolve a absorção de novas experiências ou informações aos esquemas existentes. Entretanto, a experiência não é assimilada "como é", mas é um pouco modificada (ou interpretada) a fim de se ajustar aos esquemas preexistentes.

acomodação A parte do processo de adaptação proposto por Piaget pela qual uma pessoa modifica esquemas existentes como resultado de novas experiências ou cria novos esquemas quando os antigos não mais administram os dados.

equilibração A terceira parte do processo de adaptação proposto por Piaget, envolvendo uma reestruturação periódica de esquemas para criar um equilíbrio entre assimilação e acomodação.

Piaget via três pontos de reorganização – ou equilibração – particularmente significativos na infância, cada um introduzindo um novo estágio de desenvolvimento. O primeiro ocorre dos 18 aos 24 meses, quando a criança muda da dominância de esquemas sensoriais e motores simples para o uso dos primeiros símbolos. O segundo ponto de equilibração normalmente ocorre entre as idades de 5 e 7 anos, quando a criança acrescenta um novo conjunto de esquemas operativos poderosos que Piaget chama de **operações**. Estas são ações mentais muito mais abstratas e gerais, como adição ou subtração mental. O terceiro ponto de equilibração importante ocorre na adolescência, quando a criança entende como "operar sobre" ideias, eventos ou objetos.

Os três principais pontos de equilibração produzem quatro estágios durante os quais as crianças usam diferentes formas de influenciar o mundo em torno delas. Durante o **estágio sensório-motor**, do nascimento aos 24 meses, o bebê usa seus esquemas sensoriais e motores para influenciar o mundo em torno deles. No **estágio pré-operacional**, dos 24 meses até aproximadamente os 6 anos, as crianças adquirem esquemas simbólicos, como linguagem e fantasia, que elas usam para pensar e se comunicar. Em seguida, vem o **estágio de operações concretas**, durante o qual crianças de 6 a 12 anos começam a pensar de forma lógica. A última fase é o **estágio de operações formais**, no qual os adolescentes aprendem a pensar de forma lógica sobre ideias abstratas e situações hipotéticas.

Objetivo da aprendizagem 6.3
Quais são as quatro causas do desenvolvimento cognitivo propostas por Piaget?

Causas do desenvolvimento cognitivo

Uma vez que os estágios de Piaget representam uma sequência fixa, você poderia pensar que eles são controlados por um plano genético inato, semelhante à sequência de desenvolvimento da habilidade motora sobre a qual você leu no Capítulo 4. Piaget sugeriu justamente que existe um plano inato para desenvolvimento cognitivo desse tipo, mas que ele depende de fatores ambientais para sua total expressão. Ele propôs quatro causas principais do desenvolvimento cognitivo: duas internas e duas encontradas no ambiente de uma criança (Piaget e Inhelder, 1969).

Conforme você leu na seção anterior, Piaget acreditava que a equilibração era o processo principal através do qual novos estágios de desenvolvimento cognitivo são alcançados. Ele postulou que o processo de equilibração é uma resposta inata, automática a conflitos entre os esquemas atuais de uma criança e os desafios de seu ambiente. Da mesma forma, ele supunha que o padrão básico de amadurecimento cerebral comum a todos os seres humanos, sobre o qual você aprendeu no Capítulo 4, contribuía para o desenvolvimento cognitivo. Portanto, ele afirmava, diferenças individuais no ritmo com que as crianças atravessam os quatro estágios de desenvolvimento cognitivo podem ser em parte explicadas por diferentes taxas de amadurecimento cerebral, que pode ser o resultado de diferenças inatas ou de fatores ambientais como nutrição.

Os dois fatores ambientais que Piaget postulava para explicar a progressão através dos estágios eram transmissão social e experiência. *Transmissão social* é simplesmente a informação que a criança obtém de outras pessoas. De acordo com ele, pais, professores e outras pessoas fornecem informações para as crianças, tais como nomes e características de objetos, bem como modelos de desenvolvimento cognitivo mais maduro. Digamos, por exemplo, que uma criança em idade pré-escolar acredite que seu guarda-roupas vira um monstro todas as noites quando a luz é apagada. Para tranquilizá-la, seus pais acendem e apagam a luz repetidamente para demonstrar que o guarda-roupas continua sendo uma peça de mobília, esteja a luz acesa, esteja apagada. Ao fazer isso, os pais estão demonstrando o uso de um esquema lógico que tem muitas aplicações ao mundo físico: "se esse objeto era um guarda-roupas com a luz acesa, ele ainda deve ser um guarda-roupas com a luz apagada. A escuridão não altera a qualidade do guarda-roupas; ela não pode transformar um objeto em outro". O esquema lógico dos pais entra em conflito com o esquema mágico sobre o qual a criança baseia sua crença de que peças de mobília podem se transformar em monstros no escuro. Como resultado, a experiência estimula o processo de equilibração para a criança. Piaget sugeriu que os adultos contribuem muito para a progressão das crianças de um estágio para o seguinte através desse tipo de demonstrações informais.

Por *experiência*, Piaget entende as próprias oportunidades da criança de influenciar o mundo e de observar os resultados de suas ações. Se você observar crianças pré-escolares brincando na praia ou em uma caixa de areia, perceberá que uma de suas atividades favoritas é encher recipientes com areia, esvaziá-los, e enchê-los novamente. Você poderia ver um grupo de crianças fazendo uma "montanha" de areia dessa maneira. Ao fazê-lo, elas percebem que a montanha não fica muito firme a menos que

---

operação Termo usado por Piaget para um esquema complexo, interno, abstrato, visto pela primeira vez em torno dos 6 anos.

estágio sensório-motor Termo dado por Piaget para o primeiro maior estágio de desenvolvimento cognitivo, do nascimento até cerca dos 24 meses, quando a criança usa habilidades sensoriais e motoras para influenciar o ambiente.

estágio pré-operacional Termo dado por Piaget para o segundo maior estágio de desenvolvimento cognitivo, dos 24 meses até aproximadamente os 6 anos, marcado pela capacidade de usar símbolos.

estágio de operações concretas Termo piagetiano para o estágio de desenvolvimento entre as idades de 6 e 12 anos, durante o qual as crianças se tornam capazes de pensar de forma lógica.

estágio de operações formais Nome dado por Piaget para o quarto e último maior estágio de desenvolvimento cognitivo, ocorrendo durante a adolescência, quando a criança se torna capaz de manipular e organizar ideias ou situações hipotéticas, bem como objetos.

um pouco de água seja misturada na areia, mas então elas veem que muita água também impede que a montanha fique de pé. Através desse tipo de experimentação e modificação de ações, Piaget acreditava, as crianças com frequência estimulam seu próprio desenvolvimento cognitivo.

Um lugar onde as crianças são expostas a muitas oportunidades tanto para transmissão social quanto para experiência é a escola. De fato, estudos em todo o mundo demonstraram que as crianças que frequentam a escola atravessam mais rapidamente os estágios de Piaget do que aquelas que não frequentam (Mishra, 2001). Esses estudos dão peso à afirmação de Piaget de que o movimento de um estágio cognitivo para outro não é simplesmente uma questão de amadurecimento, mas o resultado de uma interação complexa entre variáveis internas e ambientais. Cada uma dessas variáveis, Piaget sugeriu, é *necessária mas não suficiente* para produzir movimento de um estágio cognitivo para o seguinte. Em outras palavras, certo grau de amadurecimento cerebral é necessário para cada estágio, mas o desenvolvimento cerebral por si só não pode fazer uma criança progredir para o estágio seguinte. Todos os fatores causais – equilibração, amadurecimento, transmissão social e experiência – devem interagir e apoiar um ao outro a fim de que o desenvolvimento cognitivo prossiga.

Infância

A teoria de Piaget supõe que o bebê assimila informação dentro da série limitada de esquemas sensoriais e motores com os quais ele nasceu – tais como olhar, escutar, sugar e agarrar – e acomoda aqueles esquemas com base em suas experiências. Este é o ponto de partida para todo o processo de desenvolvimento cognitivo.

A visão de Piaget do período sensório-motor

> **Objetivo da aprendizagem 6.4**
> Como Piaget descreveu o desenvolvimento cognitivo nos primeiros dois anos de vida?

No início, na visão de Piaget, o bebê está inteiramente ligado ao presente imediato, respondendo a todos os estímulos que estejam disponíveis. Ele não lembra eventos ou coisas de um encontro para o seguinte e não parece planejar ou pretender. John Flavell resume tudo isso primorosamente.

> [O bebê] exibe um tipo de funcionamento intelectual inteiramente prático, de perceber-e-fazer, ligado à ação; ele não exibe o tipo mais contemplativo, reflexivo, manipulador de símbolo no qual geralmente pensamos em associação à cognição. O bebê "sabe" no sentido de reconhecer ou antecipar objetos e acontecimentos familiares, recorrentes, e "pensa" no sentido de se comportar em relação a eles com boca, mão, olhos, outros instrumentos sensório-motores de formas previsíveis, organizadas e frequentemente adaptativas. (1985, p. 13)

Esse padrão muda gradualmente durante os primeiros 24 meses, quando o bebê começa a entender que os objetos continuam a existir mesmo estando fora de vista (ver Capítulo 5) e quando ele se torna capaz de se lembrar de objetos, de ações e de indivíduos durante períodos de tempo. Contudo, Piaget insistia que no período sensório-motor, o bebê ainda não é capaz de manipular essas primeiras imagens mentais ou memórias. Nem usa símbolos para representar objetos ou eventos. É a nova capacidade de manipular símbolos internos, tais como palavras ou imagens, que marca o início do estágio seguinte, o estágio de pensamento pré-operacional, que surge na maioria das crianças em algum momento entre 18 e 24 meses.

A mudança do repertório limitado de esquemas disponíveis ao recém-nascido para a capacidade de usar símbolos entre os 18 e os 24 meses é gradual, embora Piaget identificasse seus subestágios, resumidos na Tabela 6.1. Cada subestágio representa algum avanço específico. O subestágio 2 é marcado pelo início daquelas coordenações importantes entre olhar e escutar, estender o braço e olhar – estender o braço e sugar são aspectos centrais dos meios de exploração do mundo do bebê de 2 meses. O termo **reações circulares primárias** se refere às muitas ações repetitivas simples vistas no subestágio 2, cada uma organizada em torno do corpo do próprio bebê. O bebê acidentalmente suga seu polegar um dia, acha prazeroso e repete a ação. As **reações circulares secundárias**, no subestágio 3, diferem apenas no fato de que o bebê está agora repetindo alguma ação a fim de desencadear uma reação fora de seu próprio corpo. O bebê balbucia e a mãe sorri, então ele balbucia novamente, aparentemente a fim de fazer a mãe sorrir de novo; o

reações circulares primárias Expressão de Piaget para descrever ações repetitivas simples do bebê no subestágio 2 do estágio sensório-motor, organizado em torno do próprio corpo do bebê; este repete alguma ação de modo que o resultado desejado ocorra novamente, como sugar seu polegar para repetir a boa sensação obtida de sugar o polegar.

reações circulares secundárias Ações repetitivas no subestágio 3 do período sensório-motor, orientado sobre objetos externos; o bebê repete alguma ação a fim de desencadear uma reação fora de seu próprio corpo, como bater em um móbile repetidamente para que este se mova.

bebê acidentalmente bate no móbile pendurado em cima do berço e o objeto se move, ele então repete o movimento de seu braço, aparentemente com alguma intenção de fazer o móbile se mover novamente. Essas primeiras associações entre ações corporais e consequências externas são razoavelmente automáticas, muito semelhantes a um tipo de condicionamento operante. Durante esse subestágio, os bebês constroem os esquemas importantes que fundamentam o *conceito de objeto*, um conjunto de marcos discutidos extensamente no Capítulo 5. Recorde o que a **permanência do objeto**, ou o entendimento de que os objetos continuam a existir mesmo quando estão fora de vista, é um dos mais importantes desses marcos.

O subestágio 4 traz consigo o início de um entendimento real de associações causais. Nesse ponto, o bebê muda para a atividade exploratória. No subestágio 5, esse comportamento exploratório se torna mais marcado com o surgimento daquilo que Piaget chamou de **reações circulares terciárias**. Neste subestágio, o bebê não se contenta meramente em repetir a ação ativadora original, mas experimenta variações. Ele poderia testar muitos outros sons ou expressões faciais para verificar se provocarão um sorriso na mãe ou tentar mover sua mão de forma diferente ou em novas direções a fim de fazer o móbile se mover de novas maneiras. Nesse estágio, o comportamento do bebê tem uma qualidade intencional, experimental. Contudo, Piaget pensava que mesmo no subestágio 5 o bebê não tem símbolos internos para representar objetos. O desenvolvimento desses símbolos é a marca do subestágio 6.

As descrições de Piaget dessa sequência de desenvolvimento, largamente baseadas em observações notavelmente detalhadas de seus próprios três filhos, provocaram uma série muito rica de pesquisas, algumas que confirmam os esboços gerais de suas proposições e algumas que os refutam. Os resultados de pesquisa descritos no Capítulo 5, juntamente com outra pesquisa sobre memória e imitação do bebê, levam à conclusão de que em inúmeros aspectos importantes, Piaget subestimou a capacidade dos bebês de armazenar, lembrar e organizar informação sensorial e motora.

Andrea, com 3 meses, pode estar apresentando uma reação circular secundária aqui, sacudindo sua mão repetidamente para ouvir o som do chocalho. Um teórico da aprendizagem diria que o prazer que ela experimenta de ouvir o som está reforçando seu comportamento de sacudir a mão.

Desafios à visão da infância de Piaget

Objetivo da aprendizagem 6.5
O que os pesquisadores descobriram sobre a capacidade do bebê de lembrar e imitar as ações dos outros?

Embora a pesquisa em geral tenha apoiado a sequência de desenvolvimento cognitivo descoberta por Piaget, há muitos achados que desafiam sua visão. Conforme você aprendeu no Capítulo 5, a pesquisa de Elizabeth Spelke e Renée Baillargeon, entre outros, nos forneceu um relato mais detalhado do entendimento de objetos dos bebês do que os estudos de Piaget. O trabalho deles sugere que os bebês têm um entendimento muito mais sofisticado de objetos do que Piaget concluiu. Igualmente, a pesquisa examinando o funcionamento da memória de bebês e sua capacidade para imitação também sugere que Piaget pode ter subestimado as capacidades deles.

Memória Uma indicação de que os bebês são capazes de feitos de memória maiores do que Piaget propôs é a pesquisa mostrando que habituação e desabituação já estão presentes no nascimento – pesquisa sobre a qual você leu no Capítulo 3. A habituação, você vai lembrar, envolve uma diminuição de resposta a um estímulo repetido. Por exemplo, um recém-nascido para de exibir uma resposta de sobressalto a um som após ter sido exposto a ele diversas vezes. Para a habituação ser possível, o bebê deve ter pelo menos alguma capacidade de armazenar (lembrar) informação sobre as ocorrências anteriores. Similarmente, para a desabituação ocorrer, o bebê deve reconhecer que um novo evento é um pouco diferente, isso que sugere que a memória do bebê contém uma imagem ou um modelo razoavelmente detalhado do evento original (Schneider e Bjorklund, 1998).

Uma segunda fonte de evidência de que bebês muito jovens podem lembrar eventos específicos durante períodos de tempo vem de uma série de estudos brilhantes realizados por Carolyn Rovee-Collier e colaboradores (Bhatt e Rovee-Collier, 1996; Gerhardstein, Adler e Rovee-Collier, 2000; Harthshorn e Rovee-Collier, 1997; Hayne e Rovee-Collier, 1995; Rovee-Collier, 1993). Em seu procedimento mais amplamente conhecido, Rovee-Collier usa uma engenhosa variação de uma estratégia de condicionamento operante. Ela primeiro pendura um móbile atraente sobre o berço de um

permanência do objeto ○ entendimento de que os objetos continuam a existir mesmo quando não podem ser percebidos diretamente.

reações circulares terciárias A experimentação deliberada com variações de ações anteriores, característica do subestágio 5 do período sensório-motor, de acordo com Piaget.

Tabela 6.1 Subestágios do estágio sensório-motor de Piaget

Subestágio	Idade	Rótulo de Piaget	Características
1	Nascimento-1 mês	Reflexos	Uso de esquemas ou reflexos inatos, tais como sugar ou olhar; sem imitação; sem capacidade de integrar informação de diversos sentidos.
2	1-4 meses	Reações circulares primárias	Acomodação de esquemas básicos (agarrar, olhar, sugar), enquanto o bebê os pratica infinitamente. Início da coordenação de esquemas de diferentes sentidos, tais como olhar na direção de um som; o bebê ainda não associa ações corporais a algum resultado fora do corpo.
3	4-8 meses	Reações circulares secundárias	O bebê se torna muito mais consciente de eventos fora de seu próprio corpo e os faz acontecer novamente, em um tipo de aprendizagem de tentativa-e-erro. Imitação pode ocorrer, mas apenas de esquemas já existentes no repertório do bebê. Início do entendimento do "conceito de objeto".
4	8-12 meses	Coordenação de esquemas secundários	Comportamento de meios e fins intencional claro. O bebê não apenas vai atrás do que quer, mas pode combinar dois esquemas para fazê-lo, tal como atirar um travesseiro para alcançar um brinquedo. Imitação de comportamentos novos ocorre, bem como transferência de informação de um sentido para o outro (transferência modal cruzada).
5	12-18 meses	Reações circulares terciárias	Começa a "experimentação", na qual o bebê testa novas formas de brincar com ou manipular objetos. Exploração de tentativa-e-erro muito ativa, muito intencional.
6	18-24 meses	Início do pensamento representativo	Desenvolvimento do uso de símbolos para representar objetos ou eventos. A criança entende que o símbolo é separado do objeto. Imitação adiada ocorre primeiro neste estágio.

bebê e observa como o bebê responde. Em particular, ela está interessada em descobrir com que frequência o bebê chuta suas pernas enquanto olha para o móbile. Após 3 minutos dessa observação "básica", ela prende um cordão do móbile até a perna do bebê, conforme se vê na Figura 6.1, assim, toda vez que o bebê chuta, o móbile se move. Os bebês aprendem muito rápido a chutar repetidamente a fim de fazer essa nova coisa interessante acontecer (Piaget chamaria de uma reação circular secundária). Dentro de 3 a 6 minutos, bebês de 3 meses duplicam ou triplicam suas taxas de chute, mostrando que a aprendizagem claramente ocorreu. Rovee-Collier então testa a memória do bebê ou relação a essa aprendizagem retornando alguns dias mais tarde e pendurando o mesmo móbile sobre o berço, mas sem prender o cordão ao pé da criança. Se o bebê lembrar a ocasião anterior, deverá chutar a uma taxa mais alta do que quando viu o móbile pela primeira vez: é precisamente o que bebês de 3 meses fazem, mesmo após uma demora de até uma semana.

Esses estudos mostram que o bebê jovem é cognitivamente muito mais sofisticado do que os desenvolvimentalistas (e Piaget) um dia supuseram. Ao mesmo tempo, o trabalho de Rovee-Collier também oferece algum apoio para as visões de Piaget, uma vez que ela observa ganhos sistemáticos durante os meses da infância na capacidade de lembrar. Um bebê de 2 meses pode lembrar a ação de chutar por apenas um dia; um bebê de 3 meses pode lembrar por mais de uma semana; aos 6 meses, um bebê pode lembrar por mais de duas semanas. Rovee-Collier também constatou que todas essas primeiras memórias do bebê estão fortemente ligadas ao contexto específico no qual a experiência original ocorreu. Mesmo bebês de 6 meses não reconhecem ou lembram do móbile se o investigador fizer até mesmo uma mudança muito pequena, tal como pendurar um pano diferente em torno do berço no qual a criança foi originalmente testada. Portanto, os bebês lembram muito mais do que Piaget acreditava – mas suas memórias são altamente específicas. Com a idade, suas memórias se tornam cada vez menos ligadas a sugestões ou contextos específicos (DeFrancisco e Rovee-Collier, 2008; Hsu e Rovee-Collier, 2006; Learmonth, Lamberth e Rovee-Collier, 2004).

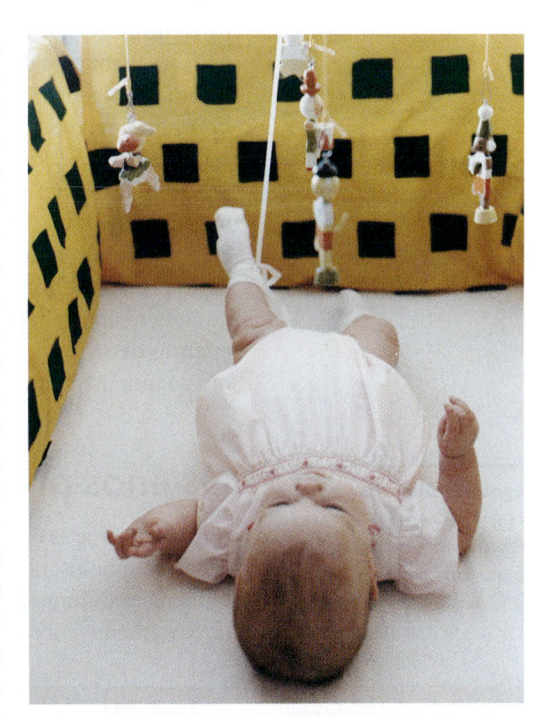

Figura 6.1 Estudos de Rovee-Collier da aprendizagem do bebê

Este bebê de 3 meses, em um dos experimentos de memória de Rovee-Collier, aprenderá rapidamente a chutar seu pé a fim de fazer o móbile se mover. E vários dias mais tarde, ele lembrará esta associação entre chutar e o móbile.

(*Fonte*: Rovee-Collier, 1993, p. 131.)

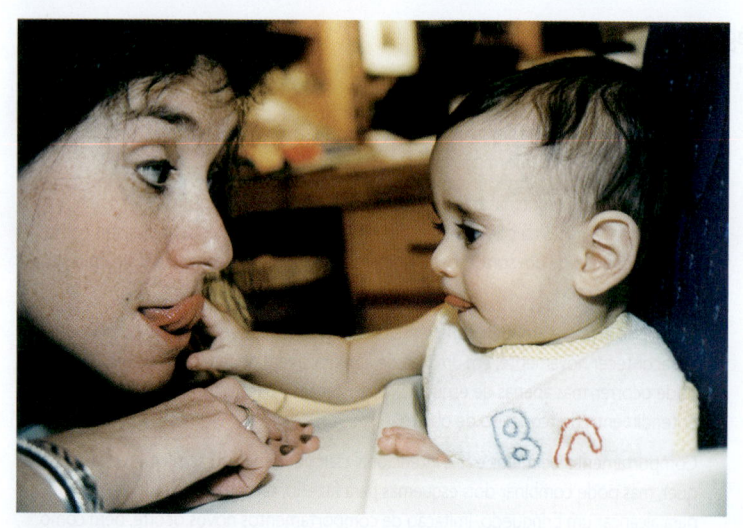

Figura 6.2 Imitação

Embora os pesquisadores ainda discordem sobre exatamente o quanto os bebês jovens imitarão, todos concordam que eles imitarão o gesto de protrusão da língua.

Imitação Outra área ativa de estudo tem sido a capacidade do bebê de imitar. Se você olhar novamente a Tabela 6.1, verá que Piaget pensava que a capacidade de imitar surgia bastante gradualmente durante os primeiros meses. Em termos amplos, a sequência proposta por Piaget tem sido apoiada. Por exemplo, a imitação dos movimentos da mão de alguém ou de suas ações com objetos parece melhorar regularmente durante os meses da infância, começando no primeiro ou no segundo mês; a imitação de ações de duas partes se desenvolve apenas na fase dos primeiros passos, talvez aos 15 ou 18 meses (Poulson, Nunes e Warren, 1989). Em duas áreas, entretanto, Piaget pode ter sido equivocado em relação às capacidades imitativas dos bebês.

Primeiro, embora Piaget achasse que os bebês não podiam imitar os gestos faciais de outras pessoas até aproximadamente o subestágio 4 (8-12 meses), grande parte da pesquisa agora mostra que os recém-nascidos são capazes de imitar pelo menos alguns gestos faciais, particularmente a protrusão da língua (Nagy e Molnar, 2004), como mostra a foto na Figura 6.2. Contudo, a capacidade dos recém-nascidos para imitação parece ser bastante limitada. Os pesquisadores constataram que recém-nascidos imitam a protusão da língua, mas não a abertura da boca (Ainsfeld et al., 2001). Juntos, os estudos do comportamento imitativo em recém-nascidos indicam que Piaget provavelmente estava equivocado em sua afirmação de que bebês muito pequenos são incapazes de imitação. Entretanto, parece provável que ele estivesse certo em sua visão de que a imitação não é uma estratégia geral que os bebês usam para desenvolver seu entendimento do mundo até que sejam um pouco mais velhos.

Piaget também afirmou que a *imitação diferida*, na qual a criança vê alguma ação e então a imita em uma ocasião posterior, quando o modelo não é mais visível, tornava-se possível apenas no subestágio 6 (em torno dos 18 meses), uma vez que a imitação adiada requer algum tipo de representação interna. Mais uma vez, a pesquisa mais recente indica um desenvolvimento mais precoce dessa capacidade (Learmonth et al., 2004; Learmonth, Lamberth e Rovee-Collier, 2005). Pelo menos um estudo (Meltzoff, 1988) mostra que bebês já aos 9 meses podem adiar sua imitação por até 24 horas. Aos 14 meses, os bebês podem lembrar e posteriormente imitar as ações de alguém após um período de 24 horas (Hanna e Meltzoff, 1993). Esse achado deixa claro que crianças dessa idade podem e aprendem comportamentos específicos através de modelação, mesmo quando não têm a chance de imitar o comportamento imediatamente.

Os anos pré-escolares

egocentrismo Um estado cognitivo no qual o indivíduo (tipicamente uma criança) vê o mundo apenas de sua própria perspectiva, sem consciência de que há outras.

A teoria de Piaget e os achados de pesquisa sugerem que a capacidade de crianças pré-escolares de usar símbolos, tais como palavras, aumenta significativamente sua capacidade de entender e influenciar o mundo em torno delas. Mas sua capacidade de raciocinar sobre o mundo ainda é razoavelmente pobre.

Objetivo da aprendizagem 6.6
Quais são as características do pensamento das crianças durante o estágio pré-operacional?

A visão de Piaget sobre o estágio pré-operacional

Piaget via evidências de uso de símbolo em muitos aspectos do comportamento de crianças de 2 a 6 anos. Por exemplo, crianças dessa idade começam a fazer brincadeiras de "faz de conta". Esse uso de símbolos também é evidente no surgimento da linguagem e na capacidade primitiva dos pré-escolares de entender modelos em escala ou mapas simples (DeLoache, 1995). Portanto, os esquemas figurativos das crianças crescem a passos largos durante esse estágio. Em comparação, os esquemas operativos desenvolvem-se lentamente. Como resultado, a natureza fragmentária "em desenvolvimento" dos esquemas operativos dos pré-escolares geralmente os impede de gerar conclusões válidas para problemas lógicos.

Além do uso de símbolos, a descrição de Piaget do estágio pré-operacional focalizava-se em todas as outras coisas que a criança em idade pré-escolar ainda não pode fazer, dando um tom estranhamente negativo a sua descrição desse período. Piaget considerava o pensamento do pré-escolar rígido, capturado por aparências e ligado a sua própria perspectiva – uma qualidade que Piaget chamava de **egocentrismo**. A criança não está sendo egoísta; antes, ela simplesmente pensa (supõe) que todos veem o mundo como ela.

A Figura 6.3 ilustra uma técnica clássica usada para medir esse egocentrismo. É mostrada à criança uma cena tridimensional com montanhas de diferentes tamanhos e cores. De um conjunto de desenhos, ela escolhe aquele que mostra a cena do jeito que ela vê. A maioria dos pré-escolares pode fazer isso sem muita dificuldade. Então o examinador instrui a criança a escolher o desenho que mostra como alguém vê a cena, tal como uma boneca ou o examinador. Nesse ponto, os pré-escolares têm dificuldade. Muito frequentemente, eles novamente escolhem o desenho que mostra sua própria visão das montanhas (Gzesh e Surber, 1985). Na visão de Piaget, para uma criança ser capaz de ter sucesso nessa tarefa, ela deve mudar de usar a si mesma como a única estrutura de referência para ver as coisas de outra perspectiva. Piaget acreditava que crianças pré-escolares ainda não podiam fazer isso.

Figura 6.3 Tarefa das três montanhas de Piaget

A situação experimental mostrada aqui é semelhante àquela que Piaget usou para estudar o egocentrismo em crianças. Pede-se que a criança escolha uma figura que mostra como as montanhas parecem para ela e, então, para que escolha uma figura mostrando como as montanhas parecem para a boneca.

O foco da criança pré-escolar na aparência dos objetos é uma parte igualmente importante da descrição de Piaget desse período, evidente em alguns dos mais famosos de seus estudos, aqueles sobre conservação (ver Figura 6.4). **Conservação** é o entendimento de que a quantidade de uma substância permanece a mesma ainda que sua aparência mude. A técnica de medição de Piaget envolvia primeiro mostrar à criança dois objetos ou um conjunto de objetos iguais, induzindo a criança a concordar que eles eram iguais em algum aspecto específico, tal como peso, quantidade, tamanho ou número, e então trocando, mudando ou deformando um dos objetos ou o conjunto de objetos e perguntando à criança se eles ainda eram iguais. Em seguida, Piaget perguntava como a criança sabia que a resposta era correta. Crianças que estavam usando esquemas pré-operacionais davam justificativas tais como "a salsicha tem mais argila porque agora ela é maior". Esse tipo de pensamento reflete a tendência da criança a pensar no mundo em termos de uma variável de cada vez, um tipo de pensamento que Piaget chamava de **centração**. Em contraste, pensadores operacionais concretos são capazes de **descentração**, um processo no qual múltiplas dimensões são consideradas. Portanto, a criança mais velha diz, "a salsicha parece mais porque é maior agora, mas você não colocou nem tirou argila, então ela ainda deve ser a mesma". Piaget insistia, com base em suas avaliações tanto das soluções das crianças quanto do seu raciocínio, que elas raramente exibem um entendimento verdadeiro de conservação antes dos 5 ou 6 anos.

conservação O entendimento de que a quantidade de uma substância continua a mesma ainda que haja alterações externas em sua forma ou em seu arranjo.

centração A tendência da criança pequena a pensar no mundo em termos de uma variável de cada vez.

descentração Pensamento que leva em consideração múltiplas variáveis.

Desafios à visão de Piaget da primeira infância

Objetivo da aprendizagem 6.7
Como a pesquisa recente desafiou a visão de Piaget sobre este período?

Os estudos de conservação em geral confirmaram as previsões de Piaget. Embora crianças menores possam demonstrar algum entendimento de conservação se a tarefa for tornada muito simples, elas não conseguem consistentemente resolver problemas de conservação até a idade de 5 ou 6 anos (Andreucci, 2003). Contudo, as evidências sugerem que pré-escolares são um pouco mais sofisticados cognitivamente do que Piaget pensava.

Egocentrismo e tomada de perspectiva
Crianças de até 2 ou 3 anos parecem ter pelo menos alguma capacidade de entender que outra pessoa vê ou experimenta as coisas diferentemente

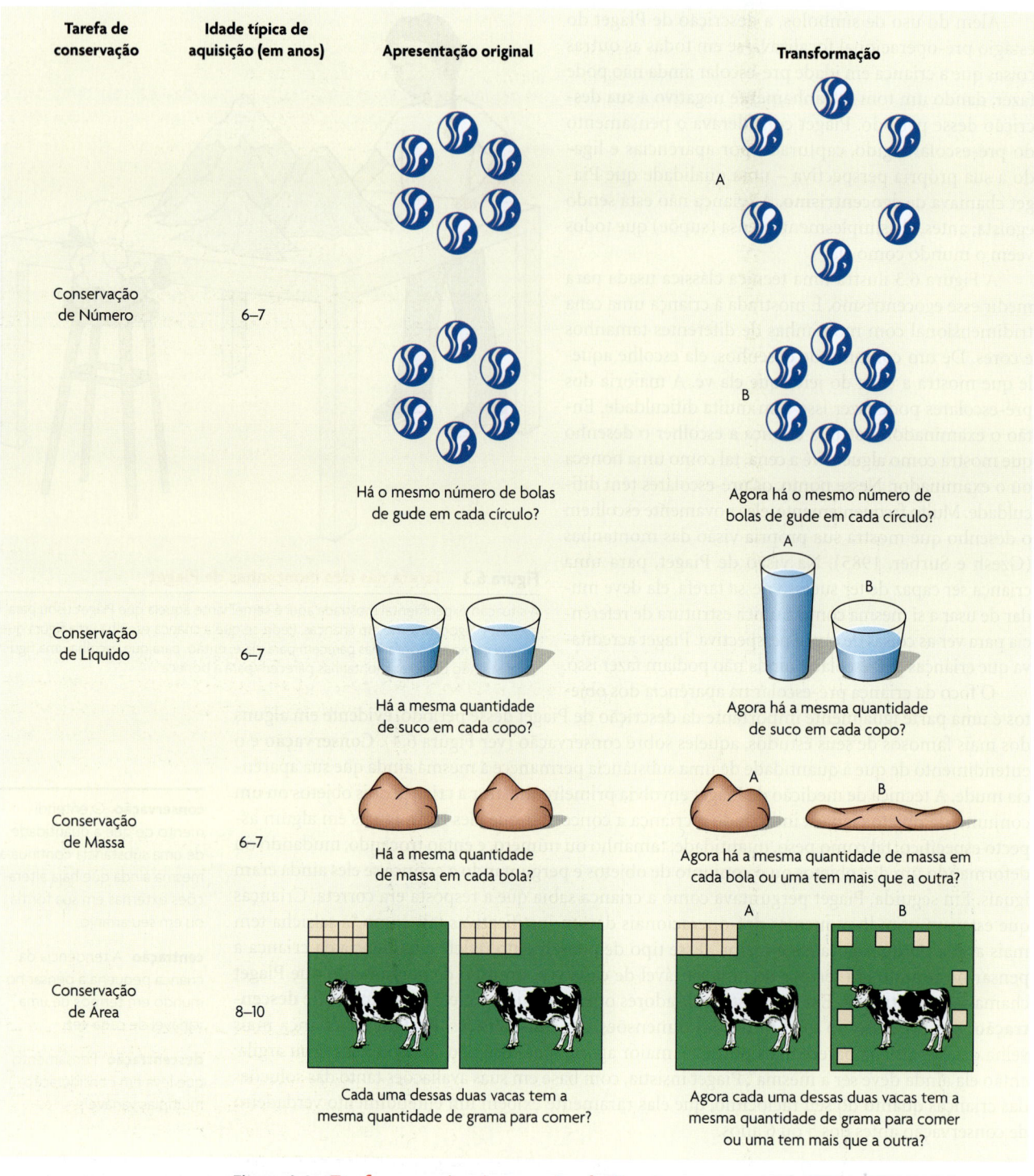

Tarefa de conservação	Idade típica de aquisição (em anos)	Apresentação original	Transformação
Conservação de Número	6–7	Há o mesmo número de bolas de gude em cada círculo?	Agora há o mesmo número de bolas de gude em cada círculo?
Conservação de Líquido	6–7	Há a mesma quantidade de suco em cada copo?	Agora há a mesma quantidade de suco em cada copo?
Conservação de Massa	6–7	Há a mesma quantidade de massa em cada bola?	Agora há a mesma quantidade de massa em cada bola ou uma tem mais que a outra?
Conservação de Área	8–10	Cada uma dessas duas vacas tem a mesma quantidade de grama para comer?	Agora cada uma dessas duas vacas tem a mesma quantidade de grama para comer ou uma tem mais que a outra?

Figura 6.4 Tarefas operacionais concretas de Piaget

A pesquisa de Piaget envolvia diversos tipos de tarefas de conservação. Ele classificava o pensamento das crianças como operacional concreto em relação a uma determinada tarefa se elas pudessem resolver corretamente o problema e dessem uma razão operacional concreta para sua resposta. Por exemplo, se uma criança dizia, "Os dois círculos de bolas de gude são iguais porque você não acrescentou nem tirou nenhuma quando as movimentou", a resposta é julgada operacional concreta. Inversamente, se uma criança dizia, "Os dois círculos são iguais, mas eu não sei por quê", a resposta não era classificada como operacional concreta.

delas. Por exemplo, crianças dessa idade adaptarão seu brinquedo ou sua fala às exigências de suas companhias. Elas brincam de forma diferente com companheiros mais velhos e mais novos, e falam de forma diferente com uma criança menor (Brownell, 1990; Guralnick e Paul-Brown, 1984).

Entretanto, tal entendimento por certo não é perfeito nessa idade precoce. O psicólogo do desenvolvimento John Flavell propôs dois níveis de capacidade de tomada de perspectiva. No nível 1, a criança sabe que outra pessoa experimenta alguma coisa de forma diferente. No nível 2, a criança desenvolve toda uma série de regras complexas para entender precisamente o que a outra pessoa vê ou experimenta (Flavell, Green e Flavell, 1990). Crianças de 2 e 3 anos têm carga de conhecimento de nível 1, e não de nível 2; este apenas começa a surgir em crianças de 4 e 5 anos. Por exemplo, uma criança de 4 ou 5 anos entende que outra pessoa se sentirá triste se fracassar ou feliz se tiver sucesso. A criança pré-escolar também começa a entender que emoções desagradáveis surgem em situações nas quais o relacionamento entre desejo e realidade é desigual. A tristeza, por exemplo, normalmente ocorre quando alguém perde alguma coisa ou não consegue adquirir algum objeto desejado (Harris, 1989).

Aparência e realidade O movimento da criança de afastamento do egocentrismo parece ser parte de uma mudança muito mais ampla em seu entendimento de aparência e realidade. Flavell estudou esse entendimento de diversas formas (Flavell, 2004). No procedimento mais famoso de Flavell, o experimentador mostra à criança uma esponja que foi pintada para parecer uma pedra. Crianças de 3 anos dirão ou que o objeto parece uma esponja e é uma esponja ou que ele parece uma pedra e é uma pedra. Mas crianças de 4 e 5 anos podem diferenciar os dois; elas percebem que ele parece uma pedra, mas é na verdade uma esponja (Flavell, 1986). Portanto, a criança mais velha entende que um objeto pode não ser o que parece.

Usando materiais semelhantes, os investigadores também indagaram se uma criança pode compreender o **princípio da falsa crença** (Lamb e Lewis, 2005). Indivíduos que entendem o princípio da falsa crença podem examinar um problema ou uma situação do ponto de vista de outra pessoa a fim de determinar que tipo de informação pode fazer a pessoa acreditar que alguma coisa não é verdadeira. Por exemplo, após uma criança ter tocado na esponja/pedra e ter respondido perguntas sobre com o que ela se parece e sobre o que ela "realmente" é, um pesquisador poderia perguntar alguma coisa como isto: "John [um dos companheiros da criança] não tocou nisso; ele não apertou. Se John apenas olhar sem tocar, o que ele pensará que é? Ele pensará que é uma pedra ou pensará que é uma esponja?" (Gopnik e Astington, 1988, p. 35). A maioria das crianças de 3 anos acha que o companheiro acreditará que o objeto é uma esponja porque elas próprias sabem que ele *é* uma esponja. Em contraste, crianças de 4 e 5 anos percebem que, uma vez que o companheiro não tocou na esponja, ele terá a falsa crença de que ela é uma pedra. Alguns estudos mostram que crianças de 3 anos podem ter um desempenho mais preciso se for dada uma sugestão ou pista. Por exemplo, se os experimentadores lhes disserem que uma pessoa "travessa" está tentando fazer seu companheiro de bobo, mais delas dirão que ele achará falsamente que a esponja é pedra (Bowler, Briskman e Grice, 1999). Mas a criança de 4 ou 5 anos entende mais consistentemente que outra pessoa pode acreditar em alguma coisa que não é verdadeira e se deixará levar por aquela crença.

Teorias da mente

> **Objetivo da aprendizagem 6.8**
> O que é uma teoria da mente e como ela se desenvolve?

Evidências como as que acabamos de descrever levaram os pesquisadores a examinar o entendimento das crianças em relação aos pensamentos e sentimentos dos outros de uma nova maneira. Nos últimos 15 anos, inúmeros desenvolvimentalistas examinaram uma noção teórica conhecida como **teoria da mente**, ou um conjunto de concepções que explicam as ideias, crenças, desejos e comportamentos de outras pessoas (Flavell, 1999, 2000, 2004). Como você poderia suspeitar, a pesquisa indica que adolescentes e adultos têm uma teoria da mente muito mais desenvolvida do que as crianças (Flavell e Green, 1999; Flavell, Green e Flavell, 1998, 2000; Flavell, Green, Flavell e Lin, 1999). Entretanto, a pesquisa também sugere que o grau de sofisticação na teoria da mente de crianças pequenas é provavelmente maior do que Piaget ou observadores causais suspeitariam.

Entendendo pensamentos, desejos e crenças Já aos 18 meses, as crianças começam a ter algum entendimento do fato de que as pessoas (mas não objetos inanimados) operam com objetivos e intenções (Meltzoff, 1995). Aos 3 anos, elas entendem alguns aspectos das ligações entre o pensamento ou o sentimento das pessoas e seus comportamentos. Por exemplo, elas sabem que uma pessoa que quer alguma coisa tentará obtê-la. Elas também sabem que uma pessoa ainda pode querer alguma coisa mesmo se não puder tê-la (Lillard e Flavell, 1992). Mas crianças de 3 anos ainda não entendem o princípio básico de que as ações de cada pessoa são baseadas em

princípio da falsa crença O entendimento de que outra pessoa poderia ter uma falsa crença e a capacidade de determinar que informação poderia causar a falsa crença. O entendimento de uma criança do princípio da falsa crença é um sinal do surgimento de uma teoria representativa da mente.

teoria da mente Noções que coletivamente explicam ideias, crenças, desejos e comportamentos de outras pessoas.

sua própria representação da realidade e que a representação de uma pessoa pode diferir do que está "realmente" lá. Por exemplo, a *crença* de uma pessoa sobre o quanto ela é popular tem mais influência sobre seu comportamento do que sua popularidade real. É esse novo aspecto da teoria da mente que surge claramente por volta dos 4 ou 5 anos.

Além disso, apenas em torno dos 6 anos é que a maioria das crianças percebe que o conhecimento pode ser obtido através de inferência. Por exemplo, pesquisadores mostraram a crianças de 4 e 6 anos dois brinquedos de cores diferentes (Pillow, 1999). Em seguida, colocaram os brinquedos em recipientes opacos. Eles então abriram um dos recipientes e mostraram o brinquedo a uma boneca. Quando perguntado se a boneca agora sabia de que cor era o brinquedo em cada recipiente, apenas as crianças de 6 anos disseram sim.

O entendimento da natureza recíproca do pensamento parece se desenvolver entre as idades de 5 e 7 anos para a maioria das crianças. Isso é um desenvolvimento particularmente importante, porque ele é necessário para a criação de amizades genuinamente recíprocas, que começa a tornar-se evidente durante o ensino fundamental (Sullivan, Zaitchik e Tager-Flusberg, 1994). De fato, a taxa de desenvolvimento da teoria da mente de pré-escolares individuais é um bom prognosticador de sua capacidade de julgar a fidedignidade dos outros (Maas, 2008).

Influências no desenvolvimento da teoria da mente Estudos de imagem cerebral sugerem que o desenvolvimento de uma rede neural específica no córtex está fortemente relacionada ao desenvolvimento da teoria da mente (Costa, Torriero, Oliveri e Caltagirone, 2008). Além disso, os desenvolvimentalistas verificaram que a teoria da mente de uma criança está correlacionada ao seu desempenho em tarefas de conservação, bem como ao egocentrismo e ao entendimento de aparência e realidade (Melot e Houde, 1998; Yirmiya e Shulman, 1996). Além disso, o jogo de faz de conta parece contribuir para o desenvolvimento da teoria da mente (Dockett e Smith, 1995; Schwebel, Rosen e Singer, 1999). Entretanto, a pesquisa longitudinal recente indica que a ligação entre teoria da mente e jogo de faz de conta pode estar na direção oposta da que alguns psicólogos presumiram. Ou seja, o desenvolvimento de uma teoria da mente pode preceder e, em algum grau, causar o surgimento de formas sofisticadas do jogo de faz de conta, tal como o tipo de desempenho de papel observado quando as crianças brincam de casinha (Jenkins e Astington, 2000).

Achados recentes sugerem que interações com irmãos podem ser mais importantes do que com companheiros de brinquedo (Deneault et al., 2008; Hughes et al., 2005). Em um estudo, pesquisadores compararam crianças com irmãos mais velhos ou mais novos àquelas que tinham apenas irmão gêmeos ou não tinham irmãos (Wright, Fineberg, Brown e Perkins, 2005). Eles verificaram que filhos únicos e crianças com apenas um irmão gêmeo tinham desempenho mais insatisfatório em tarefas da teoria da mente do que aquelas que tinham irmãos mais velhos ou mais jovens. Várias explicações foram propostas para o que é chamado de *vantagem do irmão* no desenvolvimento da teoria da mente. Até hoje, a melhor dessas teorias se focaliza nos papéis de professor-aprendiz que frequentemente caracterizam irmãos de diferentes idades. Você aprenderá mais sobre esses papéis no Capítulo 11.

As habilidades de linguagem, assim como o conhecimento de palavras para sentimentos, desejos e pensamentos – por exemplo, *querer, necessitar, pensar* e *lembrar* –, também estão relacionadas à teoria da mente (Green, Pring e Swettenham, 2004; Hughes et al., 2005). Além disso, crianças cujos pais discutem com elas os eventos passados provocadores de emoção desenvolvem uma teoria da mente mais rapidamente do que seus pares (Ontai e Thompson, 2008). De fato, algum nível de facilidade de linguagem pode ser uma condição necessária para o desenvolvimento da teoria da mente. Os desenvolvimentalistas constataram que crianças pré-escolares simplesmente não são bem-sucedidas em testes de habilidades de falsa crença até terem atingido certo limiar de habilidade de linguagem geral (Milligan, Astington e Dack, 2007). Diferenças na taxa de desenvolvimento da linguagem também podem explicar por que meninas pré-escolares, cujas habilidades de linguagem são, em média, mais avançadas do que a dos meninos, demonstram níveis mais altos de sucesso em testes de habilidades de falsa crença (Charman, Ruffman e Clements, 2002).

Apoio adicional para esse ponto vem do achado de que crianças com incapacidades que afetam o desenvolvimento da linguagem, como surdez congênita, retardo mental ou autismo, desenvolvem uma teoria da mente de forma mais lenta que outras (Best, Moffat, Power, Owens e Johnstone, 2008). A pesquisa também demonstrou que, entre essas crianças, o desenvolvimento da teoria da mente é melhor prognosticado por habilidades de linguagem do que por categoria de incapacidade (Porter, Coltheart e Langdon, 2008).

Falsa crença e teoria da mente entre culturas

Objetivo da aprendizagem 6.9
O que as pesquisas indicam sobre a correlação entre cultura e teoria da mente?

A pesquisa sugere que o princípio da falsa crença desenvolve-se entre as idades de 3 e 5 anos em uma variedade de culturas. Por exemplo, em um estudo clássico, Jeremy Avis e Paul Harris (1991) adaptaram o tradicional procedimento de testagem da falsa crença para uso com crianças em uma tribo de pigmeus, os Baka, em Camarões. Os Baka são caçadores e coletores que vivem juntos em acampamentos. Cada criança foi testada em sua própria cabana, usando materiais com os quais ela estivesse completamente familiarizada. A criança assistia um adulto de nome Mopfana (um membro da tribo) colocar algumas sementes de manga dentro de uma tigela. Mopfana então deixava a cabana e um segundo adulto (também membro da tribo) dizia à criança que eles jogariam um jogo com Mopfana: eles iriam esconder as sementes em uma panela. O segundo adulto perguntava à criança o que Mopfana faria quando voltasse. Ele procuraria as sementes na tigela ou na panela? O segundo adulto também perguntava à criança se o coração de Mopfana se sentiria bem ou mal antes de levantar a tampa da tigela. Crianças mais jovens – de 2 e 3 anos, e aquelas que tinham recentemente feito 4 – tinham muito mais probabilidade de dizer que Mopfana procuraria as sementes na panela ou de dizer que ele ficaria triste antes de olhar dentro da tigela; crianças de 4 anos e 5 anos quase sempre estavam certas em ambas as perguntas.

Em outro estudo clássico, quando Flavell usou sua tarefa de esponja/pedra com crianças no continente chinês, ele verificou que chineses de 3 anos ficam tão confusos com essa tarefa quanto crianças norte-americanas e britânicas de 3 anos, enquanto crianças chinesas de 5 anos não tinham dificuldade com ela (Flavell, Zhang, Zou, Dong e Qi, 1983). Nessas culturas muito diferentes, então, alguma coisa semelhante parece estar ocorrendo entre as idades de 3 e 5 anos. Nessas idades, todas as crianças parecem entender alguma coisa geral sobre a diferença entre aparência e realidade.

A pesquisa indica que a sequência de desenvolvimento da teoria da mente é altamente semelhante entre as culturas.

A pesquisa também sugere que certos aspectos do desenvolvimento da teoria da mente podem ser universais. Por exemplo, sequências semelhantes desse desenvolvimento foram encontradas nos Estados Unidos, China, Europa e Índia (Cole, 2005; Liu,

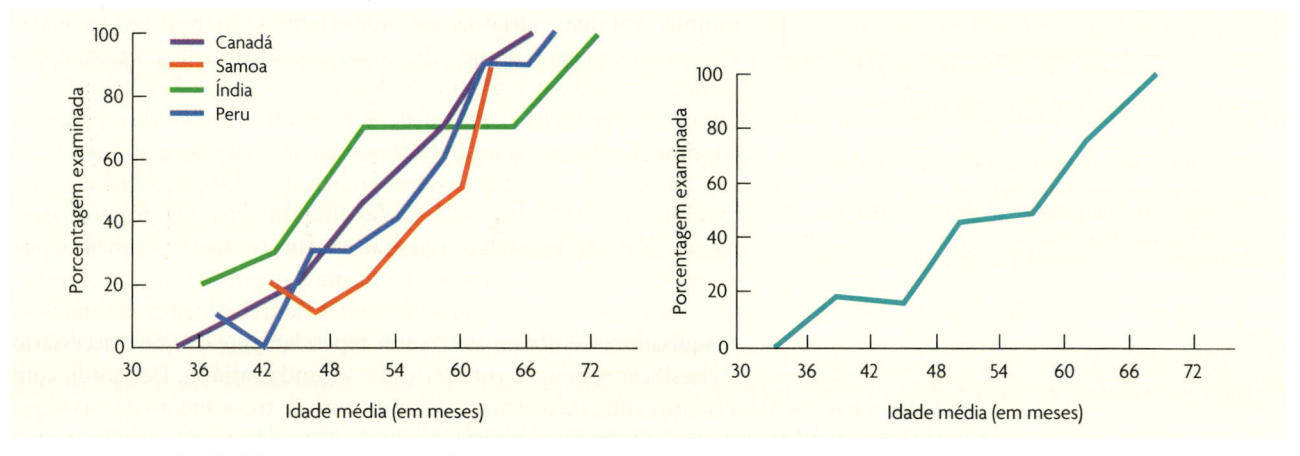

Figura 6.5 Tarefas de falsa crença entre culturas

Porcentagem de crianças que passam no teste de falsa crença em função da idade. No gráfico à esquerda, os dados são marcados separadamente para Canadá, Samoa, Índia e Peru. No gráfico à direita, são combinados os resultados dessas quatro culturas. Dados de 13 crianças de Samoa e de todas as crianças tailandesas foram excluídos, pois suas datas de nascimento não estavam disponíveis.

(*Fonte*: Callaghar et al (2005). "Synchrony in the Onset of Mental State". *Psychological Science*, 16(5), 378-384, Fig. 1, p. 382, Copyright © 2005 por Blackwell Publishers, Inc. Reproduzido com permissão.)

Wellman, Tardif e Sabbagh, 2008). A Figura 6.5 mostra os resultados de um estudo comparando o desempenho de crianças de cinco culturas em uma tarefa de falsa crença (Callaghan et al., 2005). Além disso, foi demonstrado que a participação em faz de conta compartilhado está relacionada ao desenvolvimento da teoria da mente em todas as culturas (Tan-Niam, Wood e O'Malley, 1998).

> **Objetivo da aprendizagem 6.10**
> Como as teorias dos neopiagetianos e de Vygotsky explicam o desenvolvimento cognitivo?

Teorias alternativas do pensamento da primeira infância

Nos últimos anos, inúmeras abordagens teóricas interessantes tentaram explicar tanto os resultados originais de Piaget quanto achados mais recentes que parecem contradizê-los.

Teorias neopiagetianas Um conjunto de proposições alternativas é baseado no modelo de processamento de informação (explicado no Capítulo 1). Estas são denominadas **teorias neopiagetianas** porque estendem, em vez de contradizer, as visões de Piaget (Morral, Gobbo, Marini e Sheese, 2008). Por exemplo, o falecido neopiagetiano Robbie Case explicou as diferenças etárias no desenvolvimento cognitivo como uma função de mudanças no uso das crianças de suas memórias de curto prazo (Case, 1985, 1992). Case usou o termo **espaço de armazenamento de curto prazo (STSS)** para se referir à capacidade da memória de trabalho. De acordo com Case, há um limite sobre quantos esquemas se pode prestar atenção no STSS. Ele se referia ao número máximo de esquemas que podem ser colocados dentro do STSS de cada vez com **eficiência operacional**. Melhoras na eficiência operacional ocorrem tanto por meio de prática (através de tarefas que requerem uso da memória, tais como aprender o alfabeto) quanto de amadurecimento cerebral à medida que a criança cresce. Portanto, uma criança de 7 anos é mais capaz de manejar as demandas de processamento de tarefas de conservação do que uma de 4 anos devido a melhorias na eficiência operacional do STSS.

Um bom exemplo da função do STSS pode ser encontrado examinando-se a *classificação de matriz*, uma tarefa que Piaget frequentemente usava com crianças pré-escolares e em idade escolar (ver Figura 6.6). A classificação de matriz requer que a criança coloque um determinado estímulo em duas categorias ao mesmo tempo. Crianças pequenas fracassam nessas tarefas porque, de acordo com a teoria neopiagetiana, elas começam processando o estímulo de acordo com uma dimensão (forma ou cor) e então ou não conseguem perceber que é necessário reprocessar o estímulo ao longo da segunda dimensão ou se esquecem de fazê-lo.

Entretanto, os pesquisadores treinaram crianças pequenas para executar corretamente essas tarefas usando uma estratégia de dois passos. Elas são ensinadas a pensar em um triângulo vermelho, por exemplo, em termos primeiro de forma e depois de cor. Tipicamente, a instrução envolve inúmeras tarefas de treinamento nas quais os pesquisadores lembram as crianças repetidamente de que é necessário reclassificar estímulos com relação à segunda variável. De acordo com Case, tanto o fracasso das crianças antes da instrução quanto o tipo de treinamento de estratégia ao qual elas respondem ilustram as restrições impostas à solução de problema pela eficiência operacional limitada do STSS da criança mais jovem. Há lugar apenas para um esquema de cada vez no STSS da criança, forma ou cor. Os estudos de treinamento mostram que crianças mais jovens podem aprender a desempenhar corretamente, mas o fazem de uma forma qualitativamente distinta da abordagem de crianças mais velhas. O STSS mais eficiente da criança mais velha permite que ela pense sobre forma e cor ao mesmo tempo e, portanto, realize a classificação de matriz com sucesso sem qualquer treinamento.

Figura 6.6   Tarefa da matriz neopiagetiana

Os neopiagetianos têm usado a tarefa de classificação de matriz de Piaget em estudos de treinamento de estratégia com crianças pequenas. Antes do treinamento, a maioria das crianças pré-escolares diz que um triângulo verde ou um círculo laranja pertencem à caixa com o ponto de interrogação. Após aprender uma estratégia de dois passos na qual são ensinadas a classificar cada objeto primeiro por forma e então por cor, as crianças entendem que um triângulo laranja é a figura necessária para completar a matriz.

Entretanto, parece que as crianças devem ser expostas a múltiplas sessões de treinamento que ocorrem durante um período de tempo razoavelmente prolongado, até por um ano inteiro, a fim de efetuar mudanças permanentes em seus comportamentos de conclusão de matriz (Siegler e Svetina, 2002). A pesquisa comparativa demonstrou que crianças que desenvolvem essas habilidades por conta própria o fazem durante um período de tempo equivalente e demonstram comportamentos transicionais bastante semelhantes aos de crianças treinadas por experimentadores. Portanto, alguns desenvolvimentalistas sugeriram que não há vantagem em treinar crianças para exibir habilidades que, conforme se sabe, serão adquiridas no curso natural do desenvolvimento cognitivo. Além disso, com relação à metodologia de pesquisa, quando crianças devem ser treinadas durante longos períodos de tempo, torna-se impossível diferenciar entre os efeitos do treinamento e aqueles dos processos evolutivos naturais que estão ocorrendo de maneira simultânea a tal treinamento.

Teoria sociocultural de Vygotsky No Capítulo 1, você ficou sabendo que o interesse dos psicólogos nas visões do psicólogo russo Lev Vygotsky sobre desenvolvimento aumentou recentemente. A teoria de Vygotsky difere tanto da teoria Piagetiana quanto da neopiagetiana em sua ênfase no papel de fatores sociais no desenvolvimento cognitivo. Por exemplo, duas crianças pré-escolares trabalhando juntas em um quebra-cabeças discutem sobre o lugar das peças. Após uma série desses diálogos, os participantes internalizam a discussão. Ela então se torna um modelo para uma conversa interna que a criança usa para guiar-se através do processo de solução de quebra-cabeças. Dessa forma, Vygotsky sugeriu, soluções para problemas são socialmente geradas e aprendidas. Vygostky não negava a aprendizagem individual. Antes, ele sugeria que os processos de aprendizagem grupal são centrais ao desenvolvimento cognitivo. Consequentemente, do ponto de vista de Vygotsky, a interação social é necessária para o desenvolvimento cognitivo (Thomas, 2005).

Você lembrará que dois princípios gerais importantes da teoria de Vygotsky são a *zona de desenvolvimento proximal* e a *andaimagem [scaffolding]*. Vygotsky também propôs estágios específicos de desenvolvimento cognitivo do nascimento aos 7 anos. Cada estágio representa um passo na direção da internalização, por parte da criança, das formas de pensamento usadas por adultos em sua sociedade.

No primeiro período, denominado *estágio primitivo*, o bebê possui processos mentais semelhantes aos de animais inferiores. Ele aprende principalmente através de condicionamento até a linguagem começar a se desenvolver no segundo ano. Nesse ponto, ele entra no *estágio de psicologia ingênua*, no qual aprende a usar a linguagem para se comunicar, mas ainda não entende seu caráter simbólico. Por exemplo, ele não percebe que qualquer coleção de sons poderia substituir o objeto "cadeira", desde que todos concordem em relação aos sons; ou seja, se todos que falam inglês concordassem em substituir a palavra *chair* por *blek*, eles poderiam fazê-lo porque todos entenderiam o que *blek* significava.

Quando a criança começa a apreciar a função simbólica da linguagem, perto do final do terceiro ano de vida, ela entra no *estágio de fala egocêntrica*. Nesse estágio, ela usa a linguagem como um guia para resolver problemas. De fato, ela diz a si mesma como fazer as coisas. Por exemplo, uma criança de 3 anos descendo uma escada poderia dizer a si mesma "Cuidado". Tal instrução seria resultado de sua internalização das advertências feitas a ela por indivíduos mais maduros em seu ambiente.

Piaget também reconhecia a existência e a importância da fala egocêntrica. Entretanto, ele acreditava que ela desaparecia quando a criança chegava ao final do estágio pré-operacional. Ao contrário, Vygotsky alegava que a fala egocêntrica torna-se completamente internalizada aos 6 ou 7 anos, quando as crianças entram no período final de desenvolvimento cognitivo, o *estágio de crescimento interior*. Portanto, ele sugeriu que o pensamento lógico que Piaget atribuía a crianças mais velhas resultava da internalização de rotinas de fala adquiridas de crianças mais velhas e de adultos no mundo social, e não de esquemas construídos por si mesmas através da interação com o mundo físico.

Atualmente, não há evidências suficientes para apoiar ou contestar a maioria das ideias de Vygotsky (Miller, 2002). Entretanto, uma pesquisa interessante sobre a construção de ideias da teoria da mente feita pelas crianças durante interações sociais dá peso às principais proposições de Vygotsky. Parece que crianças em pares e em grupos produzem ideias da teoria da mente mais sofisticadas do que crianças individuais que trabalham nos problemas sozinhas. Por essa razão, os educadores têm usado a teoria de Vygotsky como base para recomendar que crianças de idade

teoria neopiagetiana Uma teoria do desenvolvimento cognitivo que presume que as ideias básicas de Piaget estão corretas, mas usa conceitos da teoria do processamento de informação para explicar o movimento das crianças de um estágio para o seguinte.

espaço de armazenamento de curto prazo (STSS) Um termo neopiagetiano para a capacidade da memória de trabalho.

eficiência operacional Um termo neopiagetiano para o número de esquemas que um indivíduo pode colocar na memória de trabalho de cada vez.

escolar façam tarefas e trabalhem em projetos em grupos em vez de individualmente (Norton e D'Ambrosio, 2008). Entretanto, a sofisticação das ideias de um grupo parece depender da presença de pelo menos uma criança individual razoavelmente avançada no grupo (Tan-Niam, Wood e O'Malley, 1998). Portanto, a teoria de Vygotsky pode ignorar as importantes contribuições do pensamento individual para a interação grupal.

A criança em idade escolar

Como suas contrapartes mais jovens, as crianças em idade escolar desenvolvem esquemas figurativos a um ritmo impressionante, especialmente quando a educação formal as introduz a uma amplitude de ideias e fatos básicos sobre o mundo que as faz transcender a experiência cotidiana. O que é diferente em relação a esse estágio, entretanto, é o fato de os esquemas operativos das crianças começarem a tomar forma, lhes proporcionando uma rede de regras que fornecem estruturas lógicas para seus esquemas figurativos. Consequentemente, a criança desenvolve um conjunto de regras ou estratégias imensamente poderosas, abstratas, gerais para examinar e interagir com o mundo. Piaget chamava essas novas regras de *operações concretas*.

Objetivo da aprendizagem 6.11
O que são operações concretas e como elas representam um avanço sobre formas de pensamento anteriores?

A visão de Piaget sobre as operações concretas

Piaget definiu as operações concretas como um conjunto de esquemas poderosos e abstratos que são blocos construtores fundamentais do pensamento lógico, fornecendo regras internas sobre objetos e seus relacionamentos.

Reversibilidade   Piaget acreditava que a mais crucial de todas as operações concretas era a **reversibilidade** – o entendimento de que ações físicas e operações mentais podem ser revertidas. A salsicha de argila em um experimento de conservação pode ser revertida para uma bola; a água pode ser despejada de volta para um copo mais curto e mais largo. Esse entendimento da reversibilidade básica das ações está por trás de muitos dos ganhos obtidos durante esse período.

Por exemplo, se você entende reversibilidade, então saber que A é maior do que B também lhe diz que B é menor do que A. A capacidade de entender hierarquia de classes, tais como "Fido", "spaniel", "cão" e "animal", também depende dessa capacidade de retroceder e de avançar no pensamento sobre relacionamentos. Tanto as observações originais de Piaget quanto a pesquisa mais recente demonstraram que em torno dos 7 ou 8 anos a criança entende pela primeira vez o princípio da **inclusão de classe**, a ideia de que classes subordinadas estão incluídas em classes maiores, superordenadas. Bananas estão incluídas na classe "fruta", frutas estão incluídas na classe "alimento", e assim por diante. Crianças pré-escolares entendem que bananas também são frutas, mas ainda não entendem totalmente a relação entre as classes – que a classe "fruta" é superordenada, incluindo todas as bananas, bem como outros tipos de frutas, como laranjas e maçãs.

Piaget também propôs que a reversibilidade é subjacente à capacidade da criança em idade escolar de usar **lógica indutiva**: ela pode raciocinar de sua própria experiência para um princípio geral. Por exemplo, ela pode passar da observação de que quando você acrescenta outro brinquedo a um conjunto e então faz uma contagem, há um brinquedo a mais do que havia antes, para um princípio geral de que a adição sempre resulta em mais.

Crianças do ensino fundamental são cientistas observacionais bastante bons e gostam de catalogar, contar espécies de árvores ou pássaros, ou imaginar os hábitos de aninhamento de porquinhos da índia. No que elas ainda não são boas é na **lógica dedutiva**, que requer iniciar com um princípio geral e então prever algum resultado ou alguma observação, como ir de uma teoria para uma hipótese. Por exemplo, suponha que alguém lhe peça para pensar em todas as maneiras que os relacionamentos e sociedades seriam diferentes se as mulheres fossem fisicamente mais fortes que os homens. Responder a essa pergunta requer lógica dedutiva, não indutiva; o problema é difícil porque você deve imaginar coisas que não experimentou. A criança operacional concreta é boa para lidar com coisas que conhece ou pode ver e manipular fisicamente – ou seja, ela é boa com coisas concretas ou reais; ela não se sai bem em manipular mentalmente ideias ou possibilidades. Piaget acreditava que o raciocínio dedutivo não se desenvolvia até o estágio de operações formais na adolescência.

---

reversibilidade   Uma das operações mais críticas que Piaget identificou como parte do período de operações concretas: o entendimento de que ações e operações mentais podem ser revertidas.

inclusão de classe   O princípio de que classes subordinadas de objetos estão incluídas em classes superordenadas.

lógica indutiva   Raciocinar do particular para o geral, da experiência para as regras amplas, característica do pensamento operacional concreto.

lógica dedutiva   Raciocinar do geral para o particular, de uma regra para uma instância esperada ou de uma teoria para uma hipótese, característica do pensamento operacional formal.

Decalagem horizontal Note que Piaget *não* afirmava que todas as habilidades operacionais concretas surgiam no mesmo momento, como se uma lâmpada acendesse na cabeça da criança. Ele usou o termo **decalagem horizontal** para referir-se à tendência das crianças de serem capazes de resolver alguns tipos de problemas operacionais concretos mais cedo que outras. A palavra francesa *decalage* significa "movimento". O movimento para o pensamento operacional concreto é "horizontal" porque envolve a aplicação do mesmo tipo de pensamento – lógica operacional concreta – a novos tipos de problemas. Uma decalagem "vertical" seria o movimento de um tipo de pensamento para outro, como acontece quando as crianças passam do estágio pré-operacional para o estágio operacional concreto.

Um estudo longitudinal anterior sobre tarefas de operações concretas, feito por Carol Tomlinson-Keasey e colaboradores (1979), demonstrou o quanto o período de decalagem horizontal pode ser longo. Eles acompanharam um grupo de 38 crianças do jardim de infância até a 3ª série, testando-as com cinco tarefas de cada vez: conservação de massa, peso e volume; inclusão de classe; classificação hierárquica. Você pode ver na Figura 6.7 que as crianças melhoraram em todas as cinco tarefas durante o período de três anos, com um estirão entre o fim do jardim de infância e o início da 1ª série (aproximadamente a idade na qual Piaget acreditava que as operações concretas realmente se desenvolviam) e outro estirão durante a 2ª série. Entretanto, mesmo no final da 3ª série, nem todas as crianças tinham dominado todas as tarefas de operações concretas.

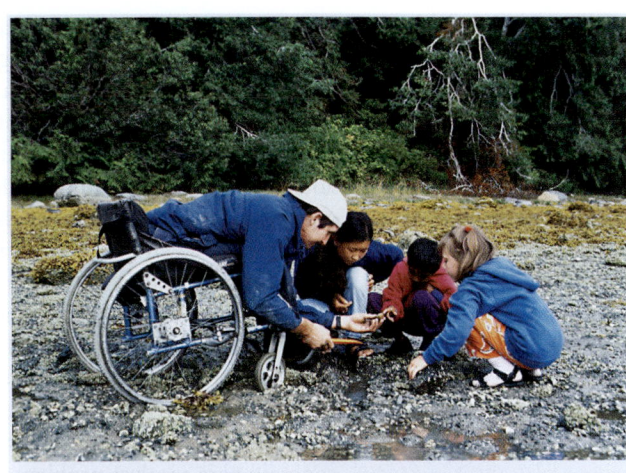

Visto que alunos do ensino fundamental são bons em ciência observacional e raciocínio indutivo, passeios ao campo como essa expedição de caça a fósseis são uma forma de ensino particularmente efetiva.

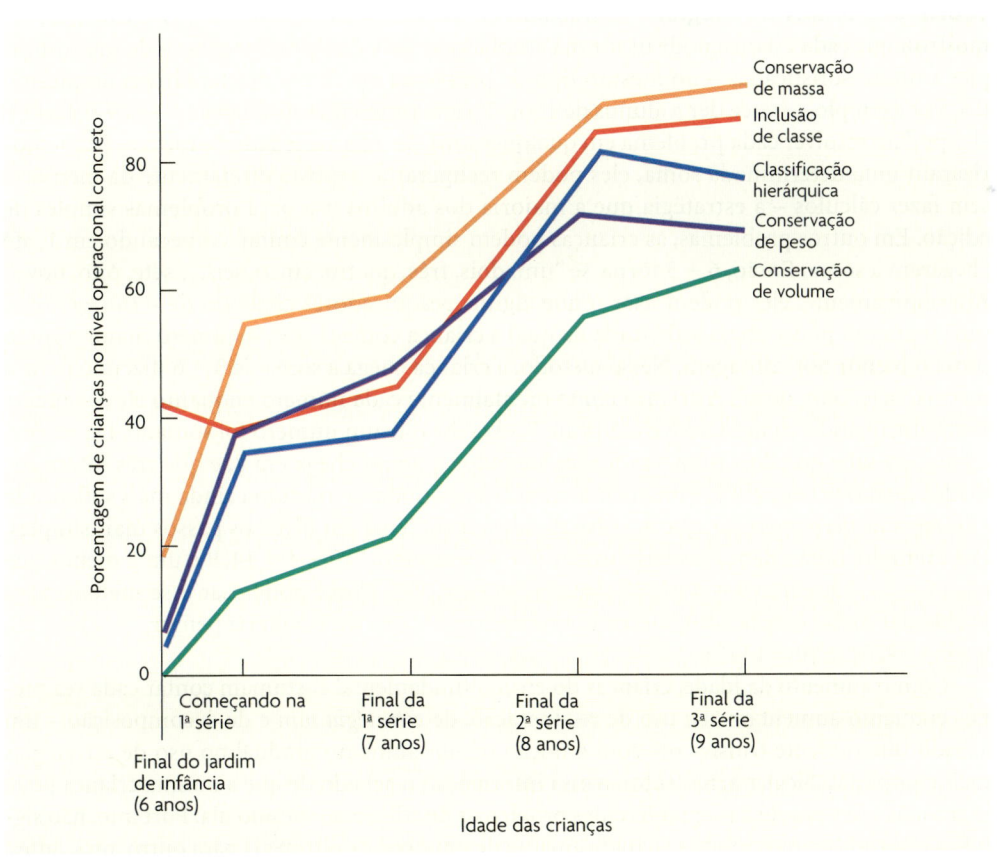

Figura 6.7 Estudo longitudinal de operações concretas

Nesse estudo longitudinal, crianças foram testadas com o mesmo conjunto de tarefas de operações concretas em cinco ocasiões diferentes, começando no jardim de infância e terminando na 3ª série.

(*Fonte*: Tomlinson-Keasey, Eisert, Kahle, Hardy-Brown e Keasey, 1979, adaptada da Tabela 2, p. 1158.)

decalagem horizontal Termo piagetiano para o desempenho inconsistente de crianças em idade escolar nas tarefas de operações concretas.

Entender o conceito de decalagem horizontal é especialmente importante para professores, pais e outros adultos que interagem com crianças todos os dias. Por exemplo, uma criança de 9 anos pode entender a lógica de algumas relações matemáticas (por exemplo, Se 6 + 2 = 8 e 4 + 4 = 8, então 6 + 2 = 4 + 4). Seu entendimento dessas relações demonstra pensamento operacional concreto. Entretanto, a mesma criança, quando solicitada por um dos pais a lembrar onde deixou sua mochila, tem dificuldade em aplicar a lógica operacional concreta ao problema. Como adultos, poderíamos usar nossos esquemas de operações concretas para pensar no problema dessa maneira: "se eu estava com minha mochila quando entrei em casa após a escola, e eu não estava com ela quando sentei na sala, então ela deve estar em algum lugar entre a porta e a sala". Entretanto, uma criança de 9 anos que pode entender a lógica operacional concreta de relações matemáticas pode demonstrar decalagem horizontal respondendo ao problema da perda da mochila com pensamento pré-operacional: "Eu não sei onde está minha mochila; alguém deve tê-la roubado". Nessas situações, professores e pais podem pensar que uma criança está sendo difícil ou preguiçosa; na realidade, ela simplesmente pode não ser capaz de usar pensamento operacional concreto para resolver problemas cotidianos que parecem simples para adultos, mas na verdade são bastante complexos.

Objetivo da aprendizagem 6.12
O que a pesquisa de Siegler sugere sobre pensamento operacional concreto?

Abordagens diferentes ao pensamento operacional concreto

Alguns psicólogos sugeriram que o problema de decalagem horizontal coloca em dúvida a afirmação de Piaget de que o pensamento operacional concreto é um estágio do desenvolvimento cognitivo.

Teoria das ondas de Siegler O trabalho de Robert Siegler (1996; Siegler e Chen, 2002) mostrou que cada criança pode usar uma ampla variedade de tipos de regras – de muito simples a muito sofisticadas – no mesmo tipo de problema em diferentes tentativas no mesmo dia. Por exemplo, se você der a alunos de 1ª ou 2ª série problemas de adição (3 + 6, 9 + 4, etc.), eles podem resolver cada problema em qualquer uma de uma variedade de formas. Se memorizaram uma determinada soma, eles podem recuperar a resposta diretamente da memória sem fazer cálculos – a estratégia que a maioria dos adultos usa para problemas simples de adição. Em outros problemas, as crianças podem simplesmente contar, começando em 1, até chegarem à soma. Então, 6 + 3 torna-se "um, dois, três, quatro, cinco, seis... sete, oito, nove". Alternativamente, eles podem usar o que alguns pesquisadores chamam de *estratégia min*, uma regra um pouco mais sofisticada na qual a criança começa com o número maior e então soma o menor por contagem. Nesse método, a criança chega à soma de 3 + 6 dizendo para si mesma "sete, oito, nove". A criança conta mentalmente cada número enquanto ele é somado. Portanto, quando começa no 6 e conta até 7, ela sabe que um número foi somado. Da mesma forma, ela sabe que dois números foram somados quando chega em 8, e que três foram somados quando chega em 9. Finalmente, uma criança poderia usar uma ainda mais sofisticada *estratégia de decomposição*, que envolve dividir o problema em diversos passos mais simples. Por exemplo, uma criança poderia somar 9 + 4 pensando, "10 + 4 = 14, 9 é um a menos que 10, 14 − 1 = 13, então 9 + 4 = 13" (Siegler, 1996, p. 94). (Você pode usar esse método para problemas mais complicados, tal como multiplicar 16 × 9. Você poderia pensar, "9 × 10 = 90; 9 × 6 = 54; 54 + 90 = 144".)

Com o aumento da idade, crianças do ensino fundamental costumam contar cada vez menos enquanto aumentam seu uso de recuperação, de *estratégia min* e de decomposição – um achado inteiramente consistente com a noção de um aumento gradual no uso de estratégias mais complexas. Siegler acrescentou a essa informação o achado de que a mesma criança pode usar todas essas estratégias em diferentes problemas de adição no mesmo dia. Portanto, não significa que cada criança mude sistematicamente de um nível de estratégia para outro, mas, antes, que qualquer criança pode ter toda uma variedade de estratégias e pode usar algumas ou todas elas em diferentes problemas. Com o tempo, o repertório de prováveis estratégias realmente muda para estratégias cada vez mais complexas e sofisticadas, exatamente como Piaget e outros descreveram. Mas o processo não é gradual; antes, ele é mais como uma série de ondas, conforme mostrado na Figura 6.8. Quando as crianças acrescentam uma nova estratégia, não abandonam imediatamente as antigas; elas continuam a usar a antiga e a nova durante algum tempo. Gradualmente, quando as novas estratégias tornam-se mais firmemente estabelecidas e mais bem ensaiadas, as estratégias menos eficientes ou menos efetivas são abandonadas.

Complexidade relacional Outros teóricos explicaram o sucesso e o fracasso das crianças nas tarefas operacionais concretas de Piaget como resultado de variações na **complexidade relacional** das próprias tarefas (Andrews e Halford, 2002). Eles argumentam que o sucesso nas tarefas de Piaget é determinado por quantos elementos um problema tem e o quanto as relações entre os elementos são complicadas. O desempenho nas tarefas de Piaget melhora através da infância, eles alegam, porque melhoras na eficiência da memória de trabalho da criança permitem lidar cognitivamente com mais elementos e com relações mais complexas entre os elementos de um problema.

Uma linha de pesquisa sobre complexidade relacional trata da **transitividade**, ou seja, a capacidade de fazer inferências sobre relações lógicas em um conjunto ordenado de estímulos (Andrews e Halford, 1998). Um exemplo simples de uma tarefa de transitividade é aquela na qual é mostrada a uma criança uma vareta A e solicitado que ela a compare a uma vareta B ligeiramente mais curta. Através de questionamento e discussão com o experimentador, a criança conclui que A é mais longa que B. Pede-se então que ela compare B a uma vareta C ligeiramente mais curta. Uma vez concluído que B é mais longa que C, ela é então indagada se A é mais longa ou mais curta que C. Crianças que deduzem que A deve ser mais longa que C, ainda que não comparem diretamente A com C, exibem transitividade. Pesquisadores cujos estudos duraram 3 décadas constataram que poucas crianças com menos de 6 anos podem resolver problemas de transitividade simples (Murray e Youniss, 1968; Andrew e Halford, 1998). Quando a complexidade dos problemas de transitividade é aumentada, como quando as varetas B e C são de comprimento igual, até crianças de 8 anos têm dificuldade (Andrews e Halford, 1998; Murray e Youniss, 1968). Portanto, contrário à visão de Piaget, pode não haver um esquema de transitividade único que seja universalmente aplicável a todos esses problemas. Antes, o sucesso de uma criança em um problema de transitividade depende de quão bem o problema se ajusta às capacidades de seu sistema de processamento de informação em um ponto específico no desenvolvimento.

Os estudos de complexidade relacional também se concentram em tarefas de **seriação**, problemas em que as crianças devem usar uma regra para colocar uma série de objetos em ordem (Piaget e Inhelder, 1969). Na versão clássica de Piaget para a tarefa de seriação, o pesquisador pede que a criança arranje dez varetas de diversos comprimentos da mais curta para a mais longa. A maioria das crianças com menos de 8 anos cria conjuntos ordenados que incluem apenas três ou quatro varetas em vez de uma única série ordenada que inclui todas elas. Em outras palavras, elas simplificam a tarefa dividindo-a em diversas subtarefas menos complexas que elas possam realizar (Halford, Bunch e McCredden, 2007). No processo, entretanto, elas acabam com uma solução incorreta para o problema original.

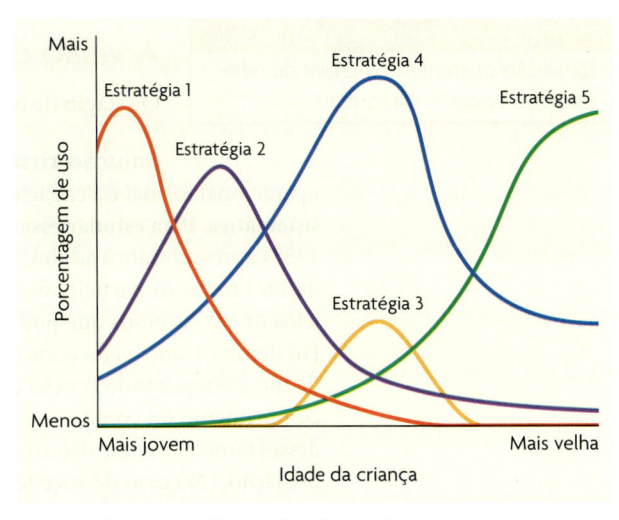

Figura 6.8 Teoria das ondas de Siegler

O modelo de desenvolvimento cognitivo de "ondas sobrepostas" de Siegler é provavelmente uma melhor descrição da maneira como as crianças passam para formas de pensamento mais complexas do que o modelo de estágio gradual que Piaget propôs originalmente.

(Fonte: *Emerging Minds: The Process of Change in Children's Thinking* por Robert S. Siegler, © 1996 por Oxford University Press, Inc. Usada com permissão de Oxford University Press.)

complexidade relacional O número de elementos em um problema e a complexidade das relações entre eles.

transitividade A capacidade de fazer inferências sobre relações lógicas em um conjunto de estímulos ordenados.

seriação A capacidade de usar uma regra para colocar uma série de objetos em ordem.

Adolescência

A pesquisa de Piaget o levou a concluir que um novo nível de pensamento surge com razoável rapidez no início da adolescência; isso permite que os adolescentes pensem logicamente sobre ideias que não estão ligadas a referentes concretos no mundo real. Denominado *operações formais*, esse estágio é tipicamente definido como o período durante o qual os adolescentes aprendem a raciocinar logicamente sobre conceitos abstratos.

> **Objetivo da aprendizagem 6.13**
> Quais são os elementos-chave do pensamento operacional formal?

A visão de Piaget sobre as operações formais

O estágio de operações formais tem inúmeros elementos fundamentais.

Solução sistemática de problema Um aspecto importante do pensamento operacional formal é a capacidade de buscar respostas para um problema de maneira metódica e sistemática. Para estudar essa capacidade, Piaget e seu colega Barbel Inhelder (Inhelder e Piaget, 1958) apresentaram a adolescentes tarefas complexas, principalmente de ciências físicas. Em uma dessas tarefas, os participantes recebiam cordões de vários comprimentos e um conjunto de objetos de vários pesos que podiam ser presos a um dos cordões para fazer um pêndulo oscilante. Foi demonstrado a eles como iniciar o pêndulo empurrando o peso com diferentes quantidades de força e segurando o peso em diferentes alturas. A tarefa dos participantes era imaginar se o comprimento do cordão, o peso do objeto, a força ou a altura do impulso (ou uma combinação desses fatores) é o que determina o período do pêndulo, ou seja, a quantidade de tempo para uma oscilação. (No caso de você ter esquecido suas lições de física do ensino médio, a resposta é que apenas o comprimento do cordão afeta o período do pêndulo.)

Se você der essa tarefa a uma criança operacional concreta, ela geralmente tentará muitas combinações diferentes de comprimento, peso, força e altura de forma ineficiente. Ela poderia tentar um peso pesado em um cordão longo e então um peso leve em um cordão curto. Uma vez que ela mudou tanto o comprimento do cordão como o peso nessas duas tentativas, não há maneira de tirar uma conclusão clara sobre qualquer um dos fatores. Em comparação, um adolescente usando pensamento operacional formal provavelmente será mais organizado, tentando variar apenas um dos quatro fatores de cada vez. Ele pode tentar um objeto pesado com um cordão curto, com um cordão médio, então com um longo. Após isso, ele poderia tentar um objeto leve com os três comprimentos de cordão. Naturalmente, nem todos os adolescentes (ou todos os adultos) são tão metódicos assim em sua abordagem. Contudo, há uma diferença muito drástica entre a estratégia global usada por crianças de 10 anos e aquela usada por adolescentes de 15 anos – isso marca a mudança de operações concretas para as formais.

Lógica Outra faceta da mudança de operações concretas para formais é o aparecimento do que Piaget chamou de raciocínio hipotético-indutivo no repertório de habilidades da criança.

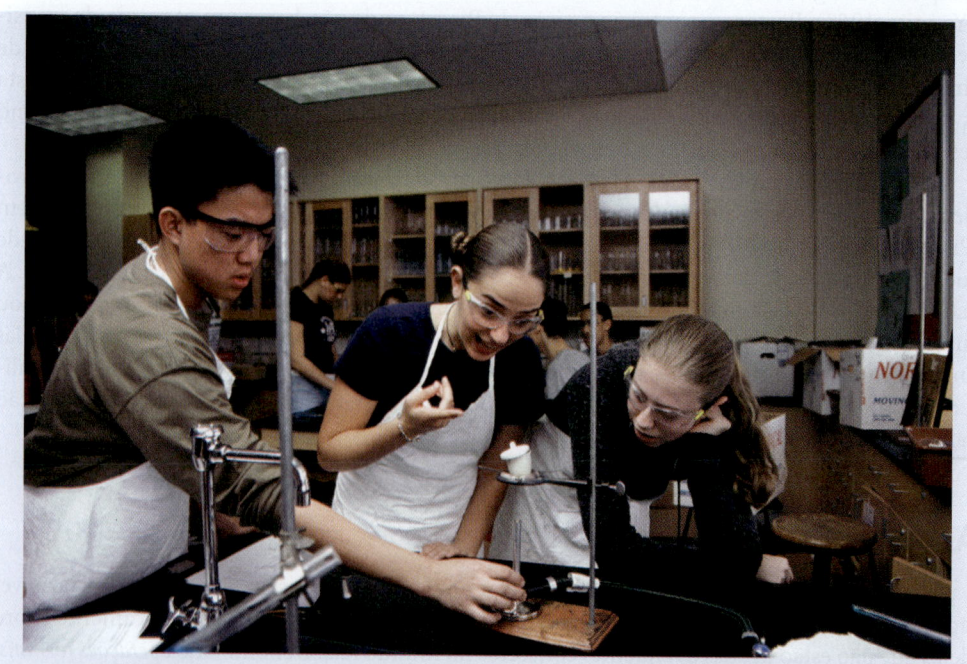

Um aspecto das operações formais é o uso da lógica dedutiva, que é normalmente necessária primeiro no ensino médio, especialmente em aulas de ciência e matemática como nessa aula de química.

Piaget sugeriu que a criança operacional concreta pode usar raciocínio indutivo, que envolve chegar a uma conclusão ou regra com base em muitas experiências individuais. O **raciocínio hipotético-dedutivo**, um tipo de raciocínio mais sofisticado, envolve o uso da lógica dedutiva, a consideração de hipóteses ou premissas hipotéticas, e então a obtenção de resultados lógicos. Por exemplo, a afirmação "se todas as pessoas são iguais, então você e eu devemos ser iguais" envolve lógica desse tipo. Embora crianças de 4 ou 5 anos entendam algumas relações dedutivas se as premissas dadas forem verdadeiras, estudos tanto transversais quanto longitudinais apoiam a afirmação de Piaget de que apenas na adolescência as crianças são capazes de entender e usar os princípios básicos da lógica (Mueller, Overton e Reene, 2001; Ward e Overton, 1990).

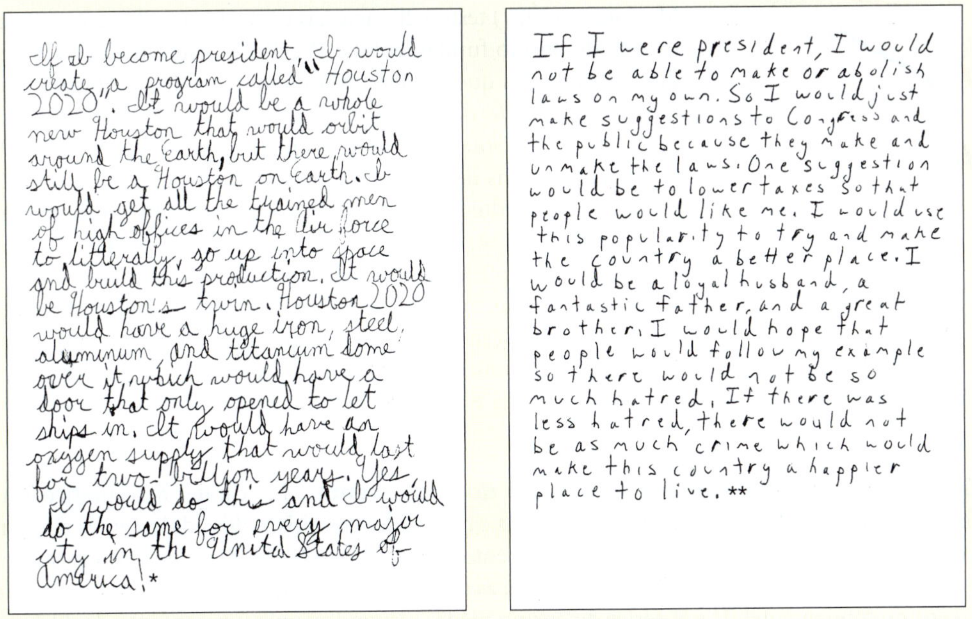

raciocínio hipotético-dedutivo Termo de Piaget para a forma de raciocínio que é parte do pensamento operacional formal e envolve não apenas lógica dedutiva, mas também a capacidade de considerar hipóteses e possibilidades hipotéticas.

Grande parte da lógica da ciência é hipotético-dedutiva. Os cientistas começam com uma teoria e propõem, "se essa teoria for correta, então devemos observar tal e tal coisa". Ao fazê-lo, eles estão indo bem além de suas observações; os cientistas estão imaginando coisas que devem ser verdadeiras ou observáveis. Podemos pensar na mudança desse tipo de pensamento na adolescência como parte de um processo descentralizador geral que começou muito mais cedo. A criança pré-operacional gradualmente sai de seu egocentrismo e passa a ser capaz de ver as coisas do ponto de vista físico ou emocional dos outros. Durante o estágio de operações formais, a criança dá outro passo, libertando-se até mesmo de seu apoio em experiências específicas.

Piaget também sugeriu que em muitos adolescentes o pensamento hipotético-dedutivo leva a uma perspectiva que ele chamou de *idealismo ingênuo* (Piaget e Inhelder, 1969). Os adolescentes podem usar esse poderoso instrumento intelectual para conceber um mundo ideal e para comparar o mundo real com ele. Não surpreendentemente, o mundo real com frequência não alcança o ideal. Como resultado, alguns adolescentes tornam-se tão insatisfeitos com o mundo que resolvem mudá-lo. Para muitos, as mudanças propostas são pessoais. Por exemplo, uma adolescente cujos pais estão divorciados há anos pode subitamente decidir que quer viver com o pai que não tem a custódia porque espera que sua vida seja melhor. Outro pode expressar idealismo ingênuo envolvendo-se em uma organização política ou religiosa.

As duas composições na Figura 6.9 ilustram como os pensamentos operacional concreto e operacional formal levam a resultados muito diferentes quando é necessário que as crianças

If I become president, I would create a program called "Houston 2020". It would be a whole new Houston that would orbit around the Earth, but there would still be a Houston on Earth. I would get all the trained men of high offices in the Air Force to litterally go up into space and build this production. It would be Houston's twin. Houston 2020 would have a huge iron, steel, aluminum and titanium dome over it which would have a door that only opened to let ships in. It would have an oxygen supply that would last for two billion years. Yes I would do this and I would do the same for every major city in the United States of America!*

If I were president, I would not be able to make or abolish laws on my own. So I would just make suggestions to Congress and the public because they make and unmake the laws. One suggestion would be to lower taxes so that people would like me. I would use this popularity to try and make the country a better place. I would be a loyal husband, a fantastic father, and a great brother. I would hope that people would follow my example so there would not be so much hatred. If there was less hatred, there would not be as much crime which would make this country a happier place to live.**

Figura 6.9 **Pensamento operacional concreto *versus* formal**

O mesmo menino escreveu ambas as composições. A da esquerda foi escrita quando o menino tinha 10 anos, e a outra quando ele tinha 13. As composições ilustram a diferença entre pensamento operacional concreto e operacional formal em resposta à pergunta hipotética "O que você faria se se tornasse presidente do país?".

(*Fonte*: Autor.)

* N. de T.: Se eu fosse presidente, eu criaria um programa chamado "Houston 2020". Seria uma Houston toda nova que orbitaria em volta da Terra, mas ainda existiria uma Houston na Terra. Eu pegaria todos os homens treinados da alta administração da Força Aérea para literalmente subir ao espaço e construir essa produção. Seria a gêmea de Houston. Houston 2020 teria uma imensa cúpula de ferro, aço, alumínio e titânio sobre si que teria uma porta que só abriria para deixar as naves entrarem. Ela teria um suprimento de oxigênio que duraria por dois bilhões de anos. É, eu faria isso e faria o mesmo para todas as grandes cidades dos Estados Unidos da América!

** N. de T.: Se eu fosse presidente, eu não poderia criar ou abolir leis sozinho. Então eu apenas faria sugestões para o Congresso e para o povo, porque são eles que fazem e desfazem as leis. Uma sugestão seria diminuir os impostos para que as pessoas gostassem de mim. Eu usaria minha popularidade para tentar fazer do país um lugar melhor. Eu seria um marido fiel, um pai fantástico e um ótimo irmão. Eu esperaria que as pessoas seguissem o meu exemplo, então não haveria tanto ódio. Se houvesse menos ódio, não haveria tantos crimes, o que tornaria o país um lugar mais feliz de se viver.

raciocinem dedutivamente a partir de uma premissa falsa. Ambos os ensaios foram escritos pelo mesmo menino, um aos 10 e o outro aos 13 anos, em resposta à pergunta "O que você faria se se tornasse presidente do país?". A resposta do menino de 10 anos é cheia de ideias sobre a capacidade do presidente de manipular o mundo concreto. Significativamente, ele propõe construir réplicas das cidades no espaço, ilustrando primorosamente a tendência do pensador operacional concreto de reproduzir a realidade concreta quando solicitado a pensar hipoteticamente. Em comparação, a composição escrita aos 13 anos reflete tanto um melhor pensamento dedutivo quanto a noção de Piaget do idealismo ingênuo. Além disso, ela contém ideias abstratas, tais como o relacionamento hipotético entre ódio e crime, que estão completamente ausentes da composição escrita aos 10 anos. Portanto, como a teoria de Piaget sugere, aos 13 anos, esse menino não apenas sabia mais sobre a função do presidente (por exemplo, que o presidente não faz leis sozinho), mas ele também pensava muito diferentemente sobre o mundo.

Objetivo da aprendizagem 6.14
O que a pesquisa pós-piagetiana sugere sobre este estágio?

Trabalho pós-piagetiano sobre o pensamento adolescente

Grande quantidade de pesquisa pós-piagetiana confirma as observações básicas de Piaget. Os adolescentes, muito mais do que crianças do ensino fundamental, operam com possibilidades além da realidade e têm mais probabilidade de usar lógica dedutiva. Como Flavell observa, o pensamento da criança do ensino fundamental "abraça a causa da (...) realidade empírica" (1985, p. 98), enquanto o adolescente tem mais probabilidade de planar dentro da esfera da especulação e da possibilidade. Uma criança de 8 anos pensa que "saber" alguma coisa é uma simples questão de descobrir os fatos; um adolescente tem mais probabilidade de ver o conhecimento como relativo, como menos definitivo (Bartsch, 1993). Deanna Kuhn e colaboradores (1995) também verificaram que adolescentes e adultos jovens, ante evidências invalidadas, têm mais probabilidade que crianças mais jovens de mudar suas teorias ou suas suposições iniciais; eles também são mais sistemáticos na busca de informação nova que ajude a afiar suas hipóteses – ambos marcos do raciocínio operacional formal.

A ilustração de uma pesquisa demonstra claramente a mudança no pensamento. Em um estudo transversal anterior, Susan Martorano (1977) testou 20 meninas em cada uma de quatro séries (6ª e 8ª do ensino fundamental e 1ª e 3ª do ensino médio) em dez diferentes tarefas que requeriam uma ou mais do que Piaget chamou de *habilidades de operações formais*. De fato, muitas das tarefas que Martorano usou foram aquelas que o próprio Piaget criou. Os resultados de duas dessas tarefas são mostrados na Figura 6.10. O problema do pêndulo é o mesmo descrito anteriormente; o problema do equilíbrio requer que um adolescente prediga se dois pesos diferentes, pendurados a distâncias variadas em cada lado de uma escala, balançarão. Para resolver esse problema usando operações formais, o adolescente deve considerar tanto o peso quanto a distância simultaneamente. Você pode ver pelo gráfico que uma melhora significativa nos escores ocorreu entre a 8ª série do ensino fundamental e a 1ª série do ensino médio (entre as idades de 13 e 15 anos).

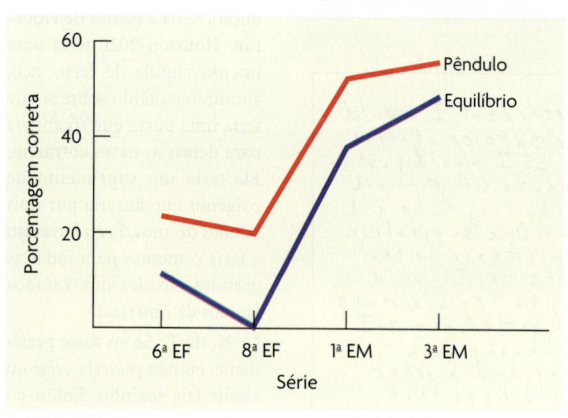

Figura 6.10 Desempenho em duas tarefas de operações formais

Esses são os resultados de duas das dez diferentes tarefas operacionais formais usadas no estudo transversal de Martorano.

(*Fonte*: Martorano, 1977, p. 670. Copyright pela American Psychological Association.)

Operações formais e tomada de decisão do adolescente

Em caráter mais prático, Catherine Lewis (1981) demonstrou que as novas capacidades cognitivas dos adolescentes alteram as formas como eles tomam decisões. Adolescentes mais velhos são mais focados no futuro, em possibilidades e em opções quando consideram as decisões. Lewis pediu que estudantes de 8ª série do ensino fundamental, 1ª e 3ª séries do ensino médio respondessem a um conjunto de dilemas, cada um dos quais envolvia uma pessoa enfrentando uma decisão difícil, tal como se submeter a uma cirurgia para corrigir um defeito facial ou decidir em que médico confiar quando diferentes profissionais dão conselhos diferentes. Quarenta e dois por cento dos estudantes da 3ª série do ensino médio, mas apenas 11% dos alunos de 8ª série do ensino fundamental, mencionaram possibilidades futuras em suas respostas a esses dilemas. Em resposta ao dilema da cirurgia cosmética,

REFLEXÃO SOBRE A PESQUISA

O egocentrismo adolescente de Elkind

O psicólogo David Elkind postulou que outra manifestação comum do raciocínio hipotético-dedutivo é um tipo de pensamento que chamou de egocentrismo adolescente, a crença de que seus pensamentos, suas crenças e seus sentimentos são únicos. Um componente do egocentrismo adolescente, Elkind dizia, é a *fábula pessoal*, a crença de que os eventos da vida são controlados por uma autobiografia mentalmente construída (Elkind, 1967). Por exemplo, uma menina adolescente sexualmente ativa poderia estar recorrendo a essa fábula pessoal quando diz "Eu simplesmente não me vejo engravidando" em resposta a sugestões de que ela use contracepção. Em contraste com essa visão inadequadamente otimista do futuro, um adolescente que está envolvido em uma gangue violenta pode dizer "Eu provavelmente vou tomar um tiro antes de fazer 18 anos" quando aconselhado a deixar a gangue e concentrar-se em terminar o ensino médio.

Elkind também propôs que o egocentrismo adolescente induz os adolescentes a experimentar várias atitudes, comportamentos e mesmo escolhas de vestuário na frente de uma *plateia imaginária*, um conjunto de padrões comportamentais internalizados geralmente derivado do grupo igual. Pense no exemplo de uma menina adolescente que habitualmente se atrasa para a escola porque muda de roupa duas ou três vezes todo dia antes de sair de casa. Toda vez que a menina coloca uma roupa diferente, ela imagina como seus colegas de escola responderão a ela. Se a plateia imaginária criticar a roupa, a menina sente que deve mudar de roupa a fim de induzir uma resposta mais favorável. Similarmente, um menino pode passar horas na frente do espelho aparando suas costeletas na tentativa de adquirir uma aparência que ele acha que seus pares aprovarão.

Muitos desenvolvimentalistas consideraram a fábula pessoal e a plateia imaginária de Elkind útil para explicar uma variedade de comportamentos de risco dos adolescentes. Por exemplo, ambos os tipos de pensamento entram em ação quando os adolescentes decidem começar a fumar (Bright, McKillop e Ryder, 2008). Como Elkind sugere, a fábula pessoal e a plateia imaginária podem levar os adolescentes a tomar decisões equivocadas sobre comportamentos de risco.

Entretanto, o egocentrismo adolescente parece ter uma função protetora para alguns adolescentes. Por exemplo, a pesquisa sugere que adolescentes que usam esse tipo de pensamento como um mecanismo de enfrentamento quando não encontram apoio nos pais têm menos probabilidade de ficarem deprimidos do que adolescentes que não enfrentam os problemas dessa forma (Goossens, Beyers, Emmen e van Aken, 2002). Portanto, em contraste com a caracterização negativa de Elkind da fábula pessoal e da plateia imaginária, ambas podem na verdade ser facilitadoras, mais do que obstáculos, ao desenvolvimento da identidade do adolescente. Além disso, o que Elkind chamou de egocentrismo adolescente pode na verdade acabar sendo uma de muitas manifestações do processo de desenvolvimento da personalidade sobre o qual você aprenderá no Capítulo 10.

Questões para análise crítica

1. De que formas a fábula pessoal e a plateia imaginária poderiam possivelmente influenciar as decisões de um adolescente sobre comportamentos de risco, como uso de drogas e sexo não seguro? Como elas poderiam influenciar negativamente tais decisões?
2. Quais são os papéis da plateia imaginária e da fábula pessoal nas percepções dos adultos de si mesmos?

---

por exemplo, um estudante da 3ª série do ensino médio disse "Bem, você tem que analisar as diferentes coisas... que poderiam ser mais importantes mais tarde em sua vida. Você tem que pensar se isso terá algum efeito em seu futuro e, talvez, nas pessoas que você encontre..." (Lewis, 1981, p. 541). Um aluno da 8ª série do ensino fundamental, em resposta ao mesmo dilema, disse "As diferentes coisas sobre as quais eu pensaria para fazer a operação é se as garotas se recusariam a sair comigo, no dinheiro ou nos garotos me provocando na escola" (Lewis, 1981, p. 542). O estudante da 8ª série, como é característico da pré-adolescência ou dos primeiros anos da adolescência, está focado no aqui-e-agora, em coisas concretas. O adolescente mais velho está considerando coisas que poderiam acontecer no futuro.

Note, entretanto, que mesmo entre os estudantes da 3ª série do ensino médio no estudo de Lewis, quase três quintos não demonstraram esse tipo de orientação ao futuro. E examine novamente a Figura 6.10; apenas cerca de 50 a 60% dos estudantes da 3ª série do ensino médio resolveram os dois problemas de operações formais. De fato, apenas dois dos 20 estudantes da 3ª série do ensino médio no estudo de Martorano usaram lógica operacional formal em todos os 10 problemas. Esses achados refletem um padrão comum na pesquisa sobre pensamento adolescente: de modo algum todos os adolescentes (ou adultos) usam essas formas mais abstratas de lógica e pensamento. Keating (1980) estima que apenas aproximadamente 50 a 60% de jovens de 18 a 20 anos em países industrializados usam operações formais, muito menos consistentemente. Em países não industrializados, as taxas são ainda mais baixas.

Há diversas possíveis explicações para esses níveis baixos de pensamento operacional formal. Uma é que as partes do cérebro necessárias para conectar pensamento hipotético-dedutivo a problemas cotidianos podem não ser suficientemente desenvolvidas para fazer essas conexões até o final da adolescência. Estudos de neuroimagem comparando a atividade cerebral de crianças, adolescentes e adultos enquanto eles estão envolvidos em uma tarefa de jogo dão apoio para essa hipótese (Crone e van der Molen, 2004).

A *expertise* também pode ser um fator crucial. Ou seja, a maioria de nós tem alguma capacidade operacional formal, mas podemos aplicá-la apenas a assuntos ou tarefas com os quais estejamos altamente familiarizados. Willis Overton e colaboradores (1987) encontraram considerável apoio para essa possibilidade em sua pesquisa. Eles verificaram que até 90% dos adolescentes podem resolver questões de lógica bastante complexas se os problemas forem enunciados usando conteúdo familiar, enquanto apenas metade pode resolver problemas de lógica idênticos quando eles são enunciados em linguagem abstrata.

Outra possibilidade é a de que a maioria das experiências e tarefas cotidianas não requerem operações formais. O raciocínio indutivo ou outras formas de lógica mais simples são suficientes na maior parte do tempo. Podemos elevar nosso pensamento um grau sob algumas circunstâncias, especialmente se alguém nos lembra que seria útil fazê-lo, mas simplesmente não ensaiamos muito as operações formais.

Finalmente, o psicólogo David Elkind (1967) propôs que, paradoxalmente, é o próprio pensamento operacional formal que prejudica a capacidade dos adolescentes de tomar decisões seguras sobre questões da vida diária. Elkind propôs que as capacidades hipotético-dedutivas associadas ao pensamento operacional formal permitem que os adolescentes construam ideias irrealistas sobre o presente e o futuro. Com efeito, essas ideias levam os adolescentes a verem suas vidas ou com excessivo otimismo ou com excessivo pessimismo. As ideias de Elkind tiveram muita influência sobre as abordagens adotadas por pesquisadores para entender as decisões dos adolescentes com relação a comportamentos arriscados como o uso de drogas (ver *Reflexão sobre a pesquisa*).

Cultura e pensamento operacional formal O fato de que o pensamento operacional formal é encontrado mais frequentemente entre pessoas jovens ou adultos em culturas ocidentais ou outras culturas industrializadas pode ser interpretado como sendo devido ao hábito dessas culturas de incluírem altos níveis de tecnologia no cotidiano e estilos de vida complexos que exigem mais pensamento operacional formal. Por esse argumento, considera-se que todos os adolescentes e adultos sem algum tipo de atraso possuem a capacidade para a lógica formal, mas apenas aqueles cujas vidas exigem seu desenvolvimento é que realmente irão adquiri-la (Kuhn, 2008).

Observe que todas essas explicações destroem a própria noção de um "estágio" universal de pensamento na adolescência. De fato, formas de pensamento mais abstratas podem se desenvolver na adolescência, mas elas não são nem universais nem amplamente usadas por adolescentes ou adultos individuais. Se a pessoa desenvolve ou usa essas formas de lógica, depende fortemente de experiência, *expertise* e demanda ambiental.

Desenvolvimento de habilidades de processamento de informação

A memória humana não funciona como um gravador de fita. Antes, ela é um processo construtivo, que às vezes leva a erros e pode até resultar na invenção de pseudomemórias retratando eventos que nunca aconteceram realmente (Loftus, 1993). O aspecto construtivo da memória pode começar muito cedo na vida, conforme será discutido a seguir em *Ciência do desenvolvimento no mundo real*. Além disso, as memórias construtivas podem ser tornadas mais vívidas, e nossa confiança em sua veracidade aumentada por repetição, mesmo quando tais memórias são parcial ou inteiramente falsas (Thomas, Bulevich e Loftus, 2003). Além disso, memórias falsas que carregam significado pessoal profundo têm mais probabilidade de se tornarem encravadas em nossas mentes do que aquelas que dizem respeito a questões menos importantes (Kronlund e Whittlesea, 2005).

Você pode lembrar do Capítulo 1 que a perspectiva de processamento de informação é a visão que tem sido usada com mais frequência para estudar a memória humana. O modelo de processamento de informação da memória postula que a informação é processada, armazenada e recuperada de diferentes formas pelos vários componentes do sistema de memória, cada um dos quais tem características únicas (ver Figura 1.4). Embora a teoria do processamento de informação não seja verdadeiramente uma teoria do desenvolvimento, a pesquisa derivada dessa perspectiva esclareceu de forma considerável as alterações na memória relacionadas à idade e a outros aspectos do desenvolvimento cognitivo (Lamb e Lewis, 2005).

CIÊNCIA DO DESENVOLVIMENTO NO MUNDO REAL

Perguntas capciosas e a memória das crianças

Ari ficou alarmado quando seu filho de 3 anos, Micah, contou-lhe sobre um incidente envolvendo um vizinho que acreditou ser um possível caso de molestamento sexual, então ele imediatamente chamou a polícia. Antes de a polícia chegar, Ari recebeu um telefonema de uma assistente social que o aconselhou a escrever tudo o que seu filho havia dito espontaneamente sobre o evento, mas sem questioná-lo diretamente. Confuso, Ari pensou "Quem poderia ser melhor do que um pai para questionar um filho sobre um evento potencialmente traumático?".

A assistente social explicou que as memórias dos pré-escolares são mais sugestionáveis do que as de crianças mais velhas ou adultos (Ceci e Bruck, 1995; Hardy e Van Leeuwen, 2004). Uma forma comum de os pesquisadores estudarem o fator de sugestionabilidade é mostrar o mesmo filme a crianças e adultos. Então, enquanto fazem perguntas sobre o que os participantes viram, os investigadores injetam uma pergunta que supõe alguma coisa que na verdade não aconteceu (por exemplo, "Ele estava carregando uma chave inglesa quando entrou na sala, não estava?"). As crianças pequenas são mais afetadas do que os adultos por essas sugestões capciosas (Leichtman e Ceci, 1995).

A pesquisa mostra que crianças pequenas são suscetíveis a perguntas desse tipo porque elas têm fracas *habilidades de monitoração da fonte*, a capacidade de acompanhar de onde uma informação originou-se (Bright-Paul, Jarrold e Wright, 2008). Como resultado, uma criança pequena que está sendo questionada tem dificuldade para distinguir entre ideias que se originaram em sua própria memória e aquelas que estão contidas em ou são sugeridas pelas perguntas dos entrevistadores. A monitoração da fonte está ligada ao desenvolvimento da teoria da mente. Por consequência, muitos desenvolvimentalistas postulam que o desenvolvimento da teoria da mente responde por melhoras que surgem nas crianças por volta dos 6 anos nas habilidades de monitoração da fonte e na capacidade de resistir às perguntas capciosas dos entrevistadores (Melinder, Endestad e Magnussen, 2006).

Estudos da vulnerabilidade das crianças a perguntas sugestivas levaram os profissionais que trabalham com crianças molestadas a aconselhar que os pais evitassem questionar diretamente seus filhos. Em vez disso, dizem os especialistas, os pais devem encorajar as crianças a falar espontaneamente sobre o que aconteceu. Quando os pais seguem esse conselho, entrevistadores treinados que sabem como questionar pré-escolares sem influenciá-los indevidamente podem ter confiança na informação que obtêm (Bruck, Ceci e Hembrooke, 1998).

Questões para reflexão

1. Suponha que ao buscar seu filho na creche, a professora lhe diz que ele bateu em um de seus colegas e lhe pede que converse com ele sobre isso. Com base na pesquisa sobre a memória de crianças pequenas, como você deve proceder se quiser obter de seu filho o relato mais preciso possível sobre o incidente?
2. Pense sobre possíveis conflitos entre os direitos dos indivíduos que são acusados de crimes e os de crianças que devem ser protegidas de pessoas que poderiam explorá-las. Como as técnicas de entrevista baseadas na pesquisa poderiam ajudar a proteger a ambos?

Mudanças na capacidade e na eficiência de processamento

Objetivo da aprendizagem 6.15
Como a capacidade e a eficiência de processamento cognitivo mudam com a idade?

Um lugar óbvio a ser examinado em busca de uma explicação sobre as alterações do desenvolvimento nas habilidades de memória é o próprio *hardware*. Em qualquer computador, há limites físicos no número de diferentes operações que podem ser realizadas simultaneamente ou em um determinado espaço de tempo. No sistema de memória humano, o fator limitador é a memória de curto prazo, como você deve lembrar do Capítulo 1. Parece provável que conforme o cérebro e o sistema nervoso se desenvolvem nos primeiros anos de vida, a capacidade da memória de curto prazo aumenta (Johnson, 2005).

Esta acabou sendo uma hipótese muito difícil de ser testada. A evidência mais comumente citada em apoio a um aumento na capacidade da memória de curto prazo é o achado de que durante a infância, as crianças são capazes de lembrar listas de números, letras ou palavras cada vez mais longas, um padrão claro nos dados mostrados na Figura 6.11. A dificuldade com esses resultados, entretanto, é que eles também poderiam ser simplesmente outro reflexo de diferenças etárias na experiência, porque crianças mais velhas naturalmente têm mais experiência com números, letras e palavras. Portanto, os dados sobre espaço da memória não dão uma resposta precisa à questão relativa a se a capacidade básica de processamento aumenta com a idade. Contudo, a maioria dos psicólogos do desenvolvimento hoje concordam que é plausível supor que a capacidade da memória de curto prazo aumenta durante a infância, embora a maioria também admita que medir tal capacidade é difícil (Cowan, Nugent, Elliott, Ponomarev e Saults, 1999).

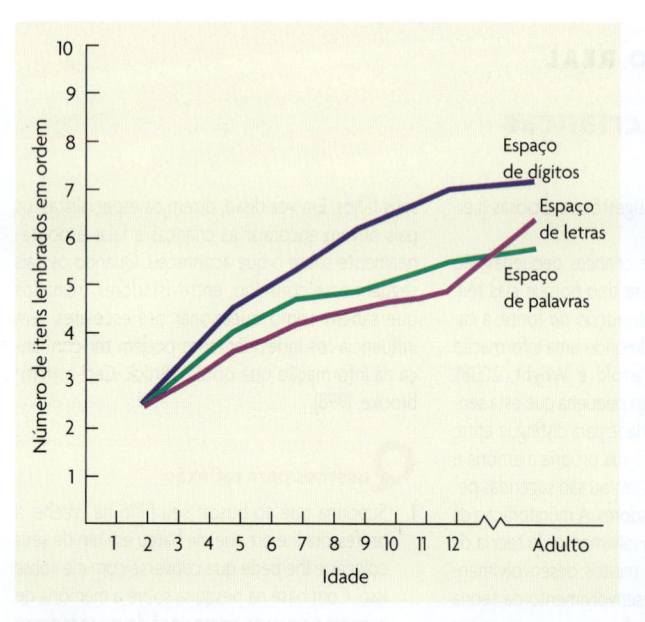

Figura 6.11 Espaço de memória e idade

Os psicólogos tentaram medir a capacidade básica de memória pedindo a participantes da pesquisa para escutar a uma lista de números, letras ou palavras e então repetir os itens da lista em ordem. Essa figura mostra o número desses itens que crianças de várias idades são capazes de lembrar e recuperar corretamente.

(*Fonte*: Dempster, 1981, das Figuras 1-3, p. 66-68.)

automaticidade A capacidade de recuperar informação da memória de longo prazo sem esforço.

Os pesquisadores também produziram evidências persuasivas de que a eficiência do processamento aumenta constantemente com a idade. De fato, a maioria dos desenvolvimentalistas agora consideram essa mudança na eficiência a base sobre a qual repousa o desenvolvimento cognitivo (Swanson e Kim, 2007). A melhor evidência sobre esse ponto é que o processamento cognitivo se torna regularmente mais rápido com a idade. Robert Kail (2007a) encontrou um aumento exponencial com a idade na velocidade de processamento em uma ampla variedade de tarefas, incluindo tarefas perceptuais-motoras, como bater em um determinado ritmo ou responder a um estímulo (por exemplo, pressionar um botão quando você ouve uma cigarra), e tarefas cognitivas como adição mental. Ele encontrou padrões de aumentos de velocidade virtualmente idênticos em estudos na Coreia e nos Estados Unidos, acrescentando um pouco mais de validade intercultural a seus resultados.

Uma possível explicação para esse padrão comum é que, com o tempo, o cérebro e o sistema nervoso mudam fisicamente em algum aspecto fundamental que permite aumentos tanto na velocidade de resposta quanto no processamento mental. As fontes mais prováveis para essa mudança básica são a "poda" de sinapses e a mielinização dos nervos, sobre as quais você aprendeu no Capítulo 4 (Hale, Fry e Jessie, 1993). Por exemplo, supondo que a poda comece em torno dos 12 aos 18 meses e continue regularmente durante toda a infância, um efeito é tornar o "diagrama de fiação" – as conexões dentro do sistema nervoso – cada vez mais eficiente e capaz de operar mais rapidamente.

Entretanto, a experiência usando o sistema de memória também contribui para aumentos na eficiência do processamento. Por exemplo, uma das formas mais importantes pelas quais o processamento se torna mais eficiente é através da aquisição de **automaticidade**, ou a capacidade de lembrar informação da memória de longo prazo sem usar a capacidade da memória de curto prazo. Por exemplo, quando as crianças podem responder à pergunta "Quanto é 7 vezes 7?" dizendo "49" sem pensar, elas adquiriram automaticidade com relação a essa porção particular de informação.

A automaticidade é adquirida principalmente através de prática (Meisinger e Bradley, 2008). Ela é fundamental para o processamento eficiente de informação porque deixa o espaço da memória de curto prazo livre para processamento mais complexo. Portanto, a criança ou o adolescente que sabe automaticamente quanto é 7 × 7 pode usar esse fato em um problema complexo de multiplicação ou divisão sem abandonar nenhum espaço da memória de curto prazo que está usando para resolver o problema. Como resultado, ele é mais capaz de se concentrar no "grande quadro" em vez de despender esforços tentando lembrar um fato de multiplicação simples. Não surpreendentemente, os pesquisadores verificaram que crianças do ensino fundamental que automatizaram fatos matemáticos básicos aprenderam habilidades computacionais complexas mais rapidamente (Kail e Hall, 1999). Da mesma forma, crianças de jardim de infância que exibem automaticidade com relação a nomear letras e objetos têm mais probabilidade de serem leitores fluentes ao final da 2ª série do que seus pares que requerem mais tempo e esforço para produzir esses nomes (Schatschneider, Fletcher, Francis, Carlson e Foorman, 2004). Igualmente, crianças que praticaram suas habilidades de caligrafia ao ponto de automaticidade podem se focalizar nas ideias sobre as quais estão escrevendo em vez de se preocupar com o processo mecânico de formar letras (Medwell e Wray, 2007). Como resultado, suas composições são mais longas, bem organizadas e contêm mais elaboração.

Objetivo da aprendizagem 6.16
Que tipos de melhoras no uso de estratégias acontecem durante a infância e a adolescência?

Estratégias de memória

Conforme observamos, as memórias de trabalho de adolescentes e adultos funcionam de modo mais eficiente do que as das crianças. Entretanto, um dos princípios mais importantes no funcionamento da memória é que a memória de trabalho, independentemente de idade ou nível de desenvolvimento cognitivo, tem capacidade limitada. A fim de lidar com essa limitação, o sistema cria **estratégias de memória**, formas de manipular informação que aumentam as chances de ela ser lembrada. Diversas estratégias comuns são listadas na Tabela 6.2. Elas surgem lentamente durante todo o curso da infância e da adolescência, e mesmo quando as crianças estão familiarizadas com uma estratégia em particular, elas frequentemente não conseguem usá-la.

Estratégias de repetição Suponha que você precise realizar as seguintes tarefas: parar na lavanderia; comprar alguns selos; fazer cópias de seus formulários do IR; comprar leite, pão, suco de laranja, cenouras, alface, espaguete e molho de tomate no supermercado. Para lembrar essa lista, você poderia usar qualquer uma de diversas estratégias possíveis, algumas das quais são listadas na Tabela 6.2. Particularmente, nesse caso, uma opção seria repetir a lista várias vezes em sua mente. As crianças fazem isso quando tentam lembrar? Um estudo clássico (Keeney, Cannizzo e Flavell, 1967) indicou que crianças em idade escolar fazem, mas crianças menores não fazem. Keeney mostrou a crianças uma série de sete cartões com figuras e pediu que elas tentassem lembrar todas as figuras na mesma ordem que haviam sido apresentadas. Um capacete foi então colocado sobre a cabeça das crianças para impedir que elas vissem os cartões, mas de forma que permitisse ao experimentador ver se a criança parecia estar repetindo a lista murmurando junto com a respiração. As crianças com menos de 5 anos nunca mostraram nenhuma repetição, mas crianças de 8 a 10 anos geralmente mostraram. Curiosamente, quando as crianças de 5 anos foram ensinadas a repetir, elas foram capazes de fazê-lo e seus escores de memória melhoraram. Contudo, quando essas mesmas crianças de 5 anos receberam um novo problema sem serem lembradas de repetir, elas não o faziam. Ou seja, elas podiam usar a estratégia se fossem lembradas de fazê-lo, mas não a produziam espontaneamente – um padrão descrito como **deficiência de produção**.

Um trabalho mais recente sugere que crianças em idade pré-escolar apresentam alguns tipos de estratégias em suas formas de lembrar se a tarefa for bastante simples, tais como o jogo de esconde-esconde que Judy DeLoache (DeLoache, 1989; DeLoache, Simcock e Marzolf, 2004) usou em seus estudos. Em um dos estudos de DeLoache, a criança observa o experimentador esconder um brinquedo atraente em algum lugar óbvio (digamos, atrás de um sofá) e então é informada de que quando uma cigarra parar de tocar ela pode procurar o brinquedo. Enquanto brinca com outros brinquedos durante o intervalo de 4 minutos antes de a cigarra soar, crianças de 2 anos frequentemente conversam sobre, apontam ou olham para o lugar onde o brinquedo está escondido – todas as quais parecem ser claramente formas precoces de estratégias de memória.

Esses e outros resultados indicam que não há uma mudança mágica de comportamento não estratégico para estratégico nas idades de 5, 6 ou 7 anos. Crianças de 2 anos usam estratégias primitivas, mas crianças em idade escolar parecem ter repertórios maiores de estratégias e os usam de forma mais flexível e eficiente, uma qualidade de pensamento que se torna cada vez mais evidente nas crianças em idade escolar mais velhas (Kron-Sperl, Schneider e Hasselhorn, 2008). Por exem-

estratégias de memória
Formas de manipular informação que aumentam as chances de que ela seja lembrada.

deficiência de produção
Um padrão pelo qual um indivíduo pode usar alguma estratégia mental se lembrado de fazê-lo, mas não a usa espontaneamente.

Tabela 6.2 Algumas estratégias comuns para lembrar

Estratégia	Descrição
Ensaio	Talvez a estratégia mais comum. Envolve ensaio mental ou vocal ou ensaio de movimento (como aprender a dançar). Pode ser usada por crianças de 2 anos sob algumas condições.
Agrupamento	Juntar ideias, objetos ou palavras em grupos para ajudar a lembrá-las, tais como "todos os animais", "todos os ingredientes da receita de lasanha" ou "as peças de xadrez envolvidas no movimento chamado roque". Esta é uma estratégia que claramente se beneficia da experiência com um assunto ou uma atividade em particular, uma vez que possíveis categorias são aprendidas ou descobertas no processo de exploração ou manipulação de um conjunto de materiais. O agrupamento primitivo é usado por crianças de 2 anos.
Elaboração	Encontrar significado comum ou referente comum para duas ou mais coisas a serem lembradas. O mnemônico útil para lembrar os nomes das linhas da pauta musical (mi sol si ré fá) é uma forma de elaboração, da mesma forma que associar o nome de uma pessoa que você acabou de conhecer a algum objeto ou a outra palavra. Essa forma de auxílio da memória não é usada espontaneamente por todos os indivíduos e não é usada habilmente até razoavelmente tarde no desenvolvimento.
Busca sistemática	Esquadrinhar a memória para o território inteiro no qual alguma coisa poderia ser encontrada. Crianças de 3 e 4 anos podem começar a fazer isso para procurar objetos reais no mundo real, mas não são boas em fazê-lo na memória. As estratégias de busca podem ser aprendidas primeiro no mundo externo e então aplicadas a buscas internas.

Fonte: Flavell, 1985.

plo, ao aprender uma lista de palavras, crianças de 8 anos provavelmente praticarão as palavras uma de cada vez ("gato, gato, gato"), enquanto crianças mais velhas as praticam em grupos ("mesa, céu, camisa, gato"). As crianças de 8 anos, testadas novamente um ano mais tarde, mostram sinais de uma mudança na direção da estratégia mais eficiente (Guttentag, Ornstein e Siemens, 1987).

Agrupamento Outra estratégia que ajuda a melhorar a memória envolve colocar os itens a serem aprendidos ou lembrados em alguma organização significativa. Por exemplo, ao tentar lembrar uma lista de itens que precisa comprar no supermercado, você poderia ajudar sua memória pensando nos itens como ingredientes de uma receita (por exemplo, "O que eu preciso para fazer espaguete e almôndegas?"). Outra estratégia comum é agrupar mentalmente os itens em categorias como "frutas e vegetais" e "enlatados", uma estratégia denominada agrupamento.

Estudos de agrupamento frequentemente envolvem fazer crianças ou adultos aprenderem listas de palavras que possuem categorias potenciais dentro delas. Por exemplo, em um estudo de agrupamento categórico, um pesquisador lhe pediria para lembrar esta lista de palavras: *cadeira, espaguete, alface, gato, mesa, chocolate, pato, leão*. Você teria 2 minutos para tentar memorizar a lista, usando qualquer método que desejasse. Então o pesquisador lhe pediria para listar as palavras que pudesse lembrar. Se você utilizasse algum tipo de técnica de agrupamento, você provavelmente listaria as palavras da mesma categoria juntas (*gato, pato, leão; cadeira, mesa; espaguete, chocolate, alface*).

Crianças em idade escolar apresentam esse tipo de estratégia de organização interna quando lembram coisas, enquanto pré-escolares não. E entre crianças em idade escolar, as mais velhas usam essa estratégia mais eficientemente, usando poucas categorias grandes em vez de muitas menores (Bjorklund e Muir, 1988; Schlagmüller e Schneider, 2002). Curiosamente, a pesquisa mostra que as crianças costumam usar espontaneamente esse tipo de estratégia, mas não obtêm nenhum benefício aparente dela, um padrão denominado **deficiência de utilização** (Bjorklund, Miller, Coyle e Slawinski, 1997; Schneider e Bjorklund, 1998) – de certo modo, o padrão oposto de uma deficiência de produção, na qual uma criança usará e se beneficiará de uma estratégia se lembrada de fazê-lo, mas não a usará espontaneamente. As deficiências de utilização intrigam os teóricos porque elas sugerem que a criança supõe que usar algum tipo de estratégia é uma coisa boa a se fazer, mas não entendem totalmente como fazê-lo. Essa forma de deficiência é mais comum em crianças com menos de 6 ou 7 anos, mas ocorre também entre crianças mais velhas e adolescentes (Kron-Sperl, Schneider e Hasselhorn, 2008).

Treinamento da estratégia Estudos de treinamento, nos quais crianças e adolescentes são ensinados a usar uma estratégia de memória em particular, sugerem que os adolescentes se beneficiam mais do treinamento do que crianças pequenas (Ghetti, Papini e Angelini, 2006). Por exemplo, em um dos primeiros estudos de treinamento de estratégia, os pesquisadores ensinaram estudantes do ensino fundamental e do ensino médio uma estratégia para memorizar os produtos associados a diferentes cidades, por exemplo, "Detroit-automóveis" (Pressley e Dennis-Rounds, 1980). Quando os participantes tivessem aprendido a estratégia e estivessem convencidos de sua efetividade, os pesquisadores lhes apresentavam uma tarefa semelhante: memorizar palavras latinas e suas traduções para o inglês. Os experimentadores verificaram que apenas os estudantes do ensino médio fizeram uma tentativa de usar a estratégia que tinham acabado de aprender para realizar a nova tarefa de memória. As crianças do ensino fundamental usaram a nova estratégia apenas quando os pesquisadores disseram-lhes para fazê-lo e demonstraram como ela poderia ser aplicada à nova tarefa. O sucesso dos estudantes do ensino médio pareceu se dever à capacidade superior de reconhecer a semelhança entre as duas tarefas – um aspecto da metamemória, que será discutida na próxima seção.

As diferenças entre a capacidade das crianças do ensino fundamental e dos adolescentes de aprender estratégias para processar texto significativo, tais como artigos de jornal ou conteúdo em livros, são até mais drásticas. Em um estudo clássico de processamento de texto, os experimentadores pediram que jovens de 10, 13, 15 e 18 anos lessem e resumissem um trecho de 500 palavras (aproximadamente uma página em um livro didático típico). Os pesquisadores (Brown e Day, 1983) hipotetizaram que os participantes usariam quatro regras para escrever os resumos. Primeiro, eles suprimiriam informação trivial. Segundo, seus resumos apresentariam uma organização categórica; ou seja, eles usariam termos como *animais* em vez de nomes específicos de animais mencionados no texto. Os pesquisadores também especularam que os participantes usariam frases do texto em seus resumos e inventariam frases para parágrafos que não as tivessem.

---

deficiência de utilização
Usar alguma estratégia mental específica sem obter benefício dela.

Os resultados da pesquisa sugeriram que os participantes de todas as idades usaram a primeira regra, porque todos os seus resumos incluíam informação geral em vez de informação detalhada ou trivial sobre o trecho. Entretanto, as crianças de 10 e 13 anos usaram as outras regras com muito menos frequência do que as de 15 e 18 anos. Houve diferenças interessantes entre os dois grupos mais velhos. Os adolescentes de 15 anos usaram categorias com tanta frequência quanto os de 18 anos, mas o grupo mais velho usou frases do tema de maneira mais efetiva. Esse padrão de diferenças etárias no uso de estratégias sugere que habilidades de processamento de informação complexas, tais como resumir texto, melhoram gradualmente durante a segunda metade da adolescência.

Estudos de esboço de texto revelam um padrão semelhante (Drum, 1985). Estudantes do ensino fundamental e do ensino médio sabem que um esboço deve incluir as ideias principais de um trecho juntamente com detalhes de apoio. Entretanto, a pesquisa sugere que adolescentes de 17 anos produzem esboços muito mais completos do que os de 14 anos. Além disso, os esboços de crianças de 11 anos geralmente incluem apenas poucas das ideias principais de um trecho e fornecem pouco ou nenhum detalhe de apoio para as ideias principais que eles incluem.

Metamemória e metacognição

> **Objetivo da aprendizagem 6.17**
> O que são metamemória e metacognição e que importância têm no desenvolvimento cognitivo?

Uma forma na qual o *software* de processamento de informação de uma criança muda é em sua consciência cada vez maior de seus próprios processos mentais. Se um pesquisador da memória fizesse você aprender uma lista de palavras cotidianas (*cadeira*, *espaguete*, *alface*, etc.) e lhe perguntasse depois que técnicas foram usadas para lembrá-las, você poderia descrever seus processos mentais. Você também poderia relatar outras coisas sobre a forma como sua mente funciona, tais como boas maneiras de estudar matérias específicas ou que tipos de tarefas são mais difíceis, e porquê. Esses são exemplos de **metamemória** e **metacognição** – saber sobre lembrar e saber sobre saber. Essas habilidades são parte de uma categoria maior à qual os teóricos do processamento de informação se referem como **processos executivos**, habilidades cognitivas que permitem que uma pessoa planeje e realize estratégias alternativas para lembrar e resolver problemas.

A pesquisa sugere que tais habilidades surgem na primeira infância. Por exemplo, a pesquisa de aparência/realidade de John Flavell demonstrou que crianças entre as idades de 3 e 5 anos sabem que, a fim de dizer se uma esponja pintada como uma pedra é realmente uma esponja ou uma pedra, uma pessoa precisa tocar ou segurar o objeto. Apenas olhar para ele não dá informação suficiente (Flavell, 1993; O'Neill, Astington e Flavell, 1992). De maneira semelhante, crianças de 4 anos (mas não de 3 anos) entendem que para lembrar ou esquecer alguma coisa é preciso tê-la conhecido anteriormente (Lyon e Flavell, 1994). A pesquisa de Flavell também sugere que aos 4 anos uma criança entende que há um processo chamado *pensar* que as pessoas fazem e que é diferente de saber ou falar (Flavell, Green e Flavell, 1995). Elas também entendem de alguma forma preliminar que as pessoas podem pensar sobre objetos ou eventos imaginários, bem como sobre objetos ou eventos reais. Apesar desses avanços importantes, crianças de 4 e 5 anos ainda não entendem que o pensar ocorre continuamente (Wellman e Hickling, 1994). Em particular, elas não percebem que outras pessoas estão pensando todo o tempo e, quando indagadas, elas não são boas em adivinhar sobre o que a outra pessoa poderia estar pensando, mesmo quando os indícios são bastante claros – tal como quando a outra pessoa está lendo ou escutando alguma coisa. Todas essas habilidades são muito mais altamente desenvolvidas em crianças de 7 e 8 anos, que parecem ter entendido que seu próprio pensar e o das outras pessoas ocorre constantemente e segue certas regras.

Essas habilidades são de particular interesse porque o desempenho em uma ampla variedade de tarefas cotidianas é melhor se a criança puder monitorar seu próprio desempenho ou puder reconhecer quando uma estratégia é necessária e quando não é. Crianças de 4 e 5 anos demonstram um pouco dessa monitoração, mas ela é raramente vista antes disso e melhora com razoável rapidez durante os anos do ensino fundamental. Por exemplo, crianças de 10 anos têm mais probabilidade do que crianças de 8 anos de saber que para entender uma história é necessário que o leitor ou o ouvinte exerça esforço mental para impedir sua mente de vagar (Parault e Schwanenflugel, 2000).

Entre outras coisas, alguma capacidade metacognitiva é fundamental para aprender a ler habilmente. Uma criança aprendendo a ler precisa reconhecer quais palavras conhece e quais não conhece, quais frases ela entende e quais não entende e precisa ter alguma ideia de como obter

metamemória Conhecimento sobre os próprios processos de memória.

metacognição Termo geral e usado bastante livremente descrevendo o conhecimento dos próprios processos de pensamento: saber o que se sabe e como se aprende.

processos executivos Habilidades cognitivas que permitem que uma pessoa planeje e execute estratégias alternativas para lembrar e resolver problemas.

a informação que necessita. Ela precisa ser capaz de reconhecer a diferença entre frases fáceis e difíceis a fim de poder se concentrar mais e colocar mais esforço nas mais difíceis. Uma variedade de pesquisas revela que leitores mais jovens e mais deficientes são menos competentes em todas essas tarefas metacognitivas, enquanto leitores melhores ou mais velhos podem realizá-las mais pronta e habilmente (Martini e Shore, 2008).

Aos 14 ou 15 anos, as habilidades de processamento executivo de um adolescente excedem as de uma criança mais jovem. Esses ganhos resultam de melhoras na eficiência da memória de trabalho e de aumentos no conhecimento, que são largamente atribuíveis ao amadurecimento do córtex pré-frontal (Giedd, 2004). Como resultado, os adolescentes superam em desempenho crianças em idade escolar mesmo em tarefas de memória simples, tais como lembrar rostos, e são muito melhores que crianças mais jovens em usar estratégias complexas que auxiliam a memória (Gathercole, Pickering, Ambridge e Wearing, 2004; Itier e Taylor, 2004). Por exemplo, um estudo clássico de metamemória envolveu oferecer a estudantes de 5ª e 8ª séries e universitários a oportunidade de ganhar dinheiro lembrando palavras (Cuvo, 1974). Os pesquisadores designaram as palavras a serem lembradas como valendo 1 ou 10 centavos. Os estudantes da 5ª série memorizaram palavras de 1 e de 10 centavos igualmente. Em contraste, estudantes da 8ª série e universitários esforçaram-se mais em memorizar palavras de 10 centavos do que palavras de 1 centavo. Ao final do período de memorização, os alunos da 5ª série lembraram números iguais de palavras de 1 e de 10 centavos, enquanto os participantes mais velhos lembraram mais itens de 10 centavos. Além disso, os estudantes universitários superaram em desempenho os alunos da 8ª série tanto na memorização quanto na lembrança. Esses achados sugerem que a capacidade de aplicar habilidades de memória seletivamente com base nas características de uma tarefa de memória aparece cedo nos anos da adolescência e continua a melhorar durante todo o período.

Outra habilidade importante que é facilitada pelo desenvolvimento de processos executivos é a **inibição de resposta**, a capacidade de controlar respostas a estímulos (Luna, Garver, Urban, Lazar e Sweeney, 2004). A inibição de resposta é evidente em situações que exigem consideração cuidadosa do impacto de sua resposta antes de responder a uma pergunta, tal como em uma entrevista de emprego. Consequentemente, os adolescentes têm menos probabilidade que crianças em idade escolar de se apressarem a chegar a uma conclusão em relação à solução de um problema. Os adolescentes têm probabilidade de elaborar mentalmente o problema e se assegurar de que levaram em consideração todos os detalhes envolvidos em sua solução antes de anunciar que o resolveram.

Objetivo da aprendizagem 6.18
Como a *expertise* influencia a função da memória?

Expertise

Todas as aparentes mudanças do desenvolvimento que discutimos podem vir a ser tanto uma função da *expertise* quanto da idade. Piaget acreditava que as crianças aplicam formas amplas de lógica a todas as suas experiências em qualquer estágio. Se isso for verdadeiro, a quantidade de experiência específica que uma criança tinha com algum conjunto de materiais não deve fazer tanta diferença. Uma criança que entende classificação hierárquica, mas nunca viu figuras de diferentes tipos de dinossauros, ainda deve ser capaz de criar classificações de dinossauros quase tão bem quanto uma criança que brincou muitas vezes com modelos de dinossauros. Uma criança que entende o princípio da transitividade (se A é maior que B e B é maior que C, então A é maior que C) deve ser capaz de demonstrar essa capacidade com conjuntos de figuras estranhas tão bem quanto poderia demonstrar com um conjunto de brinquedos familiares. Mas, na verdade, esse parece não ser o caso.

Os desenvolvimentalistas têm agora grande quantidade de pesquisas mostrando que o conhecimento específico faz enorme diferença (Kail, 2007b). Crianças e adultos que sabem muito sobre algum assunto ou algum conjunto de objetos (dinossauros, cartões de beisebol, matemática ou seja lá o que for) não apenas categorizam a informação naquela área de formas mais complexas e hierárquicas, mas também são melhores em lembrar informação nova sobre aquele tema e em aplicar formas mais avançadas de lógica a material naquela área. Além disso, essa *expertise* parece se generalizar muito pouco para outros tarefas (Ericsson e Crutcher, 1990). Uma criança que é fã devota de futebol será melhor do que uma que não é fã em lembrar listas de palavras de futebol ou o conteúdo de uma história sobre futebol, mas as duas crianças provavelmente serão igualmente boas em lembrar listas aleatórias de palavras (Schneider e Bjorklund, 1992; Schneider, Reimers, Roth e Vise, 1995).

inibição de resposta A capacidade de controlar respostas a estímulos.

Esses jogadores de xadrez em idade escolar, a menos que sejam classificados como iniciantes, se lembrariam de uma série de movimentos ou do arranjo das peças em um tabuleiro de xadrez mais rapidamente do que não jogadores, independentemente da idade destes.

A pesquisa sobre *expertise* também mostra que mesmo as diferenças etárias típicas no uso de estratégia ou capacidade de memória desaparecem quando o grupo mais jovem tem mais *expertise* do que o grupo mais velho. Por exemplo, Michelene Chi, em seu agora clássico estudo (1978), mostrou que jogadores de xadrez peritos podem lembrar a colocação das peças em um tabuleiro muito mais rapidamente e de maneira mais precisa do que jogadores de xadrez novatos, mesmo quando os peritos são crianças e os novatos são adultos – um achado reproduzido diversas vezes (por exemplo, Schneider, Gruber, Gold e Opwis, 1993). Parafraseando Flavell (1985), a *expertise* faz qualquer um de nós parecer muito inteligente, cognitivamente muito avançado; a falta de *expertise* nos faz parecer muito idiotas.

Pensamento crítico

- Pense em um comportamento comum do bebê, tal como jogar repetidamente um brinquedo no chão. Como o comportamento parece se ajustar às ideias de Piaget sobre reações circulares primárias, secundárias e terciárias.
- Como a reversibilidade entra em ação quando você assiste ao desempenho de um mágico? Você acha que um entendimento de reversibilidade torna o desempenho mais ou menos interessante para você do que para uma criança pequena que ainda precisa desenvolver a reversibilidade?
- Como a teoria de Piaget seria usada para explicar o achado de que crianças mais jovens não se beneficiam do treinamento das estratégias de memória tanto quanto crianças mais velhas e adolescentes?

Conduza sua própria pesquisa

Você pode usar um baralho de cartas para examinar a melhora da memória. Faça sua pesquisa com uma criança de 7 e uma de 10 anos, testando cada uma delas separadamente. Para a primeira tentativa, selecione 12 cartas, três de cada naipe, certificando-se de que elas sejam todas de valores diferentes. Arranje as cartas na frente da criança aleatoriamente e permita que ela tenha um minuto para memorizá-las. Quando o minuto tiver passado, recolha as cartas e peça que a criança as recorde. Para a segunda tentativa, repita a experiência com um conjunto diferente de 12 cartas, mas diga às crianças que elas podem reorganizar as cartas se elas acharem que isso ajudará sua memória. A criança de 7 anos provavelmente não reorganizará as cartas por naipe, mas a de 10 anos sim. Isso mostra que a criança mais velha está tentando usar categorias como um auxílio da memória.

Resumo

AS IDEIAS BÁSICAS DE PIAGET

6.1 Qual o papel dos esquemas no desenvolvimento cognitivo?

- Piaget presumia que a criança era um agente ativo em seu próprio desenvolvimento, construindo seus próprios entendimentos e adaptando-se ao ambiente através de suas ações sobre o mundo. Estruturas cognitivas denominadas esquemas fundamentam os estágios de desenvolvimento cognitivo. Cada estágio envolve um tipo diferente de esquema. Os esquemas são hierárquicos na medida em que cada estágio é construído sobre esquemas que foram construídos em estágios anteriores.

6.2 Como assimilação, acomodação e equilibração alteram os esquemas?

- Os processos complementares de assimilação (acrescentar informação nova a um esquema existente) e acomodação (mudar os esquemas para assimilar informação nova), bem como o processo de equilibração através do qual eles são equilibrados, são os meios pelos quais os esquemas se adaptam ao mundo.
- Conflito entre os esquemas existentes de uma criança e suas observações do mundo leva a ações que eventualmente resultam em resolução desses conflitos, ou equilibração, como Piaget chamava o processo. Cada estágio de desenvolvimento representa uma equilibração mais adaptativa.

6.3 Quais são as quatro causas do desenvolvimento cognitivo propostas por Piaget?

- A equilibração interage com amadurecimento, transmissão social e experiência para produzir mudanças no pensamento das crianças.

INFÂNCIA

6.4 Como Piaget descreveu o desenvolvimento cognitivo nos primeiros dois anos de vida?

- O primeiro estágio de Piaget é o período sensório-motor; o bebê começa com um pequeno repertório de esquemas básicos a partir dos quais ele se move na direção da representação simbólica em uma série de seis subestágios. Em cada estágio, o bebê usa capacidades sensoriais e motoras para agir sobre o mundo e testar hipóteses sobre os resultados dessas ações. Esses testes envolvem comportamentos repetitivos ou reações circulares. Os marcos importantes desse estágio incluem permanência do objeto, comportamento de meios e fins e pensamento representativo.

6.5 O que os pesquisadores descobriram sobre a capacidade do bebê de lembrar e imitar as ações dos outros?

- Estudos pós-piagetianos da cognição do bebê mostram que as habilidades de memória são muito mais avançadas do que Piaget pensava. Os bebês podem imitar nas primeiras semanas, mas não demonstram imitação diferida por vários meses.

OS ANOS PRÉ-ESCOLARES

6.6 Quais são as características do pensamento das crianças durante o estágio pré-operacional?

- No período pré-operacional de Piaget, dos 2 aos 6 anos, a criança é capaz de usar símbolos mentais para representar objetos para si mesma internamente. Apesar desse avanço, a criança pré-escolar ainda não possui características cognitivas muito sofisticadas. Na visão de Piaget, essas crianças ainda são egocêntricas, rígidas em seu pensamento e geralmente conquistadas por aparências.

6.7 Como a pesquisa recente desafiou a visão de Piaget sobre este período?

- A pesquisa sobre o funcionamento cognitivo de pré-escolares torna claro que eles são muito menos egocêntricos do que Piaget pensava. Aos 4 anos, as crianças podem distinguir entre aparência e realidade em uma variedade de tarefas.

6.8 O que é uma teoria da mente e como ela se desenvolve?

- Os pré-escolares desenvolvem uma teoria da mente surpreendentemente sofisticada – ou seja, ideias de como as mentes de outras pessoas funcionam. Eles entendem que as ações dos outros são frequentemente baseadas em pensamentos e crenças. O desenvolvimento de uma teoria da mente é influenciado pelo desenvolvimento cognitivo e de linguagem geral. O envolvimento em jogo de faz de conta com outros também parece facilitar seu desenvolvimento.

6.9 O que as pesquisas indicam sobre a correlação entre cultura e teoria da mente?

- Estudos interculturais sugerem que o desenvolvimento do princípio da falsa crença e outros aspectos da teoria da mente podem ser marcos universais do desenvolvimento cognitivo da primeira infância.

6.10 Como as teorias dos neopiagetianos e de Vygotsky explicam o desenvolvimento cognitivo?

- A recente teorização sobre o período pré-escolar foi influenciada por teorias neopiagetianas que explicam os estágios de Piaget em termos de processamento de informação. A teoria sociocultural de Vygostsky enfatiza o papel das interações sociais no desenvolvimento cognitivo das crianças. Além disso, Vygotsky sugeriu que a linguagem fornece a estrutura necessária para apoiar muitos dos conceitos gerais que as crianças adquirem durante a pré-escola.

A CRIANÇA EM IDADE ESCOLAR

6.11 O que são operações concretas e como elas representam um avanço sobre formas de pensamento anteriores?

- No terceiro estágio de Piaget – operações concretas –, ocorrendo dos 6 aos 12 anos, a criança adquire novos instrumentos mentais poderosos denominados operações, tais como a reversibilidade.

6.12 O que a pesquisa de Siegler sugere sobre pensamento operacional concreto?

- A pesquisa recente sobre esse período confirma muitas das descrições de Piaget de sequências do desenvolvimento, mas coloca em dúvida seu conceito básico de estágios. O trabalho de Siegler mostra que o desenvolvimento cognitivo é menos gradual do que Piaget propôs: as crianças podem usar uma variedade de diferentes estratégias diferindo em complexidade no mesmo tipo de problema. Contudo, o repertório de estratégias torna-se mais complexo com a idade.

ADOLESCÊNCIA

6.13 Quais são os elementos-chave do pensamento operacional formal?

- Diz-se que o quarto estágio de Piaget – operações formais – desenvolve-se dos 12 anos em diante e é caracterizado pela capacidade de aplicar operações básicas a ideias, possibilidades e objetos reais e pelo surgimento de solução sistemática de problemas e da lógica hipotético-dedutiva.

6.14 O que a pesquisa pós-piagetiana sugere sobre este estágio?

- Os pesquisadores encontraram evidência clara dessas formas avançadas de pensamento em pelo menos alguns adolescentes.

DESENVOLVIMENTO DE HABILIDADES DE PROCESSAMENTO DE INFORMAÇÃO

6.15 Como a capacidade e a eficiência de processamento cognitivo mudam com a idade?

- A maioria dos teóricos concorda que há mudanças relacionadas à idade na capacidade do *hardware* mental, bem como melhoras na velocidade e na eficiência.

6.16 Que tipos de melhoras no uso de estratégias acontecem durante a infância e a adolescência?

- A eficiência do processamento melhora devido ao uso crescente de vários tipos de estratégias de processamento com a idade, incluindo estratégias para lembrança. Os pré-escolares usam algumas estratégias, mas crianças em idade escolar usam-nas de modo mais frequente e mais flexível. Na adolescência, o número de estratégias e a eficiência com que elas são usadas melhoram substancialmente.

6.17 O que são metamemória e metacognição e que importância têm no desenvolvimento cognitivo?

- As capacidades das crianças de pensar sobre seus próprios processos mentais (metacognição) e de selecionar estratégias de memória adequadas (metamemória) também contribuem para melhoras no funcionamento da memória.

6.18 Como a *expertise* influencia a função da memória?

- Estudos de *expertise* mostram que o conhecimento anterior contribui para diferenças tanto individuais quanto relacionadas à idade no funcionamento da memória e no uso de estratégia.

Termos-chave

acomodação (p. 169)
adaptação (p. 169)
assimilação (p. 169)
automaticidade (p. 192)
centração (p. 175)
complexidade relacional (p. 185)
conservação (p. 175)
decalagem horizontal (p. 183)
deficiência de produção (p. 193)
deficiência de utilização (p. 194)
descentração (p. 175)
eficiência operacional (p. 181)
egocentrismo (p. 174)
equilibração (p. 169)

espaço de armazenamento de curto prazo (STSS) (p. 181)
esquema (p. 168)
esquemas figurativos (p. 168)
esquemas operativos (p. 169)
estratégias de memória (p. 193)
estágio de operações concretas (p. 170)
estágio de operações formais (p. 170)
estágio pré-operacional (p. 170)
estágio sensório-motor (p. 170)
inclusão de classe (p. 182)
inibição de resposta (p. 196)
lógica dedutiva (p. 182)
lógica indutiva (p. 182)
metacognição (p. 195)

metamemória (p. 195)
operação (p. 170)
organização (p. 168)
permanência do objeto (p. 172)
princípio da falsa crença (p. 177)
processos executivos (p. 195)
raciocínio hipotético-dedutivo (p. 187)
reações circulares primárias (p. 171)
reações circulares secundárias (p. 171)
reações circulares terciárias (p. 172)
reversibilidade (p. 182)
seriação (p. 185)
teoria da mente (p. 177)
teoria neopiagetiana (p. 181)
transitividade (p. 185)

7 Desenvolvimento Cognitivo II: Diferenças Individuais nas Capacidades Cognitivas

Objetivos da Aprendizagem

Medindo o poder intelectual

7.1 Quais eram as abordagens de Binet e Terman para medir a inteligência?

7.2 Que testes de inteligência são usados hoje e como eles diferem dos anteriores?

7.3 O quanto são estáveis os escores de QI durante a infância e a adolescência?

7.4 O que os escores de QI predizem?

Explicando diferenças individuais nos escores de QI

7.5 O que os estudos de gêmeos e de adoção sugerem sobre os efeitos da hereditariedade e do ambiente sobre os escores de QI?

7.6 Como características familiares compartilhadas e não compartilhadas afetam os escores de QI?

7.7 De que formas intervenções precoces afetam os escores de QI e o desempenho escolar?

7.8 De que formas a hereditariedade e o ambiente interagem para influenciar os escores de QI?

Explicando diferenças de grupo nos escores de teste de QI ou de realização

7.9 Que ideias os teóricos propuseram para explicar diferenças étnicas nos escores de QI?

7.10 Que fatores contribuem para as diferenças interculturais nos escores de testes de QI e de realização?

7.11 Em que aspectos homens e mulheres diferem com relação a desempenho em testes de QI e de realização?

Buscando visões alternativas da inteligência

7.12 Como os teóricos do processamento de informação explicam diferenças individuais nos escores de QI?

7.13 O que é a teoria triárquica da inteligência?

7.14 Quais são os vários tipos de inteligência propostos por Gardner?

7.15 Como os teóricos explicam a criatividade?

O novelista japonês Kenzaburo Oe e sua esposa ficaram assustados quando souberam que seu filho recém-nascido tinha parte de seu cérebro do lado de fora do crânio (Cameron, 1998). Os médicos informaram que havia um procedimento cirúrgico arriscado que poderia salvar a vida do menino, mas a operação o deixaria com retardo mental e outros problemas do desenvolvimento. Inspirado pela tenacidade com que seu pequeno filho se agarrava à vida, Oe chamou o menino de Hikari, a palavra japonesa para "luz", e concordou com a cirurgia.

Embora a operação tenha salvado a vida de Hikari, ficou claro dentro de poucos anos que ele sempre ficaria atrás dos outros em desenvolvimento cognitivo e social e que as chances de ele algum dia ser capaz de viver independentemente eram remotas. Apesar da capacidade limitada de falar e entender a linguagem, Hikari exibia uma notável capacidade de memorizar canções. Seus pais decidiram dar-lhe aulas de piano e encontraram uma professora que estava disposta a assumir o aluno desafiador. À medida que a professora trabalhava com Hikari, tornou-se evidente que a criança tinha dons musicais notáveis. Em alguns meses, ele estava tocando difíceis peças clássicas com facilidade. Além disso, ele começou a criar suas próprias composições. Embora duvidasse que o esforço resultaria em sucesso, a professora de piano de Hikari decidiu tentar ensiná-lo a escrever suas composições. Para sua surpresa, ele dominou a difícil habilidade de escrever música em um tempo relativamente curto. Hoje, como um homem de meia-idade, Hikari Oe é um compositor de música clássica talentoso e reconhecido. Contudo seus escores em testes de inteligência padronizados são bem abaixo da média, e ele é incapaz de viver independentemente.

Hikari Oe é apenas um dos milhares de indivíduos com retardo mental e outras incapacidades graves que apresentam a *síndrome do sábio*, a exibição de talentos notáveis no contexto de uma incapacidade grave. Os psicólogos têm estudado sábios como Hikari há mais de cem anos, contudo, ainda não sabem por que algumas capacidades nesses indivíduos tornam-se acentuadas enquanto outras não. Mas o estudo dos sábios levou ao desenvolvimento de novas teorias de funcionamento intelectual normal, teorias que levaram os psicólogos a ir além dos testes convencionais de inteligência na busca por uma definição precisa da inteligência humana.

Neste capítulo, você aprenderá sobre a história dos testes de inteligência e o estudo da inteligência humana. Você também aprenderá sobre a variedade de diferenças individuais na inteligência e algumas das controvérsias em torno das diferenças de grupo. Ao final do capítulo, você lerá sobre uma teoria da inteligência que se baseia em estudos de sábios como Hikari Oe.

Medindo o poder intelectual

Os psicólogos têm discutido durante décadas sobre se o desempenho em testes é uma definição adequada de inteligência. Em um nível conceitual, a maioria dos psicólogos concorda que **inteligência** inclui a capacidade de raciocinar de maneira abstrata, a capacidade de tirar proveito da experiência e a capacidade de se adaptar a contextos ambientais variáveis. Consequentemente, a maioria dos testes de inteligência inclui tarefas que requerem o uso dessas capacidades.

Contudo, a maioria de nós tem uma noção muito inflacionada da permanência ou da importância de um escore de QI. Para adquirir uma visão mais realista, é útil saber alguma coisa sobre o que esses testes foram designados para fazer e alguma coisa sobre crenças e valores daqueles que os criaram.

inteligência Um conjunto de capacidades definidas de várias formas por diferentes psicólogos, mas que geralmente inclui a capacidade de raciocinar de maneira abstrata, a capacidade de tirar proveito da experiência e a capacidade de se adaptar a contextos ambientais variáveis.

Os primeiros testes de QI

Objetivo da aprendizagem 7.1
Quais eram as abordagens de Binet e Terman para medir a inteligência?

O primeiro teste moderno de inteligência foi publicado em 1905 por dois franceses, Alfred Binet e Theodore Simon. Desde o início, o teste tinha um objetivo prático – identificar crianças que poderiam ter dificuldades na escola. Por essa razão, as tarefas que constituíam o teste que Binet e Simom criaram eram muito semelhantes a algumas tarefas escolares, incluindo medidas de vocabulário, compreensão de fatos e relações, assim como raciocínio matemático e verbal. Por exemplo, uma criança podia descrever a diferença entre madeira e vidro? Uma criança podia tocar seu nariz, sua orelha, sua cabeça? Ela podia dizer qual de dois pesos era mais pesado?

Stanford-Binet O teste de inteligência mais conhecido dos EUA. Foi escrito por Lewis Terman e colaboradores na Universidade Stanford e é baseado nos primeiros testes de Binet e Simon.

quociente de inteligência (QI) Originalmente definido em termos de idade mental e cronológica de uma criança, o QI é agora calculado comparando o desempenho de uma criança com o de outras da mesma idade cronológica.

idade mental Termo usado por Binet, Simon e Terman no primeiro cálculo de escores de QI para se referir ao nível etário dos itens do teste de QI que uma criança podia responder corretamente. Usada em combinação com a idade cronológica da criança para calcular um escore de QI.

Figura 7.1 A distribuição de escores de QI

A distribuição aproximada de escores na maioria dos testes de QI modernos, juntamente com os rótulos tipicamente usados para escores em vários níveis. Os testes são planejados e a pontuação é padronizada a fim de que o escore médio seja 100 e dois terços dos escores estejam entre 85 e 115. Devido a dano cerebral e anomalias genéticas, há ligeiramente mais crianças com QIs baixos do que com QIs muito altos.

Lewis Terman e colaboradores, na Universidade Stanford, modificaram e estenderam muitas das tarefas originais de Binet e Simon quando traduziram e revisaram o teste para ser usado nos Estados Unidos (Terman, 1916; Terman e Merrill, 1937). As várias revisões de Terman, chamadas de **Stanford-Binet**, consistem de seis conjuntos de testes, um conjunto para crianças de cada uma de seis idades consecutivas. Uma criança fazendo o teste começa com um conjunto de provas para a idade abaixo de sua idade real; em seguida, faz o conjunto para sua idade e, então, aquele conjunto para cada idade sucessivamente mais avançada até ter completado todos os testes para idades mais avançadas ou ter chegado a um ponto em que os testes restantes são muito difíceis para ela.

Terman inicialmente descreveu o desempenho de uma criança em termos de um escore chamado **quociente de inteligência**, mais tarde abreviado para **QI**. Esse escore era computado comparando a idade cronológica da criança (em anos e meses) com sua **idade mental**, definida como o nível de questões a que ela podia responder corretamente. Por exemplo, uma criança que podia resolver os problemas para a idade de 6 anos, mas não aqueles para a idade de 7 anos, teria uma idade mental de 6. Terman criou uma fórmula para calcular o escore de QI:

$$\frac{\text{Idade mental}}{\text{Idade cronológica}} \times 100$$

Essa fórmula resulta em um escore de QI acima de 100 para crianças cuja idade mental é mais alta que sua idade cronológica, e um escore abaixo de 100 para crianças cuja idade mental é abaixo de sua idade cronológica.

Esse antigo sistema para calcular escores de QI não é mais usado, mesmo nas revisões do Standord-Binet. Os cálculos dos escores de QI são agora baseados em uma comparação direta do desempenho de uma criança com o desempenho médio de um grande grupo de outras da mesma idade, com um escore de 100 ainda tipicamente definido como médio.

A maioria das crianças alcança escores do Stanford-Binet que estão em torno da média de 100, com um número menor tendo escores muito altos ou muito baixos. A Figura 7.1 mostra a distribuição de escores de QI que resultarão quando o teste é administrado a milhares de crianças. Você pode ver que 67% (cerca de dois terços) de todas as crianças alcançam escores entre 85 e 115, enquanto 96% alcançam escores entre 70 e 130. Os grupos que os desenvolvimentalistas denominam de "crianças dotadas" ou "crianças com retardo mental", sobre os quais você lerá com algum detalhe no Capítulo 15, evidentemente representam apenas frações muito pequenas da distribuição.

Uma vantagem do método moderno de calcular escores de QI é que ele permite aos criadores do teste padronizar o teste periodicamente, de modo que a média permaneça em 100. Esses reajustes são necessários porque os escores de teste de QI aumentaram regularmente durante os últimos 50 ou 60 anos. Se os mesmos padrões fossem usados hoje como eram aplicados em 1932, quando testes como o Stanford-Binet foram criados, o escore médio seria 115 e não 100 – um aumento encontrado entre crianças e adultos em todo o mundo (Dickens e Flynn, 2001; Flynn, 1994, 1999). Ou seja, a criança média hoje pode resolver problemas que apenas uma criança acima da média poderia resolver 60 anos atrás. Esse desvio ascendente histórico nos escores em testes de capacidade cognitiva é conhecido como *tendência secular* nos escores de QI. Você pode lembrar desse termo do Capítulo 4, quando leu sobre seu uso em relação a mudanças históricas no momento da menarca. A tendência secular nos escores de QI às vezes também é chamada de *efeito Flynn*, porque foi descoberta pelo psicólogo James Flynn (2007) (ver *Reflexão sobre a pesquisa*).

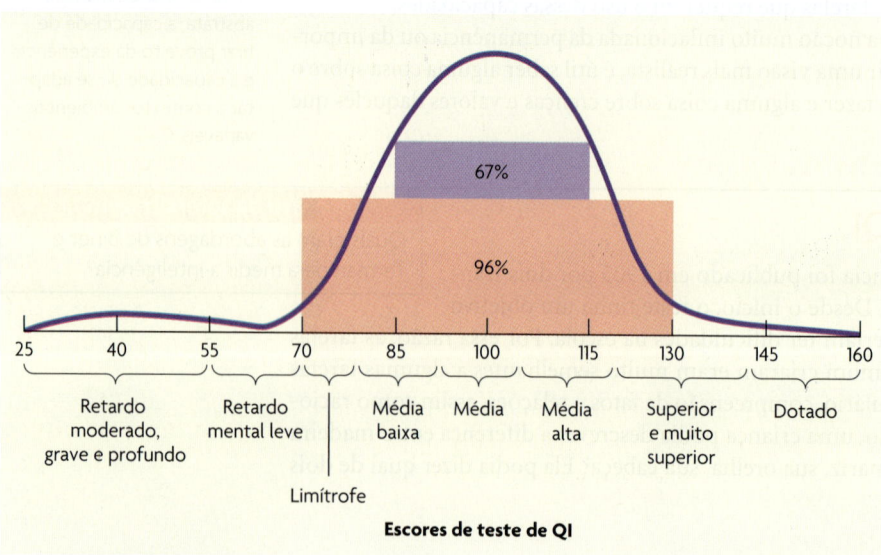

REFLEXÃO SOBRE A PESQUISA

O efeito Flynn

Quando pensamos sobre as formas nas quais os escores de QI das crianças mudaram durante os últimos 70 anos, é importante ter em mente que variáveis tanto maturacionais quanto experienciais influenciam a pontuação. Por exemplo, a maioria dos testes de QI inclui medidas de velocidade de processamento e de vocabulário. A velocidade de processamento é fortemente influenciada pelo amadurecimento, mas o vocabulário depende da experiência. A maioria dos observadores atribui os ganhos no componente maturacional dos escores de QI a melhoras na saúde e na nutrição (Williams, 1998), a maioria das quais ocorreu durante a primeira metade do século XX. Estudos de mudanças no escore em nações que experimentaram melhora significativa no ambiente físico durante o mesmo período (por exemplo, Cingapura, Estônia e a zona rural do Quênia) dão peso a essa hipótese. Esses estudos revelam que o desempenho das crianças em tarefas maturacionalmente carregadas aumentou significativamente com melhoras na dieta e na saúde (Cocodia et al., 2003; Daley, Whaley, Sigman, Espinosa e Neumann, 2003; Must, Must e Raudik, 2003).

Em contraste, os escores em testes que refletem os elementos experienciais do efeito Flynn estão continuamente aumentando em algumas sociedades industrializadas (Nettelbeck e Wilson, 2004). Esse aumento é geralmente atribuído à matrícula aumentada de crianças na pré-escola. Além disso, os escores de testes obtidos pelas crianças hoje podem refletir a tendência delas a ser um pouco mais "peritas em testes" do que coortes anteriores simplesmente por elas fazerem mais testes e realizarem mais atividades desse tipo nos primeiros anos de escola (Cocodia et al., 2003).

A pesquisa também sugere que o componente experiencial do efeito Flynn pode ser revertido; ou seja, alguns tipos de experiência podem ter efeitos negativos sobre escores de QI (Teasdale e Owen, 2005). Estudos em alguns países europeus sugerem que os escores de QI podem na verdade estar falhando, um achado que os pesquisadores atribuem à diminuição de matrículas nas escolas secundárias nesses países (Teasdale e Owen, 2005, 2008). Portanto, embora as questões sobre a tendência secular nos escores de QI sejam interessantes em si, o maior valor da pesquisa sobre o fenômeno pode ser o esclarecimento sobre as contribuições da educação aos escores de testes de inteligência.

Questões para análise crítica

1. Quais são algumas possíveis explicações alternativas para o achado de que os escores de QI podem estar falhando em alguns países europeus?
2. Quais são as vantagens e desvantagens dos testes de inteligência que incluem itens de carga maturacional e de base experiencial?

Testes modernos de QI

Objetivo da aprendizagem 7.2
Que testes de inteligência são usados hoje e como eles diferem dos anteriores?

Os três testes usados mais frequentemente por psicólogos hoje são o Stanford-Binet V (a quinta revisão do Stanford-Binet original), a terceira edição da Escala de Inteligência Wechsler Pré-Escolar e Primária (a **WPPSI-III**) e a quarta edição das Escalas Wechsler para Crianças (a **WISC-IV**). Os dois testes Wechsler são derivados de um teste de inteligência para crianças originalmente desenvolvido pelo psicólogo David Wechsler (1974). A WPPSI-III é destinada a crianças entre as idades de 2,5 e 7 anos. As normas para a WISC-IV começam aos 6 e progridem até os 16 anos. (Diversos outros testes bem conhecidos são listados na Tabela 7.1.) Todos os três testes apresentam problemas verbais e não verbais, variando de muito fáceis a muito difíceis. As crianças começam com os problemas mais fáceis de cada tipo, continuam com aquele tipo de item até não poderem ir adiante, e então passam para o próximo tipo de problema.

A WISC-IV é o teste usado com mais frequência em escolas para diagnosticar problemas de aprendizagem de crianças. Ela consiste de 15 testes diferentes. Cinco desses testes, os que incluem o **índice de compreensão verbal**, baseiam-se fortemente em habilidades verbais (por exemplo, vocabulário, descrição de semelhanças entre objetos, informação geral). Os restantes 10 testes exibem tipos de pensamento não verbal, tais como arranjar figuras para contar uma história e repetir dígitos para o examinador. Os testes não verbais são divididos entre **índice de raciocínio perceptual**, **índice de velocidade de processamento** e **índice de memória operacional**. Cada um desses grupos de testes mede um tipo diferente de inteligência não verbal e gera seu próprio escore de QI. A WISC-IV também fornece um escore de **escala de QI total** abrangente, que leva em consideração todos os quatro tipos de teste. Muitos psicólogos consideram os diferentes tipos de escores de QI gerados pela WISC-IV úteis para determinar forças e fraquezas intelectuais de uma criança.

Testes de bebês Nem o Stanford-Binet nem qualquer um dos testes Wechsler podem ser usados com crianças menores de 3 anos. Bebês e crianças pequenas, quando falam, não falam bem, e a maioria dos testes da infância baseia-se fortemente na linguagem. (Mesmo o Teste de Vocabulário por Figuras de Peabody, descrito na Tabela 7.1, requer que a criança entenda palavras isoladas.) Então como os desenvolvimentalistas medem a "inteligência" em um bebê? Isso

WPPSI-III A terceira revisão da Escala de Inteligência Wechsler Pré-Escolar e Primária.

WISC-IV A revisão mais recente das Escalas de Inteligência Wechsler para Crianças, um teste de QI bem conhecido desenvolvido nos Estados Unidos e que inclui subtestes verbais e de desempenho (não verbal).

índice de compreensão verbal Testes na WISC-IV que incluem habilidades verbais, como conhecimento de vocabulário e informação geral.

índice de raciocínio perceptual Testes na WISC-IV, tais como desenho de blocos e conclusão de figuras, que incluem capacidades de processamento visual não verbal.

índice de velocidade de processamento Testes cronometrados na WISC-IV, tais como busca de símbolo, que medem a rapidez com que um examinado processa informação.

Tabela 7.1 Testes de inteligência que podem ser usados em lugar do Stanford-Binet e da WISC

Teste	Descrição
Teste de Vocabulário por Figuras de Peabody (PPVT)	Não designado originalmente como um teste de QI, mas amplamente usado como uma medida rápida de inteligência porque os escores correlacionam-se altamente aos escores de Binet ou Wechsler. Inclui 150 páginas, cada página com quatro figuras, arranjadas em ordem crescente de dificuldade. O examinador diz uma palavra e pede que a criança aponte para a figura apropriada, como no exemplo à direita. Amplamente usado com crianças pré-escolares.
Matrizes Progressivas de Raven	Cada um dos 36 itens mostra um padrão em um espaço retangular, tal como uma série de pontos cobrindo o espaço. Uma seção do retângulo está em branco, e a criança deve escolher qual de seis opções de preenchimento alternativas combinará com a matriz original, como no exemplo à direita. Designado como uma medida não verbal de inteligência.
Bateria de Avaliação para Crianças de Kaufman (KABC)	O próprio Kaufman não a chama de um teste de inteligência, embora ela seja frequentemente usada dessa forma. Adequada para crianças de 2 ½ a 12 anos, ela inclui três testes de *processamento sequencial* (tal como lembrança de números) e sete de *processamento simultâneo* (incluindo reconhecimento de rostos), combinados para fornecer um escore global baseado principalmente em medidas não verbais. Seis subtestes de realização também podem ser administrados, incluindo vocabulário, adivinhação e leitura. O teste também permite procedimentos de testagem flexíveis, incluindo o uso de outras linguagens, fraseado alternativo e gestos, todos os quais tornam o teste um dos mais satisfatórios para minorias étnicas e crianças de famílias em nível de pobreza.
Teste de Capacidades Cognitivas (COGAT)	O COGAT é um dos vários testes de inteligência administrados a grupos de crianças em vez de sessões de testagem individual. Esses testes incluem itens semelhantes aos de testes individuais, mas eles tendem a ser menos confiáveis. Portanto, eles são tipicamente usados mais para avaliar crianças para determinar quem deve ser testado individualmente do que para tomar decisões que requerem muita precisão, tais como aquelas associadas a colocar crianças em classes de educação especial.

Fontes: Porções adaptadas com a permissão de The Free Press, uma Divisão de Simon & Schuster, Inc., de *Bias in Mental Testing,* por Arthur R. Jensen. Copyright © 1980 por Arthur R. Jensen. Todos os direitos reservados. Outras porções de Sattler, 2008.

índice de memória operacional Testes na WISC-IV, tais como intervalo de dígitos, que medem a eficiência da memória operacional.

escala de QI total O escore da WISC-IV que leva em consideração escores de escala verbal e não verbal.

Escalas Bayley de Desenvolvimento Infantil O teste de "inteligência" do bebê mais conhecido e mais amplamente usado.

torna-se uma questão importante se eles quiserem ser capazes de identificar, durante a fase de bebê, aquelas crianças que não estão se desenvolvendo normalmente ou de prever inteligência ou desempenho escolar futuros.

A maioria dos "testes de QI para bebês", tais como as amplamente usadas **Escalas Bayley de Desenvolvimento Infantil** (Bayley, 1969, 1993), foi construída de forma muito semelhante aos testes de QI para crianças mais velhas na medida em que incluem conjuntos de itens de dificuldade crescente. Entretanto, em vez de testar habilidades do tipo escolar – habilidades que um bebê ainda não tem – os itens medem principalmente habilidades sensoriais e motoras, tais como estender a mão para pegar uma argola pendente (um item típico para um bebê aos 3 meses), colocar cubos em um recipiente a pedido (9 meses) ou construir uma torre de três cubos (17 meses). Alguns itens mais claramente cognitivos também são incluídos, tais como descobrir um brinquedo escondido por uma coberta – um item usado com bebês de 8 meses para medir um aspecto de permanência do objeto.

O teste de Bayley e outros como ele, tais como o Teste de Avaliação do Desenvolvimento de Denver, revelaram-se úteis para identificar bebês e crianças pequenas com atrasos sérios do desenvolvimento (Gardner et al., 2006). Como um instrumento preditivo mais geral para prever escores de QI ou desempenho escolar futuros, entretanto, esses testes não foram tão úteis quanto muitos esperavam. No total, parece que o que está sendo medido em testes de bebês não é o mesmo tratado pelos testes de inteligência comumente usados para crianças e adultos (Birney, Citron-Pousty, Lutz e Sternberg, 2005; Colombo, 1993).

Testes de realização Outro tipo de teste de habilidade intelectual com o qual você provavelmente está familiarizado é o teste de realização, que quase todos fizeram no ensino fundamental e médio. Os **testes de realização** visam testar informação específica aprendida na escola, usando itens como os da Tabela 7.2. A criança que faz um teste de realização não termina com um escore de QI, mas seu desempenho é comparado ao de outras crianças na mesma série no país.

Em que aspecto um teste de realização é diferente de um teste de QI? Um teste de QI visa revelar alguma coisa sobre quão bem uma criança pode pensar e aprender, enquanto um teste de realização diz alguma coisa sobre o que uma criança já aprendeu. Ou para dizer de outra forma: os criadores de testes de QI achavam que estavam medindo a capacidade básica (**competência** subjacente) de uma criança, enquanto um teste de realização visa medir o que a criança realmente aprendeu (**desempenho**). Essa é uma diferença importante. Cada um de nós provavelmente tem algum limite superior de capacidade – o que poderíamos

Aos 22 meses, James evidentemente passaria no item de 17 meses nas Escalas Bayley de Desenvolvimento Infantil que pede que uma criança construa uma torre de três blocos.

Tabela 7.2 Alguns exemplos de itens de um teste de realização de 4ª Série

Vocabulário	Habilidades de referência
Velho *folgazão* 　1. irritado 　2. gordo 　3. alegre 　4. pesaroso	Qual destas palavras viria primeiro na ordem ABC? 　1. par 　2. ponto 　3. pente 　4. polir
Expressão de Linguagem	**Ortografia**
Quem quer _____ livros? 　1. aquele 　2. estes 　3. eles 　4. este	Jason pegou o copo *mais grande*. certo _____ errado _____
Matemática	**Cálculo Matemático**
O que o "3" em 13 representa? 　1. 3 unidades 　2. 13 unidades 　3. 3 dezenas 　4. 13 dezenas	79　　149　　62 +14　　−87　　×3

Fonte: Comprehensive Tests of Basic Skills, Formulário S, Reimpresso com permissão do editor, CTB/McGraw-Hill, Del Monte Research Park, Monterey, CA 93940. Copyright © 1973 por McGraw-Hill, Inc. Todos os direitos reservados. Impresso nos EUA.

teste de realização Teste que busca avaliar a aprendizagem de uma criança em relação ao conteúdo específico ensinado na escola, como ortografia ou cálculo aritmético. Nos Estados Unidos, os testes de realização são tipicamente administrados a todas as crianças em séries designadas.

Nos Estados Unidos, virtualmente todos os alunos de 4ª série – como esses em Austin, Texas – fazem testes de realização de modo que as escolas possam comparar o desempenho de seus alunos com as normas nacionais.

fazer sob condições ideais se estivéssemos extremamente motivados, saudáveis e descansados. Contudo, uma vez que as condições diárias raramente são ideais, as pessoas tipicamente têm um desempenho abaixo de sua capacidade hipotética.

Os criadores dos testes de QI amplamente utilizados acreditavam que padronizando os procedimentos para administração e pontuação, eles poderiam chegar próximo de medir a competência. Mas uma vez que os cientistas nunca podem estar seguros de que estão avaliando qualquer capacidade sob a melhor de todas as possíveis circunstâncias, eles precisam estabelecer a medição do desempenho no momento que o teste é administrado. O que isso significa em termos práticos é que a diferença entre testes de QI e testes de realização é mais de grau do que de tipo. Os testes de QI incluem itens que visam selecionar processos intelectuais razoavelmente fundamentais como comparação e análise; os testes de realização requerem informação específica que a criança aprendeu na escola ou em outro lugar. Portanto, a forte ligação entre QI e desempenho em testes de realização coloca em dúvida a noção de que esses testes são boas medidas do que foi ensinado e aprendido em uma determinada escola. Escores altos em uma escola podem simplesmente significar que os estudantes são mais inteligentes do que indicar alguma coisa sobre a qualidade do currículo da escola ou os métodos usados por seus professores.

Os testes de ingresso na universidade, como o SAT, enquadram-se em algum lugar entre testes de QI e de realização. Eles procuram medir "capacidades desenvolvidas" básicas, tais como a capacidade de raciocinar com palavras, em vez de conhecimento específico. Mas todos os três tipos de testes medem aspectos do desempenho de uma criança ou de um jovem e não sua competência.

Objetivo da aprendizagem 7.3
O quanto são estáveis os escores de QI durante a infância e a adolescência?

Estabilidade dos escores

Um dos tantos folclores sobre os testes de QI é que um determinado escore é algo que você "tem", como olhos azuis ou cabelo castanho – ou seja, uma criança que alcança um escore de, digamos, 115 aos 3 anos continuará a ter escores na mesma variação aos 6, 12 ou 20 anos. Os psicólogos usam o termo **confiabilidade** para referir-se à estabilidade de um escore de teste. Por definição, um teste confiável produz escores estáveis com o passar do tempo. Ou seja, se uma criança realiza um teste confiável diversas vezes, seus escores serão muito semelhantes em cada testagem. Nesse sentido, os escores de QI são, na verdade, muito estáveis, embora também haja algumas exceções a essa regra geral. Uma dessas exceções é a fraca ligação entre escores em testes de QI de bebês como as Escalas Bayley e escores de QI posteriores. A correlação típica entre um escore de Bayley aos 12 meses e um escore de QI de Stanford-Binet aos 4 anos é apenas de 0,20 a 0,30 (Bee et al., 1982) – significativa, mas não robusta. Testes mais recentes de inteligência do bebê, como aqueles baseados em taxas de habituação ou em outros processos básicos, podem no fim revelar-se prognosticadores mais úteis de escores de QI posteriores (Gaultney e Gingras, 2005); atualmente, entretanto, não há um método amplamente utilizado que permita aos desenvolvimentalistas predizer com qualquer confiabilidade que crianças de 1 ano terão no futuro escores de QI altos ou baixos.

Entretanto, a partir dos 3 anos, a consistência no desempenho em testes de QI como o Stanford-Binet ou a WISC-IV aumenta significativamente (Birney et al., 2005). Se tal teste for feito duas vezes, com alguns meses ou alguns anos de intervalo, os escores provavelmente seriam muito semelhantes. As correlações entre escores de QI do ano adjacente na meninice, por exemplo, são tipicamente na variação de 0,65 a 0,80 (Bartels, Rietveld, Van Baal e Boomsma, 2002; Honzik, 1986). Além disso, as correlações entre escores de QI medidos no final da infância, início da adolescência e idade adulta são também bastante altas, tipicamente variando de 0,70 a 0,85, incluindo QIs adultos medidos quando as pessoas estão na faixa dos 70 ou 80 anos (Deary, Whiteman, Starr, Whalley e Fox, 2004; Mortensen, Andresen, Kruuse, Sanders e Reinisch, 2003). Entretanto, muitas crianças apresentam flutuações bastante amplas em seus escores. Quando elas realizam testes

competência O nível subjacente básico de habilidade de uma pessoa, exibido sob circunstâncias ideais. Não é possível medir a competência diretamente.

desempenho O comportamento exibido por uma pessoa sob circunstâncias da vida real em vez de ideais. Mesmo quando os pesquisadores estão interessados na competência, tudo o que eles podem medir é o desempenho.

confiabilidade A estabilidade de um escore de teste durante múltiplas sessões de testagem.

de QI repetidamente durante um período em anos, o achado comum é que aproximadamente metade apresenta pouca ou nenhuma flutuação significativa em seus escores enquanto a metade restante apresenta pelo menos mudanças pequenas de uma testagem para outra, com talvez 15% apresentando mudança bastante substancial (Sattler, 2008).

Um exemplo vem de um estudo longitudinal da Nova Zelândia no qual todas as 1.037 crianças nascidas na cidade de Dunedin, durante o período de um ano na década de 1970, foram acompanhadas por toda a infância e a adolescência. Entre muitas outras medidas, os pesquisadores examinaram os QIs das crianças com a WISC a cada dois anos começando aos 7 anos. Eles verificaram que, durante qualquer período de dois anos, 10% dos escores de QI mudaram em até 15 pontos – uma mudança muito grande (Caspi, Harkness, Moffitt e Silva, 1996). Outros 13% apresentaram alterações maiores durante períodos mais longos; 15 das crianças apresentaram mudanças cumulativas de mais de 50 pontos no período de seis anos. Na maioria dos casos, entretanto, essas mudanças grandes representavam "salto" ou "recuo" mais do que mudanças permanentes para cima ou para baixo. Ou seja, algumas crianças pareciam responder a experiências de vida específicas – estresses ou circunstâncias favoráveis – com um declínio ou uma elevação no escore de QI. Alguns anos mais tarde, o escore de QI dessas crianças retornou a algum número mais próximo do original.

Essas flutuações, embora intrigantes, ocorrem em relação a um cenário de estabilidade crescente do escore de teste de QI com o aumento da idade. A regra prática geral é que quanto mais velha a criança, mais estável se torna o escore de QI. Crianças mais velhas podem apresentar alguma flutuação nos escores em resposta a estresses maiores como divórcio dos pais, uma mudança de escola ou o nascimento de um irmão, mas aos 10 ou 12 anos, os escores de QI normalmente são bastante estáveis.

Apesar da evidência de estabilidade, vale a pena salientar que os escores de QI não vêm gravados na testa de uma criança ao nascimento. Embora esses escores tornem-se bastante estáveis no final da infância, cada criança pode e muda em resposta a ambientes especialmente ricos ou especialmente empobrecidos ou a qualquer estresse em sua vida (Sattler, 2008).

O que os escores de QI predizem

Objetivo da aprendizagem 7.4
O que os escores de QI predizem?

A informação sobre estabilidade de longo prazo dos escores de teste de QI revela algo sobre a confiabilidade dos testes. E quanto a sua validade? **Validade** está relacionada a se um teste está medindo o que ele busca medir. Uma forma de avaliar a validade de um teste é verificar se os escores nesse teste predizem comportamento real de uma forma que faça sentido. No caso de testes de QI, a questão mais central é se os escores de QI predizem desempenho escolar. Era isso que Binet originalmente pretendia que seu teste fizesse; isso é o que todos os testes subsequentes buscavam. Os achados de pesquisa sobre esse ponto são bastante consistentes: a correlação entre o escore de teste de QI de uma criança e suas notas na escola ou seu desempenho em outros testes escolares geralmente está entre 0,45 e 0,60 (Brody, 1997; Peterson, Pihl, Higgins, Seguin e Tremblay, 2003). Uma correlação nessa variação sugere uma relação forte, mas de forma alguma perfeita. Ela indica que, no total, crianças com escores de QI altos têm mais probabilidade do que seus pares com escores médios e baixos de estarem entre os altos realizadores na escola; aquelas com escores baixos têm a probabilidade de ficar entre os baixos realizadores. Contudo, algumas crianças com escores altos de QI não se saem bem na escola enquanto algumas crianças com escores mais baixos sim.

validade O grau com que um teste mede aquilo que visa medir.

Os escores de QI predizem notas futuras, bem como notas atuais. Crianças pré-escolares com escores altos de QI tendem a se sair melhor quando entram na escola do que aquelas com escores mais baixos; crianças do ensino fundamental com escores mais altos de QI se saem me-

Entre esses estudantes do ensino médio, aqueles com QI mais alto não têm apenas probabilidade de tirar notas melhores, mas também maior probabilidade de ir para a faculdade. A inteligência também contribui para a resiliência de uma criança – sua capacidade de sobreviver a estresse, incluindo pobreza.

lhor posteriormente no ensino médio. Além disso, os escores de QI predizem o número total de anos de educação que uma criança provavelmente completará. Crianças do ensino fundamental com QI mais alto têm mais probabilidade de completar o ensino médio e têm mais probabilidade de ir para a faculdade (Brody, 1997).

É importante salientar que essas relações preditivas se mantêm dentro de cada classe social e grupo étnico nos Estados Unidos. Entre os pobres, entre afro e hispano-americanos e entre americanos brancos de classe média, crianças com QIs mais altos têm mais probabilidade de tirar notas boas, completar o ensino médio e ir para a faculdade (Birney et al., 2005; Brody, 1992; Rushton e Jensen, 2005). Esses achados levaram inúmeros teóricos a argumentar que a inteligência contribui para a *resiliência* da criança – um conceito sobre o qual você aprendeu no Capítulo 1. Na outra extremidade da escala, inteligência baixa está associada a inúmeros resultados negativos de longo prazo, incluindo analfabetismo adulto, delinquência na adolescência e comportamento criminoso na idade adulta (Birney et al., 2005; Stattin e Klachenberg-Larsson, 1993).

Evidentemente, então, pode-se dizer que os testes de QI são válidos: eles medem o que se propõem a medir – o desempenho escolar. Entretanto, eles não medem tudo. Posteriormente no capítulo, você lerá sobre dois modelos, os de Robert Sternberg e de Howard Gardner, que situam o tipo de inteligência medido por testes de QI em uma estrutura muito mais ampla, incluindo muitos outros aspectos da cognição. E no Capítulo 12, você aprenderá sobre *inteligência emocional*, uma abordagem teórica que representa uma nova forma de pensar a respeito do entendimento das crianças em relação a suas próprias emoções e às dos outros.

Muito importante, os testes de inteligência não podem lhe dizer (ou a um professor ou a qualquer pessoa) que uma criança tem alguma capacidade intelectual específica, fixa, subjacente. Os testes de QI visavam originalmente medir apenas a variação específica de habilidades que são necessárias para o sucesso na escola. Eles o fazem razoavelmente bem; para este propósito limitado, portanto, eles são válidos. Mas esses testes não predizem quão bem uma determinada pessoa pode realizar outras tarefas cognitivas que requerem habilidades como criatividade, *insight*, "experiência de rua" ou capacidade de ler sinais sociais.

Explicando diferenças individuais nos escores de QI

Você não se surpreenderá ao descobrir que os argumentos sobre as origens das diferenças nos escores quase sempre reduzem-se a uma discussão sobre natureza *versus* criação. Quando Binet e Simon escreveram o primeiro teste de QI, eles não presumiam que a inteligência medida fosse fixa ou inata. Entretanto, muitos dos psicólogos norte-americanos que revisaram e promoveram o uso de testes de QI acreditavam que a capacidade intelectual era hereditária e largamente fixada ao nascimento. Aqueles que mantêm essa visão e aqueles que acreditam que o ambiente é crucial para moldar o desempenho intelectual de uma criança têm discutido – com frequência veementemente – por pelo menos 60 anos. Ambos os grupos podem reunir pesquisas para apoiar suas visões.

Objetivo da aprendizagem 7.5
O que os estudos de gêmeos e de adoção sugerem sobre os efeitos da hereditariedade e do ambiente sobre os escores de QI?

Estudos de gêmeos e de adoção

Tanto os estudos de gêmeos quanto os estudos de crianças adotadas mostram fortes influências hereditárias nos escores de QI. Gêmeos idênticos são mais parecidos um com o outro nos escores de QI do que gêmeos fraternos, e os escores de crianças adotadas são melhor prognosticados com base no QI de seus pais naturais do que no de seus pais adotivos (Brody, 1992; Loehlin, Horn e Willerman, 1994; Rushton e Jensen, 2005; Scarr, Weinberg e Waldman, 1993). Este é precisamente o padrão de correlações que esperaríamos se houvesse um forte elemento genético operando.

Além disso, como mostra a Figura 7.2, as correlações entre os escores de QI de gêmeos idênticos são mais fortes do que aquelas entre os escores de gêmeos fraternos durante toda a infância, a adolescência e a idade adulta (Posthuma, de Geus e Boomsma, 2003). Estudos de neuroimagem sugerem que essas correlações surgem de genes que afetam a distribuição de *substância cinzenta* (neurônios não mielinizados) nos lobos frontais do cérebro (Thompson et al., 2001).

Lembre, entretanto, que se as diferenças individuais nos escores de QI fossem totalmente atribuíveis à hereditariedade, a correlação entre os escores de gêmeos seria de 1,0. Estudos longi-

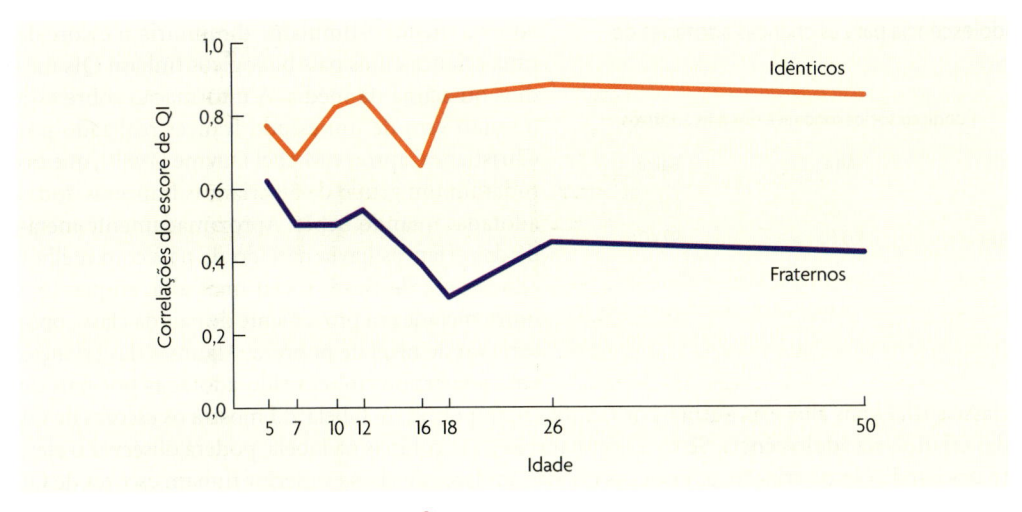

Figura 7.2   QIs de gêmeos fraternos e idênticos

Esta figura ilustra os achados combinados de diversos estudos longitudinais e transversais de gêmeos holandeses (Posthuma, de Geus e Boomsma, 2003). Você perceberá que, na fase de bebê, quando os gêmeos fraternos compartilham o mesmo ambiente, seus escores estão mais fortemente relacionados do que na idade adulta, quando presumivelmente não vivem mais juntos. Em contraste, os escores de gêmeos idênticos estão mais fortemente correlacionados na idade adulta do que durante os anos da infância. Esse padrão sugere conclusões sobre hereditariedade e ambiente. Especificamente, ao menos com relação a escores de QI, a influência da hereditariedade parece aumentar com a idade, enquanto a do ambiente diminui.

tudinais recentes sugerem que a hereditariedade explica, na melhor das hipóteses, 80% da variação individual nos escores de QI (Polderman et al., 2006). Portanto, a mensagem transmitida por estudos de gêmeos é que tanto a hereditariedade quanto o ambiente contribuem para diferenças nos escores de QI. A importância do ambiente é enfatizada ainda mais por estudos envolvendo *gêmeos virtuais*, crianças da mesma idade que são adotadas e criadas como gêmeos. Como se pode ver na Figura 7.3, os escores de QI de gêmeos virtuais estão mais fortemente correlacionados do que os de irmãos biológicos que são criados em lares separados (Segal, McGuire, Havelena, Gill e Hershberger, 2007).

Estudos de adoção dão suporte a uma influência ambiental sobre os escores de QI, porque a pontuação de crianças adotadas é claramente afetada pelo ambiente no qual elas cresceram (van Ijzendoorn, Juffer e Poelhuis, 2005). Estudos anteriores de crianças adotadas envolveram principalmente aquelas nascidas de pais em nível de pobreza que foram adotadas por famílias de classe média. Essas crianças em geral têm escores de QI 10 a 15 pontos mais altos do que os de suas mães biológicas (Scarr et al., 1993); isso sugere que o efeito de ser criado por uma família adotiva de classe média é elevar o escore de QI da criança. O que esse achado não indica é se uma família

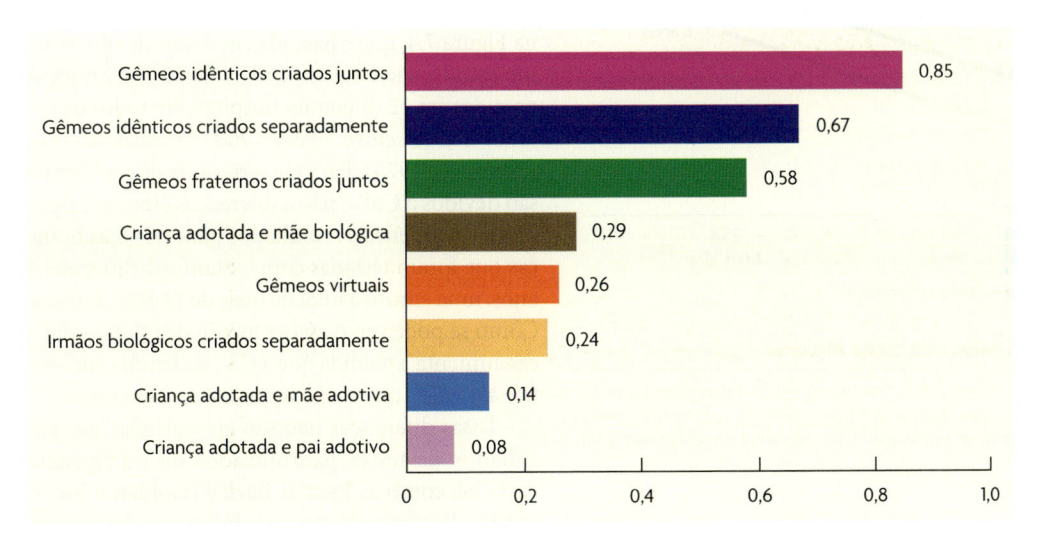

Figura 7.3   Correlações de QI

Estudos de gêmeos e de adoção mostram que tanto a hereditariedade quanto o ambiente influenciam os escores de QI.

(*Fontes*: Bouchard e McGue, 1981; Scarr, Weinberg e Waldman, 1993; Segal et al., 2007.)

Tabela 7.3 Escores de QI na adolescência para as crianças adotadas de Capron e Duyme

		Condição socioeconômica dos pais adotivos	
		Alta	Baixa
Condição socioeconômica dos pais biológicos	Alta	119.60	107.50
	Baixa	103.60	92.40

Fonte: De Capron, C. e Duyme, M. "Assessment of Effects of Socio-Economic Status on IQ in a Full Cross-fostering Study", *Nature*, 340, 1989, p. 553. Com permissão da editora, Macmillan Magazines, Ltd., e dos autores.

adotiva menos estimulante diminuiria o escore de uma criança cujos pais biológicos tinham QIs médios ou acima da média. A informação sobre essa questão vem de um estudo francês realizado por Christiane Capron e Michel Duyme (1989), que estudaram um grupo de 38 crianças francesas, todas adotadas quando bebês. Aproximadamente metade das crianças havia nascido de pais com melhor educação e de classe social mais alta, enquanto a outra metade era proveniente de pais da classe operária ou de nível de pobreza. Algumas das crianças em cada grupo tinham sido adotadas por pais de classe social mais alta, e as outras, por famílias mais pobres. A Tabela 7.3 mostra os escores de QI das crianças na adolescência. Se você comparar as duas colunas na tabela, poderá observar o efeito das condições de criação: as crianças criadas em lares de classe superior tinham escores de QI aproximadamente 11 pontos mais altos do que os de crianças criadas em famílias de classe mais baixa, independentemente da classe social ou da educação dos pais biológicos. Ao mesmo tempo, pode-se ver um efeito genético, se compararmos as duas fileiras na tabela: as crianças nascidas de pais de classe superior tinham escores de QI mais altos do que crianças de famílias de classe mais baixa, não importando em que tipo de ambiente elas foram criadas.

> **Objetivo da aprendizagem 7.6**
> Como características familiares compartilhadas e não compartilhadas afetam os escores de QI?

Características familiares e escores de QI

Estudos de adoção sugerem que as famílias dão importantes contribuições para o desenvolvimento intelectual das crianças. Esses fatores são coletivamente conhecidos como o **ambiente compartilhado**, porque eles afetam todas as crianças em uma casa. Os pesquisadores descobriram uma quantidade de fatores de risco e outros protetores em ambientes compartilhados que estão correlacionados aos escores de QI das crianças.

Fatores de risco Talvez o fator de risco mais importante no ambiente compartilhado seja a condição socioeconômica (CSE) baixa. No Capítulo 4, você aprendeu que certas características da CSE afetam a saúde das crianças (rever Tabela 4.6). Muitos desses fatores, como o nível de educação da mãe, estão correlacionados também aos escores das crianças em testes de QI (Galé, O'Callaghan, Godfrey, Law e Martyn, 2004; Harden, Turkheimer e Loehlin, 2007).

Você pode ver esse efeito com particular nitidez na Figura 7.4, que é baseada em dados de um enorme estudo nacional com mais de 50 mil crianças nascidas em 12 diferentes hospitais em todos os Estados Unidos entre 1959 e 1966 (Broman, Nichols e Kennedy, 1975). Para ter certeza de que os efeitos são devidos à CSE e não a diferenças étnicas, a figura mostra apenas os resultados para crianças brancas que foram testadas com o Stanford-Binet aos 4 anos, uma amostra total de mais de 11.800 crianças. Como se pode ver, o escore médio de QI das crianças aumenta à medida que a CSE da família aumenta e à medida que a educação da mãe aumenta.

Essas diferenças não são encontradas nos resultados de testes padronizados de inteligência do bebê, como as Escalas Bayley (Golden e Birns, 1983). Posteriormente na infância, diferenças

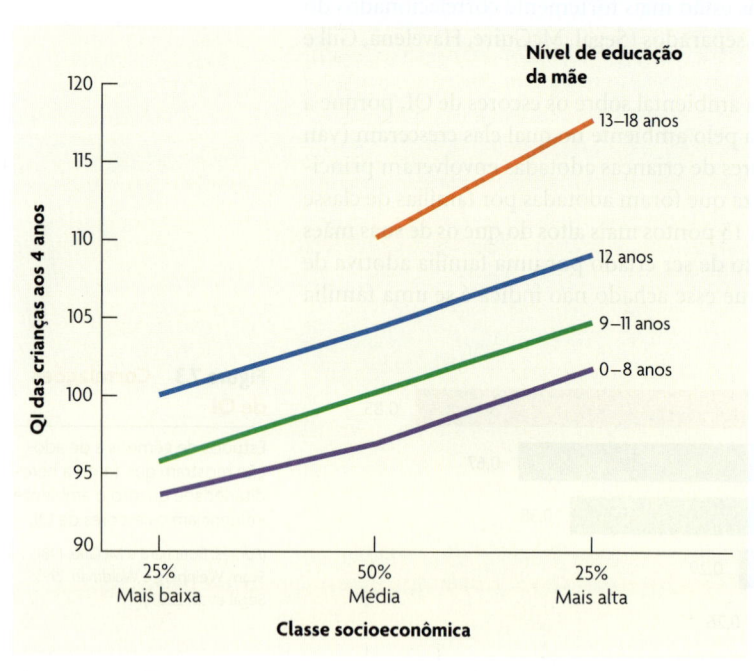

Figura 7.4 Classe socioeconômica, educação materna e QI

Cada linha representa os escores de QI de crianças brancas de 4 anos, cujas mães tinham um determinado nível de educação e cujas famílias se enquadravam em um de três amplos níveis de classe socioeconômica. Ambos os elementos estão obviamente relacionados ao QI da criança.

(*Fonte*: Broman et al., 1975, p. 47.)

de escore associadas à CSE aparecem na maioria dos estudos (Cox, 1983; Misra, 1983), produzindo o que é às vezes denominado **déficit cumulativo**. Ou seja, quanto mais tempo a criança vive na pobreza, mais negativo o efeito sobre escores de QI e outras medidas de funcionamento cognitivo (Turkheimer et al., 2003).

Fatores protetores Quando você lê sobre correlações entre pobreza e escores de QI, é fácil ter a ideia de que crianças em lares de baixa renda estão destinadas a ter capacidades intelectuais abaixo da média. Entretanto, há diversos fatores que ajudam a protegê-las contra os riscos associados à pobreza. De fato, os pesquisadores verificaram que a qualidade das interações dos pais com a criança pode ser um fator mais importante do que a renda para determinar o QI desta (Robinson, Lanzi, Weinberg, Ramey e Ramey, 2002). A pesquisa mostrou que, não importa qual seja a condição econômica da família de uma criança, há pelo menos cinco dimensões de interação ou estimulação familiar que influenciam seu QI. Os pais de crianças que têm escores de QI mais altos ou escores que aumentam com a idade tendem a fazer várias coisas.

Esse tipo de ambiente rico, complexo e estimulante está consistentemente associado a escores de QI mais altos nas crianças.

- Eles proporcionam um ambiente físico interessante e complexo para seus filhos, que inclui materiais de jogo adequados para a idade e o nível de desenvolvimento de cada criança (Englund, Luckner e Egeland, 2004; Luster, Lekskul e Oh, 2004).

- Eles são emocionalmente responsivos e envolvidos com seus filhos. Eles respondem afetuosa e adequadamente ao comportamento de um filho, sorrindo quando a criança sorri, reagindo quando a criança fala, respondendo às suas perguntas, e respondendo aos sinais da criança em infinidades de outras maneiras (La Paro, Justice, Skibbe e Pianta, 2004).

- Eles conversam com seus filhos frequentemente, usando linguagem variada, descritiva e correta (Fewell e Deutscher, 2003; Hart e Risley, 1995; Sigman et al., 1988).

- Quando eles brincam ou interagem com seus filhos, operam no que Vygotsky referia como *zona de desenvolvimento proximal* (descrita no Capítulo 1). Eles proporcionam sua conversação, suas perguntas e sua ajuda em um nível exatamente acima do nível que as crianças poderiam manejar por conta própria, ajudando-as, desse modo, a dominar novas habilidades (Tamis-LeMonda, Shannon, Cabrera e Lamb, 2004).

- Eles esperam que seus filhos se saiam bem e se desenvolvam rapidamente. Eles enfatizam e encorajam a realização escolar (Englund et al., 2004; Murray et al., 2006).

Você pode ter imaginado o problema metodológico na pesquisa sobre interações dos pais com a criança: o mesmo problema que surge em comparações de QIs de crianças em famílias que diferem em CSE. Visto que os pais fornecem tanto genes quanto ambiente, não é claro que esses fatores ambientais sejam de fato causalmente importantes. Talvez estes sejam simplesmente os aspectos ambientais fornecidos por pais mais inteligentes, e são os genes deles e não o ambiente que causam os escores de QI mais altos em seus filhos. O outro lado desse problema é examinar a ligação entre fatores ambientais e QI em crianças adotadas. De fato, os poucos estudos desse tipo indicam os mesmos aspectos ambientais críticos. Ou seja, pais adotivos que se comportavam das formas listadas tinham filhos adotados com escores mais altos em testes de QI (Plomin, Leohlin e DeFries, 1985; van Ijzendoorn et al., 2005).

Diferenças dentro das famílias Dentro das famílias, as experiências de crianças individuais também diferem na maneira como afetam os escores de teste de QI. Consideradas juntas, essas características constituem o **ambiente não compartilhado**, fatores que afetam uma criança, mas não outras, em uma família. Ser o mais velho de uma família grande, por exemplo, é uma experiência muito diferente de ser o mais novo ou o do meio; ser a única menina em uma família de meninos é diferente de ser uma menina apenas com irmãs. Os psicólogos estão começando a estudar essas variáveis intrafamiliares. Até agora, eles têm examinado principalmente diferenças óbvias, tais como o número de filhos em uma família ou a posição da criança dentro da família, as quais parecem estar pelo menos ligeiramente relacionadas ao escore de QI de uma criança. Em média, quanto mais filhos em uma família, mais baixos os escores de QI das crianças. E, em

ambiente compartilhado Características de uma família que afetam todas as crianças na casa.

déficit cumulativo Qualquer diferença entre grupos em escores de teste de QI ou de realização que se torna maior com o tempo.

ambiente não compartilhado Características de uma família que afetam uma criança, mas não as outras, na casa.

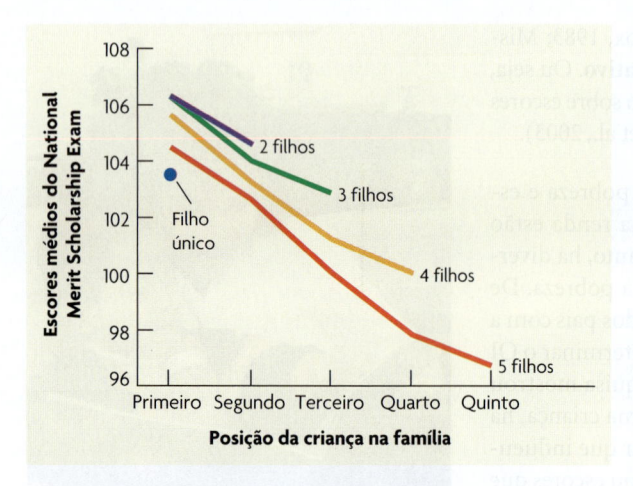

Figura 7.5 Tamanho da família e QI

Esses dados do National Merit Scholarship Examination mostram a relação comumente encontrada entre escores de teste, tamanho da família e ordem de nascimento. Dentro de cada família, o escore médio é mais alto para o primogênito e diminui com cada posição na sequência da ordem de nascimento.

(*Fontes:* Dados de Breland, 1974, recalculados por Storter, 1990, Tabela 7, p. 32.)

média, filhos primogênitos têm os escores de QI mais altos, com escores médios diminuindo regularmente com a ordem de nascimento (Abdel-Khalek e Lynn, 2008; Zajonc e Sulloway, 2007). Uma série de dados razoavelmente típicos é ilustrada na Figura 7.5, baseada em escores de quase 800 mil estudantes que realizaram o National Merit Scholarship Examination em 1965, com a pontuação convertida para o equivalente de escores de QI.

Essas diferenças são encontradas consistentemente quando a média dos escores de QI é estimada entre muitas crianças ou adultos. Entretanto, quando se examinam famílias isoladas, o padrão é muito mais fraco ou não é absolutamente óbvio. Portanto, devemos ser cuidadosos ao extrapolar os dados agregados ilustrados na Figura 7.5 para nossa própria família ou para outras famílias isoladas. Algum efeito significativo da ordem de nascimento é detectável com amostras grandes, mas esse efeito em particular pode ou não estar presente em uma família isolada.

Outro ponto em relação a comparações de ordem de nascimento é que as diferenças absolutas nos escores de QI não são extraordinárias, mesmo nos dados agregados. Contudo, esse padrão tem sido observado repetidamente nos Estados Unidos e em diversas outras nações, deixando os desenvolvimentalistas se perguntando por que tal padrão ocorre. A hipótese de Robert Zajonc é que, em média, o nascimento sucessivo de cada filho "dilui" o clima intelectual da casa (Zajonc e Sulloway, 2007). O filho mais velho inicialmente interage apenas com adultos (os pais) e, portanto, tem o ambiente mais complexo e enriquecedor possível naquela família naquela época. O segundo ou os filhos posteriores, ao contrário, experimentam um nível intelectual médio mais baixo simplesmente porque interagem tanto com outras crianças quanto com adultos.

Entretanto, os críticos sustentam que a teoria de Zajonc, por focar-se estreitamente em correlações entre ordem de nascimento e escores em testes de QI convencionais, desconsidera aspectos do ambiente que são únicos aos filhos nascidos posteriormente (Gillies e Lucey, 2006). Esses críticos argumentam que filhos nascidos posteriormente às vezes precisam encontrar formas de superar a posição privilegiada que os primogênitos ocupam no sistema familiar. Por exemplo, eles podem precisar encontrar uma área de realização própria para obter o mesmo nível de atenção que os pais dão aos primogênitos. Além disso, em conflitos com os primogênitos, os irmãos mais novos devem lidar com as vantagens no desenvolvimento físico e cognitivo relacionadas à idade dos irmãos mais velhos. Portanto, poderíamos esperar que filhos nascidos posteriormente tivessem oportunidades de tornar-se negociadores qualificados com (ou manipuladores de) pares de idade semelhante que os primogênitos não têm. De fato, isso é exatamente o que a pesquisa mostra (Gillies e Lucey, 2006). Portanto, alguns aspectos do ambiente familiar podem estar "diluídos" na época em que os nascidos posteriormente chegam, mas outros são intensificados.

Alguns desenvolvimentalistas sugeriram que as crenças culturais sobre a importância da ordem de nascimento podem ser tão importantes quanto qualquer "diluição" que ocorra à medida que o tamanho da família aumenta (Herrera, Zajonc, Wieczorkowska e Cichomski, 2003). Por exemplo, entre os balineses, sílabas padrão significando a ordem de nascimento dos filhos são acrescentadas aos seus nomes. A explicação para essa prática é que quanto mais alta a ordem de nascimento da criança, maior o *status* que lhe deve ser concedido por membros da cultura. Como resultado, toda pessoa que uma criança encontra instantaneamente sabe qual o seu *status* e as prescrições culturais em relação a como ela deve ser tratada.

Objetivo da aprendizagem 7.7
De que formas intervenções precoces afetam os escores de QI e o desempenho escolar?

Intervenções precoces e escores de QI

O ambiente do lar e as interações familiares não são as únicas fontes de influência ambiental. Muitas crianças pequenas também passam grande quantidade de tempo em creches, em programas especiais como o Head Start ou na pré-escola. Quanto efeito esses ambientes têm sobre o desempenho intelectual de uma criança?

As tentativas de responder essa pergunta levaram a uma quantidade desordenada de pesquisas (Ripple e Zigler, 2003). Contudo, os pesquisadores geralmente concordam em relação aos efeitos. Crianças que frequentam o Head Start ou outros programas pré-escolares enriquecidos apresentam um ganho de aproximadamente 10 pontos de QI durante o ano da experiência, comparado a crianças semelhantes sem tal experiência. Esse ganho de QI costuma diminuir e então desaparecer dentro dos primeiros anos do ensino fundamental (Ripple e Zigler, 2003; Zigler e Styfco, 1993). Entretanto, a pesquisa também sugere que a contribuição dada pelos professores do Head Start às crenças das crianças sobre sua capacidade de alcançar objetivos educacionais continua a ser evidente na adolescência (Slaughter-Defoe e Rubin, 2001).

Em outras medidas, um efeito residual claro também pode ser visto. Crianças com experiência do Head Start ou de outra pré-escola de qualidade têm menos probabilidade de serem colocadas em classes de educação especial, probabilidade um pouco menor de repetir uma série e probabilidade um pouco maior de concluir o ensino médio (Darlington, 1991; Haskins, 1989). Elas também são mais saudáveis, têm melhores taxas de imunização e apresentam melhor ajustamento escolar do que seus pares (Ripple e Zigler, 2003; Zigler e Styfco, 1993). Além disso, os programas Head Start fornecem um contexto útil para identificar e ajudar crianças que exibem padrões de comportamento, como agressividade, que as colocam em risco para dificuldades de ajustamento no ensino fundamental (Kamps, Tankersley e Ellis, 2000).

Crianças que participaram de programas Head Start como esse têm menos probabilidade de repetir uma série ou de serem colocadas em classes de educação especial.

Além disso, um estudo que examinou os resultados adultos da frequência à pré-escola sugeriu efeitos duradouros. Adultos jovens que frequentaram um programa pré-escolar experimental particularmente bom, o Perry Preschool Project, em Milwaukee, tinham taxas mais altas de formatura no ensino médio, taxas mais baixas de comportamento criminoso, taxas mais baixas de desemprego e uma probabilidade mais baixa de depender da Previdência Social do que seus pares que não tiveram a vantagem da experiência de pré-escola (Barnett, 1993). Portanto, os efeitos potenciais desses programas precoces de educação podem ser amplos – ainda que os programas pareçam não ter efeitos duradouros sobre escores de teste de QI padronizados (Ripple e Zigler, 2003).

Mais promissores ainda – embora muito mais caros e complexos – são os programas que começam na fase de bebê em vez de aos 3 ou 4 anos. A mais bem planejada e mais meticulosamente relatada dessas intervenções foi realizada por Craig Ramey e colaboradores na Universidade da Carolina do Norte (Ramey, Ramey e Lanzi, 2007). Bebês de famílias em nível de pobreza, cujas mães tinham escores baixos de QI, foram designados aleatoriamente ou para um programa de creche especial – 8 horas por dia, 5 dias por semana – ou para um grupo-controle que recebeu suplementos nutricionais e cuidados médicos, mas não uma creche enriquecida. O programa de creche especial, que começou quando os bebês tinham de 6 a 12 semanas e durou até eles iniciarem o jardim de infância, envolveu os tipos de estimulação ideal descritos anteriormente. Quando alcançaram a idade do jardim de infância, metade das crianças em cada grupo foi matriculada em um programa suplementar especial que se focalizou no apoio da família e no aumento de atividades educacionais em casa. As outras crianças tiveram apenas a experiência escolar normal.

Os escores médios de QI das crianças em várias idades são mostrados na Figura 7.6. Pode-se ver que os escores de QI das crianças que foram matriculadas no programa de creche especial foram mais altos em cada idade, estivessem elas no programa suplementar de idade escolar ou não, embora os escores para ambos os grupos tenha diminuído durante o ensino fundamental. O que não é mostrado na figura, mas é talvez mais significativo em termos práticos, é o fato de que 44% das crianças do grupo-controle tinha escores de QI classificados como limítrofes ou retardados (escores abaixo de 85), comparado com apenas 12,8% das crianças que estiveram no programa de creche especial. Além disso, o grupo de cuidado enriquecido teve escores significativamente mais altos nos testes de desempenho de leitura e matemática aos 12 anos e apenas metade da probabilidade de terem repetido uma série (Campbell e Ramey, 1994). E um estudo de acompanhamento dos participantes aos 21 anos revelou que a vantagem inicial associada à participação no programa persistiu até a idade adulta jovem (Campbell, Pungello, Miler-Johnson, Burchinal e Ramey, 2001).

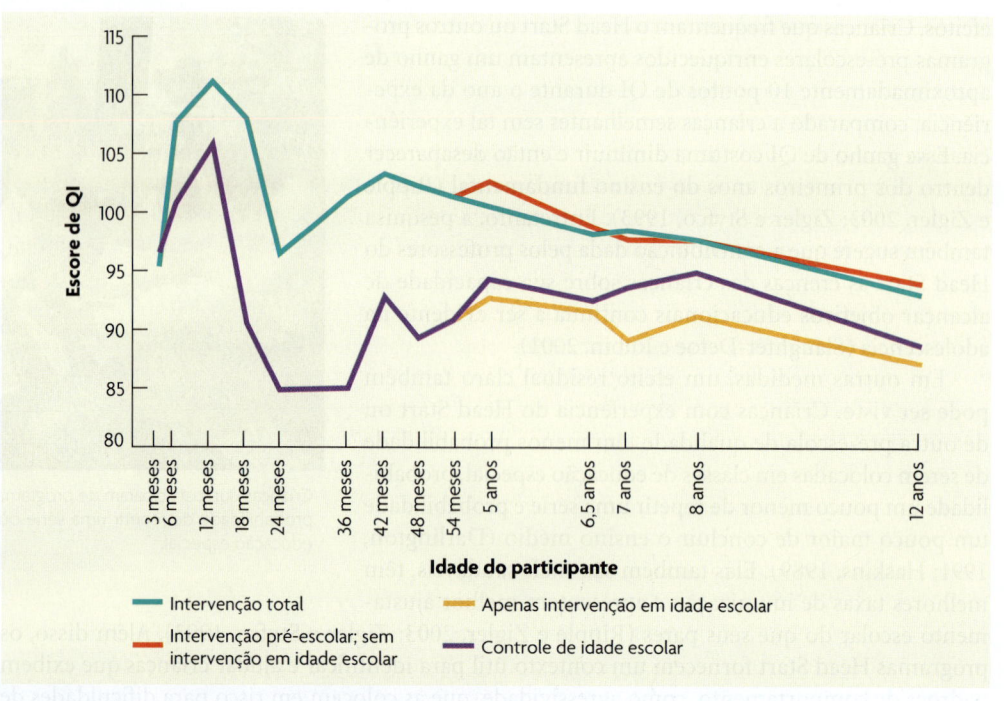

Figura 7.6 Estudos de intervenção precoce de Ramey

No estudo de Ramey, crianças foram designadas aleatoriamente quando bebês a um grupo experimental com creche especial (o grupo de "intervenção total") ou a um grupo-controle. Do jardim de infância até a 3ª série, metade de cada grupo recebeu apoio familiar suplementar, enquanto a outra metade não recebeu nada. Portanto, o grupo de "intervenção pré-escolar" recebeu a intervenção por cinco anos, mas nada além daquilo; o grupo de "intervenção em idade escolar" não recebeu intervenção antes da idade escolar, mas teve assistência no início do ensino fundamental. A diferença no QI entre os grupos de intervenção e de controle permaneceu estatisticamente significativa mesmo aos 12 anos.

(*Fonte*: Campbell, F.A. e Ramey, C.T., "Effects os achievement: A follow-up study of children from low-income families", Fig. 1, p. 690. *Child Development*, 65 (1994), 684-698. Com permissão da Society for Research in Child Development.)

amplitude de variação Termo usado por alguns psicólogos para a variação de possíveis resultados (fenótipos) para alguma variável, dada a padronização genética básica (o genótipo). No caso de escores de QI, estima-se que a amplitude de variação seja de 20 a 25 pontos.

Ramey também obteve *insight* das diferentes experiências das crianças no grupo-controle. Algumas delas tinham sido criadas principalmente em casa; outras tinham passado períodos de tempo em outros tipos de creches ou pré-escolas. Quando comparou os escores de QI desses dois grupos com aqueles que haviam frequentado o programa de creche especial, ele encontrou uma distribuição consistente: as crianças no programa especial tinham os escores mais altos, seguidas por aquelas que tinham passado por algum tipo de experiência com creche, com aquelas criadas inteiramente em casa tendo os escores mais baixos. Os escores de QI aos 4 anos para esses três grupos foram 101,1; 94,0; 84,2, respectivamente (Burchinal, Lee e Ramey, 1989). Portanto, a duração e a qualidade da intervenção parecia estar diretamente relacionada ao tamanho do efeito. Outros pesquisadores confirmaram a conclusão básica de que os programas mais efetivos são aqueles que começam cedo e fornecem estimulação consistente e frequente (Ramey e Ramey, 1998, 2004).

Objetivo da aprendizagem 7.8
De que formas a hereditariedade e o ambiente interagem para influenciar os escores de QI?

Interações entre hereditariedade e ambiente

A reunião de todas as informações sobre a influência de hereditariedade e ambiente sobre os escores de QI torna claro que ambos são altamente significativos. Estudos ao redor do mundo e ao longo de várias décadas produzem consistentemente estimativas de que pelo menos metade da variação nos escores de QI dentro de qualquer população deve-se à hereditariedade (Neisser et al., 1996; Plomin e Rende, 1991; Rogers, Rowe e May, 1994; Rushton e Jensen, 2005; van Leeuwen, van den Berg e Roomsma, 2008). A outra metade deve-se claramente ao ambiente ou a interações entre ambiente e hereditariedade.

Uma forma útil de pensar sobre essa interação é com a ideia de uma **amplitude de variação** – uma variação, dentro dos limites superior e inferior de possível funcionamento, estabelecida por nossos genes. O lugar onde o escore de QI de uma criança se enquadra dentro desses limites é determinado pelo ambiente. Richard Weinberg (1989) estima que a amplitude de variação para escores de QI é de aproximadamente 20 a 25 pontos. Ou seja, dada uma herança genética (um genótipo) específica, o desempenho real de uma criança no teste de QI (o fenótipo) pode variar em até 20 ou 25 pontos, dependendo da riqueza ou da pobreza do ambiente no qual a criança cresce. Quando o ambiente de uma criança é melhorado, ela move-se para mais perto da extremidade superior dessa amplitude de variação. Quando o ambiente torna-se pior, o desempenho intelectual efetivo da criança cai na direção da extremidade inferior dessa variação. Portanto, ainda que uma amplitude de variação de inteligência (medida com um teste de QI) seja altamente hereditária, o escore dentro daquela variação é determinado pelo ambiente. A pesquisa mostrando que os escores de QI de gêmeos idênticos são mais fracamente correlacionados em famílias pobres do que naquelas com mais recursos econômicos demonstra amplamente essa ideia (Turkheimer, Haley, Waldron, D'Onofrio e Gottesman, 2003).

Também poderíamos refletir sobre a interação entre hereditariedade e ambiente em termos como aqueles que Horowitz usou em seu modelo (lembre-se da Figura 1.2), ou poderíamos usar o conceito de manutenção de Aslin. Alguns teóricos (Turkheimer e Gottesman, 1991) argumentaram que, dentro da variação normal de ambientes, os escores de QI podem ser largamente em função da hereditariedade, não porque o ambiente não seja importante, mas simplesmente porque a maioria dos ambientes é suficientemente rica para apoiar ou manter o desenvolvimento intelectual normal. Apenas quando a qualidade ambiental cai abaixo de algum limiar crucial é que ela tem um efeito importante sobre o nível do QI medido, como poderia ser o caso em crianças criadas em um orfanato ou em um ambiente seriamente empobrecido. Essa visão não contradiz necessariamente o conceito de uma amplitude de variação. Antes, o argumento é que a extremidade inferior de qualquer amplitude de variação de uma criança provavelmente será manifestada apenas se ela for criada em um ambiente abaixo do limiar crítico. Se refletirmos sobre o efeito do ambiente dessa forma, faz sentido que programas especiais como o de Ramey sejam efetivos para crianças de ambientes de nível de pobreza, uma vez que esses programas melhoram o ambiente da criança ao ponto de apoiar adequadamente o desenvolvimento intelectual normal. O mesmo programa fornecido a uma criança de um ambiente familiar mais enriquecido, entretanto, deve ter pouco ou nenhum efeito sobre os escores de QI – essencialmente o que os pesquisadores descobriram.

Explicando diferenças de grupo nos escores de teste de QI ou de realização

Até agora, temos evitado uma questão difícil: as diferenças de grupo nos escores de teste de QI ou de realização. Visto que as diferenças de grupo têm ramificações pessoais e políticas poderosas e podem facilmente ser exageradas, é importante não dar muita ênfase a elas e salientar que a variação no QI e na realização é muito maior do que a variação entre grupos. Porém, você deve estar ciente do que os psicólogos sabem, do que eles não sabem e de como eles explicam essas diferenças de grupo.

Diferenças étnicas

> **Objetivo da aprendizagem 7.9**
> Que ideias os teóricos propuseram para explicar diferenças étnicas nos escores de QI?

A evidência indica diversas diferenças étnicas no desempenho intelectual (Rushton e Jensen, 2005). Primeiro, estudantes asiáticos e asiático-americanos tipicamente têm escores 3 a 6 pontos mais altos em testes de QI e se saem consistentemente melhor em testes de realização (especialmente testes de matemática e ciências) do que crianças brancas (Rushton e Jensen, 2005). Mais perturbador para pesquisadores e teóricos é o achado de que nos Estados Unidos, crianças afro-americanas consistentemente têm escores mais baixos do que crianças brancas em medidas de inteligência padronizadas. Essa diferença, que é da ordem de 12 pontos de QI, não é encontrada em testes de inteligência de bebês ou em medidas de taxa de habituação (Fagan e Singer, 1983), mas ela torna-se aparente quando as crianças têm 2 ou 3 anos (Brody, 1992; Peoples, Fagan e Drotar, 1995; Rushton e Jensen, 2005). Há alguma indicação de que o tamanho da diferença de QI entre crianças afro-americanas e brancas diminuiu durante as décadas de 1970 e 1980 e pode agora ser menor do que 10 pontos (Neisser et al, 1996; Williams e Ceci, 1997). Uma diferença notável persiste.

Alguns cientistas, embora reconhecendo que os ambientes dos dois grupos são, em média, substancialmente diferentes, argumentam, não obstante, que a diferença de escore de QI deve refletir algumas diferenças genéticas entre os grupos (Jensen, 1980; Lynn e Harvey, 2008; Rushton e Jensen, 2005). Outros cientistas, mesmo admitindo que o QI é altamente hereditário, salientam que uma diferença de 10 ou 12 pontos cai bem dentro da suposta amplitude de variação de QI. Eles enfatizam que há diferenças suficientemente grandes nos ambientes nos quais crianças afro-americanas e americanas brancas são tipicamente criadas para justificar a diferença média no escore (Brody, 1992). Crianças afro-americanas têm maior probabilidade de nascer com baixo peso, maior probabilidade de sofrer de nutrição inadequada, maior probabilidade de ter níveis sanguíneos altos de chumbo e menor probabilidade de receber uma ampla variedade de estimulação intelectual. Cada uma dessas variações ambientais é conhecida por estar associada a escores de QI mais baixos.

Novas evidências para a hipótese ambiental vêm de estudos de famílias asiático-americanas, que tendem a enfatizar a realização acadêmica mais do que as famílias afro-americanas ou americanas brancas. Quando adolescentes, os asiático-americanos priorizam seu tempo diferentemente dos adolescentes em outros grupos: família e escola têm precedência sobre atividades sociais com os amigos (Fuligni, Yip e Tseng, 2002). Essas diferenças têm sido citadas nas explicações dos escores mais altos de QI em crianças asiático-americanas.

As diferenças culturais também contribuem claramente para as diferenças observadas entre os escores de crianças afro-americanas e brancas, conforme psicólogos afro-americanos têm salientado há muito tempo (Fagan e Holland, 2007; Ogbu, 1994, 2004). Um desses efeitos culturais é discutido em *Ciência do desenvolvimento no mundo real*. Podemos ver essas diferenças operando na forma como crianças de diferentes subculturas respondem à própria situação de testagem. Por exemplo, em um estudo clássico de crianças afro-americanas adotadas, Moore (1986) constatou que aquelas criadas em famílias brancas (e, portanto, imbuídas dos valores da cultura majoritária) não apenas tinham um escore de QI médio mais alto do que aquelas adotadas por famílias afro-americanas (117 *versus* 103), mas também abordavam a situação de testagem do QI de forma bastante diferente. Elas permaneciam mais focadas nas tarefas e tinham maior probabilidade

CIÊNCIA DO DESENVOLVIMENTO NO MUNDO REAL

A ameaça do estereótipo

A Dra. Jones é uma psicóloga clínica que trabalha em um grande hospital infantil. Uma de suas responsabilidades é administrar testes de inteligência individual a crianças que são pacientes do setor de neurologia do hospital. Quando administra um teste a uma criança, a Dra. Jones não se refere a ele como um teste "de inteligência". Em vez disso, ela diz "Eu vou lhe fazer algumas perguntas sobre palavras" ou "Eu vou pedir para você resolver alguns problemas". Ela usa essa abordagem porque seu objetivo é obter o melhor desempenho possível de cada criança testada e acredita que se as crianças ficarem preocupadas sobre o tipo de teste que estão fazendo ou como seu desempenho será julgado, elas provavelmente não farão o melhor. A Dra. Jones é particularmente preocupada em relação a como o desempenho de uma criança que é membro de um grupo minoritário poderia ser afetado pelo que ela diz sobre o teste, porque ela está familiarizada com a pesquisa sobre a *ameaça do estereótipo*.

Os psicólogos Claude Steele e Joshua Aronson (Steele e Aronson, 1995) definem *ameaça do estereótipo* como uma sensação sutil de pressão que membros de um determinado grupo têm quando estão tentando ter um bom desempenho em uma área na qual seu grupo é caracterizado por um estereótipo negativo. De acordo com Steele e Aronson, estudantes afro-americanos experimentam a ameaça do estereótipo sempre que confrontados com um teste cognitivo importante, tal como um exame de admissão a uma universidade ou um teste de QI, devido ao estereótipo cultural geral de que afro-americanos são intelectualmente menos capazes do que membros de outros grupos. A fim de evitar a confirmação do estereótipo, diz a teoria, os afro-americanos evitam exercer seu melhor esforço, porque fracassar após ter dado o máximo de si significaria que o estereótipo é verdadeiro.

Inúmeros estudos confirmaram a existência de ameaça do estereótipo entre crianças e entre adultos (McKown e Weinstein, 2003; Nussbaum e Steele, 2007; Steele e Aronson, 2004; Suzuki e Aronson, 2005). Entretanto, a ameaça do estereótipo parece ter um efeito menor sobre o desempenho de teste de crianças do que tem sobre adultos. Contudo, a Dra. Jones acredita que é melhor pecar por excesso de cautela com respeito à ameaça do estereótipo. Sua conclusão é a de que se abster de usar o termo "teste de inteligência" não prejudica as crianças nem ameaça seu desempenho, enquanto usar esse termo poderia deixá-las mais ansiosas do que normalmente ficariam.

Questões para reflexão

1. Você concorda com a conclusão da Dra. Jones em relação a pecar por excesso de cautela?
2. Como pais e professores poderiam moderar os efeitos da ameaça do estereótipo sobre o desempenho de teste das crianças?

de tentar alguma tarefa mesmo se achassem que não podiam realizá-la. Crianças afro-americanas adotadas por famílias afro-americanas de classe média não apresentavam esse padrão de persistência e esforço. Elas pediam ajuda com mais frequência e desistiam mais facilmente frente a uma tarefa difícil. Quando Moore então observou cada mãe adotiva ensinando a seu filho diversas tarefas, ele observou diferenças paralelas. As mães brancas eram mais encorajadoras e tinham menos probabilidade de dar ao filho a resposta do que as mães afro-americanas.

Achados como esses sugerem que as diferenças de QI observadas entre grupos raciais ou étnicos são pelo menos em algum grau reflexo de tendência cultural. Essa tendência se origina do fato de que os testes de QI e as escolas são igualmente designados pela cultura majoritária a promover uma forma particular de atividade intelectual, e muitos afro-americanos e outras famílias da minoria criam seus filhos de formas que não promovem ou enfatizam esse conjunto particular de habilidades (Guthrie, 2004). Consequentemente, alguns desenvolvimentalistas têm argumentado a favor do banimento absoluto da testagem da inteligência. Entretanto, a maioria dos psicólogos concorda que ainda há algumas boas razões para usar testes de QI, desde que suas limitações sejam entendidas. Igualmente, estudos examinando uma nova abordagem à avaliação individualizada sugerem que pode ser possível a psicólogos que estão testando crianças de famílias desfavorecidas duplicar a vantagem da familiaridade com testes de crianças de classe média na própria situação de testagem. Na *avaliação dinâmica*, as crianças são informadas sobre o objetivo de um teste de inteligência e têm a chance de praticar cada tipo de tarefa de solução de problema antes de serem realmente testadas. Estudos mostram que a avaliação dinâmica aumenta significativamente a proporção de crianças da minoria que obtêm escores acima da média (Lidz e Macrine, 2001). Além disso, sempre que possível, a testagem de inteligência de crianças de minoria étnica deve ser realizada por profissionais com etnia semelhante à das crianças que estão sendo testadas. A pesquisa tem mostrado que crianças de grupos de minoria obtêm melhores escores sob essas condições (Kim, Baydar e Greek, 2003). Além disso, conforme observado na Tabela 7.1, a Bateria de Avaliação para Crianças de Kaufman (KABC) (Kaufman e Kaufman, 2004) foi elogiada por sua ausência de tendência. Crianças do grupo de minoria tendem a obter escores mais altos na KABC do que nos testes de Wechsler (Kaufman, Kaufman, Kaufman-Singer e Kaufman, 2005). Portanto, a KABC é usada por muitas pré-escolas, escolas primárias e médicos para avaliar a inteligência em crianças de grupos de minoria.

Diferenças interculturais

> **Objetivo da aprendizagem 7.10**
> Que fatores contribuem para as diferenças interculturais nos escores de testes de QI e de realização?

Muitos psicólogos têm argumentado que comparações de escores de QI entre culturas são sem sentido, porque cada cultura enfatiza diferentes aspectos da inteligência nas práticas de criação dos filhos (Mishra, 2001). Além disso, cada uma desenvolve seus próprios métodos de avaliação de diferenças individuais nesses aspectos da inteligência, ligados às crenças da sociedade sobre a importância relativa de diferentes tipos de habilidades. Consequentemente, no mundo industrializado, os testes de inteligência se parecem muito com testes de realização (como você aprendeu anteriormente), porque o desempenho escolar é a arena primária na qual espera-se que as crianças apliquem suas capacidades intelectuais. Portanto, usar esses testes para medir a inteligência em uma cultura na qual se espera que as crianças usem seus dotes cognitivos de forma diferente é inválido.

Devido à dificuldade inerente no desenvolvimento de testes que fornecem escores comparáveis entre culturas muito diferentes, a pesquisa que tenta comparar diretamente a inteligência de indivíduos em uma cultura com a de indivíduos de outra cultura tem-se restringido geralmente a comparações de sociedades industrializadas. Por exemplo, diversos estudos constataram que crianças chinesas, japonesas e coreanas tendem a ter escores ligeiramente mais altos em testes de inteligência tradicionais do que suas contrapartes norte-americanas e europeias (Lynn, 1991; Lynn e Song, 1992; Rushton e Jensen, 2005).

As comparações de habilidades intelectuais entre nações têm se focalizado mais nas esferas de realização da matemática e da ciência do que nos escores de QI. Esses estudos constataram que crianças nos Estados Unidos demonstram níveis de desempenho substancialmente mais baixos nessas áreas do que crianças em outras nações industrializadas (Gonzáles et al., 2004). Essas comparações se restringem a crianças asiáticas porque seus escores se revelaram significativamente mais altos do que os de crianças em outras nações. Harold Stevenson e outros argumentaram que as diferenças entre crianças asiáticas e norte-americanas no desempenho em testes de realização de matemática resultam não de diferenças genéticas na capacidade, mas de diferenças na ênfase cultural na importância da realização acadêmica, no número de horas passadas fazendo lição de casa e na qualidade do ensino da matemática nas escolas (Chang e Murray, 1995; Geary, 1996; Schneider, Hieshima, Lee e Plank, 1994; Stevenson e Lee, 1990; Stigler, Lee e Stevenson, 1987). Por exemplo, pais singaporeanos começam a ensinar seus filhos sobre números e raciocínio matemático muito antes de as crianças irem para a escola (Sharpe, 2002).

Além disso, os professores em nações asiáticas adotam uma abordagem diferente ao ensino da matemática daquela utilizada pelos professores nos Estados Unidos. Por exemplo, James Stigler e Harold Stevenson (1991) observaram práticas de ensino em 120 salas de aula no Japão, em Taiwan e nos Estados Unidos. Os professores asiáticos tipicamente dedicam um período de aula inteiro a um único tipo de problema. Nas salas de aula dos Estados Unidos, em comparação, os professores raramente gastam 30 ou 60 minutos em uma única lição coerente de matemática ou ciência envolvendo toda a classe e um único assunto. Em vez disso, eles mudam frequentemente de um assunto para outro durante uma única aula de matemática ou ciência. Eles poderiam ensinar um pouquinho sobre adição, falar sobre medidas, então sobre dizer as horas e então voltar para a adição. Stigler e Stevenson também encontraram diferenças notáveis na quantidade de tempo que os professores passam dando instruções para toda a classe. Nas salas de aula dos Estados Unidos que eles observaram, a instrução de grupo ocorria apenas em 49% do tempo; ela ocorria em 74% do tempo no Japão e em 91% do tempo em Taiwan. Estudos mais recentes produziram achados semelhantes (NCES, 2003).

O ensino da matemática em países asiáticos e nos Estados Unidos também difere com respeito à ênfase na *fluência computacional*, o grau com que um indivíduo pode automaticamente produzir soluções para problemas de cálculo simples (Geary et al. 1999). Inúmeros matemáticos e professores de matemática afirmaram que o ensino da matemática nos Estados Unidos tem sido influenciado mais por modismos do que por um entendimento sólido do papel da fluência computacional na solução de problemas matemáticos (Murray, 1998). Eles salientam que a pesquisa tem demonstrado que a fluência computacional está relacionada tanto a habilidades de cálculo quanto à facilidade em resolver problemas enunciados em palavras (Geary et al., 1999; Kail e Hall, 1999).

As culturas asiática e norte-americana diferem também com relação a crenças sobre realização. Por exemplo, os desenvolvimentalistas constataram que pais e professores norte-americanos enfatizam a capacidade inata, que eles presumem ser imutável, mais do que enfatizam o esforço. Para os asiáticos, a ênfase é justamente no oposto: eles acreditam que as pessoas podem se tornar mais capazes esforçando-se mais (Serpell e Hatano, 1997). Devido a essas diferenças nas crenças, afirmam alguns desenvolvimentalistas, pais e professores asiáticos têm expectativas mais altas para as crianças e são melhores em encontrar formas de motivá-las a fazer o trabalho escolar.

Outra diferença entre escolas asiáticas e norte-americanas, especialmente no nível do ensino fundamental, envolve o uso de recompensas. Devido à influência da teoria do condicionamento operante de Skinner sobre a educação nos Estados Unidos, os professores comumente usam recompensas materiais, como adesivos, para motivar as crianças. Essas recompensas podem ser efetivas quando são inesperadas e associadas a altos padrões (Deci, Koestner e Ryan, 1999; Eisenberger, Pierce e Cameron, 1999). Dar um adesivo de surpresa à única criança na classe que tirou nota máxima em um teste de ortografia é um exemplo dessa abordagem ao uso de recompensa. Entretanto, quando os professores usam essas recompensas rotineiramente para tentar motivar as crianças

Crianças asiáticas e asiático-americanas tendem a ter escores mais altos em testes de matemática e ciências do que seus pares em outros grupos. Que explicações você pode dar para tal diferença?

a fazer as tarefas diárias, tal como devolver o dever de casa feito, elas claramente prejudicam tanto a motivação intrínseca quanto o interesse nas tarefas às quais os adesivos estão associados (Deci et al., 1999). Portanto, os estudantes asiáticos podem ser mais intrinsecamente motivados à realização porque recebem menos recompensas materiais; a recompensa deles é a própria realização.

Diferenças de sexo

> **Objetivo da aprendizagem 7.11**
> Em que aspectos homens e mulheres diferem com relação a desempenho em testes de QI e de realização?

Comparações de escores de teste de QI totais para meninos e meninas não revelam diferenças consistentes (Camarata e Woodcock, 2006). Apenas quando os pesquisadores decompõem o escore total em diversos subescores que refletem habilidades separadas é que surgem alguns padrões de diferenças de sexo (Lippa, 2005). Em média, as meninas se saem ligeiramente melhor em tarefas verbais cronometradas. Os meninos, por outro lado, são um pouco melhores em raciocínio numérico, uma diferença que se torna mais clara em testes no ensino médio, quando problemas de raciocínio constituem grande parte dos exames de matemática.

Diferenças de sexo nas capacidades espaciais também são encontradas regularmente e são evidentes nos primeiros anos de escola (Levine, Huttenlocher, Taylor e Langrock, 1999). Os meninos têm escores médios um pouco mais altos em testes de visualização espacial, tal como aqueles ilustrados na Figura 7.7. Em medidas de rotação mental, como aquela ilustrada na parte (c) da figura, a diferença de sexo é substancial e torna-se maior com a idade (Hyde, 2005). As diferenças nessas capacidades são manifestadas em tarefas diárias, como a aprendizagem de rota. Ao aprender a seguir um novo caminho para ir de um lugar para outro, meninos tanto pré-escolares como do ensino fundamental cometem menos erros do que meninas (Beilstein e Wilson, 2000).

Naturalmente, mesmo em testes de rotação mental, as duas distribuições se sobrepõem. Ou seja, algumas meninas e mulheres são boas nesse tipo de tarefa, enquanto alguns meninos e homens não. Contudo, a diferença média é bastante grande. O fato de as meninas terem escores mais baixos nesses testes não significa que nenhuma mulher esteja qualificada para ocupações que demandam tal habilidade, como ser arquiteta ou engenheira. Na verdade, há muitas meninas que exibem níveis excepcionais de capacidade espacial, e a ligação entre capacidade espacial e habilidades como construção de modelos é tão forte para meninas quanto para meninos (Brosnan, 1998). Entretanto, a diferença nas médias de meninos e meninas em testes de capacidade espacial significa que menos meninas ou mulheres jovens serão capazes de satisfazer os requisitos de treinamento para esses empregos.

De onde poderiam vir essas diferenças? As opções explanatórias devem ser familiares atualmente. Influências biológicas têm sido muito frequentemente sugeridas como a causa de diferenças de sexo em capacidades espaciais (Hyde, 2005). Especificamente, os meninos demonstram maior coerência na função cerebral em áreas do cérebro dedicadas a tarefas espaciais, enquanto as meninas exibem funcionamento mais organizado em partes do cérebro onde linguagem e informação social são processadas (Hanlon, Thatcher e Cline, 1999). Os defensores dessa posição também salientam que a pesquisa com adultos tem demonstrado que diferenças hormonais entre homens e mulheres, bem como variações hormonais entre mulheres, estão associadas a desempenho em tarefas espaciais (Halpern e Tan, 2001; Josephs, Newman, Brown e Beer, 2003). Como resultado, alguns argumentam que diferenças hormonais entre meninos e meninas ou variações hormonais no ambiente pré-natal podem afetar as capacidades espaciais.

Figura 7.7 Tarefas de capacidade espacial

Três exemplos de tarefas de capacidade espacial. (a) *Visualização espacial*. A figura de cima representa um pedaço quadrado de papel sendo dobrado. Um buraco é perfurado através de toda a espessura do papel dobrado. Que figura mostra com o que o papel se parece quando é desdobrado? (b) *Orientação espacial*. Compare os três cubos à direita com o da esquerda. Nenhuma letra aparece em mais de uma face de um determinado cubo. Qual dos três cubos à direita poderia ser uma visão diferente do cubo da esquerda? (c) *Rotação mental*. Em cada par, os objetos tridimensionais podem tornar-se congruentes por rotação?

(Fonte: *Sex Differences in Cognitive Abilities*, por D. Halpern. Copyright © 1986 por Taylor & Francis Group LLC-Books. Reproduzida com permissão de Taylor & Francis Group LLC-Books na Apresentação format via Copyright Clearance Center.)

Explicações mais puramente ambientais também têm sido proeminentes em discussões sobre as diferenças de sexo no raciocínio matemático ou verbal. Por exemplo, estudos longitudinais demonstraram que as crenças dos pais sobre os talentos de seus filhos aos 6 anos predizem as crenças daquelas crianças sobre suas próprias capacidades aos 17 anos (Fredricks e Eccles, 2002). Portanto, achados relativos a atitudes parentais em relação ao desempenho de filhos e filhas em testes de matemática podem ajudar a explicar as diferenças de sexo nessa área. Por exemplo, os pais têm mais probabilidade de descrever os filhos homens como competentes em matemática (Furnham 2000; Tiedemann, 2000). Os pais também têm mais probabilidade de caracterizar uma filha que tem bom desempenho na aula de matemática como "esforçada", enquanto um filho que se sai bem em matemática é frequentemente descrito como "talentoso" (Räty, Vänska, Kasanen e Kärkkäinen, 2002). Não surpreendentemente, quando as crianças chegam ao ensino médio, suas autodescrições espelham as crenças expressadas pelos seus pais. Ou seja, os meninos dizem que uma capacidade natural lhes permite obter bons escores em testes de matemática, enquanto as meninas dizem que "se esforçaram" para isso (Reis e Park, 2001). Portanto, não é surpreendente que mesmo as meninas mais talentosas em matemática tenham muito menos probabilidade de aspirar a carreiras em matemática e ciências do que os meninos (Webb, Lubinski e Benbow, 2002).

Não obstante as explicações ambientais, é evidente que os homens são mais numerosos que as mulheres nos níveis mais altos de dotação matemática, frequentemente quantificada como escores no primeiro 1% em testes de raciocínio quantitativo, tais como a porção matemática do SAT (Lippa, 2005). Os pesquisadores ainda precisam encontrar uma explicação adequada para essa diferença de sexo. Entretanto, achados recentes sugerem que a razão homem para mulher desproporcional entre os matematicamente dotados pode ser uma manifestação de um fenômeno maior, o de maior variabilidade entre homens do que entre mulheres. Em outras palavras, há mais homens do que mulheres nos níveis mais altos de capacidade matemática, mas o mesmo é provavelmente verdadeiro para os níveis mais baixos (Deary, Thorpe, Wilson, Starr e Whalley, 2003). Esses achados não constituem uma explicação para as diferenças de sexo na dotação matemática. Entretanto, eles nos ajudam a conceitualizar essas diferenças mais imparcialmente – ou seja, mais como "diferenças" do que como alguma forma de "superioridade" ou "vantagem" que tem sido injustamente conferida aos homens.

Buscando visões alternativas da inteligência

O uso de testes de QI para definir e explicar diferenças individuais e de grupo na inteligência é denominado *abordagem psicométrica* (Birney et al., 2005; Shayer, 2008). Recentemente, os desenvolvimentalistas de diferentes orientações teóricas argumentaram que essa abordagem é muito limitada. Ou seja, muitos estão começando a acreditar que os psicólogos têm dado demasiada ênfase à definição de inteligência em termos de correlações entre testes de QI e realização escolar. Além disso, inúmeros desenvolvimentalistas têm sugerido que ainda não sabemos realmente o que os testes de inteligência medem. Portanto, diversas abordagens alternativas à definição e à medição da inteligência foram propostas nos últimos anos.

Objetivo da aprendizagem 7.12
Como os teóricos do processamento de informação explicam diferenças individuais nos escores de QI?

Teoria do processamento de informação

No Capítulo 6, você leu sobre mudanças do desenvolvimento em estratégias de processamento de informação. Diversos desenvolvimentalistas têm argumentado que alguns dos mesmos conceitos podem ser usados para explicar que processos específicos são usados em testes de QI.

Velocidade do processamento de informação Conforme você aprendeu no Capítulo 6, torna-se cada vez mais evidente que aumentos na velocidade ou na eficiência do processamento estão por baixo de mudanças nas habilidades cognitivas relacionadas à idade (Edmonds et al., 2008). Portanto, faz sentido hipotetizar que diferenças na velocidade de processamento também podem estar por baixo de diferenças individuais nos escores de QI (Thomas e Karmiloff-Smith, 2003). Inúmeros investigadores encontraram exatamente essa ligação: participantes com tempos de reação ou velocidade de desempenho mais rápidos em uma variedade de tarefas simples também têm escores de QI médios mais altos em testes padronizados (McRorie e Cooper, 2004;

Rinderman e Neubauer, 2004). Alguns estudos até associaram a velocidade de processamento diretamente ao funcionamento do sistema nervoso central e ao QI. Por exemplo, é possível agora medir a velocidade de condução de impulsos ao longo de nervos isolados, tais como os nervos no braço. Philip Vernon (1993; Vernon e Mori, 1992) encontrou uma correlação de aproximadamente 0,45 entre essa medida e escore de teste de QI.

A maior parte dessa pesquisa foi feita com adultos, mas uma ligação entre velocidade do tempo de reação e escores de QI também foi encontrada em alguns estudos com crianças (Rindermann e Neubauer, 2004). Além disso, há algumas indicações bastante claras de que essas diferenças de velocidade de processamento podem ser estabelecidas no nascimento. De fato, a ligação entre habituação (ou memória de reconhecimento) do bebê e escore de QI posterior parece ser sobretudo resultado de variações básicas na velocidade de processamento (Rose e Feldman, 1997).

Outras ligações entre QI e processamento de informação

Outros pesquisadores exploraram as associações entre QI e processamento de informação comparando as estratégias de processamento de informação usadas por crianças de desenvolvimento típico àquelas usadas por crianças com retardo mental. Em um estudo clássico, Judy DeLoache comparou as estratégias de busca de grupos de crianças de 2 anos que estavam ou desenvolvendo-se normalmente ou apresentavam desenvolvimento atrasado (DeLoache e Brown, 1987). Quando a tarefa de busca era muito simples, tal como procurar um brinquedo escondido em um local óbvio em uma sala, os dois grupos não diferiam em estratégias ou em habilidade. Mas quando o experimentador secretamente movia o brinquedo antes de permitir que a criança o procurasse, crianças de desenvolvimento típico eram capazes de procurar em lugares alternativos plausíveis, tais como em locais próximos; as crianças com atraso simplesmente insistiam em procurar no lugar onde elas tinham visto o brinquedo escondido. Elas ou não conseguiam mudar as estratégias – uma vez que tivessem estabelecido uma determinada abordagem – ou não tinham estratégias alternativas mais complexas em seus repertórios.

Outra pesquisa salienta essa diferença na flexibilidade de uso de estratégia (Pretz e Sternberg, 2005). Em diversos estudos anteriores, Joseph Campione e Ann Brown (1984; Campione, Brown, Ferrara, Jones e Steinberg, 1985) verificaram que crianças com retardo mental e crianças com QIs médios e acima da média podiam aprender a resolver problemas como aqueles nas partes (a), (b) e (c) da Figura 7.8, mas as crianças com retardo mental não podiam transferir essa aprendizagem para um problema mais complexo do mesmo tipo geral, tal como a parte (d), enquanto crianças com QIs médios e acima da média podiam. Ambos os conjuntos de estudos sugerem que a flexibilidade de uso de qualquer estratégia pode ser outra dimensão-chave de diferenças individuais na inteligência.

Avaliando a abordagem de processamento de informação

A abordagem de processamento de informação oferece algumas pontes importantes entre abordagens de testes de inteligência e teorias do desenvolvimento cognitivo como as de Piaget e dos neopiagetianos (Anderson, 2005). Parece agora que as crianças nascem com algumas estratégias cognitivas básicas, inatas (como notar diferenças ou semelhanças). Também é evidente que essas estratégias ou regras mudam durante os primeiros anos de vida, com estratégias mais complexas surgindo e antigas sendo usadas mais flexivelmente. A experiência anterior trivial é uma parte fundamental do processo de mudança. Quanto mais a criança brinca com blocos, melhor ela será em organizar e classificar blocos; quanto mais uma pessoa joga xadrez, melhor ela será em ver e lembrar relações entre peças no tabuleiro. Assim, algumas das mudanças que Piaget considerava mudanças na estrutura subjacente da inteligência são, em vez disso, aprendizagem de tarefa específica. Mas parece haver alguma mudança estrutural também, tal como o surgimento de novas estratégias, particularmente estratégias metacognitivas.

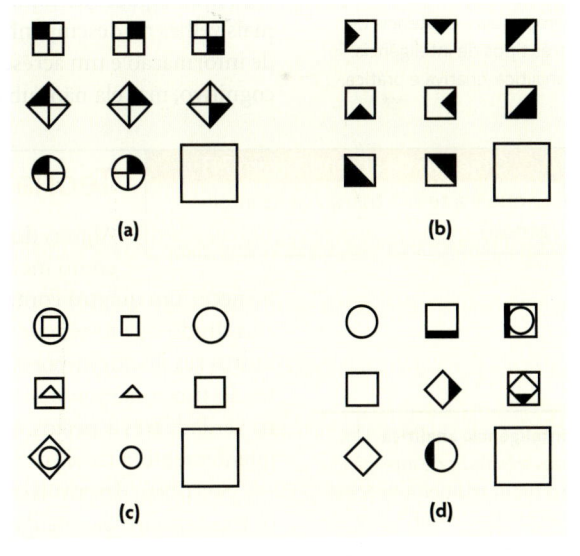

Figura 7.8 Flexibilidade de Uso da Estratégia

Para as partes (a) até (d), a criança deve entender o "sistema" em cada conjunto e então descrever que padrão deve ficar na caixa vazia no canto inferior direito. A parte (a) mostra rotação; a parte (b) mostra adição de dois elementos; a parte (c) mostra subtração. A figura na parte (d) é mais difícil porque a criança deve aplicar *dois* princípios de uma vez, nesse caso adição e rotação. Crianças com retardo mental e crianças com QIs médios e acima da média puderam resolver problemas como aqueles nas partes (a), (b) e (c), mas crianças com retardo mental se saíram muito piores em problemas como o da parte (d).

(*Fonte*: Campione et al., 1985, Figura 1, p. 302, e Figura 4, p. 306.)

Diferenças individuais no que é normalmente considerado inteligência podem então ser concebidas como resultando tanto de diferenças inatas na velocidade ou na eficiência dos processos básicos (diferenças no *hardware*, talvez) quanto de diferenças em *expertise* ou experiência. A criança com um sistema de processamento mais lento ou menos eficiente passará por todos os vários passos e estágios mais lentamente; ela usará a experiência que tem de maneira menos eficiente ou menos rapidamente. Mas quando essa criança menos dotada naturalmente tem *expertise* suficiente em alguma área, aquele conhecimento especializado pode compensar o QI mais baixo.

Esse ponto é primorosamente ilustrado em um estudo de *expertise* feito na Alemanha (Schneider e Bjorklund, 1992). Crianças em idade escolar que eram peritas (muito instruídas) em futebol tinham melhor lembrança de listas relacionadas a futebol do que os não peritos. Mas principiantes de QI alto saíam-se tão bem quanto peritos de QI baixo nessas mesmas tarefas. Portanto o conhecimento rico em alguma área pode compensar um pouco o QI mais baixo, mas não resulta em igualdade. Peritos de QI alto ainda serão melhores do que peritos de QI médio ou baixo em uma determinada área.

A abordagem de processamento de informação também pode ter algumas aplicações práticas. Estudos de memória de reconhecimento em bebês, por exemplo, podem dar aos desenvolvimentalistas um caminho para identificar crianças com retardo mental muito precocemente ou de selecionar entre bebês de baixo peso ao nascimento aqueles que parecem estar particularmente em risco para problemas posteriores. A identificação dos aspectos do processamento de informação que diferenciam crianças com incapacidades cognitivas de seus pares de desenvolvimento típico também pode permitir que os desenvolvimentalistas identifiquem tipos específicos de treinamento que seriam úteis para uma criança com retardo mental ou para uma criança com uma incapacidade de aprendizagem.

É bom lembrar, entretanto, que os desenvolvimentalistas ainda não têm nenhum teste de capacidade de processamento de informação que poderia substituir o uso cuidadoso de testes de QI em escolas e clínicas – embora alguns psicólogos acreditem que uma medida biológica de inteligência clinicamente útil estará disponível dentro de algumas décadas (Tasbihsazan, Nettelbeck e Kirby, 2003). Nem as teorias sequenciais de desenvolvimento do processamento de informação são ainda capazes de explicar todas as diferenças observadas entre bebês, pré-escolares e crianças mais velhas no desempenho em várias tarefas piagetianas. Em resumo, a teoria do processamento de informação é um acréscimo importante ao entendimento dos psicólogos do desenvolvimento cognitivo, mas ela não substitui todas as outras abordagens.

teoria triárquica da inteligência Uma teoria apresentada por Robert Sternberg, propondo a existência de três tipos de inteligência: analítica, criativa e prática.

> **Objetivo da aprendizagem 7.13**
> O que é a teoria triárquica da inteligência?

Teoria triárquica da inteligência de Sternberg

Alguns desenvolvimentalistas dizem que o problema em contar com testes de QI como meios principais de entender e estudar a inteligência é que eles falham em fornecer um quadro completo das capacidades mentais. O psicólogo Robert Sternberg, embora admitindo que testes convencionais são bons prognosticadores de desempenho acadêmico e de outros resultados importantes (Sternberg, Grigorenko e Bundy, 2001), afirma que há componentes do funcionamento intelectual que esses testes medem de modo deficiente. Ele sugere que há na verdade três aspectos, ou tipos, de inteligência (1985, 2003; Sternberg e Wagner, 1993). Consequentemente, a teoria de Sternberg é conhecida como **teoria triárquica da inteligência**.

inteligência analítica Um dos três tipos de inteligência na teoria triárquica de Sternberg; o tipo de inteligência tipicamente medido em testes de QI, incluindo a capacidade de planejar, lembrar fatos e organizar informação.

inteligência criativa Um dos três tipos de inteligência descritos por Sternberg em sua teoria triárquica; inclui discernimento e capacidade de ver novas relações entre eventos e experiências.

Sternberg desenvolveu um teste, o Teste Triárquico de Capacidades de Sternberg, para medir os três aspectos da inteligência que ele postula (Sternberg, Castejon, Prieto, Hautamaeki e Grigorenko, 2001). O primeiro dos três, que Sternberg chama de **inteligência analítica** (originalmente denominada *inteligência componencial*), inclui o que é normalmente medido por testes de QI e de realização. Planejar, organizar e lembrar fatos e aplicá-los a novas situações é função da inteligência analítica.

O segundo aspecto, Sternberg chama de **inteligência criativa** (originalmente denominada *inteligência experiencial*). Uma pessoa com inteligência criativa bem desenvolvida pode ver novas conexões entre as coisas, é perspicaz em relação a experiências e questiona o que é às vezes chamado de "sabedoria convencional" sobre vários tipos de problemas (Sternberg, 2001). Um estudante de graduação que apresenta boas ideias para experiências, que pode ver como uma teoria poderia ser aplicada a uma situação totalmente diferente, que pode sintetizar muitos fatos em uma nova organização ou que examina criticamente ideias que a maioria dos profissionais no campo aceita como verdadeiras tem uma alta inteligência criativa.

O terceiro aspecto que Sternberg chama de **inteligência prática** (originalmente denominada *inteligência contextual*) às vezes é chamada de "experiência de rua". Pessoas que têm um alto grau de inteligência prática são boas para ver como alguma informação pode ser aplicada ao mundo real ou para encontrar alguma solução prática para um problema da vida real – tal como criar atalhos para tarefas repetitivas ou entender qual de diversas caixas de cereal de tamanhos diferentes é melhor comprar. A inteligência prática também pode envolver ser hábil em ler sinais ou situações sociais, tal como saber não dar a sua chefe más notícias quando ela está claramente irritada com alguma outra coisa ou saber como convencer seu supervisor a investir uma grande quantidade de dinheiro em seu plano de vendas proposto (Sternberg, Wagner, Williams e Horvath, 1995).

A questão mais básica de Sternberg sobre esses diversos tipos de inteligência é não apenas que testes de QI padronizados não medem todas as três, mas que no mundo além das paredes da escola, inteligência criativa ou inteligência prática podem ser necessárias tanto ou mais do que o tipo de habilidade medida em um teste de QI (Sternberg e Grigorenko, 2006). Essas são questões importantes a ter em mente ao considerar as origens de diferenças individuais nos escores de QI. O que os desenvolvimentalistas sabem sobre "inteligência" é quase inteiramente limitado a informações sobre inteligência analítica – o tipo de inteligência mais frequentemente exigido (e testado) na escola. Eles sabem quase nada sobre as origens ou as consequências de longo prazo de variações na inteligência criativa ou prática.

Inteligências múltiplas de Gardner

> **Objetivo da aprendizagem 7.14**
> Quais são os vários tipos de inteligência propostos por Gardner?

O psicólogo do desenvolvimento Howard Gardner também afirmou que uma visão multidimensional da inteligência fornece tanto um melhor entendimento de diferenças individuais quanto, ao menos potencialmente, estratégias para medir essas diferenças de formas mais significativas. Consequentemente, ele propôs uma teoria de **inteligências múltiplas** (Gardner, 1983). Essa teoria afirma que há oito tipos de inteligência:

- Linguística: Indivíduos que são bons escritores ou oradores, aprendem línguas facilmente ou possuem muito conhecimento sobre linguagem têm inteligência linguística acima da média.
- Lógico-matemática: A inteligência lógico/matemática permite que indivíduos aprendam matemática e gerem soluções lógicas para vários tipos de problemas.
- Espacial: A inteligência espacial é usada na produção e na apreciação de obras de arte como pinturas e esculturas.
- Corporal/cinestésica: Atletas profissionais possuem altos níveis desse tipo de inteligência.
- Musical: Músicos, cantores, compositores e maestros possuem inteligência musical.
- Interpessoal: Aqueles nas "profissões de ajuda" – conselheiros, assistentes sociais, ministros, etc. – têm altos níveis de inteligência interpessoal.
- Intrapessoal: Pessoas que são boas em identificar seus próprios pontos fortes e escolher metas de acordo com eles têm altos níveis de inteligência intrapessoal.
- Naturalista: Os cientistas são pessoas com altos níveis desse tipo de inteligência. Ela envolve a capacidade de reconhecer padrões na natureza.

A teoria de Gardner é baseada em observações de pessoas com dano cerebral, retardo mental e outras condições, tais como a síndrome do sábio exibida por Hikari Oe. Gardner salienta que o dano cerebral geralmente causa interrupção do funcionamento em capacidades mentais muito específicas mais do que um declínio geral na inteligência. Ele também observa que muitos indivíduos com déficits mentais têm talentos notáveis: alguns são talentosos na música; outros podem realizar cálculos matemáticos complexos de cabeça. Gardner continua a refinar seu modelo. Recentemente, ele propôs que um nono tipo de inteligência, que ele chama de *inteligência existencial*, lida com a esfera espiritual e nos permite contemplar o significado da vida (Halama e Strízenec, 2004). Os críticos afirmam que a visão de Gardner, embora intuitivamente atraente, tem pouco apoio empírico (Aiken, 1997).

inteligência prática Um dos três tipos de inteligência na teoria triárquica de Sternberg; frequentemente chamado de "experiência de rua", esse tipo de inteligência inclui habilidade em aplicar informação ao mundo real ou resolver problemas práticos.

inteligências múltiplas Oito tipos de inteligência (linguística, lógico-matemática, espacial, corporal/cinestésica, musical, interpessoal, intrapessoal e naturalista) propostos por Howard Gardner.

Objetivo da aprendizagem 7.15
Como os teóricos explicam a criatividade?

Criatividade

Por fim, os testes de inteligência convencionais não medem a **criatividade**, a capacidade de produzir ideias e/ou soluções originais, apropriadas e valiosas para problemas. Embora a capacidade das crianças para a criatividade pareça depender muito de quanto conhecimento elas têm sobre um assunto (Sak e Maker, 2006), os pesquisadores constataram que a criatividade está apenas fracamente relacionada ao QI (Lubart, 2003).

Alguns desenvolvimentalistas concordam com as ideias propostas pelo psicólogo J.P. Guilford (1897-1987) (Silvia et al., 2008). Guilford definiu criatividade como **pensamento divergente** (Guilford, 1967). Uma criança que usa pensamento divergente pode fornecer múltiplas soluções para problemas que não têm uma resposta clara. Em um teste de criatividade, o Teste de Usos Alternativos (Guilford, 1967), as crianças são estimuladas a pensar em usos incomuns para objetos corriqueiros como tijolos.

Entretanto, outros teóricos baseiam suas visões em um modelo que foi proposto pelo renomado pesquisador da criatividade Paul Torrance (1915-2003). Ele afirmava que testes como o Teste de Usos Alternativos não consegue capturar todas as dimensões da criatividade. Para testar sua teoria, Torrance criou o Teste de Pensamento Criativo de Torrance (Torrance, 1998). O teste examina como os indivíduos respondem a problemas que envolvem interpretações de figuras, interpretações de cenários verbais e produção de desenhos em resposta a estímulos (Torrance, 1998). As pessoas que realizam o teste recebem escores em quatro dimensões de criatividade:

- Fluência: O número total de ideias produzidas.
- Flexibilidade: O número de diferentes categorias representadas em ideias.
- Originalidade: O grau em que as ideias são incomuns, estatisticamente falando.
- Elaboração: A quantidade de detalhes nas ideias.

A evidência para a validade do teste de Torrance entre adultos foi encontrada em seu próprio estudo longitudinal no qual foi constatado que crianças que receberam altos escores no teste na década de 1950 tinham um maior número de realizações criativas na idade adulta, quase 40 anos mais tarde (Plucker, 1999). Além disso, o teste de Torrance revelou-se mais fortemente correlacionado a realizações de natureza criativa durante a vida do que os escores de QI da infância dos participantes da pesquisa.

Pensamento crítico

- Dada a variabilidade nos escores individuais de QI, faz sentido selecionar crianças para classes especiais, tal como aquelas para dotados, com base em um único escore de teste? De que outra forma você poderia selecionar estudantes?
- Muito esforço tem sido despendido tentando explicar possíveis diferenças sexuais na capacidade matemática. Quais são as implicações práticas de considerar essas diferenças genéticas *versus* considerá-las causadas por fatores ambientais?

Os testes de inteligência convencionais não medem a criatividade. Além disso, as habilidades criativas que os estudantes aprendem quando trabalham em publicações da escola, como esses adolescentes, não são medidas em testes de realização.

criatividade A capacidade de produzir ideias e/ou soluções originais, apropriadas e valiosas para problemas.

pensamento divergente A capacidade de fornecer múltiplas soluções para problemas que não têm uma resposta clara.

Conduza sua própria pesquisa

Você pode usar a Figura 7.8 em um estudo simples que o ajudará a saber mais sobre a ameaça do estereótipo. Designe aleatoriamente alguns de seus colegas de aula ou amigos de ambos os sexos para condições de "ameaça do estereótipo" e "não ameaça do estereótipo". Diga aos da condição de ameaça que as tarefas na figura medem diferenças sexuais na capacidade cognitiva. Saliente que os homens frequentemente superam as mulheres no desempenho dessas tarefas. Diga aos participantes da condição de não ameaça que você tem que coletar dados sobre as tarefas para sua aula de psicologia. Pontue as respostas dos participantes aos conjuntos (a) até (d) como corretas ou incorretas de acordo com as explicações fornecidas na legenda da figura. Você deve descobrir que as mulheres na condição de ameaça cometem mais erros do que aquelas na condição de não ameaça. Os homens devem ter escores semelhantes em ambas.

Resumo

MEDINDO O PODER INTELECTUAL

7.1 Quais eram as abordagens de Binet e Terman para medir a inteligência?

- Os primeiros testes de inteligência, como o criado por Binet, visavam identificar crianças que poderiam ter dificuldade na escola. Os escores eram baseados na idade mental de uma criança. Terman adaptou o teste de Binet para uso nos Estados Unidos (o Stanford-Binet) e introduziu o termo *quociente de inteligência (QI)*. Os testes modernos de inteligência comparam o desempenho de uma criança ao de outras da mesma idade. Escores acima de 100 representam desempenho melhor que a média; escores abaixo de 100 representam desempenho mais insatisfatório do que a média.

7.2 Que testes de inteligência são usados hoje e como eles diferem dos anteriores?

- Os testes para crianças individualmente administrados usados com mais frequência são as revisões atuais do Stanford-Binet e as Escalas de Inteligência para Crianças de Wechsler (WISC). A WISC-IV fornece escores de QI separados para compreensão verbal, raciocínio perceptual, velocidade de processamento e memória operacional. As Escalas Bayley de Desenvolvimento Infantil e outros instrumentos de avaliação do desenvolvimento medem uma variedade de marcos motores e cognitivos nos primeiros dois ou três anos. Os testes de realização padronizados são semelhantes aos testes de inteligência, mas medem apenas informação que é aprendida na escola.

7.3 O quanto são estáveis os escores de QI durante a infância e a adolescência?

- Os escores de QI são bastante estáveis de uma testagem para a seguinte, especialmente à medida que uma criança fica mais velha. Mas os escores individuais de crianças podem flutuar ou mudar no decorrer da infância.

7.4 O que os escores de QI predizem?

- Os escores de teste de QI são prognosticadores bastante bons de desempenho escolar e anos de educação, uma correlação que fornece alguma evidência da validade dos testes. Uma limitação importante dos testes de QI é que eles não medem muitas outras facetas do funcionamento intelectual que poderiam ser de interesse.

EXPLICANDO DIFERENÇAS INDIVIDUAIS NOS ESCORES DE QI

7.5 O que os estudos de gêmeos e de adoção sugerem sobre os efeitos da hereditariedade e do ambiente sobre os escores de QI?

- Estudos de gêmeos idênticos e de crianças adotadas mostram claramente uma influência genética substancial nos escores de QI medidos. Esses estudos também mostram que o ambiente contribui para os escores de QI.

7.6 Como características familiares compartilhadas e não compartilhadas afetam os escores de QI?

- Crianças pobres têm escores consistentemente mais baixos em testes de QI do que crianças de famílias de classe média; crianças cujas famílias fornecem materiais de jogo adequados e encorajam o desenvolvimento intelectual têm escores mais altos em testes de QI. Crianças de famílias grandes podem estar sujeitas a uma diluição de recursos familiares que produz escores de QI sucessivamente mais baixos em cada filho.

7.7 De que formas intervenções precoces afetam os escores de QI e o desempenho escolar?

- A influência ambiental é demonstrada por aumentos em testes de desempenho ou no sucesso escolar entre crianças que estiveram em programas enriquecidos de pré-escola ou creche. As crianças que participam desses programas também têm menos probabilidade de necessitar de serviços de educação especial e mais probabilidade de formar-se no ensino médio.

7.8 De que formas a hereditariedade e o ambiente interagem para influenciar os escores de QI?

- Uma forma de explicar a interação de hereditariedade e ambiente é com o conceito de amplitude de variação: a hereditariedade determina alguma variação de potencial;

o ambiente determina o nível de desempenho dentro daquela variação. Além disso, os níveis de inteligência dos pais moldam os ambientes que eles criam para os filhos. A criança é exposta à influência parental tanto genética quanto ambientalmente.

EXPLICANDO DIFERENÇAS DE GRUPO NOS ESCORES DE TESTE DE QI E DE REALIZAÇÃO

7.9 Que ideias os teóricos propuseram para explicar diferenças étnicas nos escores de QI?

- Uma diferença consistente nos escores de QI de aproximadamente 10 a 12 pontos é encontrada entre crianças afro-americanas e brancas nos Estados Unidos. Parece mais provável que essa diferença seja devida a diferenças ambientais e culturais entre os dois grupos, tal como diferenças em saúde e cuidado pré-natal e no tipo de habilidades intelectuais ensinadas e enfatizadas em casa.

7.10 Que fatores contribuem para as diferenças interculturais nos escores de testes de QI e de realização?

- Alguns pesquisadores têm afirmado que as diferenças entre crianças asiáticas e americanas no desempenho em testes de realização de matemática resultam não de diferenças genéticas na capacidade, mas de diferenças na ênfase cultural na importância da realização acadêmica, no número de horas passadas fazendo lição de casa e no tipo (ou na abordagem) de ensino da matemática nas escolas.

7.11 Em que aspectos homens e mulheres diferem com relação a desempenho em testes de QI e de realização?

- Homens e mulheres não diferem em escores de teste de QI totais, mas diferem em algumas sub-habilidades. As maiores diferenças estão em medidas de raciocínio espacial, no qual os homens são consistentemente melhores.

BUSCANDO VISÕES ALTERNATIVAS DA INTELIGÊNCIA

7.12 Como os teóricos do processamento de informação explicam diferenças individuais nos escores de QI?

- A teoria do processamento de informação fornece aos desenvolvimentalistas uma abordagem alternativa à explicação de diferenças individuais na inteligência. Indivíduos de QI mais alto, por exemplo, parecem processar informação mais rapidamente e aplicar estratégias ou conhecimento de modo mais amplo.

7.13 O que é a teoria triárquica da inteligência?

- A teoria triárquica da inteligência sugere que os testes de QI medem apenas a inteligência analítica, um dos três aspectos da capacidade intelectual. De acordo com essa teoria, esses testes não medem nem a inteligência criativa nem a inteligência prática.

7.14 Quais são os vários tipos de inteligência propostos por Gardner?

- Gardner propôs oito tipos distintos de inteligência: linguística, lógico-matemática, espacial, corporal/cinestésica, musical, interpessoal, intrapessoal e naturalista.

7.15 Como os teóricos explicam a criatividade?

- Guilford sugeriu que a criatividade envolve pensamento divergente. Torrance propôs quatro dimensões de criatividade: fluência, flexibilidade, originalidade e elaboração. Ambos criaram testes para medir a criatividade que ainda são usados pelos pesquisadores.

Termos-chave

ambiente compartilhado (p. 211)
ambiente não compartilhado (p. 211)
amplitude de variação (p. 214)
competência (p. 206)
confiabilidade (p. 206)
criatividade (p. 224)
desempenho (p. 206)
déficit cumulativo (p. 211)
escala de QI total (p. 204)
Escalas Bayley de Desenvolvimento Infantil (p. 204)
idade mental (p. 202)
índice de compreensão verbal (p. 203)
índice de memória operacional (p. 204)
índice de raciocínio perceptual (p. 203)
índice de velocidade de processamento (p. 203)
inteligência (p. 201)
inteligência analítica (p. 222)
inteligência criativa (p. 222)
inteligência prática (p. 223)
inteligências múltiplas (p. 223)
pensamento divergente (p. 224)
quociente de inteligência (QI) (p. 202)
Stanford-Binet (p. 202)
teoria triárquica da inteligência (p. 222)
teste de realização (p. 205)
validade (p. 207)
WISC-IV (p. 203)
WPPSI-III (p. 203)

Desenvolvimento da Linguagem 8

Objetivos da Aprendizagem

Antes da primeira palavra: a fase pré-linguística

- 8.1 Quais são as características do arrulho e do balbucio?
- 8.2 O que os pesquisadores aprenderam sobre as habilidades de linguagem receptiva dos bebês?

Aprendendo palavras e significados de palavras

- 8.3 Quais são as tendências na aprendizagem de palavras durante os primeiros dois anos?
- 8.4 Como a aprendizagem de palavras prossegue na primeira infância e na meninice?
- 8.5 Quais são algumas das restrições propostas na aprendizagem de palavras?

Aprendendo as regras: o desenvolvimento da gramática e da pragmática

- 8.6 Como as primeiras frases das crianças diferem de holofrases?
- 8.7 Qual é a importância da explosão da gramática?
- 8.8 Que habilidades de gramática as crianças adquirem na pré-escola, no ensino fundamental e nos anos da adolescência?
- 8.9 Quais são os marcos do desenvolvimento da pragmática?

Explicando o desenvolvimento da linguagem

- 8.10 Como as teorias ambientais explicam o desenvolvimento da linguagem?
- 8.11 Que tipo de evidência apoia as teorias nativistas?
- 8.12 Como as teorias construtivistas diferem de outras abordagens?

Diferenças individuais e de grupo no desenvolvimento da linguagem

- 8.13 As diferenças na taxa de desenvolvimento da linguagem estão relacionadas a medidas posteriores de proficiência?
- 8.14 De que formas a linguagem varia entre grupos culturais?

Aprendendo a ler e a escrever

- 8.15 Qual é o papel da consciência fonológica na aprendizagem da leitura?
- 8.16 Que estratégias os educadores usam para ajudar as crianças a aprender a ler?
- 8.17 Que estratégias de ensino os educadores usam para ajudar alunos de língua inglesa?

Nos últimos anos, inúmeros programas voltados ao ensino da linguagem de sinais a bebês que podem ouvir foram desenvolvidos. Os autores e os editores desses programas alegam que adquirir a linguagem de sinais aceleraria o processo de desenvolvimento da linguagem, permitindo que as crianças adquirissem vocabulários e estruturas gramaticais mais complexas do que outras da mesma idade. Como resultado, no futuro elas seriam melhores leitores e melhores alunos. Relatos anedóticos sobre os benefícios de ensinar sinais a bebês são encontrados nas dezenas de páginas da internet que comercializam produtos de treinamento de linguagem de sinais a pais ansiosos (por exemplo, babysigns.com, sign2me.com). Você

Os chimpanzés podem aprender com razoável facilidade sinais para objetos ou ações individuais e podem entender e seguir instruções bastante complexas. Aqui, Nim Chimpsky, um dos primeiros chimpanzés treinados para usar sinais para se comunicar, sinaliza "Eu entendo". Mas é aconselhável ensinar bebês humanos a usar linguagem de sinais?

aprendeu no Capítulo 1 que os cientistas do desenvolvimento abordam essas alegações perguntando se há evidência as apoiando.

O pesquisador Cyne Johnston e colaboradores na Universidade de Ottawa, em Waterloo, realizaram uma revisão extensiva de programas de treinamento de linguagem de sinais para bebês com audição normal (Johnston, Durieux-Smith e Bloom, 2005). Eles identificaram dezenas desses programas e verificaram que a maioria incluía auxílios de treinamento como videos e *flashcards*. Além disso, todos os programas alegavam intensificar o desenvolvimento da linguagem e citavam pesquisa em apoio a suas alegações.

Em seguida, a equipe de Johnston examinou os métodos e os achados dos estudos citados para determinar se as alegações de apoio dos autores eram justificadas. Johnston e colaboradores concluíram que quase todos os estudos tinham sido realizados de formas que tornavam impossível determinar se algum dos programas de treinamento realmente influenciava o desenvolvimento da linguagem. Em sua maioria, os estudos não possuíam métodos experimentais, como designação aleatória, que apoiasse as alegações de causalidade. Além disso, muitos deixaram de controlar variáveis, tais como entusiasmo parental, que poderiam explicar os efeitos do programa. Alguns envolviam números muito pequenos de participantes e métodos de pesquisa puramente descritivos como observação naturalista e estudos de caso.

Com base em suas análises, Johnston e colaboradores concluíram que não há evidências de que ensinar bebês com audição normal a usar linguagem de sinais aumenta seu desenvolvimento da linguagem. Os pesquisadores observaram, entretanto, que ensinar linguagem de sinais a bebês não parece ser prejudicial ao processo de desenvolvimento da linguagem falada. Consequentemente, se os pais acham útil ou divertido fazê-lo, não parece haver qualquer razão por que eles não devam.

Essas conclusões significam que os pais não têm influência sobre o desenvolvimento da linguagem dos bebês? Obviamente não, porque, no mínimo, uma criança deve ter estímulo linguístico e ser capaz de iniciar interações linguísticas com outras pessoas a fim de adquirir linguagem. Portanto, como você verá durante todo este capítulo, tanto amadurecimento quanto experiência são críticos para o desenvolvimento da linguagem.

fonologia Os padrões sonoros de uma língua em particular e as regras para combiná-los.

semântica O sistema de significado de uma determinada língua e as regras para transmitir significado.

sintaxe As regras para formar frases em uma língua em particular.

Antes da primeira palavra: a fase pré-linguística

Antes de nos aprofundarmos no tema de desenvolvimento da linguagem, precisamos ser claros sobre exatamente o que estamos estudando. A linguagem tem diversas dimensões. Os padrões sonoros que uma determinada língua usa e as regras que governam esses padrões são sua **fonologia**. **Semântica** se refere a como a linguagem representa significado. As regras que uma língua usa para combinar palavras em frases são conhecidas como **sintaxe**. Você verá cada um desses termos novamente quando traçarmos o desenvolvimento da linguagem desde seu primórdios pré-verbais até o surgimento da fluência linguística verdadeira muitos anos mais tarde.

Os chimpanzés podem aprender a se comunicar usando linguagem de sinais ou apontando para sequências de símbolos. Entretanto, em muitos casos, é preciso muito esforço para ensiná-los a usar **linguagem expressiva** – sons, sinais ou símbolos que comunicam significado (Savage-Rumbaugh et al., 1993). Em contraste, como Flavel (1985, p. 248) coloca, "medidas draconianas seriam necessárias para prevenir a maioria das crianças de aprender a falar". E como qualquer pai pode lhe dizer, uma vez que as crianças aprendam, é virtualmente impossível fazê-las calar a boca! O processo de desenvolvimento da linguagem começa meses antes de o bebê falar sua primeira palavra, um período denominado **fase pré-linguística.**

Primeiros sons e gestos

> **Objetivo da aprendizagem 8.1**
> Quais são as características do arrulho e do balbucio?

A primeira habilidade perceptual de um bebê não é combinada imediatamente com muita habilidade em produzir sons. Do nascimento até aproximadamente 1 mês, o som mais comum que um bebê faz é o choro, embora os bebês também possam fazer outros sons de agitação, gorgolejo (gu-gu) e satisfação. Esse repertório de sons se amplia em cerca de 1 ou 2 meses com a adição de alguma risada e o **arrulho** – fazer sons repetitivos de vogal, como *uuuuuu*. Sons como esse são geralmente sinais de prazer e podem apresentar bastante variação, incluindo aumentos e diminuições no volume ou na intensidade.

Sons de consoante aparecem apenas em torno dos 6 ou 7 meses, quando pela primeira vez o bebê tem o controle muscular necessário para combinar o som de uma consoante com o som de uma vogal. Dos 6 meses em diante, há um rápido aumento na quantidade de combinações de vogal-consoante. Esse tipo de vocalização, denominado **balbucio**, constitui aproximadamente metade dos sons de não choro dos bebês dos 6 aos 12 meses (Mitchell e Kent, 1990).

O balbucio muito precoce envolve cadeias repetitivas das mesmas sílabas, como *dadadada* ou *nananana* ou *iaiaiaia*. Os adultos acham o balbucio agradável de escutar; Lois Bloom (1998), um dos primeiros teóricos e observadores da linguagem de crianças, salienta que essas novas combinações de sons também são muito mais fáceis para o adulto imitar do que os primeiros sons do bebê, porque o balbucio tem mais do ritmo e do som da fala adulta. O jogo imitativo que pode então se desenvolver entre pai e filho não é apenas um prazer para ambos, mas pode ajudar o bebê a aprender a língua.

O balbucio é uma parte importante da preparação para a linguagem falada também de outras formas. Em primeiro lugar, os desenvolvimentalistas observaram que o balbucio dos bebês gradualmente adquire alguns dos padrões de entonação da língua que eles estão ouvindo – um processo a que Elizabeth Bater se refere como "aprender a melodia antes das palavras" (Bates, O'Connell e Shore, 1987). De qualquer maneira, os bebês parecem desenvolver ao menos duas dessas melodias em seu balbucio. Balbucio com uma entonação ascendente ao final de uma cadeia de sons parece sinalizar um desejo por uma resposta; uma entonação descendente não requer resposta.

Uma segunda coisa importante sobre o balbucio é que quando os bebês começam a balbuciar pela primeira vez, normalmente experimentam todos os tipos de sons, incluindo alguns que não fazem parte da língua que estão ouvindo. Então, a partir dos 9 ou 10 meses, o repertório de sons dos bebês gradualmente começa a mudar para um conjunto de sons aos quais eles estão escutando, com o desaparecimento dos sons não ouvidos – um padrão que corresponde claramente aos achados da pesquisa de Werker, ilustrada na Figura 5.4, e que reflete o que os psicólogos sabem sobre o início do desenvolvimento sináptico e a poda (Werker e Tees, 2005). Achados como esses não provam que o balbucio é necessário para o desenvolvimento da linguagem, mas certamente fazem parecer como se o balbucio fosse parte de um processo evolutivo conectado que começa no nascimento.

Outra parte desse processo evolutivo conectado parece ser um tipo de linguagem gestual que se desenvolve próximo do final do primeiro ano (Goldin-Meadow, 2007a) (ver *Refle-*

linguagem expressiva Sons, sinais ou símbolos usados para comunicar significado.

fase pré-linguística O período antes de uma criança falar suas primeiras palavras.

arrulho Sons vocálicos repetitivos, particularmente o som *uuu*; o comportamento se desenvolve cedo no período pré-linguístico, quando os bebês estão entre 1 e 4 meses.

balbucio A vocalização repetitiva de combinações consoante-vogal por um bebê, tipicamente começando por volta dos 6 meses.

O que você acha que essa menininha está "dizendo" com seu gesto de apontar? Antes de falar suas primeiras palavras, os bebês sucessivamente usam gestos e linguagem corporal de formas consistentes para comunicar significado.

REFLEXÃO SOBRE A PESQUISA

Linguagem de sinais e gestos em crianças surdas

Como você aprendeu, os gestos desempenham um papel comunicativo importante nas vidas de bebês que estão próximos de seu primeiro aniversário (Goldin-Meadow, 2007a). Mas considere o caso de crianças que não podem ouvir e cujos pais usam linguagem de sinais para se comunicar com elas. Você poderia pensar que crianças que adquirem linguagem de sinais não aprenderiam também a usar gestos, mas esse não é o caso.

Os marcos do desenvolvimento da linguagem tanto verbal como não verbal em crianças surdas são altamente semelhantes aos de crianças que podem ouvir. Crianças surdas demonstram um tipo de balbucio que surge entre 5 e 7 meses; as crianças que podem ouvir começam a balbuciar sons nesses mesmos meses (Takei, 2001). Curiosamente, as crianças surdas também vocalizam de forma muito semelhante ao balbucio de bebês que podem ouvir, uma indicação de que o balbucio é mais fortemente influenciado pela manutenção do que pelo ambiente. Então, poucos meses antes de seu primeiro aniversário, crianças surdas começam a usar gestos simples, tais como apontar; isso ocorre aproximadamente na mesma época em que vemos esses gestos em bebês que podem ouvir (Goldin-Meadow, 2007b). Em torno dos 12 meses, os bebês surdos exibem seus primeiros sinais referenciais, que são análogos às primeiras palavras faladas de bebês que podem ouvir. Curiosamente, entretanto, esses sinais referenciais não substituem os gestos que apareceram alguns meses antes. Em vez disso, como os bebês que podem ouvir e que estão aprendendo a falar, os bebês que estão aprendendo sinais usam tanto sinais referenciais como gestos para se comunicar.

A pesquisadora Susan Goldin-Meadow (2007b) afirma que, tanto nos bebês que podem ouvir como nos bebês surdos, a comunicação gestual assume um papel subordinado à linguagem estruturada, uma vez que começa a se desenvolver. Portanto, com 1 ano, bebês que não podem ouvir usam duas formas de comunicação manual: o início da linguagem de sinais estruturada e gestos que amplificam mensagens sinalizadas ou comunicam informação que não pode ser expressada na linguagem de sinais. Da mesma forma, bebês que podem ouvir estão apenas começando a desenvolver linguagem falada estruturada, e eles também usam gestos como auxílio à comunicação. Essa notável semelhança na sequência e no momento dos passos do início da linguagem em bebês surdos e que podem ouvir fornece um forte apoio para o argumento de que o bebê humano é de algum modo preparado para aprender a linguagem. Além disso, essa preparação envolve tanto componentes referenciais, gramaticais (palavras, sinais) quanto componentes não verbais (gestos) de comunicação.

Questões para análise crítica

1. Observamos que o surgimento da vocalização em bebês surdos ao mesmo tempo em que o balbucio aparece em bebês que podem ouvir apoia a ideia de que o amadurecimento influencia fortemente o desenvolvimento da linguagem. O aparecimento de gestos em crianças surdas aproximadamente no mesmo tempo que em crianças que podem ouvir também apoia essa hipótese? Por quê ou por que não?
2. Em sua opinião, quais são os benefícios e os riscos associados a ser o filho que ouve de pais surdos?

---

xão sobre a pesquisa). Apontar é o gesto mais comum que os bebês usam. Entretanto, não é raro ver um bebê dessa idade pedir coisas usando uma combinação de gestos e sons. Um bebê de 10 meses que aparentemente quer que você lhe alcance um brinquedo favorito pode esticar o braço e tentar pegá-lo, abrindo e fechando sua mão, fazendo sons queixosos ou outros ruídos de partir o coração. É impossível não reconhecer o significado. Aproximadamente na mesma idade, os bebês entram naqueles jogos gestuais adorados pelos pais, como "jogo de palmas", "tããããooooo grande", ou "dar adeuzinho" (Bates et. al., 1987).

Objetivo da aprendizagem 8.2
O que os pesquisadores aprenderam sobre as habilidades de linguagem receptiva dos bebês?

Linguagem receptiva

Curiosamente, os primeiros sinais de que um bebê entende o significado de determinadas palavras faladas para ele (que os linguistas denominam **linguagem receptiva**) também se tornam evidentes por volta dos 9 ou 10 meses (MacWhinney, 2005). Larry Fenson e colaboradores (1994) perguntaram a centenas de mães sobre o entendimento de seus bebês de várias palavras. As mães de bebês de 10 meses identificaram uma média de aproximadamente 30 palavras que seus bebês entendiam; para bebês de 13 meses, esse número chegou a quase 100 palavras. Visto que bebês de 9 a 13 meses geralmente falam poucas palavras individuais, se falarem, achados como esses tornam claro que a linguagem receptiva vem antes da linguagem expressiva. As crianças entendem antes de poderem falar. Bebês de 9 ou 10 meses já estão aprendendo ativamente a língua à qual estão escutando. Não apenas podem entender algumas instruções simples, mas também podem se beneficiar da exposição a uma série rica de linguagem,

Essas informações apontam para uma série de mudanças que parecem ocorrer juntas aos 9 ou 10 meses: o início de gestos significativos, a orientação do balbucio para os sons da linguagem ouvida, a primeira participação em jogos gestuais imitativos e a primeira compreensão de palavras individuais. É como se a criança agora entendesse alguma coisa sobre o processo de comunicação e estivesse pretendendo comunicar para o restante do mundo.

linguagem receptiva Compreensão da linguagem falada.

Aprendendo palavras e significados de palavras

Em algum ponto no meio de todo o balbucio, as primeiras palavras aparecem, tipicamente em torno dos 12 ou 13 meses (Fenson et al., 1994). Uma vez que tenha aprendido as primeiras palavras, o bebê inicia o trabalho de identificar ligações específicas entre palavras e objetos ou ações que elas representam.

As primeiras palavras

> **Objetivo da aprendizagem 8.3**
> Quais são as tendências na aprendizagem de palavras durante os primeiros dois anos?

Uma *palavra*, como os linguistas geralmente a definem, é qualquer som ou conjunto de sons usado consistentemente para se referir a alguma coisa, ação ou qualidade. Mas para uma criança, uma palavra pode ser qualquer som; não precisa ser um som que combine com palavras que os adultos estão usando. Brenda, uma menininha estudada por Ronald Scollon (1976), usou o som *nenê* como uma de suas primeiras palavras. Ela parecia significar sobretudo comida líquida, uma vez que ela a usava para "leite", "suco" e "mamadeira", mas também a usava para se referir a "mãe" e "sono". (Algumas das outras primeiras palavras de Brenda estão listadas na coluna da esquerda da Tabela 8.1.)

Frequentemente, as primeiras palavras de uma criança são usadas apenas em uma ou duas situações específicas e na presença de muitas sugestões. A criança pode dizer "totó" ou "au-au" apenas em resposta a estímulos como "O que é isso?" ou "Como o totó faz?". Tipicamente, essa primeira aprendizagem de palavras é muito lenta, exigindo muitas repetições para cada palavra. Nos primeiros seis meses de uso da palavra (aproximadamente entre 12 e 18 meses), as crianças podem aprender a dizer até 30 palavras. A maioria dos linguistas (Nelson, 1985) concluiu que, na fase mais primitiva de uso, a criança aprende cada palavra como alguma coisa relacionada a um conjunto de contextos específicos. A criança pequena aparentemente ainda não entendeu que as palavras são simbólicas – que elas se referem a objetos ou eventos independente do contexto.

Tabela 8.1 Vocabulário de Brenda aos 14 e aos 19 meses

14 Meses	19 meses*		
aw u (eu quero, não quero)	bebê	bonito	barco
nau (não)	urso	laranja	osso
d di (papai, bebê)	cama	lápis	
d yu (caiu, boneca)	grande	branco	damas
nene (comida líquida)	azul	papel	corte
e (sim)	Brenda	caneta	Eu faço
ada (outro)	biscoito	vê	salto
	papai	sapato	
	comer	doente	Pogo
	em (na, no)	nadar	Ralph
	cavalo(inho)	fita	você também
	mama	caminhar	
	mamãe	opaopa	

*Brenda na verdade não pronunciava todas essas palavras como um adulto faria. As colunas mostram a versão adulta, uma vez que é mais fácil de ler.

Fonte: R. Scollon, *Conversations with a one-year-old*. Honolulu: University of Hawaii Press, 1976, p. 47, 57-58.

Em algum ponto entre os 16 e os 24 meses, após o lento período inicial de aprendizagem de palavras, a maioria das crianças começa a acrescentar palavras novas rapidamente, como se tivessem entendido que as coisas têm nomes. De acordo com o extenso estudo transversal de Fenson, baseado nos relatos de mães, a criança média de 16 meses tem um vocabulário de aproximadamente 50 palavras (uma mudança que você pode ver ilustrada pelo vocabulário dos 19 meses da pequena Brenda, na Tabela 8.1); aos 24 meses, esse vocabulário se multiplico mais que seis vezes para aproximadamente 320 palavras (Fenson et al., 1994). Um estudo paralelo na Itália, feito por Elizabeth Bates e colaboradores (Caselli, Casadio e Bates, 1997), mostrou que essa taxa rápida de crescimento do vocabulário não é restrito a crianças que estão aprendendo inglês. Nessa nova fase, as crianças parecem aprender palavras novas após pouquíssimas repetições e começam a generalizar essas novas palavras para muitas outras situações.

Para a maioria das crianças, a explosão de nomeação não é um processo regular, gradual; antes, um estirão de vocabulário começa quando a criança adquiriu em torno de 50 palavras. Você pode ver esse padrão na Figura 8.1, que mostra as curvas de crescimento do vocabulário de seis crianças estudadas longitudinalmente por Goldfield e Reznick (1990); o mesmo padrão também foi encontrado por outros pesquisadores (Bloom, 1993). Nem todas as crianças apresentam precisamente esse padrão (Ganger e Brent, 2001). No estudo de Goldfield e Reznick, por exemplo, 13

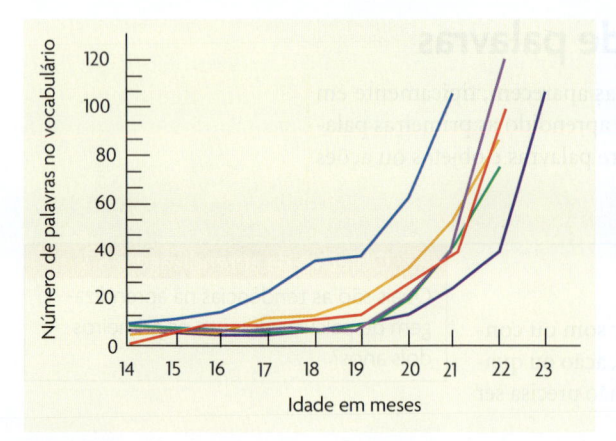

Figura 8.1 Crescimento do vocabulário

Cada linha nessa figura representa o crescimento do vocabulário de uma das crianças acompanhadas por Goldfield e Reznick em seu estudo longitudinal.

(*Fonte:* B.A. Goldfield e J.S. Reznick, Figura 3, p. 177, "Early lexical acquisition: Rate, content, and the vocabulary spurt". *Journal of Child Language*, 17 (1990), 171-183. Com permissão da Cambridge University Press.)

subextensão O uso de palavras para aplicar apenas a objetos específicos, como o uso de uma criança da palavra *xícara* para se referir apenas a uma determinada xícara.

superextensão O uso inadequado de uma palavra para designar uma categoria inteira de objetos, como quando uma criança usa a palavra *kitty* para se referir a todos os objetos inanimados.

crianças apresentaram um estirão de vocabulário; outras 11 crianças seguiram padrões de crescimento variáveis, incluindo diversas que não apresentaram nenhum estirão, mas apenas aquisição gradual de vocabulário. Contudo, um aumento rápido durante um período de poucos meses é o padrão mais comum.

Durante esse primeiro período de rápido crescimento do vocabulário, a maioria das palavras novas são nomes para coisas ou pessoas. Palavras verbais (verbos) tendem a se desenvolver mais tarde, talvez porque elas rotulam mais relacionamentos entre objetos do que apenas objetos individuais (Bates et al., 1994; Gleitman e Gleitman, 1992). Por exemplo, no grande estudo transversal de Fenson (1994), 63% das palavras que as mães disseram que seus filhos sabiam aos 2 anos eram substantivos, enquanto apenas 8,5% eram verbos. Estudos de crianças aprendendo outras línguas mostram padrões muito semelhantes, como se pode ver na Tabela 8.2.

Alguns estudos sugerem que a aprendizagem de substantivo pode preceder a aprendizagem de verbo porque os bebês não possuem a capacidade de associar consistentemente palavras a ações até cerca dos 18 meses (Casasola e Cohen, 2000). Entretanto, a pesquisa translinguística recente também sugere que pais que falam inglês, comparados a pais que falam coreano, por exemplo, enfatizam substantivos mais do que verbos quando falam e leem para os bebês (Choi, 2000). Portanto, o padrão de aprendizagem substantivo-antes-de-verbo pode ser influenciado pelas características da língua que está sendo aprendida, bem como pelo comportamento de oradores maduros em relação ao bebê.

A pesquisa indica que **subextensão** – o uso de uma palavra para apenas um objeto específico ou em um único contexto – é mais comum nos primeiros estágios do desenvolvimento do vocabulário, particularmente antes da explosão de nomeação (MacWhinney, 2005), que sugere que

Tabela 8.2 Primeiras palavras adquiridas por crianças em quatro culturas

	Menino alemão	Menina inglesa	Menina turca	Menina chinesa
Palavras para pessoas ou coisas	Mommy	Mommy	Mama	Momma
	Papa	Daddy	Daddy	Papa
	Gaga	babar	Aba	avó
	bebê	bebê	bebê	cavalo
	cachorro	cachorro	comida	galinha
	pássaro	dolly	maçã	arroz cru
	gato	kitty	banana	arroz cozido
	leite	suco	pão	macarrão
	bola	livro	bola	flor
	nariz	olho	lápis	relógio
	lua	lua	toalha	lâmpada
Palavras que não são nomes	choro	corrida	choro	vai
	vem	foi	vem	vem
	comer	mais	põe	pegar
	sono	adeuzinho	foi embora	não quer
	quer	quer	quer	medo
	não	não	olá	obrigado
Porcentagem total de palavras que são nomes	67%	69%	57%	59%

Fonte: Gentner, 1992.

a maioria das crianças inicialmente considera as palavras como dizendo respeito a apenas uma coisa, em vez de sendo nomes para categorias.

Uma vez iniciada a explosão de nomeação, entretanto, a criança parece entender a ideia de que palavras acompanham categorias, e a **superextensão** – o uso de uma única palavra para uma categoria inteira de objetos ou em múltiplos contextos – se torna mais comum. Nesse estágio, temos mais probabilidade de ouvir a palavra *kitty* aplicada a cães ou porquinhos-da-índia do que de ouvi-la usada para apenas um animal ou para um grupo muito pequeno de animais ou objetos (Clark, 1983). Todas as crianças parecem apresentar superextensão, mas as classes particulares que uma criança cria são únicas àquela criança. Uma criança que Eve Clark observou usava a palavra *bola* para se referir não apenas a bolas de brinquedo, mas também a rabanetes e pedras redondas nas entradas do parque. Outra criança usava a palavra *bola* para se referir a maçãs, uvas, ovos e ao badalo de um sino (Clark, 1975).

Essas superextensões podem relevar alguma coisa sobre a forma como crianças pequenas pensam – por exemplo, que elas têm classes amplas. Entretanto, linguistas como Clark salientam que essas crianças não sabem muitas palavras. Uma criança que quer chamar atenção para um cavalo pode não saber a palavra *cavalo* e, então, em vez disso, dizer *cachorro*. A superextensão pode, portanto, se originar do desejo da criança de se comunicar e pode não ser evidência de que a criança não consegue fazer as discriminações específicas. À medida que a criança aprende os rótulos separados aplicados aos diferentes subtipos de criaturas peludas de quatro patas, a superextensão desaparece.

Para a maioria das crianças pequenas, a palavra *bola* representa uma variedade de objetos redondos: bolas de vários tipos, frutas redondas, como laranjas e pêssegos e objetos decorativos como globos e pesos de papel.

Aprendizagem posterior de palavras

Objetivo da aprendizagem 8.4
Como a aprendizagem de palavras prossegue na primeira infância e na meninice?

Durante os anos de pré-escola, as crianças continuam a adicionar palavras a uma velocidade notável. Aos 2,5 anos, o vocabulário médio é de aproximadamente 600 palavras, cerca de um quarto das quais são verbos (Bates et al., 1994); aos 5 ou 6 anos, o vocabulário total aumentou para cerca de 15.000 palavras – um aumento assombroso de 10 palavras por dia (Pinker, 1994). O que justifica essa taxa espantosa de aprendizagem de palavras? Os pesquisadores verificaram que uma mudança significativa na forma como as crianças abordam palavras novas acontece em torno dos 3 anos. Como resultado dessa mudança, as crianças começam a prestar atenção a palavras em grupos inteiros, tais como palavras que nomeiam objetos em uma única classe (tipos de dinossauros ou tipos de fruta) ou palavras com significados semelhantes. De certo modo, o entendimento da natureza categórica das palavras ajuda as crianças a desenvolver o que poderíamos considerar "fendas" mentais para palavras novas. Uma vez que as fendas estejam prontas, as crianças parecem automaticamente organizar o estímulo linguístico que recebem de pais, professores, colegas, livros, programas de televisão, propagandas e todas as outras fontes de linguagem para extrair palavras novas e preencher as fendas o mais rapidamente possível.

mapeamento rápido A capacidade de ligar categoricamente novas palavras a referentes do mundo real.

Os psicólogos usam o termo **mapeamento rápido** para se referir a essa capacidade de ligar categoricamente palavras novas a referentes do mundo real (Carey e Bartlett, 1978). (*Referentes* são objetos e eventos reais aos quais as palavras se referem.) No centro do mapeamento rápido, dizem os pesquisadores, está uma hipótese rapidamente formada sobre o significado de uma palavra nova (Behrend, Scofield e Kleinknecht, 2001). A hipótese é baseada em informação derivada do conhecimento anterior da criança sobre palavras e categorias de palavras e sobre o contexto no qual a palavra é usada. Uma vez formada, a hipótese é testada através do uso da palavra na própria fala da criança, em geral imediatamente após aprendê-la. O *feedback* que a criança recebe em resposta ao uso da palavra a ajuda a julgar a correção da hipótese e a adequação da categoria à qual ela supôs que a palavra pertencesse. Talvez isso ajude a explicar por que pré-escolares falam tanto e por que são tão persistente em fazer seus ouvintes responderem ativamente.

Esta criança pequena conhece a palavra *boneca* porque tinha primeiro um conceito e mais tarde aprendeu a palavra ou aprendeu a palavra primeiro e então criou uma categoria ou um conceito para acompanhá-la?

Estudos experimentais demonstraram que o mapeamento rápido é evidente já aos 18 meses. Nesses estudos, os pesquisadores ensinam a crianças pequenas palavras novas que representam categorias facilmente identificáveis e, então, após um período de tempo, medem a aprendizagem delas de palavras relacionadas. Por exemplo, o mapeamento rápido deve permitir que uma criança a quem foi ensinada a palavra *mesa* adquira a palavra *cadeira* por conta própria mais rapidamente do que uma criança que não estava familiarizada com a palavra *mesa*. Esses estudos mostram que quando as crianças são testadas algumas semanas após receber instrução de vocabulário, elas têm maior probabilidade do que crianças que não foram instruídas de entender e usar palavras relacionadas, mas diferentes daquelas que elas aprenderam (Gershkoff-Stowe e Hahn, 2007).

Na meninice, as crianças continuam a adicionar vocabulário a uma taxa de 5 a 10 mil palavras por ano. Esse número vem de diversos estudos cuidadosos realizados por Jeremy Anglin (1993, 1995; Skwarchuk e Anglin, 2002), que estima os vocabulários totais de crianças testando-as em uma amostra de palavras extraídas aleatoriamente de um grande dicionário. A Figura 8.2 mostra as estimativas de Anglin para crianças de 1ª, 3ª e 5ª séries. Anglin acredita que o maior ganho da 3ª para a 5ª série ocorre no conhecimento do tipo de palavras que ele chama de "palavras derivadas" – palavras como *felizmente* ou *indesejável*, que têm uma raiz básica à qual algum prefixo ou sufixo é acrescentado. Anglin afirma que em torno dos 8 ou 9 anos, a criança muda para um novo nível de entendimento da estrutura da língua, compreendendo relações entre categorias inteiras de palavras, como entre adjetivos e advérbios (*feliz* e *felizmente*, *triste* e *tristemente*) e entre adjetivos e substantivos (*feliz* e *felicidade*). Uma vez ciente dessas relações, a criança pode entender e criar conjuntos inteiros de palavras novas, e seu vocabulário daí em diante aumenta com grande rapidez.

Figura 8.2 Crescimento do vocabulário na meninice

As estimativas de Anglin do vocabulário total de estudantes de 1ª, 3ª e 5ª séries.

(*Fonte*: De "Word Learning and the Growth of Potentially Knowable Vocabulary", por Jeremy M. Anglin (1995), p. 7, Fig. 6. Com permissão de Jeremy M. Anglin.)

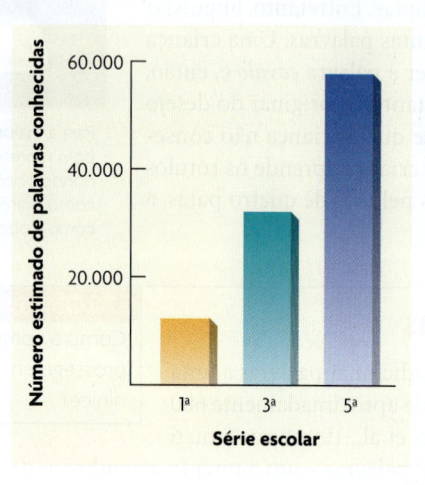

Restrições à aprendizagem de palavras

Objetivo da aprendizagem 8.5
Quais são algumas das restrições propostas na aprendizagem de palavras?

Um assunto calorosamente debatido entre linguistas nos últimos anos é justamente como uma criança entende a que parte de uma cena uma palavra pode se referir. O exemplo clássico: uma criança vê um cachorro marrom correndo pela grama com um osso na boca. Um adulto aponta e diz "totó". Por essa experiência, supõe-se que a criança de algum modo entenda que *totó* se refere ao animal e não a "correr", "cachorro com osso", "cor marrom", "grama" ou qualquer outra combinação de elementos em toda a cena.

Muitos linguistas propuseram que uma criança poderia lidar com essa tarefa bastante complexa apenas se operasse com alguma tendência inata ou **restrições** (Golinkoff, Mervis e Hirsh-Pasek, 1994; Waxman e Kosowski, 1990; Woodward e Markman, 1998). Por exemplo, a criança pode ter uma suposição inata de que as palavras se referem a objetos inteiros e não a suas partes ou atributos – isso é referido como *restrição do objeto inteiro* (Hollich, Golinkoff e Hirsh-Pasek, 2007). A *restrição de exclusividade mútua* leva as crianças a supor que os objetos têm apenas um nome (Markman, Wasow e Hansen, 2003).

Outra restrição inata é o **princípio do contraste**, suposição de que cada palavra tem um significado diferente. Portanto, se uma palavra nova é usada, ela deve se referir a algum objeto diferente ou a um aspecto diferente de um objeto (Clark, 1990). Por exemplo, em um estudo anterior amplamente citado, Carey e Bartlett (1978) interromperam uma sessão de jogos com crianças de 2 e 3 anos apontando para duas bandejas e dizendo "Traga-me a bandeja cromada, não a vermelha, apenas a cromada". Essas crianças já conheciam a palavra *vermelho*, mas não conheciam a palavra *cromada*. Contudo, a maioria delas foi capaz de seguir a instrução e trazer a bandeja que não era vermelha. Além disso, uma semana mais tarde, aproximadamente metade das crianças lembrava que a palavra *cromada* se referia a alguma cor e que a cor "não era vermelho". Portanto, elas aprenderam algum significado por contraste.

restrição Conforme usado em discussões de desenvolvimento da linguagem, uma suposição que se presume ser inata ou aprendida cedo (uma "opção padrão") pela qual uma criança entende a que as palavras se referem. Exemplos incluem o princípio do contraste e a restrição do objeto inteiro.

princípio do contraste A suposição de que toda palavra tem um significado diferente; isso leva uma criança a supor que duas ou mais palavras diferentes se referem a objetos diferentes.

Os primeiros proponentes das restrições afirmavam que essas tendências são inatas – estabelecidas dentro do cérebro de alguma forma. Outra alternativa é que a criança aprende as várias restrições com o passar do tempo. Por exemplo, Carolyn Mervis e Jacquelyn Bertrand (1994) verificaram que nem todas as crianças entre as idades de 16 e 20 meses usam o princípio do contraste para aprender o nome de um objeto novo, desconhecido. As crianças nessa amostra que usaram tal princípio tinham vocabulários maiores e tinham maior probabilidade de serem boas em separar objetos em categorias. Resultados como esses sugerem que as restrições podem ser uma forma altamente útil de as crianças aprenderem palavras rapidamente, mas que elas podem ser mais um produto de desenvolvimento cognitivo/linguístico do que a base para ele.

Um argumento mais radical contra a noção de restrições inatas vem de Katherine Nelson (1988), que salienta que uma criança raramente encontra uma situação na qual um adulto aponta vagamente e diz alguma palavra. Outros teóricos também enfatizam que as situações nas quais as crianças ouvem palavras novas são ricas de sugestões para ajudá-las a entender a que as palavras podem se referir – incluindo as expressões faciais dos pais, a ênfase em suas palavras e o contexto completo no qual as palavras novas são ditas (MacWhinney, 2005). Na medida em que isso é verdadeiro, então, a criança não necessita de uma coleção de restrições a fim de entender palavras novas.

Suponha que esta menininha já conheça a palavra *flor*. Se sua mãe apontar para a flor e disser "pétala", ela provavelmente pensará que *flor* e *pétala* significam a mesma coisa? De acordo com o princípio do contraste, ela não se confundirá, porque as crianças abordam a aprendizagem de palavras com a suposição de que cada palavra tem um significado diferente. Portanto, ela presumirá que *pétala* se refere a algum aspecto da flor cujo nome ela ainda não conhece.

Aprendendo as regras: o desenvolvimento da gramática e da pragmática

Após aprender as primeiras palavras, o próximo grande passo que a criança dá é começar a enfileirar palavras para formar frases. As crianças começam combinando palavras isoladas, gestos e entonações vocais. Em seguida, elas juntam duas palavras, então três, quatro e mais. As primeiras frases de duas palavras geralmente são formadas entre as idades de 18 e 24 meses.

Holofrases e primeiras frases

> **Objetivo da aprendizagem 8.6**
> Como as primeiras frases das crianças diferem de holofrases?

Assim como as primeiras palavras faladas são precedidas por gestos aparentemente significativos, as primeiras frases de duas palavras também têm precursores gestuais. As crianças pequenas frequentemente combinam uma única palavra com um gesto para criar um "significado de duas palavras" antes de realmente usarem duas palavras juntas em sua fala. Bates sugere um exemplo: uma criança pode apontar para o sapato do papai e dizer "papai", como se para comunicar "sapato do papai". Ou ela pode dizer "biscoito!" enquanto simultaneamente estende a mão e abre e fecha os dedos, como se para dizer "me dá biscoito!" (Bates et al., 1987). Em ambos os casos, o significado transmitido pelo uso de gesto e linguagem corporal combinados a uma palavra é mais do que aquele da palavra sozinha. Os linguistas chamam essas combinações de palavra e gesto de **holofrases**; elas são comuns entre as idades de 12 e 18 meses.

Quando as crianças realmente começam a falar frases de duas palavras, rapidamente passam por uma série de passos e estágios. As primeiras frases – que Roger Brown, um famoso observador da linguagem infantil, chamou de *gramática do estágio 1* – têm diversos aspectos característicos: elas são curtas (geralmente duas ou três palavras) e simples. Substantivos, verbos e adjetivos são geralmente incluídos, mas virtualmente todos os marcadores puramente gramaticais (que os linguistas chamam de *inflexões*) estão faltando. No início, por exemplo, as crianças que estão aprendendo inglês normalmente não acrescentam *–s* às terminações dos substantivos que os tornam plurais, não colocam a terminação *–ed* nos verbos para formar o passado, ou usam *–'s* para os

holofrase Uma combinação de um gesto e uma única palavra que transmite mais significado do que a palavra sozinha; frequentemente vista e ouvida em crianças entre 12 e 18 meses.

Tabela 8.3 Alguns significados que as crianças expressam em suas frases simples mais primitivas

Significado	Exemplos
Agente-ação	Sara comer; Papai salta
Ação-objeto	Comer biscoito; ler livro
Objeto possuidor-possuído	Meia mamãe; almoço Timmy
Ação-localização	Vem aqui; brincar fora
Objeto-localização	Suéter cadeira; suco mesa
Atributo-objeto	Livro grande; casa vermelha
Nomeação	Aquele biscoito; o cachorro
Recorrência	Mais suco; outro livro

Fonte: Maratsos, 1983.

fala telegráfica Termo usado por Roger Brown para descrever as primeiras frases criadas pela maioria das crianças, que soam um pouco como telegramas porque incluem substantivos e verbos essenciais, mas geralmente omitem todas as outras palavras e inflexões gramaticais.

super-regularização As aplicações de crianças pequenas de regras básicas a palavras irregulares.

verbos possessivos ou auxiliares como *am* ou *do*. Por exemplo, elas poderiam dizer "Eu cansado" ou "Mim cansado" em vez de "eu estou cansado" ou "não quer" em vez de "eu não quero". Visto que apenas as palavras realmente críticas estão presentes nessas primeiras frases, Brown (1973; Brown e Bellugi, 1964) as descreveu como **fala telegráfica**. A linguagem da criança soa mais como os antigos telegramas, nos quais as pessoas incluíam todas as palavras essenciais – geralmente substantivos, verbos e modificadores – mas deixavam de fora as preposições, verbos auxiliares, etc., porque tinham de pagar por cada palavra no telegrama.

Curiosamente, os linguistas não estão mais tão seguros de que essa forma de fala telegráfica ocorre em crianças aprendendo todas as línguas. Algumas pesquisas parecem mostrar que o que determina as palavras que as crianças usam em suas primeiras frases é a quantidade de ênfase normalmente dada a tais palavras quando aquela língua em particular é falada. Em inglês e em muitas outras línguas, substantivos, verbos e adjetivos são enfatizados na fala, enquanto as inflexões não. Em algumas línguas, como o turco, as inflexões são enfatizadas e as crianças que crescem ouvindo turco parecem usá-las muito mais cedo (Gleitman e Wanner, 1988). Achados como esses certamente levantam algumas questões interessantes sobre a universalidade de alguns dos padrões que Brown e outros descreveram.

Em contraste, não há discussão sobre a afirmação de que mesmo em seu estágio mais primitivo, as crianças criam frases seguindo regras – não regras adultas, certamente, mas ainda assim regras. As crianças se concentram em certos tipos de palavras e as juntam em ordens particulares. Elas também tentam transmitir uma variedade de diferentes significados com suas frases simples.

Por exemplo, crianças pequenas frequentemente usam uma frase composta de dois substantivos, como "meia mamãe" ou "suéter cadeira" (Bloom, 1973). Poderíamos concluir disso que uma forma de dois substantivos é uma característica gramatical básica do início da linguagem, mas falta complexidade a essa conclusão. Por exemplo, a criança no estudo clássico de Brown que disse "meia mamãe" o fez em duas ocasiões diferentes. A primeira vez foi quando ela pegou a meia de sua mãe, e a segunda foi quando a mãe colocou a própria meia da criança em seu pé. No primeiro caso, "meia mamãe" parecia significar "meia da mamãe", que é uma relação possessiva. No segundo caso, a criança estava transmitindo que "mamãe está colocando a meia em mim", que é uma relação de agente-objeto.

A Tabela 8.3 lista alguns outros significados que as crianças transmitem com suas primeiras frases. Nem todas expressam totalmente essas relações ou esses significados em suas primeiras combinações de palavras, e não parece haver uma ordem fixa na qual esses significados ou construções são adquiridos, mas todas as crianças parecem expressar pelo menos alguns desses padrões em suas frases mais primitivas, mais simples (Maratsos, 1983).

Objetivo da aprendizagem 8.7
Qual é a importância da explosão da gramática?

A explosão da gramática

Assim como uma explosão de vocabulário apresenta um início lento, uma explosão da gramática acontecerá após vários meses de frases curtas e simples. Um sinal dessa mudança é que as frases das crianças ficam mais longas, como se pode ver na Figura 8.3, que mostra o comprimento máximo da frase relatada por pais de crianças pequenas de várias idades, retirada do estudo de Fenson. A maioria das crianças de 18 a 20 meses ainda está usando frases de uma e duas palavras. Aos 24 meses, as crianças incluem quatro e cinco palavras em suas frases mais longas; aos 30 meses, o comprimento máximo de suas frases quase duplicou novamente.

Vocabulário e explosão da gramática A explosão da gramática está fortemente ligada ao desenvolvimento do vocabulário. Fenson encontra uma correlação de 0,84 entre a complexidade das frases de uma criança e o tamanho de seu vocabulário falado – uma correlação surpreendentemente alta para a pesquisa comportamental (Fenson et al., 1994). Ou seja, as crianças cuja gramática é mais complexa e avançada também têm vocabulários maiores. Exatamente o que essa ligação pode indicar sobre como as crianças aprendem a língua ainda é objeto de debate. Um vocabulário grande é necessário para o desenvolvimento da gramática? Alternativamente, talvez tendo começado a entender como construir frases, uma criança também pode entender palavras novas melhor e aprendê-las com maior facilidade. Seja qual for a eventual explicação, a pesquisa de Fenson dá aos desenvolvimentalistas dados importantes com os quais trabalhar.

Durante a explosão da gramática, a fala das crianças deixa de ser telegráfica, na medida em que elas acrescentam muito rapidamente muitas inflexões e palavras de função. Dentro de poucos meses, elas usam plurais, tempos passados, verbos auxiliares, preposições, etc. Você pode ter uma noção da mudança na Tabela 8.4, que lista algumas das frases faladas por um menino chamado Daniel, registrado por David Ingram (1981). A coluna da esquerda lista algumas das frases de Daniel aos 21 meses, quando ele ainda estava usando as formas mais simples; a coluna da direita lista algumas de suas frases apenas 2,5 meses mais tarde (aos 23 meses), quando ele havia mudado para um nível mais alto. Como se pode ver, a gramática do estágio 2 inclui frases mais longas e algumas inflexões, como "cachorrinhos".

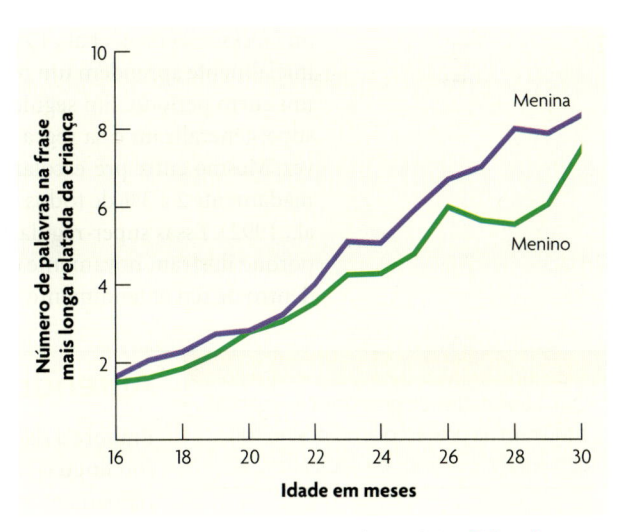

Figura 8.3 Primeiras frases

Em seu estudo transversal, Fenson e colaboradores pediram a 1.130 pais de crianças pequenas (16 a 30 meses) para descrever a frase mais longa usada por seu filho.
(*Fonte*: De "Variability in Early Communicative Development", por Fenson, Dale, Reznick, Bates, Thal e Pethick. *Monographs of the Society for Research in Child Development*, 59, n. 242 (1994), p. 82, Fig. 27. Com permissão da Society for Research in Child Development.)

Adicionando flexões Daniel não adicionou todas as flexões a suas sentenças de uma só vez. Como você pode ver na Tabela 8.4, ele usa apenas algumas, como -*s* para indicar plural, embora o início de uma construção negativa seja aparente em "Sem livro" (*No book*) e o início de uma pergunta se mostre com um pronome em "Onde indo?" (*Where going?*), apesar de ainda não ter adicionado o verbo auxiliar.

Em cada comunidade linguística, as crianças parecem adicionar flexões e ordens mais complexas de palavras em sequências razoavelmente previsíveis. Em um clássico estudo inicial, Roger Brown (1973) descobriu que a primeira flexão usada por crianças que estão aprendendo inglês é, com mais frequência, o sufixo -*ing* adicionado a um verbo, como em *I playing* ("Eu jogando") ou *doggie running* ("cachorrinho correndo"). Depois aparecem (em ordem) preposições como *on* e *in*; o plural -*s* em nomes; formas regulares do passado, como *broke* ou *ran*; possessivos; artigos (*a* e *the*); o -*s* nas formas verbais da 3ª pessoa do singular, como em *he wants*; formas regulares do passado como *played* e *wanted*; e as várias formas de verbos auxiliares, como em *I am going* ("Eu estou indo").

Perguntas e negativas Também há sequências previsíveis no uso crescente de perguntas e negativas. Em cada caso, a criança parece atravessar períodos nos quais cria tipos de frases que não ouviu adultos usando, mas que são consistentes com o conjunto particular de regras que ela está usando. Por exemplo, no desenvolvimento de perguntas em inglês, há um ponto no qual a criança coloca uma palavra com *wh* (*Who, what, when, where* ou *why*) no início de uma frase, mas ainda não coloca o verbo auxiliar no lugar certo. De maneira semelhante, no desenvolvimento de negativas, há um estágio no qual a criança usa *not* ou –*n't* ou *no*, mas omite o verbo auxiliar (Bloom, 1991). As crianças entendem bastante rapidamente as formas corretas e param de cometer esses erros.

Super-regularização Outro fenômeno intrigante dessa segunda fase de construção de frases é a **super-regularização**. O que crianças de língua inglesa de 3 a 4 anos fazem é aplicar as regras básicas a palavras irregulares, tornando a língua mais regular do que ela realmente é (Maratsos, 2000). Você pode ouvir esse fenômeno na criação das crianças de formas no tempo passado como *wented*, *blowed*, ou *sitted* e plurais como *teeths*

Tabela 8.4 Exemplos de frases de Daniel do estágio 1 e estágio 2

Estágio 1 frases (simples) Idade 21 meses	Estágio 2 frases (mais complexas) Idade 23 meses
Uma mamadeira	Um barco pequeno
Aqui mamadeira	Cachorrinhos aqui
Oi papai	Dá o livro
Cavalinho	É um menino
Quebrou	É um robô
Gatinho	Caixinha lá
Coitado papai	Sem livro
Aquele macaco	Oh carros
Quer mamadeira	Aquela flores
	Onde vai?

Fonte: Reimpressa com permissão do editor. D. Ingram, Early patterns of grammatical development, em R.E. Stark (Ed.), *Language behavior in infancy and early childhood*, tabelas 6 e 7, p. 344-345. Copyright © 1981 por Elsevier Science Publishing Co., Inc.

ou *blockses* (Fenson et al., 1994; Kuczaj, 1977, 1978). Stan Kuczaj salientou que crianças pequenas inicialmente aprendem um pequeno número de passados irregulares e os usam corretamente por um curto período. Em seguida, elas subitamente parecem descobrir a regra de acrescentar *–ed* e supergeneralizam essa regra para todos os verbos. Então, reaprendem as exceções uma de cada vez. Mesmo entre pré-escolares, esse tipo de erro não é muito comum, incluindo apenas aproximadamente 2 a 3% de todos os tempos passados em inglês, de acordo com um estudo (Marcus et al., 1992). Essas super-regularizações, contudo, se sobressaem porque são muito características e porque ilustram novamente que as crianças criam formas que não ouviram, mas que são lógicas dentro de seu entendimento corrente da gramática.

> **Objetivo da aprendizagem 8.8**
> Que habilidades de gramática as crianças adquirem na pré-escola, no ensino fundamental e nos anos da adolescência?

Aprendizagem posterior da gramática

Embora a maioria das crianças seja razoavelmente fluente em sua primeira língua (ou línguas) aos 3 ou 4 anos, ainda há muitos refinamentos a serem feitos. Esses refinamentos aparecem de maneira gradual na linguagem das crianças no decorrer da pré-escola, ensino fundamental e mesmo no início da adolescência.

Frases complexas Logo após as crianças pequenas terem entendido as inflexões e as formas frasais básicas como negação e perguntas, elas começam a criar frases notavelmente complexas, usando conjunções – como *e* e *mas,* para combinar duas ideias – ou orações encaixadas. Eis alguns exemplos, extraídos da fala de crianças de 3 e 4 anos, de de Villiers e de Villiers (1992):

> I didn't catch it but Teddy did! (Eu não peguei, mas Teddy pegou!)
> I'm gonna sit on the one you're sitting on. (Eu vou me sentar naquele que você está sentado.)
> Where did you say you put my doll? (Onde você disse que colocou minha boneca?)
> Those are punk rockers, aren't they? (Eles são roqueiros *punk*, não são?)

As crianças acrescentam formas de frase ainda mais complexas e difíceis a seus repertórios durante todo o ensino fundamental, e erros de super-regularização recorrentes são eliminados (Bowerman, 1985). (Entretanto, as crianças têm problemas para entender e usar formas passivas, como "A ração foi comida pelo gato" e não as usam muito na fala espontânea até os 8 ou 9 anos.) Mas esses são refinamentos. Os passos realmente gigantescos ocorrem entre as idades de 1 e aproximadamente 4 anos, quando a criança passa de palavras únicas para perguntas complexas, frases negativas e comandos.

Novos refinamentos Durante a meninice, as crianças se tornam hábeis em lidar com os pontos mais sutis da gramática (Prat-Sala, Shillcock e Sorace, 2000; Ragnarsdottir, Simonsen e Plunkett, 1999). Por exemplo, no final da meninice, a maioria das crianças entende várias formas de dizer alguma coisa sobre o passado como *eu fui, eu ia, eu tinha ido, eu estava indo,* e assim por diante. Além disso, elas usam esses tempos corretamente em sua própria fala. Durante a meninice, as crianças também aprendem a manter um tema de conversação, como criar frases não ambíguas e a falar educadamente ou de maneira persuasiva (Anglin, 1993).

> **Objetivo da aprendizagem 8.9**
> Quais são os marcos do desenvolvimento da pragmática?

Pragmática

Por cerca de uma década, os linguistas também estiveram interessados em um terceiro aspecto da linguagem das crianças – a forma como elas aprendem a usar a fala, ou para se comunicarem com os outros (um aspecto da linguagem chamado **pragmática**) ou para regularem seu próprio comportamento. Com que precocidade as crianças sabem que tipo de linguagem usar em situações específicas? Com que precocidade elas aprendem as "regras" de conversação – por exemplo, que pessoas conversando se revezam?

As crianças parecem aprender a pragmática da língua em uma idade bastante precoce. Por exemplo, as crianças já aos 18 meses apresentam padrões adultos de olhar quando estão falando com um dos pais: elas olham para a pessoa que está falando, olham para longe no início de sua vez de falar, e então olham para o interlocutor novamente quando sinalizam que estão prestes a parar de falar (Rutter e Durkin, 1987).

pragmática As regras para o uso da linguagem na interação comunicativa, tais como as regras para revezamento e o estilo de fala que é adequado para diferentes ouvintes.

Além disso, uma criança de 2 anos adapta a forma de sua linguagem à situação ou à pessoa com quem está conversando – uma questão levantada no Capítulo 6 na discussão do egocentrismo. Uma criança poderia dizer "Me dá" para outra criança pequena enquanto se apossa da sua xícara, mas diz "Mais leite" para um adulto. Entre crianças mais velhas, a linguagem é de fato mais claramente adaptada ao ouvinte: crianças de 4 anos usam linguagem mais simples quando falam com crianças de 2 anos do que quando falam com adultos (Tomasello e Mannle, 1985); estudantes de 1ª série explicam coisas mais completamente a um estranho do que a um amigo (Sonnenschein, 1986), e são mais educados com adultos e estranhos do que com os iguais. Essas tendências são mais claras entre estudantes de 4ª série. Portanto, muito cedo – provavelmente desde o início – a criança reconhece que a linguagem visa a comunicação e adapta a forma de sua linguagem a fim de obter melhor resultado.

Essas crianças já conhecem muitas das regras sociais sobre como a linguagem é usada, incluindo regras sobre quem deve olhar para quem durante uma conversa.

As crianças também usam a linguagem para ajudar a controlar ou monitorar seu próprio comportamento. Essa *fala privada*, que pode consistir de frases fragmentárias, murmúrios ou instruções para si mesmas, é detectável desde o uso mais precoce de palavras e frases. Por exemplo, quando crianças de 2 ou 3 anos brincam sozinhas, elas dão instruções a si mesmas, interrompem-se com palavras ou descrevem o que estão fazendo: "Não, aqui não", "Eu botei aquilo lá" ou "Põe" (Furrow, 1984).

Piaget achava que isso era fala egocêntrica, mas Vygotsky acreditava que Piaget estava bastante equivocado nesse caso. Vygotsky insistia, em vez disso, que a criança usa a fala privada para se comunicar consigo com o propósito explícito de orientar seu próprio comportamento. Ele acreditava que esse uso auto-orientador da linguagem é central a todo desenvolvimento cognitivo.

Em crianças pequenas, essa fala auto-orientadora é audível. Em crianças mais velhas, ela é audível apenas quando ela está enfrentando uma tarefa desafiadora; em outras situações, ela fica "em segundo plano". Por exemplo, você pode lembrar do Capítulo 6 que Flavell constatou que crianças pequenas do ensino fundamental murmuravam para si mesmas enquanto estavam tentando lembrar listas; entre crianças de 9 ou 10 anos, esse comportamento é muito menos comum (Bivens e Berk, 1990). Refletir sobre esse conjunto de achados em termos do trabalho sobre processamento de informação descrito no Capítulo 6 leva à visão de que a criança usa a linguagem de forma audível para lembrar a si mesma de alguma estratégia de processamento nova ou complexa; à medida que a criança repete a estratégia e a aprende mais flexivelmente, a linguagem audível não é mais necessária. Tal interpretação é sustentada pela observação de que mesmo os adultos usam linguagem audível para solucionar problemas quando estão enfrentando tarefas especialmente difíceis.

Mesmo essa breve incursão na pesquisa sobre o uso da linguagem pelas crianças salienta que uma total compreensão do desenvolvimento da linguagem requer conhecer tanto o desenvolvimento cognitivo quanto as habilidades sociais e o entendimento das crianças. Bloom afirma que "as crianças aprendem a língua em primeiro lugar porque se esforçam por (...) compartilhar o que elas e outras pessoas estão sentindo e pensando" (1993, p. 245). Desde o nascimento, a criança é capaz de comunicar sentimentos e pensamentos através de expressões faciais, e um pouco mais tarde através de gestos. Mas estes são veículos imperfeitos para a comunicação; a linguagem é muito mais eficiente. Tal argumento nos lembra mais uma vez que o desenvolvimento da criança não é dividido em pacotes organizados, rotulados de "desenvolvimento físico", "desenvolvimento social" e "desenvolvimento da linguagem", mas, antes, é um processo coerente e integrado.

Explicando o desenvolvimento da linguagem

Se meramente descrever o desenvolvimento da linguagem é difícil, explicá-lo é ainda mais complicado. De fato, explicar como uma criança aprende a língua se revelou um dos desafios mais instigantes na psicologia do desenvolvimento.

> **Objetivo da aprendizagem 8.10**
> Como as teorias ambientais explicam o desenvolvimento da linguagem?

Teorias ambientais

As primeiras teorias da linguagem eram baseadas ou na teoria da aprendizagem ou na ideia comum de que as crianças aprendem a língua por imitação. A imitação obviamente deve desempenhar algum papel, porque uma criança aprende a língua que ela ouve. Contudo, a imitação sozinha não pode explicar toda a aquisição da linguagem, porque ela não pode responder pela tendência das crianças a criar palavras e expressões que nunca ouviram, tais como "lápises" e "eu foi".

As teorias do reforço, como a de Skinner (1957), não se saem melhor. Skinner afirmava que além do papel que desempenham na imitação, os pais moldam a linguagem através de reforços sistemáticos, gradualmente recompensando aproximações cada vez melhores da fala adulta (o processo de *modelagem*). Contudo, quando os pesquisadores escutaram os pais falando com as crianças, eles constataram que eles não parecem fazer nada semelhante ao que Skinner propôs. Antes, os pais são notavelmente tolerantes a todos os tipos de construções peculiares de significado (Brown e Hanlon, 1970; Hirsh-Pasek, Trieman e Schneiderman, 1984); eles reforçam as frases das crianças mais com base em se a frase é verdadeira do que se ela está gramaticalmente correta. Contudo, parece óbvio que o que é dito para uma criança deve desempenhar algum papel no processo de formação da linguagem.

O ambiente linguístico Crianças que são expostas a menos (e menos variada) linguagem em seus primeiros anos não parecem superar o atraso mais tarde no vocabulário, um ponto ilustrado com os dados na Tabela 8.5. Esses números vêm do National Longitudinal Survey of Labor Market Experience of Youth (NLSY), um estudo longitudinal de uma grande amostra de mulheres jovens nos Estados Unidos, iniciado quando elas ainda eram adolescentes. A Tabela 8.5 mostra informações sobre os filhos em idade escolar dessas mulheres jovens: a porcentagem que tinha escores de vocabulário abaixo do 30º percentil na medida de vocabulário mais comumente usada – o Teste de Vocabulário por Imagens de Peabody (PPVT). Os desenvolvimentalistas sabem que a quantidade e a qualidade da linguagem que uma criança ouve varia com o nível de renda da mãe: mães pobres falam menos com seus filhos, usam frases menos complexas e leem menos para eles. Os dados na Tabela 8.5 revelam que uma consequência da pobreza para as crianças é um risco consideravelmente alto de habilidades deficientes de linguagem.

Aos 4 anos, a diferença no vocabulário entre crianças pobres e crianças em melhor situação já é substancial, e a diferença apenas se amplia durante os anos escolares. Similarmente, Catherine Snow (1997) verificou que crianças de 4 anos criadas na pobreza usam frases mais curtas e menos

Tabela 8.5 Porcentagem de crianças de 4 a 7 anos com escores abaixo do 30º percentil no teste de vocabulário por imagens de Peabody, em função da pobreza

Tipo de família	Número de casos	Porcentagem observada	Porcentagem ajustada*
Recebedores de auxílio federal a famílias com crianças dependentes, ou AFDC (famílias "da previdência")	196	60%	52%
Pobres, mas não recebendo AFDC	116	47%	42%
Não pobres	659	27%	30%

*Essas porcentagens foram ajustadas estatisticamente para subtrair os efeitos de diferenças na educação dos pais, estrutura familiar, tamanho da família e idade, sexo e etnia da criança.

Fonte: De "The life circumstances and development of children in welfare families: A profile based on national survey data", por Zill, Moore, Smith, Stief e Coiro. *Escape from poverty: What makes a difference for children*, P.L. Chase-Lansdale e J. Brooks-Gunn, editores, p. 45, Tabela 2.3. ©1995 por Cambridge University Press. Com permissão de Cambridge University Press.

complexas do que seus pares em melhor situação. Muitos fatores sem dúvida contribuem para essas diferenças, mas a riqueza e a variedade da linguagem que uma criança ouve são obviamente muito significativas (Pan, Rowe, Singer e Snow, 2005). De todos esses fatores, alguém ler para a criança pode ser um dos mais cruciais (Patterson, 2002).

Manhês (fala de bebê) Além da quantidade de linguagem dirigida à criança, a qualidade da linguagem dos pais também pode ser importante para ajudar a criança a aprender a língua (Soderstrom, 2007). Em particular, os desenvolvimentalistas sabem que os adultos falam com as crianças em um tipo especial de linguagem muito simples, originalmente chamada de **manhês** por muitos linguistas e agora mais cientificamente descrita como **fala dirigida ao bebê**. Essa linguagem simples é falada em um tom de voz mais agudo e em um ritmo mais lento do que a fala para crianças mais velhas ou outros adultos. As frases são curtas e gramaticalmente simples, com vocabulário concreto. Quando falam com os filhos, os pais também repetem muito, introduzindo variações menores ("Onde está a bola? Você pode ver a bola? Onde está a bola? Olha a bola!"). Eles também podem repetir as frases da própria criança, mas em formas ligeiramente mais longas, gramaticalmente mais corretas – um padrão referido como *expansão* ou *remodelação*. Por exemplo, se uma criança disse "meia mamãe", a mãe poderia remodelar como "Sim, esta é a meia da mamãe"; ou se uma criança disse "Cachorrinho não come", o pai poderia dizer "O cachorrinho não está comendo".

Os desenvolvimentalistas também sabem que bebês de apenas alguns dias de vida podem discriminar entre manhês e fala dirigida a outros adultos e sabem que eles preferem escutar o manhês, falado por uma voz feminina ou masculina (Cooper e Aslin, 1994; Werker e McLeod, 1992). Essa preferência existe mesmo quando o manhês está sendo falado em uma outra língua que não a normalmente falada para a criança. Janet Werker e colaboradores (1994), por exemplo, constataram que bebês tanto ingleses como chineses preferem escutar a fala dirigida ao bebê, falada em inglês ou em cantonês (uma das principais línguas da China).

A qualidade do manhês que parece ser particularmente atraente para os bebês é sua intensidade mais alta. Uma vez que a atenção da criança seja atraída por esse tom especial, a própria maneira simples e repetitiva da fala do adulto pode ajudá-la a decifrar formas gramaticais. A atenção da criança também parece ser atraída para frases remodeladas. Por exemplo, Farrar (1992) verificou que uma criança de 2 anos tinha duas ou três vezes mais probabilidade de imitar uma forma gramatical correta após ter ouvido sua mãe remodelar suas próprias frases do que quando a mãe usou a mesma forma gramatical correta em sua conversação normal. Estudos experimentais confirmam esse efeito de remodelações. Crianças deliberadamente expostas a taxas mais altas de tipos específicos de frases remodeladas parecem aprender as formas gramaticais modeladas mais rapidamente do que aquelas que não ouvem nenhuma remodelação (Nelson, 1977).

Estudos recentes sugerem que as conversas das mães com outros adultos também desempenham um papel especial no desenvolvimento da linguagem. Entretanto, essas conversas não parecem interessar a um bebê até ele começar a usar a linguagem para se comunicar, geralmente entre 18 e 24 meses (Soderstrom e Morgan, 2007). Escutá-las ajuda os bebês a aprender palavras não objeto como aquelas que se referem a cores e quantidades (Tare, Shatz e Gilbertson, 2007).

Teorias nativistas

> **Objetivo da aprendizagem 8.11**
> Que tipo de evidência apoia as teorias nativistas?

Do outro lado do espectro teórico estão as teorias nativistas, que afirmam que muito do que a criança necessita para aprender a língua é inato no organismo (Matthews, 2006). Os primeiros teóricos nativistas como Noam Chomsky (1965, 1975, 1986, 1988) eram especialmente impressionados por dois fenômenos: a extrema complexidade da tarefa que a criança deve realizar e as aparentes semelhanças nos passos e nos estágios do desenvolvimento da linguagem das crianças entre línguas e entre todas as crianças. Comparações mais recentes entre línguas tornam claro que há mais variabilidade do que parecia a princípio, como será descrito na próxima seção deste capítulo. Não obstante, as teorias nativistas estão vivas e se tornando cada vez mais aceitas.

manhês (fala dirigida ao bebê) A fala de intensidade mais alta, simplificada, que os adultos usam com bebês e crianças pequenas.

Um nativista particularmente influente é Dan Slobin (1985a, 1985b), que pressupõe que toda criança nasce com uma capacidade básica para linguagem, constituída de um conjunto de princípios operantes fundamentais. Slobin afirma que assim como o recém-nascido parece vir programado com "regras pelas quais olhar", os bebês e as crianças são programados com "regras pelas quais escutar". Você já encontrou muitas evidências consistentes com essa proposição em seções anteriores. Os pesquisadores estabeleceram que bebês muito pequenos se focalizam em sons e sílabas individuais na corrente sonora que ouvem; que eles prestam atenção ao ritmo do som e que eles preferem a fala de um determinado padrão (manhês). Slobin também propõe que os bebês são pré-programados para prestar atenção a inícios e fins de cadeias de sons e a sons enfatizados – uma hipótese apoiada por pesquisa (Morgan, 1994). Juntos, esses princípios operantes ajudam a explicar alguns dos aspectos da gramática primitiva das crianças. Em inglês, por exemplo, as palavras enfatizadas (acentuadas) em uma frase são normalmente o verbo e o substantivo – precisamente as palavras que crianças de língua inglesa usam em suas primeiras frases. Em turco, por outro lado, prefixos e sufixos são enfatizados (acentuados), e crianças de língua turca aprendem ambos muito cedo. Esses dois padrões fazem sentido se presumirmos que a regra pré-programada não é "prestar atenção a verbos", a "substantivos" ou a "prefixos", mas "prestar atenção aos sons acentuados".

Objetivo da aprendizagem 8.12
Como as teorias construtivistas diferem de outras abordagens?

Teorias construtivistas

O fato de o modelo nativista ser consistente com o conhecimento cada vez maior de habilidades perceptuais e tendências de processamento aparentemente inatas é de fato um argumento forte em seu favor. Ainda assim, essa não é a única opção teórica instigante. Em particular, alguns teóricos afirmam de maneira veemente que o importante não são as tendências ou os princípios operantes inatos, mas a construção da linguagem da criança como parte do processo mais amplo de desenvolvimento cognitivo (Akhtar, 2004).

Uma proponente proeminente dessa visão, Melissa Bowerman, coloca a ideia dessa forma: "quando a linguagem começa a aparecer, ela não introduz novos significados à criança. Antes, ela é usada para expressar apenas aqueles significados que ela já formulou independentemente da linguagem" (1985, p. 372). Entretanto, Bowerman (2007) também observa que quando a criança começa a usar linguagem para expressar as ideias que está começando a entender, o próprio fato de criar estruturas linguísticas para elas a ajuda a entendê-las melhor. Portanto, do ponto de vista construtivista, os desenvolvimentos cognitivo e da linguagem são processos interdependentes, e a pesquisa na tradição construtivista busca ligações entre avanços nos dois domínios. Por exemplo, o jogo simbólico (como fingir beber de um copo vazio) e a imitação de sons e gestos aparecem ambos aproximadamente ao mesmo tempo em que surgem as primeiras palavras da criança, sugerindo algum "entendimento simbólico" mais amplo que é refletido em uma série de comportamentos.

Outro exemplo reforça esse argumento: em torno da época em que as frases de duas palavras aparecem, as crianças começam a combinar diversos gestos em uma sequência em seu jogo de faz de conta, tal como despejar líquido imaginário, beber e então limpar a boca. As crianças que são as primeiras a apresentar essas sequências em suas brincadeiras também são as primeiras a apresentar frases de duas ou três palavras em sua fala (McCune, 1995; Shore, 1986).

Entretanto, não precisamos escolher entre as abordagens de Slobin e de Bowerman. Ambas podem ser verdadeiras. Essa visão integrada propõe que a criança pode começar com princípios operantes inatos que dirigem sua atenção para aspectos cruciais do estímulo de linguagem. Ela então processa aquela informação de acordo com suas estratégias ou seus esquemas iniciais (talvez inatos). Então ela modifica essas estratégias ou esses esquemas à medida que recebe informação nova, tal como ao chegar a alguma das restrições sobre significados de palavras. O resultado é uma série de regras para entender e criar linguagem. As fortes semelhanças observadas entre crianças em suas primeiras construções de linguagem acontecem tanto porque todas as crianças compartilham as mesmas regras iniciais de processamento quanto porque a maioria delas é exposta a estímulos muito semelhantes das pessoas à sua volta. Mas visto que o estímulo não é idêntico, porque as línguas diferem, o desenvolvimento da linguagem segue caminhos cada vez menos semelhantes à medida que a criança progride.

Por fim, parece claro que, como alegam os nativistas, algum tipo de capacidade para processar informação linguística é "geneticamente determinado" no cérebro do bebê. Entretanto, muitos desenvolvimentalistas têm afirmado que esse fenômeno é mais bem entendido quando integrado a uma visão construtivista do desenvolvimento da linguagem.

Diferenças individuais e de grupo no desenvolvimento da linguagem

A descrição que você leu sobre as sequências de desenvolvimento da linguagem é em média correta, mas a velocidade com que as crianças adquirem habilidades de linguagem varia amplamente. Parece haver também diferenças importantes de estilo.

Diferenças na taxa

Há muita variação individual no desenvolvimento da linguagem. Algumas crianças começam a usar palavras aos 8 meses, enquanto outras não o fazem até os 18. Similarmente, a variação normal no tamanho do vocabulário entre crianças de 2 anos é de apenas 10 palavras até várias centenas (MacWhinney, 2005).

Você pode ver a extensão da variação normal na construção de frases muito claramente na Figura 8.4, que mostra o número médio de unidades significativas por frase – referido pelos linguistas como **tamanho médio de elocução (MLU)** – de 10 crianças, originado de estudos longitudinais realizados por Roger Brown (1973), Ira Blake (1994) e Lois Bloom (1991). O número indica uma linha no nível de MLU que normalmente acompanha uma mudança de frases de duas palavras simples, sem inflexão para formas mais complexas.

Você pode ver que Eve foi a primeira a fazer essa transição, aproximadamente aos 20 meses, enquanto Adam e Sarah ultrapassaram esse ponto quase um ano mais tarde. Essas variações são confirmadas no estudo transversal muito mais extenso feito por Fenson com mais de mil crianças

> **Objetivo da aprendizagem 8.13**
> As diferenças na taxa de desenvolvimento da linguagem estão relacionadas a medidas posteriores de proficiência?

tamanho médio de elocução (MLU) O número médio de unidades significativas em uma frase. Cada palavra básica é uma unidade significativa, assim como cada inflexão.

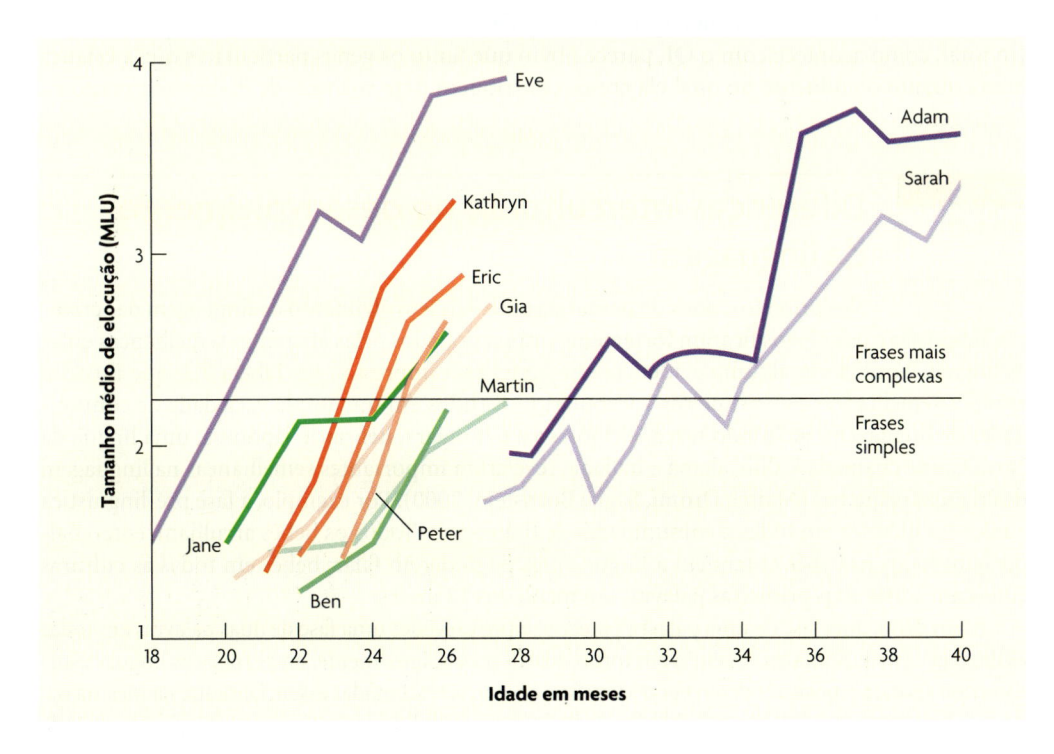

Figura 8.4 Estudos clássicos do tamanho médio de elocução

As 10 crianças cuja linguagem é mapeada aqui, estudadas por três linguistas diferentes, passaram em tempos marcadamente diferentes de frases simples de uma ou duas palavras para frases mais complexas.

(*Fonte*: Reimpressa e adaptada com permissão do editor de (1) *A First Language: The Early Stages*, por Roger Brown, p. 55, Cambridge, Mass.: Harvard University Press. Copyright © 1973 por President and Fellows of Harvard College; (2) Lois Bloom, *Language Development from Two to Three*, Cambridge University Press, 1991, p. 92, Tabela 3.1; (3) I.K. Blake, "Language Development and Socialization in Young African-American Children", em Greenfield e Cocking (eds.). *Cross-cultural Roots of Minority Children*, Lawrence Erlbaum Associates, 1994, p. 169, Tabela 9.1 e p. 171, Fig. 9.1.)

pequenas cuja linguagem foi descrita por seus pais. Nesse grupo, a idade mais precoce em que os pais relataram frases mais complexas foi de aproximadamente 22 meses, com uma média de aproximadamente 27 meses. Entretanto, cerca de um quarto das crianças não tinha alcançado esse ponto aos 30 meses (Fenson et al., 1994).

Atualmente, o MLU é muito usado por médicos, professores e outros para identificar crianças que necessitam de avaliação adicional para determinar se têm algum tipo de incapacidade de linguagem (Hewitt, Hammer, Yount e Tomblin, 2005). Mais da metade das crianças que estão atrasadas durante os primeiros meses de desenvolvimento da linguagem eventualmente emparelha com seus colegas da mesma idade sem quaisquer intervenções especiais. A *terapia de fala-linguagem (SLT)* pode ajudar muitos daqueles que não emparelham naturalmente, sobretudo quando a SLT objetiva elementos específicos (por exemplo, tempos de verbos) que estão faltando na linguagem expressiva dessas crianças (Leonard, Camarata. Pawtowska, Brown e Camarata, 2008). O subgrupo que não emparelha é principalmente constituído de crianças que também têm linguagem receptiva pobre (Bates, 1993; Thal, Tobias e Morrison, 1991). A pesquisa sugere que algum tipo de defeito no processo de mapeamento rápido pode ser responsável pelo nivelamento no crescimento do vocabulário que muitas dessas crianças exibem em torno da idade de 3 anos (Alt, Plante e Creusere, 2004). Essas crianças parecem permanecer atrasadas no desenvolvimento da linguagem e talvez no desenvolvimento cognitivo mais geralmente. Em termos práticos, isso significa que os pais de uma criança que está significativamente atrasada no entendimento e na fala deveria procurar ajuda profissional para tentar diagnosticar o problema e iniciar intervenção adequada.

Como essas variações na velocidade do desenvolvimento da linguagem podem ser explicadas? As possibilidades alternativas devem ser familiares agora. Uma possibilidade é que a taxa de desenvolvimento da linguagem pode ser alguma coisa que a pessoa herda – da mesma forma que a inteligência ou a taxa de desenvolvimento físico podem ser afetadas por hereditariedade. Estudos de gêmeos visando testar essa possibilidade mostram que o tamanho do vocabulário (mas não a complexidade gramatical) é mais semelhante em gêmeos idênticos do que em gêmeos fraternos (Mather e Black, 1984). Entretanto, estudos de adoção mostram que a habilidade de linguagem de crianças de 2 anos pode ser prevista igualmente bem pelos escores de QI, pelas habilidades de linguagem de seus pais biológicos ou de seus pais adotivos (Plomin e DeFries, 1985). Portanto, parece que os pais que falam mais, que leem mais para seus filhos, que induzem mais a linguagem deles e que respondem adequadamente à sua linguagem podem ter filhos que desenvolvem a linguagem mais rapidamente, não importando a herança genética. No total, como acontece com o QI, parece óbvio que tanto os genes particulares que a criança herda quanto o ambiente no qual ela cresce contribuem para sua taxa de desenvolvimento da linguagem.

Objetivo da aprendizagem 8.14
De que formas a linguagem varia entre grupos culturais?

Diferenças interculturais no desenvolvimento da linguagem

Nos primeiros anos de pesquisa sobre o desenvolvimento da linguagem das crianças, linguistas e psicólogos ficaram fortemente impressionados pelas aparentes semelhanças entre as línguas. Você já viu alguma evidência que apoia essa impressão na Tabela 8.2, que ilustrou grandes semelhanças nos primeiros vocabulários. Estudos em um ampla variedade de comunidades de linguagem, incluindo turca, sérvio-croata, húngara, hebraica, japonesa, uma língua da Nova Guiné chamada Kaluli, alemã e italiana, revelaram importantes semelhanças na linguagem de crianças pequenas (Maitel, Dromi, Sagi e Bornstein, 2000). Por exemplo, a fase pré-linguística parece ser idêntica em todas a comunidades de linguagem. Todos os bebês arrulham, então balbuciam; todos os bebês entendem a língua antes de poderem falar; bebês em todas as culturas começam a usar suas primeiras palavras em torno dos 12 meses.

Além disso, uma fase de uma palavra parece sempre preceder uma fase de duas palavras em todas as línguas, com a última aparecendo em torno dos 18 meses. Igualmente, entre todas as línguas estudadas até agora, preposições descrevendo localizações são acrescentadas essencialmente na mesma ordem. Palavras para "em", "sobre", "sob" e "ao lado de" são aprendidas primeiro; então a criança aprende as palavras para "frente" e "verso" (Slobin, 1985b). Finalmente, as crianças em toda parte parecem prestar mais atenção aos finais das palavras do que aos inícios, portanto elas aprendem sufixos antes de aprenderem prefixos.

Curiosamente, a tendência universal das crianças de prestar atenção aos finais das frases produz diferenças interculturais na aprendizagem da língua. Essas diferenças acontecem porque línguas diferentes usam diferentes tipos de palavras nos finais das frases. Em inglês, a última palavra em uma frase será muito provavelmente um substantivo. Entretanto, em mandarim (falado na China) e em coreano, a última palavra é frequentemente um verbo. Por consequência, enquanto crianças que estão aprendendo inglês tendem a usar mais substantivos do que verbos em suas primeiras tentativas de falar, crianças aprendendo mandarim e coreano produzem tanto verbos quanto substantivos (MacWhinney, 2005). Além disso, essa diferença linguística está associada a variações entre as culturas na forma como as mães falam com seus bebês. Aquelas que falam línguas que frequentemente usam verbos nos finais das frases falam mais sobre verbos com seus filhos. Ao contrário, mães que falam inglês e outras línguas focadas em substantivos explicam substantivos aos bebês com maior frequência.

Pais que falam bastante com seus bebês e lhes fazem perguntas, como este homem parece estar fazendo, têm filhos que aprendem a falar mais cedo.

Outra diferença interlinguística interessante é que a ordem de palavras específica que uma criança usa nas primeiras frases não é a mesma para todas em todas as línguas. Em algumas, uma sequência de substantivo/verbo é razoavelmente comum; em outras, uma sequência de verbo/substantivo pode ser ouvida. Além disso, determinadas inflexões são aprendidas em ordens altamente variáveis de uma língua para outra. Crianças japonesas, por exemplo, começam muito cedo a usar um tipo especial de marcador, chamado *marcador pragmático*, que diz alguma coisa sobre o sentimento ou o contexto do que está sendo dito. Por exemplo, a palavra *yo* é usada no final de uma frase quando o orador está experimentando algum tipo de resistência do ouvinte; a palavra *ne* é usada quando o orador espera aprovação ou concordância. Crianças japonesas começam a usar esses marcadores muito cedo, muito mais cedo do que crianças cujas línguas contêm inflexões.

Mais notavelmente, crianças aprendendo certas línguas não parecem passar por um estágio de usar frases simples de duas palavras sem inflexões. Crianças aprendendo turco, por exemplo, usam essencialmente o conjunto completo de inflexões de substantivo e verbo por volta dos 2 anos e nunca passam por um estágio de usar palavras inflexivas. A linguagem delas é simples, mas raramente incorreta do ponto de vista adulto (Aksu-Koc e Slobin, 1985; Maratsos, 1998).

Por fim, estudos interculturais de desenvolvimento da linguagem nos fornecem diversos bons exemplos de como essa pesquisa inspira nosso entendimento de universais no desenvolvimento humano. Por exemplo, os pesquisadores em certa época acreditavam que as diferenças individuais nos tipos de palavras que os bebês usam poderiam ser universais (Shore, 1995). Essa diferença era chamada de um *estilo* de aquisição de linguagem. Estudos anteriores sugeriram que algumas crianças pequenas exibiam um estilo *referencial* que se focalizava na rotulação de objetos, enquanto outras apresentavam um estilo *expressivo* que se concentrava mais em palavras sociais e emocionais. Novas pesquisas, entretanto, demonstraram que essas diferenças, embora um tanto úteis para descrever o desenvolvimento de crianças de língua inglesa, não eram manifestadas no desenvolvimento de crianças que estavam aprendendo outras línguas (Camaioni e Longobardi, 1995). Como resultado, os pesquisadores examinaram mais de perto crianças de língua inglesa, e verificaram que a aparente diferença de estilo desaparece com a idade e não tem nenhum impacto sobre o posterior desenvolvimento da linguagem (Bates et al., 1994).

Aprendendo a ler e a escrever

Finalmente, em todo o mundo industrializado, e cada vez mais em nações em desenvolvimento, usar a linguagem para ler e escrever é simplesmente tão fundamental para o desenvolvimento de uma criança quanto usar a linguagem falada. Certamente, a linguagem falada forma a base sobre a qual as crianças constroem habilidades de alfabetização. Entretanto, aprender a ler e a escrever também tem a ver com as habilidades cognitivas e motoras das crianças.

Objetivo da aprendizagem 8.15
Qual é o papel da consciência fonológica na aprendizagem da leitura?

Fundamentos básicos: a consciência fonológica

Certos aspectos do desenvolvimento da linguagem da primeira infância, tais como a taxa de crescimento do vocabulário, predizem com que facilidade uma criança aprenderá a ler e a escrever quando entrar na escola (Wood e Terrell, 1998). Entretanto, um componente específico do desenvolvimento da linguagem da primeira infância – a consciência fonológica – parece ser especialmente importante (Anthony e Lonigan, 2004; Boscardin, Muthén, Francis e Baker, 2008; Schatschneider, Fletcher, Francis, Carlson e Foorman, 2004). **Consciência fonológica** é a consciência de uma criança a respeito das regras que governam os padrões sonoros específicos à sua própria língua. Ela também inclui o conhecimento daquele sistema particular da língua para representar sons com letras. Os pesquisadores medem a consciência fonológica das crianças de língua inglesa com perguntas como estas: "O que *bat* seria se você tirasse o [b]? O que *bat* seria se você tirasse o [b] e colocasse [r] em seu lugar?".

Os desenvolvimentalistas têm agora evidências abundantes de que crianças fonologicamente mais conscientes aos 3, 4 ou 5 anos posteriormente aprendem a ler com muito mais facilidade (Adams, Trieman e Pressley, 1998; Bryant, MacLean, Bradley e Crosslan, 1990; Hansen e Bowey, 1994; Wagner et al., 1997; Whitehurst, 1995). Além disso, se você treinar crianças pré-escolares e do jardim de infância na consciência fonológica, suas habilidades de leitura na 1ª série melhoram – um resultado encontrado em estudos na Escandinávia, na Alemanha e nos Estados Unidos (Al Otaiba et al., 2008).

Crianças pequenas podem aprender habilidades de consciência fonológica através de meios formais, como esses pré-escolares estão fazendo, ou informalmente através de jogos de palavras e rimas.

Naturalmente, uma criança não tem de adquirir consciência fonológica na primeira infância. As habilidades fonológicas podem ser aprendidas no ensino fundamental através de instrução formal (Ball, 1997; Bus e van Ijzendoorn, 1999; Segers e Verhoeven, 2004). Entretanto, inúmeros estudos demonstraram que quanto maior a consciência fonológica de uma criança *antes* de entrar na escola, mais rápido ela aprende a ler (Christensen, 1997; Gilbertson e Bramlett, 1998; Schatschneider, Francis, Foorman, Fletcher e Mehta, 1999; Wood e Terrell, 1998). Além disso, a consciência fonológica nos anos da primeira infância está relacionada a taxas de alfabetização para línguas tão diversas quanto coreano, inglês, punjabi e chinês (Chiappe, Glaeser e Ferko, 2007; Chiappe e Siegel, 1999; Ho e Bryant, 1997; Huang e Hanley, 1997; McBride-Chang e Ho, 2000). Ganhos maiores na consciência fonológica parecem ocorrer entre o quarto e quinto aniversário das crianças, exatamente antes de a maioria entrar no jardim de infância (Justice et al., 2005).

Os pesquisadores também constataram que muitas das atividades diárias que crianças pré-escolares realizam promovem o desenvolvimento da consciência fonológica. Por exemplo, entre crianças de língua inglesa, aprender e recitar rimas infantis contribui para a consciência fonológica (Bryant, MacLean e Bradley, 1990; Bryant, MacLean, Bradley e Crossland, 1990; Layton, Deeny, Tall e Upton, 1996; MacLean, Bryant e Bradley, 1987). Para crianças japonesas, um jogo chamado *shiritori*, no qual uma pessoa diz uma palavra e outra diz uma segunda que comece com o som final da primeira, ajuda as crianças a desenvolver essas habilidades (Kobayashi, Haynes, Macaruso, Hook e Kato, 2005; Norboru, 1997; Serpell e Hatano, 1997). Os educadores também verificaram que usar esses jogos para ensinar habilidades de consciência fonológica a pré-escolares é tão efetivo quanto usar instrumentos mais formais, como cartões e listas de palavras (Brennan e Ireson, 1997). Também foi verificado que *leitura compartilhada*, ou *leitura dialógica*, contribuem para o crescimento da consciência fonológica (Burgess, 1997).

consciência fonológica Entendimento das regras que governam os sons de uma língua, bem como o conhecimento da ligação entre os sons e a forma pela qual eles são representados na linguagem escrita.

Crianças pequenas com boas habilidades de consciência fonológica frequentemente usam uma estratégia chamada **ortografia inventada** quando tentam escrever (ver Figura 8.5). Apesar dos muitos erros que cometem, as crianças que usam ortografia inventada antes de receber ensino formal em leitura e escrita têm maior probabilidade de se tornarem bons soletradores e leitores mais tarde na infância (Dixon e Kaminska, 2007). Portanto, as evidências sugerem que uma das melhores formas de pais e professores de pré-escola ajudarem crianças pequenas a se preparar para o ensino formal em leitura é envolvê-las em atividades que encorajem o jogo de palavras e a ortografia inventada.

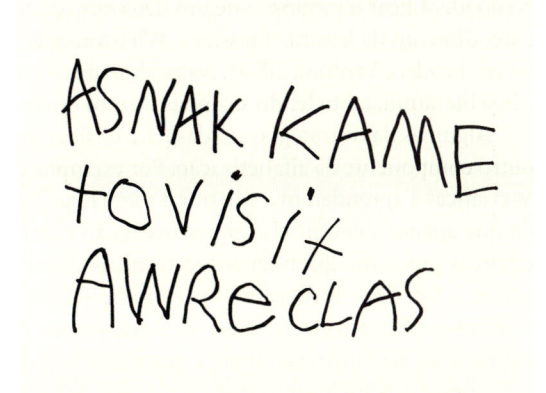

Figura 8.5 Ortografia inventada

Tradução: *Uma cobra veio visitar nossa classe.*
Uma criança de 5 anos usou uma estratégia chamada "ortografia inventada" para escrever essa frase sobre a visita de uma cobra (felizmente acompanhada por um tratador) à sua classe de jardim de infância. A ortografia inventada requer um alto nível de consciência fonológica. A pesquisa sugere que as crianças que têm habilidades de consciência fonológica bem desenvolvidas na época em que chegam ao jardim de infância aprendem a ler mais rapidamente.

(*Fonte*: Autor.)

Alfabetização na escola

Objetivo da aprendizagem 8.16
Que estratégias os educadores usam para ajudar as crianças a aprender a ler?

Crianças que estão aprendendo a ler uma língua baseada no *princípio alfabético*, o princípio de que as letras representam sons, se beneficiam de ensino específico em correspondências de som-letra, um tipo de ensino chamado **fônica sistemática e explícita** (Armbruster, Lehr e Osborn, 2003). *Sistemática* significa que o ensino deve seguir um plano, começando com correspondências simples de uma-letra/um-som (por exemplo, a letra *b* para o som /b/) e passando para aquelas que envolvem duas ou mais letras. O plano deve ser cuidadosamente desenvolvido de modo que a instrução corresponda de formas significativas ao sistema ortográfico da língua que está sendo aprendida. *Explícita* significa que as correspondências de letra-som são ensinadas intencionalmente.

A fônica efetiva também proporciona aos leitores iniciantes amplas oportunidades para prática diária no uso de seu conhecimento de correspondências de som-símbolo, de modo que eles possam desenvolver automaticidade. Os pesquisadores da fônica afirmam que as crianças não podem compreender a linguagem escrita com facilidade até que possam decodificá-la automática e fluentemente (Rego, 2006). A opinião deles se baseia no achado de que a memória de trabalho tem capacidade limitada. Portanto, quando a decodificação de palavras é automática, a capacidade da memória de trabalho fica livre para a tarefa de compreender o que está sendo lido.

Os defensores da **abordagem de linguagem integral**, uma abordagem ao ensino da leitura que enfatiza mais o significado da linguagem escrita do que sua estrutura, diz que a maioria das crianças é capaz de inferir correspondências de letra-som por conta própria desde que tenham exposição suficiente a palavras impressas (Strauss e Altwerger, 2007). O segredo, dizem esses educadores, é motivar as crianças a interagir com a linguagem escrita de formas significativas e prazerosas. Portanto, eles afirmam que os currículos de leitura devem incluir literatura infantil de alta qualidade em vez de livros de exercício de fônica. Além disso, eles recomendam que os professores instruam diretamente as crianças em habilidades de fônica apenas quando elas fizerem perguntas sobre letras e sons.

A pesquisa sugere que achar que o ensino da leitura deve acompanhar *ou* a fônica *ou* a abordagem de linguagem integral é um erro. Em vez disso, os defensores da **abordagem balanceada** defendem um ensino de leitura abrangente que inclua fônica sistemática e explícita juntamente com outras estratégias de ensino derivadas da abordagem de linguagem integral (Iaquinta, 2006). Eles argumentam que expor crianças a boa literatura e ajudá-las a adquirir um amor pela leitura são elementos importantes em qualquer currículo de leitura. E, precisamente porque a fônica é tão importante, os professores têm a obrigação de encontrar maneiras de ensinar essas habilidades de forma prazerosa. Por exemplo, algumas estratégias para ensinar fônica tiram partido do amor das crianças por jogos.

Quando as crianças já aprenderam o processo básico de leitura, a aprendizagem sobre partes de palavras significativas, como prefixos e sufixos, as ajuda a se tornarem leitores mais eficientes e a entender melhor o que leem (Adams e Henry, 1997; McBride-Chang, Shu, Zhou e Wagner, 2004;

ortografia inventada Uma estratégia que crianças pequenas com boas habilidades de consciência fonológica usam quando escrevem.

fônica sistemática e explícita Ensino específico e planejado em correspondência de som-letra.

abordagem de linguagem integral Uma abordagem ao ensino da leitura que enfatiza mais o significado da linguagem escrita do que sua estrutura.

abordagem balanceada Ensino da leitura que combina instrução de fônica explícita com outras estratégias para ajudar crianças a adquirir alfabetização.

Nagy, Berninger, Abbott, Vaughan e Vermeulen, 2004). O ensino de estratégias de compreensão, como identificar o propósito de um determinado texto, também ajuda a melhorar a habilidade e o entendimento da leitura (Pressley e Wharton-MacDonald, 1997; Van den Broek, Lynch, Naslund, Ievers-Lendis e Verduin, 2004). Naturalmente, desde o princípio, as crianças precisam ser expostas a boa literatura, tanto lendo sozinhas quanto ouvindo histórias lidas por seus pais e professores.

Algumas das estratégias usadas para ensinar leitura também ajudam as crianças a escrever – o outro componente da alfabetização. Por exemplo, o ensino das associações de som-símbolo ajuda as crianças a aprenderem a soletrar e a ler (Rego, 2006). Naturalmente, a boa escrita é muito mais do que apenas soletrar; ela requer instrução e prática, assim como a leitura. Especificamente, as crianças precisam aprender sobre técnicas de escrita, como fazer resumos e desenvolver parágrafos, a fim de se tornarem boas escritoras. Elas também precisam aprender sobre a mecânica da língua, tal como gramática e usos adequados de palavras, bem como sobre editar o trabalho escrito seu e de outros (Graham e Harris, 1997).

Apesar dos melhores esforços dos educadores, muitas crianças ficam atrás de seus colegas na alfabetização nos primeiros anos de escola. Em geral, os pesquisadores da leitura constataram que maus leitores têm problemas com combinações de som-letra (Agnew, Dorn e Éden, 2004). Portanto, muitas crianças que têm dificuldades de leitura se beneficiam de abordagens de fônica altamente específicas que fornecem muita prática na tradução de letras em sons e vice-versa (Koppenhaver, Hendrix e Williams, 2007; Ryder, Tunmer e Greaney, 2008).

Entretanto, a flexibilidade do currículo também é importante em programas para leitores deficientes. Alguns não melhoram quando abordagens de fônica são usadas. De fato, programas como o *Reading Recovery* (recuperação de leitura), que combinam prática de som-letra e treinamento da compreensão, se revelaram altamente bem-sucedidos para ajudar leitores deficientes a emparelhar, especialmente quando os programas são implementados nos primeiros anos do ensino fundamental (Hurry e Sylva, 2007). Consequentemente, os professores precisam ser capazes de avaliar a efetividade de qualquer abordagem que estejam usando e mudá-la para satisfazer as necessidades de estudantes individuais.

aprendizes da língua inglesa (ELLs) Estudantes que não falam inglês suficientemente bem para acompanhar aulas dadas apenas em inglês.

educação bilíngue Como praticada nos Estados Unidos, um programa escolar para estudantes que não são competentes em inglês, no qual o ensino das matérias básicas é feito na língua materna das crianças durante os primeiros dois ou três anos de escola, com uma transição gradual para ensino total em inglês nos anos seguintes.

Objetivo da aprendizagem 8.17
Que estratégias de ensino os educadores usam para ajudar alunos de língua inglesa?

Tabela 8.6 Porcentagem de estudantes ELL em alguns dos maiores sistemas escolares da América do Norte

Los Angeles	42%
Toronto	41%
Dallas	33%
Houston	28%
San Diego	27%
Denver	25%
Miami	19%
Albuquerque	18%
Chicago	14%
Cidade de Nova York	14%
Distrito de Columbia	12%
Vancouver	12%

Fontes: British Columbia Ministry of Education, 2001; NCES, 2003b; Toronto District School Board, 2001.

Aprendendo uma segunda língua

Os padrões mundiais de crescimento e movimento populacional levaram a tremendos aumentos no número de crianças que frequentam a escola nos Estados Unidos, no Canadá, na Grã-Bretanha e na Austrália cuja primeira língua não é o inglês. Aproximadamente dois terços dessas crianças falam inglês suficientemente bem para ir bem na escola, mas o resto não fala inglês. Os educadores em países de língua inglesa usam o termo **aprendizes da língua inglesa (ELLs)** para se referir a crianças que não falam inglês – sejam imigrantes ou nativas.

Em torno de 11% das crianças em idade escolar nos Estados Unidos são classificadas como ELL (National Center for Education Statistics [NCES], 2006). Entretanto, essas crianças não estão distribuídas igualmente entre as escolas. Alguns sistemas têm relativamente poucas, enquanto outros, como mostra a Tabela 8.6, admitem um grande número desses alunos. Além disso, em muitas áreas urbanas na América do Norte, crianças ELL têm formação linguística altamente variável. Em Toronto, por exemplo, as crianças nas escolas falam mais de 80 línguas diferentes (Toronto District School Board, 2001). Nas cidades norte-americanas de Los Angeles, Nova York, Chicago e Washington, DC, mais de 100 línguas são faladas nas casas das crianças (NCES, 2008). Visto que as questões envolvidas na educação de crianças ELL são tão diversas entre nações e mesmo entre regiões dentro das nações, não há uma estratégia única de ensino que satisfaça a todos para ajudar essas crianças a falar, ler e escrever em inglês.

Nos Estados Unidos, algumas crianças ELL, principalmente aquelas cuja primeira língua é o espanhol, participam de um grupo de educação bilíngue (Osorio-O'Dea, 2001). Na **educação bilíngue**, a instrução é apresentada na língua materna das crianças durante os primeiros dois ou três anos de escola, e os professores fazem uma transição gradual até ensinar totalmente em inglês nos anos seguintes. Esses programas foram desenvolvidos para crianças de língua espanhola porque elas constituem de

CIÊNCIA DO DESENVOLVIMENTO NO MUNDO REAL

Uma língua ou duas?

Chan, um chinês americano, e Luisa, uma mexicana americana, são pais orgulhosos de uma menina de 3 meses. Chan é fluente em mandarim e inglês, e Luisa é bilíngue em espanhol/inglês. Suas próprias experiências os convenceram de que ser bilíngue é uma grande vantagem. Eles esperam dar a sua filha uma vantagem ainda maior – a de ser fluente em três línguas. Entretanto, eles estão um pouco preocupados sobre a conveniência de criar uma criança com mais de uma língua em casa.

Saber duas ou mais línguas evidentemente propicia benefícios sociais e econômicos a um adulto. Entretanto, a pesquisa sugere que há vantagens *e* desvantagens cognitivas em crescer bilíngue. Do lado positivo, crianças bilíngues têm uma vantagem clara na *capacidade metalinguística*, a capacidade de pensar sobre a língua (Bialystok, Shenfield e Codd, 2000). Além disso, a maioria das crianças bilíngues exibe habilidades de processamento executivo mais avançadas em tarefas de linguagem do que crianças monolíngues (Carlson e Meltzoff, 2008). Essas duas vantagens permitem que crianças bilíngues entendam mais facilmente a conexão entre sons e símbolos nos estágios iniciais da aprendizagem da leitura (Bialystok, 1997; Oller, Cobo-Lewis e Eilers, 1998).

Do lado negativo, bebês em lares bilíngues alcançam alguns marcos mais tarde do que aqueles que estão aprendendo uma única língua. Por exemplo, os vocabulários receptivo e expressivo de bebês bilíngues são maiores do que os de bebês monolíngues, mas as palavras que eles conhecem são divididas entre duas línguas (Patterson, 1998). Consequentemente, eles estão atrás de bebês monolíngues no conhecimento de palavras não importa qual língua seja considerada, uma diferença que persiste até os anos de escola. Além disso, crianças crescendo em lares bilíngues nos quais as duas línguas variam muito na forma como são escritas (por exemplo, inglês e chinês) podem adquirir habilidades de leitura em ambas as línguas mais lentamente do que crianças em lares monolíngues (Bialystok, Majumder e Martin, 2003; Guglielmi, 2008).

Entretanto, a pesquisa indica que crianças bilíngues que são igualmente fluentes em ambas as línguas encontram menos – ou nenhum – problemas de aprendizagem na escola (Vuorenkoski, Kuure, Moilanen e Peninkilampi, 2000). Contudo, a maioria das crianças não alcança igual fluência em ambas as línguas (Hakansson, Salameh e Nettelbladt, 2003). Quando a língua na qual são menos fluentes é a língua na qual seu ensino escolar é conduzido, elas correm o risco de ter problemas de aprendizagem (Anderson, 1998; Thorn e Gathercole, 1999).

Questões para reflexão

1. Que tipo de ambiente linguístico você proporcionaria a seu filho se você estivesse na mesma posição que Chan e Luisa?
2. Em sua opinião, qual a probabilidade de que a menina alcance a meta de fluência de seus pais em três línguas? Que fatores influenciarão seu eventual nível de fluência em cada uma das três línguas?

---

longe o maior grupo de estudantes ELL nas escolas dos EUA (Planty et al., 2008). Em outros países de língua inglesa, a educação bilíngue está disponível também para crianças de grandes grupos de língua não inglesa. Por exemplo, as escolas no Canadá forneceram a estudantes de língua inglesa e francesa em Québec, uma província principalmente de língua francesa, educação bilíngue durante décadas. (Ver *Ciência do desenvolvimento no mundo real.*)

Uma alternativa à educação bilíngue é a **imersão estruturada**, usada em salas de aula nas quais todas as crianças falam a mesma língua materna não inglesa e o professor fala tanto inglês como a língua materna das crianças. Nessas salas de aula, o ensino básico é em inglês, em um ritmo que as crianças possam compreender, com o professor traduzindo apenas quando absolutamente necessário. Programas de língua francesa desse tipo para crianças de língua inglesa têm sido muito bem-sucedidos em Québec (Allen, 2004; Holobow, Genesee e Lambert, 1991). Nesses programas, os estudantes são ensinados exclusivamente em francês por dois anos no ensino fundamental. Durante os anos restantes de ensino fundamental, eles recebem instrução bilíngue. A pesquisa mostra que, nas primeiras séries, esses alunos estão um pouco atrasados na língua no quesito de habilidades de leitura e escrita. Entretanto, quando essas crianças chegam na idade do ensino médio, elas obtêm escores mais altos em testes de desempenho da leitura do que seus pares monolíngues.

Entretanto, com frequência é logisticamente impossível fornecer educação bilíngue ou imersão estruturada para a maioria das crianças ELL. Em primeiro lugar, se um sistema escolar tem apenas um punhado de estudantes que fala uma determinada língua, não é financeiramente praticável estabelecer um currículo separado para eles. Além disso, pode ser impossível encontrar professores bilíngues para crianças cuja língua é falada por poucas pessoas fora de seu país de

Em muitas cidades norte-americanas, uma proporção substancial de estudantes vem de lares nos quais uma língua que não o inglês é falada. Com apoio, essas crianças podem se tornar fluentes em inglês e podem ter sucesso na escola.

imersão estruturada Uma alternativa à educação bilíngue tradicional usada em salas de aula nas quais as crianças falam a mesma língua nativa não inglesa. Toda instrução básica é em inglês, em um ritmo que a criança possa compreender, com o professor traduzindo apenas quando absolutamente necessário.

origem. Por essas razões, a maioria das crianças ELL nos Estados Unidos, em torno de 85%, são matriculadas em programas **Inglês como segunda língua (ESL)** (Osorio-O'Dea, 2001). Nos programas ESL, as crianças frequentam classes acadêmicas que são conduzidas inteiramente em inglês e todos os dias têm aulas de inglês.

A pesquisa mostrou que nenhuma abordagem particular à aprendizagem da segunda língua é mais bem sucedida do que outra (Mohanty e Perregaux, 1997). Há alguma indicação de que programas que incluem um componente baseado em casa, tal como aqueles que encorajam os pais a aprender a nova língua junto com seus filhos, podem ser especialmente efetivos (Koskinen et al., 2000). Mas parece que qualquer programa estrutural, seja educação bilíngue ou ESL, promove maior realização entre crianças de língua não inglesa do que simplesmente integrá-las em classes apenas de língua inglesa, uma abordagem chamada **submersão**. Embora a maioria das crianças em programas de submersão eventualmente emparelhem com seus pares de língua inglesa, muitos educadores acreditam que o ensino que apoia a língua e a cultura maternas das crianças, bem como suas habilidades na língua inglesa, aumenta seu desenvolvimento global (Bougie, Wright e Taylor, 2003).

Com relação à realização global, o desempenho de estudantes ELL na escola é muito semelhante ao de crianças de língua inglesa (NCES, 2008). De fato, em escolas norte-americanas, crianças de língua inglesa natas têm maior probabilidade de repetir uma ou mais séries do que crianças cuja língua materna é asiática ou europeia. Crianças de língua espanhola natas fracassam aproximadamente na mesma taxa que crianças de língua inglesa. Nessas escolas, adolescentes que são imigrantes recentes têm maior probabilidade de completar o ensino médio do que seus pares que entraram nos Estados Unidos em idades mais precoces ou que são nativos (White e Glick, 2000). De fato, estudos sugerem que, com a ajuda de programas especiais visando facilitar a transição delas para uma nova língua, crianças ELL podem superar seus pares monolíngues em testes padronizados de realização de leitura já na 2ª série, mesmo se eles entrarem na escola sem qualquer conhecimento de inglês (Lesaux e Siegel, 2003). Portanto, não há evidência de que uma criança que entra na escola com habilidades limitadas de inglês tenha qualquer risco maior de fracassar do que uma criança cuja primeira língua é o inglês.

Uma nota de cautela é importante, entretanto: um estudante ELL não tem um risco aumentado de fracasso desde que a escola proporcione algum tipo de transição para ensino apenas em inglês *e* os diretores de escola tratem de administrar todos os testes padronizados na língua com a qual a criança está mais familiarizada (Bernardo e Calleja, 2005). A primeira medida é necessária para otimizar o potencial de realização da criança ELL. A segunda garante que crianças de língua não inglesa não sejam classificadas erroneamente como tendo retardo mental ou incapacidades de aprendizagem devido a suas habilidades limitadas de inglês.

Pensamento crítico

- Grande parte da pesquisa sobre a qual você leu neste capítulo é baseada em um número muito pequeno de estudos de caso. Por que você acha que os pesquisadores preferem usar o método de estudo de caso? Quais são as vantagens e desvantagens do método de estudo de caso com relação ao estudo do desenvolvimento da linguagem?
- De que forma os estudos de comunicação animal são úteis no estudo do desenvolvimento da linguagem humana?

Conduza sua própria pesquisa

Conforme observado neste capítulo, Vygotsky e Piaget difeririam sobre a função da fala privada. Você pode observar crianças usando fala privada em uma pré-escola, jardim de infância ou classe de 1ª série. (Lembre-se de pedir permissão dos diretores de escola e dos pais das crianças.) Focalize-se em uma criança de cada vez, mantendo um registro das instruções autodirigidas da criança. Determine a proporção dessas instruções que parecem ter o objetivo de orientar o comportamento, como Vygotsky sugeriu. Um exemplo de uma instrução poderia ser a declaração de um pré-escolar de "isso vai aqui" enquanto monta um quebra-cabeças. Após você ter coletado dados sobre várias crianças, decida se você concorda com Vygotsky.

Inglês como segunda língua (ESL) Uma alternativa à educação bilíngue; crianças que não são competentes em inglês frequentam classes acadêmicas ensinadas inteiramente em inglês, mas passam várias horas em uma classe separada para aprender inglês.

submersão Uma abordagem ao ensino de estudantes que não falam inglês na qual eles são designados a uma sala de aula onde a instrução é dada em inglês sem ajuda suplementar na língua; também conhecida como a abordagem "afunde ou nade".

Resumo

ANTES DA PRIMEIRA PALAVRA: A FASE PRÉ-LINGUÍSTICA

8.1 Quais são as características do arrulho e do balbucio?

- O arrulho é o primeiro tipo de som comunicativo que um bebê produz. Ele é constituído de sons de vogal repetitivos. As vocalizações que incluem cadeias de sons de consoante e vogal aparecem em torno dos 6 meses e são chamadas de balbucio. O balbucio muda gradualmente até refletir apenas aqueles sons que estão incluídos na língua que o bebê está aprendendo a falar.

8.2 O que os pesquisadores aprenderam sobre as habilidades de linguagem receptiva dos bebês?

- Aos 10 meses, os bebês entendem 30 ou mais palavras, embora seu vocabulário de fala ainda seja extremamente limitado. Aos 13 meses, o vocabulário receptivo de um bebê aumenta para 100 palavras. Bebês de 9 a 12 meses entendem instruções simples.

APRENDENDO PALAVRAS E SIGNIFICADOS DE PALAVRAS

8.3 Quais são as tendências na aprendizagem de palavras durante os primeiros dois anos?

- As primeiras palavras aparecem quando a criança tem em torno de 1 ano. Estas são simples e normalmente usadas apenas para objetos ou situações específicos. O vocabulário cresce lentamente a princípio, e então brota em uma explosão de nomeação. Aos 16 meses, a maioria das crianças tem um vocabulário de aproximadamente 50 palavras. As primeiras palavras costumam ser altamente específicas e ligadas ao contexto no significado; posteriormente, as crianças superestendem o uso de palavras.

8.4 Como a aprendizagem de palavras prossegue na primeira infância e na meninice?

- As crianças continuam a aprender palavras novas durante todos os anos da pré-escola e acrescentam aproximadamente 10 palavras por dia na idade em que estão prontas para iniciar o ensino fundamental. O mapeamento rápido, o uso de categorias para aprender novas palavras, permite que elas adquiram palavras novas rapidamente.

8.5 Quais são algumas das restrições propostas na aprendizagem de palavras?

- Muitos (mas não todos) linguistas concluíram que ao determinar os significados de palavras, uma criança tem restrições ou tendências inatas, tais como a suposição de que palavras se referem a objetos ou ações, mas não a ambos, e o princípio do contraste. Outros linguistas acreditam que essas restrições existem, mas são mais adquiridas do que inatas.

APRENDENDO AS REGRAS: O DESENVOLVIMENTO DA GRAMÁTICA E DA PRAGMÁTICA

8.6 Como as primeiras frases das crianças diferem de holofrases?

- Os linguistas usam o termo *holofrase* para referir o uso dos bebês de palavras únicas, ou palavras únicas combinadas com gestos, como frases. Quando as holofrases se tornam menos frequentes em torno dos 18 meses, frases de duas palavras começam a aparecer na fala da criança. A criança pequena pode usar essas frases simples para transmitir muitos significados diferentes, incluindo localização, posse e relacionamentos agente-objeto.

8.7 Qual é a importância da explosão da gramática?

- Durante a explosão da gramática, a criança rapidamente acrescenta muitas inflexões gramaticais e aprende a criar perguntas e frases negativas.

8.8 Que habilidades de gramática as crianças adquirem na pré-escola, no ensino fundamental e nos anos da adolescência?

- Aos 3 ou 4 anos, a maioria das crianças pode construir frases notavelmente complexas. As habilidades posteriores são sobretudo refinamentos de habilidades estabelecidas, como aprender a entender e a usar frases passivas.

8.9 Quais são os marcos do desenvolvimento da pragmática?

- Já aos 2 anos, as crianças adaptam sua linguagem às necessidades do ouvinte e começam a seguir costumes culturalmente específicos de uso da linguagem. As crianças também usam a linguagem para regular seu próprio comportamento.

EXPLICANDO O DESENVOLVIMENTO DA LINGUAGEM

8.10 Como as teorias ambientais explicam o desenvolvimento da linguagem?

- Diversas teorias foram oferecidas para explicar o desenvolvimento da linguagem. Duas primeiras explicações ambientais, uma baseada na imitação e uma no reforço, foram largamente rejeitadas. Mais recentemente, a ênfase tem sido dada tanto à qualidade útil da forma mais simples de linguagem de adulto-para-criança, chamada *manhês* ou fala dirigida ao bebê, quanto ao papel de expansões e remodelações das frases das crianças.

8.11 Que tipo de evidência apoia as teorias nativistas?

- As teorias nativistas pressupõem que a criança nasce com um conjunto de princípios operantes que a focaliza em aspectos relevantes do estímulo de linguagem. A produção de palavras que sugere mais o uso de regras (por exemplo, "lápises" em vez de "lápis") do que imitação de fala madura apoia a visão nativista.

8.12 Como as teorias construtivistas diferem de outras abordagens?

- As abordagens construtivistas diferem das perspectivas de aprendizagem nativistas na medida em que afirmam que o desenvolvimento da linguagem é guiado pelos mesmos processos que moldam o desenvolvimento cognitivo. As teorias construtivistas sustentam que uma criança constrói a linguagem ao mesmo tempo e da mesma forma que constrói todos os entendimentos cognitivos.

DIFERENÇAS INDIVIDUAIS E DE GRUPO NO DESENVOLVIMENTO DA LINGUAGEM

8.13 As diferenças na taxa de desenvolvimento da linguagem estão relacionadas a medidas posteriores de proficiência?

- As crianças apresentam diferenças na taxa de desenvolvimento tanto do vocabulário quanto da gramática, diferenças explicadas por influências tanto hereditárias como ambientais. Apesar dessas variações na taxa de desenvolvimento, a maioria das crianças eventualmente aprende a falar habilmente.

8.14 De que formas a linguagem varia entre grupos culturais?

- A sequência de desenvolvimento da linguagem é notavelmente consistente entre todas as línguas. Há algumas poucas exceções, entretanto. Por exemplo, crianças aprendendo turco produzem frases durante o estágio de duas palavras que diferem em relação ao uso de inflexões das de crianças aprendendo outras línguas.

APRENDENDO A LER E A ESCREVER

8.15 Qual é o papel da consciência fonológica na aprendizagem da leitura?

- O desenvolvimento de uma consciência dos padrões sonoros de uma determinada língua durante a primeira infância é importante na aprendizagem da leitura e da escrita. As crianças parecem adquirir essa habilidade através de jogos de palavras. A consciência fonológica ajuda as crianças a estabelecer conexões entre linguagem escrita e falada.

8.16 Que estratégias os educadores usam para ajudar as crianças a aprender a ler?

- Na escola, as crianças necessitam de instrução específica em correspondências de som-letra, partes de palavras e estratégias de compreensão para se tornarem boas leitoras. Elas também necessitam ser expostas a boa literatura e ter muita prática adequada no uso de habilidades de leitura e escrita.

8.17 Que estratégias de ensino os educadores usam para ajudar alunos de língua inglesa?

- Crianças com inglês limitado têm desempenho tão bom quanto seus pares que falam inglês quando recebem tipos específicos de apoio na escola. Em classes de educação bilíngue, as matérias acadêmicas são ensinadas na primeira língua das crianças e o inglês é ensinado como uma matéria separada. Em programas ESL, as crianças recebem ensino acadêmico em inglês juntamente com ensino específico. Em programas de imersão estruturada, um professor bilíngue oferece a maior parte da instrução em inglês e traduz apenas quando absolutamente necessário. A pesquisa não produziu uma resposta clara quanto a qual abordagem é mais efetiva.

Termos-chave

abordagem balanceada (p. 247)
abordagem de linguagem integral (p. 247)
aprendizes da língua inglesa (ELLs) (p. 248)
arrulho (p. 229)
balbucio (p. 229)
consciência fonológica (p. 246)
educação bilíngue (p. 248)
fala telegráfica (p. 236)
fase pré-linguística (p. 229)
fonologia (p. 228)
fônica sistemática e explícita (p. 247)
holofrase (p. 235)
imersão estruturada (p. 249)
Inglês como segunda língua (ESL) (p. 250)
linguagem expressiva (p. 229)
linguagem receptiva (p. 230)
manhês (fala dirigida ao bebê) (p. 241)
mapeamento rápido (p. 233)
ortografia inventada (p. 247)
pragmática (p. 238)
princípio do contraste (p. 234)
restrição (p. 234)
semântica (p. 228)
sintaxe (p. 228)
subextensão (p. 232)
submersão (p. 250)
superextensão (p. 232)
super-regularização (p. 236)
tamanho médio de elocução (MLU) (p. 243)

Desenvolvimento da Personalidade: Visões Alternativas 9

Objetivos da Aprendizagem

Definindo personalidade

9.1 Quais são as dimensões do temperamento sobre as quais a maioria dos psicólogos concorda?

9.2 Como os defensores da abordagem dos Cinco Grandes definem personalidade?

Explicações genéticas e biológicas da personalidade

9.3 Qual é o foco da abordagem biológica à personalidade?

9.4 Quais são algumas das críticas importantes da abordagem biológica?

Explicações da personalidade na perspectiva da aprendizagem

9.5 Quais são as proposições básicas das explicações da personalidade na perspectiva da aprendizagem?

9.6 Quais são algumas das críticas da perspectiva da aprendizagem?

Explicações psicanalíticas da personalidade

9.7 Quais são os pontos principais da abordagem psicanalítica à personalidade?

9.8 Como a teoria de Freud explica o desenvolvimento da personalidade?

9.9 Como a teoria de Erikson explica o desenvolvimento da personalidade?

9.10 Que evidências há em apoio à perspectiva psicanalítica sobre personalidade?

9.11 Quais são algumas das críticas sobre as teorias psicanalíticas?

Uma possível síntese

9.12 Como elementos das abordagens biológica, da aprendizagem e psicanalítica podem ser combinados em uma explicação abrangente da personalidade?

Você alguma vez observou crianças pré-escolares e suas famílias aguardando na fila de uma lanchonete onde há uma área de recreação atraente? Quando seus filhos pedem para ir à área de recreação, a maior parte dos pais segue um roteiro que é mais ou menos assim: "Assim que pegarmos nosso lanche, vamos para lá, mas você tem que terminar de comer antes de ir brincar". Em resposta, algumas crianças olham ansiosamente para a área de recreação, mas permanecem firmemente ao lado de seus pais. Outras resmungam um pouco, mas logo se distraem de seu desejo de brincar não satisfeito se focalizando na antecipação do brinquedo que irão ganhar com seu lanche. Outros ainda se comportam como se fosse o fim do mundo. Eles choram alto e podem até gritar de frustração. Muitas dessas crianças se atiram no chão e se ferem, acrescentando mais drama à representação. Algumas até batem ou chutam o pai rejeitador. Outras correm desafiadoramente para a área de recreação, aparentemente esquecidos das instruções de seus pais sobre permanecer na fila. Surpreendentemente, essas variações ocorrem com frequência entre crianças da mesma família.

Refletir sobre as diferenças que aparecem quando as crianças estão em situações frustrantes captura a essência do que os psicólogos querem dizer quando usam o termo *personalidade*. Formalmente, esse termo é definido como os padrões permanentes do indivíduo de respostas aos outros e ao ambiente e de suas interações com estes. Em termos práticos, ela permeia todos os relacionamentos das crianças, exercendo uma influência tão poderosa sobre resultados do desenvolvimento quanto suas capacidades cognitivas. O que causa essas diferenças? Quando procuramos respostas para essa pergunta, nos incontáveis livros sobre criação de filhos que estão disponíveis hoje ou na literatura profissional, inevitavelmente encontramos o debate que permeia toda discussão do desenvolvimento humano: a controvérsia natureza-criação. Naturalmente, por mais interessante que possa ser o debate natureza-criação para os cientistas do desenvolvimento, o que os pais querem saber é como devem responder à personalidade das crianças. Eles se perguntam também: se a personalidade é de fato herdada, então em que grau suas respostas importarão? Ou seja, o comportamento de uma criança que tem um acesso de raiva toda vez que é contrariada pode ser mudado, ou os membros da família simplesmente precisam se resignar a tolerar seu comportamento disruptivo?

Como observamos com relação a outras características, a maioria dos desenvolvimentalistas diria que é a interação entre os traços inatos de uma criança e as características de seu ambiente, não um ou o outro, que determina a personalidade. Em outras palavras, as práticas de paternagem devem se basear em um entendimento de todos os fatores que influenciam a personalidade das crianças. Como você aprenderá neste capítulo, há pouca dúvida de que a hereditariedade é um fator importante. Entretanto, a aprendizagem também influencia a personalidade. Portanto, a paternagem que se baseia somente ou na noção de que a personalidade é inata ou na ideia de que ela é aprendida provavelmente será ineficaz. Em vez disso, os pais precisam ter uma melhor ideia de como e quando traços inatos e aprendizagem, bem como inúmeros outros fatores, entram em ação.

Neste capítulo, revisaremos como vários teóricos abordaram a explicação do desenvolvimento da personalidade. Quando terminar de ler, você terá uma melhor estimativa das complexidades da personalidade humana. Você verá que, como a maioria das variáveis desenvolvimentais, ela não é simplesmente uma questão de traços inatos *ou* de influências ambientais.

Definindo personalidade

Como o conceito de inteligência, o conceito de personalidade tem sido difícil de definir claramente. A maioria dos teóricos e pesquisadores pensaram na **personalidade** em termos de variações em um conjunto de traços ou dimensões básicas, tais como timidez *versus* gregarismo ou atividade *versus* passividade. Se os pesquisadores pudessem identificar as dimensões básicas da personalidade, eles poderiam então descrever a personalidade de qualquer indivíduo como um perfil daqueles traços fundamentais. Isso soa direto, mas chegar a um consenso sobre a natureza das dimensões fundamentais não tem sido uma tarefa simples. Com o passar dos anos, pesquisadores e teóricos discordaram veementemente sobre quantas poderiam ser essas dimensões, como elas deveriam ser medidas ou mesmo se há, no fim das contas, algum traço de personalidade estável.

personalidade A coleção de padrões relativamente permanentes de reagir aos outros e ao ambiente e de interagir com estes que diferencia cada criança ou adulto.

Entretanto, na última década, um pouco para a surpresa de muitos psicólogos, surgiu um consenso sobre certos princípios. O primeiro é que o temperamento do bebê dá uma enorme contribuição para a futura personalidade. O segundo princípio é que cinco dimensões básicas surgem como o centro da personalidade de um indivíduo durante a primeira infância e a meninice, e as formas como essas dimensões são manifestadas na vida de um indivíduo são razoavelmente estáveis entre a adolescência e a idade adulta.

Temperamento

> **Objetivo da aprendizagem 9.1**
> Quais são as dimensões do temperamento sobre as quais a maioria dos psicólogos concorda?

Você leu sobre temperamento nos capítulos 1 e 3; o conceito, portanto, não é completamente novo. Mary Rothbart e John Bates, dois dos principais pesquisadores nessa área, definem temperamento como "diferenças individuais na reatividade e autorregulação emocional, motora e atencional" que as crianças consistentemente exibem em todos os tipos de ambientes e situações (1998, p. 109) (ver *Ciência do desenvolvimento no mundo real*). Esses autores, e a maior parte dos outros que estudam temperamento, concebem essas qualidades como o substrato emocional da personalidade – o conjunto de qualidades ou padrões centrais de resposta visíveis na infância e refletidos em coisas como nível de atividade típico, irritabilidade ou sentimentalidade, capacidade de ser acalmado, timidez e sociabilidade (Hartup e van Lieshout, 1995, p. 658; Rothbart, Ahadi e Evans, 2000).

Três visões do temperamento Um dos sistemas de categoria de temperamento mais influentes foi a descrição de Stella Chess e Alexander Thomas (1984) de temperamentos *difícil*, *fácil* e *de aquecimento lento*, refletindo perfis em nove dimensões diferentes – um sistema descrito no Capítulo 3. Em contraste, Arnold Buss e Robert Plomin propuseram originalmente apenas três dimensões: nível de atividade, sentimentalidade (principalmente sentimentalidade negativa) e sociabilidade (Buss, 1989; Buss e Plomin, 1984, 1986). O questionário que eles criaram para me-

---

CIÊNCIA DO DESENVOLVIMENTO NO MUNDO REAL

Temperamento intempestivo em uma turma de crianças pequenas

Benita trabalha em uma creche onde é encarregada de cuidar de uma turma de crianças pequenas. Ela relatou que uma dessas crianças, um menino de 18 meses chamado Thomas, parece dominar os outros. O garotinho é radiante, animado, fisicamente ativo e faz amigos com facilidade. Entretanto, quando Benita brinca de nomear objetos com os bebês, Thomas responde abruptamente toda vez que ela pergunta "O que é isso?", antes que seus pares tenham a chance de responder. Ela gostaria de saber o que fazer para reduzir o comportamento dominador do menino.

Os cientistas desenvolvimentais frequentemente empregam o modelo de Chess e Thomas (1984) – a noção de que a apropriação do ambiente por determinado temperamento infantil é mais importante do que o temperamento em si – para explicar interações entre os temperamentos dos bebês e sua capacidade de se adaptar a diferentes ambientes. Por exemplo, alguns perfis temperamentais predispõem os bebês a se adaptarem facilmente à estrutura de uma creche, enquanto outros aumentam as chances de que eles venham a desenvolver comportamentos problemáticos (De Schipper et al., 2004). Em geral, os bebês que são classificados como fáceis, de acordo com o sistema de Chess e Thomas, se adaptam mais rapidamente às creches do que aqueles classificados como difíceis. Tais pesquisas sugerem que Benita pode estar se deparando no comportamento de Thomas com um conflito entre seu temperamento e as demandas do ambiente no qual ele tem sido cuidado.

Thomas possui um nível acima da média de uma dimensão de temperamento que os pesquisadores denominam intempestividade – um agrupamento de traços que inclui sociabilidade, nível de atividade elevado, estados emocionais geralmente positivos e impulsividade (Rothbart e Putnam, 2002). Alguns estudos sugerem que intempestividade é observável em bebês mais jovens, de 3 meses. Além disso, intempestividade é uma faceta de temperamento altamente estável, que persiste ao longo da infância e da vida adulta. A impulsividade dessas crianças as predispõe a desenvolver comportamentos problemáticos em ambientes muito estruturados, como as creches. Apesar de seu estado emocional positivo, as crianças intempestivas ficam frustradas quando são impedidas de agir impulsivamente. Em alguns casos, essa frustração as leva a se comportar agressivamente com seus pares. Então Benita se defronta com o desafio de encorajar Thomas a permitir que as outras crianças respondam às perguntas sem provocar nele uma frustração que o leve a expressar sua impulsividade de modo menos positivo.

Questões para reflexão

1. Como Benita poderia usar os princípios de condicionamento operante, que você aprendeu no Capítulo 1, para reduzir o comportamento de Thomas de responder abruptamente às questões?
2. Se você fosse um dos pais de Thomas, como reagiria se Benita lhe comunicasse suas preocupações sobre o comportamento impulsivo de Thomas?

Mesmo nos primeiros anos de vida, diferenças na personalidade são evidentes.

dir essas três qualidades tem sido amplamente usado por pesquisadores que estudam bebês, crianças e adultos. Contudo outra figura chave foi Jerome Kagan, que se focalizou apenas em uma única dimensão, que ele chama de *inibição comportamental* – um aspecto do que a maioria das pessoas entende por "timidez" (Kagan, Reznick e Snidman, 1990; Kagan, Snidman e Arcus, 1993). Nenhuma dessas conceitualizações foi universalmente aceita.

O surgimento de um consenso Pesquisadores do temperamento ainda estão tendo dificuldade para definir as dimensões fundamentais e não chegaram a um consenso claro (Thompson e Goodvin, 2005). Entretanto, durante a última década, surgiu um consenso que é refletido nos escritos dos principais pesquisadores no campo (Caspi e Shiner, 2006; Kagan e Herschkowitz, 2005; Rothbart, 2007). Muitos teóricos estão agora enfatizando as seguintes cinco dimensões de temperamento:

- *Nível de atividade.* Uma tendência a se mover frequente e vigorosamente em vez de permanecer passivo ou imóvel.
- *Aproximação/sentimentalidade positiva.* Uma tendência a se mover na direção de em vez de para longe de pessoas, situações ou objetos novos, geralmente acompanhada por emoção positiva. Essa dimensão é semelhante ao que Buss e Plomin chamam de *sociabilidade*.
- *Inibição e ansiedade.* O lado inverso da abordagem anterior é uma tendência a responder com medo ou afastar-se de pessoas, situações ou objetos novos.
- *Sentimentalidade negativa/irritabilidade/raiva.* Uma tendência a responder com raiva, alvoroço, espalhafato ou irritabilidade; um limiar de frustração baixo. Essa dimensão parece ser aquilo a que Thomas e Chess se referem com seu conceito da criança "difícil" e ao que Buss e Plomin chamam de *sentimentalidade*.
- *Controle esforçado/persistência na tarefa.* Uma capacidade de permanecer focado, de gerenciar atenção e esforço.

Temperamento entre culturas Apesar de não saberem nada sobre temperamento, ainda resta aos pesquisadores responder a diversas questões gigantescas. Uma delas diz respeito à universalidade dessas dimensões de temperamento. A pesquisa anterior de Daniel Freedman (1979) sugeriu que bebês chineses e indígenas norte-americanos eram menos ativos do que bebês brancos norte-americanos ou japoneses. Kagan e colaboradores (1994) reproduziram parte desses resultados em sua comparação de bebês de 4 meses chineses, irlandeses e norte-americanos brancos. Eles constataram que os bebês chineses eram significativamente menos ativos, menos irritáveis e menos vocais do que os bebês nos outros dois grupos. Os bebês norte-americanos brancos apresentavam as reações mais fortes a visões, sons ou odores novos. Da mesma forma, Chisholm (1989) reproduziu a pesquisa de Freedman sobre bebês indígenas norte-americanos, verificando que eles eram significativamente menos irritáveis, menos excitáveis e mais capazes de se acalmarem sozinhos do que bebês norte-americanos brancos.

Visto que essas diferenças são evidentes em recém-nascidos, elas não podem ser resultado de modelagem sistemática pelos pais. Mas os pais trazem seus temperamentos, bem como seu treinamento cultural para interações com seus recém-nascidos; o que tende a fortalecer ou perpetuar as diferenças temperamentais dos bebês. Por exemplo, Freedman e outros pesquisadores observaram que mães japonesas e chinesas falam com seus bebês muito menos do que mães brancas. Essas diferenças no comportamento das mães estavam presentes desde os primeiros encontros com seus bebês após o parto, portanto, o padrão não é uma resposta ao comportamento mais calado dos bebês. Contudo, uma correspondência entre os comportamentos culturalmente definidos de uma mãe e o padrão temperamental de um bebê provavelmente fortalece o padrão

Cinco Grandes As cinco dimensões primárias da personalidade adulta identificadas pelos pesquisadores: extroversão, sociabilidade, escrupulosidade, neuroticismo e abertura/intelecto.

extroversão Um dos Cinco Grandes traços da personalidade; uma pessoa com escores altos neste traço é caracterizada por assertividade, energia, entusiasmo e expansividade.

na criança, o que tenderia a tornar as diferenças culturais maiores com o passar do tempo (Chen, Wang e De Souza, 2006).

A diferença entre temperamento e personalidade é um pouco como a diferença entre um genótipo e um fenótipo. O genótipo estabelece o padrão básico, mas o resultado eventual depende da forma como o padrão básico é afetado pela experiência específica. O que é medido como personalidade mais tarde na infância ou na idade adulta reflete como o padrão básico foi afetado por uma infinidade de experiências de vida. Por exemplo, a pesquisa longitudinal recente sugere que as respostas das mães aos temperamentos das crianças podem servir ou para fortalecer ou para enfraquecer variáveis temperamentais inatas tais como timidez (Rubin, Burgess e Hastings, 2002; Rubin e Coplan, 2004). Filhos pequenos de mães críticas do comportamento tímido exibem mais timidez na idade pré-escolar do que filhos de mães que aceitam esse traço em seus filhos. Se o modelo interativo estiver correto, então as variações no temperamento devem ter alguma (talvez até considerável) semelhança com a personalidade na idade adulta, embora a combinação provavelmente não seja perfeita.

sociabilidade Um dos Cinco Grandes traços da personalidade; uma pessoa com escores altos neste traço é caracterizada por confiança, generosidade, bondade e simpatia.

abertura/intelecto Um dos Cinco Grandes traços da personalidade; uma pessoa com escores altos neste traço é caracterizada por curiosidade, imaginação, *insight*, originalidade e interesses amplos.

Os Cinco Grandes

> **Objetivo da aprendizagem 9.2**
> Como os defensores da abordagem dos Cinco Grandes definem personalidade?

Se o temperamento é a base para a futura personalidade, devemos esperar encontrar alguma consistência nas características no decorrer da vida. Como essa visão prognosticaria, os pesquisadores agora concordam que a personalidade na infância e, mais tarde, durante a vida pode ser adequadamente descrita como um conjunto de variações através de cinco dimensões – os **Cinco Grandes** (ver Tabela 9.1). Se comparar esses cinco traços com as dimensões de temperamento do bebê sobre as quais você leu anteriormente, perceberá semelhanças. A **extroversão**, juntamente com seu oposto, *introversão*, por exemplo, é bastante semelhante às dimensões temperamentais de aproximação/sentimentalidade positiva e inibição. **Sociabilidade** e **abertura/intelecto** também levam a aproximação/sentimentalidade positiva, bem como a controle esforçado. A **escrupulosidade** tem muito em comum com controle esforçado, e o **neuroticismo** lembra sentimentalidade negativa.

A utilidade dos Cinco Grandes para descrever personalidade foi demonstrada em estudos de adultos em uma variedade de países, incluindo algumas culturas não ocidentais, o que empresta alguma validade intercultural a essa lista. De qualquer maneira, os pesquisadores sabem que esse conjunto de dimensões não é único a adultos norte-americanos (Lüdtke, Trautwein e Köller, 2004; McCrae e Terracciano, 2005).

escrupulosidade Um dos Cinco Grandes traços da personalidade; uma pessoa com escores altos neste traço é caracterizada por eficiência, organização, planejamento e confiabilidade.

neuroticismo Um dos Cinco Grandes traços da personalidade; uma pessoa com escores altos neste traço é caracterizada por ansiedade, autopiedade, nervosismo e instabilidade emocional.

Tabela 9.1 Os Cinco Grandes traços da personalidade

Traço	Aspecto(s) básico(s)	Qualidades de indivíduos com escores altos no traço
Extroversão	O grau com que uma pessoa se envolve ativamente no mundo *versus* evita experiências sociais	Ativo, assertivo, entusiasmado, expansivo, falador
Sociabilidade	O grau com que as interações interpessoais de uma pessoa são caracterizadas por cordialidade e compaixão *versus* antagonismo	Afetuoso, magnânimo, generoso, bom, simpático, confiável
Abertura/Intelecto	Reflete profundidade, complexidade e qualidade da vida mental e experiencial de uma pessoa	Artístico, curioso, imaginativo, perspicaz, original, tem interesses amplos
Escrupulosidade	O grau e a força do controle do impulso de uma pessoa	Eficiente, organizado, planejador, confiável, responsivo, meticuloso, capaz de adiar gratificação em favor de metas mais distantes
Neuroticismo; também chamado (ins/es)tabilidade emocional	O grau com que uma pessoa experimenta o mundo como angustiante ou ameaçador	Ansioso, autocompassivo, tenso, melindroso, instável, preocupado

Fontes: Caspi, 1998, p. 316; John et al., 1994, Tabela 1, p. 161; McCrae e Costa, 1994.

A característica de temperamento de controle esforçado, que esses pré-escolares parecem ter, está ligada a um dos Cinco Grandes traços, que é o de escrupulosidade.

Também há boa evidência de que os Cinco Grandes sejam traços estáveis: entre adultos, foi demonstrado que os escores de teste de personalidade nessas cinco dimensões são estáveis durante períodos de até uma década ou mais (Caspi et al., 2003; Costa e McCrae, 1994). Além disso, a utilidade dos Cinco Grandes como descrição da personalidade foi validada por diversos estudos ligando escores nessas dimensões a comportamento em uma ampla variedade de situações da vida real (Caspi et al., 2005; Furnham, Petrides, Tsaousis, Pappas e Garrod, 2005). Por exemplo, estudantes universitários que têm escores altos nas dimensões de escrupulosidade e abertura a experiência tendem a ter GPAs mais altos do que seus pares que têm escores mais baixos nesses traços. Aqueles com escores altos em neuroticismo têm hábitos de saúde mais pobres (fumam com mais frequência, por exemplo) e se queixam mais sobre a saúde do que aqueles com escores baixos em neuroticismo (Costa e McCrae, 1984). Portanto, os Cinco Grandes, medidos ou através de autorrelatos ou através de relatos de observadores, parecem ser descrições da personalidade tão confiáveis quanto válidas.

Cada vez mais a pesquisa sugere que os Cinco Grandes fornecem uma descrição útil da estrutura da personalidade no final da infância, na adolescência e na idade adulta (Baker, Victor, Chambers e Halverson, 2004; Deal, Halverson, Martin, Victor e Baker, 2007; Soto, John, Gosling e Potter, 2008). Por exemplo, Cornelis van Lieshout e Gerbert Haselager (1994), em um grande estudo de crianças e adolescentes na Holanda, constataram que as cinco dimensões mais claras nas quais eles puderam caracterizar seus jovens participantes se comparavam muito bem aos Cinco Grandes, e isso foi válido para meninos e meninas, para pré-escolares e adolescentes. Nessa amostra, sociabilidade e (ins/es)tabilidade emocional (o equivalente da dimensão de neuroticismo) eram as dimensões da personalidade mais evidentes, seguidas por escrupulosidade, extroversão e abertura.

Resultados semelhantes vieram de estudos longitudinais nos Estados Unidos, nos quais os pesquisadores verificaram que medidas dos Cinco Grandes na infância predizem desempenho acadêmico e uma diversidade de variáveis sociais na adolescência (Asendorpf, Denissen e van Aken, 2008; Bilalic, McLeod e Gobet, 2007; Laidra, Pullmann e Allik, 2007). Em um estudo particularmente influente, Oliver John e colaboradores (1994) estudaram uma amostra aleatória de quase 500 meninos inicialmente selecionados dentre todos os estudantes de 4ª série no sistema público escolar de Pittsburgh e acompanhados até a idade de 13 anos. Como os pesquisadores holandeses, John encontrou fortes evidências de que o modelo de cinco fatores capturava as variações de personalidade entre esses meninos pré-adolescentes.

O estudo de John também foi útil como um teste da validade do modelo de cinco fatores porque obteve informação sobre outros aspectos do comportamento dos meninos, tais como seu sucesso escolar ou seu comportamento delinquente. Comparando os perfis de personalidade de meninos que diferiam em algum outro aspecto, ele verificou se seus padrões de personalidade diferiam em aspectos que fizessem sentido teórico e conceitual. Por exemplo, a Figura 9.1 compara os perfis de personalidade de meninos que relataram atividade delinquente *versus* meninos que não relataram tal comportamento. Como John previu, os meninos delinquentes tinham escores marcadamente mais baixos do que os meninos não delinquentes tanto em sociabilidade quanto em escrupulosidade. John também verificou que meninos com escores mais altos em escrupulosidade se saíam ligeiramente melhor na escola, exatamente como seria esperado. Estudos subsequentes apoiaram os achados de John. Entretanto, alguns desses estudos também encontraram uma correlação positiva entre neuroticismo e delinquência (Retz et al., 2004). Igualmente, a pesquisa examinando relacionamentos entre os Cinco Grandes e delinquência em meninas adolescentes mostra que neuroticismo prediz comportamento criminoso também entre elas (ter Laak et al., 2003). Além disso, a ligação entre baixo nível de escrupulosidade e delinquência se mantém para meninas. Entretanto, os pesquisadores não encontraram uma correlação entre baixo nível de sociabilidade e delinquência entre mulheres.

Esses resultados são impressionantes e apontam a utilidade do modelo de cinco fatores, mas ainda é muito cedo para dizer se os Cinco Grandes virão a ser a forma ideal de descrever a personalidade das crianças. Em particular, os pesquisadores podem necessitar mais do que cinco dimensões para descrever crianças. Por exemplo, tanto John e colaboradores em seu estudo norte-americano quanto van Lieshout e Haselager em seu estudo holandês encontraram duas dimensões adicionais que descrevem a personalidade das crianças: irritabilidade e nível de atividade. Com relação a nível de atividade, estudos longitudinais deram apoio para a hipótese de que essa dimensão particular do temperamento persiste durante a infância e é gradualmente incorporada pela dimensão de extroversão dos Cinco Grandes durante os anos adolescentes (Eaton, 1994; Soto et al., 2008). Esses estudos salientam a necessidade de estudos de longo prazo nos quais ligações entre temperamento na infância e personalidade futura possam ser mais claramente identificadas.

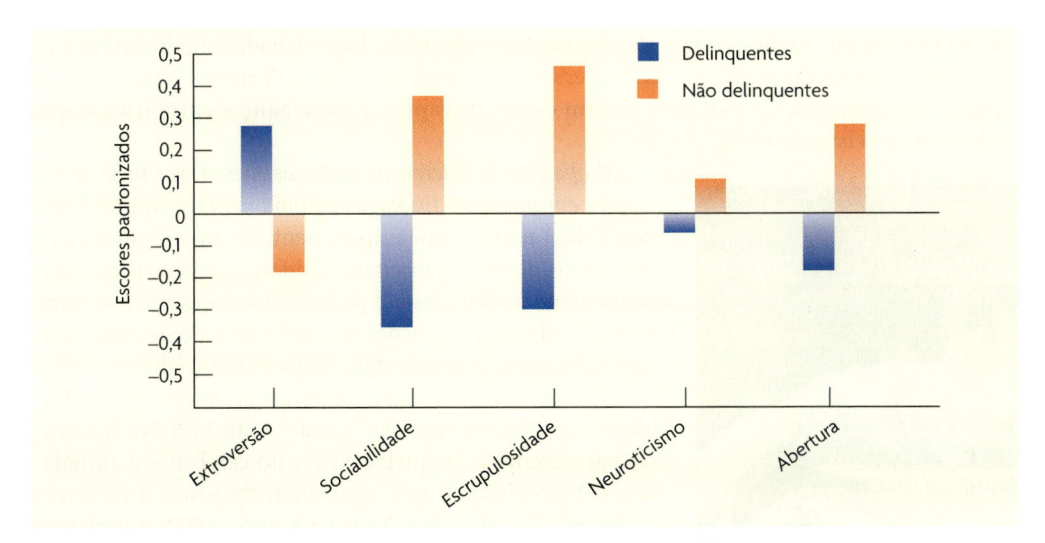

Figura 9.1 Estudo de John dos Cinco Grandes e delinquência

Crianças de 12 anos que relatam mais atos delinquentes têm perfis de personalidade bastante diferentes daqueles de crianças de 12 anos não delinquentes – um conjunto de resultados que ajuda a validar a utilidade dos Cinco Grandes traços da personalidade como descrição da personalidade das crianças.

(*Fonte*: O.P. John et al., de "The 'little five': Exploring the nomological network of the five factor model of personality in adolescent boys", *Child Development*, 65, 160-178.)

Explicações genéticas e biológicas da personalidade

Muitos pesquisadores, como Robert Plomin, afirmam que a evidência de que a hereditariedade desempenha um forte papel na determinação da personalidade é poderosa e deve ser levada em consideração em qualquer explicação teórica de diferenças individuais (Plomin, 2001, 2004). A abordagem genética inclui inúmeras proposições persuasivas. Entretanto, há muitas críticas dessa perspectiva.

Objetivo da aprendizagem 9.3
Qual é o foco da abordagem biológica à personalidade?

O argumento biológico

Amplamente expressado, o argumento de que as origens da personalidade são biológicas se baseia em quatro proposições principais.

Proposição 1: Todo indivíduo nasce com padrões característicos de resposta ao ambiente e a outras pessoas geneticamente determinados. Virtualmente, todo pesquisador que estuda o temperamento compartilha da suposição de que as qualidades temperamentais são inatas, carregadas nos genes. Essa ideia não é muito diferente da noção de "tendências inatas", ou "restrições", sobre a qual você leu em capítulos anteriores, exceto que, neste caso, o foco é no indivíduo mais do que em disposições comportamentais compartilhadas.

Há evidências claras e fortes apoiando essa afirmação (Ganiban, Saudino, Ulbricht, Neiderhiser e Reiss, 2008), tanto em estudos da personalidade adulta quanto em estudos de temperamento da infância. Estudos de gêmeos em muitos países mostram que gêmeos idênticos são muito mais parecidos em seu temperamento ou personalidade do que gêmeos fraternos (Rose, 1995). Hill Goldsmith e colaboradores (1997) combinaram os resultados de muitos estudos nos quais gêmeos foram classificados por seus pais em alguma versão das categorias de temperamento de Buss e Plomin. A pesquisa deles mostra que as correlações em cada dimensão são muito mais altas para pares de gêmeos idênticos do que para pares de gêmeos fraternos, indicando um forte efeito genético. Apoio adicional para a hipótese genética vem de pesquisadores que verificaram que irmãos não gêmeos são muito mais semelhantes na personalidade do que muitos pais acreditam. A desenvolvimentalista Kimberly Saudino (Saudino, Wertz, Gagne e Chawla, 2004) comparou as classificações dos pais de níveis de atividade de irmãos com avaliações computadorizadas de vídeos do comportamento das crianças. Ela verificou que as classificações dos pais diferiam significativamente entre irmãos, mas as avaliações computadorizadas não. Ela encontrou um padrão semelhante quando comparou a classificações dos pais de timidez dos irmãos com as de observadores objetivos. Esses achados significam que os pais tendem a exagerar as diferenças temperamentais entre seus filhos. Portanto, estudos que se baseiam em classificações parentais podem deixar de capturar semelhanças entre irmãos que podem ter uma base genética.

Proposição 2: Diferenças genéticas operam por meio de variações em processos fisiológicos fundamentais. Muitos (mas não todos) teóricos do temperamento levam a Proposição 1 um passo adiante e remontam as diferenças básicas no comportamento a variações em padrões fisiológicos subjacentes, particularmente a variações na reatividade de sistemas neurais subjacentes (Gunnar et al., 2003; Plomin, 2004).

Como exemplo, Kagan sugeriu que diferenças na inibição comportamental são baseadas em limiares diferentes para excitação naquelas partes do cérebro – a amígdala e o hipotálamo – que controlam respostas à incerteza (Schwartz, Wright, Shin, Kagan e Rauch, 2003). A excitação dessas partes do cérebro leva a aumentos na tensão muscular e na taxa cardíaca. Crianças tímidas ou inibidas parecem ter um limiar baixo para tal reação. Ou seja, elas ficam mais facilmente tensas e alertas na presença de incerteza, talvez mesmo interpretando uma ampla variedade de situações como incertas. O que herdamos, de acordo com essa visão,

Esta criança de 1 ano pode simplesmente estar tendo um dia ruim. Mas se esse é um comportamento típico, um sinal de um temperamento "difícil", ela terá um risco mais alto para uma variedade de problemas em uma idade posterior.

não é a "timidez" ou algum padrão comportamental equivalente, mas uma tendência do cérebro a reagir de formas particulares.

Em apoio a esse argumento, Kagan relata correlações na variação de 0,60 entre uma medida de inibição comportamental em crianças de 2 a 5 anos e uma série de medidas fisiológicas, tais como tensão muscular, taxa cardíaca, dilatação da pupila e composição química da urina e da saliva, que sugerem fortemente que o temperamento é baseado em respostas fisiológicas, e não simplesmente um conjunto de hábitos aprendidos (1994; Kagan et al., 1990). Além disso, Kagan e colaboradores verificaram que medidas comportamentais de inibição tomadas na infância estão correlacionadas com medidas de reatividade cerebral a estímulos nas idades de 10 a 12 anos; a correlação se manteve para adultos também (Schwartz et al., 2003; Woodward et al., 2001). Outros pesquisadores demonstraram que diferenças temperamentais estão associadas a diferentes níveis de atividade nos hemisférios direito e esquerdo do cérebro (Fox, Henderson, Rubin, Calkins e Schmidt, 2001; McManis, Kagan, Snidman e Woodward, 2002).

Proposição 3: As disposições temperamentais persistem durante a infância e até a idade adulta. Nenhum teórico no campo biológico propõe que as disposições temperamentais iniciais permanecem inalteradas pela experiência. Contudo, se os padrões temperamentais criam uma tendência a determinados comportamentos, o temperamento deve exibir ao menos alguma estabilidade com o passar do tempo. Essa estabilidade deve se apresentar na forma de correlações no mínimo modestas entre medidas de uma determinada dimensão temperamental em diferentes idades.

Embora a evidência de pesquisa seja um pouco mista, há cada vez mais evidências de consistência em classificações temperamentais durante períodos bastante longos da infância (Kagan e Fox, 2006; Rothbart, Ahadi, Hersey e Fisher, 2001). Em um estudo envolvendo um grupo de 450 crianças australianas, os pesquisadores verificaram que os relatos das mães sobre irritabilidade, cooperação/docilidade, inflexibilidade, ritmicidade, persistência e tendência a buscar (em vez de evitar) contato eram todos bastante consistentes do nascimento até a idade de 8 anos (Pedlow, Sanson, Prior e Oberklaid, 1993). Em um estudo longitudinal de crianças norte-americanas de 1 a 12 anos, Diana Guerin e Allen Gottfried (1994a, 1994b) encontraram forte consistência nos relatos dos pais sobre "dificuldade" global de seus filhos, bem como de aproximação *versus* afastamento, humor positivo *versus* negativo e nível de atividade. De fato, a pesquisa sugere que as diferenças de temperamento são estáveis dos anos pré-escolares até a idade adulta (Caspi, 1998, 2000; Caspi e Shiner, 2006).

Kagan também encontrou considerável consistência durante os anos da infância em sua medida de inibição, que é baseada em observação direta do comportamento da criança, e não nas classificações da mãe ou do pai sobre o temperamento da criança. Ele relata que metade dos bebês, em seu estudo longitudinal, que tinham apresentado altos níveis de choro e atividade motora em resposta a uma situação nova aos 4 meses, ainda era classificada como altamente inibida aos 8 anos, enquanto três quartos daqueles classificados como desinibidos aos 4 meses permaneciam nessa categoria 8 anos mais tarde (Kagan et al., 1993). Além disso, as crianças pequenas inibidas na amostra de Kagan tinham menor probabilidade do que seus pares mais desinibidos de serem classificadas como altamente agressivas ou delinquentes aos 11 anos (Schwartz, Snidman e Kagan, 1996).

Portanto, bebês que abordam pronta e positivamente o mundo em torno deles continuam a ser mais positivos quando adolescentes; bebês irritados, temperamentalmente difíceis continuam a apresentar muitas das mesmas qualidades 10 anos mais tarde; bebês de comportamento fortemente inibido têm bastante probabilidade de continuar a apresentar essa "timidez" em idades posteriores. Tal consistência é provavelmente mais forte entre crianças cujos padrões temperamentais são inicialmente extremos, tais como crianças altamente inibidas ou aquelas com padrões particularmente claros de sentimentalidade negativa (Rubin, Hastings, Stewart, Henderson e Chen, 1997), mas mesmo entre crianças com padrões menos extremos, os pesquisadores encontram algum grau de consistência.

Proposição 4: As características temperamentais interagem com o ambiente da criança de formas que podem fortalecer ou modificar o padrão temperamental básico. Apesar de toda evidência clara de influências genéticas/ambientais sobre o temperamento, genética evidentemente não é destino; ainda há muito espaço para influências ambientais. Por exemplo, o grau com que os pais direcionam o comportamento de seus filhos e expressam afeto em relação a eles parece ser um fator significativo na formação da tendência das crianças a afeto positivo e aproximação em vez de afastamento (Degnan, Henderson, Fox e Rubin, 2008; Rubin, Cheah e Fox, 2001; Rubin e Coplan, 2004). Na maioria dos casos, a personalidade resultante se desenvolve através de alguma interação entre as tendências temperamentais da criança e o ambiente que ela encontra ou cria. Um fator que tende a fortalecer as qualidades inatas de uma criança é o fato de que todos nós – incluindo crianças pequenas – escolhemos nossas experiências. Crianças altamente sociáveis buscam contato com outras pessoas; crianças com escores baixos na dimensão de atividade têm maior probabilidade de escolher atividades sedentárias como montar quebra-cabeças ou jogar jogos de tabuleiro em vez de jogar beisebol. Similarmente, o temperamento pode afetar a forma como uma criança interpreta uma determinada experiência – um fator que ajuda a explicar o fato de que duas crianças na mesma família podem experimentar o padrão de interação familiar de formas bastante diferentes.

Imagine, por exemplo, uma família que se muda frequentemente, tal como uma família de militares. Se uma criança na família tem um forte padrão inato de inibição comportamental, as inumeráveis mudanças e as novas experiências provavelmente desencadearão respostas repetidas de medo. Essa criança passa a antecipar cada nova mudança com medo e provavelmente interpretará sua vida familiar como altamente estressante. Uma segunda criança na mesma família, com um temperamento mais fortemente orientado à aproximação, acha as muitas mudanças estimulantes e energizantes e, provavelmente, pensará sobre sua infância de uma forma muito mais positiva

Um terceiro fator ambiental que frequentemente reforça padrões temperamentais inatos é a tendência dos pais (e de outros no mundo da criança) a responder de forma diferente a filhos com temperamentos diferentes. A criança sociável, que pode sorrir com frequência, provavelmente evocará mais sorrisos e mais interações positivas com adultos, simplesmente porque ela reforçou o comportamento deles com seu temperamento positivo. Buss e Plomin (1984) propuseram o argumento geral de que crianças na variação intermediária nas dimensões de temperamento tipicamente se adaptam a seus ambientes, enquanto aquelas cujo temperamento é extremo – por exemplo, crianças extremamente difíceis – forçam seu ambiente a se adaptar a elas. Os pais de filhos difíceis, por exemplo, se adaptam à negatividade das crianças punindo-as mais, embora frequentemente com menos consistência, do que pais de crianças mais adaptáveis (Lengua e Kovacs, 2005). Esse padrão pode muito bem contribuir para as taxas mais altas de problemas emocionais significativos nessas crianças.

A proposição de Buss e Plomin, embora possa ser correta, não transmite as complexidades adicionais do processo. Primeiro, pais sensíveis e responsivos podem moderar as formas mais extremas de temperamento do bebê ou da criança; um exemplo particularmente perspicaz vem do trabalho de Megan Gunner e colaboradores (1994), que estudaram um grupo de crianças pequenas altamente inibidas que diferiam na segurança de seu apego com suas mães. Como você aprenderá no Capítulo 11, bebês *seguramente apegados* usam seus cuidadores como uma "base segura" para explorar o mundo e são facilmente consolados após uma separação deles. Bebês *inseguramente apegados* não usam consistentemente os cuidadores como uma base segura e podem mesmo evitá-los após um período de separação. Em uma série clássica de estudos, Gunnar verificou que crianças pequenas inibidas e inseguramente apegadas apresentavam as respostas fisiológicas usuais a situações desafiadoras ou novas. Bebês temperamentalmente inibidos e seguramente apegados, por outro lado, não apresentavam tal indicação de excitação fisiológica frente a novidade ou desafio. Portanto, o apego seguro parece ter modificado uma resposta fisiológica/temperamental básica. Outro exemplo, envolvendo crianças inibidas/medrosas, vem do trabalho de Kenneth Rubin e colaboradores (1997), que constataram que crianças altamente inibidas com mães excessivamente cuidadosas apresentavam inibição mais persistente do que aquelas cujas mães eram mais relaxadas e menos intrusivas ou intensas.

Portanto, embora muitas forças dentro do ambiente tendam a reforçar o temperamento básico de uma criança e criem estabilidade e consistência de temperamento/personalidade com o passar do tempo, forças ambientais também podem induzir uma criança a novos padrões ou ajudá-la a controlar formas extremas de reações fisiológicas básicas.

Esta criança, agarrada na perna de sua mãe, poderia ser classificada como relativamente alta em "inibição comportamental". Ela também pode estar tendo seu comportamento aderente ou tímido reforçado pela aprovação de sua mãe.

Crítica das teorias biológicas

> **Objetivo da aprendizagem 9.4**
> Quais são algumas das críticas importantes da abordagem biológica?

A abordagem biológica às origens da personalidade tem duas grandes forças. Primeiro, ela é fortemente apoiada por uma grande quantidade de pesquisa empírica. Simplesmente não há como negar o fato de que padrões genéticos e fisiológicos inatos estão por baixo do que cogitamos como temperamento ou personalidade. Essa abordagem, portanto, fornece um poderoso contrapeso à prolongada dominância das teorias psicanalíticas e da aprendizagem do desenvolvimento da personalidade, ambas enfatizavam fortemente as influências ambientais.

Paradoxalmente, a segunda força dessa abordagem é que ela não é puramente biológica; ela é uma abordagem interacionista, muito em conformidade com várias das atuais teorias sobre desenvolvimento. A criança nasce com certas tendências comportamentais, mas sua eventual personalidade depende das transações entre suas características iniciais e suas repostas a seu ambiente.

Do outro lado da razão, contudo, parece haver inúmeros problemas, dos quais o menor é a contínua falta de concordância sobre as dimensões básicas do temperamento. Os pesquisadores têm usado definições e medidas tão variadas que frequentemente é difícil comparar os resultados de diferentes investigações.

Um segundo problema tem sido que muitas teorias do temperamento de orientação biológica não são fundamentalmente teorias do desenvolvimento. Elas permitem mudança através do mecanismo de interação com o ambiente, mas não tratam da questão relativa a se há diferenças sistemáticas de idade nas respostas das crianças a situações novas ou a pessoas; elas não se focalizam em se as habilidades cognitivas emergentes da criança têm alguma coisa a ver com mudanças nos seus padrões temperamentais. Em outras palavras, elas não tratam de como os padrões desenvolvimentais compartilhados podem interagir com diferenças individuais inatas. Alguns teóricos começaram a falar sobre tais padrões de desenvolvimento (Roghbart e Bates, 1998), mas isso continua sendo um conjunto de questões que necessita ser explorado.

Nenhuma dessas preocupações constitui uma refutação de qualquer um dos princípios básicos dessa abordagem teórica. Evidentemente, diferenças genéticas e biologia básica são importantes na formação de diferenças individuais no temperamento ou na personalidade.

Explicações da personalidade na perspectiva da aprendizagem

Em vez de se focarem no que a criança traz para a equação, os teóricos da aprendizagem têm examinado os padrões de reforço no ambiente como a causa primária de diferenças nos padrões de personalidade das crianças. Naturalmente, os teóricos nessa tradição não rejeitam a biologia. Albert Bandura, certamente o teórico mais influente nesse grupo, concorda que fatores biológicos (como os hormônios) ou propensões herdadas (como o temperamento, presumivelmente) também afetam o comportamento. Mas ele e outros consideram o ambiente a fonte principal de influência.

O argumento da aprendizagem

> **Objetivo da aprendizagem 9.5**
> Quais são as proposições básicas das explicações da personalidade na perspectiva da aprendizagem?

O campo da aprendizagem inclui diversas escolas de pensamento distintas. Alguns investigadores, frequentemente chamados de *behavioristas radicais*, afirmam que apenas os princípios básicos dos condicionamentos clássico e operante são necessários para explicar as variações no comportamento, incluindo a personalidade. Outros, entre eles Bandura, enfatizam não apenas a aprendizagem observacional, mas também elementos cognitivos importantes. Entretanto, como as explicações biológicas, todas as abordagens da aprendizagem são organizadas em torno de um conjunto de proposições básicas. Ambos os grupos de teóricos da aprendizagem concordam com as duas primeiras proposições listadas a seguir; as proposições restantes surgem sobretudo do trabalho de Bandura.

Proposição 1: O comportamento é fortalecido por reforço. Se essa regra se aplica a todo comportamento, então ela deve se aplicar a padrões de apego, timidez, comportamento de partilha e competitividade. Crianças reforçadas a se apegarem a seus pais, por exemplo, devem apresentar mais comportamento aderente do que crianças que não são reforçadas para isso. Uma professora de escola maternal que presta atenção às crianças apenas quando elas são desordeiras ou agressivas deve achar que as crianças sob seus cuidados ficam regularmente mais desordeiras e agressivas no decorrer das semanas ou meses.

Proposição 2: O comportamento que é reforçado em um esquema parcial deve ser mais forte e mais resistente à extinção do que o comportamento que é consistentemente reforçado. Você leu sobre reforço parcial no Capítulo 1; deve ter alguma ideia do que está envolvido. A maioria dos pais é inconsistente em seu reforço a seus filhos, portanto, a maioria das crianças está em esquemas parciais de algum tipo, seja ou não a intenção dos pais. Isto é, elas são às vezes reforçadas para um determinado comportamento, mas não todo o tempo. Visto que o comportamento recompensado dessa forma é altamente persistente – altamente resistente à extinção, na linguagem da teoria da aprendizagem – o reforço parcial é um fator importante no estabelecimento daqueles padrões de comportamento característicos e estáveis definidos como personalidade.

Uma imensa coleção de estudos apoia essas duas primeiras proposições. Por exemplo, em diversos estudos, os experimentadores sistematicamente recompensaram algumas crianças por socar o nariz de um palhaço de plástico inflado. Quando os pesquisadores mais tarde observaram as crianças no brinquedo livre com seus pares, verificaram que aquelas que tinham sido recompensadas apresentavam mais socos, arranhões e chutes do que as crianças que não haviam sido recompensadas por dar socos no palhaço (Walters e Brown, 1963). O reforço parcial na forma de comportamento inconsistente dos pais também tem o efeito esperado. Por exemplo, um estudo (Sears, Maccoby e Levin, 1977) verificou que pais que permitem níveis razoavelmente altos de agressão em seus filhos, mas que ocasionalmente reagem punindo-os bastante severamente, têm filhos mais agressivos do que pais que não permitem nem punem agressão.

Proposição 3: As crianças aprendem novos comportamentos largamente através de modelação. Bandura afirmou que toda a gama de comportamentos sociais, de competitividade a afetividade, é aprendida não apenas por reforço direto, mas também por observação de outros se comportando daquelas formas. Portanto, a criança que vê os pais levarem uma panela de alimento para a vizinha que acabou de ficar viúva aprenderá generosidade e comportamento amável. A criança que vê seus pais batendo um no outro quando estão irritados muito provavelmente aprenderá formas violentas de resolver problemas.

As crianças também aprendem da televisão, de seus pares, de seus professores e de seus irmãos e irmãs. Um menino que cresce em um ambiente onde observa companheiros e meninos mais velhos reunidos nas esquinas, furtando de lojas ou vendendo drogas aprenderá esses comportamentos. Sua exposição contínua a esses modelos antissociais torna muito mais difícil para seus pais reforçar comportamento mais construtivo.

Esses muitos efeitos da aprendizagem observacional foram demonstrados experimentalmente em centenas de estudos (Bandura, 1973, 1977, 2008). Uma informação interessante – e muito prática – ao processo de modelação foi o achado repetido de que ela funciona melhor que a preleção. Portanto, a exibição dos pais do comportamento desejado – tal como generosidade, justiça ou trabalho diligente – é mais efetivo do que simplesmente dizer às crianças que é bom ser generoso, justo ou esforçado. Por exemplo, em um estudo anterior, Joan Grusec e colaboradores (1978) fizeram crianças do ensino fundamental brincarem com um jogo de boliche em miniatura, ostensivamente para testá-lo. As crianças primeiro observaram um adulto "testar" o jogo e o viram ganhar 20 bolas de gude. Perto do jogo de boliche estava um cartaz que dizia "Ajude crianças pobres. Bolas de gude valem presentes". Embaixo do pôster havia uma vasilha com algumas bolas de gude dentro. Metade dos participantes viu o modelo adulto colocar metade das bolas de gude que acabara de ganhar dentro des-

Observando e trabalhando do lado de seu pai, esta criança de 3 anos não apenas está aprendendo a lavar um carro; ela também está aprendendo as atitudes de seu pai sobre trabalho e talvez os primórdios da autoeficácia.

sa vasilha; a outra metade das crianças não viu o modelo doar as bolas de gude. Além disso, o modelo ou fez uma "preleção" sobre doar bolas de gude ou não disse nada. Para algumas das crianças, o adulto fez a preleção em termos específicos, dizendo que a criança deveria doar metade de suas bolas de gude quando terminasse o jogo, visto que seria bom fazer crianças pobres felizes com esse gesto. Para as outras crianças, o adulto pregou em termos mais gerais, dizendo que a criança devia doar metade de suas bolas de gude porque é uma coisa boa fazer outras pessoas felizes ajudando-as de qualquer forma que se possa. Após demonstrar o jogo, o modelo adulto saiu da sala e a criança teve a oportunidade de jogar o boliche e decidir se ia doar alguma bola de gude. Você pode ver na Figura 9.2 como muitas crianças em cada grupo (de um máximo de 16) doaram bolas de gude. Evidentemente, a modelação aumentou a efetividade da preleção. Os resultados também ilustram o fato de que quando um conflito existe entre o que um modelo diz e aquilo que faz – tal como quando os pais fumam, mas dizem aos filhos para não fazê-lo – as crianças geralmente seguem o comportamento e não a mensagem verbal. Portanto, o antigo ditado "Faça o que eu digo e não o que eu faço" não parece funcionar.

Entretanto, a aprendizagem por modelação não é um processo inteiramente automático. Bandura salienta que o que uma criança (ou um adulto) aprende por observar outra pessoa dependerá de quatro coisas: ao que ela presta atenção e o que ela é capaz de lembrar (ambos processos cognitivos), o que ela é fisicamente capaz de copiar e o que ela é motivada a imitar. Visto que as capacidades atencionais, a memória e outros processos cognitivos mudam com a idade durante a infância, o que um bebê ou uma criança pode ou aprenderá de qualquer evento modelado também muda durante o desenvolvimento (Grusec, 1992).

Proposição 4: Por reforço e modelação, as crianças aprendem não apenas comportamento manifesto, mas também ideias, expectativas, padrões internos e autoconceitos. A criança aprende padrões para seu próprio comportamento e expectativas sobre o que ela pode e não pode fazer – que Bandura (1997) chama de **autoeficácia** – a partir de reforços específicos e de modelação. Dessa forma, a criança internaliza o que aprendeu. Uma vez que aqueles padrões e aquelas expectativas ou crenças sejam estabelecidos, eles afetam o comportamento da criança de formas consistentes e permanentes e formam o núcleo do que é chamado personalidade (Bandura, Caprara, Barbaranelli, Gerbino e Pastorelli, 2003).

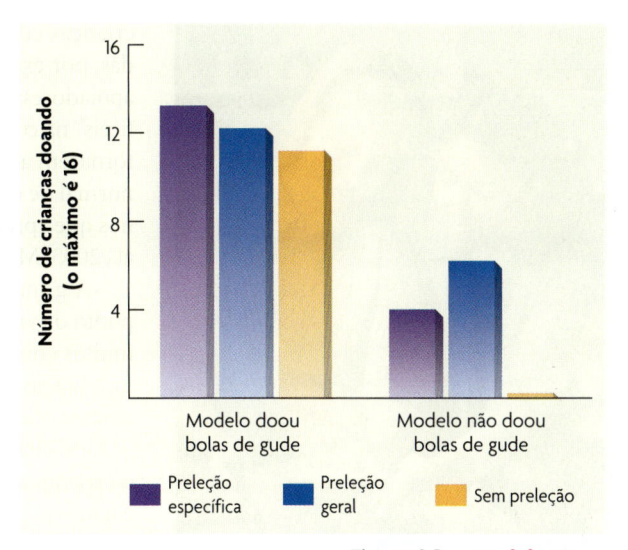

Figura 9.2 Modelação, preleção e partilha

Esses resultados do estudo de modelagem de Grusec ilustram o achado geral de que a modelação é mais poderosa do que a preleção para mudar o comportamento de crianças.

(Fonte: Grusec, Saas-Kortsaak e Simutis, 1978, da Tabela 1, p. 922.)

Crítica dos modelos de aprendizagem

Objetivo da aprendizagem 9.6
Quais são algumas das críticas da perspectiva da aprendizagem?

Diversas implicações da abordagem de aprendizagem à personalidade merecem ser enfatizadas. Em primeiro lugar, as teorias da aprendizagem podem explicar consistência ou inconsistência no comportamento das crianças. O comportamento de uma criança que é cordial e sorridente tanto em casa quanto na escola, por exemplo, poderia ser explicado dizendo-se que a criança está sendo reforçada para aquele comportamento em ambos os ambientes em vez de supor que ela tem fortes "tendências de aproximação" ou um "temperamento gregário". Similarmente, se a criança é prestativa na escola, mas desafiadora em casa, os teóricos da aprendizagem invocam o princípio de que contingências diferentes de reforço estão operando nos dois ambientes. Visto que os indivíduos tendem a escolher situações que apoiem ou recompensem seu comportamento habitual e visto que o comportamento de uma pessoa tende a evocar respostas semelhantes (reforços) de outros em muitas situações, há uma tendência à consistência. Mas os teóricos da aprendizagem têm menos dificuldade do que outros em explicar a "variabilidade situacional" normal no comportamento.

Uma implicação relacionada é que os teóricos da aprendizagem são extremamente otimistas em relação a possibilidades de mudança. O comportamento das crianças pode mudar se o sistema de reforço (ou suas crenças sobre si mesma) mudar, então o comportamento problema pode ser modificado. Em comparação, os teóricos do temperamento de orientação biológica, embora concordando que variações ambientais podem alterar ou mudar as tendências temperamentais inatas da criança, são mais pessimistas em relação a probabilidades de mudança, particularmente para

autoeficácia Termo de Bandura para a crença de um indivíduo em sua capacidade de realizar tarefas.

Esta menina pode estar animada por aprender como modelar um vaso (outro exemplo ainda de modelação), mas não há garantia de que ela estará igualmente interessada em aprender a cozinhar ou a jogar futebol – um tipo de inconsistência que os teóricos da aprendizagem podem explicar mais facilmente do que os teóricos do temperamento de orientação biológica.

determinismo recíproco
Modelo de Bandura no qual fatores pessoais, ambientais e comportamentais interagem para influenciar o desenvolvimento da personalidade.

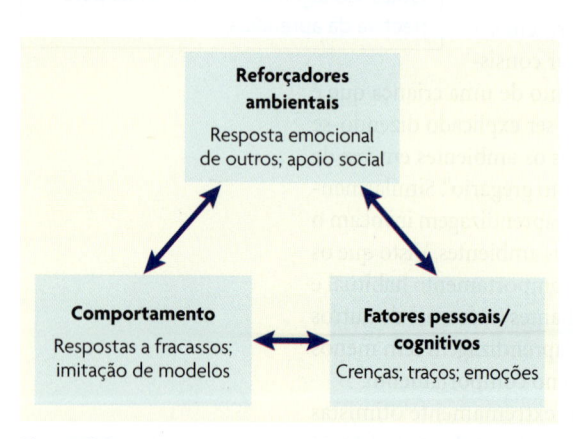

Figura 9.3 Determinismo recíproco de Bandura

Bandura sugere que três componentes – ambiente externo, comportamentos individuais e fatores cognitivos como crenças, expectativas e disposições pessoais (ou seja, traços de personalidade) – são todos influenciados uns pelos outros e desempenham papéis recíprocos na formação da personalidade.

crianças cujo padrão temperamental é extremo. Crianças extremamente inibidas, por exemplo, tendem a permanecer daquela forma, mesmo em ambientes apoiadores; crianças extremamente irritáveis, iradas, desatentas (as crianças "difíceis" na conceitualização de Chess e Thomas) têm uma alta probabilidade de se tornarem alunos agressivos, difíceis, com uma probabilidade mais alta do que o normal de desenvolverem padrões antissociais ou delinquentes no futuro, a menos que aprendam estratégias de autocontrole extremamente boas (Eisenberg et al., 2005; Moffitt e Harrington, 1996).

A grande força da visão da personalidade e do comportamento social do ponto de vista da aprendizagem é que ela dá um quadro preciso da forma como muitos comportamentos específicos são aprendidos. É perfeitamente claro que as crianças *aprendem* através de modelação; é igualmente claro que elas (e os adultos) continuarão a desempenhar comportamentos que "geram lucros".

Os elementos cognitivos da teoria de Bandura são uma força adicional, oferecendo uma integração inicial de modelos de aprendizagem e abordagens cognitivo-comportamentais (Mischel, 2007). O conceito de Bandura de **determinismo recíproco**, mostrado na Figura 9.3, tenta explicar como os diferentes conjuntos de fatores enfatizados nessas teorias interagem para influenciar a personalidade. Cada um dos três componentes do modelo de Bandura influencia – e é influenciado por – outros dois. Além disso, os fatores pessoais incluem elementos cognitivos, tais como o estágio de desenvolvimento cognitivo da criança, que teorias da aprendizagem anteriores ignoraram (ver *Reflexão sobre a pesquisa*).

Se aplicarmos a linguagem de Piaget à teoria de Bandura, poderíamos nos referir à aquisição de um "esquema do *self*" – um conceito de nossas próprias capacidades, qualidades, padrões e experiências. Novas experiências são então assimiladas àquele esquema. Você lembrará do Capítulo 6 que uma das características do processo de assimilação, como Piaget propôs, é que novas informações ou experiências são modificadas à medida que são assimiladas. Da mesma forma, Bandura está dizendo que, uma vez que o autoconceito da criança esteja estabelecido, ele afeta quais comportamentos ela escolhe desempenhar, como ela reage a novas experiências, se ela persiste ou desiste de alguma tarefa nova, etc. Se uma criança acredita que não é popular, por exemplo, ela não ficará surpresa se os outros não escolherem sentar ao lado dela na lanchonete; se alguém sentar, ela provavelmente explicará o fato de tal maneira a manter sua crença central, tal como dizendo para si mesma "Não deve haver mais nenhum lugar para sentar". Dessa maneira, o esquema subjacente não é muito modificado (acomodado).

Assim como os teóricos do temperamento de orientação biológica afirmam que o temperamento inato serve como uma força mediadora central, moldando as escolhas e o comportamento da criança, na teoria da aprendizagem social, o autoconceito (ou esquema do *self*) atua como um mediador central, levando a diferenças estáveis no comportamento do tipo que tipicamente denominamos personalidade. O autoconceito pode ser modificado (acomodado) se a criança acumular experiência ou evidência suficiente que não se ajusta ao esquema existente (ou seja, na linguagem da teoria da aprendizagem, se as contingências do reforço mudam de alguma forma drástica). Se uma criança "impopular" percebeu que colegas de classe regularmente escolhiam sentar ao lado dela na hora do lanche, mesmo quando havia outros assentos disponíveis, ela poderia eventualmente mudar seu esquema do *self*, passando a pensar em si mesma como "um pouco popular". Entretanto, visto que a criança (como um adulto) escolherá atividades ou situações que se ajustem ao seu autoconceito, tal como sentar no canto onde ninguém provavelmente a verá, ela estará parcialmente protegida dessas experiências não confirmatórias.

Bandura e Piaget não concordariam sobre como esse autoconceito se desenvolve. Piaget enfatiza processos internos, enquanto Bandura enfatiza reforço e modelação como fatores causais. Eles concordam é sobre o impacto que tal esquema terá ao ser desenvolvido.

REFLEXÃO SOBRE A PESQUISA
Lócus de controle e saúde do adolescente

Você pode ter percebido que o mesmo resultado pode ter efeitos bastante diferentes sobre duas crianças diferentes. Por exemplo, uma criança responde a tirar uma nota ruim na escola estudando mais, enquanto outra conclui que estudar é inútil porque a escola é simplesmente muito difícil. No modelo de determinismo recíproco de Bandura, um resultado produz expectativas diferentes nos indivíduos porque ele é interpretado diferentemente por eles. Interpretações diferentes resultam de muitos fatores. Um traço chamado *lócus de controle*, um conjunto de crenças sobre as causas de eventos, é um dos mais influentes desses fatores (Rotter, 1990).

O *lócus* de controle se desenvolve durante a meninice e o início da adolescência e está bem estabelecido na metade da adolescência. Um indivíduo com um *lócus de controle externo* atribui as causas de experiências (por exemplo, fracasso escolar) a fatores fora de si mesmo. Um estudante do ensino médio com um *lócus* de controle externo poderia alegar que reprovou em uma matéria porque ela era muito difícil, uma explicação que sugere que ele acredita não ter controle sobre o que acontece a ele. Uma pessoa com um *lócus de controle interno* considera as variáveis dentro de uma pessoa como responsáveis por resultados. Um estudante do ensino médio com um *lócus* de controle interno diria que reprovou em uma matéria porque não estudou o suficiente, um julgamento que sugere que ele acredita ter controle sobre os resultados acadêmicos.

Um *lócus* de controle externo predispõe um adolescente a procrastinar, a evitar confrontar problemas e a desenvolver uma forma de perfeccionismo autoderrotista (ou seja, relutância em perseguir um objetivo a menos que o sucesso seja garantido) (Janssen e Carton, 1999; Periasamy e Ashby, 2002). Não surpreendentemente, a pesquisa mostra que adolescentes com um *lócus* de controle externo são menos bem-sucedidos na escola do que seus pares com um *lócus* de controle interno (Pennington, 2000). Talvez mais notáveis, contudo, sejam as associações que foram encontradas entre *lócus* de controle e resultados de saúde. Um desses achados é que adolescentes com um *lócus* de controle externo têm menor probabilidade de seguir o conselho dos médicos quando são diagnosticados com uma condição médica séria, tal como uma doença sexualmente transmissível (Kahn et al., 2005). Meninas com um *lócus* de controle externo também têm maior probabilidade que seus pares de se envolverem em práticas sexuais não seguras e de ficar grávidas (Young, Turner, Denny e Young, 2004).

Esses achados sugerem que ter um *lócus* de controle externo aumenta a vulnerabilidade dos adolescentes a uma variedade de ameaças à saúde. Além disso, os pesquisadores verificaram que um *lócus* de controle externo é bastante resistente a mudanças. Portanto, eles estão buscando estratégias mais efetivas para identificar e intervir em adolescentes que exibem essa característica (Young e Bradley, 1998).

Questões para análise crítica
1. Que tipo de pesquisa seria necessária para testar a efetividade de um programa de intervenção visando mudar o *lócus* de controle dos adolescentes?
2. Como um teórico social cognitivo, como Bandura, explica o processo através do qual os indivíduos desenvolvem crenças de *lócus* de controle?

As teorias da aprendizagem, particularmente as versões mais radicais, também têm fraquezas significativas. Primeiro, do ponto de vista de muitos psicólogos, essas teorias ainda colocam demasiada ênfase no que acontece à criança, e não naquilo que a criança está fazendo com a informação que tem (Thomas, 2000). A teoria de Bandura é muito menos vulnerável a essa carga, mas a maioria das teorias da personalidade do ponto de vista da aprendizagem são altamente mecanicistas e focadas em eventos externos. Segundo, como as teorias biológicas do temperamento, as teorias da aprendizagem não são realmente desenvolvimentais. Elas podem dizer como uma criança seria capaz de adquirir um determinado padrão de comportamento ou crença, mas elas não levam em consideração as alterações subjacentes do desenvolvimento que estão ocorrendo. Crianças de 3 e de 10 anos desenvolvem um senso de autoeficácia da mesma forma? Elas aprendem a mesma quantidade ou da mesma forma por modelação? Dada a ênfase de Bandura nos aspectos cognitivos do processo de modelação, uma teoria da aprendizagem social genuinamente desenvolvimental poderia surgir nos próximos anos. Contudo, apesar dessas limitações, todas as teorias nesse grupo oferecem descrições úteis de uma fonte de influência sobre o padrão de comportamento em desenvolvimento da criança.

Explicações psicanalíticas da personalidade

Como muitos teóricos do temperamento e aqueles teóricos da aprendizagem social como Bandura, os teóricos psicanalíticos acreditam que a interação entre as características inatas da criança e o ambiente desempenha um papel central na formação de diferenças na personalidade. Entretanto, ao contrário da maioria das abordagens do temperamento ou da aprendizagem, as teorias psicanalíticas também são claramente desenvolvimentais, descrevendo alterações sistemáticas no sentido de *self* das crianças, em suas necessidades e impulsos, e em seus relacionamentos com os outros.

> **Objetivo da aprendizagem 9.7**
> Quais são os pontos principais da abordagem psicanalítica à personalidade?

O argumento psicanalítico

Você leu sobre as teorias psicanalíticas no Capítulo 1, portanto as principais proposições dessa abordagem devem ser familiares.

Proposição 1: O comportamento é governado por motivos e processos inconscientes e conscientes. Freud enfatizou três conjuntos de pulsões instintuais: o instinto sexual (libido), instintos de preservação da vida, incluindo evitação de fome e dor, e instintos agressivos. Erikson enfatiza um processo mais cognitivo, o senso de identidade.

Proposição 2: A estrutura da personalidade se desenvolve com o passar do tempo, como resultado da interação entre os instintos inatos da criança e as respostas das pessoas essenciais no seu mundo. Visto que a criança é frequentemente impedida de obter gratificação instantânea de seus vários impulsos, ela é forçada a desenvolver novas habilidades – planejamento, conversa, adiamento e outras técnicas cognitivas – que permitem a gratificação das necessidades básicas de formas mais indiretas. Portanto, o ego é criado e permanece a parte planejadora, organizadora, pensante da personalidade. O superego, por sua vez, se desenvolve porque os pais e outros adultos tentam restringir certos tipos de gratificação; a criança eventualmente incorpora esses padrões adultos em sua própria personalidade.

Proposição 3: O desenvolvimento da personalidade acontece fundamentalmente em estágios, com cada um centrado em uma determinada tarefa ou necessidade básica. Você lerá sobre os estágios de Freud e de Erikson com algum detalhe a seguir. O ponto fundamental é simplesmente que há estágios nessas teorias.

Proposição 4: A personalidade específica que uma criança desenvolve depende do grau de sucesso que ela tem em se movimentar através dos vários estágios. Em cada estágio, a criança requer um tipo particular de ambiente de apoio a fim de resolver com sucesso aquele dilema em particular ou satisfazer aquela necessidade. Uma criança que não tem o ambiente necessário terá uma personalidade muito diferente daquela cujo ambiente é parcial ou completamente adequado. Entretanto, embora cada estágio seja importante, todos os teóricos psicanalíticos enfatizam fortemente a importância crucial dos estágios primitivos e se concentram especialmente na adequação do relacionamento entre o bebê e o cuidador principal, geralmente a mãe. Isso não é o mesmo que dizer que a infância é um período sensível para o desenvolvimento da personalidade; antes, Freud e teóricos psicanalíticos posteriores afirmam que o relacionamento mais primitivo estabelece um padrão e coloca a criança em um caminho particular através dos estágios restantes.

Todas as quatro dessas proposições gerais estão contidas nas teorias tanto de Freud quanto de Erikson, mas os detalhes e as ênfases diferem em aspectos importantes. Na teoria de Freud, por exemplo, as habilidades cognitivas se desenvolvem porque a criança precisa delas para obter gratificação; elas não têm vida independente. Na teoria de Erikson (e em muitas outras variações da teoria psicanalítica), as habilidades cognitivas são parte de um conjunto de funções do ego que presumivelmente se desenvolvem de maneira independente, em vez de se originarem inteiramente a serviço da gratificação básica.

O amadurecimento físico básico também é mais central à teoria de Freud do que à de Erikson. Na teoria de Freud, os estágios mudam de um para o seguinte em parte devido ao amadurecimento do sistema nervoso. Em cada estágio, a criança está tentando gratificar necessidades físicas ("sexuais") básicas através da estimulação de uma determinada parte do corpo – aquela parte do corpo que é mais sensível naquele momento. À medida que o desenvolvimento neurológico prossegue, a sensibilidade corporal máxima muda da boca para o ânus, para os órgãos genitais, e essa mudança maturacional é parte de quais instintos o estágio muda. Erikson reconhece essas mudanças físicas, mas coloca maior ênfase nas mudanças das demandas do ambiente social. Para Erikson, cada estágio se centraliza em um conflito social específico, resultando em uma crise psicossocial. Por exemplo, o estágio 4 ("diligência *versus* inferioridade") começa em torno dos 6 anos, porque é quando a criança entra na escola; em uma cultura na qual a educação escolar é atrasada, o tempo da tarefa do desenvolvimento também poderia ser atrasado.

Devido a essas diferenças teóricas, Erikson e Freud descreveram os estágios do desenvolvimento diferentemente. Visto que ambos os conjuntos de estágios se tornaram parte do vocabulário da psicologia do desenvolvimento, você precisa ser conhecedor de ambos.

Estágios psicossexuais de Freud

Freud propôs cinco **estágios psicossexuais**, que são resumidos na Tabela 9.2.

> **Objetivo da aprendizagem 9.8**
> Como a teoria de Freud explica o desenvolvimento da personalidade?

O estágio oral: nascimento a 1 ano   Boca, lábios e língua são os primeiros centros de prazer para o bebê, e seu apego mais precoce é com aquele que fornece prazer na boca, geralmente sua mãe. Para o desenvolvimento normal, o bebê requer alguma quantidade ótima de estimulação oral – não demais nem muito pouca. Se a quantidade ótima de estimulação não estiver disponível, alguma energia libidinal permanece ligada ("fixada", nos termos de Freud) ao modo oral de gratificação. Esse indivíduo, Freud acreditava, continuará tendo uma forte preferência por prazeres orais durante a vida, como você pode ver na coluna da direita na Tabela 9.2.

O estágio anal: 1 a 3 anos   À medida que o corpo amadurece, o bebê se torna cada vez mais sensível na região anal. E à medida que ele amadurece fisicamente, seus pais começam a dar grande ênfase ao treinamento da toalete e expressam aprovação quando ele consegue executar no local certo na hora certa. Essas duas forças juntas ajudam a desviar o centro principal de sensibilidade física e sexual da região oral para a região anal.

O segredo para a finalização bem-sucedida desse estágio (de acordo com Freud) é como os pais lidam com o treinamento da toalete. Se o treinamento se torna um campo de batalha importante, alguma fixação de energia pode ocorrer – com as possíveis consequências adultas de apego à ordem e mesquinhez excessivos ou o oposto destes.

O estágio fálico: 3 a 5 anos   Aos 3 ou 4 anos, os órgãos genitais se tornam cada vez mais sensíveis, introduzindo um novo estágio. Um sinal dessa nova sensibilidade é que crianças de ambos os sexos normalmente começam a se masturbar em torno dessa idade. Na visão de Freud, o evento mais importante que ocorre durante o estágio fálico é o chamado **conflito edípico**. Ele descreveu a sequência de eventos mais completamente (e de forma mais plausível!) para meninos.

De acordo com Freud, durante o estágio fálico, o menino, tendo descoberto seu pênis, muito ingenuamente deseja usar essa nova fonte de prazer recém-encontrada para agradar sua fonte de prazer mais antiga, sua mãe. Ele se torna invejoso de seu pai, que tem acesso ao corpo da mãe de uma forma que o menino não tem. O menino também vê seu pai como uma figura poderosa e ameaçadora que tem o poder máximo – o poder de castrar. O menino fica preso entre o desejo por sua mãe e o medo do poder de seu pai.

A maior parte desses sentimentos e o conflito resultante são inconscientes. O menino não tem sentimentos sexuais declarados ou se comporta sexualmente em relação a sua mãe. Mas, inconscientemente ou não, o resultado desse conflito é ansiedade. Como o menino pode lidar com

estágios psicossexuais Os estágios do desenvolvimento da personalidade sugeridos por Freud, consistindo dos estágios oral, anal, fálico, de latência e genital.

conflito edípico O padrão de eventos que Freud acreditava ocorrer entre as idades de 3 e 5 anos, quando a criança experimenta um desejo sexual pelo pai do sexo oposto; o medo resultante de possível retaliação pelo pai do mesmo sexo é resolvido quando a criança se identifica com ele.

Tabela 9.2 Estágios do desenvolvimento psicossexual de Freud

Estágio	Idade (anos)	Zonas sensíveis	Principal tarefa do desenvolvimento (fonte potencial de conflito)	Traços de personalidade de adultos "fixados" nesse estágio
Oral	0-1	Boca, lábios, língua	Desmame	Comportamento oral, tal como fumar e comer em excesso; passividade e credulidade
Anal	1-3	Ânus	Treinamento da toalete	Apego à ordem, avareza, obstinação ou os opostos
Fálico	3-5	Órgãos genitais	Conflito edípico; identificação com pai do mesmo sexo	Vaidade, negligência ou os opostos
Latência	5-12	Sem área específica; a energia sexual é latente	Desenvolvimento de mecanismos de defesa do ego	Nenhum; fixação normalmente não ocorre
Genital	12-18 e idade adulta	Órgãos genitais	Intimidade sexual madura	Nenhum; adultos que integraram com sucesso estágios mais primitivos devem desenvolver um interesse sincero nos outros e sexualidade madura

No ensino fundamental, meninos brincam com meninos, meninas brincam com meninas. Como Freud explicaria isso?

essa ansiedade? Na visão de Freud, ele responde com um processo defensivo chamado *identificação*: o menino "incorpora" sua imagem à de seu pai e tenta combinar seu próprio comportamento com aquela imagem. Ao tentar se tornar o mais parecido possível com seu pai, ele não apenas reduz a chance de um ataque à figura paterna; ele também adquire um pouco do poder do pai. Além disso, é o "pai interior", com seus valores e julgamentos morais, que serve como núcleo do superego da criança.

De acordo com Freud, um processo paralelo ocorre nas meninas. A menina vê sua mãe como uma rival pelas atenções sexuais de seu pai e tem algum medo de sua mãe (embora menos do que o menino tem de seu pai, visto que a menina pode supor que já foi castrada). Nesse caso, também, a identificação com a mãe parece ser a "solução" para a ansiedade da menina.

O estágio de latência: 5 a 12 anos Freud acreditava que após o estágio fálico vinha uma espécie de período de repouso antes da próxima mudança importante no desenvolvimento sexual da criança. A criança havia chegado a alguma resolução preliminar do conflito edípico e agora experimenta um tipo de calma após a tempestade. Uma das características óbvias desse estágio é que a identificação com o pai do mesmo sexo que definiu o final do estágio fálico é agora estendida para outros do mesmo sexo. Portanto, é durante esses anos que as interações das crianças com seus pares são quase exclusivamente com membros do mesmo sexo e que elas frequentemente têm "paixonites" por professores ou outros adultos do mesmo sexo.

O estágio genital: 12 a 18 anos e mais velhos As mudanças adicionais nos hormônios e nos órgãos genitais que ocorrem durante a puberdade despertam novamente a energia sexual da criança. Durante esse período, uma forma mais madura de ligação sexual ocorre. Desde o início, os objetos sexuais da criança são pessoas do sexo oposto. Freud colocou alguma ênfase no fato de que nem todos elaboram esse período ao ponto de amor heterossexual maduro. Algumas pessoas não tiveram um período oral satisfatório e, portanto, não têm uma base de relacionamentos de amor. Algumas não resolveram o conflito edípico e chegaram a uma identificação completa ou satisfatória com o pai do mesmo sexo, uma falha que pode afetar sua capacidade de lidar com energias sexuais reativadas na adolescência.

O desenvolvimento ótimo em cada estágio, de acordo com Freud, requer um ambiente que satisfaça as necessidades únicas de cada período. O bebê necessita de estimulação oral e anal suficiente; o menino de 4 anos necessita de um pai presente com o qual se identificar e uma mãe que não seja muito sedutora. Um ambiente inadequado da infância deixará um resíduo de problemas não resolvidos e necessidades não satisfeitas, que são então transportadas para estágios subsequentes. Essa ênfase no papel formativo da experiência primitiva, particularmente experiência familiar primitiva, é uma marca registrada das teorias psicanalíticas. Nessa visão, os primeiros cinco ou seis anos de vida são críticos para o desenvolvimento da personalidade do indivíduo.

Objetivo da aprendizagem 9.9
Como a teoria de Erikson explica o desenvolvimento da personalidade?

Estágios psicossociais de Erikson

Erikson compartilhava a maioria das suposições de Freud, mas há algumas diferenças cruciais entre as duas teorias. Primeiro, Erikson colocava menos ênfase na centralidade do instinto sexual e, em vez disso, focava-se em um surgimento gradual de um senso de identidade. Segundo, embora concordasse com Freud que os primeiros anos são altamente importantes, Erikson afirmava que a identidade não está totalmente formada no final da adolescência, mas continua a se formar durante outros estágios do desenvolvimento na idade adulta.

Você pode ver na Tabela 9.3 os oito **estágios psicossociais** que Erikson propôs, três dos quais são alcançados apenas na idade adulta.

Na visão de Erikson, o amadurecimento desempenha um papel relativamente pequeno na sequência de estágios. Muito mais importantes são as demandas culturais comuns a crianças de uma determinada idade, tal como a demanda de que a criança esteja treinada no uso do banheiro por volta dos 2 anos, a de que a criança aprenda habilidades escolares aos 6 ou 7 anos, ou a de que o adulto jovem forme um relacionamento íntimo. Cada estágio, então, centraliza-se em um *dilema*, ou tarefa social, particular. Por isso, Erikson chamava seus estágios de psicossociais em vez de psicossexuais.

Confiança básica *versus* desconfiança básica: nascimento a 1 ano

A primeira tarefa (ou dilema) ocorre durante o primeiro ano de vida, quando a criança deve desenvolver um senso de confiança básica na previsibilidade do mundo e em sua capacidade de afetar os eventos à sua volta. Erikson acreditava que o comportamento do cuidador principal (geralmente a mãe) é crítico para a resolução bem-sucedida ou malsucedida dessa tarefa. As crianças que chegam ao fim do primeiro ano com um senso de confiança firme são aquelas cujos pais são afetuosos e respondem previsivelmente e com segurança. Uma criança que desenvolveu um senso de confiança seguirá para outros relacionamentos carregando esse senso com ela. Aqueles bebês cujo cuidado inicial foi errático ou ríspido podem desenvolver desconfiança, e eles carregam esse senso com eles para relacionamentos posteriores.

Erikson nunca disse, a propósito, que a resolução ideal ou "correta" de qualquer um dos dilemas era chegar à qualidade do ego em uma extremidade do *continuum*. No primeiro estágio, por exemplo, há algum risco em ser muito confiante. A criança também precisa desenvolver alguma desconfiança saudável, tal como aprender a discriminar entre situações perigosas e seguras.

Autonomia *versus* vergonha e dúvida: 2 a 3 anos

Erikson via a maior mobilidade da criança durante os anos da infância como formadora da base para um senso de independência ou autonomia. Mas se os esforços de independência da criança não forem cuidadosamente conduzidos pelos pais e ela experimentar fracassos repetidos, os resultados de todas as novas oportunidades de exploração podem ser vergonha e dúvida em vez de um senso básico de autocontrole e autoestima. Mais uma vez, o ideal não é a criança *não* ter vergonha ou dúvida; alguma dúvida é necessária para que ela entenda quais comportamentos são aceitáveis e quais não são, quais são

estágios psicossociais Os estágios do desenvolvimento da personalidade sugeridos por Erikson, envolvendo confiança básica, autonomia, iniciativa, diligência, identidade, intimidade, generatividade e integridade do ego.

Tabela 9.3 Os oito estágios psicossociais do desenvolvimento de Erikson

Idade aproximada (em anos)	Qualidade do ego a ser desenvolvida	Algumas tarefas e atividades do estágio
0-1	Confiança básica *versus* desconfiança básica	Desenvolver confiança na mãe ou cuidador central e na própria capacidade de fazer as coisas acontecerem, um elemento chave em um apego seguro precoce
2-3	Autonomia *versus* vergonha, dúvida	Desenvolver habilidades de andar, agarrar e outras habilidades físicas que levam à livre escolha; completar o treinamento da toalete; a criança aprende controle, mas pode desenvolver vergonha se não manejado adequadamente
4-5	Iniciativa *versus* culpa	Aprender a organizar atividades em torno de algum objetivo; tornar-se mais assertivo e agressivo
6-12	Diligência *versus* inferioridade	Absorver todas as habilidades e normas culturais básicas; incluindo habilidades escolares e uso de ferramentas
13-18	Identidade *versus* confusão de papel	Adaptar o senso de *self* a mudanças físicas da puberdade, fazer escolha ocupacional, alcançar identidade sexual do tipo adulto e buscar novos valores
19-25	Intimidade *versus* isolamento	Formar um ou mais relacionamentos íntimos que vão além do amor adolescente; casar e formar grupos familiares
26-40	Generatividade *versus* estagnação	Ter e criar filhos, focar-se na realização ou na criatividade ocupacional, e treinar a próxima geração
41+	Integridade do ego *versus* desespero	Integrar estágios anteriores e alcançar uma identidade básica; aceitar-se

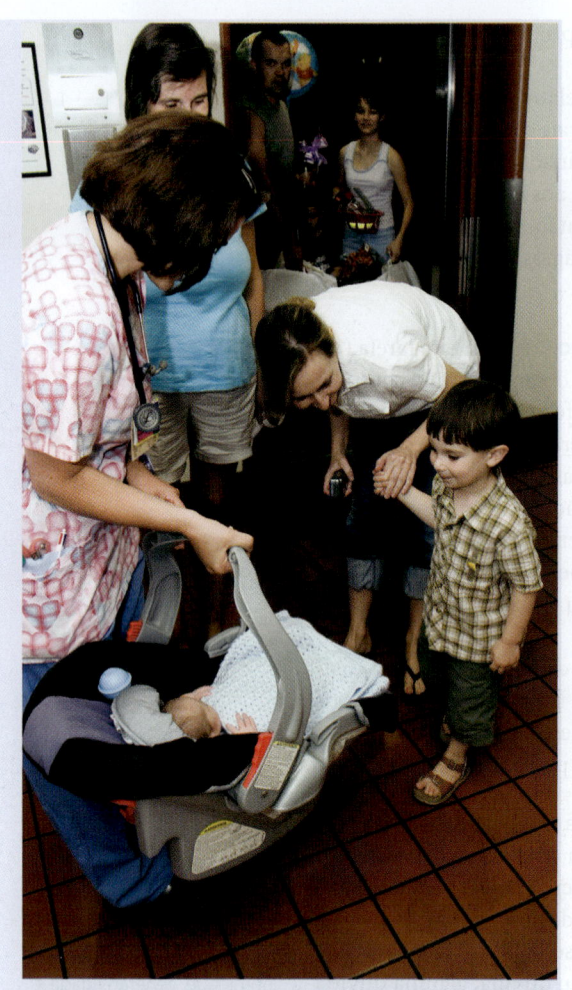

Esta criança pré-escolar, que está no estágio que Erikson chama de iniciativa *versus* culpa, pode desenvolver pensamentos ressentidos ou agressivos em relação a seu novo irmãozinho. Nesse caso, a culpa que ele sente pode ajudá-lo a inibir quaisquer ações que possam se originar desses sentimentos.

seguros e quais são perigosos. Mas o ideal é na direção da extremidade de autonomia do *continuum*.

Iniciativa *versus* culpa: 4 a 5 anos Esta fase, aproximadamente equivalente ao estágio fálico de Freud, também é introduzida por novas habilidades e capacidades. A criança de 4 anos é capaz de algum planejamento, de tomar a iniciativa para alcançar determinadas metas. A criança experimenta essas habilidades cognitivas e tenta conquistar o mundo à sua volta. Ela pode tentar sair na rua sozinha; pode desmontar um brinquedo e, então, descobrir que não pode montá-lo novamente e atirar os pedaços em sua mãe. É um tempo de ação vigorosa e de comportamentos que os pais podem considerar agressivos. O risco é que a criança possa ir longe demais em seu esforço ou que os pais possam restringir e punir demais – cada uma dessas atitudes pode produzir culpa. Alguma culpa é necessária, visto que sem ela a criança não desenvolveria consciência nem autocontrole. A interação ideal entre pai e filho certamente não é a indulgência total, mas muita culpa pode inibir a criatividade da criança e suas interações com os outros.

Diligência (competência) *versus* inferioridade: 6 a 12 anos O início da educação escolar é uma força importante para entrar nesse estágio. A criança agora é confrontada com a necessidade de ganhar aprovação desenvolvendo competências específicas – aprender a ler, a fazer contas e ser bem-sucedido em outras habilidades escolares. A tarefa desse período é, portanto, simplesmente desenvolver o repertório de habilidades que a sociedade exige. Se a criança é incapaz de desenvolver as habilidades esperadas, ela desenvolverá um senso básico de inferioridade. Contudo alguma falha é necessária, de modo que a criança possa desenvolver alguma humildade; como sempre, o equilíbrio é a questão. Idealmente, ela deve ter sucesso suficiente para encorajar um senso de competência, mas não deve colocar tanta ênfase na competência a ponto de o fracasso ser inaceitável ou de ela se tornar um "viciado em trabalho".

Identidade *versus* confusão do papel: 13 a 18 anos A tarefa que a criança enfrenta durante a puberdade é uma tarefa importante na qual o adolescente reexamina sua identidade e os papéis que ele deve ocupar. Erikson sugeriu que duas "identidades" estão envolvidas – uma identidade sexual e uma identidade ocupacional. O que deve surgir para o adolescente desse período é um senso reintegrado de *self*, do que ele quer fazer e ser, e do papel sexual apropriado. O risco é que a criança possa sofrer confusão, originando-se da profusão de papéis que se abrem nessa idade.

Objetivo da aprendizagem 9.10
Que evidências há em apoio à perspectiva psicanalítica sobre personalidade?

Evidência e aplicações

As explorações empíricas das teorias de Freud e de Erikson são relativamente raras, em grande parte porque ambas são tão gerais que testes específicos são muito difíceis de realizar. Por exemplo, para testar a noção de fixação de Freud, os pesquisadores necessitariam de muito mais informação sobre como determinar se uma certa criança está fixada em algum estágio. Qual é o sinal de que uma criança está fixada no estágio oral ou no estágio anal? Há alguma conexão automática entre o tempo em que uma criança é desmamada e um comportamento adulto tão ostensivamente oral como fumar ou comer em excesso? Quando os pesquisadores procuraram essas ligações diretas, não as encontraram.

Apesar dessas dificuldades, os pesquisadores tentaram observar exemplos de alguns dos estágios psicossexuais de Freud. Por exemplo, um menino de 4 anos, após sua mãe lhe dizer que o amava, disse "E eu te amo também, por isso nunca vou poder me casar com alguém" (Watson e Getz, 1990a, p. 29). Em seus estudos do comportamento edípico, Malcolm Watson e Kenneth

Getz (1990a, 1990b) realmente constataram que crianças de 4 ou 5 anos têm a probabilidade de fazer comentários como esse. Mais geralmente, eles verificaram que crianças de 4 anos, mais do que qualquer outro grupo etário, apresentam mais comportamento afetuoso em relação ao pai do sexo oposto e mais comportamento agressivo ou antagonista em relação ao pai do mesmo sexo. Você pode ver os resultados de um estudo de comportamento agressivo e antagonista na Figura 9.4. Se a explicação de Freud desse fenômeno é a correta ainda precisa ser verificado, mas essas observações são certamente consistentes com sua teoria.

Uma segunda área de pesquisa que tem suas raízes na teoria psicanalítica é o trabalho atual sobre segurança ou insegurança dos primeiros apegos das crianças. Tanto Erikson quanto Freud afirmaram que a qualidade dos primeiros relacionamentos da criança com o cuidador central moldará seus relacionamentos com outras crianças e outros adultos em estágios posteriores. Você lerá muito mais sobre apegos precoces no Capítulo 11, mas aqui é suficiente observar que a pesquisa nessa área fornece muito apoio para a hipótese psicanalítica básica de que a qualidade dos relacionamentos mais precoces da criança afeta todo o curso de seu desenvolvimento posterior. Dezenas de estudos longitudinais avaliaram a segurança do apego das crianças nas idades de 1 e 2 anos e então as acompanharam durante um período de anos – em alguns casos durante toda a infância e a adolescência. O achado consistente é que crianças que tinham um apego mais seguro quando bebês têm mais relacionamentos positivos com os outros e são mais socialmente habilidosas no futuro (Thompson, 1998). Portanto, o relacionamento formado durante o estágio mais primitivo do desenvolvimento psicossocial parece criar um protótipo para relacionamentos posteriores, como Erikson propôs. Lembre, também, o resultado do estudo feito por Gunnar (1994) descrito anteriormente: crianças pequenas temperamentalmente inibidas que formaram um apego seguro com suas mães apresentam pouco ou nenhum sinal de temor em um ambiente novo. Portanto, a qualidade do primeiro apego da criança pode pelo menos em parte se sobrepor a tendências temperamentais básicas enquanto a personalidade é formada.

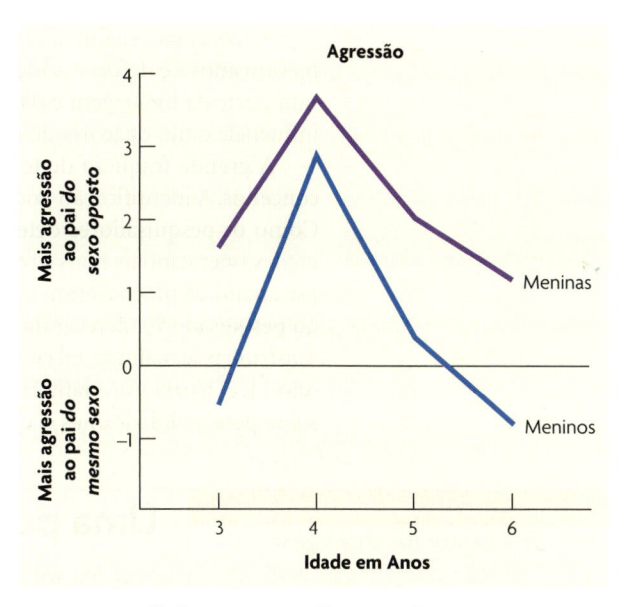

Figura 9.4 Idade e agressão direcionada aos pais

Esta figura mostra os dados gráficos dos relatos detalhados de pais sobre o comportamento afetuoso e agressivo de seus filhos em relação a eles. Escores acima de 0 significam que a criança era mais agressiva em relação ao pai do mesmo sexo do que em relação ao pai do sexo oposto; escores abaixo de 0 significam o inverso.

(*Fonte*: Watson e Getz, 1990b, da Tabela 3, p. 499).

Crítica sobre as teorias psicanalíticas

Objetivo da aprendizagem 9.11
Quais são algumas das críticas sobre as teorias psicanalíticas?

As teorias psicanalíticas de Freud e de Erikson são atrativas por diversas razões. Talvez sua maior força seja que elas nos fornecem um melhor relato das complexidades do desenvolvimento da personalidade do que outras perspectivas, especialmente as teorias da aprendizagem (Seligman, 2005). Na teoria psicanalítica, uma característica particular do ambiente, tal como paternagem inconsistente, não é hipotetizada como tendo um efeito específico sobre o desenvolvimento. Antes, os psicanalistas predizem que os efeitos desses fatores dependem de como as crianças individuais os percebem, do estágio de desenvolvimento no qual as crianças os experimentam e, no caso de Erikson, o contexto cultural no qual eles ocorrem.

Além disso, as teorias psicanalíticas se concentram na importância da qualidade emocional do relacionamento da criança com cuidadores. Essas teorias sugerem que as necessidades ou as tarefas da criança mudam com a idade, de modo que os pais devem constantemente se adaptar às mudanças da criança. Uma das implicações dessa observação é a de que "paternagem boa" não deve ser considerada como se fosse uma qualidade global. Alguns pais podem ser muito bons em satisfazer as necessidades de um bebê, mas terríveis para lidar com as lutas de identidade de um adolescente; outros podem ter o padrão oposto. A eventual personalidade da criança e sua saúde emocional global dependem, portanto, da interação, ou *transação*, que se desenvolve em uma família em particular. Este é um elemento atrativo das teorias psicanalíticas, porque a pesquisa dentro da psicologia do desenvolvimento está cada vez mais apoiando uma concepção transacional do processo de desenvolvimento (Blatt, 2008).

A teoria psicanalítica também deu aos psicólogos inúmeros conceitos úteis, tais como os mecanismos de defesa e a identificação, os quais foram tão amplamente adotados que se tornaram parte da linguagem e da teoria cotidiana. Esses pontos fortes levaram ao ressurgimento da influência tanto da teoria de Erikson quanto de diversas abordagens psicanalíticas relacionadas.

A grande fraqueza de todas as abordagens psicanalíticas é a inconsistência de muitos dos conceitos. A identificação pode ser uma noção teórica intrigante, mas como ela pode ser medida? Como os pesquisadores detectam a presença de mecanismos de defesa específicos? Sem definições operacionais mais precisas, é impossível testar as teorias. Os conceitos gerais das teorias psicanalíticas promoverão um entendimento do desenvolvimento apenas quando outras teorias ou pesquisadores oferecerem definições mais precisas ou métodos mais claros para medir algum *construto* psicanalítico, tal como o conceito de segurança do apego sobre o qual você lerá no Capítulo 11. A teoria psicanalítica pode, portanto, às vezes oferecer uma forma provocativa de pensar sobre personalidade, mas ela não é uma teoria precisa do desenvolvimento.

> **Objetivo da aprendizagem 9.12**
> Como elementos das abordagens biológica, da aprendizagem e psicanalítica podem ser combinados em uma explicação abrangente da personalidade?

Uma possível síntese

Você leu sobre três visões diferentes das origens daqueles padrões de comportamento únicos, individuais que denominamos personalidade. Cada visão pode ser pelo menos em parte apoiada com evidência de pesquisa; cada uma tem pontos fortes claros. Os desenvolvimentalistas precisam escolher apenas uma delas, ou as visões podem ser combinadas de uma forma que faça sentido? Alguns argumentam que teorias tão diferentes quanto essas não podem nunca ser combinadas, porque fazem suposições muito diferentes sobre o papel da criança no processo do desenvolvimento da personalidade (Lerner, Theokas e Bobek, 2005; Overton e Reese, 1973). Contudo, combinações dessas perspectivas variadas, como aquela mostrada na Figura 9.5, ainda podem ser úteis. Esse modelo sugere que o temperamento inato da criança é um ponto de partida – uma tendência inicial altamente signifi-

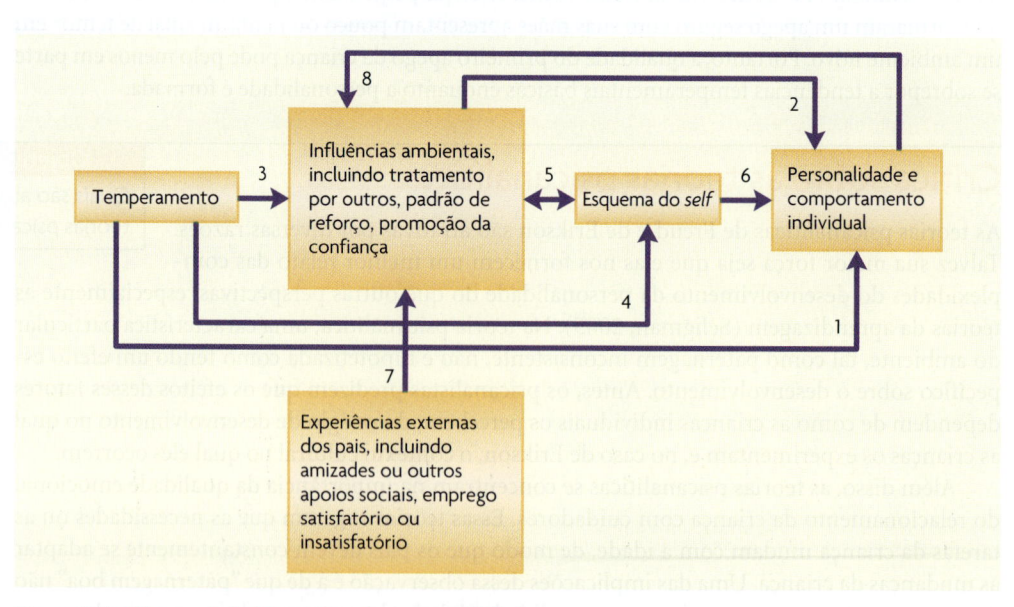

Figura 9.5 Um modelo interativo da personalidade

Esta é uma versão de um modelo interativo complexo descrevendo a formação da personalidade individual. Os efeitos do temperamento inato e as influências ambientais não são meramente cumulativos. Ou seja, o todo é maior que a soma de suas partes. Cada uma afeta a outra, ajudando a criar o esquema de *self* único da criança que, por sua vez, afeta as experiências da criança. Tudo isso ocorre dentro do contexto da família, que é ela própria influenciada pelas próprias experiências de vida dos pais. O que os desenvolvimentalistas concebem como personalidade é um produto completo de todas essas forças.

cativa no sistema. A seta 1 sugere um relacionamento direto entre aquele temperamento inato e a eventual personalidade vista na criança e posteriormente no adulto.

A seta 2 sugere um segundo efeito direto, entre o padrão do ambiente da criança e sua eventual personalidade e seu comportamento social. Se os pais respondem com segurança e adequadamente ao bebê, isso não afetará a confiança dele ou a segurança de seu apego, que se revelará em uma série de comportamentos no futuro; se os pais reforçam ou não comportamento agressivo ou cordial também influenciará o futuro da criança.

Esses efeitos são diretos, até mesmo óbvios, mas a maior parte do que acontece é muito mais complicada do que isso. A forma como a criança é tratada é influenciada por seu temperamento (seta 3), e tanto aquele temperamento básico quanto o ambiente familiar afetam o esquema do *self* ou autoconceito da criança – suas expectativas para os outros e para si mesma, suas crenças sobre suas próprias capacidades (setas 4 e 5). Esse esquema do *self* (incluindo seu senso de autoeficácia), por sua vez, ajuda a moldar o comportamento manifesto da criança, que reflete sua "personalidade" (seta 6).

Esse sistema não existe em um vácuo. De acordo com a abordagem ecológica de Bronfenbrenner e outros, a seta 7 sugere que a capacidade dos pais de manter um relacionamento amoroso e apoiador com seu filho é influenciada pelas próprias experiências externas dos pais, tais como se eles gostam de seus trabalhos ou se eles têm apoio emocional suficiente para ajudá-los a suportar suas próprias crises.

Por exemplo, Mavis Hetherington (1989) relata que crianças com temperamentos difíceis apresentam mais problema de comportamento em resposta ao divórcio de seus pais do que crianças com temperamentos mais fáceis, mas essa diferença existe apenas se a mãe também está deprimida e tem apoio social inadequado. Nesse estudo, aquelas crianças difíceis cujas mães em processo de divórcio não estavam deprimidas não apresentaram níveis aumentados de problemas. Portanto, o temperamento da criança evidentemente parece ter um impacto, mas o efeito do temperamento pode ser e é modificado pelo padrão de resposta dos pais.

Outra ilustração da complexidade do sistema vem do trabalho de Susan Crockenberg (Crockenberg e Leerkes, 2004). Em um estudo anterior (1981), Crockenberg estudou um grupo de 48 mães e bebês durante o primeiro ano de vida. Ela mediu a irritabilidade (um aspecto do temperamento) de cada criança quando o bebê tinha de 5 a 10 dias e avaliou a segurança do apego da criança com a mãe quando a criança tinha 12 meses. Poderíamos esperar que os bebês irritáveis tivessem maior probabilidade de serem inseguramente apegados, simplesmente porque eles são mais difíceis de cuidar. Na verdade, foi encontrado um efeito pequeno desse tipo (ver Tabela 9.4). Mas Crockenberg não parou por aí. Ela também mediu o nível de apoio social da mãe – o grau de ajuda que ela recebeu da família e de amigos para lidar com as tensões de ter uma nova criança ou com outras mudanças de vida que ela poderia estar experimentando. Os resultados do estudo mostram que apego inseguro na criança era mais provável quando a mãe tinha um bebê irritável e baixos níveis de apoio. Se o bebê fosse irritável, mas a mãe tivesse bom apoio, a criança quase sempre desenvolvia apego seguro. Apenas quando duas condições difíceis ocorriam juntas é que o resultado para a criança era insatisfatório.

Tabela 9.4 Influência do temperamento da criança e do apoio social da mãe sobre o apego seguro ou inseguro da criança

Irritabilidade da criança	Apoio social da mãe	Crianças seguramente apegadas	Crianças inseguramente apegadas
Alta	Baixo	2	9
Alta	Alto	12	1
Baixa	Baixo	7	2
Baixa	Alto	13	2

Fonte: De S.B. Crockenberg, Tabela 5, 862, "Infant Irritability, Mother Responsiveness, and Social Support Influences on the Security of Infant-Mother Attachment", *Child Development, 52*, 1981, p. 857-865. Com permissão da Society for Research in Child Development.

Em um estudo posterior, Crockenberg (1987) encontrou um nível mais alto de raiva e comportamento desobediente (talvez reflexos do que é chamado de *neuroticismo* nos Cinco Grandes) em crianças pequenas que tinham sido irritáveis quando bebês e cujas mães eram irritadas e punitivas com elas. Além disso, esse comportamento irritado e punitivo da mãe era mais provável se ela tivesse experimentado rejeição em sua própria infância e se tivesse pouco apoio do companheiro. Claramente, o trabalho de Crockenberg revela um sistema de efeitos.

Retornando à Figura 9.5, você verá que a seta 8 enfatiza os elementos transacionais do sistema. Uma vez que o padrão único de comportamentos e atitudes (personalidade) da criança esteja formado, ele afeta o ambiente que ela encontrará, as experiências que ela escolherá e as respostas das pessoas em torno dela; o que, por sua vez, afeta seu comportamento (Feinberg, Reiss, Niederhiser e Hetherington, 2005).

Sem dúvida, mesmo esse sistema razoavelmente complexo subestima a complexidade do processo de desenvolvimento da personalidade na criança. A maioria dos pesquisadores ainda não inclui todas as peças do quebra-cabeça. Mas o próprio fato de que os psicólogos do desenvolvimento estão recorrendo a esses modelos complexos é uma coisa muito boa. O desenvolvimento *é* complexo, e os desenvolvimentalistas não serão capazes de descrevê-lo ou explicá-lo até que comecem a examinar e tentar medir todas essas forças separadas.

Pensamento crítico

- Suponha que os pais recebessem um "manual do proprietário" para seus filhos ao nascimento, e que um dos aspectos do manual do proprietário fosse uma descrição completa do temperamento da criança. De que forma ter essa informação tão cedo na vida de uma criança afetaria as respostas dos pais? Como o acesso parental a essa informação poderia facilitar ou impedir o desenvolvimento da personalidade das crianças?
- Como você aprendeu no capítulo, crianças com temperamentos difíceis são punidas mais frequentemente do que aquelas que são mais calmas. Como você explicaria esse achado usando o modelo interativo na Figura 9.5?

Conduza sua própria pesquisa

Como a descrição de Freud do estágio de latência prognosticaria, os pesquisadores constataram que a tendência de crianças em idade escolar a se segregarem por gênero é universal. Também parece haver regras universais definindo contato socialmente aceitável entre meninos e meninas pré-adolescentes (Sroufe, Bennett, England, Urban e Shulman, 1993). Alguns exemplos de interações menina-menino aceitáveis são (1) contato acidental; (2) contato forçado por um adulto, como quando um professor força um menino a trabalhar com uma menina na aula; (3) contato acompanhado por sarcasmos verbais, insultos ou agressão física leve como empurrões. Você pode observar o brinquedo de gênero segregado e o contato entre gêneros governado por regras em qualquer pátio de escola. Quando você observar crianças brincando, note o seguinte: (1) o número de contatos entre meninos e meninas; (2) o tipo de contato (acidental, forçado ou agressivo); (3) os comentários das crianças para e sobre um menino ou uma menina que viola regras de segregação de gênero; (4) os tipos de atividades exibidas por grupos de meninos e grupos de meninas. Use seus dados para postular algumas regras adicionais governando as relações das crianças com pares do mesmo sexo e do sexo oposto.

Resumo

DEFININDO PERSONALIDADE

9.1 Quais são as dimensões do temperamento sobre as quais a maioria dos psicólogos concorda?

- Pesquisadores estudando bebês e crianças pequenas examinaram mais o temperamento do que a personalidade. O temperamento é agora amplamente visto como um conjunto de tendências de comportamento, inatas, que formam o substrato emocional da personalidade. Há diferenças bastante grandes entre os teóricos do temperamento sobre a melhor forma de caracterizar as dimensões básicas do temperamento, mas há concordância geral sobre cinco dimensões fundamentais: nível de atividade, aproximação/sentimentalidade positiva, inibição e ansiedade, sentimentalidade negativa/irritabilidade/raiva e controle esforçado/persistência na tarefa.

9.2 Como os defensores da abordagem dos Cinco Grandes definem personalidade?

- Pesquisadores estudando a personalidade concordaram sobre um conjunto de cinco dimensões (os Cinco Grandes) que capturam a maioria das variações entre indivíduos: extroversão, socialização, escrupulosidade, neuroticismo e abertura/intelecto. A pesquisa recente sugere que as mesmas cinco dimensões podem dar um quadro preciso também de variações nas personalidades de crianças e adolescentes.

EXPLICAÇÕES GENÉTICAS E BIOLÓGICAS DA PERSONALIDADE

9.3 Qual é o foco da abordagem biológica à personalidade?

- As explicações biológicas de temperamento e personalidade, focando-se em diferenças genéticas nos padrões ou nos estilos de reagir a pessoas e ao ambiente, são bem apoiadas por pesquisa. Também há muitas evidências de que diferenças específicas na resposta neurológica e química estão por baixo de muitas variações observadas no comportamento. Entretanto, o temperamento por óbvio não é totalmente determinado por hereditariedade ou por processos fisiológicos contínuos, embora o temperamento inato da criança molde suas interações com o mundo e afete as repostas dos outros a ela.

9.4 Quais são algumas das críticas importantes da abordagem biológica?

- As críticas salientam que os teóricos não concordam sobre as dimensões básicas do temperamento. Além disso, as teorias biológicas ignoram fatores importantes como as interpretações cognitivas de eventos das crianças.

EXPLICAÇÕES DA PERSONALIDADE NA PERSPECTIVA DA APRENDIZAGEM

9.5 Quais são as proposições básicas das explicações da personalidade na perspectiva da aprendizagem?

- Os teóricos da aprendizagem tradicionais enfatizam o papel dos processos básicos de aprendizagem, tais como o reforço, na formação de comportamentos individuais, incluindo padrões de interação com os outros. Teóricos da aprendizagem social/cognitiva como Bandura também enfatizam o papel da aprendizagem observacional e o papel das expectativas, dos padrões e das crenças de autoeficácia aprendidas da criança na criação de padrões de resposta mais permanentes.

9.6 Quais são algumas das críticas da perspectiva da aprendizagem?

- Os críticos argumentam que as teorias da aprendizagem dão demasiada importância ao que está acontecendo à criança e pouca atenção a como a criança age em seu ambiente. Eles também sugerem que as teorias da aprendizagem explicam apenas como as crianças adquirem comportamentos específicos, não os processos subjacentes que impulsionam o desenvolvimento da personalidade.

EXPLICAÇÕES PSICANALÍTICAS DA PERSONALIDADE

9.7 Quais são os pontos principais da abordagem psicanalítica à personalidade?

- As teorias psicanalíticas enfatizam a importância de motivos e processos inconscientes, bem como o surgimento da personalidade em estágios. Essa abordagem vê o relacionamento da criança com adultos significativos, particularmente na fase de bebê, como crítico. Embora as teorias de Freud e de Erikson compartilhem um conjunto comum de suposições, elas diferem em relação à importância da libido. Além disso, Freud propôs que o desenvolvimento da personalidade era completado na infância, enquanto Erikson alegava que a mudança continuava durante toda a vida.

9.8 Como a teoria de Freud explica o desenvolvimento da personalidade?

- Freud enfatizou as lutas emocionais inconscientes que surgem à medida que uma criança se adapta às demandas do ambiente familiar. Além disso, seus estágios psicossexuais são fortemente afetados por amadurecimento. Particularmente signficativo é o estágio fálico, iniciando em torno dos 3 ou 4 anos, quando o conflito edípico aparece e é resolvido pelo processo de identificação.

9.9 Como a teoria de Erikson explica o desenvolvimento da personalidade?

- Erikson concordava com Freud que a luta que ocorre entre os desejos e as necessidades da criança e as demandas do ambiente moldam a personalidade. Entretanto, ele colocava mais ênfase na cultura como um todo do que Freud, que enfatizava sobretudo a família imediata da criança. Os estágios psicossociais de Erikson são influenciados tanto por demandas sociais quanto pelas habilidades físicas e intelectuais da criança. Cada um dos principais estágios tem uma tarefa ou um dilema central, relativo a algum aspecto do desenvolvimento da identidade.

9.10 Que evidências há em apoio à perspectiva psicanalítica sobre personalidade?

- As teorias psicanalíticas foram amplamente confirmadas em alguns aspectos, tais como o impacto do primeiro apego sobre o funcionamento futuro.

9.11 Quais são algumas das críticas sobre as teorias psicanalíticas?

- Os críticos salientam que as teorias psicanalíticas são difíceis de testar devido à sua imprecisão.

UMA POSSÍVEL SÍNTESE

9.12 Como elementos das abordagens biológica, da aprendizagem e psicanalítica podem ser combinados em uma explicação abrangente da personalidade?

- Elementos de todas as três visões podem ser combinados em uma visão transacional ou interacionista do desenvolvimento da personalidade. O temperamento pode servir como a base a partir da qual a personalidade se desenvolve, tanto afetando o comportamento diretamente quanto afetando a forma que os outros respondem à criança. Tanto o temperamento da criança quanto o padrão específico de resposta das pessoas no ambiente da criança afetam o autoconceito ou esquema do *self* da criança, que então ajuda a criar estabilidade no padrão de comportamento único da criança.

Termos-chave

abertura/intelecto (p. 257)
autoeficácia (p. 265)
Cinco Grandes (p. 256)
conflito edípico (p. 269)
determinismo recíproco (p. 266)
escrupulosidade (p. 257)
estágios psicossexuais (p. 269)
estágios psicossociais (p. 271)
extroversão (p. 256)
neuroticismo (p. 257)
personalidade (p. 254)
sociabilidade (p. 257)

Conceitos de *Self*, Gênero e Papéis Sexuais 10

Objetivos da Aprendizagem

O conceito de *self*

10.1 O que é *self* subjetivo?

10.2 O que a aquisição de um *self* objetivo acrescenta ao autoconceito do bebê?

10.3 De que forma a capacidade de regular emoções está relacionada ao funcionamento social?

10.4 Como crianças em idade escolar se descrevem?

10.5 Como as teorias de Erikson e de Marcia explicam o desenvolvimento da identidade do adolescente?

10.6 O que é o processo de desenvolvimento da identidade étnica de acordo com Phinney?

Autoestima

10.7 Como a autoestima se desenvolve?

10.8 O quanto a autoestima é consistente durante a infância e a adolescência?

O desenvolvimento dos conceitos de gênero e de papéis sexuais

10.9 Como as ideias sobre gênero e papéis sexuais mudam durante a infância?

10.10 Qual é a ligação entre estereótipos de gênero e comportamento típico do sexo?

10.11 Como as teorias da aprendizagem social, cognitivo-desenvolvimental e de esquemas do gênero explicam o desenvolvimento do papel sexual?

10.12 De que formas os hormônios poderiam influenciar o comportamento relacionado ao gênero?

Os termos *sexo* e *gênero* são comuns na fala cotidiana, mas você alguma vez pensou sobre a diferença entre os dois? Geralmente, *sexo* é reservado para os aspectos biológicos de masculinidade e feminilidade. Em contraste, *gênero se* refere aos aspectos psicológicos e sociais de masculinidade e feminilidade. O que acontece quando sexo e gênero estão em conflito?

Considere o trágico caso de John/Joan que, juntamente com um irmão gêmeo idêntico, nasceu em meados da década de 1960. Quando um acidente durante uma circuncisão de rotina deixou John com um dano grave no pênis, os médicos recomendaram que seus pais permitissem que ele sofresse uma cirurgia de reatribuição sexual e que eles o criassem como menina. O pensamento deles era que a criança seria mais capaz de desenvolver um senso saudável de *self* com genitália feminina cirurgicamente esculpida do que com genitália masculina mutilada. Os pais concordaram, e John tornou-se Joan.

Os pais de Joan a expuseram a todas as experiências femininas típicas e nunca sugeriram que ela poderia ter sido outra coisa senão uma menina. O famoso pesquisador de sexo John Money relatou que o "experimento" tinha sido um sucesso e tinha fornecido forte apoio para a noção de que os papéis de gênero são adquiridos através de aprendizagem (Money, 1975). Contudo, Joan era emocionalmente perturbada e, às vezes, seus colegas de escola caçoavam dela por ela ser muito "masculina" para uma menina. Quando chegou à adolescência, Joan estava convencida de que era diferente dos outros em algum aspecto fundamental. Quando seus pais revelaram a verdade, Joan tornou-se John novamente e começou a viver como homem. Ela, agora ele, submeteu-se a uma cirurgia de reatribuição sexual e casou-se. Embora John e sua esposa tenham adotado filhos e, para estranhos, parecessem um casal normal, ele nunca foi realmente feliz. Infelizmente, em maio de 2004, John cometeu suicídio.

O caso John/Joan fornece evidência para a visão de que o gênero é fortemente influenciado pelos aspectos fisiológicos do sexo biológico. De fato, estudos longitudinais indicam que quando indivíduos nascem como homens, mas, devido a defeitos de nascimento ou a acidentes de circuncisão, sofrem cirurgia de reatribuição sexual, a maioria finalmente escolhe viver como homens (Bostwick e Martin, 2007; Reiner e Gearhart, 2004). Os pesquisadores geralmente atribuem esse fenômeno à exposição a testosterona pré-natal. Como resultado, o caso de John/Joan e de outros como ele levaram cientistas do desenvolvimento contemporâneos a reexaminar os fatores biológicos que foram um dia desprezados nas teorias da aprendizagem.

Como as crianças desenvolvem um senso coerente de *self* é o tema deste capítulo. Primeiro, exploraremos como as crianças vêm a entender o "*self*" como um conceito. Em seguida, nos dedicaremos ao tema da autoestima. Por fim, retornaremos à questão crítica de como os indivíduos integram sexo biológico e gênero psicológico e os incorporam em um sentido de *self*.

O conceito de *self*

O pensamento dos desenvolvimentalistas sobre o surgimento do senso de *self* da criança foi fortemente influenciado tanto por Freud quanto por Piaget. Cada um desses teóricos presumia que um bebê começa a vida sem nenhum senso de separação. Freud enfatizou o que ele chamou de relacionamento simbólico entre a mãe e o bebê, no qual os dois estão unidos como se fossem um só. Previsivelmente, a teoria de Piaget forneceu a base para explicações do sentido de *self* que enfatizam o conhecimento da criança de e pensamento sobre si mesma. Ainda mais influente que Freud ou Piaget, entretanto, foi o pensamento do psicólogo norte-americano William James (1890, 1892), que compartimentalizou o **autoconceito** global em um componente que ele chamou de "Eu" e outro que ele denominou "mim". O *self* "Eu" é frequentemente chamado de ***self* subjetivo**; é aquele senso interior de que "Eu sou", "Eu existo." O aspecto "mim" é às vezes denominado ***self* objetivo**; é o conjunto de propriedades ou qualidades do indivíduo que são objetivamente conhecidas ou conhecíveis, incluindo características físicas, temperamento e habilidades sociais.

autoconceito O conhecimento da pessoa e os pensamentos sobre o conjunto de qualidades atribuídas ao *self*.

***self* subjetivo** O componente do autoconceito que envolve consciência do "Eu", o *self* que é separado dos outros.

***self* objetivo** O componente do autoconceito que envolve consciência do *self* como um objeto com propriedades.

Objetivo da aprendizagem 10.1
O que é *self* subjetivo?

O *self* subjetivo

Estudiosos mais modernos do desenvolvimento do *self* contestam a alegação de Freud sobre a ligação simbiótica inicial entre bebê e os pais na qual o bebê não tem qualquer senso de separação (Harter, 2006b). A maioria agora afirma que o bebê tem algum senso primitivo de separação desde o início. Nos primeiros meses, a tarefa do bebê é começar a coordenar as várias fontes de informação que ele tem sobre suas próprias ações e o impacto delas. Em particular, durante o primeiro ano, o bebê desenvolve um senso de si mesmo como um agente no mundo – como capaz de fazer as coisas acontecerem. O prazer que o bebê exibe quando é capaz de fazer um móbile se mover ou de criar um ruído apertando um brinquedo que guincha é evidência do surgimento do senso de si mesmo como um agente – o primeiro passo na formação de um autoconceito. Albert Bandura afirma que as raízes do senso de autoeficácia estão no primeiro ano, quando o bebê percebe que pode controlar certos eventos no mundo.

Esse senso de eficácia ou controle ocorre não apenas com objetos inanimados, mas talvez mesmo mais centralmente em interações com adultos, que respondem adequadamente ao comportamento da criança – sorrindo de volta quando o bebê sorri, fazendo caras engraçadas quando o bebê faz determinadas coisas, jogando jogos repetitivos como esconde-esconde enquanto muda as fraldas ou amamenta o bebê. Naturalmente, o bebê não está "fazendo" essas coisas acontecerem na maioria dos casos; são os pais que estão iniciando os jogos ou padrões. Mas dentro desses jogos e padrões estão inúmeras repetições de sequências nas quais o bebê faz alguma coisa e o pai responde com algum comportamento previsível. Do ponto de vista do bebê, ele "fez acontecer", e seu senso de *self*, de eficácia ou de ação é estabelecido.

Piaget também afirmou que um elemento crítico no desenvolvimento do *self* subjetivo é o entendimento da permanência do objeto, que se desenvolve em torno dos 9 aos 12 meses. Assim como o bebê está descobrindo que mamãe e papai continuam a existir quando não estão à vista, ele está descobrindo – ao menos de alguma forma preliminar – que ele existe separadamente e tem alguma permanência.

O *self* objetivo

> **Objetivo da aprendizagem 10.2**
> O que a aquisição de um *self* objetivo acrescenta ao autoconceito do bebê?

O segundo passo importante no desenvolvimento de um autoconceito é o bebê vir a entender que ele também é um objeto no mundo. Assim como uma bola tem propriedades – a forma redonda, a capacidade de rolar, uma certa sensação na mão – também o *self* tem propriedades, como gênero, tamanho, nome e qualidades como timidez ou audácia, coordenação ou falta de jeito. É essa autoconsciência a marca registrada do *self* "mim".

Estudando a autoconsciência Bebês de 4 meses respondem diferentemente a vídeo ao vivo ou a imagens fotográficas imóveis de si mesmos e de outros (Rochat e Striano, 2002). Por exemplo, eles olham mais tempo para imagens de outros do que para imagens deles mesmos. Eles também sorriem mais em resposta a figuras de outros bebês. Entretanto, os desenvolvimentalistas acreditam que esse tipo de discriminação é apenas um precursor da autoconsciência genuína.

O procedimento mais comum que os psicólogos usam para medir a autoconsciência envolve um espelho. Primeiro o bebê é colocado na frente de um espelho, apenas para ver como ele se comporta. A maioria dos bebês de 9 a 12 meses olhará para suas próprias imagens, fará caras ou tentará interagir com o bebê no espelho de alguma forma. Após permitir essa exploração livre por um tempo, o experimentador, enquanto finge limpar o rosto do bebê com um pano, pinta o nariz dele com batom vermelho e então novamente o deixa olhar no espelho. O teste crucial de autorreconhecimento e, portanto, de consciência de si mesmo, é se o bebê tenta tocar na mancha de batom em seu próprio nariz em vez de na mancha no nariz no espelho.

Os resultados de um dos estudos de Michael Lewis usando esse procedimento são mostrados na Figura 10.1. Como se pode ver, poucas das crianças de 9 a 12 meses tocaram seus próprios narizes, mas, aos 21 meses, três quartos das crianças apresentaram esse nível de autorreconhecimento. A figura também mostra a taxa na qual as crianças referem-se a si mesmas pelo nome quando é mostrada uma figura delas mesmas – outra medida de autoconsciência comumente usada.

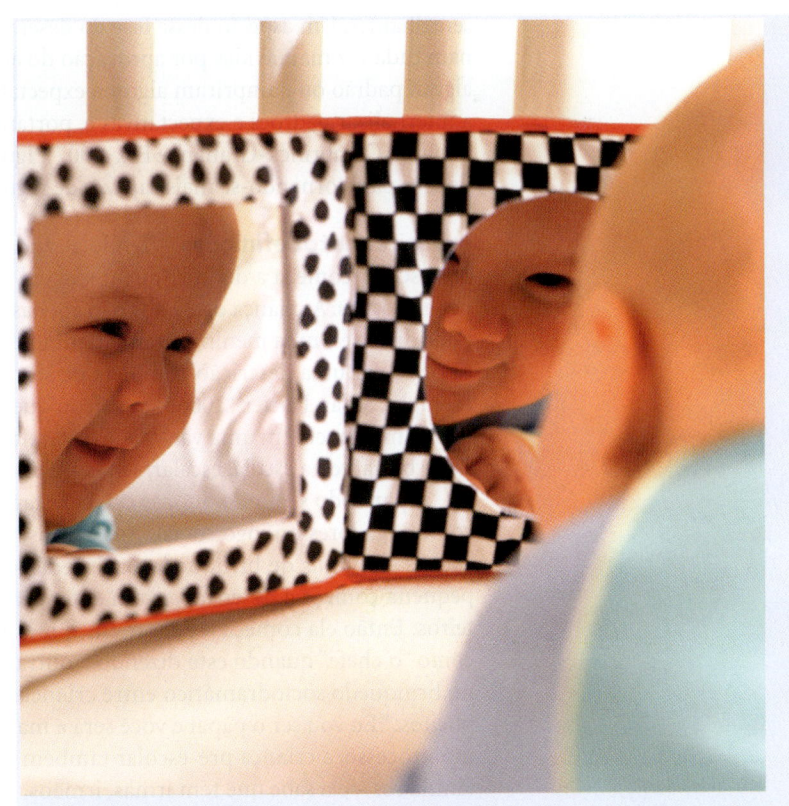

Aos 4 meses, o prazer de Lucy de olhar-se em um espelho origina-se do fato de que este é um objeto móvel interessante – e não de algum entendimento de que isto é ela mesma no espelho.

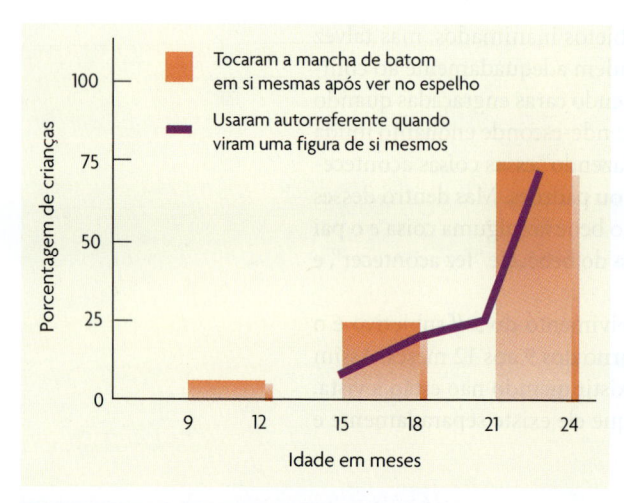

Figura 10.1 Autorreconhecimento em bebês
O reconhecimento no espelho e a autonomeação desenvolvem-se quase exatamente ao mesmo tempo.
(*Fonte*: Lewis e Brooks, 1978, p. 214-215.)

Você pode ver que esse desenvolvimento ocorre quase exatamente ao mesmo tempo que o autorreconhecimento em um espelho. Ambos estão presentes aproximadamente na metade do segundo ano de vida (Lewis e Ramsay, 2004).

Uma vez que a criança pequena alcança tal autoconsciência, seu comportamento é afetado em uma ampla variedade de maneiras. Crianças pequenas autoconscientes começam a insistir para fazerem coisas sozinhas e mostram uma atitude de propriedade nova em relação a brinquedos ou outros objetos ("É meu!"). Olhado dessa forma, muito do lendário comportamento nos "terríveis dois anos" pode ser entendido como um desenvolvimento de autoconsciência. Em um sentido bastante literal, as crianças pequenas são rebeldes pela primeira vez.

Outra mudança comportamental introduzida pela autoconsciência recém-surgida das crianças pequenas é a expressão de emoções autoconscientes como embaraço, orgulho ou vergonha. Essas emoções não são normalmente expressadas até o final do segundo ano de vida, presumivelmente porque todas elas envolvem algum aspecto de autoavaliação, não presente até que a criança tenha alcançado autoconsciência mínima (Lewis, Allesandri e Sullivan, 1992; Lewis, Sullivan, Stanger e Weiss, 1989; Thompson e Goodwin, 2005). De acordo com Lewis, emoções como vergonha ou orgulho requerem que a criança tenha consciência de alguns padrões de conduta e se compare a eles – um desenvolvimento que também ocorre no final do segundo ano de vida. É apenas nessa idade, por exemplo, que elas começam a usar palavras como *sujo* para descrever a si mesmas ou a um objeto, sugerindo que elas estão julgando a si mesmas ou aos outros em relação a algum padrão. A criança então expressa vergonha quando sente que não satisfez o padrão, ou orgulho quando é capaz de satisfazê-lo – construir a torre de blocos da altura que a professora quer, lavar as mãos de modo que elas fiquem limpas ou coisas semelhantes. Um aspecto dessa fase do desenvolvimento é que, após os 2 anos, as crianças se tornam cada vez mais ávidas por aprovação do adulto, usando a resposta para avaliar se satisfizeram algum padrão ou cumpriram alguma expectativa. Na idade escolar, as crianças estão começando a internalizar padrões e expectativas e, portanto, tornam-se mais autônomas em seus autojulgamentos (Combrinck-Graham e Fox, 2007). Igualmente, elas internalizam as regras e regulamentos de seus pais, tornando-se mais capazes de regular sua expressão emocional e seu comportamento.

Primeiras autodefinições Tendo alcançado uma autoconsciência inicial, a criança de idade pré-escolar começa a definir "quem sou eu" aprendendo sobre suas próprias qualidades e seus papéis sociais. A criança de 2 anos não apenas sabe seu próprio nome; ela provavelmente também pode dizer se é uma menina ou um menino e se é grande ou pequena. Aos 5 a 7 anos, uma criança pode dar uma descrição completa de si mesma em uma ampla variedade de dimensões. Por exemplo, Susan Harter (2006b) verificou que crianças dessa idade têm noções claras de sua própria competência em uma variedade de tarefas específicas, como resolver quebra-cabeças, contar, saber bastante na escola, escalar, saltar, pular corda ou ser capaz de fazer amigos.

A partir do segundo ano, as crianças também parecem se tornar conscientes de si mesmas como jogadores no jogo social. Aos 2 anos, a criança já aprendeu uma variedade de "roteiros" sociais – rotinas de brinquedo ou interação com outros. Case (1991) salienta que a criança pequena começa a desenvolver um entendimento implícito de seus próprios papéis nesses roteiros. Então ela começa a pensar em si mesma como um "ajudante" em algumas situações ou como "o chefe" quando está dizendo a outra criança o que fazer. Você pode ver isso claramente no brinquedo sociodramático entre crianças pré-escolares, que começam a assumir papéis explícitos: "Eu vou ser o papai e você será a mamãe" ou "Eu sou o professor". Como parte do mesmo processo, a criança pré-escolar também gradualmente entende seu lugar na rede de papéis familiares – ela sabe que tem irmãs, irmãos, pai, mãe, etc.

Esses são avanços importantes no entendimento da criança. Contudo a autodefinição ainda está ligada a características concretas. Em primeiro lugar, cada faceta do autoconceito de uma criança pré-escolar parece ser bastante separada, mais exatamente como uma lista: "Eu sou bom em corrida"; "Eu não gosto de brincar com bonecas"; Eu moro numa casa grande"; "Eu tenho olhos azuis" (Harter, 2006b). Esses aspectos separados do esquema do *self*, ou modelo operante interno do *self*, ainda não se fundiram em um senso global de autovalia ou autoestima (Harter, 2006a). Crianças dessa idade não dizem "Eu sou uma pessoa terrível" ou "Eu realmente gosto de mim mesma". Suas percepções de si mesmas são mais ligadas a contextos e tarefas específicos. Além disso, o autoconceito de uma criança pré-escolar tende a se focar mais em suas próprias características visíveis – se ela é um menino ou uma menina, qual sua aparência, com o que ou quem ela brinca, onde mora, o que é bom ou ruim de fazer – do que em qualidades internas mais permanentes.

O *self* emocional

> **Objetivo da aprendizagem 10.3**
> De que forma a capacidade de regular emoções está relacionada ao funcionamento social?

Outra faceta do *self* que emerge durante os primeiros anos é a capacidade da criança de entender e regular suas próprias expressões de emoções (Dunn, 1994; Hoeksma, Oosterlaan e Schipper, 2004). Parte desse processo é o desenvolvimento do *controle dos impulsos*, às vezes denominado *controle inibitório* – a crescente capacidade de inibir uma resposta, por exemplo, de esperar em vez de chorar, de gritar em vez de bater, de ir devagar em vez de correr (Kochanska e Aksan, 2006). Quando um bebê está perturbado, são os pais que ajudam a regular aquela emoção abraçando, acalmando ou removendo a criança da situação perturbadora. Durante o período pré-escolar, esse processo de regulação é gradualmente assumido mais e mais pela criança à medida que as várias proibições e instruções são internalizadas. Uma criança de 2 anos é apenas minimamente capaz de modular sentimentos ou comportamento dessa forma; aos 5 ou 6 anos, entretanto, a maioria das crianças fez grandes progressos no controle da intensidade de suas expressões de sentimentos fortes, portanto elas não batem automaticamente em alguém ou em alguma coisa quando estão irritadas, não choram inconsolavelmente quando ficam frustradas ou ficam de mau-humor quando contrariadas (Sroufe, 1996).

Um segundo aspecto da regulação de emoção da criança – que está claramente ligado aos processos cognitivos discutidos no Capítulo 6 – é a necessidade de aprender as regras sociais de expressões emocionais específicas. Por exemplo, aos 3 anos, as crianças começam a aprender que há vezes em que elas precisam sorrir – mesmo quando não se sentem completamente felizes (Liew, Eisenberg e Reiser, 2004). Portanto, elas começam a usar o "sorriso social", uma expressão facial que é bastante diferente do sorriso natural, prazeroso. Da mesma forma, as crianças gradualmente aprendem a usar formas abreviadas ou contraídas de outras emoções, como raiva ou aversão (Izard e Abe, 2004; Izard e Malatesta, 1987) e aprendem a ocultar seus sentimentos em uma variedade de situações. Uma capacidade de ocultar sentimentos parece se basear no desenvolvimento da teoria da mente da criança. Por exemplo, para uma criança ocultar alguma emoção a fim de não ferir os sentimentos de outra pessoa, é necessário que ela tenha algum senso do que causará sofrimento à outra pessoa. Igualmente, a criança pré-escolar aprende a usar suas próprias expressões emocionais para obter coisas que deseja, chorando ou sorrindo quando necessário. Esse controle das emoções, por sua vez, baseia-se, ao menos em parte, em seu entendimento das ligações entre seu comportamento e a percepção dos outros de seu comportamento, um entendimento que se desenvolve rapidamente entre as idades de 3 e 4 anos como consequência do desenvolvimento da teoria da mente da criança (ver Capítulo 6).

A desenvolvimentalista Nancy Eisenberg afirma que a regulação da emoção é a base sobre a qual todo o repertório de habilidades sociais de uma criança é construído (Eisenberg, Hofer e Vaughan, 2007). A pesquisa dá algum apoio a essa noção, na medida em que a capacidade de regular as emoções durante os anos pré-escolares é fortemente preditiva de uma ampla variedade de habilidades sociais no futuro (Rubin, Burgess, Dwyer e Hastings, 2003). Por exemplo, o autocontrole na primeira infância está relacionado à capacidade das crianças de obedecer a regras morais e a pensar sobre certo e errado durante os anos escolares (Kochanska e Aksan, 2006). Além disso, crianças pequenas que têm a habilidade de controlar emoções negativas, como a raiva, têm menos probabilidade de exibir problemas de comportamento durante os anos escolares (Eisenberg et al., 1999; Eisenberg et al., 2005). As habilidades de regulação emocional parecem ser particularmente importantes para crianças cujos temperamentos incluem altos níveis de propensão à raiva (Diener e Kim, 2004). A pesquisa também sugere que crianças que controlam insatisfatoriamente suas emoções negativas são menos populares com seus pares (Denham et al., 2003; Eisenberg, Liew e Pidada, 2001; Fantuzzo, Sekino e Cohen, 2004).

O processo de adquirir controle emocional é um processo no qual o controle passa lentamente dos pais para a criança (Houck e Lecuyer-Marcus, 2004). Aqui novamente, o temperamento da criança é um fator. Por exemplo, crianças pré-escolares que consistentemente exibiram comportamento "difícil" desde bebês têm mais probabilidade de ter problemas de autocontrole na primeira infância (Schmitz et al., 1999). Similarmente, crianças pré-escolares que nasceram prematuras ou que eram atrasadas no desenvolvimento da linguagem no segundo ano de vida experimentam mais dificuldades com autocontrole durante a primeira infância (Carson, Klee e Perry, 1998; Schothorst e van Engeland, 1996).

Entretanto, expectativas dos pais baseadas na idade e comportamentos parentais também são importantes. Por exemplo, a maioria dos pais sabe que não é razoável esperar que crianças pequenas aguardem por longos períodos de tempo, então eles fornecem mecanismos de controle externos tais como lembrá-los de proibições e repetir pedidos. Durante as idades de 3 a 6 anos, as crianças gradualmente internalizam esses padrões e essas expectativas parentais e assumem mais a tarefa de controle para si mesmas. Por exemplo, se você fosse observar pais e filhos em uma sala de espera de médico, veria que os pais de crianças entediadas frequentemente direcionam e redirecionam fisicamente o comportamento delas. Um pai de uma criança de 2 anos poderia pegá-la no colo e ler para ela. Em contraste, você perceberia que crianças pré-escolares mais velhas procuram coisas para fazer sozinhas. Em resposta a essa evidência de maturidade emocional, os pais esperam mais controle de crianças pré-escolares mais velhas e usam instruções verbais, em vez de controle físico, para ajudá-las a controlar seu comportamento.

Além do comportamento dos pais, a forma como eles expressam suas próprias emoções está relacionada à capacidade de seus filhos de regular as emoções. Geralmente, pais muito expressivos de suas emoções negativas tendem a ter filhos que controlam mal seus sentimentos negativos (Eisenberg, Gershoff et al., 2001; Eisenberg, Liew e Pidada, 2001). Interessante, também, é o achado de que expressividade emocional positiva nos pais não prediz autorregulação emocional dos filhos tão consistentemente quanto expressividade emocional negativa.

> **Objetivo da aprendizagem 10.4**
> Como crianças em idade escolar se descrevem?

Autoconceito na idade escolar

Durante os anos do ensino fundamental, o autoconceito concreto da criança gradualmente muda para uma autodefinição mais abstrata, mais comparativa, mais generalizada. Uma criança de 6 anos poderia se descrever como "inteligente" ou "pateta"; outra de 10 anos tem mais probabilidade de dizer que é "mais inteligente que a maioria das crianças" ou "não tão bom no beisebol como meus amigos" (Harter, 2006b). A criança em idade escolar também começa a ver suas próprias características (e as de outras pessoas) como relativamente estáveis e, pela primeira vez, desenvolve um sentido global de seu próprio valor.

Uma quantidade desses temas são habilmente ilustrados em um estudo clássico de Montemayor e Eisen (1977) de autoconceitos em crianças de 9 a 18 anos. Usando a pergunta "Quem sou eu?" esses pesquisadores verificaram que as crianças mais jovens ainda estavam usando principalmente qualidades superficiais para se descreverem, como na descrição desta criança de 9 anos:

> Meu nome é Bruce C. Eu tenho olhos castanhos. Eu tenho cabelo castanho. Eu tenho sobrancelhas castanhas. Eu tenho 9 anos. Eu AMO esportes! A minha família tem sete pessoas. Eu tenho uma visão muito boa! Eu tenho um monte de amigos! Eu moro na Pinecrest, 1923. Eu vou fazer 10 em setembro. Eu sou menino. Eu tenho um tio que tem quase 2 metros de altura. Minha escola é a Pinecrest. Minha professora é a Sra. V. Eu jogo Hockey! Eu sou quase o garoto mais esperto da classe. Eu AMO comida! Eu amo ar fresco. Eu AMO a escola. (p. 317-318)

Em contraste, veja a autodescrição desta menina de 11 anos da 6ª série:

> Meu nome é A. Eu sou um ser humano. Eu sou uma menina. Eu sou uma pessoa de confiança. Eu não sou muito bonita. Eu vou mais ou menos nos estudos. Eu sou muito boa violoncelista. Eu sou muito boa pianista. Eu sou um pouco alta para minha idade. Eu gosto de vários meninos. Eu gosto de várias meninas. Eu sou antiquada. Eu jogo tênis. Eu sou muito boa nadadora. Eu tento ser útil. Estou sempre pronta a ser amiga de todo mundo. Geralmente eu sou boa, mas eu perco a paciência. Eu não sou muito querida por algumas meninas e alguns meninos. Eu não sei se os garotos gostam de mim ou não. (p. 317-318)

Essa menina, como outras de sua idade no estudo de Montemayor e Eisen, não apenas descreve suas qualidades externas, mas também enfatiza suas crenças, a qualidade de seus relacionamentos e seus traços gerais de personalidade. Portanto, à medida que a criança atravessa os anos do ensino fundamental (período de operações concretas de Piaget), sua autodefinição torna-se mais complexa, mais comparativa, menos ligada a aspectos externos e mais focada em sentimentos e ideias.

As autoavaliações cada vez mais comparativas vistas na meninice são particularmente visíveis no contexto escolar. Crianças de jardim de infância e de 1ª série prestam relativamente pouca atenção a quão bem os outros fazem uma determinada tarefa; de fato, a grande maioria lhe dirá em confidência que são as crianças mais inteligentes em sua classe – um aspecto de uma tendência geral nessa idade a identificar qualidades próprias como positivas (Harter, 2006b). Na 3ª série, entretanto, as crianças começam a perceber se seus colegas terminam uma prova mais cedo do que elas, se alguém tira uma nota melhor ou tem mais correções em sua redação (Eccles e Roeser, 2005). Seus autojulgamentos começam a incluir elementos tanto positivos quanto negativos.

O comportamento dos professores mostra uma progressão relacionada: nas séries iniciais, eles enfatizam esforço e hábitos de trabalho. Gradualmente, começam a usar julgamentos mais comparativos. No final do ensino fundamental, os professores comparam as crianças não apenas umas com as outras, mas com padrões fixos, com alunos de outras escolas ou com normas nacionais (Eccles e Roeser, 2005). Essas comparações são às vezes sutis, mas podem ser poderosas. Robert Rosenthal (1994), em uma famosa série de estudos, demonstrou que a crença de um professor sobre a capacidade e o potencial de um determinado estudante tem um efeito pequeno, mas significativo, sobre o comportamento dele em relação a outro e sobre a sua eventual realização. Esse conjunto de resultados foi reproduzido muitas vezes. O procedimento padrão de Rosenthal é dizer aos professores no início de um ano escolar que algumas das crianças em sua classe têm baixo desempenho e estão prontas a "florescer" intelectualmente, embora, na verdade, as crianças rotuladas dessa forma sejam escolhidas aleatoriamente. Ao final do ano, os estudantes rotulados como tendo mais potencial apresentaram tipicamente mais ganhos acadêmicos do que aqueles que não haviam sido rotulados dessa forma.

Os julgamentos e as expectativas dos pais também desempenham um papel. Por exemplo, você pode lembrar do Capítulo 7 que os pais nos Estados Unidos têm mais probabilidade de atribuir um bom desempenho da filha em matemática a esforço, mas as boas notas em matemática do filho, à capacidade. As crianças absorvem essas explicações e ajustam seu comportamento de acordo (Fredricks e Eccles, 2005).

As crenças sobre suas próprias capacidades, que os estudantes desenvolvem através desse processo de autoavaliação, são geralmente muito precisas. Estudantes que consistentemente se saem bem em comparação a outros passam a acreditar que são academicamente competentes. Além disso, e talvez mais importante, eles passam a acreditar que estão no controle de resultados acadêmicos – nos termos de Bandura, eles têm um forte senso de sua própria autoeficácia acadêmica.

Essas estudantes de 4ª série já estão desenvolvendo ideias razoavelmente claras sobre suas capacidades acadêmicas, comparando seus próprios sucessos e fracassos aos de outras crianças em sua classe. Essas ideias então tornam-se incorporadas nos esquemas do self *das crianças, afetando suas escolhas e seu senso de autoeficácia.*

Autoconceito e identidade na adolescência

> **Objetivo da aprendizagem 10.5**
> Como as teorias de Erikson e de Marcia explicam o desenvolvimento da identidade do adolescente?

A tendência a maior abstração na autodefinição continua durante a adolescência, e o autoconceito floresce em um senso maduro de identidade.

Autodescrições Compare as respostas desta garota de 17 anos à pergunta "Quem sou eu?" às que você leu anteriormente.

> Eu sou um ser humano. Eu sou uma garota e sou um indivíduo. Eu não sei quem eu sou. Eu sou de Peixes. Eu sou uma pessoa melancólica. Eu sou uma pessoa indecisa. Eu sou uma pessoa ambiciosa. Eu sou uma pessoa muito curiosa. Eu não sou um indivíduo. Eu sou uma solitária. Eu sou americana. (Deus me ajude.) Eu sou Democrata. Eu sou uma pessoa liberal. Eu sou uma radical. Eu sou uma conservadora. Eu sou uma pseudoliberal. Eu sou ateísta. Eu não sou uma pessoa classificável (i.e., eu não quero ser). (Montemayor e Eisen, 1977, p. 318)

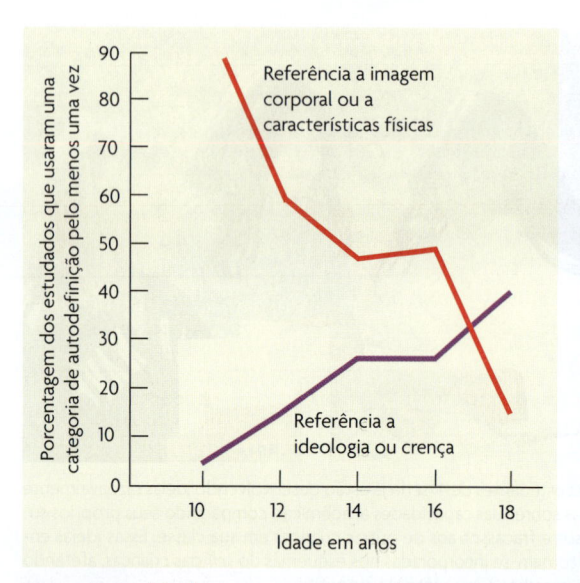

Figura 10.2 Mudança nas autodefinições relacionadas a idade

À medida que crescem, crianças e adolescentes definem-se menos pela aparência e mais pelo que acreditam ou sentem.

(*Fonte*: Montemayor e Eisen, 1977, da Tabela 1, p. 316.)

Obviamente, o autoconceito dessa menina é até menos ligado a suas características físicas ou a suas capacidades do que o da criança de 11 anos. Ela está descrevendo traços abstratos ou ideologia. A Figura 10.2 mostra essa mudança de autodefinições concretas para abstratas, baseado nas respostas de todos os 262 participantes no estudo de Montemayor e Eisen. As respostas dos participantes à pergunta "Quem sou eu?" foram colocadas em uma ou mais categorias específicas, tais como referências a propriedades físicas ("Eu sou alto", "Eu tenho olhos azuis") ou referências a ideologia ("Eu sou democrata", "Eu acredito em Deus"). A Figura 10.2 deixa claro que a aparência física ainda era uma dimensão do autoconceito altamente significativa na pré-adolescência e início da adolescência, mas se tornaram menos dominantes no final desse período.

O autoconceito do adolescente também torna-se mais diferenciado à medida que ele passa a se ver um pouco diferente em cada um de seus diversos papéis: como estudante, com amigos, com os pais e em relacionamentos românticos (Harter, 2006b). Uma vez formadas essas ideias, elas começam a influenciar o comportamento dos adolescentes. Por exemplo, adolescentes cujos autoconceitos acadêmicos são fortes escolhem cursos mais difíceis no ensino médio do que aqueles que acreditam ser menos capazes. Além disso, eles tendem a escolher cursos em disciplinas nas quais acreditam ter maior capacidade e a evitar cursos em áreas percebidas de fraqueza (Marsh e Yeung, 1997). Além disso, como você poderia suspeitar, adolescentes com autoconceitos acadêmicos fracos têm mais probabilidade de meterem-se em problemas na escola do que aqueles que têm mais confiança em sua capacidade de ser bem-sucedido (Pisecco, Wristers, Swank, Silva e Baker, 2001).

Os autoconceitos acadêmicos dos adolescentes parecem se originar tanto de comparações internas de seu desempenho com um ideal autogerado quanto de comparações externas com o desempenho de seus pares (Bong, 1998). Também parece que a competência percebida em uma esfera afeta como um adolescente se sente em relação a sua capacidade em outras áreas. Por exemplo, se um estudante do ensino médio roda em matemática, é provável que isso afete seu autoconceito em outras disciplinas. Isso sugere que os autoconceitos dos adolescentes são de natureza hierárquica. As competências percebidas em várias esferas servem como blocos construtores para criar um autoconceito acadêmico global (Harter, 2006b).

Se pedisse que eles se definissem, esses adolescentes certamente dariam respostas muito mais abstratas e comparativas do que você ouviria de uma criança de 6 anos.

Crise de identidade de Erikson Uma forma um pouco diferente de olhar o autoconceito do adolescente é através das lentes da teoria de Erikson. Nesse modelo, a tarefa (ou dilema) central da adolescência é a de **identidade *versus* confusão de papel**. Erikson afirmou que o primeiro senso de identidade da criança chega à puberdade parcialmente "descolado" devido à combinação de crescimento corporal rápido e alterações sexuais da época. Ele descreveu esse período como um tempo em que a mente adolescente está em uma espécie de moratória entre a infância e a idade adulta.

Durante esse estágio, a antiga identidade do adolescente não será mais suficiente; uma nova deve ser forjada, que permita um lugar para o jovem em cada um dos inumeráveis papéis da vida adulta – papéis ocupacionais, sexuais, religiosos. A confusão em relação a todas essas escolhas é inevitável. O grupo ou turma adolescente, portanto, forma uma base de segurança a partir da qual o jovem pode se mover na direção de uma solução única do processo de identidade. Finalmente, cada adolescente deve alcançar uma visão integrada de si mesmo, incluindo seu próprio padrão de crenças, metas ocupacionais e relacionamentos.

Estados de identidade de Marcia Quase todo o trabalho atual sobre a formação da identidade do adolescente foi baseado nas descrições de James Marcia dos *estados de identidade* (Marcia, 1966, 1980), que têm suas raízes, mas vão além da concepção geral de Erikson da crise de identidade adolescente. Seguindo uma das ideias de Erikson, Marcia afirma que a formação de uma identidade adolescente tem duas partes fundamentais: uma crise e um compromisso. Por "crise", Marcia quer dizer um período de tomada de decisão quando valores e escolhas antigos são reexaminados. Isso pode ocorrer em uma espécie de convulsão social (a noção clássica de uma crise) ou gradualmente. O resultado da reavaliação é um compromisso com algum papel específico, alguma ideologia em particular.

Se você reunir em gráfico os dois elementos de crise e compromisso, como na Figura 10.3, pode ver que quatro diferentes "estados de identidade" são possíveis:

- **Identidade estabelecida**: O jovem atravessou uma crise e alcançou um compromisso com metas ideológicas ou ocupacionais.
- **Moratória**: Uma crise em progresso, mas nenhum compromisso ainda foi feito.
- **Pré-fechamento**: Um compromisso foi feito sem a pessoa ter passado por uma crise. Nenhuma reavaliação de posições antigas foi feita. Em vez disso, o jovem simplesmente aceitou um compromisso definido pelos pais ou pela cultura.
- **Difusão de identidade**: O jovem não está no meio de uma crise (embora possa ter havido uma no passado) e nenhum compromisso foi feito. A difusão pode representar ou um estágio anterior no processo (antes de uma crise) ou um fracasso em alcançar um compromisso após uma crise.

Evidências para as teorias de Erikson e de Marcia As teorias de Erikson e de Marcia pressupõem que algum tipo de crise de identidade é tão normal quanto saudável. Essas suposições não foram inteiramente apoiadas pela evidência. Os pesquisadores encontraram evidência para os primórdios do desenvolvimento da personalidade no início da adolescência (Crocetti, Rubini, Luyckx e Meeus, 2008); entretanto, todo o processo de formação de identidade pode ocorrer mais tarde do que Erikson pensava (Kroger, 2007). Em uma análise combinada de oito estudos transversais separados, Alan Waterman (1985) constatou que a maioria dos jovens alcançava o estado de identidade estabelecida na faculdade, não durante o ensino médio. Waterman também verificou que o estado de moratória era relativamente incomum, exceto nos primeiros anos de faculdade. Portanto, se a maioria dos jovens está passando por uma crise de identidade, ela está ocorrendo razoavelmente tarde na adolescência e não é demasiado longa. E ainda aproximadamente um terço dos jovens em todas as idades estava no estado de pré-fechamento; isso pode indicar que muitos jovens simplesmente não passam por uma crise, mas seguem trilhas bem definidas.

---

identidade *versus* confusão de papel Como postulado por Erikson, o estágio psicossocial no qual um adolescente deve desenvolver um senso de identidade pessoal ou então entrar na idade adulta com um senso de confusão sobre seu lugar no mundo.

identidade estabelecida Um dos quatro estados de identidade propostos por Marcia, envolvendo a resolução bem-sucedida de uma "crise" de identidade e resultando em um novo compromisso.

moratória Um dos quatro estados de identidade propostos por Marcia, envolvendo um reexame contínuo da identidade, mas sem novo compromisso.

pré-fechamento Um dos quatro estados de identidade propostos por Marcia, envolvendo um compromisso ideológico ou ocupacional sem uma reavaliação prévia.

difusão de identidade Um dos quatro estados de identidade propostos por Marcia, não envolvendo uma reavaliação atual da identidade nem um compromisso pessoal firme.

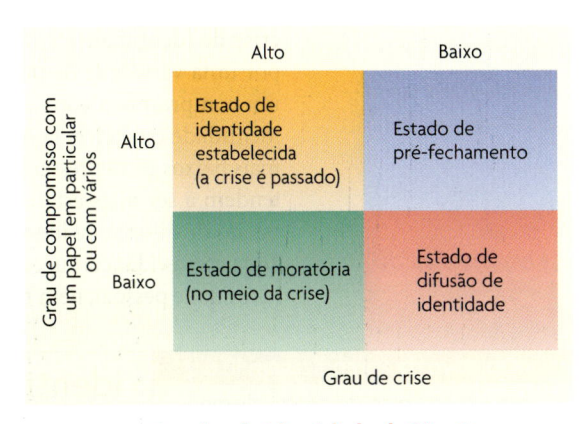

Figura 10.3 Estados de identidade de Marcia

Os quatro estados de identidade propostos por Marcia, baseados na teoria de Erikson. Para chegar a uma identidade totalmente estabelecida, de acordo com esse modelo, o jovem deve examinar seus valores ou suas metas e formar um compromisso firme.

(*Fonte*: Marcia, 1980.)

Como advertência adicional, todos os participantes nos estudos que Waterman analisou estavam na faculdade ou em cursos de preparação para a faculdade. Isso pode dar uma falsa impressão da formação do processo de identidade para jovens que não vão para a faculdade, que não podem se dar o luxo de um longo período de questionamento, mas que precisam elaborar algum tipo de identidade pessoal enquanto ainda são adolescentes (Munro e Adams, 1977).

Além disso, o desenvolvimento cognitivo pode estar mais fortemente relacionado à formação de identidade do que Erikson ou Marcia acreditavam. A pesquisa sugere que adolescentes mais avançados no desenvolvimento de pensamento lógico e de outras habilidades de processamento de informação também têm maior probabilidade de alcançarem o estado de identidade estabelecida de Marcia (Peterson, Marcia e Carpendale, 2004). Isso pode ajudar a explicar por que o processo ocorre em idades um pouco mais tardias do que as teorias de Erikson e de Marcia predizem. Também há evidência de que a busca por identidade pessoal continua durante toda a vida, com períodos alternados de instabilidade e estabilidade (Marcia, 2002). Consequentemente, a adolescência pode ser apenas um desses períodos entre vários.

Finalmente, a concepção da crise de identidade de um adolescente também é muito influenciada por pressupostos culturais em sociedades ocidentais industrializadas, nas quais o estado adulto total é adiado por quase uma década após a puberdade. Nessas culturas, os jovens não adotam normal ou necessariamente os mesmos papéis ou ocupações que seus pais. Na verdade, eles são encorajados a escolher por si mesmos. Nesse sistema cultural, os adolescentes se defrontam com o que pode ser uma série atordoante de opções, um padrão que poderia muito bem promover o tipo de crise de identidade que Erikson descreveu. Como essa hipótese prediria, a proporção de participantes do estudo que se enquadram dentro da categoria de difusão de identidade aumentou substancialmente durante as duas últimas décadas. Os pesquisadores interpretam essa tendência como uma consequência natural de aumentos contemporâneos na quantidade de tempo que os jovens passam na universidade e em outros ambientes de transição, na idade em que se casam, na idade em que têm seu primeiro filho, e assim por diante (Born, 2007). Além disso, esses estudos sugerem que, no contexto dessas mudanças históricas e culturais, pode ser um erro considerar a difusão de identidade um resultado negativo do desenvolvimento.

Por todas essas razões, tanto Marcia quanto Waterman agora concordam que os vários estados de identidade não formam uma progressão evolutiva clara que todos ou a maioria dos adolescentes e adultos jovens seguem, mesmo em culturas ocidentais. Antes, os quatro estados de identidade podem mais razoavelmente ser considerados abordagens diferentes que os jovens podem adotar à tarefa de formação da identidade, dependendo da cultura e da situação individual da pessoa (Marcia, 1993; Waterman, 1988). Nesse ponto de vista, não é correto dizer que um jovem que está no estado de pré-fechamento não alcançou nenhuma identidade. Ele tem uma identidade, adotada de regras parentais ou de outras regras sociais sem questionamento significativo.

Portanto, o aspecto evolutivo do modelo de Erikson ou de Marcia muito provavelmente não está correto. Ao contrário, a outra implicação do modelo – a noção de que experimentar uma crise de identidade e sua resolução é um processo psicologicamente saudável – é confirmada por uma variedade de pesquisas. Nas culturas ocidentais, pelo menos, os jovens que firmaram um compromisso com alguma identidade (ou seja, aqueles que são classificados no estado de identidade estabelecida ou no estado de pré-fechamento) têm autoestima mais elevada e níveis mais baixos de depressão e são mais dirigidos ao objetivo. Aqueles no estado de pré-fechamento tendem a ser mais estereotipados em sua abordagem a relacionamentos, enquanto aqueles no estado de difusão de identidade têm as maiores dificuldades com intimidade (Waterman, 1992). Toda essa evidência sugere que, embora uma variedade de caminhos possa levar a algum tipo de identidade pessoal, nem todos os caminhos são psicologicamente equivalentes.

Objetivo da aprendizagem 10.6
O que é o processo de desenvolvimento da identidade étnica de acordo com Phinney?

Identidade étnica na adolescência

Adolescentes de minorias, especialmente os negros em uma cultura predominantemente branca, enfrentam outra tarefa no processo de criação de uma identidade na adolescência: eles também devem desenvolver uma identidade étnica, incluindo autoidentificação como membro de algum grupo específico, compromisso com aquele grupo, com seus valores e com suas atitudes, e alguma atitude avaliativa (positiva ou negativa) sobre o grupo ao qual pertencem. Alguma autoidentificação ocorre na meninice (Aboud e Doyle, 1995):

crianças da minoria de 7 e 8 anos já entendem as diferenças entre eles e as crianças da maioria, e muito frequentemente preferem seu próprio subgrupo.

Outros passos no processo de identidade étnica ocorrem na adolescência à medida que o senso de identidade geral de adolescentes de minorias se desenvolve (Cross e Cross, 2008). Jean Phinney (1990; Phinney, Ferguson e Tate, 1997; Phinney e Rosenthal, 1992) propõe que o desenvolvimento de uma identidade étnica completa atravessa três estágios turbulentos durante a adolescência. O primeiro estágio é uma *identidade étnica não examinada*, equivalente ao que Marcia chama de um estado de pré-fechamento. Para alguns subgrupos na sociedade norte-americana, tais como afro-americanos e indígenas-americanos, essa identidade não examinada tipicamente inclui as imagens e os estereótipos negativos comuns na cultura mais ampla. De fato, pode ser durante a adolescência, com o advento da capacidade cognitiva de refletir e interpretar, que o jovem se torna plenamente consciente da forma na qual seu próprio grupo é percebido pela maioria.

O segundo estágio no modelo de Phinney é a *busca da identidade étnica*, paralela à crise na análise da identidade adolescente de Marcia. Essa busca é tipicamente desencadeada por alguma experiência que torna a etnia relevante – talvez um exemplo de preconceito exagerado ou meramente a esfera mais ampla de experiência oferecida pelo ensino médio. Nesse ponto, o adolescente da minoria começa a fazer seus próprios julgamentos.

Além de estabelecer um senso de identidade pessoal, os adolescentes de minorias também devem desenvolver uma identidade étnica. Alguns resolvem essa tarefa do desenvolvimento criando uma identidade bicultural para si mesmos, que lhes permite interagir confortavelmente com membros do grupo da maioria, com indivíduos que pertencem a outros grupos de minoria e com membros de seu próprio grupo.

Esse estágio de exploração é eventualmente seguido por uma *resolução dos conflitos e contradições* – análogo ao estado de identidade estabelecida de Marcia. Este é frequentemente um processo difícil, à medida que os adolescentes tornam-se conscientes do que Prentice e Miller (2002) chamam de *estereótipos nativos*. Esses estereótipos envolvem instruções sobre como um membro do grupo deve se apresentar a outros membros do mesmo grupo. Eles frequentemente incluem a noção de que nossas próprias crenças estão em desacordo com as do grupo, mas que certos comportamentos são necessários ao se apresentar ao grupo a fim de manter sua aceitação. Por exemplo, uma adolescente afro-americana poderia aprender que deve se comportar de certas maneiras em relação a colegas brancos a fim de continuar sendo aceita por colegas afro-americanos. Adolescentes hispânicos frequentemente relatam experiências semelhantes. Alguns resolvem essa pressão mantendo seu próprio grupo étnico à distância. Alguns buscam uma base intermediária, adotando aspectos das culturas da maioria e da minoria, um padrão que Phynney chama de uma "identidade bicultural combinada" (Phinney e Devich-Navarro, 1997). Outros lidam com ela criando essencialmente duas identidades (um padrão que Phinney chama de "identidade bicultural alternada"), conforme expressado por um adolescente hispânico entrevistado por Phinney:

> Ao ser convidado para a casa de alguém, eu tenho que mudar a forma como eu ajo, devido a diferenças culturais. Eu teria que seguir o que eles fazem... Eu estou acostumado com isso agora, a mudar entre as duas. Não é difícil. (Phinney e Rosenthal, 1992, p. 160)

Outros ainda resolvem o dilema escolhendo convictamente seus próprios padrões e valores raciais ou étnicos, mesmo quando a escolha pode limitar seu acesso à cultura mais ampla.

Em ambos os estudos, transversal e longitudinal, Phinney verificou que adolescentes e adultos jovens afro-americanos de fato atravessam esses passos ou estágios em direção a uma identidade étnica clara. Além disso, há evidência de que adolescentes e estudantes universitários afro-americanos, asiático-americanos e mexicano-americanos que alcançaram o

As culturas determinam os tipos de comportamentos que significam a transição da infância para a idade adulta. Por exemplo, famílias euro-americanas poderiam considerar a busca por independência de seus adolescentes como um sinal de desenvolvimento normal e saudável. Em contraste, para pais asiático-americanos, a disposição aumentada de cumprir obrigações familiares seria considerada uma forma mais apropriada de os adolescentes expressarem seu entendimento dos papéis adultos que em breve assumirão.

segundo ou terceiro estágio nesse processo – aqueles que estão buscando ou que alcançaram uma identidade clara – tem autoestima mais elevada e melhor ajustamento psicológico do que aqueles que ainda estão no estágio "não examinado" (Phinney, 1990). Em contraste, entre estudantes americanos brancos, a identidade étnica basicamente não tem relação com autoestima ou ajustamento.

Além disso, Phinney verificou que a identidade étnica parece fornecer a adolescentes afro-americanos um fator protetor importante. Em primeiro lugar, aqueles que possuem um forte senso de identidade étnica tiram notas melhores do que os que não possuem (Oyserman, Harrison e Bybee, 2001). Foi verificado que o padrão "bicultural" do último estágio de Phinney é uma característica consistente de adolescentes e adultos que têm autoestima elevada e desfrutam de bons relacionamentos com membros tanto da cultura dominante quanto de seu próprio grupo étnico (Farver, Bhadha e Narang, 2002; Phinney, Horenczyk, Liebkind e Vedder, 2001; Yamada e Singelis, 1999). Além disso, adolescentes afro-americanos têm mais probabilidade do que jovens asiático-americanos e americanos brancos de escolher amigos cujos estados de identidade étnica são os mesmos que os seus (Hamm, 2000). Como a discussão em *Ciência do desenvolvimento no mundo real* indica, essa pesquisa levou alguns desenvolvimentalistas a propor programas buscando ajudar adolescentes afro-americanos a adquirir um forte senso de identidade étnica (Phinney, Kim-Jo, Osório e Vilhjalmsdottir, 2005).

Naturalmente, a busca por identidade é afetada por normas culturais. É provável que o conflito pais-adolescente seja comum e mesmo socialmente aceito em famílias norte-americanas e europeias, porque essas culturas individualistas associam separação dos pais à maturidade psicológica e social. Como resultado, os pais na América do Norte e Europa esperam experimentar esses conflitos e endossam os esforços dos adolescentes de demonstrar independência. Por exemplo, muitos pais norte-americanos pensam que empregos de meio período ajudam adolescentes a amadurecer. Portanto, se um pai norte-americano proíbe um adolescente de arrumar um emprego, mas ele apresenta um bom argumento quanto a por que ele deveria ter permissão para trabalhar, o conflito

CIÊNCIA DO DESENVOLVIMENTO NO MUNDO REAL
Ritos de passagem do adolescente

Uma expressão de intensa concentração apareceu no rosto de Aisha, 13 anos, quando ela parou na frente de um espelho, enrolando um tecido colorido brilhante em torno de sua cabeça. Ela tinha aprendido a arte Gele de enrolar a cabeça apenas poucas horas antes e queria demonstrá-la para sua mãe e sua irmã menor. Colocar o turbante é apenas uma das muitas habilidades africanas tradicionais que Aisha aprendeu no programa de ritos de passagem que ela está frequentando em uma escola comunitária local. O objetivo do programa, um entre vários nos Estados Unidos, é ajudar Aisha e outros adolescentes afro-americanos a desenvolver um senso de identidade étnica.

Muitos desenvolvimentalistas afirmam que a inconsistência da transição de adolescente para adulto na cultura norte-americana é mais problemática para adolescentes afro-americanos do que para outros. Eles salientam que outros grupos de minoria praticam ritos de passagem que ligam seus jovens a uma herança cultural de muitos séculos – tal como o *bar mitzvah* e *bat mitzvah* judeus e a *quinceañera* para meninas hispânicas. Em contraste, a instituição da escravidão separou afro-americanos das tradições de seus ancestrais.

Consequentemente, muitas igrejas e outras instituições afro-americanas criaram ritos de iniciação formais precedidos por um período de instrução nos valores e nas práticas culturais tradicionais africanos, tipicamente denominados *programas de ritos de passagem*. O objetivo desses programas é aumentar o senso de identidade étnica e a autoestima de adolescentes afro-americanos, tornando-os menos vulneráveis a racismo institucional, abuso de drogas, gravidez e outros riscos associados à adolescência (Alford, 2007; Harvey e Rauch, 1997; Warfield-Coppock, 1997).

A pesquisa indica que os programas de ritos de passagem podem fazer uma diferença (Harvey e Hill, 2004). Após participar de um desses programas, meninos e meninas de 5ª e 6ª séries apresentaram uma quantidade de efeitos positivos (Cherry et al., 1998). Eles exibiram autoestima mais elevada, um senso mais forte de identidade racial, uma incidência mais baixa de problemas de comportamento na escola e maior conhecimento da cultura africana.

As experiências de muitos jovens afro-americanos em programas de ritos de passagem sugerem que pode haver alguma vantagem real em fornecer aos adolescentes instrução formal e iniciação a papéis adultos. O que muitos consideram um vestígio de uma época passada pode na verdade servir a uma função muito importante no desenvolvimento da identidade do adolescente.

Questões para reflexão

1. Os programas de ritos de passagem incluem três componentes separados que podem explicar seus efeitos positivos sobre os adolescentes: contato com adultos, contato com iguais e informação sobre etnia. Que fatores você considera mais importantes e por quê?
2. Quando você era adolescente, participou de algum rito de passagem formal, tal como crisma, *bar mitzvah* ou *quinceañera*? Se sim, que efeito isso teve sobre você? Se não, de que forma você acha que esse tipo de programa poderia ter sido útil?

é visto como um sinal de maturidade. Em comparação, culturas que enfatizam mais a comunidade do que o indivíduo veem a aceitação de responsabilidades familiares como um sinal de maturidade. A questão relativa a se um adolescente deve arrumar um emprego é decidida em termos de necessidades familiares. Se a família precisa de dinheiro, o adolescente poderia ser encorajado a trabalhar. Entretanto, se a família precisa que o adolescente cuide de seus irmãos menores enquanto os pais trabalham, um emprego de meio período seria proibido. Se o adolescente discutir a decisão dos pais, o conflito é visto como representando mais imaturidade do que maturidade.

A pesquisa envolvendo adolescentes asiático-americanos ajuda a ilustrar esse ponto. Os psicólogos verificaram que adolescentes asiático-americanos da primeira geração frequentemente sentem-se culpados por responder às pressões individualistas da cultura norte-americana. Seus sentimentos de culpa parecem ser baseados nas normas culturais de seus pais, que sugere que os adolescentes mais maduros são aqueles que assumem um papel maior na família em vez de tentarem se separar dela (Chen, 1999). Portanto, para muitos adolescentes asiático-americanos, a aquisição de identidade pessoal e étnica envolve equilibrar as demandas individualistas da cultura norte-americana em relação às obrigações familiares da cultura de seus pais (Kiang, Harter e Whitesell, 2007).

O modelo de estágios de Phinney é uma descrição geral útil do processo de formação da identidade étnica, mas como a pesquisa envolvendo adolescentes africano-americanos demonstra, os detalhes e o conteúdo da identidade étnica diferem marcadamente de um subgrupo para outro. Além disso, aqueles grupos que encontram preconceito mais declarado terão um conjunto de experiências e desafios diferentes do que aqueles que podem ser mais facilmente assimilados (Quintana, 2007); aqueles cuja própria cultura étnica defende valores que estão próximos daqueles da cultura dominante terão menos dificuldade para resolver as contradições do que aqueles cuja subcultura está em maior desacordo com a maioria. Sejam quais forem as peculiaridades, jovens de cor e aqueles de grupos étnicos claramente definidos têm uma tarefa da identidade adicional em seus anos de adolescência.

Autoestima

Nossa discussão até agora tratou do autoconceito como se não houvesse valores ligados às categorias pelas quais nos definimos. Contudo é evidente que nosso autoconceito contém um aspecto avaliativo, geralmente denominado *autoestima*. Note, por exemplo, a diferença no tom das respostas à pergunta "Quem sou eu?" citada no capítulo anterior. As crianças de 9 anos fazem muitas declarações positivas sobre si mesmas, enquanto os dois entrevistados mais velhos oferecem mais avaliações mistas.

O desenvolvimento da autoestima

Objetivo da aprendizagem 10.7
Como a autoestima se desenvolve?

Durante os anos de ensino fundamental e médio, as avaliações das crianças de suas próprias capacidades tornam-se cada vez mais diferenciadas, com julgamentos bastante separados sobre habilidades acadêmicas ou atléticas, aparência física, aceitação social do grupo, amizades, apelo romântico e relacionamentos com os pais (Harter, 2006b). Um aspecto consistente de julgamentos de autocompetência entre as esferas é que eles se tornam menos positivos à medida que as crianças crescem. Os declínios podem estar baseados nas suas experiências. Por exemplo, a autoestima social, a avaliação das próprias habilidades sociais, é mais alta em crianças populares do que naquelas que são rejeitadas por seus pares (Jackson e Bracken, 1998).

Outro aspecto notável dos julgamentos de autocompetência é que eles diferem para meninos e meninas. Os desenvolvimentalistas acreditam que essas diferenças são influenciadas tanto por expectativas culturais quanto pelas experiências das próprias crianças. Para entender completamente essa diferença de sexo, é importante entender que cada componente da autoestima é valorizado de forma diferente por diferentes crianças. Inicialmente, os padrões e as crenças da cultura mais ampla influenciam esses valores; portanto, quase todos os meninos avaliam-se como competentes nos esportes, porque eles sabem que a cultura valoriza esse tipo de realização em homens. Entretanto, com o passar do tempo, as crianças passam a valorizar esferas nas quais elas experimentam realizações reais. Assim, à medida que as crianças crescem, tanto meninos quanto meninas que se consideram altamente competentes nos esportes, devido a seus sucessos reais, também valorizam altamente a realização esportiva (Jacobs et al., 2002). E a falta de habilidade demonstrada nos esportes leva a um declínio no valor depositado na realização esportiva entre crianças de ambos os gêneros.

À medida que as crianças desenvolvem julgamentos de autocompetência em um domínio específico, elas também criam para si mesmas uma autoavaliação global que se mantém ao lado desses autojulgamentos. É essa avaliação global do próprio valor que geralmente é referida como **autoestima**. Entretanto, autoestima não é meramente a soma de todas as avaliações isoladas que a criança faz sobre suas habilidades em diferentes áreas.

Antes, como revela a pesquisa extremamente interessante sobre autoestima de Susan Harter, o nível de autoestima de cada criança é produto de duas avaliações internas (Harter, 1987, 1990, 1999). Primeiro, toda criança experimenta algum grau de discrepância entre o que ela gostaria de ser e o que ela acha que é – uma lacuna entre seu *self* ideal e o que ela percebe como sendo seu *self* real (Harter, 2006a). Quando essa discrepância é pequena, a autoestima da criança é geralmente alta. Quando a discrepância é grande – quando a criança se vê como fracassando no alcance de seus próprios objetivos e valores – a autoestima é muito mais baixa. Os padrões não são os mesmos para todas as crianças. Algumas valorizam altamente as habilidades acadêmicas; outras valorizam habilidades esportivas ou ter bons amigos. O segredo da autoestima, Harter propõe, é a quantidade de discrepância entre o que a criança deseja e o que a criança acha que realizou. Portanto, ser bom em alguma coisa – cantar, jogar xadrez ou ser capaz de conversar com os pais – não elevará a autoestima de uma criança a menos que ela valorize aquela habilidade em particular.

Outra influência importante na autoestima de uma criança, de acordo com Harter, é o senso global de apoio que ela sente das pessoas importantes à sua volta, particularmente dos pais e dos amigos (DuBois et al., 2002; Franco e Levitt, 1998). Ambos os fatores são claros nos resultados da própria pesquisa de Harter. Ela perguntou a crianças de 3ª, 4ª, 5ª e 6ª séries o quanto era importante para elas se sair bem em cada uma de cinco esferas e quão bem eles realmente achavam que se saíam em cada uma. A discrepância total entre esses conjuntos de julgamentos constituiu o escore de discrepância. (Um escore alto de discrepância indica que a criança relatou não estar indo bem em áreas que importavam para ela.) O escore de apoio social foi baseado nas respostas das crianças a uma série de perguntas sobre se elas achavam que os outros (pais e amigos) gostavam delas como elas eram, as tratavam como uma pessoa ou achavam que elas eram importantes. Os achados para as crianças de 5ª e 6ª série foram virtualmente idênticos, e ambos os conjuntos de resultados apoiaram fortemente a hipótese de Harter, assim como outras pesquisas, incluindo estudos de jovens afro-americanos (DuBois, Felner, Brand, Phillips e Lease, 1996; Luster e McAdoo, 1995): um escore baixo de discrepância sozinho não protege a criança completamente da autoestima baixa se ela não tiver apoio social suficiente. E uma família ou grupo igual afetuoso e acolhedor não garante autoestima alta se a criança não sentir que está satisfazendo seus próprios padrões.

autoestima Uma avaliação global do próprio valor; um aspecto do autoconceito.

Jogar bola com o pai é uma atividade clássica de pai e filha na cultura norte-americana. Um dos efeitos colaterais é a probabilidade de que a filha passe a acreditar que seu pai valoriza a habilidade de jogar bola.

Uma combinação particularmente arriscada ocorre quando a criança percebe que o apoio dos pais depende do bom desempenho em alguma área – tirar boas notas, fazer parte do time de futebol, ser escolhido para tocar o solo na orquestra da escola, ser popular com os colegas de classe. Se a criança não está à altura do padrão, ela experimenta tanto uma discrepância entre ideal e realização quanto uma perda de apoio dos pais.

Se aceitarmos o modelo de Harter e supormos que a autoestima é produto da comparação de uma pessoa de suas qualidades desejadas ou valorizadas com suas qualidades reais, ainda temos que perguntar onde os valores e os autojulgamentos de cada criança se originam. Primeiro, naturalmente, a própria experiência direta da criança com sucesso ou fracasso em várias áreas desempenha um papel óbvio. Segundo, o valor que uma criança associa a alguma habilidade ou qualidade é obviamente afetado de forma razoavelmente direta pelas atitudes e pelos valores dos pais e do grupo igual. Os padrões do grupo (e os padrões culturais gerais) para aparência estabelecem referências comparativas para as crianças e os adolescentes. Uma criança que é "muito alta" ou "muito gorda", ou que se desvia de alguma forma das normas aceitas, provavelmente experimentará um senso de inadequação. Similarmente, o grau de ênfase que os pais colocam no bom desempenho da criança em alguma esfera – trabalho escolar, esportes ou xadrez – é um elemento importante na formação das aspirações da criança em cada área.

Consistência da autoestima com o passar do tempo

Objetivo da aprendizagem 10.8
O quanto a autoestima é consistente durante a infância e a adolescência?

Inúmeros estudos longitudinais de crianças do ensino fundamental e adolescentes mostram que a autoestima é moderadamente estável no curto prazo, mas um pouco menos durante períodos de vários anos. A correlação entre dois escores de autoestima obtidos com alguns meses de intervalo é geralmente de 0,60. Durante vários anos, essa correlação cai para alguma coisa como 0,40 (Alsaker e Olweus, 2002), um nível que foi encontrado durante períodos de até uma década, do início da adolescência até início da idade adulta (Block e Robins, 1993). Portanto, embora seja verdade que uma criança com autoestima alta aos 8 ou 9 anos provavelmente terá autoestima alta aos 10 ou 11 anos, também é verdade que há uma grande variação em torno dessa estabilidade.

A autoestima parece ser particularmente instável nos anos do início da adolescência, especialmente na época da passagem para as últimas séries do ensino fundamental (Seidman e French, 2004). Em um estudo, Edward Seidman e colaboradores (1994) acompanharam um grupo de quase 600 crianças hispânicas, negras e brancas durante os dois anos da 6ª até a 8ª série. Seidman encontrou uma queda significativa na autoestima média nesse período, um declínio que ocorreu em cada um dos três grupos étnicos. David DuBois e colaboradores (1996), em um estudo transversal de 1.800 crianças de 5ª a 8ª série, verificaram que os estudantes de 8ª série tinham autoestima significativamente mais baixa do que os de 5ª série.

Em média, a autoestima tende a se elevar no final da adolescência (Harter, 2006a). Entretanto, tanto o declínio na autoestima média no início da adolescência quanto o aumento médio que se segue podem obscurecer diferenças individuais importantes (Harter e Whitesell, 2003). Subjacente à média, os pesquisadores frequentemente encontram quatro padrões de alteração da autoestima entre adolescentes (Diehl, Vicary e Deike, 1997; Zimmerman, Copeland, Shope e Dielman, 1997). O maior grupo de adolescentes, aproximadamente metade na maioria dos estudos, exibe autoestima consistentemente alta durante toda a adolescência. O segundo grupo exibe autoestima baixa no início da adolescência, mas ela se eleva constantemente à medida que eles ficam mais velhos. As avaliações da autoestima do terceiro grupo são baixas tanto no início quanto no final da adolescência. Os adolescentes no quarto grupo gozam de autoestima moderada a alta no início do período, mas exibem declínios constantes à medida que a adolescência prossegue. Como você poderia suspeitar, as diferenças na autoestima estão relacionadas a alguns resultados importantes do desenvolvimento, tais como realização acadêmica (Valentine, DuBois e Cooper, 2004).

Harter e colaboradores constataram que uma criança com autoestima baixa tem mais probabilidade de sofrer de depressão tanto na meninice quanto na adolescência, especialmente quando ela também exibe altos níveis de neuroticismo (Harter, 1987; Renouf e Harter, 1990). Tenha em mente, entretanto, que essa evidência é correlacional. Esses achados não provam que há uma ligação causal entre autoestima baixa e depressão. Eles apenas indicam que as duas tendem a andar juntas.

O desenvolvimento dos conceitos de gênero e de papéis sexuais

Conforme observado no início deste capítulo, sexo biológico e gênero psicológico são componentes integrais do senso de *self* de cada indivíduo. Portanto, nesta seção final, voltamos nossa atenção para o processo através do qual sexo e gênero se tornam entrelaçados no autoconceito de cada criança. Iniciamos examinando como as crianças começam a entender diversos conceitos importantes que estão associados a sexo e gênero.

Objetivo da aprendizagem 10.9
Como as ideias sobre gênero e papéis sexuais mudam durante a infância?

Padrões de desenvolvimento

Aqueles de nós que querem nos entender – e os desenvolvimentalistas que podem desejar aconselhar os pais sobre criação de filhos – precisam saber mais sobre as formas como as crianças aprendem sobre gênero e papéis sexuais.

O que deve ser aprendido Adquirir um entendimento dos papéis sexuais envolve diversas tarefas relacionadas. No lado cognitivo, uma criança deve aprender a natureza da própria categoria sexo/gênero – que *ser menino* ou *ser menina* é permanente, inalterado por coisas como modificações no vestuário ou no comprimento do cabelo. Esse entendimento é geralmente denominado **conceito de gênero**. No lado social, a criança tem que aprender quais comportamentos combinam com ser um menino ou uma menina. Ou seja, uma criança deve aprender o **papel sexual** (às vezes denominado *papel de gênero*) definido como apropriado para seu gênero na cultura em particular.

Todos os papéis envolvem conjuntos de comportamentos, atitudes, direitos, deveres e obrigações esperados. Supõe-se que os professores se comportem de certas formas, assim como empregados, mães ou técnicos de futebol – todos papéis em nossa cultura. Os papéis de gênero são um pouco mais amplos do que a maioria dos outros papéis, mas, não obstante, são papéis – conjuntos de comportamentos, atitudes, direitos, deveres e obrigações esperados envolvidos no preenchimento do papel de "menina", "mulher", "menino" ou "homem". Colocado de outra forma, um papel de gênero é uma "descrição de cargo" para ser um homem ou uma mulher em uma determinada cultura.

Comportamento típico do sexo é o comportamento exibido por uma criança ou um adulto que combina com expectativas de papel de gênero culturalmente definidas para o gênero daquela pessoa (ver *Reflexão sobre a pesquisa*). Uma menina pode saber muito bem que é uma menina e ser capaz de descrever corretamente os papéis sexuais culturais para meninas, mas ainda pode se comportar de forma masculinizada. O comportamento do papel sexual dessa menina é menos típico do sexo do que o comportamento de uma menina que adota padrões de comportamento mais tradicionais.

O conceito de gênero A pesquisa sugere que gênero é uma variável altamente significativa para crianças desde os primeiros dias de vida. Por exemplo, bebês de 3 meses diferenciam entre fotos de bebês do sexo masculino e do sexo feminino (Shirley e Campbell, 2000). Curiosamente, essas crianças prestam mais atenção a bebês do sexo masculino e a atividades de crianças do sexo masculino do que a bebês e atividades do sexo feminino. Como você lerá posteriormente, já aos 18 meses, as crianças preferem companheiros de brinquedo do mesmo sexo. Aos 4 anos, as crianças podem identificar prontamente o gênero de um interlocutor de sua própria idade com base em sons de vogais nos padrões de fala (Perry, Ohde e Ashmead, 2001).

Com que idade uma criança aplica categorização de gênero a si mesma? A pesquisa sugere que o processo de autocategorização está ligado ao desenvolvimento cognitivo (Trautner, Gervai e Nemeth, 2003). Em outras palavras, o entendimento de gênero de uma criança progride juntamente com seu entendimento geral do mundo. Além disso, como o desenvolvimento cognitivo geral, o entendimento de gênero parece envolver uma sequência universal de estágios (Munroe, Shimmin e Munroe, 1984).

O primeiro estágio é a **identidade de gênero**, que é simplesmente a capacidade de uma criança rotular seu próprio sexo corretamente e identificar outras pessoas como homens ou mulheres,

Esta mãe não apenas está ensinando sua filha a cozinhar; ela também está transmitindo informação sobre papéis sexuais e reforçando a tipificação sexual tradicional.

conceito de gênero O entendimento total de que o gênero é constante e permanente, inalterado pela aparência.

papel sexual O conjunto de comportamentos, atitudes, direitos, deveres e obrigações que são vistos como adequados para ser homem ou mulher em qualquer cultura.

comportamento típico do sexo Comportamento que combina com um papel sexual culturalmente definido.

REFLEXÃO SOBRE A PESQUISA
Diferenças de gênero no temperamento: reais ou imaginadas?

Que tipos de diferenças temperamentais vêm à mente quando você pensa sobre meninos e meninas? Você pode pensar nos meninos como mais irritáveis e nas meninas como mais medrosas. Mas essas diferenças são reais ou são simplesmente estereótipos? Em alguns estudos, os pesquisadores verificaram que os meninos são mais emocionalmente intensos e menos medrosos do que as meninas e que as meninas são geralmente mais sociáveis (Calkins, Dedmon, Gill, Lomax e Johnson, 2002; Gartstein e Rothbart, 2005). Contudo, as diferenças temperamentais entre meninos e meninas são muito menores do que as diferenças percebidas pelos pais e por outros adultos.

Em um estudo clássico, os pesquisadores constataram que adultos assistindo a um videoteipe de um bebê interpretavam o comportamento do bebê diferentemente dependendo do rótulo de gênero que os experimentadores forneciam. Os participantes aos quais era informado que o bebê era uma menina interpretaram um determinado comportamento como expressando medo. Surpreendentemente, os participantes que acreditavam que o bebê fosse um menino classificaram o mesmo comportamento como raiva (Condry e Condry, 1976).

A pesquisa sobre outra dimensão do temperamento, a sentimentalidade, fornece mais exemplos de como diferenças percebidas no temperamento podem afetar as respostas dos pais ao comportamento dos filhos. A maioria dos estudos constatou que, mesmo quando bebês, as meninas são mais responsivas a expressões faciais dos outros (McClure, 2000). Essa diferença frequentemente leva à percepção de que as meninas são mais emocionalmente sensíveis. Entretanto, estudos de comportamento real revelam que os meninos são tão afetivos e empáticos quanto as meninas durante a infância (Melson, Peet e Sparks, 1991; Zahn-Waxler, Radke-Yarrow, Wagner e Chapman, 1992).

A estereotipagem temperamental pode afetar a qualidade do relacionamento entre pai e bebê. Por exemplo, os pais de uma menina tranquila e quieta podem responder positivamente a ela porque consideram seu comportamento consistente com o conceito deles de comportamento "próprio de menina". Em comparação, os pais de uma menina fisicamente ativa podem desenvolver uma atitude rejeitadora e crítica em relação a ela porque consideram seu comportamento excessivamente masculino. Como resultado desses julgamentos, os pais podem se comportar mais afetuosamente em relação a uma menina a quem eles veem como feminina.

Você deve reconhecer essas questões como um outro exemplo do debate natureza-criação. Como você aprendeu no Capítulo 9, as diferenças individuais no temperamento são inatas. Contudo, também está claro que os pais tratam meninos e meninas de forma diferente desde muito cedo. Portanto, à medida que as crianças crescem, as diferenças de gênero no temperamento provavelmente são resultado tanto de suas características inatas como das expectativas e dos padrões de respostas baseados no gênero exibidos por seus pais.

Questões para análise crítica

1. De que formas os estereótipos poderiam influenciar os métodos que os pesquisadores usam para estudar diferenças de gênero no temperamento?
2. Como as diferenças entre homens e mulheres que se desenvolveram durante muitos anos contribuem para expectativas sobre como bebês meninos e meninas diferem no temperamento? Em outras palavras, na sua opinião, os adultos utilizam o que poderia ser chamado de generalização invertida de adultos para bebês com relação a suas opiniões sobre a existência de diferenças de gênero no início da vida?

---

meninos ou meninas. Dos 9 aos 12 meses, os bebês já tratam rostos masculinos e femininos como se eles fossem categorias diferentes, aparentemente usando o comprimento do cabelo como sinal diferenciador primário (Ruble, Martin e Berenbaum, 2006). Dentro do próximo ano, eles começam a aprender os rótulos verbais que acompanham essas diferentes categorias. Aos 2 anos, se você mostrar a crianças um conjunto de figuras de uma criança do mesmo sexo e de diversas crianças do sexo oposto e perguntar "Qual delas é você?", a maioria das crianças pode escolher corretamente a figura do mesmo sexo (Thompson, 1975). Entres as idades de 2 e 3 anos, elas aprendem a identificar e rotular outras corretamente por sexo, tal como apontando "qual é uma menina" ou "qual é um menino" em um conjunto de figuras (Ruble, Martin e Berenbaum, 2006). O comprimento do cabelo e o vestuário parecem ser indícios especialmente importantes nessas primeiras discriminações.

Em seguida, vem a **estabilidade de gênero**, o entendimento de que as pessoas permanecem com o mesmo gênero durante toda a vida. Pesquisadores mediram esse entendimento fazendo a crianças perguntas como "Quando você era um bebezinho, você era uma menininha ou um menininho?" ou "Quando você crescer, você será mamãe ou papai?". Slaby e Frey (1975), em seu estudo clássico, verificaram que a maioria das crianças entende esse aspecto do gênero por volta dos 4 anos, como a Figura 10.4 sugere.

O estágio final no desenvolvimento de um conceito de gênero, geralmente referido como **constância de gênero**, é o entendimento de que o sexo biológico de uma pessoa permanece o mesmo ainda que ela possa parecer mudar vestindo roupas diferentes ou mudando o comprimento de seu cabelo. Por exemplo, meninos não viram meninas usando vestidos. Este é um problema de aparência/realidade muito semelhante ao teste da esponja/pedra de Flavell, descrito no Capítulo 6. A criança deve entender que embora um menino usando um vestido pareça uma menina, ele na verdade ainda é um menino, assim como a esponja pintada pode parecer uma pedra, mas na verdade ainda é uma esponja. Quando a pergunta de constância de gênero é feita às crianças dessa forma, muitas de 4 anos

identidade de gênero ○ primeiro estágio no desenvolvimento do conceito de gênero, no qual uma criança rotula a si e aos outros corretamente como homem ou mulher.

estabilidade de gênero ○ segundo estágio no desenvolvimento do conceito de gênero, no qual a criança entende que o gênero de uma pessoa permanece o mesmo durante toda a vida.

constância de gênero ○ estágio final no desenvolvimento do conceito de gênero, no qual a criança entende que o gênero não muda ainda que possa haver mudanças externas (no vestuário ou no comprimento do cabelo, por exemplo).

Figura 10.4   Primeiros estereótipos do papel sexual

Ao descrever esse autorretrato, a artista de 5 anos disse "Assim é que eu vou parecer quando eu casar com um menino. Eu estou sob um arco-íris, tão linda, com um véu de noiva, um cinto e uma bolsa". A menina sabe que sempre será uma mulher e associa gênero com características externas como o vestuário (estabilidade de gênero). Ela também já sabe muito bem sobre as expectativas do papel de gênero.

(Fonte: O autor.)

e a maioria de 5 anos podem responder corretamente, visto que crianças de 4 e 5 anos entendem outras diferenças de aparência/realidade (Martin e Ruble, 2004). Sandra Bem verificou que, para alcançar esse nível de entendimento, uma criança deve ter ao menos alguma compreensão das diferenças genitais básicas entre meninos e meninas e algum entendimento de que as características genitais são o que torna uma criança "realmente" um menino ou uma menina. Em seu estudo, crianças de 4 anos que não entendiam diferenças genitais também não apresentaram constância de gênero (Bem, 1989). Em resumo, crianças de 2 ou 3 anos sabem seu próprio sexo e o das pessoas à sua volta, mas elas não têm um conceito de gênero totalmente desenvolvido até os 5 ou 6 anos.

Objetivo da aprendizagem 10.10
Qual é a ligação entre estereótipos de gênero e comportamento típico do sexo?

Conceitos e estereótipos do papel sexual

Obviamente, entender seu gênero e entender que ele permanece constante é apenas parte da história. Aprender o que acompanha, ou deveria acompanhar, ser um menino ou uma menina também é uma parte vital da tarefa da criança.

Estereótipos do papel sexual   Estudos de crianças mostram que ideias estereotipadas sobre papéis sexuais se desenvolvem cedo, mesmo em famílias que defendem a igualdade de gênero (Lippa, 2005). Mesmo crianças de 2 anos já associam certas tarefas e posses a homens e mulheres, tal como aspiradores de pó e comida a mulheres; carros e ferramentas a homens. Aos 3 ou 4 anos, as crianças podem atribuir ocupações, brinquedos e atividades estereotípicas a cada gênero (Ruble, Martin e Berenbaum, 2006). Aos 5 anos, as crianças começam a associar certos traços de personalidade a homens ou mulheres, e tal entendimento é bem desenvolvido aos 8 ou 9 anos (Martin, 1993; Serbin, Powlishta e Gulko, 1993).

Estudos de ideias de crianças sobre como homens e mulheres (ou meninos e meninas) deveriam se comportar acrescentam um novo refinamento interessante ao que os desenvolvimentalistas sabem sobre estereótipos do papel sexual, e um estudo anterior feito por William Damon (1977) ilustra esse elemento particularmente bem. Damon contou a crianças de 4 a 9 anos uma história sobre um menininho chamado George que gosta de brincar com bonecas. Os pais de George lhe dizem que apenas menininhas brincam com bonecas; menininhos não. É feita então uma série de perguntas às crianças sobre a história, tais como "Por que as pessoas dizem a George para não brincar com bonecas?" ou "É uma regra que meninos não devem brincar com bonecas?". As crianças de 4 anos neste estudo achavam que tudo bem George brincar com bonecas. Não havia regra contra isso e ele podia brincar se quisesse. Crianças de 6 anos, ao contrário, achavam que era errado George brincar com bonecas. Aos 9 anos, as crianças tinham diferenciado entre o que meninos e meninas geralmente fazem e o que é "errado". Um menino disse, por exemplo, que quebrar janelas era errado e ruim, mas brincar com bonecas não era ruim do mesmo jeito: "Não se espera que você quebre janelas. E se você brinca com bonecas, bem você pode, mas os meninos geralmente não brincam".

O que parece acontecer é que as crianças de 5 ou 6 anos, tendo entendido que são permanentemente meninas ou meninos, estão buscando uma regra sobre como meninos e meninas se comportam (Martin e Halverson, 1981; Martin e Ruble, 2004). A criança adquire informação observando os adultos, assistindo à televisão, ouvindo avaliações de diferentes atividades (por exemplo, "meni-

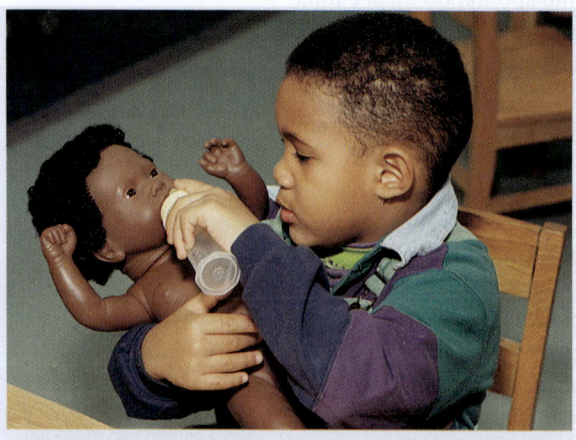

Crianças de 4 e 9 anos pensam que não há problema em um menino brincar com bonecas, mas muitas crianças de 6 anos acham que é simplesmente errado meninos fazerem coisas de meninas e meninas fazerem coisas de meninos.

nos não choram"). Inicialmente elas tratam-nas como regras morais absolutas. Mais tarde elas entendem que estas são convenções sociais, em cujo momento o conceito de papel sexual se torna mais flexível (Katz e Ksansnak, 1994) (ver Figura 10.5).

De maneira semelhante, muitos tipos de ideias fixas, preconcebidas sobre outras pessoas – tais como preconceitos contra crianças obesas, contra as que falam outra língua ou contra as de outras etnias – estão no auge nos primeiros anos de escola e então diminuem durante todos os anos restantes da infância e na adolescência (Doyle e Aboud, 1995; Powlishta, Serbin, Doyle e White, 1994). Outra forma de dizer é que crianças de 5 a 7 anos têm um forte senso de "nós" versus "eles", de intragrupo versus extragrupo. Elas classificam outras crianças como "igual a mim" ou "não igual a mim" em alguma dimensão, e desenvolvem fortes preferências por aquelas que são iguais a elas e ideias altamente estereotipadas (frequentemente negativas) sobre aquelas que não são (Bennett e Sani, 2008a).

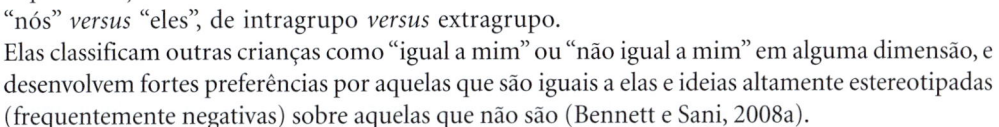

Todo esse processo de estereotipagem parece ser totalmente normal, parte da tentativa da criança de criar regras e ordem, de encontrar padrões que possam guiar seu entendimento e seu comportamento. De fato, as crenças das crianças sobre o grau com que elas "se ajustam" aos pares dos mesmo sexo podem ser um componente importante de ajustamento psicológico saudável durante os anos do ensino fundamental (Egan e Perry, 2001). Portanto, assim como uma criança de 2 ou 3 anos que fala inglês descobre a regra sobre acrescentar *–ed* a um verbo para fazer o tempo passado e então supergeneraliza essa regra, a criança de 6 ou 7 anos descobre as "regras" sobre meninos e meninas, homens e mulheres, "nós" e "eles", e a supergeneraliza. De fato, a maioria das crianças de 6 e 7 anos acredita que as diferenças do papel de gênero são inatas juntamente com diferenças biológicas de gênero. Aos 9 anos, elas entendem que pelo menos algumas diferenças no comportamento entre meninos e meninas são resultado de treinamento ou experiência (Taylor, 1996).

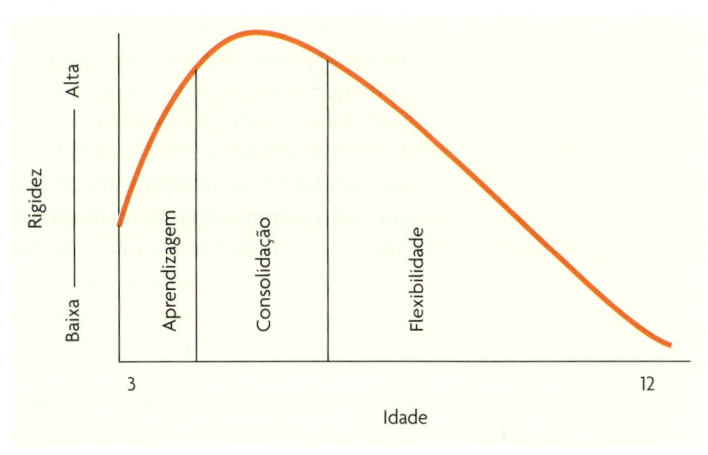

Figura 10.5 Mudança nos estereótipos de gênero relacionada a idade

À medida que as crianças aprendem e consolidam seu conhecimento de fenômenos relacionados a gênero, seus estereótipos tornam-se mais rígidos. Quando elas têm um melhor entendimento de gênero, seus estereótipos tornam-se mais flexíveis.

(*Fonte*: De Martin, C, Ruble, D. (2004). Children's search for gender cues: Cognitive perspectives on gender development. *Current Directions in Psychological Science*, 13, 67-70, fig. 1, p. 69, copyright©2004 por Blackwell Publishers, Inc. Reimpressa com permissão.)

Estereótipos do papel sexual entre culturas

O conteúdo dos estereótipos do papel sexual é notavelmente semelhante em culturas ao redor do mundo. John Williams e Deborah Best (1990), que haviam estudado estereótipos de gênero de adultos em 28 países diferentes e estereótipos de gênero de crianças em 24 países, constataram que os traços mais fortemente estereotipados são fraqueza, delicadeza, compreensão e generosidade para mulheres; agressão, espírito de aventura, crueldade e grosseria para homens. Há algumas diferenças, naturalmente. Crianças alemãs, por exemplo, escolhem "ousada", "confiante" e "firme" como itens femininos, embora esses sejam normalmente itens masculinos em outras culturas. Crianças paquistanesas identificam "sentimental" com homens; crianças japonesas associam independência e severidade com os dois sexos. Mas estas são variações sobre um tema comum. Os pesquisadores apresentaram a crianças uma história na qual o sexo da personagem principal não era declarado explicitamente. Quando solicitadas a dizer se a personagem era melhor representada por um boneco homem ou mulher, em todos os 24 países, crianças de 8 anos escolheram a figura masculina para histórias sobre agressão, força, crueldade, grosseria e barulho; e escolheram a figura feminina para histórias sobre fraqueza. Em 23 de 24 países, crianças de 8 anos também escolheram a personagem feminina para delicadeza, compreensão e generosidade. Portanto, não apenas cada cultura parece ter estereótipos de papel sexual claros, mas o conteúdo daqueles estereótipos é notavelmente semelhante.

Outra das revelações interessantes da pesquisa intercultural é que o estereótipo e o conceito de papel sexual masculino parecem se desenvolver um pouco mais cedo e são mais fortes do que o estereótipo e o conceito de papel sexual feminino – e isso é verdadeiro em virtualmente todos os países estudados. Seja qual for a razão para esse fenômeno, é evidente que em sociedades ocidentais, as qualidades atribuídas aos homens são mais altamente valorizadas que os traços femininos (Broverman, Broverman, Clarkson, Rosenkrantz e Vogel, 1970; Lippa, 2005). A pesquisa demonstrou que as crianças atribuem *status* mais alto a um emprego com o qual elas estejam familiarizadas quando ele é retratado como sendo feito por um homem do que quando os pesquisadores lhes dizem que o trabalho é geralmente realizado por uma mulher (Liben, Bigler e Krogh, 2001).

Também é importante observar que as crenças estereotipadas das crianças sobre homens e mulheres são provavelmente diferentes de suas crenças sobre meninos e meninas (Bennett e Sani, 2008b). Consequentemente, as crianças não atribuem *status* mais alto a meninos da mesma forma que atribuem para homens. Por exemplo, a psicóloga Gail Heyman mostrou a crianças de 2ª e 3ª séries figuras de crianças estranhas e lhes contou sobre comportamentos que elas tinham exibido – comportamentos que podiam ser interpretados de muitas maneiras diferentes (Heyman, 2001). Heyman verificou que tanto meninos quanto meninas tinham a probabilidade de classificar o comportamento como "mau" ou "travesso" se a criança retratada fosse um menino. Contudo, apesar de suas crenças sobre o *status* de ocupações adultas baseadas no gênero e a aparente tendência negativa estereotipada em relação a meninos, crianças de menos de 4 anos reconhecem que excluir alguém de uma atividade estritamente com base no gênero é moralmente errado (Killen, Pisacane, Lee-Kim e Ardila-Rey, 2001).

Comportamento do papel sexual
O elemento final no desenvolvimento de um conceito de papel sexual é o comportamento real que as crianças apresentam com pessoas de seu próprio sexo e com pessoas do sexo oposto. O achado inesperado aqui é que o comportamento das crianças é típico do sexo mais cedo que suas ideias sobre papéis ou estereótipos sexuais. Por exemplo, entre os 18 e os 24 meses, as crianças começam a mostrar alguma preferência por brinquedos estereotipados do sexo, como bonecas para meninas e caminhões ou blocos de construção para meninos – alguns meses antes de elas poderem identificar normalmente seu próprio gênero (Miller, Trautner e Rubler, 2006).

Um padrão semelhante existe para preferência do companheiro de brinquedo. Muito antes dos 3 anos, meninas e meninos começam a mostrar uma preferência por companheiros do mesmo sexo e são muito mais sociáveis com estes – em uma época em que elas ainda não têm um conceito de estabilidade de gênero (Lippa, 2005; Maccoby, 1988, 1990; Maccoby e Jacklin, 1987). Na idade escolar, os relacionamentos são quase exclusivamente com crianças do mesmo sexo. Você pode ver o desenvolvimento inicial dessa preferência na Figura 10.6, que mostra os resultados de um estudo seminal de grupos de brinquedo pré-escolares. Os pesquisadores calcularam com que frequência as crianças brincavam com companheiros do mesmo sexo e do sexo oposto (La Freniere, Strayer e Gauthier, 1984). Você pode ver que, aos 3 anos, mais de 60% dos grupos de brinquedo era de agrupamentos do mesmo sexo, e a taxa subiu para crianças mais velhas.

Não apenas as amizades e as interações com o grupo de crianças em idade pré-escolar são cada vez mais segregadas ao próprio sexo, como também está se tornando claro que as interações menino-menino e menina-menina diferem em qualidade, mesmo nesses primeiros anos. Uma parte importante das interações do mesmo sexo parece envolver instrução e modelação de comportamento apropriado ao sexo. Em outras palavras, meninos mais velhos ensinam meninos mais jovens a serem "masculinos", e meninas mais velhas ensinam meninas mais jovens a serem "femininas" (Danby e Baker, 1998).

Papéis sexuais e desenvolvimento da identidade do adolescente
Na adolescência, o entendimento e as atitudes em relação a papéis sexuais torna-se central à busca por identidade sobre a qual você leu anteriormente no capítulo. Certamente, as mudanças físicas da puberdade contribuem para a importância de problemas de gênero para os adolescentes. De fato, como você aprendeu no Capítulo 4, o momento da puberdade pode ter um profundo impacto sobre as percepções de adolescentes individuais de si mesmos. Ao contrário de crianças pequenas, os adolescentes entendem que os papéis sexuais não são convenções, portanto suas atitudes em relação a eles são mais flexíveis (Katz e Ksansnak, 1994). E, na metade da adolescência, a maioria dos adolescentes largamente abandonou a suposição automática de que o que quer que seu gênero faça é melhor ou preferível (Powlishta et al., 1994).

Entretanto, maior flexibilidade pode significar que os adolescentes experimentam mais ansiedade em relação a como eles

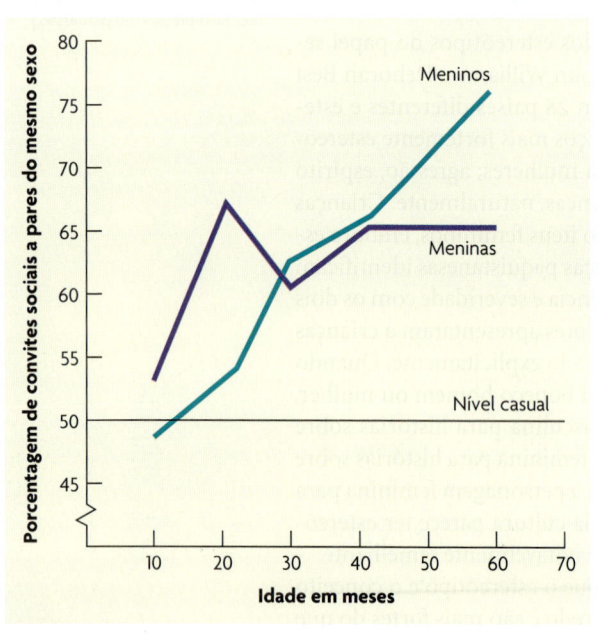

Figura 10.6 **Estudo clássico de La Freniere de preferência por companheiro de brinquedo**

Preferência por companheiro de brinquedo do mesmo sexo entre pré-escolares.

(*Fonte*: P. La Freniere, F. Strayer e R. Gauthier, "The emergence of same-sex affiliative preference among pre-school peers: A developmental/ethological perspective". *Child Development*, 55. Society for Research in Child Development (1984): p. 1961, Fig. 1. Com permissão da Society for Research in Child Development.)

devem ou não se comportar, uma vez que os estereótipos culturais não são mais vistos como ordens rígidas que devem ser seguidas. Visto que os adolescentes estão buscando ativamente formas de incorporar o gênero a suas próprias identidades, as atitudes e o comportamento dos pais tornam-se cada vez mais importantes na formação das ideias dos adolescentes sobre papéis de gênero e sexuais (Castellino, Lerner, Lerner e Von Eye, 1998; Cunningham 2001; Ex e Janssens, 1998; Jackson e Tein, 1998; Raffaelli e Ontai, 2004).

Explicando o desenvolvimento do papel sexual

> **Objetivo da aprendizagem 10.11**
> Como as teorias da aprendizagem social, cognitivo-desenvolvimental e de esquemas do gênero explicam o desenvolvimento do papel sexual?

Os teóricos da maioria das principais tradições colocaram suas habilidades à prova para explicar esses padrões de desenvolvimento do papel sexual. Freud contou com o conceito de identificação para explicar a adoção da criança de comportamento de papel sexual apropriado, mas sua teoria fundamenta-se no fato de que elas começam a apresentar comportamento claramente típico do sexo muito antes dos 4 ou 5 anos, quando Freud pensava que a identificação ocorria.

Teoria da aprendizagem social Os teóricos da aprendizagem social, como Albert Bandura (1977) e Walter Mischel (1966, 1970; Bandura e Bussey, 2004), naturalmente enfatizaram o papel tanto do reforço direto quanto da modelação na formação do comportamento e das atitudes do papel sexual das crianças, bem como a disponibilidade de modelos de papel sexual estereotípicos nas várias mídias às quais as crianças são expostas. Essa abordagem foi muito mais apoiada por pesquisa do que as ideias de Freud.

Os teóricos da aprendizagem social salientam que as crianças são expostas a estereótipos de papel sexual na mídia de entretenimento. Tanto nos comerciais quanto nas programações regulares, as mulheres são mais frequentemente mostradas em casa ou em situações românticas; os homens aparecem com mais frequência em locais de trabalho, com carros ou praticando esportes. Os homens são mostrados resolvendo problemas e sendo mais ativos, agressivos, poderosos e independentes. As mulheres são mais frequentemente retratadas como submissas, passivas, atraentes, sensuais, afetuosas, sentimentais e menos capazes de lidar com situações difíceis (Golombok e Fivush, 1994; Huston e Wright, 1998; Leaper, Breed, Hoffman e Perlman, 2002).

Os defensores da perspectiva da aprendizagem social também salientam que os pais reforçam atividades típicas do sexo em crianças de 18 meses, não apenas comprando tipos diferentes de brinquedos para meninos e meninas, mas respondendo mais positivamente quando seus filhos brincam com blocos e caminhões ou quando suas filhas brincam com bonecas (Bussey e Bandura, 2004; Fagot e Hagan, 1991; Lytton e Romney, 1991). Alguma evidência também sugere que crianças pequenas cujos pais são mais consistentes em recompensar escolha do brinquedo ou comportamento recreativo típico do sexo, e cujas mães favorecem papéis sexuais familiares tradicionais, aprendem os rótulos de gênero mais cedo do que crianças pequenas cujos pais estão menos focados na adequação de gênero do brinquedo da criança (Fagot e Leinbach, 1989; Fagot, Leinbach e O'Boyle, 1992) – achados claramente consistentes com as previsões da teoria da aprendizagem social.

Similarmente, pais de crianças em idade escolar são frequentemente guiados por estereótipos de gênero quando escolhem atividades de lazer para seus filhos. Por exemplo, eles encorajam mais fortemente os meninos a participar de esportes e de atividades ligadas a computador (Fredricks e Eccles, 2005; Simpkins, Davis-Kean e Eccles, 2005). Eles o fazem devido a suas crenças sobre diferenças de gênero em várias capacidades. A pesquisa mostra que, com o tempo, as próprias visões das crianças sobre diferenças de gênero em talento atlético entram em acordo com as de seus pais e influenciam suas preferências de atividade.

Contudo, por mais útil que possa ser, uma explicação de aprendizagem social provavelmente não é suficiente. Em particular, os pais reforçam diferentemente comportamento "de menino" *versus* "de menina" menos do que seria esperado, e provavelmente não o suficiente para justificar a discriminação muito precoce e robusta que as crianças parecem fazer com base no gênero (Fagot, 1995; Gauvain, Fagot, Leve e Kavanagh, 2002). Além disso, o reforço dos pais de comportamento típico do gênero está longe de ser consistente (Power, 2000). Estudos experimentais mostraram que os pais não

Os teóricos da aprendizagem social afirmam que meninos preferem brincar com caminhões porque os pais compram para eles mais caminhões e os reforçam diretamente por esse brinquedo.

As atitudes sociais em relação a "meninas masculinizadas", como essas jovens jogadoras de hóquei poderiam ser rotuladas, mudaram muito nas últimas décadas. Como resultado, as meninas são frequentemente encorajadas a assumir atividades tradicionalmente masculinas. Em comparação, meninos que expressam interesse em atividades tradicionalmente femininas, como balé, ainda são desencorajados de participar delas.

encorajam meninas a assumir comportamentos recreativos estereotipicamente femininos nem as desencorajam de se envolver em atividades estereotipicamente masculinas. Ao contrário, os pais, mas não as mães, estão mais interessados na adequação de gênero dos comportamentos recreativos dos meninos. Na maioria dos casos, entretanto, os pais tratam meninos e meninas de modo semelhante.

Mesmo crianças cujos pais parecem tratar seus filhos e filhas pequenos de forma altamente semelhante, não obstante aprendem rótulos de gênero e apresentam escolhas de companheiro de brinquedo do mesmo sexo. Além disso, quando chegam à idade adulta, o comportamento relacionado a gênero da grande maioria das meninas que exibiam comportamento estereotípico masculino na infância é indistinguível do comportamento de outras mulheres (Burn, O'Neil e Nederend, 1996; Carr, 2007), apesar da relativa falta de desencorajamento que as meninas experimentam quando exibem comportamento masculinizado. Portanto, parece haver alguma coisa a mais no desenvolvimento do papel sexual do que modelagem e reforço.

Teorias cognitivo-desenvolvimentais Uma segunda alternativa, baseada fortemente na teoria piagetiana, é a sugestão de Lawrence Kohlberg de que o aspecto crucial do processo de desenvolvimento do papel sexual é o entendimento da criança do conceito de gênero (1966; Kohlberg e Ullian, 1974). Uma vez que a criança entende que é um menino ou uma menina para sempre, ela se torna altamente motivada a aprender a se comportar da forma esperada ou apropriada para aquele gênero. Especificamente, Kohlberg prognosticava que a imitação sistemática do mesmo sexo deve se tornar evidente apenas após a criança ter demonstrado um total entendimento de constância de gênero. A maioria dos estudos visando testar essa hipótese apoiaram Kohlberg: as crianças parecem se tornar muito mais sensíveis a modelos do mesmo sexo após entenderem a constância de gênero (Martin e Ruble, 2004). O que a teoria de Kohlberg não pode explicar facilmente, entretanto, é o fato óbvio de que as crianças apresentam comportamento de papel sexual claramente diferenciado, tal como preferências de brinquedo, muito antes de terem adquirido um total entendimento do conceito de gênero.

Teoria do esquema de gênero A explicação atual mais proveitosa de desenvolvimento do papel sexual é geralmente denominada **teoria do esquema de gênero** (Bem, 1981; Martin, 1991; Martin e Halverson, 1981; Martin e Ruble, 2004), um modelo que tem suas raízes nas teorias do processamento de informação do desenvolvimento cognitivo e na teoria de Kohlberg. Assim como o autoconceito pode ser concebido como um "esquema do *self*" ou uma "teoria do *self*", também o entendimento de gênero da criança pode ser visto da mesma forma. O esquema de gênero começa a se desenvolver aproximadamente aos 18 meses, quando a criança percebe as diferenças entre masculino e feminino, sabe seu próprio gênero e pode rotular os dois grupos com alguma consistência; o esquema de gênero em geral está totalmente desenvolvido aos 2 ou 3 anos.

Por que as crianças entendem o gênero tão cedo? Por que ele é uma característica tão significativa? Uma possibilidade sugerida por Maccoby (1988) é que, visto que o gênero é claramente uma categoria ou/ou, as crianças parecem entender muito cedo que essa é uma diferença chave. Portanto, a categoria serve como um tipo de ímã para nova informação. Outra alternativa é que crianças pequenas prestam muita atenção a diferenças de gênero porque seu ambiente fornece muitas referências. Os adultos e outras crianças enfatizam as diferenças de gênero de inúmeras pequenas formas. A primeira pergunta a fazer sobre um novo bebê é "É menino ou menina?"; compramos roupas azuis para meninos e cor-de-rosa para meninas; perguntamos às crianças se seus amiguinhos são meninos ou meninas. Uma professora de pré-escola enfatiza o gênero quando diz "Bom dia, meninos e meninas" ou divide suas tarefas em time de meninos e time de meninas (Bigler, 1995). De todas essas maneiras, os adultos sinalizam às crianças que essa é uma categoria importante e, assim, incentivam o desenvolvimento muito precoce de um esquema de gênero que combine com normas e crenças culturais. Seja qual for a origem desse esquema precoce, uma vez estabelecido, grande quantidade de experiências é assimilada a ele, e as crianças podem começar a mostrar preferências por companheiros do mesmo sexo ou por atividades estereotipadas do gênero (Martin, Ruble e Berenbaum, 2006).

A diferença fundamental entre a teoria do esquema de gênero e a teoria cognitivo-desenvolvimental de Kohlberg é que, para o esquema de gênero inicial ser formado, as crianças precisam entender que o gênero é permanente. Quando entendem a constância de gênero por volta dos 5 ou 6 anos, as crianças desenvolvem uma regra – ou esquema – mais elaborada sobre "as pessoas que são iguais a mim", e tratam essa "regra" da mesma forma que tratam outras – como absoluta. No início da adolescência, as crianças entendem que os conceitos de papel sexual são convenções sociais, e não regras rígidas (Katz e Ksansnak, 1994). De fato, uma minoria significativa de adolescentes e jovens começa a se definir como tendo traços tanto masculinos quanto femininos – um ponto ao qual retornaremos em breve.

Muitos de nós, comprometidos com a meta filosófica da igualdade para as mulheres, adotamos a rigidez dos primeiros estereótipos sexuais das crianças ("Mamãe, você não pode ser uma doutora em psicologia, você tem que ser uma enfermeira de psicologia") como evidência de que houve pouco progresso na direção da igualdade de gêneros. Os teóricos do esquema de gênero enfatizam que essa aprendizagem da regra é absolutamente normal, e também normal é a estereotipagem rígida vista nas ideias das crianças sobre papéis sexuais entre as idades de 5 e 8 ou 9 anos. As crianças estão em busca de ordem, de regras que ajudem a dar sentido a suas experiências. E uma regra sobre "o que os homens fazem" e "o que as mulheres fazem" é um esquema útil para elas.

Esquemas individuais de gênero Uma abordagem diferente ao estudo do desenvolvimento do papel sexual pode ser encontrada na pesquisa sobre esquemas individuais de gênero, ou orientações. Os pesquisadores podem perguntar, sobre qualquer criança, adolescente ou adulto, não apenas com que rigor o comportamento do indivíduo combina com o estereótipo do papel sexual, mas também como a pessoa pensa em si mesma e nas qualidades relacionadas ao gênero. Nos primeiros anos dessa pesquisa, a questão era geralmente expressa como masculinidade *versus* feminilidade, e estas eram consideradas extremidades opostas de um único *continuum*. Uma pessoa podia ser

teoria do esquema de gênero Uma teoria do desenvolvimento do conceito de gênero e do comportamento do papel sexual de que, entre os 18 e os 24 meses, uma criança cria um esquema fundamental pelo qual ela pode caracterizar pessoas, objetos, atividades e qualidades por gênero.

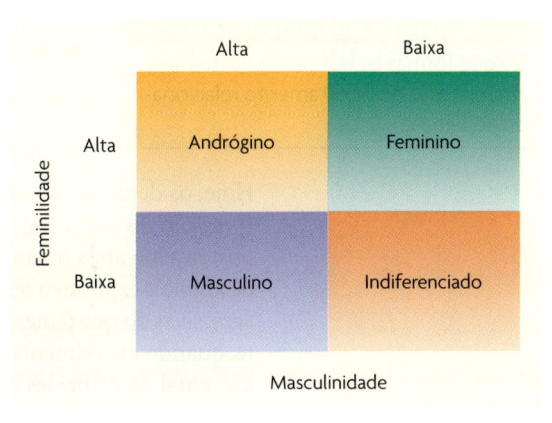

Figura 10.7 Categorias de orientação do papel sexual

Pensar em masculinidade e feminilidade como dimensões separadas em vez de como duas extremidades da mesma dimensão leva à criação de quatro tipos de papel sexual.

masculino Um dos quatro tipos de papel sexual sugeridos pelo trabalho de Bem e outros; um tipo caracterizado por escores altos em medidas de masculinidade e escores baixos em medidas de feminilidade.

feminino Um dos quatro tipos de papel sexual sugeridos pelo trabalho de Bem e outros; um tipo caracterizado por escores altos em medidas de feminilidade e escores baixos em medidas de masculinidade.

andrógino Um dos quatro tipos de papel sexual sugeridos pelo trabalho de Bem e outros; um tipo caracterizado por níveis altos de qualidades tanto masculinas quanto femininas.

indiferenciado Um dos quatro tipos de papel sexual sugeridos pelo trabalho de Bem e outros; um tipo caracterizado por escores baixos em medidas tanto de masculinidade quanto de feminilidade.

masculina ou feminina, mas não podia ser ambos. Seguindo a orientação de Sandra Bem (1974), Janet Spence e Robert Helmreich (1978), os psicólogos hoje concebem com mais frequência masculinidade e feminilidade como duas dimensões separadas, com a masculinidade centrada em torno de qualidades agenciais/instrumentais (assertivas) e a feminilidade centrada em torno de qualidades expressivas/comunais (sustentadoras). Uma pessoa pode ter escores altos ou baixos em qualquer uma ou em ambas as dimensões. Na verdade, classificar pessoas como escore alto ou baixo em cada uma dessas duas dimensões, com base na autodescrição de cada indivíduo, produz quatro tipos de papel sexual básicos, denominados masculino, feminino, andrógino e indiferenciado – como se pode ver na Figura 10.7. Os tipos masculino e feminino são as combinações tradicionais nas quais uma pessoa se vê como alta em uma qualidade e baixa na outra. Uma pessoa **masculina**, de acordo com essa conceitualização, é aquela que se percebe como tendo muitas qualidades masculinas tradicionais e poucas qualidades femininas tradicionais. Uma pessoa **feminina** apresenta o padrão inverso. Em contraste, indivíduos **andróginos** se veem como tendo traços tanto masculinos quanto femininos; indivíduos **indiferenciados** se descrevem como não possuindo ambos os tipos de traços – um grupo que se parece muito com aqueles com uma identidade "difusa" no sistema de Marcia.

Esse sistema de categorização não diz nada sobre a precisão do esquema de papel sexual da criança ou do adulto. Uma menina adolescente, por exemplo, poderia ter uma noção clara das normas para comportamento masculino ou feminino e, contudo, perceber-se como tendo algumas qualidades estereotipicamente masculinas. De certa maneira, então, quando os desenvolvimentalistas estudam masculinidade, feminilidade e androginia, eles estão estudando a intersecção entre o esquema de *self* e o esquema de gênero.

Um autoconceito de papel sexual andrógino ou masculino está associado a autoestima mais elevada entre meninos e meninas (Gurnáková e Kusá, 2004). Esse achado faz sentido se assumirmos que há uma "tendência masculina" nos Estados Unidos e em outras sociedades ocidentais, na medida em que qualidades tradicionalmente masculinas, como independência e competitividade, são mais valorizadas por homens e mulheres do que muitas qualidades tradicionalmente femininas. Se tal tendência existe – e há muita evidência de que exista –, a tarefa dos meninos adolescentes é mais simples do que a das meninas. Ele pode ter autoestima alta e sucesso com seus pares adotando um papel sexual masculino tradicional, enquanto uma menina que adota um papel sexual feminino tradicional está adotando um papel menos valorizado, com os riscos associados de autoestima mais baixa e um senso de competência reduzido (Massad, 1981; Rose e Montemayor, 1994).

Achados como esses sugerem a possibilidade de que, embora a criação de regras (ou esquemas) rígidas para papéis sexuais seja um processo normal ou mesmo essencial em crianças pequenas, um embaçamento delas pode ser um processo importante na adolescência, particularmente para meninas, para as quais um autoconceito mais masculino ou andrógino está associado a resultados mais positivos.

Objetivo da aprendizagem 10.12
De que formas os hormônios poderiam influenciar o comportamento relacionado ao gênero?

Abordagens biológicas

As teorias que discutimos até agora floresceram em uma época na qual a maioria dos desenvolvimentalistas havia se afastado da ideia de que diferenças hormonais entre homens e mulheres contribuíam para o desenvolvimento do papel sexual. Hoje, os desenvolvimentalistas estão reexaminando estudos experimentais de décadas passadas com animais mostrando que exposição pré-natal a testosterona influencia poderosamente o comportamento após o nascimento (Lippa, 2005; Zuloaga, Puts, Jordan e Breedlove, 2008). Fêmeas de animais expostas a testosterona comportam-se mais como machos; por exemplo, elas são mais agressivas do que fêmeas que não experimentam exposição pré-natal a testosterona. Similarmente, quando experimentadores bloqueiam a liberação de testosterona durante o desenvolvimento pré-natal de embriões de animais machos, eles exibem comportamento mais típico das fêmeas de sua espécie.

A natureza forneceu algumas evidências importantes em relação aos efeitos comportamentais da exposição pré-natal à testosterona em seres humanos. Embriões do sexo feminino de desenvolvimento normal produzem quantidades minúsculas de testosterona. Ocasionalmente, entretanto, defeitos genéticos causam a produção de grandes quantidades de testosterona (Rosenthal e Gitelman, 2002). Esses defeitos podem causar falhas físicas nos órgãos genitais. Além disso, meninas com essas condições têm mais probabilidade de exibir comportamento estereotipicamente masculinos (Lippa, 2005).

Influências hormonais foram propostas para explicar os resultados de casos envolvendo reatribuição de sexo de bebês (como aquele sobre o qual você leu no início do capítulo) (Bostwick e Martin, 2007). Muitas reatribuições de sexo originam-se de um defeito genético que causa desenvolvimento deformado dos órgãos genitais de fetos do sexo masculino. Esse defeito, entretanto, interfere apenas nos efeitos da testosterona sobre os órgãos sexuais (Rosenthal e Gitelman, 2002). Os cérebros desses fetos são expostos a quantidades normais de testosterona durante todo o desenvolvimento pré-natal. A hipótese hormonal afirma que meninos com esse tipo de defeito genético desenvolvem uma identidade de gênero masculina, apesar de serem criados como meninas, porque seus cérebros foram expostos a quantidades típicas de testosterona para fetos do sexo masculino. Como resultado, eles vêm ao mundo com tendência a procurar coisas "de menino" e a sutilmente incorporar essas coisas em seus autoconceitos incipientes. De acordo com essa visão, não se poderia razoavelmente esperar inculcar um senso de "feminilidade" nos autoconceitos desses meninos, criando-os para acreditar que eram meninas. Além disso, a pesquisa indica que mesmo quando esses indivíduos escolhem manter a identidade feminina com a qual foram criados, eles possuem muitos atributos e exibem uma série de comportamentos que são mais típicos de homens do que de mulheres (Reiner e Gearhart, 2004).

Por fim, note que nossa discussão de abordagens biológicas concentrou-se largamente na pesquisa visando explicar o papel desempenhado por fatores biológicos no desenvolvimento atípico. É sempre legítimo questionar o grau com que os achados baseados nesses casos podem ser generalizados para o curso mais comum de desenvolvimento experimentado pela maioria das crianças. Embora devamos ter em mente essa advertência, a pesquisa examinando de que forma as variações nos hormônios pré-natais causadas por defeitos genéticos influenciam o comportamento após o nascimento sugere que os hormônios podem ser muito mais importantes no desenvolvimento do papel sexual normal do que os teóricos um dia acreditaram.

Pensamento crítico

- O achado de que crianças com temperamento difícil são punidas mais frequentemente do que crianças com temperamento fácil poderia ser interpretado de diversas formas. Em que explicações alternativas você é capaz de pensar?
- Se você fosse criar um modelo matemático para explicar o desenvolvimento do papel de gênero, quanto peso (em porcentagem) você daria a cada um desses fatores: hormônios, imitação, reforço, modelos, influência do grupo e desenvolvimento cognitivo? Explique as razões por trás de sua valorização dos fatores.

Conduza sua própria pesquisa

Você pode reproduzir o estudo clássico de Montemayor e Eisen simplesmente pedindo a crianças e adolescentes de 10 a 18 anos para responder à pergunta "Quem sou eu?". (Lembre-se de pedir a permissão dos pais antes de envolver crianças em qualquer projeto de pesquisa.) Na resposta de cada participante, calcule o número de referências a características físicas e o número de crenças ou ideologias. Represente seus resultados em um gráfico como o da Figura 10.2. Se seus resultados diferem dos de Montemayor e Eisen, tente determinar o que pode ter influenciado isso. Pode ser útil pensar sobre como as crianças que você questionou poderiam ser diferentes daquelas do estudo original ou como as ideias das crianças sobre si mesmas poderiam ter sido influenciadas por mudanças históricas e culturais nas três décadas desde que os dados de Montemayor e Eisen foram coletados.

Resumo

O CONCEITO DE SELF

10.1 O que é *self* subjetivo?

- O autoconceito emergente da criança tem diversos elementos, incluindo a consciência do *self* como separado dos outros e o entendimento de permanência do *self* (que pode ser chamado coletivamente de *self* subjetivo). O *self* subjetivo desenvolve-se no primeiro ano de vida.

10.2 O que a aquisição de um *self* objetivo acrescenta ao autoconceito do bebê?

- Durante o segundo ano de vida, o autoconceito do bebê expande-se para além do *self* subjetivo para incluir um *self* objetivo ou um senso de autoconsciência. À medida que o *self* objetivo torna-se mais refinado na primeira infância, a criança começa a se classificar de acordo com categorias facilmente identificáveis como gênero ("menino" ou "menina") e idade ("crianças pequenas" e "crianças grandes").

10.3 De que forma a capacidade de regular emoções está relacionada ao funcionamento social?

- As crianças obtêm um entendimento de suas emoções durante a primeira infância.
- A capacidade de regular as emoções durante a primeira infância prediz quão bem a criança funcionará em ambientes sociais durante os anos escolares.

10.4 Como crianças em idade escolar se descrevem?

- O autoconceito se torna regularmente mais abstrato durante o ensino fundamental e médio, vindo a incluir não apenas ações, mas também preferências e aversões, crenças e características de personalidade mais gerais.

10.5 Como as teorias de Erikson e de Marcia explicam o desenvolvimento da identidade do adolescente?

- Durante a adolescência, pode haver uma reavaliação do *self*, um processo que Erikson chamou de crise de identidade. Na teoria, os adolescentes partem de um senso difuso de futuro ocupacional ou identidade ideológica, passando por um período de reavaliação, para um compromisso com uma nova autodefinição.
- A teoria de Marcia propõe quatro estados de identidade que podem ser exibidos como resultado do processo de formação da identidade: identidade estabelecida, moratória, pré-fechamento e difusão de identidade. Os achados de pesquisa levantam dúvidas sobre se o processo de formação de identidade tem um aspecto evolutivo tão claro.

10.6 O que é o processo de desenvolvimento da identidade étnica de acordo com Phinney?

- Adolescentes do grupo de minoria constroem uma identidade étnica. Para muitos, um senso de pertencer a duas culturas, à sociedade dominante, bem como a seu próprio grupo étnico, parece ser a resolução mais adaptativa desse processo.

AUTOESTIMA

10.7 Como a autoestima se desenvolve?

- A partir dos 7 ou 8 anos, aproximadamente, a criança desenvolve uma avaliação global de seu próprio valor (autoestima). A autoestima é moldada tanto pelo grau de discrepância entre os objetivos de uma criança e suas realizações quanto pelo grau de apoio emocional que ela recebe dos pais e do grupo igual. A autoestima se desenvolve pelas experiências da criança com sucesso e fracasso, pelo valor que ela atribui às atividades nas quais tem êxito ou fracasso e pelo *feedback* que obtém de seus pares e de seus pais em relação ao seu desempenho.

10.8 O quanto a autoestima é consistente durante a infância e a adolescência?

- A autoestima é razoavelmente estável durante a infância, mas um pouco menos no início da adolescência. Crianças com autoestima alta e sentimentos maiores de autoeficácia apresentam níveis mais baixos de depressão.

O DESENVOLVIMENTO DOS CONCEITOS DE GÊNERO E DE PAPÉIS SEXUAIS

10.9 Como as ideias sobre gênero e papéis sexuais mudam durante a infância?

- As crianças geralmente adquirem identidade de gênero (a capacidade de identificar corretamente seu próprio gênero e o de outros) em torno da idade de 2 ou 3 anos. Elas desenvolvem estabilidade de gênero (saber que as pessoas permanecem com o mesmo gênero durante toda a vida) em torno dos 4 anos e entendem a constância de gênero (que as pessoas não mudam de gênero por mudarem a aparência) em torno dos 5 ou 6 anos.

10.10 Qual é a ligação entre estereótipos de gênero e comportamento típico do sexo?

- No início do ensino fundamental, as crianças criam regras bastante rígidas sobre o que meninos e meninas devem ou têm permissão para fazer. Crianças mais velhas têm consciência de que essas regras são convenções sociais, e não as tratam como incontestáveis. Comportamento típico do sexo é evidente a partir dos 18 meses.

10.11 Como as teorias da aprendizagem social, cognitivo-desenvolvimental e de esquemas do gênero explicam o desenvolvimento do papel sexual?

- Os teóricos de diferentes tradições tentaram explicar os padrões observados no desenvolvimento do papel sexual. As teorias da aprendizagem enfatizam a modelagem e as expectativas parentais. As teorias cognitivo-desenvolvimentais propõem que o desenvolvimento do gênero ocorre em estágios. A teoria mais amplamente aceita é a do esquema de gênero, que propõe que as crianças começam a adquirir uma regra sobre o que os meninos e as meninas fazem tão logo entendem a diferença entre ambos, e que esse esquema forma a base tanto da estereotipagem quanto do comportamento típico do sexo. As crianças também diferem no grau com que se veem como tendo qualidades ou traços femininos ou masculinos. Aqueles que se descrevem com qualidades de ambos os conjuntos são denominados andróginos. Meninos e meninas que se descrevem como andróginos ou como masculinos têm autoestima um pouco mais alta, ao menos na cultura norte-americana.

10.12 De que formas os hormônios poderiam influenciar o comportamento relacionado ao gênero?

- Estudos com animais mostram que exposição pré-natal a testosterona leva a comportamento masculino em fêmeas, enquanto a falta de exposição a esse hormônio faz animais machos comportarem-se de formas mais típicas de fêmeas. A pesquisa envolvendo crianças com defeitos genéticos sugere que a testosterona também pode influenciar o comportamento típico do sexo em seres humanos.

Termos-chave

andrógino (p. 302)
autoconceito (p. 280)
autoestima (p. 292)
comportamento típico do sexo (p. 294)
conceito de gênero (p. 294)
constância de gênero (p. 295)
difusão de identidade (p. 287)

estabilidade de gênero (p. 295)
feminino (p. 302)
identidade *versus* confusão de papel (p. 287)
identidade estabelecida (p. 287)
identidade de gênero (p. 295)
indiferenciado (p. 302)

masculino (p. 302)
moratória (p. 287)
papel sexual (p. 294)
pré-fechamento (p. 287)
self objetivo (p. 280)
self subjetivo (p. 280)
teoria do esquema de gênero (p. 301)

11 Desenvolvimento de Relacionamentos Sociais

Objetivos da Aprendizagem

Relacionamentos com os pais

11.1 Como Bowlby e Ainsworth caracterizam vínculos afetivos, apegos e modelos funcionais internos?

11.2 Que fatores influenciam o apego dos pais a seu filho?

11.3 Como o apego da criança aos pais muda durante a fase de bebê, a primeira infância e a meninice?

11.4 Quais são as características dos relacionamentos entre pais e filho na adolescência?

Variações na qualidade dos apegos

11.5 De que forma o comportamento de bebês com apego seguro ou inseguro difere?

11.6 Como o temperamento do bebê influencia o processo do apego?

11.7 Em que grau as classificações de apego são estáveis e quais são suas consequências a longo prazo?

Relacionamentos com o grupo de iguais

11.8 Quais são as características das interações entre grupos de iguais de bebês e pré-escolares?

11.9 Como os relacionamentos com o grupo de iguais mudam durante os anos escolares?

11.10 Quais são as características e as consequências das variações na condição social?

11.11 Qual é a importância do grupo de iguais e dos relacionamentos românticos na adolescência?

11.12 Quais são as características dos relacionamentos entre irmãos?

Comportamento com o grupo de iguais

11.13 O que é comportamento pró-social e quando ele aparece?

11.14 Em que aspectos meninos e meninas de diferentes idades diferem na exibição de agressividade?

11.15 O que é traço de agressividade e como ele difere de formas típicas de agressividade relacionadas à idade?

Durante o final da década de 1980, uma trágica saga começou a se desenrolar no Sudão. No decorrer dos 10 anos seguintes, forças apoiadas pelo governo empenhadas em impor a lei islâmica à toda a população expulsou milhões de famílias cristãs e animistas de seus lares. Essas famílias desesperadas rumaram para as fronteiras quenianas e etíopes na esperança de encontrar refúgio. Infelizmente, dezenas de milhares de refugiados morreram, e suas mortes deixaram muitas crianças sem pais. Essas crianças, algumas de apenas 4 anos, sabiam que enfrentariam a morte se voltassem para casa. Na falta de adultos para apoiá-las, elas se uniram, as mais velhas protegendo as mais novas, e iniciaram a marcha. Mal sabiam elas que passariam anos caminhando no hostil deserto africano oriental, uma terra mortalmente quente e seca com mais de duas vezes o tamanho do estado do Texas. Muitas morreram de fome ou de doença, causada por água imprópria para consumo ou por comida contaminada ou envenenada. À noite, bandos de hienas famintas às vezes atacavam os grupos. Em algumas ocasiões, até cinco crianças de um grupo eram mortas por esses predadores. Os sobreviventes aterrorizados nada podiam fazer a não ser subir em árvores e esperar.

Milagrosamente, milhares dessas crianças, referidas como os "Meninos Perdidos", apesar do fato de muitas serem meninas, conseguiram chegar aos campos de refugiados no Quênia e na Etiópia. Lá, funcionários de organizações humanitárias as alimentaram, trataram seus ferimentos e montaram escolas provisórias para educá-las. Finalmente, órgãos humanitários internacionais ajudaram muitas das crianças a se fixarem nos Estados Unidos. Muitas delas foram bem-sucedidas na escola, formaram-se em universidades e estabeleceram carreiras e famílias próprias, demonstrando poucos sinais do grau de miséria e privação que tinham sofrido no início de suas vidas (Geltman et al., 2005).

É provável que nenhum dos Meninos Perdidos teria sobrevivido sozinho. Indubitavelmente, a capacidade das crianças mais velhas de fornecer proteção e sustento para os menores foi vital a sua sobrevivência física. Entretanto, cientistas do desenvolvimento atribuem a resiliência intelectual e psicossocial que os Meninos Perdidos exibiram mais tarde na vida aos intensos vínculos que eles desenvolveram uns com os outros durante sua provação (Geltman et al., 2005). Esses vínculos ajudaram as crianças a compensar emocionalmente a perda de seus pais. Portanto, a história dos Meninos Perdidos serve como lembrete de que as ligações socioemocionais podem ser tão importantes para o desenvolvimento quanto o cuidado físico.

Neste capítulo, você será introduzido às importantes ideias e descobertas de John Bowlby, de Mary Ainsworth e de outros cientistas do desenvolvimento em relação aos vínculos emocionais entre bebês e seus cuidadores. Em seguida discutiremos o impacto desses primeiros relacionamentos sobre aqueles que se desenvolvem posteriormente durante a vida. Um exame dos relacionamentos de iguais, juntamente com padrões positivos e negativos de interação de iguais, finaliza nossa discussão sobre relacionamentos sociais.

Relacionamentos com os pais

O relacionamento entre pai e filho tem estado no centro de muita teorização e pesquisa na psicologia do desenvolvimento. Para entender os principais achados de pesquisa, você necessita de um conhecimento básico do fundamento teórico sobre o qual a maioria dos estudos de pesquisa se basearam.

Neste relacionamento, o filho está apegado a seu pai, mas (nos termos de Ainsworth) o relacionamento do pai com seu filho é mais um vínculo afetivo do que um apego.

Teoria do apego

A influência teórica mais forte em estudos de relacionamentos entre bebê-pai é a teoria do apego, particularmente o trabalho de John Bowlby e Mary Ainsworth (Ainsworth e Bowlby, 1991). O pensamento de Bowlby tinha raízes no pensamento psicanalítico, particularmente na ênfase na importância do primeiro relacionamento entre mãe e filho. A essa base teórica ele acrescentou importantes conceitos evolutivos e eto-

> **Objetivo da aprendizagem 11.1**
> Como Bowlby e Ainsworth caracterizam vínculos afetivos, apegos e modelos funcionais internos?

lógicos. Em sua visão, "a propensão a formar vínculos emocionais fortes com indivíduos em particular [é] um componente básico da natureza humana, já presente de forma germinal no recém-nascido" (Bowlby, 1988a, p. 3). Tal relacionamento tem valor de sobrevivência porque garante que o bebê receberá sustentação. O relacionamento é construído e mantido por um repertório entrelaçado de comportamentos instintivos que criam e mantêm a proximidade entre pai e filho. Por exemplo, as crianças nascem com um repertório de comportamentos inatos, tais como chorar, sorrir e fazer contato visual, que induzem cuidados dos outros. Da mesma forma, há formas universais nas quais os pais, particularmente as mães, respondem a esses comportamentos – por exemplo, pegar os bebês no colo quando eles choram ou falar com eles com uma voz aguda.

Vínculos afetivos e apego

Nos trabalhos de Bowlby e de Ainsworth, esse padrão mútuo de resposta é fundamental para o desenvolvimento de vínculos afetivos e apego. Ainsworth define **vínculo afetivo** como "um laço de duração relativamente longa no qual o parceiro é importante como um indivíduo único e não é intercambiável com nenhum outro. Em um vínculo afetivo, há um desejo de manter proximidade com o parceiro" (1989, p. 711). Um **apego** é uma subvariedade de vínculo afetivo no qual o senso de segurança de uma pessoa está ligado ao relacionamento. Quando você está apegado, sente (ou espera sentir) uma sensação especial de segurança e conforto na presença do outro, e pode usá-lo como uma base segura para dali explorar o resto do mundo.

Nesses termos, o relacionamento da criança com o pai é um apego, mas o relacionamento do pai com a criança geralmente não é, visto que o pai presumivelmente não sente uma maior sensação de segurança na presença do bebê ou o utiliza como uma base segura. Um relacionamento com o parceiro adulto ou com um amigo muito íntimo, entretanto, é um apego no sentido que Ainsworth e Bowlby dão ao termo. Naturalmente, os adultos não são tão dependentes de seus parceiros ou amigos quanto as crianças são de seus pais. Contudo, há um certo tipo de segurança que um adulto obtém de estar em tal relacionamento; saber que se pode contar com a aceitação e o apoio de um parceiro romântico ou de um amigo íntimo não importa o que aconteça é semelhante em muitos aspectos à função de base segura que os relacionamentos de apego exercem para as crianças.

Visto que os vínculos afetivos e os apegos são estados internos, os desenvolvimentalistas não podem observá-los diretamente. Antes, eles deduzem sua existência por observar **comportamentos de apego**, todos aqueles comportamentos que permitem que uma criança ou um adulto alcance e mantenha proximidade física com outra pessoa a quem ela está apegada, os quais poderiam incluir sorrir, fazer contato visual, chamar a outra pessoa do outro lado do quarto, tocar, segurar-se ou chorar.

É importante deixar claro que não há correspondência de um-para-um entre o número de diferentes comportamentos de apego que uma criança (ou um adulto) demonstra em qualquer ocasião e a força do apego subjacente. Os comportamentos de apego são evocados principalmente quando o indivíduo necessita de cuidado, apoio ou conforto. Um bebê necessita de uma boa quantidade de tempo; uma criança mais velha provavelmente apresentaria comportamentos de apego apenas quando estivesse com medo, cansada ou sob estresse. É o padrão desses comportamentos, não a frequência, que revela alguma coisa sobre a força ou a qualidade do apego ou do vínculo afetivo. Para entender o primeiro relacionamento entre o pai e o filho, os desenvolvimentalistas examinam ambos os lados da equação – o desenvolvimento do apego do pai à criança e o apego da criança ao pai.

Modelos funcionais internos

De acordo com Bowlby, uma vez que um apego com outra pessoa tenha sido estabelecido, a criança começa a construir uma representação mental do relacionamento que se torna um conjunto de expectativas para futuras interações com a mesma pessoa. Bowlby criou o termo **modelo funcional interno** para descrever essa representação mental e sugeriu que ele inclui elementos como a confiança das crianças (ou a falta dela) de que a figura de apego estará disponível ou será confiável, a expectativa de rejeição ou afeição e a convicção de que a figura de apego é realmente uma base segura para exploração. O modelo interno começa a ser formado no final do primeiro ano de vida e se torna cada vez mais elaborado e mais bem estabelecido durante os primeiros 4 ou 5 anos. Aos 5 anos, a maioria das crianças tem modelos in-

---

vínculo afetivo Um "laço de duração relativamente longa no qual o parceiro é importante como um indivíduo único e não é intercambiável com nenhum outro" (Ainsworth, 1989, p. 711).

apego Um subtipo de vínculo afetivo no qual a presença do parceiro adiciona uma sensação especial de segurança, uma "base segura", para o indivíduo.

comportamentos de apego A coleção de comportamentos (provavelmente) instintivos de uma pessoa em relação a outra que ocasiona ou mantém proximidade e cuidado, tal como o sorriso do bebê; comportamentos que refletem um apego.

modelo funcional interno Aplicado a relacionamentos sociais, uma construção cognitiva das operações dos relacionamentos, tais como expectativas de apoio ou afeição, fidedignidade, etc. Os relacionamentos mais primitivos podem formar o padrão para essa construção cognitiva.

ternos claros da mãe (ou de outro cuidador), um modelo do *self* e um modelo de relacionamentos (Schermerhorn, Cummings e Davies, 2008).

Uma vez formados, esses modelos formam e explicam experiências e memória e atenção afetivas. As crianças percebem e lembram experiências que se ajustam a seus modelos e deixam passar ou esquecem experiências que não combinam com eles. Mais importante, o modelo afeta o comportamento da criança: ela tende a recriar, em cada novo relacionamento, o padrão com o qual ela está familiarizada. Alan Sroufe dá um exemplo que pode tornar essa questão mais clara:

> O que é rejeição para uma criança é benigno para outra. O que é empolgante para uma segunda criança é confuso ou ambíguo para outra. Por exemplo, uma criança se aproxima de outra e a convida para brincar. Rejeitada, a criança vai embora e fica amuada em um canto. Uma segunda criança recebendo a mesma reação negativa procura outro companheiro e, com sucesso, inicia uma brincadeira. Suas experiências de rejeição são imensamente diferentes. Cada uma recebe a confirmação de modelos funcionais internos bastante diferentes. (1988, p. 23)

Em certo sentido, esses modelos internos não são diferentes dos roteiros sociais que a criança pré-escolar desenvolve em outras áreas (Bretherton, 1993). Eles contêm expectativas por sequências de comportamento, regras para comportamento com vários indivíduos e interpretações de ações de outros; eles ajudam a moldar ao que a criança presta atenção e o que ela lembra (Kirsh e Cassidy, 1997).

O apego dos pais ao filho

Objetivo da aprendizagem 11.2
Que fatores influenciam o apego dos pais a seu filho?

Se ler qualquer revista popular, você provavelmente encontrará artigos proclamando que as mães (ou os pais) devem ter contato imediato com seu bebê recém-nascido se quiserem se tornar adequadamente apegadas a ele. Como você verá, a formação de um relacionamento de apego com um filho é muito mais complexa para ser completamente dependente de uma única e primeira experiência.

O desenvolvimento da habilidade de interação   O que é essencial na formação de um primeiro vínculo é a oportunidade para o pai e o bebê desenvolverem um padrão mútuo e entrelaçado de comportamentos de apego, uma "dança" suave de interação. O bebê sinaliza suas necessidades chorando ou sorrindo; ele olha para seus pais quando eles olham para ele. Os pais, por sua vez, entram nessa dança interativa com seu próprio repertório de comportamentos de cuidados. Eles pegam o bebê no colo quando ele chora, aguardam e respondem a seus sinais de fome ou de alguma outra necessidade, e assim por diante. Alguns pesquisadores e teóricos descreveram isso como o desenvolvimento de *sincronia* (Feldman, 2007; Isabella, Belsky e von Eye, 1989).

Uma das coisas mais intrigantes sobre esse processo é que todos os seres humanos parecem saber como fazer essa dança particular – e a fazem de formas muito semelhantes. Na presença de um bebezinho, a maioria dos adultos automaticamente exibe um padrão característico de comportamentos interativos, incluindo sorrir, erguer as sobrancelhas e arregalar os olhos. Os adultos também usam a voz de formas especiais com bebês, como você lembrará da discussão de manhês, no Capítulo 8. Pais do mundo inteiro usam o padrão agudo e ritmado característico do manhês; eles também usam padrões de entonação semelhantes. Por exemplo, em um estudo de interações mãe-bebê, Hanus e Mechthild Papousek (1991) constataram que mães chinesas, alemãs e americanas tendem todas a usar uma inflexão de voz crescente quando querem que o bebê "reveze" ou contribua para a interação, e uma entonação decrescente quando querem acalmar o bebê.

Contudo, ainda que as pessoas apresentem esses comportamentos com muitos bebês, elas não formam um vínculo com cada bebê a quem elas se dirigem dessa forma em um restaurante ou em um supermercado. Para um adulto, o ingrediente crítico para a formação de um vínculo parece ser a oportunidade de desenvolver sincronia real – de praticar a dança até que os parceiros acompanhem o comando um do outro suave e prazerosamente. Isso leva tempo e muitos ensaios, e alguns pais (e bebês) tornam-se mais hábeis nisso do que outros. Em geral, quanto mais suave e mais previsível o processo se torna, mais satisfatório ele parece ser para os pais e mais forte se torna seu vínculo com o bebê.

Vínculos de pai-filho A maioria das pesquisas sobre as quais você leu até agora envolveu estudos de mães. Contudo, muitos dos mesmos princípios parecem se aplicar também aos pais (Lewis e Lamb, 2003). Em particular, os pais parecem dirigir o mesmo repertório de comportamentos de apego em relação a seus bebês (Figueiredo, Costa, Pacheco e Pais, 2007). Nas primeiras semanas de vida de um bebê, o pai toca, fala e abraça o bebê da mesma forma que as mães fazem; tanto as mães quanto os pais apresentam as mesmas respostas fisiológicas quando interagem com seu novo bebê, incluindo aumento da taxa cardíaca e da pressão sanguínea (Corter e Fleming, 1995).

Após as primeiras semanas de vida, entretanto, sinais de alguma especialização de comportamentos parentais com os bebês tornam-se evidentes (Brown, McBride, Shin e Bost, 2007). Estudos nos Estados Unidos mostram que os pais passam mais tempo brincando com um bebê, usando mais brincadeiras físicas. As mães passam mais tempo no cuidado de rotina, e elas falam e sorriem mais para seus bebês (Parke, 1995; Walker, Messinger, Fogel e Karns, 1992). Isso não significa que os pais tenham um vínculo afetivo mais fraco; significa que os comportamentos que eles apresentam em relação ao bebê são tipicamente um pouco diferentes dos que as mães apresentam. Contudo, aos 6 meses, os bebês têm a mesma probabilidade de mostrar sinais de apego a seus pais quanto a suas mães (Feldman, 2003). Esses sinais incluem rir e se contorcer com prazer em acessos curtos e intensos enquanto interagem com seus pais. Em contraste, os sinais de apego às mães têm mais probabilidade de incluir sorrisos lentos, graduais. Não é uma questão de gostar mais de um pai do que do outro. Os bebês demonstram esses sinais de que os aspectos específicos de interação sincrônica são diferentes para mães e para pais.

Entretanto, não deveríamos concluir apressadamente que essa diferença de sexo é de algum modo inata; antes, ela parece se basear em padrões culturais. Pesquisadores na Inglaterra e na Índia encontraram níveis mais altos de brincadeira física pelos pais do que pelas mães, mas outros pesquisadores na Suécia, em Israel, na Itália, na China e na Malásia não encontraram (Parke e Buriel, 1998). Achados como esse ilustram primorosamente a utilidade da pesquisa intercultural para identificar padrões de comportamento que são influenciados por expectativas culturais variadas ou treinamento.

O pai de Ryan, como a maioria, tem muito mais probabilidade de brincar com ele atirando-o para cima do que sua mãe.

> **Objetivo da aprendizagem 11.3**
> Como o apego da criança aos pais muda durante a fase de bebê, a primeira infância e a meninice?

O apego da criança ao pai

Como o vínculo do pai com o bebê, o apego do bebê surge gradualmente. Bowlby (1969) sugere três fases no desenvolvimento do apego do bebê; estas são apresentadas na Figura 11.1. Uma vez formado, o relacionamento de apego muda um pouco à medida que a criança cresce.

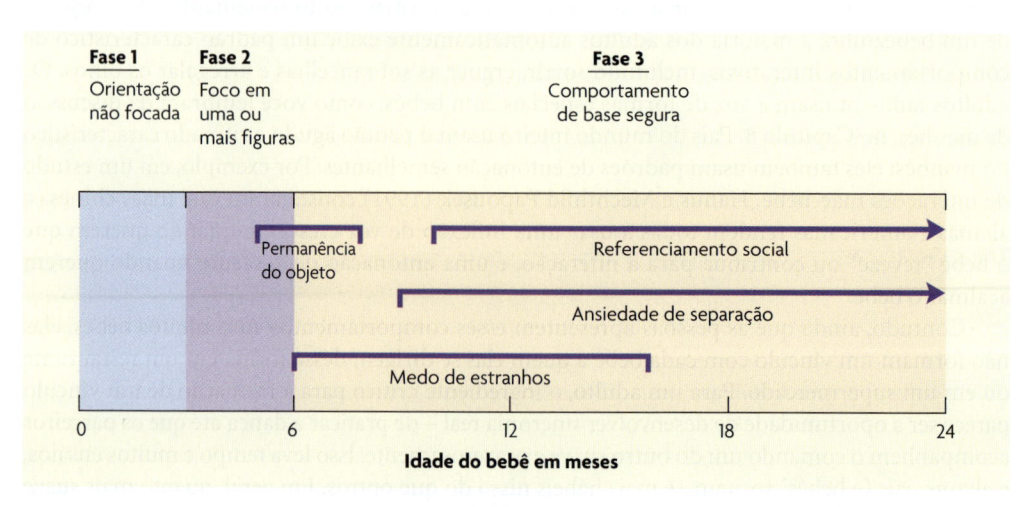

Figura 11.1 O apego no contexto do desenvolvimento

Este esquema mostra como as várias linhas de desenvolvimento do apego são tecidas.

Fase 1: Orientação e sinalização não focada Bowlby acreditava que um bebê inicia a vida com um conjunto de padrões de comportamento inatos que o orientam na direção dos outros e sinalizam suas necessidades. Mary Ainsworth os descreveu como comportamentos *promotores de proximidade*: eles aproximam as pessoas. No repertório do recém-nascido, esses comportamentos incluem chorar, fazer contato visual, apegar-se, abraçar e responder aos esforços dos cuidadores sendo acalmados.

Neste estágio, há pouca evidência de que o bebê esteja apegado aos pais. Não obstante, as raízes do apego estão estabelecidas. O bebê está construindo expectativas e esquemas sobre padrões de interação com os pais, bem como desenvolvendo a capacidade de discriminar mamãe e papai de outros em muitos contextos.

Fase 2: Foco em uma ou mais figuras Aos 3 meses, o bebê começa a usar seus comportamentos de apego um pouco mais restritamente. Ele pode sorrir mais para as pessoas que cuidam dele regularmente e pode não sorrir facilmente para um estranho. O bebê ainda não tem um apego completo, contudo. A criança ainda favorece um número de pessoas com seus comportamentos promotores de proximidade, e nenhuma pessoa tornou-se ainda a "base segura". As crianças nesta fase não apresentam ansiedade especial ao serem separadas de seus pais nem medo de estranhos.

Fase 3: Comportamento de base segura Apenas aos 6 meses, aproximadamente, de acordo com Bowlby, o bebê forma um apego genuíno – em torno da mesma época em que ele desenvolve algum entendimento preliminar de que objetos e pessoas continuam a existir quando estão fora de vista (permanência do objeto). Pela primeira vez, o bebê usa a pessoa "mais importante" como uma base segura a partir da qual explora o mundo à sua volta – um dos sinais fundamentais de que um apego existe. Visto que os bebês de 6 a 7 meses começam a ser capazes de se movimentar pelo mundo mais livremente arrastando-se e engatinhando, ele pode se mover na direção do cuidador, bem como induzir o cuidador a vir até ele. Portanto, os comportamentos de apego mudam de sinais de "venha cá" (promotor de proximidade) para o que Ainsworth chama de comportamentos de *busca de proximidade*, que poderiam ser concebidos como comportamentos de "vá lá".

Há alguns meses, este bebê provavelmente se deixaria ser pego no colo por qualquer pessoa sem nenhuma ansiedade; agora de repente ele tem medo de estranhos. Os pais frequentemente ficam confusos com esse comportamento, mas ele é absolutamente normal.

Uma vez que a criança tenha desenvolvido um apego claro, diversos comportamentos relacionados também aparecem. Um desses é o referenciamento social, sobre o qual você leu no Capítulo 5. A criança de 10 meses usa sua capacidade de discriminar entre várias expressões faciais para orientar seu comportamento de base segura. Ele começa a observar a expressão facial da mamãe e do papai antes de decidir se aventurar em alguma situação nova. Aproximadamente na mesma idade ou um pouco mais cedo, os bebês também costumam demonstrar medo de estranhos e ansiedade de separação.

Medo de estranhos e ansiedade de separação O medo de estranhos e a ansiedade de separação são duas formas de sofrimento raras antes dos 5 ou 6 meses; eles aparecem em algum momento entre os 6 e os 9 meses, aumentam em frequência em torno dos 12 aos 16 meses, e diminuem após aproximadamente os 24 meses. Os achados de pesquisa não são inteiramente consistentes, mas parece que o medo de estranhos normalmente aparece primeiro, em torno do mesmo período em que os bebês apresentam reações medrosas em outras situações. A ansiedade de separação começa um pouco mais tarde, mas continua a ser visível por um período mais longo, um padrão esquematizado na Figura 11.1.

Esses aumentos no medo de estranhos e na ansiedade de separação foram observados em crianças de inúmeras culturas diferentes e em crianças criadas tanto em casa quanto em creches nos Estados Unidos, o que sugere que alguma escala evolutiva básica relacionada a idade está por baixo desse padrão (Kagan e Herschkowitz, 2005; Kagan, Kearsley e Zelazo, 1978). Virtualmente todas as crianças apresentam ao menos formas leves desses dois tipos de sofrimento, embora a intensidade da reação varie amplamente. Alguns bebês protestam brevemente; outros são virtualmente inconsoláveis. Um pouco dessa variação sem dúvida reflete diferenças temperamentais básicas na inibição comportamental (Kagan et al., 1994). O temor aumentado também pode ser uma resposta a alguma revolução ou algum estresse na vida da criança, tal como uma mudança recente ou uma mudança na rotina diária. Seja qual for a origem dessas variações no temor, o padrão eventualmente diminui na maioria das crianças pequenas tipicamente na metade do segundo ano.

Apego a mãe e pai A partir dos 7 ou 8 meses, quando apegos fortes são observados pela primeira vez, os bebês preferem o pai ou a mãe a um estranho. E quando tanto o pai quanto a mãe estão disponíveis, um bebê sorrirá para ou se aproximará de um ou de ambos, exceto quando ele estiver com medo ou sob estresse. Quando isso acontece, especialmente entre as idades de 8 e 24 meses, a criança tipicamente volta-se para a mãe em vez do pai (Lamb, Bornstein e Teti, 2002).

Como se poderia esperar, a força do apego da criança ao pai nessa idade parece estar relacionada à quantidade de tempo que o pai tem passado com ela. Em um estudo anterior, por exemplo, Gail Ross verificou que podia prever o apego de um bebê ao pai sabendo quantas fraldas o pai trocava em uma semana típica. Quanto mais fraldas, mais forte o apego (Caldera, 2004; Ross, Kagan, Zelazo e Kotelchuk, 1975). Mas muito tempo com o pai não parece ser o único elemento, visto que Michael Lamb e colaboradores (1983) verificaram que bebês cujos pais tinham sido os principais cuidadores por pelo um mês no primeiro ano de vida não obstante eram mais fortemente apegados a suas mães do que a seus pais. Para o pai ser consistentemente preferido à mãe seria preciso provavelmente cuidado paterno em tempo integral. Na medida em que essa opção torna-se cada vez mais comum, será possível estudar esses pares de pai-filho para verificar se os bebês desenvolvem uma preferência pelo pai.

Visto que crianças em idade escolar ficam mais tempo longe de casa, passando cada vez mais tempo com o grupo de iguais, é tentador supor que eles sejam menos fortemente apegados a seus pais. Mas essa suposição é errada. As crianças dessa idade ainda dependem de seus pais para terem uma base segura.

Culturas com cuidado compartilhado do bebê Você pode estar imaginando se os padrões de apego variam quando um bebê tem mais de um cuidador primário (Tronick, 2007). Em um estudo clássico, Edward Tronick e colaboradores (1992) estudaram um grupo pigmeu chamado Efe, que habitam as florestas do Zaire. Eles vivem em pequenos grupos de talvez 20 indivíduos em campos, cada um consistindo de diversas famílias extensas. Os bebês nessas comunidades são cuidados coletivamente nos primeiros meses e anos de vida. Eles são carregados e segurados por todas as mulheres adultas e interagem regularmente com muitos adultos diferentes. Eles podem mesmo ser amamentados por outras mulheres, embora normalmente durmam com suas mães.

Tronick e colaboradores relatam duas coisas de particular interesse sobre o primeiro apego neste grupo. Primeiro, os bebês Efe parecem usar virtualmente qualquer adulto ou criança mais velha em seu mundo como uma base segura; isso sugere que eles podem não ter um único apego central. Segundo, a partir dos 6 meses, aproximadamente, o bebê Efe não obstante parece insistir em ficar mais com sua mãe e a preferi-la a outras mulheres, embora as outras continuem a ajudar a cuidar da criança. Portanto, mesmo em uma organização de criação extremamente comunal, algum sinal de um apego central é evidente, embora possa ser menos dominante.

Apegos na primeira infância Em torno dos 2 ou 3 anos, embora o apego da criança à mãe e ao pai permaneça poderoso, a maioria dos comportamentos de apego torna-se menos continuamente visíveis. As crianças dessa idade são suficientemente avançadas cognitivamente para entender a mãe se ela explicar por que está saindo e disser que voltará, para que a ansiedade de separação delas diminua. Elas podem até mesmo usar uma fotografia de suas mães como uma "base segura" para exploração em uma situação estranha (Passman e Longeway, 1982), que reflete outro avanço cognitivo. Aos 3 ou 4 anos, uma criança também pode usar planos compartilhados oferecidos pelos pais ("Eu estarei em casa depois da sua sesta") para diminuir sua possível ansiedade de separação (Crittenden, 1992). Os comportamentos de apego naturalmente não desapareceram completamente. Crianças de 2 anos ainda querem sentar no colo da mamãe ou do papai; elas ainda têm a probabilidade de buscar alguma proximidade quando a mãe retorna após um período de ausência. Mas em situações não assustadoras ou não estressantes, crianças pequenas e pré-escolares são capazes de se afastar cada vez mais de sua base segura sem sofrimento aparente.

Bowlby se referiu a essa nova forma de apego como uma **parceria de objetivo corrigido** (Bowlby, 1969). O objetivo do bebê, para colocar de forma mais simples, é sempre ter a figura de apego ao alcance da visão ou do toque. O objetivo da criança pré-escolar também é estar "em contato" com o pai, mas o "contato" não mais requer presença física constante. A criança pré-escolar não apenas entende que sua mãe continuará a existir quando ela não estiver ali; ela também entende agora que o relacionamento continua a existir mesmo quando os parceiros estão separados. Isso permite que a criança pequena ou em idade pré-escolar modifique ("corrija") seu objetivo de contato com sua figura de apego iniciando um planejamento colaborativo: concordando sobre quando e como os dois estarão juntos, por exemplo, ou o que a criança fará se ficar assustada ou ansiosa, ou quem será a pessoa de segurança substituta.

Embora os adolescentes tenham mais conflitos com os pais do que as crianças menores, eles continuam a manter fortes apegos com eles.

Apegos na meninice No ensino fundamental, comportamentos de apego manifestos tais como agarramento e choro são ainda menos visíveis, portanto é fácil esquecer o fato de que as crianças dessa idade ainda estão fortemente apegadas a seus pais. A criança do ensino fundamental pode assumir a responsabilidade primária por manter contato com o pai (Kerns, 1996), mas ela quer saber que mamãe e papai estarão lá quando ela precisar deles. Essa necessidade é mais provável de aparecer quando a criança enfrenta alguma situação estressante, talvez o primeiro dia de escola, uma doença ou revolução na família, ou a morte de um animal de estimação. Visto que menos experiências são novas e potencialmente estressantes para a criança de 7 ou 8 anos do que para os pré-escolares, há muito menos comportamento de base segura óbvio e menos afeição declarada expressada pela criança para com o pai (Maccoby, 1984). Essas mudanças, entretanto, não significam que o apego da criança ao pai enfraqueceu. Na verdade, separações prolongadas dos pais podem ser extremamente estressantes para crianças em idade escolar (Smith, Lalonde e Johnson, 2004).

Relacionamentos entre pai e filho na adolescência

Objetivo da aprendizagem 11.4
Quais são as características dos relacionamentos entre pais e filho na adolescência?

Na adolescência, a forma dos comportamentos de apego muda um pouco, porque os adolescentes têm duas tarefas aparentemente contraditórias em seus relacionamentos com seus pais: estabelecer autonomia em relação aos pais e manter seu senso de relação (apego) com eles. A pressão por autonomia se mostra no conflito crescente entre o pai e o adolescente; a manutenção de conexões é vista na continuidade do forte apego da criança ao pai.

Aumentos no conflito O aumento no conflito com os pais quando as crianças entram na adolescência foi repetidamente documentado (Steinberg e Silk, 2002). Na maioria das famílias, há um aumento nas brigas e nos conflitos leves sobre problemas cotidianos como tarefas ou direitos pessoais – se o adolescente tem permissão para usar um estilo de cabelo bizarro ou determinadas roupas ou se e quando o adolescente deve realizar tarefas domésticas. Os adolescentes e seus pais também interrompem uns aos outros mais frequentemente e tornam-se mais impacientes uns com os outros. Eles também podem discutir sobre a idade em que privilégios como namorar devem ser concedidos (Cunningham, Swanson, Spencer e Dupree, 2003).

Esse aumento na discórdia é amplamente encontrado, mas é importante não supor que ele signifique uma ruptura importante da qualidade do relacionamento entre pai e filho. Laurence

parceria de objetivo corrigido Termo usado por Bowlby para descrever a forma do apego de criança-pai nos anos pré-escolares, no qual os dois parceiros, através da melhor comunicação, negociam a forma e a frequência de contato entre eles.

Steinberg, um dos pesquisadores mais respeitados nessa área, estima que relativamente poucas famílias nos Estados Unidos experimentem uma deterioração substancial ou invasiva na qualidade dos relacionamentos entre pais e filhos nos anos da adolescência (Steinberg e Silk, 2002). As famílias com mais alto risco para conflito persistentemente aumentado são aquelas nas quais os pais têm um histórico de baixos níveis de afeto e sustentação em relação a seus filhos nos primeiros anos e continuam esse padrão durante a adolescência (Rueter e Conger, 1995; Silverberg e Gondoli, 1996). Quando os pais expressam afeto e sustentação e estão abertos para ouvir as opiniões e discordâncias do adolescente, o período de conflito aumentado parece ser relativamente breve.

Se o aumento no conflito não sinaliza que o relacionamento está se desintegrando, o que isso significa? Uma variedade de teóricos sugeriram que a discórdia temporária, longe de ser um evento negativo, pode ser uma parte saudável e necessária da formação da identidade do adolescente durante o desenvolvimento. A fim de se tornar sua própria pessoa, o adolescente necessita afastar-se dos pais, discordar deles, tentar seus próprios limites – um processo de **individuação** não diferente daquele visto na criança pequena que começa a dizer "não" para os pais durante o famoso período denominado os terríveis dois anos (Grotevant e Cooper, 1985).

O padrão de causas para o conflito entre pai e adolescente é obviamente complexo. Alterações hormonais podem estar causalmente ligadas a aumentos na assertividade, talvez especialmente entre os meninos. As reações dos pais às alterações puberais também podem ser partes altamente importantes da mistura. Alterações puberais visíveis, incluindo a menarca, alteram as expectativas dos pais em relação ao adolescente e aumentam a preocupação deles sobre orientar e controlar o adolescente para ajudá-lo a evitar as armadilhas de um nível tão grande de independência.

Apego aos pais Paradoxalmente, em meio a esse distanciamento e conflito familiar temporariamente aumentado, os apegos emocionais subjacentes dos adolescentes a seus pais permanecem fortes. Os resultados de um estudo clássico de Mary Levitt e colaboradores (1993) ilustram a questão. Levitt entrevistou crianças afro-americanas, hispano-americanas e americanas brancas de 7, 10 e 14 anos. A todas elas foi mostrado um desenho com um conjunto de três círculos concêntricos. Elas foram instruídas a colocar no círculo mais interno os nomes daquelas "pessoas que são as mais próximas e importantes para você – pessoas que você mais ama e que o amam mais". No próximo círculo externo, as crianças foram instruídas a colocar os nomes de "pessoas que não são tão próximas, mas que são importantes – pessoas que você realmente ama ou gosta, mas não tanto quanto as pessoas no primeiro círculo". O último círculo continha nomes de membros um pouco mais distantes desse "comboio" especial. Para cada pessoa listada, o entrevistador então indagava sobre o tipo de apoio que aquela pessoa fornecia.

Levitt verificou que para todos os três grupos raciais ou étnicos, em todas as três idades, pais e outros familiares próximos eram de longe os mais prováveis de serem colocados no círculo interno. Mesmo adolescentes de 14 anos raramente colocaram amigos nessa posição. Portanto os pais permanecem centrais. Ao mesmo tempo, fica claro pelos resultados de Levitt que os amigos tornam-se fontes de apoio cada vez mais importantes, como se pode ver na Figura 11.2. Ela mostra a quantidade total de apoio que as crianças e os adolescentes descreveram de cada fonte. Os amigos claramente forneciam mais apoio para os adolescentes de 14 anos do que para as crianças menores, um padrão que é claro para todos os três grupos.

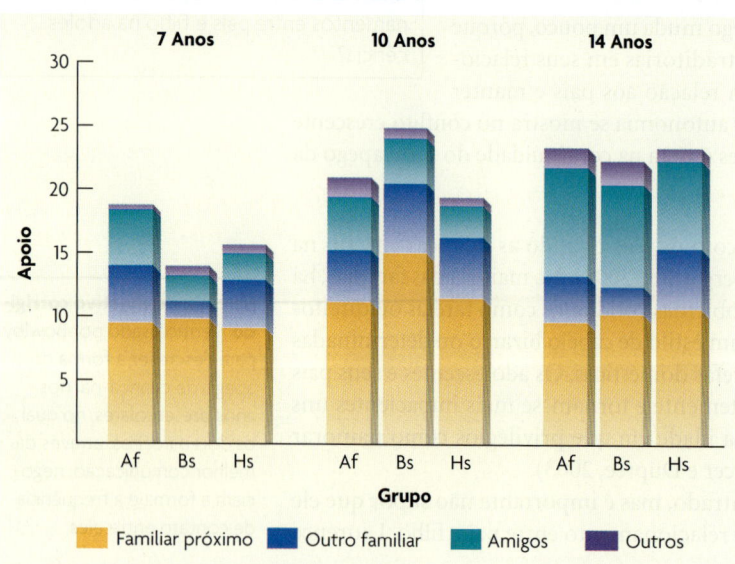

Em geral, o senso de bem-estar e felicidade de um adolescente está mais fortemente correlacionado à qualidade de seu apego a seus pais do que à qualidade de seus apegos a seus amigos (Raja, McGee e Stanton, 1992; van Brakel, Muris, Bögels e Thomassen, 2006). De fato, bons relacionamen-

---

individuação O processo de separação psicológica, social e física dos pais que inicia na adolescência.

Figura 11.2 O comboio social

Crianças e adolescentes afro-americanos (Af), americanos brancos (Bs) e hispano-americanos (Hs) foram indagados sobre a quantidade e o tipo de apoio que recebiam de vários membros de seu "comboio social". Note que para os adolescentes, os amigos se tornam fontes de apoio mais significativas, mas os pais não se tornam substancialmente menos importantes.

(*Fonte*: M. Levitt, N. Guacci-Franco e J. Levitt. "Convoys of social support in childhood and early adolescence: Structure and function". *Development Psychology*, 29 (1993): p. 815. Copyright©1993 pela American Psychological Association. Reimpressa com permissão da American Psychological Association e de M. Levitt.)

tos com pais e amigos parecem andar de mãos dadas durante a adolescência. Adolescentes que são próximos de seus pais também têm mais probabilidade de desfrutar de relacionamentos positivos com seus amigos (Allen, Porter, McFarland, Marsh e McElhaney, 2005; Turnage, 2004; Weimer, Kerns e Oldenburg, 2004; Zimmermann, 2004). Além disso, quanto mais forte o senso de ligação (apego) que um adolescente tem com seus pais, menos probabilidade ele tem de se envolver em qualquer um dos comportamentos arriscados ou delinquentes sobre os quais você aprendeu no Capítulo 4 (Brook, Whiteman, Finch e Cohen, 2000; Resnick et al., 1997). Portanto, mesmo enquanto o adolescente está se tornando mais autônomo, os pais continuam a fornecer uma base segura psicológica altamente importante.

Variações na qualidade dos apegos

Vá até uma creche e observe a forma como bebês ou crianças pequenas recebem seus pais ao final do dia. Alguns ficam tranquilamente satisfeitos por verem papai e mamãe; outros podem correr para o pai, chorar e ficar agarrados; outros ainda podem mostrar pouco interesse. Todas essas crianças podem ter formado um apego a seus pais, mas a qualidade desses apegos difere marcadamente.

Apegos seguro e inseguro

> **Objetivo da aprendizagem 11.5**
> De que forma o comportamento de bebês com apego seguro ou inseguro difere?

Todos os teóricos do apego compartilham da suposição de que o primeiro relacionamento de apego é o ingrediente mais influente na criação do modelo funcional da criança. As variações nesse primeiro relacionamento de apego são quase universalmente descritas usando o sistema de categoria de Mary Ainsworth (Ainsworth et al., 1978). Ela diferenciou entre *apego seguro* e dois tipos de *apego inseguro*, que avaliou usando um procedimento chamado situação estranha.

A **situação estranha** consiste de uma série de episódios em um laboratório, tipicamente usada quando a criança tem entre 12 e 18 meses. A criança primeiro passa um tempo com a mãe e, então, com a mãe e um estranho; após, a criança é deixada sozinha com o estranho, então completamente sozinha por alguns minutos; ela é reunida com a mãe, deixada sozinha novamente e, finalmente, reunida primeiro com o estranho e, então, com a mãe. Ainsworth sugeriu que as reações das crianças a essas situações indicavam um de três tipos de apego: **apego seguro**, demonstrado por uma criança que usa o pai como base segura e é facilmente consolada após a separação, e dois tipos de **apego inseguro**, demonstrados por uma criança que ou apresenta pouca preferência pela mãe acima de um estranho (a criança *insegura/desligada* ou *insegura/evitante*) ou é desconfiada de estranhos e perturbada na separação, mas não é tranquilizada pelo retorno da mãe (a criança *insegura/resistente* ou *insegura/ambivalente*). Mary Main sugeriu um quarto tipo de apego, que ela chama de *inseguro/desorganizado/desorientado* (Main e Solomon, 1990).

Algumas das características dos diferentes tipos de apego são listados na Tabela 11.1. À medida que você lê as descrições, observe que a criança chorar quando é separada de sua mãe não é um indicador útil da segurança de seu apego. O crucial é todo o padrão de respostas da criança à situação estranha, e não qualquer uma das respostas.

Origens dos apegos seguro e inseguro Estudos das interações entre pai-filho sugerem que um ingrediente crucial para um apego seguro é a *disponibilidade emocional* da parte do cuidador (Biringen, 2000). Um cuidador emocionalmente disponível é aquele capaz de e disposto a formar um apego emocional com o bebê. Por exemplo, pais econômica ou emocionalmente aflitos podem ficar tão distraídos por seus próprios problemas que não conseguem investir emoção no relacionamento com seus filhos. Esses pais podem satisfazer as necessidades físicas do bebê – alimentar, trocar as fraldas, etc. – mas serem incapazes de responder emocionalmente,

Inúmeros estudos (incluindo algumas pesquisas interculturais) sugerem ainda que tanto a aceitação do bebê pelos pais quanto algum aspecto de sensibilidade para com a criança – uma qualidade que foi medida e recebeu vários rótulos, incluindo *sincronia*, *mutualidade* e *responsividade contingente* – também são necessários para a formação de um relacionamento de apego

situação estranha Uma série de episódios usados por Mary Ainsworth e outros em estudos do apego. A criança é observada com a mãe, sozinha com um estranho, quando reunida com o estranho e quando reunida com a mãe.

apego seguro Um modelo funcional interno de relacionamentos no qual a criança usa o pai como uma base segura e é facilmente consolada após separação, quando com medo ou quando estressada.

apego inseguro Um modelo funcional interno de relacionamentos no qual a criança não usa prontamente o pai como uma base segura e não é facilmente consolada pelo pai se perturbada. Inclui três subtipos de apego: evitante, ambivalente e desorganizado/desorientado.

Tabela 11.1 Categorias de apego seguro e inseguro na situação estranha de Ainsworth

Categoria	Comportamento
Apego seguro	A criança se separa facilmente da mãe e se torna facilmente absorvida em exploração; quando ameaçada ou com medo, a criança ativamente busca contato e é facilmente consolada; a criança não evita ou resiste a contato se a mãe iniciá-lo. Quando reunida com a mãe após ausência, a criança a recebe positivamente ou é facilmente acalmada se perturbada. Prefere claramente a mãe a estranhos.
Apego inseguro (desligado/evitante)	A criança evita contato com a mãe, especialmente na reunião após uma ausência. Não resiste aos esforços da mãe, mas não busca muito contato. Não mostra preferência pela mãe sobre um estranho.
Apego inseguro (resistente/ambivalente)	A criança mostra pouca exploração e é cautelosa com estranhos. Muito perturbada quando separada da mãe, mas não é tranquilizada pelo seu retorno ou por seus esforços de confortá-la. A criança tanto busca quanto evita contato em momentos diferentes. Pode demonstrar raiva em relação à mãe na reunião e resiste tanto a conforto quanto a contato com estranhos.
Apego inseguro (desorganizado/desorientado)	Comportamento atordoado, confusão ou apreensão. A criança pode apresentar padrões de comportamento simultâneos contraditórios, tais como movimentar-se na direção da mãe enquanto mantém o olhar desviado dela.

Fontes: Ainsworth et al., 1978; Carlson e Sroufe, 1995; Main e Solomon, 1990.

(Posada et al., 2002). Essa qualidade chave é mais do que meramente amor e afeição. Para serem classificados como sensíveis, ou com alta responsividade contingente, os pais devem estar sintonizados aos sinais e indícios da criança, e precisam responder adequadamente. Eles sorriem quando o bebê sorri, falam com o bebê quando ele vocaliza, o pegam no colo quando ele chora, e assim por diante (Ainsworth e Marvin, 1995; Sroufe, 1996). A certeza dos desenvolvimentalistas de que esse tipo de responsividade é um ingrediente-chave na formação do apego seguro foi fortalecida por estudos experimentais mostrando que treinar mães que demonstram insensibilidade para se tornarem mais sensíveis é altamente efetivo. Esses estudos mostram efeitos de longo prazo tanto no comportamento das mães quanto na segurança do apego dos bebês (van Doesum, Riksen-Walraven, Hosman e Hoefnagels, 2008).

Cada uma das diversas subvariedades de apego inseguro também tem outros antecedentes distintos. Por exemplo, um padrão de apego desorganizado/desorientado parece especialmente provável quando a criança foi abusada ou tem pais que tiveram algum trauma em sua própria infância, como abuso ou a morte prematura de um dos pais (Cassidy e Berlin, 1994; Main e Hesse, 1990). Um padrão inseguro é mais comum quando a mãe é inconsistente ou inconstantemente disponível para a criança. As mães podem demonstrar tal indisponibilidade ou negligência periódica por uma variedade de razões, a mais comum é a depressão (van Doesum et al., 2008). Quando a mãe rejeita o bebê ou regularmente (em vez de intermitentemente) evita contato com ele, o bebê tem mais probabilidade de apresentar um padrão de apego evitante.

Qualidade do apego entre culturas Estudos em uma variedade de países apontaram a possibilidade de que os apegos seguros também podem ser influenciados pela cultura (Carlson e Harwood, 2003). As análises mais completas vieram de um psicólogo holandês, Marinus van IJzendoorn, que examinou os resultados de 32 estudos separados em oito países diferentes. A Tabela 11.2 mostra a porcentagem de bebês classificados em cada categoria para cada país. Precisamos ter cautela para não supergeneralizar a informação, porque na maioria dos casos há apenas um ou dois estudos de um determinado país, normalmente com amostras bastante pequenas. O único estudo da China, por exemplo, incluiu apenas 36 bebês. Contudo, os achados fazem pensar.

O mais notável sobre os dados na Tabela 11.2 é sua consistência. Em cada um dos oito países, um apego seguro é o padrão mais comum, encontrado em mais da metade de todos os bebês estudados; em cinco dos oito países, um padrão evitante é a mais comum das duas formas de apego inseguro. Apenas em Israel e no Japão esse padrão se inverteu significativamente. Como essas diferenças podem ser explicadas?

Tabela 11.2 Apegos seguro e inseguro em diferentes culturas

País	Número de estudos	Porcentagem de crianças apresentando cada tipo de apego		
		Seguro	Evitante	Ambivalente
Alemanha Ocidental	3	56,6	35,3	8,1
Grã-Bretanha	1	75,0	22,2	2,8
Holanda	4	67,3	26,3	6,4
Suécia	1	74,5	21,6	3,9
Israel	2	64,4	6,8	28,8
Japão	2	67,7	5,2	25,0
China	1	50,0	25,0	25,0
Estados Unidos	18	64,8	21,1	14,1
Média global		65%	21%	14%

Fonte: Baseado na Tabela 1, de van IJzendoorn e Kroonenberg, 1988, p. 150-151.

Uma possibilidade é que a situação estranha simplesmente não seja uma medida apropriada de segurança do apego em todas as culturas. Por exemplo, visto que os bebês japoneses raramente são separados de suas mães no primeiro ano de vida, ser deixado totalmente sozinho no meio da situação estranha pode ser muito mais estressante para eles, o que poderia resultar em choro mais intenso, inconsolável e, consequentemente, uma classificação de apego ambivalente. O argumento contrário é que as comparações das reações de crianças pequenas na situação estranha sugerem poucas diferenças culturais em comportamentos como busca de proximidade ou evitação da mãe, todas as quais levam a mais confiança de que a situação estranha esteja controlando processos semelhantes entre crianças em muitas culturas (Sagi, van IJzendroorn e Koren-Karie, 1991).

Também é possível que o significado de um padrão "seguro" ou "evitante" seja diferente em diferentes culturas, mesmo quando as porcentagens de cada categoria são semelhantes. Pesquisadores alemães, por exemplo, sugeriram que, em sua cultura, uma classificação insegura-evitante pode refletir não indiferença pela mãe, mas, antes, treinamento explícito para maior independência no bebê (Grossmann, Grossmann, Spangler, Seuss e Unzner, 1985).

Por outro lado, a pesquisa em Israel (Sagi, 1990) mostra que a classificação de apego derivado da situação estranha prediz as habilidades sociais futuras do bebê mais ou menos da mesma forma que para amostras nos Estados Unidos, que sugere que o sistema de classificação é válido em ambas as culturas. A hipótese mais plausível é que os mesmos fatores na interação mãe-bebê contribuem para apegos seguros e inseguros em todas as culturas e que esses padrões refletem modelos internos semelhantes. Mas será preciso mais pesquisa como o trabalho israelense, no qual os resultados de longo prazo das várias categorias são estudados, antes que os desenvolvimentalistas possam ter certeza se isso está correto.

Bebês japoneses passam mais tempo com suas mães do que bebês em culturas ocidentais. Como resultado, eles podem exibir mais sofrimento durante a situação estranha e serem inadequadamente classificados como demonstrando apego ambivalente.

Temperamento e apego

Objetivo da aprendizagem 11.6
Como o temperamento do bebê influencia o processo do apego?

O momento geral do desenvolvimento de comportamentos de apego é o mesmo em virtualmente todas as crianças. Entretanto, a intensidade emocional do relacionamento varia consideravelmente de uma criança para outra. Por exemplo, os bebês diferem amplamente em quanto medo eles demonstram em relação a estranhos ou em relação a situações novas. Alguma diferença pode refletir variações temperamentais básicas (Kagan, 1994). Temor aumentado também pode ser uma resposta a algum transtorno ou estresse na vida da criança, como uma mudança recente ou a mudança de emprego de um dos pais.

Diferenças individuais no temperamento do bebê também podem estar relacionadas à segurança do apego (Zeanah e Fox, 2004). Generalizando, bebês fáceis, definidos pelo sistema de Thomas e Chess (sobre o qual você leu no Capítulo 9), têm mais probabilidade de serem seguramente apegados do que bebês nas outras duas categorias (Goldsmith e Alansky, 1987; Seifer, Schiller, Sameroff, Resnick e Riordan, 1996; Vaughn et al., 1992). O relacionamento faz sentido se você pensar sobre os traços de bebês nos grupos difícil e de aquecimento lento. Bebês difíceis resistem ativamente a serem confortados; consequentemente, um pai pode ficar desencorajado a estabelecer um relacionamento sustentador com um bebê difícil. Igualmente, bebês de aquecimento lento são menos responsivos a comportamentos parentais dirigidos a eles, e os pais desses bebês podem reduzir a frequência de comportamentos dirigidos a seus filhos irresponsivos. O resultado é que o tipo de relacionamentos de troca mais fáceis que os bebês experimentam com seus pais pode nunca se desenvolver para bebês difíceis ou de aquecimento lento (Laible, Panfile e Makariev, 2008).

É importante lembrar, entretanto, que uma correlação é apenas uma correlação, e certamente não sugere que todos os bebês fáceis desenvolvem apegos seguros ou que todos os bebês dos outros dois tipos temperamentais são inseguramente apegados. De fato, a maioria dos bebês em todas as três categorias de temperamento são seguramente apegados (van IJzendoorn et al., 1992). Além disso, se o temperamento do bebê ditasse a qualidade do apego, seria altamente improvável ver bebês que são seguramente apegados a um dos pais, mas inseguramente apegados ao outro. Na realidade, esse é um achado de pesquisa muito comum (Goossens e van IJzendoorn, 1990).

Por essas razões, os desenvolvimentalistas propõem que não é o temperamento, *per se*, que influencia o apego. Antes, o apego é influenciado pelo **grau de adequação** entre o temperamento do bebê e seu ambiente (Thomas e Chess, 1977). Por exemplo, se os pais de um menino irritável são bons em tolerar sua irritabilidade e persistem no estabelecimento de um relacionamento sincrônico com ele, então sua irritabilidade não leva ao desenvolvimento de um apego inseguro.

grau de adequação O grau com que o ambiente de um bebê e seu temperamento funcionam juntos.

> **Objetivo da aprendizagem 11.7**
> Em que grau as classificações de apego são estáveis e quais são suas consequências a longo prazo?

Estabilidade e consequências de longo prazo da qualidade do apego

As variações na qualidade do primeiro apego de uma criança persistem com o passar do tempo? Essa pergunta é particularmente importante para aqueles pesquisadores e terapeutas que estão preocupados com o fato de os efeitos de abuso ou negligência ou outras fontes de apego inseguro precoces serem permanentes.

Estabilidade da classificação do apego Tanto consistência quanto inconsistência são evidentes nos relacionamentos de apego com o passar do tempo (Ranson e Urichuk, 2008). De acordo com uma revisão da pesquisa relevante realizada por Judith Crowell e Stuart Hauser (2008), um achado importante que surgiu em muitos estudos longitudinais é que apegos seguros parecem ser mais estáveis que apegos inseguros. Além disso, a estabilidade de uma classificação de apego depende das circunstâncias de vida de um indivíduo. Quando o ambiente familiar ou as circunstâncias de vida da criança são razoavelmente consistentes, a segurança ou insegurança do apego geralmente também permanece constante, mesmo durante muitos anos (Weinfield e Egeland, 2004).

O próprio fato de que a segurança de uma criança pode mudar de uma hora para outra não refuta a noção de apego como um modelo funcional interno. Bowlby sugeriu que para os primeiros dois ou três anos de vida, o padrão particular de apego demonstrado por uma criança é, em certo sentido, uma propriedade de cada relacionamento específico. Por exemplo, estudos de apegos de crianças pequenas a mães e pais mostram que, em muitos casos, a criança é seguramente apegada a um dos pais e inseguramente apegada ao outro, com ambas as possíveis combinações igualmente representadas (Schoppe-Sullivan et al., 2006). É a qualidade do relacionamento em particular que determina a segurança da criança com aquele adulto específico. Se aquele relacionamento muda de maneira significativa, a segurança do apego do bebê àquele indivíduo também pode mudar. Entretanto, Bowlby afirmou que, em torno dos 4 ou 5 anos, o modelo funcional interno torna-se mais geral, mais uma propriedade da criança, mais generalizado entre os relacionamentos e, portanto, mais resistente à mudança. Naquele ponto, a criança tende a impor seu modelo funcional a novos relacionamentos, incluindo rela-

Essa criança de uma escola de ensino fundamental parece ter um apego seguro com seu pai. Pesquisas sobre as classificações de estabilidade do apego sugerem que a qualidade segura do relacionamento foi estabelecida quando a menina era um bebê.

cionamentos com professores e colegas. Portanto, uma criança pode "recuperar-se" de um apego inicialmente inseguro ou perder um apego seguro. A consistência com o passar do tempo é mais típica, tanto porque os relacionamentos das crianças tendem a ser razoavelmente estáveis para os primeiros anos, quanto porque uma vez que o modelo interno é claramente formado, ele tende a se perpetuar.

Consequências de longo prazo do apego seguro e inseguro O sistema de classificação de Ainsworth revelou-se extremamente útil para prever uma variedade bastante ampla de outros comportamentos em crianças pequenas e mais velhas. Dezenas de estudos (Carlson, Sampson e Sroufe, 2003; Diener, Isabella, Behunin e Wong, 2008) mostram que, comparado a crianças classificadas como inseguramente apegadas, crianças seguramente apegadas a suas mães na fase de bebê são mais sociáveis no futuro, mais positivas em seu comportamento com amigos e irmãos, menos "aderentes" e dependentes dos professores, menos agressivas e disruptivas, mais empáticas e mais emocionalmente maduras em suas abordagens a ambientes escolares e outros ambientes fora de casa.

Na adolescência, aqueles que foram classificados como seguramente apegados na infância ou que são classificados como seguros com base em entrevistas recentes têm mais amigos íntimos (Bauminger, Finzi-Dottan, Chason e Har-Even, 2008). Aqueles com apegos inseguros – particularmente aqueles com apegos evitantes – não apenas têm menos amizades positivas e apoiadoras na adolescência, mas também têm mais probabilidade de tornarem-se sexualmente ativos cedo e de praticarem sexo mais arriscado (Carlson, Sroufe e Egeland, 2004; O'Beirne e Moore, 1995).

Uma demonstração particularmente clara de algumas dessas ligações vem de um estudo longitudinal de Alan Sroufe e colaboradores (Sroufe, Egeland, Carlson e Collins, 2005). Esses pesquisadores avaliaram a segurança do apego de um grupo de várias centenas de bebês e acompanharam as crianças durante a infância e a adolescência, as testando e observando-as em intervalos regulares. Algumas de suas observações foram de participantes convidados a frequentar um acampamento de verão especialmente planejado durante o início da adolescência. Os conselheiros avaliaram cada criança em uma variedade de características, e os observadores anotaram com que frequência as crianças passavam o tempo juntas ou com os conselheiros. Naturalmente, nem os conselheiros nem os observadores sabiam qual tinha sido a classificação de apego inicial das crianças. Aquelas com histórico de apego seguro na infância foram classificadas como tendo mais autoconfiança e competência social. Elas obedeciam mais prontamente aos pedidos dos conselheiros, expressavam mais emoções positivas e tinham maior senso de sua capacidade de realizar coisas. Crianças seguras criavam mais amizades, especialmente com outras crianças seguramente apegadas, e participavam de mais atividades complexas quando brincando em grupos. Ao contrário, a maioria das crianças com histórico de apego inseguro mostravam algum tipo de padrão de comportamento desviante, tal como isolamento dos colegas, comportamento bizarro, passividade, hiperatividade ou agressividade. Apenas poucas das crianças seguramente apegadas mostraram algum desses padrões.

Qualidade do apego na idade adulta Estudos longitudinais mostram que os efeitos do estado do apego persistem até a idade adulta (Jones, 2008; Tideman, Nilsson, Smith e Stjernqvist, 2002). Adultos que eram seguramente apegados quando bebês percebem seus relacionamentos com suas mães diferentemente dos adultos que eram inseguramente apegados. A segurança do apego na infância pode até mesmo chegar aos relacionamentos românticos na idade adulta. Alguns estudos mostram que homens e mulheres que eram seguramente apegados a seus pais são mais sensíveis às necessidades de seus companheiros (Mikulincer e Shaver, 2005).

Os modelos internos de apego dos adultos afetam a forma como eles se comportam com seus próprios filhos. Para avaliar o grau com que eles o fazem, a psicóloga Mary Main e colaboradores desenvolveram uma entrevista padronizada de estado do apego para uso com adultos (Main, Hesse e Goldwyn, 2008; Main, Kaplan e Cassidy, 1985). Eles verificaram que o modelo funcional interno de apego de um adulto pode ser classificado como um de três tipos:

- *Seguro/autônomo/equilibrado.* Esses indivíduos valorizam relações de apego e consideram suas primeiras experiências influentes, mas são objetivos na descrição tanto de qualidades boas quanto de qualidades ruins. Eles falam coerentemente sobre suas primeiras experiências e têm pensamentos sobre o que motivou o comportamento de seus pais.
- *Desapegado ou evitativo.* Esses adultos minimizam a importância ou os efeitos das primeiras experiências familiares. Eles podem idealizar seus pais, talvez mesmo negando a existência de experiências negativas da infância. Eles enfatizam suas próprias forças pessoais.

- *Preocupado ou desorientado.* Esses adultos frequentemente falam sobre paternagem inconsistente ou de papel invertido. Eles ainda estão monopolizados por seus relacionamentos com seus pais, lutando ativamente para agradá-los ou apresentando muita raiva deles. Eles são confusos e ambivalentes, mas, ainda assim, empenhados.

Quando os modelos de apego dos adultos estão relacionados à segurança do apego exibida por seus filhos, o padrão esperado surge poderosamente: adultos com modelos de apego seguro a seus próprios pais têm muito mais probabilidade de ter bebês ou filhos pequenos com apegos seguros. Aqueles adultos com modelos rejeitadores têm mais probabilidade de ter bebês com apegos evitantes; aqueles com apegos preocupados têm mais probabilidade de ter bebês com apegos ambivalentes. Entre 20 estudos, o achado típico é o de que três quartos dos pares de mãe-bebê compartilham a mesma categoria de apego (van IJzendoorn, 1995, 1997). Diane Benoit encontrou uma consistência marcada através de três gerações: avós, mães jovens e bebês (Benoit e Parker, 1994).

A semelhança entre gerações parece ser resultado do próprio comportamento de cada mãe em relação a seu filho, que varia em função de seu próprio modelo funcional interno de apego (Steele, Hodges, Kaniuk, Hillman e Henderson, 2003). Mães seguramente apegadas são mais responsivas e sensíveis em seu comportamento com seus bebês ou filhos pequenos. Ao contrário, mães com apegos rejeitadores ou preocupados exibem comportamentos que podem interferir no desenvolvimento de apego seguro em seus filhos. Quando Emma Adam e colaboradores (2004) observaram interações entre mães e filhos de 2 anos em uma variedade de situações, constataram que mães preocupadas tendiam a exibir mais raiva, intromissão (ações que interferiam nas metas da criança) e emoções negativas em interações com seus filhos do que mães na categoria segura. Além disso, mães rejeitadoras tinham menos probabilidade do que mães seguras de exibir emoções positivas quando interagindo com seus filhos pequenos.

Crowell e Feldman (1988) também observaram que mães com modelos funcionais internos rejeitadores ou preocupados interpretavam o comportamento do filho muito diferentemente de mães seguras: uma mãe rejeitadora observou sua filha chorando através da janela de observação e disse "Olha, ela não se preocupa em ser deixada". Na reunião, ela disse para a criança "Por que você estava chorando? Eu não saí" (1991, p. 604). Portanto, o próprio modelo interno da mãe não apenas afeta seu comportamento real, mas também afeta o significado que ela atribui ao comportamento do filho, ambos os quais afetarão o modelo de apego em desenvolvimento da criança.

Relacionamentos com o grupo de iguais

Visto que a maioria das teorias de desenvolvimento social e da personalidade tem enfatizado fortemente a centralidade das interações de pai e filho, muitos psicólogos consideravam os relacionamentos com iguais muito menos importantes, até recentemente. Essa visão está agora mudando à medida que se torna evidente que os relacionamentos com o grupo de iguais tem um papel único e significativo no desenvolvimento de uma criança (Chen, He, Chang e Liu, 2005). Ou seja, a boa paternagem é mais efetiva quando as crianças se associam com iguais que exibem competência social. Inversamente, iguais antissociais podem arruinar os efeitos potencialmente positivos da boa paternagem. Portanto, os desenvolvimentalistas não pensam mais em relacionamentos parentais e de iguais como conjuntos de influências independentes. Naturalmente, as crianças têm relacionamentos com os pais antes de desenvolvê-los com o grupo de iguais. Nesta seção, discutiremos como os relacionamentos de iguais mudam com o passar dos anos da infância e adolescência.

> **Objetivo da aprendizagem 11.8**
> Quais são as características das interações entre grupos de iguais de bebês e pré-escolares?

Relacionamentos entre iguais na infância e nos anos pré-escolares

As crianças começam a mostrar algum interesse positivo por outros bebês pela primeira vez aos 6 meses. Se você colocar dois bebês dessa idade no chão um de frente para o outro, eles se tocarão, puxarão o cabelo e tentarão pegar na roupa um do outro. Aos 10 meses, esses comportamentos são ainda mais evidentes. Dos 14 aos 18 meses, duas ou mais crianças podem brincar juntas com brinquedos – ocasionalmente cooperando, mas com maior frequência simplesmente brincando lado a lado com diferentes brinquedos, um padrão que Mildred Parten (1932) descreveu pela primeira vez como **brincadeira em paralelo**. Bebês dessa idade expressam interesse uns nos outros, olhando fixo ou fazendo ruídos uns para os outros. Apenas em torno dos 18 meses, entretanto, é que as crianças mostram evidência de brincadeira coordenada, tal como quando uma criança persegue ou imita a ação da outra com algum brinquedo. Aos 3 ou 4 anos, as crianças parecem preferir brincar com seus iguais em vez de sozinhas, e sua brincadeira conjunta é muito mais cooperativa e coordenada, incluindo várias formas de brincadeira de faz de conta.

Os primeiros sinais de preferências de companheiros ou amizades também aparecem na criança pequena e nos anos pré-escolares (Hay, Payne e Chadwick, 2004). Algumas crianças mostram sinais de preferências específicas de companheiros já aos 18 meses; aos 3 ou 4 anos, mais da metade das crianças tem pelo menos uma amizade mútua, e muitas já desenvolveram um relacionamento de "melhor amigo" duradouro (Sebanc, Kearns, Hernadez e Galvin, 2007).

Certamente essas primeiras "amizades" não são tão profundas ou íntimas quanto aquelas entre pares de crianças mais velhas ou adolescentes. Amigos pequenos poucas vezes ignoram ofertas para interação uns dos outros. Contudo, esses pares mostram sinais inconfundíveis de que seu relacionamento é mais do que meramente uma fantasia passageira. Eles exibem mais afeto mútuo, mais reciprocidade, mais interações prolongadas, mais comportamento positivo e menos negativo, mais perdão e mais apoio em uma situação nova do que acontece com pares não amigos dessa mesma idade. Quando discutem, eles têm mais probabilidade de tentar apaziguar (Dunn, 1993; Hartup, Laursen, Stewart e Eastenson, 1988; Newcomb e Bagwell, 1995).

Há muitas razões para acreditar que a brincadeira precoce com um amigo é uma área altamente importante para as crianças praticarem uma série de habilidades sociais (Sebanc, 2003). Como diz John Gottman, a fim de brincar cooperativamente, os amigos "devem coordenar seus esforços com toda a virtuosidade de um quarteto de jazz perfeito" (1986, p. 3). Frequentemente, eles devem subjugar seus próprios desejos no interesse da brincadeira conjunta, o que requer alguma consciência dos sentimentos e desejos do outro, bem como uma capacidade de modular as próprias emoções. Você já sabe que essas habilidades cognitivas e de controle surgem durante os anos pré-escolares: o que a pesquisa sobre amizades revela é que a brincadeira com iguais, especialmente com amigos, pode ser um ingrediente crucial nesse desenvolvimento.

Aos 3 anos, a maioria das crianças realmente brinca junto de forma coordenada, ao invés de simplesmente brincar lado a lado.

Relacionamentos entre iguais na idade escolar

Objetivo da aprendizagem 11.9
Como os relacionamentos com o grupo de iguais mudam durante os anos escolares?

Durante as últimas décadas, os relacionamentos entre iguais tornaram-se cada vez mais importantes para crianças em idade escolar. Gradualmente, a quantidade de tempo que elas passam interagindo na escola, em ambientes de cuidados após a escola e por meio de comunicação eletrônica veio a ultrapassar a quantidade de tempo que elas passam em outras atividades (Neufeld e Maté, 2005). Como resultado, surgiram controvérsias em relação ao grau com que essa mudança para um tempo aumentado com o grupo e tempo diminuído com os pais é benéfica ou prejudicial para as crianças. Por exemplo, o psicólogo clínico Gordon Neufeld (Neufeld e Maté, 2005) afirmou que passar mais tempo com os pais do que com o grupo é essencial para a saúde mental das crianças. Em comparação, a pesquisadora Judith Rich Harris sugeriu precisamente o oposto (1998).

Amizades Embora muitas coisas tenham mudado, um aspecto dos relacionamentos entre iguais de crianças em idade escolar permaneceu inalterado com o passar dos anos. Comparadas a pré-escolares, crianças em idade escolar desenvolvem uma coleção maior de **amizades recíprocas** – pares nos quais cada criança nomeia a outra como amigo(a) ou como "melhor amigo(a)". Thomas Berndt, em diversos estudos (Berndt e Hoyle, 1985), verificou que a maioria das crianças de 1ª série têm apenas uma amizade recíproca. Esse número aumenta gradualmente durante o ensino fundamental, de modo que, na 8ª série, a criança média tem duas ou três amizades recíprocas. Se os pesquisadores simplesmente pedissem que as crianças nomeassem seus amigos – ignorando a questão de se a amizade é recíproca – os números seriam ainda mais altos. Crianças de 2ª série nomeiam aproximadamente quatro amigos cada, e crianças de 7ª série nomeiam cerca de sete (Reisman e Shorr, 1978). Estudos entre culturas mostram que os relacionamentos de melhor amigo e a crença de que ter um melhor amigo é importante são aspectos universais do desenvolvimento social de crianças em idade escolar (Schraf e Hertz-Lazarowitz, 2003).

brincadeira em paralelo Forma de brincadeira vista em crianças pequenas, na qual elas brincam ao lado uma da outra, mas não em conjunto.

amizade recíproca Uma amizade na qual cada parceiro identifica o outro como amigo; também, uma qualidade da amizade em crianças de idade escolar, quando a amizade é pela primeira vez percebida como sendo baseada em confiança recíproca.

Crianças dessa variação etária também se comportam diferentemente com amigos do que se comportam com estranhos, assim como crianças pré-escolares. Elas são mais abertas e mais apoiadoras com os amigos, sorrindo e olhando umas para as outras, rindo e tocando umas às outras mais do que não amigos; elas falam mais com amigos e cooperam e ajudam mais umas às outras. Pares de amigos são também mais bem sucedidos do que pares de não amigos para resolver problemas ou realizar alguma tarefa juntos (Newcomb e Bagwell, 1995). Contudo, crianças em idade escolar também são mais críticas dos amigos e têm mais conflitos com eles do que com estranhos (Hartup, 1996). Ao mesmo tempo, quando esses conflitos com amigos ocorrem, as crianças ficam mais preocupadas em resolvê-los do que em desavenças com não amigos. Portanto, as amizades constituem uma arena na qual as crianças podem aprender a lidar com conflitos (Newcomb e Bagwell, 1995).

Diferenças de sexo na qualidade da amizade Como você aprendeu no Capítulo 10, a preferência das crianças por companheiros de brincadeira do mesmo sexo surge cedo na vida. Durante o ensino fundamental, essa preferência aumenta. Na 3ª série, quase todos os relacionamentos das crianças envolvem outras do mesmo sexo (Maccoby, 2002). As diferenças de gênero nos padrões de interação contribuem para e são reforçadas pelo fenômeno de agregação de gênero na meninice.

Waldrop e Halverson (1975) se referem a relacionamentos de meninos como *extensivos* e a relacionamentos de meninas como *intensivos*. Os grupos de amizade dos meninos são maiores e mais receptivos a novos membros do que os das meninas. Os amigos meninos brincam mais fora de casa e percorrem uma área maior em sua brincadeira. As amigas meninas têm mais probabilidade de brincar em pares ou em grupos menores, e passam mais tempo brincando dentro de casa, perto de casa ou da escola (Benenson, 1994; Gottman, 1986).

Curiosamente, a capacidade de regular as emoções está associada a diferenças de sexo nos padrões de amizade (Dunsmore, Noguchi, Garner, Casey e Bhullar, 2008). Entre as meninas, aquelas mais capazes de lidar com suas emoções têm um maior número de amigas. Para os meninos, a associação é o oposto: a habilidade em lidar com as emoções está ligada a ter menos amigos. Esses achados ajudam a explicar as difereças de sexo nas interações sociais entre crianças em idade escolar. Comparado com os de meninas, grupos e amizades de meninos parecem ser focadas em competição e dominância, padrões nos quais as exibições abertas de emoções são frequentemente desvantagem (Maccoby, 1995). Em contraste, a capacidade de dominar as emoções é fundamental para interações entre meninas, que tipicamente enfatizam concordância, obediência e autorrevelação.

Nenhuma dessas diferenças observadas deve obscurecer o fato de que as interações de amigos do sexo masculino e do sexo feminino têm muitas características em comum. Por exemplo, as trocas colaborativas e cooperativas são as formas mais comuns de comunicação tanto nas amizades entre meninos quanto entre meninas nessas idades. Nem devemos necessariamente concluir que as amizades dos meninos são menos importantes para eles do que são as amizades das meninas. Contudo, parece claro que há diferenças na forma e no estilo que podem muito bem ter implicações permanentes para os padrões de amizades durante a vida.

> **Objetivo da aprendizagem 11.10**
> Quais são as características e as consequências das variações na condição social?

Condição social

Um aspecto importante das diferenças individuais nos relacionamentos entre iguais é o grau com que o grupo gosta de uma determinada criança. Tipicamente, essa variável é chamada de **condição social**. Os psicólogos sabem muito sobre crianças nas três categorias sociais tradicionais – popular, negligenciada e rejeitada. **Crianças populares** são aquelas mais frequentemente descritas como queridas e que são escolhidas como companheiras de brincadeira pelo grupo de iguais. **Crianças negligenciadas** raramente são antipatizadas ou descritas pelo grupo de iguais como queridas, e **crianças rejeitadas** são ativamente antipatizadas e evitadas pelo grupo de iguais.

Crianças populares e crianças negligenciadas Algumas das características que diferenciam as populares de outras são coisas fora do controle de uma criança. Em particular, crianças atraentes e crianças fisicamente maiores têm mais probabilidade de ser populares. Entretanto, ser muito diferente de seus pares também pode fazer uma criança ser negligenciada ou rejeitada. Por exemplo, crianças tímidas geralmente têm menos amigos (Fordham e Stevenson-Hinde, 1999). Similarmente, crianças altamente negativas são frequentemente rejeitadas, assim como aquelas que têm dificuldade para controlar suas emoções (Aranha, 1997; Maszk, Eisenberg e Guthrie, 1999).

Entretanto, o comportamento social das crianças parece ser mais importante do que aparências ou temperamento. A maioria dos estudos mostra que crianças populares comportam-se de formas positivas, apoiadoras, não punitivas e não agressivas em relação à maioria das outras crianças. Elas explicam coisas, levam os desejos dos companheiros de brinquedo em consideração, revezam-se nas conversas e são capazes de regular a expressão de suas emoções fortes. Além disso, crianças populares são geralmente boas em avaliar corretamente os sentimentos dos outros (Underwood, 1997). A maioria também é boa em olhar as situações do ponto de vista dos outros (Fitzgerald e White, 2003).

Entretanto, o grau com que a popularidade representa bom ajustamento depende do contexto do grupo no qual ela ocorre. Adolescentes populares com pares que aprovam e valorizam comportamento inadequado – matar aula, por exemplo – têm probabilidade de exibir esse tipo de comportamento (Allen, Porter, McFarland, Marsh e McElhaney, 2005). Nesses casos, a popularidade pode funcionar contra a realização de resultados evolutivos positivos.

Crianças negligenciadas compartilham muitas características de crianças que são populares. Elas frequentemente vão muito bem na escola, mas são mais propensas a depressão e solidão do que as crianças populares (Cillessen, van IJzendoorn, van Lieshout e Hartup, 1992; Rubin, Hymel, Mills e Rose-Krasnor, 1991; Wentzel e Asher, 1995). Isso é especialmente verdadeiro para meninas, que parecem valorizar a popularidade mais do que os meninos (Oldenburg e Kerns, 1997). A negligência dos pares pode estar associada a depressão porque estudos recentes de imagem cerebral mostram que a negligência dos pares estimula as mesmas áreas do cérebro que a dor física (Eisenberger, 2003). Além disso, algumas crianças negligenciadas têm expectativas irrealistas sobre a capacidade dos adultos de "consertar" suas situação (Galanaki, 2004). Elas podem pensar "Por que a professora não *faz* eles serem meus amigos?". Tal pensamento pode levar a sentimentos de desesperança.

Não obstante, muitas crianças e adolescentes negligenciados não estão nem um pouco preocupados com sua falta de popularidade (McElhaney, Antonishak e Allen, 2008). Muitas dessas crianças são tímidas e preferem atividades solitárias; portanto, sua condição de negligenciadas pode simplesmente ser em função de suas próprias personalidades. Entretanto, a condição de negligenciada de uma criança pode mudar, sugerindo que ela é uma função tanto do contexto social como da personalidade desta. De fato, crianças negligenciadas frequentemente passam para a categoria popular quando se tornam parte de um novo grupo.

Algumas crianças preferem atividades solitárias e não sofrem pela falta de inclusão em grupos de iguais.

Crianças rejeitadas Há dois tipos de crianças rejeitadas. As crianças *retraídas/rejeitadas* percebem que não são estimadas por seus pares (Harrist, Zaia, Bates, Dodge e Pettit, 1997). Após repetidas tentativas de obter a aceitação de seus pares, essas crianças desistem e tornam-se socialmente retraídas. Como resultado, elas frequentemente experimentam sentimentos de solidão.

Crianças *agressivas/rejeitadas* são frequentemente disruptivas e não cooperativas, mas geralmente acreditam que seus pares gostam delas (Zakriski e Coie, 1996). Muitas parecem ser incapazes de controlar a expressão de sentimentos fortes (Eisenberg, Fabes, et al., 1995; Pettit, Clawson, Dodge e Bates, 1996). Elas interrompem seus companheiros de brinquedo mais frequentemente e não se revezam de uma forma sistemática.

Causas e consequências da rejeição pelo grupo Grande quantidade de pesquisa mostra que a rejeição pelo grupo de iguais no ensino fundamental – especialmente quando a rejeição é devido a agressividade excessiva – é um dos muitos aspectos do funcionamento da infância que prediz consistentemente problemas de comportamento ou transtornos emocionais também na adolescência e na idade adulta (Ladd e Troop-Gordon, 2003). Por exemplo, Melissa DeRosier e colaboradores (1994) acompanharam um grupo de mais de 600 crianças durante um período de quatro anos nas primeiras séries do ensino fundamental. Ela verificou que aquelas crianças mais cronicamente rejeitadas por seus pares posteriormente apresentavam taxas mais altas de diversos tipos de problemas, incluindo mais ausências da escola, mais depressão ou tristeza e mais problemas de comportamento.

condição social Termo usado por psicólogos para se referirem a quanto uma determinada criança é estimada por seus pares.

crianças populares Crianças que são descritas como queridas pela maioria de seus pares.

crianças negligenciadas Crianças que raramente são antipatizadas ou descritas por seus pares como estimadas.

crianças rejeitadas Crianças impopulares que são explicitamente evitadas e não são escolhidas como companheiras de brincadeira ou amigas.

Um padrão de agressividade persistente, e a rejeição do grupo que tão frequentemente o acompanha, está associado a uma variedade de problemas de longo prazo para as crianças.

Da mesma forma, John Coie e colaboradores (1995) acompanharam um grupo de mais de mil crianças da 3ª série do ensino fundamental à 1ª série do ensino médio. Entre os meninos, aqueles que eram agressivos e rejeitados na 3ª série tinham muito mais probabilidade de apresentar delinquência ou outros problemas de comportamento no ensino médio do que qualquer outro grupo. Entre as meninas, a agressividade (mas não a rejeição) estava associada a futuros problemas de comportamento.

Essa associação entre impopularidade precoce e futuros problemas de comportamento poderia ser explicada de diversas maneiras. Problemas precoces com o grupo de iguais poderiam ser meramente o reflexo mais visível de um desajustamento geral que posteriormente se manifesta como delinquência ou transtorno emocional. Alternativamente, os desenvolvimentalistas poderiam hipotetizar que uma falha em desenvolver amizades causa problemas que mais tarde se tornam mais gerais. Ou, a dificuldade básica poderia estar em um modelo funcional interno de relacionamentos seriamente deformado que leva à rejeição do grupo no ensino fundamental e à delinquência. Ou, todos os acima poderiam ser verdadeiros.

Felizmente, nem todas as crianças rejeitadas permanecem assim, e quando a condição de uma criança rejeitada muda, os resultados negativos associados à rejeição diminuem (Ladd, Herald-Brown e Reiser, 2008). Além disso, nem todas as crianças rejeitadas desenvolvem problemas de comportamento sérios ou delinquência. E nem todas as crianças agressivas são rejeitadas. A pesquisa dá poucas sugestões sobre o que pode diferenciar esses diversos subgrupos. Por exemplo, algumas crianças agressivas também apresentam níveis razoavelmente altos de comportamento altruísta ou pró-social, e essa mistura de qualidades carrega um prognóstico muito mais positivo do que a agressão não levedada por utilidade (Coie e Cillessen, 1993; Newcomb et al., 1993). Distinções como essas podem ajudar os desenvolvimentalistas não apenas a refinar suas previsões, mas também a planejar melhores programas de intervenção para crianças rejeitadas/agressivas.

Objetivo da aprendizagem 11.11
Qual é a importância do grupo de iguais e dos relacionamentos românticos na adolescência?

Relacionamentos entre iguais na adolescência

Muitos dos padrões de amizade discutidos anteriormente mudam na adolescência. Por exemplo, os traços de personalidade tornam-se mais importantes na escolha dos amigos (Tani, Rossi e Smorti, 2005). As amizades do adolescente também são cada vez mais íntimas, no sentido de que os amigos compartilham mais de seus sentimentos interiores e segredos e têm mais conhecimento sobre os sentimentos uns dos outros. Essas amizades adolescentes também têm mais probabilidade de durar por um ano ou mais tempo (Bowker, 2004). Grupos de sexo misto começam a aparecer, a conformidade com os valores e comportamentos do grupo aumenta e a influência dos pais sobre a criança diminui, ainda que o apego aos pais permaneça forte.

Funções dos grupos de iguais adolescentes Assim como os relacionamentos individuais mudam, a função do grupo de iguais muda na adolescência. No ensino fundamental, os grupos de iguais servem principalmente como um cenário para brincadeira mútua (e para toda a aprendizagem sobre relacionamentos e o mundo natural que faz parte dessa brincadeira). Para os adolescentes, o grupo de iguais tem outra função. O adolescente está se esforçando para fazer uma transição lenta da vida protegida da família para a vida independente da idade adulta; o grupo de iguais se torna o veículo para essa transição.

Um sinal dessa mudança é que os adolescentes começam a confiar principalmente em seus pares, em vez de em seus pais. Você viu uma ilustração dessa mudança na Figura 11.2. Um conjunto de achados igualmente surpreendente vem da pesquisa de Duane Buhrmester (1996). A Figura 11.3 mostra os achados combinados de diversos estudos nos quais crianças, adolescentes ou adultos foram solicitados a avaliar o nível de revelação íntima que eles experimentavam com pais, amigos e um parceiro romântico. Você pode ver três estágios claros. Antes da adolescência, as crianças relatam níveis mais altos de autorrevelação com seus pais. Na adolescência, isso muda em um aspecto importante: a autorrevelação com os pais diminui drasticamente, ao mesmo tempo em que se torna dominante com amigos. Então, na idade adulta, ocorre uma segunda mudança, quando um parceiro romântico assume o papel de principal confidente.

Outro aspecto dessa mudança na centralidade dos relacionamentos com o grupo de iguais fica por conta uma forte união e uma intensa conformidade com o grupo. Essa conformidade, que Erikson via como um aspecto inteiramente normal da adolescência, parece chegar ao auge aos 13 ou 14 anos (aproximadamente no mesmo tempo que os desenvolvimentalistas observam uma queda na autoestima); a conformidade então diminui à medida que o adolescente começa a chegar a um senso de identidade que é mais independente do grupo de iguais.

Também é muito claro que os pares realmente fazem pressão uns sobre os outros para se adaptarem aos padrões de comportamento do grupo. Entretanto, também é verdade que as pressões do grupo são menos potentes e menos negativas do que estereótipos culturais populares poderiam sugerir (Teitelman, Ratcliffe e Cederbaum, 2008). Os adolescentes, como os adultos, escolhem seus amigos, e eles provavelmente escolhem se associar a um grupo que compartilhe de seus valores, suas atitudes e seus comportamentos. Se a discrepância entre suas próprias ideias e as de seus amigos se torna muito grande, os adolescentes têm mais probabilidade de procurar um grupo de amigos mais compatível do que de ser persuadidos a mudar para os valores ou comportamentos do primeiro grupo. Além disso, os adolescentes relatam que a pressão explícita do grupo tem mais probabilidade de ser na direção de atividades positivas, tal como envolvimento escolar, do que para mau comportamento. Portanto, embora Erikson pareça estar bastante correto ao dizer que o grupo é a força principal no desenvolvimento da identidade de uma criança na adolescência, a influência do grupo não é nem monolítica nem uniformemente negativa (Berndt e Keefe, 1995; Brown, Dolcini e Leventhal, 1995).

Uma exceção importante a essa visão bastante "cor-de-rosa" do impacto da pressão do grupo de iguais ocorre entre adolescentes que passam o tempo com amigos que tendem a comportamento agressivo, delinquente ou insubordinado (Vérnonneau, Vitaro, Pedersen e Tremblay, 2008). Esses subgrupos frequentemente fazem pressão explícita na direção de mau comportamento ou infração da lei, à qual alguns adolescentes são suscetíveis. Se um adolescente será atraído para esse tipo de grupo em primeiro lugar, e se ele será empurrado para comportamento desviante quando começar a "andar" com o grupo, parece depender muito de suas qualidades individuais – tais como se ele tem boas habilidades sociais ou já demonstrou algum comportamento insubordinado antes da adolescência. Por exemplo, Frank Vitaro e colaboradores (1997) verificaram que entre um grupo de 868 meninos de 11 a 13 anos que eles estudaram, aqueles que tinham sido moderadamente insubordinados aos 11 anos tinham mais probabilidade de serem delinquentes aos 13 anos se tivessem experimentado amizades agressivas ou insubordinadas nas idades de 11 e 12 anos do que se seus amigos tivessem sido menos agressivos ou insubordinados.

Mudanças na estrutura do grupo de iguais na adolescência
A estrutura do grupo de iguais também muda com o passar dos anos da adolescência. O primeiro estudo clássico, amplamente citado é a observação de Dexter Dunphy da formação, dissolução e interação de grupos de adolescentes em uma escola de ensino médio em Sydney, Austrália, entre 1958 e 1960 (Dunphy, 1963). Dunphy identificou duas importantes subvariedades de grupos. O primeiro tipo, que ele chamou de **panelinha**, é composto de quatro a seis jovens que parecem estar fortemente ligados uns aos outros. As panelinhas têm forte coesão e altos níveis de troca íntima. Nos primeiros anos da adolescência, as panelinhas são quase inteiramente grupos do mesmo sexo – um resíduo do padrão pré-adolescente. Gradualmente, entretanto, as panelinhas combinam-se em conjuntos maiores que Dunphy chamou de **turmas**, que incluem tanto homens quanto mulheres. Finalmente, as turmas dividem-se novamente em panelinhas heterossexuais e então em associações livres de casais. No estudo de Dunphy, as crianças associavam-se com seus pares em turmas aproximadamente entre as idades de 13 e 15 anos – as mesmas idades em que os pesquisadores observaram a maior conformidade com pressão do grupo.

Bradford Brown e outros pesquisadores mudaram um pouco os rótulos de Dunphy (Brown, 1990; Brown, Mory e Kinney, 1994). Brown usa a palavra *turma* para se referir ao grupo "baseado na reputação" com o qual um jovem é identificado ou por escolha ou por designação dos pares.

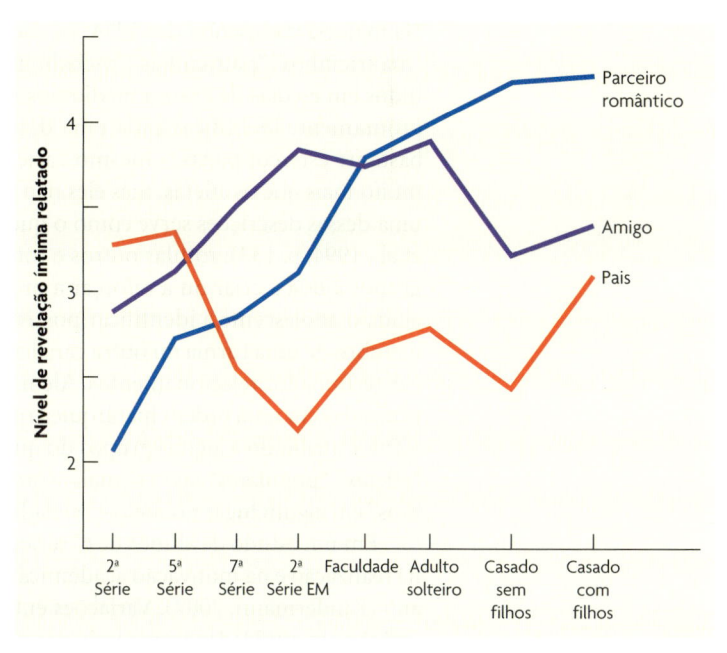

Figura 11.3 Tempo passado com pais e amigos

Antes da adolescência, os pais frequentemente são os confidentes mais íntimos de uma criança; na adolescência, é nos amigos que os jovens confiam.

(*Fonte*: De "Need fulfillment, interpersonal competence, and the developmental context of early adolescent friendship", por D. Buhrmester, *The Company They Keep: Friendship in Childhood and Adolescence*. W.M. Bukowski, A.F. Newcomb e W.W. Hartup (eds.), p. 168, Fig. 8.2. © 1996, Cambridge University Press. Com permissão de Cambridge University Press.)

panelinha Um grupo de quatro a seis amigos com fortes vínculos afetivos e altos níveis de solidariedade e lealdade; o termo é usado por pesquisadores para descrever um grupo de amigos escolhido por vontade própria.

turma Um grupo de amigos maior e mais livre do que uma panelinha, normalmente composto de diversas panelinhas que se uniram; um grupo baseado na reputação, comum na subcultura adolescente, com características altamente reconhecidas.

Na maioria das escolas dos EUA, há toda série de turmas – "atletas", "cérebros", "*nerds*", "*punks*", "mauricinhos", "patricinhas", "viciadinhos", "valentões", "normais", "populares" ou "solitários". Estudos em escolas de ensino médio nos Estados Unidos deixam claro que os adolescentes podem prontamente identificar cada uma das principais turmas em sua escola e oferecem descrições bastante estereotipadas – mesmo caricaturadas – delas (por exemplo, "Os festeiros se drogam muito mais que os atletas, mas eles não vêm para a escola chapados como os viciadinhos"). Cada uma dessas descrições serve como o que Brown chama de um "protótipo de identidade" (Brown et al., 1994, p. 133): rotular outros e rotular a si mesmo como pertencendo a um ou mais desses grupos ajuda a criar ou a reforçar a própria identidade do adolescente. Essa rotulação também ajuda o adolescente a identificar possíveis amigos ou inimigos. Portanto, ser identificado como membro de uma turma ou outra canaliza cada adolescente na direção de determinadas atividades e determinados relacionamentos. Além disso, dentro de qualquer escola, as várias turmas são organizadas em uma ordem hierárquica razoavelmente clara, amplamente entendida – ou seja, mais *status* é atribuído a alguns grupos do que a outros. Nas escolas dos EUA, os grupos denominados "atletas", "populares" ou "normais" (ou o equivalente) estão tipicamente no topo, com os "cérebros" em algum lugar no meio e "viciadinhos", "solitários" e "*nerds*" embaixo (Brown et al., 1994).

Em um estudo de alunos de 6ª série, os pesquisadores constataram que diferenças individuais na realização e na motivação acadêmica global eram previsíveis pela turma escolhida no início do ano (Kindermann, 2007). Variações entre grupos no envolvimento escolar – medido pela participação em atividades extracurriculares, interesse nas matérias escolares, etc. – pareciam explicar essa relação. Ou seja, estudantes que eram membros de turmas altamente engajadas tendiam a ter desempenho mais alto e a ser mais fortemente motivados à realização do que aqueles que pertenciam a turmas menos engajadas.

Em um estudo dos efeitos do grupo de iguais no ensino médio, os pesquisadores verificaram que adolescentes que pertencem a uma turma de "cérebros" têm mais probabilidade de se formar na universidade, e aqueles que pertencem a um grupo de "criminosos" têm mais probabilidade de se envolver em comportamento antissocial após deixar o ensino médio (Barber, Eccles e Stone, 2001). Portanto, a turma do ensino médio com a qual um determinado adolescente escolhe se associar pode ser indicativa do senso de identidade pessoal que ele construirá na idade adulta.

Dentro dessas turmas (e às vezes entre elas), os adolescentes criam grupos de amizade menores que Brown chama de *panelinhas* (com uma definição muito semelhante ao significado de Dunphy para o mesmo termo). Brown, como Dunphy, observa que, no início da adolescência, as panelinhas são quase inteiramente do mesmo sexo; no final da adolescência, elas se tornaram de gênero misto, frequentemente compostas de grupos de namorados.

Seja qual for o grupo ou a panelinha específica com os quais um adolescente possa se identificar, os teóricos concordam que o grupo de iguais desempenha a função altamente importante de ajudar o adolescente a mudar de amizades para relacionamentos sociais "de parceria". O adolescente de 13 ou 14 anos pode começar a experimentar suas novas habilidades de relacionamento no grupo mais amplo da panelinha ou turma. Apenas após o adolescente desenvolver alguma confiança é que os primórdios de um namoro e de relacionamentos mais comprometidos tornam-se evidentes.

Em uma determinada idade, as crianças passam de um tipo de panelinha para outro.

Relacionamentos heterossexuais De todas as mudanças nos relacionamentos sociais na adolescência, talvez a mais profunda para a maioria seja a mudança da total dominância de amizades do mesmo sexo para relacionamentos heterossexuais (Richards, Crowe, Larson e Swarr, 1998). Aos 15 ou 16 anos, a maioria dos adolescentes nos Estados Unidos começou a namorar. A mudança acontece gradualmente, mas prossegue a um ritmo um pouco mais rápido nas meninas.

No início da adolescência, os adolescentes ainda são razoavelmente rígidos em suas preferências por amigos do mesmo sexo (Bukowski, Sippola e Hoza, 1999). Durante os próximos um ou dois anos, eles se tornam mais abertos a amizades com o sexo oposto (Harton e Latane, 1997; Kuttler, LaGreca e Prinstein, 1999). As habilidades que eles alcançam em relação a pares do sexo oposto nessas amizades e em grupos de gênero misto lhes permitem participar de relacionamentos românticos (Feiring, 1999). Portanto, embora frequentemente se suponha que os desejos sexuais pós-puberais são a base de relacionamentos românticos emergentes, parece que os fatores sociais são igualmente importantes. De fato, a pesquisa sugere que a competência social através de uma variedade de relacionamentos – com pais, pares e amigos – prediz a facilidade com que os adolescentes passam de relacionamentos exclusivamente com o mesmo sexo para amizades e relacionamentos românticos com o sexo oposto (Theriault, 1998).

Além de sua importância social, esses novos relacionamentos são claramente parte da preparação para assumir uma identidade sexual adulta completa. A sexualidade física é parte desse papel, mas também o são as habilidades de intimidade pessoal com o sexo oposto, incluindo flertar, comunicar-se e ler a forma dos sinais sociais usados pelo outro gênero. Nas sociedades ocidentais, os adolescentes aprendem essas habilidades primeiro em turmas ou panelinhas maiores e então nos namoros (Zani, 1993). De fato, alguns estudos sugerem que o envolvimento nesses comportamentos em contextos grupais contribui mais para o desenvolvimento da competência em relacionamentos românticos do que o namoro (Laursen e Mooney, 2007).

Aos 12 ou 13 anos, a maioria dos adolescentes tem um entendimento prototípico do que significa estar "apaixonado". Curiosamente, ainda que a progressão real para relacionamentos românticos aconteça mais rápido para as meninas, os meninos relatam ter a experiência de se apaixonar pela primeira vez em uma idade mais precoce. Além disso, no final da adolescência, a média dos meninos acredita que esteve apaixonado várias vezes é maior do que a média das meninas (Montgomery e Sorell, 1998).

O senso de estar apaixonado é um fator importante nos padrões de namoro do adolescente (Montgomery e Sorell, 1998). Em outras palavras, os adolescentes preferem namorar aqueles pelos quais acreditam que estão apaixonados e eles consideram se desapaixonar uma razão para terminar um namoro. Além disso, para as meninas, mas não para os meninos, os relacionamentos românticos são vistos como um contexto no qual a autorrevelação pode ocorrer. Colocado de outra forma, as meninas parecem querer mais intimidade psicológica desses primeiros relacionamentos do que seus parceiros (Feiring, 1999).

Adolescentes homossexuais Os relacionamentos românticos surgem um pouco diferentemente na vida de adolescentes homossexuais. Os pesquisadores constataram que os adolescentes homossexuais hoje estão mais à vontade do que aqueles em coortes passadas em relação a revelar sua orientação sexual a seus pais e a seus pares (Floyd e Bakeman, 2006). Consequentemente, os desenvolvimentalistas aprenderam muito sobre o desenvolvimento de uma orientação homossexual nas últimas duas décadas.

Uma coisa que os pesquisadores aprenderam é que os adolescentes homossexuais se tornam conscientes da atração pelo mesmo sexo em torno dos 11 ou 12 anos, aproximadamente a mesma idade em que seus pares heterossexuais começam a perceber sua atração pelo sexo oposto (Rosário, Scrimshaw e Hunter, 2004). Em comparação com o que acontece entre adolescentes homossexuais, os meninos percebem e se deixam levar pela atração pelo mesmo sexo um pouco mais cedo que as meninas (Grov, Bimbi, Nanin e Parsons, 2006). Entretanto, meninas que finalmente admitem uma orientação homossexual expressam mais certeza sobre sua identidade sexual do que os meninos (Rosário, Scrimshaw, Hunter e Braun, 2006).

Há muitos meninos e meninas, entretanto, que experimentam algum grau de atração por ambos os sexos antes de se autoidentificarem como homossexuais. Portanto, muitos adolescentes homossexuais passam por um período de descoberta sexual que começa com experimentação em relacionamentos com o mesmo sexo. Em torno dos 15 anos, a maioria classificou-se como principalmente heterossexual ou como tendo uma orientação homo ou bissexual (Rosário, Scrimshaw e Hunter, 2004). Muitos daqueles que são homossexuais ou bissexuais participam de clubes e atividades extracurriculares que visam ajudar jovens de minoria sexual a formar conexões sociais. Na companhia desses pares da mesma orientação, adolescentes homossexuais e bissexuais encontram possíveis parceiros românticos e fontes importantes de apoio social (Rosário, Scrimshaw e Hunter, 2004).

> **Objetivo da aprendizagem 11.12**
> Quais são as características dos relacionamentos entre irmãos?

Relacionamentos entre irmãos

Companheiros de brincadeira e amigos desempenham um papel altamente significativo no desenvolvimento das crianças, assim como irmãos e irmãs. A história bíblica de Caim e Abel poderia nos levar a acreditar que rivalidade ou ciúme é o ingrediente-chave dos relacionamentos entre irmãos. Certamente, o nascimento de um novo irmão ou irmã muda de maneira radical a vida do filho mais velho. Os pais têm menos tempo, o mais velho pode se sentir negligenciado e com raiva; esses sentimentos podem levar a mais confrontação entre o filho mais velho e os pais e a sentimentos de rivalidade com o novo bebê (Furman, 1995).

Contudo a rivalidade não é a única qualidade dos relacionamentos entre irmãos; observações de crianças pré-escolares interagindo com seus irmãos sugerem outros ingredientes. Crianças pequenas e crianças em idade pré-escolar ajudam seus irmãos e irmãs, os imitam e emprestam seus brinquedos. Judy Dunn, em um estudo longitudinal detalhado de um grupo de 40 famílias na Inglaterra, observou que o filho mais velho frequentemente imitava um irmão ou irmã bebê; quando o caçula tinha um ano de idade, entretanto, ele começava a imitar o irmão mais velho, e daí em diante a maior parte da imitação consistia do filho caçula copiando o mais velho (Dunn e Kendrick, 1982).

Irmãos e irmãs mais novos também batem uns nos outros, quebram brinquedos, ameaçam e insultam uns aos outros. O filho mais velho em um par de pré-escolares provavelmente é o líder e, portanto, tem mais probabilidade de demonstrar mais comportamentos tanto agressivos quanto prestativos (Abramovitch, Pepler e Corter, 1982). Para ambos os membros do par, entretanto, o aspecto dominante parece ser a ambivalência. Comportamentos sustentadores e negativos são evidentes em proporções aproximadamente iguais. Na pesquisa de Abramovitch, essa ambivalência ocorria se o par tinha idade próxima ou muito distante e se o filho mais velho era menino ou menina. É natural que haja variações sobre esse tema; alguns pares mostram principalmente comportamentos antagonistas ou competitivos, e alguns mostram sobretudo comportamentos prestativos e sustentadores. A maioria dos pares de irmãos mostram ambos os tipos de comportamentos.

Como aqueles temas terminam na meninice? Via de regra, os relacionamentos entre irmãos parecem ser menos centrais na vida de crianças em idade escolar do que os relacionamentos com amigos ou pais (Buhrmester, 1992). Crianças em idade de ensino fundamental têm menos probabilidade de procurar afeto em um irmãos do que nos pais e têm menos probabilidade de procurar um irmão ou irmã para companhia ou intimidade do que um amigo. Não obstante, a pesquisa indica que as interações entre irmãos – especialmente aquelas que envolvem resolução de conflitos – influenciam fortemente o entendimento das crianças de relacionamentos sociais e as equipam com habilidades importantes nos relacionamentos adultos (Bettner, 2007; Thompson e Halberstadt, 2008).

Os relacionamentos entre irmãos varia enormemente. Com base em estudos diretos de crianças pequenas e de relatos retrospectivos feitos por adultos jovens sobre seus relacionamentos com irmãos quando estavam na idade escolar, os pesquisadores identificaram diversos padrões ou estilos de relacionamentos entre irmãos: (1) um *relacionamento de cuidador*, no qual um irmão serve como um tipo de quase-pai para o outro, um padrão que parece ser mais comum entre uma irmã mais velha e um irmão menor do que para qualquer outra combinação de irmãos; (2) um *relacionamento de camarada*, no qual ambos os membros do par tentam ser iguais e sentem prazer em estar juntos; (3) um *relacionamento crítico* ou *conflitado*, que inclui tentativas por um irmão de dominar o outro, provocando e causando briga; (4) um *relacionamento de rivais*, que contém muitos dos mesmos elementos de um relacionamento crítico, mas também é baixo em qualquer forma de amizade ou apoio; (5) um *relacionamento casual* ou *sem envolvimento*, no qual os irmãos têm relativamente pouco a ver um com o outro (Murphy, 1993; Stewart, Beilfuss e Verbrugge, 1995). Os relacionamentos de rivais ou críticos parecem ser mais comuns entre irmãos com idades próximas (4 ou menos anos de diferença) e em famílias nas quais os pais estão menos satisfeitos com seu casamento (Buhrmester e Furman, 1990; McGuire, McHale e Updegraff, 1996). Os relacionamentos de camarada parecem ser um pouco mais comuns em pares de irmãs (Buhrmester e Furman, 1990), enquanto a rivalidade parece ser mais alta em pares de meninos (Stewart et al., 1995).

Esses padrões variam um pouco quando as crianças cuidam de si mesmas após a escola enquanto os pais estão trabalhando. O relacionamento de cuidador predomina, com o irmão mais velho assumindo esse papel. A pesquisa longitudinal sugere que irmãos mais velhos nessas situações podem ajudar irmãos e irmãs menores a adquirir habilidades de autoconfiança (Brody, Kim, Murry e Brown, 2003). A pesquisa também indica que a capacidade dos pais de lidar com o estresse relacionado ao trabalho é maior tendo um filho mais velho que é capaz de cuidar de um irmão menor.

Comportamento com o grupo de iguais

O amplo esboço dos relacionamentos de iguais da infância até a adolescência que você acabou de ler esclarece os vários papéis que o grupo de iguais desempenha no desenvolvimento das crianças durante esses anos. Ele também salienta o quanto esses relacionamentos são centrais. O que ele não comunica são todas as mudanças no conteúdo e na qualidade reais das interações de iguais das crianças. Para preencher algumas das lacunas, consideraremos duas categorias específicas de comportamento representando duas extremidades de um *continuum*: comportamento pró-social e agressividade.

Comportamento pró-social

> **Objetivo da aprendizagem 11.13**
> O que é comportamento pró-social e quando ele aparece?

Comportamento pró-social é definido pelos psicólogos como "comportamento intencional, voluntário visando o benefício de outro" (Eisenberg, 1992, p. 3). Na linguagem cotidiana, comportamento pró-social é basicamente o que entendemos por *altruísmo*, e ele muda com a idade, assim como outros aspectos do comportamento de iguais.

Os comportamentos pró-sociais tornam-se evidentes pela primeira vez em crianças de aproximadamente 2 ou 3 anos – em torno da mesma idade, elas começam a demonstrar interesse real em brincar com outras crianças. Elas oferecerão ajuda a outra criança que está machucada, oferecerão um brinquedo ou tentarão confortar outra pessoa (Eisenberg e Fabes, 1998; Zahn-Waxler e Radke-Yarrow, 1982; Zahn-Waxler, Radke-Yarrow, Wagner e Chapman, 1992). Conforme salientado no Capítulo 6, crianças dessa idade estão apenas começando a entender que os outros sentem de forma diferente delas, mas elas obviamente entendem o suficiente sobre as emoções dos outros para responder de formas sustentadoras e simpáticas quando veem outras crianças ou adultos machucados ou tristes.

Após esses primeiros anos, os pesquisadores observaram inúmeras tendências. Uma delas é o aparecimento da reciprocidade pró-social nos últimos anos da pré-escola. Por exemplo, uma criança de 4 ou 5 anos tem mais probabilidade de se oferecer para dividir um brinquedo com uma criança que anteriormente ofereceu um brinquedo a ela (Fujisawa, Kutsukake e Hasegawa, 2008). Crianças mais velhas e adolescentes têm mais probabilidade do que crianças pré-escolares de fornecer assistência física e verbal a alguém necessitado (Eisenberg, 1992). Entretanto, nem todos os comportamentos pró-sociais mostram esse padrão de aumento com a idade. Confortar outra criança, por exemplo, parece ser mais comum entre crianças na pré-escola e primeiras séries do ensino fundamental do que entre crianças mais velhas (Eisenberg, 1988, 1990).

Os desenvolvimentalistas também sabem que as crianças variam muito na quantidade demonstrada de comportamento altruísta, e que crianças pequenas que mostram relativamente mais empatia e altruísmo também são aquelas que regulam bem suas próprias emoções. Elas demonstram emoções positivas facilmente e emoções negativas com menor frequência (Eisenberg et al., 1996). Elas também são mais populares com seus pares (Mayeux e Cillissen, 2003). Essas variações nos níveis de empatia ou altruísmo das crianças parecem estar relacionadas a tipos específicos de criação de filhos (ver *Ciência do desenvolvimento no mundo real*).

comportamento pró-social Comportamento voluntário visando beneficiar o outro, tal como dar ou trocar bens, dinheiro ou tempo, sem benefício próprio óbvio; altruísmo.

Agressividade

> **Objetivo da aprendizagem 11.14**
> Em que aspectos meninos e meninas de diferentes idades diferem na exibição de agressividade?

Se você já observou crianças em pares ou em grupos, sabe que nem tudo é doçura e claridade na terra dos jovens. As crianças apoiam e dividem com seus amigos, e demonstram comportamentos afetuosos e prestativos umas para com as outras, mas elas também provocam, brigam, gritam, criticam e discutem por objetos ou território. Os pesquisadores que estudaram esse lado mais negativo das interações examinaram principalmente a **agressividade**, que pode ser definida como comportamento aparentemente visando ferir alguma outra pessoa ou um objeto.

agressividade Comportamento que visa prejudicar ou ferir outra pessoa ou objeto.

CIÊNCIA DO DESENVOLVIMENTO NO MUNDO REAL

Criando filhos prestativos e altruístas

Marisol, 8 anos, subiu em um banquinho da cozinha que lhe permitiu alcançar o balcão. Lentamente despejou uma mistura para bolo da caixa para uma grande tigela, tendo o cuidado de não derramar nada. Seu pai, Rick, parou do seu lado pronto para ajudar se sua filha precisasse. "Muito bem", ele disse quando o final da mistura caiu dentro da tigela. "Agora acrescentamos os ovos." Com isso, Rick diligentemente mostrou a Marisol como quebrar um ovo. Rick pensou consigo mesmo que o bolo estaria terminado um pouco mais cedo se ele próprio o fizesse, sem Marisol. Mas ele estava decidido a ajudar sua filha a aprender as habilidades necessárias para ser um membro contribuinte da família Ruiz.

Ensinar crianças a ser prestativas pode consumir tempo. Ajudá-las a aprender a ser altruístas – ou seja, a querer ajudar os outros mesmo quando não há recompensa envolvida – pode ser ainda mais difícil. Entretanto, a pesquisa sobre o desenvolvimento de comportamento pró-social pode fornecer *insights* ao processo (Eisenberg e Fabes, 1998):

- **Explore a capacidade para empatia da criança.** Se seu filho ferir alguém, saliente as consequências daquele ferimento para a outra pessoa: "Quando você bate em Suzan, dói".
- **Crie um clima familiar amoroso e caloroso.** Quando os pais expressam afeto e amor regularmente em relação a seus filhos, as crianças têm mais probabilidade de ser generosas e altruístas.
- **Forneça regras ou diretrizes sobre comportamento prestativo.** Instruções diretas promovem comportamento pró-social: "Eu gostaria que você ajudasse Keisha com seu quebra-cabeças" ou "Por favor, reparta seu doce com John".
- **Forneça atribuições pró-sociais.** Atribua as ações prestativas ou altruístas de seu filho ao seu caráter interno: "Você é uma criança muito prestativa!".
- **Deixe as crianças fazerem coisas úteis.** Atribua a elas tarefas domésticas regulares como ajudar a cozinhar ou limpar, cuidar dos bichos de estimação ou cuidar dos irmãos menores.
- **Modele comportamento cortês e generoso.** Estabelecer regras não será suficiente se o comportamento dos próprios pais não estiver de acordo com o que eles dizem! As crianças (e os adultos) têm simplesmente mais probabilidade de ser generosas ou corteses se virem outras pessoas – especialmente outras pessoas de autoridade, como os pais – sendo generosas e corteses.

Questões para reflexão

1. Como pais e professores poderiam modelar generosidade?
2. Por que você acha que um clima familiar amoroso e caloroso promove comportamento altruísta?

Deixar as crianças fazerem coisas úteis, como estas crianças da 3ª série estão fazendo ao recolher material reciclável, é uma maneira de promover comportamento altruísta.

Agressão instrumental e hostil Toda criança demonstra pelo menos alguma agressividade, mas a forma e a frequência da agressividade mudam durante a infância. Quando crianças de 2 ou 3 anos estão perturbadas ou frustradas, elas têm mais probabilidade de atirar coisas ou bater umas nas outras. Em geral, crianças dessa idade comportam-se agressivamente a fim de alcançar um objetivo, tal como pegar um brinquedo de uma outra criança. Esse tipo de agressividade é conhecido como **agressão instrumental**. Uma vez alcançado o objetivo, a agressividade para.

À medida que suas habilidades verbais melhoram, as crianças mudam de agressão física patente para maior uso de agressão verbal, tal como insultos ou nomes feios. O propósito da agressão também muda. Entre pré-escolares mais velhos, a **agressão hostil**, cujo objetivo é ferir os sentimentos de outra pessoa mais do que causar dano físico, torna-se mais comum. No ensino fundamental e durante a adolescência, a agressão física torna-se ainda menos comum, e as crianças aprendem as regras culturais sobre quando é aceitável exibir raiva ou agressividade e o quanto se pode exibir. Na maioria das culturas, isso significa que a raiva é cada vez mais disfarçada e a agressividade é cada vez mais controlada com o aumento da idade (Underwood, Coie e Herbsman, 1992).

agressão instrumental Comportamento agressivo visando alcançar um objetivo, tal como obter um brinquedo de outra criança.

agressão hostil Comportamento agressivo verbal visando ferir os sentimentos de outra pessoa.

Diferenças de sexo na agressividade Uma exceção interessante ao padrão geral de diminuição da agressão física com a idade é que em pares ou grupos de meninos, pelo menos nos Estados Unidos, a agressão física parece permanecer tanto relativamente alta quanto constante durante a infância. De fato, em cada idade, os meninos demonstram mais agressão física e mais assertividade do que as meninas, tanto dentro de pares de amizades como em geral (Coie e Dodge, 1998). A Tabela 11.3 mostra alguns dados altamente representativos de um estudo cuidadoso feito no Canadá (Offord, Boyle e Racine, 1991), no qual pais e professores completaram listas de verificação descrevendo o comportamento de cada criança. A Tabela 11.3 lista apenas a informação fornecida pelos professores, mas as avaliações dos pais produziram achados paralelos. É claro que os meninos foram descritos como muito mais agressivos em quase todas as medidas de agressividade física.

Tabela 11.3 Porcentagem de meninos e meninas de 4 a 11 anos avaliados por seus professores como exibindo comportamento agressivo

Comportamento	Meninos	Meninas
É mau com outros	21,8	9,6
Ataca fisicamente as pessoas	18,1	4,4
Mete-se em muitas brigas	30,9	9,8
Destrói as próprias coisas	10,7	2,1
Destrói as coisas dos outros	10,6	4,4
Ameaça ferir pessoas	13,1	4,0

Fonte: Offord et al., 1991, da Tabela 2.3, p. 39.

As consequências sociais do comportamento agressivo também variam com o gênero. Para as meninas, a agressividade parece levar consistentemente a rejeição dos pares. Entre os meninos, entretanto, a agressividade pode resultar em popularidade ou em rejeição (Rodkin, Farmer, Pearl e Van Acker, 2000; Xie, Cairns e Cairns, 1999). De fato, a agressividade parece ser uma característica razoavelmente comum entre meninos afro-americanos populares. Além disso, independente de sua popularidade geral, os amigos íntimos de meninos agressivos também tendem a ser agressivos. Também, a agressividade parece preceder esses relacionamentos. Em outras palavras, meninos que são agressivos buscam outros meninos iguais a eles como amigos (Hanish, Martin, Fabes e Barcelo, 2008). Contudo, o relacionamento não parece tornar qualquer membro de um par de amizade agressivo mais agressivo (Poulin e Boivin, 2000). A pesquisa também sugere que as crianças têm atitudes mais positivas em relação a pares agressivos cujos atos são vistos como principalmente de natureza vingativa e em relação àqueles que apresentam comportamentos pró-sociais e agressivos (Coie e Cillessen, 1993; Newcomb, Bukowski e Pattee, 1993; Poulin e Boivin, 1999). A aprovação social pode não aumentar a agressividade dos meninos, mas parece ajudar a mantê-la, porque intervenções para reduzir comportamento agressivo costumam ter pouco efeito sobre meninos agressivos populares (Phillips, Schwean e Saklofske, 1997). Além disso, o comportamento de meninos agressivos está frequentemente ligado à disponibilidade de pares socialmente fracos e passivos para servir como vítimas (ver *Reflexão sobre a pesquisa*).

Agressão relacional Os achados de estudos examinando diferenças de sexo na agressividade foram tão claros e tão consistentes que a maioria dos psicólogos concluiu que os meninos são simplesmente "mais agressivos" em todos os possíveis sentidos. Mas essa conclusão pode estar errada ou, ao menos, ser enganadora. Antes, parece que as meninas expressam agressividade de uma forma diferente, usando o que foi rotulado como agressão relacional em vez de agressão física ou palavras ofensivas (Putallaz et al., 2007). A agressão física fere outras pessoas através de dor física ou ameaça de dano; a **agressão relacional** busca prejudicar a autoestima ou os relacionamentos de outra pessoa, tal como através de fofoca cruel, expressões faciais de desdém, banimento ou ameaça de exclusão ("Eu não vou convidá-la para minha festa de aniversário se você fizer isso"). Outra diferença importante entre agressão hostil e relacional é que os atos de agressão hostil têm mais probabilidade de chamar a atenção dos adultos, especialmente quando eles envolvem bater ou outras ações que podem causar dano físico. Consequentemente, eles podem ocorrer menos frequentemente do que atos de agressão relacional. Em contraste, as crianças podem cometer agressão relacional de formas que não são percebidas pelos adultos – tal como mandar bilhetes contendo afirmações depreciativas sobre colegas ou sutilmente se afastar de alguém que é alvo de agressão durante o recreio. Como resultado, algumas crianças podem se tornar vítimas habituais de agressão relacional.

As meninas têm muito mais probabilidade de usar agressão relacional do que os meninos, especialmente em relação a outras meninas, uma diferença que começa já nos anos pré-escolares e torna-se muito marcada na 4ª ou 5ª série. Por exemplo, em um estudo de quase 500 crianças da 3ª à 6ª série, Nicki Crick verificou que 17,4% das meninas, mas apenas 2% dos

agressão relacional Agressão visando prejudicar a autoestima ou os relacionamentos de outra pessoa, tal como usar ostracismo ou ameaças de ostracismo, fofoca cruel ou expressões faciais de desdém.

REFLEXÃO SOBRE A PESQUISA
Valentões (bullies) e vítimas

À primeira vista, as interações agressivas entre crianças poderiam parecer razoavelmente simples: uma criança fere outra. Entretanto, a pesquisa mostra que, durante a meninice, as interações agressivas tornam-se cada vez mais complexas (Hay, Payne e Chadwick, 2004). À medida que as crianças crescem, elas tendem a assumir papéis consistentes nas interações agressivas – perpetrador, vítima, assistente do perpetrador, espectador reforçador, espectador não participante, defensor da vítima, e assim por diante (Andreou e Metallidou, 2004). Os traços de personalidade das crianças em algum grau determinam os papéis que elas assumem. Por exemplo, crianças tímidas geralmente ocupam o papel de espectador não participante, enquanto crianças emocionalmente instáveis têm mais probabilidade de atuar como assistentes do perpetrador ou como espectadores reforçadores (Tani, Greenman, Schneider e Fregoso, 2003). Até bem recentemente, tanto a pesquisa quanto as intervenções visando reduzir a agressividade focavam-se nos perpetradores habituais ou valentões (bullies). Entretanto, a maioria dos desenvolvimentalistas agora acredita que mudar o comportamento de crianças que são vítimas habituais de agressão pode ser tão importante quanto intervir com as próprias crianças agressivas (Green, 2001).

Estudos mostram que certas características são encontradas entre vítimas habituais em uma ampla variedade de contextos culturais (Eslea et al., 2004). Entre meninos, as vítimas são em geral fisicamente menores ou mais fracos que seus pares. Sejam meninos ou meninas, as vítimas raramente afirmam-se com seus pares, não dando sugestões para atividades recreativas nem tendo atitudes pró-sociais. Em vez disso, elas se submetem a todas as sugestões que os outros dão. Outras crianças não gostam desse comportamento e, portanto, não gostam das vítimas (Crick e Grotpeter, 1996; Schwartz, Dodge e Coie, 1993). As consequências dessa vitimização podem incluir solidão, evitação da escola, autoestima baixa e depressão significativa em idades posteriores (Kochenderfer e Ladd, 1996; Olweus, 1995).

Contudo, nem todas as crianças frente a um colega passivo e irresponsivo tornam-se valentões (bullies). Os valentões (bullies) são característicos por serem mais agressivos em relação aos adultos do que os não valentões, não conseguem empatizar com a dor ou a infelicidade de suas vítimas, sentem pouca ou nenhuma culpa ou vergonha por suas ações e são frequentemente impulsivos (Menesini et al., 2003). Entretanto, o bullying é um fenômeno complexo que deve ser entendido como resultado de características dos próprios valentões (bullies), dos ambientes familiares nos quais eles são criados e dos contextos sociais nos quais os incidentes ocorrem (Ahmed e Braithwaite, 2004; Rigby, 2005). Estudos sugerem que quatro fatores estão por trás do desenvolvimento do comportamento de bullying (Olweus, 1995):

- Indiferença para com a criança e falta de afeto dos pais nos primeiros anos.
- Fracasso dos pais em estabelecer limites claros e adequados sobre comportamento agressivo.
- O uso dos pais de punição física.
- Um temperamento difícil, impulsivo na criança.

Questões para análise crítica

1. Como o temperamento de uma criança poderia influenciar os pais a exibir os tipos de comportamentos parentais associados ao bullying?
2. Com base na pesquisa discutida, que características devem ser incluídas em uma lista de verificação visando ajudar professores e pais a identificar crianças em risco de tornarem-se vítimas perpétuas?

---

meninos, cometiam agressão relacional – quase precisamente o inverso das taxas de agressão física (Crick e Grotpeter, 1995).

Quais poderiam ser as origens dessas diferenças de sexo na forma de agressão? Uma possibilidade óbvia é que as diferenças hormonais desempenham um papel. Em primeiro lugar, taxas mais altas de agressão física nos homens foram observadas em toda sociedade humana e em todas as espécies de primatas. Há alguma evidência de uma ligação entre taxas de agressão física e níveis de testosterona (Susman et al., 1987), particularmente na adolescência e mais tarde. Portanto, as diferentes taxas de agressão física parecem ter pelo menos alguma base biológica. Entretanto, o reforço dos pares também pode ter um papel. Pesquisadores verificaram que crianças de 3 anos acreditam que as meninas têm mais probabilidade de exibir agressão relacional e os meninos mais probabilidade de demonstrar agressão física (Giles e Heyman, 2005). Portanto, assim como as crianças encorajam seus pares a se envolverem em outros tipos de comportamento estereotipado, elas podem recompensar meninos e meninas que exibem comportamentos agressivos adequadas ao gênero. Da mesma forma, elas podem aprovar ativamente pares de ambos os sexos por se envolverem em formas de agressão inadequadas ao gênero.

Objetivo da aprendizagem 11.15
O que é traço de agressividade e como ele difere de formas típicas de agressividade relacionadas à idade?

Traço de agressividade

No início deste capítulo, você aprendeu que o comportamento agressivo tende a diminuir com a idade. Entretanto, há algumas crianças, a maioria delas meninos, para as quais um alto nível de comportamento agressivo na primeira infância é preditivo de um padrão vitalício de comportamento antissocial, um achado que foi apoiado por pesquisa intercultural (Derzon, 2001; Hart, Olsen, Robinson e Mandleco, 1997; Henry, Caspi, Moffitt e Silva, 1996; Kosterman, Graham, Hawkins, Catalano e Herrenkohl, 2001; Neuman, Caspi, Moffitt e Silva, 1997). Os pesquisadores buscaram causas desse tipo de agressividade, a que os psicológicos frequentemente se referem como *traço de agressividade*, para diferenciá-la das formas de agressividade normais no desenvolvimento.

Alguns psicólogos procuraram uma base genética para traço de agressividade e produziram alguns dados de apoio (Brendgen et al., 2008; Hudziak et al., 2003; Rowe, 2003; van Beijsterveldt, Bartels, Hudziak e Boomsma, 2003). Outros sugerem que traço de agressividade está associado a ser criado em um ambiente agressivo, tal como uma família abusiva (Dodge, 1993). Outros fatores familiares além de abuso, como falta de afeto e o uso de técnicas coercivas de disciplina, também parecem estar relacionados ao traço de agressividade, especialmente em meninos (Chang, Schwartz, Dodge e McBride-Chang, 2003).

Outros desenvolvimentalistas ainda descobriram evidências de que crianças agressivas podem moldar seus ambientes a fim de obter reforço contínuo para seu comportamento. Por exemplo, aos 4 anos, meninos agressivos tendem a preferir outros meninos agressivos como companheiros de brincadeira e a formar grupos estáveis com eles. Esses grupos desenvolvem seus próprios padrões de interação e recompensam uns aos outros com aprovação social por atos agressivos (Hanish et al., 2008). Esse padrão de associação entre meninos agressivos continua durante a meninice e a adolescência.

Finalmente, uma grande quantidade de pesquisa sugere que crianças altamente agressivas ficam para trás em relação a seus pares no entendimento das intenções dos outros (Crick e Dodge, 1994). A pesquisa demonstrando que ensinar crianças agressivas a pensar sobre as intenções dos outros reduz o comportamento agressivo também apoia essa conclusão (Crick e Dodge, 1996; Webster-Stratton e Reid, 2003). Especificamente, essa pesquisa sugere que crianças em idade escolar agressivas parecem raciocinar mais como crianças de 2 a 3 anos sobre intenções. Por exemplo, é mais provável que elas percebam um incidente no parquinho (tal como uma criança tropeçar acidentalmente em outra durante um jogo de futebol) como um ato intencional que requer retaliação. O treinamento ajuda crianças em idade escolar agressivas a adquirir um entendimento das intenções dos outros que a maioria das crianças aprende entre as idades de 3 e 5 anos. Portanto, o traço de agressividade pode se originar em algum tipo de desvio do caminho evolutivo típico durante o período da primeira infância.

Pensamento crítico

- Compare e diferencie os padrões de interação entre adolescentes no ensino médio aos de adultos nas universidades ou em locais de trabalho. Em que grau turmas e panelinhas se desenvolvem nesses ambientes e que papéis elas desempenham no funcionamento acadêmico e profissional?
- De que formas os adultos exibem agressão relacional? As diferenças de gênero nos tipos de agressão parecem persistir na idade adulta?

Conduza sua própria pesquisa

Um parquinho onde crianças pequenas e pré-escolares brincam enquanto seus pais assistem seria o local ideal para realizar uma observação naturalista de comportamento de base segura. Antes de você observar qualquer criança e seus pais, assegure-se de se apresentar aos pais e explicar que você está realizando uma tarefa para sua classe de desenvolvimento infantil. Por um período de tempo determinado – digamos, 15 minutos – observe uma criança individual e anote quantas vezes ela olha, fala com ou se move na direção do pai. Repita o procedimento para várias outras crianças. Classifique-as como mais jovens ou mais velhas e compare o número de comportamentos de base segura para cada grupo etário. Você deve descobrir que quanto mais jovens as crianças são, mais frequentemente elas fazem contato com seus pais (sua base segura).

Resumo

RELACIONAMENTOS COM OS PAIS

11.1 Como Bowlby e Ainsworth caracterizam vínculos afetivos, apegos e modelos funcionais internos?

- Bowlby e Ainsworth diferenciaram entre um vínculo afetivo (um laço permanente com um parceiro visto como único) e um apego, que envolve sentimentos de segurança e uma base segura. Um apego é deduzido da existência de comportamentos de apego. Uma vez estabelecido, um relacionamento de apego se torna a base de um modelo funcional interno que a criança aplica a futuras interações com a figura de apego e com outras pessoas.

11.2 Que fatores influenciam o apego dos pais a seu filho?

- Para os pais formarem um vínculo forte com seu bebê, o mais crucial não é o contato imediato no nascimento, mas o desenvolvimento e a repetição de comportamentos de apego mutuamente reforçadores e entrosados.

11.3 Como o apego da criança aos pais muda durante a fase de bebê, a primeira infância e a meninice?

- Bowlby propôs que o apego da criança ao cuidador desenvolve-se através de uma série de passos, de intenções bastante indiscriminadas de comportamentos de apego com qualquer um que esteja ao alcance, passando por um foco em uma ou mais figuras, para um comportamento de base segura, iniciando em torno dos 6 meses, que sinaliza a presença de um apego claro. Os comportamentos de apego se tornam menos visíveis durante os anos pré-escolares, exceto quando a criança está estressada. Crianças em idade escolar exibem menos comportamentos de base segura do que bebês e crianças pré-escolares, mas separações prolongadas ainda podem ser estressantes.

11.4 Quais são as características dos relacionamentos entre pais e filho na adolescência?

- O apego básico da criança aos pais permanece forte na adolescência, apesar do aumento no conflito entre pais-filho, da maior independência do adolescente e do papel aumentado do grupo de iguais.

VARIAÇÕES NA QUALIDADE DOS APEGOS

11.5 De que forma o comportamento de bebês com apego seguro ou inseguro difere?

- As crianças diferem na segurança de seus primeiros apegos. O bebê seguro usa os pais como uma base segura para exploração e pode ser facilmente consolado por eles. Bebês com apego inseguro exibem uma variedade de padrões, incluindo ambivalência e evitação em relação aos pais. Alguns bebês inseguramente apegados exibem um padrão desorganizado no qual às vezes se aproximam e às vezes se afastam dos pais. As diferenças na classificação do apego estão correlacionadas a padrões de responsividade parental.

11.6 Como o temperamento do bebê influencia o processo do apego?

- O temperamento de um bebê pode afetar o apego. Bebês comportamentalmente inibidos exibem mais ansiedade de separação e em relação a estranhos do que outros bebês. Bebês com temperamentos difíceis costumam resistir ativamente a tipos de conforto que promovem o desenvolvimento de apegos seguros. Como resultado, eles têm mais probabilidade que outros bebês de desenvolver apegos inseguros.

11.7 Em que grau as classificações de apego são estáveis e quais são suas consequências a longo prazo?

- A segurança de um apego inicial é razoavelmente estável e é promovida por sensibilidade e responsividade contingente dos pais. Crianças seguramente apegadas parecem ser socialmente mais hábeis, mais curiosas, mais maduras e mais persistentes ao abordar tarefas novas. O modelo funcional interno de apego de um adulto, baseado na segurança de seu próprio apego aos pais na infância, influencia o comportamento de paternagem.

RELACIONAMENTOS COM O GRUPO DE IGUAIS

11.8 Quais são as características das interações entre grupos de iguais de bebês e pré-escolares?

- A brincadeira cooperativa surge em torno dos 18 meses, embora os bebês ainda brinquem sozinhos. Aos 3 ou 4 anos, as crianças brincam mais com outras crianças do que sozinhas.

11.9 Como os relacionamentos com o grupo de iguais mudam durante os anos escolares?

- Quando chega à idade escolar, a maioria das crianças já formou amizades individuais e demonstra comportamento positivo preferencial em relação a seus amigos. As amizades se tornam mais comuns e mais estáveis durante o ensino fundamental, e mais íntimas na adolescência. No ensino fundamental, as interações de iguais são focadas principalmente em atividades comuns; na adolescência, os grupos de iguais também se tornam um veículo para a transição de dependência para independência.

11.10 Quais são as características e as consequências das variações na condição social?

- A popularidade entre iguais, no ensino fundamental ou mais tarde, é mais consistentemente baseada na quantidade de comportamento social positivo e sustentador demonstrado por uma criança em relação a seus pares. Crianças socialmente rejeitadas são frequentemente caracterizadas por altos níveis de agressividade ou *bullying* e baixos níveis de concordância e utilidade. É provável que crianças agressivas/rejeitadas apresentem problemas de comportamento na adolescência e uma variedade de transtornos da idade adulta.

11.11 Qual é a importância do grupo de iguais e dos relacionamentos românticos na adolescência?

- Grupos, ou turmas, baseados na reputação são uma parte importante dos relacionamentos sociais do adolescente, particularmente nos primeiros anos do ensino médio. Grupos menores de amigos, ou panelinhas, também são significativos e gradualmente mudam de grupos do mesmo sexo para grupos de sexo misto e para pares de namorados. Em média, nas culturas ocidentais, o namoro começa por volta dos 15 anos, mas há ampla variabilidade.

11.12 Quais são as características dos relacionamentos entre irmãos?

- Os relacionamentos entre irmãos são frequentemente considerados competitivos, mas há muitas variações. Irmãos em relacionamentos de cuidador atuam como pais substitutos para irmãos e irmãs menores. Aqueles em relacionamentos de camarada tentam agir parecido e apreciam estar juntos. Os relacionamentos de rivais são caracterizados por conflito, e irmãos em relacionamentos casuais têm pouco a ver um com o outro.

COMPORTAMENTO COM O GRUPO DE IGUAIS

11.13 O que é comportamento pró-social e quando ele aparece?

- Comportamento pró-social, como altruísmo ou generosidade, é aparente aos 2 ou 3 anos e geralmente aumenta durante toda a infância.

11.14 Em que aspectos meninos e meninas de diferentes idades diferem na exibição de agressividade?

- A agressão física diminui à medida que as habilidades de linguagem das crianças melhora. Portanto, pré-escolares mais velhos e crianças de idade escolar têm mais probabilidade que crianças pequenas de usar agressão verbal em vez de agressão física. Em todas as idades, os meninos exibem mais agressão física do que as meninas; as meninas demonstram mais agressão relacional.

11.15 O que é traço de agressividade e como ele difere de formas típicas de agressividade relacionadas à idade?

- Algumas crianças desenvolvem um padrão de comportamento agressivo, conhecido como traço de agressividade, que continua a causar problemas para elas durante toda a infância e a adolescência. Ao contrário de formas mais típicas, o traço de agressividade muda pouco com a idade.

Termos-chave

agressividade (p. 329)
agressão hostil (p. 330)
agressão instrumental (p. 330)
agressão relacional (p. 331)
amizade recíproca (p. 321)
apego (p. 308)
apego inseguro (p. 315)
apego seguro (p. 315)

brincadeira em paralelo (p. 321)
comportamento pró-social (p. 329)
comportamentos de apego (p. 308)
condição social (p. 323)
crianças negligenciadas (p. 323)
crianças populares (p. 323)
crianças rejeitadas (p. 323)
grau de adequação (p. 318)

individuação (p. 314)
modelo funcional interno (p. 308)
panelinha (p. 325)
parceria de objetivo corrigido (p. 313)
situação estranha (p. 315)
turma (p. 325)
vínculo afetivo (p. 308)

12 Reflexão Sobre Relacionamentos: Desenvolvimento Sociocognitivo e Moral

Objetivos da Aprendizagem

O desenvolvimento da cognição social

12.1 Quais são os princípios gerais do desenvolvimento sociocognitivo?

12.2 De que formas as descrições das crianças de outras pessoas mudam durante a infância e a adolescência?

12.3 Como as crianças variam individualmente e entre as idades com relação ao entendimento das emoções dos outros?

12.4 Como o entendimento das crianças sobre amizade muda à medida que elas crescem?

12.5 Que mudanças no entendimento das crianças de regras e intenções surgem durante os anos do ensino fundamental?

Desenvolvimento moral

12.6 Como as teorias psicanalítica, da aprendizagem e cognitivo-desenvolvimental diferem em suas explicações do desenvolvimento moral?

12.7 Que tipos de raciocínio moral as pessoas usam nos níveis pré-convencional, convencional e pós-convencional de Kohlberg?

12.8 Quais são as causas e as consequências de mudanças no raciocínio moral relacionadas à idade?

12.9 Como as abordagens de Eisenberg e Gilligan ao desenvolvimento moral diferem da de Kohlberg?

Raramente se liga a televisão ou se abre um jornal hoje em dia sem encontrar algum tipo de discussão sobre o declínio da moral. Aumentos na frequência de crimes hediondos, juntamente com exemplos de comportamento rude na vida diária, são citados em apoio da proposição de que a sociedade, ao menos no ocidente, é menos civilizada do que em tempos passados. A resposta a esse problema, dizem alguns, é incorporar *educação do caráter* ao currículo de nossas escolas.

Inúmeros educadores desenvolveram currículos de educação do caráter que podem ser usados por qualquer escola, independente da constituição cultural de seu corpo de estudantes. Um currículo foi de autoria do psicólogo do desenvolvimento Thomas Lickona, da Universidade Estadual de Nova York, em Cortland. Por mais de 20 anos, Lickona escreveu livros visando ajudar os pais e professores a aplicar os achados da pesquisa do desenvolvimento à tarefa de educar para o caráter (Lickona, 1994). Durante o mesmo período, ele participou de inúmeros estudos dos efeitos da educação do caráter sobre o clima escolar e sobre o comportamento individual.

Mais recentemente, Lickona defendeu uma abordagem à educação do caráter baseada na suposição de que dez virtudes essenciais compreendem o caráter (Lickona, 2004). As dez virtudes são sabedoria, justiça, fortitude, autocontrole, amor, atitudes positivas, esforço, integridade, gratidão e humildade. Lickona afirma que, embora os processos maturacionais e do desenvolvimento desempenhem papéis importantes no desenvolvimento do caráter, em geral ele deve ser deliberada e sistematicamente transmitido às crianças por adultos atenciosos. Sua pesquisa demonstrou que, quando a educação do caráter é implementada em uma escola, a frequência de comportamentos indesejáveis diminui. E como um bônus, a realização acadêmica tende a aumentar.

Como cientista do desenvolvimento, Lickona afirma que a educação do caráter, como qualquer outro tipo de instrução, deve ser baseada em um bom entendimento do desenvolvimento da criança. Uma abordagem à educação do caráter adequada ao desenvolvimento, ocorra na casa da família ou em uma escola com centenas de alunos, começa com um entendimento de que a forma como os indivíduos pensam sobre relacionamentos, um processo denominado cognição social, está no cerne do caráter. Portanto, começamos este capítulo com uma discussão de como o pensamento sobre relacionamentos sociais muda com o passar dos anos da infância e da adolescência e terminamos com um exame do desenvolvimento moral, o processo de aprender a diferenciar entre certo e errado de acordo com valores culturais.

O desenvolvimento da cognição social

O tema de **cognição social** não deve ser inteiramente novo. Você leu sobre muitas facetas da cognição social em capítulos anteriores. A capacidade emergente do bebê de reconhecer indivíduos e usar expressões faciais ou outra linguagem corporal para referenciamento social é um tipo de cognição social, assim como o crescente entendimento das emoções dos outros e do desenvolvimento de uma teoria da mente nos anos pré-escolares. Também se poderia argumentar que um modelo funcional interno de apego é um tipo de cognição social, assim como o esquema de *self* da criança. Entretanto, há alguns outros componentes importantes da cognição social. Antes de os considerarmos, é importante que você entenda alguns princípios básicos.

cognição social Refletir e entender as emoções, as interações e os relacionamentos entre as pessoas.

Alguns princípios e questões gerais

Objetivo da aprendizagem 12.1
Quais são os princípios gerais do desenvolvimento sociocognitivo?

Uma forma de pensar sobre a cognição social é simplesmente concebê-la como a aplicação de processos cognitivos gerais a um tópico diferente – nesse caso, pessoas ou relacionamentos. No Capítulo 6, você aprendeu sobre como o pensamento das crianças muda da infância até a adolescência. Em qualquer idade, uma criança poderia simplesmente aplicar suas formas atuais de pensamento a seus relacionamentos e a pessoas, bem como a objetos. Nesse ponto de vista, o entendimento da criança de si mesma e dos outros, dos relacionamentos sociais, reflete ou é baseado em seu nível global de desenvolvimento cognitivo, tal como seu nível de habilidades de tomada de perspectiva (Rubin, Coplan, Chen, Baskirk e Wojslawowica, 2005; Selman, 1980).

Essa abordagem tem um apelo intuitivo poderoso. Afinal de contas, como John Flavell salienta (1985), é a mesma cabeça pensando, quer a criança trabalhe em um problema de conservação, quer tente entender as pessoas. Além disso, como você verá muito claramente enquanto analisamos as evidências, muitos dos mesmos princípios que parecem se aplicar ao desenvolvimento cognitivo geral se aplicam também ao desenvolvimento cognitivo social; ou seja, a cognição social das crianças se desenvolve em certas direções:

- *De características externas para internas.* Crianças menores prestam atenção à superfície das coisas, com que elas se parecem; crianças mais velhas procuram princípios, causas.

- *De observação para inferência.* Crianças menores inicialmente baseiam suas conclusões apenas no que elas podem ver e sentir; quando crescem, fazem inferências sobre o que deveria ser ou o que poderia ser.
- *De definitivo para qualificado.* As "regras" das crianças pequenas são muito definitivas e fixas (tal como regras de papel sexual); na adolescência, as regras começam a ser qualificadas.
- *De visão do observador para visão geral.* Com o tempo, as crianças se tornam menos egocêntricas – menos ligadas a suas visões individuais, mais capazes de construir um modelo de alguma experiência ou algum processo que seja verdadeiro para todos.

Todas essas dimensões de mudança descrevem a cognição social emergente das crianças, assim como escrevem o desenvolvimento do pensamento sobre objetos. Mas o pensamento sobre as pessoas ou os relacionamentos também tem alguns aspectos especiais que o tornam diferente do pensamento sobre objetos físicos.

Uma diferença óbvia é que as pessoas, ao contrário de pedras ou copos de água, comportam-se intencionalmente. Em particular, as pessoas frequentemente tentam ocultar informação sobre si mesmas; portanto, a capacidade de "ler" os sinais de outras pessoas é uma habilidade sociocognitiva fundamental. Além disso, ao contrário dos relacionamentos com objetos, os relacionamentos com pessoas são mútuos e recíprocos. Bonecas, conjuntos de blocos ou bicicletas não retrucam, ficam irritadas ou respondem de formas inesperadas, mas as pessoas fazem todas essas coisas. Ao aprender sobre relacionamentos, as crianças devem aprender o suficiente sobre os motivos e sentimentos das outras pessoas para prever tais respostas.

As crianças também devem aprender regras especiais sobre formas particulares de interações sociais – tais como regras sobre educação, sobre quando você pode e não pode falar e sobre hierarquias de poder ou dominância – todas as quais são formas de roteiros sociais (Schank e Abelson, 1977). A existência desses roteiros permite que as crianças desenvolvam fortes expectativas sobre como as pessoas se comportarão, em que ordem, em que situações. Além disso, esses roteiros provavelmente mudam com a idade, não apenas porque as habilidades cognitivas das crianças mudam, mas também simplesmente porque as próprias regras (roteiros) mudam de um contexto social para outro. Um exemplo óbvio é o conjunto de mudanças que ocorre quando as crianças iniciam a escola. O roteiro associado ao papel de "estudante" é bastante diferente daquele associado ao papel de "menininho" ou "menininha". As salas de aula são organizadas mais estreitamente, as expectativas de obediência são mais altas e há mais práticas e rotinas a serem aprendidas do que provavelmente ocorria em casa ou mesmo na creche ou escola maternal. O roteiro escolar muda quando o adolescente chega ao final do ensino fundamental e novamente quando ele entra no ensino médio.

Essas ilustrações tornam claro que o desenvolvimento de cognição social sofisticada é mais do que um simples processo de aplicar habilidades e estratégias cognitivas básicas à arena da interação social. A criança também deve começar a entender as formas como os relacionamentos sociais são diferentes das interações com o mundo físico, e deve aprender regras e estratégias especiais. Comecemos com a crescente capacidade da criança de descrever outras pessoas.

Objetivo da aprendizagem 12.2
De que formas as descrições das crianças de outras pessoas mudam durante a infância e a adolescência?

Descrevendo outras pessoas

A pesquisa sugere que há um desvio da observação (o que as crianças veem) para a inferência (como elas interpretam o que veem) nas descrições das crianças dos outros, bem como uma mudança clara no foco de características externas para internas. Parece haver pelo menos três passos. Até talvez as idades de 6 a 8 anos, as descrições das crianças dos outros são focadas quase exclusivamente em aspectos externos. Crianças dessa variação etária descrevem a cor do cabelo dos outros, seu tamanho relativo, seu gênero, onde eles moram e o que fazem. A etnia é outra característica que frequentemente aflora nessas descrições (ver *Ciência do desenvolvimento no mundo real*). Essa descrição por um menino de 7 anos, extraída de um estudo clássico na Inglaterra, feito por Livesley e Bromley, é típica:

> Ele é muito alto. Ele tem cabelo castanho escuro, ele está na nossa escola. Eu não acho que ele tem algum irmão ou irmã. Ele está na nossa classe. Hoje ele está de suéter laranja escuro e calças cinzas e sapatos marrons. (1973, p. 213)

CIÊNCIA DO DESENVOLVIMENTO NO MUNDO REAL

Aprendendo e desaprendendo o preconceito

Mara estava entusiasmada com seu novo emprego de professora da 1ª série em uma escola pública que tinha uma população estudantil multirracial. Ela ficou preocupada em seu primeiro dia, entretanto, quando ouviu muitas das crianças de 6 anos de sua classe fazendo comentários sobre a etnia umas das outras. Ainda mais alarmante para ela foi a tendência de seus pequenos alunos a separarem-se de acordo com a etnia e a expressar desânimo quando uma criança de uma etnia diferente sentava perto deles ou tentava participar de seus jogos. Mara queria saber como poderia ajudar seus alunos a serem mais tolerantes.

A pesquisa sugere que esquemas de grupo racial são bem estabelecidos aos 5 anos (Pezdek, Blandon-Gitlin e Moore, 2003). Uma vez que esses esquemas estão formados, as crianças os utilizam para fazer julgamentos sobre os outros. Esses primeiros julgamentos provavelmente refletem o pensamento egocêntrico das crianças pequenas. Essencialmente, elas consideram aquelas parecidas com elas companhias desejáveis e aquelas diferentes – em gênero, etnia e em outras variáveis categóricas –, indesejáveis (Doyle e Aboud, 1995). Há alguma evidência de que esses julgamentos aumentam em força à medida que as crianças atravessam os anos do ensino fundamental (Nesdale, Durkin, Maass e Griffiths, 2005). Esses achados sugerem que as características do estágio operacional concreto de Piaget, cujo objetivo é construir um modelo mental do mundo exterior, podem contribuir para a tendência de crianças em idade escolar atribuírem uma quantidade inadequada de importância a traços externos como a etnia.

Naturalmente, o desenvolvimento cognitivo não acontece em um vácuo social, e, aos 5 anos, a maioria das crianças brancas em países de língua inglesa adquiriu um entendimento dos estereótipos e preconceitos raciais de sua cultura (Bigler e Liben, 1993). Igualmente, crianças afro-americanas, hispano-americanas e indígenas-americanas tornam-se sensíveis muito cedo na vida ao fato de que as pessoas em seus próprios grupos são vistas negativamente por muitos brancos. Alguns estudos sugerem que essa primeira consciência de estereótipos influencia negativamente a autoestima das crianças da minoria (Jambunathan e Burts, 2003).

Os psicólogos especulam que a combinação de desenvolvimento cognitivo imaturo, aquisição de estereótipos culturais e falta de consciência dos professores pode incentivar atitudes preconceituosas. O segredo para prevenir o desenvolvimento de preconceito, eles dizem, é os professores de pré-escola discutirem etnia abertamente e fazerem esforços conscientes para ajudar as crianças a adquirir atitudes não preconceituosas (Cushner, McClelland e Safford, 1992). Por exemplo, eles podem designar crianças de diferentes grupos raciais para fazer projetos juntos.

Idealmente, todas as crianças devem aprender a avaliar seu próprio comportamento e o dos outros de acordo com critérios individuais em vez de por critérios grupais, e crianças da minoria precisam ser especialmente encorajadas a ver sua etnia positivamente. Os professores de pré-escola estão em posição de fornecer a crianças pequenas um estímulo significativo na direção desses importantes objetivos.

Questões para reflexão

1. Como Mara poderia implementar algumas das estratégias sugeridas aqui para reduzir o preconceito em sua sala de aula?
2. Na sua opinião, qual é o papel da mídia de entretenimento no desenvolvimento de preconceito racial?

Quando crianças pequenas usam referentes internos ou avaliativos para descrever pessoas, elas provavelmente usam termos bastante globais, tais como *simpático* ou *malvado* e *bom* ou *mau*. Além disso, crianças pequenas não parecem ver as qualidades como traços duradouros ou gerais do indivíduo, aplicáveis em todas as situações ou com o passar do tempo (Rholes e Ruble, 1984). Em outras palavras, a criança pequena ainda não desenvolveu um conceito que poderia ser considerado "de conservação da personalidade".

Então, a partir dos 7 ou 8 anos, aproximadamente na época em que as crianças parecem desenvolver um senso global de autoestima, uma mudança bastante drástica ocorre em suas descrições dos outros. Elas começam a se concentrar mais nos traços ou nas qualidades interiores da outra pessoa e a supor que aqueles traços serão aparentes em muitas situações (Gnepp e Chilamkurti, 1988). As crianças dessa idade ainda descrevem os aspectos físicos dos outros, mas essas descrições parecem ser usadas mais como exemplos ou elaborações de pontos mais gerais sobre qualidades internas. Você pode observar a mudança quando compara a descrição da criança de 7 anos na página anterior a esta (amplamente citada) feita por uma criança que tem quase 10 anos:

> Ele fede muito e é muito desagradável. Ele não tem senso de humor e é muito burro. Ele está sempre brigando e é cruel. Ele faz coisas bobas e é muito estúpido. Ele tem cabelo castanho e olhos cruéis. Ele é rabugento e tem 11 anos e tem um monte de irmãs. Eu acho que ele é o menino mais horrível da classe. Ele tem uma voz grossa e sempre mastiga seu lápis e limpa os dentes e eu acho que ele é nojento. (Livesley e Bromley, 1973, p. 217)

Essa descrição ainda inclui muitos aspectos externos, físicos, mas vai além dessas qualidades superficiais concretas até o nível de traços de personalidade, como falta de humor ou crueldade.

Na adolescência, as descrições dos jovens começam a incluir mais comparações de um traço com outro ou de uma pessoa com outra, mais reconhecimento de inconsistên-

Uma criança pré-escolar, sem dúvida, rotularia a emoção deste menino como "triste". Um adolescente entenderia que a emoção poderia ser muito mais complicada, tal como tristeza misturada com raiva de si mesmo ou alguma outra forma de ambivalência.

cias e exceções, mais nuanças de cinza (Santz, 1983), como nesta descrição feita por um menino de 15 anos:

> Andy é muito modesto. Ele é até mais tímido do que eu quando está perto de estranhos, mas é muito falador com as pessoas que ele conhece e gosta. Ele sempre parece estar de bom humor e eu nunca o vi aborrecido. Ele tende a depreciar as realizações das outras pessoas, e nunca elogia as suas. Ele não parece expressar suas opiniões para qualquer um. Ele fica nervoso facilmente. (Livesley e Bromley, 1973, p. 221)

Alguns achados de dois estudos anteriores feitos por Carl Barenboim ilustram essas mudanças (1977, 1981). Ele pediu a crianças com idades variando de 6 a 16 anos para descrever três pessoas. Quaisquer descrições que envolvessem comparar os comportamentos ou aspectos físicos de uma criança com outra, ou com um padrão, que ele chamou de *comparações comportamentais* (tais como "Billy corre muito mais rápido que Jason" ou "Ela desenha melhor que todos da aula"). As declarações que envolviam algum construto de personalidade interno ele chamou de *construtos psicológicos* (tais como "Sara é tão boazinha" ou "Ele é mesmo um idiota teimoso!"); qualquer uma que incluísse qualificadores, explicações, exceções ou menções a mudanças no caráter ele chamou de *relacionamentos organizadores* (por exemplo, "Ele é tímido apenas com pessoas que não conhece" ou "Geralmente ela é simpática comigo, mas às vezes ela pode ser muito má"). A Figura 12.1 mostra os achados combinados dos dois estudos. Você pode ver que as comparações comportamentais foram mais comuns em torno dos 8 ou 9 anos, os construtos psicológicos aumentaram com a idade e os relacionamentos organizadores simplesmente não apareceram até a idade de 10 anos e ainda estavam aumentando aos 16 anos.

Você pode ter percebido a forte semelhança entre esta série de mudanças e o desenvolvimento das autodescrições das crianças resumidas no Capítulo 10 (Figura 10.2). Esse paralelo ilustra a questão básica de Flavell, que é a mesma cabeça pensando sobre si e sobre os outros.

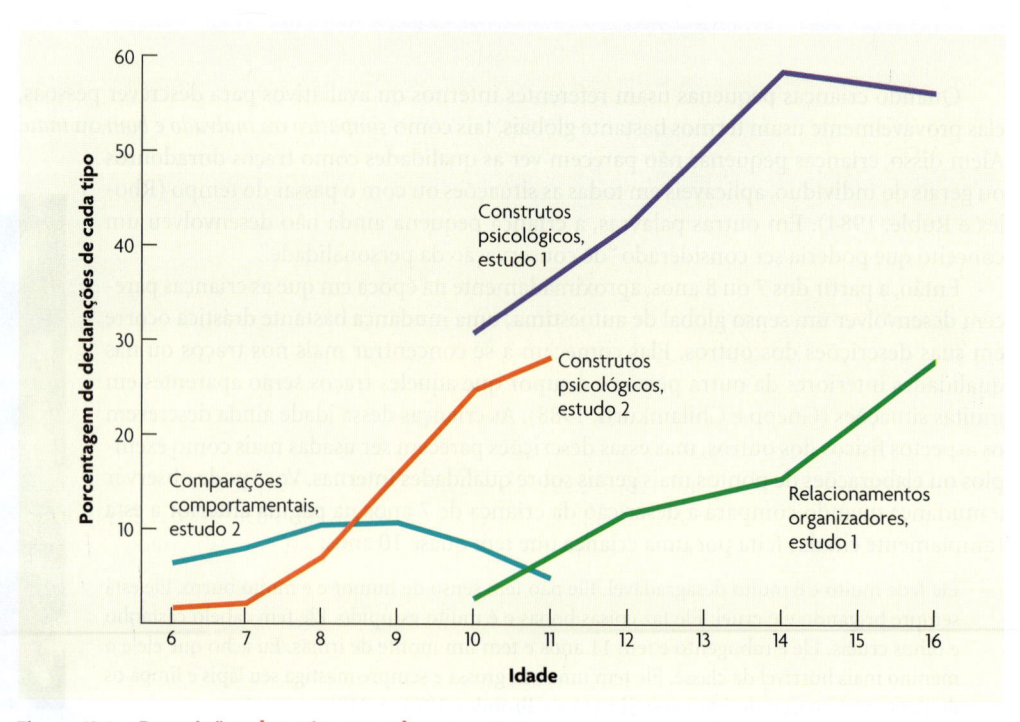

Figura 12.1 **Descrições das crianças sobre os outros**

Dois estudos de Barenboim das descrições das crianças sobre os outros mostram mudanças claras na direção de maior ênfase nos construtos psicológicos. O estudo 1 envolveu crianças de 10 a 16 anos; o estudo 2 envolveu crianças de 6 a 11 anos.

(*Fonte*: De C. Barenboim, "The development of person perception in childhood and adolescence: From behavioral comparisons contructs to psychological comparisons", *Child Development*, 52. Society for Research in Child Development (1981): p. 134, Fig. 1. Com permissão da Society for Research in Child Development.)

Entendendo os sentimentos dos outros

> **Objetivo da aprendizagem 12.3**
> Como as crianças variam individualmente e entre as idades com relação ao entendimento das emoções dos outros?

Tanto a habilidade cognitiva como a informação social estão obviamente envolvidas no entendimento das emoções dos outros. Você precisa ser capaz de identificar vários sinais corporais, incluindo expressões faciais, precisa entender vários tipos de emoções e saber que é possível que as pessoas sintam diversas emoções ao mesmo tempo, precisa entender o contexto social e precisa ter uma teoria da mente que o ajude a ligar o contexto aos prováveis sentimentos das outras pessoas. Por exemplo, você precisa do entendimento básico de que outra pessoa estará feliz ou triste dependendo de como ela está em relação a alguma coisa importante.

A pesquisa sobre o entendimento das crianças em relação às emoções dos outros sugere que elas adquirem essas várias formas de conhecimento gradualmente com o passar dos anos – do primeiro ano de vida à adolescência (Pons, Harris e de Rosnay, 2004; Thompson e Goodvin, 2005). Você já sabe, pelo Capítulo 5, que em torno dos 10 a 12 meses os bebês podem perceber a diferença entre expressões faciais e vocais positivas e negativas – nessa idade, eles já mostram comportamento de referenciamento social. Aos 3 ou 4 anos, o repertório de reconhecimento das emoções da criança ampliou-se consideravelmente, e ela tem algum entendimento preliminar das ligações entre as emoções das outras pessoas e suas situações, tal como que alguém ficaria triste se fracassasse. E aos 10 anos, a criança entende e pode ler alguns rótulos emocionais, mesmo expressões de ambivalência.

Diferenças individuais no conhecimento das emoções

Nem todas as crianças (ou todos os adultos) são igualmente qualificados em sua capacidade de entender as emoções das outras pessoas, um ponto enfatizado no livro popular de Daniel Goleman, *Emotional intelligence* (1995b). Essas diferenças individuais vêm a ser muito significativas para o desenvolvimento social e a competência social globais de uma criança. Por exemplo, crianças pré-escolares que sabem e usam mais palavras relacionadas a emoção (*furioso, triste,* etc.) são mais populares com seus pares (Fabes, Eisenberg, Hanish e Spinrad, 2001).

Carol Izard e colaboradores (1997) demonstraram esse tipo de ligação longitudinalmente. Em um grupo de crianças economicamente desfavorecidas, Izard verificou que aquelas que tinham um melhor e mais preciso conhecimento das emoções na pré-escola, posteriormente, apresentavam maior competência social e menos problemas de comportamento na 1ª série. Tal associação sugere a possibilidade de que um programa de intervenção visando melhorar a competência emocional básica das crianças – sua capacidade tanto de entender os outros quanto de controlar suas próprias expressões emocionais – poderia ter benefícios de longo alcance. Uma dessas intervenções, o programa PATHS, é descrita na *Reflexão sobre a pesquisa*.

O desenvolvimento de empatia

Para explorar o desenvolvimento da capacidade das crianças de entender as emoções e os sinais dos outros, os psicólogos também estudaram o desenvolvimento de empatia. A **empatia** envolve dois aspectos: compreender o estado ou a condição emocional de outra pessoa e então combinar esse estado emocional com o seu próprio. Uma pessoa empática experimenta o mesmo sentimento que imagina que a outra pessoa sente, ou um sentimento altamente semelhante. A simpatia envolve o mesmo processo de compreender o estado emocional do outro, mas é acompanhada não por uma combinação de emoções, mas por um sentimento geral de pesar ou preocupação pela outra pessoa (Eisenberg e Fabes, 1998; Eisenberg, Fabes, Schaller e Miller, 1989). De maneira geral, a empatia parece ser a resposta mais precoce do desenvolvimento; entre crianças mais velhas e adultos, a simpatia frequentemente parece nascer de uma resposta empática inicial (Eisenberg et al., 2007).

A análise mais completa do desenvolvimento de empatia e simpatia foi oferecida por Martin Hoffman (2007), que descreveu quatro largos passos, resumidos na Tabela 12.1. O primeiro estágio, a *empatia global*, que parece ser um tipo de resposta de sofrimento empático automático, é visível em bebês muito jovens. Hoffman descreve um exemplo:

> Uma menina de 11 meses, ao ver uma criança cair e chorar, pareceu como se ela própria fosse chorar; então colocou o polegar na boca e escondeu sua cabeça no colo da mãe, que é o que ela faria se ela mesma tivesse se ferido. (1988, p. 509-510)

empatia Conforme Hoffman, "uma resposta afetiva indireta que não combina necessariamente com o estado afetivo da outra pessoa, mas é mais adequada à situação do outro do que a sua própria" (1982, p. 285).

Tabela 12.1 Estágios no desenvolvimento de empatia propostos por Hoffman

Estágio	Descrição
Estágio 1: Empatia global	Observado durante o primeiro ano. Se o bebê está perto de alguém expressando uma forte emoção, ele pode combinar tal emoção – por exemplo, começando a chorar quando ouve outro bebê chorando.
Estágio 2: Empatia egocêntrica	A partir dos 12 a 18 meses, quando as crianças desenvolveram um senso razoavelmente claro de seus prórpios *selfs*, elas respondem ao sofrimento de outra pessoa com algum sofrimento próprio, mas podem tentar "curar" o problema da outra pessoa oferecendo o que elas próprias achariam mais reconfortante. Elas podem, por exemplo, mostrar tristeza quando veem outra pessoa sofrer, e procuram suas próprias mães para ajudar.
Estágio 3: Empatia pelos sentimentos do outro	Começando aos 2 ou 3 anos e continuando durante o ensino fundamental, as crianças notam os sentimentos dos outros, parcialmente combinando aqueles sentimentos, e respondem ao sofrimento dos outros de formas não egocêntricas. Durante esses anos, elas se tornam capazes de diferenciar uma variedade de emoções mais ampla (e mais sutil).
Estágio 4: Empatia pela condição de vida do outro	No final da infância ou na adolescência, algumas crianças desenvolvem uma noção mais generalizada dos sentimentos dos outros e respondem não apenas à situação imediata, mas à situação ou ao sofrimento geral do outro indivíduo. Portanto, um jovem neste nível pode se tornar mais aflito pela tristeza da outra pessoa se souber que a tristeza é crônica ou que a situação geral da pessoa é particularmente trágica do que se ele achar que é um problema mais momentâneo.

Fonte: Hoffman, 1982, 1988, 2000.

Essa resposta inicial muda aos 12 ou 18 meses, tão logo a criança adquire um entendimento claro da diferença entre ela mesma e os outros. A criança pequena ainda mostra uma combinação de emoção, mas entende que o sofrimento é da outra pessoa e não seu. Não obstante, sua solução para o sofrimento do outro provavelmente ainda é egocêntrica, tal como oferecer seu ursinho à pessoa que chora (Eisenberg e Fabes, 1998).

As respostas empáticas e simpáticas das crianças se tornam cada vez mais sutis durante os anos da pré-escola e do ensino fundamental, à medida que elas se tornam melhores leitoras das emoções dos outros. Na meninice, muitas crianças podem empatizar com diversas emoções diferentes ao mesmo tempo, como quando veem outra criança cometer um erro e cair durante um jogo. A criança espectadora pode ver e empatizar tanto com a dor quanto com o senso de vergonha ou constrangimento, e ela pode ter consciência de que a outra pode preferir não ser ajudada. Na adolescência, surge um nível ainda mais abstrato, quando a criança vai além da situação imediata e empatiza (ou simpatiza) com a situação geral da outra pessoa.

Observe que ambas as progressões evolutivas – entender as emoções dos outros e empatizar com elas – refletem vários dos princípios gerais listados anteriormente neste capítulo e são paralelos às mudanças que Piaget descreveu. Em particular, há uma mudança de observação para inferência: com o passar dos anos, a resposta empática da criança é guiada menos pelas emoções observadas, imediatas, como expressões faciais ou linguagem corporal, e mais pelas inferências ou deduções da criança sobre os sentimentos da outra pessoa. Esta não é uma mudança rápida. Por exemplo, a pesquisa na Inglaterra, de Paul Harris e colaboradores (1981), mostrou que apenas na adolescência os jovens se tornam totalmente conscientes de que as outras pessoas podem ocultar suas emoções ou agir diferentemente da forma como se sentem "por dentro".

Como se poderia esperar, nem todas as crianças demonstram iguais quantidades dessas respostas empáticas. Alguma disposição biológica à empatia parece ser parte da história,

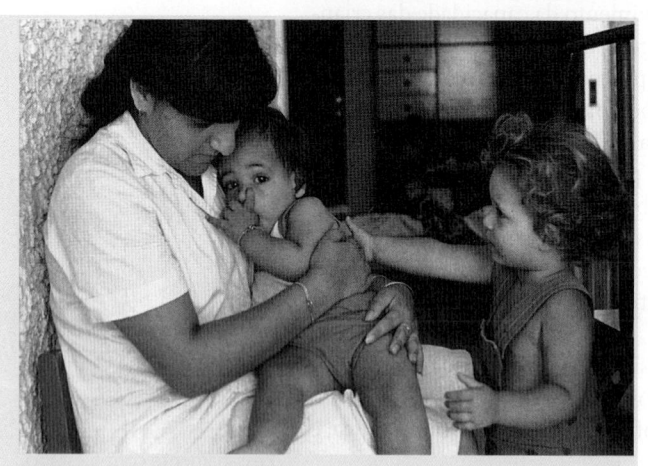

Crianças de 2 a 3 anos mostram esse tipo de resposta empática ao sofrimento ou à alegria de outras pessoas.

REFLEXÃO SOBRE A PESQUISA

Prevenção da violência através do aumento da competência emocional das crianças

A pesquisa revela que jovens mais violentos têm habilidades pobres de raciocínio social e um entendimento deficiente das emoções dos outros (Gleason, Jensen-Campbell e Richardson, 2004). Embora programas visando melhorar essas habilidades em adolescentes tenham alcançado sucesso limitado (Armstrong, 2003), a pesquisa indica que tratar esses déficits em crianças mais jovens pode ajudar a prevenir violência nos anos da adolescência (DeRosier e Marcus, 2005). Uma iniciativa de prevenção da violência voltada a crianças menores usa o programa PATHS (Promoting Alternative THinking Strategies [Promoção de Estratégias Alternativas de Pensamento]), um conjunto de 60 lições com o objetivo de ensinar crianças do ensino fundamental sobre emoções e como entendê-las (Kusché e Greenberg, 1994).

Os pesquisadores usaram o currículo PATHS com um grupo de 900 crianças do ensino fundamental excessivamente agressivas em 395 salas de aula diferentes em quatro cidades dos EUA, em um projeto conhecido como Fast Track Project (Conduct Problems Prevention Research Group, 2007 [Grupo de Pesquisa na Prevenção de Problemas de Conduta]). As crianças foram divididas em grupos experimental e de controle. Em sessões de classe especial, as crianças no grupo experimental aprenderam como reconhecer as emoções dos outros. Elas também aprenderam estratégias para controlar seus próprios sentimentos, manejar impulsos agressivos e resolver conflitos com seus pares.

Após vários anos de implementação, o programa produziu os seguintes efeitos entre as crianças no grupo experimental:

- Melhor reconhecimento de emoções
- Mais competência nos relacionamentos sociais
- Avaliações mais baixas de agressividade pelos pares
- Risco diminuído de ser colocado em classes de educação especial
- Menos uso de punição física pelos pais

Este projeto dá apoio à ligação entre conhecimento emocional e competência social. Ele também dá a psicólogos, professores, pais e policiais algum grau de otimismo sobre as perspectivas para mudar as trajetórias evolutivas de crianças agressivas (Foster, Jones e Conduct Problems Prevention Research Group, 2007).

Questões para análise crítica

1. O Fast Track Project é um experimento válido? Por quê ou Por que não?
2. Suponha que você fosse um pesquisador que quisesse reproduzir os resultados do Fast Track Project. Quais de seus diversos componentes você escolheria para manipular se tivesse recursos suficientes para estudar apenas uma das variáveis independentes? Explique o porquê.

---

conforme evidenciado pela maior semelhança nos níveis de empatia entre gêmeos idênticos do que entre gêmeos fraternos (Volbrecht, Lemery-Chalfant, Aksan, Zahn-Waxler e Goldsmith, 2007). No aspecto ambiental, muitos dos mesmos fatores que contribuem para maior comportamento altruísta (descrito em *Ciência do desenvolvimento no mundo real*, no Capítulo 11) também parecem contribuir para mais respostas empáticas em crianças pequenas. Por exemplo, maior resposta materna a sofrimento está ligada a maior empatia entre crianças pequenas (Davidov e Grusec, 2006). Como o comportamento altruísta ou bondoso, a empatia também é incentivada por explicações parentais sobre as consequências das ações das crianças para os outros e por discussões parentais das emoções (Miller, Eisenberg, Fabes, Shell e Gular, 1989). Finalmente, os desenvolvimentalistas têm alguma evidência preliminar de que variáveis temperamentais estão associadas a empatia. Especificamente, crianças que tem um alto controle esforçado, uma alta capacidade de regular as emoções a fim de alcançar objetivos, também são altas em empatia (Valiente et al., 2004). Seja qual for sua fonte, a empatia parece ser fundamental para controlar impulsos agressivos, uma vez que crianças com alta empatia tendem a ter baixa agressividade (Strayer e Roberts, 2004).

Descrevendo as amizades

Objetivo da aprendizagem 12.4
Como o entendimento das crianças sobre amizade muda à medida que elas crescem?

Crianças em idade pré-escolar parecem entender as amizades principalmente em termos de atividades em comum. Se você perguntar a uma criança pequena como as pessoas fazem amigos, a resposta é geralmente que elas "brincam juntas" ou passam tempo fisicamente próximas umas das outras (Hartup, 2006). As crianças dessa idade consideram as amizades algo que envolve repartir brinquedos ou dar coisas umas para as outras.

Gradualmente, essa visão da amizade começa a se afastar de uma ênfase nas atividades (Dunn, Cutting e Fisher, 2002). Estudos extensivos de Thomas Berndt (1983, 1986, 2004) mostram que o ingrediente fundamental das amizades para crianças do ensino fundamental pare-

Durante os anos pré-escolares, as amizades são baseadas em atividades compartilhadas. À medida que as crianças crescem, a confiança recíproca se torna mais importante que as atividades.

ce ser a confiança recíproca: os amigos são vistos como pessoas especiais com qualidades desejadas além da mera proximidade, como pessoas generosas que se ajudam e confiam umas nas outras. As crianças dessa faixa etária também entendem que a amizade tem uma dimensão temporal: os amigos são pessoas com as quais elas têm um histórico de conexão e interação, em vez de serem pessoas com quem apenas se encontraram ou brincaram uma vez, conforme sugere a Figura 12.2. Igualmente, durante os anos do ensino fundamental, as crianças desenvolvem um entendimento das gradações nas amizades. Ou seja, elas entendem a diferença entre "melhores amigos" e outros tipos de amigos (Schraf e Hertz-Lazarowitz, 2003). Importante, também, é o achado de que melhoras no entendimento das crianças sobre relacionamentos com seus pares estão associadas à quantidade e à qualidade das amizades (Rose e Asher, 2004).

Em torno dos 11 ou 12 anos, as crianças começam a citar a intimidade como um ingrediente importante na amizade: na metade da adolescência, elas esperam que um amigo seja um confidente, apoiador e digno de confiança (Hartup, 2006). O entendimento da amizade também se torna mais qualificado, mais matizado. A pesquisa sugere que no final da adolescência, os jovens entendem que mesmo amizades muito próximas não podem satisfazer todas as necessidades, e que as amizades não são estáticas: elas mudam, crescem ou se dissolvem à medida que cada membro do par muda (Damon, 1977). Uma amizade realmente boa, então, é aquela que se adapta a essas mudanças. Os jovens dessa idade dizem coisas sobre a amizade como esta: "Confiança é a capacidade de dar liberdade, bem como de esperar" (Selman, 1980, p. 141).

Alguns achados de pesquisa de um estudo transversal anterior de Brian Bigelow e John La Gaipa (1975) ilustram esse padrão de mudança. Esses pesquisadores pediram a várias centenas de crianças no Canadá para escrever um ensaio sobre como suas expectativas dos amigos diferia de suas expectativas de outros conhecidos. As respostas foram classificadas ao longo de muitas dimensões, três das quais são mostradas na Figura 12.3. Você pode ver que referências a seme-

> My definition of a good friend is someone who you can trust. They will never turn their back on you. They will always be there for you. when you are feeling down in the dumps. They'll try to cheer you up. They will never forget about you. They'll always sit next to you at lunch.

Figura 12.2 A explicação de amizade de uma criança de 10 anos

Este ensaio sobre amizade, escrito por uma criança de 10 anos, ilustra a forma como crianças em idade escolar mais velhas pensam sobre os amigos. ("Minha definição de um bom amigo é alguém em quem você pode confiar. Eles nunca darão as costas para você. Eles sempre estarão lá para você, quando você estiver se sentindo triste, eles tentarão te animar. Eles sempre se sentarão do seu lado na hora do lanche.")

(*Fonte*: Autor.)

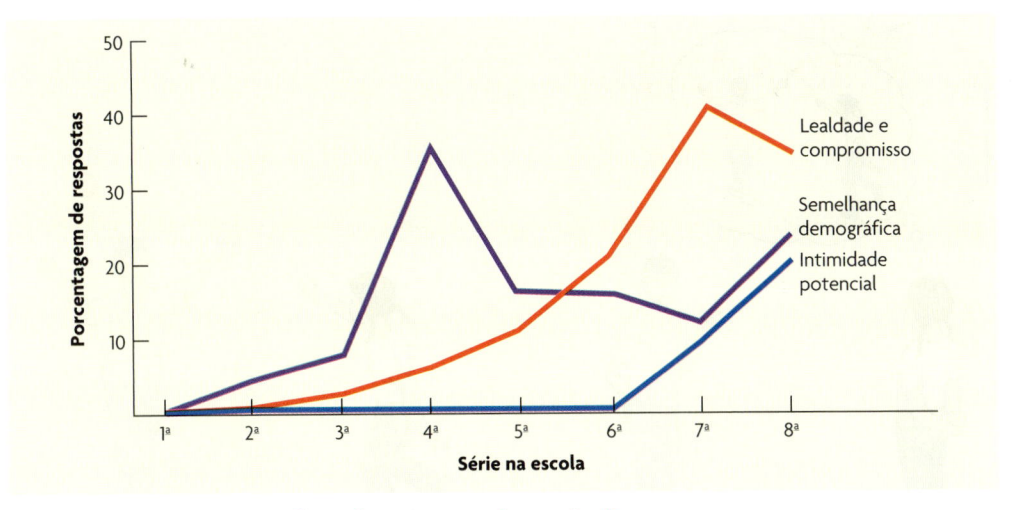

Figura 12.3 Mudanças nas ideias das crianças sobre amizade

Algumas das mudanças nas ideias das crianças sobre amizade são claras a partir desses achados do estudo de Bigelow e La Gaipa.

(*Fonte*: Bigelow e La Gaipa, 1975, da Tabela 1, p. 858.)

lhança demográfica (por exemplo, "Nós vivemos no mesmo bairro") foram mais altas entre estudantes de 4ª série, enquanto comentários sobre lealdade e compromisso foram mais altos entre estudantes de 7ª série. Referências a possível intimidade (por exemplo, "Eu posso contar a ela coisas sobre mim que não posso contar para mais ninguém") não apareceram até a 7ª série, mas aumentaram na 8ª.

A partir do que leu até agora, você pode ver que os padrões de mudança evolutiva no entendimento das crianças delas mesmas, dos outros e de relacionamentos são surpreendentemente semelhantes, mudando de todas as formas listadas no início do capítulo: de características externas para internas, de observação para inferência, de definitivo para qualificado e de uma visão egocêntrica para uma visão geral.

Entendendo regras e intenções

> **Objetivo da aprendizagem 12.5**
> Que mudanças no entendimento das crianças de regras e intenções surgem durante os anos do ensino fundamental?

Uma faceta um pouco diferente da cognição social emergente da criança é seu entendimento de diferentes categorias para regras sociais. A partir de algum momento nos anos do ensino fundamental, elas entendem a importante diferença entre o que Elliot Turiel (1983) chama de regras convencionais e regras morais. As **regras convencionais** são arbitrárias, criadas por um grupo ou uma cultura em particular. As regras escolares sobre usar uniforme, não correr nos corredores e pedir permissão antes de sair da sala são todas regras convencionais, da mesma forma que as regras sobre vestimenta adequada para meninos e meninas. Aos 7 ou 8 anos, as crianças começam a entender o fato de que essas regras são arbitrárias e variam de um grupo para outro ou de uma situação para outra. As crianças sabem que devem seguir essas regras quando no grupo ou situação especificada, mas não precisam segui-las em outras ocasiões. As **regras morais**, ao contrário, são vistas como universais e obrigatórias, refletindo princípios básicos que garantem os direitos dos outros. Não correr nos corredores é uma regra convencional; não bater em outras pessoas é uma regra moral. As crianças consideram o rompimento de regras morais muito mais sério do que o rompimento de regras convencionais (Nucci e Nucci, 1982). O rompimento de regras convencionais é visto como mal educado ou insubordinado, mas não é em geral condenado. Os julgamentos das crianças de transgressões morais, entretanto, são mais rigorosos.

Naturalmente, como adultos, diferenciamos entre violações intencionais e involuntárias de regras, mas as crianças fazem essa mesma distinção? Trabalhando a partir de suas suposições sobre o egocentrismo das crianças pequenas, Piaget sugeriu que crianças pequenas são incapazes de fazer essas discriminações.

regras convencionais Conforme definido por Turiel, regras arbitrárias, socialmente definidas, específicas a uma cultura, subcultura, grupo ou situação em particular, tal como "Não corra nos corredores" ou "É permitido fumar apenas em áreas designadas".

regras morais Conforme definido por Turiel, regras universais e obrigatórias refletindo princípios básicos que garantem os direitos dos outros.

Figura 12.4 Um teste do entendimento de intencionalidade das crianças

Figuras como estas foram usadas para avaliar o entendimento de crianças pequenas das intenções de um ator.

Entretanto, a pesquisa mais recente demonstrou que crianças pequenas entendem intenções em algum grau (Zhang e Yu, 2002). Em primeiro lugar, é bastante comum crianças pré-escolares dizerem "Foi um acidente... Eu não queria fazer isso" quando são punidas. Esses protestos sugerem que as crianças entendem que o dano intencional é punido mais severamente do que transgressões involuntárias. Igualmente, os pesquisadores salientaram que as crianças devem entender as intenções a fim de determinarem se uma promessa foi cumprida. Estudos mostram que crianças de 4 anos já podem fazer esses julgamentos (Maas, 2008).

Diversos estudos sugerem que as crianças podem fazer julgamentos sobre as intenções dos atores tanto quando expostos a problemas abstratos quanto quando motivados por um desejo pessoal de evitar punição (Feinfield, Lee, Flavell, Green e Flavell, 1999). Em um estudo clássico, crianças de 3 anos escutaram histórias sobre crianças jogando bola (Nelson, 1980). Figuras foram usadas para transmitir informação sobre intenções (ver Figura 12.4). As crianças tiveram mais probabilidade de rotular uma que pretendia prejudicar um companheiro de brinquedo como "má" ou "ruim" do que de julgar negativamente outra que acidentalmente acertou a cabeça de um companheiro com a bola. Entretanto, os julgamentos das crianças também foram influenciados pelos resultados. Em outras palavras, era mais provável que elas dissessem que uma criança que queria machucar seu companheiro de brinquedo era "boa" se ela não conseguisse acertar a criança com a bola. Esses resultados sugerem que elas sabem mais sobre intenções do que Piaget pensava, mas ainda são limitadas em sua capacidade de basear os julgamentos inteiramente nas intenções.

Desenvolvimento moral

Uma das maiores preocupações de pais e professores é ajudar as crianças a serem pessoas boas, a fazerem a coisa "certa" de acordo com os padrões e valores de sua cultura. O **desenvolvimento moral** é mais complexo. Ele foi explicado nos termos das teorias psicanalítica, da aprendizagem e cognitivo-desenvolvimental. As teorias cognitivo-desenvolvimentais, especialmente a de Lawrence Kohlberg, foram as mais influentes nas últimas décadas.

desenvolvimento moral ○ processo de aprender a distinguir entre certo e errado de acordo com os valores culturais.

Objetivo da aprendizagem 12.6
Como as teorias psicanalítica, da aprendizagem e cognitivo-desenvolvimental diferem em suas explicações do desenvolvimento moral?

Dimensões do desenvolvimento moral

As teorias psicanalítica, da aprendizagem e cognitivo-desenvolvimental se focalizam cada uma em um aspecto diferente do desenvolvimento moral.

Emoções morais A teoria psicanalítica enfatiza as emoções para explicar o desenvolvimento moral. De acordo com Freud, a criança aprende regras morais identificando-se com o pai do mesmo sexo durante o estágio fálico. As regras que uma criança aprende do pai de seu mesmo sexo formam seu *superego* ou seu juiz moral interno. O superego tem duas partes: uma consciência e um ideal do ego. A **consciência** é uma lista de coisas que "meninos bons" e "meninas boas" não fazem, tal como dizer mentiras. O **ideal do ego** é uma lista de coisas que "meninos bons" e "meninas boas" fazem, tal como obedecer aos pais. Quando uma criança desobedece sua consciência, ela sente culpa. Quando ela deixa de cumprir os padrões estabelecidos pelo ideal do ego, ela sente vergonha. Freud acreditava que as crianças aprendem a obedecer as regras de suas consciências e ideais do ego para evitar esses sentimentos desconfortáveis

Para entender melhor a ideia de Freud sobre como o superego opera, pense em uma criança de 7 anos faminta em um armazém. Ela pode imaginar como pegar um doce sem ninguém perceber. Entretanto, seu superego classifica esse comportamento como roubo, e pensar em roubar um doce a faz se sentir culpada. Isso cria um conflito. Se ela roubar o doce, se sentirá culpada. Se ela não roubar, ficará com fome. Se ela tiver uma personalidade saudável, Freud acreditava, obedecerá seu superego ainda que fazer isso signifique continuar com fome.

As visões de Erikson sobre desenvolvimento moral eram semelhantes às de Freud. Entretanto, Erikson acreditava que as crianças aprendem regras morais de ambos os pais. A teoria de Erikson também afirmava que o orgulho é tão importante para o desenvolvimento moral quanto a culpa e a vergonha. Por exemplo, se a criança decide não pegar o doce, ela não apenas evitará se sentir culpada, mas também sentirá orgulho por sua capacidade de resistir à tentação.

Recentemente, houve um ressurgimento do interesse nas emoções morais entre os desenvolvimentalistas (Eisenberg, 2000; Nunner-Winkler, 2007). A pesquisa demonstrou, como Freud e Erikson previram, que sentimentos de culpa, vergonha e orgulho se desenvolvem antes dos 6 anos (Kochanska e Aksan, 2006). Além disso, como ambos os teóricos previram, a qualidade dos relacionamentos entre pais e filhos contribui para o desenvolvimento de emoções morais. Por exemplo, crianças que foram abusadas exibem menos entendimento do que crianças não abusadas de situações que produzem culpa e orgulho na maioria das pessoas (Koenig, Cicchetti e Rogosch, 2004).

Os pesquisadores deduzem que as crianças estão sentindo vergonha quando tentam ocultar um ato que sabem ser errado. De fato, a maioria das crianças em idade escolar define vergonha como a emoção que as pessoas experimentam quando outros descobrem que elas fizeram alguma coisa errada (Levorato e Donai, 1999). Entretanto, é apenas nos últimos anos do ensino fundamental, mais ou menos aos 10 anos, que as crianças associam vergonha exclusivamente a erros morais (Olthof, Ferguson, Bloemers e Deij, 2004). O entendimento da vergonha dos adolescentes, previsivelmente, é mais complexo. Eles dizem aos pesquisadores que as pessoas sentem vergonha quando deixam de cumprir seus próprios padrões de comportamento, bem como quando seu erro é exposto aos outros.

Algumas pesquisas sugerem que as associações entre emoções morais e comportamento moral são mais fracas do que Freud acreditava, porque elas dependem do desenvolvimento cognitivo (Hoffman, 2007). Crianças menores associam sentimentos morais à observação do adulto. Elas parecem pensar que devem se sentir culpadas ou envergonhadas apenas se os pais ou o professor os vir cometendo uma violação de uma regra moral. Portanto, um ladrão de doce de 7 anos provavelmente não sentirá culpa a menos que seja apanhado no ato. Mais tarde, após os 9 ou 10 anos, quando as crianças entendem melhor sentimentos morais, elas provavelmente farão escolhas comportamentais baseadas em quão culpadas, envergonhadas ou orgulhosas acham que se sentirão. Por exemplo, quando a criança que quer o doce for mais velha, ela provavelmente escolherá não pegá-lo porque sabe que resistir à tentação a fará se sentir orgulhosa de si mesma.

Em contraste, o pesquisador Grazyna Kochanska constatou que a associação culpa-comportamento está ligada a temperamento em crianças pequenas. Crianças que têm um temperamento medroso exibem mais sinais de culpa, como tensão corporal, quando acreditam que fizeram alguma coisa errada (Kochanska et al., 2002). Outro fator contribuinte pode ser o estilo de paternagem. A pesquisa de Kochanska indica que filhos de mães que confiam pesadamente em técnicas de disciplina de afirmação de poder – tal como gritar e espancar – exibem menos culpa.

Comportamento moral Outra forma de olhar o desenvolvimento moral é através das lentes do modelo de condicionamento operante do teórico da aprendizagem B.F. Skinner, que propõe

consciência A lista dos "não pode" no superego; a violação de qualquer uma delas leva a sentimentos de culpa.

ideal do ego A lista dos "pode" no superego; a violação de qualquer uma delas leva a sentimentos de vergonha.

que as consequências ensinam as crianças a obedecer as regras morais. De acordo com Skinner, os adultos recompensam as crianças por comportamento moralmente aceitável com elogio. Ao mesmo tempo, eles punem por comportamento moralmente inaceitável. Como resultado, o comportamento aceitável aumenta e o comportamento inaceitável diminui à medida que a criança cresce.

As consequências certamente influenciam o comportamento das crianças. Entretanto, a punição pode na verdade interferir no desenvolvimento moral. Por exemplo, se os pais de uma criança lhe dão palmadas no estacionamento do supermercado por ela ter roubado um doce, eles esperam que as palmadas ensinem que roubar é errado. Mas a criança pode aprender apenas que não pode roubar quando está com os pais. Da mesma forma, quando a punição é severa ou constrangedora, as crianças podem ser distraídas de fazer a associação entre seu comportamento e a punição. Uma criança que roubou um doce pode ficar tão furiosa com seus pais por constrangê-la com palmadas em público que concentra toda sua atenção em sua raiva. Como resultado, ela não percebe que sua escolha de roubar provocou as palmadas (Hoffman, 1988).

Uma abordagem que combina punição com explicações racionais pode ser mais efetiva. Ao descobrir que o filho de 7 anos roubou um doce, um pai usando essa abordagem responderia dizendo ao filho privadamente que é errado pegar coisas que não lhe pertencem mesmo se você estiver com muita fome. Em seguida, o pai exigiria que a criança corrigisse o erro admitindo seu crime, desculpando-se com o vendedor ou gerente, e pagando pelo doce. Finalmente, a criança de 7 anos provavelmente teria que ressarcir seus pais de alguma forma se eles lhe dessem o dinheiro para pagar pelo doce roubado. Tal processo permite que a criança aprenda tanto que é errado roubar quanto que, quando ela quebrar uma regra moral, deve fazer alguma coisa para consertar as coisas (Zahn-Waxler, Radke-Yarrow e King, 1979).

Como você deve lembrar do Capítulo 1, o teórico da aprendizagem social Albert Bandura sustenta que as crianças aprendem mais pela observação dos outros do que por recompensas ou punições. Sua teoria estabelece que, quando uma criança vê alguém recompensado por um comportamento, ela acredita que também será recompensada se se comportar da mesma forma. Similarmente, quando ela vê um modelo punido, ela supõe que também será punida se imitar o comportamento (Bandura, 1977, 1989). Por exemplo, uma história sobre uma criança que foi elogiada por um dos pais por resistir à tentação de roubar pode ensinar a criança que resistir a tentações é digno de elogio. Ao contrário, quando uma criança é exposta a uma história sobre um menino ou menina que rouba e não é apanhado, ela pode aprender que é possível roubar sem ser punido.

Como prevê a teoria de Bandura, as crianças aprendem muito sobre comportamento moral, tanto aceitável quanto inaceitável, pelo comportamento do modelo. Os modelos podem até mesmo influenciar as crianças a mudar seu comportamento moral. Por exemplo, se uma criança de 7 anos vê outra roubar um doce após decidir não fazê-lo, ela pode mudar de ideia.

Raciocínio moral *Raciocínio moral* é o processo de fazer julgamentos sobre a correção ou o erro de atos específicos. Como você leu anteriormente neste capítulo, as crianças aprendem a discriminar entre atos intencionais e involuntários na primeira infância. Entretanto, usar esse entendimento para fazer julgamentos morais é outra questão. Piaget afirmava que a capacidade de usar o raciocínio sobre intenções para fazer julgamentos sobre as dimensões morais do comportamento parece surgir juntamente com o pensamento operacional concreto.

Piaget estudou o desenvolvimento moral observando as crianças brincando. Enquanto as observava, ele percebeu que crianças menores pareciam ter menos entendimento das regras dos jogos. Em seguimento a essas observações, Piaget questionou crianças de diferentes idades sobre regras. As respostas delas o levou a propor uma teoria do desenvolvimento moral de dois estágios (Piaget, 1932).

As crianças no **estágio de realismo moral** de Piaget, que ele considerava típico de crianças com menos de 8 anos, acreditam que as regras dos jogos não podem ser mudadas porque elas provêm de autoridades, tais como pais, governantes ou figuras religiosas. Por exemplo, um menino de 6 anos disse a Piaget que o jogo de bolas de gude foi inventado na arca de Noé. Ele explicou que as regras não podem ser mudadas porque os "grandes", querendo dizer os adultos e as crianças mais velhas, não gostariam (Piaget, 1965, p. 60).

---

estágio de realismo moral O primeiro dos estágios de desenvolvimento moral de Piaget, no qual as crianças acreditam que as regras são inflexíveis.

Os realistas morais também acreditam que todas as violações de regras resultam em punição. Por exemplo, Piaget contou a crianças uma história sobre uma que caiu em um rio quando tentava usar um pedaço de madeira podre como ponte. As crianças com menos de 8 anos disseram que a personagem da história estava sendo punida por algum "mau comportamento" que tinha apresentado no passado.

Após os 8 anos, segundo Piaget, as crianças passam para o **estágio de relativismo moral**, no qual elas aprendem que as pessoas podem concordar em mudar as regras se elas quiserem. Elas percebem que a coisa importante em relação ao jogo é que todos os jogadores sigam as mesmas regras, independente de quais sejam elas. Por exemplo, crianças de 8 a 12 anos sabem que um grupo de beisebol pode decidir dar a cada batedor quatro *strikes* em vez de três. Elas entendem que sua concordância não muda o jogo e que ela não se aplica a outras pessoas que o jogam. As crianças neste estágio também se sentem melhores seguindo as regras dos jogos.

Crianças de 8 a 12 anos também sabem que violações de regras não resultam em punição a menos que você seja apanhado. Como resultado, elas consideram um acidente eventos como cair em um rio por usar um pedaço de madeira podre como ponte. Elas entendem que acidentes não são causados por "mau comportamento" no passado. Crianças com mais de 8 anos também entendem o relacionamento entre punição e intenções. Por exemplo, relembrando a situação de uma criança de 7 anos pegando um doce de um armazém, a pesquisa de Piaget sugere que crianças com mais de 8 anos distinguiriam entre uma criança que saiu involuntariamente sem pagar pelo doce e outra que o pegou deliberadamente. Crianças mais velhas provavelmente diriam que ambas as crianças devem voltar e pagar pelo doce, mas apenas aquela que roubou intencionalmente deveria ser punida.

A pesquisa apoia a afirmação de Piaget de que crianças com mais de 8 anos dão mais peso a intenções do que a consequências ao fazerem julgamentos morais (Zelazo, Helwig e Lau, 1996). Embora o pensamento delas seja mais maduro do que o de crianças pré-escolares, o raciocínio moral de crianças em idade escolar ainda é altamente egocêntrico. Por exemplo, todo pai já ouviu a exclamação "Não é justo!" quando uma criança deixa de receber o mesmo tratamento ou privilégio de um irmão. Entretanto, é raro, se não completamente desconhecido, uma criança protestar a justiça de ela receber alguma coisa que não foi dada também a um irmão. Portanto, crianças em idade escolar ainda têm um longo caminho a percorrer antes de serem capazes de um raciocínio moral maduro. Para entender esse processo evolutivo, devemos voltar ao trabalho de Lawrence Kohlberg (1927-1987).

Estágios de desenvolvimento moral de Kohlberg

> **Objetivo da aprendizagem 12.7**
> Que tipos de raciocínio moral as pessoas usam nos níveis pré-convencional, convencional e pós-convencional de Kohlberg?

Piaget (1932) foi o primeiro a oferecer uma descrição do desenvolvimento do raciocínio moral, mas o trabalho de Kohlberg teve impacto mais poderoso sobre o pensamento dos desenvolvimentalistas (Colby, Kohlberg, Gibbs e Lieberman, 1983; Dawson, 2002; Kohlberg, 1964, 1976, 1980, 1981). Desenvolvendo e revisando as ideias de Piaget, Kohlberg foi pioneiro na prática de avaliar o raciocínio moral apresentando a crianças uma série de dilemas hipotéticos em forma de história, cada um dos quais destacava uma questão moral específica, tal como o valor da vida humana. Um dos mais famosos é o dilema de Heinz:

> Na Europa, uma mulher estava próxima da morte por um tipo especial de câncer. Havia um remédio que os médicos achavam que poderia salvá-la. Era uma forma de rádio que um farmacêutico na mesma cidade tinha descoberto recentemente. O remédio era caro para fazer, mas o farmacêutico estava cobrando dez vezes o que ele custava para ser feito. Ele pagava $200 pelo rádio e cobrava $2000 por uma pequena dose do remédio. O marido da mulher doente, Heinz, procurou todos os seus conhecidos para pedir dinheiro emprestado, mas conseguiu juntar apenas cerca de $1000, que é metade do que o remédio custava. Ele disse ao farmacêutico que sua esposa estava morrendo, e pediu que ele vendesse mais barato ou o deixasse pagar mais tarde. Mas o farmacêutico disse "Não, eu descobri o remédio e vou ganhar dinheiro com ele". Então Heinz, desesperado, invadiu a loja do homem para roubar o remédio para sua esposa. (Kohlberg e Elfenbein, 1975, p. 621)

Apos ouvir esta história, a criança ou o jovem deve responder a uma série de perguntas, tal como se Heinz devia ter roubado o remédio. E se Heinz não amasse sua esposa? Isso mudaria alguma coisa? E se a pessoa morrendo fosse um estranho? Heinz deve roubar o remédio de qualquer maneira?

estágio de relativismo moral O segundo dos estágios de desenvolvimento moral de Piaget, no qual as crianças entendem que muitas regras podem ser mudadas através de acordo social.

Com base nas respostas a dilemas como esse, Kohlberg concluiu que havia três níveis principais de raciocínio moral, cada um com dois estágios, conforme resumido brevemente na Tabela 12.2.

Níveis e estágios   No Nível I, **moralidade pré-convencional**, os julgamentos da criança de certo e errado são baseados em fontes de autoridade que estão próximas e são fisicamente superiores a ela – geralmente os pais. Assim como as descrições dos outros da criança do ensino fundamental são largamente externas, seus padrões para julgar correção e erro também são mais externos do que internos. Em particular, o resultado ou as consequências das ações determinam correção ou erro.

No estágio 1 desse nível – *orientação a punição e obediência* – a criança se baseia nas consequências físicas de alguma ação para decidir se ela é certa ou errada. Se ela for punida, o comportamento era errado; se não for punida, era certo. Ela é obediente aos adultos porque eles são maiores e mais fortes.

No estágio 2 – *individualismo, propósito instrumental e troca* – a criança começa a fazer coisas que são recompensadas e a evitar coisas que são punidas. (Por essa razão, o estágio é às vezes referido como *hedonismo ingênuo*.) Se alguma coisa parece boa ou dá resultados prazerosos, ela é boa. Algum princípio de preocupação com as outras pessoas é aparente durante esse estágio, mas apenas se aquela preocupação puder ser expressada como algo que também beneficie a própria criança. Portanto, ela pode entrar em acordos como "Se você me ajudar, eu ajudo você". As seguintes respostas a variações do dilema de Heinz, extraídas de estudos de crianças e adolescentes em inúmeras culturas diferentes, ilustram o estágio 2:

Ele deve roubar a comida para sua esposa porque, se ela morrer, ele terá que pagar pelo funeral e isso custa muito caro. (Taiwan)

Ele deve roubar o remédio porque ele deve proteger a vida de sua esposa para não ter que ficar sozinho na vida. (Porto Rico)

Pesquisador: Suponha que não fosse sua esposa que estivesse morrendo de fome, mas seu melhor amigo. Ele deve roubar a comida para o amigo?

---

moralidade pré-convencional O primeiro nível de desenvolvimento moral proposto por Kohlberg, no qual os julgamentos morais são dominados por consideração do que será punido e do que parece bom.

Tabela 12.2   Estágios do desenvolvimento moral de Kohlberg

Estágio	Descrição
NÍVEL I: Moralidade pré-convencional	
Estágio 1: Orientação a punição e obediência	A criança decide o que é errado com base no que é punido. A obediência é valorizada por sua própria vantagem, mas a criança obedece porque os adultos são fisicamente mais poderosos.
Estágio 2: Individualismo, propósito instrumental e troca	A criança segue regras quando é de seu interesse imediato. O que é bom é o que traz resultados agradáveis.
NÍVEL II: Moralidade convencional	
Estágio 3: Expectativas interpessoais mútuas, relacionamentos e conformismo interpessoal	Ações morais são aquelas que cumprem as expectativas da família ou de outro grupo significativo. "Ser bom" torna-se importante por sua própria vantagem.
Estágio 4: Sistema social e consciência	Ações morais são aquelas assim definidas por grupos sociais mais amplos ou pela sociedade como um todo. A pessoa deve cumprir deveres combinados e cumprir as leis, exceto em casos extremos.
NÍVEL III: Moralidade de princípio e pós-convencional	
Estágio 5: Orientação pelo contrato social (ou utilidade e direitos individuais)	Agir de modo a alcançar o "bem maior para o maior número de pessoas". O adolescente ou adulto tem consciência de que a maioria dos valores são relativos e as leis são inconstantes, embora as regras devam ser defendidas a fim de preservar a ordem social. Contudo, há algumas regras não relativas básicas, tais como a importância da vida e da liberdade de cada pessoa.
Estágio 6: Princípios éticos universais	O adulto desenvolve e segue princípios éticos por escolha própria na determinação do que é certo. Esses princípios éticos são parte de um sistema de valores e princípios articulado, integrado, cuidadosamente refletido e consistentemente seguido.

Fontes: Kohlberg, 1976; Lickona, 1978.

Criança: Sim, porque um dia quando ele estivesse com fome seu amigo o ajudaria. (Turquia) (Snarey, 1985, p. 221)

No Nível II, **moralidade convencional**, o jovem muda de julgamentos baseados em consequências externas e ganho pessoal a julgamentos baseados em regras ou normas de um grupo ao qual ele pertence, seja aquele grupo a família, o grupo de iguais, uma igreja ou o país. O que o grupo de referência escolhido define como certo ou bom é certo ou bom na visão da criança, e ela internaliza essas normas a um grau considerável.

O estágio 3 (o primeiro estágio do Nível II) é o estágio de *expectativas interpessoais mútuas, relacionamentos e conformismo interpessoal* (às vezes também chamado de *estágio do bom menino/boa menina*). As crianças nesse estágio acreditam que o bom comportamento é o que agrada outras pessoas. Elas valorizam confiança, lealdade, respeito, gratidão e manutenção de relacionamentos mútuos. Andy, um menino que Kohlberg entrevistou e que estava no estágio 3, disse:

> Eu tento fazer coisas para os meus pais, eles sempre estão fazendo coisas por você. Eu tento fazer tudo aquilo que minha mãe diz, eu tento agradá-la. Como ela quer que eu seja um médico eu quero ser também, e ela está me ajudando a chegar lá. (Kohlberg, 1964, p. 401)

A maioria dos adolescentes usa raciocínio moral do estágio 3: o que é bom é o que a família ou o grupo de iguais define como bom e certo. Você acha que o nível de raciocínio moral que um adolescente demonstra tem alguma ligação com seu conformismo com o grupo de iguais?

Outra marca do estágio 3 é que a criança começa a fazer julgamentos baseados em intenções, bem como em comportamento externo. Se alguém "tem boa intenção" ou "não fez por querer", o dano é considerado menos sério do que se a pessoa fizesse "de propósito".

No estágio 4, o segundo estágio da moralidade convencional, a criança adota as normas de grupos sociais mais amplos. Kohlberg rotulou esse estágio de *sistema social e consciência*. As crianças raciocinando nesse estágio se focam em cumprir seu dever, respeitar autoridade, seguir regras e leis. A ênfase é menos no que é agradável para determinadas pessoas (como no estágio 3) e mais em aderir a um conjunto complexo de regulamentos. Os regulamentos em si não são questionados.

A transição para o Nível III, **moralidade de princípios** (também chamada de **moralidade pós-convencional**), é marcada por diversas mudanças, a mais importante das quais é uma mudança na fonte de autoridade. No Nível I, as crianças veem a autoridade como totalmente fora delas; no Nível II, os julgamentos de regras de autoridade externa são internalizados, mas eles não são questionados ou analisados; no Nível III, um novo tipo de autoridade pessoal surge e permite que uma pessoa faça julgamentos e escolhas individuais baseadas em princípios autoescolhidos.

No estágio 5 desse nível – denominado de *orientação pelo contrato social* por Kohlberg – as pessoas mostram evidência do início desses princípios autoescolhidos. Regras, leis e regulamentos ainda são vistos como importantes porque asseguram justiça e são vistos como logicamente necessários para a sociedade funcionar. Entretanto, pessoas operando nesse nível também reconhecem que regras, leis e regulamentos às vezes precisam ser ignorados ou mudados. O sistema de governo nos Estados Unidos é baseado no raciocínio moral desse tipo, uma vez que ele fornece meios para mudar leis e para permitir protestos pessoais contra uma determinada lei, tal como os protestos dos direitos civis da década de 1960 e os protestos contra a Guerra do Vietnã nas décadas de 1960 e 1970.

O estágio 6, o segundo estágio no Nível III, é simplesmente uma outra extensão desse mesmo padrão, com o indivíduo buscando o nível mais alto possível de princípios morais e tentando viver de uma maneira que seja consistente com eles. Kohlberg se referia a esse estágio como a *orientação a princípios éticos universais*. Pessoas que raciocinam dessa maneira assumem responsabilidade pessoal por suas próprias ações com base em princípios fundamentais e universais, como justiça e respeito básico pelas pessoas (Kohlberg, 1978; Kohlberg, Boyd e Levine, 1990). Em seus estudos de caso de adultos modernos que raciocinam e agem nesse nível, Ann Colby e William Damon (1992) observam que outra qualidade que essas pessoas compartilham é a "reciprocidade aberta" – uma disposição a examinar suas ideias e suas convicções, mesmo enquanto

---

moralidade convencional O segundo nível de desenvolvimento moral proposto por Kohlberg, no qual os julgamentos de uma pessoa são dominados por considerações de valores e leis do grupo.

moralidade de princípios (pós-convencional) O terceiro nível de desenvolvimento moral proposto por Kohlberg, no qual considerações de justiça, direitos individuais e contratos sociais dominam o julgamento moral.

agem firme e generosamente em apoio a seus ideais. Essas pessoas não são comuns. Dois exemplos famosos são Mahatma Gandhi e Madre Teresa, ambos devotaram suas vidas a causas humanitárias.

É muito importante entender que o que define o estágio ou o nível de desenvolvimento moral de uma pessoa não são as escolhas morais específicas que ela faz, mas a forma de raciocínio usada para justificar as escolhas. Por exemplo, qualquer escolha – que Heinz deve roubar o remédio ou que não deve – pode ser justificada com lógica em qualquer estágio. Você já leu alguns exemplos de justificativas do estágio 2 para Heinz roubar o remédio; a seguinte é uma justificativa do estágio 5 da mesma escolha, extraída de um estudo na Índia:

> E se Heinz estivesse roubando para salvar a vida de seu animal de estimação em vez de sua esposa? Se Heinz salva a vida de um animal, sua ação será louvável. O uso correto do remédio é administrá-lo ao necessitado. Há alguma diferença, naturalmente – a vida humana é mais evoluída e consequentemente de maior importância no esquema da natureza –, mas a vida de um animal não é inteiramente destituída de importância... (Snarey, 1985, p. 223, extraído originalmente de Vasudev, 1983, p. 7)

Se você comparar essa resposta àquelas apresentadas anteriormente, pode ver a diferença na forma de raciocínio, ainda que a ação justificada seja precisamente a mesma.

Kohlberg afirmou que essa sequência de desenvolvimento moral é tanto universal como hierarquicamente organizada, da mesma forma que Piaget achava que seus estágios propostos de desenvolvimento cognitivo eram universais e hierárquicos. Ou seja, cada estágio segue e se desenvolve de um estágio antecedente e tem alguma consistência interna. Os indivíduos não devem se mover para trás ou para baixo na sequência, mas apenas para cima através dos estágios, se houver algum movimento. Kohlberg não sugeriu que todos os indivíduos eventualmente progridem através de todos os seis estágios ou mesmo que os estágios estejam sempre associados a idades específicas, mas ele insistia que a ordem é invariável e universal.

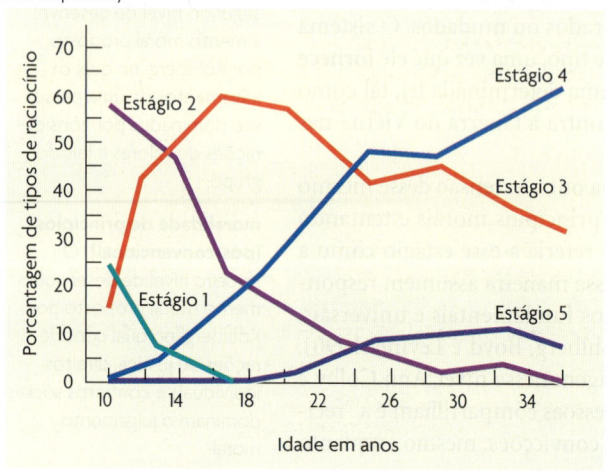

Idade e raciocínio moral Os próprios achados de Kohlberg, confirmados por muitos outros pesquisadores (Walker, de Vries e Trevethan, 1987), mostram que o raciocínio moral pré-convencional (estágios 1 e 2) é dominante no ensino fundamental, com o raciocínio de estágio 2 ainda evidente em algumas pessoas no início da adolescência. O raciocínio convencional (estágios 3 e 4) surge na metade da adolescência e permanece a forma mais comum de raciocínio moral na idade adulta. O raciocínio pós-convencional (estágios 5 e 6) é relativamente raro, mesmo em adultos. Por exemplo, em um estudo de homens na quarta e quinta décadas de vida, apenas 13% foi classificado como usando raciocínio moral de estágio 5 (Gibson, 1990).

Dois exemplos de pesquisa ilustram essas tendências etárias globais. O primeiro, ilustrado na Figura 12.5, vem do próprio estudo longitudinal de Kohlberg de 58 meninos, entrevistados pela primeira vez quando tinham 10 anos, e acompanhados por mais de 20 anos (Colby et al., 1983). A Tabela 12.3 mostra dados transversais de um estudo de Lawrence Walker e colaboradores (1987). Eles estudaram 10 meninos e 10 meninas em cada uma de quatro idades, entrevistando também os pais de cada criança. Note que Walker pontuou cada resposta em uma escala de 9 pontos em vez de usar apenas os cinco estágios principais. Esse sistema, que se tornou bastante comum, leva em conta o fato de que o raciocínio de muitas pessoas se enquadra entre dois estágios específicos.

Os resultados desses dois estudos, embora não idênticos, apontam para conclusões notavelmente semelhantes sobre a ordem de surgimento dos vários estágios e sobre as idades aproximadas em que eles predominam. Em ambos os estudos, o raciocínio de estágio 2 domina nas idades de 9 a 10 anos, e o raciocínio de estágio 3 é mais comum em torno dos 15 a 16 anos.

Sequência de estágios Também parece razoavelmente forte a evidência de que os estágios de Kohlberg ocorrem na sequência que ele propôs. Por exemplo, em três estudos longi-

Kohlberg acreditava que havia pelo menos algumas pessoas, como Madre Teresa, cujo raciocínio moral era baseado em princípios éticos universais.

Figura 12.5 Respostas aos dilemas morais de Kohlberg através das idades

Esses achados são do estudo longitudinal de longo prazo que Colby e Kohlberg fizeram com um grupo de meninos indagados sobre os dilemas morais de Kohlberg de tempos em tempos a partir dos 10 anos até a idade adulta. Note que o raciocínio pós-convencional, ou de princípios, era bastante comum, mesmo na idade adulta.
(*Fonte*: De Colby et al., "A longitudinal study of moral judgement", *Monographs of the Society for Research in Child Development*, 48 (1-2, n. serial 200). Society for Research in Child Development (1983): p. 46, Fig. 1. Com permissão da Society for Research in Child Development.)

Tabela 12.3 Porcentagens de crianças e pais que apresentam raciocínio moral em cada um dos estágios de Kohlberg

Idade	Estágio								
	1	1–2	2	2–3	3	3–4	4	4–5	5
6 (1ª série)	10%	70%	15%	5%	–	–	–	–	–
9 (4ª série)	–	25%	40%	35%	–	–	–	–	–
12 (7ª série)	–	–	15%	60%	25%	–	–	–	–
15 (10ª série)	–	–	–	40%	55%	5%	–	–	–
Pais	–	–	–	1%	15%	70%	11%	3%	–

Fonte: De Walker et al., "Moral stages and moral orientations in real-life and hypothetical dilemmas", *Child Development*, 60 (1987): p. 849. Tabela 1. Com permissão da Society for Research in Child Development.

tudinais de longo prazo de adolescentes e adultos jovens, um nos Estados Unidos (Colby et al., 1983), um em Israel (Snarey, Reimer e Kohlberg, 1985) e outro na Turquia (Nisan e Kohlberg, 1982), as mudanças no raciocínio dos participantes quase sempre ocorreram na ordem hipotetizada. Os participantes não pularam estágios, e apenas aproximadamente 5 a 7% deles mostrou alguma indicação de regressão (movimento descendente na sequência de estágios em vez de ascendente). Similarmente, quando Walker (1989) testou novamente os participantes em seu estudo 2 anos mais tarde, ele verificou que apenas 6% havia se movimentado para trás (na maioria, apenas metade de um estágio), enquanto 22% havia se movimentado para a frente e nenhum tinha pulado um estágio. Essa taxa de regressão é aproximadamente o que os pesquisadores esperariam encontrar, dado o fato de que as medições do estágio de raciocínio não são perfeitas. No total, a evidência disponível sugere que o julgamento moral muda com o passar do tempo na sequência que Kohlberg descreveu (Rest, 1983).

Estágios de raciocínio moral entre culturas Variações dos dilemas de Kohlberg foram apresentadas a crianças e adultos em inúmeros países e subculturas, tanto ocidentais como não ocidentais, industrializados e não industrializados (Boom, Wouters e Keller, 2007; Gibbs, Basinger, Grime e Snarey, 2007; Monga, 2007). John Snarey, que revisou e analisou esses muitos estudos, observa diversas coisas em apoio à alegação de Kohlberg de que os estágios são universais: (1) estudos de crianças consistentemente encontram um aumento no estágio de raciocínio com a idade; (2) os poucos estudos longitudinais relatam "achados surpreendentemente semelhantes" (1985, p. 215), com os participantes progredindo através da sequência de estágios com poucas inversões; (3) as culturas diferem no nível mais alto de raciocínio observado. Em sociedades urbanas (tanto ocidentais quanto não ocidentais), o estágio 5 é tipicamente o mais alto observado, enquanto naquelas culturas que Snarey chama de "sociedades folclóricas", o estágio 4 é geralmente mais alto. Coletivamente, essa evidência fornece apoio bastante forte para a universalidade da sequência de estágios de Kohlberg.

Causas e consequências do desenvolvimento moral

> **Objetivo da aprendizagem 12.8**
> Quais são as causas e as consequências de mudanças no raciocínio moral relacionadas à idade?

A razão mais óbvia para as correlações entre os estágios de Kohlberg e idade cronológica e para uma sequência consistente de estágios é que o raciocínio moral está fortemente ligado ao desenvolvimento cognitivo. Além disso, embora os estágios tenham sido frequentemente criticados por fracassarem em prever comportamento moral, a pesquisa sugere que há uma ligação entre raciocínio moral e comportamento moral.

Raciocínio moral e desenvolvimento cognitivo Parece que as crianças devem ter um domínio firme do pensamento operacional concreto antes que elas possam desenvolver ou usar o raciocínio moral convencional. Igualmente, o pensamento operacional formal parece ser necessário para o avanço ao nível pós-convencional. Para ser mais específico, Kohlberg e muitos outros teóricos sugerem que o declínio do egocentrismo que ocorre à medida que um indivíduo se move através dos estágios de operações concretas e formais de Piaget é a variável cognitivo-desenvolvimental mais importante no desenvolvimento do raciocínio moral. A ideia é a de que quanto maior a capacidade de uma criança ou de um adolescente de olhar para uma situação do ponto de vista de outra pessoa, mais avançado provavelmente será seu raciocínio moral. Os psicólogos usam o termo **tomada de papéis** (*role taking*) para se referirem a essa capacidade (Selman, 1980). A pesquisa tem dado forte apoio para as ligações hipotetizadas entre tomada do papel e desenvolvimento moral (Kuhn, Kohlberg, Languer e Haan, 1977; Walker, 1980).

Contudo, o desenvolvimento cognitivo não é suficiente. Kohlberg pensava que o desenvolvimento do raciocínio moral também requeria apoio do ambiente social. Especificamente, ele afirmava, para promover o raciocínio moral maduro, o ambiente social de uma criança ou de um adolescente deve lhe dar oportunidades de diálogo significativo e recíproco sobre questões morais. A pesquisa mostrando que os retratos da mídia de comportamento moralmente desviante – sobretudo comportamento violento – influenciam de maneira negativa o raciocínio moral das crianças sugere que fatores ambientais também podem interferir no desenvolvimento moral (Krcmar e Vieira, 2005). Portanto, Kohlberg concordava com os defensores da educação do caráter, conforme descrito no início do capítulo, que o desenvolvimento moral deve ser deliberada e sistematicamente encorajado por pais e professores.

A pesquisa longitudinal relacionando estilos de paternagem e clima familiar a níveis de raciocínio moral sugerem que Kohlberg estava certo (Pratt, Arnold e Pratt, 1999). A capacidade dos pais de identificar, entender e responder a formas menos maduras de raciocínio moral das crianças e dos adolescentes parece ser particularmente importante para o desenvolvimento do raciocínio moral. Ela é importante porque indivíduos de todas as idades têm dificuldade para entender e lembrar argumentos morais que são mais avançados do que seu próprio nível (Narvaez, 1998). Portanto, um pai que pode expressar suas próprias visões morais em termos do nível de entendimento de uma criança tem mais probabilidade de ser capaz de influenciar o desenvolvimento moral daquela criança.

Raciocínio moral e comportamento moral O nível de raciocínio moral parece estar positivamente correlacionado com comportamento pró-social e negativamente relacionado com comportamento antissocial (Schonert-Reichl, 1999). Em outras palavras, níveis mais altos de comportamento pró-social são encontrados entre crianças e adolescentes que estão em níveis mais altos de raciocínio moral (comparados a seus pares). Alternativamente, os níveis mais altos de comportamento antissocial são encontrados entre adolescentes nos níveis mais baixos de raciocínio moral. Além disso, as atitudes em relação a aceitabilidade da violência também variam com os níveis de raciocínio moral. Indivíduos nos níveis mais baixos têm atitudes mais tolerantes em relação a violência (Sotelo e Sangrador, 1997).

Outra conexão entre raciocínio e comportamento moral proposta por Kohlberg é que quanto mais alto o nível de raciocínio moral que um jovem apresenta, mais forte a ligação a comportamento. Por exemplo, Kohlberg e outros simplesmente perguntaram aos participantes se há uma ligação entre o estágio de raciocínio moral de uma pessoa e a probabilidade de fazer alguma escolha moral, tal como não trapacear. Em um estudo anterior, Kohlberg (1975) verificou que apenas 15% dos estudantes universitários raciocinando no estágio 5 do nível de princípios trapaceou quando teve uma oportunidade, enquanto 55% daqueles no nível convencional e 70% daqueles no nível pré-convencional trapacearam.

Um resultado semelhante vem de estudos nos quais o raciocínio moral de jovens altamente agressivos ou delinquentes é comparado ao de jovens não delinquentes. O achado repetido é de que os delinquentes (homens ou mulheres) têm níveis mas baixos de raciocínio moral do que não delinquentes, mesmo quando os dois grupos são cuidadosamente comparados por níveis de educação, classe social e QI (Chudzik, 2007; Ma, 2003; Smetana, 1990). Em um estudo desse tipo, Virginia Gregg e colaboradores (1994) verificaram que apenas 20% de um grupo de delinquentes de ambos os sexos encarcerados estavam raciocinando no estágio 3 ou mais alto, enquanto 59% de um grupo de comparação cuidadosamente combinado de não delinquentes estavam raciocinando nesse nível. Como crianças mais velhas que atuam mais na escola, os delinquentes têm mais probabilidade de usar raciocínio altamente auto-orientado, no estágio 2 de Kohlberg (Richards, Bear, Stewart e Norman, 1992).

---

tomada de papéis (*role taking*) A capacidade de olhar para uma situação do ponto de vista de outra pessoa.

Os delinquentes parecem estar atrás de seus pares em raciocínio moral devido a déficits nas habilidades de tomada do papel. Por exemplo, os pesquisadores verificaram que adolescentes que podem olhar as ações que estão considerando do ponto de vista de seus pais têm menos probabilidade de se envolverem em comportamento delinquente do que adolescentes que não podem fazê-lo (Wyatt e Carlo, 2002). A maioria dos adolescentes delinquentes também parece ser incapaz de olhar para seus crimes do ponto de vista de suas vítimas. Portanto, programas que buscam ajudar delinquentes a desenvolver níveis mais maduros de raciocínio moral geralmente trabalham o aumento de sua consciência do ponto de vista da vítima. Entretanto, poucos desses programas foram bem-sucedidos (Armstrong, 2003; Moody, 1997; Putnins, 1997).

Finalmente, apesar da abundância de evidências de uma ligação entre raciocínio moral e comportamento moral, ninguém considerou perfeita a correspondência. Afinal de contas, nos estudos de Kohlberg, 15% daqueles com raciocínio moral de estágio 5 trapaceou, e um quarto daqueles com raciocínio moral de estágio 4 e estágio 5, os quais achavam moralmente correto participar de uma greve, não o fez. Como Kohlberg diz, "podemos raciocinar em termos de princípios e não agirmos de acordo com aqueles princípios" (1975, p. 672).

Visões alternativas

> **Objetivo da aprendizagem 12.9**
> Como as abordagens de Eisenberg e Gilligan ao desenvolvimento moral diferem da de Kohlberg?

A maioria dos dilemas morais que Kohlberg propôs aos participantes de seus estudos diz respeito a más ações – roubar, por exemplo, ou desobedecer a leis. Poucos dos dilemas revelam alguma coisa sobre o tipo de raciocínio que as crianças usam para justificar comportamento pró-social. Você aprendeu no Capítulo 11 que o comportamento altruísta é evidente mesmo em crianças de 2 e 3 anos, mas como as crianças explicam e justificam tal comportamento?

Modelo de raciocínio pró-social de Eisenberg
Nancy Eisenberg e colaboradores (1989) avaliaram empatia e comportamento pró-social de crianças obtendo suas respostas a dilemas envolvendo interesse próprio. Uma história para crianças menores, por exemplo, envolve uma criança indo para a festa de aniversário de um amigo. No caminho, ela encontra outra que havia caído e se ferido. Se a criança convidada para a festa parar para ajudar, ela provavelmente perderá o bolo e o sorvete. O que ela deve fazer? Em resposta a dilemas como esse, crianças pré-escolares muito frequentemente usam o que Eisenberg chama de **raciocínio hedonista**, no qual a criança está preocupada mais com consequências próprias do que com considerações morais. Os pré-escolares indagados sobre o que fariam se encontrassem uma criança ferida no caminho de uma festa de aniversário dizem coisas como "Eu ajudaria porque ele me ajudaria da próxima vez" ou "Eu não ajudaria porque eu perderia a festa". Essa abordagem muda gradualmente para o que Eisenberg chama de **raciocínio orientado às necessidades**, no qual a criança expressa preocupação direta com a necessidade da outra pessoa, mesmo se a necessidade do outro ficar em conflito com os próprios desejos da criança. Crianças operando nesse sentido dizem coisas como "Ele se sentiria melhor se eu ajudasse". Essas crianças não expressam suas escolhas em termos de princípios gerais ou indicam qualquer reflexão sobre valores generalizados; elas simplesmente respondem às necessidades dos outros.

Mais tarde ainda, em geral na adolescência, as crianças dizem que farão coisas boas porque é o que se espera delas, um padrão altamente semelhante ao estágio 3 de Kohlberg. Finalmente, no final da adolescência, alguns jovens mostram evidência de que desenvolveram valores claros e internalizados que orientam seu comportamento pró-social: "Eu me sentiria na responsabilidade de ajudar devido aos meus valores" ou "Se todos ajudassem, a sociedade seria muito melhor".

Alguns dados de amostra do estudo longitudinal de Eisenberg de um pequeno grupo de crianças norte-americanas ilustram a mudança do raciocínio hedonista para o raciocínio orientado às necessidades; ver Figura 12.6. No início da adolescência, o raciocínio hedonista virtualmente desapareceu e o raciocínio orientado às necessidades se tornou a forma dominante. Entretanto, quando Eisenberg e colaboradores conduziram estudos de acompanhamento de partipantes na idade adulta jovem, eles verificaram que mudanças relacionadas à idade no raciocínio pró-social refletiam diferenças individuais na personalidade, bem como um processo de desenvolvimento universal (Eisenberg et al., 2007).

---

raciocínio hedonista Uma forma de raciocínio moral pró-social descrita por Eisenberg na qual a criança está preocupada com as consequências para si mesma em vez de com considerações morais, aproximadamente equivalente ao estágio 2 de Kohlberg.

raciocínio orientado às necessidades Uma forma de raciocínio moral pró-social proposta por Eisenberg, na qual a criança expressa preocupação diretamente com a necessidade da outra pessoa, mesmo se a necessidade do outro entrar em conflito com seus próprios desejos.

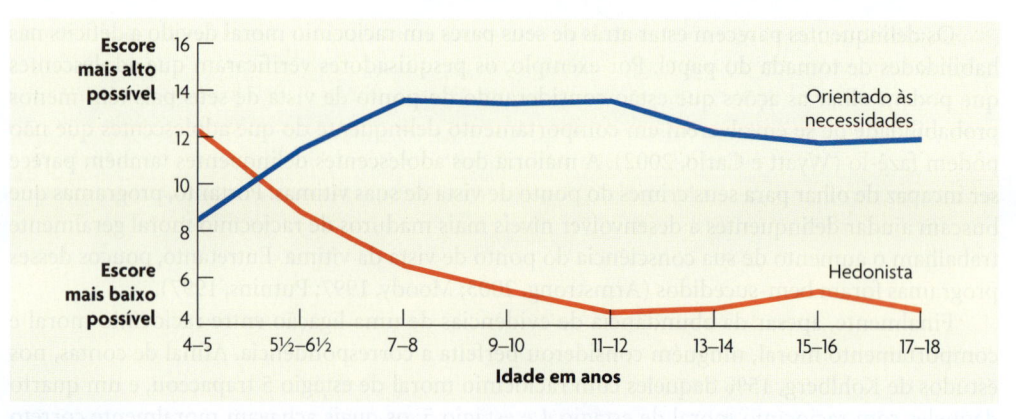

Figura 12.6 Estudo longitudinal de raciocínio pró-social de Eisenberg

A cada 2 anos, Eisenberg perguntava ao mesmo grupo de crianças o que uma pessoa deveria fazer quando confrontada com cada um de uma série de dilemas sobre fazer o bem, tal como ajudar alguém que está ferido. Ela então analisava a forma de raciocínio delas usando uma medida para a qual o escore mínimo era 4 e o máximo era 16.

(*Fonte*: Eisenberg et al., "Pro-social development in late adolescence". *Child Development* 66, 1995, p. 1179-1197.)

A cultura também contribui para o desenvolvimento do raciocínio pró-social. Em um estudo, Eisenberg e colaboradores (Eisenberg, Hertz-Lazarowitz e Fuchs, 1990; Boehnke, Silberstein, Eisenberg e Reykowski, 1989) encontraram um padrão de desenvolvimento do raciocínio pró-social entre crianças alemãs, polonesas, italianas e israelitas lembrando aquele mostrado na Figura 12.6. Entretanto, crianças israelitas do ensino fundamental criadas no *kibbutz* mostravam pouco raciocínio orientado às necessidades (Eisenberg, 1986). Em vez disso, esse grupo particular de crianças israelitas tinha mais probabilidade de raciocinar à base de valores e normas internalizadas e da humanidade dos beneficiários, um padrão consistente com a forte ênfase no igualitarismo e nos valores comuns nos *kibbutzim*. Esses achados sugerem que a cultura pode talvez desempenhar um papel maior no raciocínio moral das crianças do que em seu raciocínio sobre justiça, embora esta ainda seja uma conclusão altamente especulativa.

Há obviamente fortes paralelos entre as sequências de mudanças no raciocínio pró-social que Eisenberg descreveu e os níveis e estágios de raciocínio moral de Kohlberg. As crianças parecem se mover de uma orientação autocentrada ("O que é bom para mim é o certo") para uma postura na qual a aprovação social orienta o raciocínio sobre justiça e comportamento moral ("O que é certo é o que as outras pessoas definem como certo; eu devo fazer coisas boas porque os outros me aprovarão se eu fizer"). Muito mais tarde, alguns jovens parecem desenvolver normas internalizadas, individualizadas para orientar ambos os tipos de raciocínio. Apesar desses paralelos óbvios, contudo, os pesquisadores encontraram tipicamente apenas correlações moderadas entre o raciocínio das crianças sobre dilemas pró-sociais como os de Eisenberg e o raciocínio delas sobre dilemas de justiça ou equidade de Kohlberg. As sequências de passos podem ser semelhantes, mas como era verdadeiro de grande parte do desenvolvimento cognitivo sobre o qual você leu no Capítulo 6, o raciocínio das crianças em uma área não se generaliza necessariamente para outra área relacionada.

A pesquisa de Eisenberg, bem como o trabalho de outros no mesmo campo, ajuda a ampliar a concepção original de Kohlberg, sem mudar os argumentos fundamentais. Em comparação, Carol Gilligan questionou alguns dos princípios básicos do modelo de Kohlberg.

A ética do cuidado de Gilligan Carol Gilligan (1982; Gilligan e Wiggins, 1987) está fundamentalmente insatisfeita com o foco de Kohlberg na justiça e na equidade como os elementos definidores do raciocínio moral. Gilligan argumenta que há

Gilligan argumenta que essas jovens têm muito mais probabilidade de usar uma "ética de cuidado" do que uma "ética de justiça" como base para seus julgamentos morais, enquanto o inverso é verdadeiro entre meninos e homens. Tal diferença pode existir entre adultos, mas a pesquisa sobre crianças e adolescentes não mostra esses padrões.

pelo menos duas "orientações morais" distintas: justiça e cuidado. Cada uma tem sua injunção central: não tratar os outros injustamente (justiça), e não virar as costas para alguém necessitado (cuidado). Meninos e meninas aprendem essas duas injunções, mas Gilligan postulou que as meninas têm mais probabilidade de operar a partir de uma orientação de cuidado ou conexão, enquanto os meninos têm mais probabilidade de operar a partir de uma orientação de justiça ou equidade. Devido a essas diferenças, ela argumenta, eles tendem a perceber os dilemas morais bastante diferentemente.

Dada a evidência que surge sobre diferenças de sexo nos estilos de interação e nos padrões de amizade, sobre as quais você leu no Capítulo 11, a hipótese de Gilligan faz algum sentido. Talvez as meninas, por se focarem mais em seus relacionamentos, julguem os dilemas morais por critérios diferentes. Na verdade, entretanto, a pesquisa sobre dilemas morais não demonstrou que meninos tenham mais probabilidade de usar a justiça como base para seu raciocínio moral ou que as meninas mais frequentemente usem o cuidado. Diversos estudos de adultos demonstraram esse padrão (Lollis, Ross e Leroux, 1996; Lyons, 1983; Mitchell, 2002), mas, em geral, estudos de crianças, adolescentes e estudantes universitários não demonstraram (Jadack, Hyde, Moore e Keller, 1995; Smetana, Killen e Turiel, 1991; Walker, 1991). O que importa muito mais do que o gênero para determinar se uma criança ou um adulto usará uma orientação de cuidado ou de justiça para tratar de um dilema moral é a natureza dos próprios dilemas. Dilemas relativos a relacionamentos interpessoais, por exemplo, têm mais probabilidade de serem tratados usando uma orientação de cuidado, enquanto dilemas envolvendo explicitamente questões de equidade têm mais probabilidade de serem tratados com uma orientação de justiça. Pode ser que mulheres adultas tenham mais probabilidade do que os homens de interpretar dilemas morais como pessoais, mas tanto homens quanto mulheres usam argumentos de justiça e de cuidado para resolver dilemas morais (Turiel, 1998).

Por exemplo, Lawrence Walker pontuou as respostas de crianças a dilemas morais usando tanto o esquema de justiça de Kohlberg quanto os critérios de Gilligan para uma orientação de cuidado. Ele não encontrou diferença de sexo para dilemas hipotéticos como o de Heinz ou para dilemas da vida real sugeridos pelas próprias crianças (Walker et al., 1987). Apenas entre adultos Walker encontrou uma diferença na direção da hipótese de Gilligan.

Os argumentos de Gilligan têm sido frequentemente citados na imprensa popular como se já fossem comprovados, quando na verdade a base empírica é bastante fraca. A própria Gilligan não realizou estudos sistemáticos da orientação de cuidado de crianças (ou de adultos). Contudo, apesar desses pontos fracos, a maioria dos desenvolvimentalistas não está pronta para descartar todas as suas questões subjacentes (Sherblom, 2008). A maioria concorda em reconhecer o mérito do modelo de Gilligan para ajudar a expandir o estudo do desenvolvimento moral para além da perspectiva de orientação cognitiva oferecida por Kohlberg.

Pensamento crítico

- Como um entendimento do desenvolvimento sociocognitivo poderia afetar as respostas dos pais ao mau comportamento dos filhos?
- Suponha que a visão de Gilligan de desenvolvimento moral esteja correta, e mulheres adultas se concentrem em uma ética de cuidado quando pensam sobre questões morais enquanto os homens, em uma ética de justiça. Quais você acha que seriam as implicações dessa diferença para os relacionamentos homem-mulher, para homens e mulheres como líderes políticos ou para outros fenômenos sociais?

Conduza sua própria pesquisa

Você pode reproduzir a pesquisa clássica de Carl Barenboim pedindo a crianças de diferentes idades para descrever três pessoas específicas. Você pode começar pedindo que elas nomeiem os três amigos de quem gostam mais. Em seguida, peça que elas descrevam essas crianças. Tente entrevistar crianças na mesma variação etária que aquelas que participaram dos estudos de Barenboim (6-16 anos). Usando os exemplos deste capítulo como guia, conte o número de comentários físicos/comportamentais, psicológicos e de relacionamento organizador feitos pelas crianças que você entrevistar. Some os comentários das crianças por idade e use as somas para criar um gráfico como o da Figura 12.1.

Resumo

O DESENVOLVIMENTO DA COGNIÇÃO SOCIAL

12.1 Quais são os princípios gerais do desenvolvimento sociocognitivo?

- Muitos dos princípios gerais que descrevem o desenvolvimento cognitivo global também descrevem mudanças do desenvolvimento na cognição social, incluindo um desvio no foco de características exteriores para interiores, de observação para inferência, de julgamento definitivo para qualificado e de uma visão particular para uma visão geral. Os raciocínios social e moral diferem de outros aspectos da cognição na medida em que uma criança deve aprender que, ao contrário dos objetos, as pessoas se comportam com intenção, mascaram sentimentos e operam por roteiros ou regras especiais socialmente definidos.

12.2 De que formas as descrições das crianças de outras pessoas mudam durante a infância e a adolescência?

- As descrições das crianças sobre outras pessoas mudam de um foco em aspectos externos para um foco em traços de personalidade e para descrições mais qualificadas, comparativas durante a adolescência; essa progressão é paralela a mudanças nas autodescrições das crianças.

12.3 Como as crianças variam individualmente e entre as idades com relação ao entendimento das emoções dos outros?

- As crianças aprendem a interpretar muitas expressões emocionais básicas razoavelmente cedo, mas podem ler corretamente emoções e misturas emocionais mais complexas apenas mais tarde. A capacidade de entender as emoções e as intenções dos outros é um elemento importante na competência social geral de uma criança; aquelas menos qualificadas, que têm menos "conhecimento de emoções", têm mais probabilidade de serem rejeitadas por seus pares. A empatia – capacidade de igualar ou se aproximar da emoção de outra pessoa – é vista em bebês jovens, mas se torna menos egocêntrica e mais sutil durante a pré-escola e o ensino fundamental.

12.4 Como o entendimento das crianças sobre amizade muda à medida que elas crescem?

- O pensamento das crianças sobre relacionamentos, especialmente amizades, também muda durante o desenvolvimento, passando de definições de amigos como pessoas que compartilham espaço físico ou atividades, para definições enfatizando a confiança e, finalmente, durante a adolescência, para definições enfatizando intimidade.

12.5 Que mudanças no entendimento das crianças de regras e intenções surgem durante os anos do ensino fundamental?

- No ensino fundamental, as crianças começam a entender a diferença entre regras convencionais e morais. Elas também diferenciam entre atos intencionais e involuntários.

DESENVOLVIMENTO MORAL

12.6 Como as teorias psicanalítica, da aprendizagem e cognitivo-desenvolvimental diferem em suas explicações do desenvolvimento moral?

- As teorias psicanalíticas do desenvolvimento moral enfatizam as emoções, enquanto as teorias da aprendizagem se centram em reforço e modelagem. Os teóricos cognitivo-desenvolvimentais estudam o raciocínio moral e afirmam que o desenvolvimento moral está fortemente relacionado a desenvolvimento cognitivo geral.

12.7 Que tipos de raciocínio moral as pessoas usam nos níveis pré-convencional, convencional e pós-convencional de Kohlberg?

- Kohlberg descreveu seis estágios distintos no raciocínio das crianças (e dos adultos) sobre questões morais. Esses seis estágios são dvidios em três níveis. A criança passa da moralidade pré-convencional (dominada por punição e pelo que "parece bom") para a moralidade convencional (dominada por normas ou leis do grupo) e para a moralidade pós-convencional ou de princípios (dominada por contratos sociais e princípios éticos básicos).

12.8 Quais são as causas e as consequências de mudanças no raciocínio moral relacionadas à idade?

- Ambas as variáveis, cognitivo-desenvolvimental e ambiental, tal como a oportunidade de discutir questões morais, contribuem para o avanço através dos estágios de Kohlberg. O estágio de uma criança ou de um adulto prediz comportamento e atitudes pró-sociais e antissociais em algum grau.

12.9 Como as abordagens de Eisenberg e Gilligan ao desenvolvimento moral diferem da de Kohlberg?

- Os modelos alternativos de raciocínio moral incluem os estágios de raciocínio pró-social de Eisenberg (raciocínio sobre por que fazer alguma coisa boa) e a orientação de cuidado proposta por Gilligan. A hipótese de Gilligan de que as meninas têm mais probabilidade do que os meninos de usar o cuidado em vez da justiça como base para julgamentos morais não foi apoiada por pesquisa com crianças, adolescentes ou estudantes universitários.

Termos-chave

cognição social (p. 337)
consciência (p. 347)
desenvolvimento moral (p. 346)
empatia (p. 341)
estágio de realismo moral (p. 348)
estágio de relativismo moral (p. 349)
ideal do ego (p. 347)
moralidade convencional (p. 351)
moralidade pré-convencional (p. 350)
moralidade de princípios
 (pós-convencional) (p. 351)
raciocínio hedonista (p. 355)
raciocínio orientado às necessidades
 (p. 355)
regras convencionais (p. 345)
regras morais (p. 345)
tomada de papéis (*role taking*) (p. 354)

13 Ecologia do Desenvolvimento: A Criança Dentro do Sistema Familiar

Objetivos da Aprendizagem

Entendendo o sistema familiar

13.1 Como a teoria dos sistemas familiares explica as interações?

13.2 Como os vários sistemas no modelo de Bronfenbrenner interagem para influenciar o desenvolvimento das crianças?

Dimensões da interação familiar

13.3 Quais são as características individuais de crianças e pais que contribuem para as interações familiares?

13.4 Como o afeto e a responsividade parental influenciam os relacionamentos entre pai e filho?

13.5 Como os métodos de controle e comunicação dos pais afetam o desenvolvimento?

Estilos de paternagem

13.6 Quais são os quatro estilos de paternagem propostos por Maccoby e Martin?

13.7 O que os estudos de Steinberg e Dornbusch revelam sobre estilos de paternagem?

13.8 De que forma os estilos de paternagem diferem entre grupos étnicos e socioeconômicos?

Estrutura familiar, divórcio e emprego dos pais

13.9 Como a estrutura familiar está relacionada ao desenvolvimento?

13.10 Como o divórcio afeta o comportamento das crianças?

13.11 Como os padrões de emprego dos pais afetam as crianças?

13.12 Qual é a importância do apoio social para o sistema familiar?

Se você leu o romance de William Golding, *O senhor das moscas*, ou assistiu a uma das versões para o cinema, sabe que o ex-professor propôs uma visão bastante pessimista da natureza humana. Na história, um grupo de meninos variando entre 6 anos e o início da adolescência ficam presos em uma ilha sem supervisão adulta. O herói, Ralph, tenta estabelecer uma comunidade civilizada, baseada nas regras da sociedade inglesa da qual eles tinham vindo. Explorando a tendência dos meninos menores a medo e superstição, seu rival, Jack, estabelece uma "cultura" na qual desfruta de poder absoluto. Embora tenha havido muitas interpretações do trabalho de Golding, uma mensagem parece clara: as crianças precisam dos adultos para se tornarem civilizadas ou, dizendo de forma diferente, para canalizar seus impulsos naturais em prol de comportamentos que intensifiquem tanto seu desenvolvimento quanto o bem coletivo da humanidade.

Embora a maioria dos desenvolvimentalistas pudesse considerar a caracterização de Golding de crianças e adolescentes sem supervisão por demais pessimista, eles provavelmente concordariam com a premissa básica de que as crianças necessitam de relacionamentos com adultos a fim de se desenvolverem favoravelmente. Mas seria qualquer relacionamento adulto ou há a necessidade de um relacionamento adulto-criança especial para servir como contexto no qual a cultura seja transmitida de uma geração para a seguinte? Em outras palavras, as crianças realmente precisam de famílias?

Questões como estas são o tema deste capítulo. Começaremos com um exame das teorias complexas que foram propostas para explicar as interações entre membros da família e os contextos sociais mais amplos dentro dos quais as famílias existem. Em seguida, voltaremos nossa atenção às características dos relacionamentos familiares e às contribuições dos indivíduos para eles. Ao final, você lerá sobre mudanças na estrutura familiar e em outros aspectos da vida familiar que influenciam o desenvolvimento das crianças.

Entendendo o sistema familiar

As influências da família sobre o desenvolvimento das crianças são frequentemente estudadas dentro do contexto mais amplo de uma *perspectiva de sistemas*. A ideia principal por trás da abordagem de sistemas é que múltiplos fatores atuam juntos holisticamente. Ou seja, os efeitos interativos combinados de todas as variáveis incluídas no termo abrangente *influências familiares* são maiores que a soma de qualquer um dos fatores individuais. Por exemplo, a abordagem de um pai à disciplina influencia o desenvolvimento de um filho. Ao mesmo tempo, o próprio temperamento da criança influencia seu desenvolvimento. Mas quando os dois fatores são combinados, é produzido um efeito diferente, ou *interativo*, que é mais importante do que qualquer um dos fatores isolados. Portanto, uma determinada abordagem à disciplina pode ter um efeito sobre uma criança com um temperamento calmo e um efeito completamente diferente sobre uma criança com um temperamento difícil. Antes de discutirmos a *teoria bioecológica* de Bronfenbrenner, que é quiçá a teoria de sistemas do desenvolvimento mais importante já proposta, consideraremos alguns dos princípios básicos da perspectiva de sistemas conforme ela foi aplicada ao estudo de famílias.

Teoria dos sistemas familiares

> **Objetivo da aprendizagem 13.1**
> Como a teoria dos sistemas familiares explica as interações?

Na busca de uma explicação abrangente da família e de como ela molda os indivíduos, os cientistas do desenvolvimento se voltaram para a *teoria de sistemas* (Lamb e Lewis, 2005). Os teóricos enfatizam que qualquer sistema – biológico, econômico ou psicológico – tem duas propriedades fundamentais. Primeiro e mais importante, um sistema tem "totalidade e ordem", que é outra forma de dizer que o todo é maior que a soma de suas partes. O todo consiste das partes e do relacionamento entre elas. Frequentemente é feita uma analogia entre um sistema e uma melodia. Uma melodia é muito mais do que um conjunto de notas individuais; é a relação das notas umas com as outras que cria a melodia. Portanto, a **teoria dos sistemas familiares** é a visão de que a família é uma rede integrada de fatores que operam juntos para influenciar o desenvolvimento de uma criança. Portanto, a influência do sistema como um todo sobre o desenvolvimento é maior do que a soma dos fatores individuais que compõem a família.

Um segundo aspecto de qualquer sistema é que ele é adaptativo precisamente da mesma forma que Piaget teorizou que o sistema cognitivo da criança é. Quando qualquer parte de um sistema muda ou algum novo elemento é adicionado, o sistema "assimila" se puder, mas "acomoda" se precisar. Então, os sistemas resistem à mudança o mais que podem absorvendo novos dados ou novas partes para a estrutura existente; se isso não funcionar – como frequentemente acontece – apenas o sistema mudará. Por exemplo, quando nasce o segundo filho de uma família, os pais podem tentar manter suas velhas rotinas o máximo possível; a presença desse novo indivíduo no sistema familiar, entretanto, inevitavelmente forçará acomodações. Isso será particularmente

teoria dos sistemas familiares A visão de que a família é uma rede integrada de fatores que atuam juntos para influenciar o desenvolvimento de uma criança.

Figura 13.1 Modelo de interação familiar de Belsky

O desenvolvimentalista Jay Belsky propôs esse modelo de interação familiar para ilustrar o sistema de influências mútuas que atuam juntas para afetar o desenvolvimento das crianças.

(Fonte: Fig. 1, p. 6. Belsky, J. (1981). Early human experience: A family perspective. *Development Psychology,* 17, 3-23. Reimpressa com permissão.)

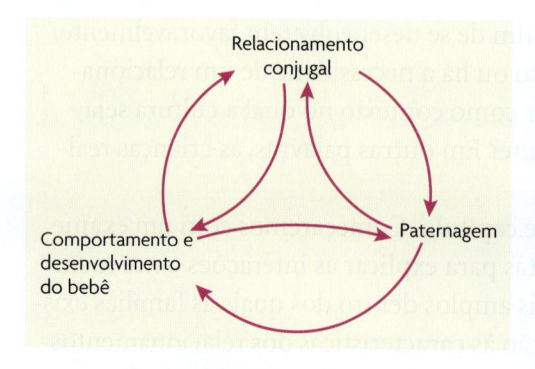

[Diagrama: Relacionamento conjugal ↔ Paternagem ↔ Comportamento e desenvolvimento do bebê]

verdadeiro se o novo bebê for temperamentalmente muito diferente do primeiro filho.

Você pode ver que esses dois aspectos – totalidade e adaptabilidade – causam mudança em qualquer parte de um sistema para afetar todas as outras partes. Isso foi sugerido em um modelo de sistemas de funcionamento familiar proposto pelo psicólogo do desenvolvimento Jay Belsky (1981). Como ilustra a Figura 13.1, sistemas como o proposto por Belsky têm circuitos de *feedback*. Por exemplo, um marido que está sofrendo de depressão provavelmente será mais negativo em relação a sua esposa do que costumava ser, e essa negatividade produzirá tensão em seu relacionamento. A piora do relacionamento, juntamente com a depressão do homem, fará esses pais tratarem seus filhos de forma diferente – eles serão menos atentos em geral, e mais críticos e rigorosos quando prestarem atenção. Os filhos reagirão com mudanças próprias, talvez se tornando desafiadores e, em resposta, os pais se tornarão mais rigorosos e exigentes. Dessa forma, um ciclo é estabelecido.

Objetivo da aprendizagem 13.2
Como os vários sistemas no modelo de Bronfenbrenner interagem para influenciar o desenvolvimento das crianças?

Abordagem bioecológica de Bronfenbrenner

De todas as várias teorias de sistemas, nenhuma foi mais influente do que a do falecido psicólogo do desenvolvimento Urie Bronfenbrenner (1917-2005) (1979, 1989, 2001). Para Bronfenbrenner, a família é o filtro através do qual a sociedade mais ampla influencia o desenvolvimento da criança. Como tal, ela pode ajudar a cultura mais ampla a atingir o objetivo de socializar os novos membros, mas também pode servir como um amortecedor contra elementos nocivos na cultura em geral. Portanto, de acordo com Bronfenbrenner, embora outras instituições possam substituí-la em algum grau, a família é "o meio mais eficiente de tornar humanos os seres humanos" (Bronfenbrenner, citado em EBC, 1991).

Naturalmente, há muitas teorias do desenvolvimento, tais como a teoria psicanalítica de Freud, que enfatizam a importância da família da criança. O que diferencia a abordagem bioecológica de Bronfenbrenner de outras teorias do desenvolvimento é sua tentativa de explicar como todas as várias influências ambientais sobre o desenvolvimento da criança estão relacionadas entre si. Além disso, Bronfenbrenner também fornece uma explicação para como todas essas influências inter-relacionadas se entrosam com a própria constituição biológica da criança. Por essa razão, sua teoria é agora conhecida como a *abordagem bioecológica.*

Como exatamente Bronfenbrenner chega a um relato abrangente do papel desempenhado por fatores ambientais no desenvolvimento individual? A premissa fundamental de sua teoria é que o sistema bioecológico no qual a criança se desenvolve pode ser concebido como uma série de camadas ou círculos concêntricos. O círculo mais interno, composto de elementos que Bronfenbrenner chama de *microssistemas,* inclui todas aquelas situações nas quais a criança tem experiência pessoal direta, tais como a família, uma creche ou uma escola e um ambiente de trabalho (para um adolescente).

A camada seguinte, que Bronfenbrenner chama de *exossistemas,* inclui toda uma gama de elementos do sistema que a criança não experimenta diretamente, mas que influenciam a criança porque afetam um dos microssistemas, particularmente a família. O trabalho e local de trabalho dos pais é um desses elementos, assim como sua rede de amigos.

Finalmente, Bronfenbrenner descreve um *macrossistema* que inclui o contexto cultural e subcultural mais amplo no qual tanto os microssistemas quanto os exossistemas estão encaixados. A pobreza ou a riqueza da família, o bairro no qual a família vive, a identidade étnica e a cultura mais ampla na qual o sistema inteiro existe são todos partes desse macrossistema.

O falecido Urie Bronfenbrenner mudou a forma de pensar dos desenvolvimentalistas sobre a complexidade dos contextos nos quais as crianças crescem. Seu modelo bioecológico foi influenciado por sua história de vida. Aos 6 anos, Bronfenbrenner veio da Rússia para os Estados Unidos com seus pais. Com sua esposa, Liese, ele criou seis filhos. Ele foi um dos fundadores do programa Head Start na década de 1960. Por ocasião de sua morte, ele tinha 13 netos e um bisneto.

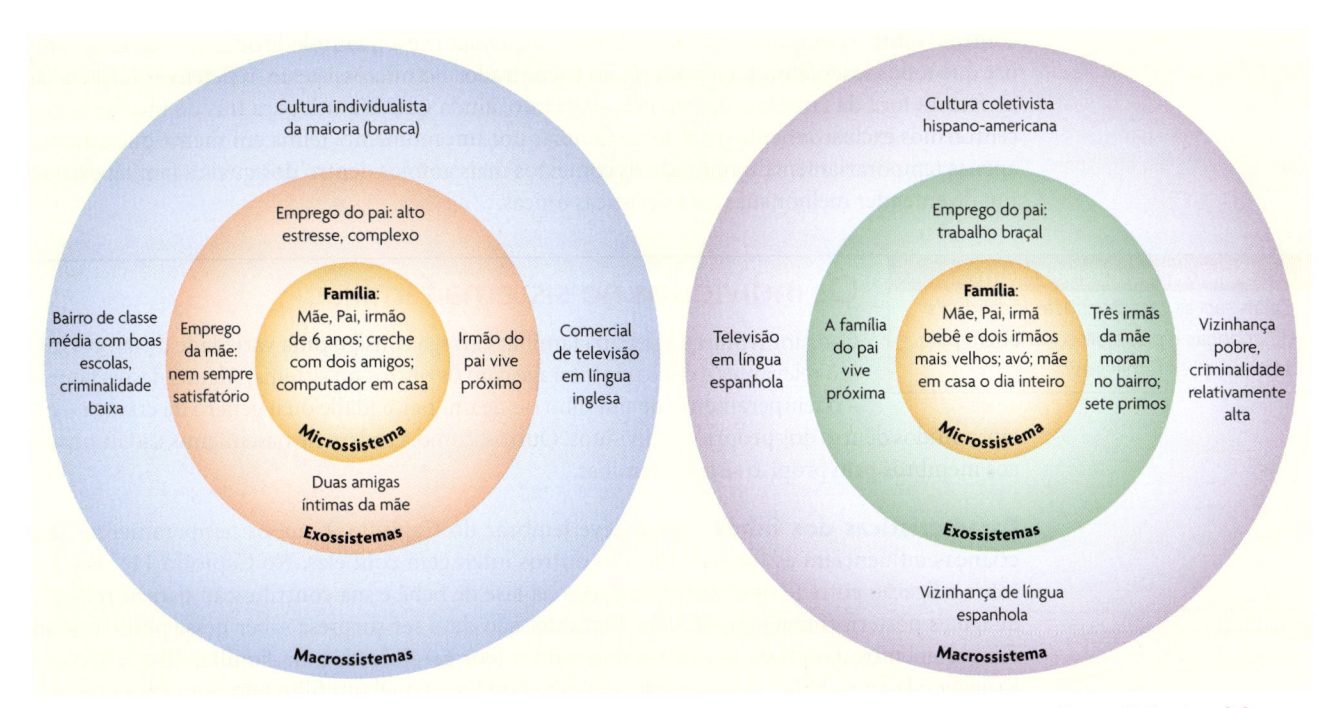

Figura 13.2 Modelo bioecológico de Bronfenbrenner

Duas crianças hipotéticas, crescendo em ambientes ecológicos amplamente diferentes, ilustram as camadas no modelo de Bronfenbrenner. Para entender como o ambiente afeta uma criança, os desenvolvimentalistas precisariam estudar cada aspecto deste sistema complexo simultaneamente – uma tarefa difícil.

A Figura 13.2 apresenta essas três camadas esquematicamente para duas crianças norte-americanas de 4 anos hipotéticas – uma da cultura branca majoritária, vivendo em uma família de classe média intacta com os dois pais empregados; outra, uma criança hispano-americana, vivendo com ambos os pais e uma avó em um bairro da classe operária, em uma família que fala principalmente o espanhol e cuja mãe permanece em casa o dia inteiro. Se você tentar se imaginar vivendo dentro de cada um desses sistemas, pode ter a sensação das muitas formas complexas nas quais eles diferem e como todas as suas peças interagem entre si. A questão de Bronfenbrenner é que até que os desenvolvimentalistas realmente entendam as formas nas quais todos os elementos nesses sistemas complexos interagem para afetar a criança, eles não entenderão o desenvolvimento.

É provavelmente óbvio que tentar entender o desenvolvimento da criança dessa forma é imensamente difícil. É difícil manter todos os elementos de um sistema em mente ao mesmo tempo, ainda mais tentar estudar todas as partes relevantes de maneira simultânea. Talvez frustrado por essa dificuldade, ou talvez devido à longa tradição de examinar os efeitos familiares e culturais de formas mais lineares, os psicólogos continuaram a projetar pesquisas que exploram apenas pequenas porções do sistema ecológico total. Portanto, muito do que se sabe sobre influências familiares e culturais nas crianças é mais fragmentado do que sistêmico. Contudo, vamos nos arriscar, usando o modelo de Bronfenbrenner como estrutura geral. Neste capítulo, nos ocuparemos do elemento mais importante do microssistema: a própria família. No Capítulo 14, iremos além da família para considerar outras dimensões do microssistema, como ambientes de cuidados não parentais e escolas. Também examinaremos alguns dos fatores no exossistema, tais como emprego dos pais, e no contexto cultural mais amplo ou macrossistema.

É provavelmente óbvio que amar uma criança é um ingrediente crítico no desenvolvimento ótimo desta – mas nunca é demais reafirmar o óbvio.

Dimensões da interação familiar

Os pesquisadores que se focaram mais diretamente nos padrões de interação de pai-filho identificaram diversas dimensões importantes sobre as quais as famílias diferem e que parecem ser significativas para a criança. Estas incluem as características individuais das crianças e dos pais, o tom emocional e a responsividade dos pais, a maneira como eles exercem controle sobre o comportamento dos filhos e a qualidade e a quantidade de comunicação. Lembre que todos esses fatores, embora sejam encontrados no microssistema, refletem as influências de fatores fora da família e dentro dela. Portanto, ainda que seja útil para fins de instrução nos centrarmos exclusivamente no sistema familiar por um momento, tenha em mente que estamos apenas temporariamente ignorando os contextos mais amplos dentro dos quais a família existe a fim de entender melhor suas características únicas.

> **Objetivo da aprendizagem 13.3**
> Quais são as características individuais de crianças e pais que contribuem para as interações familiares?

Os indivíduos no sistema familiar

Cada indivíduo no sistema familiar carrega consigo uma variedade de fatores que são relevantes a como ele interage com os outros no sistema. Alguns desses fatores – o temperamento de um filho ou de um pai, a idade ou o gênero da criança – estão contidos dentro dos próprios indivíduos. Outros, como a ordem de nascimento, são impostos aos membros pelo próprio sistema familiar.

Características dos filhos Você deve lembrar do Capítulo 9 que os temperamentos das crianças influenciam as formas como os outros interagem com elas. No Capítulo 11, você leu sobre a ligação entre temperamento e apego na fase de bebê e sua contribuição para as relações de iguais posteriormente na infância. Portanto, não deve ser surpresa saber nesse ponto que os temperamentos das crianças contribuem para o teor geral do sistema familiar (Burt, McGue, Krueger e Iacono, 2005). Por exemplo, em uma família na qual um filho tem um temperamento demasiado difícil, muito tempo e energia devem ser dedicados a manter a criança feliz (Rurecki, 2000). Como resultado, os pais podem estar muito desgastados para satisfazer as necessidades dos outros filhos, e os irmãos dessa criança podem se tornar ressentidos dela.

Os relacionamentos das crianças com seus pais e irmãos também podem ser afetados por seu lugar na sequência familiar (referida como **ordem de nascimento** ou posição ordinal). Os pais geralmente têm expectativas mais altas de maturidade em seus primogênitos e podem ser mais responsivos ou mais centralizados nessa criança. Os primogênitos também são mais punidos, em parte porque os pais são simplesmente menos qualificados no uso de formas de controle não coercivas com seu primeiro filho. Talvez respondendo às expectativas mais altas, os filhos mais velhos (primogênitos ou filhos únicos) têm escores médios de QI mais altos e são um pouco mais orientados à realização (Zajonc e Sulloway, 2007). Entretanto, o historiador Frank Sulloway sugeriu que os nascidos posteriormente entram na família como "vítimas" sociais, uma condição que os motiva a serem mais rebeldes e, talvez, mais abertos a novas experiências (Sulloway, 1996). A condição de vítima dos nascidos posteriormente também pode explicar os achados de pesquisa observados no Capítulo 7 em relação às habilidades superiores de enfrentamento de conflito (Gilles e Lucey, 2006).

O tratamento diferencial de irmãos vai além das expectativas parentais baseadas na ordem de nascimento, uma questão que você pode lembrar da discussão do *ambiente não compartilhado* no Capítulo 7. Diversos estudos realizados por Judy Dunn (2007) tanto nos Estados Unidos quanto na Inglaterra mostraram que os pais podem expressar afeto e orgulho por um filho e desprezo por outro. Da mesma forma, eles podem ser muito rigorosos com um filho e muito tolerantes com seus irmãos. As crianças reconhecem e respondem a essas diferenças bastante cedo na vida. As respostas podem incluir ressentimento e hostilidade aumentada em relação aos irmãos por crianças que são tratadas mais asperamente. Entretanto, as causas e os efeitos do tratamento diferencial de irmãos são difíceis de estudar, porque eles são confundidos com as idades das crianças, seus gêneros e seus temperamentos.

As idades das crianças representam uma influência especialmente importante nos relacionamentos entre pai e filho, conforme observamos na discussão do Capítulo 11 de *parcerias de objetivo corrigido*, um padrão no qual os pais esperam que pré-escolares mais velhos aceitem mais responsabilidade por eles mesmos do que esperavam quando eles eram bebês ou crianças pequenas. As expectativas dos pais aumentam quando as crianças entram na escola, e o objetivo dos pais frequentemente se torna treinar o filho para regular seu próprio comportamento (Lamb e Lewis, 2005). Os pesquisadores perceberam que há diversas variáveis de paternagem que contribuem para o desenvolvimento desse tipo de autorregulação. Primeiro, a própria ca-

ordem de nascimento A posição de uma criança na sequência de filhos dentro de uma família, tal como primogênito, nascido posteriormente ou filho único.

pacidade dos pais de regular a si mesmos é importante, talvez porque eles estejam fornecendo ao filho modelos de autorregulação boa ou deficiente (Prinstein e La Greca, 1999). Além disso, o grau de autorregulação que um pai espera influencia o comportamento autorregulador da criança. Expectativas mais altas, juntamente com monitoração parental para fazer com que certas expectativas sejam satisfeitas, estão associadas a maior competência autorregulatória (Rodrigo, Janssens e Ceballos, 1999).

Também é claro que os pais tratam meninos e meninas diferentemente, começando na fase de bebê, conforme observamos no Capítulo 10. Algumas dessas diferenças dependem do sexo do pai, bem como do bebê (Trehub, Hill e Kamenetsky, 1997). Igualmente, as mães de bebês mantêm mais contato físico e visual com as filhas do que com os filhos (Lindahl e Haimann, 1977). Diferenças como essas podem contribuir de alguma forma para a formação de alianças do mesmo sexo entre pais e filhos que podem ser importantes posteriormente na infância.

Outros tipos de variações nas interações dos pais com meninos e meninas são demonstrados tanto pelas mães quanto pelos pais. Por exemplo, em um estudo clássico, os pesquisadores verificaram que adultos assistindo a um video de um bebê interpretavam o comportamento da criança diferentemente dependendo do rótulo de gênero fornecido pelos pesquisadores. Os participantes aos quais era dito que o bebê era uma menina interpretavam um determinado comportamento como expressando "medo". Surpreendentemente, aqueles que acreditavam que o bebê era do sexo masculino rotulavam o mesmo comportamento como "raiva" (Condry e Condry, 1976). Pesquisa mais recente empregando essa técnica sugere que a coorte atual de adultos tem probabilidade um pouco menor de estereotipar o comportamento de bebês dessa forma, embora, como suas contrapartes na década de 1970, eles prestem atenção e comentem mais sobre a atividade motora quando acreditam que um bebê-alvo é um menino (Pomerleau, Malcuit, Turgeon e Cossette, 1997). Portanto, a estereotipagem temperamental pode afetar a qualidade do relacionamento entre pai e filho.

Alguns estudos também sugerem que há diferenças de sexo nas expectativas dos pais com respeito ao comportamento autorregulatório de crianças em idade escolar. Por exemplo, as mães fazem tipos diferentes de exigências a meninos e meninas. Elas parecem fornecer a ambos os mesmos tipos de orientação, mas têm maior probabilidade de dar aos meninos mais autonomia sobre seu próprio comportamento do que dão às meninas. Contudo, elas também tendem a manter as meninas em um padrão mais alto de responsabilidade por fracasso (Pomorantz e Ruble, 1998). Os desenvolvimentalistas especulam que essa diferença pode levar a padrões de comportamento mais fortes para meninas posteriormente no desenvolvimento.

Entretanto, o oposto pode ser verdadeiro com relação a crianças que têm dificuldades comportamentais, tais como aquelas associadas a transtorno de déficit de atenção/hiperatividade (TDAH). Os pais têm maior probabilidade de atribuir esses problemas a causas fora do controle da criança quando ela é uma menina (Maniadaki, Sonuga-Barke e Kakouros, 2005). Ao contrário, os pais de meninos com TDAH têm maior probabilidade de considerar o comportamento de seus filhos intencional. Como resultado, é mais provável que a rigidez das regras e a aspereza das técnicas disciplinares sejam maiores em resposta aos sintomas de TDAH de um filho do que de uma filha. Os pesquisadores especulam que essa tendência, em vez de produzir padrões comportamentais mais altos entre meninos do que entre meninas, pode estabelecer um padrão de interações hostis e manipulativas entre pais e filhos. Portanto, novamente, vemos que os relacionamentos entre os pais e a criança são de natureza bidirecional. Ou seja, os efeitos de qualquer padrão de comportamento do pai dependem em algum grau das características dos filhos. Igualmente, as características dos filhos influenciam a forma como os pais respondem a eles.

As características dos pais Os pais trazem suas próprias histórias de vida, suas próprias personalidades e seu relacionamento um com o outro para dentro das dinâmicas familiares. Não surpreende, por exemplo, que pais com alto traço de neuroticismo tendam a ver o comportamento de seus filhos mais negativamente do que pais mais otimistas (Kurdek, 2003). Também, depressão significativa em qualquer um dos pais tem um efeito profundo sobre todo o sistema familiar. Você já sabe, pelo Capítulo 11, que um apego inseguro é mais provável quando a mãe é deprimida. Pais deprimidos também percebem seus filhos como mais difíceis e problemáticos e são mais críticos deles, mesmo quando observadores objetivos não conseguem identificar qualquer diferença no comportamento dessas crianças e dos filhos de mães que não são deprimidas

(Richters e Pellegrini, 1989; Webster-Stratton e Hammond, 1988). Portanto, a depressão de um dos pais muda não apenas seu comportamento, mas também sua percepção do comportamento do filho, os quais alteram o sistema familiar. O modelo operacional interno de apego dos prórpios pais também parece ter um efeito muito forte sobre o sistema familiar e, portanto, sobre a criança. Você também lembrará do Capítulo 11 que aqueles adultos que são seguramente apegados têm muito mais probabilidade de ter um filho seguramente apegado.

Talvez mais amplamente, a qualidade do próprio relacionamento entre os pais transborda para seu relacionamento com os filhos. Casais com relacionamentos conjugais satisfatórios são mais carinhosos e apoiadores em relação a seus filhos; aqueles cujo casamento é pleno de discórdia também têm relacionamentos mais negativos com seus filhos (Erel e Burman, 1995; Parke e Buriel, 1998). Seus filhos apresentam riscos aumentados de ansiedade, depressão e comportamento delinquente (Harold e Conger, 1997). Em geral, os relacionamentos dos pais com seus filhos parecem ser mais fortemente afetados pela qualidade de seu relacionamento conjugal do que os relacionamentos das mães, mas o transbordamento ocorre para ambos os pais.

> **Objetivo da aprendizagem 13.4**
> Como o afeto e a responsividade parental influenciam os relacionamentos entre pai e filho?

Afeto e responsividade

Uma dimensão familiar chave, que tem um efeito sobre a criança, é a relação **afeto *versus* hostilidade** da família. O "afeto" tem sido difícil de definir e medir, mas parece intuitivamente óbvio que ele é altamente importante para a criança, e a pesquisa tem apoiado essa intuição. Um pai afetuoso se preocupa com o filho, expressa amor, frequente e regularmente coloca as necessidades do filho em primeiro lugar, mostra entusiasmo pelas atividades do filho e responde sensível e empaticamente aos sentimentos dele (Maccoby, 1980). No outro extremo desse *continuum* estão pais que abertamente rejeitam seus filhos – dizendo em palavras ou por seu comportamento que não os amam ou querem.

Essas diferenças têm efeitos profundos. Os psicólogos verificaram que crianças em famílias afetuosas e amorosas são mais seguramente apegadas nos primeiros 2 anos de vida; têm autoestima mais alta; são mais empáticas, mais altruístas e mais responsivas às dores e aos sofrimentos dos outros; têm escores de QI mais altos na pré-escola e no ensino fundamental e se saem melhor na escola (Domitrovich e Bierman, 2001; Maccoby, 1980; Pettit, Bates e Dodge, 1997; Simons, Robertson e Downs, 1989). Elas também têm menor probabilidade de apresentar níveis altos de agressividade ou comportamento delinquente no final da infância ou na adolescência (Goldstein, Davis-Kean e Eccles, 2005; Hipwell et al., 2008). Além disso, adolescentes que foram criados em famílias de baixo afeto têm maior probabilidade de terem pensamentos suicidas e outros problemas de saúde mental (Lai e McBride-Chang, 2001; Xia e Qian, 2001).

Como prognosticaria o modelo de Bronfenbrenner, altos níveis de afeto podem inclusive proteger uma criança contra os efeitos negativos de ambientes desvantajosos (Stansfield, Head, Bartley e Fonagy, 2008). Diversos estudos de crianças e adolescentes crescendo em bairros pobres e perigosos mostram que o único ingrediente que diferencia mais claramente as vidas daqueles que não se tornam delinquentes daqueles que se tornam é um alto nível de amor materno (Glueck e Glueck, 1972; McCord, 1982). Em um estudo longitudinal, Gregory Pettit e colaboradores (Pettit, Bates e Dodge, 1997) verificaram que crianças que estavam crescendo na pobreza, mas cujos pais forneciam mais "paternagem sustentadora" (incluindo afeto), tinham menor probabilidade de desenvolver comportamento agressivo ou delinquente do que crianças igualmente pobres em famílias menos emocionalmente sustentadoras.

No outro extremo do *continuum* de afeto parental, a hostilidade parental está ligada a declínio do desempenho escolar e risco mais alto de delinquência (Melby e Conger, 1996). Quando tal hostilidade é expressada como abuso físico ou negligência, as consequências para a criança podem ser ainda mais graves, conforme discutido no Capítulo 4.

Promover um apego seguro da criança com os pais parece ser uma das consequências fundamentais do calor emocional e do afeto (Stansfield et al., 2008). Você já sabe, pelo Capítulo 11, que crianças seguramente apegadas são mais hábeis com seus pares, mais exploradoras, mais seguras de si mesmas. O afeto também torna as crianças em geral mais responsivas à orientação; portanto, a afetividade e o calor emocional dos pais aumenta a potência das coisas que eles dizem aos filhos e a eficiência de sua disciplina (MacDonald, 1992).

---

afeto *versus* hostilidade A dimensão-chave do tom emocional usado para descrever as interações familiares.

Um segundo elemento fundamental dos padrões de interação familiar é a **responsividade** do pai ao filho, um conceito que você encontrou em capítulos anteriores. Pais responsivos são aqueles que captam os sinais da criança adequadamente e reagem de formas sensíveis às necessidades dela (Ainsworth e Marvin, 1995; Sroufe, 1996). Os filhos desses pais aprendem a linguagem um pouco mais rapidamente, mostram escores de QI mais altos e desenvolvimento cognitivo mais rápido e têm maior probabilidade de serem seguramente apegados, mais obedientes aos pedidos dos adultos e mais socialmente competentes (Bornstein, 1989; Kochanska, 1997; van den Boom, 1994). Mais evidências da importância da responsividade vêm da pesquisa mostrando que treinar novos pais para serem mais responsivos reduz as probabilidades de um bebê desenvolver um apego inseguro ou desorganizado (Juffer, Bakermans-Kranenburg e van Ijzendoorn, 2005).

Estudos de neuroimagem lançaram nova luz sobre a importância da afetividade e da responsividade parental. Esses estudos sugerem que o córtex cerebral contém redes de **neurônios espelho**, células especializadas que permitem que o cérebro simule mentalmente comportamentos e emoções que os primatas observam nos outros (Rizzolatti, Sinigaglia e Anderson, 2008). A *teoria da simulação* propõe que esses modelos mentais moldam o entendimento das crianças das emoções e do comportamento dos outros (Gallese, 2005). Portanto, de acordo com essa perspectiva, uma criança cujos pais exibem afetividade desenvolvem um modelo neurológico para afeto parental que pode ser transportado para seus outros relacionamentos sociais e para seu próprio comportamento parental na idade adulta.

responsividade Um aspecto da interação entre pai-filho; um pai responsivo é sensível aos sinais do filho e reage adequadamente, seguindo o comando da criança.

neurônios espelho Células especializadas no córtex cerebral que simulam o comportamento e as emoções dos outros.

Métodos de controle e padrões de comunicação

Objetivo da aprendizagem 13.5
Como os métodos de controle e comunicação dos pais afetam o desenvolvimento?

É da natureza das crianças fazer coisas que seus pais não querem que elas façam, pedir coisas que elas não podem ter ou se recusar a obedecer aos pedidos ou às exigências de seus pais. Eles inevitavelmente enfrentam a tarefa de controlar o comportamento do filho e de treiná-lo para seguir regras básicas, um processo popularmente conhecido como *disciplina*. O controle parental do comportamento dos filhos, um terceiro aspecto da interação familiar, se baseia em diversos elementos.

Um elemento do controle é a consistência das regras – deixar claro para a criança quais são as regras, quais são as consequências de desobedecê-las (ou de obedecê-las) e, então, aplicá-las consistentemente. Alguns pais são muito claros e consistentes; outros oscilam ou são confusos em relação ao que esperam ou tolerarão. Estudos de famílias mostram que pais claros e consistentes têm filhos com probabilidade muito menor de serem desafiadores ou desobedientes, mais competentes e seguros de si mesmos e com menor probabilidade de se tornarem delinquentes ou de apresentarem problemas significativos de comportamento do que crianças de famílias com regras menos consistentes.

Uma pesquisa que ilustra primorosamente esse padrão é o estudo de Lawrence Kurdek e Mark Fine de 850 estudantes do ensino médio (Kurdek e Fine, 1994). Eles mediram o nível de controle na família pedindo aos adolescentes para avaliar a correção de cada uma das seguintes três afirmações:

> Alguém na minha família se certifica de que minha lição de casa foi feita.
>
> Geralmente, alguém na minha família sabe onde eu estou e o que estou fazendo.
>
> Alguém na minha família fica de olho em mim.

Kurdek e Fine também tinham informações sobre a autoestima e o senso de autoeficácia de cada criança, que eles combinaram em uma medida de "competência psicossocial". Você pode ver a relação entre essas duas informações na Figura 13.3: maior controle da família estava claramente associado a maior competência psicossocial.

Figura 13.3 Controle parental e autoestima

Estudantes do ensino médio que relatam níveis mais altos de controle e supervisão parental também se descrevem como tendo autoestima e autoeficácia mais altas.

(*Fonte*: De Kurdek, L., e Fine, M., Fig. 1, p. 1143. "Family acceptance and family control as predictors of adjustments in young adolescents". *Child Development*, 65 (1994). 1137-1146. Com permissão da Society for Research in Child Development.)

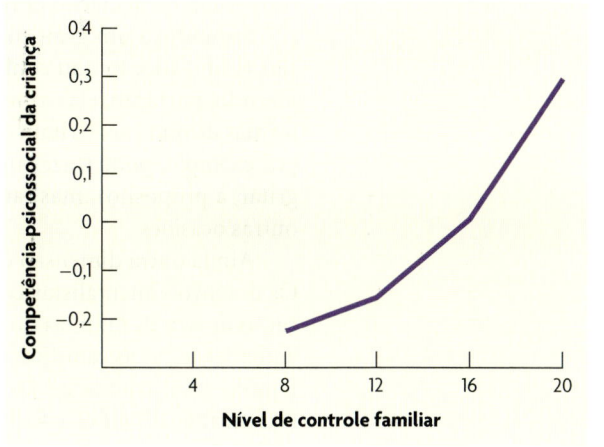

Esse pai parece estar disposto a escutar atentamente seu filho, ainda que o menino esteja irritado e possa ser acusador.

Essa ligação entre bom controle parental e resultados positivos para a criança foi encontrada entre jovens afro-americanos, bem como em brancos e hispano-americanos (Mogro-Wilson, 2008). Por exemplo, Craig Mason e colaboradores (1996; Walker-Barnes e Mason, 2004) verificaram que entre famílias negras da classe operária, aquelas nas quais os pais mantinham a monitoração e o controle mais consistente sobre seus adolescentes, tinham filhos com a menor probabilidade de apresentar problemas de comportamento. Curiosamente e muito importante, a ligação entre controle parental e taxas mais baixas de problemas de comportamento no estudo de Mason era especialmente clara em casos nos quais a criança tinha muitos amigos envolvidos em comportamentos problema. Portanto, os pais, ao aplicar regras consistentes e monitorar as atividades dos filhos, poderiam ao menos em parte neutralizar os efeitos negativos do relacionamento de seus filhos com amigos mau comportados (Darling, Cumsille e Martínez, 2008).

Para entender o processo de controle, você precisa entender o papel da punição, a técnica que a maioria dos pais usa para impor suas regras. A punição costuma buscar orientar uma criança a parar de fazer algo proibido, tal como escrever nas paredes, bater em seu irmão ou ficar fora de casa além do horário estipulado, mas ela também pode ser usada para tentar forçar uma criança a fazer alguma coisa à qual ela está resistindo, tal como arrumar seu quarto. As punições também, invariavelmente, envolvem alguma consequência negativa para a criança, desde retirar privilégios ou regalias, atribuir tarefas extras, mandar a criança para o quarto ou "botar de castigo" a formas mais severas de repressão verbal e mesmo bater na criança. A mais controversa dessas é a surra. Devido à importância da questão, os prós e contras da punição física são explorados em *Reflexão sobre a pesquisa*, mas há dois pontos sobre estratégias de punição em geral que você deve entender.

Primeiro, como o desenvolvimentalista Gerald Patterson diz "a punição 'funciona'". Se você usá-la adequadamente, ela produzirá mudanças rápidas no comportamento da outra pessoa" (1975, p. 19). A palavra operante aqui, contudo, é *adequadamente*. As punições mais efetivas – aquelas que produzem mudanças de longo prazo no comportamento de uma criança sem efeitos colaterais indesejados ou negativos – são usadas em alguma sequência de mau comportamento, com o nível mais baixo de emoção possível e o nível mais leve de punição possível. Tirar um brinquedo desejado quando a criança bate em um irmão pela primeira vez com ele ou remover consistentemente pequenos privilégios quando uma criança se comporta mal produzirá os resultados desejados, especialmente se o pai também for afetuoso, claro em relação às regras e consistente. É muito menos efetivo esperar até que os gritos do irmão tenham alcançado um nível insuportável ou até a quarta vez que um adolescente saiu sem dizer aonde estava indo e então confrontá-lo com gritos, comentários críticos e punição pesada.

Segundo, a um grau considerável, os pais "colhem o que plantam" com respeito a punição. Como você tomou conhecimento no Capítulo 9, as crianças aprendem por observação ou fazendo, portanto, elas aprendem as formas de enfrentamento do estresse dos adultos e suas formas de punição. Gritar com as crianças para conseguir que elas parem de fazer alguma coisa, por exemplo, pode trazer uma breve mudança no comportamento delas (que reforça o pai a gritar, a propósito), mas também aumenta as chances de que as crianças gritem de volta em outras ocasiões.

Ainda outra dimensão do sistema familiar é a qualidade da comunicação entre pai e filho. Os desenvolvimentalistas conduziram muito menos pesquisas sobre a qualidade da comunicação dentro de famílias do que sobre algumas das outras dimensões, portanto, estão longe de entender todas as ramificações do estilo de comunicação. Entretanto, em geral, as crianças de famílias com comunicação aberta são vistas como emocional ou socialmente mais maduras (Baumrind, 1971; Bell e Bell, 1982). Alguns estudos também mostram que as crianças nessas famílias alcançam níveis mais altos de realização acadêmica (Scott, 2004). Além disso, indivíduos

REFLEXÃO SOBRE A PESQUISA

Bater ou não bater?

De acordo com o modelo de Bronfenbrenner, as crenças dos pais em relação à melhor forma de disciplinar os filhos são influenciadas pela cultura mais ampla (Giles-Sims e Lockhart, 2005). Nos Estados Unidos, muitos pais acreditam que bater é a forma mais efetiva de punição.

A curto prazo, bater em uma criança geralmente não faz ela parar um comportamento, e parece reduzir temporariamente a chance de que ela o repita (Gershoff, 2002). Mas, mesmo a curto prazo, há alguns efeitos colaterais negativos. A criança pode parar o mau comportamento, mas após ter apanhado, ela provavelmente estará chorando, o que pode ser quase tão estressante quanto o mau comportamento original. Outro efeito colateral de curto prazo é que o pai está sendo reforçado negativamente por bater sempre que a criança para de se comportar mal. Portanto, o pai está sendo "treinado" a usar o castigo físico da próxima vez, e um ciclo está sendo estabelecido.

No prazo mais longo, os efeitos do castigo físico são claramente negativos (Gershoff, 2002). A criança observa o pai usar força física como um método de resolver problemas ou de conseguir que as pessoas façam o que ele quer. Ao juntar repetidamente sua presença com o evento desagradável ou doloroso de punição física, o pai está arruinando seu próprio valor positivo para a criança. A punição física também frequentemente transmite uma mensagem emocional subjacente forte – raiva, rejeição, irritação, aversão pela criança. Mesmo crianças muito pequenas entendem essas mensagens emocionais bastante claramente (Rohner, Kean e Courroyer, 1991). A punição física, portanto, ajuda a criar um clima familiar de rejeição em vez de afeto, com todas as consequências negativas resultantes.

Por fim, a evidência de pesquisa sugere que crianças que são espancadas – como crianças que são abusadas – quando mais velhas são menos populares com seus pares e mostram níveis mais altos de agressividade, autoestima mais baixa, maior instabilidade emocional, taxas mais altas de depressão e sofrimento, níveis mais altos de delinquência e posterior criminalidade (Christie-Mizell, Pryor e Grossman, 2008; Fine, Trentacosta, Izard, Mostow e Campbell, 2004). Quando adultas, crianças que foram espancadas regularmente têm maior probabilidade de serem deprimidas do que aquelas que nunca ou raramente foram espancadas (Straus, 1995) e também têm riscos mais altos de vários outros tipos de problemas quando adultas, incluindo desemprego, divórcio, violência dentro de um relacionamento e criminalidade (Maughan, Pickles e Quinton, 1995). Todos esses efeitos negativos são especialmente claros se a punição física for severa e errática, mas os riscos para esses maus resultados são maiores mesmo com níveis razoavelmente leves de punição física.

Os desenvolvimentalistas que se opõem à punição física não pretendem sugerir que os pais nunca devem punir uma criança. Eles estão dizendo que a punição física, tal como espancamento, não é uma boa forma de resolver as coisas. Gritar com a criança não é uma boa estratégia alternativa, também. A agressão verbal forte por um pai em relação ao filho também está ligada a muitos resultados negativos na criança, incluindo risco aumentado de delinquência e violência na idade adulta (Straus, 1991b).

Questões para análise crítica

1. Por que seria antiético usar o método experimental para estudar os efeitos da punição física?
2. Que tipos de variáveis (por exemplo, traços de personalidade dos pais) poderiam explicar a correlação entre punição física e resultados negativos para o desenvolvimento?

---

que crescem em famílias caracterizadas por comunicação aberta têm boas habilidades sociais na idade adulta (Koesten, 2004).

A comunicação aberta também pode ser importante para o funcionamento da família como unidade. Por exemplo, em um estudo de uma amostra nacional de famílias com adolescentes, Howard Barnes e David Olson (1985) mediram a comunicação pedindo para os pais e os adolescentes concordarem ou discordarem de afirmações como "É fácil para eu expressar todos os meus verdadeiros sentimentos para minha/meu (mãe/pai/filho)". Como você pode ver na Figura 13.4, os investigadores verificaram que, comparados àqueles relatando comunicação mais deficiente, pais e filhos que relataram comunicação boa, aberta também descreveram suas famílias como mais adaptáveis em face de estresse ou mudança e disseram que estavam mais satisfeitos com suas famílias.

Estilos de paternagem

Cada uma das dimensões de interação familiar discutidas na seção anterior tem um efeito demonstrável sobre a criança, mas se os psicólogos quiserem usar uma abordagem da teoria de sistemas, não é suficiente examinar cada dimensão independentemente. Eles também têm que pensar sobre como as dimensões interagem para criar estilos ou padrões de criação de filhos.

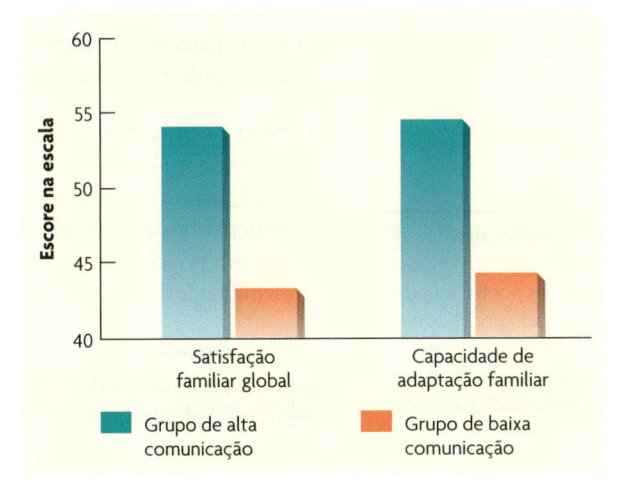

Figura 13.4 Comunicação, satisfação e capacidade de adaptação

A boa comunicação familiar estava associada a satisfação e capacidade de adaptação nesse estudo de mais de 400 adolescentes e seus pais.

(*Fonte*: Barnes e Olson, 1985, Tabela 3, p. 445.)

> **Objetivo da aprendizagem 13.6**
> Quais são os quatro estilos de paternagem propostos por Maccoby e Martin?

Tipos de estilos de paternagem

A proposição mais influente sobre estilos de criação de filhos veio de Diana Baumrind (1973), que examinou as combinações das várias dimensões de paternagem: (1) afeto ou sustentação; (2) nível de expectativas, que ela chama de "demandas de maturidade"; (3) clareza e consistência das regras, referido como controle; (4) comunicação entre pai e filho. Baumrind considerava três combinações específicas dessas características:

- O **estilo permissivo** é alto em sustentação, mas baixo em demandas de maturidade, controle e comunicação.
- O **estilo autoritário** é alto em controle e demandas de maturidade, mas baixo em sustentação e comunicação.
- O **estilo democrático** é alto em todos os quatro.

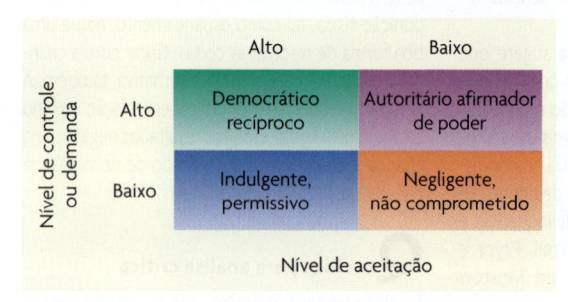

Figura 13.5 Estilos de paternagem de Maccoby e Martin

Maccoby e Martin expandiram as categorias de estilo de paternagem de Baumrind nesta tipologia bidimensional.

(*Fonte*: Adaptada de E.E. Maccoby e J.A. Martin, "Socialization in the context of the family: Parent-Child interaction". Em E.M. Hetherington (Ed.). *Handbook of Child Psychology*. Wiley, 1983, p. 39, Fig. 2. ©1983 por Wiley. Com permissão.)

Eleanor Maccoby e John Martin (1983) estenderam o sistema de categorias de Baumrind, propondo um modelo que foi amplamente influente. Eles enfatizaram duas dimensões, como você pode ver na Figura 13.5: o grau de controle ou demanda e o nível de aceitação/responsividade. A intersecção dessas duas dimensões cria quatro tipos de paternagem, três dos quais correspondem quase exatamente aos tipos autoritário, democrático e permissivo de Baumrind. O quarto tipo de Maccoby e Martin, o **estilo negligente** não comprometido, não foi identificado por Baumrind em seu trabalho anterior, embora a pesquisa deles mostre claramente que esse é um estilo de paternagem que merece mais estudo.

O tipo autoritário Pais autoritários, como Kristan Glasgow e colaboradores os descrevem, são altamente exigentes de seus filhos, mas ao mesmo tempo bastante irresponsivos: "esses pais tentam moldar e controlar o comportamento e as atitudes de seus filhos de acordo com um conjunto de padrões. Eles tendem a enfatizar obediência, respeito por autoridade e ordem. [Eles] também desencorajam trocas verbais com seus filhos, esperando que as regras sejam seguidas sem maiores explicações" (Glasgow, Dornbush, Troyer, Steinberg e Ritter, 1997, p. 508). Crianças criadas nessas famílias vão menos bem na escola, são tipicamente menos hábeis com seus pares e têm autoestima mais baixa do que crianças de outros tipos de famílias (Baumrind, 1991; Maccoby e Martin, 1983). Algumas dessas crianças parecem subjugadas; outras podem apresentar altos níveis de agressividade ou outras indicações de estar fora de controle (Caputo, 2004).

O tipo permissivo Crianças criadas por pais indulgentes ou permissivos, que são tolerantes e afetuosos, mas exercem pouca autoridade, também mostram alguns resultados negativos. Elas vão ligeiramente menos bem na escola na adolescência, e têm a probabilidade de serem agressivas – particularmente se os pais forem especificamente permissivos em relação a agressividade – e de serem um pouco imaturas em seu comportamento com seus pares e na escola. Elas têm menor probabilidade de assumir responsabilidade e são menos independentes (Maccoby e Martin, 1983).

O tipo democrático Os resultados mais consistentemente positivos foram associados ao padrão de paternagem democrático, no qual os pais têm altos índices tanto em controle como em afeto, estabelecendo limites claros, esperando e reforçando comportamento socialmente maduro e, ao mesmo tempo, respondendo às necessidades individuais da criança. Note que pais que usam esse estilo de paternagem não deixam a criança "cantar de galo". Os pais democráticos estão bastante dispostos a disciplinar o filho adequadamente se ele se comportar mal. Eles têm menor probabilidade de usar punição física do que os pais autoritários, preferindo, em vez disso, suspensão ou outras punições leves, mas é importante entender que esses pais não são fracos. Crianças criadas nessas famílias em geral mostram autoestima mais elevada. Elas são mais independentes, mas ao mesmo tempo têm maior probabilidade de obedecer aos pedidos dos pais, e podem mos-

---

estilo permissivo Um dos três estilos de paternagens descritos por Baumrind, caracterizado por altos níveis de sustentação e baixos níveis de controle, demandas de maturidade e comunicação.

estilo autoritário Um dos três estilos de paternagem descritos por Baumrind, caracterizado por altos níveis de controle e demandas de maturidade e baixos níveis de sustentação e comunicação.

trar também mais comportamento altruísta. Elas são autoconfiantes e orientadas à realização na escola e tiram notas melhores no ensino fundamental, no ensino médio e na faculdade (Crockenberg e Litman, 1990; Dornbusch, Ritter, Liederman, Roberts e Fraleigh, 1987; Jackson, Pratt, Hunsberger e Pancer, 2005; Steinberg, Elmen e Mounts, 1989; Weiss e Schwarz, 1996).

O tipo negligente Os resultados mais consistentemente negativos estão associados ao quarto padrão de paternagem, o tipo negligente ou não comprometido. Você pode se lembrar da discussão de apegos seguros e inseguros no Capítulo 11 que uma das características frequentemente encontradas nas famílias de crianças classificadas como inseguramente apegadas é a "indisponibilidade psicológica" da mãe. A mãe pode estar deprimida ou sobrecarregada por problemas em sua vida, ou ela simplesmente pode não ter feito nenhuma ligação emocional com a criança. Seja qual for a razão, essas crianças continuam a apresentar transtornos em seus relacionamentos com iguais e com adultos por muitos anos. Na adolescência, por exemplo, jovens de famílias negligentes são mais impulsivos, antissociais e muito menos orientados à realização na escola (Block, 1971; Caputo, 2004; Lamborn, Mounts, Steinberg e Dornbusch, 1991; Pulkkinen, 1982). A ausência de monitoração parental parece ser crítica: crianças e adolescentes cujos pais negligentes apresentam monitoração deficiente têm muito mais probabilidade de se tornarem delinquentes e de iniciar atividade sexual precoce na adolescência (Patterson, Reid e Dishion, 1992; Pittman e Chase-Lansdale, 2001; Walker-Barnes e Mason, 2004).

Estilos de paternagem e desenvolvimento

Objetivo da aprendizagem 13.7
O que os estudos de Steinberg e Dornbusch revelam sobre estilos de paternagem?

O melhor trabalho de pesquisa isolado demonstrando os efeitos dos diversos estilos de paternagem é um estudo de quase 11 mil estudantes do ensino médio na Califórnia e em Wisconsin, conduzido por Laurence Steinberg, Sanford Dornbusch e colaboradores. Dessa amostra, 6.902 foram acompanhados durante um período de 2 anos, fornecendo informação longitudinal valiosa (Steinberg, Lamborn, Darling, Mounts e Dornbusch, 1994). Os pesquisadores mediram os estilos de paternagem pedindo aos adolescentes para responderem a perguntas sobre seu relacionamento com seus pais e sua vida familiar, incluindo perguntas sobre aceitação/responsividade e controle ou demanda parental – as dimensões que definem o sistema de categorias de Maccoby e Martin. Por exemplo, os adolescentes foram solicitados a indicar em que grau cada uma das seguintes afirmações era verdadeira para eles:

Eu posso contar com meus pais para me ajudar se eu tiver algum tipo de problema.

Quando [meu pai] quer que eu faça alguma coisa, ele me explica a razão.

Meus pais sabem exatamente onde eu estou na maioria das tardes após a escola.

Com base nas respostas dos participantes a essas perguntas, Steinberg e Dornbusch foram capazes de classificar a maioria de suas famílias no sistema de categorias de Maccoby e Martin e puderam examinar o relacionamento entre esses estilos familiares e uma variedade de comportamentos nos adolescentes. Eles verificaram que adolescentes de famílias democráticas mostravam o padrão mais ideal em todas as medidas que usaram. Esses adolescentes tinham autoconfiança mais alta, competência social mais alta, melhores notas, menos indicações de sofrimento psicológico, níveis mais baixos de má conduta escolar, de uso de drogas e de delinquência. Adolescentes de famílias autoritárias tiveram os escores mais baixos nas diversas medidas de competência social e autoconfiança; aqueles de famílias negligentes tiveram os escores menos ideais em medidas de problemas de comportamento e realização escolar (Steinberg et al., 1994). A Figura 13.6 ilustra dois desses resultados: variações na média de notas e atos delinquentes autorrelatados (incluindo portar uma arma, roubar e se meter em problemas com a polícia).

Em uma análise dos dados para os quase 7 mil estudantes sobre os quais eles tinham 2 anos de informação, Steinberg e Dornbusch constataram que estudantes que descreveram seus pais como mais democráticos no início do estudo apresentavam melhoras mais expressivas na competência acadêmica e autoconfiança, além de aumento leve em sintomas psicológicos e comportamento delinquente durante os 2 anos, sugerindo que o estilo familiar tem um efeito causal e contínuo. Esses resultados foram reproduzidos por muitos outros pesquisadores em uma variedade de culturas (Álvarez, Martín, Vergeles e Martín, 2003).

estilo democrático Um dos três estilos de paternagem descritos por Baumrind, caracterizado por altos níveis de controle, sustentação, demandas de maturidade e comunicação.

estilo negligente Um quarto estilo de paternagem sugerido por Maccoby e Martin, envolvendo baixos níveis tanto de aceitação como de controle.

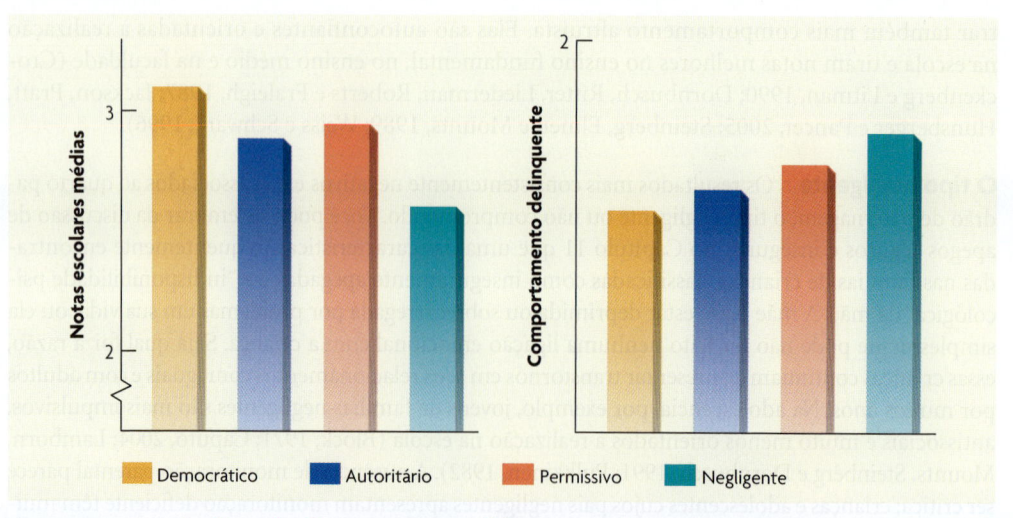

Figura 13.6 Estudo de estilo de paternagem e delinquência de Steinberg e Dornbusch

As notas escolares e a delinquência variavam ambas em função do estilo parental na grande amostra de adolescentes de Steinberg e Dornbusch. O comportamento delinquente nesse caso refletia o próprio relato do adolescente da frequência com que ele portava uma arma, roubava ou se metia em problemas com a polícia.

(*Fonte:* Steinberg et al., 1994, da Tabela 5, p. 762.)

Esses resultados são expressivos e foram reproduzidos em coortes mais recentes de adolescentes (Steinberg, Blatt-Eisengart e Cauffman, 2006). Entretanto, o sistema familiar é de fato mais complexo do que a simples comparação dos quatro tipos de paternagem. Por exemplo, pais democráticos não apenas criam um bom clima familiar e apoiam e motivam seus filhos de maneira ideal; eles também se comportam diferentemente em relação à escola do filho. Eles têm probabilidade muito maior de se envolverem com a escola, de frequentar eventos escolares ou de conversar com professores, e esse contato parece desempenhar um papel crucial. Quando um pai democrático não está envolvido com a escola, os resultados para o estudante não são tão claramente positivos. Da mesma forma, um adolescente cujo pai é altamente envolvido com a escola, mas não é democrático, apresenta resultados menos ótimos. É a combinação de democracia e envolvimento escolar que está associada aos melhores resultados (Steinberg, Lamborn et al., 1992).

> **Objetivo da aprendizagem 13.8**
> De que forma os estilos de paternagem diferem entre grupos étnicos e socioeconômicos?

Diferenças étnicas e socioeconômicas nos estilos de paternagem

Uma outra complexidade aparece nas análises de relacionamentos entre estilos de paternagem e resultados para o desenvolvimento dentro de cada um dos diversos grupos étnicos. A amostra de Steinberg e Dornbusch foi suficientemente grande para permitir que eles fizessem isso para subgrupos de afro-americanos, hispano-americanos e asiático-americanos, bem como para brancos (Steinberg et al., 1991). Os resultados sugerem tanto processos comuns quanto variações culturais únicas.

A Figura 13.7 mostra a porcentagem de famílias de cada um dos quatro grupos étnicos envolvidos nesse estudo que poderiam ser classificadas como democráticas, divididas ainda por classe social e pela integridade da família. O padrão democrático foi mais comum entre brancos e menos comum entre asiático-americanos, mas em cada grupo, a paternagem democrática foi mais comum entre a classe média e (com uma exceção) mais comum entre famílias intactas do que em famílias monoparentais ou com padrasto/madrasta.

A questão mais importante é se os mesmos relacionamentos preditivos entre estilo familiar e resultados para a criança se aplicam a todos os grupos. Para alguns resultados, a resposta é "sim". Em todos os quatro grupos, por exemplo, adolescentes de famílias democráticas mostraram mais autoconfiança e menos delinquência do que aqueles de famílias não democráticas (Steinberg et al., 1991).

Por outro lado, o desempenho escolar não estava ligado a paternagem democrática das mesmas formas em todos os quatro grupos. Nesse estudo, boas notas estavam ligadas a esse estilo de

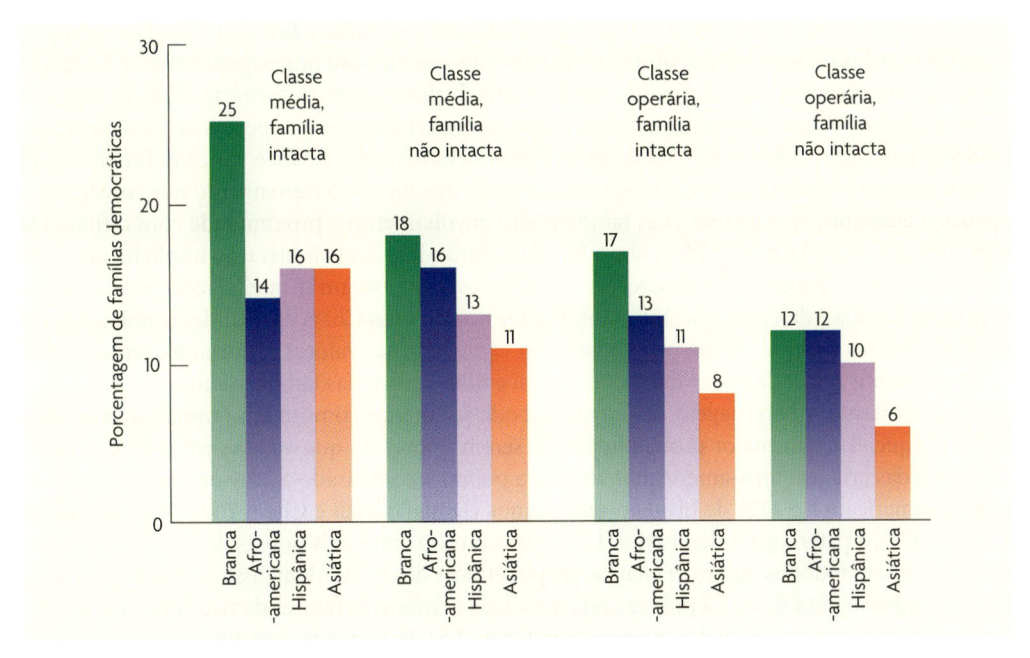

Figura 13.7   Classe social, etnia e estilo de paternagem

Como sugere esta figura, paternagem democrática é mais comum entre pais de classe média bem como entre famílias intactas (nas quais a criança vive com ambos os pais naturais) de todas as etnias.

(*Fonte*: Steinberg et al., 1991.)

paternagem para brancos e para hispano-americanos, mas apenas muito fracamente para asiático-americanos – um grupo de estudantes que se saía extremamente bem na escola ainda que seus pais estivessem entre os menos democráticos. Entretanto, outros pesquisadores verificaram que o padrão de resultados associado a paternagem democrática e autoritária entre outros grupos era verdadeiro para famílias asiáticas (Chen, Dong e Zhou, 1997). Entre famílias afro-americanas, os resultados de pesquisa foram inconsistentes com relação a ligações entre estilos de paternagem e realização acadêmica (Lamborn, Dornbusch e Steinberg, 1996; Norwood, 1997).

Como os desenvolvimentalistas podem explicar essas diferenças? Seguindo o exemplo do modelo de Bronfenbrenner, Steinberg e Dornbusch hipotetizaram que diferenças étnicas nas crenças sobre a importância da educação (parte do macrossistema) desempenham um papel na produção da variação nos resultados educacionais entre os grupos (Steinberg, Dornbusch e Brown, 1992). Eles verificaram que um elemento chave adicional é a crença que estudantes e pais mantêm sobre a importância da educação para futuro sucesso na vida. Todos os quatro grupos étnicos estudados compartilham uma crença de que ir bem na escola levará a melhores chances no futuro, mas os grupos discordam sobre as consequências de ir mal na escola. Estudantes asiático-americanos, mais do que qualquer outro grupo, acreditam que um bom emprego é improvável com uma má educação, enquanto hispano-americanos e afro-americanos são mais otimistas sobre os riscos associados com mau desempenho escolar. Talvez como resultado de seu maior medo de fracasso acadêmico, os estudantes asiático-americanos passam muito mais tempo estudando do que os outros grupos.

Outra possibilidade é que os quatro estilos sugeridos por Maccoby e Martin são eles próprios etnocêntricos e simplesmente não apreendem (talvez não possam apreender) os

Pais asiáticos muito frequentemente têm escores altos em medidas de estilo de paternagem autoritária. Mas seu alto nível de rigidez e controle está embutido em um conjunto particular de valores culturais e, portanto, tem um significado e um efeito diferentes sobre o comportamento da criança do que tal estilo poderia ter em uma família não asiática. Esta é uma outra ilustração do fato de que os psicólogos devem ter cautela ao generalizar teorias e resultados entre culturas.

elementos que tornam padrões culturais individuais únicos (Parke e Buriel, 1998). Por exemplo, Ruth Chao (Chao e Tseng, 2002) observa que pais sino-americanos, que requerem obediência, geralmente têm escores altos em medidas tradicionais de paternagem autoritária. Mas em culturas asiáticas, rigidez e uma demanda por obediência são percebidas como aspectos de preocupação e cuidado, não como reflexos de falta de afeto. Para os chineses, diz Chao, o conceito fundamental na paternagem é o treinamento, que significa ensinar ou educar, e o treinamento traz consigo não apenas o elemento de controle, mas também alto envolvimento e proximidade com o filho. Os pais chineses controlam seus filhos não a fim de dominá-los – uma motivação implícita no estilo autoritário como Baumrind o descreveu – mas, antes, para assegurar que relações harmoniosas dentro da família e da cultura sejam mantidas. De acordo com Chao, as medidas tradicionais do estilo autoritário simplesmente não conseguem capturar esses valores e, portanto, representam incorretamente a qualidade das interações de pai e filho dentro das famílias chinesas.

Similarmente, a paternagem democrática pode ser menos comum em famílias afro-americanas porque elas têm maior probabilidade de serem pobres do que aquelas em outros grupos. Um terço das crianças afro-americanas vivem na pobreza, comparado a 10% de brancos, 12% de asiático-americanos e 27% de hispano-americanos (Douglas-Hall e Chau, 2007). Como mostra a Figura 13.7, a paternagem democrática é menos comum entre pais pobres do que entre pais de classe média em todos os quatro principais grupos étnicos dos EUA. Além disso, no Capítulo 4 você tomou conhecimento de que a pobreza está associada a inúmeros fatores de risco que ameaçam o bem-estar físico e psicológico das crianças (ver Tabela 4.5). Portanto, parece possível que pais afro-americanos acreditem que paternagem autoritária, em vez de paternagem democrática, é uma adaptação ideal às circunstâncias nas quais eles estão criando seus filhos (Pezzella, 2006).

Estrutura familiar, divórcio e emprego dos pais

Até agora, não consideramos como a estrutura da família de uma criança influencia os padrões de interação e o desenvolvimento individual. Para entender completamente como as famílias influenciam o desenvolvimento, precisamos considerar se a **estrutura familiar** (a configuração de indivíduos na família de uma determinada criança) importa e de que forma contribuem as mudanças na estrutura familiar, tais como o divórcio.

Objetivo da aprendizagem 13.9
Como a estrutura familiar está relacionada ao desenvolvimento?

Estrutura familiar

A maioria de vocês provavelmente sabe que a proporção de famílias com pai e mãe nos Estados Unidos diminuiu durante os últimos 30 anos. Em 1970, quase 95% das crianças viviam nessas famílias, mas no final do século XX, apenas cerca de 74% das crianças estavam vivendo em famílias com os dois pais (U.S. Census Bureau, 2008a). Entretanto, como você verá, as famílias com dois pais são bastante diferentes. A maioria dos 26% das crianças restantes vive em famílias monoparentais encabeçadas por mulheres. Algumas crianças estão sendo criadas por casais do mesmo sexo.

Famílias formadas pelos pais naturais A afirmação mais ampla que os psicólogos podem fazer sobre os efeitos da estrutura familiar é que a situação ideal para as crianças, pelo menos nos Estados Unidos, parece incluir dois pais naturais que sejam casados (Scott, 2004). Entre brancos, filhos de pais naturais casados passam melhor do que aqueles de pais biológicos que apenas coabitam (Manning e Brower, 2006). Entretanto, crianças afro-americanas e hispano-americanas parecem ter tanta probabilidade de se desenvolver otimamente em famílias formadas por pais biológicos com coabitação de longo prazo quanto em famílias formadas por pais naturais casados.

Como você provavelmente sabe, contudo, muitas famílias com os dois pais estão longe de serem felizes e harmoniosas. Os pesquisadores verificaram que, entre outras variáveis, hostilidade no relacionamento dos pais está associada a uma incidência mais alta de problemas de comportamento nas crianças (Katz e Woodin, 2002). Inversamente, quanto maior a satisfação dos pais com seu relacionamento, mais capazes seus filhos são de regular os sentimentos de rivalidade entre irmãos (Volling, McElwain e Miller, 2002). Esses achados enfatizam o conceito da família como um sistema no qual o relacionamento afeta todos os outros de alguma forma.

estrutura familiar A configuração de indivíduos na família de uma criança.

Famílias mistas As **famílias mistas** são estabelecidas quando uma pessoa divorciada ou que nunca foi casada se une com alguém que pode ou não ter filhos. Visto que as crianças nessas famílias provavelmente experimentaram períodos durante os quais eles estavam vivendo em famílias com apenas um dos pais, é impossível dizer se quaisquer consequências para o desenvolvimento associadas são resultado da própria estrutura familiar ou do número de mudanças nos arranjos de vida com os quais tiveram que lidar no decorrer dos anos. Contudo, é importante notar que crianças vivendo nessas famílias têm taxas mais altas de delinquência e notas escolares mais baixas do que aquelas que vivem com dois pais naturais que são casados (Lee, Burkham, Zimiles e Ladewski, 1994) (ver Figura 13.8). Via de regra, entre crianças pré-escolares e crianças em idade escolar esses efeitos negativos são mais pronunciados para meninos do que para meninas.

Na adolescência, o padrão de diferenças de gênero muda. As associações entre a condição de família mista e maus resultados no desenvolvimento são mais fortes para meninas do que para meninos (Brown e Amatea, 2000). A estrutura que foi mais estudada envolve uma mãe, divorciada ou que nunca foi casada, que se casa após um período solteira. Nessas famílias, as meninas parecem ter muito mais dificuldade em se dar bem com um novo padrasto do que seus irmãos. Muitas são críticas do novo padrasto e o tratam como um intruso. Outras ficam de mau-humor e tentam evitar contato com ele. Meninas nessa situação têm maior probabilidade de se tornarem deprimidas. Elas também têm maior probabilidade que os meninos de se envolver com drogas.

As razões para esse padrão são desconhecidas. Alguns desenvolvimentalistas especulam que a filha pode se sentir deslocada de uma posição especial ou mais responsável no sistema familiar que ela ocupava quando sua mãe era solteira (Brown e Amatea, 2000). Em contraste, o menino adolescente pode ter mais a ganhar pela adição do padrasto porque ele adquiriu um modelo de papel masculino. Seja qual for a explicação, achados como esses nos lembram mais uma vez que os sistemas familiares são surpreendentemente complexos.

Famílias monoparentais As famílias com apenas um dos pais são bastante distintas. Como você pode ver na Figura 13.9, famílias encabeçadas por mulheres são muito mais comuns do que aquelas encabeçadas por homens. Consequentemente, a maior parte da pesquisa sobre famílias monoparentais se focaliza em famílias encabeçadas por mulheres.

Contrário aos estereótipos, algumas mães solteiras são muito seguras financeiramente. De fato, desde o início da década de 1990, a proporção de nascimentos de filhos de mães solteiras aumentou muito rapidamente entre mulheres profissionais da classe média que ativamente decidiram se tornar mães solteiras (Ingrassia, 1993). Entretanto, em média, famílias encabeçadas por mulheres têm muito mais probabilidade de serem pobres do que famílias com os dois pais. Aproximadamente 26% das famílias encabeçadas por mulheres vivem na pobreza, comparado com apenas 4% das famílias com os dois pais (U.S. Census Bureau, 2008a). Portanto, as consequências para o desenvolvimento que são encontradas entre os filhos de mães solteiras podem ser devido à pobreza, à estrutura familiar ou a uma interação entre as duas.

Os filhos de mães solteiras têm aproximadamente duas vezes mais probabilidade que outras crianças de abandonar o ensino médio, duas vezes mais probabilidade de ter um filho antes dos

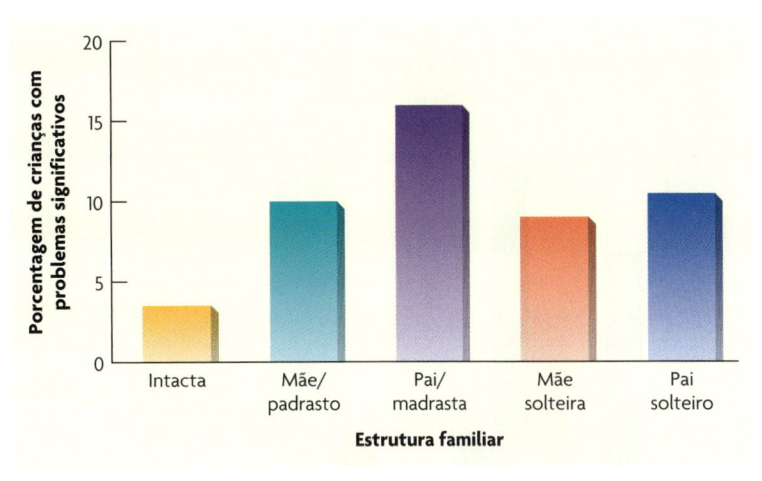

Figura 13.8 Estrutura familiar e problemas de comportamento

Crianças vivendo com um padrasto/madrasta, especialmente aquelas vivendo com seu pai e uma madrasta, têm maior probabilidade do que aquelas em famílias intactas de apresentar problemas de comportamento de um ou outro tipo.

(*Fonte*: Lee, Burkham, Zimiles e Ladewski, 1994, da Tabela 1, p. 417.)

Nos Estados Unidos, muitas famílias com dois pais são formadas quando um pai/mãe solteiro se casa com outro pai/mãe solteiro ou com um não pai/mãe.

família mista Uma família que é estabelecida quando um pai/mãe solteiro se casa com um pai ou não pai.

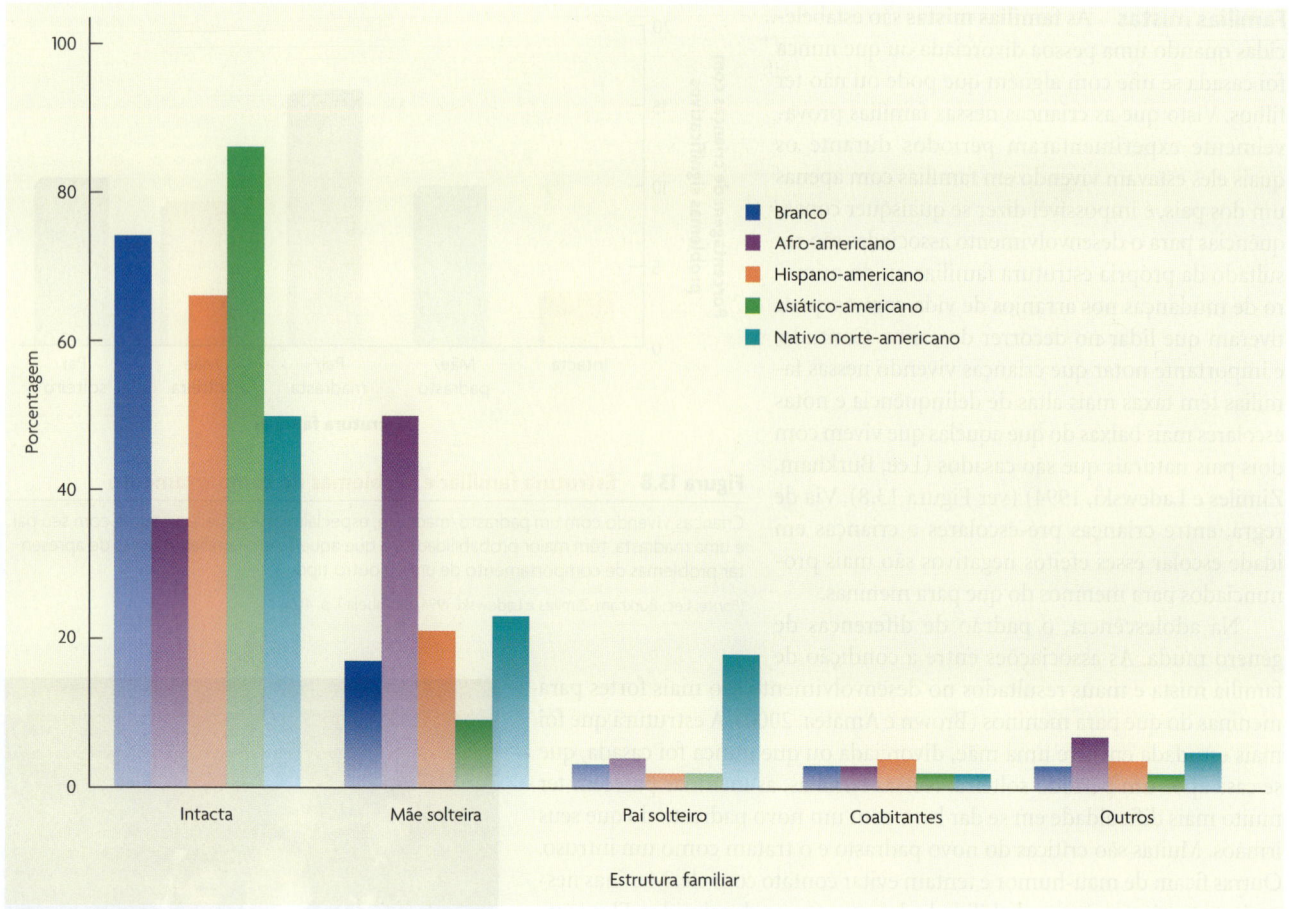

Figura 13.9 Estrutura familiar e etnia

Tipos de famílias para crianças norte-americanas com menos de 18 anos.

(*Fonte*: U.S. Census Bureau, 2003, 2007, 2008a.)

20 anos e menos probabilidade de ter um emprego estável no final da adolescência ou início da vida adulta (McLanahan e Sandefur, 1994). Os filhos de mães adolescentes são particularmente de risco. As diferenças entre filhos de adolescentes e aqueles cujas mães são mais velhas são evidentes na primeira infância. Alguns estudos sugerem que crianças pré-escolares cujas mães são adolescentes solteiras exibem desenvolvimento cognitivo e social menos avançado do que seus pares (Furstenberg, Brooks-Gunn e Chase-Lansdale, 1989). Outra pesquisa indica que, quando os filhos de mães adolescentes se tornam adolescentes, eles têm maior probabilidade de exibir comportamentos como vadiagem, brigas com iguais e atividade sexual precoce do que adolescentes cujas mães são mais velhas (Levine, Pollack e Comfort, 2001).

Por mais sombrios que esses achados possam parecer, tenha em mente que muitas mães solteiras (e pais, também) mantêm ligações fortes com uma **família extensa**, uma estrutura familiar que inclui pais, avós, tias, tios, primos, etc. As famílias extensas parecem exercer uma função protetora para crianças que estão crescendo em famílias com apenas um dos pais (Wilson, 1995). As avós, por exemplo, parecem ser fontes importantes de calor emocional para os filhos de mães adolescentes (Coley e Chase-Lansdale, 1998). Além disso, membros da família extensa frequentemente ajudam mães solteiras ou divorciadas com apoio financeiro e emocional, bem como com o cuidado da criança. Nos Estados Unidos, essas redes são mais comuns entre as minorias do que entre brancos (Harrison, Wilson, Pine, Chan e Buriel, 1990).

Quando pensam "na família", muitas pessoas imaginam uma configuração com um pai, uma mãe e vários filhos. Embora ainda seja verdade que a maioria das crianças nos Estados Unidos vive com os dois pais biológicos, a porcentagem de crianças que passam toda infância e a adolescência nesse tipo de sistema familiar diminuiu substancialmente durante as últimas décadas.

Famílias de homossexuais Questões sobre identidade do papel sexual e orientação sexual das crianças têm dominado a pesquisa sobre paternagem homossexual (Bailey, Brobow, Wolfe e Mikach, 1995). Estudos têm mostrado geralmente que crianças criadas por pais homossexuais desenvolvem identidades de papel sexual da mesma forma que crianças de pais heterossexuais. Elas também têm a mesma probabilidade de ser heterossexuais (Glombock e Tasker, 1996).

Para ajudar a responder questões gerais sobre desenvolvimento cognitivo e social entre os filhos de pais homossexuais, os pesquisadores conduziram revisões abrangentes do pequeno número de estudos que foram realizados. Essas revisões tipicamente constataram que a maioria dos estudos sugere que crianças criadas por pais homossexuais não diferem daquelas criadas por heterossexuais (Fitzgerald, 1999; Lambert, 2005; Patterson, 1997). Entretanto, a maioria dos estudos envolveu um número muito pequeno de famílias e crianças (Schumm, 2004). Além disso, em quase todos os casos, as crianças envolvidas tinham sido concebidas e criadas em relacionamentos heterossexuais antes de serem criadas pelo casal do mesmo sexo. Portanto, os achados desses estudos não podem ser atribuídos conclusivamente aos efeitos de ser criado por um pai homossexual.

Um estudo, contudo, envolveu 80 crianças em idade escolar que tinham sido concebidas por inseminação artificial (Chan, Raboy e Patterson, 1998). Os pesquisadores compararam essas crianças entre quatro tipos de estruturas familiares: casais de lésbicas, mães lésbicas solteiras, casais heterossexuais e mães heterossexuais solteiras. O estudo não encontrou diferenças no desenvolvimento cognitivo ou social entre as crianças. Entretanto, ele constatou que as mesmas variáveis – estresse de paternagem, conflito parental, afeto parental – prediziam consequências para o desenvolvimento em todos os quatro grupos. Esses achados, semelhantes àqueles comparando famílias de dois pais e monoparentais, sugerem que o desenvolvimento das crianças depende mais de como os pais interagem com elas do que da configuração familiar.

Os mesmos fatores que influenciam as interações em famílias encabeçadas por um homem e uma mulher contribuem para o bem-estar de crianças que estão sendo criadas por casais do mesmo sexo.

Estrutura familiar e etnia O exame da estrutura familiar entre grupos étnicos ilustra ainda mais a diversidade nos Estados Unidos. Você pode ter uma noção do grau de variação pela Figura 13.9. Os gráficos da figura estimam as porcentagens de quatro tipos de famílias entre crianças brancas, afro-americanas, hispano-americanas, asiático-americanas e nativas norte-americanas nos Estados Unidos.

Você pode ver que famílias monoparentais são muito mais comuns entre afro-americanos e nativos norte-americanos do que entre outros grupos. Uma diferença na proporção de nascimentos para mulheres não casadas é um fator de contribuição. Como mostra a Figura 13.10, os nascimentos para mulheres solteiras aumentaram bastante em todos os grupos étnicos nos Estados Unidos nas últimas décadas. Entretanto, as taxas desses nascimentos são muito mais altas entre mulheres afro-americanas e nativas norte-americanas do que em outros grupos. (A propósito, em todos os grupos, mais de três quartos de mulheres solteiras que dão à luz têm mais de 20 anos. Portanto, a gravidez adolescente contribui muito pouco para as estatísticas sobre maternidade de solteiras.)

Um segundo fator é que, embora muitas mães solteiras afro-americanas e nativas norte-americanas eventualmente se casem, os adultos nesse grupo – sejam pais ou não – têm menor probabilidade de se casar. Entre 45 e 49 anos nos Estados Unidos, apenas 9% de mulheres brancas e asiático-americanas e 11% de mulheres hispano-americanas nunca se casaram, comparado a 28% de afro-americanas e 27% de nativas norte-americanas (U.S. Census Bureau, 1998, 2008b). Como resultado, crianças afro-americanas e nativas norte-americanas têm probabilidade muito maior do que crianças em outros grupos de passar todos os seus anos de infância vivendo na pobreza. Em ambos os grupos, bem como entre hispano-americanos, quase metade de todas as famílias encabeçadas por mulheres vive na pobreza (U.S. Census Bureau, 2003).

Naturalmente, as estatísticas podem explicar por que famílias afro-americanas e nativas norte-americanas têm maior probabilidade que aquelas de outros grupos de serem encabeçadas por pais solteiros. Os sociólogos especulam que, no caso de afro-americanos, a falta de oportunidades

família extensa Uma estrutura familiar que inclui pais, avós, tias, tios, primos, etc.

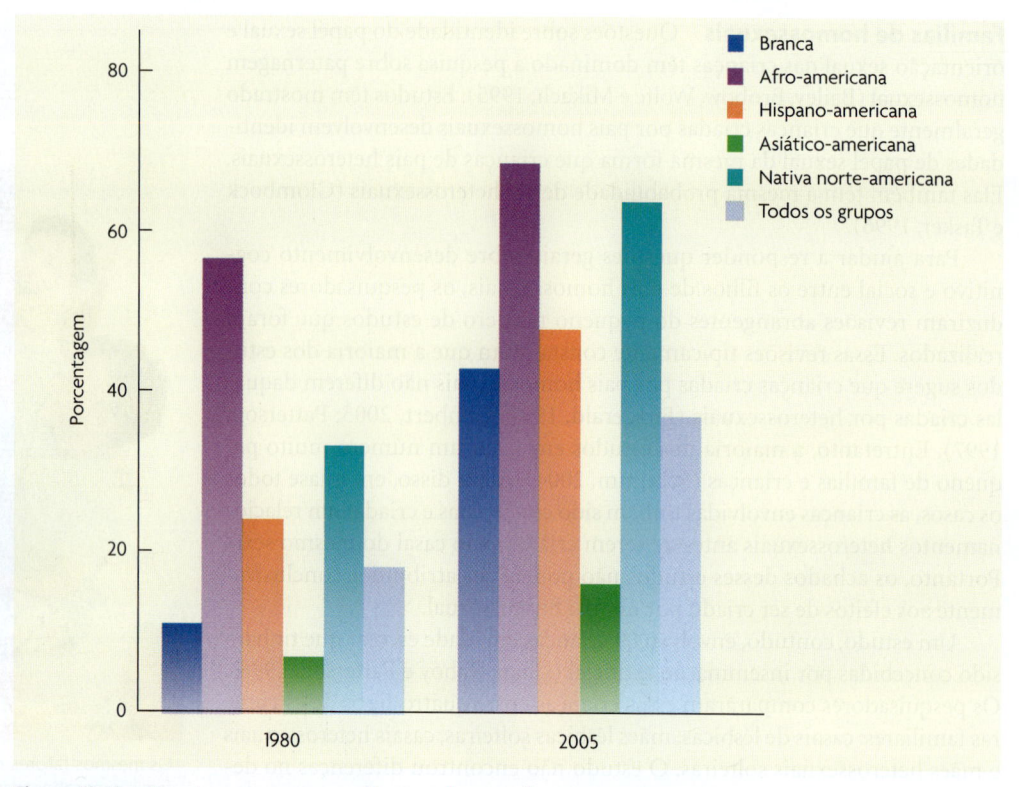

Figura 13.10 Nascimentos para mulheres não casadas

Porcentagem de nascimentos para mulheres não casadas entre os grupos étnicos nos Estados Unidos. A taxa de nascimentos para mulheres não casadas aumentou em todos os grupos nos Estados Unidos durante as últimas décadas. Essas estatísticas são uma razão para o número crescente de crianças de idade escolar e adolescentes que vivem em famílias de pai solteiro.

(*Fonte*: Martin et al., 2007)

econômicas para os homens os tornam menos capazes de assumir responsabilidades familiares (Cherlin, 1992). Outros acrescentam que os avós e outros parentes em ambos os grupos tradicionalmente ajudam a sustentar mães solteiras. Por exemplo, entre nativos norte-americanos, um valor cultural tradicional que os sociólogos chamam de *orientação de parentes* vê a criação de filhos como responsabilidade de toda a família da criança, incluindo avós e tias e tios. Como resultado, pais solteiros nativos norte-americanos, especialmente aqueles que vivem em comunidades predominantemente indígenas, recebem mais apoio material e emocional do que pais solteiros em outros grupos e podem sentir menos pressão para casar (Ambert, 2001).

Objetivo da aprendizagem 13.10
Como o divórcio afeta o comportamento das crianças?

Divórcio

Não pode haver muita dúvida de que o divórcio é traumático para as crianças. Entretanto, essa afirmação deve ser seguida por uma advertência. Alguns dos efeitos negativos do divórcio são devidos a fatores que estavam presentes *antes* do divórcio, tal como temperamento difícil na criança ou conflito conjugal excessivo entre os pais (Cherlin, Cahse-Lansdale e McRae, 1998). Também é importante lembrar que o divórcio não é uma variável unitária; as crianças são provavelmente afetadas por uma quantidade de fatores relacionados ao divórcio: conflito parental, pobreza, rupturas da rotina diária, e assim por diante (Bailey e Zvonkovic, 2003; Hetherington, Bridges e Insabella, 1998). Por essa razão, crianças cujos pais se separam ou permanecem em casamentos dominados por conflito, mesmo que não se divorciem realmente, podem experimentar muitos dos mesmos efeitos (Ingoldsby, Shaw, Owens e Winslow, 1999).

Crianças e divórcio Nos primeiros anos após um divórcio, as crianças tipicamente apresentam declínios no desempenho escolar e mostram comportamento mais agressivo, desafiador, negativo ou deprimido (Bonde, Obel, Nedergard e Thomsen, 2004). Na adolescência, os filhos de pais divorciados têm maior probabilidade que seus pares de se tornarem sexualmente ativos em uma idade precoce, de experimentar drogas e álcool e de se envolverem em comportamento criminoso (Price e Kunz, 2003; Wallerstein e Lewis, 1998).

Os efeitos negativos do divórcio parecem persistir por muitos anos. Por exemplo, crianças cujos pais se divorciam têm um risco mais alto de problemas de saúde mental na idade adulta (Chade-Lansdale, Cherlin e Kiernan, 1995; Cherlin et al., 1998; Wallerstein e Lewis, 1998). Muitos adultos jovens cujos pais são divorciados não possuem os recursos financeiros e o apoio emocional necessário para ter sucesso na universidade, e uma minoria relata que sofre com medos de intimidade nos relacionamentos (Wallerstein e Lewis, 1998). Não surpreendentemente, adultos cujos pais eram divorciados têm eles próprios maior probabilidade de se divorciar.

Via de regra, esses efeitos negativos são mais pronunciados para meninos do que para meninas. Entretanto, alguns pesquisadores verificaram que os efeitos são retardados nas meninas, tornando mais difícil associar os efeitos com o divórcio. Por conseguinte, os estudos longitudinais com frequência constatam que as meninas apresentam efeitos negativos iguais ou maiores (Amato, 1993; Hetherington, 1991a, 1991b). Diferenças de idade na gravidade da reação foram encontradas em alguns estudos, mas não em outros. Por exemplo, um estudo longitudinal verificou que os efeitos de divórcio parental eram mais graves em um grupo de crianças de 12 anos que experimentaram o divórcio na primeira infância em vez de durante os anos escolares (Pagani, Boulerice, Tremblay e Vitaro, 1997).

A etnia não parece ser um fator causal. Sim, uma grande porcentagem de crianças afro-americanas cresce em famílias monoparentais. Mas os mesmos efeitos negativos ocorrem em famílias monoparentais brancas, e os mesmos resultados positivos são encontrados em famílias da minoria com os dois pais. Por exemplo, a taxa de abandono da escola para crianças brancas de famílias monoparentais é mais alta do que para crianças hispano-americanas ou afro-americanas criadas em famílias com os dois pais (McLanahan e Sandefur, 1994).

Entendendo os efeitos do divórcio Como os desenvolvimentalistas entendem todos esses vários achados? Primeiro, o divórcio reduz os recursos financeiros e emocionais disponíveis para sustentar a criança. Com apenas um dos pais, a família tipicamente tem apenas uma renda e apenas um adulto para responder às necessidades emocionais da criança. Dados dos Estados Unidos indicam que a renda de uma mulher cai em média de 40 a 50% após um divórcio (Bradbury e Katz, 2002).

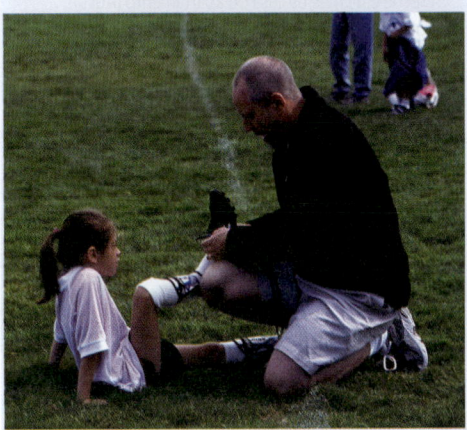

Segundo, e talvez mais importante, pai/mãe solteiro, divórcio e a presença de um padrasto/madrasta aumentam a probabilidade de que o clima ou estilo familiar se afaste da paternagem democrática (Barber e Demo, 2006). Isso é evidente nos primeiros anos após o divórcio, quando o pai que tem a custódia dos filhos (geralmente a mãe) fica distraído ou deprimido e é menos capaz de dar afeto; é evidente também em famílias com um padrasto/madrasta, em que as taxas de paternagem democrática são mais baixas do que em famílias intactas (olhe novamente a Figura 13.7).

Lembre-se: um estilo de paternagem autoritário ou negligente está ligado a resultados insatisfatórios, tenha sido desencadeado por um divórcio, um novo casamento estressante, a perda de emprego do pai ou qualquer outro estresse (Goldberg, 1990). Finalmente, é esse processo dentro da família, mais do que qualquer tipo de ruptura, que é significativo para a criança (ver *Ciência do desenvolvimento no mundo real*). Previsivelmente, estudos mostram que crianças cujos pais mantêm altos níveis de afeto e responsividade durante e logo após um divórcio têm muito menos probabilidade de apresentar efeitos negativos (Sandler, Miles, Cookston e Braver, 2008).

Muitos pais solteiros conseguem superar obstáculos substanciais e dar a seus filhos o apoio e a supervisão que eles necessitam.

CIÊNCIA DO DESENVOLVIMENTO NO MUNDO REAL

Quando o divórcio é inevitável

Adriana e Martin decidiram terminar seu casamento, mas estão preocupados sobre como o divórcio poderia afetar seus dois filhos. Como a maioria dos pais, eles sabem que o divórcio pode ser traumático para crianças e querem fazer o possível para minimizar esses efeitos. Eles foram a um terapeuta de família para descobrir a melhor forma de conseguir isso. Após determinar que o casal estava seguro de que suas diferenças não podiam ser reconciliadas e que não havia alternativa para o divórcio, o terapeuta os advertiu de que eles não seriam capazes de eliminar todos os efeitos disruptivos de curto prazo desse acontecimento em seus filhos. Entretanto, o profissional sugeriu algumas coisas específicas que Adriana e Martin poderiam fazer para suavizar ou reduzir os efeitos:

- *Tentar manter mínimo o número de mudanças com que a criança terá de lidar.* Se possível, manter a criança na mesma escola ou na mesma creche e na mesma casa ou apartamento (Austin, 2008).
- *Se os filhos são adolescentes, considerar que cada um viva com o pai do mesmo sexo.* Os dados não são totalmente consistentes, mas parece que este pode ser um arranjo menos estressante (Lee et al., 1994).
- *O pai que tem a custódia deve ajudar os filhos a manter contato com o outro pai.* Igualmente, o pai que não tem a custódia deve manter o máximo de contato possível com os filhos, telefonando e vendo-os regularmente, comparecendo a eventos escolares, etc. (Cashmore, Parkinson e Taylor, 2008).
- *Manter o conflito em um nível mínimo.* Acima de tudo, tentar não brigar na frente dos filhos. O conflito aberto tem efeitos negativos sobre as crianças, sejam os pais divorciados ou não (Sandler, Miles, Cookston e Braver, 2008). Portanto, o divórcio não é o único culpado – divórcio combinado com conflito aberto entre os adultos tem efeitos piores.
- *Os pais não devem usar os filhos como intermediários ou falar depreciativamente sobre seus ex-cônjuges para eles.* Crianças que se sentem presas no meio dos dois pais têm maior probabilidade de apresentar vários tipos de sintomas negativos, como depressão ou problemas de comportamento (Buchanan, Maccoby e Dornbusch, 1991).
- *Crianças mais velhas devem ser incluídas no processo de tomada de decisão.* Quando as crianças participam da decisão de onde e com quem elas vão morar, com que frequência verão o outro pai, etc., as famílias experimentam menos conflito pós-divórcio e os acordos tendem a ser mais estáveis do que quando a opinião das crianças não é ouvida (Cashmore e Parkinson, 2008; McIntosh, Wells, Smyth e Long, 2008).

Em meio à convulsão emocional que acompanha o divórcio, esses não são conselhos fáceis de seguir. Entretanto, se os pais que estão se divorciando forem capazes de segui-los, seus filhos provavelmente sofrerão menos.

Questões para reflexão
1. Que estratégias específicas Adriana e Martin podem usar para reduzir o conflito?
2. Se você estivesse nessa situação, onde buscaria apoio emocional e moral?

Objetivo da aprendizagem 13.11
Como os padrões de emprego dos pais afetam as crianças?

Empregos dos pais

A pesquisa existente sobre os efeitos do trabalho dos pais sobre as crianças contém uma sutileza peculiar. Quase toda a pesquisa sobre emprego das mães compara mães que trabalham com as que não trabalham, enquanto quase todos os estudos sobre o impacto do trabalho dos pais se focam em pais que perderam seus empregos. Poucas pesquisas estudaram mães que perderam seus empregos ou compararam pais que ficam em casa com pais empregados. Dada a história cultural da maioria das sociedades industrializadas ocidentais, esse padrão de pesquisa faz sentido, embora ele certamente deixe algumas brechas significativas no conhecimento dos desenvolvimentalistas. Felizmente, estão começando a surgir novos estudos que fazem um tipo de pergunta muito diferente: Qual é o impacto da qualidade da experiência profissional dos pais sobre a vida familiar?

Emprego das mães Em que aspectos a vida das crianças cujas mães trabalham fora de casa é diferente comparada com a vida de crianças cujas mães ficam em casa? De que maneira sistemática esses dois grupos de crianças diferem? Essas perguntas não são inteiramente separáveis de todas as questões sobre cuidado dos filhos a respeito das quais você lerá no Capítulo 14, uma vez que é precisamente porque a mãe está trabalhando que a maioria das crianças está em locais de cuidados alternativos. Mas a questão também é relevante para famílias com crianças em idade escolar, nas quais o impacto do emprego da mãe não é tão confundido com os efeitos dos cuidados alternativos.

A maior parte da pesquisa sobre o impacto do emprego das mães aponta um efeito neutro ou ligeiramente positivo para a maioria das crianças (Parke e Buriel, 1998; Scott, 2004). Meninas cujas mães trabalham são mais independentes e admiram suas mães mais do que meninas cujas mães não trabalham. E tanto meninos quanto meninas cujas mães trabalham têm conceitos de

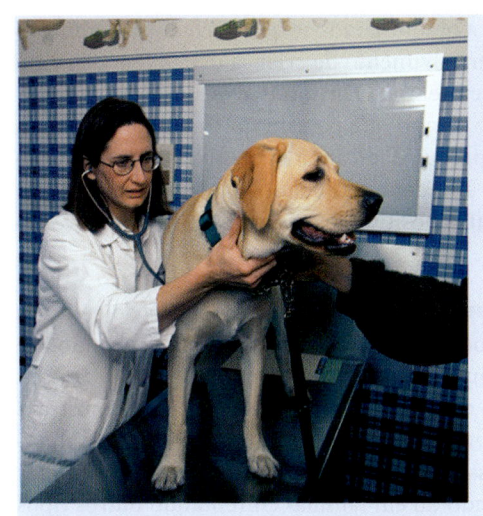

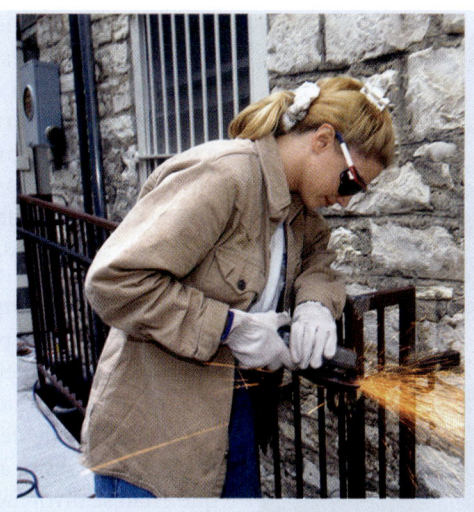

Nos Estados Unidos de hoje, quase dois terços das mulheres com filhos com menos de 6 anos e três quartos das mulheres com filhos em idade escolar ou adolescentes trabalham ao menos meio período (NICHD Early Child Care Research Network, 2003). Em geral, os efeitos parecem ser neutros ou benéficos para as crianças.

papel sexual mais igualitários. Os efeitos do emprego das mães sobre o desempenho acadêmico dos filhos são menos claros. Muitos estudos não mostram diferenças de gênero (Gottfried, Bathurst e Gottfried, 1994).

Curiosamente, alguns estudos sugerem que o emprego materno no primeiro ano de vida tem efeitos negativos sobre crianças brancas, mas efeitos positivos sobre crianças afro-americanas. Em um estudo longitudinal, os pesquisadores examinaram o desenvolvimento cognitivo e social em crianças de 3 a 4 anos de ambas as etnias cujas mães tinham trabalhado entre o nascimento e o primeiro aniversário das crianças (Brooks-gunn, Han e Waldfogel, 2002; Han, Waldfogel e Brooks-Gunn, 2001). Eles verificaram que as crianças brancas exibiam efeitos negativos em ambos os domínios. Além disso, quando as crianças foram testadas novamente entre 7 e 8 anos, as brancas continuaram a exibir desenvolvimento menos avançado do que pares cujas mães não tinham trabalhado durante o primeiro ano após o nascimento. Em comparação, crianças afro-americanas cujas mães tinham trabalhado durante o primeiro ano de suas vidas não diferiam de seus pares cujas mães não tinham trabalhado.

Um grande estudo (Muller, 1995), envolvendo uma amostra nacionalmente representativa de 24.599 estudantes da 8ª série, sugeriu que esses efeitos podem continuar até o início da adolescência. Os participantes desse estudo apresentaram um efeito negativo muito pequeno do emprego da mãe sobre suas notas de matemática e escores de teste. Entretanto, essa diferença parecia resultar mais do fato de que mães que trabalham são menos envolvidas com a escola do filho e têm menor probabilidade de supervisionar a lição de casa durante as horas após a escola, do que de um déficit de longa duração ocasionado por emprego materno nos primeiros anos de vida. Portanto, mães que trabalham e que encontram formas de fornecer essa supervisão e que permanecem envolvidas com a escola têm filhos tão competentes quanto os de mães que são donas-de-casa.

Esses achados salientam o fato de que não é o emprego da mãe *per se* que produz os vários efeitos ligados a emprego materno. Antes, o emprego da mãe causa mudanças nas rotinas diárias e nos padrões de interação, simplesmente porque ela não está em casa por muitas horas. Os pais em famílias de dois salários passam um pouco mais de tempo cuidando dos filhos e realizando tarefas domésticas do que pais com esposas donas-de-casa, embora ainda seja verdade que mães que trabalham fazem duas vezes mais essa tarefa do que os pais (Blair e Johnson, 1992; Parke e Buriel, 1998). Essa mudança na divisão de tarefas pode então ter um efeito sobre a qualidade das interações dos pais com os filhos, bem como alterar o modelo de papel que cada pai fornece. Por fim, naturalmente, quando a mãe trabalha, ela tem menos tempo disponível para interações pessoais com os filhos, incluindo supervisão de sua lição de casa. Talvez, então,

As condições de trabalho dos pais representam uma das formas mais importantes nas quais instituições fora de casa influenciam as famílias e, como resultado, influenciam o desenvolvimento de cada criança. Portanto, quando os trabalhadores conseguem melhorar as condições sob as quais trabalham, seus esforços podem produzir benefícios de longo prazo para toda a sociedade, bem como benefícios imediatos para eles próprios e suas famílias.

não seja surpresa que a pesquisa mostre que os efeitos do emprego materno sobre o desenvolvimento da criança dependem de como as mães distribuem seu tempo (Huston e Aronson, 2005). Aquelas que compensam o tempo que passam no trabalho reduzindo a quantidade de tempo que dedicam a outras atividades que não envolvem seus filhos aumentam as chances de que sua condição de trabalho tenha efeitos positivos ou neutros sobre o desenvolvimento de seus filhos.

Emprego e desemprego dos pais As evidências de pesquisa revelam o que você poderia supor intuitivamente, que quando um homem perde seu emprego, isso acarreta enorme tensão em seu casamento; o conflito conjugal aumenta e ambos os pais mostram mais sintomas de depressão. Os efeitos resultantes sobre as dinâmicas familiares se assemelham muito àqueles vistos em famílias que estão se divorciando ou em famílias enfrentando outros tipos de estresse. Ambos os pais se tornam menos consistentes em seu comportamento em relação aos filhos, menos afetivos e menos efetivos em monitorá-los (Conger, Patterson e Ge, 1995). As crianças respondem a essa deterioração no comportamento de seus pais como fazem durante um divórcio, exibindo uma variedade de sintomas, às vezes incluindo depressão, agressividade ou delinquência. Frequentemente seu desempenho escolar declina (Conger, Ge, Elder, Lorenz e Simons, 1994; Conger et al., 1992; Flanagan e Eccles, 1993). A probabilidade de maus tratos, incluindo negligência e abuso, também aumenta um pouco durante períodos de desemprego paterno (Berger, 2004). Felizmente, esses efeitos negativos em geral desaparecem quando o pai encontra novamente um emprego. Mas a sequência ilustra primorosamente como um evento fora da família pode afetar a criança pelo seu impacto sobre o comportamento dos pais em relação um ao outro e em relação à criança.

Objetivo da aprendizagem 13.12
Qual é a importância do apoio social para o sistema familiar?

Apoio social para os pais

Um segundo aspecto da vida dos pais que afeta o sistema familiar e a qualidade de sua rede de relacionamentos é sua satisfação com o apoio social que recebe dessa rede. A questão geral é razoavelmente evidente por si só: pais que têm acesso a apoio emocional e físico adequado – um do outro ou de amigos e da família – são capazes de responder a seus filhos com mais afeto, com mais consistência e com melhor controle (Crnic, Greenberg, Ragozin, Robinson e Basham, 1983; Parke e Buriel, 1998; Taylor, Casten e Flickinger, 1993). Crianças cujos pais têm acesso a mais assistência de amigos completam mais anos de escola do que crianças cujos pais têm menos apoio desse tipo (Hofferth, Boisjoly e Duncan, 1995). O efeito do apoio social sobre os pais é particularmente evidente quando eles estão passando por estresse de algum tipo, tal como perda do emprego, pobreza crônica, gravidez na adolescência, um filho de temperamento difícil ou um bebê com uma incapacidade, divórcio ou mesmo apenas fadiga.

Você pode lembrar que o Capítulo 9 mencionou um estudo de Susan Crockenberg (1981) que ilustra a questão primorosamente. Ela verificou que bebês temperamentalmente irritáveis tinham maior probabilidade de terminar com um apego inseguro a suas mães apenas quando ela não possuísse uma rede social adequada. Quando a mãe sentia que tinha apoio suficiente, crianças irritáveis ficavam mais tarde seguramente apegadas. Há muitos outros exemplos desse "efeito amortecedor" do apoio social:

- Mães novas que não têm apoio social e emocional têm maior probabilidade de sofrer de depressão pós-puerperal do que aquelas com apoio adequado (Cutrona e Troutman, 1986).

- Pais divorciados que têm ajuda e apoio emocional de amigos ou membros da família são muito mais capazes de manter um ambiente estável e afetivo para seus filhos do que aqueles que sofrem com o divórcio em isolamento (Hetherington, 1989).
- Entre mães solteiras afro-americanas, aquelas que têm ajuda e apoio emocional suficientes dos parentes apresentam um estilo de paternagem mais democrático do que mães solteiras que não têm essa ajuda (Taylor et al., 1993).

Via de regra, o apoio social parece permitir que os pais mobilizem as melhores habilidades de paternagem que têm em seu repertório. Naturalmente, nem toda a "ajuda" da família e dos amigos parece apoio. (Você provavelmente recebeu conselho indesejado de seus pais, sogros ou amigos.) O segredo não é a quantidade de contato ou conselho recebido, mas, antes, a satisfação do pai com o nível e a qualidade do apoio que está recebendo. A moral parece ser que em momentos de maior dificuldade ou estresse é que você mais necessita do apoio emocional e físico dos outros. Contudo, se você esperar até esse momento difícil para olhar em volta e ver quem está lá para ajudar, pode não encontrar o que precisa. As redes sociais devem ser desenvolvidas e alimentadas com o passar do tempo. Mas elas certamente parecem pagar dividendos para os pais e, portanto, para as crianças.

Pensamento crítico

- Que outras variáveis poderiam explicar os relacionamentos entre estilo de paternagem, etnia, condição socioeconômica e consequências para o desenvolvimento?
- Dadas as informações que adquiriu neste capítulo, como você responderia a alguém que lhe perguntasse se é pior para um casal infeliz se divorciar ou permanecer junto ainda que eles briguem o tempo todo?

Conduza sua própria pesquisa

É provável que uma proporção significativa de seus amigos e colegas já tenham passado por um divórcio dos pais. Recrute alguns deles para participar de um estudo de memórias de adultos jovens em relação ao divórcio dos pais. Peça que os voluntários lhe digam que idade tinham quando seus pais se divorciaram. Então oriente que cada um escreva um breve resumo de como o divórcio os afetou imediatamente e a longo prazo. Classifique os resumos por idade para determinar se as experiências dos voluntários variaram de acordo com a idade na qual eles enfrentaram o divórcio dos pais.

Resumo

ENTENDENDO O SISTEMA FAMILIAR

13.1 Como a teoria dos sistemas familiares explica as interações?

- A teoria dos sistemas familiares propõe que a família é uma rede integrada de fatores que atuam juntos para influenciar o desenvolvimento de uma criança. A mudança em um aspecto da família muda todos os outros. A influência do sistema como um todo sobre o desenvolvimento é maior do que a soma dos fatores individuais que compõem a família.

13.2 Como os vários sistemas no modelo de Bronfenbrenner interagem para influenciar o desenvolvimento das crianças?

- Bronfenbrenner concebe o sistema bioecológico da criança como sendo composto de três camadas: microssistemas, tal como a família ou a escola, na qual a criança está diretamente envolvida; exossistemas, tais como empregos dos pais, que afetam a criança indiretamente por influenciar algum aspecto de um microssistema; e o macrossistema, incluindo a subcultura étnica e a sociedade ou cultura mais ampla dentro da qual a família existe.

DIMENSÕES DA INTERAÇÃO FAMILIAR

13.3 Quais são as características individuais de crianças e pais que contribuem para as interações familiares?

- O sistema familiar é afetado pelo temperamento de uma criança, pela ordem de nascimento, pela idade e pelo gênero. As características parentais que afetam o sistema familiar incluem depressão de um pai, o modelo funcional de apego e a qualidade do relacionamento dos pais.

13.4 Como o afeto e a responsividade parental influenciam os relacionamentos entre pai e filho?

- Crianças em famílias que fornecem altos níveis de calor emocional e afeto têm apego mais seguro e melhores relacionamentos com seus pares do que crianças em famílias que são mais frias e rejeitadoras. Pais que são responsivos às necessidades dos filhos também afetam positivamente o desenvolvimento das crianças.

13.5 Como os métodos de controle e comunicação dos pais afetam o desenvolvimento?

- Pais que têm regras e padrões claros e aplicam essas regras e expectativas consistentemente têm filhos com autoestima mais alta e a maior competência através de uma ampla variedade de situações. A comunicação aberta no sistema familiar está associada a maturidade social nas crianças.

ESTILOS DE PATERNAGEM

13.6 Quais são os quatro estilos de paternagem propostos por Maccoby e Martin?

- Os quatro estilos de paternagem sugeridos por diversas teorias são autoritário, democrático, permissivo e negligente. O estilo democrático parece ser geralmente o mais efetivo para produzir crianças confiantes, competentes, independentes e afetuosas. As consequências mais negativas são encontradas com o estilo negligente.

13.7 O que os estudos de Steinberg e Dornbusch revelam sobre estilos de paternagem?

- A pesquisa de Steinberg e Dornbusch sugere que os estilos de paternagem estão relacionados a uma variedade de consequências para o desenvolvimento, incluindo realização acadêmica, funcionamento social, saúde mental e delinquência.

13.8 De que forma os estilos de paternagem diferem entre grupos étnicos e socioeconômicos?

- A pesquisa revelou diferenças étnicas nas formas como o estilo de paternagem afeta as crianças. Em particular, crianças asiático-americanas geralmente vão muito bem na escola apesar das baixas taxas de paternagem democrática, que pode indicar que a classificação de estilos familiares é específica da cultura.

ESTRUTURA FAMILIAR, DIVÓRCIO E EMPREGO DOS PAIS

13.9 Como a estrutura familiar está relacionada ao desenvolvimento?

- A estrutura da família tem um impacto sobre o funcionamento familiar, que por sua vez afeta o comportamento das crianças. Crianças criadas em famílias monoparentais têm risco mais alto de uma variedade de consequências negativas, incluindo abandono da escola, gravidez adolescente e delinquência. Ter padrasto/madrasta também está associado a riscos aumentados de consequências mais graves para as crianças. As variáveis de interação familiar que predizem consequências para o desenvolvimento funcionam da mesma forma em famílias homossexuais que em outros tipos de famílias.

13.10 Como o divórcio afeta o comportamento das crianças?

- Para a maioria das crianças, o divórcio resulta em um declínio no padrão de vida e uma diminuição na paternagem democrática. Alguns dos efeitos negativos do divórcio podem ser atribuíveis a conflito familiar que ocorreu antes do próprio divórcio.

13.11 Como os padrões de emprego dos pais afetam as crianças?

- A situação de emprego dos pais pode afetar as crianças diretamente por aumentar ou diminuir os recursos econômicos da família, mas também pode afetá-las indiretamente através de sua influência sobre os próprios pais. Por exemplo, o emprego muda a autoimagem da mãe, aumentando seu poder econômico e alterando a distribuição de trabalho. A perda de emprego por um pai desintegra o sistema familiar, aumentado a paternagem autoritária e reduzindo a satisfação conjugal.

13.12 Qual é a importância do apoio social para o sistema familiar?

- Ter apoio físico e emocional adequado de uma rede de amigos e/ou parentes permite que os pais empreguem estratégias efetivas de paternagem. Esse apoio é especialmente crítico para famílias expostas a estressores como perda de emprego, pobreza crônica, gravidez na adolescência, filhos com temperamentos difíceis ou incapacidades e divórcio.

Termos-chave

afeto *versus* hostilidade (p. 366)
estilo autoritário (p. 370)
estilo democrático (p. 370)
estilo negligente (p. 370)
estilo permissivo (p. 370)
estrutura familiar (p. 374)
família extensa (p. 377)
família mista (p. 375)
neurônios espelho (p. 367)
ordem de nascimento (p. 364)
responsividade (p. 367)
teoria dos sistemas familiares (p. 361)

Além da Família: O Impacto da Cultura mais Ampla

14

Objetivos da Aprendizagem

Cuidado não parental

14.1 Por que é difícil estudar os efeitos do cuidado não parental?

14.2 Como o cuidado não parental precoce afeta o desenvolvimento de bebês e crianças pequenas?

14.3 Como o autocuidado afeta o desenvolvimento de crianças em idade escolar?

O impacto das escolas

14.4 Como as várias abordagens à educação da primeira infância diferem e como a pré-escola afeta o desenvolvimento das crianças?

14.5 Que fatores contribuem para a educação escolar efetiva no nível fundamental e como o ensino fundamental influencia o desenvolvimento das crianças?

14.6 Como as metas de realização das crianças mudam durante a transição para o ensino médio?

14.7 O que os pesquisadores constataram sobre estudantes não envolvidos e envolvidos?

14.8 Por que alguns pais escolhem o ensino em casa para seus filhos?

O impacto da mídia de entretenimento

14.9 Quais são os efeitos da televisão e dos *videogames* no desenvolvimento das crianças?

14.10 Quais são os papéis de computadores e de multitarefas eletrônicas no desenvolvimento das crianças?

Efeitos do macrossistema: o impacto da cultura mais ampla

14.11 Quais são os efeitos da pobreza nas crianças e nas famílias?

14.12 Em que aspectos os valores de afro-americanos, hispano-americanos e asiático-americanos diferem?

14.13 De que forma a cultura como um todo afeta o desenvolvimento das crianças?

Você sabe que evento significativo ocorreu em 10 de novembro de 1969? Eis uma dica. Ele pareceu relativamente insignificante na época, mas influenciou as vidas de milhões de crianças e continua a fazê-lo hoje. De fato, há uma boa chance de ele ter influenciado sua própria rotina diária quando você era um pré-escolar.

Dez de novembro de 1969, foi a data em que *Vila Sésamo* fez sua estreia (Palmer, 2003). Quando o programa entrou no ar, foi um sucesso instantâneo. Inacreditavelmente, ao final de seu primeiro ano, metade das 12 milhões de crianças nos Estados Unidos estavam assistindo *Vila Sésamo* todos os dias. Contudo, os críticos salientavam que a popularidade do programa não dava indicações de se ele estava alcançando seus objetivos educativos. Em resposta, os psicólogos começaram a estudar os efeitos do programa sobre seus pequenos espectadores. Até agora, muitos desses estudos foram realizados, e há pouca dúvida de que *Vila Sésamo* teve um impacto positivo sobre o desenvolvimento das crianças nos domínios cognitivo e socioemocional (Wright et al., 2001). Além disso, os criadores de *Vila Sésamo* demonstraram que a pesquisa psicológica pode servir como uma base sólida sobre a qual construir a mídia de entretenimento para crianças que seja tanto efetiva quanto comercialmente bem-sucedida.

Dados esses achados positivos, você poderia ficar surpreso ao saber que *Vila Sésamo* foi criticado por alguns desenvolvimentalistas, incluindo o falecido Urie Bronfenbrenner, sobre cujo modelo de desenvolvimento bioecológico você tomou conhecimento no Capítulo 13. Embora eles reconhecessem o valor do programa para o desenvolvimento cognitivo das crianças, Bronfenbrenner e outros criticavam a incoerência entre o ambiente urbano no qual as personagens vivas e os *muppets* interagiam no programa e as características – pobreza, crime, falta de oportunidades educacionais e profissionais – dos bairros urbanos do mundo real (Morrow, 2005). Entretanto, a crítica maior e mais geral que Bronfenbrenner (1967) expressava sobre a televisão era sua capacidade de diminuir a importância da família. Em outras palavras, mais tempo com televisão significa menos tempo com a mãe, o pai, os irmãos, os avós, etc. Para Bronfenbrenner, a ameaça ou a promessa de qualquer fator fora do ambiente imediato da criança depende de como ele afeta o sistema familiar. Portanto, à medida que você lê sobre os efeitos do cuidado não parental, da educação escolar, da condição socioeconômica e da cultura tenha em mente que esses fatores afetam as crianças tanto direta quanto indiretamente através de seu impacto sobre o próprio sistema familiar.

Cuidado não parental

Em 1970, apenas 18% das mulheres casadas, com filhos menores de 6 anos, estavam na força de trabalho dos EUA; em 2005, 60% das mães nesse grupo estavam empregadas (Federal Interagency Forum on Child and Family Statistics, 2008). Mais da metade das mulheres com filhos menores de 1 ano – incluindo mais da metade das mulheres vivendo com um marido – agora trabalha fora de casa ao menos meio período (Han, Ruhm, Waldfogel e Washbrook, 2008).

Agora é típico que bebês, bem como crianças em idade escolar, passem uma quantidade significativa de tempo sendo cuidados por alguém que não é um dos pais.

Objetivo da aprendizagem 14.1
Por que é difícil estudar os efeitos do cuidado não parental?

Dificuldades no estudo do cuidado não parental

Poderia parecer que o efeito sobre o desenvolvimento do cuidado não parental seria facilmente determinado pela comparação de crianças que recebem cuidado não parental àquelas que são cuidadas inteiramente por seus pais. Entretanto, "cuidado não parental" e "cuidado parental" estão entre aquelas variáveis que são na verdade interações complexas entre inúmeras variáveis mais do que fatores isolados cujos efeitos podem ser estudados independentemente. Portanto, a interpretação da pesquisa sobre cuidado não parental tem de levar em consideração inúmeras questões.

Primeiro, uma enorme variedade de diferentes arranjos de cuidado são todos agrupados na categoria geral de "cuidado não parental" (ver Figura 14.1). Crianças cuidadas por avós em suas próprias casas, bem como aquelas que frequentam creches, recebem ambas cuidado não parental. Além disso, esses arranjos de cuidado começam em diferentes idades para diferentes crianças e duram por tempos variados. Algumas crianças têm o mesmo cuidador não parental durante muitos anos; outras mudam frequentemente de um ambiente de cuidado para outro. Ademais, o cuidado não parental varia amplamente em qualidade. A diferenciação entre os

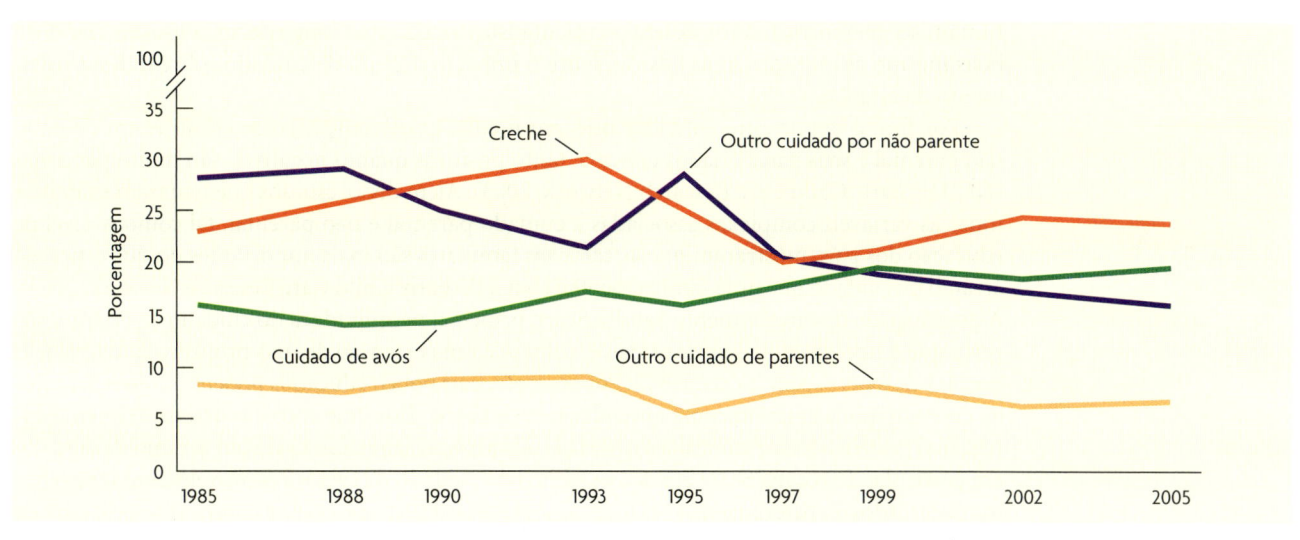

Figura 14.1 Arranjos de cuidado não parental para crianças abaixo de 4 anos nos Estados Unidos

Para crianças com menos de 4 anos cujas mães trabalham fora, múltiplos arranjos de cuidado não parental têm sido a norma nas duas últimas décadas. Muitas crianças são cuidadas em mais de um tipo de ambiente.

(*Fonte*: FIFCFS, 2008.)

vários tipos de arranjos de cuidado, todavia, não transmite a enorme variedade de soluções às quais os pais chegam na busca de cuidado alternativo para seus filhos (Clarke-Stewart, Gruber e Fitzgerald, 1994).

Não apenas há uma variedade de arranjos de cuidados entre as famílias, como também é comum que as crianças experimentem mais de um tipo de arranjo. Por exemplo, uma criança pode frequentar uma creche dois dias por semana e ser cuidada por um parente nos outros. Um terço das crianças de 1 ano na grande amostra nacional estudada pelo National Institute of Child Health and Development (NICHD Early Child Care Research Network, 1997) tinha experimentado pelo menos três diferentes arranjos de cuidado não parental; mais da metade tinha sido colocada em duas situações diferentes.

Os arranjos de cuidado da criança também variam em função da etnia (U.S. Census Bureau, 2001). Crianças hispano-americanas têm metade da probabilidade de frequentar creches que crianças afro-americanas e brancas. Entre crianças que não frequentam uma creche, as afro-americanas e as hispano-americanas têm maior probabilidade de serem cuidadas por parentes do que por não parentes; o oposto é verdadeiro para crianças brancas.

Famílias que colocam seus filhos em cuidado não parental também são diferentes em muitos aspectos daquelas que cuidam de seus filhos principalmente em casa. Como os pesquisadores podem ter certeza de que os efeitos atribuídos ao cuidado não parental não são, em vez disso, resultado dessas outras diferenças familiares? As mães também diferem em suas atitudes em relação aos arranjos de cuidado que fizeram. Algumas prefeririam estar em casa tomando conta de seus filhos; outras estão felizes de estar trabalhando. O inverso também é verdadeiro: algumas mães que estão em casa em tempo integral prefeririam estar trabalhando; outras têm prazer de ficar em casa.

A maioria das pesquisas às quais os desenvolvimentalistas têm de recorrer não leva em consideração essas complexidades. Os pesquisadores frequentemente compararam crianças "em creches" com aquelas "criadas em casa" e presumiram que quaisquer diferenças entre os dois grupos eram atribuíveis à experiência do cuidado. Estudos recentes cos-

O número de bebês que frequentam creches nos Estados Unidos está aumentando.

tumam ser melhores, mas os desenvolvimentalistas ainda estão longe de ter respostas claras ou boas mesmo às questões mais básicas sobre o impacto do tipo de cuidado sobre o desenvolvimento da criança.

Por fim, é importante entender que, em média, as diferenças entre crianças em cuidado não parental e seus pares criados em casa, tanto positivas quanto negativas, são muito pequenas (NCIHD Early Child Care Research Network, 2003). Além disso, estudos que tentaram examinar todas as variáveis complexas associadas a cuidado parental e não parental, tal como o nível de educação dos pais, mostraram que as variáveis familiares são mais importantes do que o tipo de arranjo de cuidado que uma família escolhe (NICHD Early Child Care Research Network, 2003). A psicóloga do desenvolvimento Sandra Scarr, principal pesquisadora do cuidado da criança, sugeriu que o tipo de cuidado que os pais escolhem é uma extensão de suas próprias características e estilos de paternagem (Scarr, 1997). Por exemplo, pais pouco educados podem escolher arranjos de cuidado que não enfatizam a aprendizagem do bebê. Pais cujo foco é o desenvolvimento intelectual podem não dar uma alta prioridade aos aspectos emocionais de um arranjo de cuidado em particular. Portanto, Scarr afirma, os efeitos do cuidado da criança provavelmente serão efeitos disfarçados da paternagem.

> **Objetivo da aprendizagem 14.2**
> Como o cuidado não parental precoce afeta o desenvolvimento de bebês e crianças pequenas?

Efeitos do cuidado não parental precoce no desenvolvimento

Apesar das dificuldades envolvidas no estudo do cuidado não parental, os pesquisadores têm fornecido aos desenvolvimentalistas e aos pais ao menos alguma informação sobre como o cuidado não parental afeta o desenvolvimento das crianças. Estudos têm examinado inúmeros resultados importantes. O apego, por exemplo, tem sido foco de inúmeros estudos. Os cientistas do desenvolvimento também têm examinado os efeitos do cuidado não parental sobre o funcionamento cognitivo e social das crianças.

Apego Uma questão vital é se um bebê ou uma criança pequena pode desenvolver um apego seguro a seus pais se ela for repetidamente separada deles (Bowlby, 2007). Os pesquisadores sabem que a maioria dos bebês desenvolve apegos seguros aos pais que saem para trabalhar todos os dias, portanto, é evidente que separações regulares não impedem o apego seguro. Contudo, a pesquisa anterior causou tanta preocupação, que o psicólogo Jay Belsky, em uma série de ensaios e em testemunho perante um comitê do congresso, soou um alarme (Belsky, 1985, 1992; Belsky e Rovine, 1988). Combinando dados de diversos estudos, ele concluiu que havia um risco ligeiramente aumentado de apego inseguro entre bebês que entravam na creche antes do primeiro aniversário, comparado àqueles cuidados em casa durante todo o primeiro ano. Análises subsequentes apoiaram a conclusão de Belsky (Lamb, Sternberg e Prodromidis, 1992).

Para buscar respostas às questões levantadas pela pesquisa de Belsky, 25 pesquisadores em 14 universidades se reuniram em 1991 para projetar e realizar um estudo muito grande que tratasse de todas essas questões (NICHD Early Child Care Research Network, 2006). Eles inscreveram mais de 1.300 bebês e suas famílias no estudo, incluindo famílias afro-americanas e hispano-americanas, mães com pouca educação, bem como aquelas com diplomas universitários, e tanto mães solteiras quanto famílias de dois pais.

Os resultados do estudo são surpreendentemente claros: a creche, em si, não está relacionada à segurança do apego da criança. Apenas entre bebês cujas mães são relativamente insensíveis a suas necessidades em casa é que a creche ou outro cuidado não parental tem alguns efeitos negativos. Para essas crianças, o cuidado de baixa qualidade está ligado a apego menos seguro. Apenas os bebês que experimentam uma combinação de duas condições insatisfatórias – uma mãe insensível e cuidado deficiente – têm um risco mais alto de apego inseguro. Bebês com mães insensíveis cujo cuidado não parental é de boa qualidade têm tanta probabilidade de serem seguramente apegados quanto outra criança.

Desenvolvimento cognitivo Em um grande estudo pelo NICHD Early Child Care Research Network (2006), os pesquisadores encontraram um efeito positivo pequeno, mas significativo, do cuidado de alta qualidade sobre as habilidades cognitivas e de linguagem globais das crianças.

Outra pesquisa sugere que esse efeito positivo é maior entre bebês e crianças de famílias pobres, que mostram ganhos significativos e duradouros nos escores de QI e no desempenho escolar posterior após frequentar creches altamente enriquecidas durante toda a infância – pesquisa que você lembrará do Capítulo 7 (Loeb, Fuller, Kagan e Carrol, 2004).

Mesmo crianças da classe média às vezes mostram benefícios cognitivos quando estão em creches boas (Peisner-Feinberg, 1995). Por exemplo, Alison Clarke-Stewart verificou que, independentemente da situação econômica dos pais da criança, quanto mais enriquecida for a experiência diária da criança, maior o desempenho cognitivo futuro (Clarke-Stewart et al., 1994). Crianças que tiveram experiências de leitura, conversas e ensino explícito mostraram maiores ganhos cognitivos do que crianças que passaram seus dias em ambientes menos estimulantes – e isso era verdadeiro se as crianças fossem cuidadas inteiramente em casa ou em algum outro ambiente de cuidado. Diversos estudos longitudinais na Suécia confirmam esse efeito positivo do cuidado de alta qualidade (Andersson, 1992; Broberg, Wessels, Lamb e Hwang, 1997).

Personalidade Quando os pesquisadores examinam o impacto do cuidado não parental sobre a personalidade das crianças, eles encontram ainda uma outra história um pouco confusa. Inúmeros investigadores constataram que crianças cuidadas em creches são mais sociáveis e mais populares e têm melhores habilidades de brinquedo com seus pares do que aquelas criadas principalmente em casa. Bengt-Erik Andersson constatou isso em seu estudo longitudinal na Suécia (1989, 1992), assim como pesquisadores nos Estados Unidos (Scarr e Eisenberg, 1993). Entretanto, este não é absolutamente o achado universal. Muitos outros pesquisadores encontraram cuidado não parental ligado a maior agressividade com iguais e menor obediência a professores e pais, tanto durante os anos pré-escolares quanto em idades posteriores (NICHD Early Child Care Research Network, 2004; Nomaguchi, 2006).

Por exemplo, em um grande estudo bem planejado, John Bates e colaboradores (1994) verificaram que crianças de jardim de infância que tinham passado mais tempo em creches – quando bebês, quando pequenos e durante os anos pré-escolares – eram mais agressivas e menos populares com seus pares na idade escolar do que crianças que tinham sido criadas inteiramente em casa ou que tinham passado menos anos na creche. Bates não constatou que aquelas que entraram na creche quando bebês eram piores; a variável crítica era a duração de tempo total no cuidado não parental, não o momento daquele cuidado. Esses efeitos negativos eram razoavelmente pequenos. O nível de agressividade de uma criança no ensino fundamental é influenciado por uma ampla variedade de coisas, incluindo temperamento e a efetividade das técnicas disciplinares dos pais (Degnan, Henderson, Fox e Rubin, 2008). Contudo, o fato de que o cuidado não parental está envolvido nessa equação certamente é uma bandeira de advertência.

Confuso, não? Por algumas medidas, as crianças de creche parecem ser mais socialmente competentes do que crianças criadas em casa; por outras medidas, elas parecem ser menos. Uma possível forma de resolver essa discrepância é examinar novamente a qualidade relativa do cuidado em casa ou na creche. Consistente com esse argumento é o achado de Tiffany Field (1991) de que os efeitos benéficos da experiência de creche sobre a competência social da criança se aplicam apenas ao cuidado de boa qualidade. Similarmente, Alison Clarke-Stewart, em um estudo comparando vários tipos de cuidado não parental com cuidado em casa (Clarke-Stewart et al., 1994), verificou que o que é crítico para o nível de agressividade da criança é se a criança passa as horas do dia em uma situação organizada, bem estruturada ou em uma situação desorganizada, não estimulante – e que não importa se o ambiente não estruturado e desorganizado é em casa ou na creche. Se esse argumento se aplicar, então não é a creche *per se* o problema, mas as experiências diárias reais da criança. Contudo, ainda que essa seja a melhor explicação dos efeitos negativos observados, dificilmente ela é motivo de alegria. As crianças no estudo de Bates, por exemplo, estavam em tipos comuns, cotidianos de situações de cuidados. Se tal cuidado medíocre for de qualidade suficientemente pobre que tenha efeitos negativos mesmo pequenos sobre o comportamento futuro das crianças, os pais e os desenvolvimentalistas devem ficar preocupados.

E quanto ao cuidado não parental que predispõe bebês a se tornarem crianças agressivas e desobedientes no jardim de infância? Talvez um exame do que Bronfenbrenner chamaria de *contexto biológico* possa fornecer uma resposta. Os pesquisadores verificaram que os níveis do hormônio de estresse *cortisol* aumentam da manhã para a tarde em bebês que frequentam creches (Watamura, Donzella, Alwin e Gunnar, 2003). Em contraste, os níveis de cortisol diminuem no decorrer do dia em bebês cuidados em casa. Curiosamente, os níveis de cortisol de bebês cuidados em casa e cuidados em creche são idênticos nos finais de semana e feriados. Portanto, alguns desenvolvimentalistas argumentam que os níveis mais altos de cortisol experimentados por bebês de creche afetam o desenvolvimento de seus cérebros de formas que levam a problemas de comportamento. Entretanto, ainda não há evidência direta apoiando essa hipótese.

Alguns desenvolvimentalistas afirmam que os arranjos de cuidado não parental provavelmente variam no grau com que induzem estresse em bebês e crianças pequenas. Em outras palavras, eles dizem, a qualidade do cuidado pode ser tão importante quanto a quantidade (Maccoby e Lewis, 2003). Por exemplo, alguns pesquisadores verificaram que, quando bebês são cuidados em creches de alta qualidade, a quantidade de tempo que eles passam nessa creche não está relacionada a comportamento social (Love et al., 2003). Portanto, os desenvolvimentalistas advertem os pais, especialmente aqueles que precisam deixar seus bebês em creches por períodos de tempo prolongados, a fazer todo o possível para assegurar que o arranjo que eles escolheram tenha as características discutidas em *Ciência do desenvolvimento no mundo real*.

Outra questão a ter em mente é que foi constatado que diferenças individuais interagem com cuidado não parental. Por exemplo, bebês que são comportamentalmente inibidos, nos termos de Jerome Kagan, podem ser mais sensíveis aos estresses associados com a creche (Watamura et al., 2003). Por essa razão, mais pesquisas que levem em consideração o temperamento são necessárias antes que possamos dizer com certeza que o cuidado não parental tem efeitos uniformemente negativos sobre o desenvolvimento social e de personalidade das crianças (Crockenberg, 2003).

Objetivo da aprendizagem 14.3
Como o autocuidado afeta o desenvolvimento de crianças em idade escolar?

Cuidado antes e após a escola

Quando as crianças chegam à idade escolar, as questões em torno do cuidado não parental mudam em algum grau, tanto para os pais quanto para os pesquisadores. Muitas famílias requerem arranjos de cuidado apenas por breves períodos de tempo antes e após a escola. Os pais da maioria das crianças pequenas que frequentam a escola fornecem esses arranjos, mas quando elas ficam mais velhas, muitas famílias permitem que as crianças supervisionem a si mesmas. Nos Estados Unidos, mais de 7 milhões de crianças ficam em casa sozinhas após a escola por uma hora ou mais nos dias de semana (Crockett, 2003). Elas são frequentemente referidas como *crianças de autocuidado*. Os arranjos de autocuidado diferem tanto de uma criança para outra que é impossível dizer se, como um grupo, crianças que cuidam de si mesmas

---

CIÊNCIA DO DESENVOLVIMENTO NO MUNDO REAL

Escolhendo uma creche

Rey é um pai solteiro que precisa encontrar alguém para cuidar de seu filho de 14 meses enquanto está no trabalho. Até agora, a mãe de Rey estava cuidando do menino, mas ela decidiu voltar a trabalhar. Rey ouviu falar sobre estudos mostrando que uma creche de alta qualidade pode aumentar o desenvolvimento das crianças, mas ele não tem certeza exatamente do que significa o termo "alta qualidade". Aqui estão alguns indicadores que Rey poderia usar para encontrar uma creche de alta qualidade (NICHD Early Child Care Research Network, 2006).

- *Uma proporção baixa professora/criança* Para crianças com menos de 2 anos, a proporção não deve ser maior que 1:4; para crianças de 2 a 3 anos, proporções entre 1:4 e 1:10 parecem ser aceitáveis.

- *Um grupo de tamanho pequeno* Quanto menor o número de crianças cuidadas juntas – seja em uma sala, em uma creche ou em uma casa – melhor. Para bebês, um máximo de 6 a 8 por grupo parece melhor; para crianças de 1 a 2 anos, entre 6 e 12 por grupo; para crianças maiores, grupos de 15 ou 20 parecem ser aceitáveis.

- *Um espaço limpo e colorido, adaptado para brincadeiras* Não é essencial ter montes de brinquedos caros, mas a creche deve oferecer uma variedade de atividades que as crianças considerem envolventes, organizadas de forma a encorajar o brinquedo.

- *Um plano diário* O currículo diário deve incluir alguma estrutura, algum ensino específico e algumas atividades supervisionadas. Entretanto, muita organização não é o ideal.

- *Cuidadores sensíveis* Os adultos na creche devem ser positivos, envolvidos e responsivos às crianças, não meramente guardiões.

- *Cuidadores instruídos* O treinamento em desenvolvimento das crianças ajuda os cuidadores a fornecer um ambiente de cuidados que satisfaça os critérios para boa qualidade.

Questões para reflexão

1. O que você acha que Rey deve fazer para facilitar a transição de seu filho do cuidado de sua mãe para uma creche?
2. Um dos critérios é "cuidadores sensíveis". Que tipos de comportamentos dos cuidadores poderiam ser indicativos desse critério?

diferem das outras. Por exemplo, algumas crianças de autocuidado ficam em casa sozinhas, mas são monitoradas de perto por vizinhos ou parentes, enquanto outras ficam completamente sem supervisão de qualquer tipo (Brandon, 1999). Consequentemente, a categoria global "crianças de autocuidado" não é muito útil na pesquisa. Para compará-las a outras e fazer previsões, os investigadores têm de se focar em variáveis que podem afetar o autocuidado – tal como a taxa de criminalidade do bairro no qual a criança vive. Portanto, os desenvolvimentalistas constataram que os efeitos do autocuidado sobre o desenvolvimento de uma criança dependem da história comportamental, da idade, do gênero (com as meninas sendo menos negativamente afetadas), do tipo de bairro em que a criança vive e como os pais a monitoram durante os períodos de autocuidado (Casper e Smith, 2002; NICHD Early Child Care Research Network, 2004; Posner e Vandell, 1994; Steinberg, 1986).

A pesquisa demonstra consistentemente que crianças de autocuidado são mais insatisfatoriamente ajustadas em termos de relacionamentos com seus pares e desempenho escolar. Elas tendem a ser menos socialmente hábeis e a ter um número maior de problemas de comportamento. Entretanto, algumas dessas diferenças se originam do efeito do autocuidado sobre crianças que já têm dificuldades sociais e comportamentais antes do autocuidado começar. Os investigadores verificaram que crianças que têm esses problemas nos anos pré-escolares, antes de experimentarem qualquer autocuidado, são as mais negativamente afetadas pela experiência (Pettit, Laird, Bates e Dodge, 1997).

Com respeito à idade, a maioria dos desenvolvimentalistas concorda que crianças abaixo da idade de 9 ou 10 anos não deveriam se cuidar sozinhas. De fato, a maioria das cidades e/ou estados nos Estados Unidos tem leis especificando a idade na qual uma criança pode ser legalmente deixada em casa sozinha por longos períodos de tempo. Em algumas áreas, essa idade é na metade da adolescência. Portanto, os pais que estão considerando o autocuidado devem verificar com os serviços locais de proteção à criança para conhecer os regulamentos específicos em sua área.

De um ponto de vista do desenvolvimento, crianças com menos de 9 anos não têm as capacidades cognitivas necessárias para avaliar riscos e lidar com emergências. Crianças que iniciam o autocuidado nos primeiros anos do ensino fundamental são vulneráveis a crianças mais velhas de seu bairro que também ficam sozinhas e que podem machucá-las ou mesmo abusar sexualmente delas e têm maior probabilidade de apresentarem dificuldades de ajustamento na escola (Pettit et al., 1997). Programas pós-escola de alta qualidade podem ajudar essas crianças a alcançar um nível mais alto de realizações (Peterson, Ewigman e Kivlahan, 1993; Zigler e Finn-Stevenson, 1993).

Crianças com mais de 9 anos podem ser cognitivamente capazes de cuidar de si próprias, mas elas também se beneficiam da participação em programas pós-escola bem supervisionados. Mesmo a participação de meio período em atividades supervisionadas após a escola parece fazer uma diferença no ajustamento de crianças de autocuidado (Pettit et al., 1997). Bons programas dão oportunidades às crianças de brincar, fazer o dever de casa e obter ajuda de adultos (Posner e Vandell, 1994).

O autocuidado tem os efeitos mais negativos para crianças em bairros de baixa renda com altas taxas de criminalidade (Marshall et al., 1997). Crianças de autocuidado nessas áreas podem usar o tempo após a escola para se juntar com pares socialmente desviantes que estão envolvidos em atividade criminosa ou que têm atitudes negativas sobre a escola. Previsivelmente, então, os efeitos positivos de programas pós-escola organizados sobre a realização acadêmica são maiores para crianças em bairros de baixa renda (Mason e Chuang, 2001; Posner e Vandell, 1994).

Quando tudo é levado em consideração, o fator mais importante no autocuidado parece ser a monitoração parental. Muitos pais, particularmente mães solteiras, recrutam a ajuda de vizinhos e parentes para vigiar seus filhos que estão em casa sozinhos (Brandon e Hofferth, 2003). Muitos pedem que os filhos liguem para eles no trabalho quando chegam em casa da escola para falar sobre o dia escolar e obter instruções sobre dever de casa e tarefas domésticas. Por exemplo, uma mãe que trabalha fora poderia dizer a uma criança de 5ª série "Quando eu chegar em casa às 5 horas, você deve ter terminado sua lição de matemática e de gramática. Não comece seu projeto de história até eu chegar em casa e puder ajudá-lo com ele. Assim que você terminar suas lições de matemática e de gramática, comece a lavar a louça". A pesquisa sugere que crianças cujos períodos de autocuidado são monitorados dessa forma têm menor probabilidade de experimentar os possíveis efeitos negativos (Galambos e Maggs, 1991).

O impacto das escolas

A escola é outro microssistema de importância vital experimentado por virtualmente todas as crianças na maioria das culturas. A escola normalmente começa entre as idades de 5 e 7 anos e, em países industrializados, ela continua até os 16 anos ou mais. Durante esses dez ou mais anos, a criança aprende um número enorme de fatos e desenvolve formas novas e muito mais complexas de pensamento. Que papéis a educação escolar desempenha nesse conjunto de mudanças significativas e em outras mudanças na esfera social?

Objetivo da aprendizagem 14.4
Como as várias abordagens à educação da primeira infância diferem e como a pré-escola afeta o desenvolvimento das crianças?

Educação da primeira infância

O termo **educação da primeira infância** se aplica a programas que fornecem o ensino a crianças entre o nascimento e os 8 anos. Há muitos modelos teóricos no campo da educação da primeira infância. Em geral, esses modelos se enquadram em duas amplas categorias: *abordagens do desenvolvimento* e *abordagens acadêmicas*.

Abordagens do desenvolvimento O objetivo das **abordagens do desenvolvimento** é apoiar as crianças através do curso natural de desenvolvimento físico, cognitivo e socioemocional. Exemplos de abordagens do desenvolvimento com as quais você pode estar familiarizado são a abordagem *Waldorf*, o modelo *Reggio Emilia* e o método *Montessori*. Todas essas abordagens dão mais ênfase ao curso natural de desenvolvimento da criança do que ao ensino de habilidades específicas como identificação de letras. Como resultado, crianças que frequentam pré-escolas que adotam essas abordagens passam uma grande quantidade de tempo explorando e experimentando materiais educativos.

Embora haja milhares de escolas "Montessori" nos Estados Unidos, incluindo algumas que são operadas por sistemas escolares públicos, uma escola Montessori genuína é aquela que tem professores que foram especificamente treinados no método e nos materiais que são únicos a essa abordagem. O objetivo do método Montessori, criado pela médica italiana Maria Montessori nos primeiros anos do século XX, é capacitar cada criança a alcançar seu potencial de desenvolvimento total. A principal ideia por trás da sala de aula Montessori é que a criança é livre para escolher suas atividades, mas a gama disponível de atividades é limitada àquelas que apoiam o desenvolvimento da criança. Em outras palavras, os educadores Montessori controlam o ambiente de forma a apoiar o desenvolvimento natural da criança mais do que a controlá-la. Por exemplo, as salas de aula Montessori fornecem às crianças pequenos materiais que fortalecem os músculos pequenos das mãos e dos dedos, ajudando o desenvolvimento de habilidades motoras finas.

Visto que os materiais Montessori parecem brinquedos, os professores nunca dizem "Susie, você precisa trabalhar suas habilidades motoras finas hoje". Em vez disso, os professores monitoram o progresso das crianças na direção das metas de desenvolvimento e as encorajam a escolher atividades que apoiem tais metas. Por exemplo, eles poderiam dar às crianças alguns prendedores de roupa e alguma coisa na qual prendê-los, tal como um pedaço de cartolina ou uma folha de papel. Além disso, professores Montessori ajudam as crianças a aprender a cooperar e a se revezar usando materiais de aprendizagem.

Abordagens acadêmicas As **abordagens acadêmicas** à educação da primeira infância se ocupam de ensinar a crianças pequenas as habilidades que elas necessitam para ter sucesso no ensino fundamental. Programas escolares de orientação acadêmica empregam currículos baseados em metas de aprendizagem. O ensino tende a ser dirigido ao professor e as atividades que as crianças realizam são altamente semelhantes às encontradas nas escolas fundamentais.

Por exemplo, uma meta comum nos programas de jardim de infância acadêmicos é que as crianças aprendam a associar as letras aos sons que elas representam. As crianças aprendem as relações letra-som através do professor de diversas formas. Em um dia, uma professora poderia conduzir uma sessão com toda a classe na qual ela segura cartões com letras e demonstra os sons que elas representam. As crianças imitam-na algumas vezes e, então, ela pede que as crianças for-

educação da primeira infância Programas educativos para crianças entre o nascimento e os 8 anos.

abordagem do desenvolvimento Uma abordagem à educação da primeira infância que apoia o desenvolvimento de marcos de ocorrência natural.

abordagem acadêmica Uma abordagem à educação da primeira infância que fornece às crianças instruções nas habilidades necessárias para o sucesso na escola.

neçam o som para cada letra enquanto mostra o cartão. Em outro dia, uma professora poderia trabalhar com as crianças em grupos de três ou quatro e pedir que elas procurem em um livro de história letras que representem o som /m/.

É importante salientar que as abordagens do desenvolvimento e acadêmica não são mutuamente exclusivas. Um programa pré-escolar pode incluir elementos de ambas. De fato, como você poderia estar imaginando, devido às características de desenvolvimento de crianças pequenas, seria praticamente impossível criar um programa de pré-escola no qual cada minuto do dia fosse ocupado com atividades acadêmicas. Por exemplo, recorde do Capítulo 4 que a formação reticular, a estrutura cerebral que controla a atenção, está longe de ser madura durante esses anos. Como resultado, simplesmente não se pode esperar que crianças pequenas se sentem imóveis, recebam instrução e completem tarefas acadêmicas como preencher espaços em branco em tabelas por diversas horas no dia.

Práticas adequadas ao desenvolvimento A Associação Nacional para a Educação de Crianças Pequenas (NAEYC) é uma organização que avalia programas da primeira infância e credencia aqueles que satisfazem seus padrões. Os padrões da NAEYC não endossam nenhuma abordagem à primeira infância em particular. Antes, eles julgam **práticas adequadas ao desenvolvimento**, uma abordagem ao desenvolvimento de currículos que leva em consideração os aspectos universais do desenvolvimento da criança, as diferenças individuais entre as crianças e os contextos sociais e culturais nos quais o desenvolvimento ocorre (NAEYC, 2006). De acordo com esses critérios amplos, qualquer tipo de programa pré-escolar, independente de seu propósito ou fundamento teórico, pode ser julgado adequado ou inadequado ao desenvolvimento.

Por exemplo, o fato observado anteriormente – que a formação reticular nos cérebros de crianças pequenas ainda é imatura – é um aspecto universal que, de acordo com os padrões do NAEYC, deve ser considerado quando educadores da primeira infância planejam programas pré-escolares. Portanto, esses programas não devem depender da capacidade das crianças de prestar atenção a estímulos externos, tais como o discurso do professor, por longos períodos de tempo. Além disso, os professores devem esperar que crianças pequenas sejam facilmente distraídas e devem ser tolerantes com a necessidade delas de uma grande quantidade de repetição. Ademais, as crianças diferem na taxa com que suas formações reticulares amadurecem. Portanto, o padrão de adequação ao desenvolvimento também requer que os professores sejam tolerantes com essas diferenças individuais. Mesmo entre crianças de idades semelhantes, uma pode requerer que a instrução seja repetida duas vezes, por exemplo, enquanto outra pode requerer que ela seja repetida sete. Os contextos sociais e culturais nos quais as crianças estão se desenvolvendo afetam sua capacidade de prestar atenção e as práticas adequadas ao desenvolvimento requerem que esse fator seja considerado no planejamento do currículo. Por exemplo, pais que são formados no ensino médio têm maior probabilidade de fornecer a seus filhos os tipos de atividades que os encorajem a desenvolver as habilidades de atenção necessárias na pré-escola (Suizzo e Stapleton, 2007). Portanto, quando educadores da primeira infância criam programas para crianças cujos pais têm pouca educação escolar, eles devem supor que elas exigirão um pouco mais de tempo para desenvolver habilidades de atenção necessárias em um programa no qual os pais da maioria das crianças completaram o ensino médio.

Os efeitos da educação da primeira infância No Capítulo 7, você tomou conhecimento de que os programas da primeira infância têm efeitos positivos sobre o desenvolvimento cognitivo de crianças economicamente desfavorecidas. Similarmente, as intervenções precoces são críticas ao desenvolvimento de crianças com incapacidades que afetam o funcionamento cognitivo, e elas ajudam a preparar os pequenos aprendizes para a tarefa de adquirir habilidades acadêmicas em uma nova língua (Fuller, 2007). Esses programas também são fundamentais para ajudar crianças que nasceram prematuras a emparelhar com seus pares (Blair, 2002).

Apesar desses achados positivos, o sociólogo Bruce Fuller (2007), que conduziu uma revisão extensa de programas escolares nos Estados Unidos, afirma que os dados não apoiam a suposição de que a pesquisa em programas de educação precoce para crianças com desvantagens se aplica a crianças não desfavorecidas. Fuller aponta estudos mostrando que, embora crianças de desenvolvimento típico de famílias de renda média e superior tendam a exibir ganhos cognitivos como

práticas adequadas ao desenvolvimento Práticas de educação da primeira infância baseadas em um entendimento de aspectos universais do desenvolvimento, diferenças individuais e variáveis contextuais.

resultado de frequentar uma pré-escola, a magnitude desses ganhos é muito pequena e eles nem sempre persistiram durante os anos de ensino fundamental. Além disso, programas pré-escolares universais que foram implementados no início da década de 1990 em Oklahoma e na Geórgia, e que foram frequentados por dezenas de milhares de crianças de famílias de todas as classes socioeconômicas, não apresentaram melhoras do desempenho acadêmico no ensino fundamental naqueles estados. Fuller adverte que os estudos sobre os quais você leu anteriormente, mostrando que o tempo passado na creche está ligado a comportamento agressivo, também se aplicam a pré-escolas de orientação acadêmica. Portanto, ele e outros perguntam se os benefícios cognitivos da pré-escola superam seus riscos sociais para crianças não desfavorecidas.

Uma abordagem à questão de benefícios/riscos é determinar se há uma quantidade de tempo ideal para frequentar a pré-escola – ou seja, um número de horas que garanta ganhos cognitivos sem aumentar os riscos sociais. Fuller cita uma pesquisa mostrando que 15 horas por semana é aproximadamente a quantidade de tempo certa para alcançar o objetivo de equilibrar ganhos cognitivos e riscos sociais para crianças de 2 a 4 anos.

Explicando os efeitos da pré-escola

O que explica esse padrão de achados? Pode ser que a natureza do funcionamento executivo dos cérebros e as capacidades autorregulatórias das crianças deem aos pré-escolares menos capacidade do que a crianças mais velhas de se beneficiar de experiências educacionais formais (Blair, 2002). Essa afirmação não significa que a educação precoce seja inútil, mas o que ela sugere é que as expectativas pelos efeitos da educação precoce devem levar em consideração as características de desenvolvimento de crianças pequenas.

A pesquisa também sugere que uma transição neurológica ocorre entre o quinto e sexto aniversários, precisamente quando a maioria das crianças nos Estados Unidos é matriculada no jardim de infância, o que permite que elas se beneficiem muito mais da educação formal do que se beneficiariam em idades mais precoces (Tsujimoto, Yamamoto, Kawaguchi, Koizumi e Sawaguchi, 2004). Ainda assim, pode haver limites também na efetividade do tempo passado no jardim de infância. Uma equipe de pesquisadores acompanhou o desempenho em leitura e matemática em uma amostra nacionalmente representativa de mais de 14 mil alunos de jardim de infância de período integral e de meio período durante os anos de ensino fundamental (Votruba-Drzal, Li-Grining e Maldonado-Carreño, 2008). Como você pode ver na Figura 14.2, eles verificaram que crianças que frequentaram o jardim de infância em período integral não exibiam vantagens de longo prazo sobre aquelas que frequentaram programas de meio período. Além disso, na 5ª série, os pesquisadores verificaram que crianças que tinham frequentado jardins de infância de meio período exibiam níveis de realização ligeiramente mais altos do que aquelas que tinham frequentado programas de período integral. Entretanto, como os pesquisadores observaram, crianças desfavorecidas tinham maior probabilidade de frequentar jardins de infância em período integral do que crianças não desfavorecidas. Como resultado, em vez de por em dúvida a efetividade do jardim de infância de período integral, esses achados podem ser ainda outro indicador de que intervenções educacionais intensivas são vitais para minimizar a diferença de desempenho entre crianças desfavorecidas e seus pares não desfavorecidos.

Juntas, as pesquisas sobre os efeitos da pré-escola sugerem que os pais de crianças de desenvolvimento típico que têm recursos econômicos adequados provavelmente não devem supor que a pré-escola formal é essencial para o sucesso acadêmico de seus filhos (Fuller, 2007). Nem o jardim de infância de período integral parece ser crítico para essas crianças (Votruba-Drzal, Li-Grining e Maldonado-Carreño, 2008). Além disso, experiências de aprendizagem em casa e em ambientes de cuidado não parental que são menos estruturados do que a pré-escola e o jardim de infância podem contribuir tanto – ou mais – para o desenvolvimento intelectual das crianças da mesma forma que as experiências educacionais formais (Morrison, Bachman e Connor, 2005). De um ponto de vista político, Fuller afir-

Figura 14.2 Desempenho da leitura e programa de jardim de infância

Os pesquisadores verificaram que crianças que frequentam o jardim de infância em período integral e em meio período não diferem em desempenho da leitura no jardim de infância, na 1ª, 2ª e 3ª séries.

(*Fonte*: Votruba-Drzal, E., Li-Grining, C., & Maldonado-Carreño, C. (2008). A developmental perspective on full – versus part-day kindergarten and children's academic trajectories through fifth grade. *Child Development*, 79, 957–978, Fig. 1, p. 967. Copyright © 2008 por Blackwell Publishers, Ltd. Reproduzido com permissão Blackwell Publishers, Ltd.)

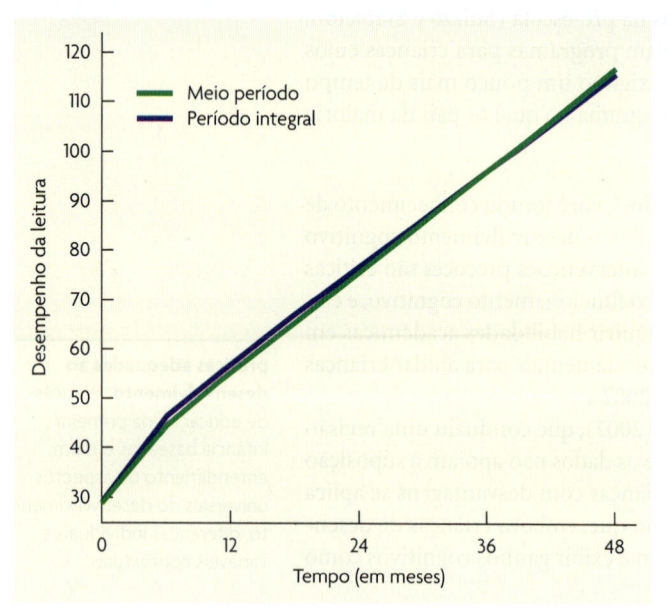

ma que os recursos públicos provavelmente geram os maiores dividendos quando estão focalizados em programas de pré-escola de alta qualidade para crianças desfavorecidas e em programas de ensino fundamental efetivos para todas as crianças.

Ensino fundamental

> **Objetivo da aprendizagem 14.5**
> Que fatores contribuem para a educação escolar efetiva no nível fundamental e como o ensino fundamental influencia o desenvolvimento das crianças?

Conforme observado anteriormente, para crianças em todo o mundo, a educação formal está em andamento quando elas chegam aos 6 ou 7 anos. Muitas pessoas identificam o jardim de infância como a entrada na escola. Entretanto, em termos de organização escolar nos Estados Unidos, o jardim de infância é o último ano da pré-escola, e a frequência é opcional em quase todos os estados, exceto alguns (National Center for Education Statistics, 2007). Em contraste, todos os estados requerem que as crianças sejam matriculadas na 1ª série, o primeiro ano do *ensino fundamental*. O currículo do ensino fundamental é de natureza mais acadêmica do que o do jardim de infância ou da pré-escola. Alfabetização (leitura), numeração (matemática) e aquisição de habilidades e conhecimentos necessários para estudos mais avançados são o foco principal das escolas fundamentais.

Em geral, estudos mostram que professores que exibem um estilo de ensino semelhante à abordagem democrática que os pais adotam para criar os filhos – uma abordagem que combina metas claras, bom controle, boa comunicação e alta sustentação – são os mais efetivos (MacIver, Reuman e Main, 1995). Além disso, pelo menos nos Estados Unidos, há evidências de que as escolas de ensino fundamental que têm classes menores, menos de 20 alunos mais ou menos, são mais efetivas do que aquelas com classes maiores (Ecalle, Magnan e Gilbert, 2007). Considerações de qualidade à parte, há inúmeros fatores, tais como o envolvimento parental, que ajudam a suavizar a transição das crianças para o ensino fundamental e que aumentam suas chances de sucesso acadêmico. Além disso, devido ao foco acadêmico e à quantidade de tempo que as crianças passam na escola, a educação formal é uma das influências mais importantes no desenvolvimento cognitivo de crianças de 6 a 12 anos.

Ajustamento e adaptação ao ensino fundamental Quando os pais vão a reuniões de pais e mestres, frequentam eventos escolares e se envolvem na supervisão do dever de casa, as crianças são mais fortemente motivadas, sentem-se mais competentes e se adaptam melhor à escola. Elas aprendem a ler mais facilmente, tiram notas melhores durante todo o ensino fundamental e permanecem na escola por mais anos (Brody, Stoneman e Flor, 1995; Grolnick e Slowiaczec, 1994; Reynolds e Bezruczko, 1993). Como Laurence Steinberg expressa, "todas as outras coisas sendo

Uma série de pesquisas revela que o desempenho acadêmico das crianças melhora quando os pais participam de atividades escolares, como as reuniões de pais e mestres.

iguais, as crianças cujos pais estão envolvidos na escola se saem melhor que seus pares" (1996, p. 124-125). Esse efeito do envolvimento dos pais foi encontrado entre grupos de crianças pobres, bem como entre as de classe média (Luster e McAdoo, 1996; Reynolds e Bezruczko, 1993); isso confirma que o efeito não é simplesmente uma diferença de classe social disfarçada. Ou seja, entre crianças em nível de pobreza, aquelas cujos pais são mais envolvidos com sua escola e sua educação escolar têm maior chance de ir bem na escola do que crianças igualmente pobres cujos pais têm pouca ou nenhuma ligação com a escola.

O envolvimento dos pais é importante não apenas para a criança, mas para os pais e para a escola. Escolas que convidam e encorajam os pais a participar ajudam a criar um senso mais forte de comunidade, unindo os pais uns com os outros e com os professores. Comunidades mais fortes, por sua vez – estejam elas em bairros muito pobres ou em subúrbios de classe média – fornecem melhor supervisão e monitoração das crianças em seu meio, o que beneficia as crianças. Pais que estão envolvidos com a escola de seus filhos também aprendem formas de ajudá-los; eles podem até mesmo ser motivados a continuar sua própria educação (Haynes et al., 1996).

O sucesso precoce de uma criança na escola também é afetado pelo fato de sua própria personalidade ou seu temperamento combinar ou não com as qualidades valorizadas e recompensadas dentro do ambiente escolar. Por exemplo, Karl Alexander e colaboradores (1993) verificaram que crianças entusiasmadas, interessadas em coisas novas, alegres e calmas se saem melhor nos primeiros anos de escola do que aquelas que são retraídas, mal-humoradas ou altamente sensíveis.

A pesquisa também indica que a forma como a criança começa os primeiros anos de escola tem um efeito altamente significativo sobre o resto de sua experiência e seu sucesso escolar. Crianças que vão para a escola com boas habilidades adquirem rapidamente novas habilidades e novos conhecimentos acadêmicos, e desse modo se adaptam às futuras demandas escolares mais facilmente. Crianças que entram na escola com habilidades deficientes, ou com qualidades temperamentais menos ótimas, aprendem menos nos primeiros anos e provavelmente percorrem uma trajetória de realização mais lenta durante todos os anos de escola. Essa trajetória lenta não é permanente. O envolvimento dos pais pode melhorar as chances de uma criança menos favorecida, assim como uma professora de jardim de infância ou de 1ª série particularmente qualificada (Pianta, Steinberg e Rollins, 1995). A questão fundamental é que a criança não entra na escola como uma lousa em branco; ela traz consigo sua história e suas qualidades pessoais.

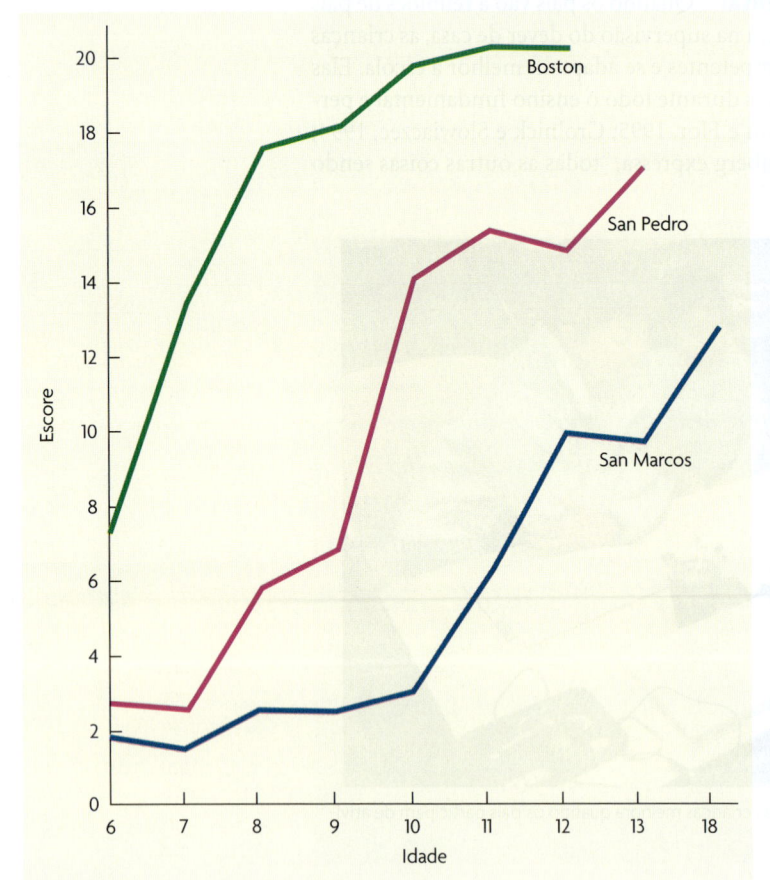

Efeitos no desenvolvimento cognitivo
Em comparação com os achados inconsistentes relativos aos efeitos da educação da primeira infância, não há dúvida de que o ensino fundamental tem efeitos profundos sobre o desenvolvimento cognitivo das crianças (Kagan e Herschkowitz, 2005). Por exemplo, os dados na Figura 14.3 são extraídos de um estudo clássico comparando função da memória de trabalho em crianças de idade escolar em Boston, todas as quais frequentavam a escola, ao de crianças em duas comunidades da Guatemala (Kagan et al., 1979). As crianças em San Pedro frequentavam a escola, enquanto aquelas em San Marcos, não. Entretanto, as crianças de San Pedro não necessariamente frequentavam a escola consistentemente, e a maioria não estava matriculada até após os 7 anos. Os escores na figura foram derivados de tarefas que requeriam que as crianças lembrassem listas e arranjos de objetos cotidianos e figuras desses objetos. Como você pode ver, educação escolar estava associada a uma diferença substancial na função de memória entre os grupos.

Figura 14.3 Desempenho da memória e frequência escolar

Kagan e colaboradores compararam o desempenho da memória de crianças que frequentavam a escola regular (Boston, EUA) e irregularmente (San Pedro, Guatemala) ao de crianças que não frequentavam a escola (San Marcos, Guatemala). A frequência escolar estava fortemente correlacionada com desempenho da memória.

(*Fonte*: From Kagan, J., Klein, R., Finley, G., Rogoff, B., Nolan, E., & Greenbaum, C. (1979). A cross-cultural study of cognitive development. *Monographs of the Society for Research in Child Development*, 44, p. 1–77, fig. 7, p. 41. Copyright © 1979 por Blackwell Publishers, Ltd. Reproduzido com permissão de Blackwell Publishers, Ltd.)

Outros estudos entre culturas – em Hong Kong, no México, no Peru, na Colômbia, na Libéria, na Zâmbia, na Nigéria, em Uganda e muitos outros países – apoiam a conclusão de que as experiências escolares estão de fato causalmente associadas ao surgimento de algumas habilidades cognitivas avançadas. As associações são tanto indiretas quanto diretas. Um exemplo de um efeito indireto é que as mães em culturas não ocidentais que frequentaram escolas de estilo ocidental estão mais envolvidas com seus filhos como professores do que as mães que têm pouca ou nenhuma educação formal (Chavajay e Rogoff, 2002). Tal mudança no papel e no comportamento em uma mãe provavelmente afeta o desenvolvimento cognitivo de uma criança. Um efeito direto da educação escolar é que as crianças que frequentam a escola adquirem conceitos e estratégias de processamento de informação complexos que seus pares sem educação escolar não desenvolvem (Kagan e Herschkowitz, 2005). Crianças que frequentam a escola também são melhores em generalizar um conceito ou um princípio que aprenderam para alguma situação nova.

A educação escolar também afeta a taxa na qual as crianças se movem através do estágio de operações concretas de Piaget (Mishra, 2001). Você poderia pensar que a taxa de desenvolvimento cognitivo não importa, desde que todos terminem no mesmo lugar. Entretanto, estudos longitudinais mostram que a taxa de progressão através das operações concretas prediz quão bem as crianças raciocinarão na adolescência e na idade adulta (Bradmetz, 1999). Portanto, a vantagem cognitivo-desenvolvimental que uma criança tem por frequentar a escola é algo que provavelmente dura uma vida inteira.

Uma forma diferente de medir o impacto da educação escolar sobre o desenvolvimento cognitivo é comparar crianças cujos aniversários caem exatamente antes da data limite arbitrária do distrito escolar para ingresso no jardim de infância ou na 1ª série àquelas cujos aniversários caem após a data limite. Se um determinado distrito escolar estabelecer 15 de dezembro como o limite, uma criança nascida em 10 de dezembro é elegível para a 1ª série 5 dias após completar 6 anos, enquanto uma criança nascida em 20 de dezembro não é elegível por mais um ano, ainda que ela seja apenas 10 dias mais jovem. Um ano mais tarde, essas duas crianças ainda têm essencialmente a mesma idade, mas uma teve um ano de escola e a outra não, portanto os investigadores podem olhar para o efeito da educação escolar com a idade mantida constante (Morrison, Smith e Dow-Ehrensberger, 1995; Stelzl, Merz, Ehlers e Remer, 1995).

Estudos comparando crianças que iniciaram a escola precocemente *versus* tardiamente nos Estados Unidos mostram que a própria educação escolar, mais do que meramente a idade, tem um efeito direto sobre alguns tipos de habilidades cognitivas, tais como a capacidade de usar boas estratégias de memória. Em um desses estudos, Fred Morrison e colaboradores (1995) verificaram que uma grande melhora no uso de estratégias de memória ocorreu na 1ª série; crianças da mesma idade que passaram o ano no jardim de infância porque ultrapassaram a data limite não apresentaram o mesmo ganho na habilidade de memória – embora essas crianças naturalmente adquiririam tal habilidade no ano seguinte, quando estivessem na 1ª série.

A transição para o ensino médio

> **Objetivo da aprendizagem 14.6**
> Como as metas de realização das crianças mudam durante a transição para o ensino médio?

Há muitos lugares no mundo, incluindo alguns na América do Norte, onde as crianças frequentam o ensino fundamental por 8 anos antes de passarem para o ensino médio. Tal arranjo é conhecido como sistema 8-4. No ensino norte-americano, visto que os estudantes tipicamente apresentam declínios no desempenho após entrar no ensino médio, os educadores desenvolveram dois modelos que incluem uma escola de transição entre o ensino fundamental e o ensino médio.

Uma possível explicação para os declínios de desempenho relacionados à transição é que as metas acadêmicas dos estudantes mudam quando eles entram no ensino médio. Os pesquisadores classificam essas metas em duas amplas categorias: metas de tarefa e metas de capacidade. As **metas de tarefa** são baseadas em padrões pessoais e em um desejo de se tornar mais competente em alguma coisa. Por exemplo, um corredor que quer melhorar seu tempo na prova de 100 metros tem uma meta de tarefa. Uma **meta de capacidade** é a que define o sucesso em termos competitivos. Uma pessoa que persegue uma meta de capacidade quer ser melhor que outra pessoa em alguma coisa. Por exemplo, um corredor que quer ser a pessoa mais rápida em sua equipe tem uma meta de

meta de tarefa Uma orientação de metas associada a um desejo de melhorar.

meta de capacidade Uma orientação de metas associada a um desejo de ser superior aos outros.

capacidade. A pesquisa longitudinal mostra que a maioria dos estudantes de 5ª série tem metas de tarefa, mas após alguns meses na 6ª série a maioria mudou para metas de capacidade (Anderman e Anderman, 1999; Anderman e Midgley, 1997).

A abordagem de metas de um estudante influencia seu comportamento de formas importantes. Metas de tarefa estão associadas a um maior senso de controle pessoal e atitudes positivas em relação à escola (Anderman, 1999). Um estudante que adota uma abordagem de meta de tarefa em seu trabalho escolar tende a estabelecer padrões cada vez mais altos para seu desempenho e a atribuir sucesso e fracasso a seus próprios esforços. Por exemplo, um estudante orientado à meta de tarefa provavelmente dirá que recebeu um 10 em uma matéria porque se esforçou ou porque queria melhorar seu desempenho.

Em comparação, estudantes com metas de capacidade adotam padrões relativos – ou seja, eles veem o desempenho em uma determinada tarefa acadêmica como boa desde que ela seja melhor do que o de outra pessoa. Consequentemente, esses alunos são mais fortemente influenciados pelo grupo com o qual se identificam do que por padrões internos que definem bom e mau desempenho acadêmico. Estudantes orientados à meta de capacidade também têm maior probabilidade do que os outros de atribuir sucesso e fracasso a forças alheias a eles. Por exemplo, esse tipo de estudante poderia dizer que tirou um 10 em uma matéria porque ela era fácil ou porque o professor gostava dele. Além disso, esses estudantes provavelmente têm uma visão negativa da escola (Anderman, 1999).

Visto que o ensino médio enfatiza o agrupamento de capacidade mais do que o ensino fundamental, é provável que muitos estudantes do ensino médio mudem suas crenças sobre suas próprias capacidades durante esses anos (Anderman, Maehr e Midgley, 1999; Roeser e Eccles, 1998). Portanto, estudantes do ensino fundamental com alto desempenho que mantêm seus níveis durante a transição para a 6ª série ganham confiança em suas capacidades (Pajares e Graham, 1999). Em comparação, estudantes de alto, médio e baixo desempenho, que não conseguem satisfazer as expectativas no ensino médio, passam por uma mudança no autoconceito que provavelmente leva a um declínio na autoestima. Uma vez que um estudante orientado à meta de capacidade adote a crença de que sua capacidade acadêmica é menos que adequada, ele provavelmente deixará de se esforçar em seu trabalho escolar. Além disso, esses estudantes provavelmente usarão estratégias cognitivas ineficazes quando tentarem aprender material acadêmico (Young, 1997). Consequentemente, o desempenho cai junto com a autoestima.

Os educadores criaram inúmeras estratégias para tratar dessa mudança na estrutura de metas. Uma dessas abordagens é baseada na pesquisa que demonstra que a disponibilidade de adultos sustentadores fora da família de uma criança torna a transição mais fácil (Galassi, Gulledge e Cox, 1997; Wenz-Gross, Siperstein, Untch e Widaman, 1997). Por exemplo, algumas escolas agrupam estudantes com um monitor adulto, um professor ou um voluntário da comunidade por um período de transição ou durante todos os anos do ensino médio. Nesses programas, um professor especial monitora os trabalhos, o dever de casa, as notas e mesmo o material escolar de diversos alunos todos os dias. Esse professor também mantém comunicação com os pais de cada criança em relação a essas questões. Portanto, se um estudante nesse programa não está fazendo seu dever de casa de matemática ou não tem lápis ou caneta, é responsabilidade desse professor falar com os pais sobre o problema. Os pais são, então, responsáveis pelo acompanhamento.

A pesquisa sugere que programas desse nível de intensidade são altamente bem-sucedidos na melhora das notas de estudantes do ensino médio (Callahan, Rademacher, Hildreth e Hildreth, 1998). Seu sucesso provavelmente está no fato de que o professor especial funciona muito como um professor do ensino fundamental – e apesar das expectativas culturais em contrário, um estudante de 6ª série ainda é uma criança em termos de desenvolvimento, esteja ele no ensino fundamental ou no ensino médio. Não é surpresa que uma estratégia que torna o ensino médio mais parecido com o ensino fundamental – um nível destinado a crianças, não a adolescentes – seja bem-sucedido. De fato, alguns observadores pensam que as escolas de ensino médio não têm conseguido satisfazer seu objetivo de facilitar a transição para a educação secundária porque elas simplesmente duplicaram sua organização e a impuseram a estudantes que não estão prontos para ela em termos de desenvolvimento, em vez de lhes proporcionar uma transição real (Alspaugh, 1998).

Uma abordagem visando tornar as escolas de ensino médio verdadeiramente transicionais envolve organizar estudantes e professores em equipes. Por exemplo, em algumas escolas, 6ª, 7ª e 8ª séries estão fisicamente localizadas em alas diferentes do prédio da escola. Nessas escolas, cada série é como uma escola dentro da escola. Os professores em cada equipe de cada série trabalham juntos para equilibrar as demandas de diferentes matérias, avaliar problemas de cada estudante e criar estratégias de envolvimento dos pais. A pesquisa preliminar sugere que a abordagem de equipe ajuda a minimizar os efeitos negativos da transição para o ensino médio. Como resultado, ela se tornou a abordagem recomendada pela National Middle School Association nos Estados Unidos (Loonsbury, 1992).

Independente do tipo de escola que frequentam antes do ensino médio, para muitos adolescentes, um padrão geral de sucesso ou fracasso que continua até a idade adulta é estabelecido no início do ensino médio. Por exemplo, um adolescente que reprova em uma ou mais matérias no 1º ano do ensino médio tem muito menos probabilidade que seus pares de se formar (Roderick e Camburn, 1999). Parece que estudantes de minoria têm particularmente mais dificuldade para se recuperar do primeiro fracasso.

Entretanto, alguns psicólogos enfatizam os aspectos positivos da transição para o ensino médio, afirmando que a participação em atividades que são geralmente oferecidas apenas no ensino médio dão aos estudantes a oportunidade de desenvolver atributos psicológicos que não podem ser adquiridos em outro lugar. Para demonstrar isso, pesquisadores pediram a estudantes do ensino médio para usar *pagers* e sinalizá-los sempre que estivessem experimentando altos níveis de motivação intrínseca juntamente com esforço mental intenso (Larson, 2000). Os resultados mostraram que os estudantes experimentavam ambos os estados em classes eletivas e durante atividades extracurriculares muito mais frequentemente do que em classes acadêmicas obrigatórias (Larson, 2000). Em outras palavras, um estudante envolvido em um projeto de arte ou na prática de esportes tem maior probabilidade de experimentar essa combinação particular de estados do que aquele que está em uma classe de história. Consequentemente, os educadores podem ser capazes de facilitar a transição para o ensino médio para muitos estudantes oferecendo uma ampla variedade de atividades eletivas e extracurriculares e encorajando os alunos a participar.

Envolvimento e falta de envolvimento no ensino médio

Objetivo da aprendizagem 14.7
O que os pesquisadores constataram sobre estudantes não envolvidos e envolvidos?

Alguns estudantes do ensino médio se beneficiam pouco de atividades extracurriculares e eletivas porque preferem não se envolver. Para alguns, as demandas de empregos de meio período limitam o tempo que eles têm para participar, fazendo com que alguns desenvolvimentalistas questionem o valor dessas experiências de trabalho (ver *Reflexão sobre a pesquisa*). Essas preocupações surgem da pesquisa mostrando que os estudantes do ensino médio se dividem em dois grupos distintos. Alguns estudantes são altamente "engajados" no processo escolar, para usar o termo de Steinberg. Eles não apenas gostam da escola, mas estão envolvidos em todos os aspectos dela, participando de atividades extracurriculares e eletivas, fazendo seu dever de casa, e assim por diante. Outros são "desengajados", particularmente da parte acadêmica do processo. Steinberg afirma que o nível de envolvimento e não envolvimento é crítico para a criança e para seu futuro.

Estudantes não envolvidos Steinberg (1996) pinta um quadro bastante desanimador do nível típico de envolvimento de estudantes do ensino médio nos Estados Unidos, com base em entrevistas e observações de mais de 20 mil adolescentes e suas famílias. Uma alta proporção não leva a escola ou seus estudos muito a sério; fora da aula, eles frequentemente não participam de atividades que reforçam o que estão aprendendo na escola (tal como fazer o dever de casa); a cultura dos iguais denigre o sucesso acadêmico e despreza aqueles estudantes que tentam ir bem na escola. Algumas das peculiaridades que apoiam essas conclusões são resumidas na Tabela 14.1.

Além disso, muitos pais norte-americanos são tão alienados da educação escolar de seus filhos quanto os próprios adolescentes. No grande estudo de Steinberg, mais da metade dos estudantes do ensino médio disse que podia levar para casa notas médias ou baixas sem que seus pais ficassem aborrecidos; um terço disse que seus pais não sabiam o que eles estavam estudando na escola; apenas cerca de um quinto dos pais nesse estudo consistentemente participava de programas escolares. Para usar a terminologia apresentada no Capítulo 13, os pais de estudantes não envolvidos têm maior probabilidade de

A menina do ensino médio desenvolveu bastante firmemente crenças sobre suas capacidades e seus potenciais, com base em seus sucessos e fracassos escolares passados. Essas crenças contribuem significativamente para seu nível de envolvimento na escola e afetarão escolhas de vida importantes, como ir ou não para a universidade ou abandonar totalmente a escola.

serem classificados como permissivos ou autoritários; os pais de estudantes envolvidos têm maior probabilidade de serem avaliados como democráticos (Steinberg, 1996).

Estudantes que abandonam a escola No ponto extremo do *continuum* de não envolvimento, estão os adolescentes que abandonam a escola antes de terminar o ensino médio. A boa notícia é que a taxa de abandono da escola diminuiu significativamente durante as últimas décadas. Contudo, levantamentos mostram que cerca de 10% de adolescentes de 16 a 24 anos nos Estados Unidos abandonaram a escola antes de se formar e não pretendem retornar (National Center for Education Statistics [NCES], 2005a). Se essa coorte for como outras antes dela, aproximadamente 12% eventualmente obterá um diploma de equivalência geral (GED) (Federal Interagency Fórum on Child and Family Statistics [FIFCFS], 2000).

Aproximadamente 90% dos estudantes de ensino médio nos Estados Unidos recebem um diploma (NCES, 2008). Estudantes hispano-americanos têm a taxa mais alta de abandono da escola – 22%, comparado a 11% para afro-americanos e 6% para brancos (NCES, 2008). Menos de 4% dos estudantes asiático-americanos abandona o ensino médio, e aproximadamente 15% dos nativos norte-americanos o faz (Freeman e Fox, 2005). Crianças crescendo em famílias pobres – especialmente famílias pobres monoparentais – têm consideravelmente maior probabilidade de abandonar o ensino médio do que aquelas de famílias economicamente mais privilegiadas e intactas. A relação entre classe social e abandono da escola é pelo menos em parte explicada pela qualidade das escolas em bairros pobres (Cappella e Weinstein, 2001).

REFLEXÃO SOBRE A PESQUISA
Os efeitos do emprego na adolescência

Nos Estados Unidos, levantamentos com adolescentes sugerem que a decisão sobre uma carreira é um dos temas centrais do desenvolvimento da identidade (Mortimer, Zimmer-Gembeck, Holmes e Shanahan, 2002). Além disso, muitos adolescentes acreditam que trabalhar por meio período durante o ensino médio os ajudará nesse aspecto da conquista da identidade. Os pais, também, frequentemente encorajam seus filhos adolescentes a obter emprego de meio período com base na ideia de que ele "constrói o caráter" e ensina os jovens sobre a "vida real".

Os adolescentes e os pais norte-americanos estão certos sobre esses efeitos benéficos do trabalho? Uma pesquisa longitudinal envolvendo indivíduos que se formaram no ensino médio no final da década de 1980 revelou que quanto mais horas os participantes trabalharam durante o ensino médio, maior probabilidade eles tinham de usar drogas (álcool, cigarros, maconha, cocaína), de exibir agressividade em relação a seus pares, de discutir com os pais, de ter um sono inadequado e de exibir insatisfação com a vida (Bachman e Schulenberg, 1993). Estudos mais recentes mostraram um padrão semelhante entre adolescentes que estavam no ensino médio durante o final da década de 1990 (Bachman, Safron, Sy e Schulenberg, 2003). Além disso, quando adultos, os indivíduos que trabalharam enquanto estavam no ensino médio têm menos probabilidade que seus pares que não trabalharam de ir para a universidade. Portanto, o trabalho pode na verdade diminuir as chances dos adolescentes de uma carreira bem-sucedida na idade adulta, precisamente o oposto do que muitos adolescentes e pais acreditam.

Uma resposta bastante diferente à questão do impacto do emprego adolescente vem da pesquisa que leva em consideração o tipo de emprego que os adolescentes fazem, bem como quantas horas eles passam no trabalho (Mortimer e Harley, 2002). Esses achados indicam que trabalho não qualificado que propicia pouca oportunidade para independência e pouca chance de aprender habilidades de longo prazo tem muito mais probabilidade de estar associado a resultados negativos do que o trabalho complexo, qualificado. Eles também sugerem que adolescentes que têm experiências de emprego baseada na habilidade desenvolvem mais sentimentos de competência. Além disso, aqueles estudantes que se veem obtendo habilidades úteis através de seu trabalho também parecem desenvolver confiança em sua capacidade de alcançar sucesso econômico na idade adulta (Grabowski, Call e Mortimer, 2001).

Não está claro como devemos somar os resultados desses diversos estudos. No mínimo, essa mistura de resultados deve fazer os pais pensarem duas vezes antes de encorajar os adolescentes a trabalhar. Entretanto, eles precisam considerar a qualidade do trabalho que um adolescente fará antes de supor que ele afetará negativamente seu desenvolvimento.

Questões para análise crítica

1. O emprego adolescente pode estar correlacionado com consequências para o desenvolvimento porque adolescentes que trabalham diferem daqueles que não trabalham em aspectos também relacionados a essas consequências. Que variáveis você acha que poderiam diferenciar adolescentes que escolhem trabalhar de seus pares que não trabalham?
2. Há consequências para o desenvolvimento não tratadas pela pesquisa descrita nesta discussão que você acha que poderiam ser positivamente afetadas pelo emprego adolescente?

Estudos longitudinais encontraram três fortes prognosticadores de abandono da escola: um histórico de fracasso acadêmico, um padrão de comportamento agressivo e uma tendência a se envolver em comportamentos de risco (Farmer et al., 2003). Com relação a comportamentos de risco, as decisões sobre relacionamento sexual parecem ser especialmente críticas. Para as meninas, dar à luz e se casar estão fortemente associados ao abandono da escola.

Outro comportamento de risco, o uso de drogas, também é um forte prognosticador de abandono da escola (Garnier, Stein e Jacobs, 1997). De fato, o uso de álcool e drogas é um melhor prognosticador de notas de um estudante do ensino médio do que suas notas no ensino fundamental. Consequentemente, as decisões sobre tais comportamentos parecem ser um fator que pode fazer um adolescente se desviar de um caminho de desenvolvimento anteriormente positivo.

A influência dos iguais também pode ser um fator no abandono da escola. Adolescentes que desistem da escola provavelmente têm amigos que desistiram ou que estão pensando em sair da escola (Ellenbogen e Chamberland, 1997). Similarmente, variáveis familiares estão associadas ao abandono da escola. Por exemplo, crianças cujas famílias se mudam muito quando estão no ensino fundamental têm um risco aumentado para abandonar o ensino médio (Worrell, 1997).

Um grupo de pesquisadores explorou a possibilidade de que, levando em consideração diversos fatores relevantes, eles podem delinear um perfil geral de estudantes do ensino médio com potencial para abandonar a escola. A pesquisa levou à identificação de um "tipo" de estudante do ensino médio que tem probabilidade de desistir da escola – um tipo quieto, não envolvido, com baixo desempenho e mal-ajustado (Janosz, Leblanc, Boulerice e Tremblay, 2000). Muitos desses estudantes apresentam um padrão de faltas crônicas imediatamente antes de abandonar a escola (Fallis e Opotow, 2003).

Os pesquisadores também pediram a adultos jovens para explicar porque eles escolheram abandonar a escola. Entre todos os grupos étnicos e de renda, adultos jovens (16 a 25 anos) que abandonaram o ensino médio relatam que a razão principal para fazê-lo foi que suas aulas eram desinteressantes (Bridgeland, DiIulio e Morrison, 2006). Eles também dizem que o sentimento de que ficaram para trás e não podiam emparelhar contribuiu para sua decisão de abandonar a esco-

Tabela 14.1 Evidência de Steinberg para a falta de envolvimento na escola entre adolescentes norte-americanos

- Mais de um terço dos estudantes disse que passa a maior parte do dia escolar "vadiando com seus amigos".
- Dois terços dos estudantes disse que "colou" em um exame escolar no ano anterior; nove de dez disseram que copiaram o dever de casa de outra pessoa.
- O estudante do ensino médio nos Estados Unidos costuma passar apenas cerca de 4 horas por semana fazendo dever de casa, comparado a estudantes em outros países industrializados que passam 4 horas por *dia*.
- Metade dos estudantes disse que não fazia o dever de casa.
- Dois terços dos estudantes do ensino médio dos EUA mantém empregos pagos; metade trabalha 15 ou mais horas por semana.
- Apenas cerca de 20% dos estudantes disseram que seus amigos acham que é importante tirar boas notas na escola.
- Quase 20% dos estudantes disseram que não se esforçam ao máximo na escola porque têm medo do que seus amigos poderiam pensar.

Fonte: L. Steinberg, *Beyond the Classroom* (Nova York: Simon e Schuster, 1996).

Baseado na média norte-americana, aproximadamente um décimo desses estudantes do ensino médio abandonará a escola antes de terminar o curso.

la. Eles relatam que colegas que estavam planejando abandonar a escola os influenciaram, e que a falta de monitoração parental também teve o seu papel. Quase três quartos dizem que se arrependem da decisão de abandonar a escola.

Estudantes envolvidos: aqueles que realizam O outro lado da moeda são aqueles estudantes envolvidos que vão bem na escola. Esses estudantes passam mais tempo fazendo dever de casa, faltam com menor frequência, prestam mais atenção na aula e não colam. Eles também tendem a passar seu tempo com outros estudantes que são envolvidos ou que pelo menos não os ridicularizam por fazer esse esforço na escola, e têm maior probabilidade de ter pais democráticos que esperam que eles tirem notas boas e que estão envolvidos com seus filhos e com a escola (Furlong e Christenson, 2008).

Você poderia argumentar que todos os relacionamentos recém-descritos existem simplesmente porque crianças mais brilhantes têm mais facilidade com o trabalho escolar, e há alguma verdade nisso. De fato, o melhor prognosticador do desempenho acadêmico de um estudante no ensino médio é seu escore de QI (Matarazzo, 1972). Estudantes brilhantes também têm a vantagem de muitos anos de sucesso nos estudos. Esse sucesso acadêmico promove um maior senso de autoeficácia nesses estudantes intelectualmente mais capazes, por sua vez aumentando seu senso de envolvimento com os estudos. Contudo, o senso de envolvimento tem muitos outros ingredientes que, juntos, têm um forte impacto sobre o esforço e o sucesso de um adolescente na escola.

Esforço e sucesso, por sua vez, predizem mais anos de educação subsequente, uma ligação que existe entre crianças criadas na pobreza, bem como entre crianças de classe média (Barrett e Depinet, 1991). Aqueles anos extras de educação têm então um efeito poderoso sobre a carreira que um jovem abraça na idade adulta, influenciando a renda e o sucesso profissional para toda a vida (Featherman, 1980; Rosenbaum, 1984). Esses não são efeitos triviais, por isso as conclusões de Steinberg sobre o nível típico de envolvimento escolar entre estudantes do ensino médio norte-americanos são tão perturbadoras.

Embora estudantes envolvidos como estes provavelmente tenham a vantagem de QI mais alto, eles também estão interessados na escola e se esforçam para ir bem.

Objetivo da aprendizagem 14.8
Por que alguns pais escolhem o ensino em casa para seus filhos?

Educação escolar em casa

Um número crescente de pais nos Estados Unidos está educando seus filhos em casa. Em 1965, havia apenas aproximadamente 2.500 crianças estudando em casa nos Estados Unidos; no final do século XX, havia mais de 1 milhão (NCES, 2005b). Nos últimos anos, a educação escolar em casa cresceu em um ritmo particularmente rápido entre famílias da minoria, especialmente afro-americanos (Jonsson, 2003). Em 1997, havia apenas cerca de 20 mil crianças afro-americanas sendo educadas em casa nos Estados Unidos. Em 2002, o número tinha aumentado para aproximadamente 120 mil. Os movimentos de educação escolar em casa em outras nações experimentaram crescimento em taxas semelhantes. No Canadá, por exemplo, as associações de educação escolar em casa estimam que mais de 80 mil estudantes estão agora sendo educados em casa (Basham, 2001). Em comparação, no final da década de 1970, havia apenas poucos milhares desses estudantes. Na Nova Zelândia, o número de famílias envolvidas na educação escolar em casa mais que duplicou entre 1993 e 2003 (New Zealand Ministry of Education, 2003). E no Reino Unido, a educação escolar em casa tem sido chamada de "revolução silenciosa" (Meighan, 1995).

Por que os pais desejariam assumir a assustadora tarefa de ensinar seus filhos em casa? Levantamentos mostram que a razão mais frequente para a educação escolar em casa é a crença dos pais de que eles podem educar melhor do que as escolas públicas ou privadas (Basham, 2001). Além disso, muitos querem estar seguros de que seus próprios valores religiosos e morais sejam incluídos na educação de seus filhos, e também querem proteger as crianças de influências negativas de colegas ou da criminalidade nas escolas.

Circunstâncias especiais também contribuem para a decisão de educar em casa. Por exemplo, alguns pais que precisam viajar com frequência a negócios escolhem a educação escolar em casa porque permite que suas famílias viajem com eles. Outros querem incluir atividades como jardinagem na educação formal, e a educação escolar em casa lhes permite o tempo para fazê-lo. A educação escolar em casa também funciona bem para crianças que estão envolvidas em atividades que consomem tempo, tal como treinamento atlético de elite.

Em torno de 8% dos pais que escolhem a educação escolar em casa têm filhos com incapacidades e preferem ensiná-los em casa a receber serviços de educação especial de escolas locais (Basham, 2001). O ensino personalizado que essas crianças recebem em casa frequentemente as ajuda a realizar mais do que seus pares com incapacidades em escolas públicas (Duvall, Delquadri e Ward, 2004; Ensign, 1998). Além disso, crianças com incapacidades que são educadas em casa não têm de lidar com as provocações de seus pares.

A pesquisa sobre educação escolar em casa é escassa. Os defensores apontam um pequeno número de estudos mostrando que crianças educadas em casa são socialmente competentes e emocionalmente bem ajustadas e têm escores acima da média em testes padronizados de realização (Ray, 1999). Os escores do exame para ingresso na universidade de estudantes educados em casa são particularmente impressionantes, variando de um escore médio no 59° percentil para estudantes que foram educados em casa por um ano a uma média no 92° percentil para aqueles que passaram todos os seus anos escolares sendo educados em casa (Ray, 1999). Entretanto, os oponentes da educação escolar em casa, um grupo que inclui a maioria dos educadores profissionais, afirmam que as comparações de educação em casa e educação pública são enganadoras (Jonsson, 2003). Eles salientam que os pesquisadores estudaram apenas crianças educadas em casa cujas famílias foram voluntárias para participar nos estudos de pesquisa. Em contraste, a maioria dos testes públicos de realização escolar são baseados em amostras representativas ou em populações de escolas inteiras.

Ao comparar crianças educadas em casa com aquelas que frequentam a escola, também é importante saber que os pais que escolhem essa modalidade diferem de formas significativas de outras famílias (American Demographics, 2001). Uma dessas diferenças é que 80% das famílias que educam seus filhos em casa têm dois pais em casa, enquanto entre famílias de escolas públicas a taxa de dois pais em casa é de aproximadamente 66%. Os pais que educam seus filhos em casa também tendem a ter mais educação: cerca da metade possui diploma universitário, comparado com apenas um terço dos pais de escolas públicas. Como resultado, famílias que educam seus filhos em casa tendem a ter renda mais alta do que aquelas com filhos que frequentam a escola pública (Basham, 2001).

Os educadores profissionais também argumentam que crianças educadas em casa perdem os tipos de oportunidades de socialização que a frequência escolar fornece (Jonsson, 2003). Entretanto, os defensores da modalidade reagem dizendo que crianças educadas em casa têm a oportunidade de se tornarem mais próximas de seus pais do que crianças que frequentam escolas convencionais. Além disso, esses pais tipicamente se reúnem para criar programas musicais, artísticos, esportivos e sociais para seus filhos. Consequentemente, a maioria das crianças educadas em casa tem tantas oportunidades para socializar com seus pares quanto crianças que frequentam a escola (Jonsson, 2003).

O impacto da mídia de entretenimento

A mídia de entretenimento – televisão, cinema, tocadores de mp3, *videogames*, computadores, etc. – é uma parte invasiva dos ambientes da maioria das crianças. De todos esses, crianças e adolescentes dedicam mais tempo à televisão e ao *videogame* (Kaiser Family Foundation, 2004). No Capítulo 4, você tomou conhecimento de que a natureza sedentária dessas atividades contribui para o desenvolvimento de obesidade em muitas crianças. Nesta seção, você examinará mais detalhadamente os efeitos dessas formas de entretenimento sobre o desenvolvimento cognitivo e social.

Televisão e *videogames*

"Mas as crianças na TV parecem tão felizes quando comem! Você não quer que eu fique feliz?". O filho de 7 anos de um dos autores soluçou isso quando seu pedido por um cereal açucarado foi negado. O efeito da propaganda sobre as preferências

Objetivo da aprendizagem 14.9
Quais são os efeitos da televisão e dos *videogames* no desenvolvimento das crianças?

alimentares das crianças é bem documentado (Chapman, Nicholas e Supramaniam, 2006; Livingston e Helsper, 2006). Entretanto, é apenas um dos muitos efeitos que a televisão tem sobre a vida das crianças. Os *videogames* também trazem riscos.

Televisão e desenvolvimento Albert Bandura demonstrou os efeitos da violência televisiva sobre o comportamento das crianças em seus estudos clássicos "João Bobo" (Bobo doll) (Bandura, Ross e Ross, 1961). Nesses experimentos, as crianças imitavam o tratamento violento dos adultos com um palhaço inflável que era retratado no filme. A pesquisa recente sugere que esses efeitos persistem até a idade adulta. O psicólogo L. Rowell Huesmann e colaboradores (2003) verificaram que indivíduos que haviam assistido ao maior número de programas violentos na infância tinham maior probabilidade de se envolver em atos de violência reais quando adultos jovens. Estudos de imagem cerebral sugerem que esses efeitos de longo prazo podem ser resultado de padrões de ativação neural que estão por baixo de roteiros comportamentais emocionalmente carregados que as crianças aprendem enquanto assistem programação violenta (Murray et al., 2006). Esses padrões de ativação neural também podem explicar o achado de que assistir repetidamente violência na TV leva a dessensibilização emocional em relação a violência e à crença de que agressão é uma boa forma de resolver os problemas (Donnerstein, Slaby e Eron, 1994; Funk, Bechtoldt-Baldacci, Pasold e Baumgardner, 2004; van Mierlo e van den Bulck, 2004).

Naturalmente, a televisão não é toda ruim. Os pesquisadores constataram que programas de orientação científica como *Bill Nye the science guy* e *The magic school bus* são instrumentos efetivos de ensino (Calvert e Kotler, 2003). Igualmente, programas visando ensinar tolerância racial a crianças em idade escolar têm mostrado consistentemente efeitos positivos sobre as atitudes e os comportamentos das crianças (Persson e Musher-Eizenman, 2003; Shochat, 2003). Entretanto, esses programas são muito menos populares entre meninos do que são entre meninas (Calvert e Kotler, 2003). Além disso, mesmo entre meninas, sua popularidade diminui à medida que as crianças crescem. Talvez esses achados sejam melhor resumidos pela adaptação de um antigo clichê: "você pode orientar uma criança à programação de TV de qualidade, mas você não pode fazê-la assistir". Portanto, a regulação parental do tempo de televisão é o segredo para assegurar que a exposição à TV tenha efeitos mais positivos do que negativos sobre o desenvolvimento de uma criança.

Televisão e comportamento de risco As mensagens transmitidas na mídia popular sobre sexo, violência e uso de drogas e álcool podem influenciar comportamento de risco em adolescentes. Nos Estados Unidos, crianças de 13 a 17 anos passam mais tempo assistindo televisão,

Nos Estados Unidos, a maioria das crianças dessa idade assiste à televisão todos os dias.

escutando música e jogando *videogame* do que passam na escola (Collins et al., 2004). Surpreendentemente, a maioria dos adolescentes relata que seus pais têm poucas regras, quando têm, em relação ao uso da mídia (Mediascope Press, 2000). Entretanto, a pesquisa indica que as mensagens da mídia interagem com diferenças individuais na busca de sensação (Greene, Krcmar, Rubin, Walters e Hale, 2002). Portanto, os adolescentes mais ávidos de sensação são aqueles mais fortemente influenciados por retratos da mídia de comportamento de risco.

Os programas de televisão do horário nobre contêm aproximadamente cinco incidentes sexuais por hora, e apenas 4% desses dão informação sobre as possíveis consequências do sexo (Kaiser Family Foundation, 2005). Drogas e álcool são até mais prevalentes do que sexo na mídia popular. Um levantamento revelou que 98% de 200 filmes pesquisados retratava personagens usando drogas, álcool ou tabaco, e na maioria dos casos as personagens usavam mais de uma (Mediascope Press, 1999). Outro grupo de pesquisadores constatou que 51% dos filmes que eles pesquisaram retratavam adolescentes fumando, 46% mostravam adolescentes consumindo álcool e 3% continham imagens de adolescentes usando drogas ilícitas (Mediascope Press, 1999). Mais uma vez, referências às consequências do uso de álcool ou drogas foram raras; elas ocorreram em apenas 13% dos filmes analisados.

Videogames   Algumas fontes afirmam que as famílias gastam mais dinheiro com sistemas de *videogame* e com os próprios jogos do que com qualquer outra forma de entretenimento ("Children spend more time...", 2004). Os desenvolvimentalistas examinaram como esses jogos afetam o desenvolvimento cognitivo e socioemocional das crianças. Alguns estudos sugerem que jogar *videogame* aumenta as habilidades espaciais e cognitivas das crianças e podem inclusive eliminar diferenças de gênero bem documentadas nessa esfera (Feng, Spence e Pratt, 2007; Greenfield, Brannon e Lohr, 1994).

Não obstante, a pesquisa sugere que mesmo exposição de curto prazo a *videogames* violentos em situações laboratoriais aumenta o nível geral de hostilidade emocional dos participantes da pesquisa (Anderson e Dill, 2000; Bushman e Huesmann, 2006). Aparentemente, aumentos na hostilidade emocional e diminuições na capacidade de empatizar com os outros, que são produzidos por *videogames* violentos, são as forças motivadores por trás dos aumentos no comportamento agressivo que frequentemente resultam de jogar esses jogos por períodos prolongados de tempo (Funk, Buchman, Jenks e Bechtold, 2003; Gentile, Lynch, Linder e Walsh, 2004).

Computadores e multitarefas eletrônicas

> **Objetivo da aprendizagem 14.10**
> Quais são os papéis de computadores e de multitarefas eletrônicas no desenvolvimento das crianças?

Levantamentos mostram que mais de 90% das crianças em idade escolar e dos adolescentes nos Estados Unidos usam computadores regularmente. Cerca de 60% usam a internet regularmente (DeBell e Chapman, 2006). Notavelmente, os adolescentes passam uma média de 6 horas todos os dias usando múltiplos dispositivos eletrônicos (Foehr, 2006).

Computadores   As taxas de uso de computador e da internet são quase idênticas para meninos e meninas. Entretanto, existe uma "separação digital" entre grupos de renda. Entre crianças de 8 a 18 anos que vivem nas famílias mais pobres, 54% usam a internet em casa todos os dias, comparado a 57% daquelas em famílias de renda média e 71% das crianças em famílias de renda superior (Kaiser Family Foundation, 2004). Entretanto, quase 100% das crianças em todos os três grupos usam regularmente a internet na escola. Além disso, as proporções de crianças que usam computadores e internet em casa aumentaram consideravelmente entre todos os grupos de renda na última década, e há boa evidência de que a separação digital está diminuindo (Kaiser Family Foundation, 2004). A maioria das crianças usa computadores para trabalho escolar, para jogar e para comunicação eletrônica, como *e-mail* e mensagens instantâneas.

À parte as atividades dirigidas pelo professor, tais como o dever de casa, as crianças usam computadores muito da mesma maneira que usam outros ambientes (Kaiser Family Foundation, 2004). Em geral, as crianças brincam quando estão em um computador. Consequentemente, educadores e pais precisam vigiar as crianças que estão supostamente fazendo o dever de casa em seus computadores e estar cientes da tendência delas a testar os limites digitais, tais como proibições de visitar salas de bate-papo, da mesma forma que testam os limites físicos. Estudos mostram que quando as crianças se focam em tarefas acadêmicas, os computadores podem ajudar a aumentar os escores de testes de realização e as notas (Jackson et al., 2006). Além disso, muitos psicólogos do desenvolvimento veem na tendência das crianças ao jogo digital uma oportunidade para aprender mais sobre o seu curso natural de desenvolvimento (Sandvig, 2006). Por exemplo, o estudo das comunicações virtuais das crianças pode ajudar os desenvolvimentalistas a entender melhor suas interações face a face.

Como a televisão, entretanto, a internet é uma faca de dois gumes. Uma questão é que a propaganda ocorre de formas muito mais sutis que na televisão. Se uma criança estiver fazendo um relatório para a escola e inserir o termo "nutrição" em uma página de busca, por exemplo, muitos dos *links* que aparecem parecerão informais, mas, examinando mais de perto, descobre-se que eles foram planejados para vender algum tipo de produto alimentar (Moore e Rideout, 2007). Outros levarão a criança para jogos *online* que nada mais são do que manobras para apresentar novos produtos. Similarmente, uma criança que está buscando informação sobre um tema de saúde pode chegar a materiais sexualmente explícitos. Mais uma vez, a monitoração do adulto é essencial quando as crianças estão usando computadores.

Multitarefas eletrônicas   Os computadores são um elemento importante no *ambiente de multitarefa eletrônica* no qual muitos adolescentes mergulham nos dias de hoje (Foehr, 2006). Em um estudo de observação de laboratórios de informática de escolas, os pesquisadores verificaram que muitos estudantes trabalhavam em ensaios e em outras tarefas em um formato de tela dividida, com uma parte da tela dedicada a seu trabalho e outra, a um jogo (Jones, 2003). E muitos desses estudantes estavam escutando música em seus tocadores de mp3 ao mesmo tempo. Alguns também podem estar teclando com amigos em *sites* de relacionamento nos computadores que estão usando.

Curiosamente, os neurocientistas localizaram uma rede de neurônios no córtex pré-frontal do cérebro do adulto que permite que seres humanos mudem rapidamente seu foco de uma tarefa para outra enquanto têm múltiplos objetivos em mente – a essência da multitarefa (Koechlin, Basso, Pietrini, Panzer e Grafman, 1999). Como você tomou conhecimento no Capítulo 4, o córtex pré-frontal é um local importante de desenvolvimento do cérebro nos anos da adolescência. Portanto, a multitarefa pode surgir na adolescência juntamente com as outras formas recentemente desenvolvidas de funcionamento cognitivo que os adolescentes adoram exercitar (p. ex., o *idealismo ingênuo* de Piaget). Contudo, a pesquisa mostra que, embora a multitarefa possa ser uma boa estratégia temporária para gerenciar sobrecarga de informação, ela é uma abordagem ineficaz para processar informação de formas significativas (Law, Logie e Pearson, 2006). Alguma coisa, e frequentemente alguma coisa bastante importante, inevitavelmente se perde nessa mistura.

Alguns estudos sugerem que as crianças nos Estados Unidos agora passam mais tempo jogando *videogames* do que assistindo a televisão.

Além disso, os desenvolvimentalistas temem que a multitarefa habitual eleve os níveis de busca de sensação, aumentando as chances dos adolescentes se envolverem em comportamento de risco (Foehr, 2006). De fato, a multitarefa em si pode ser um comportamento de risco quando toma a forma de enviar mensagem de texto ao dirigir. A multitarefa também está associada a níveis aumentados de ansiedade (Bailey e Konstan, 2006). Por essas razões, profissionais da saúde mental, como o psiquiatra Edward Hallowell, desenvolveram intervenções terapêuticas para ajudar adolescentes e adultos a interromper o hábito da multitarefa (Hallowell, 2007).

Efeitos do macrossistema: o impacto da cultura mais ampla

Por fim, consideramos explicitamente a questão de contextos e culturas. Cada família e, portanto, cada criança está encaixada em uma série de contextos sobrepostos, cada um deles afetando a forma como a própria família interage, bem como todas as outras partes do sistema.

Condição socioeconômica e desenvolvimento

> **Objetivo da aprendizagem 14.11**
> Quais são os efeitos da pobreza nas crianças e nas famílias?

No Capítulo 4, você tomou conhecimento dos efeitos da *condição socioeconômica (CSE)* – um termo coletivo que inclui os fatores econômicos, ocupacionais e educacionais que influenciam a posição relativa de uma família na sociedade – sobre a saúde das crianças. Discutimos o impacto da condição socioeconômica sobre o desenvolvimento cognitivo das crianças no Capítulo 7, e a associação entre pobreza e monopaternagem no Capítulo 13. Neste capítulo, lidamos com a CSE como um fator que opera ao nível tanto do microssistema como do exossistema do modelo de Bronfenbrenner. Por exemplo, quando a pobreza impede a criança de ter o suficiente para comer, ela opera como parte do microssistema. Quando os armazéns no bairro no qual a criança vive não oferecem uma variedade de alimentos saudáveis devido à baixa renda dos residentes, a pobreza atua ao nível do exossistema. Igualmente, quando a falta de transporte dos pais os impede de obter emprego, a pobreza não apenas atua como um fator do exossistema, mas também se torna parte de um contexto evolutivo autoperpetuante no qual o desenvolvimento de uma criança é impedido por uma falta de recursos materiais.

Características da pobreza infantil Nos Estados Unidos, *pobreza* é definida como uma renda anual de menos de 21.200 dólares para uma família de quatro pessoas (U.S. Department of Health and Human Services, 2008). Como você pode ver na Figura 14.4, a taxa de pobreza infantil nos Estados Unidos diminuiu de 22% em 1993 para 17,4% em 2006 (DeNavas-Walt, Proctor e Smith, 2007). Entretanto, você perceberá que as crianças têm maior probabilidade do que pessoas em outros grupos etários de viver em famílias pobres. Além disso, outros 39% das crianças nos Estados Unidos vivem em famílias de *baixa renda*, aquelas nas quais a renda familiar total está entre 100 e 200% do nível de pobreza federal oficial (Douglas-Hall e Chau 2007). Portanto, mais da metade de todas as crianças nos Estados Unidos vive em famílias que ou não têm renda o bastante ou apenas o suficiente para "dar um jeito".

As taxas de pobreza infantil variam entre os grupos étnicos, como você pode ver na Figura 14.5 (Douglas-Hall e Chau 2007). Crianças criadas por mães solteiras têm muito mais probabilidade que outras de viver na pobreza. Em torno de 26% dos pais solteiros têm renda abaixo da linha de pobreza, comparado com apenas 4% de famílias com os dois pais (U.S. Census Bureau, 2008b). A pesquisa mostra que crianças em famílias de baixa renda e pobres têm um risco maior de inúmeros problemas de saúde do que seus pares que estão melhor financeiramente. Essa associação existe em outros países também (Currie, Shields e Wheatley Price, 2004; Currie e Stabile, 2003).

Para a maioria das crianças, os efeitos nocivos da baixa renda são transitórios, porque a maioria das famílias não permanece na pobreza durante todos os primeiros anos de seus filhos. Estudos de longo prazo sugerem que cerca de 8% das famílias com filhos nos Estados Unidos experimentam condição de baixa renda crônica (U.S. Department of Treasury, 2008). Resultados semelhantes foram obtidos em estudos longitudinais no Reino Unido (Burgess, Propper e Rigg, 2004).

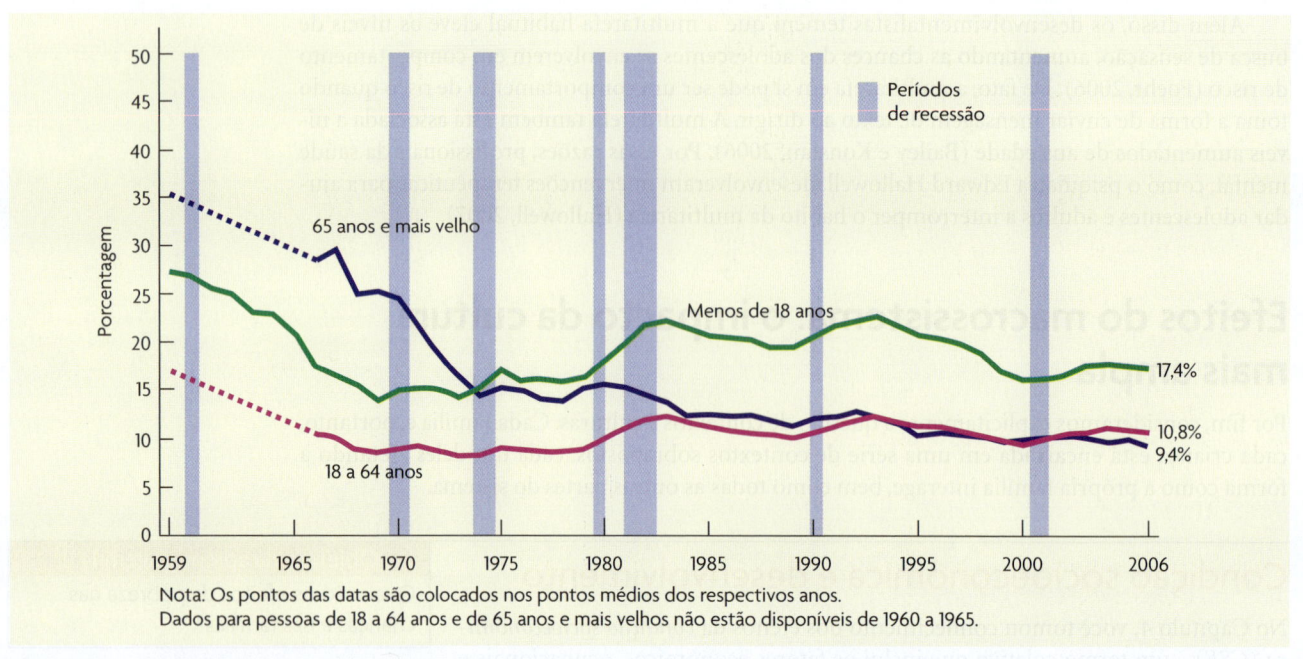

Figura 14.4 Pobreza e idade

O gráfico mostra a porcentagem de pessoas nos Estados Unidos vivendo na pobreza de 1959 a 2006, incluindo crianças com menos de 18 anos.

(*Fonte*: DeNavas-Walt, Proctor e Smith, 2007.)

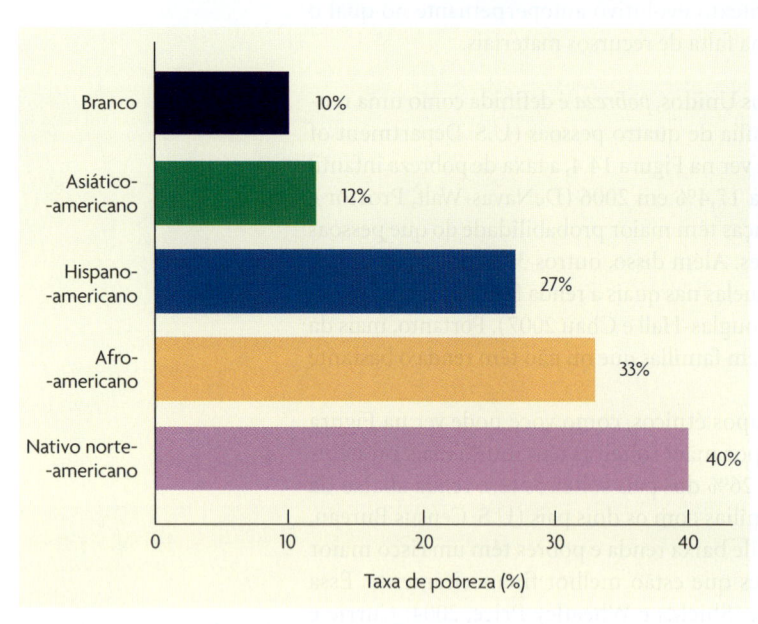

Figura 14.5 Taxas de pobreza infantil entre grupos étnicos nos Estados Unidos, 2006

Embora as taxas globais de pobreza tenham diminuído consideravelmente nos Estados Unidos durante as três ultimas décadas, a taxa entre alguns grupos étnicos continua alarmantemente alta.

(*Fonte*: De A. Douglas-Hall e M. Chau, 2007. *Basic Facts about Low-Income Children, Birth to Age 18*. Reimpressa com permissão de NCCP (National Center for Children in Poverty).)

Os efeitos da pobreza nas famílias Entre muitas outras coisas, a pobreza reduz as opções para os pais. Eles podem não ser capazes de oferecer cuidado pré-natal, portanto seus filhos têm maior probabilidade de nascer com algum tipo de incapacidade. Quando a mãe trabalha, ela provavelmente tem menos escolhas de tipos de creche. As crianças pobres passam mais tempo em creches de baixa qualidade e mudam mais de um arranjo de cuidado para outro. As famílias pobres também vivem em habitações menores e menos adequadas, frequentemente em bairros decadentes com altas taxas de violência e muitas delas se mudam frequentemente, portanto, seus filhos mudam muito de escolas. Os pais têm menor probabilidade de sentir que têm apoio social adequado, e as crianças com frequência não têm um grupo estável de amigos (Dodge, Pettit e Bates, 1994). De modo geral, ambientes pobres são mais caóticos e as pessoas que vivem na pobreza são mais altamente estressadas com menos recursos psicológicos e sociais (Brooks-Gunn, 1995; McLoyd e Wilson, 1991).

Mães e pais vivendo na pobreza também interagem com seus filhos diferentemente de pais de famílias da classe operária ou da classe média nos Estados Unidos. Pais de nível de pobreza falam e leem menos para seus filhos, fornecem menos brinquedos adequados à idade, passam menos tempo com eles em atividades intelectualmente estimulantes, explicam coisas com menos frequência e menos completamente, são menos afetuosos, são mais rígidos e mais físicos em sua disciplina (Dodge et al., 1994; Evans, 2004; Sampson e Laub, 1994). Nos termos introduzidos no Capítulo 13, em famílias pobres, os pais têm maior probabilidade de ser negligentes ou autoritários e menor probabilidade de ser democráticos.

Parte desse padrão de comportamento parental é claramente uma resposta aos estresses extraordinários e às demandas especiais do ambiente de pobreza – um ponto apoiado pela repetida observação de que aqueles pais que vivem na pobreza e que, não obstante, sentem que têm apoio social suficiente têm muito menos probabilidade de ser severamente punitivos ou não sustentadores em relação a seus filhos (Hashima e Amato, 1994; Taylor e Roberts, 1995). Em algum grau, a disciplina mais rigorosa e a ênfase na obediência observadas entre pais pobres podem ser entendidas como uma resposta lógica às realidades da vida em um bairro muito pobre.

Algumas das diferenças nos padrões de criação de filhos entre pais pobres e não pobres também podem resultar de modelação direta da forma como esses próprios indivíduos foram criados; algumas práticas inadequadas podem ser produto de ignorância das necessidades das crianças. Pais pobres com relativamente mais educação, por exemplo, falam mais com seus filhos, são mais responsivos e fornecem mais estimulação intelectual do que pais igualmente pobres com níveis mais baixos de educação (Kelley, Sanchez-Hucles e Walker, 1993). Seja qual for a causa, crianças criadas na pobreza experimentam tanto condições físicas diferentes quanto interações bastante diferentes com seus pais.

Os efeitos da pobreza nas crianças

Não surpreende que crianças criadas na pobreza terminem de forma diferente. Crianças de ambientes de pobreza têm taxas mais altas de doença e incapacidades, como você viu no Capítulo 4. E, como você tomou conhecimento no Capítulo 7, elas também têm escores de QI geralmente mais baixos e percorrem as sequências do desenvolvimento cognitivo mais devagar – efeitos que foram encontrados em estudos nos quais os pesquisadores controlaram muitos fatores de confusão possíveis, tais como QI das mães e estrutura familiar (McLoyd, 1998). Crianças vivendo na pobreza têm metade da probabilidade que seus pares em melhores condições de saber o alfabeto e ser capazes de contar antes de entrar na escola (U.S. Census Bureau, 2001). Elas têm duas vezes mais probabilidade que crianças não pobres de repetir uma série e menor probabilidade de ir para a universidade (Brooks-Gunn, 1995; Huston, 1994; Zill, Moore, Smith, Steif e Coiro, 1995). Crianças de famílias de baixa renda também exibem mais problemas de comportamento que seus pares em melhores condições de vida (Qi e Kaiser, 2003). Quando adultos, crianças de famílias de baixa renda têm maior probabilidade de serem pobres, continuando o ciclo através de outra geração. Todos esses efeitos são maiores para aquelas crianças que vivem na pobreza na infância e para aquelas que viveram na pobreza continuamente do que para crianças que experimentaram alguma mistura de pobreza e mais abundância (Bolger, 1997; Duncan et al., 1994; Shanahan, Sayer, Davey e Brooks, 1997; Smith, Brooks-Gunn e Klebanov, 1997).

A Figura 14.6 mostra um desses efeitos, extraído da pesquisa feita por Greg Duncan e colaboradores (1994). Duncan coletou informações sobre renda familiar para uma grande amostra de famílias do nascimento aos 5 anos da criança. Ele examinou o escores de QI da criança aos 5 anos em função de se a família tinha sido pobre durante todos aqueles 5 anos ou em apenas alguns anos. A figura compara os escores de QI de cada um desses grupos ao QI de referência de crianças que nunca viveram na pobreza. É evidente que pobreza constante tem um efeito negativo maior do que pobreza ocasional, e ambas são piores do que não ser pobre. Nessa análise, Duncan controlou para a educação da mãe e a estrutura da família (mãe solteira *versus* dois pais, por exemplo), portanto, as diferenças observadas parecem ser efeitos reais da pobreza.

O caso especial de pobreza nos centros urbanos

Todos os efeitos da pobreza são provavelmente muito piores para crianças que crescem em áreas urbanas assoladas pela pobreza, e muitas delas são afro-americanas, hispano-americanas ou de outras minorias (Brooks-Gunn, Duncan e Aber, 1997). Elas são expostas a gangues e à violência das ruas, a traficantes de drogas, a casas superlotadas e a riscos mais altos de abuso. Comunidades inteiras parecem zonas de guerra. Previsivelmente, as crianças que são vitimizadas ou que testemunham crimes violentos têm maior probabilidade de sofrer de problemas emocionais do que crianças que são poupadas dessas experiências (Purugganan, Stein, Johnson, Silver e Benenson, 2003).

Levantamentos em diversas grandes cidades indicam que quase metade dos estudantes do ensino fundamental e do ensino médio dessas comunidades testemunhou ao menos um crime violento no ano anterior (Osofsky, 1995); quase

Figura 14.6 Duração da pobreza e escores de QI

Nessa análise, a linha zero representa o escore médio de QI de um grupo de crianças de 5 anos no estudo de Duncan que nunca tinha vivido na pobreza. Os escores médios de QI de crianças que tinham vivido na pobreza parte do tempo ou todo o tempo são comparados ao QI de referência. Você pode ver que crianças que passaram todos os seus primeiros 5 anos vivendo na pobreza tinham QIs médios consideravelmente mais baixos do que aquelas que viveram na pobreza apenas parte do tempo, e ambos os grupos tinham QIs significativamente mais baixos do que o grupo de referência.

(*Fonte*: Duncan et al., 1994, da Tabela 3, p. 306.)

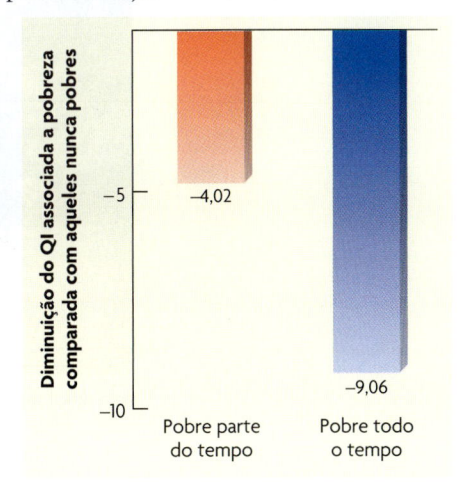

todos já viram uma arma de fogo, viram alguém sendo espancado ou observaram uma venda de droga (White, Bruce, Farrell e Kliewer, 1997); cerca de 30% viu um homicídio na idade de 15 anos (Garbarino e Kostelny, 1997). Em um levantamento nacional do Centers for Disease Control, 22,1% dos estudantes do ensino médio relataram portar uma arma (revólver, faca ou porrete) em algum momento nos 30 dias anteriores; 7,9% haviam portado uma arma de fogo (Kann et al., 1995). O psicólogo James Garbarino, que escreveu extensivamente sobre pobreza urbana, salienta que "esses números são muito mais semelhantes às experiências de crianças nas zonas de guerra (...) em outros países (...) do que deveríamos esperar para nossas próprias crianças, vivendo na 'paz'" (Garbarino e Kostelny, 1997, p. 33).

Uma quantidade cada vez maior de evidências mostram que o efeito de viver em um bolsão de pobreza concentrado é a intensificação de todos os efeitos adversos da pobreza familiar (Klebanov, Brooks-Gunn, Hofferth e Duncan, 1995; Kupersmidt, Griesler, DeRosier, Patterson e Davis, 1995). As características familiares individuais ainda são os determinantes mais importantes do desenvolvimento da criança, mas quando toda a comunidade é pobre, especialmente quando os residentes da comunidade estão em constante fluxo, os efeitos negativos para as crianças são intensificados (Brooks-Gunn et al., 1997). Nessas situações, os pais têm menos recursos não familiares com que contar, e as crianças têm modelos adultos mais violentos e menos sustentadores; as taxas de abuso da criança sobem, assim como as taxas de agressividade e de delinquência pelas crianças (Coulton, Korbin, Su e Chow, 1995; McLoyd, 1997). Quando toda a comunidade também carece do que William Wilson chama de "associação e estabilidade" – quando os adultos não colaboram para monitorar os filhos e não fornecem apoio prático ou emocional uns aos outros –, os efeitos são ainda piores (Sampson, 1997; Wilson, 1995).

Muitas crianças vivendo nessas comunidades apresentam todos os sintomas de transtorno de estresse pós-traumático (Garbarino, 2002; Garbarino, Dubrow, Kostelny e Pardo, 1992; Jenkins e Bell, 1997), incluindo transtornos do sono, irritabilidade, incapacidade de se concentrar, acessos de raiva e hipervigilância. Diversos experimentam *flashbacks* ou memórias intrusivas de eventos traumáticos. E visto que elas têm a probabilidade de perder muitas das formas de estimulação intelectual e apoio familiar consistente que lhes permitiria ter sucesso na escola, elas têm altas taxas de problemas de comportamento e fracasso acadêmico. Menos da metade das crianças pobres urbanas se formam no ensino médio (Garbarino, Kostelny e Dubrow, 1991). As razões para esse

Não é difícil ver por que alguns se referem a cenas de pobreza urbana como esta como "zonas de guerra".

fracasso escolar são complexas, mas há pouca dúvida de que o estresse crônico experimentado por essas crianças é um componente altamente significativo.

O papel do estresse e fatores protetores

Arnold Sameroff e colaboradores (1987) argumentaram que os efeitos de vários tipos diferentes de estressores se acumulam. Uma criança pode ser capaz de lidar com um ou dois, mas à medida que os estresses e os riscos aumentam, a probabilidade de que a criança se desenvolva intelectual, emocional e socialmente diminui constantemente. Para uma criança que cresce na pobreza, talvez especialmente pobreza urbana, as chances de experimentar múltiplos tipos diferentes de estresse são na verdade muito altas.

Ao mesmo tempo, estudos de crianças resilientes e vulneráveis sugerem que certas características ou circunstâncias podem ajudar a proteger algumas crianças dos efeitos nocivos repetidos de estresses e revoluções (Cederblad, Pruksachatkunakorn, Boripunkul, Intraprasert e Hook, 2003; Easterbrooks, Davidson e Chazan, 1993; Furstenberg e Hughes, 1995; Garmezy e Masten, 1991; Masten, Best e Garmezy, 1990; Masten e Coatsworth, 1998; Runyan et al., 1998; Townsend e Belgrave, 2003; Winfield, 1995). A Tabela 14.2 lista as qualidades fundamentais de crianças resilientes sugeridas por Ann Masten e Douglas Coatsworth em uma revisão (1998). Note que as qualidades listadas na tabela são as mesmas associadas a competência em crianças que estão crescendo na pobreza ou em outros ambientes de risco. Como Masten e Coatsworth (1998, p. 212) expressam:

> As crianças resilientes não parecem possuir qualidades misteriosas ou únicas; antes, elas mantiveram ou protegeram recursos importantes representando sistemas protetores básicos no desenvolvimento humano. (...) A competência se desenvolve em meio à adversidade quando, a despeito da situação corrente, sistemas fundamentais que geralmente promovem a competência no desenvolvimento estão operando para proteger a criança ou contra-atacar as ameaças ao desenvolvimento.

Os resultados do estudo longitudinal de longo prazo de Emmy Werner na ilha havaiana de Kauai demonstram que esses fatores operam nas vidas reais (Werner e Smith, 1992). As famílias das crianças e dos adultos resilientes em sua amostra eram claramente mais democráticas, mais coesas e mais afetuosas do que famílias igualmente pobres cujos filhos tinham resultados piores. Similarmente, estudos de meninos criados em comunidades urbanas com alta criminalidade mostram que alta inteligência e pelo menos um nível mínimo de coesão familiar são ingredientes

Tabela 14.2 Características de crianças e adolescentes resilientes

Fonte	Características
Individual	Bom funcionamento intelectual
	Disposição agradável, sociável, calma
	Autoeficácia, autoconfiança, autoestima alta
	Talentos
	Fé
Família	Relacionamento íntimo com figura parental atenciosa
	Paternagem democrática: afeto, estrutura, expectativas altas
	Vantagens socioeconômicas
	Conexões a redes familiares apoiadoras extensas
Contexto Extrafamiliar	Vínculos com adultos pró-sociais fora da família
	Conexões a organizações pró-sociais
	Frequência a escolas efetivas

Fonte: De "The development of competence in favorable and unfavorable environments", de Ann S. Masten, *American Psychologist*, 53, p. 212 (1998). Copyright©1998 pela American Psychological Association. Reimpressa dentro das diretrizes da American Psychological Association e com permissão da autora.

fundamentais afetando a chance de um menino alcançar um padrão bem-sucedido de vida adulta (Long e Vaillant, 1984, McCord, 1982; Sampson e Laub, 1994). Meninos criados em famílias de nível de pobreza assoladas por alcoolismo, que tinham pais com fortes tendências antissociais ou QIs baixos, simplesmente apresentavam probabilidade muito menor de desenvolver a competência necessária para se livrarem de suas circunstâncias difíceis. Portanto, o resultado depende de algum efeito conjunto do número de estresses com que a criança deve lidar e a gama de competências ou vantagens que ela traz para a situação. Pobreza não garante maus resultados, mas ela arranja as cartas contra a maioria das crianças.

> **Objetivo da aprendizagem 14.12**
> Em que aspectos os valores de afro-americanos, hispano-americanos e asiático-americanos diferem?

Raça e etnia

Nos Estados Unidos, visto que a pobreza é tanto mais comum entre alguns grupos étnicos do que entre outros, a condição socioeconômica e o grupo étnico estão fortemente ligados. Devido a essa sobreposição, às vezes é tentador focalizar a atenção somente na condição socioeconômica como o fator mais poderoso, ignorando o impacto adicional da etnia. Por exemplo, que diferença faz para uma criança crescer em uma família cujas raízes culturais enfatizam o coletivismo mais do que o individualismo? Você aprendeu alguma coisa sobre essas questões durante todo o livro, mas aqui faremos um exame final do que se sabe sobre efeitos étnicos, usando os diversos grupos principais nos Estados Unidos como ilustração.

Devemos começar com uma definição de **etnia**. De acordo com Parke e Buriel, "etnia se refere à inclusão de um indivíduo em um grupo que compartilha uma herança ancestral comum baseada em nacionalidade, língua e cultura" (1998, p. 496); o grupo é um **grupo étnico**. A etnia pode incluir um componente biológico ou racial, mas isso não é uma parte essencial da definição. Portanto, raça e etnia não são o mesmo. Etnia se refere primariamente a características sociais e culturais, enquanto raça normalmente designa um grupo com características físicas específicas. Portanto, afro-americanos e asiático-americanos podem ser vistos como categorias étnicas, bem como raciais, enquanto hispano-americanos, polaco-americanos ou ítalo-americanos seriam considerados apenas grupos étnicos.

Esses irlandeses americanos marchando em uma parada do dia de São Patrício se ajustam à definição de um grupo étnico, mas eles não são uma raça.

Afro-americanos Os afro-americanos, que constituem aproximadamente 12% da população total (U.S. Census Bureau, 2008), têm uma cultura que foi moldada por sua herança africana, sua experiência de escravidão e uma experiência contínua de discriminação e segregação. Os valores centrais dessa cultura incluem o seguinte (Hill, Soriano, Chen e LaFromboise, 1994):

- Coletivismo ou comunalismo, em oposição a individualismo; a identidade é coletiva, bem como pessoal.
- Valores centrados mais na pessoa do que nos objetos; os relacionamentos com pessoas são mais importantes do que as posses materiais.
- Mutualidade e reciprocidade; uma crença de que "o que vai, volta", que as ações de cada pessoa eventualmente têm repercussões para aquele indivíduo.
- Uma forte orientação religiosa e espiritual, envolvendo reconhecimento de uma força superior.
- Uma ênfase na importância dos filhos para a continuidade da família.

etnia A inclusão de um indivíduo em um grupo étnico.

grupo étnico "Um subgrupo cujos membros são percebidos por eles mesmos e pelos outros como tendo origem e cultura comuns e atividades em comum nas quais a origem ou a cultura comum é um ingrediente essencial" (Porter e Washington, 1993, p.140).

- Harmonia e um senso de ligação com a natureza, incluindo uma crença na "unidade do ser" de toda humanidade.
- Flexibilidade de papel.

Esses valores, especialmente a ênfase no coletivismo ou comunalismo e a importância dos filhos, contribuíram para um padrão de estrutura familiar que é bastante diferente daquele da cultura da maioria branca. Os brancos concebem "a família" como um pai, uma mãe e diversos filhos. Dentro da cultura afro-americana, "família" tem uma definição mais ampla, incluindo muitas variações de estruturas familiares extensas – um padrão que provavelmente tem suas raízes na cultura africana ocidental (Stewart, 2007; Sudarkasa, 1993). Martin e Martin, em seu livro *The black extended family*, definiram a família afro-americana como um sistema de parentesco multigeracional, interdependente, unido por um senso de obrigação com os parentes; é organizado em torno de uma figura dominante; estende-se para além de fronteiras geográficas para ligar unidades familiares a uma rede familiar extensa; e tem um sistema de ajuda mútua inato para o bem-estar de seus membros e para a manutenção da família como um todo (1978, p. 1). Portanto, o segredo não é simplesmente que três ou mais gerações frequentemente vivem juntas na mesma casa, mas que o contato com os parentes não residentes é frequente e integral ao funcionamento da unidade familiar. Quando indagados, afro-americanos relatam esmagadoramente um forte senso de solidariedade familiar (Hatchett e Jackson, 1993; Wilson, 1986, 1989).

Alguns afro-americanos ensinam seus filhos sobre a cultura africana celebrando Kwanzaa. As velas Kwanzaa representam unidade, autodeterminação, trabalho e responsabilidade coletivos, economia cooperativa, propósito, criatividade e fé.

Dentro dessa subcultura, o casamento não desempenha o papel dominante na formação da família que desempenha entre americanos brancos: menos afro-americanos adultos se casam e o divórcio é mais comum (U.S. Census Bureau, 2008b). Um resultado é que uma porcentagem muito maior de crianças afro-americanas nascem ou são criadas por mães solteiras (Martin et al., 2007). Entretanto, devido à ênfase cultural na importância dos filhos e no comunalismo, essas mães solteiras ocupam um nicho diferente dentro da cultura afro-americana que mães solteiras na cultura majoritária. O último grupo tem maior probabilidade de receber ajuda financeira de seus pais, mas vivem independentemente; uma mãe solteira afro-americana tem maior probabilidade de viver em uma família extensa com sua própria mãe ou avó (DeLeire e Kalil, 2002).

Essas estruturas familiares extensas permitem que os indivíduos unam seus recursos econômicos; elas também fornecem apoio social e emocional importante aos seus membros. A presença da avó das crianças parece fornecer apoio especialmente útil para a mãe solteira jovem; crianças afro-americanas dessas famílias de três gerações vão melhor na escola e apresentam menos problemas de comportamento do que crianças afro-americanas criadas por mães solteiras em famílias sem uma avó (DeLeire e Kalil, 2003). Também há alguma evidência de que a presença da avó aumenta a chance de um bebê desenvolver um apego seguro mais do que um inseguro (Egeland e Sroufe, 1981). Portanto, a família extensa não apenas tem uma história cultural, mas também parece ser uma estratégia adaptativa bem-sucedida para muitas famílias afro-americanas.

A religião também parece desempenhar um papel especial, positivo dentro da cultura afro-americana. A igreja é um lugar para participação e congregação, uma instituição na qual aqueles que assumem papéis específicos alcançam prestígio e posição, uma instituição que pode fornecer ajuda em momentos de necessidade física ou emocional (Dupree, Watson e Schneider, 2005). Para crianças afro-americanas, a participação em atividades da igreja também parece ser um fator positivo; alguns estudos sugerem que aquelas que são mais ativas em uma igreja têm maior probabilidade de serem bem-sucedidas em outras áreas, tais como na escola ou no trabalho (Lee, 1985).

A cultura de famílias afro-americanas também é profundamente moldada pela persistência do preconceito. Adolescentes afro-americanos que estão mais conscientes desse preconceito têm maior probabilidade de ver a realização escolar como irrelevante (Taylor, Casten, Flickinger, Roberts e Fulmore, 1994). Mesmo o processo de luto por entes queridos perdidos parece ser complicado por essa consciência de preconceito racial histórico. Os pesquisadores verificaram que as memórias de afro-americanos de parentes que faleceram são frequentemente emolduradas em termos de como o preconceito racial interferiu na busca de objetivos de vida do indivíduo (Rosenblatt e Wallace, 2005). Quando essas memórias são compartilhadas com as crianças, é provável que elas aumentem a sua consciência da noção de que afro-americanos encontram obstáculos na vida que membros de outros grupos não encontram. Em uma observação positiva, contudo, essas histórias também podem aumentar os sentimentos de orgulho em relação à história e ao senso de identidade étnica de suas famílias.

Visto que tantas famílias afro-americanas e seus filhos vivem na pobreza ou na quase-pobreza, é muito difícil escolher que padrões são devidos a condições econômicas e quais são devidos a processos culturais afro-americanos característicos. Esses fatores obviamente interagem e são ainda mais enraizados dentro da cultura mais ampla, na qual preconceito e discriminação contra afro-americanos ainda são parte da vida diária.

Hispano-Americanos Algumas das afirmações feitas acima sobre afro-americanos também são verdadeiras para hispano-americanos, para os quais a pobreza também é endêmica. O termo *hispânico* foi escolhido pelo Departamento de Comércio para designar qualquer pessoa com raízes familiares em países de língua espanhola, da América Central ou América do Sul. O termo *latino*, que muitas pessoas preferem, é a palavra espanhola para o mesmo grupo. Os hispânicos representam o grupo de minoria que mais cresce nos Estados Unidos. Em 1980, apenas 6% da população era hispânica. Em 2006, a proporção tinha aumentado para 15% (U.S. Census Bureau, 2008b).

Inúmeros subgrupos, diferindo um pouco em valores e tradições culturais, compreendem a população hispânica nos Estados Unidos. Mais de 60% é de origem mexicana, 12% são de origem porto-riquenha e 4% são de origem cubana (U.S. Census Bureau, 2001). O restante vem de outros países da América Central e América do Sul. Dentro desse grupo diverso, os porto-riquenhos têm as taxas mais altas de pobreza; suas taxas de divórcio são comparáveis àquelas entre afro-americanos. Tanto os mexicano-americanos como os cubano-americanos têm taxas de divórcio próximas da taxa entre brancos norte-americanos.

Esses subgrupos, entretanto, compartilham inúmeros valores culturais, os quais são aspectos de uma visão de mundo coletivista básica (Hill et al., 1994; Parke e Buriel, 1998):

- A preferência por participação em grupo ou trabalho de grupo em vez de esforço individual (*alocentrismo*).
- Forte compromisso e adesão à família; colocar a família antes do indivíduo; a autoidentidade está incrustada na família (*família*).
- Evitação de conflito pessoal; manter a paz a qualquer custo (*simpatia*).
- Respeito e deferência a autoridade, como pais, idosos, professores ou governantes (*respeito*).
- Alto valor colocado nos relacionamentos pessoais, que são vistos como mais importantes que reputação ou ganho material; os sentimentos e as necessidades dos outros são supremos; a competição é desencorajada (*personalismo*).

Além disso, naturalmente, há também o traço comum da língua espanhola. A maioria dos hispano-americanos hoje ou fala apenas espanhol ou é bilíngue. Devido à rápida imigração recente, mais da metade das crianças em idade escolar hispano-americanas têm proficiência na língua inglesa apenas limitada; uma mudança para o inglês como a língua dominante geralmente ocorre entre os hispano-americanos da segunda

Esta família hispano-americana obviamente assimilou um pouco da cultura norte-americana mais ampla: eles estão celebrando o dia de Ação de Graças. Ao mesmo tempo, eles sem dúvida retêm muitos aspectos de sua própria cultura, incluindo a centralidade da lealdade familiar.

ou terceira geração, mas muitos, senão a maioria, continuam a falar espanhol em casa (Hakimzadeh e Cohn, 2007). Muitas comunidades hispano-americanas também têm jornais, estações de rádio e TV de língua espanhola; em muitos bairros, o espanhol é a língua dominante.

O significado da vida familiar dentro da cultura hispano-americana é rigoroso a exagerado. A família nuclear é o centro desse sistema familiar, embora o contato com membros da família extensa e com "parentes fictícios" é frequente (Howes, Guerra e Zucker, 2007). Os *parentes fictícios*, também comuns em sistemas familiares extensos afro-americanos, poderiam incluir os padrinhos de um filho ou outros amigos que desenvolvem uma ligação de longo prazo com a família e com cada criança (Keefe e Padilla, 1987).

Esse padrão parece ser mais forte em imigrantes da primeira geração, que contam quase exclusivamente com membros da família para apoio emocional e solução de problemas. Os filhos de imigrantes parecem ter mais redes extensas de não parentes, e muitos mudam um pouco para um conjunto de valores individualistas – com aumentos concomitantes no estresse intrafamiliar (Delgado-Gaitan, 1994; Parke e Buriel, 1998). Tanto nas famílias imigrantes recentes quanto nas da segunda geração, entretanto, a família extensa desempenha claramente um papel mais central na vida diária dos hispano-americanos do que na cultura da maioria.

Essa ênfase no papel central da família é refletida nos valores ensinados às crianças para que se tornem *bem educadas*. A frase não denota sobretudo educação formal, mas, antes, a capacidade de funcionar bem em qualquer ambiente social sem desrespeito ou grosseria. Portanto, *bem educado* inclui polidez, respeito, lealdade, apego à família extensa e cooperação com os outros. As mães hispano-americanas enfatizam a importância de um filho demonstrar conduta adequada em público; uma mãe americana branca, ao contrário, provavelmente fica satisfeita ou mesmo orgulhosa quando seu filho se comporta de alguma forma independente e mesmo ligeiramente desobediente (Harwood, 1992).

Os valores são ensinados em casa através de todos os mecanismos sobre os quais você leu até agora neste livro: modelação, reforço direto e estilo de interação familiar. Inúmeros estudos sugerem que quanto mais os pais hispano-americanos se identificam com sua herança étnica, maior a probabilidade de que a criança apresente essas qualidades valorizadas, tais como a preocupação pelos outros (Knight, Cota e Bernal, 1993). Além disso, quando os filhos de imigrantes hispano-americanos adquirem uma identidade bicultural que inclui uma forte identificação com a cultura de seus pais, juntamente com um senso de entrosamento na cultura dominante dos Estados Unidos, eles alcançam altos níveis tanto de ajustamento social como de realização acadêmica (Coatsworth, Maldonado, Molina, Pantin e Szapocznik, 2005).

Asiático-americanos A cultura asiático-americana também dá grande ênfase à obediência à família, ao respeito pelos idosos e à honra familiar. As famílias asiático-americanas também lembram as famílias hispano-americanas em alguns aspectos: frequentemente incluem três gerações na mesma casa; são geralmente organizadas hierarquicamente, com o pai como o chefe óbvio, e há uma forte ênfase na interdependência de membros da família. Apesar dessas semelhanças superficiais com outros grupos étnicos, a mistura de valores nas famílias asiático-americanas inclui vários que são diferentes (American Psychological Association, 1993; Park, 2005; Parke e Buriel, 1998):

- Pacifismo, autodisciplina, autocontrole – todos valores ligados ao confucionismo e, portanto, comum entre grupos asiáticos com forte herança confuciana (chineses, coreanos e vietnamitas particularmente, com menos influência entre os japoneses).
- Uma ênfase na hierarquia e respeito nos sistemas sociais e relacionamentos pessoais (os pais são superiores aos filhos, os homens às mulheres), também baseada no confucionismo.
- Fortes ligações familiares; é esperado que os jovens obedeçam aos mais velhos; solidariedade familiar e relacionamentos harmoniosos são altamente valorizados; as necessidades familiares vêm antes das necessidades individuais.
- Uma forte crença de que cada pessoa controla seu próprio destino.
- Uma poderosa ética de trabalho e crença na importância da realização.

O modelo de família asiático-americana inclui uma surpreendente combinação de indulgência, contato físico, conforto e cuidado por um lado; altas expectativas por obediência e realização do outro. As crianças são ensinadas que a empatia pelos outros é altamente importante e, contu-

Brian, 9 anos, obtém ajuda de seu pai com seu dever de casa – um acontecimento comum nas famílias asiático-americanas, nas quais os pais tipicamente enfatizam a importância do esforço para alcançar objetivos acadêmicos.

do, respeitar a privacidade também é crítico (Barry, Bernard e Beitel, 2008). Acima de tudo, as crianças são altamente valorizadas, embora as necessidades coletivas da família normalmente tenham precedência sobre as necessidades individuais (Paiva, 2008; Rothbaum, Pott e Morelli, 1995).

Os asiático-americanos também acreditam no esforço individual como um dos caminhos principais para o sucesso (Harrison et al., 1990; Stevenson, 1988). Na cultura americana branca, a capacidade mais do que o esforço é vista como a chave para o sucesso. Essa diferença não é trivial. Se você acreditar na capacidade como o ingrediente-chave, então não há muito sentido em pressionar por grande esforço, e você aceitará o desempenho medíocre de seu filho. Um pai asiático-americano, ao contrário, acreditando na centralidade do esforço, adota uma atitude muito diferente em relação ao sucesso e ao fracasso de seu filho: o pai dá mais ou menos valor ao sucesso, mas responde ao fracasso insistindo em mais esforço. Devido a esses sistemas de crenças diferentes, os pais asiático-americanos passam mais tempo ensinando seus filhos e têm padrões mais altos para a realização deles. Eles também têm menor probabilidade de estar satisfeitos com as escolas de seus filhos, acreditando que as escolas também podem sempre fazer melhor. Contudo, a despeito do que parece (aos olhos dos americanos brancos) uma forte pressão para realização, os estudantes asiáticos e asiático-americanos não relatam altos sentimentos de estresse ou ansiedade, enquanto adolescentes americanos brancos de alta-realização relatam sentimentos frequentes de estresse (Crystal et al., 1994).

Dadas todas essas diferenças, não é surpresa que crianças asiático-americanas enquanto grupo alcancem níveis mais altos nas escolas do que qualquer outro grupo nos Estados Unidos, exatamente como crianças asiáticas em Japão, China, Taiwan e Coreia costumam superar crianças e adolescentes norte-americanos em testes padronizados de matemática e ciências, conforme você tomou conhecimento no Capítulo 7. Da mesma forma, você deve se lembrar da discussão de educação escolar em casa que uma proporção de asiático-americanos maior do que qualquer grupo nos Estados Unidos completa o ensino médio e a universidade.

A etnia em perspectiva A que conclusões pode-se chegar sobre o papel da etnia (ou, mais amplamente, da cultura) no desenvolvimento das crianças com base nesses esboços breves (e bastante simplistas)? Infelizmente, a não muitas. Primeiro e acima de tudo, naturalmente, você leu quase inteiramente sobre subgrupos dentro da cultura norte-americana, que diz pouca coisa sobre outros sistemas culturais. E mesmo dentro desses limites, a maior parte da pesquisa envolve comparações de cada grupo étnico com crianças ou famílias na cultura majoritária. Até recentemente, a maior parte dessa pesquisa presumia que a cultura dominante era certa ou "normal" e que todas as outras variações eram inferiores ou "desvios" do padrão. Aquela suposição enfraqueceu, mas os desenvolvimentalistas têm pouca informação concomitante sobre esses grupos e ainda menos dados sobre se os mesmos processos operam em cada subgrupo. O que lhes restou foi um tipo de instantâneo de cada grupo, sem ter como explicar que características são as mais cruciais, que atitudes ou valores são mais significativos.

Por exemplo, se os desenvolvimentistas examinarem as razões para bom ou mau desempenho escolar em diferentes subculturas, a que conclusões eles podem chegar? O bilinguismo não pode ser o único fator, porque tanto asiático-americanos como hispano-americanos são geralmente bilíngues; o estilo de criação de filhos não pode ser o único fator, porque pais asiático-americanos têm maior probabilidade de serem autoritários (pelas definições da pesquisa atual), contudo, seus filhos vão bem na escola. Sem dúvida é o padrão de valores e de comportamento parental que é crucial, e não qualquer variável isolada (Knafo, Daniel e Khoury-Kassabri, 2008). Culturas e subculturas são sistemas incrivelmente complexos; seus efeitos se originam das combinações de fatores, não meramente da soma de um conjunto de variáveis separadas. Além disso, é fundamental tentar entender como cada subcultura, cada conjunto de valores, combina com ou diverge dos valores da cultura majoritária. Para uma criança crescendo com um pé em uma cultura e um em outra, essas são questões altamente importantes.

A cultura como um todo

> **Objetivo da aprendizagem 14.13**
> De que forma a cultura como um todo afeta o desenvolvimento das crianças?

Uma cultura como um todo também é um sistema, composto de valores, suposições e crenças, um sistema político e um econômico, padrões de relacionamentos pessoais, e assim por diante. Cada parte do sistema afeta todas as outras partes; a mudança em uma parte muda o todo. As consequências culturais amplas do aumento rápido no número de mulheres na força de trabalho nos Estados Unidos e em outros países industrializados são um exemplo muito bom. Ele levou, entre muitas outras coisas, a um rápido crescimento da demanda por cuidado não parental (com consequentes mudanças na vida das crianças), a mudanças nos relacionamentos homem-mulher, a novos alinhamentos políticos e a novos arranjos nos padrões de interações dentro das famílias, que por sua vez afeta as crianças ainda de outras formas.

Durante este livro, você tomou conhecimento das sequências do desenvolvimento das crianças que parecem ocorrer independentemente do contexto cultural. Ao mesmo tempo, exemplos de diferenças culturais também são evidentes. No nível mais visível e mensurável estão as variações culturais nas crenças específicas das crianças, nos roteiros sociais que elas aprendem, nos padrões de relacionamentos familiares e de parentesco que elas experimentam.

Um exemplo interessante vem do trabalho de Giyoo Hatano e colaboradores (1993; Inagaki e Hatano, 2004) que comparou crenças sobre a natureza de plantas e animais entre crianças de jardim de infância, 2ª e 4ª séries japonesas, israelitas e norte-americanas. Piaget observou, e outros confirmaram, que crianças pequenas tipicamente veem o mundo através das lentes do *animismo*, que as leva a atribuir não apenas vida, mas também sentimentos e autoconsciência a objetos inanimados, plantas e animais. Mais tarde, elas diferenciam entre essas diversas facetas da vida e entendem que as plantas são vivas, mas não têm autoconsciência. O estudo de Hatano confirma os aspectos amplos dessa mudança: as crianças pequenas em todas as três culturas tinham crenças muito mais fortes no animismo. Mas Hatano também encontrou diferenças no padrão de desenvolvimento, dependendo das crenças culturais específicas sobre a vida.

A cultura japonesa inclui a crença de que as plantas são muito semelhantes aos seres humanos; no sistema budista, acredita-se que mesmo uma folha de grama tem uma mente. Em comparação, na língua e na cultura israelita, as plantas são colocadas em uma categoria bastante diferente de animais e seres humanos. Quando as crianças no Japão e em Israel foram indagadas se uma árvore ou uma tulipa tinha vida, 91% das crianças de 4ª série japonesas – mas apenas 60% das crianças de 4ª série israelitas – disseram que sim. Um quinto das crianças de 4ª série japonesas atribuía propriedades sensoriais às plantas, dizendo que uma árvore ou uma tulipa podia sentir frio ou dor se fosse machucada com uma vara. No total, devido à sua distinção mais forte entre plantas e animais, as crianças israelitas foram muito mais lentas que as crianças japonesas ou norte-americanas para chegar ao entendimento de que pessoas, animais e plantas estão todos vivos. Esse estudo ilustra tanto um padrão de desenvolvimento subjacente, que parece ser compartilhado pelas culturas, quanto as variações culturais baseadas naquele padrão básico.

Não é difícil gerar hipóteses semelhantes. Por exemplo, as culturas podem variar na proporção de crianças segura e inseguramente apegadas devido a variações em seus estilos de criação de filhos ou crenças típicas, ainda que o processo pelo qual uma criança se torna segura ou inseguramente apegada seja quase o mesmo de uma cultura para outra. De forma semelhante, os adolescentes em todas as culturas necessitam mudar sua identidade ao menos em alguma medida a fim de entrar no mundo adulto, mas culturas que fornecem rituais de iniciação na puberdade podem tornar o processo muito mais simples e menos confuso.

Certamente, os desenvolvimentalistas precisam saber muito mais sobre como as variações culturais afetam o desenvolvimento. Mas conforme você leu no Capítulo 1, eles também têm de fazer um conjunto mais sutil de perguntas. Em particular, eles precisam saber se o relacionamento entre os eventos ambientais ou as características de uma criança e alguma consequência para esta é o mesmo em todas as culturas. A criação democrática de filhos é o ideal em todas as culturas ou algum outro estilo é melhor para preparar crianças para a vida adulta em alguns cenários? As crianças agressivas são impopulares em todas as culturas ou há alguns cenários nos quais a agressividade é altamente valorizada? Na realidade, a impopularidade na infância é um fator de risco importante para disfunção adulta em todas as culturas? Até agora não há respostas, embora os pesquisadores estejam começando a fazer as perguntas.

Pensamento crítico

- Quais são algumas das implicações da visão de Sandra Scarr de que as escolhas dos pais em relação a cuidado não parental são uma extensão de seus valores e estilos de paternagem?
- Suponha que o aniversário de uma criança seja alguns dias após a data limite de seu distrito escolar local para ingresso na 1ª série. À luz da evidência sobre os efeitos da educação escolar sobre os quais você leu neste capítulo, quais seriam os prós e os contras de mandar a criança para uma escola particular para cursar a 1ª série de modo que ela fosse elegível para a 2ª série em uma escola pública no ano seguinte?

Conduza sua própria pesquisa

Na seção sobre cuidado não parental, você tomou conhecimento de que muitas crianças são colocadas em múltiplas situações de cuidado. Você pode descobrir com que frequência tais arranjos ocorrem em sua própria área entrevistando pais em uma creche local. Primeiro, explique seu projeto à diretora da creche e obtenha a permissão dela para entrevistar os pais quando eles vierem buscar seus filhos todas as tardes. Em seguida, passe alguns finais de tarde na creche conduzindo suas entrevistas. Pergunte aos pais quantos dias por semana seus filhos frequentam a creche e se eles também estão em outros tipos de cuidado não parental. Também pergunte quantos tipos diferentes de creche cada criança experimentou desde o nascimento. Mantenha registros tanto do número quanto dos tipos de arranjos de cuidado que cada criança está atualmente experimentando e foi exposta no passado.

Resumo

CUIDADO NÃO PARENTAL

14.1 Por que é difícil estudar os efeitos do cuidado não parental?

- O cuidado não parental é difícil de estudar porque envolve muitas variáveis. Além disso, os arranjos de cuidado interagem com variáveis familiares como renda e nível educacional dos pais. Frequentemente, é impossível separar os efeitos do cuidado não parental dos efeitos dessas variáveis.

14.2 Como o cuidado não parental precoce afeta o desenvolvimento de bebês e crianças pequenas?

- Um estudo importante mostrou que a creche não tem efeitos negativos globais sobre a segurança do apego das crianças a seus pais. A creche frequentemente tem efeitos positivos sobre o desenvolvimento cognitivo de crianças menos favorecidas, mas pode ter efeitos negativos sobre crianças mais favorecidas se houver uma grande discrepância entre o ambiente da casa e o nível de estimulação na creche. Como a creche afeta a personalidade de uma criança depende da qualidade do cuidado. Uma situação organizada, estruturada é preferível. Respostas fisiológicas de bebês ao estresse associado com cuidado não parental podem estar por baixo de sua associação com consequências para o desenvolvimento.

14.3 Como o autocuidado afeta o desenvolvimento de crianças em idade escolar?

- O autocuidado está associado a diversos efeitos negativos. As meninas, as crianças que vivem em bairros seguros e crianças cujos pais monitoram de perto suas atividades após a escola são as que têm menor probabilidade de ser negativamente afetadas pelo autocuidado.

O IMPACTO DAS ESCOLAS

14.4 Como as várias abordagens à educação da primeira infância diferem e como a pré-escola afeta o desenvolvimento das crianças?

- As abordagens ao desenvolvimento, tais como o método Montessori, buscam apoiar o alcance de metas do desenvolvimento de ocorrência natural. As abordagens acadêmicas instruem os pré-escolares nas habilidades necessárias para o sucesso no ensino fundamental. As práticas adequadas ao desenvolvimento são baseadas em um entendimento de universais do desenvolvimento, de diferenças individuais e dos contextos sociais e culturais do desenvolvimento. Os programas de pré-escola e de jardim de infância de período integral podem ter benefícios limitados para crianças que não têm incapacidades e que vêm de famílias com recursos econômicos adequados. Experiências de aprendizagem em cenários menos formais podem contribuir tanto para o desenvolvimento dessas crianças quanto programas educacionais estruturados.

14.5 Que fatores contribuem para a educação escolar efetiva no nível fundamental e como o ensino fundamental influencia o desenvolvimento das crianças?

- Estilo de ensino, tamanho da classe e envolvimento parental contribuem para o desempenho das crianças no ensino fundamental. A adaptação de uma criança à escola é afetada por sua facilidade em aprender a ler, bem como pelo envolvimento de seus pais na escola e em seu desempenho educacional. A experiência da escola parece estar causalmente ligada a alguns aspectos do desenvolvimento cognitivo.

14.6 Como as metas de realização das crianças mudam durante a transição para o ensino médio?

- As crianças demonstram perdas no desempenho em cada transição escolar. A maioria das crianças é motivada por metas de tarefa no ensino fundamental, mas metas de capacidade se tornam mais comuns após a transição para o ensino médio, em que o agrupamento de capacidade é mais evidente do que nas séries anteriores. Quando as crianças falham em satisfazer as demandas do ensino médio, elas perdem a confiança em suas capacidades e demonstram níveis mais baixos de autoestima. Igualmente, estudantes que têm fraco desempenho nos primeiros dois anos do ensino médio têm menor probabilidade de se formar, um resultado que afeta suas chances de sucesso acadêmico e econômico na idade adulta.

14.7 O que os pesquisadores constataram sobre estudantes não envolvidos e envolvidos?

- Na adolescência, as crianças têm uma ideia claramente desenvolvida de suas habilidades e capacidades comparativas. Essas crenças são um elemento significativo nas decisões sobre terminar o ensino médio ou desistir dos estudos. Estudantes não envolvidos exibem um padrão de comportamento que inclui fracasso acadêmico, falta de participação em atividades extracurriculares e taxas aumentadas de comportamento de risco. Os estudantes envolvidos são mais interessados na escola e investem esforço pessoal no trabalho escolar e em atividades extracurriculares.

14.8 Por que alguns pais escolhem o ensino em casa para seus filhos?

- Alguns pais escolhem educar seus filhos em casa por razões religiosas. Outros querem fornecer instrução personalizada para uma criança com incapacidades. Alguns pais escolhem a educação escolar em casa a fim de proteger seus filhos de influências negativas do grupo. Geralmente, crianças que estudam em casa exibem algumas diferenças de seus pares que frequentam a escola, mas a pesquisa tem sido rara e inclui apenas aquelas crianças educadas em casa cujas famílias foram voluntárias para participar do estudo.

O IMPACTO DA MÍDIA DE ENTRETENIMENTO

14.9 Quais são os efeitos da televisão e dos *videogames* no desenvolvimento das crianças?

- Crianças que assistem especificamente programação de TV educativa podem ganhar habilidades ou atitudes positivas. Os especialistas concordam que assistir a violência na televisão aumenta o nível de agressividade demonstrado por uma criança. Os *videogames* podem aumentar as habilidades cognitivas espaciais; entretanto, aqueles que são violentos podem contribuir para comportamento agressivo.

14.10 Quais são os papéis de computadores e de multitarefas eletrônicas no desenvolvimento das crianças?

- As crianças usam computadores para o trabalho escolar e para jogar. O uso do computador e da internet pode aumentar as notas das crianças e os escores em testes de realização. A multitarefa pode interferir na aprendizagem, levar a aumentos na busca de sensação e aumentar a ansiedade.

EFEITOS DO MACROSSISTEMA: O IMPACTO DA CULTURA MAIS AMPLA

14.11 Quais são os efeitos da pobreza nas crianças e nas famílias?

- Crianças crescendo na pobreza, talvez especialmente a pobreza urbana, estão em marcada desvantagem em muitos aspectos, incluindo ter menos acesso a tratamento médico e maior exposição a estresses múltiplos. Elas se saem pior na escola e abandonam os estudos a taxas muito mais altas. Alguns fatores protetores, incluindo apego seguro, QI mais alto, paternagem democrática e escolas efetivas, podem ajudar a contrabalançar os efeitos da pobreza para algumas crianças.

14.12 Em que aspectos os valores de afro-americanos, hispano-americanos e asiático-americanos diferem?

- A subcultura afro-americana inclui uma forte ênfase na família extensa e no contato com parentes e na religião. Os hispano-americanos também colocam grande ênfase nos laços familiares; sua ênfase na honra e na solidariedade familiar é aumentada pelo uso de uma língua comum. Em seu sistema cultural coletivista, o contato com parentes é frequente e central na vida diária. Os asiático-americanos também enfatizam o respeito e a lealdade com a família, mas salientam a importância central do esforço (mais do que da capacidade inerente) como o caminho para a realização.

14.13 De que forma a cultura como um todo afeta o desenvolvimento das crianças?

- Os desenvolvimentalistas têm muito pouco entendimento de como as variações culturais influenciam o desenvolvimento. Alguns padrões e alguns processos básicos do desenvolvimento (tais como desenvolvimento moral e apego) parecem ser independentes da cultura. Outros processos e padrões são afetados por variações culturais.

Termos-chave

abordagem acadêmica (p. 392)
abordagem do desenvolvimento (p. 392)
educação da primeira infância (p. 392)
etnia (p. 412)
grupo étnico (p. 412)
metas de capacidade (p. 397)
meta de tarefa (p. 397)
práticas adequadas ao desenvolvimento (p. 393)

15 Desenvolvimento Atípico

Objetivos da Aprendizagem

Entendendo o desenvolvimento atípico

15.1 Que tipos de problemas se enquadram na esfera de desenvolvimento atípico?

15.2 Como as perspectivas biológica, psicodinâmica, da aprendizagem e cognitiva explicam o desenvolvimento atípico?

15.3 O que é psicopatologia do desenvolvimento e como ela mudou a abordagem dos psicólogos sobre as questões relacionadas ao desenvolvimento atípico?

Problemas de atenção e problemas externalizantes

15.4 Que rótulos diagnósticos são dados a crianças que têm problemas de atenção?

15.5 Que comportamentos estão associados ao transtorno desafiador de oposição?

15.6 Quais são os transtornos da conduta de início na infância e de início na adolescência, e como eles diferem de delinquência?

Problemas internalizantes

15.7 Como os desenvolvimentalistas definem e explicam os transtornos da alimentação?

15.8 Que fatores predispõem os adolescentes ao transtorno depressivo maior?

15.9 Que fatores de risco estão associados ao suicídio na adolescência?

Desenvolvimento intelectual e social atípico

15.10 Quais são as características de crianças com retardo mental?

15.11 Como os transtornos de aprendizagem afetam o desenvolvimento das crianças?

15.12 Quais são as características de crianças dotadas?

15.13 Que comportamentos são exibidos por crianças com transtornos invasivos do desenvolvimento?

Educação escolar para crianças atípicas

15.14 O que os pesquisadores descobriram sobre a efetividade da educação inclusiva para crianças com incapacidades?

Como sempre, Winnie estava em uma correria no dia em que precisou levar sua filha de 14 anos, Lynn, ao consultório do pediatra após a escola para tomar uma vacina contra o sarampo. Pensamentos sobre como ela poderia pegar o irmão de 10 anos de Lynn no treino de futebol a tempo corriam por sua mente enquanto a enfermeira pesava e media Lynn antes de lhe dar a injeção. Portanto, Winnie ficou um pouco aborrecida quando a enfermeira lhe disse que Lynn teria que ver o médico antes de poder tomar a vacina.

Quando o pediatra entrou, pediu que Winnie saísse da sala de exames a fim de que ele pudesse falar com Lynn sozinho. Alguns minutos depois, o médico a chamou de volta ao consultório. Winnie ficou chocada quando ele lhe perguntou se ela estava ciente de que Lynn havia perdido 6 quilos desde sua última consulta, apenas 6 meses antes. Ele salientou que o peso de Lynn, 43 Kg, estava muito abaixo do adequado para sua altura de 1,65 m. Juntos, Lynn, Winnie e o pediatra discutiram a possibilidade de que Lynn pudesse estar sofrendo de um transtorno da alimentação.

Muitos pais, como Winnie, ficam surpresos quando tomam conhecimento de que seu adolescente tem um problema comportamental ou emocional sério. A surpresa deles é derivada de anos de observação do que parece ser um caminho de desenvolvimento normal do filho no qual todos os marcos evolutivos antecipados pareciam ser o esperado. Contudo, a experiência de Winnie – e a de outros pais como ela – representa apenas um de diversos padrões nos quais mudanças não normativas que ameaçam o bem-estar de uma criança, ou *mudanças atípicas do desenvolvimento*, aparecem na vida de uma criança. (Lembre-se do Capítulo 1 que mudanças não normativas são aquelas mudanças do desenvolvimento que resultam de eventos únicos, não compartilhados.) Algumas mudanças não normativas desse tipo são evidentes desde os primeiros meses de vida. Por exemplo, a síndrome de Down, sobre a qual você tomou conhecimento no Capítulo 2, é identificada antes do nascimento. Outras podem ser facilmente identificadas antes do segundo aniversário de uma criança. Outras, ainda, não se tornam conhecidas até a criança entrar na escola.

Esses caminhos não normativos são o tema deste capítulo. Cada um desses caminhos impõe aos pais um conjunto único de desafios. O fato de que muitos (mesmo a maioria) deles conseguem se adaptar efetivamente à presença da criança que exibe desenvolvimento atípico é testemunho da devoção e do imenso esforço despendido.

Entendendo o desenvolvimento atípico

Talvez o melhor ponto de partida para nossa discussão seja desenvolver uma definição prática de *desenvolvimento atípico*. Há muitos comportamentos que poderiam ser chamados de *atípicos* se fôssemos usar a definição literal do termo – ou seja, *não típico*. A maioria das crianças faz coisas que outras considerariam incomum, mas na maioria dos casos esses comportamentos se enquadram dentro da gama normal de variação. Em contraste, **desenvolvimento atípico** envolve comportamentos que não são apenas incomuns, mas também parte de um padrão permanente que interfere no desenvolvimento de uma criança de formas significativas.

desenvolvimento atípico
Um padrão permanente de comportamento que é incomum, comparado ao comportamento de outros da idade da criança, e que interfere no desenvolvimento da criança de alguma forma significativa.

Tipos de problemas

Conforme observamos, em um momento ou outro, a maioria das crianças apresenta algum tipo de comportamento que seus pais descreveriam como "incomum" ou "anormal" (Klass e Costello, 2003). Por exemplo, cerca de 10% das crianças em idade escolar urinam nas calças com frequência suficiente para seus pais expressarem preocupação sobre isso ao pediatra (Coury, 2002). Esses problemas, embora merecedores de mais investigação, quase sempre se enquadram dentro da variação de desenvolvimento típico e não são indicativos de um problema mais profundo (ver *Ciência do desenvolvimento no mundo real*). Geralmente, os desenvolvimentalistas rotulam o desenvolvimento de uma criança como atípico apenas se um problema persistir por 6 meses ou mais tempo ou se o problema estiver na extremidade final do *continuum* para aquele comportamento.

Objetivo da aprendizagem 15.1
Que tipos de problemas se enquadram na esfera de desenvolvimento atípico?

CIÊNCIA DO DESENVOLVIMENTO NO MUNDO REAL
Saber quando procurar ajuda profissional

Lucinda é uma menina de 4 anos que está atualmente envolvida em uma batalha constante com seus pais. O arranjo adequado do espaguete é a disputa central em sua batalha. Lucinda está convencida de que o espaguete e o molho devem se tocar apenas na boca de uma pessoa. Consequentemente, ela insiste que seu espaguete seja servido em duas tigelas separadas, uma para a massa e outra para o molho. Além disso, Lucinda requer uma colher para o molho e um garfo para a massa. Ela fica histérica à mais ligeira sugestão de que deve tentar comer seu espaguete da forma mais convencional. Seus pais começaram a se preocupar de que ela pudesse ter algum tipo de transtorno mental sério e se perguntam se devem consultar um psicólogo infantil. A resposta deles é típica dos pais de hoje, muitos dos quais são bem informados sobre desenvolvimento infantil (Klass e Costello, 2003). Mas muitos tipos de comportamento difícil podem muito bem estar dentro dos limites de diferenças individuais normais. Portanto, é compreensível que os pais possam temer estar exagerando se concluírem que seu filho pode ter um problema sério.

Listas de verificação desenvolvidas por especialistas em psicopatologia do desenvolvimento podem ser úteis para diferenciar comportamento difícil de manejar de comportamento que pode indicar um transtorno para o qual o cuidado profissional é adequado. Uma dessas listas foi publicada pela National Mental Health Association (disponível em http://www.nmha.org). Aqui estão alguns dos sinais de alerta para crianças e adolescentes:

- Mudanças nos relatórios de notas e comportamento dos professores
- Mudanças nos padrões de sono ou alimentação
- Dores de estômago frequentes ou outros sintomas físicos menores
- Preocupação excessiva com perda de peso
- Uma expressão facial triste que persiste durante um período de semanas
- Acessos de raiva que levam a destruição de propriedade ou agressão contra outros
- Atividade muito mais excessiva do que aquela exibida por crianças da mesma idade
- Desafio obstinado frequente à autoridade dos pais ou professores

Naturalmente, nem toda criança ou adolescente que exibe tal comportamento tem um transtorno psicológico sério. Contudo, quando o padrão de comportamento difícil de uma criança combina com um ou mais desses sinais, os pais provavelmente devem adotar a abordagem "melhor prevenir do que remediar" e consultar um profissional da saúde mental.

Questões para reflexão
1. De acordo com a lista de verificação, é provável que o comportamento de comer espaguete de Lucinda seja um sinal de um transtorno psicológico? Por quê ou por que não?
2. Que estratégias os pais de Lucinda poderiam usar para fazê-la tentar comer espaguete da forma que a maioria das pessoas faz?

Os pais com frequência temem que seus filhos tenham algum tipo de transtorno mental grave. Entretanto, a maioria dos problemas de comportamento, como o acesso de raiva desta criança, se enquadra na variação de comportamento normal.

---

transtorno psicológico Um padrão de comportamento que é incomum na cultura de uma pessoa e interfere em seu funcionamento psicológico, social e/ou educacional.

problemas de atenção Uma categoria de psicopatologias que prejudicam a capacidade de concentração da pessoa, incluindo transtorno de déficit de atenção/hiperatividade e transtorno hipercinético.

problemas externalizantes Uma categoria de psicopatologias que inclui qualquer comportamento desviante dirigido principalmente para os outros, como transtornos da conduta.

Dentro da esfera de desenvolvimento atípico, os *transtornos psicológicos* constituem uma categoria importante de problemas. Um **transtorno psicológico** é um padrão de comportamento incomum na cultura de uma criança e interfere em seu funcionamento psicológico, social e/ou educacional. Há três categorias principais de transtornos psicológicos em crianças e adolescentes. As duas primeiras são **problemas de atenção** (mais particularmente, transtorno de déficit de atenção/hiperatividade), que prejudicam a capacidade de se concentrar e **problemas externalizantes** (também descritos como *transtornos de comportamento disruptivo*), incluindo delinquência e agressividade ou desafio excessivo, nos quais o comportamento desviante é dirigido para o exterior. A terceira categoria, **problemas internalizantes** (também denominados *transtornos emocionais*), inclui problemas como depressão, ansiedade ou transtornos da alimentação, nos quais o comportamento desviante é largamente dirigido para o interior, contra o próprio indivíduo. Você lerá mais sobre cada uma dessas categorias posteriormente no capítulo.

Há diversos outros tipos de desenvolvimento atípico que se encontram fora dessas três categorias básicas. Por exemplo, indivíduos em ambos os extremos da escala de QI são típicos quando comparados a outros de sua idade. Igualmente, crianças que têm inteligência média, mas que estão vários anos atrás de seus pares em desempenho escolar são considerados atípicos. Crianças com prejuízos sociais graves constituem outro grupo cujo desenvolvimento é atípico. Você também ficará sabendo mais sobre esses grupos de crianças.

Perspectivas teóricas sobre desenvolvimento atípico

> **Objetivo da aprendizagem 15.2**
> Como as perspectivas biológica, psicodinâmica, da aprendizagem e cognitiva explicam o desenvolvimento atípico?

Muitas das perspectivas teóricas sobre as quais você leu em capítulos anteriores foram invocadas para explicar o desenvolvimento atípico (ver Tabela 15.1). Por exemplo, a *perspectiva biológica* considera o desenvolvimento atípico um sintoma de uma causa física subjacente, tal como herança genética, anormalidades ou desequilíbrios bioquímicos, anormalidades estruturais dentro do cérebro e/ou infecção. Consequentemente, aqueles que adotam a perspectiva biológica geralmente são a favor de tratamentos biológicos como medicamentos.

Originalmente proposta por Freud, a *perspectiva psicodinâmica (psicanalítica)* afirma que o desenvolvimento atípico se origina de experiências e conflitos emocionais inconscientes, não resolvidos da primeira infância. A causa suposta pela abordagem psicodinâmica também sugere a cura, a psicanálise, que Freud desenvolveu para revelar e resolver esses conflitos inconscientes. Abordagens psicodinâmicas mais recentes não apoiam rigorosamente os relatos de Freud de desenvolvimento atípico, mas enfatizam o papel de processos psicológicos e a importância da psicoterapia para tratar problemas comportamentais que se originam do desenvolvimento atípico.

Em total contraste tanto com a perspectiva biológica como com a perspectiva psicodinâmica, a *perspectiva da aprendizagem* sugere que comportamentos atípicos não resultam de nenhuma causa subjacente. Ou seja, os próprios comportamentos são o problema, e considera-se que tais comportamentos são aprendidos e mantidos da mesma forma que qualquer outro. De acordo com essa visão, crianças e adolescentes que exibem desenvolvimento atípico são vítimas de aprendizagem falha. Os terapeutas do comportamento usam princípios da aprendizagem para eliminar comportamento aflitivo e para estabelecer comportamento novo, mais adequado em seu lugar.

A *perspectiva cognitiva* sugere que pensamento falho ou percepções distorcidas podem contribuir para alguns tipos de desenvolvimento atípico. Por exemplo, pensamento pessimista está envolvido em depressão e ansiedade. O tratamento consistente com essa perspectiva visa mudar o pensamento e as percepções (i.e., terapia cognitiva), que presumivelmente levará a uma mudança no comportamento.

problemas internalizantes
Uma categoria de psicopatologias que inclui ansiedade e depressão e outras condições nas quais o comportamento desviante é dirigido para o interior, contra o *self*.

Tabela 15.1 Perspectivas no desenvolvimento atípico

Perspectiva	Causas de transtornos psicológicos	Tratamento
Perspectiva biológica	O desenvolvimento atípico é um sintoma de um transtorno físico subjacente causado por uma anormalidade estrutural ou biológica no cérebro, por herança genética ou por infecção.	Diagnosticar e tratar como qualquer outro transtorno físico Medicamentos ou outro tratamento físico
Perspectiva psicodinâmica	O desenvolvimento atípico se origina de experiências e conflitos sexuais ou agressivos inconscientes, não resolvidos da primeira infância.	Trazer material perturbador reprimido à consciência e ajudar o paciente a elaborar conflitos inconscientes Psicoterapia
Perspectiva da aprendizagem	Os comportamentos atípicos são aprendidos e mantidos como quaisquer outros ou há uma falha em aprender comportamentos adaptativos.	Usar condicionamento clássico e operante e modelação para extinguir comportamento atípico e para aumentar comportamento adaptativo. Terapia do comportamento Modificação do comportamento
Perspectiva cognitiva	Pensamento falho ou percepções distorcidas podem causar desenvolvimento atípico.	Mudar o pensamento falho, irracional e/ou negativo Terapia cognitiva

Fonte: Wood et al., WORLD OF PSYCHOLOGY, ©2008. Reproduzida com permissão de Pearson Education, Inc.

Objetivo da aprendizagem 15.3
O que é psicopatologia do desenvolvimento e como ela mudou a abordagem dos psicólogos sobre as questões relacionadas ao desenvolvimento atípico?

Psicopatologia do desenvolvimento

Nos últimos anos, os psicólogos mudaram a forma de pensar sobre desenvolvimento atípico. Em vez de buscar uma teoria grandiosa única que possa explicar tudo, eles se focalizam em fatores que parecem predispor crianças a problemas e em variáveis que parecem protegê-las (Beauchaine e Hinshaw, 2008). O conhecimento dos desenvolvimentalistas sobre as dinâmicas do desenvolvimento desviante em geral, e da psicopatologia em particular, aumentou enormemente através de uma abordagem chamada **psicopatologia do desenvolvimento** (Achenbach, 1974; Cicchetti, 2008). Essa abordagem influenciou fortemente a forma de pensar de pesquisadores e médicos sobre os problemas psicológicos das crianças e dos adolescentes (Munir e Beardslee, 2001). Ela enfatiza diversos pontos fundamentais.

A psicopatologia do desenvolvimento integra perspectivas de uma variedade de disciplinas a fim de entender melhor o desenvolvimento atípico (Achenbach, 2008). Por exemplo, como você tomou conhecimento no Capítulo 13, a paternagem autoritária pode ser um fator de risco em um contexto e protetor em outro.

Similarmente, o trabalho de geneticistas e neurocientistas do comportamento se tornou cada vez mais importante no estudo do desenvolvimento atípico, especialmente quando seus achados são combinados àqueles de psicólogos do desenvolvimento. Por exemplo, os geneticistas do comportamento têm conhecimento há muito tempo de que a hereditariedade contribui para o desenvolvimento atípico, e os psicólogos do desenvolvimento estão cientes também há algum tempo dos papéis que o abuso desempenha para as consequências negativas do desenvolvimento (Phares e Compas, 1993). A neurociência permitiu-lhes ter uma melhor ideia de exatamente como riscos herdados interagem com riscos ambientais. Em um estudo, Dante Cicchetti e colaboradores encontraram evidência de que genes que as crianças herdam de pais que sofrem de condições como depressão produzem padrões de funcionamento do neurotransmissor que diferem daqueles de crianças cujos pais não têm essas condições (Cicchetti, Rogosch e Sturge-Apple, 2007). Essas diferenças de neurotransmissor produzem variações em como as crianças respondem ao abuso. Esses achados sugerem que riscos herdados podem produzir desenvolvimento atípico apenas na presença de fatores ambientais de alto risco como abuso. Da mesma forma, fatores como abuso podem produzir desenvolvimento atípico apenas em crianças que têm vulnerabilidades herdadas. Ao mesmo tempo, fatores protetores – tais como relacionamentos afetuosos com os cuidadores – podem moderar a interação entre fatores de risco herdados e ambientais, de modo que o desenvolvimento de uma criança não difere do de outra (Charuvastra e Cloitre, 2008).

Esse tipo de interação complexa entre fatores de risco e protetores é outra marca registrada da psicopatologia do desenvolvimento. Considere os riscos associados a um temperamento difícil, por exemplo (Rothbart, 2007). Esses riscos são amplificados quando combinados à paternagem ríspida, uma abordagem a criação de filhos que os pais geralmente aprenderam de seus próprios pais. Contudo, as pessoas que têm níveis mais altos de educação do que seus próprios pais geralmente não usam como modelo as estratégias de criação de filhos de seus próprios pais (Serbin e Karp, 2003). Portanto, o caminho evolutivo que segue uma criança com o fator de risco interno de temperamento difícil é influenciado por como seus pais respondem a ele, algo que pode servir para aumentar ou diminuir as chances de uma consequência negativa para o desenvolvimento. Ao mesmo tempo, as próprias experiências dos pais quando crianças e aquelas que eles tiveram desde então contribuem para a forma como eles respondem à criança. Como esse exemplo ilustra, a psicopatologia do desenvolvimento fornece explicações do desenvolvimento atípico que são muito mais abrangentes do que aquelas derivadas das teorias clássicas.

Os psicopatologistas do desenvolvimento também incluem mudanças normativas para a idade, marcos do desenvolvimento que todas as crianças experimentam, em suas explicações de desenvolvimento atípico. Por exemplo, o estágio de desenvolvimento cognitivo de uma criança influencia a forma como ela interpreta um evento que pode aumentar seu risco de um resultado

Se uma criança ou adolescente demonstrará um problema de comportamento em resposta a estresse, como se mudar para uma casa nova, dependerá em parte de se ela enfrenta outros estresses ou mudanças de vida ao mesmo tempo – tal como, talvez, o divórcio de seus pais.

psicopatologia do desenvolvimento Uma abordagem relativamente nova ao estudo de desvio que enfatiza que desenvolvimentos normal e anormal têm raízes comuns e que a patologia pode se originar de muitos caminhos diferentes.

de desenvolvimento atípico. Um adolescente e um pré-escolar, por exemplo, podem ser afetados muito diferentemente por um fator de risco como abuso devido a suas diferenças de desenvolvimento cognitivo (Abela e Hankin, 2008; Walker, 2002). Além disso, a experiência de tal risco pode levar a alterações neurológicas que talvez afetem o desenvolvimento cognitivo subsequente tanto do adolescente quanto do pré-escolar (Gillespie e Nemeroff, 2007).

Por fim, a *perspectiva do período de vida*, a visão de que mudanças ocorrem durante toda a vida, é fundamental para a psicopatologia do desenvolvimento (Wicks-Nelson e Israel, 1997). Uma mudança mal adaptativa em um ponto no desenvolvimento pode ser moderada ou até mesmo revertida posteriormente. Da mesma forma, uma mudança adaptativa em um ponto na vida pode ser ameaçada por eventos posteriores. Por exemplo, a necessidade de uma criança de apoio físico e emocional na infância pode levá-la a desenvolver o senso de confiança que Erikson descreveu em seu relato de desenvolvimento psicossexual. Entretanto, se alguém quebra sua confiança em um ponto posterior, ela pode se tornar geralmente desconfiada dos outros. A desconfiança pode levar a mudanças no comportamento que aumentam o risco de algum tipo de resultado mal adaptativo. Por exemplo, ela pode se isolar por medo de ser decepcionada novamente.

Problemas de atenção e problemas externalizantes

Você lembrará que os problemas de atenção incluem transtornos nos quais a capacidade de concentração das crianças parece ser prejudicada. Problemas externalizantes são transtornos que envolvem comportamentos inadequados dirigidos para o exterior, tais como agressividade.

Transtorno de déficit de atenção/hiperatividade

Objetivo da aprendizagem 15.4
Que rótulos diagnósticos são dados a crianças que têm problemas de atenção?

Uma olhada nos critérios diagnósticos para **transtorno de déficit de atenção/hiperatividade (TDAH)**, listados na Tabela 15.2, revela que as marcas registradas desse transtorno são inquietação física e problemas com atenção – precisamente o que o nome sugere. Russell Barkley (1997), um dos principais pesquisadores e teóricos sobre TDAH, sugere que o problema subjacente é um déficit na capacidade da criança de inibir comportamento – de se abster de iniciar algum comportamento proibido ou inútil, de reagir a algum estímulo irresistível ou de parar de se comportar de algum modo uma vez tenha começado. Em ambientes movimentados, complexos, com muitos estímulos (como uma sala de aula), crianças com TDAH são incapazes de inibir suas reações a todos os sons e todas as visões em torno delas, portanto elas parecem inquietas e não podem focar a atenção em uma única atividade.

Definindo o problema   Se essa constelação de problemas constitui uma única síndrome ou diversas subvariedades distintas ainda é uma questão ativamente debatida. Você notará que os critérios na Tabela 15.2 são divididos em dois grupos, aqueles que tratam de problemas de atenção e aqueles que tratam de hiperatividade, sugerindo a existência de dois subtipos de TDAH: (1) **TDAH/tipo hiperativo/impulsivo**, no qual um alto nível de atividade é o problema principal; (2) **TDAH/tipo desatento**, no qual uma incapacidade de manter a atenção é a principal dificuldade (DSM-IV-TR, 2000). Além disso, algumas crianças são diagnosticadas com **TDAH/tipo combinado**, significando que elas satisfazem os critérios tanto para o tipo hiperativo/impulsivo quanto para o tipo desatento.

O diagnóstico de TDAH é dificultado ainda mais pelo fato de que muitas crianças são desatentas ou hiperativas em pelo menos parte do tempo. Tanto os professores quanto os pais podem ficar tentados a rotular uma criança turbulenta ou barulhenta como tendo TDAH. Não há dúvida de que uma boa quantidade de rótulos equivocados desse tipo ocorrem. Além disso, estudos experimentais têm mostrado que, em muitas tarefas de atenção, crianças diagnosticadas com TDAH não diferem absolutamente de crianças não diagnosticadas (Lawrence et al., 2004). Onde crianças com TDAH parecem diferir marcadamente de outras crianças é em sua capacidade de manter a atenção quando envolvidas em tarefas tediosas e repetitivas (DSM-IV-TR, 2000). Elas também parecem ser menos capazes que outras crianças da mesma idade de controlar os impulsos.

transtorno de déficit de atenção/hiperatividade (TDAH) Um transtorno no qual uma criança apresenta tanto problemas significativos em focar a atenção quanto hiperatividade física.

TDAH/tipo hiperativo/impulsivo TDAH no qual a hiperatividade é o principal problema.

TDAH/tipo desatento TDAH no qual a desatenção é o principal problema.

TDAH/tipo combinado TDAH no qual tanto hiperatividade quanto desatenção são problemas.

Tabela 15.2 Critérios diagnósticos para transtorno de déficit de atenção/hiperatividade

- A criança deve apresentar *desatenção* significativa ou *hiperatividade/impulsividade* significativa (ou ambas).

- A desatenção é indicada por seis (ou mais) dos seguintes sintomas:
  1. Frequentemente não presta atenção a detalhes ou comete erros por omissão em atividades escolares, de trabalho ou outras.
  2. Frequentemente tem dificuldade para manter a atenção em tarefas ou atividades lúdicas.
  3. Frequentemente parece não ouvir quando lhe dirigem a palavra.
  4. Frequentemente não segue instruções e não termina seus deveres escolares, tarefas domésticas ou deveres profissionais.
  5. Frequentemente tem dificuldade para organizar tarefas e atividades.
  6. Frequentemente evita, demonstra ojeriza ou reluta em se envolver em tarefas que exijam esforço mental constante.
  7. Frequentemente perde coisas necessárias para tarefas ou atividades (brinquedos, tarefas escolares, lápis, livros ou outros materiais).
  8. Frequentemente é distraído por estímulos alheios à tarefa.
  9. Frequentemente apresenta esquecimento em atividades diárias.

- A hiperatividade-impulsividade é indicada pela presença de seis dos seguintes pelo período mínimo de 6 meses:
  1. Frequentemente agita as mãos ou os pés ou se remexe na cadeira.
  2. Frequentemente abandona sua cadeira na sala de aula ou em outras situações nas quais se espera que permaneça sentado.
  3. Frequentemente corre em demasia em situações impróprias ou relata sentimentos de inquietação.
  4. Frequentemente tem dificuldade para brincar em silêncio.
  5. Frequentemente está "a mil" ou muitas vezes age como se estivesse "a todo vapor".
  6. Frequentemente fala em demasia.
  7. Frequentemente dá respostas precipitadas antes que as perguntas sejam completadas.
  8. Frequentemente tem dificuldade de esperar sua vez.
  9. Frequentemente interrompe ou se intromete nos assuntos dos outros.

- O início do problema deve ser antes dos 7 anos.

- Pelo menos alguns dos sintomas devem estar presentes em duas ou mais situações, tais como em casa e na escola ou na escola e nas brincadeiras com iguais.

- O comportamento deve interferir no funcionamento social, acadêmico ou ocupacional adequado ao desenvolvimento.

Fonte: Adaptada de *Manual diagnóstico e estatístico de transtornos mentais*, 4. ed. rev. Artmed, 2002.

Cultura, idade, gênero e etnia O TDAH é diagnosticado com menor frequência em outras culturas do que nos Estados Unidos (Polanczyk, de Lima, Horta, Biederman e Rohde, 2007). Alguns desenvolvimentalistas sugerem que essa diferença entre nações é resultado do uso excessivo do diagnóstico nos Estados Unidos, uma afirmação que foi refutada pela pesquisa (Cuffe, Moore e McKeown, 2005). Outros sugerem que educadores e profissionais da saúde mental em outras nações falharam em reconhecer o grau com que o TDAH é prevalente em suas crianças (Polanczyk et al., 2007). Uma revisão muito completa de diferenças entre nações na prevalência de TDAH sugeriu que as taxas subjacentes de comportamento tipo TDAH são altamente semelhantes ao redor do mundo, mas variações na forma de diagnosticar o transtorno levaram a diferenças nas taxas entre nações (Polanczyk et al., 2007).

A idade também está relacionada a prevalência de TDAH. Os dados na Tabela 15.3 revelam que as taxas de diagnóstico de TDAH aumentam durante o ensino fundamental (Visser e Lesesne, 2005). À medida que a escola se torna mais difícil, as características do transtorno causam problemas para mais crianças. Muitas delas que são diagnosticadas nas últimas séries foram capazes de ter sucesso em trabalhos menos desafiadores nas primeiras séries sem ajuda adicional. Declínios nas taxas de diagnóstico na adolescência podem ser atribuíveis a fatores do amadurecimento que ajudam algumas crianças com TDAH a compensar as dificuldades de atenção.

A tabela também mostra claramente a notável diferença de gênero no diagnóstico e no tratamento de TDAH. Parte dessa diferença se deve ao achado de que as meninas têm maior probabilidade de exibir sintomas dos tipos desatento e combinado de TDAH do que do tipo hiperativo (Biederman et al., 1999). Os meninos mostram o padrão oposto; ou seja, eles têm maior probabilidade de ser hiperativos e disruptivos. Portanto, professores e pais têm maior probabilidade de perceber problemas nos meninos e de buscar ajuda para eles. Os sintomas das meninas, ao contrário, podem ser atribuídos a preguiça, mau-humor ou a uma falta de interesse na escola. Entretanto, a diferença de gênero também pode representar uma reação exagerada à maior rudeza geral dos meninos. Portanto, alguns especulam que as diferenças de gênero no diagnóstico de TDAH resultam da "medicalização" do comportamento masculino típico, uma visão que permanece controversa (Timimi e Leo, 2009).

A Tabela 15.3 também mostra que o diagnóstico de TDAH e as taxas de medicação nos Estados Unidos são consistentes entre brancos, afro-americanos e grupos multirraciais. Entretanto, as taxas são muito mais baixas entre crianças hispano-americanas (Visser e Lesesne, 2005). Essa diferença poderia ser devida a uma diferença real no comportamento das crianças entre os grupos, diagnóstico excessivo em grupos não hispânicos ou menos diagnóstico em hispano-americanos. Com relação à primeira dessas possibilidades, levantamentos de professores sugerem que os tipos de problemas de comportamento que levam a um diagnóstico de TDAH ocorrem tão frequentemente entre crianças hispano-americanas quanto em outras (Ham, 2004). Quanto à segunda possível explicação, levantamentos extensivos de pais, professores e profissionais da saúde mental, juntamente com o alto grau de consistência nas taxas de diagnóstico entre subgrupos não hispânicos, sugerem que o TDAH não é diagnosticado excessivamente entre eles (Cuffe, Moore e McKeown, 2005). Os dados mostrados na tabela em relação a língua e diagnóstico de TDAH apoiam a terceira possibilidade: que TDAH é menos diagnosticado entre crianças hispano-americanas. É provável que diferenças de língua entre pais, professores e profissionais da saúde mental impeçam o estabelecimento do tipo de comunicação entre eles necessário para diagnosticar TDAH. Em outras palavras, crianças hispano-americanas cujos pais falam inglês têm maior probabilidade de ser diagnosticadas com TDAH ou, dito de outra forma, aquelas famílias que não falam inglês têm um risco aumentado de não ser diagnosticadas e tratadas para essa incômoda condição. Esses achados salientam a necessidade de profissionais multilíngues nas escolas e em locais de tratamento.

Tabela 15.3 Idade, gênero, etnia e TDAH

	Porcentagem diagnosticada com TDAH		Porcentagem tomando medicamento para TDAH	
	Homem	Mulher	Homem	Mulher
Idade				
4-8	6	2	4	2
9-12	14	10	9	4
13-17	14	10	7	2
Raça				
Branca	12	5	7	3
Negro	12	4	6	2
Multirracial	14	6	7	3
Outra	7	2	3	1
Etnia				
Hispânica	5	3	2	1
Não hispânica	12	2	7	3
Língua principal em casa				
Inglês	12	5	7	3
Outra	2	1	<1	<1

Crianças com TDAH são fisicamente mais ativas que seus pares. Muitas, como esta menina, também são excepcionalmente aventureiras.

Origens do problema De onde poderia se originar o TDAH? Visto que o padrão comportamental começa tão cedo e tem um componente físico tão forte, a maioria dos médicos tem suposto que esse problema tem algum tipo de origem biológica. A pesquisa anterior não conseguiu confirmar uma hipótese biológica, mas a evidência mais recente torna claro que o TDAH é um transtorno neuropsiquiátrico (Goldman, Genel, Bezman e Slanetz, 1998; Kagan e Herschkowitz, 2005). Três linhas de evidência convergentes apoiam essa conclusão.

Primeiro, médicos e psicólogos sabem há algum tempo que um tratamento biológico com muita frequência é efetivo para reduzir ou eliminar o comportamento desviante. Muitas crianças com TDAH nos Estados Unidos são tratadas com um medicamento estimulante chamado metilfenidato (o nome comercial mais comumente usado é Ritalina). O medicamento funciona estimulando a parte do cérebro que mantém a atenção. Cerca de 70 a 90% das crianças tratadas com esse medicamento apresenta melhora, incluindo diminuições nos comportamentos exigentes, disruptivos e desobedientes; diminuição da agressividade e desobediência; mais atenção na sala de aula; melhor desempenho em muitas tarefas acadêmicas (Pelham et al., 2002; Ridderinkhof, Scheres, Oosterlaan e Sergeant, 2005). Essa evidência é consistente com uma explicação biológica para TDAH. Mais especificamente, ela sugere que o problema pode estar em um dos neurotransmissores do cérebro, porque medicamentos estimulantes do tipo usado com crianças com TDAH atuam alterando a ação da monoamina, um dos neurotransmissores mais importantes (Kado e Takagi, 1996).

Outra evidência de uma causa biológica subjacente vem da pesquisa em genética do comportamento, que sugere que um padrão de hiperatividade é herdado, pelo menos em certas famílias (Thapar, 2003). Aproximadamente um quarto dos pais das próprias crianças tem um histórico de hiperatividade. Estudos de gêmeos também sugerem que há uma contribuição genética. Entre gêmeos idênticos, se um é diagnosticado como hiperativo, é bastante provável que o outro tenha o mesmo diagnóstico; entre gêmeos fraternos, essa taxa de concordância é muito mais baixa (Kado e Takagi, 1996). A evidência sugerindo que a hereditariedade também pode influenciar indiretamente o desenvolvimento de TDAH vem da pesquisa mostrando que o temperamento está relacionado a TDAH. Crianças com baixo *controle esforçado* (relembre o Capítulo 9) têm maior probabilidade de serem diagnosticadas com o transtorno do que seus pares que obtêm classificações mais altas em escalas que medem esse aspecto do temperamento (Chang e Burns, 2005). Igualmente, a pesquisa longitudinal demonstrou que bebês muito expansivos têm maior probabilidade de serem diagnosticados com transtornos externalizantes, incluindo TDAH, quando entram na pré-escola do que bebês que são menos expansivos (Putnam e Stifter, 2005).

Finalmente, métodos diagnósticos por imagem cerebral começaram a revelar diferenças sutis na estrutura e na função cerebral entre indivíduos com e sem TDAH (Kagan e Herschkowitz, 2005). Por exemplo, estudos usando imagem de ressonância magnética (MRI) sugerem que, na maioria das crianças com TDAH, o hemisfério direito do cérebro é maior do que o hemisfério esquerdo, enquanto a maioria das crianças sem TDAH apresenta o inverso (Hynd et al., 1993). Outros pesquisadores usando tomografia por emissão de pósitrons (PET) encontraram ligeiras diferenças no metabolismo cerebral (Zametkin et al., 1990).

Tratando e lidando com TDAH Observamos anteriormente que 70 a 90% das crianças com TDAH respondem a tratamento com medicamentos estimulantes (Pelham et al., 2002; Ridderinkhof, Scheres, Oosterlaan e Sergeant, 2005). Como mostra a Tabela 15.3, cerca de metade das crianças com TDAH toma esses medicamentos. As diferenças entre diagnóstico e taxas de medicamento se devem em parte a algumas escolhas iniciais dos pais em relação ao tratamento para o transtorno. Entretanto, a falta de adesão ao conselho médico é provavelmente um fator maior. Estudos longitudinais mostram que uma em cada cinco crianças que recebe prescrição de medicamento para TDAH para de tomá-lo dentro de 4 a 6 meses (Sanchez, Crismon, Barner, Bettinger e Wilson, 2005). A razão principal para o término do tratamento é a visão dos pais de que seus filhos não deveriam estar tomando medicamentos psiquiátricos.

Recentemente, também, pesquisadores advertiram contra a prescrição rotineira de medicamentos estimulantes para crianças que exibem sintomas leves de TDAH. Esses pesquisadores apontam estudos mostrando que o metilfenidato aumenta o risco de doença cardiovascular e que medicamentos mais modernos (por exemplo, Adderall) estão associados com alterações no pensamento que podem aumentar o risco de uma criança desenvolver um transtorno psicológico mais sério (Gardner, 2007). Como resultado, os médicos estão prescrevendo medicamentos para casos leves de TDAH com menor frequência do que no passado.

Transtorno desafiador de oposição (TDO)

> **Objetivo da aprendizagem 15.5**
> Que comportamentos estão associados ao transtorno desafiador de oposição?

Crianças com **transtorno desafiador de oposição (TDO)** exibem um padrão de comportamento negativo, desafiador, desobediente e hostil para com seus pais e outras figuras de autoridade, estabelecido em geral antes dos 8 anos (DSM-IV-TR, 2000). Muitas crianças que sofrem de TDAH também são diagnosticadas com TDO. As estimativas de prevalência de TDO entre crianças com TDAH variam de 21 a 60% (Austin, Reiss e Burgdorf, 2007). Entre crianças que não são diagnosticadas com TDAH, a prevalência de TDO foi estimada entre 2 e 16% (DSM-IV-TR, 2000).

Crianças com TDO são difíceis de tratar, como você poderia supor. Elas tendem a exibir comportamentos desafiadores mais frequentemente com as pessoas que elas conhecem melhor, tais como seus pais, irmãos, professores e colegas de classe. Quando interagindo com pessoas a quem não conhecem bem, crianças com TDO costumam se comportar adequadamente. Por exemplo, muitas crianças com esse transtorno parecem bastante calmas na primeira vez que são entrevistadas por um psicólogo ou outro profissional da saúde mental. Portanto, diagnosticar uma criança com TDO pode ser um desafio. Os procedimentos diagnósticos devem incluir avaliações do comportamento da criança em uma variedade de situações. Ainda assim, não é raro que o pai ou a professora regular de uma criança relate que seu comportamento se enquadra no perfil de TDO, enquanto outros que interagem menos, como um professor de educação física ou de música, relatem não ter problemas com ela.

A causa de TDO é desconhecida, mas os pesquisadores identificaram diversos temas importantes em sua manifestação (Tynan, 2008). Um trata-se do fato de que, como acontece com o TDAH, homens são diagnosticados com TDO mais frequentemente que mulheres. O temperamento também é um fator; a maioria das crianças com TDO exibiu temperamentos difíceis quando bebês. Alguns estudos sugerem que exposição pré-natal a álcool, nicotina e outros teratógenos aumenta as chances da criança de ser diagnosticada com TDO. Muitos pais de crianças com TDO sofrem de transtornos emocionais, como transtornos de ansiedade e depressão. Um alto grau de conflito conjugal também costuma ser encontrado entre os pais de crianças com TDO.

Se uma criança tem tanto TDAH como TDO, pode ser prescrito medicamento para seus sintomas de TDAH, mas os sintomas de TDO são tratados com treinamento parental (Tynan, 2008). O treinamento é o tratamento de escolha porque, por ocasião da consulta com um profissional da saúde mental, os pais de crianças com TDO geralmente já estabeleceram um padrão para responder ao comportamento problemático de seus filhos que serve apenas para perpetuá-lo. A maioria desses pais responde ao comportamento de seus filhos cedendo às suas exigências a fim de obter breves adiamentos da hostilidade, das discussões e da desobediência perpétuas. Você deve reconhecer esse padrão de resposta como reforço negativo: os sintomas de TDO são um estímulo aversivo que diminui temporariamente quando o pai dá ao filho aquilo que ele quer. Portanto, os comportamentos da criança e do pai são reforçados, e um ciclo mal-adaptativo é repetido toda vez que a criança se comporta mal. Nas sessões de treinamento dos pais, os terapeutas ensinam pais a romper o ciclo: eles aprendem a estabelecer limites concretos para o comportamento da criança e a cumprir as consequências prometidas, não importa o quanto o comportamento da criança se torne difícil ou abusivo.

transtorno desafiador de oposição (TDO) Um padrão de comportamento negativo, desafiador, desobediente e hostil em relação a pais e outras figuras de autoridade, estabelecido antes dos 8 anos.

Objetivo da aprendizagem 15.6
Quais são os transtornos da conduta de início na infância e de início na adolescência, e como eles diferem de delinquência?

Transtorno da conduta

A categoria mais ampla de problemas externalizantes é o que poderia ser referido na linguagem cotidiana como "comportamento antissocial". O *Manual diagnóstico e estatístico de transtornos mentais* (ou DSM), da American Psychiatric Association, define **transtorno da conduta (TC)** como um padrão de comportamento que inclui altos níveis de agressividade, discussão, provocação, desobediência, irritabilidade e comportamento ameaçador e ruidoso.

Transtorno da conduta de início na infância
Os aspectos de transtorno desafiador de oposição estão associados ao **transtorno da conduta de início na infância**, um padrão de comportamento que inclui altos níveis de agressividade, discussão, provocação, desobediência, irritabilidade e comportamento ameaçador e ruidoso, que começa antes dos 10 anos. Essencialmente, o transtorno da conduta de início na infância é diagnosticado se uma criança tem todas as características de TDO e também se envolve em comportamento ameaçador e/ou agressivo em relação aos outros e repetidamente viola regras sociais importantes (por exemplo, roubo).

Com muita frequência, crianças que são diagnosticadas com transtorno da conduta de início na infância começam a vida com uma série de vulnerabilidades, incluindo temperamento difícil, inteligência mais baixa ou ambos (McCabe, Hough, Wood e Yeh, 2001). Quando bebês, elas provavelmente formaram apegos inseguros/desorganizados ou inseguros/evitantes (Lynam, 1996; Lyons-Ruth, Easterbrooks e Cibelli, 1997; D. Shaw et al., 1996; van IJzendoorn, 1997). Nos anos de pré-escola, essas crianças costumam ter acessos de raiva e desafiam os pais. Elas são crianças de trato muito difícil. Se os pais não tiverem condições de controlá-la, o comportamento da criança piora e se torna agressão manifesta contra outros, que então a rejeitam.

Durante os anos escolares, essas crianças têm menor probabilidade que seus pares de serem capazes de empatizar com os sentimentos dos outros, um déficit cognitivo social que leva à rejeição pelo grupo de iguais (Rey, 2001). Essa rejeição agrava o problema, empurrando a criança seriamente agressiva na direção de outras crianças com problemas semelhantes, que se tornam seu único grupo de apoio da criança (Shaw, Kennan e Vondra, 1994). Na adolescência, esses jovens estão bastante estabelecidos no comportamento delinquente e antissocial, e seus amigos são quase sempre outros adolescentes delinquentes (Tremblay, Masse, Vitaro e Dobkin, 1995). Também é altamente provável que eles exibam um agrupamento de outros comportamentos problemáticos, incluindo uso de drogas e álcool, vadiagem ou abandono da escola, comportamento sexual precoce e de risco, como ter múltiplos parceiros sexuais (Dishion et al., 1995; Kuperman et al., 2001; Wiesner, Kim e Capaldi, 2005).

Também há alguma indicação de que o transtorno da conduta de início na infância tem um forte componente genético (Deater-Deckard e Plomin, 1997; Oosterlaan, Geurts, Knol e Sergeant, 2005). Portanto, o pré-escolar que já apresenta comportamento desafiador opositivo, bem como agressividade, pode ter fortes propensões inatas para isso. Além do mais, estudos de imagem cerebral indicam que as estruturas cerebrais que regulam a emoção e o planejamento em crianças com TC são menos totalmente desenvolvidas que aquelas de crianças que não têm o transtorno (Huebner et al., 2008). Mas se essa propensão se desenvolverá para um transtorno da conduta completo, persistente dependerá das interações entre a tendência inata e outros aspectos da vida da criança, incluindo a capacidade dos pais de lidar com o desafio precoce e o ambiente geral no qual a criança vive, tal como cidade grande *versus* cidade pequena (Gottesman e Goldsmith, 1994; Loeber, Tremblay, Gagnon e Charlebois, 1989). O estilo de paternagem também importa; a pesquisa sugere que crianças que desenvolvem transtorno da conduta têm pais mais permissivos do que seus pares (Rey, 2001).

Transtorno da conduta de início na adolescência
Quando uma criança exibe os aspectos de transtorno da conduta na idade de 11 anos ou mais tarde, ela recebe o diagnóstico de **transtorno da conduta de início na adolescência**. Em comparação com crianças com transtorno da conduta de início na infância, os adolescentes diagnosticados com esse transtorno tendem a manifestar comportamentos antissociais mais leves, mais transitórios e mais em função de más companhias do que de um problema de comportamento profundamente enraizado (DSM-IV-TR, 2000). Além disso, os padrões de comportamento antissocial daqueles com transtorno da conduta com início na adolescência frequentemente mudam conforme seus relacionamentos. Consequentemente, a influência

---

transtorno da conduta (TC) Termo diagnóstico para um padrão de comportamento desviante incluindo altos níveis de atos agressivos, antissociais ou delinquentes.

transtorno da conduta de início na infância Transtorno da conduta começando na infância; o padrão está ligado a rejeição pelo grupo igual e a problemas de conduta que persistem até a adolescência e a idade adulta.

transtorno da conduta de início na adolescência Um transtorno da conduta que começa apenas na adolescência; é geralmente menos grave e persistente do que o transtorno da conduta de início na infância.

dos iguais parece ser o fator mais importante no desenvolvimento do transtorno da conduta de início na adolescência.

O estilo de paternagem e outras variáveis de relacionamento parecem ser fatores adicionais nesse tipo de comportamento antissocial. Diversos estudos mostram que paternagem autoritária aumenta o risco de transtorno da conduta de início na adolescência (Smith e Farrington, 2004). Portanto, pode ser que pais que não equilibram supervisão rigorosa com reconhecimento da necessidade dos adolescentes de entender as razões por trás das regras incitem rebeldia em algumas crianças. Entretanto, o contexto cultural no qual a paternagem ocorre também importa. Parece que a combinação de paternagem autoritária e uma cultura que endossa regras rigorosas e forte aplicação dessas regras não aumenta o risco de transtorno da conduta nos adolescentes. Por exemplo, na maioria das sociedades do Oriente Médio, crianças cujos pais exibem o estilo autoritário têm menor probabilidade de desenvolver transtorno da conduta do que crianças cujas abordagens das famílias à disciplina divergem da cultura mais ampla (Dwairy, 2008).

Em 2002, aproximadamente 7% das crianças e dos adolescentes foram presos nos Estados Unidos.

Paternagem permissiva também está associada ao transtorno da conduta de início na adolescência. A maioria dos adolescentes que desenvolvem o transtorno tem pais que não os monitoram suficientemente, em geral porque há apenas um dos pais em casa (Office of Juvenile Justice and Delinquency Prevention [OJJDP], 2006). Independente da estrutura familiar, quando os pais fornecem boa monitoração e apoio emocional, é improvável que seus filhos adolescentes exibam comportamento antissocial, mesmo se eles andarem com uma turma "da pesada" e tiverem amigos próximos que exibem tal comportamento (Mounts e Steinberg, 1995).

Delinquência

Delinquência é uma categoria mais limitada de problemas externalizantes do que transtorno da conduta; ela se refere apenas a violação intencional da lei. Evidentemente, muitas crianças que violam leis também apresentam outras formas de transtorno da conduta, portanto as duas categorias se sobrepõem bastante. Contudo, a sobreposição não é total, portanto é útil examinar separadamente a delinquência.

Escores baixos de QI parecem ser um fator de risco importante para delinquência, particularmente para crianças com transtorno da conduta de início na infância, para aquelas que apresentam formas de infrações mais sérias ou violentas, e para aquelas que experimentam algum fracasso escolar (Hämäläinen e Pulkkinen, 1996). O argumento oferecido por Donald Lynam e colaboradores (1993) é que o fracasso escolar reduz o envolvimento dos jovens com a escola e com os valores que ela representa. O fracasso escolar também aumenta a frustração da criança ou do adolescente; isso aumenta a probabilidade de agressão de algum tipo. Portanto, para muitas crianças e jovens menos inteligentes, a restrição social a comportamento delinquente oferecida pela educação é simplesmente mais fraca.

Além do QI, variações na autoestima estão relacionadas a comportamento delinquente. Entretanto, há considerável debate quanto a se autoestima baixa ou alta predispõe um adolescente a se envolver em comportamento delinquente. Por um lado, Brend Donnellan e colaboradores afirmam que crianças que desenvolvem autoestima baixa no ensino fundamental, talvez provocada por fracasso escolar ou rejeição dos iguais, são mais propensas à delinquência em anos futuros (Donnellan, Trzesniewski, Robins, Moffitt e Caspi, 2005). Em contraste, Roy Baumeister e outros afirmaram que o desenvolvimento de um nível inadequadamente alto de autoestima durante a infância, dadas as realizações reais de um indivíduo, está associado com delinquência (Baumeister, Bushman e Campbell, 2000; Baumeister, Campbell, Krueger e Vohs, 2003; Baumeister, Smart e Boden, 1996). Dizendo de outra forma, Baumeister postula que o *narcisismo*, visão de que se é o centro do mundo, tem maior probabilidade de estar no centro do senso de autovalor de um adolescente delinquente do que autoestima baixa. Até agora, ambos os lados produziram evidência em apoio a suas opiniões. Como resultado, Donnellan argumentou que os pesquisadores provavelmente devem pensar no tipo de autoestima baixa medida como sendo qualitativamente distinta do narcisismo que foi estudado pelo grupo de Baumeister (Donnellan et al., 2005). Ele diz que é possível que um adolescente delinquente seja narcisista e tenha autoestima baixa quando se julga em relação aos critérios que ele sabe serem parte de uma definição cultural de pessoa "boa".

delinquência Uma subcategoria de transtorno da conduta envolvendo violação da lei explícita.

O que parece claro é que adolescentes que exibem comportamento delinquente têm visões de si mesmos que os distinguem de adolescentes que não estão envolvidos nesses comportamentos.

É importante enfatizar, entretanto, que ao contrário da categoria mais ampla de transtornos da conduta – bastante estáveis da infância à idade adulta – as formas mais leves de delinquência não persistem invariável ou mesmo comumente até a idade adulta. Muitos adolescentes cometem atos delinquentes apenas ocasionais e não apresentam outros problemas na idade adulta. Para eles, o comportamento delinquente leve é meramente uma fase. Aqueles que apresentam uma síndrome de atos delinquentes em adição ao comportamento de alto risco e vêm de famílias com baixa afetividade e controle ineficaz são os que têm maior probabilidade de se envolver em atos criminosos quando adultos.

Problemas internalizantes

Como você tomou conhecimento anteriormente, os problemas internalizantes são assim chamados porque envolvem desvios do caminho evolutivo típico que são dirigidos para o interior, contra o *self*. Esses problemas incluem distúrbios do autoconceito, como nos transtornos da alimentação, e transtornos das emoções, como na depressão.

> **Objetivo da aprendizagem 15.7**
> Como os desenvolvimentalistas definem e explicam os transtornos da alimentação?

Transtornos da alimentação

Os transtornos da alimentação estão entre os problemas mais significativos de saúde mental da adolescência. Muitos psicólogos afirmam que esses transtornos são na verdade apenas o ponto extremo de um *continuum* de problemas relativos a dietas e obsessão em relação ao formato e ao tamanho do corpo que parecem ser epidêmicos entre meninas adolescentes (e cada vez mais pré-adolescentes) brancas nos Estados Unidos, na Grã-Bretanha e em alguns outros países europeus (Smolak, Levine e Streigel-Moore, 1996).

Bulimia A **bulimia** (às vezes chamada de *bulimia nervosa*) envolve três elementos: (1) uma preocupação com alimentação e um desejo irresistível por comida, levando a episódios de comer excessivo; (2) um medo intenso de engordar; (3) algum método de purgação que neutraliza os efeitos do comer excessivo, a fim de evitar ganho de peso. Os métodos de purgação típicos são vômito autoinduzido, uso excessivo de laxantes ou exercício excessivo (Garfinkel, 1995). Períodos alternados de alimentação normal e de comer excessivo são comuns entre indivíduos em todos os grupos de peso.

Apenas quando o comer excessivo ocorre com a frequência de duas vezes por semana e é combinado com episódios repetidos de algum tipo de purgação é que a síndrome é adequadamente chamada de bulimia. Pessoas com bulimia não costumam ser excepcionalmente magras, mas são obcecadas com seu peso, sentem intensa vergonha de seu comportamento anormal e com frequência experimentam depressão significativa. As consequências físicas da bulimia podem incluir deterioração dentária marcada (por vômitos repetidos), irritação estomacal, desidratação, temperatura corporal diminuída, distúrbios da química corporal, perda de cabelo e, em casos extremos, problemas cardiovasculares (Mitchell, 1995; Muscari, 1996).

Estima-se que 1% dos homens e 7% das mulheres apresentem a síndrome completa de bulimia; cerca de 20% de meninas adolescentes em países industrializados ocidentais apresentam pelo menos alguns comportamentos bulímicos, como purgação ocasional (Makino, Tsuboi e Dennerstein, 2004; National Institute of Mental Health [NIMH], 2001b). Muitas mais estão suficientemente preocupadas com seu peso para fazer dietas regular ou constantemente. Nenhum desses comportamentos é encontrado em países onde a comida é escassa (Gordon, 2001). Os adolescentes com maior risco para bulimia são aqueles que vivem em culturas em que a magreza é fortemente enfatizada, particularmente aqueles que desejam seguir uma carreira que exige magreza, como dança, ginástica, moda ou atuação (Brownell e Fairburn, 1995).

Anorexia nervosa A **anorexia nervosa** é menos comum do que a bulimia, mas potencialmente mais mortal. Aproximadamente uma em cada mil mulheres nos Estados Unidos sofre do transtorno (Makino, Tsuboi e Dennerstein, 2004). A anorexia nervosa é caracterizada por dieta extrema, medo intenso de ganhar peso e exercício obsessivo. A perda de peso eventualmente produz uma

---

bulimia Transtorno da alimentação caracterizado por períodos alternados de comer excessivo e purgação.

anorexia nervosa Transtorno da alimentação caracterizado por autoinanição.

variedade de sintomas físicos associados com inanição: transtorno do sono, cessação da menstruação, insensibilidade a dor, perda de cabelo, pressão sanguínea baixa, uma variedade de problemas cardiovasculares e temperatura corporal reduzida. Talvez em torno de 10% das pessoas com anorexia literalmente passam fome até a morte; outras morrem devido a algum tipo de disfunção cardiovascular (Litt, 1996).

Causas de transtornos da alimentação Dos dois transtornos da alimentação, a bulimia é consideravelmente mais fácil de tratar; pessoas que têm anorexia frequentemente têm recaídas, mesmo após tratamento extensivo. A explicação de qualquer um dos transtornos tem se revelado excepcionalmente difícil. Tanto a bulimia como a anorexia em geral começam com dieta persistente, reforçando a ideia de que os transtornos da alimentação representam o ponto extremo de um *continuum* que inclui outras formas de preocupação com o peso (Cooper, 1995; Polivy e Herman, 1995). Essa ligação entre dieta e transtornos da alimentação é fortalecida ainda mais pela evidência de que em países como Taiwan, Cingapura e China, onde a dieta se tornou uma moda recente, os transtornos da alimentação, que quase nunca eram vistos no passado, estão se tornando mais comuns (Goleman, 1995a; Lai, Tang e Tse, 2005). Contudo, muitas mulheres jovens (e alguns homens jovens) fazem dieta regularmente, até mesmo obsessivamente, mas nunca desenvolvem um transtorno da alimentação real. Na verdade, levantamentos sugerem que apenas 14% de meninas adolescentes estão realmente acima do peso, mas 36% acreditam que são muito gordas (Centers for Disease Control, 2000). Portanto, o que faz uma pessoa passar da dieta "normal" para bulimia ou anorexia?

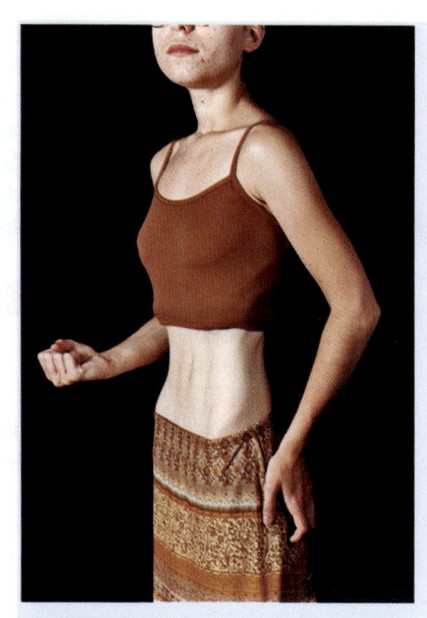

Meninas que sofrem de anorexia nervosa frequentemente têm uma imagem corporal distorcida. Elas se veem como muito gordas mesmo quando estão gravemente emagrecidas.

Alguns teóricos propuseram causas biológicas para os transtornos da alimentação, tais como algum tipo de disfunção cerebral no caso da bulimia. Outros defendem uma explicação psicanalítica, talvez um medo de crescer. Abuso sexual na infância também parece predispor meninas a desenvolver transtornos da alimentação (Perkins e Luster, 1997; Wonderlich et al., 2001). Variáveis familiares, como a qualidade do casamento dos pais, também podem ser fatores importantes (Wade, Bulik e Kendler, 2001).

A explicação mais promissora de transtornos da alimentação, entretanto, pode ser a discrepância entre a imagem interna de um corpo desejável e sua percepção de seu próprio corpo (McGee, Hewitt, Sherry, Parkin e Flett, 2005). Essa explicação é apoiada por pesquisa intercultural demonstrando que adolescentes nas sociedades ocidentais, que têm as taxas mais altas de transtornos da alimentação, têm maior probabilidade de ter imagens corporais negativas do que adolescentes em sociedades não ocidentais (Makino, Tsuboi e Dennerstein, 2004). Além disso, alguns desenvolvimentalistas sugerem que a ênfase da cultura ocidental na magreza como um requisito para atratividade em uma mulher contribui para a prevalência dos transtornos da alimentação.

O pensamento recente, entretanto, tem dado mais ênfase à saúde psicológica preexistente de pessoas que desenvolvem transtornos da alimentação do que a influências culturais. Alguns pesquisadores afirmam que as imagens corporais de indivíduos que sofrem de transtornos da alimentação são resultado de uma tendência geral a pensamento distorcido (Dyl, Kittler, Phillips e Hung, 2006). Em outras palavras, esses pesquisadores dizem que pessoas que têm transtornos da alimentação tendem a pensar de formas distorcidas sobre muitas coisas, não apenas sobre seus corpos. Dessa perspectiva, imagens internalizadas do corpo "perfeito" incentivam as vendas de produtos dietéticos entre pessoas psicologicamente saudáveis, mas desencadeiam uma consequência muito mais séria, um transtorno da alimentação verdadeiro, em indivíduos que têm uma tendência a distorção de pensamento. Portanto, a propaganda pode ter um efeito mais poderoso sobre adolescentes que tendem a ver a si mesmos e aos outros de maneira mais realista. Por exemplo, muitas mulheres jovens que sofrem de bulimia também foram diagnosticadas com *transtorno da personalidade borderline*, um transtorno psiquiátrico no qual os indivíduos têm medos irracionais e infundados de que as pessoas que eles amam os abandonarão, bem como uma série de outras percepções distorcidas (Halmi, 2003).

A evidência longitudinal parece apoiar essa visão. Um estudo de mulheres jovens que foram diagnosticadas com anorexia nervosa na adolescência, 94% das quais se recuperaram de seus transtornos da alimentação, revelou que elas tinham muito mais probabilidade do que a população geral de sofrer de uma variedade de transtornos mentais (Nilsson, Gillberg e Rastam, 1999).

As estimativas da proporção de mulheres jovens que sofrem de transtornos da alimentação e que também satisfazem os critérios para algum outro tipo de transtorno psiquiátrico chegam a 74% (Milos, Spindler e Schnyder, 2004). Uma proporção incomumente alta delas, quase 25%, foi diagnosticada com *transtorno obsessivo-compulsivo*, um transtorno que envolve uma necessidade excessiva de controle (American Psychiatric Association, 2000; Milos, Spindler, Ruggiero, Klaghofer e Schnyder, 2002). Esses achados sugerem que, para muitos adolescentes, os transtornos da alimentação podem ser uma manifestação de algum problema maior.

> **Objetivo da aprendizagem 15.8**
> Que fatores predispõem os adolescentes ao transtorno depressivo maior?

Depressão

Você poderia ficar surpreso ao ler que, em alguns casos, os transtornos emocionais em crianças são manifestados como comportamentos que são consistentes com os critérios para transtorno de déficit de atenção/hiperatividade e transtorno desafiador de oposição (ver *Reflexão sobre a pesquisa*). Consequentemente, quando as crianças apresentam problemas de comportamento, os profissionais da saúde mental com frequência devem excluir um transtorno emocional como uma possível causa antes de dar à criança um diagnóstico de TDAH, TDO ou transtorno da conduta de início na infância. Além disso, uma criança pode estar sofrendo tanto de um transtorno do comportamento quanto de **depressão**, ou de sentimentos de tristeza e desespero que persistem por mais de seis meses (DSM-IV-TR, 2000).

Definindo o problema Por muitos anos, os psiquiatras assumiram a posição de que crianças ou adolescentes não tinham depressão significativa. Isso acabou se revelando bastante equivocado. Os pesquisadores encontraram evidências abundantes de que a depressão é na verdade bastante comum na adolescência e ocorre ao menos ocasionalmente entre crianças pequenas. Quando um humor deprimido dura seis meses ou mais e é acompanhado por outros sintomas, tais como transtornos do sono e da alimentação e dificuldade de concentração, ele é geralmente referido como **depressão clínica** ou **transtorno depressivo maior** (TDM). Embora cerca de 10% das crianças expresse sentimentos de tristeza profunda em algum momento ou outro, a depressão clínica genuína é muito rara antes da adolescência. Entretanto, levantamentos e estudos de caso sugerem que, em algum dado momento, 18 a 30% dos adolescentes nos Estados Unidos está no meio de uma depressão resistente, com cerca de 6% satisfazendo os critérios para TDM (CDC, 2006; Saluja et al., 2004).

depressão Uma combinação de humor triste e dificuldade para realizar funções diárias.

depressão clínica (transtorno depressivo maior) Uma combinação de humor triste, transtornos do sono e alimentação e dificuldade para se concentrar que dura seis meses ou mais.

Tanto humor deprimido quanto depressões clínicas significativas aumentam em frequência na adolescência.

REFLEXÃO SOBRE A PESQUISA
Transtorno bipolar infantil

Como você deve saber, cerca de 1 a 3% dos adultos sofre de um transtorno do humor chamado *transtorno bipolar (TB)*. Adultos que têm TB alternam entre períodos de profundo desespero e *mania*. Uma pessoa em um estado maníaco tem uma grande quantidade de energia, tende a ser impulsiva, tem uma necessidade reduzida de sono e exibe altos níveis de atividade.

Embora seja concordância geral que TB é às vezes encontrado em adolescentes, a noção de que crianças em idade escolar possam ser diagnosticadas com TB é controversa (Harris, 2005). A dificuldade em aplicar o diagnóstico de TB a crianças é que foi constatado que mania existe apenas em indivíduos que completaram o desenvolvimento puberal (Harris, 2005). Entretanto, nos últimos 15 anos, um grande debate surgiu entre profissionais da saúde mental sobre a afirmação de que, na infância, a mania é manifestada como episódios de raiva explosiva (Faedda, Baldessarini e Suppes, 1995; NIMH, 2001a; Wozniak et al., 2005). Diz-se que crianças que exibem tais episódios juntamente com períodos de depressão sofrem de uma forma de TB chamada *transtorno bipolar infantil (TBI)*. Entretanto, há muitos profissionais que duvidam da validade do diagnóstico de TBI.

Os desenvolvimentalistas que são céticos do diagnóstico de TBI afirmam que a maioria das crianças que exibe acessos de raiva destrutiva estão simplesmente mais atordoados pelos efeitos de múltiplos fatores de risco do que exibindo uma forma infantil de TB. Especificamente, dizem os críticos, as crianças que são diagnosticadas com TB são aquelas que têm temperamentos difíceis, sofrem de formas extremas de problemas do desenvolvimento como TDAH e/ou TDO, e foram expostas a traumas provocadores de estresse como rompimento familiar (Harris, 2005). Além disso, eles salientam que, na idade adulta, o transtorno bipolar é estável durante toda a vida, mas estudos longitudinais mostram que crianças que são diagnosticadas com TBI raramente se tornam adultos que satisfazem os critérios para TB (Harris, 2005).

Os argumentos mais fortes contra TBI são propostos por desenvolvimentalistas que se opõem ao uso de medicamentos psiquiátricos poderosos, como o lítio, para tratar crianças diagnosticadas com esse transtorno (Harris, 2005; Olfman, 2006). Esses críticos observam que pouco se sabe a respeito dos efeitos desses medicamentos sobre o desenvolvimento do cérebro. Além disso, eles salientam que a confiança nos medicamentos pode fazer com que os pais não recebam outras intervenções terapêuticas que poderiam ser úteis para lidar com o comportamento difícil de seus filhos. Eles acreditam fortemente que muita pesquisa é necessária tanto nos critérios diagnósticos propostos quanto nos efeitos de medicamentos psiquiátricos sobre o desenvolvimento antes que os profissionais da saúde mental comecem a aplicar rotineiramente o diagnóstico de TBI.

Questões para análise crítica
1. Qual é a importância do achado de que crianças com TBI raramente exibem TB na idade adulta?
2. Que tipo de estudo teria que ser feito para determinar como os medicamentos psiquiátricos afetam o desenvolvimento do cérebro? Retorne à discussão da ética de pesquisa no Capítulo 1 e faça uma determinação relativa aos requisitos éticos desse tipo de estudo.

Noventa por cento dos adolescentes que sofrem de um episódio depressivo maior experimentam uma recorrência dentro de dois anos (Cicchetti e Toth, 1998). Além disso, a depressão tem sérias consequências. Em primeiro lugar, ela pode interferir na aprendizagem por diminuir a velocidade na qual o cérebro processa informação (Calhoun e Dickerson Mayes, 2005). Adolescentes deprimidos têm maior probabilidade que seus pares não deprimidos de usar drogas (Rey, Sawyer, Raphael, Patton e Lynskey, 2002). E uma porção significativa de adolescentes com depressão também diz que pensa em suicídio (Fennig et al., 2005). Em um estudo longitudinal de jovens crescendo em um bairro da classe operária nos Estados Unidos, um quinto, que tiveram um período de depressão séria aos 18 anos, também havia tentado o suicídio (Reinherz et al., 1993).

Curiosamente, durante a pré-adolescência, meninos e meninas têm aproximadamente a mesma probabilidade de serem infelizes ou deprimidos; entretanto, a partir de algum momento entre as idades de 13 e 15 anos, as meninas têm duas vezes mais probabilidade de relatar níveis altos ou crônicos de depressão. Essa diferença de sexo persiste durante toda a vida adulta e foi encontrada em inúmeros países industrializados e entre afro-americanos, hispano-americanos e americanos brancos (DSM-IV-TR, 2000).

Causas de depressão De onde vem essa depressão e por que as meninas a experimentam mais? A busca pelos caminhos do desenvolvimento que levam a depressão posterior começa com o achado claro de que crianças crescendo com pais deprimidos têm probabilidade muito maior que aquelas crescendo com pais não deprimidos de desenvolver depressão elas próprias (Eley et al., 2004). Naturalmente, esse achado poderia indicar um fator genético, uma possibilidade apoiada por alguns estudos de crianças gêmeas e crianças adotadas (Petersen et al., 1993). Ou essa ligação entre depressão parental e depressão da criança poderia ser explicada em termos das mudanças na interação pai-filho que são causadas pela depressão do pai.

Entretanto, estudos de famílias e de gêmeos não explicam por que o risco de depressão aumenta na adolescência. Estudos de neuroimagem mostram que o aumento súbito nas taxas de depressão no início da adolescência pode estar relacionado a algum tipo de disfunção na glândula pituitária, associada ao início da puberdade (McMaster e Kusumakar, 2004). A disfunção da glândula pituitária, por sua vez, pode tornar os adolescentes mais sensíveis a estressores familiares do que crianças pequenas. Qualquer combinação de estresses – tal como o divórcio ou a morte de um dos pais ou de outra pessoa querida, a perda de emprego do pai, uma mudança, uma troca de escola, falta de sono – aumenta a probabilidade de depressão ou de outros tipos de sofrimento emocional em maior grau entre adolescentes do que entre crianças (Compas, Ey e Grant, 1993; Fredriksen, Rhodes, Reddy e Way, 2004).

> **Objetivo da aprendizagem 15.9**
> Que fatores de risco estão associados ao suicídio na adolescência?

Suicídio na adolescência

Em alguns adolescentes, infelizmente, os pensamentos suicidas que frequentemente acompanham a depressão levam a ação. Levantamentos sugerem que 17% de estudantes do ensino médio nos Estados Unidos pensaram seriamente em tirar suas próprias vidas, e 2 a 8% realmente tentaram o suicídio (CDC, 2007). Entretanto, os especialistas em saúde pública salientam que muitas mortes de adolescentes, tais como aquelas que resultam de acidentes de carro simples, podem ser contadas como acidentais, mas são na verdade suicídio (NCIPC, 2000).

Ainda que a depressão seja mais comum entre meninas do que entre meninos, a probabilidade de ter sucesso ao cometer suicídio é quase cinco vezes mais alta entre meninos adolescentes do que entre meninas adolescentes (Heron, 2007). Em comparação, estima-se que *tentativas* de suicídio sejam três vezes mais comuns em meninas do que em meninos (CDC, 2007). As meninas, com maior frequência do que os meninos, usam métodos menos bem-sucedidos, como o autoenvenenamento.

A taxa de suicídio também é quase duas vezes mais alta entre brancos do que entre não brancos, exceto para jovens nativos norte-americanos, que tentam e cometem o suicídio a taxas mais altas do que qualquer outro grupo (Heron, 2007). A taxa entre homens nativos norte-americanos é de 26,3 por 100.000 por ano, comparado com aproximadamente 13 por 100.000 entre adolescentes norte-americanos brancos do sexo masculino. Similarmente, adolescentes hispano-americanos do sexo masculino têm maior probabilidade de tentar o suicídio do que brancos, embora a taxa de suicídio completado entre eles seja mais baixa (NCIPC, 2000).

Obviamente, é muito difícil descobrir os fatores que contribuem para os suicídios completados, porque os indivíduos não estão mais disponíveis para ser entrevistados. Contudo, parece claro que algum tipo de psicopatologia significativa é virtualmente um ingrediente universal, incluindo, mas não restrito a depressão. Problemas de comportamento como agressividade também são comuns nas histórias de suicídios completados, assim como uma história familiar de transtorno psiquiátrico ou suicídio, ou um padrão de abuso de droga ou álcool (Fennig et al., 2005; Garland e Zigler, 1993; Glowinski et al., 2001). Além disso, os psicólogos sugerem pelo menos três outros elementos importantes (Shaffer, Garland, Gould, Fosher e Trautman, 1988; Swedo et al., 1991):

- *Algum evento estressante ativador.* Estudos de suicídios sugerem que o evento ativador é frequentemente uma crise disciplinar com os pais ou alguma rejeição ou humilhação, tal como rompimento com uma namorada ou namorado ou fracasso em uma atividade valorizada.
- *Um estado mental alterado.* Tal estado poderia ser uma atitude de desesperança, inibição reduzida por consumo de álcool ou raiva.
- *Uma oportunidade.* Por exemplo, uma arma carregada acessível em casa ou um vidro de comprimidos para dormir no armário de remédio dos pais cria uma oportunidade para um adolescente realizar planos suicidas.

Tentativas de prevenção de suicídio têm se focalizado na educação, tal como fornecer treinamento para professores ou para adolescentes sobre como identificar estudantes que estão em risco para suicídio, na esperança de que os indivíduos vulneráveis possam ser ajudados antes de eles fazerem uma tentativa. Por exemplo, comportamento automutilador como cortar a pele com objetos afiados está correlacionado com sentimentos extremos de solidão e desesperança, duas emoções que frequentemente levam a suicídio (Guertin, Lloyd-Richardson, Spirito, Donaldson e Boergers, 2001). Portanto, professores que observam tal comportamento ou seus efeitos devem encaminhar os estudantes a conselheiros escolares.

Outros profissionais que trabalham com adolescentes também devem assumir um papel ativo na prevenção do suicídio. Por exemplo, listas de verificação foram desenvolvidas para ajudar médicos e enfermeiros a avaliar adolescentes para risco potencial de suicídio quando eles visitam clínicas para tratamento de saúde de rotina (Gould et al., 2005). Além disso, visto que adolescentes que foram presos tentam e completam o suicídio a taxas mais altas do que seus pares, muitos especialistas em suicídio adolescente recomendam que esses jovens sejam avaliados formalmente para risco de suicídio por um profissional da saúde mental dentro de 24 horas de uma prisão (Gallagher e Dobrin, 2005).

Treinamento especial em habilidades de enfrentamento também tem sido oferecido a estudantes, de modo que eles possam ser capazes de encontrar uma solução não letal para seus problemas. Infelizmente, a maioria desses programas parece ser ineficaz para mudar as atitudes ou conhecimento do estudante (Shaffer, Garland, Vieland, Underwood e Busner, 1991). Esses resultados desencorajadores provavelmente não irão melhorar até que os psicólogos tenham mais conhecimento sobre os caminhos do desenvolvimento que levam a essa forma particular de psicopatologia.

Antidepressivos são frequentemente prescritos para adolescentes deprimidos que são considerados de alto risco para suicídio (de Angelis, 2004). A maioria dos estudos tem mostrado que esses medicamentos podem ser tão efetivos no tratamento de depressão em adolescentes quanto em adultos (Findling, Feeny, Stansbrey, Delporto-Bedoya e Demeter, 2004). Entretanto, nos Estados Unidos, esses medicamentos ainda não foram aprovados pela Food and Drug Administration para tratamento de depressão em adolescentes (de Angelis, 2004). Além disso, um estudo britânico de larga escala verificou que os antidepressivos podem na verdade aumentar o risco de suicídio em alguns adolescentes. Esses achados levaram a FDA a emitir um alerta contra o uso rotineiro desses medicamentos com adolescentes (U.S. Food and Drug Administration, 2004).

Desenvolvimento intelectual e social atípico

Você pode lembrar que, anteriormente neste capítulo, observamos que alguns tipos de desenvolvimento atípico envolvem as capacidades intelectuais das crianças. Alguns fazem com que as crianças sejam atrasadas em relação a seus pares. Outros fazem as crianças superá-los no funcionamento cognitivo.

Retardo mental

Retardo mental, ou RM (também referido por muitos educadores hoje como *incapacidade intelectual* ou mais geralmente como *incapacidade do desenvolvimento*), é normalmente diagnosticado quando uma criança tem um escore de QI abaixo de 70 e problemas significativos no comportamento adaptativo, tal como uma incapacidade de se vestir ou se alimentar ou um problema em conviver com outros ou se ajustar às demandas de uma sala de aula de escola regular (MacMillan e Reschly, 1997). Portanto, um escore de QI baixo é uma condição necessária, mas não suficiente, para um diagnóstico de retardo mental. Os escores de QI baixos são costumeiramente divididos em diversas variações, e diferentes rótulos são ligados a crianças em cada variação, como você pode ver na Tabela 15.4.

> **Objetivo da aprendizagem 15.10**
> Quais são as características de crianças com retardo mental?

Funcionamento cognitivo de crianças com retardo mental Alguns pesquisadores interessados em processamento de informação tentaram entender o processamento intelectual normal observando as formas nas quais o pensamento de crianças com retardo mental diferem do de crianças com QIs normais (Bray, Fletcher e Turner, 1997; Calhoun e Dickerson Mayes, 2005; Campione, Brown e Ferrara, 1982; DeLoache e Brown, 1987). Essa pesquisa leva a diversas conclusões importantes sobre crianças com RM:

- Pensam e reagem mais lentamente do que crianças com QIs normais.
- Pensam concretamente e têm dificuldade com raciocínio abstrato.

retardo mental Uma incapacidade intelectual definida mais frequentemente como um QI abaixo de 70 combinado com comportamento adaptativo deficiente.

Tabela 15.4 Categorias de retardo mental

Classificação	Variação de QI	Porcentagem daqueles com retardo mental	Características de pessoas em cada nível
Leve	55-70	90%	São capazes de aprender habilidades até o nível de 6ª série. Podem se tornar autossuficientes e podem ter empregos lucrativos em várias ocupações vocacionais.
Moderado	40-55	6%	Provavelmente não são capazes de aprender mais do que habilidades acadêmicas de 2ª série, mas podem aprender habilidades de autoajuda e algumas habilidades sociais e acadêmicas. Podem trabalhar em oficinas protegidas.
Grave	25-40	3%	Podem ser treinadas em hábitos de higiene básica; podem aprender a se comunicar verbalmente. Aprendem através de treinamento de hábito repetitivo.
Profundo	Abaixo de 25	1%	Têm desenvolvimento motor rudimentar. Podem aprender habilidades de autoajuda muito limitadas.

Fonte: Wood et al., WORLD OF PSYCHOLOGY, ©2008. Reproduzida com permissão de Pearson Education, Inc.

- Requerem instrução muito mais completa e repetida a fim de aprender informação nova ou uma estratégia nova. (Crianças com QIs normais podem descobrir uma estratégia sozinhas ou ser capazes de prosseguir com apenas instrução incompleta.)
- Não generalizam ou transferem alguma coisa que aprenderam em uma situação para um novo problema ou tarefa. Portanto, elas parecem não possuir aquelas funções "executivas" que permitem que crianças mais velhas e adultos com QIs normais comparem um novo problema a problemas familiares ou explorem um repertório de estratégias até encontrar uma que funcionará.
- Déficits intelectuais frequentemente interferem no desenvolvimento de habilidades sociais, tais como a capacidade de reconhecer e responder a expressões faciais (Moore, 2001).

Em tarefas simples, concretas, crianças com retardo mental aprendem de formas e a taxas semelhantes às de crianças mais jovens com QIs normais. O déficit mais significativo é no processamento de ordem superior. Essas crianças podem aprender, mas o fazem mais lentamente e requerem instrução muito mais completa e específica da tarefa.

É importante notar, também, que muitas das coisas que você aprendeu sobre desenvolvimento infantil se aplicam a crianças com retardo mental. Crianças com incapacidades intelectuais passam pelos mesmos estágios piagetianos, embora a uma taxa mais lenta, e suas características motivacionais são muito semelhantes às de crianças normais (Blair, Greenberg e Crnic, 2001). Por exemplo, em tarefas que crianças normais intrinsecamente são altamente motivadas a aprender, tal como aprender a jogar um novo *videogame*, crianças com retardo mental têm a mesma probabilidade de exibir altos níveis de motivação intrínseca. E para tarefas para as quais crianças normais frequentemente requerem motivação extrínseca, tal como fazer a lição de casa, crianças com incapacidades intelectuais também têm a probabilidade de requerer incentivos fornecidos por pais ou professores.

Causas de retardo mental As crianças com retardo mental podem ser divididas em dois subgrupos distintos, dependendo da causa do retardo. O subgrupo menor, constituindo cerca de 15 a 25% do total, inclui crianças cujo retardo é causado por algum dano físico evidente. Estão incluídas neste grupo crianças com uma anomalia genética, tal como síndrome de Down, que provavelmente faz com que partes do cérebro associadas com aprendizagem funcionem deficientemente (Pennigton, Moon, Edgin, Stedron e Nadel, 2003). Dano resultando em retardo também pode ser causado por uma doença, um teratógeno como álcool pré-natal ou subnutrição pré-natal grave; ele pode ocorrer durante o próprio parto, tal como por anoxia prolongada. Um subgrupo pequeno de crianças adquire retardo mental como resultado de um ferimento sofrido após o nascimento, frequentemente em um acidente de automóvel ou uma queda.

A maioria das crianças com retardo mental não demonstra sinais óbvios de dano cerebral ou de outro transtorno físico. Nesses casos, a causa do retardo é alguma combinação de condições genéticas e ambientais. Tipicamente, essas crianças vêm de famílias nas quais os pais têm QIs baixos ou doença mental ou a vida doméstica é altamente desorganizada ou com privação emocional ou cognitiva. Sem dúvida, nesses casos, também, a incapacidade intelectual da criança poderia ter sido exacerbada pelos efeitos de teratógenos ou outros riscos, tais como álcool pré-natal ou níveis elevados de chumbo pré-natal ou pós-natal, mas não se considera que seja atribuída somente a essas causas físicas.

Estudos de larga escala demonstraram bastante conclusivamente que as diversas causas de retardo não são distribuídas uniformemente através da variação de escores de QI baixos. Quanto mais baixo o QI, maior a probabilidade de que a causa seja mais física do que ambiental (Broman et al., 1987). Uma implicação dessa conclusão é que intervenções, como o cuidado e pré-escola infantil enriquecida que Ramey planejou (ver Figura 7.7), têm maior probabilidade de ser efetivas para neutralizar os efeitos da cultura familiar na causa de retardo mais leve. Isso não quer dizer que os educadores devem ignorar o enriquecimento ambiental ou treinamento precoce específico para crianças cujo retardo tem uma causa física. Maior amplitude de experiência enriquecerá suas vidas e pode ajudar a trazer seus níveis de funcionamento para mais próximo da extremidade mais alta de sua "variação de reação", permitindo que elas funcionem muito mais independentemente (Baumeister, 2006).

Transtornos de aprendizagem

Objetivo da aprendizagem 15.11
Como os transtornos de aprendizagem afetam o desenvolvimento das crianças?

Algumas crianças com QIs normais e funcionamento adaptativo essencialmente bom não obstante têm dificuldades para aprender a ler, escrever ou fazer cálculos. O rótulo típico para esse problema é **transtorno de aprendizagem**. A definição dos psicólogos desse problema inclui a suposição de que a dificuldade se origina de algum tipo de disfunção ou dano do sistema nervoso central, semelhante a muitas definições de TDAH que supõem algum tipo de causa biológica. De fato, algumas crianças com transtorno de déficit de atenção também são diagnosticadas com transtornos de aprendizagem e, portanto, esses dois conjuntos de problemas se sobrepõem (Brook e Boaz, 2005). Essa sobreposição está longe de ser completa, entretanto, já que a maioria das crianças diagnosticadas com incapacidades de aprendizagem não sofre de TDAH.

Diagnosticando transtornos de aprendizagem O diagnóstico de um transtorno de aprendizagem é extremamente complicado, e tal diagnóstico é sempre residual – ou seja, um diagnóstico alcançado apenas por eliminação de outras possíveis explicações de um problema. "Incapacidade" é o rótulo normalmente aplicado ao problema experimentado por uma criança de inteligência média ou acima da média, com visão e audição normal, que tem dificuldade significativa para absorver, processar, lembrar ou expressar algum tipo de informação, tal como palavras ou números escritos. Crianças diagnosticadas com transtornos de aprendizagem não apresentam transtorno emocional persistente ou óbvio e suas dificuldades não podem ser atribuídas a nenhuma privação cultural ou educacional clara. Portanto, a definição operacional se focaliza no que o transtorno de aprendizagem não é, em vez de no que ele é. Além disso, a forma específica de transtorno de aprendizagem pode variar amplamente, com algumas crianças exibindo dificuldades apenas na leitura, algumas tendo problemas com leitura e ortografia (tal como o menino cuja amostra de escrita é mostrada na Figura 15.1), e outras tendo mais dificuldade com aritmética.

Devido a essa inconsistência na definição, há muita discussão sobre exatamente quantas crianças têm realmente um transtorno de aprendizagem. Falando em termos práticos, o rótulo de transtorno de aprendizagem é usado muito amplamente dentro de sistemas escolares (pelo menos nos Estados Unidos) para descrever crianças que têm dificuldade inesperada ou de outro modo inexplicável com o trabalho escolar, particularmente com leitura. Aproximadamente 6,5% de todas as crianças nos Estados Unidos são atualmente rotuladas dessa forma (Herring, McGrath e Buckley, 2007).

transtorno de aprendizagem
Um termo amplamente usado para descrever um problema inesperado ou inexplicado na aprendizagem da leitura, ortografia ou cálculo e mais precisamente usado para se referir a uma disfunção neurológica que causa esses efeitos.

Figura 15.1 Amostra da escrita por uma criança com transtorno de aprendizagem

Parte de uma história escrita por Luke, 13 anos, que tem uma transtorno de aprendizagem significativo e persistente. Os números pequenos perto de algumas das palavras são contagens de palavras de Luke. Eles mostram que, apesar de sua grave desvantagem na escrita, suas capacidades de contagem estão intactas.

(Fonte: De *Learning Disabilities: A Psychological Perspective*, de Sylvia Farnham-Diggory, p. 61. Copyright © 1978 por Sylvia Farnham-Diggory. Com permissão do autor.)

* N. de T.: "Um dia eu e meu irmão saímos para caçar um tubarão. Mas não conseguimos encontrar o tubarão. Então, nós saímos de helicóptero, mas não conseguimos encontrá-lo." (Tradução adaptada em que os erros de ortografia não foram reproduzidos, apenas o conteúdo do trecho.)

Causas dos transtornos de aprendizagem

Dados esses problemas com a definição, não é surpresa que a busca pelas causas de transtornos de aprendizagem tenha sido repleta de dificuldades. O problema mais central foi com a suposição fundamental de que as incapacidades de aprendizagem têm uma base neurológica. A dificuldade é que as crianças rotuladas dessa forma (como as crianças com TDAH) raramente apresentam sinais de dano cerebral importante em testes neurológicos padronizados – talvez porque muitas das crianças sejam rotuladas erroneamente ou talvez porque a disfunção cerebral seja muito sutil para ser detectada com testes padronizados.

Felizmente, técnicas de imagem cerebral agora podem tornar possível revelar diferenças neurológicas sutis, mas muito reais e significativas, entre crianças com transtornos de aprendizagem e aquelas que são boas leitoras. Um estudo por Sally Shaywitz e colaboradores (1998) usou imagem de ressonância magnética funcional (MRI) para identificar as partes do cérebro que se tornam ativas quando um indivíduo está realizando várias tarefas relacionadas a leitura. Quando leitores adultos hábeis no estudo estavam trabalhando nessas tarefas, Shaywitz verificou que uma série de regiões cerebrais eram ativadas de cada vez, começando com seções do lobo frontal e então se movendo para trás no cérebro. Entre os adultos com transtornos de aprendizagem que participaram nesse estudo, entretanto, apenas o lobo frontal era totalmente ativado, sugerindo que seus cérebros funcionavam de modo bastante diferente nessas tarefas. Essa diferença nos padrões de ativação cerebral era especialmente nítida quando os participantes estavam trabalhando em tarefas que requeriam que identificassem sons individuais, tais como em uma tarefa de rima – um achado que faz muito sentido à luz de toda a pesquisa sobre a qual você leu no Capítulo 8 que associa boa leitura com consciência fonológica.

Em pesquisa subsequente, Shaywitz e colaboradores encontraram padrões semelhantes de atividade neurológica nos cérebros de crianças com incapacidades de leitura (Shaywitz, Mody e Shaywitz, 2006). Esses estudos sugerem que os cérebros tanto de crianças como de adultos com transtornos de aprendizagem podem não estar "equipados" de uma forma que lhes permita analisar eficientemente sons em seus componentes fonológicos. Esses achados podem explicar por que intervenções que fornecem informação explícita sobre associações som-símbolo (que tipicamente não são enfatizadas nos currículos de leitura convencionais), juntamente com amplas oportunidades de praticar habilidades recentemente adquiridas, se revelaram altamente efetivas para ajudar pessoas com transtornos de aprendizagem a se tornar leitoras mais fluentes (Shaywitz, 2008).

A escola pode ser um lugar desencorajador e frustrante para uma criança com transtorno de aprendizagem.

Dotação

> **Objetivo da aprendizagem 15.12**
> Quais são as características de crianças dotadas?

Algumas crianças se encontram na outra extremidade do *continuum* intelectual e são consideradas dotadas. Encontrar bons programas para essas crianças é um dilema contínuo. Uma criança chamada Michael, descrita por Halbert Robinson, é um exemplo extremo de uma criança dotada:

> Quando Michael tinha 2 anos e 3 meses, a família visitou nosso laboratório. Naquela época, eles descreveram uma criança que tinha começado a falar aos 5 meses e aos 6 meses tinha exibido um vocabulário de mais de 50 palavras. Ele começou a ler quando tinha 13 meses de idade. Em nosso laboratório ele falava cinco línguas e podia ler em três delas. Ele entendia adição, subtração, multiplicação, divisão e raiz quadrada, e era fascinado por uma ampla variedade de construtos científicos. Ele adorava fazer trocadilhos, frequentemente bilíngues. (1981, p. 63)

O escore de QI de Michael no Stanford-Binet era acima de 180 aos 2 anos; dois anos mais tarde, quando Michael tinha 4 anos e meio, ele tinha desempenho de 12 anos no teste e estava registrado como tendo um escore de QI acima de 220.

Definições e rótulos Certamente podemos todos concordar que Michael deve ser rotulado como dotado, mas definir o termo precisamente é difícil (Cramond, 2004). Inúmeros autores (p.ex., Gardner, 2002) afirmaram que pessoas com talentos específicos excepcionais, tais como capacidades musicais, artísticas, matemáticas ou espaciais devem ser classificadas como dotadas juntamente com aquelas com escores muito altos de QI. Essa ampliação da definição de dotação tem sido amplamente aceita entre os teóricos, que concordam que há muitos tipos de capacidade excepcional, cada uma das quais pode refletir velocidade ou eficiência incomum com um ou outro tipo de função cognitiva.

Dentro dos sistemas escolares, entretanto, a dotação ainda é tipicamente definida por escores de teste de QI, tal como todos os escores acima de 130 ou 140. Alguns desenvolvimentalistas sugerem que pode ser útil dividir o grupo de crianças de QI alto em dois conjuntos, os "dotados de variedade comum", que têm escores altos de QI (talvez de 130 a 150), mas não têm capacidade extraordinária em nenhuma área, e os "altamente dotados" (como Michael) com escores extremamente altos de QI e/ou habilidade notável em uma ou mais áreas – o grupo de Ellen Winner (Von Károlyi e Winner, 2005) os denomina profundamente dotados. Esses dois grupos podem ter experiências bastante diferentes em casa e na escola.

Elizabeth Lovance de Hartland, Wisconsin (à direita) pulou várias séries e se formou no ensino médio aos 14 anos. Ela dizia sobre sua experiência de ser acelerada na escola: "Eu teria tido um colapso mental se eu tivesse permanecido onde eu estava".

Funcionamento cognitivo e social Crianças dotadas demonstram processamento veloz e eficiente em tarefas simples e uso flexível de estratégias em tarefas mais complexas. Elas aprendem rapidamente e transferem aquele aprendizado amplamente, e têm habilidades de solução de problemas notavelmente boas – elas com frequência saltam diretamente para uma solução que requer de indivíduos menos dotados muitos passos intermediários para perceber (Von Károlyi e Winner, 2005). Além disso, elas parecem ter habilidades metacognitivas incomumente boas: sabem o que sabem e o que não sabem e passam mais tempo que crianças de QI médio planejando como conseguir solucionar algum problema (Shore e Dover, 2004). Winner também observa que crianças profundamente dotadas também têm uma "paixão por dominar", um impulso poderoso de se absorver na aprendizagem em alguma área.

Se tais capacidades intelectuais avançadas se transferem para situações sociais não está bem estabelecido. Muitos pais ficam preocupados sobre colocar seu filho dotado em uma série mais avançada na escola por receio de que a criança não seja capaz de competir socialmente; outros supõem que o desenvolvimento rápido em uma área deve estar ligado a desenvolvimento rápido em todas as áreas.

Um estudo anterior famoso e notável de crianças dotadas, por Lewis Terman, indicou a última conclusão. Na década de 1920, Terman selecionou 1.500 crianças com escores de QI altos do sistema escolar da Califórnia. Essas crianças – agora adultos na faixa dos 90 anos – foram acompanhadas regularmente durante toda a vida (p. ex., Feldhusen, 2003; Holahan, 1988; Terman, 1925; Terman e Olden, 1959). Terman verificou que as crianças dotadas que ele estudou eram melhores que seus colegas de classe menos dotados em muitos aspectos além do desempenho escolar. Elas eram mais saudáveis, tinham interesses mais amplos e eram mais bem-sucedidas na idade adulta. Tanto os meninos como as meninas nesse estudo completaram muito mais anos de educação do que era típico em sua época, e a maioria teve carreiras de sucesso na idade adulta.

A maioria das pesquisas sugere que crianças dotadas têm aproximadamente o mesmo risco de problemas sociais ou emocionais que crianças de QI normal, o que significa que a maioria é bem ajustada e socialmente apta (Gottfried, Gottfried, Bathurst e Guerin, 1994; Vida, 2005). O otimismo em relação à robustez social de crianças dotadas pode ter que ser um pouco temperado, entretanto, no caso do subgrupo profundamente dotado, tal como aqueles com QIs acima de 180. Essas crianças são tão diferentes de seus pares que têm a probabilidade de serem vistas como estranhas ou perturbadoras. Elas são muitas vezes socialmente solitárias e introvertidas, bem como ferozmente independentes e não conformistas; têm dificuldade para encontrar pares que possam brincar em seu nível e são bastante impopulares com os colegas de classe (Kennedy, 1995). Também do lado negativo da razão está o fato de que muitas crianças dotadas ficam tão entediadas na escola que se tornam desinteressadas e até abandonam os estudos, frequentemente porque seu distrito escolar não permite aceleração de série ou não tem programas especiais para os dotados. Dado o fato de que pular séries não parece estar associado com desajustamento social (e está associado a melhor realização entre os dotados), parece fazer muito sentido encorajar o ensino escolar acelerado, ao menos para ajudar a afastar o extremo tédio na criança dotada.

Transtornos invasivos do desenvolvimento

Objetivo da aprendizagem 15.13
Que comportamentos são exibidos por crianças com transtornos invasivos do desenvolvimento?

Muitos dos padrões típicos de desenvolvimento que discutimos até agora podem indiretamente causar dificuldades nos relacionamentos sociais das crianças. Crianças com retardo mental, por exemplo, podem ter problemas em acompanhar os interesses de brinquedo de crianças de sua idade. Por exemplo, elas podem desenvolver a capacidade de fazer de conta em uma idade mais tardia que outras crianças. Portanto, uma criança com retardo mental pode ser capaz de construir relacionamentos sociais brincando com outras crianças, mas na maioria dos casos as crianças com quem ela brinca serão mais jovens do que ela.

Em comparação, o aspecto definidor do grupo de transtornos conhecido como **transtornos invasivos do desenvolvimento** (**TIDs**), ou *transtornos do espectro autista*, é a incapacidade de formar relacionamentos sociais. Nos TIDs, a falta de habilidades sociais é ela própria mais o transtorno do que uma consequência indireta de outro padrão de desenvolvimento atípico. As dificuldades sociais de indivíduos com TIDs geralmente deriva de suas habilidade de comunicação pobres e incapacidade de entender os aspectos recíprocos, ou de troca, dos relacionamentos sociais. Muitas dessas crianças também exibem comportamentos bizarros, repetitivos, tais como abanar as mãos. Algumas desenvolvem ligações com objetos e se tornam extremamente ansiosas – ou mesmo enraivecidas – quando separadas deles. Outras se envolvem em comportamentos autoprejudiciais como bater a cabeça. Nos Estados Unidos, apenas menos de 1% de todas as crianças têm algum tipo de TID (Kagan e Herschkowitz, 2005; NIMH, 2001b). As taxas são semelhantes em países europeus (Lauritsen et al., 2004). Os TIDs mais frequentemente diagnosticados são *transtorno autista* e *transtorno de Asperger*.

Os sintomas característicos que são exibidos por crianças com **transtorno autista** incluem habilidades de linguagem limitada ou inexistente, incapacidade de se envolver em relacionamentos sociais recíprocos e uma gama de interesses seriamente limitada (DSM-IV-TR, 2000). A maioria também tem retardo mental, é facilmente distraída, lenta para responder a estímulos externos e altamente impulsiva (Calhoun e Dickerson Mayes, 2005). Algumas crianças são ajudadas com os sintomas de distração e impulsividade pelos tipos de medicamentos estimulantes que são frequentemente prescritos para crianças com TDAH (Posey, Puntney, Sasher, Kem e McDougle, 2004).

transtornos invasivos do desenvolvimento (TIDs) Um grupo de transtornos nos quais as crianças exibem distúrbios graves nos relacionamentos sociais.

transtorno autista Um transtorno no qual as crianças têm habilidades de linguagem muito mais limitadas que outras da mesma idade, uma incapacidade de iniciar relacionamentos sociais recíprocos e uma gama de interesses seriamente limitada.

Muitos pais de crianças com autismo relatam ter percebido peculiaridades em seus filhos durante os primeiros meses de vida. O que choca esses pais é a aparente falta de interesse de seus bebês por pessoas. Entretanto, na maioria dos casos, o transtorno não é definitivamente diagnosticado até que o fracasso da criança em desenvolver habilidades de linguagem normais torne evidente que elas estão em um caminho evolutivo atípico. Isso geralmente ocorre entre o primeiro e o segundo ano de vida.

Crianças com autismo que são capazes de algum grau de comunicação verbal normal e cujos prejuízos cognitivos são mínimos são frequentemente chamadas de *crianças de funcionamento alto*. Entretanto, as capacidades comunicativas dessas crianças são bastante pobres devido a sua capacidade limitada de empregar cognição social. Por exemplo, a maioria nunca desenvolve totalmente uma teoria da mente (Peterson, Wellman e Liu, 2005). Como resultado, elas tipicamente não conseguem entender como suas declarações são percebidas pelos ouvintes e são incapazes de se envolver em comunicações normais. Além disso, a amplitude e a entonação de sua fala é frequentemente anormal. Algumas proferem frases repetitivas, frequentemente na forma de fala de robô, que são inadequadas para a situação na qual ocorrem.

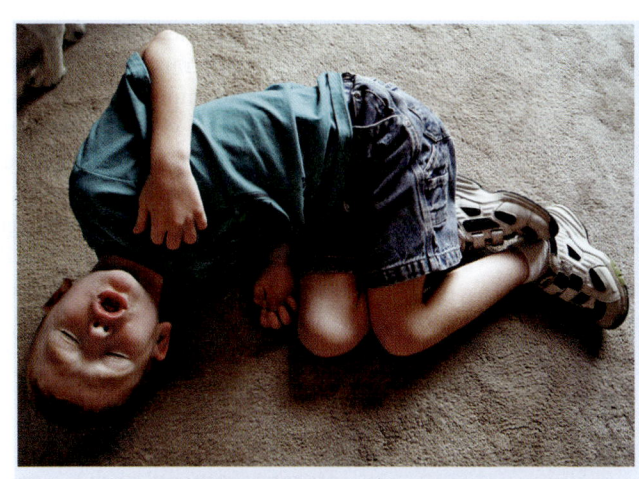

Muitas crianças com autismo exibem comportamentos impulsivos, bizarros, como o comportamento contorcido no qual este menino parece estar envolvido. Elas são frequentemente irresponsivas ao mundo exterior enquanto exibem esses comportamentos, e algumas se ferem durante esses episódios.

O **transtorno de Asperger** é frequentemente considerado uma forma leve de transtorno autista. Os critérios diagnósticos para ele são altamente semelhantes aos para transtorno autista (DSM-IV-TR, 2000). Entretanto, crianças com transtorno de Asperger têm linguagem e habilidades cognitivas adequadas para a idade e frequentemente obtêm escores altos em testes de QI. Apesar de suas habilidades de linguagem normais, crianças com transtorno de Asperger são incapazes de se envolver em relacionamentos sociais normais porque, como crianças com autismo que têm funcionamento alto, elas geralmente não desenvolvem a capacidade de entender os pensamentos, sentimentos e motivações dos outros (uma teoria da mente).

Devido a suas habilidades de linguagem e cognitivas normais, a maioria das crianças com transtorno de Asperger não se diferencia de seus pares até seu segundo ou terceiro aniversário, quando outras crianças começam a se envolver em brincadeira cooperativa. Entretanto, crianças normais dessa idade variam amplamente, portanto frequentemente se presume que crianças com transtorno de Asperger têm "desenvolvimento tardio" ou estão "passando por uma fase". Algumas são diagnosticadas erroneamente com TDAH (Pozzi, 2003). Ao entrar na escola, contudo, muitas começam a exibir os comportamentos bizarros que a maioria das pessoas associa com transtornos invasivos do desenvolvimento. Por exemplo, elas podem se tornar intensamente focalizadas em memorizar coisas que têm pouco significado para elas, como horários de voos de aviões. Elas também podem se envolver em comportamentos obsessivos, tais como contagem e recontagem do número de quadrados em uma toalha de mesa xadrez. Na idade escolar, a sua incapacidade de formar amizades com outras crianças da mesma idade é geralmente bastante aparente.

Como o TDAH, os transtornos invasivos do desenvolvimento foram um dia considerados resultado de paternagem deficiente. Entretanto, agora está bem estabelecido que todos esses transtornos são de origem neurológica (Kagan e Herschkowitz, 2005). Entretanto, não há uma anomalia ou disfunção cerebral única que esteja associada com TIDs. Mesmo para transtornos individuais dentro dessa categoria, os pesquisadores não encontraram um marcador neurológico definitivo. Em alguns poucos casos, defeitos genéticos específicos são conhecidos por levar a desenvolvimento neurológico atípico e, por sua vez, fazer com que crianças desenvolvam transtornos invasivos do desenvolvimento. Por exemplo, a *síndrome do X frágil*, como você pode lembrar do Capítulo 2, pode causar transtorno autista. Na maioria dos casos, entretanto, a causa de TIDs permanece um mistério (Kagan e Herschkowitz, 2005).

Sejam quais forem os mecanismos neurológicos envolvidos nos TIDs, estudos de gêmeos sugerem que esses transtornos são hereditários. Quando um gêmeo idêntico é diagnosticado com um TID, há 70 a 90% de chance de que o outro também seja diagnosticado (Zoghbi, 2003). Uma

transtorno de Asperger Um transtorno no qual as crianças possuem as outras características de transtorno autista, mas têm habilidades de linguagem e cognitivas intactas.

ampla variedade de fatores interage com predisposições genéticas para desencadear o aparecimento desses transtornos (Rutter, 2005). Quando as mães são deprimidas, por exemplo, os bebês têm um risco aumentado de desenvolver os sintomas de um TID (Pozzi, 2003). Entretanto, relatos da mídia sugerindo que vacinas podem causar TIDs se provaram infundados (Rutter, 2005a).

Você pode ter ouvido falar que vacinas contendo uma forma de mercúrio, chamado *thimerosal* são suspeitas de causar autismo. Entretanto, os pesquisadores geralmente concordam que a hipótese da vacina é infundada (Rutter, 2005a). Em um estudo importante, pesquisadores acompanharam o desenvolvimento de mais de meio milhão de crianças dinamarquesas por vários anos a fim de comparar as taxas de autismo entre aquelas que receberam vacinas com thimerosal e aquelas que não receberam tais vacinas (Madsen et al., 2002). Foram encontradas taxas de autismo quase idênticas nos dois grupos. Além disso, esses pesquisadores verificaram que as taxas de autismo na verdade aumentaram na Dinamarca após o thimerosal ser removido de todas as vacinas no final da década de 1990 (Madsen et al., 2003). Estudos nos Estados Unidos e no Canadá mostram um padrão semelhante. Embora o thimerosal tenha sido removido das vacinas que são administradas rotineiramente a bebês e crianças, a prevalência de autismo em ambos os países continuou a aumentar (Fombonne, Zakarian, Bennett, Meng e McLean-Heywood, 2006; Schechter e Grether, 2008). Contudo, relatos da mídia sensacionalista sobre a hipotética ligação entre vacinas e autismo contribuíram para os tipos de medos de vacinas sobre os quais você leu anteriormente no capítulo.

Entre algumas crianças com transtornos invasivos do desenvolvimento, os sintomas na verdade pioraram à medida que as crianças cresciam (Sigman e McGovern, 2005). Infelizmente, as habilidades de linguagem e sociais mínimas que elas parecem adquirir através de programas educacionais intensivos nos primeiros anos de vida às vezes se deterioram marcadamente antes de elas alcançarem a idade adulta. Muitos adultos com esses transtornos vivem em ambientes protegidos e estão trabalhando em empregos que requerem competências mínimas.

As habilidades de linguagem de uma criança com um TID são o melhor indicador de seu prognóstico na idade adulta (DSM-IV-TR, 2000). Consequentemente, crianças com transtorno de Asperger têm a melhor esperança de alcançar a independência na idade adulta. Graças a suas habilidades de linguagem e cognitivas, muitas são capazes de altos níveis de realização acadêmica. De fato, revisões de especialistas dos registros médicos de um dos mais eminentes escritores alemães do século XX, Robert Walser, sugerem que ele provavelmente sofria de transtorno de Asperger (Fitzgerald, 2004). Seus relacionamentos sociais, entretanto, como os de quase todos os indivíduos com esse transtorno, continuou sendo prejudicado durante toda sua vida.

Educação escolar para crianças atípicas

Objetivo da aprendizagem 15.14
O que os pesquisadores descobriram sobre a efetividade da educação inclusiva para crianças com incapacidades?

Crianças que exibem desenvolvimento atípico requerem professores e escolas para fazer adaptações especiais. Em 1975, em grande parte como resultado da pressão de pais de crianças atípicas ou incapacitadas, o Congresso aprovou a Lei Pública (PL) 94-142, denominada Education for All Handicapped Children Act [Lei da Educação para Todas as Crianças com Desvantagens]. Ela especifica que toda criança nos Estados Unidos deve ter acesso a uma educação adequada no ambiente menos restritivo possível. A PL 94-142 não diz que toda criança com uma incapacidade deve ser educada em tempo integral em uma sala de aula regular. A lei permite que as escolas ofereçam um *continuum* de serviços, incluindo escolas separadas ou salas de aula especiais, embora ela também indique que uma criança deve ser colocada em uma sala de aula regular como primeira escolha e removida daquele ambiente apenas se sua incapacidade for tal que ela não possa ser educada satisfatoriamente lá. A Tabela 15.5 lista as categorias de incapacidades cobertas pela lei, bem como a porcentagem de crianças com incapacidades em cada categoria.

A PL 94-142 e as leis suplementares que a seguiram (incluindo a Education of the Handicapped Act [Educação da Lei de Incapacidade] de 1986 e a Individuals with Disabilities Education Act [Lei de Educação para Indivíduos com Incapacidades] de 1990, renovadas em 2004) se baseiam mais essencialmente na visão filosófica de que crianças com incapacidades têm o direito de participar de ambientes escolares normais (p.ex., Stainback e Stainback, 1985). Os proponentes também argumentaram que tal **educação inclusiva** ajuda a criança com uma incapacidade integrando-a no mundo dos não incapacitados, desse modo facilitando o desenvolvimento de

educação inclusiva Termo geral para programas de educação que colocam crianças com incapacidades físicas, mentais ou emocionais em salas de aula normais e que fornecem todo o tipo de serviços especiais necessários para a criança naquela sala de aula.

Tabela 15.5 Incapacidades para as quais crianças nos Estados Unidos receberam serviços de educação especial

Categoria de incapacidade	Porcentagem de estudantes de educação especial na categoria	Descrição da incapacidade
Transtornos de aprendizagem	46	Desempenho dois ou mais anos aquém das expectativas baseado em testes de inteligência. Exemplo: um estudante de 4ª série com um QI médio que está lendo no nível de 1ª série.
Transtorno da comunicação em fala ou linguagem	19	Um transtorno da fala ou da linguagem que afeta a educação de uma criança; pode ser um problema com fala ou um prejuízo na compreensão ou uso de qualquer aspecto da linguagem. Exemplo: um estudante de 1ª série comete erros de pronúncia como os de uma criança de 4 anos e não consegue associar sons e símbolos.
Retardo mental	9	QI abaixo de 70, juntamente com prejuízos nas funções adaptativas. Exemplo: uma criança de idade escolar com um QI mais baixo que 70 que não está totalmente treinado na toalete e que necessita de instrução especial em habilidades acadêmicas e de autocuidado.
Outros prejuízos de saúde	9	Um problema de saúde que interfere na educação de uma criança. Exemplo: uma criança com asma grave que perde várias semanas de escola por ano.
Transtorno emocional sério	8	Um transtorno emocional ou do comportamento que interfere na educação de uma criança. Exemplo: uma criança cujos ataques de raiva graves a fazem ser retirada da sala de aula todos os dias.
Transtornos do espectro autista	3	Comportamento consistente com os critérios para qualquer um dos vários transtornos do espectro autista no DSM-IV-TR (2000). Exemplo: uma criança com síndrome de Asperger que pode lidar com as demandas cognitivas de classes regulares, mas que necessita de ajuda com habilidades de comunicação e sociais.
Incapacidades múltiplas	2	Necessidade de instrução especial e apoio contínuo em duas ou mais áreas para tirar proveito da educação. Exemplo: uma criança com paralisia cerebral que também é surda, e que portanto requer adaptações tanto físicas como de ensino.
Prejuízo de audição	1,2	Um problema auditivo que interfere na educação de uma criança. Exemplo: uma criança que necessita de um intérprete de linguagem de sinais na sala de aula.
Prejuízo ortopédico	1	Um defeito ortopédico que requer adaptações especiais. Exemplo: uma criança em uma cadeira de rodas que necessita de uma aula de educação física especial.
Prejuízo visual	0,4	Acuidade visual prejudicada ou um campo de visão limitado que interfere na educação. Exemplo: uma criança cega que necessita treinamento no uso do Braille para ler e escrever.

Fonte: U.S. Census Bureau, 2008b.

habilidades sociais importantes, bem como fornecendo desafios acadêmicos mais adequados do que os que são frequentemente encontrados em salas de aulas separadas ou em programas especiais para o incapacitado (Friend e Bursuck, 2006). Os defensores da inclusão estão convencidos de que crianças com retardo mental e aquelas com transtornos de aprendizagem apresentarão maior realização acadêmica se estiverem em salas de aula regulares.

As escolas e os distritos escolares diferem amplamente no modelo específico de inclusão que utilizam, embora virtualmente todos os modelos envolvam uma equipe de educadores, incluindo o professor de sala de aula, um ou mais professores de educação especial, assistentes de sala de aula, e às vezes voluntários. Algumas escolas seguem um plano denominado *programa estendido*, no qual o estudante com uma incapacidade é colocado em uma sala de aula regular apenas parte do dia, com o restante do tempo passado trabalhando com um professor de educação especial em uma classe especial ou sala de recuperação. Mais comuns são os sistemas de inclusão total nos quais a criança passa todo o dia escolar em uma classe regular, mas recebe ajuda de voluntários, assistentes ou professores de educação especial que vêm à sala de aula para trabalhar com a criança lá. Em alguns distritos, um grupo de crianças com incapacidades pode ser designado para uma sala de aula regular única; em outros, não mais de uma dessas crianças é normalmente designada para qualquer classe (Friend e Bursuck, 2006).

David, a criança com síndrome de Down à esquerda, está em uma sala de aula do ensino fundamental inclusiva, participando o mais completamente possível de todas as atividades e atribuições.

Há pouca discussão sobre a conveniência do objetivo global: proporcionar a cada criança a melhor educação possível, uma educação que desafie a criança e lhe dê a melhor chance possível de aprender as habilidades intelectuais e sociais básicas necessárias para funcionar em sociedade. Portanto, você pode se surpreender com o achado de que professores que têm as atitudes mais positivas em relação a inclusão também têm as mais altas taxas de exaustão (Talmor, Reiter e Feigin, 2005). Os pesquisadores especulam que professores com visões idealistas da inclusão provavelmente se esforçam muito para ajudar estudantes com incapacidade a serem bem-sucedidos. Quando seus esforços encontram sucesso limitado, eles podem sofrer de sentimentos de fracasso e incompetência e podem se sentir emocionalmente esgotados. Em algumas escolas, os professores têm assistentes que são responsáveis por uma parte das cargas extras envolvidas em ensinar uma classe que inclui tanto crianças de desenvolvimento típico como crianças com incapacidades. Essa prática parece proteger alguns professores contra exaustão (Magiera e Zigmond, 2005). Além disso, estudantes com incapacidades recebem muito mais instrução direta quando um professor regular e um professor assistente estão disponíveis.

Aqueles de vocês que planejam ser professores devem anotar esses achados. Além disso, esteja ciente de que, sejam quais forem suas visões da inclusão, ela é uma prática consistente com a lei vigente (nos Estados Unidos). Portanto, está aqui para ficar (Putnam, Spiegel e Bruininks, 1995). Ademais, mudanças recentes na lei educacional, tal como a legislação referencial de 2001, No Child Left Behind [Nenhuma Criança Deixada para Trás], elevaram os padrões com relação ao que se espera que todas as crianças, incluindo aquelas com incapacidades, aprendam. Como resultado, um número cada vez maior de crianças com necessidades especiais está sendo educada em salas de aula com crianças que não têm incapacidades (Friends e Bursuck, 2006).

Entre as muitas variedades de programas de inclusão, aspectos que estão consistentemente associados a melhores resultados ou a piores resultados podem ser identificados? Essa questão é extremamente difícil de responder. Por todos os tipos de razões perfeitamente compreensíveis, os desenvolvimentalistas têm pouco do tipo de pesquisa necessária para respondê-la. Os programas de inclusão variam amplamente em projeto e servem a crianças com diferentes problemas. Os professores que os implementam variam de altamente qualificados e inventivos a sobrecarregados e não qualificados. Se um determinado padrão de programa parece funcionar em uma escola, é frequentemente difícil dizer se ele é bem-sucedido devido aos professores envolvidos, devido às características específicas das crianças sendo atendidas, ou porque o programa em si é especialmente bem planejado.

Devido a tudo isso, não é surpresa que ainda não existam respostas claras a muitas das perguntas sobre inclusão. Contudo, educadores e psicólogos têm se esforçado para resumir a informação que têm, e a maioria concordaria com as seguintes conclusões:

- Crianças com incapacidades físicas, mas sem problema de aprendizagem – tais como crianças cegas ou algumas crianças com espinha bífida – fazem melhor progresso acadêmico quando são ensinadas da mesma forma e no mesmo ambiente que crianças que não têm incapacidades (Jenks, van Lieshout e de Moor, 2008).

- Para crianças com transtornos de aprendizagem, entretanto, programas de inclusão total podem ser menos sustentadores academicamente do que programas estendidos ou salas de recurso, porque o sucesso para crianças com transtornos de aprendizagem em uma sala de aula regular depende fortemente da capacidade do professor de implementar um programa individualizado. Arranjos de professor assistente parecem ser particularmente úteis para crianças com incapacidades de aprendizagem (Magiera e Zigmond, 2005).

- Os programas de inclusão efetivos requerem que os professores recebam treinamento adicional e apoio substancial de especialistas, assistentes ou voluntários (Friend e Bursuck, 2006) – condições que às vezes não são satisfeitas devido a razões de orçamento ou outras.

A lista de conclusões acima deve convencê-lo de que não há "receita mágica", não há uma solução única para educadores, para pais ou para crianças com incapacidades. Se você está planejando se tornar professor, você precisará aprender o máximo possível sobre as necessidades de crianças com vários tipos de incapacidades, bem como sobre estratégias bem-sucedidas para ensiná-las; se você é pai, você necessitará se informar sobre todas as alternativas educacionais a fim de se tornar um defensor consistente de seu filho dentro do sistema escolar.

Pensamento crítico

- Que implicações para a política social e educacional (se houver) você vê no fato de que transtornos da conduta de início na infância provavelmente persistirão e finalmente envolverão criminalidade e violência na idade adulta?
- Porque você acha que meninas adolescentes são mais vulneráveis a depressão do que meninos adolescentes? Que teoria você proporia para explicar o fato de que meninas tentam o suicídio com maior frequência que meninos, mas têm menor probabilidade de completá-lo?

Conduza sua própria pesquisa

Quando uma criança é encaminhada a um psicólogo porque seus pais e professor pensam que ela pode ter TDAH, o psicólogo frequentemente compara o comportamento da criança com o de outras crianças no contexto no qual ele ocorre. Para ter uma ideia do quanto comparações com os pares podem ser informativas, peça que uma professora do ensino fundamental lhe permita observar sua classe em uma hora em que as crianças estejam trabalhando independentemente. Observe uma amostra aleatoriamente selecionada de cinco crianças por um período de tempo fixo – digamos, 10 minutos cada – e conte o número de minutos que cada criança passa trabalhando durante o período. Assegure-se de observar apenas uma criança de cada vez. Converta suas observações para porcentagens e faça uma média. Em seguida, siga o mesmo procedimento para cada uma das outras crianças na classe. Prepare um mapa mostrando o quanto a porcentagem de comportamento na tarefa de cada criança se desvia da porcentagem média de sua amostra aleatoriamente selecionada.

Resumo

ENTENDENDO O DESENVOLVIMENTO ATÍPICO

15.1 Que tipos de problemas se enquadram na esfera de desenvolvimento atípico?

- As psicopatologias são mais frequentemente divididas em três amplos grupos: transtornos da atenção, incluindo transtorno de déficit de atenção/hiperatividade (TDAH); problemas externalizantes, incluindo transtornos da conduta; e problemas internalizantes, incluindo transtornos da alimentação e depressão. Outros tipos de desenvolvimento atípico afetam o funcionamento intelectual e social das crianças.

15.2 Como as perspectivas biológica, psicodinâmica, da aprendizagem e cognitiva explicam o desenvolvimento atípico?

- As teorias biológicas enfatizam causas físicas como genética, hormônios e funcionamento neurológico. As teorias psicodinâmicas se focalizam em conflitos emocionais não resolvidos, enquanto as teorias da aprendizagem propõem que comportamentos atípicos são aprendidos. As perspectivas cognitivas afirmam que o desenvolvimento atípico está associado com pensamento defeituoso.

15.3 O que é psicopatologia do desenvolvimento e como ela mudou a abordagem dos psicólogos de questões sobre desenvolvimento atípico?

- Estudos de psicopatologia são mais frequentemente organizados em uma estrutura de desenvolvimento, com ênfase nos caminhos complexos que levam a desvio ou normalidade. Tal abordagem também enfatiza a importância de fatores de risco e protetores, do contexto e de uma perspectiva de vida.

PROBLEMAS DE ATENÇÃO E PROBLEMAS EXTERNALIZANTES

15.4 Que rótulos diagnósticos são dados a crianças que têm problemas de atenção?

- O transtorno de déficit de atenção/hiperatividade (TDAH), o tipo de transtorno de atenção mais comum, inclui tanto problemas na focalização da atenção como inquietação e atividade excessivas. Problemas de longo prazo são maiores quando o TDAH é combinado com um transtorno da conduta. O TDAH parece ter uma causa biológica inicial, mas os padrões comportamentais desviantes são agravados ou melhorados por experiências subsequentes.

15.5 Que comportamentos estão associados ao transtorno desafiador de oposição?

- Crianças com transtorno desafiador de oposição são desobedientes e hostis em relação a figuras de autoridade. Muitas crianças com TDO também têm TDAH. O treinamento dos pais é importante no tratamento de TDO.

15.6 Quais são os transtornos da conduta de início na infância e de início na adolescência, e como eles diferem de delinquência?

- Os transtornos da conduta incluem padrões tanto de agressividade excessiva como de delinquência. Os transtornos da conduta de início na infância parecem ter um componente genético e são exacerbados por interações familiares pobres e subsequentes relações pobres com o grupo de iguais. Os transtornos da conduta de início na adolescência são menos sérios e frequentemente resultam de influência do grupo de iguais. Os atos delinquentes (infração da lei) aumentam na adolescência e são encontrados não apenas entre crianças com transtornos da conduta de início precoce, mas também entre alguns adolescentes que apresentam um breve período de delinquência, sem consequências negativas de longo prazo.

PROBLEMAS INTERNALIZANTES

15.7 Como os desenvolvimentalistas definem e explicam os transtornos da alimentação?

- Os transtornos da alimentação, incluindo bulimia e anorexia nervosa, provavelmente resultam de uma imagem corporal perturbada. Esses transtornos são mais comuns em meninas adolescentes.

15.8 Que fatores predispõem os adolescentes a transtorno depressivo maior?

- A depressão é um outro tipo de problema internalizante, relativamente raro na infância, mas comum na adolescência. Jovens deprimidos têm maior probabilidade de ter uma história familiar de depressão parental, de ter autoestima baixa, ou de ter uma história de ser ignorado por seus pares. Depressão na adolescência é aproximadamente duas vezes mais comum entre meninas que entre meninos. Não se chegou ainda a um consenso sobre a explicação para essa diferença de sexo.

15.9 Que fatores de risco estão associados ao suicídio do adolescente?

- A depressão às vezes leva a pensamentos suicidas. Meninas adolescentes têm maior probabilidade de tentar o suicídio, mas meninos adolescentes têm maior probabilidade de completá-lo. Os fatores de risco para suicídio incluem desesperança, um evento ativador e uma oportunidade.

DESENVOLVIMENTO INTELECTUAL E SOCIAL ATÍPICO

15.10 Quais são as características de crianças com retardo mental?

- Crianças com retardo mental, normalmente definidas como tendo um QI abaixo de 70 combinado com problemas significativos de adaptação, apresentam desenvolvimento mais lento e estratégias de processamento de informação mais imaturas ou menos eficientes. Dois tipos de crianças com retardo podem ser identificadas: aquelas cujo retardo tem uma causa física clara, que são excessivamente representadas entre os gravemente retardados, e aquelas sem anormalidades físicas, cujo retardo é resultado de causas genéticas, tais como pais de QI baixo e/ou ambientes de privação, e que são excessivamente representados entre os levemente retardados.

15.11 Como os transtornos de aprendizagem afetam o desenvolvimento das crianças?

- Em torno de 6,5% de crianças nas escolas nos Estados Unidos são rotuladas com um transtorno de aprendizagem. Ainda há considerável discussão sobre como identificar um transtorno de aprendizagem genuíno, e muitas crianças podem ser classificadas erroneamente como incapacitadas de aprender. A pesquisa recente apoia a hipótese de que os transtornos de aprendizagem têm suas raízes na função cerebral atípica, embora essa conclusão permaneça especulativa.

15.12 Quais são as características de crianças dotadas?

- *Dotado* é um termo aplicado a crianças com QI muito alto ou àquelas com criatividade incomum ou talentos específicos excepcionais. O processamento de informação delas é incomum flexível e generalizado. Crianças dotadas parecem ser socialmente bem ajustadas, exceto por um pequeno grupo que é incomumente dotado e têm um risco mais alto de psicopatologia.

15.13 Que comportamentos são exibidos por crianças com transtornos invasivos do desenvolvimento?

- Crianças com transtornos invasivos do desenvolvimento (TIDs), também conhecidos como transtornos do espectro autista, têm relacionamentos sociais prejudicados. Aquelas que têm transtorno autista têm habilidades de linguagem limitadas e com frequência são mentalmente retardadas. O transtorno de Asperger é uma forma mais leve de transtorno autista no qual as crianças têm habilidades de linguagem e cognitiva normais.

EDUCAÇÃO ESCOLAR PARA CRIANÇAS ATÍPICAS

15.14 O que os pesquisadores descobriram sobre a efetividade da educação inclusiva para crianças com incapacidades?

- A educação inclusiva, na qual crianças com incapacidades são primariamente educadas em salas de aula regulares juntamente com crianças não incapacitadas, está de acordo com a lei de educação especial nos Estados Unidos. Programas bem-sucedidos são aqueles que se focam em incluir crianças que mais se beneficiam da aprendizagem com colegas não incapacitados, fornecem professores assistentes para crianças com transtornos de aprendizagem e fornecem professores regulares com treinamento em estratégias de ensino inclusivo.

Termos-chave

anorexia nervosa (p. 432)
bulimia (p. 432)
delinquência (p. 431)
depressão (p. 434)
depressão clínica (transtorno depressivo maior) (p. 434)
desenvolvimento atípico (p. 421)
educação inclusiva (p. 444)
problemas de atenção (p. 422)
problemas externalizantes (p. 422)
problemas internalizantes (p. 423)

psicopatologia do desenvolvimento (p. 424)
retardo mental (p. 437)
TDAH/tipo combinado (p. 425)
TDAH/tipo desatento (p. 425)
TDAH/tipo hiperativo/impulsivo (p. 425)
transtorno autista (p. 442)
transtorno da conduta (p. 430)
transtorno da conduta com início na adolescência (p. 430)

transtorno da conduta de início na infância (p. 430)
transtorno de aprendizagem (p. 439)
transtorno de Asperger (p. 443)
transtorno de déficit de atenção/hiperatividade (TDAH) (p. 425)
transtorno desafiador de oposição (TDO) (p. 429)
transtorno psicológico (p. 422)
transtornos invasivos do desenvolvimento (TIDs) (p. 442)

Epílogo
Reunindo Tudo: A Criança em Desenvolvimento

Neste ponto, é provável que você já saiba bastante sobre a sequência do desenvolvimento da linguagem e sobre mudanças sequenciais no funcionamento cognitivo e no apego, mas você pode não ter uma ideia clara de como essas diferentes sequências do desenvolvimento estão associadas entre si. Se seu professor lhe pedisse para descrever outros avanços do desenvolvimento que uma criança está fazendo ao mesmo tempo em que está usando pela primeira vez frases de duas palavras, você poderia ter dificuldade para responder. Este epílogo ajudará a "reconstruir a criança" examinando como aspectos do desenvolvimento se ajustam cronologicamente.

Transições, consolidações e sistemas

O processo de desenvolvimento pode ser concebido como sendo constituído de uma série de períodos alternados de crescimento rápido (acompanhado por interrupção ou desequilíbrio) e períodos de relativa calma ou consolidação. Obviamente, mudanças estão ocorrendo o tempo todo, da concepção à morte, mas a evidência sugere que há ocasiões particulares em que as mudanças se acumulam e em que uma mudança altamente significativa ocorre. A mudança poderia ser um desenvolvimento fisiológico importante como a puberdade; uma mudança cognitiva altamente significativa, como o início do uso de símbolos em torno dos 18 meses, ou alguma outra mudança maior.

Essa mudança significativa tem dois efeitos relacionados. Primeiro, em termos da teoria de sistemas, qualquer mudança inevitavelmente afeta o sistema inteiro. Portanto, um aumento rápido na habilidade em uma área, tal como a linguagem, demanda adaptações em todas as partes do sistema em desenvolvimento. Porque uma criança aprende a falar, suas interações sociais mudam, seu pensamento muda e, sem dúvida, até seu sistema nervoso muda à medida que novas sinapses são criadas e outras, redundantes ou pouco utilizadas, são podadas. Similarmente, o primeiro apego de uma criança pode afetar seu desenvolvimento cognitivo alterando a forma pela qual ela aborda situações novas, e as alterações hormonais da puberdade frequentemente afetam as relações entre pais e filhos.

Segundo, quando o sistema muda de forma tão importante, a criança às vezes parece ficar desconexa por um tempo. Os velhos padrões de relacionamento, de pensar, de falar, não funcionam mais muito bem, e é preciso tempo para elaborar novos padrões. Erikson frequentemente usava a palavra *dilema* para se referir a esse período de semirrevolução. Klaus Riegel (1975) sugeriu uma vez o termo *saltos do desenvolvimento*, que transmite de forma perspicaz o senso de energia que costuma acompanhar esses períodos essenciais. Este epílogo usará o termo menos enérgico *transição* para descrever um momento de mudança ou revolução, e o termo *consolidação* para descrever um momento intermediário em que a mudança é mais gradual. Juntos, esses conceitos podem ajudá-lo a entender o que está acontecendo durante cada um dos principais períodos do desenvolvimento.

Do nascimento aos 24 meses

A Figura E.1 mostra as várias mudanças durante os primeiros 24 meses de vida. As setas correspondem aproximadamente aos capítulos deste livro; o que você precisa fazer agora é ler as colunas de cima para baixo em vez de apenas de um lado ao outro das setas.

A primeira impressão que se tem do bebê recém-nascido – apesar de suas notáveis habilidades e capacidades – é que ele está muito no "piloto automático". Parece haver regras estabelecidas, ou esquemas, que governam a forma que um bebê olha, escuta, explora o mundo e se relaciona com os outros.

Uma das coisas realmente notáveis sobre essas regras, como você tomou conhecimento nos capítulos 3 e 5, é como elas são bem planejadas para conduzir tanto a criança quanto os cuidadores a uma "dança" de interação e apego. Pense em um bebê sendo amamentado. Ele tem os reflexos necessários de rotação, sucção e deglutição para absorver o leite; quando o bebê está ma-

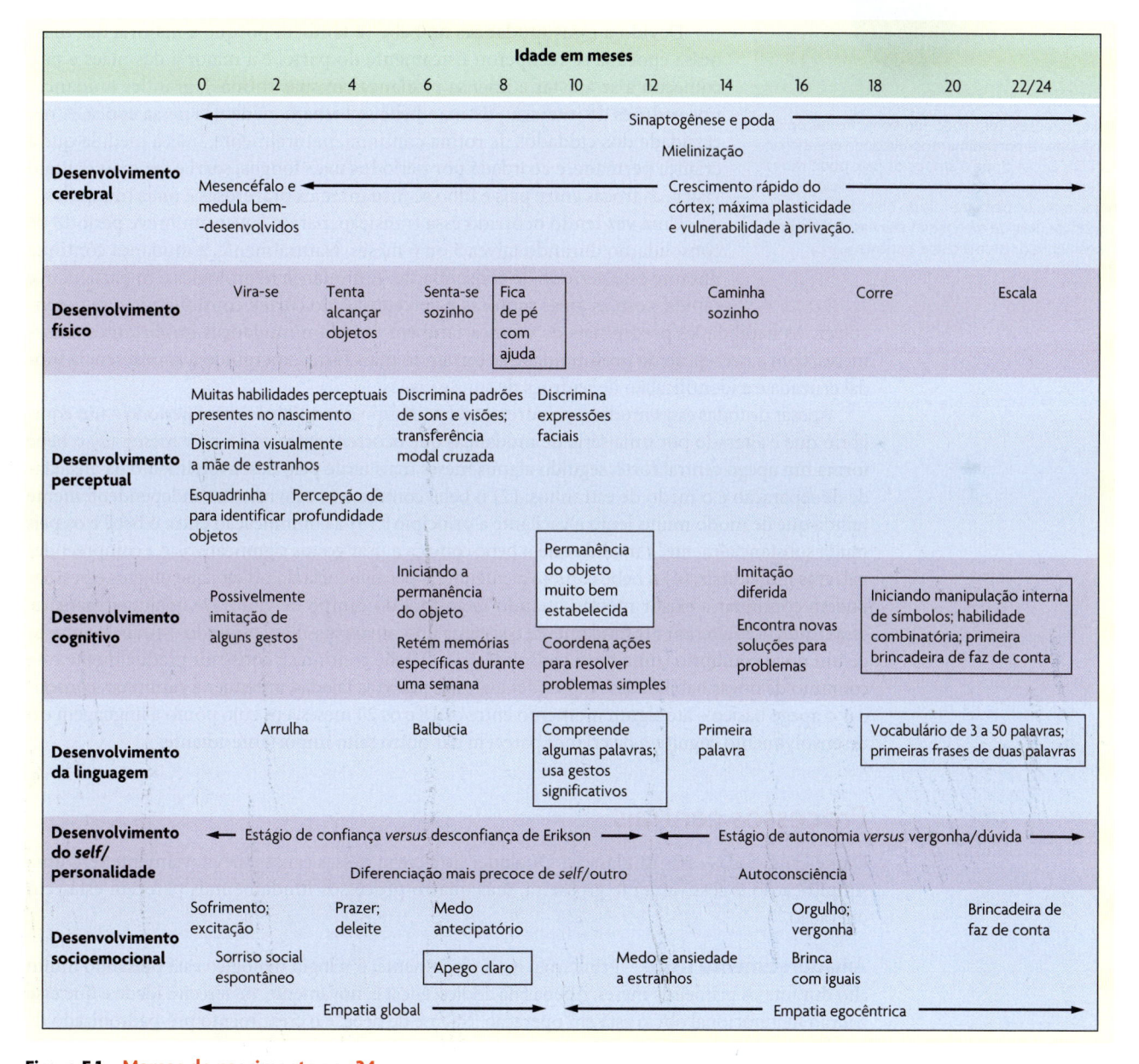

Figura E.1 Marcos do nascimento aos 24 meses

Idade em meses	0	2	4	6	8	10	12	14	16	18	20	22/24
Desenvolvimento cerebral	Mesencéfalo e medula bem-desenvolvidos				Sinaptogênese e poda →							
					Mielinização →							
					Crescimento rápido do córtex; máxima plasticidade e vulnerabilidade à privação →							
Desenvolvimento físico		Vira-se	Tenta alcançar objetos	Senta-se sozinho	Fica de pé com ajuda			Caminha sozinho		Corre		Escala
Desenvolvimento perceptual	Muitas habilidades perceptuais presentes no nascimento; Discrimina visualmente a mãe de estranhos; Esquadrinha para identificar objetos; Percepção de profundidade			Discrimina padrões de sons e visões; transferência modal cruzada	Discrimina expressões faciais							
Desenvolvimento cognitivo	Possivelmente imitação de alguns gestos			Iniciando a permanência do objeto; Retém memórias específicas durante uma semana	Permanência do objeto muito bem estabelecida; Coordena ações para resolver problemas simples			Imitação diferida; Encontra novas soluções para problemas			Iniciando manipulação interna de símbolos; habilidade combinatória; primeira brincadeira de faz de conta	
Desenvolvimento da linguagem		Arrulha		Balbucia		Compreende algumas palavras; usa gestos significativos		Primeira palavra			Vocabulário de 3 a 50 palavras; primeiras frases de duas palavras	
Desenvolvimento do self/ personalidade	← Estágio de confiança versus desconfiança de Erikson →						← Estágio de autonomia versus vergonha/dúvida →					
	Diferenciação mais precoce de self/outro						Autoconsciência					
Desenvolvimento socioemocional	Sofrimento; excitação; Sorriso social espontâneo	Prazer; deleite		Medo antecipatório; Apego claro			Medo e ansiedade a estranhos		Orgulho; vergonha; Brinca com iguais		Brincadeira de faz de conta	
	← Empatia global →						← Empatia egocêntrica →					

Este mapa resumido mostra alguns dos desenvolvimentos simultâneos durante a infância. As diversas mudanças do desenvolvimento que parecem ser essenciais – mudanças transicionais – são resumidas nas caixas.

Laura, 8 meses, tem todo um conjunto de novas habilidades e entendimentos: ela pode engatinhar, tem um apego firme a ambos os pais, pode talvez entender algumas palavras e tem um início de entendimento de permanência do objeto. Todas essas mudanças mais ou menos simultâneas alteram profundamente o sistema que é a criança.

mando, o rosto da mãe está na distância ideal dos olhos do bebê para que ele se focalize nele; os aspectos faciais da mãe, particularmente seus olhos e boca, são exatamente o tipo de estímulos visuais que o bebê tem maior probabilidade de olhar; ele é particularmente sensível à variedade de sons da voz humana, especialmente o registro superior, de modo que possa facilmente ouvir a voz aguda, cadenciada que virtualmente todas as mães usam; e durante a amamentação, a liberação de um hormônio chamado cortisol na mãe tem o efeito de relaxá-la e torná-la mais alerta aos sinais do bebê. Tanto o adulto quanto o bebê são, portanto, "aparelhados" para interagir um com o outro.

Às vezes, em torno de 6 a 8 semanas, parece haver uma mudança, quando essas respostas automáticas, reflexivas dão lugar a comportamento que parece ser mais volitivo. A criança agora olha para os objetos de forma diferente, aparentemente tentando identificar o que um objeto é em vez de meramente onde ele está; nessa idade, ela também começa a discriminar com segurança um rosto de outro, sorri mais, dorme durante a noite e geralmente se torna mais responsiva.

Devido a essas mudanças no bebê (e também porque a maioria das mães nessa época já se recuperou fisicamente do parto, e a maioria das mães e pais começou a se ajustar à imensa mudança em suas rotinas), grandes mudanças nos padrões de interação de mãe-bebê se tornam evidentes nessa época. A necessidade dos cuidados de rotina continua, naturalmente, mas à medida que a criança permanece acordada por períodos mais longos, sorri e faz mais contato visual, as trocas entre pais e filho se tornam mais prazerosas e mais tranquilas.

Uma vez tendo ocorrido essa transição, parece haver um breve período de consolidação durante talvez 5 ou 6 meses. Naturalmente, a mudança continua durante esse período de consolidação. A mudança neurológica, em particular, é rápida, com as áreas motoras e perceptuais do córtex continuando a se desenvolver. As habilidades perceptuais da criança também mostram mudanças importantes nesses meses, com a percepção de profundidade se tornando mais forte; emergindo a transferência modal cruzada e a identificação de padrões de sons e visões.

Apesar de todas essas mudanças, entretanto, há um tipo de equilíbrio nesse período – um equilíbrio que é alterado por uma série de mudanças que ocorrem entre os 7 e os 9 meses: (1) o bebê forma um apego central forte, seguido alguns meses mais tarde pelo desenvolvimento da ansiedade de separação e o medo de estranhos; (2) o bebê começa a se movimentar independentemente (ainda que de modo muito lento e vacilante a princípio); (3) a comunicação entre o bebê e os pais muda substancialmente, à medida que o bebê começa a usar gestos significativos e a compreender palavras individuais; (4) o bebê começa a entender a permanência do objeto, que objetos e pessoas podem continuar a existir mesmo quando estão fora do campo de visão. De qualquer maneira, essas mudanças alteram profundamente o sistema interativo pais-filho, exigindo o estabelecimento de um novo equilíbrio (uma nova consolidação). O bebê continua a construir gradualmente esse conjunto de novas habilidades – aprender algumas palavras faladas, aprender a caminhar, consolidar o apego básico – até algum momento entre os 18 e os 24 meses, em cujo ponto a linguagem e o desenvolvimento cognitivo da criança parecem dar outro salto importante adiante.

Processos centrais

O que causa todas essas mudanças? Qualquer lista curta dessas causas inevitavelmente será uma simplificação excessivamente grosseira, mas quatro processos fundamentais parecem estar em operação.

Amadurecimento físico Primeiro e mais obviamente, o relógio biológico está pulsando muito alto durante os primeiros meses. Apenas na adolescência e, novamente, na terceira idade é que esse padrão maturacional óbvio está em operação. Na fase de bebê, é o crescimento pré-padronizado de dendritos e sinapses neurais que parece ser fundamental. A mudança no comportamento aos 2 meses, por exemplo, parece ser governada exatamente por essas mudanças inatas, à medida que sinapses no córtex se desenvolvem suficientemente para controlar o comportamento mais completamente.

Importante como é esse programa inato, ele não obstante depende da presença de um fator ambiental específico (Greenought, Black e Wallace, 1987). O cérebro pode ser "programado" para criar certas sinapses, mas o processo tem que ser desencadeado por exposição a tipos particulares de experiência. Visto que virtualmente todos os bebês encontram tal ambiente mínimo, os desenvolvimentos ambientais, perceptuais, motores e cognitivos são virtualmente idênticos de um bebê para outro. Mas isso não significa que o ambiente não é importante.

As explorações da criança   Um segundo processo fundamental é a própria exploração da criança do mundo ao seu redor. Ela nasce pronta para explorar, para aprender com a experiência, mas ainda tem que aprender as associações específicas entre ver e ouvir, dizer as diferenças entre o rosto da mãe e o de outra pessoa, prestar atenção aos sons enfatizados na língua que está ouvindo, descobrir que suas ações têm consequências, e assim por diante.

Evidentemente, o amadurecimento fisiológico e as próprias explorações da criança estão intimamente ligados em um tipo de circuito de *feedback* perceptual. As mudanças rápidas no sistema nervoso, nos ossos e nos músculos permitem cada vez mais exploração, que por sua vez afeta as habilidades perceptuais e cognitivas da criança, e essas, por sua vez, afetam a arquitetura do cérebro. Por exemplo, os pesquisadores têm bastante evidências de que a capacidade de engatinhar – uma habilidade que depende de uma série de mudanças físicas de base emocional – afeta profundamente o entendimento do mundo de um bebê. Antes de o bebê poder se movimentar independentemente, ele parece localizar objetos apenas em relação a seu próprio corpo; após poder engatinhar, ele começa a localizar objetos com referência a pontos fixos. Essa mudança provavelmente contribui para o crescente entendimento do bebê de si mesmo como um objeto no espaço.

Apego   Um terceiro processo fundamental é obviamente o relacionamento entre o bebê e o cuidador. Parece provável que Bowlby estivesse certo sobre a prontidão inata de todos os bebês de criar um apego, mas a qualidade da experiência específica que a criança encontra parece ter um efeito mais formativo sobre o apego do que é verdadeiro para outros aspectos do desenvolvimento. Uma ampla variedade de ambientes são "suficientemente bons" para apoiar o crescimento físico, perceptual e cognitivo nesses primeiros meses. Para o estabelecimento de um apego central seguro, entretanto, a variação aceitável parece ser mais estreita.

Contudo, o apego não se desenvolve ao longo de uma trajetória independente. Seu surgimento está ligado tanto à mudança maturacional quanto à própria exploração da criança. Por exemplo, o entendimento da criança da permanência do objeto pode ser uma pré-condição necessária para o desenvolvimento de um apego básico. Conforme John Flavell expressa, "como uma criança poderia persistentemente ansiar e procurar por outra pessoa específica se ela ainda fosse cognitivamente incapaz de representar mentalmente aquela pessoa na sua ausência?" (1985, p. 135).

Essa hipótese poderia ser virada ao contrário com o argumento de que o processo de estabelecer um apego claro pode causar, ou pelo menos afetar, o desenvolvimento cognitivo da criança. Por exemplo, crianças seguramente apegadas parecem persistir por mais tempo em seu brinquedo e desenvolver permanência do objeto mais rapidamente (Bates, Bretherton, Beeghly-Smith e McNew, 1982). Tal associação poderia existir porque a criança seguramente apegada fica simplesmente mais confortável explorando o mundo em torno dela a partir da base segura de sua figura de apego. Ela portanto tem um conjunto de experiências mais rico e mais variado, que pode estimular desenvolvimento cognitivo (e neurológico) mais rápido.

Modelos operantes internos   O apego também poderia ser concebido como uma subcategoria de um processo mais amplo – a criação de modelos operantes internos. Seymour Epstein (1991) propõe que o que o bebê está fazendo é nada menos que começando a criar uma *teoria da realidade*. Na visão de Epstein, tal teoria inclui ao menos quatro elementos:

- uma crença sobre o grau com que o mundo é um lugar de prazer ou dor;
- uma crença sobre o grau com que o mundo é previsível, controlável, justo *versus* caótico, incontrolável e inconstante;
- uma crença sobre se é desejável ou ameaçador se relacionar com as pessoas;
- uma crença sobre o valor ou falta de valor do *self*.

As raízes dessa teoria da realidade, assim afirmam Epstein e outros (Bretherson, 1991), localizam-se nas experiências da infância, particularmente experiências com outras pessoas. Na verdade, Epstein sugere que crenças criadas na infância provavelmente são as mais básicas e portanto as mais duráveis e resistentes à mudança em idades posteriores. Nem todos os psicólogos concordam com Epstein sobre a amplitude da teoria da realidade do bebê. Entretanto, virtualmente todos concordam que o bebê começa a criar pelo menos dois modelos internos significativos, um do *self* e um dos relacionamentos com outros (apego). Dos dois, o modelo de apego parece ser o mais completamente desenvolvido aos 18 ou 24 meses; o modelo do *self* passa por muitas elaborações nos anos que se seguem. Você se lembrará do Capítulo 10 que é apenas em torno dos 6 ou 7 anos que a criança parece ter um senso de seu valor global (Harter, 2006b).

Influências sobre os processos básicos

O processo de criar esses modelos operantes internos é universal. Contudo, os bebês podem ser desviados da trajetória comum por diversos tipos de influências.

Dano orgânico   O defletor potencial mais óbvio do desenvolvimento é algum tipo de dano ao organismo físico, de anomalias genéticas, de doença herdada ou efeitos teratogênicos no útero. Contudo, mesmo quando ocorre um dano, natureza e criação interagem: lembre-se do Capítulo 2 que as consequências a longo prazo desse dano podem ser mais ou menos graves, dependendo da riqueza e da sustentação do ambiente no qual o bebê cresce.

Ambiente familiar   O ambiente familiar específico no qual a criança é criada também afeta a trajetória evolutiva. Em uma extremidade do *continuum*, estão os efeitos benéficos de um ambiente ideal que inclui uma variedade de objetos para o bebê explorar, a menos alguma oportunidade de explorar livremente, adultos amorosos, responsivos e sensíveis que falem com o bebê frequentemente e respondam a seus sinais (Bradley et al., 1989). Entre outras coisas, esses ambientes enriquecidos podem contribuir para o desenvolvimento e a retenção de uma rede mais elaborada e complexa de conexões neurais. Na outra extremidade do *continuum*, estão alguns ambientes localizados fora da variação "suficientemente boa" e que, portanto, não conseguem apoiar o desenvolvimento mais básico da criança. Uma família que submeteu uma criança a negligência ou abuso grave se enquadraria nessa categoria, assim como poderia se enquadrar aquela família na qual um dos pais sofria de depressão profunda ou prolongada ou aquela caracterizada por revolução ou estresse persistente. Entre esses extremos, estão muitas variações de enriquecimento, de responsividade, e de apoio amoroso, todos os quais parecem ter pelo menos algum impacto sobre o padrão de apego da criança, sua motivação, o conteúdo de seu autoconceito, sua disposição a explorar e seu conhecimento específico. As consequências dessas diferenças se tornam evidentes no futuro, quando a criança enfrenta as tarefas desafiadoras da escola e as demandas de se relacionar com outras crianças.

Influências sobre a família   Como você já leu muitas vezes antes, a criança está embutida na família, e a família é parte de um sistema econômico, social e cultural mais amplo, aspectos que podem ter efeitos diretos e indiretos sobre a criança. O exemplo mais óbvio é o impacto de pobreza ou riqueza: as circunstâncias econômicas globais dos pais podem ter um impacto de muito longo alcance sobre a experiência de vida de uma criança. Famílias pobres são menos capazes de fornecer um ambiente seguro e protegido. Seus bebês têm maior probabilidade de ser expostos a toxinas ambientais como chumbo, menor probabilidade de ter tratamento de saúde regular, incluindo vacinações, e maior probabilidade de ter dietas nutricionalmente inadequadas. Se precisarem colocar seu bebê na creche, pais pobres podem não ter condições de proporcionar um cuidado de boa qualidade e têm maior probabilidade de ter que mudar o bebê de um arranjo de cuidado para outro. Coletivamente, essas são diferenças grandes. Os efeitos não se tornam evidentes imediatamente; bebês que são criados em famílias de nível de pobreza não parecem muito diferentes de bebês sendo criados em circunstâncias mais opulentas. Aos 2, 3 ou 4 anos, entretanto, as diferenças começam a ser óbvias.

Os anos pré-escolares

O tema principal do período pré-escolar, conforme resumido na Figura E.2, é que a criança está fazendo uma mudança lenta, mas imensamente importante de bebê dependente para criança independente. A criança pequena e o pré-escolar podem se movimentar facilmente, se comunicar mais e mais claramente, têm um senso cada vez maior de si como uma pessoa separada com qualidades específicas e têm os rudimentos das habilidades cognitivas e sociais que permitem interagir mais completamente e com sucesso com seus pares. Nesses anos, o pensamento da criança é descentralizador, para usar o termo de Piaget: ela muda de usar a si mesma como a única estrutura de referência e se torna menos ligada a aparências físicas.

No início, essas habilidades recém-encontradas e essa nova independência não são acompanhadas por muito controle do impulso. Crianças de 2 anos são muito boas em fazer; elas são terríveis em *não* fazer. Se frustradas, elas chutam coisas, choram, gritam e berram (a linguagem não é maravilhosa?). Grande parte dos conflitos que os pais experimentam com crianças dessa idade surge porque o pai deve limitar a criança, não apenas para a própria sobrevivência dela, mas também para ensiná-la a controlar os impulsos (Escalona, 1981).

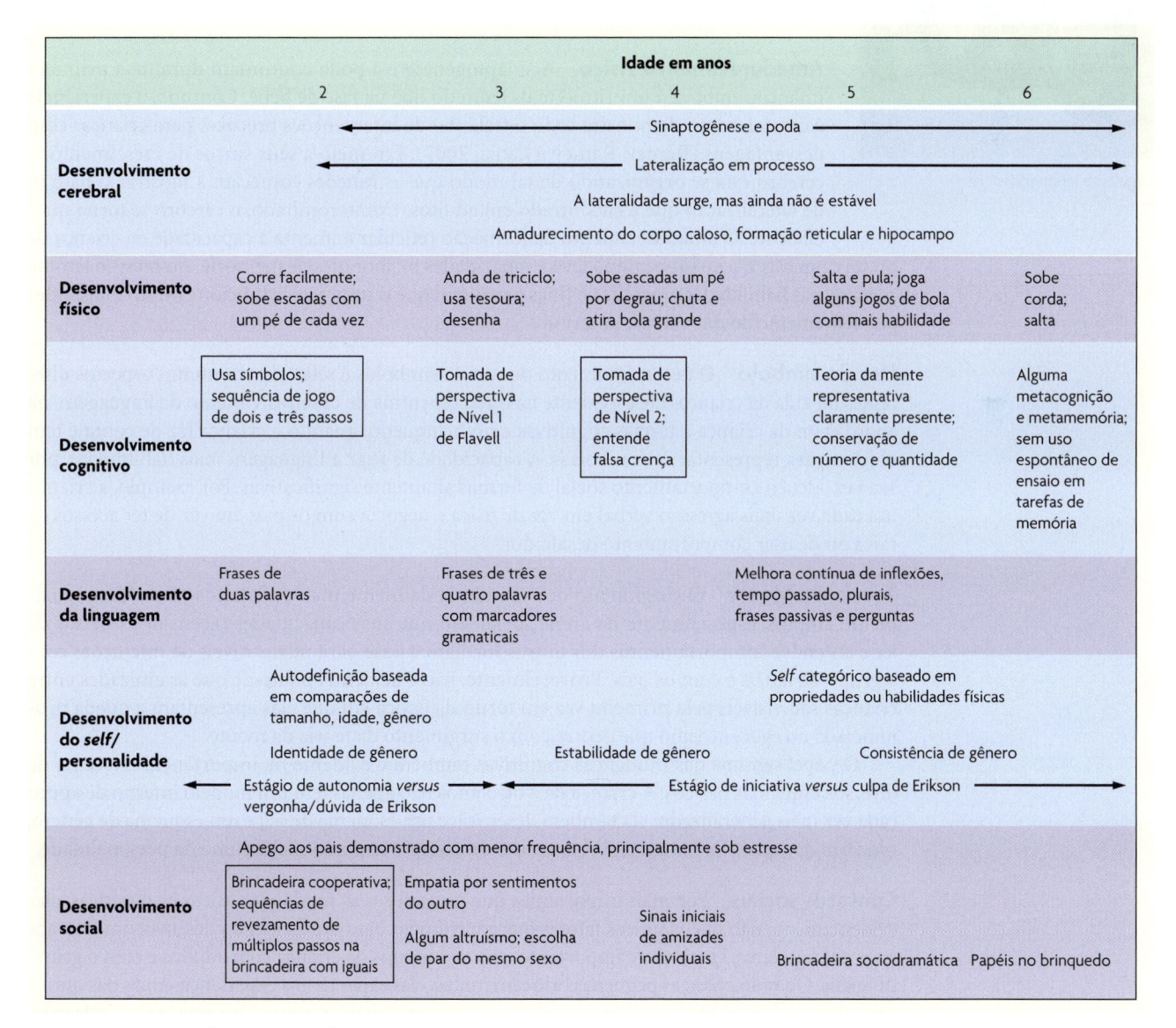

	Idade em anos				
	2	3	4	5	6
Desenvolvimento cerebral	Sinaptogênese e poda / Lateralização em processo / A lateralidade surge, mas ainda não é estável / Amadurecimento do corpo caloso, formação reticular e hipocampo				
Desenvolvimento físico	Corre facilmente; sobe escadas com um pé de cada vez	Anda de triciclo; usa tesoura; desenha	Sobe escadas um pé por degrau; chuta e atira bola grande	Salta e pula; joga alguns jogos de bola com mais habilidade	Sobe corda; salta
Desenvolvimento cognitivo	Usa símbolos; sequência de jogo de dois e três passos	Tomada de perspectiva de Nível 1 de Flavell	Tomada de perspectiva de Nível 2; entende falsa crença	Teoria da mente representativa claramente presente; conservação de número e quantidade	Alguma metacognição e metamemória; sem uso espontâneo de ensaio em tarefas de memória
Desenvolvimento da linguagem	Frases de duas palavras	Frases de três e quatro palavras com marcadores gramaticais		Melhora contínua de inflexões, tempo passado, plurais, frases passivas e perguntas	
Desenvolvimento do *self*/personalidade	Autodefinição baseada em comparações de tamanho, idade, gênero			*Self* categórico baseado em propriedades ou habilidades físicas	
	Identidade de gênero		Estabilidade de gênero		Consistência de gênero
	Estágio de autonomia *versus* vergonha/dúvida de Erikson		Estágio de iniciativa *versus* culpa de Erikson		
Desenvolvimento social	Apego aos pais demonstrado com menor frequência, principalmente sob estresse				
	Brincadeira cooperativa; sequências de revezamento de múltiplos passos na brincadeira com iguais	Empatia por sentimentos do outro			
		Algum altruísmo; escolha de par do mesmo sexo	Sinais iniciais de amizades individuais	Brincadeira sociodramática	Papéis no brinquedo

Figura E.2 Marcos da primeira infância

Um breve resumo de desenvolvimentos paralelos durante os anos pré-escolares.

Orgulho e independência!

Os anos pré-escolares se destacam como o período no qual as sementes das habilidades sociais e da personalidade da criança (e talvez do adulto) são plantadas. O processo de apego que começou na fase de bebê continua a se formar, porque ele ajuda a moldar o modelo operante interno de relacionamentos sociais da criança. Entretanto, no período dos 2 aos 6 anos, esse primeiro modelo é revisto, consolidado e estabelecido mais firmemente. Os padrões interativos resultantes tendem a persistir até o ensino fundamental e além. As crianças de 3, 4 ou 5 anos que desenvolvem a capacidade de compartilhar, de ler os sinais dos outros, de responder positivamente aos outros e de controlar agressividade e impulsividade provavelmente serão crianças de 8 anos socialmente bem-sucedidas e populares. Em comparação, a criança pré-escolar desobediente, hostil tem maior probabilidade de se tornar um estudante impopular, agressivo (Caspi, 2000).

Processos centrais

Muitas forças estão em operação para criar as mudanças dos anos pré-escolares, incluindo dois imensos avanços cognitivos nesse período: a nova capacidade da criança pequena de usar símbolos e o rápido desenvolvimento, entre os 3 e os 5 anos, de uma teoria da mente mais sofisticada.

Amadurecimento físico A sinaptogênese e a poda continuam durante a primeira infância, embora a um ritmo mais lento do que na fase de bebê. Contudo, a experiência é crucial, como demonstra todo o trabalho de intervenções precoces para crianças com desvantagens (Ramey, Ramey e Lanzi, 2007). Em meio a seus surtos de crescimento, o cérebro está se organizando de tal modo que as funções começam a mostrar o padrão de lateralização que é encontrado em adultos. Como resultado, o cérebro se torna mais eficiente. O amadurecimento da formação reticular aumenta a capacidade da criança de prestar atenção, e o do hipocampo leva a capacidades melhoradas de memória. Ao mesmo tempo, avanços nas habilidades grosseiras e finas permitem que o pré-escolar funcione muito mais independentemente do que na fase anterior.

Uso de símbolo O desenvolvimento do uso de símbolos é refletido em muitos aspectos diferentes da vida da criança. Ele é evidente na onda repentina de desenvolvimento da linguagem, na abordagem da criança a tarefas cognitivas e no brinquedo, quando a criança faz de conta e tem objetos para representar outras coisas. A capacidade de usar a linguagem mais habilmente, por sua vez, afeta o comportamento social de formas altamente significativas. Por exemplo, a criança usa cada vez mais agressão verbal em vez de física e negocia com os pais em vez de ter acessos de raiva ou de usar comportamento desafiador.

Teoria da Mente O surgimento de uma teoria da mente mais sofisticada tem efeitos igualmente amplos, especialmente na arena social, em que suas capacidades recém-descobertas de ler e entender comportamentos dos outros formam a base para novos níveis de interações com o grupo de iguais e com os pais. Provavelmente, não é acidental o fato de que as amizades entre crianças são visíveis pela primeira vez em torno da época em que elas apresentam a queda pronunciada no egocentrismo que ocorre com o surgimento da teoria da mente.

O papel seminal das mudanças cognitivas também é evidente na importância crescente de diversos esquemas básicos. A criança de 2 ou 3 anos não apenas tem um modelo interno de apego cada vez mais generalizado; ela também desenvolve um esquema de *self* e um esquema de gênero, cada um dos quais forma parte da base tanto do comportamento social como da personalidade.

Contatos sociais Por mais importantes que possam ser as mudanças físicas e cognitivas, elas evidentemente não são os únicos fatores que contribuem para mudanças do desenvolvimento nos anos pré-escolares. Igualmente importantes são os contatos da criança com adultos e com o grupo de iguais. Quando crianças pequenas brincam juntas, elas expandem a experiência umas das outras com objetos e sugerem novas formas de faz de conta umas para as outras, promovendo ainda mais crescimento cognitivo. Quando duas crianças discordam sobre como explicar alguma coisa ou insistem em suas próprias visões diferentes, cada uma delas adquire a consciência de que há outras formas de pensar ou brincar, criando, desse modo, oportunidades para aprender sobre os processos mentais dos outros. Conforme sugeriu Vygotsky, as interações sociais são a arena na qual muito do crescimento cognitivo ocorre. Por exemplo, em um estudo, Charles Lewis verificou que crianças que têm muitos irmãos ou que interagem regularmente com uma variedade de parentes adultos demonstram entendimento mais rápido do pensamento e da ação de outras pessoas do que crianças com menos parceiros sociais (Lewis, Freeman e Maridaki-Kassotaki, 1995). Similarmente, Jenkins e Astington (1996) verificaram que crianças de famílias maiores apresentam desenvolvimento mais rápido de uma teoria da mente representativa. A pesquisa também mostra que crianças com apegos seguros apresentam uma mudança mais rápida para o entendimento de falsas crenças e de outros aspectos de uma teoria da mente representativa do que crianças com apegos inseguros (Charman, Redfern e Fonagy, 1995; Steele, Holder e Fonagy, 1995) – um resultado que aponta a importância da qualidade e a quantidade das interações sociais para o desenvolvimento cognitivo da criança.

Brincar com outras crianças também forma a base do esquema de gênero emergente da criança. Perceber se outras pessoas são meninos ou meninas e com que brinquedos brincam é o primeiro passo na longa cadeia da aprendizagem do papel sexual.

Naturalmente, também são as interações sociais, especialmente aquelas com os pais, que modificam ou reforçam o padrão de comportamento social da criança. O estilo de disciplina dos pais se torna crítico aqui. O trabalho de Gerald Patterson mostra claramente que pais que não possuem as habilidades de controlar impulsividade e demandas por independência da criança pequena provavelmente acabarão fortalecendo comportamento desobediente e disruptivo (Patterson, Capaldi e Bank, 1991).

Influências sobre os processos básicos

A capacidade da família de apoiar o desenvolvimento da criança nos anos pré-escolares é afetada não apenas pelas habilidades e pelo conhecimento que os pais trazem ao processo, mas também pela quantidade de estresse que eles experimentam de forças externas e pela qualidade do apoio que eles têm em suas próprias vidas. Em particular, mães que estão experimentando altos níveis de estresse têm maior probabilidade de ser punitivas e negativas em relação aos filhos, com aumentos resultantes no comportamento desafiador e desobediente das crianças. A negatividade materna, por sua vez, está implicada na persistência de comportamento desobediente no ensino fundamental. Essa ligação é clara, por exemplo, no estudo longitudinal de Suan Campbell de um grupo de crianças desobedientes (Campbell e Ewing, 1990; Campbell, Pierce, March e Ewing, 1991). Campbell constata que, entre um grupo de crianças de 3 anos que foram rotuladas de "difíceis", aquelas que melhoraram aos 6 anos tinham mães menos negativas.

O estresse obviamente não é o único fator no nível de negatividade da mãe em relação ao filho. Mães com depressão também têm maior probabilidade de apresentar negatividade (Thompson e Goodvin, 2005), assim como mães de famílias da classe operária ou de nível de pobreza, que podem ter experimentado negatividade e disciplina ríspida em suas próprias infâncias. Ainda assim, estresse e falta de apoio social pessoal são ambos parte da equação. Portanto, crianças pré-escolares, como crianças de todas as idades, são afetadas por forças sociais mais amplas fora da família e pela interação da própria família.

Os anos do ensino fundamental

A Figura E.3 resume as mudanças e continuidades da meninice. Obviamente há muitas mudanças graduais: habilidade física crescente, menos apoio na aparência, mais atenção a qualidades e atributos subjacentes e um maior papel do grupo de iguais. Os principais marcos no desenvolvimento do cérebro incluem surtos importantes de crescimento entre as idades de 6 e 8 anos e novamente entre as idades de 10 e 12 anos – a mielinização gradual das áreas de associação que ocorre durante todo esse período, a lateralização total da percepção espacial em torno dos 8 anos, melhoras no funcionamento da formação reticular e do hipocampo e o início da fase final de amadurecimento pré-frontal em torno dos 9 anos. Evidentemente, muita coisa acontece em termos de desenvolvimento durante os anos escolares. Mas a conjunção importante do desen-

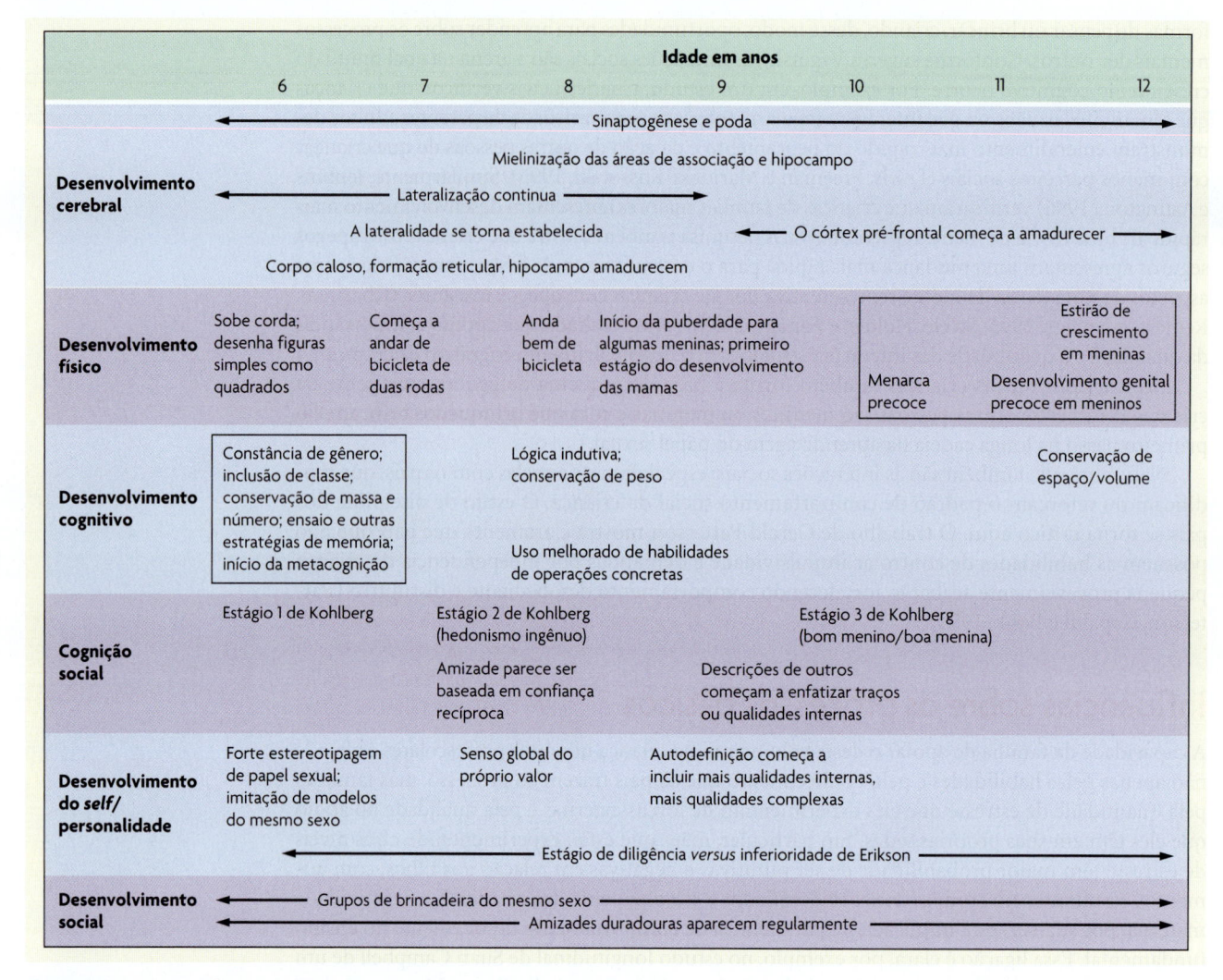

	Idade em anos						
	6	7	8	9	10	11	12
Desenvolvimento cerebral	←——————— Sinaptogênese e poda ———————→ Mielinização das áreas de associação e hipocampo ←——— Lateralização continua ———→ A lateralidade se torna estabelecida ←— O córtex pré-frontal começa a amadurecer —→ Corpo caloso, formação reticular, hipocampo amadurecem						
Desenvolvimento físico	Sobe corda; desenha figuras simples como quadrados	Começa a andar de bicicleta de duas rodas	Anda bem de bicicleta	Início da puberdade para algumas meninas; primeiro estágio do desenvolvimento das mamas	Menarca precoce	Estirão de crescimento em meninas	
						Desenvolvimento genital precoce em meninos	
Desenvolvimento cognitivo	Constância de gênero; inclusão de classe; conservação de massa e número; ensaio e outras estratégias de memória; início da metacognição		Lógica indutiva; conservação de peso Uso melhorado de habilidades de operações concretas			Conservação de espaço/volume	
Cognição social	Estágio 1 de Kohlberg	Estágio 2 de Kohlberg (hedonismo ingênuo) Amizade parece ser baseada em confiança recíproca		Estágio 3 de Kohlberg (bom menino/boa menina) Descrições de outros começam a enfatizar traços ou qualidades internas			
Desenvolvimento do self/ personalidade	Forte estereotipagem de papel sexual; imitação de modelos do mesmo sexo		Senso global do próprio valor	Autodefinição começa a incluir mais qualidades internas, mais qualidades complexas			
	←——————— Estágio de diligência *versus* inferioridade de Erikson ———————→						
Desenvolvimento social	←——— Grupos de brincadeira do mesmo sexo ———→ ←——— Amizades duradouras aparecem regularmente ———→						

Figura E.3 Marcos da meninice
Um breve resumo de mudanças paralelas durante os anos do ensino fundamental.

volvimento neurológico, físico, cognitivo e socioemocional acontecendo entre as idades de 5 e 7 anos, que permite à criança obter muito mais de experiências educacionais do que ela poderia em anos anteriores, merece atenção especial. Esse intervalo durante esses anos nos quais parece haver uma mudança mais rápida é bem no início da meninice, no ponto de transição de pré-escolar para escolar.

A transição entre 5 e 7 anos

Algum tipo de transição para a meninice foi observada em muitas culturas. Parece haver reconhecimento difundido de que uma criança de 6 anos é um pouco diferente qualitativamente de uma criança de 5: mais responsável, mais capaz de entender ideias complexas. Entre os Kipsigis do Quênia, diz-se que a idade de 6 anos é o primeiro ponto no qual a criança tem *ng'omnotet*, traduzido como "inteligência" (Harkness e Super, 1985). O fato de que a educação escolar começa nessa idade parece refletir um reconhecimento implícito ou explícito dessa mudança fundamental.

Os psicólogos que estudaram o desenvolvimento através dessa transição apontaram uma série de mudanças que as crianças sofrem:

- Cognitivamente, há uma mudança para o que Piaget chama de *pensamento operacional concreto*. A criança agora entende problemas de conservação, seriação e inclusão de classe. Mais geralmente, a criança parece prestar menos atenção a propriedades superficiais dos objetos e

mais a continuidades e padrões subjacentes, ela é conquistada menos pela aparência e se foca na realidade subjacente. Isso pode ser visto não apenas no entendimento das crianças de objetos físicos, mas também em seu entendimento dos outros, de relacionamentos e de si mesmas.
- Estudos de processamento de informação revelam um aumento rápido paralelo no uso de estratégias cognitivas pela criança.
- Em termos de autoconceito, um julgamento global do próprio valor surge primeiro em torno da idade de 7 ou 8 anos.
- Nos relacionamentos com iguais, a segregação de gênero se torna virtualmente completa aos 6 ou 7 anos, especialmente em amizades individuais.

A confluência dessas mudanças é impressionante e parece fornecer algum apoio para a existência do tipo de estágio que Piaget hipotetizou. Parece haver algum tipo de mudança na estrutura básica do pensamento da criança que é refletida em todos os aspectos de seu funcionamento. Contudo, por mais impressionantes que essas mudanças sejam, não é tão claro que o que está ocorrendo é uma mudança rápida, invasiva, estrutural para toda uma nova forma de pensar e se relacionar. As crianças não fazem essa mudança toda de uma vez em todas as áreas de seu funcionamento cognitivo ou social. Por exemplo, embora a mudança de um autoconceito concreto para um mais abstrato pode se tornar perceptível aos 6 ou 7 anos, ela ocorre bastante gradualmente e ainda está acontecendo aos 11 ou 12 anos. De forma semelhante, uma criança pode entender conservação de quantidade aos 5 ou 6 anos, mas em geral não entende conservação de peso até vários anos mais tarde.

Além disso, *expertise*, ou a falta dela, afeta fortemente o padrão de progresso cognitivo de uma criança. Portanto, embora a maioria dos psicólogos concorde que um conjunto de mudanças importantes normalmente apareça em torno dessa idade, a maioria também concorda que essas mudanças não representam uma reorganização rápida ou abrupta do modo de operação básico da criança.

Ir para a escola é uma experiência imensamente formativa para as crianças.

Processos centrais

Parece haver três conjuntos de processos do desenvolvimento em operação nos anos do ensino fundamental: cognitivo, social e físico.

Influências cognitivas Das transformações do desenvolvimento vistas durante a meninice, as mudanças cognitivas parecem para muitos psicólogos as mais centrais, incluindo uma condição necessária, mas não suficiente para as alterações nos relacionamentos e no esquema do *self* que também ocorrem durante esse período. Uma boa ilustração é o surgimento de um senso global do próprio valor, que parece requerer não apenas uma tendência a olhar além ou atrás de características superficiais, mas também o uso de lógica indutiva. A criança parece chegar a um senso global do próprio valor através de algum processo somativo, indutivo.

Igualmente, a qualidade dos relacionamentos da criança com o grupo de iguais e com os pais parece se basear, em parte, em um entendimento cognitivo básico de reciprocidade e tomada de perspectiva. A criança agora compreende que os outros a entendem tanto quanto ela os entende. Crianças de 7 ou 8 anos dirão de seus amigos que eles "confiam uns nos outros", algo que seria muito improvável de você ouvir de uma criança de 5 anos.

Influências do grupo de iguais Uma tendência a ver as mudanças cognitivas como centrais dominou as teorias e a pesquisa sobre a meninice por muitas décadas, largamente como resultado da poderosa influência da teoria de Piaget. Esse desequilíbrio começou a ser corrigido nos últimos anos à medida que a importância do grupo de iguais e da experiência social da criança passou a ser mais bem entendida. Há duas razões para essa mudança no pensamento. Primeiro, os desenvolvimentalistas redespertaram para o fato (óbvio) de que uma grande quantidade de experiência na qual o progresso cognitivo da criança está baseado ocorre em interações sociais. Segundo, eles perceberam que os relacionamentos sociais apresentam às crianças um conjunto único de demandas, tanto cognitivas quanto interativas, e têm consequências únicas para o funcionamento social e emocional da criança. É nos anos do ensino fundamental, por exemplo, que padrões de rejeição e aceitação pelos pares são consolidados, com reverberações através da adolescência e até a vida adulta.

Influências físicas   Não está completamente claro exatamente que papel a mudança física desempenha nas várias mudanças do desenvolvimento dos anos do ensino fundamental. Evidentemente, há mudanças físicas acontecendo. As meninas, em particular, começam os primeiros passos na direção da puberdade durante o ensino fundamental. O que os desenvolvimentalistas ainda não sabem é se a taxa de desenvolvimento físico nesses anos está associada de alguma forma com a taxa de progresso da criança através da sequência de entendimentos cognitivos ou sociais. Uma coisa é certa: crianças maiores, mais coordenadas, de desenvolvimento precoce provavelmente têm desenvolvimento cognitivo ligeiramente mais rápido e são um pouco mais populares com seus pares. Obviamente, essa é uma área na qual os desenvolvimentalistas necessitam de muito mais conhecimento.

Influências sobre os processos básicos: o papel da cultura

A maior parte do que você leu sobre meninice (e sobre outros períodos também) é baseada na pesquisa sobre crianças crescendo em culturas ocidentais. Os investigadores devem perguntar, portanto, se o padrão que eles observam é específico a culturas particulares ou se ele reflete processos evolutivos subjacentes comuns a todas as crianças em todos os lugares.

Com relação à meninice, há algumas diferenças óbvias nas experiências das crianças em culturas ocidentais comparadas àquelas crescendo em vilas na África, na Polinésia ou em outras partes do mundo onde as famílias vivem da agricultura de subsistência e a educação escolar não é uma força dominante nas vidas das crianças (Weisner, 1984). Em muitas dessas culturas, crianças de 6 ou 7 anos são consideradas "inteligentes" e responsáveis e espera-se que elas desempenhem papéis quase de adultos. Elas têm alta probabilidade de receber a tarefa de cuidar de irmãos menores e de ter seus aprendizados nas habilidades que eles necessitarão quando adultos, tais como agricultura ou criação de animais, que elas aprendem trabalhando lado a lado com os adultos. Em algumas culturas da África ocidental e da Polinésia, também é comum crianças dessa idade serem mandadas para morar com parentes ou para aprender com um trabalhador qualificado.

Essas crianças obviamente têm um conjunto de tarefas sociais para aprender nos anos da meninice muito diferentes de crianças crescendo em países industrializados. Elas não precisam aprender a se relacionar ou a fazer amigos com estranhos da mesma idade em um novo ambiente (a escola). Em vez disso, desde muito cedo, elas precisam aprender seu lugar em uma rede existente de papéis e relacionamentos. Para a criança ocidental, os papéis são menos prescritos; as escolhas para a vida adulta são muito mais variadas.

Contudo, as diferenças nas vidas de crianças em culturas industrializadas e não industrializadas não devem obscurecer as semelhanças reais. Em todas as culturas, a meninice é o período no qual as crianças desenvolvem amizades individuais, separam seus grupos de brincadeira por gênero, desenvolvem as bases cognitivas de reciprocidade, aprendem o início do que Piaget chamou de *operações concretas* e aprendem algumas das habilidades básicas que serão necessárias para a vida adulta. Essas não são semelhanças triviais. Elas tratam do poder do processo comum de desenvolvimento, mesmo em meio a variações óbvias na experiência.

Adolescência

A Figura E.4 resume as várias linhas de desenvolvimento durante a adolescência. Inúmeros especialistas sobre esse período do desenvolvimento afirmam que faz sentido dividir os anos entre 12 e 20 em dois subperíodos, um começando aos 11 ou 12 anos; o outro talvez aos 16 ou 17. Alguns rotulam esses períodos como "adolescência" e "juventude" (Keniston, 1970); outros os chamam de "início" e "final" da adolescência (Brooks-Gunn, 1988). Seja como forem rotulados, há diferenças claras.

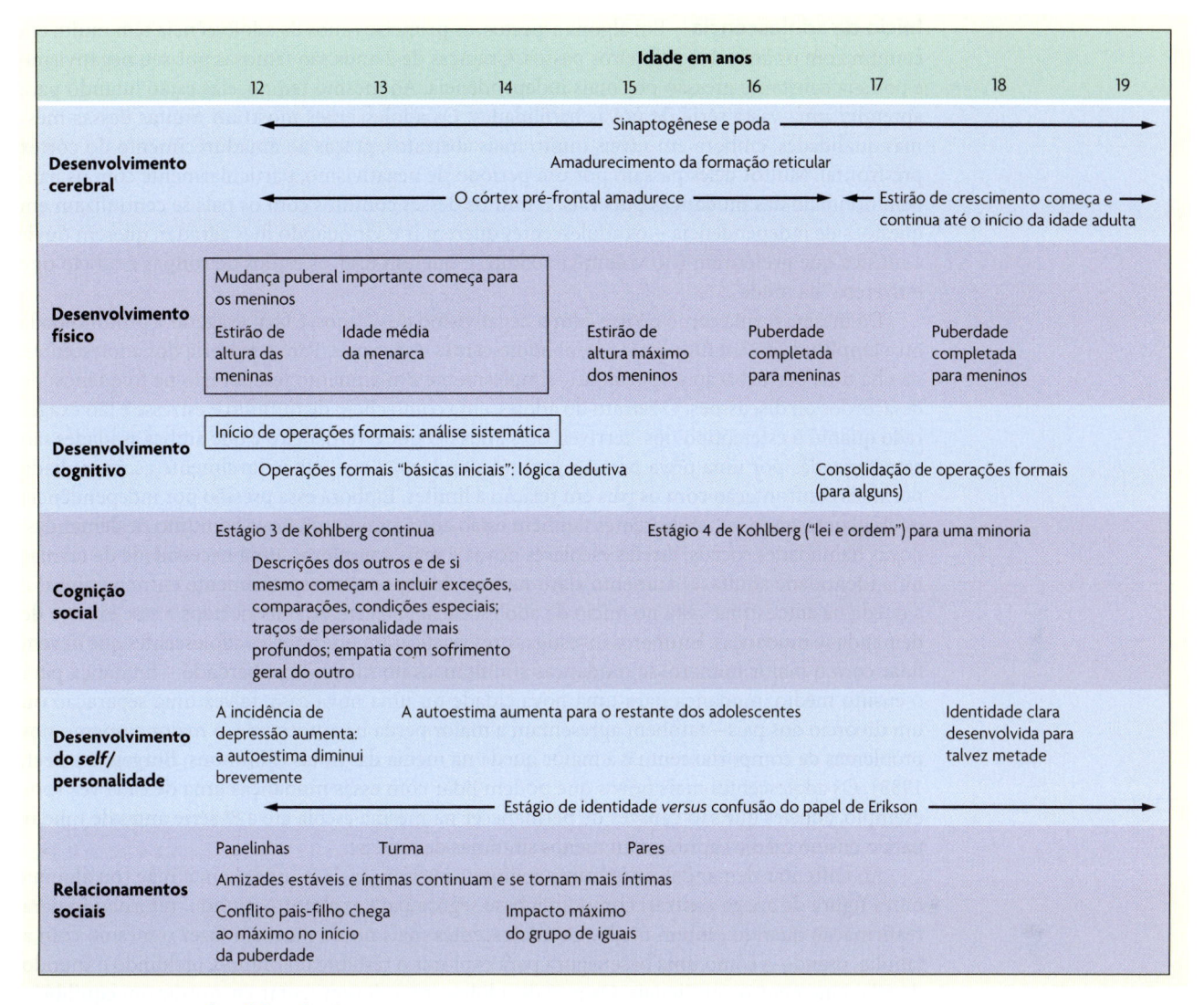

	Idade em anos							
	12	13	14	15	16	17	18	19
Desenvolvimento cerebral	←——— Sinaptogênese e poda ———→ Amadurecimento da formação reticular ←——— O córtex pré-frontal amadurece ———→ ←— Estirão de crescimento começa e —→ continua até o início da idade adulta							
Desenvolvimento físico	Mudança puberal importante começa para os meninos Estirão de altura das meninas / Idade média da menarca			Estirão de altura máximo dos meninos	Puberdade completada para meninas		Puberdade completada para meninos	
Desenvolvimento cognitivo	Início de operações formais: análise sistemática Operações formais "básicas iniciais": lógica dedutiva					Consolidação de operações formais (para alguns)		
Cognição social	Estágio 3 de Kohlberg continua Descrições dos outros e de si mesmo começam a incluir exceções, comparações, condições especiais; traços de personalidade mais profundos; empatia com sofrimento geral do outro				Estágio 4 de Kohlberg ("lei e ordem") para uma minoria			
Desenvolvimento do *self*/ personalidade	A incidência de depressão aumenta: a autoestima diminui brevemente	A autoestima aumenta para o restante dos adolescentes					Identidade clara desenvolvida para talvez metade	
	←——————— Estágio de identidade *versus* confusão do papel de Erikson ———————→							
Relacionamentos sociais	Panelinhas / Turma / Pares Amizades estáveis e íntimas continuam e se tornam mais íntimas Conflito pais-filho chega ao máximo no início da puberdade / Impacto máximo do grupo de iguais							

Figura E.4 Marcos da adolescência

Um breve resumo de desenvolvimentos paralelos durante a adolescência.

Início e final da adolescência

O início da adolescência, quase por definição, é um tempo de transição, de mudança significativa em virtualmente todos os aspectos do funcionamento da criança. O final da adolescência é mais um tempo de consolidação, quando o jovem estabelece uma identidade nova coesa, com metas e compromissos de papel mais claros. Norma Haan (1981), tomando emprestado os conceitos de Piaget, sugere que o início da adolescência é um tempo dominado por assimilação, enquanto o final da adolescência é sobretudo um tempo de acomodação.

O adolescente de 12 ou 13 anos está assimilando um número enorme de experiências físicas, sociais e intelectuais. Enquanto toda essa absorção está acontecendo, mas antes que as experiências tenham sido digeridas, o jovem está em um estado mais ou menos contínuo de desequilíbrio. Os velhos padrões e esquemas não funcionam mais muito bem, mas novos não foram estabelecidos. É durante esse período inicial que o grupo de iguais é tão centralmente importante. Finalmente, o jovem de 16, 17 ou 18 anos começa a fazer as acomodações necessárias, junta os pontos e estabelece uma nova identidade, novos padrões de relacionamentos sociais, novas metas e papéis.

Início da adolescência Em alguns aspectos, os primeiros anos da adolescência têm muito em comum com os anos dos primeiros passos. Crianças de 2 anos são famosas por seu negativismo e por sua constante pressão por mais independência. Ao mesmo tempo, elas estão lutando para aprender uma vasta série de novas habilidades. Os adolescentes mostram muitas dessas mesmas qualidades, embora em níveis muito mais abstratos, graças ao amadurecimento do córtex pré-frontal. Muitos deles passam por um período de negativismo, particularmente com os pais, bem no início das mudanças puberais. E muitos desses conflitos com os pais se centralizam em questões de independência – os adolescentes querem ir e vir quando lhes agradar, querem ouvir a música que preferirem (no volume máximo) e querem usar os estilos de roupas e cabelo que estiverem "na moda".

Da mesma forma como ocorre com o negativismo dos 2 anos, é fácil exagerar a profundidade ou a amplitude do conflito entre jovens adolescentes e seus pais. Para a maioria dos adolescentes, não há uma perturbação importante – simplesmente um aumento temporário na frequência de desacordos ou discussões. O retrato do adolescente como cheio de tumulto e estresse é tão exagerado quanto o estereótipo dos "terríveis dois anos". O que é verdadeiro é que ambas as idades são caracterizadas por uma nova pressão por independência, que é inevitavelmente acompanhada por mais confrontação com os pais em relação a limites. Embora essa pressão por independência esteja acontecendo, os adolescentes também estão enfrentando um novo conjunto de demandas: novas habilidades sociais, tarefas escolares novas e mais complexas, uma necessidade de formar uma identidade adulta. O aumento claro na taxa de depressão (especialmente entre meninas) e a queda na autoestima vista no início da adolescência parecem estar associados a esse excesso de demandas e mudanças. Inúmeros investigadores verificaram que aqueles adolescentes que devem lidar com o maior número de mudanças simultâneas no início da puberdade – mudança para o ensino médio, mudança para uma nova cidade ou uma nova casa, talvez uma separação ou um divórcio dos pais – também apresentam a maior perda na autoestima, o maior aumento nos problemas de comportamento e a maior queda na média das notas (Simmons, Burgeson e Reef, 1988). Os adolescentes mais novos que podem lidar com essas mudanças uma de cada vez (por exemplo, aqueles que são capazes de permanecer na mesma escola até a 8ª série antes de mudar para o ensino médio) apresentam menos sintomas de estresse.

Ao enfrentar demandas estressantes maiores, as crianças de 2 anos usam a mãe (ou alguma outra figura de apego central) como uma base segura para explorar o mundo, retornando para reafirmação quando sentem medo. Os adolescentes mais novos parecem fazer o mesmo com a família, usando-a como uma base segura para explorar o restante do mundo, incluindo o mundo de relacionamentos com iguais. Os pais de adolescentes devem tentar encontrar um equilíbrio entre fornecer a segurança necessária, frequentemente na forma de regras e limites claros e, contudo, permitir independência – assim como os pais de crianças de 2 anos devem andar sobre a fina linha entre permitir exploração e garantir segurança. Entre os adolescentes, como entre as crianças pequenas, os mais confiantes e bem-sucedidos são aqueles cujas famílias lidam bem com esse equilíbrio.

Traçar um paralelo entre adolescentes iniciais e crianças pequenas também faz sentido na medida em que ambos os grupos etários enfrentam a tarefa de estabelecer uma identidade separada. A criança pequena deve se separar do relacionamento simbiótico com a mãe ou outro cuidador central. A criança deve perceber não apenas que ela é separada, mas também que ela tem capacidades e qualidades. O amadurecimento físico também lhe permite novos níveis de exploração independente. O adolescente mais novo deve se separar de sua família e de sua identidade como criança e começar a formar uma nova identidade como adulto.

Final da adolescência Para levar mais longe a analogia que estivemos usando, o final da adolescência é mais como os últimos anos da pré-escola. Mudanças importantes foram suportadas e um novo equilíbrio foi alcançado. As revoluções físicas da puberdade estão na maior parte completas, o sistema familiar mudou para permitir ao adolescente mais independência e liberdade, e o começo de uma nova identidade foi criado. Esse período não é isento de tensões, entretanto. A maioria dos jovens não alcança uma identidade clara até a universidade, se alcançar; portanto, o processo de identidade continua. E a tarefa de formar parcerias emocionalmente íntimas (sejam sexuais ou não) é fundamental no final da adolescência. Contudo, Haan parece estar correto ao afirmar que esse período final é mais de acomodação do que de assimilação. Ele é definitivamente acompanhado por níveis crescentes de autoestima e níveis decrescentes de confrontação ou conflito familiar.

Processos centrais e suas associações

Parece claro que mudanças em uma ou outra das facetas do desenvolvimento podem ser centrais à constelação de transformações vistas em uma determinada idade. Na fase de bebê, a mudança fisiológica subjacente e a criação de um primeiro apego central parecem ter papéis causais fundamentais; nos anos pré-escolares, as mudanças cognitivas parecem especialmente dominantes; entre crianças em idade escolar, mudanças tanto cognitivas como sociais parecem ser formativas. Na adolescência, cada domínio apresenta mudança significativa. Nesse momento, os desenvolvimentalistas simplesmente não têm os dados de pesquisa para esclarecer as associações causais básicas entre as transformações nessas várias áreas. Não obstante, eles têm alguma informação sobre ligações.

O papel da puberdade Um fator óbvio a enfatizar nas discussões de adolescência é a própria puberdade. A puberdade não apenas define o início da adolescência, ela também afeta claramente todas as outras facetas do desenvolvimento do jovem, direta ou indiretamente. Há diversos efeitos diretos. Mais claramente, as ondas de hormônios puberais estimulam o interesse sexual enquanto desencadeiam mudanças corporais que tornam a sexualidade e a fertilidade adulta possível. Essas mudanças parecem inevitável e causalmente ligadas à mudança gradual (para a maioria dos adolescentes) de agrupamentos de iguais do mesmo sexo para grupos de sexo misto e, finalmente, para relacionamentos românticos.

Independência de um tipo novo e diferente.

As alterações hormonais também podem estar diretamente implicadas nos aumentos na confrontação ou no conflito entre pais e filhos e em vários tipos de comportamento agressivo ou delinquente. A pesquisa de Lawrence Steinberg (1988) sugere tal ligação direta; ele considera o estágio puberal, e não a idade, a variável crítica na previsão do nível de conflito dos adolescentes com seus pais. Outros investigadores verificaram que, em meninas, o aumento no estradiol no início da puberdade está associado a aumentos na agressão verbal e a uma perda do controle do impulso, enquanto em meninos, aumentos na testosterona estão correlacionados a aumentos na irritabilidade e impaciência (Paikoff e Brooks-Gunn, 1990). Entretanto, muitos estudos não encontram essas associações (Coe, Hayashi e Levine, 1988). Por isso, a maioria dos teóricos conclui que as ligações entre hormônios puberais e mudanças no comportamento social do adolescente são consideravelmente mais complicadas do que haviam imaginado.

Um fator que complica a análise é que as mudanças físicas da puberdade têm efeitos indiretos e consequências diretas altamente significativos. Quando o corpo de uma criança cresce e se torna mais parecido com o de um adulto, os pais começam a tratar a criança de modo diferente, e a criança começa a se ver como um quase adulto. Ambas as mudanças podem estar ligadas ao breve aumento na confrontação entre pais e filhos e podem ajudar a desencadear uma parte dos autoexames minuciosos desse período da vida.

As alterações fisiológicas também poderiam desempenhar algum papel na mudança para operações formais. Há alguma indicação, por exemplo, de que a poda sináptica e dendrítica continua durante todo o início da adolescência, de modo que uma reorganização final do cérebro pode estar ocorrendo nesses anos. Ao mesmo tempo, qualquer ligação entre pensamento operacional formal e mudança puberal não pode ser inevitável, porque todos os adolescentes experimentam a puberdade, mas nem todos fazem a transição para operações formais. A melhor suposição no momento é de que mudanças neurológicas ou hormonais na adolescência podem ser necessárias para novos ganhos cognitivos, mas elas não podem ser condições suficientes para esses desenvolvimentos.

No final da adolescência, a forma de interação de iguais mudou de grupos de sexo misto para associações livres de pares.

O papel das mudanças cognitivas Uma possibilidade igualmente atrativa para muitos teóricos é a proposição de que as mudanças cognitivas é que são fundamentais no desenvolvimento do adolescente. Naturalmente, dois marcos importantes no desenvolvimento do cérebro tornam essas mudanças possíveis: o amadurecimento do córtex pré-frontal e o surto no desenvolvimento nos lobos frontais em torno dos 17 anos. Portanto, a divisão entre mudanças cognitivas e físicas é um pouco artificial. Não obstante, é evidente que o desenvolvimento cognitivo facilita muitas das outras mudanças vistas na adolescência, incluindo mudanças no autoconceito, o processo de formação da identidade, aumentos no nível de raciocínio moral e mudanças nos relacionamentos de iguais.

Há ampla evidência, por exemplo, de que a maior abstração no autoconceito do adolescente e em suas descrições dos outros está intimamente associada às mudanças mais amplas no funcionamento cognitivo (Harter, 1990). Você lembrará também do Capítulo 12 que a mudança no pensamento da criança de operações concretas para pelo menos o início das operações formais parece ser uma pré-condição necessária para o surgimento de formas mais avançadas de cognição social e julgamento moral. Finalmente, alguma capacidade de usar operações formais também pode ser necessária, mas não suficiente, para a formação de uma identidade clara. Uma das características do pensamento operacional formal é a capacidade de imaginar possibilidades que você nunca experimentou e de manipular ideias em sua cabeça. Essas novas habilidades podem ajudar a promover o questionamento de velhos valores e padrões – parte central da formação da identidade. Por exemplo, diversos estudos mostram que entre estudantes de ensino médio e universitários, aqueles no estado de aquisição de identidade ou moratória de Marcia também têm muito mais probabilidade de estarem usando raciocínio de operações formais do que aqueles no estado de difusão ou pré-fechamento. No estudo de Rowe e Marcia (1980), os únicos indivíduos que mostraram aquisição de identidade total foram aqueles que também estavam usando operações formais totais. Mas o inverso não foi verdadeiro. Ou seja, havia inúmeros participantes no estudo que usavam operações formais, mas ainda não tinham estabelecido uma identidade clara. Portanto, o pensamento operacional formal pode permitir que o jovem repense muitos aspectos de sua vida, mas não garante que ele o fará.

No total, tanto as mudanças físicas da puberdade quanto as mudanças cognitivas potenciais de operações formais parecem ser centrais aos fenômenos da adolescência, mas as associações entre elas, e seu impacto sobre o comportamento social, permanecem obscuras.

Influências sobre os processos básicos

Não há espaço suficiente neste epílogo (ou talvez neste livro inteiro) para detalhar todos os fatores que influenciam a experiência da adolescência. Você já leu sobre muitos desses fatores, incluindo o momento do desenvolvimento puberal, o grau de estresse pessoal ou familiar e as variações culturais como o uso de ritos de iniciação. Mas uma questão mais geral merece ser repetida: a adolescência, como todos os outros períodos do desenvolvimento, não começa como uma lousa limpa. As próprias qualidades temperamentais, os hábitos comportamentais e os modelos internos de interação do adolescente, estabelecidos nos primeiros anos da infância, obviamente têm um efeito profundo sobre a experiência da adolescência. Exemplos são fáceis de encontrar:

- Adolescentes com altos níveis de neuroticismo e introversão, que têm autoestima baixa e que tendem a culpar agentes externos por seus problemas têm um risco mais alto para problemas de saúde mental do que seus pares que possuem uma visão mais otimista sobre a vida (Beautrais, Joyce e Mulder, 1999).
- O estudo longitudinal de Alan Sroufe (1989), descrito no Capítulo 11, mostrou que aqueles que foram avaliados como tendo um apego seguro na infância eram mais confiantes e mais socialmente competentes com seus pares no início da adolescência.
- Delinquência e agressividade aumentada na adolescência são precedidas com maior frequência por problemas de comportamento anteriores e por controle familiar inadequado desde os primeiros anos da infância (Dishion, French e Patterson, 1995). Mesmo aqueles que apresentam tal comportamento antissocial pela primeira vez quando pré-adolescentes entram na adolescência com qualidades diferentes, incluindo amizades de qualidade mais pobre (Berndt e Keefe, 1995).
- Depressão nos anos da adolescência é mais provável entre aqueles que entram na adolescência com autoestima baixa (Harter, 1987).

Avshalom Caspi e Terrie Moffitt (1991) levam à questão mais geral de que qualquer crise ou transição de vida maior, incluindo a adolescência, tem o efeito de acentuar padrões de personalidade ou comportamentais anteriores em vez de criar novos. Isso não é diferente da observação de que o apego da criança ao pai é revelado apenas quando ela está sob estresse. Como um exemplo do processo mais geral, Caspi e Moffitt salientam que meninas que experimentam puberdade muito precoce têm taxas mais altas de problemas psicológicos, em média, do que aquelas que experimentam a puberdade em uma idade mais normal ou esperada. Entretanto, a análise mais precisa revela que são apenas as meninas de amadurecimento precoce que já tinham problemas sociais antes da puberdade cujas experiência puberal e adolescência são mais negativas. Puberdade muito precoce não induz problemas psicológicos em meninas que eram psicologicamente mais saudáveis anteriormente.

A observação de Caspi e Moffitt parece ser importante para o entendimento das várias transições da vida adulta, bem como daquelas da adolescência. Nós não apenas "nos carregamos conosco" enquanto nos movimentamos através dos papéis e demandas da vida adulta, mas padrões existentes podem ser mais altamente visíveis quando estamos sob estresse. Isso não significa que nunca mudamos ou aprendemos formas novas e mais efetivas de responder – obviamente muitos de nós o fazem. Contudo, é importante não perder de vista o fato de que na adolescência, e certamente na idade adulta, os modelos operantes internos e os repertórios de comportamentos de enfrentamento das pessoas já estão estabelecidos, criando uma tendência no sistema. Outra forma de expressar isso é dizer que enquanto a mudança é possível, a continuidade é a opção de escolha.

Um retorno a algumas questões básicas

Com essa breve visão geral em mente, voltemos agora a algumas das questões levantadas no Capítulo 1 e vejamos se as respostas podem ser tornadas mais claras.

Quais são as principais influências sobre o desenvolvimento?

Em todo este livro, você leu sobre os argumentos a favor e contra natureza e criação, ou nativismo e empirismo, como explicações básicas de padrões de desenvolvimento. Em cada caso, você ficou sabendo que a resposta real está na interação entre os dois. Para esclarecer mais a questão, poderíamos voltar aos cinco modelos de Aslin de influências ambientais e internas sobre o desenvolvimento, ilustrados na Figura 1.1. Você lembrará que Aslin propôs um modelo puramente físico (que ele chama de maturação), de acordo com o qual algum desenvolvimento particular ocorre independente de estímulo ambiental, e um padrão puramente ambiental (que ele chama de indução), de acordo com o qual algum desenvolvimento ocorre inteiramente em função da experiência. Essas duas alternativas "puras" têm lógica, mas na realidade, provavelmente nenhuma delas ocorre. Todo o desenvolvimento é produto de várias formas de interação entre influências internas e externas.

Mesmo no caso do desenvolvimento que parece ser mais claramente determinado ou influenciado por fatores biológicos, tal como o físico ou o cognitivo, o desenvolvimento normal pode ocorrer apenas se a criança estiver crescendo em um ambiente que se enquadra em uma variação adequada ou suficiente. O fato de que a maioria dos ambientes se enquadra dentro dessa variação de forma alguma reduz a importância crucial do ambiente. Como John Flavell pontua, "os elementos ambientais não se tornam menos essenciais a uma forma particular de desenvolvimento apenas porque é virtualmente certo que eles estarão disponíveis para seu uso" (1985, p. 284). Da mesma forma, mesmo aqueles aspectos do desenvolvimento que parecem muito obviamente produtos do ambiente, tais como a qualidade do primeiro apego da criança, repousam em uma base fisiológica e em padrões instintivos de comportamentos de apego. O fato de que todas as crianças normais possuem essa base e esses instintos não os torna menos essenciais para o desenvolvimento.

O fato de que virtualmente todos os bebês têm alguma chance de pegar e examinar objetos não significa que tal experiência não seja importante nas habilidades perceptuais ou motoras emergentes da criança. A maioria das (se não todas as) chamadas sequências maturacionais requer tipos particulares de estímulos ambientais para poder ocorrer.

Os cinco princípios de Rutter da interação entre natureza e criação Não é suficiente simplesmente dizer que todo desenvolvimento é produto da interação entre natureza e criação. Os desenvolvimentalistas querem ser capazes de especificar de forma muito mais clara exatamente como essa interação opera. Michael Rutter e colaboradores (1997) propuseram um conjunto de cinco princípios gerais governando a interação entre natureza e criação; estes vão além dos modelos de Aslin e fornecem um análise resumida útil:

- *"Os indivíduos diferem em sua reatividade ao ambiente"* (p. 338). Alguns bebês, certas crianças e determinados adultos são altamente reativos, altamente sensíveis a estresse ou novidade; outros reagem com muito menos volatilidade. As variações em tal reatividade repousam em diferenças temperamentais inatas básicas ou podem ser produto de experiência acumulada.

- *"Há uma interação bidirecional entre indivíduos e seus ambientes"* (p. 338). É importante não pensar nas influências do ambiente como uma rua de mão única. As influências vão de um lado para outro.

- *"A interação entre pessoas e seus ambientes precisa ser considerada dentro de uma estrutura ecológica"* (p. 339). Embora a pesquisa quase sempre trate eventos ambientais (por exemplo, divórcio) como se eles fossem o mesmo para todas as pessoas, eles não são. O próprio evento será diferente em função de cultura, pobreza, estrutura familiar e de toda uma série de outras variáveis.

- *"As pessoas processam suas experiências e não simplesmente servem como recipientes passivos de forças ambientais"* (p. 339). É o significado que cada criança dá a uma experiência que governa o efeito, não a experiência em si. Portanto, a "mesma" experiência pode ter efeitos amplamente diferentes, dependendo de como a criança (ou o adulto) a processa ou interpreta.

- *"As pessoas influenciam seu ambiente a fim de moldar e selecionar suas experiências"* (p. 339). As experiências não são distribuídas aleatória e independentemente de como a criança ou o adulto se comporta. Cada um de nós escolhe comportamentos e posições dentro da família ou dentro de outros grupos sociais.

Um *continuum* de influências ambientais Outra questão, não incluída na lista de Rutter, é que a forma e a extensão da interação entre natureza e criação podem variar em função do aspecto do desenvolvimento em questão. Pode ajudar pensar nas diferentes facetas do desenvolvimento ao longo de um *continuum*, com aquelas mais totalmente programadas internamente em uma extremidade, e aquelas mais externamente influenciadas, na outra.

O desenvolvimento físico define uma extremidade desse *continuum*, visto que ele é muito fortemente moldado por forças internas. Dado o ambiente necessário mínimo, as escalas de amadurecimento físico são bastante poderosas e consistentes, sobretudo durante a infância e a adolescência. Em seguida, ao longo do *continuum* está provavelmente a linguagem (embora alguns especialistas possam questionar essa conclusão, dada a possível dependência do desenvolvimento da linguagem a desenvolvimentos cognitivos anteriores). A linguagem parece surgir com apoio ambiental mínimo – embora, novamente, o ambiente deva se situar dentro de alguma variação aceitável. De qualquer maneira, a criança deve ouvir linguagem falada (ou vê-la simbolizada). Contudo, aspectos específicos do ambiente parecem importar um pouco mais no caso do desenvolvimento da linguagem do que no desenvolvimento físico. Por exemplo, pais que respondem adequadamente às vocalizações de seus filhos parecem ser capazes de acelerar o processo, como exemplo do que Aslin chama de *facilitação*.

O desenvolvimento cognitivo se localiza em algum lugar na metade do *continuum*. Evidentemente, forças internas poderosas estão operando aqui. Como John Flavell expressou, "há um estímulo ao crescimento cognitivo da infância que não é em última análise explicável por essa pressão ambiental ou aquele impulso experiencial" (1985, p. 283). Os desenvolvimentalistas ainda não sabem se a regularidade impressionante das sequências de desenvolvimento cognitivo se origina de processos inatos, como assimilação e acomodação, ou de mudanças fisiológicas, como formação de sinapse e poda, ou de alguma combinação de causas. Entretanto, eles sabem que qualidades específicas do ambiente afetam tanto a força quanto a estrutura cognitiva. Crianças com brinquedos variados e adequados para a idade, que recebem encorajamento para explorar e realizar, cujos pais são responsivos a suas propostas – que experimentam, nos termos de Aslin, não apenas facilitação, mas sintonização –, apresentam desenvolvimento cognitivo mais rápido e escores de QI mais altos.

O desenvolvimento social e emocional se situa no outro extremo do *continuum*, onde o impacto do ambiente parece ser o mais alto, embora, mesmo aqui, fatores genéticos estejam obviamente operando. Alguns aspectos do temperamento parecem claramente inatos, ou genéticos, e os comportamentos de apego podem ser instintivos; esses dois fatores inatos de fato moldam os primeiros encontros da criança com outros. Nessa área do desenvolvimento, entretanto, o equilíbrio de natureza e criação parece tender mais para a criação. Em particular, a segurança do apego da criança e a qualidade de seus relacionamentos com outros fora da família parecem ser poderosamente afetadas pela qualidade específica das interações dentro da família.

O momento importa?

Também é importante lembrar que o impacto de qualquer experiência pode variar dependendo de quando ela ocorre durante o desenvolvimento. Essa questão foi explorada de várias formas do início ao fim do livro.

As primeiras experiências como cruciais A versão mais difusa da questão do momento tem indagado se os primeiros anos de vida são um período crítico ou sensível para o estabelecimento de muitas das trajetórias do posterior desenvolvimento da criança. Tomando emprestada uma analogia de Ann Clarke (Clarke e Clarke, 1976): na construção de uma casa, o formato da fundação determina a estrutura final parcial ou completamente, ou estruturas futuras podem ser construídas sobre a fundação original? Falhas ou fraquezas na fundação original são permanentes ou podem ser corrigidas posteriormente, após a casa ser completada?

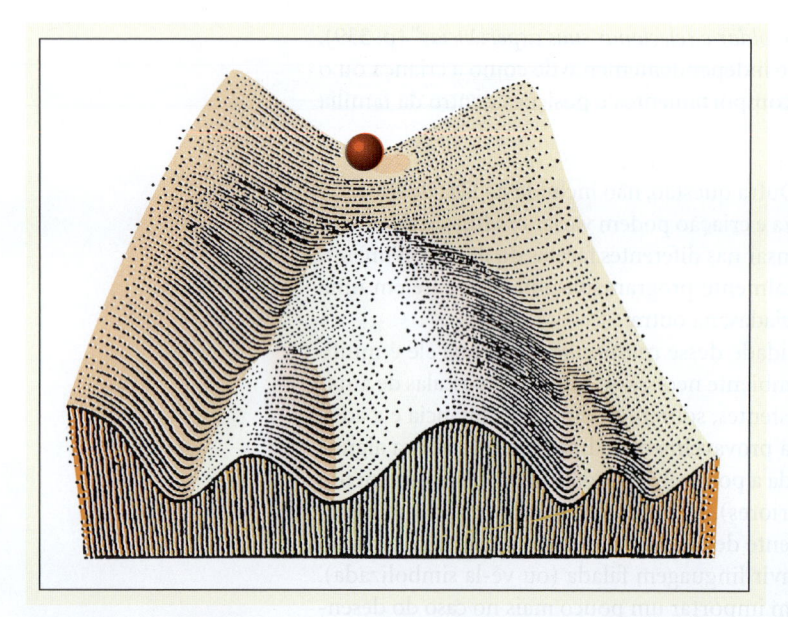

Figura E.5 Canalização

A representação visual do conceito de canalização de Waddington. Um canal estreito e fundo representa canalização forte. Se a fase de bebê for altamente canalizada, significa que quase todos os ambientes suportarão ou sustentarão aquele desenvolvimento.

(*Fonte*: De C.H. Waddington, "A catastrophic theory of evolution". *Annals of the New York Academy of Science*, 231 (1974): 32-42. Com permissão.)

Há argumentos de ambos os lados. Alguns psicólogos, como Sandra Scarr, apontam o fato de que virtualmente todas as crianças completam com sucesso o período sensório-motor, e mesmo crianças com retardo leve e moderado alcançam alguma forma das operações concretas de Piaget. O termo que tem sido amplamente usado para descrever esses padrões do desenvolvimento é *canalização*, uma noção tomada emprestada do embriologista C.H. Waddington (1957). Ele sugeriu que se pode conceber o desenvolvimento metaforicamente como uma bola de gude rolando por um canal encosta abaixo, como na Figura E.5. Quando o canal é estreito e fundo, diz-se que o desenvolvimento é altamente canalizado. A bola de gude rolará naquele canal com pouco desvio. Outros aspectos do desenvolvimento, em comparação, poderiam ser melhor retratados com muitos canais mais planos ou mais largos, com muitas ramificações laterais, em que a bola de gude provavelmente se desviará de um determinado caminho. Scarr e outros afirmam que, nos primeiros anos de vida, o desenvolvimento é altamente canalizado, com fortes tendências de "autoendireitamento". Mesmo se desviado, o padrão de desenvolvimento do bebê rapidamente retorna ao fundo do canal e prossegue ao longo da trilha normal. Esse autoendireitamento é ilustrado, por exemplo, pela grande porcentagem de bebês de baixo peso ao nascimento ou outros inicialmente vulneráveis que não obstante emparelham com seus pares de nascimento normal em desenvolvimento físico e cognitivo aos 2 ou 3 anos.

Michael Lewis, em seu livro *Altering fate (Alterando o destino)* (1997, p. 15-16), faz uma argumentação mesmo mais radical contra a primazia das primeiras experiências:

> Desejo questionar a ideia de que o desenvolvimento é uma sequência de pequenas progressões graduais, mas cumulativas, de que ele tem direcionalidade clara; de que ele é causal – eventos anteriores estão associados a eventos posteriores – e de que, portanto, a previsão é possível. Em vez disso, gostaria de defender a ideia de que o desenvolvimento é baseado nas necessidades pragmáticas do presente, de que o fluxo contextual de nossas vidas determina nosso desenvolvimento através de adaptação à corrente.

Lewis defende que encontros casuais, revoluções, alegrias e estresses mudam cada um de nós; de certa maneira, ele está dizendo que nos refazemos momento a momento e que é simplesmente um erro pensar no desenvolvimento como se ele fosse um processo cumulativo, com os primeiros passos determinando a trajetória de tudo o que se segue. Alguns desenvolvimentalistas acreditam que Lewis levou esse argumento muito longe, mas ele certamente levantou questões importantes e estimulantes.

Do outro lado da discussão está um grupo de psicólogos – cujo pensamento está em grande parte enraizado na teoria psicanalítica – que veem a fase de bebê e a primeira infância como especialmente formativas (Sroufe, 1983). Eles observam que algumas influências pré-natais são permanentes; alguns efeitos de empobrecimento cognitivo, subnutrição ou abuso precoces também podem ser duradouros. Há também boa quantidade de evidência de que as primeiras adaptações psicológicas, tais como a qualidade do primeiro apego ou a tendência da criança a comportamento agressivo, tendem a persistir e a moldar as experiências posteriores da criança de uma forma cumulativa.

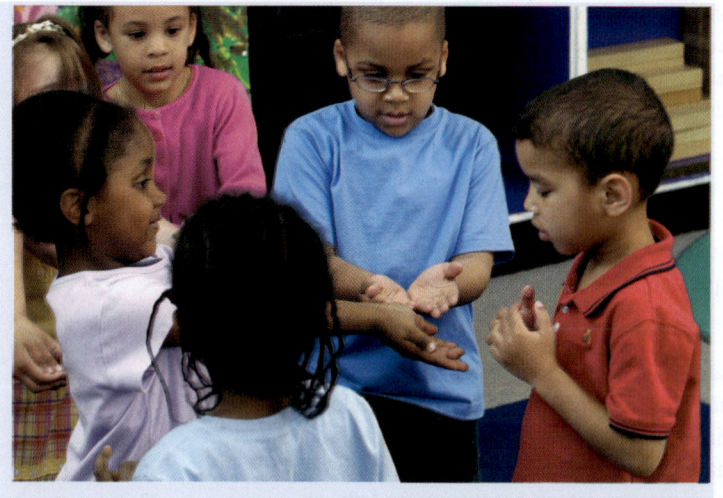

Se a fase de bebê é um período crítico para alguns aspectos do desenvolvimento da personalidade, então o caráter dessas crianças em idade pré-escolar já está bem formado. Se isso é verdadeiro ou não continua sendo uma das questões teóricas e práticas mais cruciais na psicologia do desenvolvimento.

Parece provável que essas duas perspectivas sejam válidas: os primeiros anos de vida são um período sensível para alguns tipos de desenvolvimento e ao mesmo tempo altamente canalizados. Como esse aparente paradoxo pode ser resolvido? Há pelo menos dois caminhos possíveis. Primeiro, a canalização poderia ser vista não simplesmente como um produto de programação inata poderosa, mas como resultado dessa programação sendo expressada em um ambiente suficientemente sustentador. Visto dessa forma, uma boa parte do aparente paradoxo desaparece (Turkheimer e Gottesman, 1991). Apenas quando o ambiente de uma determinada criança está fora da variação de ambientes suficientemente sustentadores é que há um suposto efeito ambiental. Portanto, para uma criança criada em um ambiente de orfanato extremamente empobrecido ou para uma criança que sofre abuso físico regular, os efeitos ambientais podem ser fortemente negativos e duradouros. Quanto mais cedo tal desvio de um ambiente suficientemente sustentador ocorrer, mais penetrantes os efeitos parecem ser. Nessa forma de examinar períodos críticos *versus* canalização, uma fase de bebê normalmente sustentada pode ser menos fundamental no padrão de desenvolvimento da criança do que desvios menores durante a fase dos primeiros passos ou os anos pré-escolares. Mas se os desvios na fase de bebê são extremos o suficiente para desviar a criança do caminho evolutivo normal – como no caso de abuso ou subnutrição grave – o efeito é maior do que para desvios em qualquer outra idade.

Robert Cairns (1991) oferece uma segunda resolução ao paradoxo quando salienta que em qualquer período determinado, algumas facetas do desenvolvimento podem ser altamente canalizadas e outras podem ser fortemente responsivas a variação ambiental. Na fase de bebê, por exemplo, o desenvolvimento físico, perceptual e talvez linguístico pode ser fortemente canalizado, mas o desenvolvimento de modelos operantes internos de apego é claramente afetado pelas experiências familiares específicas da criança. De fato, todos os modelos operantes internos – de apego, de identidade de gênero e autoconceito ou de relações com iguais – provavelmente serão mais poderosamente afetados pelas primeiras experiências do que por experiências posteriores, simplesmente porque o modelo, uma vez formado, afeta e filtra toda a experiência posterior.

Um exemplo particularmente perspicaz desse tipo de efeito inicial vem de um dos estudos de Alan Sroufe das consequências de longo prazo da segurança do apego. Sroufe e colaboradores (Sroufe, Egeland e Kreutzer, 1990) compararam dois grupos de crianças do ensino fundamental. Um grupo tinha formado apegos seguros na fase de bebê, mas por várias razões não tinha funcionado bem nos anos pré-escolares. O segundo grupo tinha demonstrado adaptação insatisfatória em ambas as idades. Quando esses dois grupos de crianças foram avaliados na idade do ensino fundamental, Sroufe verificou que aqueles que tiveram um bom primeiro início "ricochetearam" melhor. Eles tinham melhor saúde emocional e habilidades sociais do que aqueles que haviam apresentado adaptação insatisfatória na fase de bebê, ainda que ambos os grupos tivessem funcionado insatisfatoriamente na idade pré-escolar. A experiência da fase de bebê não é totalmente formativa; as circunstâncias atuais da criança também têm um impacto importante. Mas, ao menos com respeito à segurança do apego, as primeiras experiências deixam uma marca prolongada.

Tarefas psicológicas em diferentes idades Outra forma de pensar sobre o momento é identificar tarefas psicológicas específicas a serem realizadas em diferentes idades. A teoria de Erikson, por exemplo, enfatiza uma série de dilemas psicológicos. Qualquer experiência que afeta a forma que uma criança resolve uma determinada tarefa será formativa naquele momento; em um tempo mais precoce ou mais tardio, a mesma experiência poderia ter muito menos efeito. Alan Sroufe e Michael Rutter (1984) ofereceram uma lista mais ampla de tarefas relacionadas à idade, apresentada na Tabela E.1. Nessa forma de olhar as coisas, a criança é vista se focando em diferentes aspectos do ambiente em diferentes momentos. Portanto, durante o período de 1 a 2,5 anos, quando a criança está ocupada em dominar o mundo dos objetos, a qualidade e a variedade de experiências inanimadas às quais ela tem acesso podem ser de especial importância.

Tabela E.1 Problemas ou tarefas em cada um de diversos períodos etários

Idade em anos	Problemas ou tarefas
1-1	Regulação biológica; interações harmoniosas com pais e/ou cuidadores; formação de um relacionamento de apego efetivo
1-2 ½	Exploração, experimentação e domínio do mundo dos objetos (cuidador como base segura); individuação e autonomia; resposta a controle externo dos impulsos
3-5	Autocontrole flexível; autoconfiança; iniciativa; identificação e conceito de gênero; estabelecimento de contatos efetivos com iguais (empatia)
6-12	Entendimento social (equidade, justiça); constância de gênero; amizades do mesmo sexo; senso de "diligência" (competência); ajustamento escolar
13+	Operações formais (tomada de perspectiva flexível, pensamento "e-se"); amizades leais (mesmo sexo); início de relacionamentos românticos; emancipação; identidade

Fonte: De L.A Sroufe e M. Rutter, "The domain of developmental psychopathology", *Child Development*, 55 (1984): p. 22, Tabela 1. Com permissão da Society for Research in Child Development.

De modo geral, a maioria dos desenvolvimentalistas hoje não acredita que qualquer idade específica seja "crucial" para todos os aspectos do desenvolvimento; a maioria acredita, contudo, que para qualquer aspecto do desenvolvimento, algumas idades são mais críticas que outras, e que os padrões que afetam a experiência posterior são estabelecidos durante aqueles momentos. Como Alan Sroufe diz, "o desenvolvimento é hierárquico; ele não é uma lousa a ser apagada e reescrita. Mesmo quando as crianças mudam bastante marcadamente, as sombras da adaptação anterior permanecem" (1983, p. 73-74).

Qual é a natureza da mudança do desenvolvimento?

Na balança, parece provável que a mudança do desenvolvimento é mais qualitativa do que quantitativa. Certamente, durante os anos de desenvolvimento, a criança adquire mais vocabulário de palavras, mais estratégias de processamento de informação. Mas essas ferramentas e habilidades são usadas de formas diferentes por crianças mais velhas do que são por crianças mais novas. Além disso, parece claro que essas mudanças qualitativas ocorrem em sequências. Essas sequências são evidentes nos desenvolvimentos físico, cognitivo, social e moral.

Estágios Se é significativo falar de estágios do desenvolvimento, entretanto, ainda é uma questão aberta. Alguns estágios organizados hierarquicamente certamente foram identificados, o exemplo mais óbvio sendo os estágios de raciocínio moral de Kohlberg. E os pesquisadores certamente podem encontrar exemplos de mudanças aparentemente gradativas através de diversas áreas do desenvolvimento – por exemplo, em torno dos 18 a 24 meses, a criança parece descobrir a capacidade de combinar símbolos, uma mudança evidente nas frases de duas palavras, no pensamento e na brincadeira de múltiplos passos com outras crianças. Também parece haver uma mudança gradativa entre as idades de 3 e 4 anos, da qual a teoria da mente é a peça central. Não obstante, cada nova habilidade ou novo entendimento parece ser adquirido em uma área razoavelmente estreita primeiro e é generalizado de modo mais completo apenas mais tarde. De fato, uma das coisas que diferencia a criança dotada ou de QI mais alto da criança com um QI mais baixo ou retardo mental é com que rapidez e amplitude a criança generaliza algum novo conceito ou uma estratégia para novas instâncias.

Apesar dessa qualidade não gradativa da maior parte da mudança do desenvolvimento, não obstante é verdade que os padrões de relacionamentos, de pensamento e de solução de problemas de duas crianças de idades amplamente diferentes (digamos, uma de 5 e uma de 11 anos) diferem em quase todos os sentidos. Portanto há certamente ordenação nas sequências, e há algumas ligações entre elas, mas provavelmente não há estágios maiores conforme propostos por Piaget.

Continuidade Em meio a toda essa mudança, todas essas sequências, todas as novas formas de se relacionar e pensar, também há continuidade. Cada criança transporta algum núcleo de individualidade. A noção de temperamento certamente sugere tal núcleo, assim como o conceito de um modelo operante interno. Alan Sroufe novamente oferece uma forma elegante de pensar sobre esse núcleo central. A continuidade no desenvolvimento, diz, "toma a forma de coerência através de transformações" (1983, p. 51). Portanto, o comportamento específico exibido por uma criança pode mudar – a criança pequena aderente pode não se tornar uma criança de 9 anos aderente –, mas o modelo de apego ou o temperamento subjacente que levou à aderência ainda estará presente ao menos parcialmente, manifestando-se de novas formas. Em particular, tornou-se cada vez mais claro que as inadaptações persistem com o passar do tempo, como visto na consistência de altos níveis de agressão e acessos de raiva e na persistência de algumas das interações sociais mal-adaptativas que fluem de apegos inseguros. A tarefa dos psicólogos do desenvolvimento é entender tanto a coerência (consistência) quanto os padrões subjacentes de transformação (desenvolvimento).

Qual é a importância de diferenças individuais?

A questão das continuidades individuais salienta o fato de que o desenvolvimento é individual, bem como coletivo. Por definição, e como o centro de sua abordagem básica, a psicologia do desenvolvimento diz respeito ao típico mais do que aos desvios do que é esperado. Contudo, você leu sobre diferenças individuais em virtualmente todos os capítulos, portanto, sabe que tanto diferenças inatas quanto variações emergentes ou produzidas pelo ambiente estão presentes para as crianças em cada aspecto do desenvolvimento. Parece instrutivo amarrar muitas das tramas urdidas neste epílogo retornando à dimensão de diferença individual sobre a qual você leu diversas vezes – vulnerabilidade *versus* resiliência.

Pode ser útil definir esses conceitos de maneira um pouco diferente do que fizemos em capítulos anteriores, em termos da variação de ambientes que serão suficientemente sustentadores para o desenvolvimento ideal. Por essa definição, um bebê vulnerável é aquele com uma gama limitada de ambientes potencialmente sustentadores. Para essa criança, apenas o ambiente mais estimulante, mais responsivo, mais adaptativo será suficiente. Quando o ambiente da criança está fora dessa variação, a probabilidade de um resultado insatisfatório é por demais aumentada. Uma criança resiliente, ao contrário, é aquela para a qual qualquer um de uma ampla variedade de ambientes sustentará o desenvolvimento ideal. Uma criança resiliente pode, portanto, ser mais fortemente canalizada e uma criança vulnerável menos.

Alguns tipos de vulnerabilidades são inatas, causadas por anormalidades genéticas, trauma ou estresse pré-natal, parto prematuro ou subnutrição. Qualquer criança sofrendo desses problemas se desenvolverá apenas em um ambiente altamente sustentador. Você encontrou esse padrão repetidamente em todos os capítulos deste livro:

- Bebês de baixo peso ao nascer tipicamente têm QIs normais se forem criados em lares de classe média, mas têm um alto risco de retardo se forem criados em lares de nível de pobreza não estimulantes (Bradley et al., 1994).

- Bebês subnutridos no período pré-natal ou aqueles que sofreram outras complicações no útero ou durante o parto se desenvolvem mais ou menos normalmente se frequentarem pré-escolas especiais altamente estimulantes, mas têm QIs significativamente mais baixos se criados em casa por mães com educação limitada (Breitmayer e Ramey, 1986; Zeskind e Ramey, 1981).

- Crianças nascidas com citomegalovírus têm muito mais probabilidade de ter problemas na escola se forem criadas em ambientes de nível de pobreza do que se forem criadas em famílias de classe média (Hanshaw et al., 1976).

Esses exemplos são razoavelmente diretos. Mas a "vulnerabilidade" nesse sentido não permanece constante durante toda a vida. Uma proposição mais geral, que você poderia considerar um pressuposto básico, é que toda vez que o ambiente de uma determinada criança está fora da variação de sustentação aceitável (ou seja, toda vez que ocorre uma incompatibilidade entre as necessidades da criança e o que está disponível), ela se torna mais vulnerável; por outro lado, toda vez que as necessidades da criança são satisfeitas, ela se torna mais resiliente. Por exemplo, uma criança de temperamento difícil, cujo ambiente familiar é, não obstante, suficiente para favorecer um apego seguro, se tornará mais resilente, mais capaz de lidar com o próximo conjunto de tarefas; uma criança de temperamento fácil que por alguma razão desenvolveu um apego inseguro se tornaria mais vulnerável a estresse posterior ou insuficiência ambiental.

Além disso, as qualidades do ambiente que são cruciais para o desenvolvimento ideal de uma criança sem dúvida mudam à medida que ela passa de uma idade para outra. Interações responsivas e afetuosas com os pais parecem particularmente importantes no período de talvez 6 a 18 meses; a riqueza da estimulação cognitiva parece particularmente crucial entre talvez 1 e 4 anos; a oportunidade para praticar habilidades sociais com o grupo de iguais pode ser especialmente crucial em uma idade mais tardia. Portanto, à medida que as tarefas mudam com a idade, o ambiente ideal também muda. Entre outras coisas, isso significa que a mesma família pode ser muito boa com uma criança de uma idade e não tão boa com uma criança de outra idade.

Mais geralmente, o modelo de vulnerabilidade/resiliência leva à conclusão de que mesmo a criança mais "vulnerável" pode apresentar melhora se seu ambiente melhorar. Uma vez que algumas crianças congenitamente vulneráveis não encontram ambientes sustentadores, a vulnerabilidade delas continua a aumentar. Por essa razão, os problemas iniciais costumam persistir. Ao mesmo tempo, a melhora é possível, até mesmo provável. A maioria das crianças consegue sobreviver e se desenvolver apesar de estresses e vulnerabilidades. Como Emmy Werner (1986, p. 5) pontua, "não podemos deixar de ficar profundamente impressionados pela resiliência da maioria das crianças e dos adolescentes e sua capacidade para mudança positiva e crescimento pessoal".

Uma questão final: a alegria do desenvolvimento

Para encerrar tanto este epílogo como o livro com um tom otimista, lembre que em meio a todas as "crises", "transições" e "vulnerabilidades", o desenvolvimento tem uma qualidade alegre especial. Quando uma criança domina uma nova habilidade, ela não apenas fica satisfeita – ela fica encantada e repetirá a nova habilidade longamente, obtendo por certo vasta satisfação dela. Uma criança de 5 anos que aprende a desenhar estrelas pode desenhá-las em tudo o que estiver à vista, incluindo papel, paredes, roupas e guardanapos, simplesmente porque é muito divertido desenhar estrelas. Uma criança de 10 anos que aprende a dar um salto mortal exibirá alegremente esse novo talento a todos que quiserem assistir e praticará incessantemente.

A mesma qualidade alegre pode ser parte também do desenvolvimento da família. Confrontar e atravessar sucessivamente qualquer uma das revoluções periódicas e inevitáveis na vida familiar pode ser imensamente prazeroso. Assistir seu filho progredir, amá-lo e ter prazer em estar junto dele são todas partes profundamente prazerosas da criação de filhos. Quando os pais choram na formatura do ensino médio ou no casamento de seu filho ou filha, não é meramente sentimento. É uma expressão daquele senso de amor, orgulho e maravilha que eles e seus filhos trouxeram até aqui.

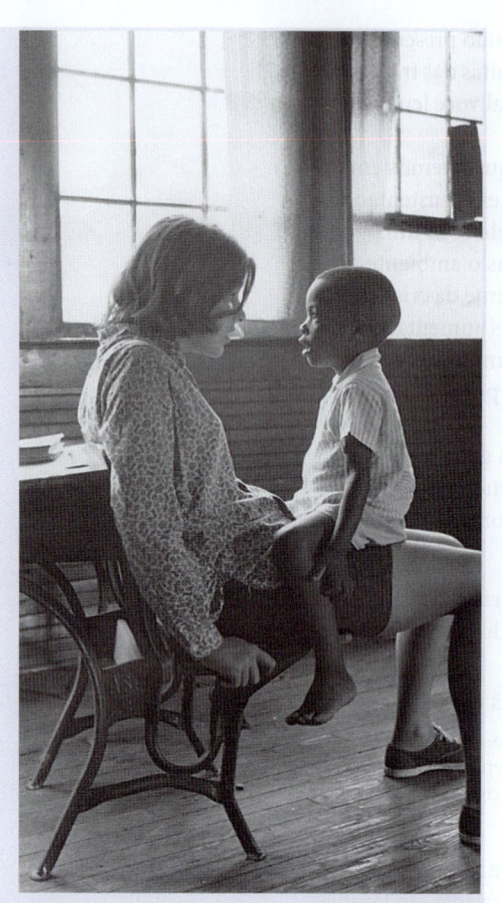

Esta foto foi usada no final de cada edição deste livro porque fala tão eloquentemente da alegria e da descoberta que são uma grande parte do desenvolvimento.

Glossário

abertura/intelecto Um dos Cinco Grandes traços da personalidade; uma pessoa com escores altos neste traço é caracterizada por curiosidade, imaginação, *insight*, originalidade e interesses amplos.

abordagem acadêmica Uma abordagem à educação da primeira infância que fornece às crianças instruções nas habilidades necessárias para o sucesso na escola.

abordagem balanceada Ensino da leitura que combina instrução de fônica explícita com outras estratégias para ajudar crianças a adquirir alfabetização.

abordagem de linguagem integral Uma abordagem ao ensino da leitura que enfatiza mais o significado da linguagem escrita do que sua estrutura.

abordagem do desenvolvimento Uma abordagem à educação da primeira infância que apoia o desenvolvimento dos marcos de ocorrência natural.

ácido desoxirribonucleico (DNA) A substância química da qual os cromossomos são compostos.

acomodação A parte do processo de adaptação proposto por Piaget pela qual uma pessoa modifica esquemas existentes como resultado de novas experiências ou cria novos esquemas quando os antigos não mais administram os dados.

acuidade auditiva O quanto uma pessoa pode ouvir bem.

acuidade visual O quanto uma pessoa pode enxergar bem.

adaptação Os processos através dos quais os esquemas mudam.

afeto *versus* hostilidade A dimensão-chave do tom emocional usado para descrever as interações familiares.

agressão Comportamento que visa prejudicar ou ferir outra pessoa ou objeto.

agressão hostil Comportamento agressivo verbal visando ferir os sentimentos de outra pessoa.

agressão instrumental Comportamento agressivo visando alcançar um objetivo, tal como obter um brinquedo de outra criança.

agressão relacional Agressão visando prejudicar a autoestima ou os relacionamentos de outra pessoa, tal como usar ostracismo ou ameaças de ostracismo, fofoca cruel ou expressões faciais de desdém.

ambiente compartilhado Características de uma família que afetam todas as crianças na casa.

ambiente não compartilhado Características de uma família que afetam uma criança, mas não as outras, na casa.

amizade recíproca Uma amizade na qual cada parceiro identifica o outro como amigo; também, uma qualidade da amizade em crianças de idade escolar, quando a amizade é pela primeira vez percebida como sendo baseada em confiança recíproca.

âmnion O saco – ou bolsa – cheia de líquido no qual o embrião flutua durante a vida pré-natal.

amplitude de variação Termo usado por alguns psicólogos para a variação de possíveis resultados (fenótipos) para alguma variável, dada a padronização genética básica (o genótipo). No caso de escores de QI, estima-se que a amplitude de variação seja de 20 a 25 pontos.

andaimagem (*scaffolding*) O termo usado por Bruner para descrever o processo pelo qual um professor (pai, irmão mais velho ou outra pessoa no papel de professor) estrutura um encontro de aprendizagem com uma criança, de modo a conduzi-la passo a passo – um processo consistente com a teoria de Vygotsky de desenvolvimento cognitivo.

andrógino Um dos quatro tipos de papel sexual sugeridos pelo trabalho de Bem e outros; um tipo caracterizado por níveis altos de qualidades tanto masculinas quanto femininas.

anorexia nervosa Transtorno da alimentação caracterizado por autoinanição.

anoxia Uma carência de oxigênio. Este é um dos possíveis riscos do parto. Pode resultar em dano cerebral se for prolongada.

apego Um subtipo de vínculo afetivo no qual a presença do parceiro adiciona uma sensação especial de segurança, uma "base segura", para o indivíduo.

apego inseguro Um modelo funcional interno de relacionamentos no qual a criança não usa prontamente o pai como uma base segura e não é facilmente consolada pelo pai se perturbada. Inclui três subtipos de apego: evitante, ambivalente e desorganizado/desorientado.

apego seguro Um modelo funcional interno de relacionamentos no qual a criança usa o pai como uma base segura e é facilmente consolada após separação, quando com medo ou quando estressada.

aprendizagem Mudança devida à experiência.

aprendizagem esquemática O desenvolvimento de expectativas em relação a que ações levam a quais resultados ou que eventos tendem a ocorrer juntos.

aprendizes da língua inglesa (ELLs) Estudantes que não falam inglês suficientemente bem para acompanhar aulas apenas em inglês.

áreas de associação Partes do cérebro responsáveis pelas funções sensorial, motora e intelectual.

arrulho Sons vocálicos repetitivos, particularmente o som *uuu*; o comportamento se desenvolve cedo no período pré-linguístico, quando os bebês estão entre 1 e 4 meses.

assimilação A parte do processo de adaptação proposto por Piaget que envolve a absorção de novas experiências ou informações aos esquemas existentes. Entretanto, a experiência não é assimilada "como é", mas é um pouco modificada (ou interpretada) a fim de se ajustar aos esquemas preexistentes.

atenção seletiva A capacidade de focalizar a atividade cognitiva nos elementos importantes de um problema ou uma situação.

autoconceito O conhecimento da pessoa e os pensamentos sobre o conjunto de qualidades atribuídas ao *self*.

autoeficácia Termo de Bandura para a crença de um indivíduo em sua capacidade de realizar tarefas.

autoestima Uma avaliação global do próprio valor; um aspecto do autoconceito.

automaticidade A capacidade de recuperar informação da memória de longo prazo sem esforço.

axônios Extensões caudadas de neurônios.

baixo peso ao nascer (BPN) Termo para qualquer bebê nascido com um peso abaixo de 2.500g, incluindo tanto os nascidos prematuros (pré-termo) como aqueles pequenos para o tempo.

balbucio A vocalização repetitiva de combinaões consoante-vogal tipicamente começando por volta dos 6 meses.

bebê pequeno para a idade gestacional Um bebê que pesa menos que o normal para o número de semanas de gestação completadas.

bebê pré-termo ou prematuro Um bebê nascido antes da idade gestacional de 38 semanas.

behaviorismo A visão teórica que define desenvolvimento em termos de mudanças de comportamento causadas por influências ambientais.

blastócito Nome para a massa de células de cerca de 4 a 10 dias após a fertilização.

brincadeira em paralelo Forma de brincadeira vista em crianças pequenas, na qual elas brincam ao lado uma da outra, mas não em conjunto.

bulimia Transtorno da alimentação caracterizado por períodos alternados de comer excessivo e purgação.

busca de sensações Um forte desejo de experimentar excitação emocional e física associada a comportamentos arriscados como dirigir em alta velocidade e fazer sexo sem proteção.

céfalo-caudal Um dos dois padrões básicos de desenvolvimento físico na infância (o outro é o próximo-distal), no qual o desenvolvimento prossegue da cabeça para baixo.

células gliais A "cola" que mantém os neurônios juntos para dar forma à estrutura do sistema nervoso.

centração A tendência da criança pequena a pensar no mundo em termos de uma variável de cada vez.

ciência do desenvolvimento O estudo de mudanças, relacionadas à idade, no comportamento, no pensamento, nas emoções e nos relacionamentos sociais.

Cinco Grandes As cinco dimensões primárias da personalidade adulta identificadas pelos pesquisadores: extroversão, sociabilidade, escrupulosidade, neuroticismo e abertura/intelecto.

cognição espacial A capacidade de inferir regras e fazer previsões sobre o movimento de objetos no espaço.

cognição social Refletir e entender as emoções, as interações e os relacionamentos entre as pessoas.

cólica Um padrão de choro persistente e frequentemente inconsolável, totalizando mais de 3 horas por dia, encontrado em alguns bebês nos primeiros 3 a 4 meses de vida.

competência O nível subjacente básico de habilidade de uma pessoa, exibido sob circunstâncias ideais. Não é possível medir a competência diretamente.

complexidade relacional O número de elementos em um problema e a complexidade das relações entre eles.

comportamento pró-social Comportamento voluntário visando beneficiar o outro, tal como dar ou trocar bens, dinheiro ou tempo, sem benefício próprio óbvio; altruísmo.

comportamento típico do sexo Comportamento que combina com um papel sexual culturalmente definido.

comportamentos de apego A coleção de comportamentos (provavelmente) instintivos de uma pessoa em relação a outra que ocasiona ou mantém proximidade e cuidado, tal como o sorriso do bebê; comportamentos que refletem um apego.

conceito de gênero O entendimento total de que o gênero é constante e permanente, inalterado pela aparência.

condição social Termo usado por psicólogos para se referirem a quanto uma determinada criança é estimada por seus pares.

condição socioeconômica (CSE) Um termo coletivo que inclui os fatores econômicos, ocupacionais e educacionais que influenciam a posição relativa de uma família na sociedade.

condicionamento clássico Um dos três tipos principais de aprendizagem. Uma resposta automática ou não condicionada – como uma emoção ou um reflexo – que vem a ser ativada por um novo indício, chamado de estímulo condicionado, após ter sido combinada diversas vezes com esse estímulo.

condicionamento operante O tipo de aprendizagem na qual a probabilidade de uma pessoa realizar algum comportamento é aumentada ou diminuída devido às consequências que produz.

confiabilidade A estabilidade de um escore de teste durante múltiplas sessões de testagem.

conflito edípico O padrão de eventos que Freud acreditava ocorrer entre as idades de 3 e 5 anos, quando a criança experimenta um desejo sexual pelo pai do sexo oposto; o medo resultante de possível retaliação pelo pai do mesmo sexo é resolvido quando a criança se identifica com ele.

consciência A lista dos "não pode" no superego; a violação de qualquer uma delas leva a sentimentos de culpa.

consciência fonológica Entendimento das regras que governam os sons de uma língua, bem como o conhecimento da ligação entre os sons e a forma pela qual eles são representados na linguagem escrita.

conservação O entendimento de que a quantidade de uma substância continua a mesma ainda que haja alterações externas em sua forma ou em seu arranjo.

constância de cor Habilidade de ver a cor de um objeto como sendo a mesma, apesar de mudanças na iluminação ou sombra.

constância de forma Habilidade de ver a forma de um objeto como sendo a mesma, apesar de mudanças na forma da imagem retinal; uma constância perceptual básica.

constância de gênero O estágio final no desenvolvimento do conceito de gênero, no qual a criança entende que o gênero não muda ainda que possa haver mudanças externas (no vestuário ou no comprimento do cabelo, por exemplo).

constância de tamanho A capacidade de ver o tamanho de um objeto como sendo o mesmo, apesar de mudanças no tamanho da imagem retinal; um elemento chave na constância de tamanho é a capacidade de julgar profundidade.

constância do objeto (objetal) Expressão geral que descreve a habilidade de ver que os objetos permanecem os mesmos, apesar de mudanças na informação sensorial sobre eles.

constâncias perceptuais Uma coleção de regras mentais que permitem aos seres humanos perceber forma, tamanho e cor como constantes mesmo quando as condições perceptuais (tais como quantidade de luz, ângulo de visão, etc.) mudam.

coorte Um grupo de indivíduos que compartilham as mesmas experiências históricas nos mesmos momentos em suas vidas.

cordão umbilical O cordão ligando o embrião/feto à placenta, contendo duas artérias e uma veia.

córion A camada externa de células do blastócito durante o desenvolvimento pré-natal, da qual tanto a placenta quanto o cordão umbilical são formados.

corpo caloso A estrutura que liga os hemisférios direito e esquerdo do córtex cerebral.

corpo celular A parte da célula que contém o núcleo e na qual todas as funções celulares vitais são realizadas.

correlação Uma estatística usada para descrever a força de uma relação entre duas variáveis. Ela pode variar de −1,00 a +1,00. Quanto mais próxima de +1,00 ou de −1,00, mais forte é a relação que está sendo descrita.

córtex cerebral A porção cinzenta torcida do cérebro que governa percepção, movimento corporal, pensamento e linguagem.

córtex pré-frontal (CPF) A parte do lobo frontal localizada atrás da testa e que é responsável pelo processamento executivo.

criança difícil Um bebê que apresenta comportamento irritável e irregular.

criança fácil Um bebê que se adapta facilmente à mudança e que exibe padrões regulares de alimentação, sono e alerta.

criança lenta para responder Um bebê que pode parecer irresponsivo, mas que simplesmente leva mais tempo do que outros bebês para responder.

crianças negligenciadas Crianças que raramente são antipatizadas ou descritas por seus pares como estimadas.

crianças populares Crianças que são descritas como queridas pela maioria de seus pares.

crianças rejeitadas Crianças impopulares que são explicitamente evitadas e não são escolhidas como companheiras de brincadeira ou amigas.

criatividade A capacidade de produzir ideias e/ou soluções originais, apropriadas e valiosas para problemas.

cromossomos As estruturas, dispostas em 23 pares, dentro de cada célula no corpo que contêm informação genética. Cada cromossomo é constituído de muitos segmentos chamados genes.

curva de crescimento O padrão e a taxa de crescimento exibidos por uma criança com o passar do tempo.

decalagem horizontal Termo piagetiano para o desempenho inconsistente de crianças em idade escolar nas tarefas de operações concretas.

deficiência de produção Um padrão pelo qual um indivíduo pode usar alguma estratégia mental se lembrado de fazê-lo, mas não a usa espontaneamente.

deficiência de utilização Usar alguma estratégia mental específica sem obter benefício dela.

déficit cumulativo Qualquer diferença entre grupos em escores de teste de QI ou de realização que se torna maior com o tempo.

delinquência Uma subcategoria de transtorno da conduta envolvendo violação da lei explícita.

dendritos Protrusões com ramificações dos corpos celulares dos neurônios.

depressão Uma combinação de humor triste e dificuldade para realizar funções diárias.

depressão clínica (transtorno depressivo maior) Uma combinação de humor triste, transtornos do sono e alimentação e dificuldade para se concentrar que dura seis meses ou mais.

descentração Pensamento que leva em consideração múltiplas variáveis.

desempenho O comportamento exibido por uma pessoa sob circunstâncias da vida real em vez de ideais. Mesmo quando os pesquisadores estão interessados na competência, tudo o que eles podem medir é o desempenho.

desenvolvimento atípico Um padrão permanente de comportamento que é incomum, comparado ao comportamento de outros da idade da criança, e que interfere no desenvolvimento da criança de alguma forma significativa.

desenvolvimento moral O processo de aprender a distinguir entre certo e errado de acordo com os valores culturais.

desenvolvimento motor Crescimento e mudança na capacidade de dominar habilidades motoras grosseiras (como caminhar ou correr) e habilidades motoras finas (como desenhar ou escrever).

determinismo recíproco Modelo de Bandura no qual fatores pessoais, ambientais e comportamentais interagem para influenciar o desenvolvimento da personalidade.

difusão de identidade Um dos quatro estados de identidade propostos por Marcia, não envolvendo uma reavaliação atual da identidade nem um compromisso pessoal firme.

dilatação Um processo-chave no primeiro estágio do parto, durante o qual o colo do útero se dilata o suficiente para permitir que a cabeça do feto passe pelo canal de nascimento. A dilatação total é de 10cm.

doenças sexualmente transmissíveis (DSTs) Categoria de doenças disseminadas por contato sexual, incluindo clamídia, verrugas genitais, sífilis, gonorreia e HIV; também chamadas doenças venéreas.

ecletismo O uso de múltiplas perspectivas teóricas para explicar e estudar o desenvolvimento humano.

educação bilíngue Como praticada nos Estados Unidos, um programa escolar para estudantes que não são competentes em inglês, no qual o ensino das matérias básicas é feito na língua materna das crianças durante os primeiros dois ou três anos de escola, com uma transição gradual para ensino total em inglês nos anos seguintes.

educação da primeira infância Programas educacionais para crianças entre o nascimento e os 8 anos.

educação inclusiva Termo geral para programas de educação que colocam crianças com incapacidades físicas, mentais ou emocionais em salas de aula normais e que fornecem todo o tipo de serviços especiais necessários para a criança naquela sala de aula.

eficiência operacional Um termo neopiagetiano para o número de esquemas que um indivíduo pode colocar na memória de trabalho de cada vez.

ego Na teoria freudiana, a porção da personalidade que organiza, planeja e mantém a pessoa em contato com a realidade. Linguagem e pensamento são funções do ego.

egocentrismo Um estado cognitivo no qual o indivíduo (tipicamente uma criança) vê o mundo apenas de sua própria perspectiva, sem consciência de que há outras.

em risco para sobrepeso Descreve uma criança cujo IMC está entre o 85º e 95º percentis.

embrião O nome dado ao organismo em desenvolvimento durante o período de desenvolvimento pré-natal entre duas e oito semanas após a concepção, começando com a implantação do blastócito na parede uterina.

empatia Conforme Hoffman, "uma resposta afetiva indireta que não combina necessariamente com o estado afetivo da outra pessoa, mas é mais adequada à situação do outro do que a sua própria" (1982, p. 285).

empirismo A visão de que as capacidades perceptuais são aprendidas.

equilibração A terceira parte do processo de adaptação proposto por Piaget, envolvendo uma reestruturação periódica de esquemas para criar um equilíbrio entre assimilação e acomodação.

escala de QI total O escore da WISC-IV que leva em consideração escores de escala verbal e não verbal.

Escalas Bayley de Desenvolvimento Infantil O teste de "inteligência" do bebê mais conhecido e mais amplamente usado.

escrupulosidade Um dos Cinco Grandes traços da personalidade; uma pessoa com escores altos neste traço é caracterizada por eficiência, organização, planejamento e confiabilidade.

espaço de armazenamento de curto prazo (STSS) Um termo neopiagetiano para a capacidade da memória de trabalho.

espermatozoide As células produzidas nos testículos de um homem que podem fecundar um óvulo após a relação sexual.

esquema Palavra de Piaget para as ações básicas de conhecer, incluindo ações físicas (esquemas sensório-motores, como olhar ou estender o braço) e ações mentais (tais como classificar, comparar e inverter). Uma experiência é assimilada em um esquema, e o esquema é criado ou modificado através de acomodação.

esquemas figurativos Representações mentais das propriedades básicas de objetos no mundo.

esquemas operativos Representações mentais das associações lógicas entre objetos no mundo.

estabilidade de gênero O segundo estágio no desenvolvimento do conceito de gênero, no qual a criança entende que o gênero de uma pessoa permanece o mesmo durante toda a vida.

estados de consciência As mudanças periódicas no alerta, sonolência, irritabilidade, etc., que caracterizam o comportamento de um bebê.

estágio de operações concretas Termo piagetano para o estágio de desenvolvimento entre as idades de 6 e 12 anos, durante o qual as crianças se tornam capazes de pensar de forma lógica.

estágio de operações formais Nome dado por Piaget para o quarto e último maior estágio de desenvolvimento cognitivo, ocorrendo durante a adolescência, quando a criança se torna capaz de manipular e organizar ideias ou situações hipotéticas, bem como objetos.

estágio de realismo moral O primeiro dos estágios de desenvolvimento moral de Piaget, no qual as crianças acreditam que as regras são inflexíveis.

estágio de relativismo moral O segundo dos estágios de desenvolvimento moral de Piaget, no qual as crianças entendem que muitas regras podem ser mudadas através de acordo social.

estágio embrionário O segundo estágio de desenvolvimento pré-natal, de duas a oito semanas, quando os órgãos do embrião se formam.

estágio fetal O terceiro estágio de desenvolvimento pré-natal, oito semanas até o nascimento, quando crescimento e refinamento de órgãos ocorrem.

estágio germinal O primeiro estágio de desenvolvimento pré-natal, começando na concepção e terminando na implantação do zigoto no útero (aproximadamente as primeiras duas semanas).

estágio pré-operacional Termo dado por Piaget para o segundo maior estágio de desenvolvimento cognitivo, dos 24 meses até aproximadamente os 6 anos, marcado pela capacidade de usar símbolos.

estágio sensório-motor Termo dado por Piaget para o primeiro maior estágio de desenvolvimento cognitivo, do nascimento até cerca dos 24 meses, quando a criança usa habilidades sensoriais e motoras para influenciar o ambiente.

estágios psicossexuais Os estágios do desenvolvimento da personalidade sugeridos por Freud, consistindo dos estágios oral, anal, fálico, de latência e genital.

estágios psicossociais Os estágios do desenvolvimento da personalidade sugeridos por Erikson, envolvendo confiança básica, autonomia, iniciativa, diligência, identidade, intimidade, generatividade e integridade do ego.

estilo autoritário Um dos três estilos de paternagem descritos por Baumrind, caracterizado por altos níveis de controle e demandas de maturidade e baixos níveis de sustentação e comunicação.

estilo democrático Um dos três estilos de paternagem descritos por Baumrind, caracterizado por altos níveis de controle, sustentação, demandas de maturidade e comunicação.

estilo negligente Um quarto estilo de paternagem sugerido por Maccoby e Martin, envolvendo baixos níveis tanto de aceitação como de controle.

estilo permissivo Um dos três estilos de paternagem descritos por Baumrind, caracterizado por altos níveis de sustentação e baixos níveis de controle, demandas de maturidade e comunicação.

estratégias de memória Formas de manipular informação que aumentam as chances de que ela seja lembrada.

estrutura familiar A configuração de indivíduos na família de uma criança.

estudos de caso Estudos em profundidade sobre indivíduos.

esvaecimento O achatamento do colo do útero, que, junto com a dilatação, é um processo-chave do primeiro estágio do parto.

etnia A inclusão de um indivíduo em um grupo étnico.

experiência Um método de pesquisa para testar uma hipótese causal, na qual os participantes são divididos aleatoriamente em grupos experimentais e grupos-controle e, então, é administrada ao grupo experimental uma determinada experiência que se espera que altere o comportamento de alguma forma.

extroversão Um dos Cinco Grandes traços da personalidade; uma pessoa com escores altos neste traço é caracterizada por assertividade, energia, entusiasmo e expansividade.

fala telegráfica Termo usado por Roger Brown para descrever as primeiras frases criadas pela maioria das crianças, que soam um pouco como telegramas porque incluem substantivos e verbos essenciais, mas geralmente omitem todas as outras palavras e inflexões gramaticais.

família extensa Uma estrutura familiar que inclui pais, avós, tias, tios, primos, etc.

família mista Uma família que é estabelecida quando um pai/mãe solteiro se casa com um pai ou não pai.

fase pré-linguística O período antes de uma criança falar suas primeiras palavras.

feminino Um dos quatro tipos de papel sexual sugeridos pelo trabalho de Bem e outros; um tipo caracterizado por escores altos em medidas de feminilidade e escores baixos em medidas de masculinidade.

fenótipo A expressão de um conjunto particular de informação genética em um ambiente específico; o resultado observável da operação conjunta de influências genéticas e ambientais.

feto O nome dado ao organismo em desenvolvimento cerca de oito semanas após a concepção até o nascimento.

fônica sistemática e explícita Ensino específico e planejado em correspondência de som-letra.

fonologia Os padrões sonoros de uma língua em particular e as regras para combiná-los.

fontanela Um de diversos "pontos moles" no crânio que estão presentes no nascimento, mas que desaparecem quando os ossos do crânio se fundem.

formação reticular A parte do cérebro que regula a atenção.

gametas Espermatozoides e óvulos. Essas células, ao contrário de todas as outras células do corpo, contêm apenas 23 cromossomos em vez de 23 pares.

ganho excessivo de peso Um padrão no qual crianças ganham mais peso em um ano do que o adequado para sua idade, sua altura e seu sexo.

gêmeos fraternos (dizigóticos) Crianças trazidas na mesma gestação, mas que se desenvolvem de dois óvulos fecundados separadamente. Elas não são mais parecidas do que outros pares de irmãos.

gêmeos idênticos (monozigóticos) Crianças trazidas na mesma gestação que se desenvolvem do mesmo óvulo fecundado. Elas são clones genéticos uma da outra.

gene Um segmento de DNA de codificação exclusiva que afeta um ou mais processos ou desenvolvimentos corporais específicos.

genética do comportamento O estudo das contribuições genéticas para comportamento ou traços como inteligência e personalidade.

genótipo O padrão de características e sequências do desenvolvimento mapeadas nos genes de qualquer indivíduo específico, que serão modificadas por experiência individual no fenótipo.

glândula pituitária Glândula que fornece o gatilho para a liberação de hormônios de outras glândulas.

glândulas endócrinas Glândulas (incluindo as adrenais, a tireoide, a pituitária, os testículos e os ovários) que secretam hormônios responsáveis por governar o crescimento físico global e a maturidade sexual.

grau de adequação O grau com que o ambiente de um bebê e seu temperamento funcionam juntos.

grupo étnico "Um subgrupo cujos membros são percebidos por eles mesmos e pelos outros como tendo origem e cultura comuns e atividades em comum nas quais a origem ou a cultura comum é um ingrediente essencial" (Porter e Washington, 1993, p. 140).

grupo experimental Um grupo de participantes em uma experiência que recebe um determinado tratamento visando produzir algum efeito específico.

grupo-controle Um grupo de participantes em uma experiência que não recebe tratamento especial ou recebe apenas tratamento neutro.

habituação Uma diminuição automática na intensidade de uma resposta a um estímulo repetido, permitindo que uma criança ou um adulto ignore o familiar e focalize a atenção na novidade.

heterozigótico Termo que descreve o padrão genético quando dois genes no par em qualquer posição genética carregam instruções diferentes, como um gene para olhos azuis de um dos pais e um gene para olhos castanhos do outro.

hipocampo Uma estrutura cerebral que está envolvida na transferência de informação para a memória de longo prazo.

hipótese Uma previsão testável baseada em uma teoria.

holofrase Uma combinação de um gesto e uma única palavra que transmite mais significado do que a palavra sozinha; frequentemente vista e ouvida em crianças entre 12 e 18 meses.

homozigótico Termo que descreve o padrão genético quando os dois genes no par em qualquer posição genética carregam ambos as mesmas instruções.

hormônios gonadotróficos Hormônios secretados pela glândula pituitária no início da puberdade que estimulam o desenvolvimento de glândulas nos testículos e ovários – responsáveis por secretar testosterona ou estrógeno.

id Na teoria freudiana, a porção inata, primitiva da personalidade, o depósito da libido, a energia básica que exige continuamente gratificação imediata.

idade mental Termo usado por Binet, Simon e Terman no primeiro cálculo de escores de QI para se referir ao nível etário dos itens do teste de QI que uma criança podia responder corretamente. Usada em combinação com a idade cronológica da criança para calcular um escore de QI.

idade óssea Uma medida de amadurecimento físico baseada em exame de raio-X dos ossos, tipicamente os ossos do pulso e da mão. Duas crianças da mesma idade cronológica podem ter idade óssea diferente porque suas taxas de amadurecimento físico diferem.

ideal do ego A lista dos "pode" no superego; a violação de qualquer uma delas leva a sentimentos de vergonha.

identidade de gênero O primeiro estágio no desenvolvimento do conceito de gênero, no qual uma criança rotula a si e aos outros corretamente como masculino ou feminino.

identidade estabelecida Um dos quatro estados de identidade propostos por Marcia, envolvendo a resolução bem-sucedida de uma "crise" de identidade e resultando em um novo compromisso.

identidade *versus* confusão de papel Como postulado por Erikson, o estágio psicossocial no qual um adolescente deve desenvolver um senso de identidade pessoal ou então entrar na idade adulta com um senso de confusão sobre seu lugar no mundo.

IMC para a idade Comparação do IMC de uma criança individual com as normas estabelecidas para seu grupo etário e seu sexo.

imersão estruturada Uma alternativa à tradicional educação bilíngue usada em salas de aula na qual todas as crianças falam a mesma língua nativa. Toda a instrução básica é na língua do país, em um ritmo que as crianças possam compreender, com o professor traduzindo apenas quando absolutamente necessário.

inclusão de classe O princípio de que classes subordinadas de objetos estão incluídas em classes superordenadas.

índice de compreensão verbal Testes na WISC-IV que incluem habilidades verbais, como conhecimento de vocabulário e informação geral.

índice de massa corporal (IMC) Uma medida que estima a proporção de gordura corporal de uma pessoa.

índice de memória operacional Testes na WISC-IV, tais como intervalo de dígitos, que medem a eficiência da memória operacional.

índice de raciocínio perceptual Testes na WISC-IV, tais como desenho de blocos e conclusão de figuras, que incluem capacidades de processamento visual não verbal.

índice de velocidade de processamento Testes cronometrados na WISC-IV, tais como busca de símbolo, que medem a rapidez com que um examinado processa informação.

indiferenciado Um dos quatro tipos de papel sexual sugeridos pelo trabalho de Bem e outros; um tipo caracterizado por escores baixos em medidas tanto de masculinidade quanto de feminilidade.

individuação O processo de separação psicológica, social e física dos pais que inicia na adolescência.

Inglês como segunda língua (ESL) Uma alternativa à educação bilíngue; crianças que não são competentes em inglês frequentam classes acadêmicas ensinadas inteiramente em inglês, mas passam várias horas em uma classe separada para aprender inglês.

inibição de resposta A capacidade de controlar respostas a estímulos.

inteligência Um conjunto de capacidades definidas de várias formas por diferentes psicólogos, mas que geralmente inclui a capacidade de raciocinar de maneira mais abstrata, a capacidade de tirar proveito da experiência e a capacidade de se adaptar a contextos ambientais variáveis.

inteligência analítica Um dos três tipos de inteligência na teoria triárquica de Sternberg; o tipo de inteligência tipicamente medido em testes de QI, incluindo a capacidade de planejar, lembrar fatos e organizar informação.

inteligência criativa Um dos três tipos de inteligência descritos por Sternberg em sua teoria triárquica; inclui discernimento e capacidade de ver novas relações entre eventos e experiências.

inteligência prática Um dos três tipos de inteligência na teoria triárquica de Sternberg; frequentemente chamado de "experiência de rua", este tipo de inteligência inclui habilidade em aplicar informação ao mundo real ou resolver problemas práticos.

inteligências múltiplas Oito tipos de inteligência (linguística, lógico/matemática, espacial, corporal/cinestésica, musical, interpessoal, intrapessoal e naturalista) propostos por Howard Gardner.

lateralidade Uma forte preferência por usar principalmente uma mão ou a outra; desenvolve-se entre os 3 e os 5 anos.

lateralização O processo pelo qual as funções cerebrais são divididas entre os dois hemisférios do córtex cerebral.

libido O termo usado por Freud para descrever a energia sexual básica, inconsciente, instintiva em cada indivíduo.

linguagem expressiva Sons, sinais ou símbolos usados para comunicar significado.

linguagem receptiva Compreensão da linguagem falada.

lógica dedutiva Raciocinar do geral para o particular, de uma regra para uma instância esperada ou de uma teoria para uma hipótese, característica do pensamento operacional formal.

lógica indutiva Raciocinar do particular para o geral, da experiência para as regras amplas, característica do pensamento operacional concreto.

manhês (fala dirigida ao bebê) A fala de intensidade mais alta, simplificada, que os adultos usam com bebês e crianças pequenas.

mapeamento rápido A capacidade de associar categoricamente novas palavras a referentes do mundo real.

masculino Um dos quatro tipos de papel sexual sugeridos pelo trabalho de Bem e outros; um tipo caracterizado por escores altos em medidas de masculinidade e escores baixos em medidas de feminilidade.

maturação Padrões sequenciais de mudança governados por instruções contidas no código genético e compartilhadas por todos os membros de uma espécie.

medula Uma parte do cérebro que se localiza imediatamente acima da medula espinhal; ela é bem desenvolvida ao nascimento.

menarca Início da menstruação.

mesencéfalo Uma área do cérebro localizada acima da medula e abaixo do córtex que regula atenção, sono, vigília e outras funções automáticas; ele é bem desenvolvido ao nascimento.

meta de capacidade Uma orientação de metas associada a um desejo de ser superior aos outros.

meta de tarefa Uma orientação de metas associada a um desejo de melhorar.

metacognição Termo geral e usado bastante livremente descrevendo o conhecimento dos próprios processos de pensamento: saber o que se sabe e como se aprende.

metamemória Conhecimento sobre os próprios processos de memória.

mielinização O processo pelo qual uma camada isolante de uma substância chamada mielina é adicionada aos neurônios.

migração neuronal O movimento de neurônios para regiões especializadas do cérebro.

modelo funcional interno Aplicado a relacionamentos sociais, uma construção cognitiva das operações dos relacionamentos, tais como expectativas de apoio ou afeição, fidedignidade, etc. Os relacionamentos mais primitivos podem formar o padrão para essa construção cognitiva.

modelo longitudinal Um modelo de pesquisa no qual os mesmos participantes são observados ou avaliados repetidamente durante um período de meses ou anos.

modelo sequencial Um modelo de pesquisa que combina modelos transversais e longitudinais de alguma forma.

modelo transversal Um modelo de pesquisa no qual amostras de participantes de diversos grupos etários diferentes são estudadas ao mesmo tempo.

modelos internos de experiência Um conceito teórico enfatizando que cada criança cria um conjunto de ideias ou suposições centrais sobre o mundo, o *self* e os relacionamentos com outros através dos quais toda experiência subsequente é filtrada.

moralidade convencional O segundo nível de desenvolvimento moral proposto por Kohlberg, no qual os julgamentos de uma pessoa são dominados por considerações de valores e leis do grupo.

moralidade de princípios (pós-convencional) O terceiro nível de desenvolvimento moral proposto por Kohlberg, no qual considerações de justiça, direitos individuais e contratos sociais dominam o julgamento moral.

moralidade pré-convencional O primeiro nível de desenvolvimento moral proposto por Kohlberg, no qual os julgamentos morais são dominados por consideração do que será punido e do que parece bom.

moratória Um dos quatro estados de identidade propostos por Marcia, envolvendo um reexame contínuo da identidade, mas sem novo compromisso.

mudanças não normativas (diferenças individuais) Mudanças que resultam de eventos únicos, não compartilhados.

mudanças normativas do período etário Mudanças que são comuns a todo membro de uma espécie.

mudanças normativas do período histórico Mudanças que ocorrem na maioria dos membros de uma coorte como resultado de fatores atuando durante um período histórico específico e bem definido.

nativismo A visão de que as capacidades perceptuais são inatas.

neurônios As células no sistema nervoso que são responsáveis pela transmissão e pela recepção de impulsos nervosos.

neurônios espelho Células especializadas no córtex cerebral que simulam o comportamento e as emoções dos outros.

neuroticismo Um dos Cinco Grandes traços da personalidade; uma pessoa com escores altos neste traço é caracterizada por ansiedade, autopiedade, nervosismo e instabilidade emocional.

neurotransmissores Substâncias químicas que realizam a transmissão de sinais de um neurônio para outro nas sinapses.

norma Idades médias nas quais eventos do desenvolvimento acontecem.

observação naturalista Um método de pesquisa no qual os participantes são observados em seus ambientes normais.

operação Termo usado por Piaget para um esquema complexo, interno, abstrato, visto pela primeira vez em torno dos 6 anos.

ordem de nascimento A posição de uma criança na sequência de filhos dentro de uma família, tal como primogênito, nascido posteriormente ou filho único.

organização O processo de deduzir esquemas generalizáveis de experiências específicas.

orientação direita-esquerda relativa A capacidade de identificar direita e esquerda a partir de múltiplas perspectivas.

ortografia inventada Uma estratégia que crianças pequenas com boas habilidades de consciência fonológica usam quando escrevem.

ossificação O processo de endurecimento pelo qual o tecido mole torna-se osso.

otite média (OM) Uma inflamação do ouvido médio que é causada por uma infecção bacteriana.

óvulo A célula liberada mensalmente dos ovários de uma mulher, que, se fecundada, forma a base para o organismo em desenvolvimento.

padrão de herança dominante/recessivo O padrão de transmissão genética no qual um único gene dominante influencia o fenótipo de uma pessoa; um indivíduo precisa ter dois genes recessivos para expressar um traço recessivo.

padrão de herança multifatorial O padrão de transmissão genética no qual tanto gene quanto ambiente influenciam o fenótipo.

padrão de herança poligênico Qualquer padrão de transmissão genética na qual múltiplos genes contribuem para o resultado, tal como se presume que ocorra para traços complexos como inteligência ou temperamento.

panelinha Um grupo de quatro a seis amigos com fortes vínculos afetivos e altos níveis de solidariedade e lealdade; o termo é usado por pesquisadores para descrever um grupo de amigos escolhido por vontade própria.

papel sexual O conjunto de comportamentos, atitudes, direitos, deveres e obrigações que são consideradas adequadas para ser homem ou mulher em uma determinada cultura.

parceria de objetivo corrigido Termo usado por Bowlby para descrever a forma do apego de criança-pai nos anos pré-escolares, no qual os dois parceiros, através da melhor comunicação, negociam a forma e frequência do contato entre eles.

pensamento divergente A capacidade de fornecer múltiplas soluções para problemas que não têm resposta clara.

percepção A atribuição de significado a informação sensorial.

percepção espacial A capacidade de identificar e influenciar relações de objetos no espaço; na maioria das pessoas, essa habilidade é lateralizada para o hemisfério cerebral direito.

percepção intermodal Formação de uma única percepção de um estímulo que é baseada em informação de dois ou mais sentidos.

período crítico Qualquer período de tempo durante o desenvolvimento em que um organismo é especificamente responsivo e aprende a partir de um tipo específico de estimulação. A mesma estimulação em outros pontos no desenvolvimento tem pouco ou nenhum efeito.

período sensível Um período durante o qual determinadas experiências podem contribuir mais para o desenvolvimento adequado. Ele é semelhante a um período crítico, mas os efeitos de privação durante um período sensível não são tão graves quanto durante um período crítico.

permanência do objeto O entendimento de que os objetos continuam a existir mesmo quando não podem ser percebidos diretamente.

personalidade A coleção de padrões relativamente permanentes de reagir aos outros e ao ambiente e de interagir com estes que diferencia cada criança ou adulto.

peso ao nascer extremamente baixo (PNEB) Termo para qualquer bebê nascido com um peso abaixo de 1.000 g.

peso ao nascer muito baixo (PNMB) Termo para qualquer bebê nascido com um peso abaixo de 1.500 g.

pesquisa intercultural Qualquer estudo que envolve comparações de diferentes culturas ou contextos.

placenta Um órgão que se desenvolve entre o feto e a parede do útero durante a gestação.

plasticidade A capacidade do cérebro de mudar em resposta à experiência.

poda O processo de eliminar sinapses não utilizadas.

pragmática As regras para o uso da linguagem na interação comunicativa, tais como as regras para revezamento e o estilo de fala que é adequado para diferentes ouvintes.

práticas adequadas ao desenvolvimento Práticas de educação da primeira infância baseadas em um entendimento de aspectos universais do desenvolvimento, diferenças individuais e variáveis contextuais.

pré-fechamento Um dos quatro estados de identidade propostos por Marcia, envolvendo um compromisso ideológico ou ocupacional sem uma reavaliação prévia.

princípio da falsa crença O entendimento de que outra pessoa poderia ter uma falsa crença e a capacidade de determinar que informação poderia causar a falsa crença. O entendimento de uma criança do princípio da falsa crença é um sinal do surgimento de uma teoria representativa da mente.

princípio do contraste A suposição de que toda palavra tem um significado diferente; isso leva uma criança a supor que duas ou mais palavras diferentes se referem a objetos diferentes.

problemas de atenção Uma categoria de psicopatologias que prejudicam a capacidade de concentração da pessoa, incluindo transtorno de déficit de atenção/hiperatividade e transtorno hipercinético.

problemas externalizantes Uma categoria de psicopatologias que inclui qualquer comportamento desviante dirigido principalmente para os outros, como transtornos da conduta.

problemas internalizantes Uma categoria de psicopatologias que inclui ansiedade e depressão e outras condições nas quais o comportamento desviante é dirigido para o interior, contra o *self*.

processos executivos Habilidades cognitivas que permitem que uma pessoa planeje e execute estratégias alternativas para lembrar e resolver problemas.

proliferação neuronal O rápido desenvolvimento de neurônios entre a 10^a e a 18ª semanas de gestação.

próximo-distal Um dos dois padrões básicos de desenvolvimento físico na infância (o outro é o céfalo-caudal), no qual o desenvolvimento prossegue do centro para fora, ou seja, do tronco para os membros.

psicopatologia do desenvolvimento Uma abordagem relativamente nova ao estudo de desvio que enfatiza que desenvolvimentos normal e anormal têm raízes comuns e que a patologia pode se originar de muitos caminhos diferentes.

puberdade Série de alterações hormonais e físicas durante a adolescência que levam à maturidade sexual.

punição A remoção de um estímulo desejável ou a administração de uma consequência desagradável após algum comportamento indesejado a fim de pará-lo.

quociente de inteligência (QI) Originalmente definido em termos de idade mental e cronológica de uma criança, o QI é agora calculado comparando o desempenho de uma criança com o de outras da mesma idade cronológica.

raciocínio hedonista Uma forma de raciocínio moral pró-social descrita por Eisenberg, na qual a criança está preocupada com as consequências para si mesma em vez de com considerações morais, aproximadamente equivalente ao estágio 2 de Kohlberg.

raciocínio hipotético-dedutivo Termo de Piaget para a forma de raciocínio que é parte do pensamento operacional formal e envolve não apenas lógica dedutiva, mas também a capacidade de considerar hipóteses e possibilidades hipotéticas.

raciocínio orientado às necessidades Uma forma de raciocínio moral pró-social proposta por Eisenberg, na qual a criança expressa preocupação diretamente com a necessidade da outra pessoa, mesmo se a necessidade do outro entrar em conflito com seus próprios desejos.

rastreamento Seguir um objeto em movimento com os olhos.

reações circulares primárias Expressão de Piaget para descrever ações repetitivas simples do bebê no subestágio 2 do estágio sensório-motor, organizado em torno do próprio corpo do bebê; este repete alguma ação de modo que o resultado desejado ocorra novamente, como sugar seu polegar para repetir a boa sensação obtida de sugar o polegar.

reações circulares secundárias Ações repetitivas no subestágio 3 do período sensório-motor, orientado sobre objetos externos; o bebê repete alguma ação a fim de desencadear uma reação fora de seu próprio corpo, como bater em um móbile repetidamente para que este se mova.

reações circulares terciárias A experimentação deliberada com variações de ações anteriores, característica do subestágio 5 do período sensório-motor, de acordo com Piaget.

referenciamento social Usar a reação emocional de outra pessoa a alguma situação como base para decidir a própria reação. Um bebê faz isso quando verifica a expressão facial ou a linguagem corporal do pai antes de responder positiva ou negativamente a alguma coisa nova.

reflexo de Babinski Um reflexo encontrado em bebês muito pequenos que os faz abrir os dedos em resposta a uma carícia firme na sola do pé.

reflexo de Moro O reflexo que faz o bebê estender suas pernas, braços e dedos, arquear as costas e recuar a cabeça quando sobressaltado (por exemplo, por um som alto ou por uma sensação de ser deixado cair).

reflexo de rotação O reflexo que faz o bebê automaticamente virar na direção de um toque na bochecha, abrir a boca e fazer movimentos de sucção.

reflexos Reações corporais automáticas à estimulação específica, tal como o espasmo do joelho ou o reflexo de Moro. Adultos têm muitos reflexos, mas o recém-nascido também tem alguns reflexos primitivos que desaparecem à medida que o córtex se desenvolve.

reflexos adaptativos Reflexos que são essenciais para a sobrevivência do bebê, mas que desaparecem no primeiro ano de vida.

reflexos primitivos Coleção de reflexos vistos em crianças pequenas que gradualmente desaparecem durante o primeiro ano de vida, incluindo os reflexos de Moro e de Babinski.

reforço negativo O processo de fortalecimento de um comportamento pela remoção ou cessação de um estímulo desagradável.

reforço positivo O processo de fortalecimento de um comportamento pela apresentação de algum estímulo prazeroso ou positivo.

regras convencionais Conforme definido por Turiel, regras arbitrárias, socialmente definidas, específicas a uma cultura, subcultura, grupo ou situação em particular, tal como "Não corra nos corredores" ou "É permitido fumar apenas em áreas designadas".

regras morais Conforme definido por Turiel, regras universais e obrigatórias refletindo princípios básicos que garantem os direitos dos outros.

responsividade Um aspecto da interação entre pai-filho; um pai responsivo é sensível aos sinais do filho e reage adequadamente, seguindo o comando da criança.

restrição Conforme usado em discussões de desenvolvimento da linguagem, uma suposição que se presume ser inata ou aprendida cedo (uma "opção padrão") pela qual uma criança entende a que as palavras se referem. Exemplos incluem o princípio do contraste e a restrição do objeto inteiro.

retardo mental Uma incapacidade intelectual definida mais frequentemente como um QI abaixo de 70 combinado com comportamento adaptativo deficiente.

reversibilidade Uma das operações mais críticas que Piaget identificou como parte do período de operações concretas: o entendimento de que ações e operações mentais podem ser revertidas.

secção cesariana (secção-c) Parto da criança através de uma incisão no abdome da mãe.

self objetivo O componente do autoconceito que envolve consciência do *self* como um objeto com propriedades.

self subjetivo O componente do autoconceito que envolve consciência do "Eu", o *self* que é separado dos outros.

semântica O sistema de significado de uma determinada língua e as regras para transmitir significado.

sensação O processo de obter informação bruta por meio dos sentidos.

seriação A capacidade de usar uma regra para colocar uma série de objetos em ordem.

sinapses Espaços minúsculos através dos quais os impulsos neurais fluem de um neurônio para o seguinte.

sinaptogênese O processo de formação de sinapse.

síndrome alcoólica fetal (SAF) Um padrão de anormalidades, incluindo retardo mental e anomalias físicas menores, frequentemente encontradas em crianças nascidas de mães alcoolistas.

síndrome da morte súbita do bebê (SIDS) A morte inesperada de um bebê que parece saudável; também chamada de morte do berço. A causa de SIDS é desconhecida.

síndrome de desconforto respiratório Um problema frequentemente encontrado em bebês nascidos mais de seis semanas antes do termo, no qual os pulmões do bebê não possuem uma substância química (surfactante) necessária para manter as bolsas de ar infladas.

síndrome de Down (trissomia 21) Uma anomalia genética na qual cada célula contém três cópias do cromossomo 21 em vez de duas. As crianças nascidas com esse padrão genético têm aspectos físicos característicos e geralmente apresentam retardo mental.

sintaxe As regras para formar frases em uma língua em particular.

situação estranha Uma série de episódios usados por Mary Ainsworth e outros em estudos do apego. A criança é observada com a mãe, sozinha com um estranho, quando reunida com o estranho e quando reunida com a mãe.

sobrepeso Descreve uma criança cujo IMC está no 95º percentil.

sociabilidade Um dos Cinco Grandes traços da personalidade; uma pessoa com escores altos neste traço é caracterizada por confiança, generosidade, bondade e simpatia.

Stanford-Binet O teste de inteligência mais conhecido dos EUA. Foi escrito por Lewis Terman e colaboradores na Universidade Stanford e é baseado nos primeiros testes de Binet e Simon.

subextensão O uso de palavras para aplicar apenas a objetos específicos, como o uso de uma criança da palavra *xícara* para se referir apenas a uma determinada xícara.

submersão Uma abordagem ao ensino de estudantes que não falam inglês na qual eles são designados a uma sala de aula onde a instrução é dada em inglês sem ajuda suplementar na língua; também conhecida como a abordagem "afunde ou nade".

super-regularização As aplicações de crianças pequenas de regras básicas a palavras irregulares.

superego Na teoria freudiana, a parte "consciência" da personalidade, que contém valores e atitudes parentais e sociais incorporados durante a infância.

superextensão O uso inadequado de uma palavra para designar uma categoria inteira de objetos, como quando uma criança usa a palavra *kitty* para se referir a todos os objetos inanimados.

tamanho médio de elocução (MLU) O número médio de unidades significativas em uma frase. Cada palavra básica é uma unidade significativa, assim como cada inflexão.

TDAH/tipo combinado TDAH no qual tanto hiperatividade quanto desatenção são problemas.

TDAH/tipo desatento TDAH no qual a desatenção é o principal problema.

TDAH/tipo hiperativo/impulsivo TDAH no qual a hiperatividade é o principal problema.

temperamento Predisposições inatas que formam as bases da personalidade.

tendência secular Um padrão de alteração em alguma característica através de diversas coortes, tais como mudanças sistemáticas no tempo médio da menarca ou na altura ou peso médio.

teoria da mente Noções que coletivamente explicam ideias, crenças, desejos e comportamentos de outras pessoas.

teoria do esquema de gênero Uma teoria do desenvolvimento do conceito de gênero e do comportamento do papel sexual que propõe que, entre 18 meses e 2 ou 3 anos, uma criança cria um esquema fundamental pelo qual ela categoriza pessoas, objetos, atividades e qualidades por gênero.

teoria dos sistemas dinâmicos A visão de que diversos fatores interagem para influenciar o desenvolvimento.

teoria dos sistemas familiares A visão de que a família é uma rede integrada de fatores que atuam juntos para influenciar o desenvolvimento de uma criança.

teoria neopiagetiana Uma teoria do desenvolvimento cognitivo que presume que as ideias básicas de Piaget estão corretas, mas usa conceitos da teoria do processamento de informação para explicar o movimento das crianças de um estágio para o seguinte.

teoria triárquica da inteligência Uma teoria apresentada por Robert Sternberg, propondo a existência de três tipos de inteligência: analítica, criativa e prática.

teorias cognitivo-desenvolvimentais Teorias do desenvolvimento que enfatizam as ações das crianças no ambiente e sugerem que mudanças relacionadas à idade no raciocínio precedem e explicam mudanças em outras esferas.

teorias da aprendizagem Teorias psicológicas que explicam o desenvolvimento em termos de experiências de aprendizagem acumuladas.

teorias do desenvolvimento Conjuntos de afirmações que propõem princípios gerais do desenvolvimento.

teorias do processamento de informação Um conjunto de teorias baseado na ideia de que os seres humanos processam informação de formas semelhantes às utilizadas em computadores.

teorias psicanalíticas Teorias do desenvolvimento baseadas na suposição de que mudanças relacionadas à idade resultam de conflitos, determinados maturacionalmente, entre pulsões internas e demandas da sociedade.

teratógenos Substâncias, como vírus e drogas, ou eventos que podem causar defeitos de nascimento.

teste de realização Teste que busca avaliar a aprendizagem de uma criança em relação ao conteúdo específico ensinado na escola, como ortografia ou cálculo aritmético. Nos Estados Unidos, os testes de realização são tipicamente administrados a todas as crianças em séries designadas.

tomada de papéis (*role taking*) A capacidade de olhar para uma situação do ponto de vista de outra pessoa.

transitividade A capacidade de fazer inferências sobre relações lógicas em um conjunto de estímulos ordenados.

transtorno autista Um transtorno no qual as crianças têm habilidades de linguagem muito mais limitadas que outras da mesma idade, uma incapacidade de iniciar relacionamentos sociais recíprocos e uma gama de interesses seriamente limitada.

transtorno da conduta Termo diagnóstico para um padrão de comportamento desviante incluindo altos níveis de atos agressivos, antissociais ou delinquentes.

transtorno da conduta de início na adolescência Um transtorno da conduta que começa apenas na adolescência; é geralmente menos grave e persistente do que o transtorno da conduta de início na infância.

transtorno da conduta de início na infância Transtorno da conduta começando na infância; o padrão está ligado a rejeição pelo grupo igual e a problemas de conduta que persistem até a adolescência e a idade adulta.

transtorno de aprendizagem Um termo amplamente usado para descrever um problema inesperado ou inexplicado na aprendizagem da leitura, ortografia ou cálculo e mais precisamente usado para se referir a uma disfunção neurológica que causa esses efeitos.

transtorno de Asperger Um transtorno no qual as crianças possuem as outras características de transtorno autista, mas têm habilidades de linguagem e cognitivas intactas.

transtorno de déficit de atenção/hiperatividade (TDAH) Um transtorno no qual uma criança apresenta tanto problemas significativos em focar a atenção quanto hiperatividade física.

transtorno desafiador de oposição (TDO) Um padrão de comportamento negativo, desafiador, desobediente e hostil em relação a pais e outras figuras de autoridade, estabelecido antes dos 8 anos.

transtorno psicológico Um padrão de comportamento que é incomum na cultura de uma pessoa e interfere em seu funcionamento psicológico, social e/ou educacional.

transtornos invasivos do desenvolvimento (TIDs) Um grupo de transtornos nos quais as crianças exibem distúrbios graves nos relacionamentos sociais.

tuba uterina O tubo entre o ovário e o útero pelo qual o óvulo se desloca para o útero e no qual a concepção geralmente ocorre.

turma Um grupo de amigos maior e mais livre do que uma panelinha, normalmente composto de diversas panelinhas que se uniram; um grupo baseado na reputação, comum na subcultura adolescente, com características amplamente reconhecidas.

útero O órgão feminino no qual o embrião/feto se desenvolve (popularmente referido como *ventre*).

validade O grau com que um teste mede o que ele visa medir.

variável dependente A variável em uma experiência que se espera que demonstre o impacto das manipulações da variável independente; também chamada de *variável de resultado*.

variável independente Uma condição ou evento que um experimentador varia de alguma forma sistemática a fim de observar o impacto daquela variação sobre o comportamento dos participantes.

viabilidade A capacidade do feto de sobreviver fora do útero.

vínculo afetivo Um "laço de duração relativamente longa no qual o parceiro é importante como um indivíduo único e não é intercambiável com nenhum outro" (Ainsworth, 1989, p. 711).

WISC-IV A revisão mais recente das Escalas de Inteligência Wechsler para Crianças, um teste de QI bem conhecido desenvolvido nos Estados Unidos e que inclui subtestes verbais e de desempenho (não verbal).

WPPSI-III A terceira revisão da Escala de Inteligência Wechsler Pré-Escolar e Primária.

zigoto Célula única formada pela combinação de um espermatozoide com um óvulo durante a concepção.

zona de desenvolvimento proximal Na teoria de Vygostsky, a gama de tarefas que são muito difíceis para uma criança fazer sozinha, mas que podem ser realizadas com sucesso por meio da orientação de um adulto ou de uma criança mais experiente.

Referências

Abdel-Khalek, A., & Lynn, R. (2008). Intelligence, family size and birth order: Some data from Kuwait. *Personality and Individual Differences, 44*, 1032–1038.

Abdelrahman, A., Rodriguez, G., Ryan, J., French, J., & Weinbaum, D. (1998). The epidemiology of substance use among middle school students: The impact of school, familial, community and individual risk factors. *Journal of Child & Adolescent Substance Abuse, 8*, 55–75.

Abela, J., & Hankin, B. (2008). Cognitive vulnerability to depression in children and adolescents: A developmental psycho-pathology perspective. In J. Abela & B. Hankin (Eds.), *Handbook of depression in children and adolescents* (pp. 35–78). New York: Guilford Press.

Aboud, F. E., & Doyle, A. B. (1995). The development of in-group pride in black Canadians. *Journal of Cross-Cultural Psychology, 26*, 243–254.

Abramovitch, R., Pepler, D., & Corter, C. (1982). Patterns of sibling interaction among preschool-age children. In M. E. Lamb & B. Sutton-Smith (Eds.), *Sibling relationships: Their nature and significance across the life-span* (pp. 61–86). Hillsdale, NJ: Erlbaum.

Accardo, P., Tomazic, T., Fete, T., Heaney, M., Lindsay, R., & William, B. (1997). Maternally reported fetal activity levels and developmental diagnoses. *Clinical Pediatrics, 36*, 279–283.

Achenbach, T. M. (1974). *Developmental psychopathology.* New York: The Ronald Press Company.

Achenbach, T. M. (1982). *Developmental psychopathology* (2nd ed.). New York: Wiley.

Achenbach, T. M. (1993). Taxonomy and comorbidity of conduct problems: Evidence from empirically based approaches. *Development and Psychopathology, 5*, 51–64.

Achenbach, T. M. (1995). Developmental issues in assessment, taxonomy, and diagnosis of child and adolescent psychopathology. In D. Cicchetti & D. J. Cohen (Eds.), *Developmental psycho-pathology: Vol. 1. Theory and methods* (pp. 57–80). New York: Wiley.

Achenbach, T. M. (2008). Multicultural perspectives on developmental psychopathology. In J. Hudziak (Ed.), *Developmental psycho-pathology and wellness: Genetic and environmental influences* (pp. 23–47). Arlington, VA: American Psychiatric Publishing.

Achenbach, T. M., & Edelbrock, C. S. (1981). Behavioral problems and competencies reported by parents of normal and disturbed children aged 4 through 16. *Monographs of the Society for Research in Child Development, 46*(1, Serial No. 188).

Adab, N., Jacoby, A., Smith, D., & Chadwick, D. (2001). Additional educational needs in children born to mothers with epilepsy. *Journal of Neurology, Neurosurgery & Psychiatry, 70*, 15–21.

Adachi, M., Trehub, S., & Abe, J. (2004). Perceiving emotion in children's songs across age and culture. *Japanese Psychological Research, 46*, 322–336.

Adam, E., Gunnar, M., & Tanaka, A. (2004). Adult attachment, parent emotion, and observed parenting behavior: Mediator and moderator models. *Child Development, 75*, 110–122.

Adams, M., & Henry, M. (1997). Myths and realities about words and literacy. *School Psychology Review, 26*, 425–436.

Adams, M. J., Trieman, R., & Pressley, M. (1998). Reading, writing, and literacy. In W. Damon (Ed.), *Handbook of child psychology: Vol 4. Child psychology in practice* (5th ed., pp. 275–355). New York: Wiley.

Adelman, W., & Ellen, J. (2002). Adolescence. In A. Rudolph, R. Kamei, & K. Overby (Eds.), *Rudolph's fundamentals of pediatrics* (3rd ed., pp. 70–109). New York: McGraw-Hill.

Adesman, A. R. (1996). Fragile X syndrome. In A. J. Capute & P. J. Accardo (Eds.), *Developmental disabilities in infancy and childhood: Vol. 2. The spectrum of developmental disabilities* (2nd ed., pp. 255–269). Baltimore: Brookes.

Adolph, K., & Berger, S. (2005). Physical and motor development. In M. Bornstein & M. Lamb (Eds.), *Developmental science: An advanced textbook* (5th ed., pp. 223–283). Hillsdale, NJ: Erlbaum.

Agnew, J., Dorn, C., & Eden, G. (2004). Effect of intensive training on auditory processing and reading skills. *Brain & Language, 88*, 21–25.

Ahmed, E., & Braithwaite, V. (2004). Bullying and victimization: Cause for concern for both families and schools. *Social Psychology of Education, 7*, 35–54.

Aiken, L. (1997). *Psychological testing and assessment* (9th ed.). Boston: Allyn & Bacon.

Ainsworth, M., & Bowlby, J. (1991). An ethological approach to personality development. *American Psychologist, 46*, 333–341.

Ainsworth, M. D. S. (1972). Attachment and dependency: A comparison. In J. L. Gewirtz (Ed.), *Attachment and dependency* (pp. 97–138). Washington, DC: Winston.

Ainsworth, M. D. S. (1982). Attachment: Retrospect and prospect. In C. M. Parkes & J. Stevenson-Hinde (Eds.), *The place of attachment in human behavior* (pp. 3–30). New York: Basic Books.

Ainsworth, M. D. S. (1989). Attachments beyond infancy. *American Psychologist, 44*, 709–716.

Ainsworth, M. D. S., Blehar, M., Waters, E., & Wall, S. (1978). *Patterns of attachment.* Hillsdale, NJ: Erlbaum.

Ainsworth, M. D. S., & Marvin, R. S. (1995). On the shaping of attachment theory and research: An interview with Mary D. S. Ainsworth (Fall 1994). *Monographs of the Society for Research in Child Development, 60*(244, Nos. 2–3), 3–21.

Akhtar, N. (2004). Nativist versus constructivist goals in studying child language. *Journal of Child Language, 31*, 459–462.

Aksan, N., & Kochanska, G. (2005). Conscience in childhood: Old questions, new answers. *Developmental Psychology, 41*, 506–516.

Aksu-Koc, A. A., & Slobin, D. I. (1985). The acquisition of Turkish. In D. I. Slobin (Ed.), *The crosslinguistic study of language acquisition: Vol. 1. The data* (pp. 839–878). Hillsdale, NJ: Erlbaum.

Alan Guttmacher Institute. (2004). *U.S. teenage pregnancy statistics with comparative statistics for women aged 20–24.* Retrieved May 6, 2005, from http://www.guttmacher.org/pubs/teen_stats.html

Albers, L. (1999). The duration of labor in healthy women. *Journal of Perinatology, 19*, 114–119.

Alexander, K. L., Entwisle, D. R., & Dauber, S. L. (1993). First-grade classroom behavior: Its short- and long-term consequences for school performance. *Child Development, 64*, 801–814.

Alford, K. (2007). African-American males and the rites of passage experience. In S. Logan, R. Denby, & P. Gibson (Eds.), *Mental health care in the African-American community* (pp. 305–319). New York: Haworth Press.

Alho, O., Laära, E., & Oja, H. (1996). How should relative risk estimates for acute otitis media in children aged less than 2 years be perceived? *Journal of Clinical Epidemiology, 49*, 9–14.

Allen, C., & Kisilevsky, B. (1999). Fetal behavior in diabetic and nondiabetic pregnant women: An exploratory study. *Developmental Psychobiology, 35*, 69–80.

Allen, J., Porter, M., McFarland, F., Marsh, P., & McElhaney, K. (2005). The two faces of adolescents' success with peers: Adolescent popularity, social adaptation, and deviant behavior. *Child Development, 76*, 747–760.

Allen, K., & Rainie, L. (2002). *Parents online.* Retrieved March 16, 2004, from http://www.pewinternet.org

Allen, M. (2004). Minority language school systems: A profile of students, schools and communities. *Education Quarterly Review, 9*, 9–29.

Al Otaiba, S., Connor, C., Lane, H., Kosanovich, M., Schatschneider, C., Dyrlund, A., Miller, M., & Wright, T. (2008). Reading First kindergarten classroom instruction and students' growth in phonological awareness and letter naming/decoding fluency. *Journal of School Psychology, 46*, 281–314.

Alsaker, F., & Olweus, D. (2002). Stability and change in global self-esteem and self-related affect. In T. Brinthaupt & R. Lipka (Eds.), *Understanding early adolescent self and identity: Applications and interventions* (pp. 193–223). Albany: State University of New York Press.

Alspaugh, J. (1998). Achievement loss associated with the transition to middle school and high school. *Journal of Educational Research, 92*, 20–25.

Alt, M., Plante, E., & Creusere, M. (2004). Semantic features in fast-mapping: Performance of preschoolers with specific language impairment versus preschoolers with normal language. *Journal of Speech, Language, & Hearing Research, 47*, 407–420.

Álvarez, J., Martín, A. F., Vergeles, M., & Martín, A. H. (2003). Substance use in adolescence: Importance of parental warmth and supervision. *Psicothema, 15*, 161–166.

Amato, P. R. (1993). Children's adjustment to divorce: Theories, hypotheses, and empirical support. *Journal of Marriage and the Family, 55*, 23–38.

Amato, S. (1998). Human genetics and dysmorphy. In R. Behrman & R. Kliegman (Eds.), *Nelson essentials of pediatrics* (3rd ed., pp. 129–146). Philadelphia: Saunders.

Ambert, A. (2001). *Families in the new millennium.* Boston, MA: Allyn & Bacon.

Ambuel, B. (1995). Adolescents, unintended pregnancy, and abortion: The struggle for a compassionate social policy. *Current Directions in Psychological Science, 4*, 1–5.

American Academy of Pediatrics (AAP). (2004). Clinical practice guideline: Diagnosis and management of acute otitis media. *Pediatrics, 113*, 1451–1465.

American Academy of Pediatrics (AAP). (2005). Breastfeeding and the use of human milk. *Pediatrics, 115*, 496–506.

American Academy of Pediatrics (AAP). (2008). *Recommended immunization schedule for persons aged 0-6 years: United States, 2008.* Retrieved August 7, 2008, from http://www.cispimmunize.org/IZSchedule_Childhood.pdf

American Academy of Pediatrics Committee on Infectious Diseases. (2000). Recommended childhood immunization schedule. *Pediatrics, 97*, 143–146.

American Academy of Pediatrics Committee on Psychosocial Aspects of Child and Family Health. (1998). Guidance for effective discipline. *Pediatrics, 101*, 723–728.

American College of Obstetricians and Gynecologists (ACOG). (2001, December 12). *ACOG addresses latest controversies in obstetrics.* Retrieved April 1, 2004, from http://www.acog.org

American College of Obstetricians and Gynecologists (ACOG). (2002, November 29). *Rubella vaccination recommendation changes for pregnant women.* Retrieved April 2, 2004, from http://www.acog.org

American College of Obstetricians and Gynecologists (ACOG). (2004a). *Ethics in obstetrics and gynecology.* Washington, DC: Author.

American College of Obstetricians and Gynecologists (ACOG). (2004b). *Pain relief during labor and delivery.* Retrieved August 6, 2008, from http://www.acog.org/publications/patient_education/bp086.cfm

American College of Obstetricians and Gynecologists (ACOG). (2007). *If your baby is breech.* Retrieved August 6, 2008, from http://www.acog.org/publications/patient_education/bp079.cfm

American College of Obstetricians and Gynecologists (ACOG). (2008a). *Cesarean birth.* Retrieved August 6, 2008, from http://www.acog.org/publications/patient_education/bp006.cfm

American College of Obstetricians and Gynecologists (ACOG). (2008b). *Surgery and patient choice.* Retrieved August 6, 2008, from http://www.acog.org/publications/patient_education/bp079.cfm

American Demographics. (2001). *It's all homework.* Retrieved June 23, 2004, from http://articles.findarticles.com/p/articles/mi_m4021/is_2001_Nov_1/ai_79501196

American Psychiatric Association. (2000). *Practice guidelines for eating disorders.* Retrieved June 9, 2005, from http://www.psych.org

American Psychological Association. (1993). *Violence and youth: Psychology's response: Vol. 1. Summary report of the American Psychological Association Commission on Violence and Youth.* Washington, DC: American Psychological Association.

Anderman, E. (1998). The middle school experience: Effects on the math and science achievement of adolescents with LD. *Journal of Learning Disabilities, 31*, 128–138.

Anderman, E., Maehr, M., & Midgley, C. (1999). Declining motivation after the transition to middle school: Schools can make a difference. *Journal of Research & Development in Education, 32*, 131–147.

Anderman, E., & Midgley, C. (1997). Changes in achievement goal orientations, perceived academic competence, and grades across the transition to middle-level schools. *Contemporary Educational Psychology, 22*, 269–298.

Anderman, L. (1999). Classroom goal orientation, school belonging and social goals as predictors of students' positive and negative affect following the transition to middle school. *Journal of Research & Development in Education, 32*, 89–103.

Anderman, L., & Anderman, E. (1999). Social predictors of changes in students' achievement goal orientations. *Contemporary Educational Psychology, 24*, 21–37.

Anderson, C., & Dill, K. (2000). Videogames and aggressive thoughts, feelings, and behavior in the laboratory and in life. *Journal of Personality & Social Psychology, 78*, 772–790.

Anderson, M. (2005). Marrying intelligence and cognition: A developmental view. In J. Pretz & R. Sternberg (Eds.), *Cognition and intelligence: Identifying the mechanisms of mind* (pp. 268–287). New York: Cambridge University Press.

Anderson, R. (1998). Examining language loss in bilingual children. *Multicultural Electronic Journal of Communication Disorders, 1*.

Anderson, S., Dallal, G., & Must, A. (2003). Relative weight and race influence average age at menarche: Results from two nationally representative surveys of U.S. girls studied 25 years apart. *Pediatrics, 111*, 844–850.

Andersson, B. (1989). Effects of public day-care: A longitudinal study. *Child Development, 60*, 857–886.

Andersson, B. (1992). Effects of day-care on cognitive and socioemotional competence of thirteen-year-old Swedish school-children. *Child Development, 63*, 20–36.

Andreou, E., & Metallidou, P. (2004). The relationship of academic and social cognition to behaviour in bullying situations among Greek primary school children. *Educational Psychology, 24*, 27–41.

Andreucci, C. (2003). Comment l'idée d'instabilité du volume vient aux enfants. *Enfance, 55*, 139–158.

Andrews, G., & Halford, G. (1998). Children's ability to make transitive inferences: The importance of premise integration and structural complexity. *Cognitive Development, 13*, 479–513.

Andrews, G., & Halford, G. (2002). A cognitive complexity metric applied to cognitive development. *Cognitive Psychology, 45*, 153–219.

Anglin, J. M. (1993). Vocabulary development: A morphological analysis. *Monographs of the Society for Research in Child Development, 58*(Serial No. 238).

Anglin, J. M. (1995, April). *Word learning and the growth of potentially knowable vocabulary.* Paper presented at the biennial meetings of the Society for Research in Child Development, Indianapolis.

Anisfeld, M., Turkewitz, G., Rose, S., Rosenberg, F., Sheiber, F., Couturier-Fagan, D., Ger, J., & Sommer, I. (2001). No compelling evidence that newborns imitate oral gestures. *Infancy, 2*, 111–122.

Annett, M. (2003). Do the French and the English differ for hand skill asymmetry? Handedness subgroups in the sample of Doyen and Carlier (2002) and in English schools and universities. *Laterality: Asymmetries of Body, Brain, & Cognition, 8*, 233–245.

Anthony, J., & Lonigan, C. (2004). The nature of phonological awareness: Converging evidence from four studies of preschool and early grade school children. *Journal of Educational Psychology, 96*, 43–55.

Apgar, V. A. (1953). A proposal for a new method of evaluation of the newborn infant. *Current Research in Anesthesia and Analgesia, 32*, 260–267.

Aranha, M. (1997). Creativity in students and its relation to intelligence and peer perception. *Revista Interamericana de Psicologia, 31*, 309–313.

Armbruster, B., Lehr, F., & Osborn, J. (2003). *Put reading first: The research building blocks of reading instruction.* Retrieved June 20, 2008, from http://www.nifl.gov/partnershipforreading/publications/PFRbooklet.pdf

Armstrong, T. (2003). Effect of moral reconation therapy on the recidivism of youthful offenders: A randomized experiment. *Criminal Justice & Behavior, 30*, 668–687.

Arnold, G. (2007). *Phenylketonuria.* Retrieved August 7, 2008, from http://www.emedicine.com/ped/TOPIC1787.HTM

Asendorpf, J., Denissen, J., & van Aken, M. (2008). Inhibited and aggressive preschool children at 23 years of age: Personality and social transitions into adulthood. *Developmental Psychology, 44*, 997–1011.

Ashiabi, G., & O'Neal, K. (2007). Children's health status: Examining the associations among income poverty, material hardship, and parental factors. *PLoS ONE, 2*, e940.

Aslin, R. N. (1981). Experiential influences and sensitive periods in perceptual development: A unified model. In R. N. Aslin, J. R. Alberts, & M. R. Petersen (Eds.), *Development of perception. Psychobiological perspectives: Vol. 2. The visual system* (pp. 45–93). New York: Academic Press.

Aslin, R. N. (1987). Motor aspects of visual development in infancy. In P. Salapatek & L. Cohen (Eds.), *Handbook of infant perception: Vol. 1. From sensation to perception* (pp. 43–113). Orlando, FL: Academic Press.

Associated Press. (2005, February 8). *"World's smallest baby goes home".* Retrieved August 8, 2008, from http://www.cbsnews.com/stories/2005/02/08/health/main672488.shtml

Astington, J., & Jenkins, J. (1999). A longitudinal study of the relation between language and theory-of-mind development. *Developmental Psychology, 35*, 1311–1320.

Austin, M., Reiss, N., & Burgdord, L. (2007). *ADHD comorbidity.* Retrieved October 24, 2008, from http://www.mhmrcv.org/poc/view_doc.php?type=doc&id=13851&cn=3

Austin, S., Ziyadeh, N., Kahn, J., Camargo, C., Colditz, G., & Field, A. (2004). Sexual orientation, weight concerns, and eating-disordered behaviors in adolescent girls and boys. *Journal of the American Academy of Child & Adolescent Psychiatry, 43*, 1115–1123.

Austin, W. (2008). Relocation, research, and forensic evaluation, part I: Effects of residential mobility on children of divorce. *Family Court Review, 46*, 137–150.

Avis, J., & Harris, P. L. (1991). Belief-desire reasoning among Baka children: Evidence for a universal conception of mind. *Child Development, 62*, 460–467.

Bachman, J., Safron, D., Sy, S., & Schulenberg, J. (2003). Wishing to work: New perspectives on how adolescents' part-time work intensity is linked to educational disengagement, substance use, and other problem behaviours. *International Journal of Behavioral Development, 27*, 301–315.

Bachman, J. G., & Schulenberg, J. (1993). How part-time work intensity relates to drug use, problem behavior, time use, and satisfaction among high school seniors: Are these consequences or merely correlates? *Developmental Psychology, 29*, 220–235.

Baer, J., Sampson, P., Barr, H., Connor, P., & Streissguth, A. (2003). A 21-year longitudinal analysis of the effects of prenatal alcohol exposure on young adult drinking. *Archives of General Psychiatry, 60*, 377–385.

Bahrick, L., & Lickliter, R. (2000). Intersensory redundancy guides attentional selectivity and perceptual learning in infancy. *Developmental Psychology, 36*, 190–201.

Bailey, B., & Konstan, J. (2006). On the need for attention-aware systems: Measuring effects of interruption on task performance, error rate, and affective state. *Computers in Human Behavior, 22*, 685–708.

Bailey, J., Brobow, D., Wolfe, M., & Mikach, S. (1995). Sexual orientation of adult sons of gay fathers. *Developmental Psychology, 31*, 124–129.

Bailey, J., Pillard, R., Dawood, K., Miller, M., Farrer, L., Trivedi, S., & Murphy, R. (1999). A family history study of male sexual orientation using three independent samples. *Behavior Genetics, 29*, 79–86.

Bailey, J., & Zucker, K. (1995). Childhood sex-typed behavior and sexual orientation: A conceptual analysis and quantitative review. *Developmental Psychology, 31*, 43–55.

Bailey, S., & Zvonkovic, A. (2003). Parenting after divorce: Nonresidential parents' perceptions of social and institutional support. *Journal of Divorce & Remarriage, 39*, 59–80.

Baillargeon, R. (1994). How do infants learn about the physical world? *Current Directions in Psychological Science, 3*, 133–140.

Baillargeon, R. (2008). Innate ideas revisited: For a principle of persistence in infants' physical reasoning. *Perspectives on Psychological Science, 3*, 2–13.

Baker, S., Victor, J., Chambers, A., & Halverson, C. (2004). Adolescent personality: A five-factor model construct validation. *Assessment, 11*, 303–315.

Baker-Ward, L. (1995, April). *Children's reports of a minor medical emergency procedure.* Artigo apresentado no encontro bianual da Society for Research in Child Development, Indianapolis.

Ball, E. (1997). Phonological awareness: Implications for whole language and emergent literacy programs. *Topics in Language Disorders, 17*, 14–26.

Bandura, A. (1973). *Aggression: A social learning analysis.* Englewood Cliffs, NJ: Prentice Hall.

Bandura, A. (1977). *Social learning theory.* Englewood Cliffs, NJ: Prentice Hall.

Bandura, A. (1982). Self-efficacy mechanism in human agency. *American Psychologist, 37*, 122–147.

Bandura, A. (1986). *Social foundations of thought and action: A social cognitive theory.* Englewood Cliffs, NJ: Prentice Hall.

Bandura, A. (1989). Social cognitive theory. *Annals of Child Development, 6*, 1–60.

Bandura, A. (1997). *Self-efficacy. The exercise of control.* New York: Freeman.

Bandura, A. (2004). Swimming against the mainstream: The early years from chilly tributary to transformative mainstream. *Behaviour Research & Therapy, 42*, 613–630.

Bandura, A. (2008). Reconstrual of "free will" from the agentic perspective of social cognitive theory. In J. Baer, J. Kaufman, & R. Baumeister (Eds.), *Are we free? Psychology and free will* (pp. 86–127). New York: Oxford University Press.

Bandura, A., & Bussey, K. (2004). On broadening the cognitive, motivational, and sociostructural scope of theorizing about gender development and functioning: Comment on Martin, Ruble, and Szkrybalo (2002). *Psychological Bulletin, 130*, 691–701.

Bandura, A., Caprara, G., Barbaranelli, C., Gerbino, M., & Pastorelli, C. (2003). Role of affective self-regulatory efficacy in diverse spheres of psychosocial functioning. *Child Development, 74*, 769–782.

Bandura, A., Ross, D., & Ross, S. (1961). Transmission of aggression through imitation of aggressive models. *Journal of Abnormal & Social Psychology, 63*, 575–582.

Barber, B., & Demo, D. (2006). The kids are alright (at least, most of them): Links between divorce and dissolution and child well-being. In M. Fine & J. Harvey (Eds.), *Handbook of divorce and relationship dissolution* (pp. 289–312). Mahwah, NJ: Erlbaum.

Barber, B., Eccles, J., & Stone, M. (2001). Whatever happened to the jock, the brain, and the princess? Young adult pathways linked to adolescent activity involvement and social identity. *Journal of Adolescent Research, 16*, 429–455.

Barenboim, C. (1977). Developmental changes in the interpersonal cognitive system from middle childhood to adolescence. *Child Development, 48*, 1467–1474.

Barenboim, C. (1981). The development of person perception in childhood and adolescence: From behavioral comparisons to psychological constructs to psychological comparisons. *Child Development, 52*, 129–144.

Barkley, R. A., Fischer, M., Edelbrock, C. S., & Smallish, L. (1990). The adolescent outcome of hyperactive children diagnosed by research criteria: I. An 8-year prospective follow-up study. *Journal of the American Academy of Child and Adolescent Psychiatry, 29*, 546–557.

Barnes, H. L., & Olson, D. H. (1985). Parent-adolescent communication and the circumplex model. *Child Development, 56*, 438–437.

Barnett, D., Manley, J., & Cicchetti, D. (1993). Defining child maltreatment: The interface between policy and research. In D. Cicchetti & S. Toth (Eds.), *Child abuse, child development, and social policy* (pp. 7–73). Norwood, NJ: Ablex.

Barnett, W. S. (1993). Benefit-cost analysis of preschool education: Findings from a 25-year follow-up. *American Journal of Orthopsychiatry, 63*, 500–508.

Baron-Cohen, S., Lutchmaya, S., & Knickmeyer, R. (2006). *Prenatal testosterone in mind.* Cambridge, MA: MIT Press.

Barrett, G. V., & Depinet, R. L. (1991). A reconsideration of testing for competence rather than for intelligence. *American Psychologist, 46*, 1012–1024.

Barrow, F., Armstrong, M., Vargo, A., & Boothroyd, R. (2007). Understanding the findings of resilience-related research for fostering the development of African American adolescents. *Child and Adolescent Psychiatric Clinics of North America, 16*, 393–413.

Barry, D., Bernard, M., & Beitel, M. (2008, in press). East Asian child-rearing attitudes: An exploration of cultural, demographic and self-disclosure factors among U.S. immigrants. *International Journal of Psychology.*

Bartels, M., Rietveld, M., Van Baal, G., & Boomsma, D. (2002). Genetic and environmental influences on the development of intelligence. *Behavior Genetics, 32*, 237–249.

Barth, R. (2001). Research outcomes of prenatal substance exposure and the need to review policies and procedures regarding child abuse reporting. *Child Welfare, 80*, 275–296.

Bartsch, K. (1993). Adolescents' theoretical thinking. In R. M. Lerner (Ed.), *Early adolescence: Perspectives on research, policy, and intervention* (pp. 143–157). Hillsdale, NJ: Erlbaum.

Basham, P. (2001). Home schooling: From the extreme to the mainstream. *Public Policy Sources/The Fraser Institute, 51*. Retrieved June 23, 2004, from http://www.fraserinstitute.ca/admin/books/files/homeschool.pdf

Bates, E. (1993). Commentary: Comprehension and production in early language development. *Monographs of the Society for Research in Child Development, 58*(3–4, Serial No. 233), 222–242.

Bates, E., Bretherton, I., Beeghly-Smith, M., & McNew, S. (1982). Social bases of language development: A reassessment. In H. W. Reese & L. P. Lipsitt (Eds.), *Advances in child development and behavior* (Vol. 16, pp. 8–68). New York: Academic Press.

Bates, E., Marchman, V., Thal, D., Fenson, L., Dale, P., Reznick, J. S., Reilly, J., & Hartung, J. (1994). Developmental and stylistic variation in the composition of early vocabulary. *Journal of Child Language, 21*, 85–123.

Bates, E., O'Connell, B., & Shore, C. (1987). Language and communication in infancy. In J. D. Osofsky (Ed.), *Handbook of infant development* (2nd ed., pp. 149–203). New York: Wiley.

Bates, J. E. (1989). Applications of temperament concepts. In G. A. Kohnstamm, J. E. Bates, & M. K. Rothbart (Eds.), *Temperament in childhood* (pp. 321–356). Chichester, England: Wiley.

Batterson, V., Rose, S., Yonas, A., Grant, K., & Sackett, G. (2008). The effect of experience on the development of tactual-visual transfer in pigtailed macaque monkeys. *Developmental Psychobiology, 50*, 88–96.

Baumeister, A. (2006). Mental retardation: Confusing sentiment with science. In H. Switzky & S. Greenspan (Eds.), *What is mental retardation?* (pp. 93–124). Washington, DC: American Association on Mental Retardation.

Baumeister, R., Bushman, B., & Campbell, W. (2000). Self-esteem, narcissism, and aggression: Does violence result from low self-esteem or from threatened egotism? *Current Directions in Psychological Science, 9*, 26–29.

Baumeister, R., Campbell, J., Krueger, J., & Vohs, K. (2003). Does high self-esteem cause better performance, interpersonal success, happiness, or healthier lifestyles? *Psychological Science in the Public Interest, 4*(1), 1–44.

Baumeister, R., Smart, L., & Boden, J. (1996). Relation of threatened egotism to violence and aggression: The dark side of high self-esteem. *Psychological Review, 103*, 5–33.

Bauminger, N., Finzi-Dottan, R., Chason, S., & Har-Even, D. (2008). Intimacy in adolescent friendship: The roles of attachment, coherence, and self-disclosure. *Journal of Social and Personal Relationships, 25*, 409–428.

Baumrind, D. (1971). Current patterns of parental authority. *Developmental Psychology Monograph, 4*(1, Part 2).

Baumrind, D. (1973). The development of instrumental competence through socialization. In A. D. Pick (Ed.), *Minnesota symposium on child psychology* (Vol. 7, pp. 3–46). Minneapolis: University of Minnesota Press.

Baumrind, D. (1991). The influence of parenting style on adolescent competence and substance use. *Journal of Early Adolescence, 11,* 56–95.

Bayley, N. (1969). *Bayley Scales of Infant Development.* New York: Psychological Corporation.

Bayley, N. (1993). *Bayley Scales of Infant Development: Birth to two years.* San Antonio, TX: Psychological Corporation.

Beauchaine, T., & Hinshaw, S. (2008). *Child and adolescent psychopathology.* New York: Wiley.

Beautrais, A., Joyce, P., & Mulder, R. (1999). Personality traits and cognitive styles as risk factors for serious suicide attempts among young people. *Suicide & Life-Threatening Behavior, 29,* 37–47.

Beaver, K., & Wright, J. (2005). Evaluating the effects of birth complications on low self-control in a sample of twins. *International Journal of Offender Therapy and Comparative Criminology, 49,* 450–471.

Bee, H. L., Barnard, K. E., Eyres, S. J., Gray, C. A., Hammond, M. A., Spietz, A. L., Snyder, C., & Clark, B. (1982). Prediction of IQ and language skill from perinatal status, child performance, family characteristics, and mother-infant interaction. *Child Development, 53,* 1135–1156.

Behrend, D., Scofield, J., & Kleinknecht, E. (2001). Beyond fast mapping: Young children's extensions of novel words and novel facts. *Developmental Psychology, 37,* 690–705.

Beilstein, C., & Wilson, J. (2000). Landmarks in route learning by girls and boys. *Perceptual & Motor Skills, 91,* 877–882.

Bell, L. G., & Bell, D. C. (1982). Family climate and the role of the female adolescent: Determinants of adolescent functioning. *Family Relations, 31,* 519–527.

Belsky, J. (1981). Early human experience: A family perspective. *Developmental Psychology, 17,* 3–23.

Belsky, J. (1985). Prepared statement on the effects of day care. In *Improving child care services: What can be done?* Select Committee on Children, Youth, and Families, House of Representatives, 98th Cong., 2d Sess. Washington, DC: U.S. Government Printing Office.

Belsky, J. (1992). Consequences of child care for children's development: A deconstructionist view. In A. Booth (Ed.), *Child care in the 1990s. Trends and consequences* (pp. 83–94). Hillsdale, NJ: Erlbaum.

Belsky, J. (2001). Developmental risks (still) associated with early child care. *Journal of Child Psychology & Psychiatry & Allied Disciplines, 42,* 845–859.

Belsky, J. (2002). Quantity counts: Amount of child care and children's socioemotional development. *Journal of Developmental and Behavioral Pediatrics, 23,* 167–170.

Belsky, J., Lang, M. E., & Rovine, M. (1985). Stability and change in marriage across the transition to parenthood: A second study. *Journal of Marriage and the Family, 47,* 855–865.

Belsky, J., & Rovine, M. (1988). Nonmaternal care in the first year of life and the security of infant-parent attachment. *Child Development, 59,* 157–167.

Bem, S. L. (1974). The measurement of psychological androgyny. *Journal of Consulting and Clinical Psychology, 42,* 155–162.

Bem, S. L. (1981). Gender schema theory: A cognitive account of sex-typing. *Psychological Review, 88,* 354–364.

Bem, S. L. (1989). Genital knowledge and gender constancy in preschool children. *Child Development, 60,* 649–662.

Benbow, C. P. (1988). Sex differences in mathematical reasoning ability in intellectually talented preadolescents: Their nature, effects, and possible causes. *Behavioral & Brain Sciences, 11,* 169–232.

Bender, S. L., Word, C. O., DiClemente, R. J., Crittenden, M. R., Persaud, N. A., & Ponton, L. E. (1995). The developmental implications of prenatal and/or postnatal crack cocaine exposure in preschool children: A preliminary report. *Journal of Developmental and Behavioral Pediatrics, 16,* 418–424.

Benenson, J. F. (1994). Ages four to six years: Changes in the structures of play networks of girls and boys. *Merrill-Palmer Quarterly, 40,* 478–487.

Bennett, M., & Sani, F. (2008a). Children's subjective identification with social groups: A self-stereotyping approach. *Developmental Science, 11,* 69–75.

Bennett, M., & Sani, F. (2008b). The effect of comparative context upon stereotype content: Children's judgments of ingroup behavior. *Scandinavian Journal of Psychology, 49,* 141–146.

Benoit, D., & Parker, K. C. H. (1994). Stability and transmission of attachment across three generations. *Child Development, 65,* 1444–1456.

Berch, D. B., & Bender, B. G. (1987, December). Margins of sexuality. *Psychology Today, 21,* 54–57.

Berger, L. (2004). Income, family structure, and child maltreatment risk. *Children and Youth Services Review, 26,* 725–748.

Bernardo, A., & Calleja, M. (2005). The effects of stating problems in bilingual students' first and second languages on solving mathematical word problems. *Journal of Genetic Psychology, 166,* 117–128.

Berndt, T. J. (1983). Social cognition, social behavior, and children's friendships. In E. T. Higgins, D. N. Ruble, & W. W. Hartup (Eds.), *Social cognition and social development: A sociocultural perspective* (pp. 158–192). Cambridge, England: Cambridge University Press.

Berndt, T. J. (1986). Children's comments about their friendships. In M. Perlmutter (Ed.), *Minnesota symposia on child psychology* (Vol. 18, pp. 189–212). Hillsdale, NJ: Erlbaum.

Berndt, T. J. (1992). Friendship and friends' influence in adolescence. *Current Directions in Psychological Science, 1,* 156–159.

Berndt, T. J. (2004). Children's friendships: Shifts over a half-century in perspectives on their development and their effects. *Merrill Palmer Quarterly Journal of Developmental Psychology, 50,* 206–223.

Berndt, T. J., & Hoyle, S. G. (1985). Stability and change in childhood and adolescent friendships. *Developmental Psychology, 21,* 1007–1015.

Berndt, T. J., & Keefe, K. (1995). Friends' influence on adolescents' adjustment to school. *Child Development, 66,* 1312–1329.

Berninger, V., Abbott, R., Zook, D., Ogier, S., et al. (1999). Early intervention for reading disabilities: Teaching the alphabet principle in a connectionist framework. *Journal of Learning Disabilities, 32,* 491–503.

Berninger, V., & Richards, T. (2002). *Brain literacy for educators and psychologists.* San Diego, CA: Academic Press.

Berthier, N., DeBlois, S., Poirier, C., Novak, M., & Clifton, R. (2000). Where's the ball? Two- and three-year-olds reason about unseen events. *Developmental Psychology, 36,* 394–401.

Best, C., Moffat, V., Power, M., Owens, D., & Johnstone, E. (2008). The boundaries of the cognitive phenotype of autism: Theory of mind, central coherence, and ambiguous figure perception in young people with autistic traits. *Journal of Autism and Developmental Disorders, 38,* 840–847.

Bettner, B. (2007). Recreating sibling relationships in marriage. *Journal of Individual Psychology, 63,* 339–344.

Bhatt, R. S., & Rovee-Collier, C. (1996). Infants' forgetting of correlated attributes and object recognition. *Child Development, 67,* 172–187.

Bialystok, E. (1997). Effects of bilingualism and biliteracy on children's emerging concepts of print. *Developmental Psychology, 33.*

Bialystok, E., Majumder, S., & Martin, M. (2003). Developing phonological awareness: Is there a bilingual advantage? *Applied Linguistics, 24,* 27–44.

Bialystok, E., Shenfield, T., & Codd, J. (2000). Languages, scripts, and the environment: Factors in developing concepts of print. *Developmental Psychology, 36*, 66–76.

Biederman, J., Faraone, S., Jetton, J., Kraus, I., Mick, E., Pert, J., Spencer, T., Weber, W., Wilens, T., Williamson, S., & Zallen, B. (1999). Clinical correlates of ADHD in females: Findings from a large group of girls ascertained from pediatric and psychiatric referral sources. *Journal of the American Academy of Child & Adolescent Psychiatry, 38*, 966–975.

Bigelow, B. J., & La Gaipa, J. J. (1975). Children's written descriptions of friendships: A multidimensional analysis. *Developmental Psychology, 11*, 857–858.

Bigler, R. S. (1995). The role of classification skill in moderating environmental influences on children's gender stereotyping: A study of the functional use of gender in the classroom. *Child Development, 66*, 1072–1087.

Bigler, R. S., & Liben, S. (1993). The role of attitudes and interventions in gender-schematic processing. *Child Development, 61*, 1440–1452.

Bilalic, M., McLeod, P., & Gobet, F. (2007). Personality profiles of young chess players. *Personality and Individual Differences, 42*, 901–910.

Billy, J. O. G., Brewster, K. L., & Grady, W. R. (1994). Contextual effects on the sexual behavior of adolescent women. *Journal of Marriage and the Family, 56*, 387–404.

Binet, A., & Simon, T. (1905). Méthodes nouvelles pour le diagnostic du niveau intellectuel des anormaux [New methods for diagnosing intellectual level in the abnormal]. *Année Psychologie, 11*, 191–244.

Birch, D. (1998). The adolescent parent: A fifteen year longitudinal study of school-age mothers and their children. *International Journal of Adolescent Medicine & Health, 10*, 141–153.

Biringen, A. (2000). Emotional availability: Conceptualization and research findings. *American Journal of Orthopsychiatry, 70*, 104–114.

Birney, D., Citron-Pousty, J., Lutz, D., & Sternberg, R. (2005). The development of cognitive and intellectual abilities. In M. Bornstein & M. Lamb (Eds.), *Developmental science: An advanced textbook* (5th ed., pp. 327–358). Hillsdale, NJ: Erlbaum.

Biswas, M. K., & Craigo, S. D. (1994). The course and conduct of normal labor and delivery. In A. H. DeCherney & M. L. Pernoll (Eds.), *Current obstetric and gynecologic diagnosis & treatment* (pp. 202–227). Norwalk, CT: Appleton & Lange.

Bivens, J. A., & Berk, L. E. (1990). A longitudinal study of the development of elementary school children's private speech. *Merrill-Palmer Quarterly, 36*, 443–463.

Bjorklund, D. F., Miller, P. H., Coyle, T. R., & Slawinski, J. L. (1997). Instructing children to use memory strategies: Evidence of utilization deficiencies in memory training studies. *Developmental Review, 17*, 411–441.

Bjorklund, D. F., & Muir, J. E. (1988). Remembering on their own: Children's development of free recall memory. In R. Vasta (Ed.), *Annals of child development* (Vol. 5, pp. 79–124). Greenwich, CT: JAI Press.

Blair, C. (2002). School readiness: Integrating cognition and emotion in a neurobiological conceptualization of children's functioning at school entry. *American Psychologist, 57*, 111–127.

Blair, C., Greenberg, M., & Crnic, K. (2001). Age-related increases in motivation among children with mental retardation and MA- and CA-matched controls. *American Journal on Mental Retardation, 106*, 511–524.

Blair, S. L., & Johnson, M. P. (1992). Wives' perceptions of the fairness of the division of household labor: The intersection of housework and ideology. *Journal of Marriage and the Family, 54*, 570–581.

Blake, I. K. (1994). Language development and socialization in young African-American children. In P. M. Greenfield & R. R. Cocking (Eds.), *Cross-cultural roots of minority child development* (pp. 167–195). Hillsdale, NJ: Erlbaum.

Blass, E. M., Ganchrow, J. R., & Steiner, J. E. (1984). Classical conditioning in newborn humans 2–48 hours of age. *Infant Behavior and Development, 7*, 223–235.

Blatt, S. (2008, in press). *Polarities of experience: Relatedness and self-definition in personality development, psychopathology, and the therapeutic process.* Washington, DC: American Psychological Association.

Block, J. (1971). *Lives through time.* Berkeley, CA: Bancroft.

Block, J., & Robins, R. W. (1993). A longitudinal study of consistency and change in self-esteem from early adolescence to early adulthood. *Child Development, 64*, 909–923.

Bloom, L. (1973). *One word at a time.* The Hague: Mouton.

Bloom, L. (1991). *Language development from two to three.* Cambridge, England: Cambridge University Press.

Bloom, L. (1993). *The transition from infancy to language: Acquiring the power of expression.* Cambridge, England: Cambridge University Press.

Bloom, L. (1997, April). *The child's action drives the interaction.* Artigo apresentado no encontro bianual da Society for Research in Child Development, Washington, DC.

Bloom, L. (1998). Language acquisition in its developmental context. In W. Damon (Ed.), *Handbook of child psychology: Vol. 2. Cognition, perception, and language* (5th ed., pp. 309–370). New York: Wiley.

Blumberg, F., & Sokol, L. (2004). Boys' and girls' use of cognitive strategies when learning to play videogames. *Journal of General Psychology, 131*, 151–158.

Boehnke, K., Silbereisen, R., Eisenberg, N., & Reykowski, J. (1989). Developmental pattern of prosocial motivation: A cross-national study. *Journal of Cross-Cultural Psychology, 20*, 219–243.

Bolger, K. (1997, April). *Children's adjustment as a function of timing of family economic hardship.* Artigo apresentado no encontro bianual da Society for Research in Child Development, Washington, DC.

Bond, L., Braskamp, D., & Roeber, E. (1996). *The status report of the assessment programs in the United States.* Oakbrook, IL: North Central Regional Educational Laboratory. ERIC Document No. ED 401 333.

Bonde, E., Obel, C., Nedergard, N., & Thomsen, P. (2004). Social risk factors as predictors for parental report of deviant behaviour in 3-year-old children. *Nordic Journal of Psychiatry, 58*, 17–23.

Bong, M. (1998). Tests of the internal/external frames of reference model with subject-specific academic self-efficacy and frame-specific academic self-concepts. *Journal of Educational Psychology, 90*, 102–110.

Boom, J., Wouters, H., & Keller, M. (2007). A cross-cultural validation of stage development: A Rasch re-analysis of longitudinal socio-moral reasoning data. *Cognitive Development, 22*, 213–229.

Borkowski, M., Hunter, K., & Johnson, C. (2001). White noise and scheduled bedtime routines to reduce infant and childhood sleep disturbances. *Behavior Therapist, 24*, 29–37.

Born, A. (2007). Well-diffused? Identity diffusion and well-being in emerging adulthood. In M. Watzlawik & A. Born (Eds.), *Capturing identity: Quantitative and qualitative methods* (pp. 149–161). Lanham, MD: University Press of America.

Bornstein, M., Arterberry, M., & Nash, C. (2005). Perceptual development. In M. Bornstein & M. Lamb (Eds.), *Developmental* science: An advanced textbook (5th ed., pp. 283–326). Hillsdale, NJ: Erlbaum.

Bornstein, M., DiPietro, J., Hahn, C., Painter, K., Haynes, O., & Costigan, K. (2002). Prenatal cardiac function and postnatal cognitive development: An exploratory study. *Infancy, 3*, 475–494.

Bornstein, M. H. (Ed.). (1989). Maternal responsiveness: Characteristics and consequences. *New Directions for Child Development, 43*.

Bornstein, M. H. (1995). Parenting infants. In M. H. Bornstein (Ed.), *Handbook of parenting: Vol 1. Children and parenting* (pp. 3–39). Mahwah, NJ: Erlbaum.

Bornstein, M. H., Tamis-LeMonda, C. S., Tal, J., Ludemann, P., Toda, S., Rahn, C. W., Pecheux, M., Azuma, H., & Vardi, D. (1992). Maternal responsiveness to infants in three societies: The United States, France, and Japan. *Child Development, 63*, 808–821.

Boscardin, C., Muthén, B., Francis, D., & Baker, E. (2008). Early identification of reading difficulties using heterogeneous developmental trajectories. *Journal of Educational Psychology, 100*, 192–208.

Bostwick, J., & Martin, K. (2007). A man's brain in an ambiguous body: A case of mistaken gender identity. *American Journal of Psychiatry, 164*, 1499–1505.

Bosworth, R., & Birch, E. (2005). Motion detection in normal infants and young patients with infantile esotropia. *Vision Research, 45*, 1557–1567.

Bouchard, T. J., Jr., & McGue, M. (1981). Familial studies of intelligence: A review. *Science, 212*, 1055–1059.

Bougie, E., Wright, S., & Taylor, D. (2003). Early heritage language education and the abrupt shift to a dominant-language classroom: Impact on the persona and collective esteem of Inuit children in Arctic Québec. *International Journal of Bilingual Education and Bilingualism, 6*, 349–373.

Bowen, J., Gibson, F., & Hand, P. (2002). Educational outcome at 8 years for children who were born extremely prematurely: A controlled study. *Journal of Pediatrics & Child Health, 38*, 438–444.

Bower, B. (2005). Mental meeting of the sexes: Boys' spatial advantage fades in poor families. *Science News, 168*, 21.

Bower, T. G. R. (1966). The visual world of infants. *Scientific American, 215*, 80–92.

Bowerman, M. (1985). Beyond communicative adequacy: From piecemeal knowledge to an integrated system in the child's acquisition of language. In K. E. Nelson (Ed.), *Children's language* (Vol. 5, pp. 369–398). Hillsdale, NJ: Erlbaum.

Bowerman, M. (2007). Containment, support, and beyond: Constructing topological spatial categories in first language acquisition. In M. Aurnague, M. Hickmann, & L. Vieu (Eds.), *The categorization of spatial entities in language and cognition* (pp. 177–203). Amsterdam, Netherlands: John Benjamins Publishing Company.

Bowker, A. (2004). Predicting friendship stability during early adolescence. *Journal of Early Adolescence, 24*, 85–112.

Bowlby, J. (1969). *Attachment and loss: Vol. 1. Attachment.* New York: Basic Books.

Bowlby, J. (1988a). Developmental psychiatry comes of age. *American Journal of Psychiatry, 145*, 1–10.

Bowlby, J. (1988b). *A secure base.* New York: Basic Books.

Bowlby, R. (2007). Babies and toddlers in non-parental daycare can avoid stress and anxiety if they develop a lasting secondary attachment bond with one carer who is consistently accessible to them. *Attachment & Human Development, 9*, 307–319.

Bowler, D., Briskman, J., & Grice, S. (1999). Experimenter effects on children's understanding of false drawings and false beliefs. *Journal of Genetic Psychology, 160*, 443–460.

Bradbury, K., & Katz, J. (2002). Women's labor market involvement and family income mobility when marriages end. *New England Economic Review, Q4*, 41–74.

Bradley, R. H., Caldwell, B. M., Rock, S. L., Barnard, K. E., Gray, C., Hammond, M. A., Mitchell, S., Siegel, L., Ramey, C. D., Gottfried, A. W., & Johnson, D. L. (1989). Home environment and cognitive development in the first 3 years of life: A collaborative study involving six sites and three ethnic groups in North America. *Developmental Psychology, 25*, 217–235.

Bradley, R. H., Whiteside, L., Mundfrom, D. J., Casey, P. H., Kelleher, K. J., & Pope, S. K. (1994). Early indications of resilience and their relation to experiences in the home environments of low birthweight, premature children living in poverty. *Child Development, 65*, 346–360.

Bradmetz, J. (1999). Precursors of formal thought: A longitudinal study. *British Journal of Developmental Psychology, 17*, 61–81.

Brandenburg, N. A., Friedman, R. M., & Silver, S. E. (1990). The epidemiology of childhood psychiatric disorders: Prevalence findings from recent studies. *Journal of the American Academy of Child and Adolescent Psychiatry, 29*, 76–83.

Brandon, P. (1999). Determinants of self-care arrangements among school-age children. *Children & Youth Services Review, 21*, 497–520.

Brandon, P., & Hofferth, S. (2003). Determinants of out-of-school childcare arrangements among children in single-mother and two-parent families. *Social Science Research, 32*, 129–147.

Bray, N. W., Fletcher, K. L., & Turner, L. A. (1997). Cognitive competencies and strategy use in individuals with mental retardation. In W. E. MacLean, Jr. (Ed.), *Ellis' handbook of mental deficiency: Psychological theory and research* (3rd ed., pp. 197–217). Mahwah, NJ: Erlbaum.

Brazelton, T. D. (1984). *Neonatal Behavioral Assessment Scale.* Philadelphia: Lippincott.

Breitmayer, B. J., & Ramey, C. T. (1986). Biological nonoptimality and quality of postnatal environment as codeterminants of intellectual development. *Child Development, 57*, 1151–1165.

Breland, H. M. (1974). Birth order, family configuration, and verbal achievement. *Child Development, 45*, 1011–1019.

Brendgen, M., Boivin, M., Vitaro, F., Bukowski, W., Dionne, G., Tremblay, R., & Pérusse, D. (2008). Linkages between children's and their friends' social and physical aggression: Evidence for a gene-environment interaction? *Child Development, 79*, 13–29.

Brennan, F., & Ireson, J. (1997). Training phonological awareness: A study to evaluate the effects of a program of metalinguistic games in kindergarten. *Reading & Writing, 9*, 241–263.

Bretherton, I. (1991). Pouring new wine into old bottles: The social self as internal working model. In M. R. Gunnar & L. A. Sroufe (Eds.), *The Minnesota symposia on child development* (Vol. 23, pp. 1–42). Hillsdale, NJ: Erlbaum.

Bretherton, I. (1993). From dialogue to internal working models: The co-construction of self in relationships. In C. A. Nelson (Ed.), *The Minnesota symposia on child psychology* (Vol. 26, pp. 237–264). Hillsdale, NJ: Erlbaum.

Breyer, J., & Winters, K. (2005). *Adolescent brain development: Implications for drug use prevention.* Retrieved April 15, 2008, from http://www.mentorfoundation.org/pdfs/prevention_perspectives/19.pdf

Bridgeland, J., DiIulio, J., & Morison, K. (2006). *The silent epidemic: Perspectives of high school dropouts.* Retrieved September 9, 2008, from http://www.gatesfoundation.org/nr/downloads/ed/thesilentepidemic3-06final.pdf

Bright, S., McKillop, D., & Ryder, D. (2008). Cigarette smoking among young adults: Integrating adolescent cognitive egocentrism with the Trans-Theoretical Model. *Australian Journal of Psychology, 60*, 18–25.

Bright-Paul, A., Jarrold, C., & Wright, D. (2008). Theory-of-mind development influences suggestibility and source monitoring. *Developmental Psychology, 44*, 1055–1068.

Briones, T., Klintsova, A., & Greenough, W. (2004). Stability of synaptic plasticity in the adult rat visual cortex induced by complex environment exposure. *Brain Research, 1018*, 130–135.

British Columbia Ministry of Education. (2001). *English as a second language.* Retrieved October 6, 2001, from http://www.bced.gov.bc.ca/esl/policy/introduction.htm

Broberg, A. G., Wessels, H., Lamb, M. E., & Hwang, C. P. (1997). Effects of day care on the development of cognitive abilities in 8-year-olds: A longitudinal study. *Developmental Psychology, 33*, 62–69.

Brockington, I. (1996). *Motherhood and mental health.* Oxford, England: Oxford University Press.

Brody, G., Kim, S., Murry, V., & Brown, A. (2003). Longitudinal direct and indirect pathways linking older sibling competence to the development of younger sibling competence. *Developmental Psychology, 39*, 618–628.

Brody, G. H., Stoneman, Z., & Flor, D. (1995). Linking family processes and academic competence among rural African American youths. *Journal of Marriage and the Family, 47*, 567–579.

Brody, N. (1992). *Intelligence* (2nd ed.). San Diego, CA: Academic Press.

Brody, N. (1997). Intelligence, schooling, and society. *American Psychologist, 52*, 1046–1050.

Broman, C. L. (1993). Race differences in marital well-being. *Journal of Marriage and the Family, 55*, 724–732.

Broman, S. H., Nichols, P. L., & Kennedy, W. A. (1975). *Preschool IQ: Prenatal and early developmental correlates.* Hillsdale, NJ: Erlbaum.

Broman, S. H., Nichols, P. L., Shaughnessy, P., & Kennedy, W. (1987). *Retardation in young children.* Hillsdale, NJ: Erlbaum.

Bronfenbrenner, U. (1967, October 7). The split-level American family. *Saturday Review*, 60–66.

Bronfenbrenner, U. (1979). *The ecology of human development.* Cambridge, MA: Harvard University Press.

Bronfenbrenner, U. (1989). Ecological systems theory. *Annals of Child Development, 6*, 187–249.

Bronfenbrenner, U. (2001). The bioecological theory of human development. In N. Smelser & P. Baltes (Eds.), *International encyclopedia of the social and behavioral sciences* (pp. 6963–6970). New York: Elsevier.

Bronson, G. W. (1994). Infants' transitions toward adult-like scanning. *Child Development, 65*, 1253–1261.

Brook, J., Whiteman, M., Finch, S., & Cohen, P. (2000). Longitudinally foretelling drug use in the late twenties: Adolescent personality and social-environmental antecedents. *Journal of Genetic Psychology, 161*, 37–51.

Brook, U., & Boaz, M. (2005). Attention deficit and hyperactivity disorder/learning disabilities (ADHD/LD): Parental characterization and perception. *Patient Education & Counseling, 57*, 96–100.

Brooks-Gunn, J. (1987). Pubertal processes and girls' psychological adaptation. In R. M. Lerner & T. T. Foch (Eds.), *Biological-psychosocial interactions in early adolescence* (pp. 123–154). Hillsdale, NJ: Erlbaum.

Brooks-Gunn, J. (1988). Commentary: Developmental issues in the transition to early adolescence. In M. R. Gunnar & W. A. Collins (Eds.), *Minnesota symposia on child psychology* (Vol. 21, pp. 189–208). Hillsdale, NJ: Erlbaum.

Brooks-Gunn, J. (1995). Children in families in communities: Risk and intervention in the Bronfenbrenner tradition. In P. Moen, G. H. Elder Jr., & K. Lüscher (Eds.), *Examining lives in context: Perspectives on the ecology of human development* (pp. 467–519). Washington, DC: American Psychological Association.

Brooks-Gunn, J., & Duncan G. J. (1997). The effects of poverty on children. *The Future of Children, 7*(2), 55–71.

Brooks-Gunn, J., Duncan, G. J., & Aber, J. L. (Eds.). (1997). *Neighborhood poverty: Vol 1. Context and consequences for children.* New York: Russell Sage Foundation.

Brooks-Gunn, J., Guo, G., & Furstenberg, F. F., Jr. (1993). Who drops out of and who continues beyond high school? A 20-year follow-up of black urban youth. *Journal of Research on Adolescence, 3*, 271–294.

Brooks-Gunn, J., Han, W., & Waldfogel, J. (2002). Maternal employment and child cognitive outcomes in the first three years of life: The NICHD study of early child care. *Child Development, 73*, 1052–1072.

Brooks-Gunn, J., & Warren, M. P. (1985). The effects of delayed menarche in different contexts: Dance and nondance students. *Journal of Youth and Adolescence, 13*, 285–300.

Brosnan, M. (1998). Spatial ability in children's play with Lego blocks. *Perceptual & Motor Skills, 87*, 19–28.

Broverman, I. K., Broverman, D., Clarkson, F. E., Rosenkrantz, P. S., & Vogel, S. R. (1970). Sex-role stereotypes and clinical judgments of mental health. *Journal of Consulting and Clinical Psychology, 34*, 1–7.

Brown, A. (2000–2001). Prenatal infection and adult schizophrenia: A review and synthesis. *International Journal of Mental Health, 29*, 22–37.

Brown, A., & Day, J. (1983). Macrorules for summarizing text: The development of expertise. *Journal of Verbal Learning and Verbal Behavior, 22*, 1–14.

Brown, B. B. (1990). Peer groups and peer cultures. In S. S. Feldman & G. R. Elliott (Eds.), *At the threshold: The developing adolescent* (pp. 171–196). Cambridge, MA: Harvard University Press.

Brown, B. B., Dolcini, M. M., & Leventhal, A. (1995, April). *The emergence of peer crowds: Friend or foe to adolescent health?* Artigo apresentado no encontro bianual da Society for Research in Child Development, Indianapolis.

Brown, B. B., Mory, M. S., & Kinney, D. (1994). Casting adolescent crowds in a relational perspective: Caricature, channel, and context. In R. Montemayor, G. R. Adams, & T. P. Gullotta (Eds.), *Personal relationships during adolescence* (pp. 123–167). Thousand Oaks, CA: Sage.

Brown, G., McBride, B., Shin, N., & Bost, K. (2007). Parenting predictors of father-child attachment security: Interactive effects of father involvement and fathering quality. *Fathering, 5*, 197–219.

Brown, L., Karrison, T., & Cibils, L. A. (1994). Mode of delivery and perinatal results in breech presentation. *American Journal of Obstetrics and Gynecology, 171*, 28–34.

Brown, N., & Amatea, E. (2000). *Love and intimate relationships.* New York: Psychology Press.

Brown, R. (1973). *A first language: The early stages.* Cambridge, MA: Harvard University Press.

Brown, R., & Bellugi, U. (1964). Three processes in the acquisition of syntax. *Harvard Educational Review, 334*, 133–151.

Brown, R., & Hanlon, C. (1970). Derivational complexity and order of acquisition. In J. R. Hayes (Ed.), *Cognition and the development of language* (pp. 155–207). New York: Wiley.

Brown, S., Estroff, J., & Barnewolf, C. (2004). Fetal MRI. *Applied Radiology, 33*, 9–25.

Brown, W., Kesler, S., Eliez, S., Warsofsky, I., Haberecht, M., Patwardhan, A., Ross, J., Neely, E., Zeng, S., Yankowitz, J., & Reiss, A. (2002). Brain development in Turner syndrome: A magnetic resonance imaging study. *Psychiatry Research: Neuroimaging, 116*, 187–196.

Brownell, C. A. (1990). Peer social skills in toddlers: Competencies and constraints illustrated by same-age and mixed-age interaction. *Child Development, 61*, 836–848.

Brownell, K. D., & Fairburn, C. G. (Eds.). (1995). *Eating disorders and obesity: A comprehensive handbook.* New York: Guilford Press.

Bruck, M., & Ceci, S. J. (1997). The suggestibility of young children. *Current Directions in Psychological Science, 6,* 75–79.

Bruck, M., Ceci, S. J., & Hembrooke, H. (1998). Reliability and credibility of young children's reports: From research to policy and practice. *American Psychologist, 53,* 136–151.

Bryant, P., MacLean, M., & Bradley, L. (1990). Rhyme, language, and children's reading. *Applied Psycholinguistics, 11,* 237–252.

Bryant, P. E., MacLean, M., Bradley, L. L., & Crossland, J. (1990). Rhyme and alliteration, phoneme detection, and learning to read. *Developmental Psychology, 26,* 429–438.

Buchanan, C. M., Maccoby, E. E., & Dornbusch, S. M. (1991). Caught between parents: Adolescents' experience in divorced homes. *Child Development, 62,* 1008–1029.

Buhrmester, D. (1992). The developmental courses of sibling and peer relationships. In F. Boer & J. Dunn (Eds.), *Children's sibling relationships: Developmental and clinical issues.* Hillsdale, NJ: Erlbaum.

Buhrmester, D. (1996). Need fulfillment, interpersonal competence, and the developmental contexts of early adolescent friendship. In W. M. Bukowski, A. F. Newcomb, & W. W. Hartup (Eds.), *The company they keep: Friendship in childhood and adolescence* (pp. 158–185). Cambridge, England: Cambridge University Press.

Buhrmester, D., & Furman, W. (1990). Perceptions of sibling relationships during middle childhood and adolescence. *Child Development, 61,* 1387–1398.

Bukowski, W., Sippola, L., & Hoza, B. (1999). Same and other: Interdependency between participation in same- and other-sex friendships. *Journal of Youth & Adolescence, 28,* 439–459.

Burchinal, M., Lee, M., & Ramey, C. (1989). Type of day-care and preschool intellectual development in disadvantaged children. *Child Development, 60,* 128–137.

Burgess, S. (1997). The role of shared reading in the development of phonological awareness: A longitudinal study of middle to upper class children. *Early Child Development & Care, 127–128,* 191–199.

Burgess, S. (2005). The preschool home literacy environment provided by teenage mothers. *Early Child Development & Care, 175,* 249–258.

Burgess, S., Propper, C., & Rigg, J. (2004). *The impact of low income on child health: Evidence from a birth cohort study.* CASE Paper 85. Center for Analysis of Social Exclusion. Retrieved March 20, 2008, from http://sticerd.lse.ac.uk/dps/case/cp/CASEpaper85.pdf

Burn, S., O'Neil, A., & Nederend, S. (1996). Childhood tomboyishness and adult androgyny. *Sex Roles, 34,* 419–428.

Burt, S., McGue, M., Krueger, R., & Iacono, W. (2005). How are parent-child conflict and childhood externalizing symptoms related over time? Results from a genetically informative cross-lagged study. *Journal of Child Psychology and Psychiatry, 46,* 263–274.

Burton, L. (1992). Black grandparents rearing children of drug-addicted parents: Stressors, outcomes, and the social service needs. *Gerontologist, 31,* 744–751.

Bus, A., & van IJzendoorn, M. (1999). Phonological awareness and early reading: A meta-analysis of experimental training studies. *Journal of Educational Psychology, 91,* 403–414.

Bushman, B., & Huesmann, R. (2006). Short-term and long-term effects of violent media on aggression in children and adults. *Archives of Pediatric Adolescent Medicine, 160,* 348–352.

Bushnell, I. (2001). Mother's face recognition in newborn infants: Learning and memory. *Infant and Child Development, 10,* 67–74.

Buss, A. H. (1989). Temperaments as personality traits. In G. A. Kohnstamm, J. E. Bates, & M. K. Rothbart (Eds.), *Temperament in childhood* (pp. 39–58). Chichester, England: Wiley.

Buss, A. H., & Plomin, R. (1984). *Temperament: Early developing personality traits.* Hillsdale, NJ: Erlbaum.

Buss, A. H., & Plomin, R. (1986). The EAS approach to temperament. In R. Plomin & J. Dunn (Eds.), *The study of temperament: Changes, continuities and challenges* (pp. 67–80). Hillsdale, NJ: Erlbaum.

Bussey, K., & Bandura, A. (2004). Social cognitive theory of gender development and functioning. In E. Eagly, A. Beall, & R. Sternberg (Eds.), *The psychology of gender* (2nd ed., pp. 92–119). New York: Guilford.

Butterfield, S., Lehnhard, R., Lee, J., & Coladarci, T. (2004). Growth rates in running speed and vertical jumping by boys and girls ages 11–13. *Perceptual & Motor Skills, 99,* 225–234.

Buzi, R., Roberts, R., Ross, M., Addy, R., & Markham, C. (2003). The impact of a history of sexual abuse on high-risk sexual behaviors among females attending alternative school. *Adolescence, 38,* 595–605.

Cairns, R. B. (1991). Multiple metaphors for a singular idea. *Developmental Psychology, 27,* 23–26.

Cairns, R. B., & Cairns, B. D. (1994). *Lifelines and risks: Pathways of youth in our time.* Cambridge, England: Cambridge University Press.

Caldera, Y. (2004). Paternal involvement and infant-father attachment: A Q-set study. *Fathering, 2,* 191–210.

Calhoun, S., & Dickerson Mayes, S. (2005). Processing speed in children with clinical disorders. *Psychology in the Schools, 42,* 333–343.

Calkins, S., Dedmon, S., Gill, K., Lomax, L., & Johnson, L. (2002). Frustration in infancy: Implications for emotion regulation, physiological processes, and temperament. *Infancy, 3,* 175–197.

Callaghan, T., Rochat, P., Lillard, A., Claux, M., Odden, H., Itakura, S., Tapanya, S., & Singh, S. (2005). Synchrony in the onset of mental-state reasoning: Evidence from five cultures. *Psychological Science, 16,* 378–384.

Callahan, K., Rademacher, J., Hildreth, B., & Hildreth, B. (1998). The effect of parent participation in strategies to improve the homework performance of students who are at risk. *Remedial & Special Education, 19,* 131–141.

Calvert, S., & Kotler, J. (2003). Lessons from children's television: The impact of the Children's Television Act on children's learning. *Applied Developmental Psychology, 24,* 275–335.

Camaioni, L., & Longobardi, E. (1995). Nature and stability of individual differences in early lexical development of Italian-speaking children. *First Language, 15,* 203–218.

Camarata, S., & Woodcock, R. (2006). Sex differences in processing speed: Developmental effects in males and females. *Intelligence, 34,* 231–252.

Cameron, L. (1998). *The music of light: The extraordinary story of Hikari and Kenzaburo Oe.* New York: Free Press.

Campbell, F., Pungello, E., Miler-Johnson, S., Burchinal, M., & Ramey, C. (2001). The development of cognitive and academic abilities: Growth curves from an early childhood educational experiment. *Developmental Psychology, 37,* 231–242.

Campbell, F. A., & Ramey, C. T. (1994). Effects of early intervention on intellectual and academic achievement: A follow-up study of children from low-income families. *Child Development, 65,* 684–698.

Campbell, R. L., & Bickhard, M. H. (1992). Types of constraints on development: An interactivist approach. *Developmental Review, 12,* 311–338.

Campbell, S. B., & Ewing, L. J. (1990). Follow-up of hard-to-manage preschoolers: Adjustment at age 9 and predictors of continuing symptoms. *Journal of Child Psychology and Psychiatry, 31,* 871–889.

Campbell, S. B., Pierce, E. W., March, C. L., & Ewing, L. J. (1991). Noncompliant behavior, overactivity, and family stress as predictors of negative maternal control with preschool children. *Development and Psychopathology, 3*, 175–190.

Campione, J. C., & Brown, A. L. (1984). Learning ability and transfer propensity as sources of individual differences in intelligence. In P. H. Brooks, C. McCauley, & R. Sperber (Eds.), *Learning and cognition in the mentally retarded.* Hillsdale, NJ: Erlbaum.

Campione, J. C., Brown, A. L., & Ferrara, R. A. (1982). Mental retardation and intelligence. In J. R. Sternberg (Ed.), *Handbook of human intelligence* (pp. 392–492). Cambridge, England: Cambridge University Press.

Campione, J. C., Brown, A. L., Ferrara, R. A., Jones, R. S., & Steinberg, E. (1985). Breakdowns in flexible use of information: Intelligence-related differences in transfer following equivalent learning performance. *Intelligence, 9*, 297–315.

Cantwell, D. P. (1990). Depression across the early life span. In M. Lewis & S. M. Miller (Eds.), *Handbook of developmental psychopathology* (pp. 293–310). New York: Plenum Press.

Cappella, E., & Weinstein, R. (2001). Turning around reading achievement: Predictors of high school students' academic resilience. *Journal of Educational Psychology, 93*, 758–771.

Capron, C., & Duyme, M. (1989). Assessment of effects of socio-economic status on IQ in a full cross-fostering study. *Nature, 340*, 552–554.

Capute, A. J., Palmer, F. B., Shapiro, B. K., Wachtel, R. C., Ross, A., & Accardo, P. J. (1984). Primitive reflex profile: A quantification of primitive reflexes in infancy. *Developmental Medicine and Child Neurology, 26*, 375–383.

Caputo, R. (2004). Parent religiosity, family processes, and adolescent outcomes. *Families in Society, 85*, 495–510.

Carey, S., & Bartlett, E. (1978). Acquiring a single new word. *Papers & Reports on Child Language Development, 15*, 17–29.

Carlson, E., Sampson, M., & Sroufe, A. (2003). Implications of attachment theory and research for developmental-behavioral pediatrics. *Journal of Developmental and Behavioral Pediatrics, 24*, 364–379.

Carlson, E., & Sroufe, A. (1995). Contribution of attachment theory to developmental psychopathology. In D. Cicchetti & D. J. Cohen (Eds.), *Developmental psychopathology: Vol. 1. Theory and methods* (pp. 581–617). New York: Wiley.

Carlson, E., Sroufe, A., & Egeland, B. (2004). The construction of experience: A longitudinal study of representation and behavior. *Child Development, 75*, 66–83.

Carlson, S., & Meltzoff, A. (2008). Bilingual experience and executive functioning in young children. *Developmental Science, 11*, 282–298.

Carlson, V., & Harwood, R. (2003). Alternative pathways to competence: Culture and early attachment relationships. In S. Johnson & V. Whiffen (Eds.), *Attachment processes in couple and family therapy* (pp. 85–99). New York: Guilford Press.

Caron, A. J., & Caron, R. F. (1981). Processing of relational information as an index of infant risks. In S. Friedman & M. Sigman (Eds.), *Preterm birth and psychological development* (pp. 219–240). New York: Academic Press.

Caron, A. J., Caron R. F., Roberts, J., & Brooks, R. (1997). Infant sensitivity to deviations in dynamic facial-vocal displays: The role of eye regard. *Developmental Psychology, 33*, 802–813.

Carr, C. (2007). Where have all the tomboys gone? Women's accounts of gender in adolescence. *Sex Roles, 56*, 439–448.

Carson, D., Klee, T., & Perry, C. (1998). Comparisons of children with delayed and normal language at 24 months of age on measures of behavioral difficulties, social and cognitive development. *Infant Mental Health, 19*, 59–75.

Carter, A., Garrity-Rokous, F., Chazan-Cohen, R., Little, C., & Briggs-Gowan, M. (2001). Maternal depression and comorbidity: Predicting early parenting, attachment security, and toddler social-emotional problems and competencies. *Journal of the American Academy of Child and Adolescent Psychiatry, 40*, 18–26.

Carver, P., Egan, S., & Perry, D. (2004). Children who question their heterosexuality. *Developmental Psychology, 40*, 43–53.

Casasola, M., & Cohen, L. (2000). Infants' association of linguistic labels with causal actions. *Developmental Psychology, 36*, 155–168.

Case, A., Lee, D., & Paxson, C. (2007). *The income gradient in children's health: A comment on Currie, Shields and Wheatley Price.* NBER Working Paper No. W13495. Retrieved March 19, 2008, from http://ssrn.com/abstract=1021973

Case, A., Lubotsky, D., & Paxson, C. (2002). Economic status and health in childhood: The origins of the gradient. *American Economic Review, 92*, 1308–1334.

Case, R. (1985). *Intellectual development: Birth to adulthood.* New York: Academic Press.

Case, R. (1991). Stages in the development of the young child's first sense of self. *Developmental Review, 11*, 210–230.

Case, R. (1992). *The mind's staircase: Exploring thought and knowledge.* Hillsdale, NJ: Erlbaum.

Caselli, C., Casadio, P., & Bates, E. (1997). *A cross-linguistic study of the transition from first words to grammar* (Technical Report No. CND-9701). Center for Research in Language, University of California, San Diego.

Casey, B., McIntire, D., & Leveno, K. (2001). The continuing value of the Apgar score for the assessment of newborn infants. *New England Journal of Medicine, 344*, 467–471.

Cashmore, J., & Parkinson, P. (2008). Children's and parents' perceptions on children's participation in decision making after parental separation and divorce. *Family Court Review, 46*, 91–104.

Cashmore, J., Parkinson, P., & Taylor, A. (2008). Overnight stays and children's relationships with resident and nonresident parents after divorce. *Journal of Family Issues, 29*, 707–733.

Cashon, C., & Cohen, L. (2000). Eight-month-old infants' perceptions of possible and impossible events. *Infancy, 1*, 429–446.

Caslyn, C., Gonzales, P., & Frase, M. (1999). *Highlights from the third international Mathematics and Science Study.* Washington, DC: National Center for Educational Statistics.

Casper, L., & Smith, K. (2002). Dispelling the myths: Self-care, class, and race. *Journal of Family Issues, 23*, 716–727.

Caspi, A. (2000). The child is father of the man: Personality continuities from childhood to adulthood. *Journal of Personality & Social Psychology, 78*, 158–172.

Caspi, A., Harkness, A. R., Moffitt, T. E., & Silva, P. A. (1996). Intellectual performance: Continuity and change. In P. A. Silva & W. R. Stanton (Eds.), *From child to adult: The Dunedin Multidisciplinary Health and Development Study* (pp. 59–74). Aukland: Oxford University Press.

Caspi, A., Harrington, H., Milne, B., Amell, J., Theordore, R., & Moffitt, T. E. (2003). Children's behavioral styles at age 3 are linked to their adult personality traits at age 26. *Journal of Personality, 71*, 495–513.

Caspi, A., & Moffitt, T. E. (1991). Individual differences are accentuated during periods of social change: The sample case of girls at puberty. *Journal of Personality and Social Psychology, 61*, 157–168.

Caspi, A., & Moffitt, T. E. (2006). Gene-environment interactions in psychiatry: Joining forces with neuroscience. *Nature Reviews: Neuroscience, 7*, 583–590.

Caspi, A., & Shiner, R. (2006). Personality development. In N. Eisenberg, W. Damon, & R. Lerner (Eds.), *Handbook of child psychology: Vol. 3, Social, emotional, and personality development* (6th ed., pp. 300–365). Hoboken, NJ: Wiley.

Cassidy, J., & Berlin, L. J. (1994). The insecure/ambivalent pattern of attachment: Theory and research. *Child Development, 65*, 971–991.

Castellino, D., Lerner, J., Lerner, R., & von Eye, A. (1998). Maternal employment and education: Predictors of young adolescent career trajectories. *Applied Developmental Science, 2*, 114–126.

Cato, J., & Canetto, S. (2003). Attitudes and beliefs about suicidal behavior when coming out is the precipitant of the suicidal behavior. *Sex Roles, 49*, 497–505.

Cavill, S., & Bryden, P. (2003). Development of handedness: Comparison of questionnaire and performance-based measures of preference. *Brain & Cognition, 53*, 149–151.

Cecchini, M., Lai, C., & Langher, V. (2007). Communication and crying in newborns. *Infant Behavior & Development, 30*, 655–665.

Ceci, S. J., & Bruck, M. (1995). *Jeopardy in the courtroom: A scientific analysis of children's testimony.* Washington, DC: American Psychological Association.

Cederblad, M., Pruksachatkunakorn, P., Boripunkul, T., Intra-prasert, S., & Hook, B. (2003). Sense of coherence in a Thai sample. *Transcultural Psychiatry, 40*, 585–600.

Centers for Disease Control. (1992). Pregnancy risks determined from birth certificate data—United States, 1989. *Morbidity & Mortality Weekly Report, 41*(30), 556–563.

Centers for Disease Control. (1995a). Chorionic villus sampling and amniocentesis: Recommendations for prenatal counseling. *Morbidity & Mortality Weekly Report, 44*(RR-9), 1–12.

Centers for Disease Control. (1995b). U.S. Public Health Service recommendations for human immunodeficiency virus counseling and voluntary testing for pregnant women. *Mortality & Morbidity Weekly Report, 44*(RR-7), 1–15.

Centers for Disease Control. (1996). Population-based prevalence of perinatal exposure to cocaine: Georgia, 1994. *Morbidity & Mortality Weekly Report, 45*, 887.

Centers for Disease Control. (2000). Youth risk behavior surveillance—United States, 1999. *Morbidity & Mortality Weekly Report, 49*, 1–96.

Centers for Disease Control (CDC). (2004a). Sexually transmitted disease surveillance 2001, supplement, chlamydia prevalence monitoring project. Retrieved May 4, 2005, from http://www.cdc.gov/std/Chlamydia2003/

Centers for Disease Control (CDC). (2004b). Surveillance summaries. *Morbidity & Mortality Weekly Report, 53*, 2–29.

Centers for Disease Control (CDC). (2006a). *Cytomegalovirus.* Retrieved August 4, 2008, from http://www.cdc.gov/cmv/facts.htm

Centers for Disease Control (CDC). (2006b). *HPV vaccine questions and answers.* Retrieved June 29, 2006, from http://www.cdc.gov/std/hpv/STDFact-HPV-vaccine.htm#vaccine

Centers for Disease Control (CDC). (2006c). Improved national prevalence estimates for 18 selected major birth defects: United States, 1999–2001. *Morbidity & Mortality Weekly Report, 54*, 1301–1305.

Centers for Disease Control (CDC). (2006d). *Sudden Infant Death Syndrome (SIDS): Risk factors.* Retrieved June 8, 2007, from http://www.cdc.gov/SIDS/riskfactors.htm

Centers for Disease Control (CDC). (2006e). *Understanding child maltreatment.* Retrieved June 14, 2007, from http://www.cdc.gov/ncipc/pub-res/CMFactsheet.pdf

Centers for Disease Control (CDC). (2006f). Youth risk behavior surveillance: United States, 2005. *Morbidity & Mortality Weekly Report, 55*, 1–112.

Centers for Disease Control (CDC). (2007a). *HIV/AIDS: Pregnancy and childbirth.* Retrieved August 4, 2008, from http://www.cdc.gov/hiv/topics/perinatal/index.htm

Centers for Disease Control (CDC). (2007b). *HIV/AIDS surveillance in adolescents and young adults (through 2005).* Retrieved April 11, 2008, from http://www.cdc.gov/hiv/topics/surveillance/resources/slides/adolescents/index.htm

Centers for Disease Control (CDC). (2007c). *Sexually transmitted disease surveillance 2006 supplement.* Retrieved April 9, 2008, from http://www.cdc.gov/std/Chlamydia2006/CTSurvSupp-2006Short.pdf

Centers for Disease Control (CDC). (2007d). *Suicide: Fact sheet.* Retrieved June 22, 2007, from http://www.cdc.gov/ncipc/factsheets/suifacts.htm

Centers for Disease Control (CDC). (2007e). *Tips for parents: Ideas and tips to help prevent child overweight.* Retrieved June 19, 2007, from http://www.cdc.gov/nccdphp/dnpa/obesity/childhood/tips_for_parents.htm

Chalfant, J. C. (1989). Learning disabilities: Policy issues and promising approaches. *American Psychologist, 44*, 392–398.

Chambers, C., & Vaux, K. (2006). *Fetal alcohol syndrome.* Retrieved August 7, 2008, from http://www.emedicine.com/ped/TOPIC767.HTM

Chan, R., Raboy, B., & Patterson, C. (1998). Psychosocial adjustment among children conceived via donor insemination by lesbian and heterosexual mothers. *Child Development, 69*, 443–457.

Chang, F., & Burns, B. (2005). Attention in preschoolers: Associations with effortful control and motivation. *Child Development, 76*, 247–263.

Chang, L., & Murray, A. (1995, April). *Math performance of 5- and 6-year-olds in Taiwan and the U.S.: Maternal beliefs, expectations, and tutorial assistance.* Artigo apresentado no encontro bianual da Society for Research in Child Development, Indianapolis.

Chang, L., Schwartz, D., Dodge, K., & McBride-Chang, C. (2003). Harsh parenting in relation to child emotion regulation and aggression. *Journal of Family Psychology, 17*, 598–606.

Chao, R., & Tseng, V. (2002). Parenting of Asians. In M. Bornstein (Ed.), *Handbook of parenting: Volume 4: Social conditions and applied parenting* (2nd ed., pp. 59–93). Mahwah, NJ: Erlbaum.

Chapa, J., & Valencia, R. R. (1993). Latino population growth, demographic characteristics, and educational stagnation: An examination of recent trends. *Hispanic Journal of Behavioral Sciences, 15*, 165–187.

Chapman, K., Nicholas, P., & Supramaniam, R. (2006). How much food advertising is there on Australian television? *Health Promotion International, 21*, 172–180.

Charman, T., Redfern, S., & Fonagy, P. (1995, April). *Individual differences in theory of mind acquisition: The role of attachment security.* Artigo apresentado no encontro bianual da Society for Research in Child Development, Indianapolis.

Charman, T., Ruffman, T., & Clements, W. (2002). Is there a gender difference in false belief development? *Social Development, 11*, 1–10.

Charuvastra, A., & Cloitre, M. (2008). Social bonds and posttraumatic stress disorder. *Annual Review of Psychology, 59*, 301–328.

Chase-Lansdale, P., Cherlin, A., & Kiernan, K. (1995). The long-term effects of parental divorce on the mental health of young adults: A developmental perspective. *Child Development, 66*, 1614–1634.

Chavajay, P., & Rogoff, B. (2002). Schooling and traditional collaborative social organization of problem solving by Mayan mothers and children. *Developmental Psychology, 38*, 55–66.

Chen, E. (2004). Why socioeconomic status affects the health of children: A psychosocial perspective. *Current Directions in Psychological Science, 13*, 112–115.

Chen, H. (2007). *Down syndrome.* Retrieved August 7, 2008, from http://www.emedicine.com/ped/TOPIC615.HTM

Chen, X., He, Y., Chang, L., & Liu, H. (2005). The peer group as a context: Moderating effects on relations between maternal parenting and social and school adjustment in Chinese children. *Child Development, 76*, 417–434.

Chen, X., Wang, L., & DeSouza, A. (2006). Temperament, socioemotional functioning, and peer relationships in Chinese and North American children. In X. Chen, D. French, & B. Schneider (Eds.), *Peer relationships in cultural context* (pp. 123–147). New York: Cambridge University Press.

Chen, Z. (1999). Ethnic similarities and differences in the association of emotional autonomy and adolescent outcomes: Comparing Euro-American and Asian-American adolescents. *Psychological Reports, 84*, 501–516.

Chen, Z., Dong, Q., & Zhou, H. (1997). Authoritative and authoritarian parenting practices and social and school performance in Chinese children. *International Journal of Behavioral Development, 21*, 855–873.

Cheng, A., McDonald, J., & Thielman, N. (2005). Infectious diarrhea in developed and developing countries. *Journal of Clinical Gastroenterology, 39*, 757–773.

Cherlin, A. (1992). *Marriage, divorce, remarriage.* Cambridge, MA: Harvard University Press.

Cherlin, A., Chase-Lansdale, P., & McRae, C. (1998). Effects of parental divorce on mental health throughout the life course. *American Sociological Review, 63*, 239–249.

Cherry, V., Belgrave, F., Jones, W., Kennon, D., Gray, F., & Phillips, F. (1998). NTU: An Africentric approach to substance abuse prevention among African American youth. *Journal of Primary Prevention, 18*, 319–339.

Chess, S., & Thomas, A. (1984). *Origins and evolution of behavior disorders: Infancy to early adult life.* New York: Brunner/Mazel.

Chi, M. T. (1978). Knowledge structure and memory development. In R. S. Siegler (Ed.), *Children's thinking: What develops?* (pp. 73–96). Hillsdale, NJ: Erlbaum.

Chiappe, P., Glaeser, B., & Ferko, D. (2007). Speech perception, vocabulary, and the development of reading skills in English among Korean- and English-speaking children. *Journal of Educational Psychology, 99*, 154–166.

Chiappe, P., & Siegel, L. (1999). Phonological awareness and reading acquisition in English- and Punjabi-speaking Canadian children. *Journal of Educational Psychology, 91*, 20–28.

Children's Hospital of Philadelphia. (2008, March 3). In early childhood, continuous care by one doctor best, study suggests. Retrieved March 18, 2008, from http://www.sciencedaily.com/releases/2008/03/080303072646.htm

"Children spend more time playing video games than watching TV, MSU survey shows." (2004, April 4). Retrieved July 23, 2005, from http://www.newsroom.msu.edu/site/indexer/1943/content.htm

Chisholm, J. S. (1989). Biology, culture, and the development of temperament: A Navaho example. In J. K. Nugent, B. M. Lester, & T. B. Brazelton (Eds.), *The cultural context of infancy: Vol. 1. Biology, culture, and infant development.* Norwood, NJ: Ablex.

Choi, S. (2000). Caregiver input in English and Korean: Use of nouns and verbs in book-reading and toy-play contexts. *Journal of Child Language, 27*, 69–96.

Chomsky, N. (1965). *Aspects of a theory of syntax.* Cambridge, MA: MIT Press.

Chomsky, N. (1975). *Reflections on language.* New York: Pantheon Books.

Chomsky, N. (1986). *Knowledge of language: Its nature, origin, and use.* New York: Praeger.

Chomsky, N. (1988). *Language and problems of knowledge.* Cambridge, MA: MIT Press.

Chong, B., Babcook, C., Salamat, M., Nemzek, W., Kroeker, D., & Ellis, W. (1996). A magnetic resonance template for normal neuronal migration in the fetus. *Neurosurgery, 39*, 110–116.

Chopak, J., Vicary, J., & Crockett, L. (1998). Predicting alcohol and tobacco use in a sample of rural adolescents. *American Journal of Health Behavior, 22*, 334–341.

Christakis, D., Zimmerman, F., Giuseppe, D., & McCarty, C. (2004). Early television exposure and subsequent attentional problems in children. *Pediatrics, 113*, 708–713.

Christensen, C. (1997). Onset, rhymes, and phonemes in learning to read. *Scientific Studies of Reading, 1*, 341–358.

Christie-Mizell, C., Pryor, E., & Grossman, E. (2008). Child depressive symptoms, spanking, and emotional support: Differences between African American and European American youth. *Family Relations, 57*, 335–350.

Chudley, A., Conry, J., Cook, J., Loock, C., Rosales, T., & LeBlanc, N. (2005). Fetal alcohol spectrum disorder: Canadian guidelines for diagnosis. *Canadian Medical Association Journal, 172*, S1–S21.

Chudzik, L. (2007). Moral judgment and conduct disorder intensity in adolescents involved in delinquency: Matching controls by school grade. *Psychological Reports, 101*, 221–236.

Cicchetti, D. (2008). A multiple-levels-of-analysis perspective on research in development and psychopathology. In T. Beauchaine & S. Hinshaw (Eds.), *Child and adolescent psychopathology* (pp. 27–57). Hoboken, NJ: Wiley.

Cicchetti, D., Rogosch, F., Maughan, A., Toth, S., & Bruce, J. (2003). False belief understanding in maltreated children. *Development & Psychopathology, 15*, 1067–1091.

Cicchetti, D., Rogosch, F., & Sturge-Apple, M. (2007). Interactions of child maltreatment and 5-HTT and monoamine oxidase A polymorphisms: Depressive symptomatology among adolescents from low-socioeconomic status backgrounds. *Development and Psychopathology, 19*, 1161–1180.

Cicchetti, D., & Toth, S. L. (1998). The development of depression in children and adolescents. *American Psychologist, 53*, 221–241.

Cillessen, A. H. N., van IJzendoorn, H. W., van Lieshout, C. F. M., & Hartup, W. W. (1992). Heterogeneity among peer-rejected boys: Subtypes and stabilities. *Child Development, 63*, 893–905.

Clark, E. V. (1975). Knowledge, context, and strategy in the acquisition of meaning. In D. P. Date (Ed.), *Georgetown University round table on language and linguistics.* Washington, DC: Georgetown University Press.

Clark, E. V. (1983). Meanings and concepts. In J. H. Flavell & E. M. Markman (Eds.), *Handbook of child psychology: Cognitive development* (Vol. 3, pp. 787–840). New York: Wiley.

Clark, E. V. (1990). On the pragmatics of contrast. *Journal of Child Language, 41*, 417–431.

Clarke, A. M., & Clarke, A. D. B. (1976). *Early experience: Myth and evidence.* New York: Free Press.

Clarke-Stewart, K. A., Gruber, C. P., & Fitzgerald, L. M. (1994). *Children at home and in day care.* Hillsdale, NJ: Erlbaum.

Clayton, V. (2004, September 8). *What's to blame for the rise in ADHD?* Retrieved November 22, 2004, from http://www.msnbc.msn.com/id/5933775/

Coatsworth, J., Maldonado-Molina, M., Pantin, H., & Szapocznik, J. (2005). A person-centered and ecological investigation of acculturation strategies in Hispanic immigrant youth. *Journal of Community Psychology, 33*, 157–174.

Cobb, K. (2000, September 3). Breaking in drivers: Texas could join states restricting teens in effort to lower rate of fatal accidents. *Houston Chronicle*, A1, A20.

Cocodia, E., Kim, J., Shin, H., Kim, J., Ee, J., Wee, M., & Howard, R. (2003). Evidence that rising population intelligence is impacting formal education. *Personality & Individual Differences, 35*, 797–810.

Coe, C., Hayashi, K. T., & Levine, S. (1988). Hormones and behavior at puberty: Activation or concatenation? In M. R. Gunnar & W. A. Collins (Eds.), *Development during the transition to adolescence: Minnesota symposia on child psychology* (Vol. 21, pp. 17–42). Hillsdale, NJ: Erlbaum.

Cohen, D., Pichard, N., Tordjman, S., Baumann, C., Burglen, L., Excoffier, E., Lazar, G., Mazet, P., Pinquier, C., Verloes, A., & Heron, D. (2005). Specific genetic disorders and autism: Clinical contribution towards their identification. *Journal of Autism & Developmental Disorders, 35*, 103–116.

Cohen-Kettenis, P., & van Goozen, S. (1997). Sex reassignment of adolescent transsexuals: A follow-up study. *Journal of the American Academy of Child & Adolescent Psychiatry, 36*, 263–271.

Coie, J. D. (1997a, April). *Initial outcome evaluation of the prevention trial.* Artigo apresentado no encontro bianual da Society for Research in Child Development, Washington, DC.

Coie, J. D. (1997b, August). *Testing developmental theory of antisocial behavior with outcomes from the Fast Track Prevention Project.* Artigo apresentado no encontro bianual da American Psychological Association, Chicago.

Coie, J. D., & Cillessen, A. H. N. (1993). Peer rejection: Origins and effects on children's development. *Current Directions in Psychological Science, 2*, 89–92.

Coie, J. D., & Dodge, K. A. (1998). Aggression and antisocial behavior. In W. Damon (Ed.), *Handbook of child psychology: Vol. 3. Social, emotional, and personality development* (5th ed., pp. 779–862). New York: Wiley.

Coie, J. D., Terry, R., Lenox, K., Lochman, J., & Hyman, C. (1995). Childhood peer rejection and aggression as predictors of stable patterns of adolescent disorder. *Development and Psychopathology, 7*, 697–713.

Coiro, M. J. (1995, April). *Child behavior problems as a function of marital conflict and parenting.* Artigo apresentado no encontro bianual da Society for Research in Child Development, Indianapolis.

Colby, A., & Damon, W. (1992). *Some do care: Contemporary lives of moral commitment.* New York: Free Press.

Colby, A., Kohlberg, L., Gibbs, J., & Lieberman, M. (1983). A longitudinal study of moral judgment. *Monographs of the Society for Research in Child Development, 48*(1–2, Serial No. 200).

Cole, M. (2005). Culture in development. In M. Bornstein & M. Lamb (Eds.), *Developmental science: An advanced textbook* (5th ed., pp. 45–102). Hillsdale, NJ: Erlbaum.

Cole, P., Martin, S., & Dennis, T. (2004). Emotion regulation as a scientific construct: Methodological challenges and directions for child development research. *Child Development, 75*, 317–333.

Coley, R., & Chase-Lansdale, L. (1998). Adolescent pregnancy and parenthood: Recent evidence and future directions. *American Psychologist, 53*, 152–166.

Collaer, M. L., & Hines, M. (1995). Human behavioral sex differences: A role for gonadal hormones during early development? *Psychological Bulletin, 118*, 55–107.

Collet, J. P., Burtin, P., Gillet, J., Bossard, N., Ducruet, T., & Durr, F. (1994). Risk of infectious diseases in children attending different types of day-care setting. Epicreche Research Group. *Respiration, 61*, 16–19.

Collins, R., Elliott, M., Berry, S., Kanouse, D., Kunkel, D., Hunter, S., & Miu, A. (2004). Watching sex on television predicts adolescent initiation of sexual behavior. *Pediatrics, 114*, 280–289.

Colombo, J. (1993). *Infant cognition: Predicting later intellectual functioning.* Newbury Park, CA: Sage.

Combrinck-Graham, L., & Fox, G. (2007). Development of school-age children. In A. Martin, F. Volkmar, & M. Lewis (Eds.), *Lewis's child and adolescent psychiatry* (pp. 267–278). Philadelphia: Lippincott, Williams, & Wilkins.

Compas, B. E., Ey, S., & Grant, K. E. (1993). Taxonomy, assessment, and diagnosis of depression during adolescence. *Psychological Bulletin, 114*, 323–344.

Condry, J., & Condry, S. (1976). Sex differences: A study in the eye of the beholder. *Child Development, 47*, 812–819.

Conduct Problems Prevention Research Group. (2007). Fast Track randomized controlled trial to prevent externalizing psychiatric disorders: Findings from grades 3 to 9. *Journal of the American Academy of Child & Adolescent Psychiatry, 46*, 1250–1262.

Conger, R. D., Conger, K. J., Elder, G. H., Jr., Lorenz, F. O., Simons, R. L., & Whitbeck, L. B. (1992). A family process model of economic hardship and adjustment of early adolescent boys. *Child Development, 63*, 526–541.

Conger, R. D., Ge, X., Elder, G. H., Jr., Lorenz, F. O., & Simons, R. L. (1994). Economic stress, coercive family process, and developmental problems of adolescence. *Child Development, 65*, 541–561.

Conger, R. D., Patterson, G. R., & Ge, X. (1995). It takes two to replicate: A mediational model for the impact of parents' stress on adolescent adjustment. *Child Development, 66*, 80–97.

Connolly, K., & Dalgleish, M. (1989). The emergence of a tool-using skill in infancy. *Developmental Psychology, 25*, 894–912.

Connor, P., Sampson, P., Bookstein, F., Barr, H., & Streissguth, A. (2001). Direct and indirect effects of prenatal alcohol damage on executive function. *Developmental Neuropsychology, 18*, 331–354.

Cooper, P. J. (1995). Eating disorders and their relationship to mood and anxiety disorders. In K. D. Brownell & C. G. Fairburn (Eds.), *Eating disorders and obesity: A comprehensive handbook* (pp. 159–164). New York: Guilford Press.

Cooper, R. P., & Aslin, R. N. (1994). Developmental differences in infant attention to the spectral properties of infant-directed speech. *Child Development, 65*, 1663–1677.

Cornelius, M., Goldschmidt, L., Day, N., & Larkby, C. (2002). Alcohol, tobacco and marijuana use among pregnant teenagers: 6-year follow-up of offspring growth effects. *Neurotoxicology & Teratology, 24*, 703–710.

Cornwell, A., & Feigenbaum, P. (2006). Sleep biological rhythms in normal infants and those at high risk for SIDS. *Chronobiology International, 23*, 935–961.

Corter, C. M., & Fleming, A. S. (1995). Psychobiology of maternal behavior in human beings. In M. H. Bornstein (Ed.), *Handbook of parenting: Vol. 2. Biology and ecology of parenting* (pp. 87–116). Mahwah, NJ: Erlbaum.

Costa, A., Torriero, S., Oliveri, M., & Caltagirone, C. (2008). Prefrontal and temporo-parietal involvement in taking others' perspective: TMS evidence. *Behavioural Neurology, 19*, 71–74.

Costa, P. T., Jr., & McCrae, R. R. (1984). Personality as a lifelong determinant of wellbeing. In C. Z. Malatesta & C. E. Izard (Eds.), *Emotion in adult development* (pp. 141–158). Beverly Hills, CA: Sage.

Costa, P. T., Jr., & McCrae, R. R. (1994). Set like plaster? Evidence for the stability of adult personality. In T. F. Hetherton & J. L. Weinberger (Eds.), *Can personality change?* (pp. 21–40). Washington, DC: American Psychological Association.

Costello, E., Sung, M., Worthman, C., & Angold, A. (2007). Pubertal maturation and the development of alcohol use and abuse. *Drug and Alcohol Dependence, 88*, S50–S59.

Coulton, C. J., Korbin, J. E., Su, M., & Chow, J. (1995). Community level factors and child maltreatment rates. *Child Development, 66*, 1262–1276.

Coury, D. (2002). Developmental and behavioral pediatrics. In A. Rudolph, R. Kamei, & K. Overby (Eds.), *Rudolph's fundamentals of pediatrics* (3rd ed., pp. 110–124). New York: McGraw-Hill.

Cowan, N., Nugent, L. D., Elliott, E., Ponomarev, I., & Saults, J. (1999). The role of attention in the development of short-term memory: Age differences in the verbal span of apprehension. *Child Development, 70*, 1082–1097.

Cox, T. (1983). Cumulative deficit in culturally disadvantaged children. *British Journal of Educational Psychology, 53*, 317–326.

Cramer, P. (2000). Defense mechanisms in psychology today. *American Psychologist, 55*, 637–646.

Cramond, B. (2004). Can we, should we, need we agree on a definition of giftedness? *Roeper Review, 27*, 15–16.

Crawford, A., & Manassis, K. (2001). Familial predictors of treatment outcome in childhood anxiety disorders. *Journal of the American Academy of Child and Adolescent Psychiatry, 40*, 1182–1189.

Crick, N., & Dodge, K. (1994). A review and reformulation of social information processing mechanisms in children's social adjustment. *Psychological Bulletin, 115*, 74–101.

Crick, N., & Dodge, K. (1996). Social information-processing mechanisms in reactive and proactive aggression. *Child Development, 67*, 993–1002.

Crick, N. R., & Grotpeter, J. K. (1995). Relational aggression, gender, and social-psychological adjustment. *Child Development, 66*, 710–722.

Crick, N. R., & Grotpeter, J. K. (1996). Children's treatment by peers: Victims of relational and overt aggression. *Development and Psychopathology, 8*, 367–380.

Crittenden, P. M. (1992). Quality of attachment in the preschool years. *Development and Psychopathology, 4*, 209–241.

Crnic, K. A., Greenberg, M. T., Ragozin, A. S., Robinson, N. M., & Basham, R. B. (1983). Effects of stress and social support on mothers and premature and full-term infants. *Child Development, 43*, 209–217.

Crocetti, E., Rubini, M., Luyckx, K., & Meeus, W. (2008). Identity formation in early and middle adolescents from various ethnic groups: From three dimensions to five statuses. *Journal of Youth and Adolescence, 37*, 983–996.

Crockenberg, S. B. (1981). Infant irritability, mother responsiveness, and social support influences on the security of infant-mother attachment. *Child Development, 52*, 857–865.

Crockenberg, S. B. (1987). Predictors and correlates of anger toward and punitive control of toddlers by adolescent mothers. *Child Development, 48*, 964–975.

Crockenberg, S. B. (2003). Rescuing the baby from the bath water: How gender and temperament (may) influence how child care affects child development. *Child Development, 74*, 1034–1038.

Crockenberg, S. B., & Leerkes, E. (2004). Infant and maternal behaviors regulate infant reactivity to novelty at 6 months. *Developmental Psychology, 40*, 1123–1132.

Crockenberg, S. B., & Litman, C. (1990). Autonomy as competence in 2-year-olds: Maternal correlates of child defiance, compliance, and self-assertion. *Development Psychology, 26*, 961–971.

Crockett, D. (2003). Critical issues children face in the 2000s. *School Psychology Quarterly, 18*, 446–453.

Crone, E., & van der Molen, M. (2004). Developmental changes in real life decision making: Performance on a gambling task previously shown to depend on the ventromedial prefrontal cortex. *Developmental Neuropsychology, 25*, 251–279.

Crook, C. (1987). Taste and olfaction. In P. Salapatek & L. Cohen (Eds.), *Handbook of infant perception, Vol. 1: From sensation to perception* (pp. 237–264). Orlando, FL: Academic Press.

Cross, W., & Cross, B. (2008). Theory, research, and models. In S. Quintana & C. McKown (Eds.), *Handbook of race, racism, and the developing child* (pp. 154–181). Hoboken, NJ: Wiley.

Crowell, J., & Hauser, S. (2008). AAIs in a high-risk sample: Stability and relation to functioning from adolescence to 39 years. In H. Steele & M. Steele (Eds.), *Clinical applications of the Adult Attachment Interview* (pp. 341–370). New York: Guilford Press.

Crowell, J. A., & Feldman, S. S. (1988). Mothers' internal models of relationships and children's behavioral and developmental status. A study of mother-child interaction. *Child Development, 50*, 1273–1285.

Crowell, J. A., & Feldman, S. S. (1991). Mothers' working models of attachment relationships and mother and child behavior during separation and reunion. *Developmental Psychology, 27*, 597–605.

Crystal, D. S., Chen, C., Fuligni, A. J., Stevenson, H. W., Hsu, C., Ko, H., Kitamura, S., & Kimura, S. (1994). Psychological maladjustment and academic achievement: A cross-cultural study of Japanese, Chinese, and American high school students. *Child Development, 65*, 738–753.

Cuffe, S., Moore, C., & McKeown, R. (2005). Prevalence and correlates of ADHD symptoms in the National Health Interview Survey. *Journal of Attention Disorders, 9*, 392–401.

Cunningham, M. (2001). The influence of parental attitudes and behaviors on children's attitudes toward gender and household labor in early adulthood. *Journal of Marriage and the Family, 63*, 111–122.

Cunningham, M., Swanson, D., Spencer, M., & Dupree, D. (2003). The association of physical maturation with family hassles among African American adolescent males. *Cultural Diversity and Ethnic Minority Psychology, 9*, 276–288.

Currie, A., Shields, M., & Wheatley Price, S. (2004). Is the child health/family income gradient universal? Evidence from England. *Journal of Health Economics, 26*, 213–232.

Currie, J., & Stabile, M. (2003). Socioeconomic status and child health: Why is the relationship stronger for older children? *American Economic Review, 93*, 1813–1823.

Curry, C. (2002). An approach to clinical genetics. In A. Rudolph, R. Kamei, & K. Overby (Eds.), *Rudolph's fundamentals of pediatrics* (3rd ed., pp. 184–220). New York: McGraw-Hill.

Cushner, K., McClelland, A., & Safford, P. (1992). *Human diversity in education.* New York: McGraw-Hill.

Cutrona, C. E., & Troutman, B. R. (1986). Social support, infant temperament, and parenting self-efficacy: A mediational model of post-partum depression. *Child Development, 57*, 1507–1518.

Cuvo, A. (1974). Incentive level influence on overt rehearsal and free recall as a function of age. *Journal of Experimental Child Psychology, 18*, 167–181.

Daley, T., Whaley, S., Sigman, M., Espinosa, M., & Neumann, C. (2003). IQ on the rise: The Flynn effect in rural Kenyan children. *Psychological Science, 14*, 215–219.

Dammeijer, P., Schlundt, B., Chenault, M., Manni, J., & Anteunis, I. (2002). Effects of early auditory deprivation and stimulation on auditory brain-stem responses in the rat. *Acta Oto-Laryngologica, 122*, 703–708.

Damon, W. (1977). *The social world of the child.* San Francisco: Jossey-Bass.

Damon, W. (1983). The nature of social-cognitive change in the developing child. In W. F. Overton (Ed.), *The relationship between social and cognitive development* (pp. 103–142). Hillsdale, NJ: Erlbaum.

Danby, S., & Baker, C. (1998). How to be masculine in the block area. *Childhood: A Global Journal of Child Research, 5*, 151–175.

Dark, V. J., & Benbow, C. P. (1993). Cognitive differences among the gifted: A review and new data. In D. K. Detterman (Ed.), *Current topics in human intelligence: Vol. 3. Individual differences and cognition* (pp. 85–120). Norwood, NJ: Ablex.

Darling, N., Cumsille, P., & Martínez, L. (2008). Individual differences in adolescents' beliefs about the legitimacy of parental authority and their own obligation to obey: A longitudinal investigation. *Child Development, 79*, 1103–1118.

Darlington, R. B. (1991). The long-term effects of model preschool programs. In L. Okagaki & R. J. Sternberg (Eds.), *Directors of development* (pp. 203–215). Hillsdale, NJ: Erlbaum.

Davidov, M., & Grusec, J. (2006). Untangling the links of parental responsiveness to distress and warmth to child outcomes. *Child Development, 77*, 44–58.

Davies, P., & Rose, J. (1999). Assessment of cognitive development in adolescents by means of neuropsychological tasks. *Developmental Neuropsychology, 15*, 227–248.

Dawood, K., Pillard, R., Horvath, C., Revelle, W., & Bailey, J. (2000). Familial aspects of male homosexuality. *Archives of Sexual Behavior, 29*, 155–163.

Dawson, G., Panagiotides, H., Klinger, L. G., & Spieker, S. (1997). Infants of depressed and nondepressed mothers exhibit differences in frontal brain electrical activity during the expression of negative emotions. *Developmental Psychology, 33*, 650–656.

Dawson, T. (2002). New tools, new insights: Kohlberg's moral judgement stages revisited. *International Journal of Behavioral Development, 26*, 154–166.

Deal, J., Halverson, C., Martin, R., Victor, J., & Baker, S. (2007). The Inventory of Children's Individual Differences: Development and validation of a short version. *Journal of Personality Assessment, 89*, 162–166.

de Angelis, T. (2004). Should we be giving psychotropics to children? *APA Monitor on Psychology, 35*, 42.

Deary, I., Thorpe, G., Wilson, V., Starr, J., & Whalley, L. (2003). Population sex differences in IQ at age 11: The Scottish mental survey 1932. *Intelligence, 31*, 533–542.

Deary, I., Whiteman, M., Starr, J., Whalley, L., & Fox, H. (2004). The impact of childhood intelligence on later life: Following up the Scottish mental surveys of 1932 and 1947. *Journal of Personality & Social Psychology, 86*, 139–147.

Deater-Deckard, K., & Plomin, R. (1997, April). *An adoption study of the etiology of teacher reports of externalizing problems in middle childhood.* Artigo apresentado no encontro bianual da Society for Research in Child Development, Washington, DC.

DeBell, M., & Chapman, C. (2006). *Computer and Internet use by students in 2003.* Retrieved June 20, 2007, from http://nces.ed.gov/pubs2006/2006065.pdf

DeCasper, A. J., Lecaneut, J., Busnel, M., Granier-DeFerre, C., & Maugeais, R. (1994). Fetal reactions to recurrent maternal speech. *Infant Behavior and Development, 17*, 159–164.

DeCasper, A. J., & Spence, M. J. (1986). Prenatal maternal speech influences newborns' perception of speech sounds. *Infant Behavior and Development, 9*, 133–150.

Deci, E., Koestner, R., & Ryan, R. (1999). A meta-analytic review of experiments examining the effects of extrinsic rewards on intrinsic motivation. *Psychological Bulletin, 125*, 627–668.

DeFrancisco, B., & Rovee-Collier, C. (2008). The specificity of priming effects over the first year of life. *Developmental Psychobiology, 50*, 486–501.

Degnan, K., Henderson, H., Fox, N., & Rubin, K. (2008). Predicting social wariness in middle childhood: The moderating roles of childcare history, maternal personality and maternal behavior. *Social Development, 17*, 471–487.

de la Chica, R., Ribas, I., Giraldo, J., Egozcue, J., & Fuster, C. (2005). Chromosomal instability in amniocytes from fetuses of mothers who smoke. *JAMA: Journal of the American Medical Association, 293*, 1212–1222.

de Lacoste, M., Horvath, D., & Woodward, J. (1991). Possible sex differences in the developing human fetal brain. *Journal of Clinical and Experimental Neuropsychology, 13*, 831.

Delaney-Black, V., Covington, C., Templin, T., Kershaw, T., Nordstrom-Klee, B., Ager, J., Clark, N., Surendran, A., Martier, S., & Sokol, R. (2000). Expressive language development of children exposed to cocaine prenatally: Literature review and report of a prospective cohort study. *Journal of Communication Disorders, 33*, 463–481.

del Barrio, V., Moreno-Rosset, C., Lopez-Martinez, R., & Olmedo, M. (1997). Anxiety, depression and personality structure. *Personality & Individual Differences, 23*, 327–335.

DeLeire, T., & Kalil, A. (2002). Good things come in threes: Single-parent multigenerational family structure and adolescent adjustment. *Demography, 39*, 393–413.

Delgado-Gaitan, C. (1994). Socializing young children in Mexican-American families: An intergenerational perspective. In P. M. Greenfield & R. R. Cocking (Eds.), *Crosscultural roots of minority child development* (pp. 55–86). Hillsdale, NJ: Erlbaum.

Dellatolas, G., de Agostini, M., Curt, F., Kremin, H., Letierce, A., Maccario, J., & Lellouch, J. (2003). Manual skill, hand skill asymmetry, and cognitive performance in young children. *Laterality: Asymmetries of Body, Brain, & Cognition, 8*, 317–338.

DeLoache, J. S. (1989a). The development of representation in young children. In H. W. Reese (Ed.), *Advances in child development and behavior* (Vol. 22, pp. 2–37). San Diego, CA: Academic Press.

DeLoache, J. (1989b). Young children's understanding of the correspondence between a scale model and a larger space. *Cognitive Development, 4*, 121–139.

DeLoache, J. S. (1995). Early understanding and use of symbols: The model model. *Current Directions in Psychological Science, 4*, 109–113.

DeLoache, J. S., & Brown, A. L. (1987). Differences in the memory-based searching of delayed and normally developing young children. *Intelligence, 11*, 277–289.

DeLoache, J. S., Simcock, G., & Marzolf, D. (2004). Transfer by very young children in the symbolic retrieval task. *Child Development, 75*, 1708–1718.

de Medina, P., Visser, G., Huizink, A., Buitelaar, J., & Mulder, E. (2003). Fetal behavior does not differ between boys and girls. *Early Human Development, 73*, 17–26.

Dempster, F. (1981). Memory span: Sources of individual and developmental differences. *Psychological Bulletin, 89*, 63–100.

DeNavas-Walt, C., Proctor, B., & Smith, C. (2007). *Income, poverty, and health insurance coverage in the United States: 2006.* Retrieved June 20, 2008, from http://www.census.gov/prod/2007pubs/p60-233.pdf

Deneault, J., Ricard, M., Décarie, T., Morin, P., Quintal, G., Boilvin, M., Tremblay, R., & Pérusse, D. (2008). False belief and emotion understanding in monozygotic twins, dizygotic twins and non-twin children. *Cognition and Emotion, 22*, 697–708.

Denham, S., Blair, K., DeMulder, E., Levitas, J., Sawyer, K., Auerbach-Major, S., & Queenan, P. (2003). Preschool emotional competence: Pathway to social competence. *Child Development, 74*, 238–256.

Dennis, W. (1960). Causes of retardation among institutional children: Iran. *Journal of Genetic Psychology, 96*, 47–59.

Den Ouden, L., Rijken, M., Brand, R., Verloove-Vanhorick, S. P., & Ruys, J. H. (1991). Is it correct to correct? Developmental milestones in 555 "normal" preterm infants compared with term infants. *Journal of Pediatrics, 118*, 399–404.

DeRosier, M. E., Kupersmidt, J. B., & Patterson, C. J. (1994). Children's academic and behavioral adjustment as a function of the chronicity and proximity of peer rejection. *Child Development, 65*, 1799–1831.

DeRosier, M. E., & Marcus, S. (2005). Building friendships and combating bullying: Effectiveness of S.S.GRIN at one-year follow-up. *Journal of Clinical Child & Adolescent Psychology, 34*, 140–150.

Derryberry, D., & Rothbart, M. K. (1998). Reactive and effortful processes in the organization of temperament. *Development and Psychopathology, 9*, 633–652.

Derzon, J. (2001). Antisocial behavior and the prediction of violence: A meta-analysis. *Psychology in the Schools, 38*, 93–106.

De Schipper, J., Tavecchio, L., Van IJzendoorn, M., & Van Zeijl, J. (2004). Goodness-of-fit in center day care: Relations of temperament, stability, and quality of care with the child's adjustment. *Early Childhood Research Quarterly, 19*, 257–272.

de Villiers, P. A., & de Villiers, J. G. (1992). Language development. In M. H. Bornstein & M. E. Lamb (Eds.), *Developmental psychology: An advanced textbook* (3rd ed., pp. 337–418). Hillsdale, NJ: Erlbaum.

Dharan, V., Parviainen, E., Newcomb, P., & Poleshuck, V. (2006). *Psychosocial and environmental pregnancy risks.* Retrieved August 4, 2008, from http://www.emedicine.com/med/TOPIC3237.HTM

Diagnostic and statistical manual of mental disorders IV: Text revision (DSM-IV TR). (2000). Washington, DC: American Psychiatric Association.

Diamond, A., & Amso, D. (2008). Contributions of neuroscience to our understanding of cognitive development. *Current Directions in Psychological Science, 17*, 136–141.

Diamond, L. (2007). A dynamical systems approach to the development and expression of female same-sex sexuality. *Perspectives on Psychological Science, 2*, 142–161.

Dickens, W., & Flynn, J. (2001). Heritability estimates versus large environmental effects: The IQ paradox resolved. *Psychological Review, 108*, 346–369.

Diehl, L., Vicary, J., & Deike, R. (1997). Longitudinal trajectories of self-esteem from early to middle adolescence and related psychosocial variables among rural adolescents. *Journal of Research on Adolescence, 7*, 393–411.

Diener, M., Isabella, R., Behunin, M., & Wong, M. (2008). Attachment to mothers and fathers during middle childhood: Associations with child gender, grade, and competence. *Social Development, 17*, 84–101.

Diener, M., & Kim, D. (2004). Maternal and child predictors of preschool children's social competence. *Journal of Applied Developmental Psychology, 25*, 3–24.

Dieni, S., & Rees, S. (2003). Dendritic morphology is altered in hippocampal neurons following prenatal compromise. *Journal of Neurology, 55*, 41–52.

Dieter, J., Field, T., Hernandez-Reif, M., Emory, E., & Redzepi, M. (2003). Stable preterm infants gain more weight and sleep less after five days of massage therapy. *Journal of Pediatric Psychology, 28*, 403–411.

Dieterich, S., Hebert, H., Landry, S., Swank, P., & Smith, K. (2004). Maternal and child characteristics that influence the growth of daily living skills from infancy to school age in preterm and term children. *Early Education & Development, 15*, 283–303.

Dietrich, C., Swingley, D., & Werker, J. (2007). Native language governs interpretation of salient speech sound differences at 18 months. *Proceedings of the National Academy of Sciences, 104*, 16027–16031.

DiFranza, J., Aligne, C., & Weitzman, M. (2004). Prenatal and postnatal environmental tobacco smoke exposure and children's health. *Pediatrics, 113*, 1007–1015.

Digman, J. M. (1990). Personality structure: Emergence of the five-factor model. *Annual Review of Psychology, 41*, 417–440.

Dillingham, R., & Guerrant, R. (2004). Childhood stunting: Measuring and stemming the staggering costs of inadequate water and sanitation. *Lancet, 363*, 94–95.

Di Mario, S., Say, L., & Lincetto, O. (2007). Risk factors for stillbirth in developing countries: A systematic review of the literature. *Sexually Transmitted Diseases, 34*, S11–S21.

DiPietro, J. (2004). The role of prenatal maternal stress in child development. *Current Directions in Psychological Science, 13*, 71–74.

DiPietro, J., Bornstein, M., Costigan, K., Pressman, E., Hahn, C., Painter, K., Smith, B., & Yi, L. (2002). What does fetal movement predict about behavior during the first two years of life? *Psycho-biology, 40*, 358–371.

DiPietro, J., Costigan, K., & Gurewitsch, E. (2003). Fetal response to induced maternal stress. *Early Human Development, 74*, 125–138.

DiPietro, J., Hilton, S., Hawkins, M., Costigan, K., & Pressman, E. (2002). Maternal stress and affect influence fetal neurobehavioral development. *Developmental Psychology, 38*, 659–668.

DiPietro, J., Hodgson, D., Costigan, K., Hilton, S., & Johnson, T. (1996). Fetal neurobehavioral development. *Child Development, 67*, 2553–2567.

DiPietro, J., Hodgson, D., Costigan, K., & Johnson, T. (1996). Fetal antecedents of infant temperament. *Child Development, 67*, 2568–2583.

Dishion, T. J. (1990). The family ecology of boys' peer relations in middle childhood. *Child Development, 61*, 874–892.

Dishion, T. J., French, D. C., & Patterson, G. R. (1995). The development and ecology of antisocial behavior. In D. Cicchetti & D. J. Cohen (Eds.), *Developmental psychopathology: Vol. 2. Risk, disorder, and adaptation* (pp. 421–471). New York: Wiley.

Distenfeld, A., & Woermann, U. (2007). *Sickle cell anemia.* Retrieved August 4, 2008, from http://www.emedicine.com/MED/topic2126.htm

Dixon, M., & Kaminska, Z. (2007). Does exposure to orthography affect children's spelling accuracy? *Journal of Research in Reading, 30*, 184–197.

Dockett, S., & Smith, I. (1995, April). *Children's theories of mind and their involvement in complex shared pretense.* Artigo apresentado no encontro bianual da Society for Research in Child Development, Indianapolis.

Dodge, K. A. (1990). Developmental psychopathology in children of depressed mothers. *Developmental Psychology, 26*, 3–6.

Dodge, K. A. (1993). Social-cognitive mechanisms in the development of conduct disorder and depression. *Annual Review of Psychology, 44*, 559–584.

Dodge, K. A. (1997, April). *Testing developmental theory through prevention trials.* Artigo apresentado no encontro bianual da Society for Research in Child Development, Washington, DC.

Dodge, K. A., Pettit, G. S., & Bates, J. E. (1994). Socialization mediators of the relation between socioeconomic status and child conduct problems. *Child Development, 65*, 649–665.

Doesum, K., Hosman, C., & Riksen-Walraven, J. (2005). A model-based intervention for depressed mothers and their infants. *Infant Mental Health Journal, 26*, 157–176.

Dogan-Até, A., & Carrión-Basham, C. (2007). Teenage pregnancy among Latinas. *Hispanic Journal of Behavioral Science, 29*, 554–579.

Domitrovich, C., & Bierman, K. (2001). Parenting practices and child social adjustment: Multiple pathways of influence. *Merrill-Palmer Quarterly, 47*, 235–263.

Donnellan, M., Trzesniewski, K., Robins, R., Moffitt, T., & Caspi, A. (2005). Low self-esteem is related to aggression, antisocial behavior, and delinquency. *Psychological Science, 16*, 328–335.

Donnerstein, E., Slaby, R. G., & Eron, L. D. (1994). The mass media and youth aggression. In L. D. Eron, J. H. Gentry, & P. Schlegel (Eds.), *Reason to hope: A psychosocial perspective on violence and youth* (pp. 219–250). Washington, DC: American Psychological Association.

Donohew, R., Hoyle, R., Clayton, R., Skinner, W., Colon, S., & Rice, R. (1999). Sensation seeking and drug use by adolescents and their friends: Models for marijuana and alcohol. *Journal of Studies on Alcohol, 60*, 622–631.

Dornbusch, S. M., Ritter, P. L., Liederman, P. H., Roberts, D. F., & Fraleigh, M. J. (1987). The relation of parenting style to adolescent school performance. *Child Development, 58*, 1244–1257.

Doty, R. (2003). *Handbook of olfaction and gustation.* New York: Informa Health Care.

Douglas-Hall, A., & Chau, M. (2007). *Basic facts abouty low-income children, birth to age 18.* New York: National Center for Children in Poverty, Mailman School of Public Health, Columbia University. Retrieved March 18, 2008, from http://nccp.org/publications/pub_762.html

Dowd, J. (2007). Early childhood origins of the income-health gradient: The role of maternal health behaviors. *Social Science and Medicine, 65*, 1202–1213.

Doyle, A. B., & Aboud, F. E. (1995). A longitudinal study of white children's racial prejudice as a social-cognitive development. *Merrill-Palmer Quarterly, 41*, 209–228.

Drum, P. (1985). Retention of text information by grade, ability and study. *Discourse Processes, 8*, 21–52.

DuBois, D., Burk-Braxton, C., Swenson, L., Tevendale, H., Lockerd, E., & Moran, B. (2002). Getting by with a little help from self and others: Self-esteem and social support as resources during early adolescence. *Developmental Psychology, 38*, 822–839.

DuBois, D. L., Felner, R. D., Brand, S., Phillips, R. S. C., & Lease, A. M. (1996). Early adolescent self-esteem: A developmental-ecological framework and assessment strategy. *Journal of Research on Adolescence, 6*, 543–579.

Duncan, G. J. (1993, April). *Economic deprivation and childhood development.* Artigo apresentado no encontro bianual da Society for Research in Child Development, New Orleans.

Duncan, G. J., Brooks-Gunn, J., & Klebanov, P. K. (1994). Economic deprivation and early childhood development. *Child Development, 65*, 296–318.

Duncan, R. M. (1995). Piaget and Vygotsky revisited: Dialogue or assimilation? *Developmental Review, 15*, 458–472.

Dunn, J. (1992). Siblings and development. *Current Directions in Psychological Science, 1*, 6–9.

Dunn, J. (1993). *Young children's close relationships.* Newbury Park, CA: Sage.

Dunn, J. (1994). Experience and understanding of emotions, relationships, and membership in a particular culture. In P. Ekman & R. J. Davidson (Eds.), *The nature of emotion: Fundamental questions* (pp. 352–355). New York: Oxford University Press.

Dunn, J. (2007). Siblings and socialization. In J. Grusec & P. Hastings (Eds.), *Handbook of socialization: Theory and research* (pp. 309–327). New York: Guilford Press.

Dunn, J., Cutting, A., & Fisher, N. (2002). Old friends, new friends: Predictors of children's perspective on their friends at school. *Child Development, 73*, 621–635.

Dunn, J., & Kendrick, C. (1982). Siblings and their mothers: Developing relationships within the family. In M. E. Lamb & B. Sutton-Smith (Eds.), *Sibling relationships: Their nature and significance across the lifespan* (pp. 39–60). Hillsdale, NJ: Erlbaum.

Dunn, J., & McGuire, S. (1994). Young children's nonshared experiences: A summary of studies in Cambridge and Colorado. In E. M. Hetherington, D. Reiss, & R. Plomin (Eds.), *Separate social worlds of siblings: The impact of nonshared environment on development* (pp. 111–128). Hillsdale, NJ: Erlbaum.

Dunphy, D. C. (1963). The social structure of urban adolescent peer groups. *Sociometry, 26*, 230–246.

Dunsmore, J., Noguchi, R., Garner, P., Casey, E., & Bhullar, N. (2008). Gender-specific linkages of affective social competence with peer relations in preschool children. *Early Education and Development, 19*, 211–237.

Dupree, L., Watson, M., & Schneider, M. (2005). Preferences for mental health care: A comparison of older African Americans and older Caucasians. *Journal of Applied Gerontology, 24*, 196–210.

Duvall, S., Delquadri, J., & Ward, D. (2004). A preliminary investigation of the effectiveness of homeschool instructional environments for students with attention-deficit/hyperactivity disorder. *School Psychology Review, 33*, 140–158.

Dwairy, M. (2008). Parental inconsistency versus parental authoritarianism: Associations with symptoms of psychological disorders. *Journal of Youth and Adolescence, 37*, 616–626.

Dyl, J., Kittler, J., Phillips, K., & Hunt, J. (2006). Body dysmorphic disorder and other clinically significant body image concerns in adolescent psychiatric inpatients: Prevalence and clinical characteristics. *Child Psychiatry and Human Development, 36*, 369–382.

Easterbrooks, M. A., Davidson, C. E., & Chazan, R. (1993). Psychosocial risk, attachment, and behavior problems among school-aged children. *Development and Psychopathology, 5*, 389–402.

Eaton, W. (1994). Temperament, development, and the five-factor model: Lessons from activity level. In C. Halverson & G. Kohnstamm (Eds.), *The developing structure of temperament and personality from infancy to adulthood* (pp. 173–187). Hillsdale, NJ: Erlbaum.

EBC (1991). *Childhood: In the land of giants.* [Television series]. New York: Public Broadcasting System.

Ecalle, J., Magnan, A., & Gibert, F. (2006). Class size effects on literacy skills and literacy interest in first grade: A large-scale investigation. *Journal of School Psychology, 44*, 191–209.

Eccles, J., & Roeser, R. (2005). School and community influences on human development. In M. Bornstein & M. Lamb (Eds.), *Developmental science: An advanced textbook* (pp. 513–556). Mahwah, NJ: Erlbaum.

Edmonds, C., Isaacs, E., Visscher, P., Rogers, M., Lanigan, J., Singhal, A., Lucas, A., Gringras, P., Denton, J., & Deary, I. (2008). Inspection time and cognitive abilities in twins aged 7 to 17 years: Age-related changes, heritability and genetic covariance. *Intelligence, 36*, 210–255.

Egan, S., & Perry, D. (2001). Gender identity: A multidimensional analysis with implications for psychosocial adjustment. *Developmental Psychology, 37*, 451–463.

Egeland, B., & Sroufe, L. A. (1981). Attachment and early maltreatment. *Child Development, 52*, 44–52.

Eiden, R., Foote, A., & Schuetze, P. (2007). Maternal cocaine use and caregiving status: Group differences in caregiver and infant risk variables. *Addictive Behaviors, 32*, 465–476.

Eisenberg, N. (1986). *Altruistic emotion, cognition, and behavior.* Hillsdale, NJ: Erlbaum.

Eisenberg, N. (1988). The development of prosocial and aggressive behavior. In M. H. Bornstein & M. E. Lamb (Eds.), *Developmental psychology: An advanced textbook* (2nd ed., pp. 461–496). Hillsdale, NJ: Erlbaum.

Eisenberg, N. (1990). Prosocial development in early and mid-adolescence. In R. Montemayor, G. R. Adams, & T. P. Gullotta (Eds.), *From childhood to adolescence: A transitional period?* (pp. 240–268). Newbury Park, CA: Sage.

Eisenberg, N. (1992). *The caring child.* Cambridge, MA: Harvard University Press.

Eisenberg, N. (2000). Emotion, regulation, and moral development. *Annual Review of Psychology, 51*, 665–697.

Eisenberg, N. (2001). The core and correlates of affective social competence. *Social Development, 10,* 120–124.

Eisenberg, N., & Fabes, R. A. (1998). Prosocial behavior. In W. Damon (Ed.), *Handbook of child psychology: Vol 3. Social, emotional, and personality development* (5th ed., pp. 701–778). New York: Wiley.

Eisenberg, N., Fabes, R. A., Murphy, B., Karbon, M., Smith, M., & Maszk, P. (1996). The relations of children's dispositional empathy-related responding to their emotionality, regulation, and social functioning. *Developmental Psychology, 32,* 195–209.

Eisenberg, N., Fabes, R. A., Murphy, B., Maszk, P., Smith, M., & Karbon, M. (1995). The role of emotionality and regulation in children's social functioning: A longitudinal study. *Child Development, 66,* 1360–1384.

Eisenberg, N., Fabes, R., Murphy, B., Shepard, S., Guthrie, I., Mazsk, P., Paulin, R., & Jones, S. (1999). Prediction of elementary school children's socially appropriate and problem behavior from anger reactions at age 4–6 years. *Journal of Applied Developmental Psychology, 20,* 119–142.

Eisenberg, N., Fabes, R. A., Schaller, M., & Miller, P. A. (1989). Sympathy and personal distress: Development, gender differences, and interrelations of indexes. *New Directions for Child Development, 44,* 107–126.

Eisenberg, N., Gershoff, E., Fabes, R., Shepard, S., Cumberland, A., Losoya, S., Guthrie, I., & Murphy, B. (2001). Mother's emotional expressivity and children's behavior problems and social competence: Mediation through children's regulation. *Developmental Psychology, 37,* 475–490.

Eisenberg, N., Guthrie, I., Cumberland, A., Murphy, B., Shepard, S., Zhou, Q., & Carlo, G. (2007). Prosocial development in early adulthood: A longitudinal study. *Journal of Personality and Social Psychology, 82,* 993–1006.

Eisenberg, N., Hertz-Lazarowitz, R., & Fuchs, I. (1990). Prosocial moral judgment in Israeli kibbutz and city children: A longitudinal study. *Merrill-Palmer Quarterly, 36,* 273–285.

Eisenberg, N., Hofer, C., & Vaugh, J. (2007). Effortful control and its socioemotional consequences. In J. Gross (Ed.), *Handbook of emotion regulation* (pp. 287–306). New York: Guilford Press.

Eisenberg, N., Liew, J., & Pidada, S. (2001). The relations of parental emotional expressivity with quality of Indonesian children's social functioning. *Emotion, 1,* 116–136.

Eisenberg, N., & Murphy, B. (1995). Parenting and children's moral development. In M. H. Bornstein (Ed.), *Handbook of parenting: Vol. 4. Applied and practical parenting* (pp. 227–257). Mahwah, NJ: Erlbaum.

Eisenberg, N., Sadovsky, A., Spinrad, T., Fabes, R., Losoya, S., Valiente, C., Reiser, M., Cumberland, A., & Shepard, S. (2005). The relations of problem behavior status to children's negative emotionality, effortful control, and impulsivity: Concurrent relations and prediction of change. *Developmental Psychology, 41,* 193–211.

Eisenberger, N. (2003). Does rejection hurt? An fMRI study of social exclusion. *Science, 302,* 290–292.

Eisenberger, R., Pierce, W., & Cameron, J. (1999). Effects of reward on intrinsic motivation—negative, neutral, and positive: Comment on Deci, Koestner, and Ryan. *Psychological Bulletin, 125,* 677–691.

Ekman, P. (1972). Universals and cultural differences in facial expressions of emotion. In J. Cole (Ed.), *Nebraska symposium on motivation, 1971* (pp. 207–282). Lincoln: University of Nebraska Press.

Ekman, P. (1973). Cross-cultural studies of facial expression. In P. Ekman (Ed.), *Darwin and facial expression* (pp. 169–222). New York: Academic Press.

Ekman, P. (1989). The argument and evidence about universals in facial expressions of emotion. In H. Wagner & A. Manstead (Eds.), *Handbook of social psychophysiology* (pp. 143–164). Chichester, England: Wiley.

Ekman, P. (2007). The directed facial action task: Emotional responses without appraisal. In J. Coan & J. Allen (Eds.), *Handbook of emotion elicitation and assessment* (pp. 47–53). New York: Oxford University Press.

Eley, T., Liang, H., Plomin, R., Sham, P., Sterne, A., Williamson, R., & Purcell, S. (2004). Parental familial vulnerability, family environment, and their interactions as predictors of depressive symptoms in adolescents. *Journal of the American Academy of Child Psychiatry, 43,* 298–306.

Elkind, D. (1967). Egocentrism in adolescence. *Child Development, 38,* 1025–1034.

Ellenbogen, S., & Chamberland, C. (1997). The peer relations of dropouts: A comparative study of at-risk and not at-risk youths. *Journal of Adolescence, 20,* 355–367.

Elliot, A., & Hall, N. (1997). The impact of self-regulatory teaching strategies on "at-risk" preschoolers' mathematical learning in a computer-mediated environment. *Journal of Computing in Childhood Education, 8,* 187–198.

Elmas, C., Erdogan, D., & Özogul, C. (2003). Expression of growth factors in fetal human olfactory mucosa during development. *Growth, Development, and Aging, 67,* 11–25.

Englund, M., Luckner, A., Whaley, G., & Egeland, B. (2004). Children's achievement in early elementary school: Longitudinal effects of parental involvement, expectations, and quality of assistance. *Journal of Educational Psychology, 96,* 723–730.

Ensign, J. (1998). *Defying the stereotypes of special education: Homeschool students.* Artigo apresentado no encontro bianual da American Education Research Association, San Diego, CA.

Epstein, S. (1991). Cognitive-experiential self theory: Implications for developmental psychology. In M. R. Gunnar & L. A. Sroufe (Eds.), *The Minnesota symposia on child development* (Vol. 23, pp. 79–123). Hillsdale, NJ: Erlbaum.

Erel, O., & Burman, B. (1995). Interrelatedness of marital relations and parent-child relations: A meta-analytic review. *Psychological Bulletin, 118,* 108–312.

Ericsson, K. A., & Crutcher, R. J. (1990). The nature of exceptional performance. In P. B. Baltes, D. L. Featherman, & R. M. Lerner (Eds.), *Life-span development and behavior* (Vol. 10, pp. 188–218). Hillsdale, NJ: Erlbaum.

Escalona, K. S. (1981). The reciprocal role of social and emotional developmental advances and cognitive development during the second and third years of life. In E. K. Shapiro & E. Weber (Eds.), *Cognitive and affective growth: Developmental interaction* (pp. 87–108). Hillsdale, NJ: Erlbaum.

Escorihuela, R. M., Tobena, A., & Fernández-Teruel, A. (1994). Environmental enrichment reverses the detrimental action of early inconsistent stimulation and increases the beneficial effects of postnatal handling on shuttlebox learning in adult rats. *Behavioural Brain Research, 61,* 169–173.

Eslea, M., Menesini, E., Morita, Y., O'Moore, M., Mora-Merchan, J., Pereira, B., & Smith, P. (2004). Friendship and loneliness among bullies and victims: Data from seven countries. *Aggressive Behavior, 30,* 71–83.

Espy, K., Stalets, M., McDiarmid, M., Senn, T., Cwik, M., & Hamby, A. (2002). Executive functions in preschool children born preterm: Application of cognitive neuroscience paradigms. *Child Neuropsychology, 8,* 83–92.

Evans, G. (2004). The environment of childhood poverty. *American Psychologist, 59,* 77–92.

Ex, C., & Janssens, J. (1998). Maternal influences on daughters' gender role attitudes. *Sex Roles, 38,* 171–186.

Fabes, R., Eisenberg, N., Hanish, L., & Spinrad, T. (2001). Pre-schoolers' spontaneous emotion vocabulary: Relations to likability. *Early Education & Development, 12*, 11–27.

Faedda, G., Baldessarini, R., & Suppes, T. (1995). Pediatric-onset bipolar disorder: A neglected clinical and public health problem. *Harvard Review of Psychiatry, 3*, 171–195.

Fagan, J., & Holland, C. (2007). Racial equality in intelligence: Predictions from a theory of intelligence as processing. *Intelligence, 35*, 319–334.

Fagan, J. F., III, & Singer, L. T. (1983). Infant recognition memory as a measure of intelligence. In L. P. Lipsitt (Ed.), *Advances in infancy research* (Vol. 2, pp. 31–78). Norwood, NJ: Ablex.

Fagard, J., & Jacquet, A. (1989). Onset of bimanual coordination and symmetry versus asymmetry of movement. *Infant Behavior and Development, 12*, 229–235.

Fagot, B. I. (1995). Parenting boys and girls. In M. H. Bornstein (Ed.), *Handbook of parenting: Vol. 1. Children and parenting* (pp. 163–183). Mahwah, NJ: Erlbaum.

Fagot, B. I., & Hagan, R. (1991). Observations of parent reactions to sex-stereotyped behaviors: Age and sex effects. *Child Development, 62*, 617–628.

Fagot, B. I., & Leinbach, M. D. (1989). The young child's gender schema: Environmental input, internal organization. *Child Development, 60*, 663–672.

Fagot, B. I., Leinbach, M. D., & O'Boyle, C. (1992). Gender labeling, gender stereotyping, and parenting behaviors. *Developmental Psychology, 28*, 225–230.

Fallis, R., & Opotow, S. (2003). Are students failing school or are schools failing students? Class cutting in high school. *Journal of Social Issues, 59*, 103–119.

Fantuzzo, J., Sekino, Y., & Cohen, H. (2004). An examination of the contributions of interactive peer play to salient classroom competencies for urban Head Start children. *Psychology in the Schools, 41*, 323–336.

Fantz, R. L. (1956). A method for studying early visual development. *Perceptual & Motor Skills, 6*, 13–15.

Farmer, T., Estell, D., Leung, M., Trott, H., Bishop, J., & Cairns, B. (2003). Individual characteristics, early adolescent peer affiliations, and school dropout: An examination of aggressive and popular group types. *Journal of School Psychology, 41*, 217–232.

Farnham-Diggory, S. (1978). On the logic and pitfalls of logograph research. *Journal of Experimental Child Psychology, 25*, 366–370.

Farrar, M. J. (1992). Negative evidence and grammatical morpheme acquisition. *Developmental Psychology, 28*, 90–98.

Farver, J. (1996). Aggressive behavior in preschoolers' social networks: Do birds of a feather flock together? *Early Childhood Research Quarterly, 11*, 333–350.

Farver, J., Bhadha, B., & Narang, S. (2002). Acculturation and psychological functioning in Asian Indian adolescents. *Social Development, 11*, 11–29.

Featherman, D. L. (1980). Schooling and occupational careers: Constancy and change in worldly success. In O. G. Brim Jr. & J. Kagan (Eds.), *Constancy and change in human development* (pp. 675–738). Cambridge, MA: Harvard University Press.

Federal Interagency Forum on Child and Family Statistics (FIFCFS). (2008). *America's children in brief: Key national indicators of well-being, 2008*. Retrieved September 6, 2008, from http://www.childstats.gov/americaschildren/index.asp.

Federal Interagency Forum on Child and Family Statistics (FIFCFS). (2000). *America's children: Key national indicators of well-being 2000*. Washington, DC: Author.

Fein, J., Durbin, D., & Selbst, S. (2002). Injuries and emergencies. In A. Rudolph, R. Kamei, & K. Overby (Eds.), *Rudolph's fundamentals of pediatrics* (3rd ed., pp. 390–436). New York: McGraw-Hill.

Feinberg, M., Reiss, D., Neiderhiser, J., & Hetherington, E. (2005). Differential association of family subsystem negativity on siblings' maladjustment: Using behavior genetic methods to test process theory. *Journal of Family Psychology, 19*, 601–610.

Feinfield, K., Lee, P., Flavell, E., Green, F., & Flavell, J. (1999). Young children's understanding of intention. *Cognitive Development, 14*, 463–486.

Feiring, C. (1999). Other-sex friendship networks and the development of romantic relationships in adolescence. *Journal of Youth & Adolescence, 28*, 495–512.

Feldhusen, J. (2003). Lewis M. Terman: A pioneer in the development of ability tests. In B. Zimmerman & D. Schunk (Eds.), *Educational psychology: A century of contributions* (pp. 155–169). Mahwah, NJ: Erlbaum.

Feldman, D. (2004). Piaget's stages: The unfinished symphony of cognitive development. *New Ideas in Psychology, 22*, 175–131.

Feldman, R. (2003). Paternal socio-psychological factors and infant attachment: The mediating role of synchrony in father-infant interactions. *Infant Behavior and Development, 25*, 221–236.

Feldman, R. (2007). Parent-infant synchrony and the construction of shared timing: Physiological precursors, developmental outcomes, and risk conditions. *Journal of Child Psychology and Psychiatry, 48*, 329 354.

Feldman, R., & Eidelman, A. (2003). Skin-to-skin contact (Kangaroo Care) accelerates autonomic and neurobehavioural maturation in preterm infants. *Developmental Medicine & Child Neurology, 45*, 274–281.

Feldman, S. S. (1987). Predicting strain in mothers and fathers of 6-month-old infants. A short-term longitudinal study. In P. W. Berman & F. A. Pedersen (Eds.), *Men's transitions to parenthood* (pp. 13–36). Hillsdale, NJ: Erlbaum.

Feng, J., Spence, I., & Pratt, J. (2007). Playing an action video game reduces gender differences in spatial cognition. *Psychological Science, 18*, 850–855.

Fennig, S., Geva, K., Zalzman, G., Weitzman, A., Fennig, S., & Apter, A. (2005). Effect of gender on suicide attempters versus nonattempters in an adolescent inpatient unit. *Comprehensive Psychiatry, 46*, 90–97.

Fenson, L., Dale, P. S., Reznick, J. S., Bates, E., Thal, D. J., & Pethick, S. J. (1994). Variability in early communicative development. *Monographs of the Society for Research in Child Development, 59*(5, Serial No. 242).

Fernald, A. (1993). Approval and disapproval: Infant responsiveness to vocal affect in familiar and unfamiliar languages. *Child Development, 64*, 657–674.

Fernald, A., Taeschner, T., Dunn, J., Papousek, M., Boysson-Bardies, B., & Fukui, I. (1989). A cross-language study of prosodic modifications in mothers' and fathers' speech to preverbal infants. *Journal of Child Language, 16*, 477–501.

Fewell, R., & Deutscher, B. (2003). Contributions of early language and maternal facilitation variables to later language and reading abilities. *Journal of Early Intervention, 26*, 132–145.

Field, T., Hernandez-Reif, M., Feijo, L., & Freedman, J. (2006). Prenatal, perinatal and neonatal stimulation: A survey of neonatal nurseries. *Infant Behavior & Development, 29*, 24–31.

Field, T. M. (1977). Effects of early separation, interactive deficits, and experimental manipulations on infant-mother face-to-face interaction. *Child Development, 48*, 763–771.

Field, T. M. (1991). Quality infant day-care and grade school behavior and performance. *Child Development, 62*, 863–870.

Field, T. M., Healy, B., Goldstein, S., & Guthertz, M. (1990). Behavior-state matching and synchrony in mother-infant interactions of non-depressed versus depressed dyads. *Developmental Psychology, 26*, 7–14.

Field, T. M., Woodson, R., Greenberg, R., & Cohen, D. (1982). Discrimination and imitation of facial expressions by neonates. *Science, 218*, 179–181.

Figueiredo, B., Costa, R., Pacheco, A., & Pais, A. (2007). Mother-to-infant and father-to-infant initial emotional involvement. *Early Child Development and Care, 177*, 521–532.

Findling, R., Feeny, N., Stansbrey, R., Delporto-Bedoya, D., & Demeter, C. (2004). Special articles: Treatment of mood disorders in children and adolescents: Somatic treatment for depressive illnesses in children and adolescents. *Psychiatric Clinics of North America, 27*, 113–137.

Fine, L., Trentacosta, C., Izard, C., Mostow, A., & Campbell, J. (2004). Anger perception, caregivers' use of physical discipline, and aggression in children at risk. *Social Development, 13*, 213–228.

Fisch, H., Hyun, G., Goldern, R., Hensle, T., Olsson, C., & Liberson, G. (2003). The influence of paternal age on Down syndrome. *Journal of Urology, 169*, 2275–2278.

Fischer, K., & Rose, S. (1994). Dynamic development of coordination of components in brain and behavior: A framework for theory and research. In K. Fischer & G. Dawson (Eds.), *Human behavior and the developing brain* (pp. 3–66). New York: Guilford.

Fitzgerald, B. (1999). Children of lesbian and gay parents: A review of the literature. *Marriage & Family Review, 29*, 57–75.

Fitzgerald, D., & White, K. (2003). Linking children's social worlds: Perspective-taking in parent-child and peer contexts. *Social Behavior & Personality, 31*, 509–522.

Fitzgerald, M. (2004). The case of Robert Walser (1878–1956). *Irish Journal of Psychological Medicine, 21*, 138–142.

Flanagan, C. A., & Eccles, J. S. (1993). Changes in parents' work status and adolescents' adjustments at school. *Child Development, 64*, 246–257.

Flannery, D. J., Montemayor, R., & Eberly, M. B. (1994). The influence of parent negative emotional expression on adolescents' perceptions of their relationships with their parents. *Personal Relationships, 1*, 259–274.

Flavell, J. H. (1985). *Cognitive development* (2nd ed.). Englewood Cliffs, NJ: Prentice Hall.

Flavell, J. H. (1986). The development of children's knowledge about the appearance-reality distinction. *American Psychologist, 41*, 418–425.

Flavell, J. H. (1993). Young children's understanding of thinking and consciousness. *Current Directions in Psychological Science, 2*, 40–43.

Flavell, J. H. (1999). Cognitive development: Children's knowledge about the mind. *Annual Review of Psychology, 50*, 21–45.

Flavell, J. H. (2000). Development of children's knowledge about the mental world. *International Journal of Behavioral Development, 24*, 14–23.

Flavell, J. H. (2004). Theory-of-mind development: Retrospect and prospect. *Merrill-Palmer Quarterly, 50*, 274–290.

Flavell, J. H., & Green, F. L. (1999). Development of intuitions about the controllability of different mental states. *Cognitive Development, 14*, 133–146.

Flavell, J. H., Green, F. L., & Flavell, E. R. (1989). Young children's ability to differentiate appearance-reality and level 2 perspectives in the tactile modality. *Child Development, 60*, 201–213.

Flavell, J. H., Green, F. L., & Flavell, E. R. (1990). Developmental changes in young children's knowledge about the mind. *Cognitive Development, 5*, 1–27.

Flavell, J. H., Green, F. L., & Flavell, E. R. (1995). Young children's knowledge about thinking. *Monographs of the Society for Research in Child Development, 60*(1, Serial No. 243).

Flavell, J. H., Green, F. L., & Flavell, E. R. (1998). The mind has a mind of its own: Developing knowledge about mental uncontrollability. *Cognitive Development, 13*, 127–138.

Flavell, J. H., Green, F. L., & Flavell, E. R. (2000). Development of children's awareness of their own thoughts. *Journal of Cognition and Development, 1*, 97–112.

Flavell, J. H., Green, F. L., Flavell, E. R., & Lin, N. (1999). Development of children's knowledge about unconsciousness. *Child Development, 70*, 396–412.

Flavell, J. H., Green, F. L., Wahl, K. E., & Flavell, E. R. (1987). The effects of question clarification and memory aids on young children's performance on appearance-reality tasks. *Cognitive Development, 2*, 127–144.

Flavell, J. H., Miller, P. H., & Miller, S. A. (1993). *Cognitive development* (3rd ed.). Englewood Cliffs, NJ: Prentice Hall.

Flavell, J. H., Zhang, X., Zou, H., Dong, Q., & Qi, S. (1983). A comparison of the appearance-reality distinction in the People's Republic of China and the United States. *Cognitive Psychology, 15*, 459–466.

Flom, R., & Bahrick, L. (2007). The development of infant discrimination of affect in multimodal and unimodal stimulation: The role of intersensory redundancy. *Developmental Psychology, 43*, 238–252.

Floyd, F., & Bakeman, R. (2006). Coming-out across the life course: Implications of age and historical context. *Archives of Sexual Behavior, 35*, 287–297.

Flynn, J. (1999). Searching for justice: The discovery of IQ gains over time. *American Psychologist, 54*, 5–20.

Flynn, J. (2007). *What is intelligence? Beyond the Flynn Effect.* New York: Cambridge University Press.

Foehn, U. G. (2006). *Media multitasking among American youth: Prevalence, predictors and pairings—Key findings.* Retrieved September 6, 2008, from http://www.kff.org/entmedia/7593.cfm

Fombonne, E., Zakarian, R., Bennett, A., Meng, L., & McLean-Heywood, D. (2006). Pervasive developmental disorders in Montreal, Quebec, Canada: Prevalence and links with immunizations. *Pediatrics, 118*, e139–e150.

Fordham, K., & Stevenson-Hinde, J. (1999). Shyness, friendship quality, and adjustment during middle childhood. *Journal of Child Psychology & Psychiatry & Allied Disciplines, 40*, 757–768.

Foster, E., Jones, D., & Conduct Problems Prevention Research Group. (2007). The economic analysis of prevention: An illustration involving the Fast Track Project. *Journal of Mental Health Policy and Economics, 10*, 165–175.

Foulder-Hughes, L., & Cooke, R. (2003a). Do mainstream schoolchildren who were born preterm have motor problems? *British Journal of Occupational Therapy, 66*, 9–16.

Foulder-Hughes, L., & Cooke, R. (2003b). Motor, cognitive, and behavioural disorders in children born very preterm. *Developmental Medicine & Child Neurology, 45*, 97–103.

Fox, N., Henderson, H., Rubin, K., Calkins, S., & Schmidt, L. (2001). Continuity and discontinuity of behavioral inhibition and exuberance: Psychophysiological and behavioral influences across the first four years of life. *Child Development, 72*, 1–21.

Fox, N. A., Kimmerly, N. L., & Schafer, W. D. (1991). Attachment to mother/attachment to father: A meta-analysis. *Child Development, 62*, 210–225.

Francis, P. L., Self, P. A., & Horowitz, F. D. (1987). The behavioral assessment of the neonate: An overview. In J. D. Osofsky (Ed.), *Handbook of infant development* (2nd ed., pp. 723–779). New York: Wiley-Interscience.

Franco, N., & Levitt, M. (1998). The social ecology of middle childhood: Family support, friendship quality, and self-esteem. *Family*

Relations: Interdisciplinary Journal of Applied Family Studies, 47, 315–321.

Franko, D., & Spurrell, E. (2000). Detection and management of eating disorders during pregnancy. Obstetrics & Gynecology, 95, 942–946.

Fraser, A. M., Brockert, J. E., & Ward, R. H. (1995). Association of young maternal age with adverse reproductive outcomes. New England Journal of Medicine, 332, 1113–1117.

Fredricks, J., & Eccles, J. (2002). Children's competence and value beliefs from childhood through adolescence: Growth trajectories in two male sex-typed domains. Developmental Psychology, 38, 519–533.

Fredricks, J., & Eccles, J. (2005). Family socialization, gender, and sport motivation and involvement. Journal of Sport & Exercise Psychology, 27, 3–31.

Fredriksen, K., Rhodes, J., Reddy, R., & Way, N. (2004). Sleepless in Chicago: Tracking the effects of adolescent sleep loss during the middle school years. Child Development, 75, 84–95.

Freedman, D. G. (1979). Ethnic differences in babies. Human Nature, 2, 36–43.

Freeman, C., & Fox, M. (2005). Status and trends in the education of American Indians and Alaska Natives. Retrieved June 27, 2008, from http://nces.ed.gov/pubs2005/2005108.pdf

French, S., Seidman, E., Allen, L., & Aber, J. (2006). The development of ethnic identity during adolescence. Developmental Psychology, 42, 1–10.

Freud, S. (1905). The basic writings of Sigmund Freud (A. A. Brill, Trans.). New York: Random House.

Freud, S. (1920). A general introduction to psychoanalysis (J. Riviere, Trans.). New York: Washington Square Press.

Frey, K. S., & Ruble, D. N. (1992). Gender constancy and the "cost" of sex-typed behavior: A test of the conflict hypothesis. Developmental Psychology, 28, 714–721.

Frichtel, M., & Lécuyer, R. (2006). The use of perspective as a depth cue with a 2D display in 4- and 5-month-old infants. Infant Behavior and Development, 30, 409–421.

Fried, P., & Smith, A. (2001). A literature review of the consequences of prenatal marihuana exposure: An emerging theme of a deficiency in aspects of executive function. Neurotoxicology & Teratology, 23, 1–11.

Friend, M., & Bursuck, W. (2006). Including students with special needs: A practical guide for classroom teachers. Boston: Allyn & Bacon.

Fujisawa, K., Kutsukake, N., & Hasegawa, T. (2008). Reciprocity of prosocial behavior in Japanese preschool children. International Journal of Behavioral Development, 32, 89–97.

Fuligni, A., Yip, T., & Tseng, V. (2002). The impact of family obligation on the daily activities and psychological well-being of Chinese American adolescents. Child Development, 73, 302–314.

Fuller, B. (2007). Standardized childhood: The political and cultural struggle over early education. Palo Alto, CA: Stanford University Press.

Funk, J., Bechtoldt-Baldacci, H., Pasold, T., & Baumgardner, J. (2004). Violence exposure in real-life, video games, television, movies, and the internet: Is there desensitization? Journal of Adolescence, 27, 23–39.

Funk, J., Buchman, D., Jenks, J., & Bechtoldt, H. (2003). Playing violent video games, desensitization, and moral evaluation in children. Journal of Applied Developmental Psychology, 24, 413–436.

Furlong, M., & Christenson, S. (2008). Engaging students at school and with learning: A relevant construct for all students. Psychology in the Schools, 45, 365–368.

Furman, E. (1995). Memories of a "qualified student". Journal of Child Psychotherapy, 21, 309–312.

Furnham, A. (2000). Parents' estimates of their own and their children's multiple intelligences. British Journal of Developmental Psychology, 18, 583–594.

Furnham, A., Petrides, K., Tsaousis, I., Pappas, K., & Garrod, D. (2005). A cross-cultural investigation into the relationships between personality traits and work values. Journal of Psychology: Interdisciplinary & Applied, 139, 5–32.

Furrow, D. (1984). Social and private speech at two years. Child Development, 55, 355–362.

Furrow, D., & Nelson, K. (1984). Environmental correlates of individual differences in language acquisition. Journal of Child Language, 11, 523–534.

Furstenberg, F., Brooks-Gunn, J., & Chase-Lansdale, L. (1989). Teenaged pregnancy and childbearing. American Psychologist, 44, 313–320.

Furstenberg, F. F., Jr., & Hughes, M. E. (1995). Social capital and successful development among at-risk youth. Journal of Marriage and the Family, 57, 580–592.

Fussell, J., & Burns, K. (2007). Attention deficit/hyperactivity disorder: A case study in differential diagnosis. Clinical Pediatrics, 46, 735–737.

Gabbard, C. (2008). Lifelong motor development. San Francisco: Benjamin Cummings.

Galambos, D. L., & Maggs, J. (1991). Out-of-school care of young adolescents and self-reported behavior. Developmental Psychology, 27, 644–655.

Galanaki, E. (2004). Teachers and loneliness: The children's perspective. School Psychology International, 25, 92–105.

Galassi, J., Gulledge, S., & Cox, N. (1997). Middle school advisories: Retrospect and prospect. Review of Educational Research, 67, 301–338.

Gale, C., O'Callaghan, F., Godfrey, K., Law, C., & Martyn, C. (2004). Critical periods of brain growth and cognitive function in children. Brain, 127, 321–329.

Gallagher, C., & Dobrin, A. (2005). The association between suicide screening practices and attempts requiring emergency care in juvenile justice facilities. Journal of the American Academy of Child and Adolescent Psychiatry, 44, 485–493.

Gallahue, D. L., & Ozmun, J. C. (1995). Understanding motor development (3rd ed.). Madison, WI: Brown & Benchmark.

Gallese, V. (2005). Embodied simulation: From neurons to phenomenal experience. Phenomenology and the Cognitive Sciences, 4, 23–48.

Galliher, R., Rostosky, S., & Hughes, H. (2004). School belonging, self-esteem, and depressive symptoms in adolescents: An examination of sex, sexual attraction status, and urbanicity. Journal of Youth & Adolescence, 33, 235–245.

Ganchrow, J. R., Steiner, J. E., & Daher, M. (1983). Neonatal facial expressions in response to different qualities and intensities of gustatory stimuli. Infant Behavior and Development, 6, 189–200.

Ganger, J., & Brent, M. (2001). Re-examining the vocabulary spurt and its implications: Is there really a sudden change in cognitive development? In A. Do, L. Domínguez, & A. Johansen (Eds.), Proceedings of the 25th Annual Boston University Conference on Language Development (pp. 296–306). Somerville, MA: Cascadilla Press.

Ganiban, J., Saudino, K., Ulbricht, J., Neiderhiser, J., & Reiss, D. (2008). Stability and change in temperament during adolescence. Journal of Personality and Social Psychology, 95, 222–236.

Garbarino, J. (2002). Foreword: Pathways from childhood traumas to adolescent violence and delinquency. Journal of Aggression, Maltreatment, & Trauma, 6, xxv–xxxi.

Garbarino, J., Dubrow, N., Kostelny, K., & Pardo, C. (1992). *Children in danger: Coping with the consequences of community violence.* San Francisco: Jossey-Bass.

Garbarino, J., & Kostelny, K. (1997). What children can tell us about living in a war zone. In J. D. Osofsky (Ed.), *Children in a violent society* (pp. 32–41). New York: Guilford Press.

Garbarino, J., Kostelny, K., & Dubrow, N. (1991). *No place to be a child: Growing up in a war zone.* Lexington, MA: Lexington Books.

Gardner, A. (2007). *Doctors' groups offer ADHD guide for parents.* Retrieved September 1, 2008, from http://health.usnews.com/usnews/health/healthday/071002/doctors-groups-offer-adhd-guide-for-parents.htm

Gardner, H. (1983). *Frames of mind: The theory of multiple intelligence.* New York: Basic Books.

Gardner, H. (2002). Learning from extraordinary minds. In M. Ferrari (Ed.), *The pursuit of excellence through education* (pp. 3–20). Mahwah, NJ: Erlbaum.

Gardner, J., Karmel, B., Freedland, R., Lennon, E., Flory, M., Miroschnichenko, I., Phan, H., Barone, A., & Harm, A. (2006). Arousal, attention, and neurobehavioral assessment in the neonatal period: Implications for intervention and policy. *Journal of Policy and Practice in Intellectual Disabilities, 3,* 22–32.

Garfinkel, P. E. (1995). Classification and diagnosis of eating disorders. In K. D. Brownell & C. G. Fairburn (Eds.), *Eating disorders and obesity: A comprehensive handbook* (pp. 125–134). New York: Guilford Press.

Garland, A. F., & Zigler, E. (1993). Adolescent suicide prevention: Current research and social policy implications. *American Psychologist, 48,* 169–182.

Garmezy, N. (1993). Vulnerability and resilience. In D. C. Funder, R. D. Parke, C. Tomlinson-Keasey, & K. Widaman (Eds.), *Studying lives through time: Personality and development* (pp. 377–398). Washington, DC: American Psychological Association.

Garmezy, N., & Masten, A. S. (1991). The protective role of competence indicators in children at risk. In E. M. Cummings, A. L. Green, & K. H. Karraker (Eds.), *Life-span developmental psychology: Perspectives on stress and coping* (pp. 151–174). Hillsdale, NJ: Erlbaum.

Garmezy, N., & Rutter, M. (Eds.). (1983). *Stress, coping, and development in children.* New York: McGraw-Hill.

Garnier, H., Stein, J., & Jacobs, J. (1997). The process of dropping out of high school: A 19-year perspective. *American Educational Research Journal, 34,* 395–419.

Gartstein, M., & Rothbart, M. (2003). Studying infant temperament via the revised infant behavior questionnaire. *Infant Behavior & Development, 26,* 64–86.

Gathercole, S., Pickering, S., Ambridge, B., & Wearing, H. (2004). The structure of working memory from 4 to 15 years of age. *Developmental Psychology, 40,* 177–190.

Gaultney, J., & Gingras, J. (2005). Fetal rate of behavioral inhibition and preference for novelty during infancy. *Early Human Development, 81,* 379–386.

Gauvain, M., Fagot, B., Leve, C., & Kavanagh, K. (2002). Instruction by mothers and fathers during problem solving with their young children. *Journal of Family Psychology, 16,* 81–90.

Ge, X., & Conger, R. (1999). Adjustment problems and emerging personality characteristics from early to late adolescence. *American Journal of Community Psychology, 27,* 429–459.

Geary, D. C. (1996). International differences in mathematical achievement: Their nature, causes, and consequences. *Current Directions in Psychological Science, 5,* 133–137.

Geary, D. C., Bow-Thomas, C. C., Liu, F., & Siegler, R. S. (1996). Development of arithmetical competencies in Chinese and American children: Influences of age, language, and schooling. *Child Development, 65,* 2022–2044.

Geary, D. C., Lin, F., Chen, G., Saults, S., et al. (1999). Contributions of computational fluency to cross-national differences in arithmetical reasoning abilities. *Journal of Educational Psychology, 91,* 716–719.

Gee, C., & Rhodes, J. (1999). Postpartum transitions in adolescent mothers' romantic and maternal relationships. *Merrill-Palmer Quarterly, 45,* 512–532.

Gee, C., & Rhodes, J. (2003). Adolescent mothers' relationship with their children's biological fathers: Social support, social strain and relationship continuity. *Journal of Family Psychology, 17,* 370–383.

Geissbuehler, V., & Eberhard, J. (2002). Fear of childbirth during pregnancy: A study of more than 8000 pregnant women. *Journal of Psychosomatic Obstetrics & Gynecology, 23,* 229–235.

Geltman, P., Grant-Knight, W., Mehta, S., Lloyd-Travaglini, C., Lustig, S., Landgraf, J., & Wise, P. (2005). The "Lost Boys of Sudan." *Archives of Pediatrics and Adolescent Medicine, 159,* 585–591.

Gentile, D., Lynch, P., Linder, J., & Walsh, D. (2004). The effects of violent video game habits on adolescent hostility, aggressive behaviors, and school performance. *Journal of Adolescence, 27,* 5–22.

Gentner, D. (1982). Why nouns are learned before verbs: Linguistic relativity versus natural partitioning. In S. A. Kuczaj, II (Ed.), *Language development: Vol. 2, Language, thought, and culture* (pp. 301–334). Hillsdale, NJ: Erlbaum.

Georgieff, M. K. (1994). Nutritional deficiencies as developmental risk factors: Commentary on Pollitt and Gorman. In C. A. Nelson (Ed.), *The Minnesota symposia on child development* (Vol. 27, pp. 145–159). Hillsdale, NJ: Erlbaum.

Gerhardstein, P., Adler, S., & Rovee-Collier, C. (2000). A dissociation in infants' memory for stimulus size: Evidence for the early development of multiple memory systems. *Developmental Psychobiology, 36,* 123–135.

Gershkoff-Stowe, L., & Hahn, E. (2007). Fast mapping skills in the developing lexicon. *Journal of Speech, Language, and Hearing Research, 50,* 682–696.

Gershoff, E. (2002). Corporal punishment by parents and associated child behaviors and experiences: A meta-analytic and theoretical review. *Psychological Bulletin, 128,* 539–579.

Gesell, A. (1925). *The mental growth of the preschool child.* New York: Macmillan.

Gesell, A. (1952). *Infant development: The embryology of early behavior.* New York: Harper & Brothers.

Ghetti, S., Papini, S., & Angelini, L. (2006). The development of the memorability-based strategy: Insight from a training study. *Journal of Experimental Child Psychology, 94,* 206–228.

Gibbs, J., Basinger, K., Grime, R., & Snarey, J. (2007). Moral judgment development across cultures: Revisiting Kohlberg's universality claims. *Developmental Review, 27,* 443–500.

Gibson, D. R. (1990). Relation of socioeconomic status to logical and sociomoral judgment of middle-aged men. *Psychology and Aging, 5,* 510–513.

Gibson, E. (2002). *Perceiving the affordances: A portrait of two psychologists.* Hillsdale, NJ: Erlbaum.

Gibson, E. J., & Walk, R. D. (1960). The "visual cliff". *Scientific American, 202,* 80–92.

Giedd, J. (2004). Structural magnetic resonance imaging of the adolescent brain. *Annals of the New York Academy of Sciences, 1021,* 77–85.

Giedd, J., Blumenthal, J., & Jeffries, N. (1999). Brain development during childhood and adolescence: A longitudinal MRI study. *Nature Neuroscience, 2,* 861–863.

Giedd, J., Blumenthal, J., Jeffries, N., Castellanos, F., Lui, H., & Paus, T. (1999). Brain development during childhood and adolescence: A longitudinal MRI study. *Nature Neuroscience, 2*, 861–863.

Gilbertson, M., & Bramlett, R. (1998). Phonological awareness screening to identify at-risk readers: Implications for practitioners. *Language, Speech, & Hearing Services in Schools, 29*, 109–116.

Giles, J., & Heyman, G. (2005). Young children's beliefs about the relationship between gender and aggressive behavior. *Child Development, 76*, 207–121.

Giles-Sims, J., & Lockhart, C. (2005). Culturally shaped patterns of disciplining children. *Journal of Family Issues, 26*, 196–218.

Gillespie, C., & Nemeroff, C. (2007). Corticotropin-releasing factor and the psychobiology of early-life stress. *Current Directions in Psychological Science, 16*, 85–89.

Gillies, V., & Lucey, H. (2006). 'It's a connection you can't get away from': Brothers, sisters and social capital. *Journal of Youth Studies, 9*, 479–493.

Gilligan, C. (1982). *In a different voice: Psychological theory and women's development.* Cambridge, MA: Harvard University Press.

Gilligan, C., & Wiggins, G. (1987). The origins of morality in early childhood relationships. In J. Kagan & S. Lamb (Eds.), *The emergence of morality in young children* (pp. 277–307). Chicago: University of Chicago Press.

Gilman, S., Abrams, D., & Buka, S. (2003). Socioeconomic status over the life course and stages of cigarette use: Initiation, regular use, and cessation. *Journal of Epidemiology and Community Health, 57*, 802–808.

Glasgow, K. L., Dornbusch, S. M., Troyer, L., Steinberg, L., & Ritter, P. L. (1997). Parenting styles, adolescents' attributions, and educational outcomes in nine heterogeneous high schools. *Child Development, 68*, 507–529.

Gleason, K., Jensen-Campbell, L., & Richardson, D. (2004). Agreeableness as a predictor of aggression in adolescence. *Aggressive Behavior, 30*, 43–61.

Gleitman, L. R., & Gleitman, H. (1992). A picture is worth a thousand words, but that's the problem: The role of syntax in vocabulary acquisition. *Current Directions in Psychological Science, 1*, 31–35.

Gleitman, L. R., & Wanner, E. (1988). Current issues in language learning. In M. H. Bornstein & M. E. Lamb (Eds.), *Developmental psychology: An advanced textbook* (2nd ed., pp. 297–358). Hillsdale, NJ: Erlbaum.

Glowinski, A., Bucholz, K., Nelson, E., Fu, Q., Madden, P., Reich, W., & Heath, A. (2001). Suicide attempts in an adolescent female twin sample. *Journal of the American Academy of Child and Adolescent Psychiatry, 40*, 1300–1307.

Glueck, S., & Glueck, E. (1972). *Identification of pre-delinquents: Validation studies and some suggested uses of Glueck table.* New York: Intercontinental Medical Book Corp.

Gnepp, J., & Chilamkurti, C. (1988). Children's use of personality attributions to predict other people's emotional and behavioral reactions. *Child Development, 50*, 743–754.

Gogtay, N., Giedd, J., Lusk, L., Hayashi, K., Greenstein, D., Vaituzis, A., Nugent, T., Herman, D., Clasen, L., Toga, A., Rapoport, J., & Thompson, P. (2004). Dynamic mapping of human cortical development during childhood through early adulthood. *Proceedings of the National Academy of Sciences, 17*, 17.

Goldberg, S. (1972). Infant care and growth in urban Zambia. *Human Development, 15*, 77–89.

Goldberg, W. A. (1990). Marital quality, parental personality, and spousal agreement about perceptions and expectations for children. *Merrill-Palmer Quarterly, 36*, 531–556.

Golden, M., & Birns, B. (1983). Social class and infant intelligence. In M. Lewis (Ed.), *Origins of intelligence: Infancy and early childhood* (2nd ed., pp. 347–398). New York: Plenum Press.

Goldfield, B. A. (1993). Noun bias in maternal speech to one-year-olds. *Journal of Child Language, 20*, 85–99.

Goldfield, B. A., & Reznick, J. S. (1990). Early lexical acquisition: Rate, content, and the vocabulary spurt. *Journal of Child Language, 17*, 171–183.

Goldin-Meadow, S. (2007a). Gesture with speech and without it. In S. Duncan, J. Cassell, & E. Levy (Eds.), *Gesture and the dynamic dimension of language: Essays in honor of David McNeill* (pp. 31–49). Amsterdam, Netherlands: John Benjamins Publishing Company.

Goldin-Meadow, S. (2007b). The challenge: Some properties of language can be learned without linguistic input. *Linguistic Review, 24*, 417–421.

Goldman, L. S., Genel, M., Bezman, R. J., & Slanetz, P. J. (1998). Diagnosis and treatment of attention-deficit/hyperactivity disorder in children and adolescents. *Journal of the American Medical Association, 279*, 1100–1107.

Goldsmith, H. H., & Alansky, J. (1987). Maternal and infant temperamental predictors of attachment: A meta-analytic review. *Journal of Consulting and Clinical Psychology, 55*, 805–806.

Goldsmith, H. H., Buss, K. A., & Lemery, K. S. (1997). Toddler and childhood temperament: Expanded content, stronger genetic evidence, new evidence for the importance of environment. *Developmental Psychology, 33*, 891–905.

Goldstein, R., & Volkow, N. (2002). Drug addiction and its underlying neurobiological basis: Neuroimaging evidence for the involvement of the frontal cortex. *American Journal of Psychiatry, 159*, 1642–1652.

Goldstein, S., Davis-Kean, P., & Eccles, J. (2005). Parents, peers, and problem behavior: A longitudinal investigation of the impact of relationship perceptions and characteristics on the development of adolescent problem behavior. *Developmental Psychology, 41*, 401–413.

Goleman, D. (1995a, October 4). Eating disorder rates surprise the experts. *The New York Times*, p. B7.

Goleman, D. (1995b). *Emotional intelligence.* New York: Bantam Books.

Golinkoff, R. M., Mervis, C. B., & Hirsh-Pasek, K. (1994). Early object labels: The case for lexical principles. *Journal of Child Language, 21*, 125–155.

Golombok, S., & Fivush, R. (1994). *Gender development.* Cambridge, England: Cambridge University Press.

Golombok, S., & Tasker, F. (1996). Do parents influence the sexual orientation of their children? Findings from a longitudinal study of lesbian families. *Developmental Psychology, 32*, 3–11.

Gonzales, P., Guzman, J., Partelow, L., Pahlke, E., Jocelyn, L., Kastberg, D., & Williams, T. (2004). *Highlights from the Trends in International Mathematics and Science Study: TIMSS 2003.* Retrieved August 14, 2008, from http://nces.ed.gov/pubsearch/pubsinfo.asp?pubid=2005005

Goossens, L., Beyers, W., Emmen, M., & van Aken, M. (2002). The imaginary audience and personal fable: Factor analyses and concurrent validity of the "New Look" measures. *Journal of Research on Adolescence, 12*, 193–215.

Goossens, R., & van IJzendoorn, M. (1990). Quality of infants' attachments to professional caregivers: Relation to infant-parent attachment and day-care characteristics. *Child Development, 61*, 832–837.

Gopnik, A., & Astington, J. W. (1988). Children's understanding of representational change and its relation to the understanding of false belief and the appearance-reality distinction. *Child Development, 59,* 26–37.

Gordon, N. (1995). Apoptosis (programmed cell death) and other reasons for elimination of neurons and axons. *Brain & Development, 17,* 73–77.

Gordon, R. (2001). Eating disorders East and West: A culture-bound syndrome unbound. In M. Nasser, M. Katzman, & R. Bordon (Eds.), *Eating disorders and cultures in transition* (pp. 1–23). New York: Taylor & Francis.

Gottesman, I. I., & Goldsmith, H. H. (1994). Developmental psychopathology of antisocial behavior: Inserting genes into its ontogenesis and epigenesis. In C. A. Nelson (Ed.), *The Minnesota symposia on child psychology* (Vol. 27, pp. 69–104). Hillsdale, NJ: Erlbaum.

Gottfried, A. E., Bathurst, K., & Gottfried, A. W. (1994). Role of maternal and dual-earner employment status in children's development: A longitudinal study from infancy through early adolescence. In A. E. Gottfried & A. W. Gottfried (Eds.), *Redefining families: Implications for children's development* (pp. 55–97). New York: Plenum Press.

Gottfried, A. W., Gottfried, A. E., Bathurst, K., & Guerin, D. W. (1994). *Gifted IQ: Early developmental aspects.* New York: Plenum Press.

Gottlieb, G. (1976a). Conceptions of prenatal development: Behavioral embryology. *Psychological Review, 83,* 215–234.

Gottlieb, G. (1976b). The roles of experience in the development of behavior and the nervous system. In G. Gottlieb (Ed.), *Neural and behavioral specificity.* New York: Academic Press.

Gottman, J. M. (1986). The world of coordinated play: Same- and cross-sex friendship in young children. In J. M. Gottman & J. G. Parker (Eds.), *Conversations of friends: Speculations on affective development* (pp. 139–191). Cambridge, England: Cambridge University Press.

Gould, M., Marrocco, F., Kleinman, M., Thomas, J., Mostkoff, K., Cote, J., & Davies, M. (2005). Evaluating iatrogenic risk of youth suicide screening programs: A randomized controlled trial. *Journal of the American Medical Association, 293,* 1635–1643.

Grabowski, L., Call, K., & Mortimer, J. (2001). Global and economic self-efficacy in the educational attainment process. *Social Psychology Quarterly, 64,* 164–197.

Graham, S., & Harris, K. (1997). It can be taught, but it does not develop naturally: Myths and realities in writing instruction. *School Psychology Review, 26,* 414–424.

Green, E., Deschamps, J., & Páez, D. (2005). Variation of individualism and collectivism within and between 20 countries: A typological analysis. *Journal of Cross-Cultural Psychology, 36,* 321–339.

Green, S. (2001). Systemic vs. individualistic approaches to bullying. *Journal of the American Medical Association, 286,* 787.

Green, S., Pring, L., & Swettenham, J. (2004). An investigation of first-order false belief understanding of children with congenital profound visual impairment. *British Journal of Developmental Psychology, 22,* 1–17.

Greenberger, E., & Steinberg, L. (1986). *When teenagers work: The psychological and social costs of adolescent employment.* New York: Basic Books.

Greene, K., Krcmar, M., Rubin, D., Walters, L., & Hale, J. (2002). Elaboration in processing adolescent health messages: The impact of egocentrism and sensation seeking on message processing. *Journal of Communication, 52,* 812–831.

Greenfield, P. (1995). Profile: On teaching. Culture, ethnicity, race, and development: Implications for teaching theory and research. *SRCD Newsletter* (Winter), 3–4, 12.

Greenfield, P., Brannon, C., & Lohr, D. (1994). Two-dimensional representation of movement through three-dimensional space: The role of video game expertise. *Journal of Applied Developmental Psychology, 15,* 87–104.

Greenough, W. T. (1991). Experience as a component of normal development: Evolutionary considerations. *Developmental Psychology, 27,* 11–27.

Greenough, W. T., Black, J. E., & Wallace, C. S. (1987). Experience and brain development. *Child Development, 58,* 539–559.

Gregg, V., Gibbs, J. C., & Basinger, K. S. (1994). Patterns of developmental delay in moral judgment by male and female delinquents. *Merrill-Palmer Quarterly, 40,* 538–553.

Grenier, G. (1985). Shifts to English as usual language by Americans of Spanish mother tongue. In R. O. De La Garza, F. D. Bean, C. M. Bonjean, R. Romo, & R. Alvarez (Eds.), *The Mexican American experience: An interdisciplinary anthology* (pp. 347–358). Austin: University of Texas Press.

Grolnick, W. S., & Slowiaczek, M. L. (1994). Parents' involvement in children's schooling: A multidimensional conceptual-ization and motivational model. *Child Development, 65,* 237–252.

Groome, L., Mooney, D., Holland, S., Smith, L., Atterbury, J., & Dykman, R. (1999). Behavioral state affects heart rate response to low-intensity sound in human fetuses. *Early Human Development, 54,* 39–54.

Grossmann, K., Grossmann, K. E., Spangler, G., Suess, G., & Unzner, L. (1985). Maternal sensitivity and newborns' orientation responses as related to quality of attachment in northern Germany. *Monographs of the Society of Research in Child Development, 50* (1–2, Serial No. 209), 233–256.

Grotevant, H. D., & Cooper, C. R. (1985). Patterns of interaction in family relationships and the development of identity exploration in adolescence. *Child Development, 56,* 415–428.

Grov, C., Bimbi, D., Nanin, J., & Parsons, J. (2006). Race, ethnicity, gender, and generational factors associated with the coming-out process among gay, lesbian, and bisexual individuals. *Journal of Sex Research, 43,* 115–121.

Grusec, J. E. (1992). Social learning theory and developmental psychology: The legacies of Robert Sears and Albert Bandura. *Developmental Psychology, 28,* 776–786.

Grusec, J. E., Saas-Kortsaak, P., & Simutis, Z. M. (1978). The role of example and moral exhortation in the training of altruism. *Child Development, 49,* 920–923.

Guerin, D. W., & Gottfried, A. W. (1994a). Developmental stability and change in parent reports of temperament: A ten-year longitudinal investigation from infancy through preadolescence. *Merrill-Palmer Quarterly, 40,* 334–355.

Guerin, D. W., & Gottfried, A. W. (1994b). Temperamental consequences of infant difficultness. *Infant Behavior and Development, 17,* 413–421.

Guertin, T., Lloyd-Richardson, E., Spirito, A., Donaldson, D., & Boergers, J. (2001). Self-mutilative behavior in adolescents who attempt suicide by overdose. *Journal of the American Academy of Child and Adolescent Psychiatry, 40,* 1062–1069.

Guglielmi, R. (2008). Native language proficiency, English literacy, academic achievement, and occupational attainment in limited-English-proficient students: A latent growth modeling perspective. *Journal of Educational Psychology, 100,* 322–342.

Guilford, J. (1967). *The nature of human intelligence.* New York: McGraw-Hill.

Gunnar, M., Sebanc, A., Tout, K., Donzella, B., & Van Dulmen, M. (2003). Peer rejection, temperament, and cortisol activity in preschoolers. *Developmental Psychobiology, 43,* 346–358.

Gunnar, M. R. (1994). Psychoendocrine studies of temperament and stress in early childhood: Expanding current models. In J. E. Bates & T. D. Wachs (Eds.), *Temperament: Individual differences at the interface of biology and behavior* (pp. 175–198). Washington, DC: American Psychological Association.

Gupta, R., Hasan, K., Trivedi, R., Pradhan, M., Das, V., Parikh, N., & Narayana, P. (2005). Diffusion tensor imaging of the developing human cerebrum. *Journal of Neuroscience Research, 81*, 172–178.

Guralnick, M. J., & Paul-Brown, D. (1984). Communicative adjustments during behavior-request episodes among children at different developmental levels. *Child Development, 55*, 911–919.

Gurnáková, J., & Kusá, D. (2004). Gender self-concept in personal theories of reality. *Studia Psychologica, 46*, 49–61.

Guthrie, R. (2004). *Even the rat was white.* Boston: Pearson Allyn & Bacon.

Guttentag, R. E., Ornstein, P. A., & Siemens, L. (1987). Children's spontaneous rehearsal: Transitions in strategy acquisition. *Cognitive Development, 2*, 307–326.

Guttman, A., & Dick, P. (2004). Infant hospitalization and maternal depression, poverty and single parenthood: A population-based study. *Child: Care, Health & Development, 30*, 67–75.

Gzesh, S. M., & Surber, C. F. (1985). Visual perspective-taking skills in children. *Child Development, 56*, 1204–1213.

Haan, N. (1981). Adolescents and young adults as producers of their own development. In R. M. Lerner & N. A. Busch-Rossnagel (Eds.), *Individuals as producers of their own development* (pp. 155–182). New York: Academic Press.

Hack, M., Taylor, C. B. H., Klein, N., Eiben, R., Schatschneider, C., & Mercuri-Minich, N. (1994). School-age outcomes in children with birth weights under 750 g. *New England Journal of Medicine, 331*, 753–759.

Hagan, J. (1997). Defiance and despair: Subcultural and structural linkages between delinquency and despair in the life course. *Social Forces, 76*, 119–134.

Hagerman, R. J. (1996). Growth and development. In W. W. Hay, Jr., J. R. Groothuis, A. R. Hayward, & M. J. Levin (Eds.), *Current pediatric diagnosis and treatment* (12th ed., pp. 65–84). Norwalk, CT: Appleton & Lange.

Haith, M. M. (1980). *Rules that babies look by.* Hillsdale, NJ: Erlbaum.

Hakansson, G., Salameh, E., & Nettelbladt, U. (2003). Measuring language development in bilingual children: Swedish-Arabic children with and without language impairment. *Linguistics, 41*, 255–288.

Hakimzadeh, S., & Cohn, D. (2007). *English usage among Hispanics in the United States.* Retrieved September 9, 2008, from http://pewhispanic.org/reports/report.php?ReportID=82

Halama, P., & Strízenec, M. (2004). Spiritual, existential or both? Theoretical considerations on the nature of "higher" intelligences. *Studia Psychologica, 46*, 239–253.

Hale, S., Fry, A. F., & Jessie, K. A. (1993). Effects of practice on speed of information processing in children and adults: Age sensitivity and age invariance. *Developmental Psychology, 29*, 880–892.

Halford, G., Bunch, K., & McCredden, J. (2007). Problem decomposability as a factor in complexity of the dimensional change card sort task. *Cognitive Development, 22*, 384–391.

Hall, G. (2003, September). Primary elective C-section up 20% from 1999 to 2001. *OB/GYN News.* Retrieved April 1, 2004, from http://www.imng.com

Hallowell, E. (2007). *Crazy busy: Overstretched, overbooked, and about to snap! Strategies for handling your fast-paced life.* New York: Ballantine Books.

Halmi, K. (2003). Classification, diagnosis and comorbidities of eating disorders. In M. Maj, K. Halmi, J. Lopez-Ibor, & N. Sartorius (Eds.), *Eating disorders* (pp. 1–33). New York: Wiley.

Halpern, C. T., Udry, J. R., Campbell, B., & Suchindran, C. (1993). Testosterone and pubertal development as predictors of sexual activity: A panel analysis of adolescent males. *Psychosomatic Medicine, 55*, 436–447.

Halpern, D., & Tan, U. (2001). Stereotypes and steroids: Using a psychobiosocial model to understand cognitive sex differences. *Brain & Cognition, 45*, 392–414.

Ham, B. (2004, October 29). *Hispanic children less likely to get ADHD diagnosis.* Retrieved June 20, 2008, from http://www.cfah.org/hbns/news/ADHD10-29-04.cfm

Hämäläinen, M., & Pulkkinen, L. (1996). Problem behavior as a precursor of male criminality. *Development and Psychopathology, 8*, 443–455.

Hamilton B., Martin J., & Ventura S. Births: preliminary data for 2006. *National Vital Statistics Reports, 56*, 1–18.

Hamm, J. (2000). Do birds of a feather flock together? The variable bases for African American, Asian American, and European American adolescents' selection of similar friends. *Developmental Psychology, 36*, 209–219.

Hamvas, A., Wise, P. H., Yang, R. K., Wampler, N. S., Noguchi, A., Maurer, M. M., Walentik, C. A., Schramm, W. F., & Cole, F. S. (1996). The influence of the wider use of surfactant therapy on neonatal mortality among blacks and whites. *New England Journal of Medicine, 334*, 1635–1640.

Han, W., Ruhm, C., Waldfogel, J., & Washbrook, E. (2008, June). The timing of mothers' employment after childbirth. *Monthly Labor Review*, 15–28.

Han, W., Waldfogel, J., & Brooks-Gunn, J. (2001). The effects of early maternal employment on later cognitive and behavioral outcomes. *Journal of Marriage and the Family, 63*, 336–354.

Hanish, L., Martin, C., Fabes, R., & Barcelo, H. (2008). The breadth of peer relationships among preschoolers: An application of the Q-connectivity method to externalizing behavior. *Child Development, 79*, 1119–1136.

Hanlon, H., Thatcher, R., & Cline, M. (1999). Gender differences in the development of EEG coherence in normal children. *Developmental Neuropsychology, 17*, 199–223.

Hanna, E., & Meltzoff, A. N. (1993). Peer imitation by toddlers in laboratory, home, and day-care contexts: Implications for social learning and memory. *Developmental Psychology, 29*, 701–710.

Hannigan, J., O'Leary-Moore, S., & Berman, R. (2007). Postnatal environmental or experiential amelioration of neurobehavioral effects of perinatal alcohol exposure in rats. *Neuroscience & Biobehavioral Reviews, 31*, 202–211.

Hannon, E., & Trehub, S. (2005). Metrical categories in infancy and adulthood. *Psychological Science, 16*, 48–55.

Hansen, J., & Bowey, J. A. (1994). Phonological analysis skills, verbal working memory, and reading ability in second-grade children. *Child Development, 65*, 938–950.

Hanshaw, J. B., Scheiner, A. P., Moxley, A. W., Gaeav, L., Abel, V., & Scheiner, B. (1976). School failure and deafness after "silent" congenital cytomegalovirus infection. *New England Journal of Medicine, 295*, 468–470.

Harden, K., Turkheimer, E., & Loehlin, J. (2007). Genotype by environment interaction in adolescents' cognitive aptitude. *Behavior Genetics, 37*, 273–283.

Hardy, C., & Van Leeuwen, S. (2004). Interviewing young children: Effects of probe structures and focus of rapport-building talk on the qualities of young children's eyewitness statements. *Canadian Journal of Behavioral Science, 36*, 155–165.

Harkness, S. (1998). Time for families. *Anthropology Newsletter, 39*, 1, 4.

Harkness, S., & Super, C. M. (1985). The cultural context of gender segregation in children's peer groups. *Child Development, 56*, 219–224.

Harkness, S., & Super, C. M. (1995). Culture and parenting. In M. H. Bornstein (Ed.), *Handbook of parenting: Vol. 2. Biology and ecology of parenting* (pp. 211–234). Mahwah, NJ: Erlbaum.

Harold, G. T., & Conger, R. D. (1997). Marital conflict and adolescent distress: The role of adolescent awareness. *Child Development, 68*, 333–350.

Harrington, R., Rutter, M., & Fombonne, E. (1996). Developmental pathways in depression: Multiple meanings, antecedents, and endpoints. *Development and Psychopathology, 8*, 601–616.

Harris, J. (1998). *The nurture assumption: Why kids turn out the way they do: Parents matter less than you think and peers matter more.* New York: Free Press.

Harris, J. (2005). The increased diagnosis of "Juvenile Bipolar Disorder": What are we treating? *Psychiatric Services, 56*, 529–531.

Harris, P. L. (1989). *Children and emotion: The development of psychological understanding.* Oxford: Basil Blackwell.

Harris, P. L., Olthof, T., & Terwogt, M. M. (1981). Children's knowledge of emotion. *Journal of Child Psychology and Psychiatry, 22*, 247–261.

Harrison, A. O., Wilson, M. N., Pine, C. J., Chan, S. Q., & Buriel, R. (1990). Family ecologies of ethnic minority children. *Child Development, 61*, 347–362.

Harrist, A., Zaia, A., Bates, J., Dodge, K., & Pettit, G. (1997). Subtypes of social withdrawal in early childhood: Sociometric status and social-cognitive differences across four years. *Child Development, 68*, 278–294.

Hart, B., & Risley, T. R. (1995). *Meaningful differences in the everyday experience of young American children.* Baltimore, MD: Brookes.

Hart, C., Olsen, S., Robinson, C., & Mandleco, B. (1997). The development of social and communicative competence in childhood: Review and a model of personal, familial, and extrafamilial processes. *Communication Yearbook, 20*, 305–373.

Hart, S., Boylan, L., Border, B., Carroll, S., McGunegle, D., & Lampe, R. (2004). Breast milk levels of cortisol and Secretory Immunoglobulin A (SIgA) differ with maternal mood and infant neuro-behavioral functioning. *Infant Behavior and Development, 27*, 101–106.

Harter, S. (1987). The determinants and mediational role of global self-worth in children. In N. Eisenberg (Ed.), *Contemporary topics in developmental psychology* (pp. 219–242). New York: Wiley-Interscience.

Harter, S. (1990). Processes underlying adolescent self-concept formation. In R. Montemayor, G. R. Adams, & T. P. Gullotta (Eds.), *From childhood to adolescence: A transitional period?* (pp. 205–239). Newbury Park, CA: Sage.

Harter, S. (1998). The development of self-representations. In W. Damon (Ed.), *Handbook of child psychology: Vol. 3. Social, emotional, and personality development* (5th ed., pp. 553–617). New York: Wiley.

Harter, S. (1999). *Developmental approaches to self processes.* New York: Guilford.

Harter, S. (2006a). The development of self-esteem. In M. Kernis (Ed.), *Self-esteem issues and answers: A sourcebook of current perspectives* (pp. 144–150). New York: Psychology Press.

Harter, S. (2006b). The self. In N. Eisenberg, W. Damon, & R. Lerner (Eds.), *Handbook of child psychology: Vol. 3, Social, emotional, and personality development* (6th ed., pp. 505–570). Hoboken, NJ: Wiley.

Harter, S., & Whitesell, N. R. (1996). Multiple pathways to self-reported depression and psychological adjustment among adolescents. *Development and Psychopathology, 8*, 761–777.

Harter, S., & Whitesell, N. R. (2003). Beyond the debate: Why some adolescents report stable self-worth over time and situation, whereas others report changes in self-worth. *Journal of Personality, 71*, 1027–1058.

Harton, H., & Latane, B. (1997). Social influence and adolescent lifestyle attitudes. *Journal of Research on Adolescence, 7*, 197–220.

Hartshorn, K., & Rovee-Collier, C. (1997). Infant learning and long-term memory at 6 months: A confirming analysis. *Developmental Psychobiology, 30*, 71–85.

Hartup, W. W. (1989). Social relationships and their developmental significance. *American Psychologist, 44*, 120–126.

Hartup, W. W. (1996). The company they keep: Friendships and their developmental significance. *Child Development, 67*, 1–13.

Hartup, W. W. (2006). Relationships in early and middle childhood. In A. Vangellisti & D. Perlman (Eds.), *The Cambridge handbook of personal relationships* (pp. 177–190). New York: Cambridge University Press.

Hartup, W. W., Laursen, B., Stewart, M. I., & Eastenson, A. (1988). Conflict and the friendship relations of young children. *Child Development, 59*, 1590–1600.

Hartup, W. W., & van Lieshout, C. F. M. (1995). Personality development in social context. *Annual Review of Psychology, 46*, 655–687.

Harvey, A., & Hill, R. (2004). Afrocentric youth and family rites of passage program: Promoting resilience among at-risk African American youths. *Social Work, 49*, 65–74.

Harvey, A., & Rauch, J. (1997). A comprehensive Afrocentric rites of passage program for black male adolescents. *Health & Social Work, 22*, 30–37.

Harwood, R. L. (1992). The influence of culturally derived values on Anglo and Puerto Rican mothers' perceptions of attachment behavior. *Child Development, 63*, 822–839.

Hashima, P. Y., & Amato, P. R. (1994). Poverty, social support, and parental behavior. *Child Development, 65*, 394–403.

Haskins, R. (1989). Beyond metaphor: The efficacy of early childhood education. *American Psychologist, 44*, 274–282.

Hatano, G., Siegler, R. S., Richards, D. D., Inagaki, K., Stavy, R., & Wax, N. (1993). The development of biological knowledge: A multi-national study. *Cognitive Development, 8*, 47–62.

Hatchett, S. J., & Jackson, J. S. (1993). African American extended kin systems: An assessment. In H. P. McAdoo (Ed.), *Family ethnicity: Strength in diversity* (pp. 90–108). Newbury Park, CA: Sage.

Haviland, J. M., & Lelwica, M. (1987). The induced affect response: 10-week-old infants' responses to three emotional expressions. *Developmental Psychology, 23*, 97–104.

Hay, D., Payne, A., & Chadwick, A. (2004). Peer relations in childhood. *Journal of Child Psychology and Psychiatry, 45*, 84–108.

Hayne, H., & Rovee-Collier, C. (1995). The organization of reactivated memory in infancy. *Child Development, 66*, 893–906.

Haynes, N. M., Ben-Avie, M., Squires, D. A., Howley, J. P., Negron, E. N., & Corbin, J. N. (1996). It takes a whole village: The SDP school. In J. P. Corner, N. M. Haynes, E. T. Joyner, & M. Ben-Avie (Eds.), *Rallying the whole village: The Comer process for reforming education* (pp. 42–71). New York: Teachers College Press.

Hedegaard, M., Henriksen, T. B., Secher, N. J., Hatch, M. C., & Sabroe, S. (1996). Do stressful life events affect duration of gestation and risk of preterm delivery? *Epidemiology, 7*, 339–345.

Heenan, J. (2005). *Character education transforms school.* Retrieved July 19, 2005, from http://www.cornerstonevalues.org/kew2.htm

Henneborn, W. J., & Cogan, R. (1975). The effect of husband participation on reported pain and the probability of medication during labour and birth. *Journal of Psychosomatic Research, 19*, 215–222.

Henry, B., Caspi, A., Moffitt, T., & Silva, P. (1996). Temperamental and familial predictors of violent and nonviolent criminal convictions: Age 3 to age 18. *Developmental Psychology, 32*, 614–623.

Hepworth, S., Rovet, J., & Taylor, M. (2001). Neurophysiological correlates of verbal and nonverbal short-term memory in children: Repetition of words and faces. *Psychophysiology, 38*, 594–600.

Herbert, J., Eckerman, C., Goldstein, R., & Stanton, M. (2004). Contrasts in infant classical eyeblink conditioning as a function of premature birth. *Infancy, 5,* 367–383.

Heron, M. (2007). Deaths: Leading causes for 2004. *National Vital Statistics Reports, 56,* 1–96.

Heron, M., Hoyert, D., Xu, J., Scott, C., & Tejada-Vera, B. (2008). Deaths: Preliminary data for 2006. *National Vital Statistics Reports, 56,* 1–52.

Herrenkohl, E., Herrenkohl, R., Egolf, B., & Russo, M. (1998). The relationship between early maltreatment and teenage parenthood. *Journal of Adolescence, 21,* 291–303.

Herrera, N., Zajonc, R., Wieczorkowska, G., & Cichomski, B. (2003). Beliefs about birth rank and their reflection in reality. *Journal of Personality & Social Psychology, 85,* 142–150.

Herring, W., McGrath, D., & Buckley, J. (2007). *Issue brief: Demographic and school characteristics of students receiving special education in the elementary grades.* Retrieved September 1, 2008, from http://nces.ed.gov/pubs2007/2007005.pdf

Hess, E. H. (1972). "Imprinting" in a natural laboratory. *Scientific American, 227,* 24–31.

Hetherington, E. (1989). Coping with family transitions: Winners, losers, and survivors. *Child Development, 60,* 1–14.

Hetherington, E. (1991a). Presidential address: Families, lies, and videotapes. *Journal of Research on Adolescence, 1,* 323–348.

Hetherington, E. (1991b). The role of individual differences and family relationships in children's coping with divorce and remarriage. In P. A. Cowen & M. Hetherington (Eds.), *Family transitions* (pp. 165–194). Hillsdale, NJ: Erlbaum.

Hetherington, E., Bridges, M., & Insabella, G. (1998). What matters? What does not? Five perspectives on the association between marital transitions and children's adjustment. *American Psychologist, 53,* 167–184.

Hetherington, E., Henderson, S., Reiss, D., Anderson, E., et al. (1999). Adolescent siblings in stepfamilies: Family functioning and adolescent adjustment. *Monographs of the Society for Research in Child Development, 64,* 222.

Hewitt, L., Hammer, C., Yount, K., & Tomblin, B. (2005). Language sampling for kindergarten children with and without SLI: Mean length of utterance, IPSYN, and NDW. *Journal of Communication Disorders, 38,* 197–213.

Heyman, G., (2001). Children's interpretation of ambiguous behavior: Evidence for a "boys are bad" bias. *Social Development, 10,* 230–247.

Hill, H. M., Soriano, F. I., Chen, S. A., & LaFromboise, T. D. (1994). Sociocultural factors in the etiology and prevention of violence among ethnic minority youth. In L. D. Eron, J. H. Gentry, & P. Schlegel (Eds.), *Reason to hope: A psychosocial perspective on violence and youth* (pp. 59–97). Washington, DC: American Psychological Association.

Hipwell, A., Keenan, K., Kasza, K., Loeber, R., Stouthamer-Loeber, M., & Bean, T. (2008). Reciprocal influences between girls' conduct problems and depression, and parental punishment and warmth. *Journal of Abnormal Child Psychology, 36,* 663–677.

Hirsh-Pasek, K., Trieman, R., & Schneiderman, M. (1984). Brown and Hanlon revisited: Mothers' sensitivity to ungrammatical forms. *Journal of Child Language, 11,* 81–88.

Ho, C., & Bryant, P. (1997). Learning to read Chinese beyond the logographic phase. *Reading Research Quarterly, 32,* 276–289.

Hodge, K. P., & Tod, D. A. (1993). Ethics of childhood sport. *Sports Medicine, 15,* 291–298.

Hoeksma, J., Oosterlaan, J., & Schipper, E. (2004). Emotion regulation and the dynamics of feelings: A conceptual and methodological framework. *Child Development, 75,* 354–360.

Hofferth, S. L., Boisjoly, J., & Duncan, G. (1995, April). *Does children's school attainment benefit from parental access to social capital?* Artigo apresentado no encontro bianual da Society for Research in Child Development, Indianapolis.

Hoffman, H. J., & Hillman, L. S. (1992). Epidemiology of the sudden infant death syndrome: Maternal, neonatal, and postneonatal risk factors. *Clinics in Perinatology, 19*(4), 717–737.

Hoffman, M. L. (1982). Development of prosocial motivation: Empathy and guilt. In N. Eisenberg (Ed.), *The development of prosocial behavior* (pp. 281–314). New York: Academic Press.

Hoffman, M. L. (1988). Moral development. In M. H. Bornstein & M. E. Lamb (Eds.), *Developmental psychology: An advanced textbook* (2nd ed., pp. 497–548). Hillsdale, NJ: Erlbaum.

Hoffman, M. L. (2000). *Empathy and moral development: Implications for caring and justice.* Cambridge, England: Cambridge University Press.

Hoffman, M. L. (2007). The origins of empathic morality in toddlerhood. In C. Brownell & C. Kopp (Eds.), *Socioemotional development in the toddler years: Transitions and transformations.* New York: Guilford Press.

Holahan, C. K. (1988). Relation of life goals at age 70 to activity participation and health and psychological well-being among Terman's gifted men and women. *Psychology and Aging, 3,* 286–291.

Hollich, G., Golinkoff, R., & Hirsh-Pasek, K. (2007). Young children associate novel words with complex objects rather than salient parts. *Developmental Psychology, 43,* 1051–1061.

Holobow, N., Genesee, F., & Lambert, W. (1991). The effectiveness of a foreign language immersion program for children from different ethnic and social class backgrounds: Report 2. *Applied Psycholinguistics, 12,* 179–198.

Homer, B., & Hayward, E. (2008). Cognitive and representational development in children. In K. Cartwright (Ed.), *Literacy processes: Cognitive flexibility in learning and teaching* (pp. 19–41). New York: Guilford Press.

Honzik, M. P. (1986). The role of the family in the development of mental abilities: A 50-year study. In N. Datan, A. L. Greene, & H. W. Reese (Eds.), *Life-span developmental psychology: Intergenerational relations* (pp. 185–210). Hillsdale, NJ: Erlbaum.

Horowitz, F. D. (1987). *Exploring developmental theories: Toward a structural/behavioral model of development.* Hillsdale, NJ: Erlbaum.

Horowitz, F. D. (1990). Developmental models of individual differences. In J. Colombo & J. Fagen (Eds.), *Individual differences in infancy: Reliability, stability, prediction* (pp. 3–18). Hillsdale, NJ: Erlbaum.

Horowitz, F. D. (2003). Child development and the PITS: Simple questions, complex answers, and developmental theory. In M. Hertzig & E. Farber (Eds.), *Annual progress in child psychiatry and child development: 2000–2001* (pp. 3–19). New York: Brunner-Routledge.

Houck, G., & Lecuyer-Marcus, E. (2004). Maternal limit setting during toddlerhood, delay of gratification, and behavior problems at age five. *Infant Mental Health Journal, 25,* 28–46.

Hovell, M., Blumberg, E., Sipan, C., Hofstetter, C., Burkham, S., Atkins, C., & Felice, M. (1998). Skills training for pregnancy and AIDS prevention in Anglo and Latino youth. *Journal of Adolescent Health, 23,* 139–149.

Howes, C., Guerra, A., & Zucker, E. (2007). Cultural communities and parenting in Mexican-heritage families. *Parenting: Science and Practice, 7,* 235–270.

Hoyert, D., Kung, H., & Smith, B. (2005). Deaths: Preliminary data for 2003. *National Vital Statistics Reports, 53*(15), 1–48.

Hsu, V., & Rovee-Collier, C. (2006). Memory reactivation in the second year of life. *Infant Behavior and Human Development, 29,* 91–107.

Huang, H., & Hanley, J. (1997). A longitudinal study of phonological awareness, visual skills, and Chinese reading acquisition among first-graders in Taiwan. *International Journal of Behavioral Development, 20*, 249–268.

Hubel, D. H., & Weisel, T. N. (1963). Receptive fields of cells in striate cortex of very young, visually inexperienced kittens. *Journal of Neurophysiology, 26*, 994–1002.

Hudziak, J., van Beijstervelddt, C., Bartels, M., Rietveld, M., Rettew, D., Derks, E., & Boomsma, D. (2003). Individual differences in aggression: Genetic analyses by age, gender, and informant in 3-, 7-, and 10-year-old Dutch twins. *Behavior Genetics, 33*, 575–589.

Huebner, T., Vioet, T., Marx, I., Konrad, K., Fink, G., Herpetz, S., & Herpetz-Dahlmann, B. (2008). Morphometric brain abnormalities in boys with conduct disorder. *Journal of the American Academy of Child & Adolescent Psychiatry, 47*, 540–547.

Huesmann, L. R., Lagerspetz, K., & Eron, L. D. (1984). Intervening variables in the television violence-aggression relation: Evidence from two countries. *Developmental Psychology, 20*, 746–775.

Huesmann, L. R., Moise-Titus, J., Podolski, C., & Eron, L. D. (2003). Longitudinal relations between children's exposure to TV violence and their aggressive and violent behavior in young adulthood: 1977–1992. *Developmental Psychology, 39*, 201–221.

Hughes, C., Jaffee, S., Happé, F., Taylor, A., Caspi, A., & Moffitt, T. (2005). Origins of individual differences in theory of mind: From nature to nurture? *Child Development, 76*, 356–370.

Hulbert, A. (2003). *Raising America: Experts, parents, and a century of advice about children.* New York: Alfred A. Knopf.

Huntington, L., Hans, S. L., & Zeskind, P. S. (1990). The relations among cry characteristics, demographic variables, and developmental test scores in infants prenatally exposed to methadone. *Infant Behavior and Development, 13*, 533–538.

Hurry, J., & Sylva, K. (2007). Long-term outcomes of early reading intervention. *Journal of Research in Reading, 30*, 227–248.

Hurt, H., Malmus, D., Betancourt, L., Brodsky, N., & Giannetta, J. (2001). A prospective comparison of developmental outcomes of children with in utero cocaine exposure and controls using the Battelle Developmental Inventory. *Journal of Developmental and Behavioral Pediatrics, 22*, 27–34.

Hurwitz, E., Gunn, W. J., Pinsky, P. F., & Schonberger, L. B. (1991). Risk of respiratory illness associated with day-care attendance: A nationwide study. *Pediatrics, 87*, 62–69.

Huston, A., & Aronson, S. (2005). Mothers' time with infant and time in employment as predictors of mother-child relationships and children's early development. *Child Development, 76*, 467–482.

Huston, A. C. (1994). Children in poverty: Designing research to affect policy. *Social Policy Report, Society for Research in Child Development, 8*(2), 1–12.

Huston, A. C., & Wright, J. C. (1994). Educating children with television: The forms of the medium. In D. Zillmann, J. Bryant, & A. C. Huston (Eds.), *Media, children, and the family: Social scientific, psychodynamic, and clinical perspectives* (pp. 73–84). Hillsdale, NJ: Erlbaum.

Huston, A. C., & Wright, J. C. (1998). Mass media and children's development. In W. Damon (Ed.), *Handbook of child psychology: Vol. 4. Child psychology in practice* (5th ed., pp. 999–1058). New York: Wiley.

Hutt, S. J., Lenard, H. G., & Prechtl, H. E. R. (1969). Psychophysiological studies in newborn infants. In L. P. Lipsitt & H. W. Reese (Eds.), *Advances in child development and behavior* (Vol. 4, pp. 128–173). New York: Academic Press.

Huttenlocher, J. (1995, April). *Children's language in relation to input.* Artigo apresentado no encontro bianual da Society for Research in Child Development, Indianapolis.

Huttenlocher, P. R. (1994). Synaptogenesis, synapse elimination, and neural plasticity in human cerebral cortex. In C. A. Nelson (Ed.), *The Minnesota symposia on child psychology* (Vol. 27, pp. 35–54). Hillsdale, NJ: Erlbaum.

Hyde, J. (2005). The gender similarities hypothesis. *American Psychologist, 60*, 581–592.

Hynd, G. W., Hern, K. L., Novey, E. S., Eliopolus, D., Marshall, R., Gonzalez, J. J., & Voeller, K. K. (1993). Attention deficit-hyperactivity disorder and asymmetry of the caudate nucleus. *Journal of Child Neurology, 8*, 339–347.

Iaquinta, A. (2006). Guided reading: A research-based response to the challenges of early reading instruction. *Early Childhood Education Journal, 33*, 1573–1707.

Iglowstein, I., Jenni, O., Molinari, L., & Largo, R. (2003). Sleep duration from infancy to adolescence: Reference values and generational trends. *Pediatrics, 111*, 302–307.

Inagaki, K., & Hatano, G. (2004). Vitalistic causality in young children's naive biology. *Trends in Cognitive Sciences, 8*, 356–362.

Ingoldsby, E., Shaw, D., Owens, E., & Winslow, E. (1999). A longitudinal study of interparental conflict, emotional and behavioral reactivity, and preschoolers' adjustment problems among low-income families. *Journal of Abnormal Child Psychology, 27*, 343–356.

Ingram, D. (1981). Early patterns of grammatical development. In R. E. Stark (Ed.), *Language behavior in infancy and early childhood* (pp. 327–358). New York: Elsevier/North-Holland.

Ingrassia, M. (1993, August 2). Daughters of Murphy Brown. *Newsweek*, 58–59.

Inhelder, B., & Piaget, J. (1958). *The growth of logical thinking from childhood to adolescence.* New York: Basic Books.

Interactive Digital Software Association. (1998). *Deep impact: How does the interactive entertainment industry affect the U.S. economy?* Retrieved from http://www.idsa.com

Isabella, R. A., Belsky, J., & von Eye, A. (1989). Origins of infant-mother attachment: An examination of interactional synchrony during the infant's first year. *Developmental Psychology, 25*, 12–21.

Issiaka, S., Cartoux, M., Zerbo, O., Tiendrebeogo, S., Meda, N., Dabis, F., & Van de Perre, P. (2001). Living with HIV: Women's experience in Burkina Faso, West Africa. *AIDS Care, 13*, 123–128.

Itier, R., & Taylor, M. (2004). Face inversion and contrast-reversal effects across development: In contrast to the expertise theory. *Developmental Science, 7*, 246–260.

Izard, C. E. (2007). Basic emotions, natural kinds, emotion schemas, and a new paradigm. *Perspectives on Psychological Science, 2*, 260–280.

Izard, C. E., & Abe, J. (2004). Developmental changes in facial expressions of emotions in the strange situation during the second year of life. *Emotion, 4*, 251–265.

Izard, C. E., Fantauzzo, C. A., Castle, J. M., Haynes, O. M., Rayias, M. F., & Putnam, P. H. (1995). The ontogeny and significance of infants' facial expressions in the first 9 months of life. *Developmental Psychology, 31*, 997–1013.

Izard, C. E., & Harris, P. (1995). Emotional development and developmental psychopathology. In D. Cicchetti & D. J. Cohen (Eds.), *Developmental psychopathology: Vol. 1. Theory and methods* (pp. 467–503). New York: Wiley.

Izard, C. E., & Malatesta, C. Z. (1987). Perspectives on emotional development I: Differential emotions theory of early emotional development. In J. D. Osofsky (Ed.), *Handbook of infant development* (2nd ed., pp. 494–554). New York: Wiley-Interscience.

Izard, C. E., Schultz, D., & Ackerman, B. P. (1997, April). *Emotion knowledge, social competence, and behavior problems in disadvantaged children.* Artigo apresentado no encontro bianual da Society for Research in Child Development, Washington, DC.

Jackson, D., & Tein, J. (1998). Adolescents' conceptualization of adult roles: Relationships with age, gender, work goal, and maternal employment. *Sex Roles, 38*, 987–1008.

Jackson, E., Campos, J. J., & Fischer, K. W. (1978). The question of decalage between object permanence and person permanence. *Developmental Psychology, 14*, 1–10.

Jackson, L., & Bracken, B. (1998). Relationship between students' social status and global and domain-specific self-concepts. *Journal of School Psychology, 36*, 233–246.

Jackson, L., Pratt, M., Hunsberger, B., & Pancer, S. (2005). Optimism as a mediator of the relation between perceived parental authoritativeness and adjustment among adolescents: Finding the sunny side of the street. *Social Development, 14*, 273–304.

Jackson, L., von Eye, A., Biocca, F., Barbatsis, G., Zhao, Y., & Fitzgerald, H. (2006). Does home internet use influence the academic performance of low-income children? *Developmental Psychology, 42*, 429–435.

Jacobs, J., Lanza, S., Osgood, D., Eccles, J., & Wigfield, A. (2002). Changes in children's self-competence and values: Gender and domain differences across grades one through twelve. *Child Development, 73*, 509–527.

Jadack, R. A., Hyde, J. S., Moore, C. F., & Keller, M. L. (1995). Moral reasoning about sexually transmitted diseases. *Child Development, 66*, 167–177.

Jahnke, H. C., & Blanchard-Fields, F. (1993). A test of two models of adolescent egocentrism. *Journal of Youth & Adolescence, 22*, 313–326.

Jain, T., Harlow, B., & Hornstein, M. (2002). Insurance coverage and outcomes of in vitro fertilization. *New England Journal of Medicine, 347*, 661–666.

Jain, T., Missmer, S., & Hornstein, M. (2004). Trends in embryo-transfer practice and in outcomes of the use of assisted reproductive technology in the United States. *New England Journal of Medicine, 350*, 1639–1645.

Jambunathan, S., & Burts, D. (2003). Comparison of perception of self-competence among five ethnic groups of preschoolers in the US. *Early Childhood Education, 173*, 651–660.

James, W. (1890). *Principles of psychology.* Chicago: Encyclopaedia Britannica.

James, W. (1892). *Psychology: The briefer course.* New York: Holt.

Janosz, M., LeBlanc, M., Boulerice, B., & Tremblay, R. (2000). Predicting different types of school dropouts: A typological approach with two longitudinal samples. *Journal of Educational Psychology, 92*, 171–190.

Janssen, I., Heymsfield, S., Wang, Z., & Ross, R. (2000). Skeletal muscle mass and distribution in 468 men and women aged 18–88 yr. *Journal of Applied Physiology, 89*, 81–88.

Janssen, P. A., Holt, V. L., & Myers, S. J. (1994). Licensed midwife-attended, out-of-hospital births in Washington State: Are they safe? *Birth, 21*, 141–148.

Janssen, T., & Carton, J. (1999). The effects of locus of control and task difficulty on procrastination. *The Journal of Genetic Psychology, 160*, 436–442.

Jenkins, E. J., & Bell, C. C. (1997). Exposure and response to community violence among children and adolescents. In J. D. Osofsky (Ed.), *Children in a violent society* (pp. 9–31). New York: Guilford Press.

Jenkins, J., & Astington, J. (2000). Theory of mind and social behavior: Causal models tested in a longitudinal study. *Merrill-Palmer Quarterly, 46*, 203–220.

Jenkins, J., Simpson, A., Dunn, J., Rasbash, J., & O'Connor, T. (2005). Mutual influence of marital conflict and children's behavior problems: Shared and nonshared family risks. *Child Development, 76*, 24–39.

Jenkins, J. M., & Astington, J. W. (1996). Cognitive factors and family structure associated with theory of mind development in young children. *Developmental Psychology, 32*, 70–78.

Jenks, K., van Lieshout, E., & de Moor, J. (2008, in press). Arithmetic achievement in children with cerebral palsy or spina bifida meningomyelocele. *Remedial and Special Education.*

Jensen, A. R. (1980). *Bias in mental testing.* New York: Free Press.

Jessor, R. (1992). Risk behavior in adolescence: A psychosocial framework for understanding and action. *Developmental Review, 12*, 374–390.

Jirtle, R., & Weidman, J. (2007). Imprinted and more equal. *American Scientist, 95*, 143–149.

John, O. P., Caspi, A., Robins, R. W., Moffitt, T. E., & Stouthamer-Loeber, M. (1994). The "little five": Exploring the nomological network of the five-factor model of personality in adolescent boys. *Child Development, 65*, 160–178.

Johnson, A. (2007). The maternal experience of kangaroo holding. *Journal of Obstetric, Gynecologic, & Neonatal Nursing, 36*, 568–573.

Johnson, J. W. C., & Yancey, M. K. (1996). A critique of the new recommendations for weight gain in pregnancy. *American Journal of Obstetrics and Gynecology, 174*, 254–258.

Johnson, K., & Daviss, B. (2005). Outcomes of planned home births with certified professional midwives: Large prospective study in North America. *British Medical Journal, 330*, 1416.

Johnson, M. (2005). Developmental neuroscience, psychophysiology, and genetics. In M. Bornstein & M. Lamb (Eds.), *Developmental science: An advanced textbook* (5th ed., pp. 187–222). Hillsdale, NJ: Erlbaum.

Johnston, D., Nicholls, M., Shah, M., & Shields, M. (2008, in press). Nature's experiment? Handedness and early childhood development. *Demography.*

Johnston, J., Durieux-Smith, A., & Bloom, K. (2005). Teaching gestural signs to infants to advance child development: A review of the evidence. *First Language, 25*, 235–251.

Johnston, L., O'Malley, P. M., Bachman, J., & Schulenberg, J. (2007). *Monitoring the future: National results on adolescent drug use: Overview of key findings.* NIH Publication No. 07-6202. Retrieved June 22, 2007, from http://monitoringthefuture.org/pubs/monographs/overview2006.pdf

Jones, A. (2008). The AAI as clinical tool. In H. Steele & M. Steele (Eds.), *Clinical applications of the Adult Attachment Interview.* (pp. 175–194). New York: Guilford Press.

Jones, M. C. (1924). A laboratory study of fear: The case of Peter. *Pedagogical Seminary, 31*, 308–315.

Jones, S. (2003). *Let the games begin: Gaming technology and entertainment among college students.* Washington, DC: Pew Internet and American Life Project. Retrieved May 17, 2006, from http://www.pewinternet.org/PPF/r/93/report_display.asp

Jonsson, P. (2003). The new face of homeschooling. *Christian Science Monitor Online.* Retrieved June 23, 2004, from http://www.csmonitor.com/2003/0429/p01s01-ussc.html

Jordan, N. C., Huttenlocher, J., & Levine, S. C. (1992). Differential calculation abilities in young children from middle- and low-income families. *Developmental Psychology, 28*, 644–653.

Joseph, K., Young, D., Dodds, L., O'Connell, C., Allen, V., Chandra, S., & Allen, A. (2003). Changes in maternal characteristics and obstetric practice and recent increases in primary cesarean delivery. *Obstetrics and Gynecology, 102*, 791–800.

Joseph, R. (2000). Fetal brain behavior and cognitive development. *Developmental Review, 20*, 81–98.

Josephs, R., Newman, M., Brown, R., & Beer, J. (2003). Status, testosterone, and human intellectual performance. *Psychological Science, 14*, 158–163.

Jusczyk, P., & Hohne, E. (1997). Infants' memory for spoken words. *Science, 277*, n.p.

Justice, L., Invernizzi, M., Geller, K., Sullivan, A., & Welsch, J. (2005). Descriptive-developmental performance of at-risk preschoolers on early literacy tasks. *Reading Psychology, 26*, 1–25.

Kado, S., & Takagi, R. (1996). Biological aspects. In S. Sandberg (Ed.), *Hyperactivity disorders of childhood* (pp. 246–279). Cambridge, England: Cambridge University Press.

Kagan, J. (1971). *Change and continuity in infancy.* New York: Wiley.

Kagan, J. (1989). *Unstable ideas: Temperament, cognition, and self.* Cambridge, MA: Harvard University Press.

Kagan, J. (2007). A trio of concerns. *Perspectives on Psychological Science, 2*, 361–376.

Kagan, J., & Fox, N. (2006). Biology, culture, and temperamental biases. In N. Eisenberg, W. Damon, & R. Lerner (Eds.), *Handbook of child psychology: Vol. 3, Social, emotional, and personality development* (6th ed., pp. 167–225). Hoboken, NJ: Wiley.

Kagan, J., Arcus, D., Snidman, N., Feng, W. Y., Hendler, J., & Greene, S. (1994). Reactivity in infants: A cross-national comparison. *Developmental Psychology, 30*, 342–345.

Kagan, J., & Herschkowitz, N. (2005). *A young mind in a growing brain.* Mahwah, NJ: Erlbaum.

Kagan, J., Kearsley, R., & Zelazo, P. (1978). *Infancy: Its place in human development.* Cambridge, MA: Harvard University Press.

Kagan, J., Klein, R., Finley, G., Rogoff, B., Nolan, E., & Greenbaum, C. (1979). A cross-cultural study of cognitive development. *Monographs of the Society for Research in Child Development, 44*, 1–77.

Kagan, J., Reznick, J. S., & Snidman, N. (1990). The temperamental qualities of inhibition and lack of inhibition. In M. Lewis & S. M. Miller (Eds.), *Handbook of developmental psychopathology* (pp. 219–226). New York: Plenum Press.

Kagan, J., Snidman, N., & Arcus, D. (1993). On the temperamental categories of inhibited and uninhibited children. In K. H. Rubin & J. B. Asendorpf (Eds.), *Social withdrawal, inhibition, and shyness in childhood* (pp. 19–28). Hillsdale, NJ: Erlbaum.

Kahn, J., Slap, G., Bernstein, D., Kollar, L., Tissot, A., Hillard, P., & Rosenthal, S. (2005). Psychological, behavioral, and interpersonal impact of human papilloma virus and Pap test results. *Journal of Women's Health, 14*, 650–659.

Kail, R. (1990). *The development of memory in children* (3rd ed.). New York: Freeman.

Kail, R. (1997). Processing time, imagery, and spatial memory. *Journal of Experimental Child Psychology, 64*, 67–78.

Kail, R. (2004). Cognitive development includes global and domain-specific processes. *Merrill-Palmer Quarterly, 50*, 445–455.

Kail, R. (2007a). Cognitive development includes global and domain-specific processes. In G. Ladd (Ed.), *Appraising the human developmental sciences: Essays in honor of Merrill-Palmer Quarterly* (pp. 56–66). Detroit: Wayne State University Press.

Kail, R. (2007b). Longitudinal evidence that increases in processing speed and working memory enhance children's reasoning. *Psychological Science, 18*, 312–313.

Kail, R., & Hall, L. (1999). Sources of developmental change in children's word-problem performance. *Journal of Educational Psychology, 91*, 660–668.

Kaiser Family Foundation. (2004). *Children, the digital divide, and federal policy.* Retrieved September 9, 2008, from http://www.kff.org/entmedia/loader.cfm?url=/commonspot/security/getfile.cfm&PageID=46360

Kaiser Family Foundation. (2005). *Sex on TV.* Retrieved June 21, 2007, from http://www.kff.org/entmedia/entmedia110905pkg

Kaltiala-Heino, R., Kosunen, E., & Rimpela, M. (2003). Pubertal timing, sexual behavior and self-reported depression in middle adolescence. *Journal of Adolescence, 26*, 531–545.

Kamps, D., Tankersley, M., & Ellis, C. (2000). Social skills interventions for young at-risk students: A 2-year follow-up study. *Behavioral Disorders, 25*, 310–324.

Kandel, D., & Wu, P. (1995). The contributions of mothers and fathers to the intergenerational transmission of cigarette smoking in adolescence. *Journal of Research on Adolescence, 5*, 225–252.

Kanemura, H., Aihara, M., Aoki, S., Araki, T., & Nakazawa, S. (2004). Development of the prefrontal lobe in infants and children: A three-dimensional magnetic resonance volumetric study. *Brain and Development, 25*, 195–199.

Kann, L., Warren, C. W., Harris, W. A., Collins, J. L., Douglas, K. A., Collins, M. E., Williams, B. I., Ross, J. G., & Kolbe, L. J. (1995). Youth risk behavior surveillance—United States, 1993. *Morbidity & Mortality Weekly Reports, 44*(SS 1), 1–55.

Kaplan, P., Bachorowski, J., Smoski, M., & Zinser, M. (2001). Role of clinical diagnosis and medication use in effects of maternal depression on infant directed speech. *Infancy, 2*, 537–548.

Kashima, Y., Kashima, E., Chiu, C., Farsides, T., Gelfand, M., Hong, Y., Kim, U., Strack, F., Werth, L., Yuki, M., & Yzerbyt, V. (2005). Culture, essentialism, and agency: Are individuals universally believed to be more real entities than groups? *European Journal of Social Psychology, 35*, 147–169.

Katz, L., & Woodin, E. (2002). Hostility, hostile detachment, and conflict engagement in marriages: Effects on child and family functioning. *Child Development, 73*, 636–652.

Katz, P. A., & Ksansnak, K. R. (1994). Developmental aspects of gender role flexibility and traditionality in middle childhood and adolescence. *Developmental Psychology, 30*, 272–282.

Kauffman, J. (2005). *Characteristics of emotional and behavioral disorders of children and youth.* Upper Saddle River, NJ: Merrill.

Kaufman, A., & Kaufman, N. (2004). *Kaufman Assessment Battery for Children (KABC) II.* Bloomington, MN: Pearson AGS.

Kaufman, J., Kaufman, A., Kaufman-Singer, J., & Kaufman, N. (2005). The Kaufman Assessment Battery for Children–Second Edition and the Kaufman Adolescent and Adult Intelligence Test. In D. Flanagan & P. Harrison (Eds.), *Contemporary intellectual assessment: Theories, tests, and issues* (pp. 344–370). New York: Guilford Press.

Kav˘sek, M. (2002). The perception of static subjective contours in infancy. *Child Development, 73*, 331–344.

Kaye, K. (1982). *The mental and social life of babies: How parents create persons.* Chicago: University of Chicago Press.

Keating, D. P. (1980). Thinking processes in adolescence. In J. Adelson (Ed.), *Handbook of adolescent psychology* (pp. 211–246). New York: Wiley.

Keech, R. (2002). Ophthalmology. In A. Rudolph, R. Kamei, & K. Overby (Eds.), *Rudolph's fundamentals of pediatrics* (3rd ed., pp. 847–862). New York: McGraw-Hill.

Keefe, S. E., & Padilla, A. M. (1987). *Chicano ethnicity.* Albuquerque: University of New Mexico Press.

Keen, R. (2003). Representation of objects and events: Why do infants look so smart and toddlers look so dumb? *Current Directions in Psychological Science, 12*, 79–83.

Keeney, T. J., Cannizzo, S. R., & Flavell, J. H. (1967). Spontaneous and induced verbal rehearsal in a recall task. *Child Development, 38*, 935–966.

Kelley, M. L., Sanchez-Hucles, J., & Walker, R. R. (1993). Correlates of disciplinary practices in working- to middle-class African-American mothers. *Merrill-Palmer Quarterly, 39*, 252–264.

Kendler, K., Thornton, L., Gilman, S., & Kessler, R. (2000). Sexual orientation in a U.S. national sample of twin and nontwin sibling pairs. *American Journal of Psychiatry, 157*, 1843–1846.

Keniston, K. (1970). Youth: A "new" stage in life. *American Scholar, 8* (Autumn), 631–654.

Kennedy, D. M. (1995). Glimpses of a highly gifted child in a heterogeneous classroom. *Roeper Review, 17*, 164–168.

Kerns, K. A. (1996). Individual differences in friendship quality: Links to child-mother attachment. In W. M. Bukowski, A. F. Newcomb, & W. W. Hartup (Eds.), *The company they keep: Friendship in childhood and adolescence* (pp. 137–157). Cambridge, England: Cambridge University Press.

Kerr, C., McDowell, B., & McDonough, S. (2007). The relationship between gross motor function and participation restriction in children with cerebral palsy: An exploratory analysis. *Child: Care, Health and Development, 33*, 22–27.

Kiang, L., Harter, S., & Whitesell, N. (2007). Relational expression of ethnic identity in Chinese Americans. *Journal of Social and Personal Relationships, 24*, 277–296.

Kidger, J. (2004). 'You realise it could happen to you': The benefits to pupils of young mothers delivering school sex education. *Sex Education, 4*, 185–197.

Kilgore, P. E., Holman, R. C., Clarke, M. J., & Glass, R. I. (1995). Trends of diarrheal disease-associated mortality in US children, 1968 through 1991. *Journal of the American Medical Association, 274*, 1143–1148.

Killen, M., Pisacane, K., Lee-Kim, J., & Ardila-Rey, A. (2001). Fairness or stereotypes? Young children's priorities when evaluating group exclusion and inclusion. *Developmental Psychology, 37*, 587–596.

Kilpatrick, S. J., & Laros, R. K. (1989). Characteristics of normal labor. *Obstetrics and Gynecology, 74*, 85–87.

Kim, H., Baydar, N., & Greek, A. (2003). Testing conditions influence the race gap in cognition and achievement estimated by household survey data. *Journal of Applied Developmental Psychology, 23*, 567–582.

Kindermann, T. (2007). Effects of naturally existing peer groups on changes in academic engagement in a cohort of sixth graders. *Child Development, 78*, 1186–1203.

Kirk, K., Bailey, J., & Martin, N. (2000). Etiology of male sexual orientation in an Australian twin sample. *Psychology, Evolution, & Gender, 2*, 301–311.

Kirk, S., Gallagher, J., & Anastasiow, N. (1993). *Educating exceptional children* (7th ed.). Boston: Houghton Mifflin.

Kirkcaldy, B., Siefen, G., Surall, D., & Bischoff, R. (2004). Predictors of drug and alcohol abuse among children and adolescents. *Personality & Individual Differences, 36*, 247–265.

Kirsh, S., & Cassidy, J. (1997). Preschoolers' attention to and memory for attachment-relevant information. *Child Development, 68*, 1143–1153.

Klaczynski, P., Fauth, J., & Swanger, A. (1998). Adolescent identity: Rational vs. experiential processing, formal operations, and critical thinking beliefs. *Journal of Youth & Adolescence, 27*, 185–207.

Klahr, D. (1992). Information-processing approaches to cognitive development. In M. H. Bernstein & M. E. Lamb (Eds.), *Developmental psychology: An advanced textbook* (3rd ed., pp. 273–335). Hillsdale, NJ: Erlbaum.

Klar, A. (2003). Human handedness and scalp hair-whorl direction develop from a common genetic mechanism. *Genetics, 165*, 269–276.

Klass, P., & Costello, E. (2003). *Quirky kids: Understanding and helping your child who doesn't fit in—when to worry and when not to worry.* New York: Ballantine Books.

Klebanov, P. K., Brooks-Gunn, J., Hofferth, S., & Duncan, G. J. (1995, April). *Neighborhood resources, social support and maternal competence.* Artigo apresentado no encontro bianual da Society for Research in Child Development, Indianapolis.

Klein, A., & Swartz, S. (1996). *Reading Recovery in California: Program overview.* San Francisco: San Francisco Unified School District.

Kliegman, R. (1998). Fetal and neonatal medicine. In R. Behrman & R. Kliegman (Eds.), *Nelson essentials of pediatrics* (3rd ed., pp. 167–225). Philadelphia: Saunders.

Kloos, H., Haddad, J., & Keen, R. (2006). Which cues are available to 24-month-olds? Evidence from point-of-gaze measures during search. *Infant Behavior and Development, 29*, 243–250.

Knafo, A., Daniel, D., & Khoury-Kassabri, M. (2008). Values as protective factors against violent behavior in Jewish and Arab high schools in Israel. *Child Development, 79*, 652–667.

Knight, G. P., Cota, M. K., & Bernal, M. E. (1993). The socialization of cooperative, competitive, and individualistic preferences among Mexican American children: The mediating role of ethnic identity. *Hispanic Journal of Behavioral Sciences, 15*, 291–309.

Kobayashi, M., Haynes, C., Macaruso, P., Hook, P., & Kato, J. (2005). Effects of mora deletion, nonword repetition, rapid naming, and visual search performance on beginning reading in Japanese. *Annals of Dyslexia, 55*, 105–128.

Kochanska, G. (1997). Mutually responsive orientation between mothers and their young children: Implications for early socialization. *Child Development, 68*, 94–112.

Kochanska, G., & Aksan, N. (2006). Children's conscience and self-regulation. *Journal of Personality, 74*, 1587–1617.

Kochanska, G., Gross, J., Lin, M., & Nichols, K. (2002). Guilt in young children: Development, determinants, and relations with a broader system of standards. *Child Development, 73*, 461–482.

Kochenderfer, B. J., & Ladd, G. W. (1996). Peer victimization: Cause or consequence of school maladjustment. *Child Development, 67*, 1305–1317.

Kodituwakku, P., May, P. A., Clericuzio, C., & Weers, D. (2001). Emotion-related learning in individuals prenatally exposed to alcohol: An investigation of the relation between set shifting, extinction of responses, and behavior. *Neuropsychologia, 39*, 699–708.

Koechlin, E., Basso, G., Pietrini, P., Panzer, S., & Grafman, J. (1999). Exploring the role of the anterior prefrontal cortex in human cognition. *Nature, 399*, 148–151.

Koenen, K. C., Moffitt, T. E., Poulton, R., Martin, J., & Caspi, A. (2007). Early childhood factors associated with the development of post-traumatic stress disorder: Results from a longitudinal birth cohort. *Psychological Medicine, 37*, 181–192.

Koenig, A., Cicchetti, D., & Rogosch, F. (2004). Moral development: The association between maltreatment and young children's prosocial behaviors and moral transgressions. *Social Development, 13*, 97–106.

Koeppe, R. (1996). Language differentiation in bilingual children: The development of grammatical and pragmatic competence. *Linguistics, 34*, 927–954.

Koesten, J. (2004). Family communication patterns, sex of subject, and communication competence. *Communication Monographs, 71*, 226–244.

Kohlberg, L. (1964). Development of moral character and moral ideology. In M. L. Hoffman & L. W. Hoffman (Eds.), *Review of child development research* (Vol. 1, pp. 283–332). New York: Russell Sage Foundation.

Kohlberg, L. (1966). A cognitive-developmental analysis of children's sex-role concept and attitudes. In E. E. Maccoby (Ed.), *The development of sex differences* (pp. 82–172). Stanford, CA: Stanford University Press.

Kohlberg, L. (1975). The cognitive-developmental approach to moral education. *Phi Delta Kappan*, 670–677.

Kohlberg, L. (1976). Moral stages and moralization: The cognitive-developmental approach. In T. Lickona (Ed.), *Moral development and behavior: Theory, research, and social issues* (pp. 31–53). New York: Holt.

Kohlberg, L. (1978). Revisions in the theory and practice of moral development. *New Directions for Child Development, 2*, 83–88.

Kohlberg, L. (1980). *The meaning and measurement of moral development.* Worcester, MA: Clark University Press.

Kohlberg, L. (1981). *Essays on moral development: Vol. 1. The philosophy of moral development.* New York: Harper & Row.

Kohlberg, L., Boyd, D. R., & Levine, C. (1990). The return of stage 6: Its principle and moral point of view. In T. E. Wren (Ed.), *The moral domain: Essays in the ongoing discussion between philosophy and the social sciences.* Cambridge: MIT Press.

Kohlberg, L., & Elfenbein, D. (1975). The development of moral judgments concerning capital punishment. *American Journal of Orthopsychiatry, 54*, 614–640.

Kohlberg, L., & Ullian, D. Z. (1974). Stages in the development of psychosexual concepts and attitudes. In R. C. Friedman, R. M. Richart, & R. L. Vande Wiele (Eds.), *Sex differences in behavior* (pp. 209–222). New York: Wiley.

Kopp, C. B., & Kaler, S. R. (1989). Risk in infancy: Origins and implications. *American Psychologist, 44*, 224–230.

Koppenhaver, D., Hendrix, M., & Williams, A. (2007). Toward evidence-based literacy interventions for children with severe and multiple disabilities. *Seminars in Speech & Language, 28*, 79–90.

Korner, A. F., Hutchinson, C. A., Koperski, J. A., Kraemer, H. C., & Schneider, P. A. (1981). Stability of individual differences of neonatal motor and crying patterns. *Child Development, 52*, 83–90.

Koskinen, P., Blum, I., Bisson, S., Phillips, S., et al. (2000). Book access, shared reading, and audio models: The effects of supporting the literacy learning of linguistically diverse students in school and at home. *Journal of Educational Psychology, 92*, 23–36.

Kost, K. (1997). The effects of support on the economic well-being of young fathers. *Families in Society, 78*, 370–382.

Kostanski, M., Fisher, A., & Gullone, E. (2004). Current conceptualisation of body image dissatisfaction: Have we got it wrong? *Journal of Child Psychology and Psychiatry, 45*, 1317–1325.

Kosterman, R., Graham, J., Hawkins, J., Catalano, R., & Herrenkohl, T. (2001). Childhood risk factors for persistence of violence in the transition to adulthood: A social development perspective. *Violence & Victims, 16*, 355–369.

Krcmar, M., & Vieira, E. (2005). Imitating life, imitating television: The effects of family and television models on children's moral reasoning. *Communication Research, 32*, 267–294.

Kroger, J. (2007). Why is identity achievement so elusive? *Identity, 7*, 331–348.

Kronlund, A., & Whittlesea, B. (2005). Seeing double: Levels of processing can cause false memory. *Canadian Journal of Experimental Psychology, 59*, 11–16.

Kron-Sperl, V., Schneider, W., & Hasselhorn, M. (2008). The development and effectiveness of memory strategies in kindergarten and elementary school: Findings from the Würzburg and Göttingen longitudinal memory studies. *Cognitive Development, 23*, 79–104.

Krueger, C., Holditch-Davis, D., Quint, S., & DeCasper, A. (2004). Recurring auditory experience in the 28- to 34-week-old fetus. *Infant Behavioral Development, 27*, 537–543.

Kuczaj, S. A., II. (1977). The acquisition of regular and irregular past tense forms. *Journal of Verbal Learning and Verbal Behavior, 49*, 319–326.

Kuczaj, S. A., II. (1978). Children's judgments of grammatical and ungrammatical irregular past tense verbs. *Child Development, 49*, 319–326.

Kuhn, D. (1992). Cognitive development. In M. H. Bornstein & M. E. Lamb (Eds.), *Developmental psychology: An advanced textbook* (3rd ed., pp. 211–272). Hillsdale, NJ: Erlbaum.

Kuhn, D. (2008). Formal operations from a twenty-first-century perspective. *Human Development, 51*, 48–55.

Kuhn, D., Garcia-Mila, M., Zohar, A., & Andersen, C. (1995). Strategies of knowledge acquisition. *Monographs of the Society for Research in Child Development, 60*(Serial No. 245).

Kuhn, D., Kohlberg, L., Languer, J., & Haan, N. (1977). The development of formal operations in logical and moral judgment. *Genetic Psychology Monographs, 95*, 97–188.

Kuperman, S., Schlosser, S., Kramer, J., Bucholz, K., Hesselbrock, V., Reich, T., & Reich, W. (2001). Developmental sequence from disruptive behavior diagnosis to adolescent alcohol dependence. *American Journal of Psychiatry, 158*, 2022–2026.

Kupersmidt, J. B., Griesler, P., DeRosier, M. E., Patterson, C. J., & Davis, P. W. (1995). Childhood aggression and peer relations in the context of family and neighborhood factors. *Child Development, 66*, 360–375.

Kurdek, L. (2003). Correlates of parents' perceptions of behavioral problems in their young children. *Journal of Applied Developmental Psychology, 24*, 457–473.

Kurdek, L. A., & Fine, M. A. (1994). Family acceptance and family control as predictors of adjustment in young adolescents: Linear, curvilinear, or interactive effects? *Child Development, 65*, 1137–1146.

Kusché, C. A., & Greenberg, M. T. (1994). *The PATHS Curriculum.* Seattle: Developmental Research and Programs.

Kuttler, A., LaGreca, A., & Prinstein, M. (1999). Friendship qualities and social-emotional functioning of adolescents with close, cross-sex friendships. *Journal of Research on Adolescence, 9*, 339–366.

Ladd, G., Herald-Brown, S., & Reiser, M. (2008). Does chronic classroom peer rejection predict the development of children's classroom participation during the grade school years? *Child Development, 79*, 1001–1015.

Ladd, G., & Troop-Gordon, W. (2003). The role of chronic peer difficulties in the development of children's psychological adjustment problems. *Child Development, 74*, 1344–1367.

La Freniere, P., Strayer, F. F., & Gauthier, R. (1984). The emergence of same-sex affiliative preferences among preschool peers: A developmental/ethological perspective. *Child Development, 55*, 1958–1965.

Lafuente, M., Grifol, R., Segarra, J., Soriano, J., Gorba, M., & Montesinos, A. (1997). Effects of the Firstart method of prenatal stimulation on psychomotor development: The first six months. *Pre- & Peri-Natal Psychology Journal, 11*, 151–162.

Lai, B., Tang, C., & Tse, W. (2005). Prevalence and psychosocial correlates of disordered eating among Chinese pregnant women in Hong Kong. *Eating Disorders: The Journal of Treatment & Prevention, 13*, 171–186.

Lai, K., & McBride-Chang, C. (2001). Suicidal ideation, parenting style, and family climate among Hong Kong adolescents. *International Journal of Psychology, 36*, 81–87.

Laible, D., Panfile, T., & Makariev, D. (2008). The quality and frequency of mother-toddler conflict: Links with attachment and temperament. *Child Development, 79*, 426–443.

Laidra, K., Pullmann, H., & Allik, J. (2007). Personality and intelligence as predictors of academic achievement: A cross-sectional study from elementary to secondary school. *Personality and Individual Differences, 42*, 441–451.

Lamb, M., Bornstein, M., & Teti, D. (2002). *Social development in infancy* (4th ed.). Mahwah, NJ: Erlbaum.

Lamb, M., & Lewis, C. (2005). The role of parent-child relationships in child development. In M. Bornstein & M. Lamb (Eds.), *Developmental science: An advanced textbook* (5th ed., pp. 429–468). Hillsdale, NJ: Erlbaum.

Lamb, M. E., Frodi, M., Hwang, C., & Frodi, A. M. (1983). Effects of paternal involvement on infant preferences for mothers and fathers. *Child Development, 54*, 450–458.

Lamb, M. E., Sternberg, K. J., & Prodromidis, M. (1992). Nonmaternal care and the security of infant-mother attachment: A reanalysis of the data. *Infant Behavior and Development, 15*, 71–83.

Lambert, S. (2005). Gay and lesbian families: What we know and where to go from here. *Family Journal: Counseling & Therapy, 13*, 43–51.

Lamborn, S. D., Dornbusch, S. M., & Steinberg, L. (1996). Ethnicity and community context as moderators of the relations between family decision making and adolescent adjustment. *Child Development, 67*, 283–301.

Lamborn, S. D., Mounts, N. S., Steinberg, L., & Dornbusch, S. M. (1991). Patterns of competence and adjustment among adolescents from authoritative, authoritarian, indulgent, and neglectful families. *Child Development, 62*, 1049–1065.

Lamke, L. K. (1982). Adjustment and sex-role orientation. *Journal of Youth & Adolescence, 11*, 247–259.

Landry, S., Smith, K., & Swank, P. (2006). Responsive parenting: Establishing early foundations for social, communication, and independent problem-solving skills. *Developmental Psychology, 42*, 627–642.

Laney, D. (2002). The gastrointestinal tract & liver. In A. Rudolph, R. Kamei, & K. Overby (Eds.), *Rudolph's fundamentals of pediatrics* (3rd ed., pp. 466–512).

Langer, G., Arndt, C., & Sussman, D. (2004). *Primetime Live poll: American sex survey analysis*. Retrieved June 22, 2007, from http://abcnews.go.com/Primetime/PollVault/story?id=156921&page=1

Langlois, J. H., Ritter, J. M., Roggman, L. A., & Vaughn, L. S. (1991). Facial diversity and infant preferences for attractive faces. *Developmental Psychology, 27*, 79–84.

Langlois, J. H., Roggman, L. A., Casey, R. J., Ritter, J. M., Rieser-Danner, L. A., & Jenkins, V. Y. (1987). Infant preferences for attractive faces: Rudiments of a stereotype? *Developmental Psychology, 23*, 363–369.

Langlois, J. H., Roggman, L. A., & Rieser-Danner, L. A. (1990). Infants' differential social responses to attractive and unattractive faces. *Developmental Psychology, 26*, 153–159.

La Paro, K., Justice, L., Skibbe, L., & Pianta, R. (2004). Relations among maternal, child, and demographic factors and the persistence of preschool language impairment. *American Journal of Speech-Language Pathology, 13*, 291–303.

Larson, R. (2000). Toward a psychology of positive youth development. *American Psychologist, 55*, 170–183.

Lau, A., Uba, A., & Lehman, D. (2002). Infectious diseases. In A. Rudolph, R. Kamei, & K. Overby (Eds.), *Rudolph's fundamentals of pediatrics* (3rd ed., pp. 289–389).

Lau, J., Riisdijk, F., Gregory, A., McGuffin, P., & Elev, T. (2007). Pathways to childhood depressive symptoms: The role of social, cognitive, and genetic risk factors. *Developmental Psychology, 43*, 1402–1414.

Laub, J. H., & Sampson, R. J. (1995). The long-term effect of punitive discipline. In J. McCord (Ed.), *Coercion and punishment in long-term perspectives* (pp. 247–258). Cambridge, England: Cambridge University Press.

Lauritsen, M., Pedersen, C., & Mortensen, P. (2004). The incidence and prevalence of pervasive developmental disorders: A Danish population-based study. *Psychological Medicine, 34*, 1339–1346.

Laursen, B. (1995). Conflict and social interaction in adolescent relationships. *Journal of Research on Adolescence, 5*, 55–70.

Laursen, B., & Mooney, K. (2007). Individual differences in adolescent dating and adjustment. In R. Engels, M. Kerr, & H. Stattin (Eds.), *Friends, lovers and groups: Key relationships in adolescence* (pp. 81–91). New York: Wiley.

Law, A., Logie, R., & Pearson, D. (2006). The impact of secondary tasks on multitasking in a virtual environment. *Acta Psychologica, 122*, 27–44.

Lawrence, V., Houghton, S., Douglas, G., Durkin, K., Whiting, K., & Tannock, R. (2004). Children with ADHD: Neuropsychological testing and real-world activities. *Journal of Attention Disorders, 7*, 137–149.

Layton, L., Deeny, K., Tall, G., & Upton, G. (1996). Researching and promoting phonological awareness in the nursery class. *Journal of Research in Reading, 19*, 1–13.

Leaper, C., Breed, L., Hoffman, L., & Perlman, C. (2002). Variations in the gender-stereotyped content of children's television cartoons across genres. *Journal of Applied Social Psychology, 32*, 1653–1662.

Learmonth, A., Lamberth, R., & Rovee-Collier, C. (2004). Generalization of deferred imitation during the first year of life. *Journal of Experimental Child Psychology, 88*, 297–318.

Learmonth, A., Lamberth, R., & Rovee-Collier, C. (2005). The social context of imitation in infancy. *Journal of Experimental Child Psychology, 91*, 297–314.

Lebra, T. S. (1994). Mother and child in Japanese socialization: A Japan-U.S. comparison. In P. M. Greenfield & R. R. Cocking (Eds.), *Cross-cultural roots of minority child development* (pp. 259–274). Hillsdale, NJ: Erlbaum.

Lee, C. C. (1985). Successful rural black adolescents: A psychological profile. *Adolescence, 20*, 129–142.

Lee, V. E., Burkham, D. T., Zimiles, H., & Ladewski, B. (1994). Family structure and its effect on behavioral and emotional problems in young adolescents. *Journal of Research on Adolescence, 4*, 405–437.

Leff, M., Moolchan, E., Cookus, B., Spurgeon, L., Evans, L., London, E., Kimes, A., Schroeder, J., & Ernst, M. (2003). Predictors of smoking initiation among at risk youth: A controlled study. *Journal of Child & Adolescent Substance Abuse, 13*, 59–76.

Leichtman, M. D., & Ceci, S. J. (1995). The effects of stereotypes and suggestions on preschoolers' reports. *Developmental Psychology, 31*, 568–578.

Lengua, L., & Kovacs, E. (2005). Bidirectional associations between temperament and parenting and the prediction of adjustment problems in middle childhood. *Journal of Applied Developmental Psychology, 26*, 21–38.

Leonard, L., Camarata, S., Pawtowska, M., Brown, B., & Camarata, M. (2008). The acquisition of tense and agreement morphemes by children with specific language impairment during intervention: Phase 3. *Journal of Speech, Language, and Hearing Research, 51*, 120–125.

Lerner, R., Theokas, C., & Bobek, C. (2005). Concepts and theories of human development: Historical and contemporary dimensions. In M. Bornstein & M. Lamb (Eds.), *Developmental science: An advanced textbook* (5th ed., pp. 3–44). Hillsdale, NJ: Erlbaum.

Lesaux, N., & Siegel, L. (2003). The development of reading in children who speak English as a second language. *Developmental Psychology, 39*, 1005–1019.

Leve, L. D., & Fagot, B. I. (1995, April). *The influence of attachment style and parenting behavior on children's prosocial behavior with peers.* Artigo apresentado no encontro bianual da Society for Research in Child Development, Indianapolis.

Levine, D. (2002). MR imaging of fetal central nervous system abnormalities. *Brain & Cognition, 50*, 432–448.

Levine, J., Pollack, H., & Comfort, M. (2001). Academic and behavioral outcomes among the children of young mothers. *Journal of Marriage and the Family, 63*, 355–369.

Levine, S., Huttenlocher, J., Taylor A., & Langrock, A. (1999). Early sex differences in spatial skill. *Developmental Psychology, 35*, 940–949.

Levine, T., Liu, J., Das, A., Lester, B., Lagasse, L., Shankaran, S., Bada, H., Bauer, C., & Higgins, R. (2008). Effects of prenatal cocaine exposure on special education in school-aged children. *Pediatrics, 122*, e83–e91.

Levitt, M. J., Guacci-Franco, N., & Levitt, J. L. (1993). Convoys of social support in childhood and early adolescence: Structure and function. *Developmental Psychology, 29*, 811–818.

Levorato, M., & Donati, V. (1999). Conceptual and lexical knowledge of shame in Italian children and adolescents. *International Journal of Behavioral Development, 23*, 873–898.

Levy, G. D., & Fivush, R. (1993). Scripts and gender: A new approach for examining gender-role development. *Developmental Review, 13*, 126–146.

Levy-Shiff, R., Lerman, M., Har-Even, D., & Hod, M. (2002). Maternal adjustment and infant outcome in medically defined high-risk pregnancy. *Developmental Psychology, 38*, 93–103.

Levy-Shiff, R., Vakil, E., Dimitrovsky, L., Abramovitz, M., Shahar, N., Har-Even, D., Gross, S., Lerman, M., Levy, L., Sirota, L., & Fish, B. (1998). Medical, cognitive, emotional, and behavioral outcomes in school-age children conceived by in-vitro fertilization. *Journal of Clinical Child Psychology, 27*, 320–329.

Lewis, C., & Lamb, M. E. (2003). Fathers' influences on children's development: The evidence from two-parent families. *European Journal of Psychology of Education, 18*, 211–228.

Lewis, C. C. (1981). How adolescents approach decisions: Changes over grades seven to twelve and policy implications. *Child Development, 52*, 538–544.

Lewis, C. N., Freeman, N. H., & Maridaki-Kassotaki, K. (1995, April). *The social basis of theory of mind: Influences of siblings and, more importantly, interactions with adult kin.* Artigo apresentado no encontro bianual da Society for Research in Child Development, Indianapolis.

Lewis, M. (1997). *Altering fate.* New York: Guilford Press.

Lewis, M., Allesandri, S. M., & Sullivan, M. W. (1992). Differences in shame and pride as a function of children's gender and task difficulty. *Child Development, 63*, 630–638.

Lewis, M., & Brooks, J. (1978). Self-knowledge and emotional development. In M. Lewis & L. A. Rosenblum (Eds.), *The development of affect* (pp. 205–226). New York: Plenum Press.

Lewis, M., & Ramsay, D. (2004). Development of self-recognition, personal pronoun use, and pretend play during the 2nd year. *Child Development, 75*, 1821–1831.

Lewis, M., Sullivan, M. W., Stanger, C., & Weiss, M. (1989). Self development and self-conscious emotions. *Child Development, 60*, 146–156.

Liben L., Bigler, R., & Krogh, H. (2001). Pink and blue collar jobs: Children's judgments of job status and job aspirations in relation to sex of worker. *Journal of Experimental Child Psychology, 79*, 346–363.

Lichter, D., & Eggebeen, D. (1994). The effect of parental employment on child poverty. *Journal of Marriage and the Family, 56*, 633–645.

Lickona, T. (1978). Moral development and moral education. In J. M. Gallagher & J. J. A. Easley (Eds.), *Knowledge and development* (Vol. 2, pp. 21–74). New York: Plenum.

Lickona, T. (1994). *Raising good children.* New York: Bantam Books.

Lickona, T. (2004). *Character matters: How to help our children develop good judgment, integrity, and other essential virtues.* New York: Simon & Schuster.

Lidz, C., & Macrine, S. (2001). An alternative approach to the identification of gifted culturally and linguistically diverse learners: The contribution of dynamic assessment. *School Psychology International, 22*, 74–96.

Liew, J., Eisenberg, N., & Reiser, M. (2004). Preschoolers' effortful control and negative emotionality, immediate reactions to disappointment, and quality of social functioning. *Journal of Experimental Child Psychology, 89*, 298–313.

Lillard, A. S., & Flavell, J. H. (1992). Young children's understanding of different mental states. *Developmental Psychology, 28*, 626–634.

Lindahl, L., & Haimann, M. (1997). Social proximity in early mother-infant interactions: Implications for gender differences? *Early Development & Parenting, 6*, 83–88.

Linnet, K., Dalsgaard, S., Obel, C., Wisborg, K., Henriksen, T., Rodriguez, A., Kotimaa, A., Moilanen, I., Thomsen, P., Olsen, J., & Jarvelin, M. (2003). Maternal lifestyle factors in pregnancy risk of attention deficit hyperactivity disorder and associated behaviors: Review of the current evidence. *American Journal of Psychiatry, 160*, 1028–1040.

Lippa, R. (2005). *Gender, nature, and nurture* (2nd ed.). Hillsdale, NJ: Erlbaum.

Lippé, R., Perchet, C., & Lassonde, M. (2007). Electrophysical markers of visuocortical development. *Cerebral Cortex, 17*, 100–107.

Litt, I. F. (1996). Special health problems during adolescence. In R. E. Behrman, R. M. Kliegman, & A. M. Arvin (Eds.), *Nelson textbook of pediatrics* (15th ed., pp. 541–565). Philadelphia: Saunders.

Liu, D., Wellman, H., Tardif, T., & Sabbagh, M. (2008). Theory of mind development in Chinese children: A meta-analysis of false-belief understanding across cultures and languages. *Developmental Psychology, 44*, 523–531.

Liu, J., Raine, A., Venables, P., & Mednick, S. (2004). Malnutrition at age 3 years and externalizing behavior problems at ages 8, 11, and 17 years. *American Journal of Psychiatry, 161*, 2005–2013.

Livesley, W. J., & Bromley, D. B. (1973). *Person perception in childhood and adolescence.* London: Wiley.

Livingstone, S., & Helsper, E. (2006). Does advertising literacy mediate the effects of advertising on children? A critical examination of two linked research literatures in relation to obesity and food choice. *Journal of Communication, 56*, 560–584.

Loeb, S., Fuller, B., Kagan, S., & Carrol, B. (2004). Child care in poor communities: Early learning effects of type, quality, and stability. *Child Development, 75*, 47–65.

Loeber, R., Tremblay, R. E., Gagnon, C., & Charlebois, P. (1989). Continuity and desistance in disruptive boys' early fighting at school. *Development and Psychopathology, 1*, 39–50.

Loehlin, J. C., Horn, J. M., & Willerman, L. (1994). Differential inheritance of mental abilities in the Texas Adoption Project. *Intelligence, 19*, 324–336.

Loftus, E. (1993). The reality of repressed memories. *American Psychologist, 48*, 518–537.

Lollis, S., Ross, H., & Leroux, L. (1996). An observational study of parents' socialization of moral orientation during sibling conflicts. *Merrill-Palmer Quarterly, 42*, 475–494.

Long, J. V. F., & Vaillant, G. E. (1984). Natural history of male psychological health: Escape from the underclass. *American Journal of Psychiatry, 141*, 341–346.

Loonsbury, J. (1992). Interdisciplinary instruction: A mandate for the nineties. In J. Loonsbury (Ed.), *Connecting the curriculum through interdisciplinary instruction*. Columbus, OH: National Middle School Association.

Louhiala, P. J., Jaakkola, N., Ruotsalainen, R., & Jaakkola, J. J. K. (1995). Form of day care and respiratory infections among Finnish children. *American Journal of Public Health, 85*, 1109–1112.

Love, J., Harrison, L., Sagi-Schwartz, A., van IJzendoorn, M., Ross, C., Ungerer, J., Raikes, H., Brady-Smith, C., Boller, K., Brooks-Gunn, J., Constantine, J., Kisker, E., Paulsell, D., & Chazan-Cohen, R. (2003). Child care quality matters: How conclusions may vary with context. *Child Development, 74*, 1021–1033.

Lubart, T. (2003). In search of creative intelligence. In R. Sternberg & T. Lubart (Eds.), *Models of intelligence: International perspective* (pp. 279–292). Washington, DC: American Psychological Association.

Lüdtke, O., Trautwein, N., & Köller, O. (2004). A validation of the NEO-FFI in a sample of young adults: Effects of the response format, factorial validity, and relations with indicators of academic achievement. *Diagnostica, 50*, 134–144.

Luna, B., Garver, K., Urban, T., Lazar, N., & Sweeney, J. (2004). Maturation of cognitive processes from late childhood to adulthood. *Child Development, 75*, 1357–1372.

Luster, T., & McAdoo, H. P. (1995). Factors related to self-esteem among African American youths: A secondary analysis of the High/Scope Perry Preschool data. *Journal of Research on Adolescence, 5*, 451–467.

Luster, T., & McAdoo, H. P. (1996). Family and child influences on educational attainment: A secondary analysis of the High/Scope Perry Preschool data. *Developmental Psychology, 32*, 26–39.

Luster, T., Lekskul, K., & Oh, S. (2004). Predictors of academic motivation in first grade among children born to low-income adolescent mothers. *Early Childhood Research Quarterly, 19*, 337–353.

Lynam, D. R. (1996). Early identification of chronic offenders: Who is the fledgling psychopath? *Psychological Bulletin, 120*, 209–234.

Lynn, R. (1991). Intelligence in China. *Social Behavior and Personality, 19*, 1–4.

Lynn, R., & Harvey, J. (2008). The decline of the world's IQ. *Intelligence, 36*, 112–120.

Lynn, R., & Song, M. (1992). General intelligence, visuospatial and verbal abilities in Korean children. *Journal of the Indian Academy of Applied Psychology, 18*, 1–3.

Lyon, T. D., & Flavell, J. H. (1994). Young children's understanding of "remember" and "forget." *Child Development, 65*, 1357–1371.

Lyons, N. P. (1983). Two perspectives: On self, relationships, and morality. *Harvard Educational Review, 53*, 125–145.

Lyons-Ruth, K., Easterbrooks, M. A., & Cibelli, C. D. (1997). Infant attachment strategies, infant mental lag, and maternal depressive symptoms: Predictors of internalizing and externalizing problems at age 7. *Developmental Psychology, 33*, 681–692.

Lytton, H., & Romney, D. M. (1991). Parents' differential socialization of boys and girls: A meta-analysis. *Psychological Bulletin, 109*, 267–296.

Ma, H. (2003). The relation of moral orientation and moral judgment to prosocial and antisocial behaviour of Chinese adolescents. *International Journal of Psychology, 38*, 101–111.

Maas, F. (2008). Children's understanding of promising, lying, and false belief. *Journal of General Psychology, 135*, 301–321.

Maccoby, E. E. (1980). *Social development: Psychological growth and the parent-child relationship*. New York: Harcourt Brace Jovanovich.

Maccoby, E. E. (1984). Middle childhood in the context of the family. In W. A. Collins (Ed.), *Development during middle childhood: The years from six to twelve* (pp. 184–239). Washington, DC: National Academy Press.

Maccoby, E. E. (1988). Gender as a social category. *Developmental Psychology, 24*, 755–765.

Maccoby, E. E. (1990). Gender and relationships: A developmental account. *American Psychologist, 45*, 513–520.

Maccoby, E. E. (1995). The two sexes and their social systems. In P. Moen, G. H. Elder, Jr., & K. Luscher (Eds.), *Examining lives in context: Perspectives on the ecology of human development* (pp. 347–364). Washington, DC: American Psychological Association.

Maccoby, E. E. (2002). Gender and group process: A developmental perspective. *Current Directions in Psychological Science, 11*, 54–58.

Maccoby, E. E., & Jacklin, C. N. (1987). Gender segregation in childhood. In H. W. Reese (Ed.), *Advances in child development and behavior* (Vol. 20, pp. 239–288). Orlando, FL: Academic Press.

Maccoby, E. E., & Lewis, C. (2003). Less day care or different day care? *Child Development, 74*, 1069–1075.

Maccoby, E. E., & Martin, J. A. (1983). Socialization in the context of the family: Parent-child interaction. In E. M. Hetherington (Ed.), *Handbook of child psychology: Socialization, personality, and social development* (Vol. 4, pp. 1–102). New York: Wiley.

MacDonald, K. (1992). Warmth as a developmental construct: An evolutionary analysis. *Child Development, 63*, 753–773.

MacDorman, M., & Atkinson, J. (1999). Infant mortality statistics from the 1997 period linked birth/infant death data set. *National Vital Statistics Reports, 47*(23). Hyattsville, MD: National Center for Health Statistics.

MacFarlane, A. (1977). *The psychology of child birth*. Cambridge, MA: Harvard University Press.

MacIver, D., Reuman, D., & Main, S. (1995). Social structuring of the school: Studying what is, illuminating what could be. *Annual Review of Psychology, 46*, 375–400.

MacLean, M., Bryant, P., & Bradley, L. (1987). Rhymes, nursery rhymes, and reading in early childhood. *Merrill-Palmer Quarterly, 33*, 255–281.

MacMillan, D. L., & Reschly, D. J. (1997). Issues of definition and classification. In W. E. MacLean, Jr. (Ed.), *Ellis' handbook of mental deficiency: Psychological theory and research* (pp. 47–74). Mahwah, NJ: Erlbaum.

MacWhinney, B. (2005). Language development. In M. Bornstein & M. Lamb (Eds.), *Developmental science: An advanced textbook* (5th ed., pp. 359–390). Hillsdale, NJ: Erlbaum.

Madsen, K., Hviid, A., Vestergaard, M., Schendel, D., Wohlfahrt, J., Thorsen, P., Olsen, J., & Melbye, M. (2002). A population-based study of measles, mumps, rubella vaccination and autism. *New England Journal of Medicine, 347*, 1477–1482.

Madsen, K., Lauritsen, M., Pederson, C., Thorsen, P., Plesner, A., Andersen, P., & Mortensen, P. (2003). Thimerosal and the occurrence of autism: Negative ecological evidence from Danish population-based data. *Pediatrics, 112*, 604–606.

Magarey, A., Daniels, I., Boulton, T., & Cockington, R. (2003). Predicting obesity in early adulthood from childhood and parental obesity. *International Journal of Obesity & Related Metabolic Disorders, 27*, 505–513.

Magiera, K., & Zigmond, N. (2005). Co-teaching in middle school classrooms under routine conditions: Does the instructional experience differ for students with disabilities in co-taught and solo-taught classes? *Learning Disabilities Research & Practice, 20,* 79–85.

Main, M., & Hesse, E. (1990). Parents' unresolved traumatic experiences are related to infant disorganized attachment status: Is frightened and/or frightening parental behavior the linking mechanism? In M. T. Greenberg, D. Cicchetti, & E. M. Cummings (Eds.), *Attachment in the preschool years: Theory, research, and intervention* (pp. 151–182). Chicago: University of Chicago Press.

Main, M., Hesse, E., & Goldwyn, R. (2008). Studying differences in language usage in recounting attachment history: An introduction to the AAI. In H. Steele & M. Steele (Eds.), *Clinical applications of the Adult Attachment Interview* (pp. 31–68). New York: Guilford Press.

Main, M., Kaplan, N., & Cassidy, J. (1985). Security in infancy, childhood, and adulthood: A move to the level of representation. *Monographs of the Society for Research in Child Development, 50*(Serial No. 209), 66–104.

Main, M., & Solomon, J. (1990). Procedures for identifying infants as disorganized/disoriented during the Ainsworth Strange Situation. In M. T. Greenberg, D. Cicchetti, & E. M. Cummings (Eds.), *Attachment in the preschool years: Theory, research, and intervention* (pp. 121–160). Chicago: University of Chicago Press.

Maitel, S., Dromi, E., Sagi, A., & Bornstein, M. (2000). The Hebrew Communicative Development Inventory: Language-specific properties and cross-linguistic generalizations. *Journal of Child Language, 27,* 43–67.

Makino, M., Tsuboi, K., & Dennerstein, L. (2004). Prevalence of eating disorders: A comparison of Western and non-Western countries. *Medscape General Medicine, 6,* 49.

Malamitsi-Puchner, A., Protonotariou, E., Boutsikou, T., Makrakis, E., Sarandakou, A., & Creatsas, G. (2005). The influence of the mode of delivery on circulating cytokine concentrations in the perinatal period. *Early Human Development, 81,* 387–392.

Malina, R. M. (1990). Physical growth and performance during the transitional years (9–16). In R. Montemayor, G. R. Adams, & T. P. Gullotta (Eds.), *From childhood to adolescence: A transitional period?* (pp. 41–62). Newbury Park, CA: Sage.

Malina, R. M. (2007). Physical fitness of children and adolescents in the United States: Status and secular change. In G. Tomkinson & T. Olds (Eds.), *Pediatric fitness: Secular trends and geographic variability.* Basel, Switzerland: Karger.

Maniadaki, K., Sonuga-Barke, E., & Kakouros, E. (2005). Parents' causal attributions about attention deficit/hyperactivity disorder: The effect of child and parent sex. *Child: Care, Health & Development, 31,* 331–340.

Manning, W., & Brower, S. (2006). Children's economic well-being in married and cohabiting parent families. *Journal of Marriage and the Family, 68,* 345–362.

Maratsos, M. (1983). Some current issues in the study of the acquisition of grammar. In J. H. Flavell & E. M. Markman (Eds.), *Handbook of child psychology: Cognitive development* (pp. 707–786). New York: Wiley.

Maratsos, M. (1998). The acquisition of grammar. In W. Damon (Ed.), *Handbook of child psychology, Vol. 2: Cognition, perception, and language* (5th ed., pp. 421–466). New York: Wiley.

Maratsos, M. (2000). More overregularizations after all: New data and discussion on Marcus, Pinker, Ullman, Hollander, Rosen, & Xu. *Journal of Child Language, 27,* 183–212.

March of Dimes. (2004). *Environmental risks and pregnancy.* Retrieved September 21, 2004, from http://www.marchofdimes.com/professionals/681_9146.asp

March of Dimes. (2008a). *Eating healthy.* Retrieved August 13, 2008, from http://www.marchofdimes.com/pnhec/159_823.asp

March of Dimes. (2008b). *Environmental risks and pregnancy.* Retrieved August 4, 2008, from http://www.marchofdimes.com/professionals/14332_9146.asp

Marcia, J. (2002). Identity and psychosocial development in adulthood. *Identity, 2,* 7–28.

Marcia, J. (2007). Theory and measure: The Identity Status Interview. In M. Watzlawik & A. Born (Eds.), *Capturing identity: Quantitative and qualitative methods* (pp. 1–14). Lanham, MD: University Press of America.

Marcia, J. E. (1966). Development and validation of ego identity status. *Journal of Personality & Social Psychology, 3,* 551–558.

Marcia, J. E. (1980). Identity in adolescence. In J. Adelson (Ed.), *Handbook of adolescent psychology* (pp. 159–187). New York: Wiley.

Marcia, J. E. (1993). The status of the statuses: Research review. In J. E. Marcia, A. S. Waterman, D. R. Matteson, S. L. Archer, & J. L. Orlofsky (Eds.), *Ego identity: A handbook for psychosocial research* (pp. 22–41). New York: Springer-Verlag.

Marcus, G. F., Pinker, S., Ullman, M., Hollander, M., Rosen, T. J., & Fei, X. (1992). Overregularization in language acquisition. *Monographs of the Society for Research in Child Development, 57*(4, Serial No. 228).

Markman, E., Wasow, J., & Hansen, C. (2003). Use of the mutual exclusivity assumption by young word learners. *Cognitive Psychology, 47,* 241–275.

Marschark, M. (1993). *Psychological development of deaf children.* New York: Oxford University Press.

Marsh, H., & Yeung, A. (1997). Coursework selection: Relations to academic self-concept and achievement. *American Educational Research Journal, 34,* 691–720.

Marshall, N. L., Coll, C. G., Marx, F., McCartney, K., Keefe, N., & Ruh, J. (1997). After-school time and children's behavioral adjustment. *Merrill-Palmer Quarterly, 43,* 497–514.

Martin, C. L. (1991). The role of cognition in understanding gender effects. In H. W. Reese (Ed.), *Advances in child development and behavior* (Vol. 23, pp. 113–150). San Diego, CA: Academic Press.

Martin, C. L. (1993). New directions for investigating children's gender knowledge. *Developmental Review, 13,* 184–204.

Martin, C. L., & Halverson, C. F., Jr. (1981). A schematic processing model of sex typing and stereotyping in children. *Child Development, 52,* 1119–1134.

Martin, C. L., & Halverson, C. F., Jr. (1983). Gender constancy: A methodological and theoretical analysis. *Sex Roles, 9,* 775–790.

Martin, C. L., & Ruble, D. (2004). Children's search for gender cues: Cognitive perspectives on gender development. *Current Directions in Psychological Science, 13,* 67–70.

Martin, E. P., & Martin, J. M. (1978). *The black extended family.* Chicago: University of Chicago Press.

Martin, E. W. (1995). Case studies on inclusion: Worst fears realized. *The Journal of Special Education, 29,* 192–199.

Martin, J., & D'Augelli, A. (2003). How lonely are gay and lesbian youth? *Psychological Reports, 93,* 486.

Martin, J., Hamilton, B., Sutton, P., Ventura, S., Menacker, F., & Kirmeyer, S. (2006). Births: Final data for 2004. *National Vital Statistics Reports, 55,* 1–102.

Martin, J., Hamilton, B., Sutton, P., Ventura, S., Menacker, F., Kirmeyer, S., & Munson, M. (2007). Births: Final data for 2005. *National Vital Statistics Reports, 56,* 1–104.

Martin, J., Hamilton, B., Sutton, P., Ventura, S., Menacker, F., & Munson, M. (2005). Births: Final data for 2003. *National Vital Statistics Reports, 54,* 1–116.

Martin, J., & Nguyen, D. (2004). Anthropometric analysis of homosexuals and heterosexuals: Implications for early hormone exposure. *Hormones & Behavior, 45,* 31–39.

Martin, R., Noyes, J., Wisenbaker, J., & Huttunen, M. (1999). Prediction of early childhood negative emotionality and inhibition from maternal distress during pregnancy. *Merrill-Palmer Quarterly, 45*, 370–391.

Martini, R., & Shore, B. (2008). Pointing to parallels in ability-related differences in the use of metacognition in academic and psychomotor tasks. *Learning and Individual Differences, 18*, 237–247.

Martorano, S. C. (1977). A developmental analysis of performance on Piaget's formal operations tasks. *Developmental Psychology, 13*, 666–672.

Mascolo, M. F., & Fischer, K. W. (1995). Developmental transformations in appraisals for pride, shame, and guilt. In J. P. Tangney & K. W. Fischer (Eds.), *Self-conscious emotions: The psychology of shame, guilt, embarrassment, and pride* (pp. 64–113). New York: Guilford Press.

Mash, C., Novak, E., Berthier, N., & Keen, R. (2006). What do two-year-olds understand about hidden-object events? *Developmental Psychology, 42*, 263–271.

Mason, C. A., Cauce, A. M., Gonzales, N., & Hiraga, Y. (1996). Neither too sweet nor too sour: Problem peers, maternal control, and problem behavior in African American adolescents. *Child Development, 67*, 2115–2130.

Mason, M., & Chuang, S. (2001). Culturally-based after-school arts programming for low-income urban children: Adaptive and preventive effects. *Journal of Primary Prevention, 22*, 45–54.

Massad, C. M. (1981). Sex role identity and adjustment during adolescence. *Child Development, 52*, 1290–1298.

Masten, A. S., Best, K. M., & Garmezy, N. (1990). Resilience and development: Contributions from the study of children who overcome adversity. *Development and Psychopathology, 2*, 425–444.

Masten, A. S., & Coatsworth, J. D. (1995). Competence, resilience, and psychopathology. In D. Cicchetti & D. J. Cohen (Eds.), *Developmental psychopathology: Vol. 2. Risk, disorder, and adaptation* (pp. 715–752). New York: Wiley-Interscience.

Masten, A. S., & Coatsworth, J. D. (1998). The development of competence in favorable and unfavorable environments: Lessons from research on successful children. *American Psychologist, 53*, 205–220.

Maszk, P., Eisenberg, N., & Guthrie, I. (1999). Relations of children's social status to their emotionality and regulation: A short-term longitudinal study. *Merrill-Palmer Quarterly, 454*, 468–492.

Matarazzo, J. D. (1972). *Wechsler's measurement and appraisal of adult intelligence* (5th enlarged ed.). New York: Oxford University Press.

Matarazzo, J. D. (1992). Biological and physiological correlates of intelligence. *Intelligence, 16*, 257–258.

Mather, P. L., & Black, K. N. (1984). Heredity and environmental influences on preschool twins' language skills. *Developmental Psychology, 20*, 303–308.

Matthews, R. (2006). The case for linguistic nativism. In R. Stainton (Ed.), *Contemporary debates in cognitive science* (pp. 81–96). Malden, MA: Blackwell Publishing.

Matthews, T. (2005). Racial/ethnic disparities in infant mortality—United States, 1995–2002. *Morbidity & Mortality Weekly Report, 54*, 553–556.

Maughan, B., Pickles, A., & Quinton, D. (1995). Parental hostility, childhood behavior, and adult social functioning. In J. McCord (Ed.), *Coercion and punishment in long-term perspectives* (pp. 34–58). Cambridge, England: Cambridge University Press.

Maye, J., Weiss, D., & Aslin, R. (2008). Statistical phonetic learning in infants: Facilitation and feature generalization. *Developmental Science, 11*, 122–134.

Mayeux, L., & Cillissen, A. (2003). Development of social problem solving in early childhood: Stability, change, and associations with social competence. *Journal of Genetic Psychology, 164*, 153–173.

McAllister, D., Kaplan, B., Edworthy, S., Martin, L., et al. (1997). The influence of systemic lupus erythematosus on fetal development: Cognitive, behavioral, and health trends. *Journal of the International Neurological Society, 3*, 370–376.

McBride-Chang, C., & Ho, C. (2000). Developmental issues in Chinese children's character acquisition. *Journal of Educational Psychology, 92*, 50–55.

McBride-Chang, C., Shu, H., Zhou, C., & Wagner, R. (2004). Morphological awareness uniquely predicts young children's Chinese character recognition. *Journal of Educational Psychology, 96*, 743–751.

McCabe, K., Hough, R., Wood, P., & Yeh, M. (2001). Childhood and adolescent onset conduct disorder: A test of the developmental taxonomy. *Journal of Abnormal Child Psychology, 29*, 305–316.

McClure, E. (2000). A meta-analytic review of sex differences in facial expression processing and their development in infants, children, and adolescents. *Psychological Bulletin, 126*, 242–453.

McCord, J. (1982). A longitudinal view of the relationship between parental absence and crime. In J. Gunn & D. P. Farrington (Eds.), *Abnormal offenders, delinquency, and the criminal justice system* (pp. 113–128). London: Wiley.

McCourt, C., Weaver, J., Statham, H., Beake, S., Gamble, J., & Creedy, D. (2007). Elective cesarean section and decision making: A critical review of the literature. *Birth, 34*, 65–79.

McCrae, R. R., & Costa, P. T., Jr. (1994). The stability of personality: Observations and evaluations. *Current Directions in Psychological Science, 3*, 173–175.

McCrae, R. R., & Terracciano, A. (2005). Universal features of personality traits from the observer's perspective: Data from 50 cultures. *Journal of Personality & Social Psychology, 88*, 547–561.

McCune, L. (1995). A normative study of representational play at the transition to language. *Developmental Psychology, 31*, 198–206.

McElhaney, K., Antonishak, J., & Allen, J. (2008). "They like me, they like me not": Popularity and adolescents' perceptions of acceptance predicting social functioning over time. *Child Development, 79*, 720–731.

McGee, B., Hewitt, P., Sherry, S., Parkin, M., & Flett, G. (2005). Perfectionistic self-presentation, body image, and eating disorder symptoms. *Body Image, 2*, 29–40.

McGrath, M., & Sullivan, M. (2002). Birth weight, neonatal morbidities, and school age outcomes in full-term and preterm infants. *Issues in Comprehensive Pediatric Nursing, 25*, 231–254.

McGue, M. (1994). Why developmental psychology should find room for behavior genetics. In C. A. Nelson (Ed.), *The Minnesota symposia on child development* (Vol. 27, pp. 105–119). Hillsdale, NJ: Erlbaum.

McGuire, S., McHale, S. M., & Updegraff, K. (1996). Children's perceptions of the sibling relationship in middle childhood: Connections within and between family relationships. *Personal Relationships, 3*, 229–239.

McIntosh, J., Wells, Y., Smyth, B., & Long, C. (2008). Child-focused and child-inclusive divorce mediation: Comparative outcomes from a prospective study of post-separation adjustment. *Family Court Review, 46*, 105–124.

McKown, C., & Weinstein, R. (2003). The development and consequences of stereotype consciousness in middle childhood. *Child Development, 74*, 498–515.

McLanahan, S. S., & Sandefur, G. (1994). *Growing up with a single parent: What hurts, what helps*. Cambridge, MA: Harvard University Press.

McLoyd, V. C. (1997, April). *Reducing stressors, increasing supports in the lives of ethnic minority children in America: Research and policy issues*. Artigo apresentado no encontro bianual da Society for Research in Child Development, Washington, DC.

McLoyd, V. C. (1998). Socioeconomic disadvantage and child development. *American Psychologist, 53*, 185–204.

McLoyd, V. C., & Wilson, L. (1991). The strain of living poor: Parenting, social support, and child mental health. In A. C. Huston (Ed.), *Children in poverty: Child development and public policy* (pp. 105–135). Cambridge, England: Cambridge University Press.

McManis, M., Kagan, J., Snidman, N., & Woodward, S. (2002). EEG asymmetry, power, and temperament in children. *Developmental Psychobiology, 41*, 169–177.

McMaster, F., & Kusumakar, V. (2004). MRI study of the pituitary gland in adolescent depression. *Journal of Psychiatric Research, 38*, 231–236.

McRorie, M., & Cooper, C. (2004). Psychomotor movement and IQ. *Personality & Individual Differences, 37*, 523–531.

Measor, L. (2004). Young people's views of sex education: Gender, information and knowledge. *Sex Education, 4*, 153–166.

Mediascope Press. (1999). *Substance use in popular movies and music: Issue Brief Series.* Studio City, CA: Mediascope Inc.

Mediascope Press. (2000). *Teens, sex and the media.* Issue Brief Series. Studio City, CA: Mediascope Inc.

Medwell, J., & Wray, D. (2007). Handwriting: What do we know and what do we need to know? *Literacy, 41*, 10–15.

Mei, Z., Grummer-Strawn, L., Thompson, D., & Dietz, W. (2004). Shifts in percentiles of growth during early childhood: Analysis of longitudinal data from California Child Health and Development Study. *Pediatrics, 113*, 617–627.

Meighan, R. (1995). Home-based education effectiveness research and some of its implications. *Educational Review, 47*, 275–287.

Meijer, A., & Wittenboer, G. (2007). Contribution of infants' sleep and crying to marital relationship of first-time parent couples in the first year after childbirth. *Journal of Family Psychology, 21*, 49–57.

Meisinger, E., & Bradley, B. (2008). Classroom practices for supporting fluency development. In M. Kuhn & P. Schwanenflugel (Eds.), *Fluency in the classroom: Solving problems in the teaching of literacy* (pp. 36–54). New York: Guilford Press.

Melby, J. N., & Conger, R. D. (1996). Parental behaviors and adolescent academic performance: A longitudinal analysis. *Journal of Research on Adolescence, 6*, 113–137.

Melinder, A., Endestad, T., & Magnussen, S. (2006). Relations between episodic memory, suggestibility, theory of mind, and cognitive inhibition in the preschool child. *Scandinavian Journal of Psychology, 47*, 485–495.

Melot, A., & Houde, O. (1998). Categorization and theories of mind: The case of the appearance/reality distinction. *Cahiers de Psychologie Cognitive/Current Psychology of Cognition, 17*, 71–93.

Melson, G., Peet, S., & Sparks, C. (1991). Children's attachments to their pets: Links to socioemotional development. *Children's Environmental Quarterly, 8*, 55–65.

Meltzoff, A. N. (1988). Infant imitation and memory: Nine-month-olds in immediate and deferred tasks. *Child Development, 59*, 217–225.

Meltzoff, A. N. (1995). Understanding the intentions of others: Re-enactment of intended acts by 18-month-old children. *Developmental Psychology, 31*, 838–850.

Menesini, E., Sanchez, V., Fonzi, A., Ortega, R., Costabile, A., & Lo Feudo, G. (2003). Moral emotions and bullying: A cross-national comparison of differences between bullies, victims and outsiders. *Aggressive Behavior, 29*, 515–530.

Merrick, J., & Morad, M. (2002). Adolescent pregnancy in Israel. *International Journal of Adolescent Medicine, 14*, 161–164.

Mersereau, P., Kilker, K., Carter, H., Fassett, E., Williams, J., Flores, A., Prue, C., Williams, L., Mai, C., & Mulinare, J. (2004). Spina bifida and anencephaly before and after folic acid mandate: United States, 1995–1996 and 1999–2000. *Morbidity & Mortality Weekly Report, 53*, 362–365.

Mervis, C. B., & Bertrand, J. (1994). Acquisition of the novel name-nameless category (N3C) principle. *Child Development, 65*, 1646–1662.

Meyer-Bahlburg, H. F. L., Ehrhardt, A. A., Rosen, L. R., Gruen, R. S., Veridiano, N. P., Vann, F. H., & Neuwalder, H. F. (1995). Prenatal estrogens and the development of homosexual orientation. *Developmental Psychology, 31*, 12–21.

Mijuskovic, Z. (2006). *Phenylketonuria.* Retrieved August 4, 2008, from http://www.emedicine.com/derm/topic712.htm

Mikulincer, M., & Shaver, P. (2005). Attachment security, compassion, and altruism. *Current Directions in Psychological Science, 14*, 34–38.

Miller, B., Benson, B., & Galbraith, K. (2001). Family relationships and adolescent pregnancy risk: A research synthesis. *Developmental Review, 21*, 1–38.

Miller, C., Trautner, H., & Ruble, D. (2006). The role of gender stereotypes in children's preferences and behavior. In L. Balter & C. Tamis-LeMonday (Eds.), *Child psychology: A handbook of contemporary issues* (2nd ed., pp. 293–323). New York: Psychology Press.

Miller, P. (2002). *Theories of development* (4th ed.). New York: Worth.

Miller, P., Eisenberg, N., Fabes, R., Shell, R., & Gular, S. (1989). Mothers' emotional arousal as a moderator in the socialization of children's empathy. *New Directions for Child Development, 44*, 65–83.

Milligan, K., Astington, J., & Dack, L. (2007). Language and theory of mind: Meta-analysis of the relation between language ability and false-belief understanding. *Child Development, 78*, 622–646.

Mills, D., Coffey-Corina, S., & Neville, H. (1994). Variability in cerebral organization during primary language acquisition. In G. Dawson & K. Fischer (Eds.), *Human behavior and the developing brain.* New York: Guilford.

Milos, G., Spindler, A., & Schnyder, U. (2004). Psychiatric comorbidity and Eating Disorder Inventory (EDI) profiles in eating disorder patients. *Canadian Journal of Psychiatry, 49*, 179–184.

Milos, G., Spindler, A., Ruggiero, G., Klaghofer, R., & Schnyder, U. (2002). Comorbidity of obsessive-compulsive disorders and duration of eating disorders. *International Journal of Eating Disorders, 31*, 284–289.

Mischel, W. (1966). A social learning view of sex differences in behavior. In E. E. Maccoby (Ed.), *The development of sex differences* (pp. 56–81). Stanford, CA: Stanford University Press.

Mischel, W. (1970). Sex typing and socialization. In P. H. Mussen (Ed.), *Carmichael's manual of child psychology* (Vol. 2, pp. 3–72). New York: Wiley.

Mischel, W. (2007). Toward a cognitive social learning reconceptualization of personality. In Y. Shoda, D. Cervone, & G. Downey (Eds.), *Persons in context: Building a science of the individual.* New York: Guilford Press.

Mishra, R. C. (2001). Cognition across cultures. In D. Matsumoto (Ed.), *Handbook of culture and psychology* (pp. 119–135). New York: Oxford University Press.

Misra, G. (1983). Deprivation and development: A review of Indian studies. *Indian Educational Review, 18*, 12–32.

Mitchell, A. (2002). Infertility treatment: More risks and challenges. *New England Journal of Medicine, 346*, 769–770.

Mitchell, J. E. (1995). Medical complications of bulimia nervosa. In K. D. Brownell & C. G. Fairburn (Eds.), *Eating disorders and obesity: A comprehensive handbook* (pp. 271–275). New York: Guilford Press.

Mitchell, K. (2002). Women's morality: A test of Carol Gilligan's theory. *Journal of Social Distress & the Homeless, 11*, 81–110.

Mitchell, P. R., & Kent, R. D. (1990). Phonetic variation in multisyllable babbling. *Journal of Child Language, 17*, 247–265.

Mofenson, L. (2002). U.S. Public Health Service Task Force recommendations for use of antiretroviral drugs in pregnant HIV-1 infected women for maternal health and interventions to reduce perinatal HIV-1 transmission in the United States. *Morbidity & Mortality Weekly Report, 51*, 1–38.

Moffitt, T. E. (1990). Juvenile delinquency and attention deficit disorder: Boys' developmental trajectories from age 3 to age 15. *Child Development, 61*, 893–910.

Moffitt, T. E. (1993). Adolescence-limited and life-course-persistent antisocial behavior: A developmental taxonomy. *Psychology Review, 100*, 674–701.

Moffitt, T. E., & Harrington, H. L. (1996). Delinquency: The natural history of antisocial behavior. In P. A. Silva & W. R. Stanton (Eds.), *From child to adult: The Dunedin multidisciplinary health and development study* (pp. 163–185). Aukland: Oxford University Press.

Mogro-Wilson, C. (2008). The influence of parental warmth and control on Latino adolescent alcohol use. *Hispanic Journal of Behavioral Sciences, 30*, 89–105.

Mohanty, A., & Perregaux, C. (1997). Language acquisition and bilingualism. In J. Berry, P. Dasen, & T. Saraswathi (Eds.), *Handbook of cross-cultural psychology: Vol. 2. Basic processes and human development*. Boston: Allyn & Bacon.

Mohsin, M., Wong, F., Bauman, A., & Bai, J. (2003). Maternal and neonatal factors influencing premature birth and low birth weight in Australia. *Journal of Biosocial Science, 35*, 161–174.

Moilanen, B. (2004). Vegan diets in infants, children, and adolescents. *Pediatrics in Review, 25*, 174–176.

Molfese, V. J., DiLalla, L. F., & Bunce, D. (1997). Prediction of the intelligence test scores of 3- to 8-year-old children by home environment, socioeconomic status, and biomedical risks. *Merrill-Palmer Quarterly, 43*, 219–234.

Money, J. (1975). Ablatio penis: Normal male infant sex-reassignment as a girl. *Archives of Sexual Behavior, 4*, 65–71.

Monga, M. (2007). Managers' moral reasoning: Evidence from large Indian manufacturing organisations. *Journal of Business Ethics, 71*, 179–194.

Montemayor, R., & Eisen, M. (1977). The development of self-conceptions from childhood to adolescence. *Developmental Psychology, 13*, 314–319.

Montgomery, M., & Sorell, G. (1998). Love and dating experience in early and middle adolescence: Grade and gender comparisons. *Journal of Adolescence, 21*, 677–689.

Moody, E. (1997). Lessons from pair counseling with incarcerated juvenile delinquents. *Journal of Addictions & Offender Counseling, 18*, 10–25.

Moon, C., & Fifer, W. P. (1990). Syllables as signals for 2-day-old infants. *Infant Behavior and Development, 13*, 377–390.

Moore, C., Barresi, J., & Thompson, C. (1998). The cognitive basis of future-oriented prosocial behavior. *Social Development, 7*, 198–218.

Moore, D. (2001). Reassessing emotion recognition performance in people with mental retardation: A review. *American Journal on Mental Retardation, 106*, 481–502.

Moore, E., & Rideout, V. (2007). The online marketing of food to children: Is it just fun and games? *Journal of Public Policy and Marketing, 26*, 202–220.

Moore, E. G. J. (1986). Family socialization and the IQ test performance of traditionally and transracially adopted black children. *Developmental Psychology, 22*, 317–326.

Moore, K. L., & Persaud, T. V. N. (1993). *The developing human: Clinically oriented embryology* (5th ed.). Philadelphia: Saunders.

Moore, R., Vadeyar, S., Fulford, J., Tyler, D., Gribben, C., Baker, P., James, D., & Gowland, P. (2001). Antenatal determination of fetal brain activity in response to an acoustic stimulus using functional magnetic resonance imaging. *Human Brain Mapping, 12*, 94–99.

Morgan, C., Finan, A., Yarnold, R., Petersen, S., Horsfield, M., Rickett, A., & Wailoo, M. (2002). Assessment of infant physiology and neuronal development using magnetic resonance imaging. *Child: Care, Health, & Development, 28*, 7–10.

Morgan, J. L. (1994). Converging measures of speech segmentation in preverbal infants. *Infant Behavior and Development, 17*, 389–403.

Morral, S., Gobbo, C., Marini, Z., & Sheese, R. (2008). *Cognitive development: Neo-Piagetian perspectives*. New York: Taylor & Francis Erlbaum.

Morrison, D. R., & Cherlin, A. J. (1995). The divorce process and young children's well-being: A prospective analysis. *Journal of Marriage and the Family, 57*, 800–812.

Morrison, F., Bachman, H., & Connor, C. (2005). *Improving literacy in America: Guidelines from research*. New Haven: Yale University Press.

Morrison, F. J., Smith, L., & Dow-Ehrensberger, M. (1995). Education and cognitive development: A natural experiment. *Developmental Psychology, 31*, 789–799.

Morrongiello, B. A. (1988). Infants' localization of sounds along the horizontal axis: Estimates of minimum audible angle. *Developmental Psychology, 24*, 8–13.

Morrongiello, B. A., Fenwick, K. D., & Chance, G. (1990). Sound localization acuity in very young infants: An observer-based testing procedure. *Developmental Psychology, 26*, 75–84.

Morrow, R. (2005). *Sesame Street and the reform of children's television*. Baltimore: Johns Hopkins University Press.

Morse, P. A., & Cowan, N. (1982). Infant auditory and speech perception. In T. M. Field, A. Houston, H. C. Quay, L. Troll, & G. E. Finley (Eds.), *Review of human development* (pp. 32–61). New York: Wiley.

Mortensen, E., Andresen, J., Kruuse, E., Sanders, S., & Reinisch, J. (2003). IQ stability: The relation between child and young adult intelligence test scores in low-birthweight samples. *Scandinavian Journal of Psychology, 44*, 395–398.

Mortimer, J., & Harley, C. (2002). The quality of work and youth mental health. *Work & Occupations, 29*, 166–197.

Mortimer, J., Zimmer-Gembeck, M., Holmes, M., & Shanahan, M. (2002). The process of occupational decision making: Patterns during the transition to adulthood. *Journal of Vocational Behavior, 61*, 439–465.

Moses, L., Baldwin, D., Rosicky, J., & Tidball, G. (2001). Evidence for referential understanding in the emotions domain at twelve and eighteen months. *Child Development, 72*, 718–735.

Moshman, D. (2005). *Rationality, morality, and identity*. Hillsdale, NJ: Erlbaum.

Mott, J., Crowe, P., Richardson, J., & Flay, B. (1999). After-school supervision and adolescent cigarette smoking: Contributions of the setting and intensity of after-school self-care. *Journal of Behavioral Medicine, 22*, 35–58.

Mounts, N., & Steinberg, L. (1995). An ecological analysis of peer influence on adolescent grade point average and drug use. *Developmental Psychology, 31*, 915–922.

Mueller, U., Overton, W., & Reene, K. (2001). Development of conditional reasoning: A longitudinal study. *Journal of Cognition & Development, 2*, 27–49.

Muhuri, P. K., Anker, M., & Bryce, J. (1996). Treatment patterns for childhood diarrhoea: Evidence from demographic and health surveys. *Bulletin of the World Health Organization, 74*, 135–146.

Muller, C. (1995). Maternal employment, parent involvement, and mathematics achievement among adolescents. *Journal of Marriage and the Family, 57*, 85–100.

Munir, K., & Beardslee, W. (2001). A developmental and psychobiological framework for understanding the role of culture in child and adolescent psychiatry. *Child & Adolescent Psychiatric Clinics of North America, 10*, 667–677.

Munro, G., & Adams, G. R. (1977). Ego-identity formation in college students and working youth. *Developmental Psychology, 13*, 523–524.

Munroe, R. H., Shimmin, H. S., & Munroe, R. L. (1984). Gender understanding and sex role preference in four cultures. *Develop-mental Psychology, 20*, 673–682.

Muraskas, J., & Hasson, A. (2004). A girl with a birth weight of 280 g, now 14 years old. *New England Journal of Medicine, 324*, 1598–1599.

Murphy, S. O. (1993, April). *The family context and the transition to siblinghood: Strategies parents use to influence sibling-infant relationships*. Artigo apresentado no encontro bianual da Society for Research in Child Development, New Orleans.

Murray, B. (1998, June). Dipping math scores heat up debate over math teaching. *APA Monitor, 29*, 34–35.

Murray, J., Liotti, M., Ingmundson, P., Mayberg, H., Pu, U., Zamarripa, F., Liu, Y., Woldorff, M., Gao, J., & Fox, P. (2006). Children's brain activations while viewing televised violence revealed by MRO. *Media Psychology, 8*, 25–37.

Murray, J., & Youniss, J. (1968). Achievement of inferential transitivity and its relation to serial ordering. *Child Development, 39*, 1259–1268.

Murray, L., Woolgar, M., Martins, C., Christaki, A., Hipwell, A., & Cooper, P. (2006). Conversations around homework: Links to parental mental health, family characteristics and child psychological functioning. *British Journal of Developmental Psychology, 24*, 125–149.

Muscari, M. E. (1996). Primary care of adolescents with bulimia nervosa. *Journal of Pediatric Health Care, 10*, 17–25.

Must, O., Must, A., & Raudik, V. (2003). The secular rise in IQs: In Estonia, the Flynn effect is not a Jensen effect. *Intelligence, 31*, 461–471.

Nagy, E., & Molnar, P. (2004). Homo imitans or homo provocans? Human imprinting model of neonatal imitation. *Infant Behavior and Development, 27*, 54–63.

Nagy, W., Berninger, V., Abbott, R., Vaughan, K., & Vermeulen, K. (2004). Relationship of morphology and other language skills to literacy skills in at-risk second-grade readers and at-risk fourth-grade writers. *Journal of Educational Psychology, 96*, 730–742.

Narvaez, D. (1998). The influence of moral schemas on the reconstruction of moral narratives in eighth graders and college students. *Journal of Educational Psychology, 47*, 218–228.

National Abortion and Reproductive Rights Action League (NARAL). (1997). *Limitations on the rights of pregnant women* [NARAL Factsheet]. Retrieved March 5, 2001, from http://www.naral.org/publications/facts

National Association for the Education of Young Children (NAEYC). (2006). *Developmentally appropriate practice in early childhood programs serving children from birth through age 8*. Retrieved March 21, 2008, from http://www.naeyc.org/about/positions/dap1.asp

National Cancer Institute. (2006). *Breast cancer and the environment research centers chart new territory*. Retrieved June 21, 2007, from http://www.nci.nih.gov/ncicancerbulletin/NCI_Cancer_Bulletin_081506/page9

National Center for Chronic Disease Prevention and Health Promotion (NCCDPHP). (2000). *Obesity epidemic increases dramatically in the United States* [Online press release]. Retrieved August 23, 2000, from http://www.cdc.gov

National Center for Education Statistics (NCES). (2003). *Highlights from the TIMSS 1999 video study of eighth-grade mathematics teaching* (NCES Publication No. 2003011). Washington, DC: Author.

National Center for Education Statistics (NCES). (2005a). *The condition of education 2005, in brief*. Retrieved July 23, 2005, from http://nces.ed.gov/pubs2005/2005095.pdf

National Center for Education Statistics (NCES). (2005b). *The condition of education 2000–2005*. Retrieved July 23, 2005, from http://nces.ed.gov/programs/coe/

National Center for Education Statistics (NCES). (2006). *Fast facts: How many English language learners (ELL) students are receiving services in U.S. public schools?* Retrieved August 17, 2008, from http://nces.ed.gov/fastfacts/display.asp?id=96

National Center for Education Statistics (NCES). (2007). *Digest of education statistics*. Retrieved September 6, 2008, from http://nces.ed.gov/programs/digest/index.asp

National Center for Education Statistics (NCES). (2008). *The condition of education 2008*. Retrieved June 27, 2008, from http://nces.ed.gov/programs/coe/

National Center for Health Statistics (NCHS). (2007a). *Health, United States, 2007*. Hyattsville, MD: Author.

National Center for Health Statistics (NCHS). (2007b). *Prevalence of overweight among children and adolescents: United States 2003–2004*. Retrieved June 19, 2007, from http://www.cdc.gov/nchs/products/pubs/pubd/hestats/overweight/overwght_child_03.htm

National Council for Injury Prevention and Control (NCIPC). (2000). *Fact book for the year 2000*. Washington, DC: Author.

National Institute of Mental Health (NIMH). (2001a). NIMH research roundtable on prepubertal bipolar disorder. *Journal of the American Academy of Child & Adolescent Psychiatry, 40*, 871–878.

National Institute of Mental Health (NIMH). (2001b). *The numbers count: Mental disorders in America*. NIH Publication No. 01-4584. Retrieved June 10, 2005, from http://www.nimh.nih.gov

National Literacy Trust. (2003). *Mother tongues: What languages are spoken in the UK?* Retrieved July 9, 2005, from http://www.literacytrust.org.uk/Research/lostop3.html

Needlman, R., Frank, D. A., Augustyn, M., & Zuckerman, B. S. (1995). Neurophysiological effects of prenatal cocaine exposure: Comparison of human and animal investigations. In M. Lewis & M. Bendersky (Eds.), *Mothers, babies, and cocaine: The role of toxins in development* (pp. 229–250). Hillsdale, NJ: Erlbaum.

Needlman, R. D. (1996). Growth and development. In R. E. Behrman, R. M. Kliegman, & A. M. Arvin (Eds.), *Nelson textbook of pediatrics* (15th ed., pp. 30–72). Philadelphia: Saunders.

Neisser, U., Boodoo, G., Bouchard, T. J., Jr., Boykin, A. W., Brody, N., Ceci, S. J., Halpern, D. F., Loehlin, J. C., Perloff, R., Sternberg, R. J., & Urbina, S. (1996). Intelligence: Knowns and unknowns. *American Psychologist, 51*, 77–101.

Nelson, C., de Haan, M., & Thomas, K. (2006). *Neuroscience of cognitive development: The role of experience and the developing brain*. New York: Wiley.

Nelson, K. (1977). Facilitating children's syntax acquisition. *Developmental Psychology, 13*, 101–107.

Nelson, K. (1985). *Making sense: The acquisition of shared meaning*. New York: Academic Press.

Nelson, K. (1988). Constraints on word learning. *Cognitive Development, 3*, 221–246.

Nelson, S. (1980). Factors influencing young children's use of motives and outcomes as moral criteria. *Child Development, 51*, 823–829.

Nesdale, D., Durkin, K., Maass, A., & Griffiths, J. (2005). Threat, group identification, and children's ethnic prejudice. *Social Development, 14*, 189–205.

Nettelbeck, T., & Wilson, C. (2004). The Flynn effect: Smarter not faster. *Intelligence, 32*, 85–93.

Neufeld, G., & Maté, G. (2005). *Hold on to your kids: Why parents need to matter more than peers.* New York: Ballantine Books.

Neumark-Sztainer, D., Wall, M., Eisenberg, M., Story, M., & Hannan, P. (2006). Overweight status and weight control behaviors in adolescents: Longitudinal and secular trends from 1999 to 2004. *Preventive Medicine, 43*, 52–59.

Newcomb, A. F., & Bagwell, C. L. (1995). Children's friendship relations: A meta-analytic review. *Psychological Bulletin, 117*, 306–347.

Newcomb, A. F., Bukowski, W. M., & Pattee, L. (1993). Children's peer relations: A meta-analytic review of popular, rejected, neglected, controversial, and average sociometric status. *Psychological Bulletin, 113*, 99–128.

Newman, D., Caspi, A., Moffitt, T., & Silva, P. (1997). Antecedents of adult interpersonal functioning: Effects of individual differences in age 3 temperament. *Developmental Psychology, 33*, 206–217.

Newman, R. (2005). The cocktail party effect in infants revisited: Listening to one's name in noise. *Developmental Psychology, 41*, 352–362.

New Zealand Ministry of Education. (2003). *Homeschooling in 2003.* Retrieved June 23, 2004, from http://www.minedu.govt.nz/index.cfm?layout=document&documentid=6893&indexid=6852&indexparentid=5611

NICHD Early Child Care Research Network. (1997). Child care in the first year of life. *Merrill-Palmer Quarterly, 43*, 340–360.

NICHD Early Child Care Research Network. (1999). Chronicity of maternal depressive symptoms, maternal sensitivity, and child functioning at 36 months. *Developmental Psychology, 35*, 1297–1310.

NICHD Early Child Care Research Network. (2003). Does amount of time spent in child care predict socioemotional adjustment during the transition to kindergarten? *Child Development, 74*, 976–1005.

NICHD Early Child Care Research Network. (2004). Are child developmental outcomes related to before- and after-school care arrangements? Results from the NICHD Study of Early Child Care. *Child Development, 75*, 280–295.

NICHD Early Child Care Research Network. (2006). *The NICHD study of early child care and youth development.* Retrieved September 6, 2008, from http://www.nichd.nih.gov/publications/pubs/upload/seccyd_051206.pdf

Nicholls, C. (2005). Death by a thousand cuts: Indigenous language bilingual education programmes in the northern territory of Australia, 1972–1998. *International Journal of Bilingual Education & Bilingualism, 8*, 160–177.

Nicklaus, S., Boggio, V., & Issanchou, S. (2005). Gustatory perceptions in children. *Archives of Pediatrics, 12*, 579–584.

Nijhuis, J. (2003). Fetal behavior. *Neurobiology of Aging, 24*, S41–S46.

Nilsson, E., Gillberg, C., Gillberg, I., & Rastam, M. (1999). Ten-year follow-up of adolescent-onset anorexia nervosa: Personality disorders. *Journal of the American Academy of Child and Adolescent Psychiatry, 38*, 1389–1395.

Nisan, M., & Kohlberg, L. (1982). Universality and variation in moral judgment: A longitudinal and cross-sectional study in Turkey. *Child Development, 53*, 865–876.

Nolen-Hoeksema, S. (1994). An interactive model for the emergence of gender differences in depression in adolescence. *Journal of Research on Adolescence, 4*, 519–534.

Nomaguchi, K. (2006). Maternal employment, nonparental care, mother-child interactions, and child outcomes during preschool years. *Journal of Marriage and Family, 68*, 1341–1369.

Norboru, T. (1997). A developmental study of wordplay in preschool children: The Japanese game of "Shiritori". *Japanese Journal of Developmental Psychology, 8*, 42–52.

Norton, A., & D'Ambrosio, B. (2008). ZPC and ZPD: Zones of teaching and learning. *Journal for Research in Mathematics Education, 39*, 220–246.

Norwood, M. K. (1997, April). *Academic achievement in African-American adolescents as a function of family structure and child-rearing practices.* Artigo apresentado no encontro bianual da Society for Research in Child Development, Washington, DC.

Nucci, L. P., & Nucci, M. S. (1982). Children's social interactions in the context of moral and conventional transgressions. *Child Development, 53*, 403–412.

Nunner-Winkler, G. (2007). Development of moral motivation from childhood to early adulthood. *Journal of Moral Education, 36*, 399–414.

Nussbaum, A., & Steele, C. (2007). Situational disengagement and persistence in the face of adversity. *Journal of Experimental Social Psychology, 43*, 127–134.

Oates, J. (1998). Risk factors for infant attrition and low engagement in experiments and free play. *Infant Behavior and Development, 21*, 555–569.

O'Beirne, H., & Moore, C. (1995, April). *Attachment and sexual behavior in adolescence.* Artigo apresentado no encontro bianual da Society for Research in Child Development, Indianapolis.

Office of Juvenile Justice and Delinquency Prevention. (2006). *Juvenile offenders and victims: 2006 report.* Retrieved April 12, 2008, from http://ojjdp.ncjrs.gov/ojstatbb/nr2006/index.html

Offord, D. R., Boyle, M. H., & Racine, Y. A. (1991). The epidemiology of antisocial behavior in childhood and adolescence. In D. J. Pepler & K. H. Rubin (Eds.), *The development and treatment of childhood aggression* (pp. 31–54). Hillsdale, NJ: Erlbaum.

Ogbu, J. U. (1994). From cultural differences to differences in cultural frame of reference. In P. M. Greenfield & R. R. Cocking (Eds.), *Cross-cultural roots of minority child development* (pp. 365–391). Hillsdale, NJ: Erlbaum.

Ogbu, J. U. (2004). Collective identity and the burden of "acting white" in black history, community, and education. *Urban Review, 36*, 1–35.

Oldenburg, C., & Kerns, K. (1997). Associations between peer relationships and depressive symptoms: Testing moderator effects of gender and age. *Journal of Early Adolescence, 17*, 319–337.

O'Leary, S., Smith Slep, A., & Reid, M. (1999). A longitudinal study of mothers' overreactive discipline and toddlers' externalizing behavior. *Journal of Abnormal Child Psychology, 27*, 331–341.

Olfman, S. (2006). Introduction. In S. Olfman (Ed.), *No child left different* (pp. 1–14). Westport, CT: Greenwood Publishers.

Olivan, G. (2003). Catch-up growth assessment in long-term physically neglected and emotionally abused preschool age children. *Child Abuse & Neglect, 27*, 103–108.

Oller, D., Cobo-Lewis, A., & Eilers, R. (1998). Phonological translation in bilingual and monolingual children. *Applied Psycholinguistics, 19*, 259–278.

Olshan, A. F., Baird, P. A., & Teschke, K. (1989). Paternal occupational exposures and the risk of Down syndrome. *American Journal of Human Genetics, 44*, 646–651.

Olthof, T., Ferguson, T., Bloemers, E., & Deij, M. (2004). Morality- and identity-related antecedents of children's guilt and shame attributions in events involving physical illness. *Cognition & Emotion, 18*, 383–404.

Olweus, D. (1995). Bullying or peer abuse at school: Facts and intervention. *Current Directions in Psychological Science, 4*, 196–200.

Ompad, D., Strathdee, S., Celentano, D., Latkin, C., Poduska, J., Kellam, S., & Ialongo, N. (2006). Predictors of early initiation of vaginal and oral sex among urban young adults in Baltimore, Maryland. *Archives of Sexual Behavior, 35*, 53–65.

O'Neill, D. K., Astington, J. W., & Flavell, J. H. (1992). Young children's understanding of the role that sensory experiences play in knowledge acquisition. *Child Development, 63*, 474–490.

Ontai, L., & Thompson, R. (2008). Attachment, parent-child discourse, and theory-of-mind development. *Social Development, 17*, 47–60.

Oosterlaan, J., Geurts, H., Knol, D., & Sergeant, J. (2005). Low basal salivary cortisol is associated with teacher-reported symptoms of conduct disorder. *Psychiatry Research, 134*, 1–10.

Organization of Teratology Information Specialists. (2005). *Acetaminophen and pregnancy.* Retrieved June 7, 2007, from http://www.otispregnancy.org/pdf/acetaminophen.pdf

O'Shea, T. M., Klinepeter, K. L., Goldstein, D. J., Jackson, B. W., & Dillard, R. G. (1997). Survival and developmental disability in infants with birth weights of 501 to 800 grams, born between 1979 and 1994. *Pediatrics, 100*, 982–986.

Osofsky, J. D. (1995). The effects of exposure to violence on young children. *American Psychologist, 50*, 782–788.

Osorio-O'Dea, P. (2001). *CRS report for Congress: Bilingual education.* Retrieved June 23, 2008, from http://www.policyalmanac.org/education/archive/bilingual.pdf

Overby, K. (2002). Pediatric health supervision. In A. Rudolph, R. Kamei, & K. Overby (Eds.), *Rudolph's fundamentals of pediatrics* (3rd ed., pp. 1–69). New York: McGraw-Hill.

Overton, W. F., & Reese, H. W. (1973). Models of development: Methodological implications. In J. R. Nesselroade & H. W. Reese (Eds.), *Life-span developmental psychology: Methodological issues* (pp. 65–86). New York: Academic Press.

Overton, W. F., Ward, S. L., Noveck, I. A., Black, J., & O'Brien, D. P. (1987). Form and content in the development of deductive reasoning. *Developmental Psychology, 23*, 22–30.

Owens, J., Spirito, A., McGuinn, M., & Nobile, C. (2000). Sleep habits and sleep disturbance in elementary school-aged children. *Journal of Developmental & Behavioral Pediatrics, 21*, 27–36.

Oyserman, D., Harrison, K., & Bybee, D. (2001). Can racial identity be promotive of academic efficacy? *International Journal of Behavioral Development, 25*, 379–385.

Pagani, L., Boulerice, B., Tremblay, R., & Vitaro, F. (1997). Behavioural development in children of divorce and remarriage. *Journal of Child Psychology & Psychiatry & Allied Disciplines, 38*, 769–781.

Paikoff, R. L., & Brooks-Gunn, J. (1990). Physiological processes: What role do they play during the transition to adolescence? In R. Montemayor, G. R. Adams, & T. P. Gullotta (Eds.), *From childhood to adolescence: A transitional period?* (pp. 63–81). Newbury Park, CA: Sage.

Painter, M., & Bergman, I. (1998). Neurology. In R. Behrman & R. Kliegman (Eds.), *Nelson essentials of pediatrics* (3rd ed., pp. 694–745). Philadelphia: Saunders.

Paiva, N. (2008). South Asian parents' constructions of praising their children. *Clinical Child Psychology and Psychiatry, 13*, 191–207.

Pajares, F., & Graham, L. (1999). Self-efficacy, motivation constructs, and mathematics performance of entering middle school students. *Contemporary Educational Psychology, 24*, 124–139.

Pajulo, M., Savonlahti, E., Sourander, A., Helenius, H., & Piha, J. (2001). Antenatal depression, substance dependency and social support. *Journal of Affective Disorders, 65*, 9–17.

Palkovitz, R. (1985). Fathers' birth attendance, early contact, and extended contact with their newborns: A critical review. *Child Development, 56*, 392–406.

Palmer, A. (2003). The street that changed everything. *APA Monitor on Psychology, 34*, 90.

Pan, B., Rowe, M., Singer, J., & Snow, C. (2005). Maternal correlates of growth in toddler vocabulary production in low-income families. *Child Development, 76*, 763–782.

Papousek, H., & Papousek, M. (1991). Innate and cultural guidance of infants' integrative competencies: China, the United States, and Germany. In M. H. Bornstein (Ed.), *Cultural approaches to parenting* (pp. 23–44). Hillsdale, NJ: Erlbaum.

Parault, S., & Schwanenflugel, P. (2000). The development of conceptual categories of attention during the elementary school years. *Journal of Experimental Child Psychology, 75*, 245–262.

Parent, S., Tillman, G., Jule, A., Skakkebaek, N., Toppari, J., & Bourguignon, J. (2003). The timing of normal puberty and the age limits of sexual precocity: Variations around the world, secular trends, and changes after migration. *Endocrine Review, 24*, 668–693.

Park, N. (2005). Life satisfaction among Korean children and youth: A developmental perspective. *School Psychology International, 26*, 209–223.

Parke, R. (2004). The Society for Research in Child Development at 70: Progress and promise. *Child Development, 75*, 1–24.

Parke, R. D. (1995). Fathers and families. In M. H. Bornstein (Ed.), *Handbook of parenting: Vol. 3. Status and social conditions of parenting* (pp. 27–63). Mahwah, NJ: Erlbaum.

Parke, R. D., & Buriel, R. (1998). Socialization in the family: Ethnic and ecological perspectives. In W. Damon (Ed.), *Handbook of child psychology: Vol 3. Social, emotional, and personality development* (5th ed., pp. 463–552). New York: Wiley.

Parmelee, A. H., Jr., Wenner, W. H., & Schulz, H. R. (1964). Infant sleep patterns from birth to 16 weeks of age. *Journal of Pediatrics, 65*, 576–582.

Parten, M. B. (1932). Social participation among preschool children. *Journal of Abnormal and Social Psychology, 27*, 243–269.

Pascalis, O., de Schonen, S., Morton, J., Derulle, C., & Fabre-Grenet, M. (1995). Mother's face recognition by neonates: A replication and extension. *Infant Behavior and Development, 18*, 79–85.

Passman, R. H., & Longeway, K. P. (1982). The role of vision in maternal attachment: Giving 2-year-olds a photograph of their mother during separation. *Developmental Psychology, 18*, 530–533.

Patterson, C. (1997). Children of lesbian and gay parents. *Advances in Clinical Child Psychology, 19*, 235–282.

Patterson, G. R. (1975). *Families: Applications of social learning to family life.* Champaign, IL: Research Press.

Patterson, G. R. (1996). Some characteristics of a developmental theory for early-onset delinquency. In M. F. Lenzenweger & J. J. Haugaard (Eds.), *Frontiers of developmental psychopathology* (pp. 81–124). New York: Oxford University Press.

Patterson, G. R., Capaldi, D., & Bank, L. (1991). An early starter model for predicting delinquency. In D. J. Pepler & K. H. Rubin (Eds.), *The development and treatment of childhood aggression* (pp. 139–168). Hillsdale, NJ: Erlbaum.

Patterson, G. R., Reid, J. B., & Dishion, T. J. (1992). *Antisocial boys.* Eugene, OR: Castalia Press.

Patterson, J. (1998). Expressive vocabulary of bilingual toddlers: Preliminary findings. *Electronic Multicultural Journal of Communication Disorders, 1.* Retrieved April 11, 2001, from http://www.asha.ucf.edu/patterson.html

Patterson, J. (2002). Relationships of expressive vocabulary to frequency of reading and television experience among bilingual toddlers. *Applied Psycholinguistics, 23*, 493–508.

Pedlow, R., Sanson, A., Prior, M., & Oberklaid, F. (1993). Stability of maternally reported temperament from infancy to 8 years. *Developmental Psychology, 29,* 998–1007.

Pegg, J. E., Werker, J. F., & McLeod, P. J. (1992). Preference for infant-directed over adult-directed speech: Evidence from 7-week-old infants. *Infant Behavior and Development, 15,* 325–345.

Peisner-Feinberg, E. S. (1995, April). *Developmental outcomes and the relationship to quality of child care experiences.* Artigo apresentado no encontro bianual da Society for Research in Child Development, Indianapolis.

Peisner-Feinberg, E. S., & Burchinal, M. R. (1997). Relations between preschool children's child-care experiences and concurrent development: The Cost, Quality, and Outcomes Study. *Merrill-Palmer Quarterly, 43,* 451–477.

Pelham, W., Hoza, B., Pillow, D., Gnagy, E., Kipp, H., Greiner, A., Waschbusch, D., Trane, S., Greenhouse, J., Wolfson, L., & Fitzpatrick, E. (2002). Effects of methylphenidate and expectancy on children with ADHD: Behavior, academic performance, and attributions in a summer treatment program and regular classroom settings. *Journal of Consulting and Clinical Psychology, 70,* 320–335.

Pennington, B., Moon, J., Edgin, J., Stedron, J., & Nadel, L. (2003). The neuropsychology of Down syndrome: Evidence of hippocampal dysfunction. *Child Development, 74,* 75–93.

Pennington, D. (2000). *Social cognition.* Philadelphia: Taylor & Francis.

Peoples, C. E., Fagan, J. F., III, & Drotar, D. (1995). The influence of race on 3-year-old children's performance on the Stanford-Binet: Fourth edition. *Intelligence, 21,* 69–82.

Pereverzeva, M., Hui-Lin Chien, S., Palmer, J., & Teller, D. (2002). Infant photometry: Are mean adult isoluminance values a sufficient approximation to individual infant values? *Vision Research, 42,* 1639–1649.

Periasamy, S., & Ashby, J. (2002). Multidimensional perfectionism and locus of control: Adaptive vs. maladaptive perfectionism. *Journal of College Student Psychotherapy, 17,* 75–86.

Perkins, D. F., & Luster, T. (1997, April). *The relationship between sexual abuse and a bulimic behavior: Findings from community-wide surveys of female adolescents.* Artigo apresentado no encontro bianual da Society for Research in Child Development, Washington, DC.

Perlman, M., Claris, O., Hao, Y., Pandid, P., Whyte, H., Chipman, M., & Liu, P. (1995). Secular changes in the outcomes to eigh-teen to twenty-four months of age of extremely low birth weight infants, with adjustment for changes in risk factors and severity of illness. *Journal of Pediatrics, 126,* 75–87.

Perry, D., Kusel, S. K., & Perry, L. C. (1988). Victims of peer aggression. *Developmental Psychology, 24,* 807–814.

Perry, T., Ohde, R., & Ashmead, D. (2001). The acoustic bases for gender identification from children's voices. *Journal of the Acoustical Society of America, 109,* 2988–2998.

Persson, A., & Musher-Eizenman, D. (2003). The impact of a prejudice-prevention television program on young children's ideas about race. *Early Childhood Research Quarterly, 18,* 530–546.

Petersen, A. C. (1987). The nature of biological-psychosocial interactions: The sample case of early adolescence. In R. M. Lerner & T. T. Foch (Eds.), *Biological-psychosocial interactions in early adolescence* (pp. 35–62). Hillsdale, NJ: Erlbaum.

Petersen, A. C., Compas, B. E., Brooks-Gunn, J., Stemmler, M., Ey, S., & Grant, K. E. (1993). Depression in adolescence. *American Psychologist, 48,* 155–168.

Petersen, A. C., Sarigiani, P. A., & Kennedy, R. E. (1991). Adolescent depression: Why more girls? *Journal of Youth & Adolescence, 20,* 247–272.

Petersen, A. C., & Taylor, B. (1980). The biological approach to adolescence. In J. Adelson (Ed.), *Handbook of adolescent psychology* (pp. 117–158). New York: Wiley.

Peterson, C., & Bell, M. (1996). Children's memory for traumatic injury. *Child Development, 67,* 3045–3070.

Peterson, C. C., & Siegal, M. (1995). Deafness, conversation and theory of mind. *Journal of Child Psychology and Psychiatry, 36,* 459–474.

Peterson, C. C., & Siegal, M. (1999). Representing inner worlds: Theory of mind in autistic, deaf, and normal hearing children. *Psychological Science, 10,* 126–129.

Peterson, C. C., Wellman, H., & Liu, D. (2005). Steps in theory-of-mind development for children with deafness or autism. *Child Development, 76,* 502–517.

Peterson, D., Marcia, J., & Carpendale, J. (2004). Identity: Does thinking make it so? In C. Lightfoot, C. Lalonde, & M. Chandler (Eds.), *Changing conceptions of psychological life* (pp. 113–126). Mahwah, NJ: Erlbaum.

Peterson, J., Pihl, R., Higgins, D., Seguin, J., & Tremblay, R. (2003). Neuropsychological performance, IQ, personality, and grades in a longitudinal grade-school male sample. *Individual Differences Research, 1,* 159–172.

Peterson, L., Ewigman, B., & Kivlahan, C. (1993). Judgments regarding appropriate child supervision to prevent injury: The role of environmental risk and child age. *Child Development, 64,* 934–950.

Pettit, G. S., Bates, J. E., & Dodge, K. A. (1997). Supportive parenting, ecological context, and children's adjustment: A seven-year longitudinal study. *Child Development, 68,* 908–923.

Pettit, G. S., Clawson, M. A., Dodge, K. A., & Bates, J. E. (1996). Stability and change in peer-rejected status: The role of child behavior, parenting, and family ecology. *Merrill-Palmer Quarterly, 42,* 295–318.

Pettit, G. S., Laird, R. D., Bates, J. E., & Dodge, K. A. (1997). Patterns of after-school care in middle childhood: Risk factors and developmental outcomes. *Merrill-Palmer Quarterly, 43,* 515–538.

Pezdek, K., Blandon-Gitlin, I., & Moore, C. (2003). Children's face recognition memory: More evidence for the cross-race effect. *Journal of Applied Psychology, 88,* 760–763.

Pezzella, F. (2006, November). *Authoritarian parenting: A race socializing protective factor that deters at risk African American males from delinquency and violence.* Artigo apresentado no encontro bianual da American Society of Criminology, Los Angeles.

Phares, V., & Compas, B. (1993). Fathers and developmental psychopathology. *Current Directions in Psychological Science, 2,* 162–165.

Phillips, D., Schwean, V., & Saklofske, D. (1997). Treatment effect of a school-based cognitive-behavioral program for aggressive children. *Canadian Journal of School Psychology, 13,* 60–67.

Phinney, J. S. (1990). Ethnic identity in adolescents and adults: Review of research. *Psychological Bulletin, 108,* 499–514.

Phinney, J. S., & Devich-Navarro, M. (1997). Variations in bicultural identification among African American and Mexican American adolescents. *Journal of Research on Adolescence, 7,* 3–32.

Phinney, J. S., Ferguson, D. L., & Tate, J. D. (1997). Intergroup attitudes among ethnic minority adolescents: A causal model. *Child Development, 68,* 955–969.

Phinney, J. S., Horenczyk, G., Liebkind, K., & Vedder, P. (2001). Ethnic identity, immigration, and well-being: An interactional perspective. *Journal of Social Issues, 57,* 493–510.

Phinney, J. S., Kim-Jo, T., Osorio, S., & Vilhjalmsdottir, P. (2005). Autonomy and relatedness in adolescent-parent disagreements: Ethnic and developmental factors. *Journal of Adolescent Research, 20,* 8–39.

Phinney, J. S., & Rosenthal, D. A. (1992). Ethnic identity in adolescence: Process, context, and outcome. In G. R. Adams, T. P. Gullotta, & R. Montemayor (Eds.), *Adolescent identity formation* (pp. 145–172). Newbury Park, CA: Sage.

Piaget, J. (1932). *The moral judgment of the child.* New York: Macmillan.

Piaget, J. (1952). *The origins of intelligence in children.* New York: International Universities Press.

Piaget, J. (1954). *The construction of reality in the child.* New York: Basic Books. (Originally published 1937)

Piaget, J. (1962). *Play, dreams, and imitation in childhood.* New York: W. W. Norton.

Piaget, J. (1965). *The moral judgment of the child.* New York: Free Press.

Piaget, J. (1970). Piaget's theory. In P. H. Mussen (Ed.), *Carmichael's manual of child psychology* (3rd ed., Vol. 1, pp. 703–732). New York: Wiley.

Piaget, J. (1977). *The development of thought: Equilibration of cognitive structures.* New York: Viking Press.

Piaget, J., & Inhelder, B. (1969). *The psychology of the child.* New York: Basic Books.

Pianta, R. C., & Egeland, B. (1994a). Predictors of instability in children's mental test performance at 24, 48, and 96 months. *Intelligence, 18,* 145–163.

Pianta, R. C., & Egeland, B. (1994b). Relation between depressive symptoms and stressful life events in a sample of disadvantaged mothers. *Journal of Consulting and Clinical Psychology, 62,* 1229–1234.

Pianta, R. C., Steinberg, M. S., & Rollins, K. B. (1995). Teacher-child relationships and deflections in children's classroom adjustment. *Development and Psychopathology, 7,* 295–312.

Pickens, J. (1994). Perception of auditory-visual distance relations by 5-month-old infants. *Developmental Psychology, 30,* 537–544.

Pickens, J., & Field, T. (1993). Facial expressivity in infants of depressed mothers. *Developmental Psychology, 29,* 986–988.

Pierce, M., & Leon, D. (2005). Age at menarche and adult BMI in the Aberdeen children of the 1950s cohort study. *American Journal of Clinical Nutrition, 82,* 733–739.

Pillow, B. (1999). Children's understanding of inferential knowledge. *Journal of Genetic Psychology, 160,* 419–428.

Pinker, S. (1994). *The language instinct: How the mind creates language.* New York: Morrow.

Pisecco, S., Wristers, K., Swank, P., Silva, P., & Baker, D. (2001). The effect of academic self-concept on ADHD and antisocial behaviors in early adolescence. *Journal of Learning Disabilities, 34,* 459–461.

Pittman, L., & Chase-Lansdale, P. (2001). African American adolescent girls in impoverished communities: Parenting style and adolescent outcomes. *Journal of Research on Adolescence, 11,* 199–224.

Planty, M., Hussar, W., Provasnik, S., Kena, G., Dinkes, R., Kewl-Ramani, A., Kemp, J., Kridl, B., & Livingston, A. (2008). *Condition of education 2007.* Retrieved August 17, 2008, from http://nces.ed.gov/pubsearch/pubsinfo.asp?pubid=2008031

Plomin, R. (1990). *Nature and nurture: An introduction to behavior genetics.* Pacific Grove, CA: Brooks/Cole.

Plomin, R. (1995). Genetics and children's experiences in the family. *Journal of Child Psychology and Psychiatry, 36,* 33–68.

Plomin, R. (2001). Genetics and behavior. *Psychologist, 14,* 134–139.

Plomin, R. (2004). Genetics and developmental psychology. *Merrill-Palmer Quarterly, 50,* 341–352.

Plomin, R., & DeFries, J. C. (1985). *Origins of individual differences in infancy: The Colorado Adoption Project.* Orlando, FL: Academic Press.

Plomin, R., Loehlin, J. C., & DeFries, J. C. (1985). Genetic and environmental components of "environmental" influences. *Developmental Psychology, 21,* 391–402.

Plomin, R., Reiss, D., Hetherington, E. M., & Howe, G. W. (1994). Nature and nurture: Genetic contributions to measures of the family environment. *Developmental Psychology, 30,* 32–43.

Plomin, R., & Rende, R. (1991). Human behavioral genetics. *Annual Review of Psychology, 42,* 161–190.

Plucker, J. (1999). Is the proof in the pudding? Reanalyses of Torrance's (1958 to present) longitudinal data. *Creativity Research Journal, 12,* 103–115.

Polanczyk, G., de Lima, M., Horta, B., Biederman, J., & Rohde, L. (2007). Worldwide prevalence of ADHD: A systematic review and metaregression analysis. *American Journal of Psychiatry, 164,* 942–948.

Polderman, T., Gosso, M., Posthuma, D., Van Beijsterveldt, T., Heutink, P., Verhulst, F., & Boomsma, D. (2006). A longitudinal twin study on IQ, executive functioning, and attention problems during childhood and early adolescence. *Acta Neurologica Belgica, 106,* 191–207.

Polivy, J., & Herman, C. P. (1995). Dieting and its relation to eating disorders. In K. D. Brownell & C. G. Fairburn (Eds.), *Eating disorders and obesity: A comprehensive handbook* (pp. 83–86). New York: Guilford Press.

Pomerantz, E., & Ruble, D. (1998). The role of maternal control in the development of sex differences in child self-evaluative factors. *Child Development, 69,* 458–478.

Pomerleau, A., Malcuit, G., Turgeon, L., & Cossette, L. (1997). Effects of labelled gender on vocal communication of young women with 4-month-old infants. *International Journal of Psychology, 32,* 65–72.

Pomerleau, A., Scuccimarri, C., & Malcuit, G. (2003). Mother-infant behavioral interactions in teenage and adult mothers during the first six months postpartum: Relations with infant development. *Infant Mental Health Journal, 24,* 495–509.

Pons, F., Harris, P., & de Rosnay, M. (2004). Emotion comprehension between 3 and 11 years: Developmental periods and hierarchical organization. *Journal of Developmental Psychology, 1,* 127–152.

Population Resource Center. (2004). *Latina teen pregnancy: Problems and prevention.* Retrieved May 6, 2005, from http://www.prcds.org/summaries/latinapreg04/latinapreg04/html

Porter, J., & Washington, R. (1993). Minority identity and self-esteem. *Annual Review of Sociology, 19,* 139–161.

Porter, M., Coltheart, M., & Langdon, R. (2008). Theory of mind in Williams syndrome assessed using a nonverbal task. *Journal of Autism and Developmental Disorders, 38,* 806–814.

Posada, G., Jacobs, A., Richmond, M., Carbonell, O., Alzate, G., Bustamante, M., & Quiceno, J. (2002). Maternal caregiving and infant security in two cultures. *Developmental Psychology, 38,* 67–78.

Posey, D., Puntney, J., Sasher, T., Kem, D., & McDougle, C. (2004). Guanfacine treatment of hyperactivity and inattention in pervasive developmental disorders: A retrospective analysis of 80 cases. *Journal of Child & Adolescent Psychopharmacology, 14,* 233–241.

Posner, J., & Vandell, D. (1994). Low-income children's after-school care: Are there beneficial effects of after-school programs? *Child Development, 65,* 440–456.

Posthuma, D., de Geus, E., & Boomsma, D. (2003). Genetic contributions to anatomical, behavioral, and neurophysiological indices of cognition. In R. Plomin, J. DeFries, I. Craig, & P. McGuffin (Eds.), *Behavioral genetics in the postgenomic era* (pp. 141–161). Washington, DC: American Psychological Association.

Poulin, F., & Boivin, M. (1999). Proactive and reactive aggression and boys' friendship quality in mainstream classrooms. *Journal of Emotional & Behavioral Disorders, 7,* 168–177.

Poulin, F., & Boivin, M. (2000). The role of proactive and reactive aggression in the formation and development of boys' friendships. *Developmental Psychology, 36,* 233–240.

Poulson, C. L., Nunes, L. R. D., & Warren, S. F. (1989). Imitation in infancy: A critical review. In H. W. Reese (Ed.), *Advances in child development and behavior* (Vol. 22, pp. 272–298). San Diego, CA: Academic Press.

Power, T. (2000). *Play and exploration in children and animals.* Hillsdale, NJ: Erlbaum.

Powlishta, K. K., Serbin, L. A., Doyle, A., & White, D. R. (1994). Gender, ethnic, and body type biases: The generality of prejudice in childhood. *Developmental Psychology, 30,* 526–536.

Pozzi, M. (2003). A three-year-old boy with ADHD and Asperger's syndrome treated with parent-child psychotherapy. *Journal of the British Association of Psychotherapists, 41,* 16–31.

Prat-Sala, M., Shillcock, R., & Sorace, A. (2000). Animacy effects on the production of object-dislocated description by Catalan-speaking children. *Journal of Child Language, 27,* 97–117.

Pratt, M., Arnold, M., & Pratt, A. (1999). Predicting adolescent moral reasoning from family climate: A longitudinal study. *Journal of Early Adolescence, 19,* 148–175.

Prechtl, H., & Beintema, D. (1964). *The neurological examination of the full-term newborn infant: Clinics in developmental medicine.* London: Heinemann.

Prentice, D., & Miller, D. (2002). The emergence of homegrown stereotypes. *American Psychologist, 57,* 352–359.

Pressley, M., & Dennis-Rounds, J. (1980). Transfer of a mnemonic keyword strategy at two age levels. *Journal of Educational Psychology, 72,* 575–582.

Pressley, M., & Wharton-McDonald, R. (1997). Skilled comprehension and its development through instruction. *School Psychology Review, 26,* 448–466.

Pressman, E., DiPietro, J., Costigan, K., Shupe, A., & Johnson, T. (1998). Fetal neurobehavioral development: Associations with socioeconomic class and fetal sex. *Developmental Psychobiology, 33,* 79–91.

Pretz, J., & Sternberg, R. (2005). Unifying the field: Cognition and intelligence. In J. Pretz & R. Sternberg (Eds.), *Cognition and intelligence: Identifying the mechanisms of mind* (pp. 306–318). New York: Cambridge University Press.

Price, C., & Kunz, J. (2003). Rethinking the paradigm of juvenile delinquency as related to divorce. *Journal of Divorce & Remarriage, 39,* 109–133.

Prinstein, M., & La Greca, A. (1999). Links between mothers' and children's social competence and associations with maternal adjustment. *Journal of Clinical Child Psychology, 28,* 197–210.

Public Health Policy Advisory Board. (2001). *Health and the American child: A focus on mortality among children.* Washington, DC: Author.

Pujol, J., Deus, J., Losilla, J., & Capdevila, A. (1999). Cerebral lateralization of language in normal left-handed people studied by functional MRI. *Neurology, 52,* 1038–1043.

Pulkkinen, L. (1982). Self-control and continuity from childhood to late adolescence. In P. Baltes & O. G. Brim, Jr. (Eds.), *Life span development and behavior* (Vol. 4, pp. 64–107). New York: Academic Press.

Purugganan, O., Stein, R., Johnson Silver, E., & Benenson, B. (2003). Exposure to violence and psychosocial adjustment among urban school-aged children. *Journal of Developmental and Behavioral Pediatrics, 24,* 424–430.

Putallaz, M., Grimes, C., Foster, K., Kupersmidt, J., Coie, J., & Dearing, K. (2007). Overt and relational aggression and victimization: Multiple perspectives within the school setting. *Journal of School Psychology, 45,* 523–547.

Putnam, J. W., Spiegel, A. N., & Bruininks, R. H. (1995). Future directions in education and inclusion of students with disabilities: A Delphi investigation. *Exceptional Children, 61,* 553–576.

Putnam, S., & Stifter, C. (2005). Behavioral approach-inhibition in toddlers: Prediction from infancy, positive and negative affective components, and relations with behavior problems. *Child Development, 76,* 212–226.

Putnins, A. (1997). Victim awareness programs for delinquent youths: Effects on moral reasoning maturity. *Adolescence, 32,* 709–714.

Qi, C., & Kaiser, A. (2003). Behavior problems of preschool children from low-income families: Review of the literature. *Early Childhood Special Education, 23,* 188–216.

Quick stats: Prevalence of HPV infection among sexually active females aged 14 to 59 years. (2007). *Morbidity and Mortality Weekly Report, 56,* 852.

Quintana, S. (2007). Racial and ethnic identity: Developmental perspectives and research. *Journal of Counseling Psychology, 54,* 259–270.

Raffaelli, M., & Ontai, L. (2004). Gender socialization in Latino/a families: Results from two retrospective studies. *Sex Roles, 50,* 287–299.

Ragnarsdottir, H., Simonsen, H., & Plunkett, K. (1999). The acquisition of past tense morphology in Icelandic and Norwegian children: An experimental study. *Journal of Child Language, 26,* 577–618.

Raja, S. N., McGee, R., & Stanton, W. R. (1992). Perceived attachments to parents and peers and psychological well-being in adolescence. *Journal of Youth & Adolescence, 21,* 471–485.

Ramey, C., & Ramey, S. (2004). Early learning and school readiness: Can early intervention make a difference? *Merrill-Palmer Quarterly, 50,* 471–491.

Ramey, C. T. (1993). A rejoinder to Spitz's critique of the Abecedarian experiment. *Intelligence, 17,* 25–30.

Ramey, C. T., & Campbell, F. A. (1987). The Carolina Abecedarian Project: An educational experiment concerning human malleability. In J. J. Gallagher & C. T. Ramey (Eds.), *The malleability of children* (pp. 127–140). Baltimore: Brookes.

Ramey, C. T., & Ramey, S. L. (1998). Early intervention and early experience. *American Psychologist, 53,* 109–120.

Ramey, S. L., Ramey, C. T., & Lanzi, R. (2007). Early intervention: Background, research findings, and future directions. In J. Jacobson, J. Mulick, & J. Rojahn (Eds.), *Issues in clinical child psychology* (pp. 445–463). New York: Springer.

Ranson, K., & Urichuk, L. (2008). The effect of parent-child attachment relationships on child biopsychosocial outcomes: A review. *Early Child Development and Care, 178,* 129–152.

Rattaz, C., Goubet, N., & Bullinger, A. (2005). The calming effect of a familiar odor on full-term newborns. *Journal of Developmental and Behavioral Pediatrics, 26,* 86–92.

Räty, H., Vänskä, J., Kasanen, K., & Kärkkäinen, R. (2002). Parents' explanations of their child's performance in mathematics and reading: A replication and extension of Yee and Eccles. *Sex Roles, 46,* 121–128.

Ray, B. (1999). *Home schooling on the threshold: A survey of research at the dawn of the new millennium.* Washington, DC: Home Education Research Institute.

Rees, J. M., Lederman, S. A., & Kiely, J. L. (1996). Birth weight associated with lowest neonatal mortality: Infants of adolescent and adult mothers. *Pediatrics, 98,* 1161–1166.

Rego, A. (2006). The alphabetic principle, phonics, and spelling: Teaching students the code. In J. Schumm (Ed.), *Reading assessment and instruction for all learners* (pp. 118–162). New York: Guilford Press.

Reiner, W., & Gearhardt, J. (2004). Discordant sexual identity in some genetic males with cloacal exstrophy assigned to female sex at birth. *New England Journal of Medicine, 350,* 333–341.

Reinherz, H. Z., Giaconia, R. M., Pakiz, B., Silverman, A. B., Frost, A. K., & Lefkowitz, E. S. (1993). Psychosocial risks for major depression in late adolescence: A longitudinal community study. *Journal of the American Academy of Child and Adolescent Psychiatry, 32,* 1155–1163.

Reis, S., & Park, S. (2001). Gender differences in high-achieving students in math and science. *Journal for the Education of the Gifted, 25,* 52–73.

Reisman, J. M., & Shorr, S. I. (1978). Friendship claims and expectations among children and adults. *Child Development, 49,* 913–916.

Reiss, D. (1998). Mechanisms linking genetic and social influences in adolescent development: Beginning a collaborative search. *Current Directions in Psychological Science, 6,* 100–105.

Remafedi, G., Resnick, M., Blum, R., & Harris, L. (1998). Demography of sexual orientation in adolescents. *Pediatrics, 89,* 714–721.

Renouf, A. G., & Harter, S. (1990). Low self-worth and anger as components of the depressive experience in young adolescents. *Development and Psychopathology, 2,* 293–310.

Resnick, M. D., Bearman, P. S., Blum, R. W., Bauman, K. E., Harris, K. M., Jones, J., Tabor, J., Beuhring, T., Sieving, R. E., Shew, M., Ireland, M., Bearinger, L. H., & Udry, J. R. (1997). Protecting adolescents from harm: Findings from the National Longitudinal Study on Adolescent Health. *Journal of the American Medical Association, 278,* 823–832.

Rest, J. R. (1983). Morality. In J. H. Flavell & E. M. Markman (Eds.), *Handbook of child psychology: Cognitive development* (Vol. 3, pp. 556–629). New York: Wiley.

Retz, W., Retz-Junginger, P., Hengesch, G., Schneider, M., Thome, J., Pajonk, F., Salahi-Disfan, A., Rees, O., Wender, P., & Rösler, M. (2004). Psychometric and psychopathological characterization of young male prison inmates with and without attention deficit/hyperactivity disorder. *European Archives of Psychiatry & Clinical Neuroscience, 254,* 201–208.

Rey, C. (2001). Empathy in children and adolescents with disocial conduct disorder, and the degree of rejection, affective marginalization and permissiveness tolerated by their fathers and mothers. *Avances en Psicologia Clinica Latinoamericana, 19,* 25–36.

Rey, J., Sawyer, M., Raphael, B., Patton, G., & Lynskey, M. (2002). Mental health of teenagers who use cannabis: Results of an Australian survey. *British Journal of Psychiatry, 180,* 216–221.

Reynolds, A. J. (1994). Effects of a preschool plus follow-on intervention for children at risk. *Developmental Psychology, 30,* 787–804.

Reynolds, A. J., & Bezruczko, N. (1993). School adjustment of children at risk through fourth grade. *Merrill-Palmer Quarterly, 39,* 457–480.

Rholes, W. S., & Ruble, D. N. (1984). Children's understanding of dispositional characteristics of others. *Child Development, 55,* 550–560.

Ricci, C. M., Beal, C. R., & Dekle, D. J. (1995, April). *The effect of parent versus unfamiliar interviewers on young witnesses' memory and identification accuracy.* Artigo apresentado no encontro bianual da Society for Research in Child Development, Indianapolis.

Rice, M. L., Huston, A. C., Truglio, R., & Wright, J. (1990). Words from "Sesame Street": Learning vocabulary while viewing. *Developmental Psychology, 26,* 421–428.

Richards, H. C., Bear, G. G., Stewart, A. L., & Norman, A. D. (1992). Moral reasoning and classroom conduct: Evidence of a curvilinear relationship. *Merrill-Palmer Quarterly, 38,* 176–190.

Richards, M., Hardy, R., Kuh, D., & Wadsworth, M. (2001). Birth weight and cognitive function in the British 1946 birth cohort: Longitudinal population-based study. *BMJ: British Medical Journal, 322,* 199–203.

Richards, M. H., Crowe, P. A., Larson, R., & Swarr, A. (1998). Developmental patterns and gender differences in the experience of peer companionship during adolescence. *Child Development, 69,* 154–163.

Richters, J., & Pellegrini, D. (1989). Depressed mothers' judgments about their children: An examination of the depression-distortion hypothesis. *Child Development, 60,* 1068–1075.

Ridderinkhof, K., Scheres, A., Oosterlaan, J., & Sergeant, J. (2005). Delta plots in the study of individual differences: New tools reveal response inhibition deficits in AD/HD that are eliminated by methylphenidate treatment. *Journal of Abnormal Psychology, 114,* 197–215.

Riegel, K. F. (1975). Adult life crises: A dialectic interpretation of development. In N. Datan & L. H. Ginsberg (Eds.), *Lifespan developmental psychology: Normative life crises* (pp. 99–128). New York: Academic Press.

Rigby, K. (2005). Why do some children bully at school? The contributions of negative attitudes towards victims and the perceived expectations of friends, parents and teachers. *School Psychology International, 26,* 147–161.

Riggs, L. L. (1997, April). *Depressive affect and eating problems in adolescent females: An assessment of direction and influence using longitudinal data.* Artigo apresentado no encontro bianual da Society for Research in Child Development, Washington, D.C.

Righetti, P. (1996). The emotional experience of the fetus: A preliminary report. *Pre- & Peri-Natal Psychology Journal, 11,* 55–65.

Rinderman, H., & Neubauer, A. (2004). Processing speed, intelligence, creativity, and school performance: Testing of causal hypotheses using structural equation models. *Intelligence, 32,* 573–589.

Ripple, C., & Zigler, E. (2003). Research, policy, and the federal role in prevention initiatives for children. *American Psychologist, 58,* 482–490.

Rizzolatti, G., Sinigaglia, C., & Anderson, F. (2008). *Mirrors in the brain: How our minds share actions and emotions.* New York: Oxford University Press.

Roberts, J., & Bell, M. (2000). Sex differences on a mental rotation task: Variations in electroencephalogram hemispheric activation between children and college students. *Developmental Neuropsychology, 17,* 199–223.

Robinson, H. B. (1981). The uncommonly bright child. In M. Lewis & L. A. Rosenblum (Eds.), *The uncommon child* (pp. 57–82). New York: Plenum Press.

Robinson, N., Lanzi, R., Weinberg, R., Ramey, S., & Ramey, C. (2002). Family factors associated with high academic competence in former Head Start children at third grade. *Gifted Child Quarterly, 46,* 278–290.

Robinson, N. M., & Janos, P. M. (1986). Psychological adjustment in a college-level program of marked academic acceleration. *Journal of Youth & Adolescence, 15,* 51–60.

Rochat, P., & Striano, T. (2002). Who's in the mirror? Self-other discrimination in specular images by four- and nine-month-old infants. *Child Development, 73,* 35–46.

Roche, A. F. (1979). Secular trends in human growth, maturation, and development. *Monographs of the Society for Research in Child Development, 44*(3–4, Serial No. 179).

Rock, A., Trainor, L., & Addison, T. (1999). Distinctive messages in infant-directed lullabies and play songs. *Developmental Psychology, 35,* 527–534.

Roderick, M., & Camburn, E. (1999). Risk and recovery from course failure in the early years of high school. *American Educational Research Journal, 36,* 303–343.

Rodkin, P., Farmer, T., Pearl, R., & Van Acker, R. (2000). Heterogeneity of popular boys: Antisocial and prosocial configurations. *Developmental Psychology, 36,* 14–24.

Rodrigo, M., Janssens, J., & Ceballos, E. (1999). Do children's perceptions and attributions mediate the effects of mothers' child rearing actions? *Journal of Family Psychology, 13,* 508–522.

Roeser, R., & Eccles J. (1998). Adolescents' perceptions of middle school: Relation to longitudinal changes in academic and psychological adjustment. *Journal of Research on Adolescence, 8,* 123–158.

Rogers, J. L., Rowe, D. C., & May, K. (1994). DF analysis of NLSY IQ/achievement data: Non-shared environmental influences. *Intelligence, 19,* 157–177.

Rogosch, F. A., Cicchetti, D., Shields, A., & Toth, S. L. (1995). Parenting dysfunction in child maltreatment. In M. H. Bornstein (Ed.), *Handbook of parenting: Vol. 4. Applied and practical parenting* (pp. 127–159). Mahwah, NJ: Erlbaum.

Rohner, R. P., Kean, K. J., & Cournoyer, D. E. (1991). Effects of corporal punishment, perceived caretaker warmth, and cultural beliefs on the psychological adjustment of children in St. Kitts, West Indies. *Journal of Marriage and the Family, 53,* 681–693.

Rooks, J. P., Weatherby, N. L., Ernst, E. K. M., Stapleton, S., Rosen, D., & Rosenfield, A. (1989). Outcomes of care in birth centers: The National Birth Center Study. *New England Journal of Medicine, 321,* 1804–1811.

Rosario, M., Scrimshaw, E., & Hunter, J. (2004). Ethnic/racial differences in the coming-out process of lesbian, gay, and bisexual youths: A comparison of sexual identity development over time. *Cultural Diversity and Ethnic Minority Psychology, 10,* 215–228.

Rosario, M., Scrimshaw, E., Hunter, J., & Braun, L. (2006). Sexual identity development among lesbian, gay, and bisexual youths: Consistency and change over time. *Journal of Sex Research, 43,* 46–58.

Rose, A., & Asher, S. (2004). Children's strategies and goals in response to help-giving and help-seeking tasks within a friendship. *Child Development, 75,* 749–763.

Rose, A. J., & Montemayor, R. (1994). The relationship between gender role orientation and perceived self-competence in male and female adolescents. *Sex Roles, 31,* 579–595.

Rose, R. J. (1995). Genes and human behavior. *Annual Review of Psychology, 56,* 625–654.

Rose, S. A., & Feldman, J. F. (1995). Prediction of IQ and specific cognitive abilities at 11 years from infancy measures. *Developmental Psychology, 31,* 685–696.

Rose, S. A., & Feldman, J. F. (1997). Memory and speed: Their role in the relation of infant information processing to later IQ. *Child Development, 68,* 630–641.

Rose, S. A., & Ruff, H. A. (1987). Cross-modal abilities in human infants. In J. D. Osofsky (Ed.), *Handbook of infant development* (2nd ed., pp. 318–362). New York: Wiley-Interscience.

Rosenbaum, J. E. (1984). *Career mobility in a corporate hierarchy.* New York: Academic Press.

Rosenberg, M. (2003). Recognizing gay, lesbian, and transgender teens in a child and adolescent psychiatry practice. *Journal of the American Academy of Child & Adolescent Psychiatry, 42,* 1517–1521.

Rosenblatt, P., & Wallace, B. (2005). Narratives of grieving African Americans about racism in the lives of deceased family members. *Death Studies, 29,* 217–235.

Rosenthal, R. (1994). Interpersonal expectancy effects: A 30-year perspective. *Current Directions in Psychological Science, 3,* 176–179.

Rosenthal, S., & Gitelman, S. (2002). Endocrinology. In A. Rudolph, R. Kamei, & K. Overby (Eds.), *Rudolph's fundamentals of pediatrics* (3rd ed., pp. 747–795). New York: McGraw-Hill.

Rosenthal, S., Lewis, L., Succop, P., & Burklow, K. (1997). Adolescent girls' perceived prevalence of sexually transmitted diseases and condom use. *Journal of Developmental and Behavioral Pediatrics, 18,* 158–161.

Ross, G., Kagan, J., Zelazo, P., & Kotelchuk, M. (1975). Separation protest in infants in home and laboratory. *Developmental Psychology, 11,* 256–257.

Rostosky, S., Owens, G., Zimmerman, R., & Riggle, E. (2003). Associations among sexual attraction status, school belonging, and alcohol and marijuana use in rural high school students. *Journal of Adolescence, 26,* 741–751.

Rothbart, M. (2004). Temperament and the pursuit of an integrated developmental psychology. *Merrill-Palmer Quarterly, 50,* 492–505.

Rothbart, M. K. (2007). Temperament, development, and personality. *Current Directions in Psychological Science, 16,* 207–212.

Rothbart, M. K., Ahadi, S., & Evans, D. (2000). Temperament and personality: Origins and outcomes. *Journal of Personality & Social Psychology, 78,* 83–116.

Rothbart, M., Ahadi, S., Hersey, K., & Fisher, P. (2001). Investigations of temperament at three to seven years: The Children's Behavior Questionnaire. *Child Development, 72,* 1394–1408.

Rothbart, M. K., & Bates, J. E. (1998). Temperament. In W. Damon (Ed.), *Handbook of child psychology: Vol 3. Social, emotional, and personality development* (5th ed., pp. 105–176). New York: Wiley.

Rothbart, M. K., & Putnam, S. (2002). Temperament and socialization. In L. Pulkkinen & A. Caspi (Eds.), *Paths to successful development: Personality in the life course* (pp. 19–45). New York: Cambridge University Press.

Rothbaum, F., Pott, M., & Morelli, G. (1995, April). *Ties that bind: Cultural differences in the development of family closeness.* Artigo apresentado no encontro bianual da Society for Research in Child Development, Indianapolis.

Rotter, J. (1990). Internal versus external control of reinforcement: A case history of a variable. *American Psychologist, 45,* 489–493.

Rovee-Collier, C. (1986). The rise and fall of infant classical conditioning research: Its promise for the study of early development. In L. P. Lipsitt & C. Rovee-Collier (Eds.), *Advances in infancy research* (Vol. 4, pp. 139–162). Norwood, NJ: Ablex.

Rovee-Collier, C. (1993). The capacity for long-term memory in infancy. *Current Directions in Psychological Science, 2,* 130–135.

Rovet, J., & Netley, C. (1983). The triple X chromosome syndrome in childhood: Recent empirical findings. *Child Development, 54,* 831–845.

Rowe, D. (2003). Assessing genotype-environment interactions and correlations in the postgenomic era. In R. Plomin, J. DeFries, I. Craig, & P. McGuffin (Eds.), *Behavioral genetics in the postgenomic era* (pp. 71–86). Washington, DC: American Psychological Association.

Rowe, I., & Marcia, J. E. (1980). Ego identity status, formal operations, and moral development. *Journal of Youth & Adolescence, 9,* 87–99.

Roy, E., Bryden, P., & Cavill, S. (2003). Hand differences in pegboard performance through development. *Brain & Cognition, 53,* 315–317.

Rubin, K. H., Burgess, K., Dwyer, K., & Hastings, P. D. (2003). Predicting preschoolers' externalizing behaviors from toddler temperament, conflict, and maternal negativity. *Developmental Psychology, 39,* 164–176.

Rubin, K. H., Burgess, K., & Hastings, P. D. (2002). Stability and social-behavioral consequences of toddlers' inhibited temperament and parenting behaviors. *Child Development, 73,* 483–495.

Rubin, K. H., Cheah, C., & Fox, N. (2001). Emotion regulation, parenting, and display of social reticence in preschoolers. *Early Education & Development, 12*, 97–115.

Rubin, K. H., & Coplan, R. (2004). Paying attention to and not neglecting social withdrawal and social isolation. *Merrill-Palmer Quarterly, 50*, 506–534.

Rubin, K. H., Coplan, R., Chen, X., Baskirk, A., & Wojslawowica, J. (2005). Peer relationships in childhood. In M. Bornstein & M. Lamb (Eds.), *Developmental science: An advanced textbook* (5th ed., pp. 469–512). Hillsdale, NJ: Erlbaum.

Rubin, K. H., Hastings, P. D., Stewart, S. L., Henderson, H. A., & Chen, X. (1997). The consistency and concomitants of inhibition: Some of the children, all of the time. *Child Development, 68*, 467–483.

Rubin, K. H., Hymel, S., Mills, R. S. L., & Rose-Krasnor, L. (1991). Conceptualizing different developmental pathways to and from social isolation in childhood. In D. Cicchetti & S. L. Toth (Eds.), *Internalizing and externalizing expressions of dysfunction: Rochester symposium on developmental psychopathology* (Vol. 2, pp. 91–122). Hillsdale, NJ: Erlbaum.

Ruble, D. N. (1987). The acquisition of self-knowledge: A self-socialization perspective. In N. Eisenberg (Ed.), *Contemporary topics in developmental psychology* (pp. 243–270). New York: Wiley-Interscience.

Ruble, D. N., & Martin, C. L. (1998). Gender development. In W. Damon (Ed.), *Handbook of child psychology: Vol 3. Social, emotional, and personality development* (5th ed., pp. 933–1016). New York: Wiley.

Ruble, D., Martin, C., & Berenbaum, S. (2006). Gender development. In N. Eisenberg, W. Damon, & R. Lerner (Eds.), *Handbook of child psychology: Vol. 3. Social, emotional, and personality development* (6th ed., pp. 858–932). Hoboken, NJ: Wiley.

Rueter, M. A., & Conger, R. D. (1995). Antecedents of parent-adolescent disagreements. *Journal of Marriage and the Family, 57*, 435–448.

Runyan, D. K., Hunter, W. M., Socolar, R. R. S., Amaya-Jackson, L., English, D., Landsverk, J., Dubowitz, H., Browne, D. H., Bandiwala, S. I., & Mathew, R. M. (1998). Children who prosper in unfavorable environments: The relationship to social capital. *Pediatrics, 101*, 12–18.

Rushton, J., & Jensen, A. (2005). Thirty years of research on race differences in cognitive ability. *Psychology, Public Policy, & Law, 11*, 235–294.

Russell, J. A. (1989). Culture, scripts, and children's understanding of emotion. In C. Saarni & P. L. Harris (Eds.), *Children's understanding of emotion* (pp. 293–318). Cambridge, England: Cambridge University Press.

Rutter, D. R., & Durkin, K. (1987). Turn-taking in mother-infant interaction: An examination of vocalizations and gaze. *Developmental Psychology, 23*, 54–61.

Rutter, M. (1978). Early sources of security and competence. In J. S. Bruner & A. Garton (Eds.), *Human growth and development* (pp. 33–61). London: Oxford University Press.

Rutter, M. (1987). Continuities and discontinuities from infancy. In J. D. Osofsky (Ed.), *Handbook of infant development* (2nd ed., pp. 1256–1296). New York: Wiley-Interscience.

Rutter, M. (1989). Isle of Wight revisited: Twenty-five years of child psychiatric epidemiology. *Journal of the American Academy of Child and Adolescent Psychiatry, 28*, 633–653.

Rutter, M. (2002). Nature, nurture, and development: From evangelism through science toward policy and practice. *Child Development, 73*, 1–21.

Rutter, M. (2005a). Aetiology of autism: Findings and questions. *Journal of Intellectual Disability Research, 49*, 231–238.

Rutter, M. (2005b). Environmentally mediated risks for psychopathology: Research strategies and findings. *Journal of the American Academy of Child and Adolescent Psychiatry, 44*, 3–18.

Rutter, M., & Garmezy, N. (1983). Developmental psycho-pathology. In E. M. Hetherington (Ed.), *Handbook of child psychology: Vol 4. Socialization, personality, and social development* (pp. 775–912). New York: Wiley.

Rutter, M., Dunn, J., Plomin, R., Simonoff, E., Pickles, A., Maughan, B., Ormel, J., Meyer, J., & Eaves, L. (1997). Integrating nature and nurture: Implications of person-environment correlations and interactions for developmental psychopathology. *Development and Psychopathology, 9*, 335–364.

Rutter, M., & Sroufe, A. (2000). Developmental psychopathology: Concepts and challenges. *Development and Psychopathology, 12*, 265–296.

Rybakowski, J. (2001). Moclobemide in pregnancy. *Pharmacopsychiatry, 34*, 82–83.

Ryder, J., Tunmer, W., & Greaney, K. (2008). Explicit instruction in phonemic awareness and phonemically based decoding skills as an intervention strategy for struggling readers in whole language classrooms. *Reading and Writing, 21*, 349–369.

Sadeh, A., Gruber, R., & Raviv, A. (2002). Sleep, neurobehavioral functioning, and behavior problems in school-age children. *Child Development, 73*, 405–417.

Saewyc, E., Bearinger, L., Heinz, P., Blum, R., & Resnick, M. (1998). Gender differences in health and risk behaviors among bisexual and homosexual adolescents. *Journal of Adolescent Health, 23*, 181–188.

Safren, S., & Heimberg, R. (1999). Depression, hopelessness, suicidality, and related factors in sexual minority and heterosexual adolescents. *Journal of Consulting and Clinical Psychology, 67*, 859–866.

Sagi, A. (1990). Attachment theory and research from a cross-cultural perspective. *Human Development, 33*, 10–22.

Sagi, A., van IJzendoorn, M. H., & Koren-Karie, N. (1991). Primary appraisal of the Strange Situation: A cross-cultural analysis of pre-separation episodes. *Developmental Psychology, 27*, 587–596.

Sai, F. (2005). The role of the mother's voice in developing mother's face preference: Evidence for intermodal perception at birth. *Infant & Child Development, 14*, 29–50.

Saigal, S., Szatmari, P., Rosenbaum, P., Campbell, D., & King, S. (1991). Cognitive abilities and school performance of extremely low birth weight children and matched term control children at age 8 years: A regional study. *Journal of Pediatrics, 118*, 751–760.

Sak, U., & Maker, C. (2006). Developmental variation in children's creative mathematical thinking as a function of schooling, age, and knowledge. *Creativity Research, 18*, 279–291.

Saluja, G., Iachan, R., Scheidt, P., Overpeck, M., Sun, W., & Giedd, J. (2004). Prevalence of and risk factors for depressive symptoms among young adolescents. *Archives of Pediatric & Adolescent Medicine, 158*, 760–765.

Sameroff, A. J., Seifer, R., Barocas, R., Zax, M., & Greenspan, S. (1987). Intelligence quotient scores of 4-year-old children: Social-environmental risk factors. *Pediatrics, 79*, 343–350.

Sampson, R. J. (1997, April). *Child and adolescent development in community context: New findings from a multilevel study of 80 Chicago neighborhoods*. Artigo apresentado no encontro bianual da Society for Research in Child Development, Washington, DC.

Sampson, R. J., & Laub, J. H. (1994). Urban poverty and the family context of delinquency: A new look at structure and process in a classic study. *Child Development, 65*, 523–540.

Sanchez, R., Crismon, M., Barner, J., Bettinger, T., & Wilson, J. (2005). Assessment of adherence measures with different stimulants among children and adolescents. *Pharmacotherapy, 25*, 909–917.

Sandelowski, M. (1994). Separate, but less unequal: Fetal ultrasonography and the transformation of expectant mother/fatherhood. *Gender & Society, 8*, 230–245.

Sandler, I., Miles, J., Cookston, J., & Braver, S. (2008). Effects of father and mother parenting on children's mental health in high- and low-conflict divorces. *Family Court Review, 46*, 282–296.

Sandman, C., Wadhwa, P., Hetrick, W., Porto, M., & Peeke, H. (1997). Human fetal heart rate dishabituation between thirty and thirty-two weeks. *Child Development, 68*, 1031–1040.

Sandven, K., & Resnick, M. (1990). Informal adoption among Black adolescent mothers. *American Journal of Orthopsychiatry, 60*, 210–224.

Sandvig, C. (2006). The Internet at play: Child users of public Internet connections. *Journal of Computer-Mediated Communication, 11*, 932–956.

Sattler, J. (2008). *Assessment of children: Cognitive foundations* (5th ed.). San Diego, CA: Jerome M. Sattler, Publisher, Inc.

Saudino, K. J. (1998). Moving beyond the heritability question: New directions in behavioral genetic studies of personality. *Current Directions in Psychological Science, 6*, 86–90.

Saudino, K. J., & Plomin, R. (1997). Cognitive and temperamental mediators of genetic contributions to the home environment during infancy. *Merrill-Palmer Quarterly, 43*, 1–23.

Saudino, K. J., Wertz, A., Gagne, J., & Chawla, S. (2004). Night and day: Are siblings as different in temperament as parents say they are? *Journal of Personality & Social Psychology, 87*, 698–706.

Savage, J., Brodsky, N., Malmud, E., Giannetta, J., & Hurt, H. (2005). Attentional functioning and impulse control in cocaine-exposed and control children at age ten years. *Journal of Developmental and Behavioral Pediatrics, 26*, 42–47.

Savage, M., & Holcomb, D. (1999). Adolescent female athletes' sexual risk-taking behaviors. *Journal of Youth & Adolescence, 28*, 583–594.

Savage-Rumbaugh, E. S., Murphy, J., Sevcik, R. A., Brakke, K. E., Williams, S. L., & Rumbaugh, D. M. (1993). Language comprehension in ape and child. *Monographs of the Society for Research in Child Development, 58*(3–4, Serial No. 223).

Savin-Williams, R., & Ream, G. (2003). Suicide attempts among sexual-minority male youth. *Journal of Clinical Child & Adolescent Psychology, 32*, 509–522.

Scarr, S. (1997). Why child care has little impact on most children's development. *Current Directions in Psychological Science, 6*, 143–147.

Scarr, S., & Eisenberg, M. (1993). Child care research: Issues, perspectives, and results. *Annual Review of Psychology, 44*, 613–644.

Scarr, S., Weinberg, R. A., & Waldman, I. D. (1993). IQ correlations in transracial adoptive families. *Intelligence, 17*, 541–555.

Scerif, G., Karmiloff-Smith, A., Campos, R., Elsabbagh, M., Driver, J., & Cornish, K. (2005). To look or not to look? Typical and atypical development of oculomotor control. *Journal of Cognitive Neuroscience, 17*, 591–604.

Schaal, B., Marlier, L., & Soussignan, R. (1998). Olfactory function in the human fetus: Evidence from selective neonatal responsiveness to the odor of amniotic fluid. *Behavioral Neuroscience, 112*, 1438–1449.

Schank, R. C., & Abelson, R. (1977). *Scripts, plans, goals, and understanding*. Hillsdale, NJ: Erlbaum.

Schatschneider, C., Fletcher, J., Francis, D., Carlson, C., & Foorman, B. (2004). Kindergarten prediction of reading skills: A longitudinal comparative analysis. *Journal of Educational Psychology, 96*, 265–282.

Schatschneider, C., Francis, D., Foorman, B., Fletcher, J., & Mehta, P. (1999). The dimensionality of phonological awareness: An application of item response theory. *Journal of Educational Psychology, 91*, 439–449.

Schechter, R., & Grether, J. (2008). Continuing increases in autism reported to California's developmental services system: Mercury in retrograde. *Archives of General Psychiatry, 65*, 19.

Schermerhorn, A., Cummings, M., & Davies, P. (2008). Children's representations of multiple family relationships: Organizational structure and development in early childhood. *Journal of Family Psychology, 22*, 89–101.

Schlagmüller, M., & Schneider, W. (2002). The development of organizational strategies in children: Evidence from a microgenetic longitudinal study. *Journal of Experimental Child Psychology, 81*, 298–319.

Schmidt, L., Trainor, L., & Santesso, D. (2003). Development of frontal electroencephalogram (EEG) and heart rate (ECG) responses to affective musical stimuli during the first 12 months of post-natal life. *Brain & Cognition, 52*, 27–32.

Schmitz, S., Fulker, D., Plomin, R., Zahn-Waxler, C., Emde, R., & DeFries, J. (1999). Temperament and problem behavior during early childhood. *International Journal of Behavioral Development, 23*, 333–355.

Schneider, B., Hieshima, J. A., Lee, S., & Plank, S. (1994). East-Asian academic success in the United States: Family, school, and community explanations. In P. M. Greenfield & R. R. Cocking (Eds.), *Cross-cultural roots of minority child development* (pp. 323–350). Hillsdale, NJ: Erlbaum.

Schneider, M. L. (1992). The effect of mild stress during pregnancy on birthweight and neuromotor maturation in rhesus monkey infants *(Macaca mulatta)*. *Infant Behavior and Development, 15*, 389–403.

Schneider, W., & Bjorklund, D. F. (1992). Expertise, aptitude, and strategic remembering. *Child Development, 63*, 461–473.

Schneider, W., & Bjorklund, D. F. (1998). Memory. In W. Damon (Ed.), *Handbook of child psychology: Vol. 2. Cognition, perception, and language* (5th ed., pp. 467–521). New York: Wiley.

Schneider, W., Gruber, H., Gold, A., & Opwis, K. (1993). Chess expertise and memory for chess positions in children and adults. *Journal of Experimental Child Psychology, 56*, 328–349.

Schneider, W., Reimers, P., Roth, E., & Visé, M. (1995, April). *Short- and long-term effects of training phonological awareness in kindergarten: Evidence from two German studies.* Artigo apresentado no encontro bianual da Society for Research in Child Development, Indianapolis.

Schonert-Reichl, K. (1999). Relations of peer acceptance, friendship adjustment, and social behavior to moral reasoning during early adolescence. *Journal of Early Adolescence, 19*, 249–279.

Schoppe-Sullivan, S., Diener, M., Mangelsdorf, S., Brown, G., McHale, J., & Frosch, C. (2006). Attachment and sensitivity in family context: The roles of parent and infant gender. *Infant and Child Development, 15*, 367–385.

Schothorst, P., & van Engeland, H. (1996). Long-term behavioral sequelae of prematurity. *Journal of the American Academy of Child and Adolescent Psychiatry, 35*, 175–183.

Schott, J., & Rossor, M. (2003). The grasp and other primitive reflexes. *Journal of Neurology, Neurosurgery & Psychiatry, 74*, 558–560.

Schraf, M., & Hertz-Lazarowitz, R. (2003). Social networks in the school context: Effects of culture and gender. *Journal of Social & Personal Relationships, 20*, 843–858.

Schumm, J. S., & Vaughn, S. (1995). Getting ready for inclusion: Is the stage set? *Learning Disabilities Research and Practice, 10,* 169–179.

Schumm, W. (2004). What was really learned from Tasker and Golombok's (1995) study of lesbian and single parent mothers? *Psychological Reports, 94,* 422–424.

Schwartz, C. E., Snidman, N., & Kagan, J. (1996). Early childhood temperament as a determinant of externalizing behavior in adolescence. *Development and Psychopathology, 8,* 527–537.

Schwartz, C. E., Wright, C., Shin, L., Kagan, J., & Rauch, S. (2003). Inhibited and uninhibited infants "grown up": Adult amygdalar response to novelty. *Science, 300,* 1952–1953.

Schwartz, D., Dodge, K. A., & Coie, J. D. (1993). The emergence of chronic peer victimization in boys' play groups. *Child Development, 64,* 1755–1772.

Schwartz, R. M., Anastasia, M. L., Scanlon, J. W., & Kellogg, R. J. (1994). Effect of surfactant on morbidity, mortality, and resource use in newborn infants weighing 500 to 1500 g. *New England Journal of Medicine, 330,* 1476–1480.

Schwebel, D., Rosen, C., & Singer, J. (1999). Preschoolers' pretend play and theory of mind: The role of jointly constructed pretence. *British Journal of Developmental Psychology, 17,* 333–348.

Schweinle, A., & Wilcox, T. (2004). Intermodal perception and physical reasoning in young infants. *Infant Behavior and Development, 27,* 246–265.

Scialli, A. (2007). Maternal obesity and pregnancy. *Birth Defects Research Part A: Clinical and Molecular Teratology, 76,* 73–77.

Scollon, R. (1976). *Conversations with a one-year-old.* Honolulu: University of Hawaii Press.

Scott, J. (1998). Hematology. In R. Behrman & R. Kliegman (Eds.), *Nelson essentials of pediatrics* (3rd ed., pp. 545–582). Philadelphia: Saunders.

Scott, J. (2004). Family, gender, and educational attainment in Britain: A longitudinal study. *Journal of Comparative Family Studies, 35,* 565–589.

Sears, R. R., Maccoby, E. E., & Levin, H. (1977). *Patterns of child rearing.* Stanford, CA: Stanford University Press. (Originalmente publicado em 1957 por Row, Peterson)

Sebanc, A. (2003). The friendship features of preschool children: Links with prosocial behavior and aggression. *Social Development, 12,* 249–268.

Sebanc, A., Kearns, K., Hernandez, M., & Galvin, K. (2007). Predicting having a best friend in young children: Individual characteristics and friendship features. *Journal of Genetic Psychology, 168,* 81–95.

Segal, N., McGuire, S., Havelena, J., Gill, P., & Hershberger, S. (2007). Intellectual similarity of virtual twin pairs: Developmental trends. *Personality and Individual Differences, 42,* 1209–1219.

Segers, E., & Verhoeven, L. (2004). Computer-supported phonological awareness intervention for kindergarten children with specific language impairment. *Language, Speech, & Hearing Services in Schools, 35,* 229–239.

Seibt, B., & Förster, J. (2004). Stereotype threat and performance: How self-stereotypes influence processing by inducing regulatory foci. *Journal of Personality & Social Psychology, 87,* 38–56.

Seidman, E., Allen, L., Aber, J. L., Mitchell, C., & Feinman, J. (1994). The impact of school transitions in early adolescence on the self-system and perceived social context of poor urban youth. *Child Development, 65,* 507–522.

Seidman, E., & French, S. (2004). Developmental trajectories and ecological transitions: A two-step procedure to aid in the choice of prevention and promotion interventions. *Development and Psychopathology, 16,* 1141–1159.

Seifer, R., Schiller, M., Sameroff, A., Resnick, S., & Riordan, K. (1996). Attachment, maternal sensitivity, and infant temperament during the first year of life. *Developmental Psychology, 32,* 12–25.

Seligman, S. (2005). Dynamic systems theories as a metaframework for psychoanalysis. *Psychoanalytic Dialogues, 15,* 285–319.

Selman, R. L. (1980). *The growth of interpersonal understanding.* New York: Academic Press.

Seo, S. (2006). A study of infant developmental outcome with a sample of Korean working mothers of infants in poverty: Implications for early intervention programs. *Early Childhood Education Journal, 33,* 253–260.

Serbin, L., & Karp, J. (2003). Intergenerational studies of parenting and the transfer of risk from parent to child. *Current Directions in Psychological Science, 12,* 138–142.

Serbin, L. A., Powlishta, K. K., & Gulko, J. (1993). The development of sex typing in middle childhood. *Monographs of the Society for Research in Child Development, 58*(2, Serial No. 232).

Serdula, M., Ivery, D., Coates, R., Freedman, D., Williamson, D., & Byers, T. (1993). Do obese children become obese adults? A review of the literature. *Preventive Medicine, 22,* 167–177.

Serpell, R., & Hatano, G. (1997). Education, schooling, and literacy. In J. Berry, P. Dasen, & T. Saraswathi (Eds.), *Handbook of cross-cultural psychology. Vol. 2: Basic processes and human development.* Boston: Allyn & Bacon.

Shaffer, D., Garland, A., Gould, M., Fisher, P., & Trautman, P. (1988). Preventing teenage suicide: A critical review. *Journal of the American Academy of Child and Adolescent Psychiatry, 27,* 675–687.

Shaffer, D., Garland, A., Vieland, V., Underwood, M., & Busner, C. (1991). The impact of curriculum-based suicide prevention programs for teenagers. *Journal of the American Academy of Child and Adolescent Psychiatry, 30,* 588–596.

Shakib, S. (2003). Female basketball participation. *American Behavioral Scientist, 46,* 1405–1422.

Shanahan, M., Sayer, A., Davey, A., & Brooks, J. (1997, April). *Pathways of poverty and children's trajectories of psychosocial adjustment.* Paper presented at the biennial meetings of the Society for Research in Child Development, Washington, DC.

Shantz, C. U. (1983). Social cognition. In J. H. Flavell & E. M. Markman (Eds.), *Handbook of child psychology: Vol. 3. Cognitive development* (pp. 495–555). New York: Wiley.

Sharma, V., & Sharma, A. (1997). Adolescent boys in Gujrat, India: Their sexual behavior and their knowledge of acquired immunodeficiency syndrome and other sexually transmitted diseases. *Journal of Developmental and Behavioral Pediatrics, 18,* 399–404.

Sharpe, P. (2002). Preparing for primary school in Singapore: Aspects of adjustment to the more formal demands of the primary one mathematics syllabus. *Early Child Development & Care, 172,* 329–335.

Shaw, D. S., Kennan, K., & Vondra, J. I. (1994). Developmental precursors of externalizing behavior: Ages 1 to 3. *Developmental Psychology, 30,* 355–364.

Shayer, M. (2008). Intelligence for education: As described by Piaget and measured by psychometrics. *British Journal of Educational Psychology, 78,* 1–29.

Shaywitz, S. (2008). Why some smart people can't read. In M. Immordino-Yang (Ed.), *The Jossey-Bass reader on the brain and learning* (pp. 242–250). San Francisco: Jossey-Bass.

Shaywitz, S. E., Mody, M., & Shaywitz, B. A. (2006). Neural mechanisms in dyslexia. *Current Directions in Psychological Science, 15,* 278–281.

Shaywitz, S. E., Shaywitz, B. A., Pugh, K. R., Fulbright, R. K., Constable, R. T., Mencl, W. E., Shankweiler, D. P., Liberman, A. M., Skudlarski, P., Fletcher, J. M., Katz, L., Marachione, K. E., Lacadie,

C., Gatenby, C., & Gore, J. C. (1998). Functional disruption in the organization of the brain for reading in dyslexia. *Proceedings of the National Academy of Sciences, USA, 95*, 2636–2641.

Shearer, M. (2007). Malnutrition in middle-class pregnant women. *Birth, 7*, 27–35.

Sherblom, S. (2008). The legacy of the "care challenge": Reenvisioning the outcome of the justice-care debate. *Journal of Moral Education, 37*, 81–98.

Shirley, L., & Campbell, A. (2000). Same-sex preference in infancy. *Psychology, Evolution & Gender, 2*, 3–18.

Shochat, L. (2003). Our Neighborhood: Using entertaining children's television to promote interethnic understanding in Macedonia. *Conflict Resolution Quarterly, 21*, 79–93.

Shore, B., & Dover, A. (2004). Metacognition, intelligence, and giftedness. In R. Sternberg (Ed.), *Definitions and conceptions of giftedness* (pp. 39–45). Thousand Oaks, CA: Corwin Press.

Shore, C. (1986). Combinatorial play, conceptual development, and early multiword speech. *Developmental Psychology, 22*, 184–190.

Shore, C. M. (1995). *Individual differences in language development*. Thousand Oaks, CA: Sage.

Shum, D., Neulinger, K., O'Callaghan, M., & Mohay, H. (2008). Attentional problems in children born very preterm or with extremely low birth weight at 7–9 years. *Archives of Clinical Neuropsychology, 23*, 103–112.

Siegel, B. (1996). Is the emperor wearing clothes? Social policy and the empirical support for full inclusion of children with disabilities in the preschool and early elementary grades. *Social Policy Report, Society for Research in Child Development, 10*(2–3), 2–17.

Siegler, R. (1996). *Emerging minds: The process of change in children's thinking*. New York: Oxford University Press.

Siegler, R., & Chen, Z. (2002). Development of rules and strategies: Balancing the old and the new. *Journal of Experimental Child Psychology, 81*, 446–457.

Siegler, R., & Svetina, M. (2002). A microgenetic/cross-sectional study of matrix completion: Comparing short-term and long-term change. *Child Development, 73*, 793–809.

Siegler, R. S., & Ellis, S. (1996). Piaget on childhood. *Psychological Science, 7*, 211–215.

Sigman, M., & McGovern, C. (2005). Improvement in cognitive and language skills from preschool to adolescence in autism. *Journal of Autism & Developmental Disorders, 35*, 15–23.

Sigman, M., Neumann, C., Carter, E., Cattle, D. J., D'Souza, S., & Bwibo, N. (1988). Home interactions and the development of Embu toddlers in Kenya. *Child Development, 59*, 1251–1261.

Silverberg, S. B., & Gondoli, D. M. (1996). Autonomy in adolescence: A contextualized perspective. In G. R. Adams, R. Montemayor, & T. P. Gullotta (Eds.), *Psychosocial development during adolescence: Progress in developmental contextualism* (pp. 12–61). Thousand Oaks, CA: Sage.

Silvia, P., Winterstein, B., Willse, J., Barona, C., Cram, J., Hess, K., Martinez, J., & Richard, C. (2008). Assessing creativity with divergent thinking tasks: Exploring the reliability and validity of new subjective scoring methods. *Psychology of Aesthetics, Creativity, and the Arts, 2*, 68–85.

Simmons, R. G., Burgeson, R., & Reef, M. J. (1988). Cumulative change at entry to adolescence. In M. R. Gunnar & W. A. Collins (Eds.), *The Minnesota symposia on child psychology* (Vol. 21, pp. 123–150). Hillsdale, NJ: Erlbaum.

Simonoff, E., Pickles, A., Meyer, J. M., Silberg, J. L., Maes, H. H., Loeber, R., Rutter, M., Hewitt, J. K., & Eaves, L. J. (1997). The Virginia twin study of adolescent behavioral development. *Archives of General Psychiatry, 54*, 801–808.

Simons, R. L., Robertson, J. F., & Downs, W. R. (1989). The nature of the association between parental rejection and delinquent behavior. *Journal of Youth & Adolescence, 18*, 297–309.

Simpkins, S., Davis-Kean, P., & Eccles, J. (2005). Parents' socializing behavior and children's participation in math, science, and computer out-of-school activities. *Applied Development Science, 9*, 14–30.

Singer, L., Arendt, R., & Minnes, S. (1993). Neurodevelopmental effects of cocaine. *Clinics in Perinatology, 20*, 245–262.

Singh, A., Mulder, J., Twisk, W., van Mechelen, M., & Chinapaw, M. (2008). Tracking of childhood overweight into adulthood: A systematic review of the literature. *Obesity Reviews, 9*, in press.

Singh, G. K., & Yu, S. M. (1996). US childhood mortality, 1950 through 1993: Trends and socioeconomic differentials. *American Journal of Public Health, 86*, 505–512.

Singh, S., & Darroch, J. (2000). Adolescent pregnancy and childbearing: Levels and trends in industrialized countries. *Family Planning Perspectives, 32*, 14–23.

Skinner, B. F. (1957). *Verbal behavior*. New York: Prentice Hall.

Skwarchuk, S., & Anglin, J. (2002). Children's acquisition of the English cardinal number words: A special case of vocabulary development. *Journal of Educational Psychology, 94*, 107–125.

Slaby, R. G., & Frey, K. S. (1975). Development of gender constancy and selective attention to same-sex models. *Child Development, 46*, 849–856.

Slaughter-Defoe, D., & Rubin, H. (2001). A longitudinal case study of Head Start eligible children: Implications for urban education. *Educational Psychologist, 36*, 31–44.

Slobin, D. I. (1985a). Crosslinguistic evidence for the language-making capacity. In D. I. Slobin (Ed.), *The crosslinguistic study of language acquisition, Vol. 2: Theoretical issues* (pp. 1157–1256). Hillsdale, NJ: Erlbaum.

Slobin, D. I. (1985b). Introduction: Why study acquisition crosslinguistically? In D. I. Slobin (Ed.), *The crosslinguistic study of language acquisition, Vol. 1: The data* (pp. 3–24). Hillsdale, NJ: Erlbaum.

Smetana, J. G. (1990). Morality and conduct disorders. In M. Lewis & S. M. Miller (Eds.), *Handbook of developmental psychopathology* (pp. 157–180). New York: Plenum Press.

Smetana, J. G., Killen, M., & Turiel, E. (1991). Children's reasoning about interpersonal and moral conflicts. *Child Development, 62*, 629–644.

Smith, A., Lalonde, R., & Johnson, S. (2004). Serial migration and its implications for the parent-child relationship: A retrospective analysis of the experiences of the children of Caribbean immigrants. *Cultural Diversity & Ethnic Minority Psychology, 10*, 107–122.

Smith, C., & Farrington, D. (2004). Continuities in antisocial behavior and parenting across three generations. *Journal of Child Psychology and Psychiatry, 45*, 230–247.

Smith, J. R., Brooks-Gunn, J., & Klebanov, P. K. (1997). Consequences of living in poverty for young children's cognitive and verbal ability and early school achievement. In G. J. Duncan & J. Brooks-Gunn (Eds.), *Consequences of growing up poor* (pp. 132–179). New York: Russell Sage Foundation.

Smith, S., Howard, J., & Monroe, A. (1998). An analysis of child behavior problems in adoptions in difficulty. *Journal of Social Service Research, 24*, 61–84.

Smolak, L., Levine, M. P., & Streigel-Moore, R. (Eds.). (1996). *The developmental psychopathology of eating disorders*. Mahwah, NJ: Erlbaum.

Smoll, F. L., & Schutz, R. W. (1990). Quantifying gender differences in physical performance: A developmental perspective. *Developmental Psychology, 26*, 360–369.

Snarey, J. R. (1985). Cross-cultural universality of social-moral development: A critical review of Kohlbergian research. *Psychological Bulletin, 97*, 202–232.

Snarey, J. R., Reimer, J., & Kohlberg, L. (1985). Development of social-moral reasoning among kibbutz adolescents: A longitudinal cross-sectional study. *Developmental Psychology, 21*, 3–17.

Snow, C. E. (1997, April). *Cross-domain connections and social class differences: Two challenges to nonenvironmentalist views of language development.* Artigo apresentado no encontro bianual da Society for Research in Child Development, Washington, DC.

Society for Assisted Reproductive Technology (SART). (2004). *Guidelines on number of embryos transferred: Committee report.* Retrieved August 18, 2004, from http://www.sart.org

Society for Assisted Reproductive Technology (SART). (2008). *All SART member clinics: Clinic summary report.* Retrieved March 5, 2008, from https://www.sartcorsonline.com/rptCSR_PublicMultYear.aspx?ClinicPKID=0

Soderstrom, M. (2007). Beyond babytalk: Re-evaluating the nature and content of speech input to preverbal infants. *Developmental Review, 27*, 501–532.

Soderstrom, M., & Morgan, J. (2007). Twenty-two-month-olds discriminate fluent from disfluent adult-directed speech. *Developmental Science, 10*, 641–653.

Sola, A., Rogido, M., & Partridge, J. (2002). The perinatal period. In A. Rudolph, R. Kamei, & K. Overby (Eds.), *Rudolph's fundamentals of pediatrics* (3rd ed., pp. 125–183). New York: McGraw-Hill.

Soltis, J. (2004). The signal functions of early infant crying. *Brain and Behavior Sciences, 27*, 443–458.

Somers, C., & Surmann, A. (2004). Adolescents' preferences for source of sex education. *Child Study Journal, 34*, 47–59.

Sonnenschein, S. (1986). Development of referential communication skills: How familiarity with a listener affects a speaker's production of redundant messages. *Developmental Psychology, 22*, 549–552.

Sotelo, M., & Sangrador, J. (1997). Psychological aspects of political tolerance among adolescents. *Psychological Reports, 81*, 1279–1288.

Soto, C., John, O., Gosling, S., & Potter, J. (2008). The developmental psychometrics of Big Five self-reports: Acquiescence, factor structure, coherence, and differentiation from ages 10 to 20. *Journal of Personality and Social Psychology, 94*, 718–737.

Sowell, E., Peterson, B., Thompson, P., Welcome, S., Henkenius, A., & Toga, A. (2003). Mapping cortical change across the human life span. *Nature Neuroscience, 6*, 309–315.

Spelke, E., & Kinzler, K. (2007). Core knowledge. *Developmental Science, 10*, 89–96.

Spelke, E. S. (1979). Exploring audible and visible events in infancy. In A. D. Pick (Ed.), *Perception and its development: A tribute to Eleanor J. Gibson* (pp. 221–236). Hillsdale, NJ: Erlbaum.

Spelke, E. S. (1982). Perceptual knowledge of objects in infancy. In J. Mehler, E. C. T. Walker, & M. Garrett (Eds.), *Perspectives on mental representation* (pp. 409–430). Hillsdale, NJ: Erlbaum.

Spelke, E. S. (1985). Perception of unity, persistence, and identity: Thoughts on infants' conceptions of objects. In J. Mehler & R. Fox (Eds.), *Neonate cognition* (pp. 89–113). Hillsdale, NJ: Erlbaum.

Spelke, E. S. (1991). Physical knowledge in infancy: Reflections on Piaget's theory. In S. Carey & R. Gelman (Eds.), *The epigenesis of mind: Essays on biology and cognition* (pp. 133–169). Hillsdale, NJ: Erlbaum.

Spelke, E. S., von Hofsten, C., & Kestenbaum, R. (1989). Object perception in infancy: Interaction of spatial and kinetic information for object boundaries. *Developmental Psychology, 25*, 185–196.

Spence, J. T., & Helmreich, R. L. (1978). *Masculinity and femininity.* Austin: University of Texas Press.

Spencer, N. (2003). Social, economic, and political determinants of child health. *Pediatrics, 112*, 704–706.

Spiker, D. (1990). Early intervention from a developmental perspective. In D. Cicchetti & M. Beeghly (Eds.), *Children with Down syndrome: A developmental perspective* (pp. 424–448). Cambridge, England: Cambridge University Press.

Spreen, O., Risser, A., & Edgell, D. (1995). *Developmental neuropsychology.* New York: Oxford University Press.

Sroufe, A., Egeland, B., Carlson, E., & Collins, W. (2005). *The development of the person: The Minnesota study of risk and adaptation from birth to adulthood.* New York: Guilford Publications.

Sroufe, A., Egeland, B., & Kreutzer, T. (1990). The fate of early experience following developmental change: Longitudinal approaches to individual adaptation in childhood. *Child Development, 61*, 1363–1373.

Sroufe, L., Bennett, C., England, M., Urban, J., & Shulman, S. (1993). The significance of gender boundaries in preadolescence: Contemporary correlates and antecedents of boundary violations and maintenance. *Child Development, 64*, 455–466.

Sroufe, L. A. (1983). Infant-caregiver attachment and patterns of adaptation in preschool: The roots of maladaption and competence. In M. Perlmutter (Ed.), *The Minnesota symposia on child psychology* (Vol. 16, pp. 41–84). Hillsdale, NJ: Erlbaum.

Sroufe, L. A. (1988). The role of infant-caregiver attachment in development. In J. Belsky & T. Nezworski (Eds.), *Clinical implications of attachment* (pp. 18–40). Hillsdale, NJ: Erlbaum.

Sroufe, L. A. (1989). Pathways to adaptation and maladaptation: Psychopathology as developmental deviation. In D. Cicchetti (Ed.), *The emergence of a discipline: Rochester symposium on developmental psychopathology* (pp. 13–40). Hillsdale, NJ: Erlbaum.

Sroufe, L. A. (1990). A developmental perspective on day care. In N. Fox & G. G. Fein (Eds.), *Infant day care: The current debate* (pp. 51–60). Norwood, NJ: Ablex.

Sroufe, L. A. (1996). *Emotional development: The organization of emotional life in the early years.* Cambridge, England: Cambridge University Press.

Sroufe, L. A. (1997). Psychopathology as an outcome of development. *Development and Psychopathology, 9*, 251–268.

Sroufe, L. A., & Rutter, M. (1984). The domain of developmental psychopathology. *Child Development, 55*, 17–29.

Stainback, S., & Stainback, W. (1985). The merger of special and regular education: Can it be done? A response to Lieberman and Mesinger. *Exceptional Children, 51*, 517–521.

Stansfield, S., Head, J., Bartley, M., & Fonagy, P. (2008). Social position, early deprivation, and the development of attachment. *Social Psychiatry and Psychiatric Epidemiology, 43*, 516–526.

Starfield, B. (1991). Childhood morbidity: Comparisons, clusters, and trends. *Pediatrics, 88*, 519–526.

Stattin, H., & Klackenberg-Larsson, I. (1993). Early language and intelligence development and their relationship to future criminal behavior. *Journal of Abnormal Psychology, 102*, 369–378.

Steele, C., & Aronson, J. (1995). Stereotype threat and the intellectual test performance of African Americans. *Journal of Personality & Social Psychology, 69*, 797–811.

Steele, C., & Aronson, J. (2004). Stereotype threat does not live by Steele and Aronson (1995) alone. *American Psychologist, 59*, 47–48.

Steele, H., Holder, J., & Fonagy, P. (1995, April). *Quality of attachment to mother at one year predicts belief-desire reasoning at five years.* Artigo apresentado no encontro bianual da Society for Research in Child Development, Indianapolis.

Steele, J., & Mayes, S. (1995). Handedness and directional asymmetry in the long bones of the human upper limb. *International Journal of Osteoarchaeology, 5*, 39–49.

Steele, M., Hodges, J., Kaniuk, J., Hillman, S., & Henderson, K. (2003). Attachment representations and adoption: Associations between maternal states of mind and emotion narratives in previously maltreated children. *Journal of Child Psychotherapy, 29*, 187–205.

Stein, K., Roeser, R., & Markus, H. (1998). Self-schemas and possible selves as predictors and outcomes of risky behaviors in adolescents. *Nursing Research, 47*, 96–106.

Steinberg, E., Tanofsky-Kraff, M., Cohen, M., Elberg, J., Freedman, R., Semega-Janneh, M., Yanovski, S., & Yanovski, J. (2004). Comparison of the child and parent forms of the Questionnaire on Eating and Weight Patterns in the assessment of children's eating-disordered behaviors. *International Journal of Eating Disorders, 36*, 183–194.

Steinberg, L. (1986). Latchkey children and susceptibility to peer pressure: An ecological analysis. *Developmental Psychology, 22*, 433–439.

Steinberg, L. (1996). *Beyond the classroom: Why school reform has failed and what parents need to do.* New York: Simon & Schuster.

Steinberg, L. (2008). A social neuroscience perspective on adolescent risk-taking. *Developmental Review, 28*, 78–106.

Steinberg, L., Blatt-Eisengart, I., & Cauffman, E. (2006). Patterns of competence and adjustment among adolescents from authoritative, authoritarian, indulgent, and neglectful homes: A replication in a sample of serious juvenile offenders. *Journal of Research on Adolescence, 16*, 47–58.

Steinberg, L., Darling, N. E., Fletcher, A. C., Brown, B. B., & Dornbusch, S. M. (1995). Authoritative parenting and adolescent adjustment: An ecological journey. In P. Moen, G. H. Elder, Jr., & K. Lüscher (Eds.), *Examining lives in context: Perspectives on the ecology of human development* (pp. 423–466). Washington, DC: American Psychological Association.

Steinberg, L., & Dornbusch, S. M. (1991). Negative correlates of part-time employment during adolescence: Replication and elaboration. *Developmental Psychology, 27*, 304–313.

Steinberg, L., Dornbusch, S. M., & Brown, B. B. (1992). Ethnic differences in adolescent achievement: An ecological perspective. *American Psychologist, 47*, 723–729.

Steinberg, L., Elmen, J. D., & Mounts, N. S. (1989). Authoritative parenting, psychosocial maturity, and academic success among adolescents. *Child Development, 60*, 1424–1436.

Steinberg, L., Lamborn, S. D., Darling, N., Mounts, N. S., & Dornbusch, S. M. (1994). Over-time changes in adjustment and competence among adolescents from authoritative, authoritarian, indulgent, and neglectful families. *Child Development, 65*, 754–770.

Steinberg, L., Lamborn, S. D., Dornbusch, S. M., & Darling, N. (1992). Impact of parenting practices on adolescent achievement: Authoritative parenting, school involvement, and encouragement to succeed. *Child Development, 63*, 1266–1281.

Steinberg, L., Mounts, N. S., Lamborn, S. D., & Dornbusch, S. D. (1991). Authoritative parenting and adolescent adjustment across varied ecological niches. *Journal of Research on Adolescence, 1*, 19–36.

Steinberg, L., & Silk, J. (2002). Parenting adolescents. In M. Bornstein, (Ed.), *Handbook of parenting: Volume 1: Children and parenting* (2nd ed.), (pp. 103–133). Mahwah, NJ: Erlbaum.

Steiner, J. E. (1979). Human facial expressions in response to taste and smell stimulation. In H. W. Reese & L. P. Lipsitt (Eds.), *Advances in child development and behavior* (Vol. 13, pp. 257–296). New York: Academic Press.

Stelzl, I., Merz, F., Ehlers, T., & Remer, H. (1995). The effect of schooling on the development of fluid and crystallized intelligence: A quasi-experimental study. *Intelligence, 21*, 279–296.

Sternberg, R. (2001). What is the common thread of creativity? Its dialectical relation to intelligence and wisdom. *American Psychologist, 56*, 360–362.

Sternberg, R. (2003). Construct validity of the theory of successful intelligence. In R. Sternberg, J. Lautrey, & T. Lubart (Eds.), *Models of intelligence: International perspectives* (pp. 55–80). Washington, DC: American Psychological Association.

Sternberg, R., Castejon, J., Prieto, M., Hautamaeki, J., & Grigorenko, E. (2001). Confirmatory factor analysis of the Sternberg Triarchic Abilities Test in three international samples: An empirical test of the triarchic theory of intelligence. *European Journal of Psychological Assessment, 17*, 1–16.

Sternberg, R., & Grigorenko, E. (2006). Cultural intelligence and successful intelligence. *Group & Organization Management, 31*, 37–39.

Sternberg, R., Grigorenko, E., & Bundy, D. (2001). The predictive value of IQ. *Merrill-Palmer Quarterly, 47*, 1–41.

Sternberg, R. J. (1985). *Beyond IQ: A triarchic theory of human intelligence.* New York: Cambridge University Press.

Sternberg, R. J., & Davidson, J. E. (1985). Cognitive development in the gifted and talented. In F. D. Horowitz & M. O'Brien (Eds.), *The gifted and talented: Developmental perspectives* (pp. 37–74). Washington, DC: American Psychological Association.

Sternberg, R. J., & Wagner, R. K. (1993). The g-ocentric view of intelligence and job performance is wrong. *Current Directions in Psychological Science, 2*, 1–5.

Sternberg, R. J., Wagner, R. K., Williams, W. M., & Horvath, J. A. (1995). Testing common sense. *American Psychologist, 50*, 912–927.

Stevenson, H. W. (1988). Culture and schooling: Influences on cognitive development. In E. M. Hetherington, R. M. Lerner, & M. Perlmutter (Eds.), *Child development in life span perspective* (pp. 241–258). Hillsdale, NJ: Erlbaum.

Stevenson, H. W., & Lee, S. (1990). Contexts of achievement: A study of American, Chinese, and Japanese children. *Monographs of the Society for Research in Child Development, 55*(1–2, Serial No. 221).

Stevenson, H. W., Lee, S., Chen, C., Lummis, M., Stigler, J., Fan, L., & Ge, F. (1990). Mathematics achievement of children in China and the United States. *Child Development, 61*, 1053–1066.

Stewart, P. (2007). Who is kin? Family definition and African American families. *Journal of Human Behavior in the Social Environment, 15*, 163–181.

Stewart, R. B., Beilfuss, M. L., & Verbrugge, K. M. (1995, April). *That was then, this is now: An empirical typology of adult sibling relationships.* Artigo apresentado no encontro bianual da Society for Research in Child Development, Indianapolis.

Stigler, J. W., Lee, S., & Stevenson, H. W. (1987). Mathematics classrooms in Japan, Taiwan, and the United States. *Child Development, 58*, 1272–1285.

Stigler, J. W., & Stevenson, H. W. (1991, Spring). How Asian teachers polish each lesson to perfection. *American Educator 12–20*, 43–47.

St. James-Roberts, I., Bowyer, J., Varghese, S., & Sawdon, J. (1994). Infant crying patterns in Manila and London. *Child: Care, Health and Development, 20*, 323–337.

Stolarova, M., Whitney, H., Webb, S., deRegnier, R., Georgieff, M., & Nelson, C. (2003). Electrophysiological brain responses of six-month-old low risk premature infants. *Infancy, 4*, 437–450.

Stoutjesdyk, D., & Jevne, R. (1993). Eating disorders among high performance athletes. *Journal of Youth & Adolescence, 22*, 271–282.

Straus, M. A. (1995). Corporal punishment of children and adult depression and suicidal ideation. In J. McCord (Ed.), *Coercion and punishment in long-term perspectives* (pp. 59–77). Cambridge, England: Cambridge University Press.

Strauss, S., & Altwerger, B. (2007). The logographic nature of English alphabetics and the fallacy of direct intensive phonics instruction. *Journal of Early Childhood Literacy, 7*, 299–319.

Strayer, J., & Roberts, W. (2004). Empathy and observed anger and aggression in five-year-olds. *Social Development, 13*, 1–13.

Streissguth, A. P., Barr, H. M., & Sampson, P. D. (1990). Moderate prenatal alcohol exposure: Effects on child IQ and learning problems at age 7½ years. *Alcoholism: Clinical and Experimental Research, 14*, 662–669.

Streissguth, A. P., Barr, H. M., Sampson, P. D., Darby, B. L., & Martin, D. C. (1989). IQ at age 4 in relation to maternal alcohol use and smoking during pregnancy. *Developmental Psychology, 25*, 3–11.

Streissguth, A. P., Bookstein, F. L., Barr, H. M., Sampson, P. D., O'Malley, K., & Young, J. (2004). Risk factors for adverse life outcomes in fetal alcohol syndrome and fetal alcohol effects. *Journal of Developmental and Behavioral Pediatrics, 25*, 228–238.

Streissguth, A. P., Bookstein, F. L., Sampson, P. D., & Barr, H. M. (1995). Attention: Prenatal alcohol and continuities of vigilance and attentional problems from 4 through 14 years. *Development and Psychopathology, 7*, 419–446.

Streissguth A. P., Landesman-Dwyer, S., Martin, J. C., & Smith, D. W. (1980). Teratogenic effects of alcohol in humans and laboratory animals. *Science, 209*, 353–361.

Streissguth, A. P., Martin, D. C., Barr, H. M., Sandman, B. M., Kirchner, G. L., & Darby, B. L. (1984). Intrauterine alcohol and nicotine exposure: Attention and reaction time in 4-year-old children. *Developmental Psychology, 20*, 533–541.

Streissguth, A. P., Martin, D. C., Martin, J. C., & Barr, H. M. (1981). The Seattle longitudinal prospective study on alcohol and pregnancy. *Neurobehavioral Toxicology and Teratology, 3*, 223–233.

Stroganova, T., Posikera, I., Pushina, N., & Orekhova, E. (2003). Lateralization of motor functions in early human ontogeny. *Human Physiology, 29*, 48–58.

Stunkard, A. J., Harris, J. R., Pedersen, N. L., & McClearn, G. E. (1990). The body-mass index of twins who have been reared apart. *New England Journal of Medicine, 322*, 1483–1487.

Styne, D., & Glaser, N. (2002). Endocrinology. In R. Behrman & R. Klingman (Eds.), *Nelson essentials of pediatrics* (4th ed., pp. 711–766). Philadelphia: Saunders.

Sudarkasa, N. (1993). Female-headed African American households: Some neglected dimensions. In H. P. McAdoo (Ed.), *Family ethnicity* (pp. 81–89). Newbury Park, CA: Sage.

Suizzo, M., & Stapleton, L. (2007). Home-based parental involvement in young children's education: Examining the effects of maternal education across U.S. ethnic groups. *Educational Psychology, 27*, 1–24.

Sulkes, S. (1998). Developmental and behavioral pediatrics. In R. Behrman & R. Kliegman (Eds.), *Nelson essentials of pediatrics* (3rd ed.). Philadelphia: Saunders.

Sullivan, K., Zaitchik, D., & Tager-Flusberg, H. (1994). Preschoolers can attribute second-order beliefs. *Developmental Psychology, 30*, 395–402.

Sulloway, F. (1996). *Born to rebel.* New York: Pantheon Books.

Susman, E. J., Inoff-Germain, G., Nottelmann, E. D., Loriaux, D. L., Cutler, G. B., Jr., & Chrousos, G. P. (1987). Hormones, emotional dispositions, and aggressive attributes in young adolescents. *Child Development, 58*, 1114–1134.

Suzuki, L., & Aronson, J. (2005). The cultural malleability of intelligence and its impact on the racial/ethnic hierarchy. *Psychology, Public Policy, & Law, 11*, 320–327.

Swain, I. U., Zelazo, P. R., & Clifton, R. K. (1993). Newborn infants' memory for speech sounds retained over 24 hours. *Developmental Psychology, 29*, 312–323.

Swanson, L., & Kim, K. (2007). Working memory, short-term memory, and naming speed as predictors of children's mathematical performance. *Intelligence, 35*, 151–168.

Swedo, S. E., Rettew, D. C., Kuppenheimer, M., Lum, D., Dolan, S., & Goldberger, E. (1991). Can adolescent suicide attempters be distinguished from at-risk adolescents? *Pediatrics, 88*, 620–629.

Sweeting, H., & West, P. (2002). Gender differences in weight related concerns in early to late adolescence. *Journal of Family Issues, 23*, 728–747.

Taga, K., Markey, C., & Friedman, H. (2006). A longitudinal investigation of associations between boys' pubertal timing and adult behavioral health and well-being. *Journal of Youth and Adolescence, 35*, 401–411.

Takei, W. (2001). How do deaf infants attain first signs? *Developmental Science, 4*, 71–78.

Takimoto, H. (2006). Malnutrition during pregnancy in Japan and proposals for improvement. *Acta Obstetrica et Gynaecologica Japonica, 58*, 1514–1518.

Talmor, R., Reiter, S., & Feigin, N. (2005). Factors relating to regular education teacher burnout in inclusive education. *European Journal of Special Needs Education, 20*, 215–229.

Tamis-LeMonda, C., Shannon, J., Cabrera, N., & Lamb, M. (2004). Fathers and mothers at play with their 2- and 3-year-olds: Contributions to language and cognitive development. *Child Development, 76*, 1806–1820.

Tani, F., Greenman, P., Schneider, B., & Fregoso, M. (2003). Bullying and the Big Five: A study of childhood personality and participant roles in bullying incidents. *School Psychology International, 24*, 131–146.

Tani, F., Rossi, S., & Smorti, M. (2005). Friendship choice criteria in children and adolescents: A study on personality characteristics. *Eta Evolutiva, 81*, 33–43.

Tanner, J. M. (1990). *Foetus into man* (revised and enlarged ed.). Cambridge, MA: Harvard University Press.

Tan-Niam, C., Wood, D., & O'Malley, C. (1998). A cross-cultural perspective on children's theories of mind and social interaction. *Early Child Development & Care, 144*, 55–67.

Tare, M., Shatz, M., & Gilbertson, L. (2008). Maternal uses of non-object terms in child-directed speech: Color, number and time. *First Language, 28*, 87–100.

Tasbihsazan, R., Nettelbeck, T., & Kirby, N. (2003). Predictive validity of the Fagan Test of Infant Intelligence. *British Journal of Developmental Psychology, 21*, 585–597.

Task Force on Sudden Infant Death Syndrome. (2005). The changing concept of Sudden Infant Death Syndrome: Diagnostic coding shifts, controversies regarding the sleeping environment, and new variables to consider in reducing risk. *Pediatrics, 116*, 1245–1255.

Taylor, M. G. (1996). The development of children's beliefs about social and biological aspects of gender differences. *Child Development, 67*, 1555–1571.

Taylor, N., Donovan, W., & Leavitt, L. (2008). Consistency in infant sleeping arrangements and mother-infant interaction. *Infant Mental Health Journal, 29*, 77–94.

Taylor, R. D., Casten, R., & Flickinger, S. M. (1993). Influence of kinship social support on the parenting experiences and psychosocial adjustment of African-American adolescents. *Developmental Psychology, 29*, 382–388.

Taylor, R. D., Casten, R., Flickinger, S. M., Roberts, D., & Fulmore, C. D. (1994). Explaining the school performance of African-American adolescents. *Journal of Research on Adolescence, 4*, 21–44.

Taylor, R. D., & Roberts, D. (1995). Kinship support and maternal and adolescent well-being in economically disadvantaged African-American families. *Child Development, 66*, 1585–1597.

Taylor, W., Ayars, C., Gladney, A., Peters, R., Roy, J., Prokhorov, A., Chamberlain, R., & Gritz, E. (1999). Beliefs about smoking among adolescents: Gender and ethnic differences. *Journal of Child & Adolescent Substance Abuse, 8*, 37–54.

Teasdale, T., & Owen, D. (2005). A long-term rise and recent decline in intelligence test performance: The Flynn Effect in reverse. *Personality and Individual Differences, 39*, 837–843.

Teasdale, T., & Owen, D. (2008). Secular declines in cognitive test scores: A reversal of the Flynn Effect. *Intelligence, 36*, 121–126.

Teitelman, A., Ratcliffe, S., & Cederbaum, J. (2008). Parent-adolescent communication about sexual pressure, maternal norms about relationship power, and STI/HIV protective behaviors of minority urban girls. *Journal of the American Psychiatric Nurses Association, 14*, 50–60.

ter Laak, J., de Goede, M., Alevan, L., Brugman, G., van Leuven, M., & Hussmann, J. (2003). Incarcerated adolescent girls: Personality, social competence and delinquency. *Adolescence, 38*, 251–265.

Terman, L. (1916). *The measurement of intelligence.* Boston: Houghton Mifflin.

Terman, L. (1925). *Genetic studies of genius: Vol. 1. Mental and physical traits of a thousand gifted children.* Stanford: CA: Stanford University Press.

Terman, L., & Merrill, M. A. (1937). *Measuring intelligence: A guide to the administration of the new revised Stanford-Binet tests.* Boston: Houghton Mifflin.

Terman, L., & Oden, M. (1959). *Genetic studies of genius: Vol. 5. The gifted group at mid-life.* Stanford, CA: Stanford University Press.

Tershakovec, A., & Stallings, V. (1998). Pediatric nutrition and nutritional disorders. In R. Behrman & R. Kliegman (Eds.), *Nelson essentials of pediatrics* (3rd ed.). Philadelphia: Saunders.

Tessier, R., Cristo, M., Velez, S., Giron, M., Line, N., Figueroa de Calume, Z., Ruiz-Palaez, J., & Charpak, N. (2003). Kangaroo Mother Care: A method for protecting high-risk low-birth-weight and premature infants against developmental delay. *Infant Behavior and Development, 26*, 384–397.

Thal, D., Tobias, S., & Morrison, D. (1991). Language and gesture in late talkers: A 1-year follow-up. *Journal of Speech & Hearing Research, 34*, 604–612.

Thapar, A. (2003). Attention deficit hyperactivity disorder: New genetic findings, new directions. In R. Plomin, J. DeFries, I. Craig, & P. McGuffin (Eds.), *Behavioral genetics in the postgenomic era* (pp. 445–462). Washington, DC: American Psychological Association.

Thapar, A., Fowler, T., Rice, F., Scourfield, J., van den Bree, M., Thomas, H., Harold, G., & Hay, G. (2003). Maternal smoking during pregnancy and attention deficit hyperactivity disorder symptoms in offspring. *American Journal of Psychiatry, 160*, 1985–1989.

Tharenou, P. (1999). Is there a link between family structures and women's and men's managerial career advancement? *Journal of Organizational Behavior, 20*, 837–863.

Tharpe, A. (2006). *The impact of minimal and mild hearing loss on children.* Retrieved March 19, 2008, from http://www.medicalhomeinfo.org/screening/EHDI/June_26_2006_FINAL_MildHearingLoss.pdf

Thelen, E. (1983). Learning to walk is still an "old" problem: A reply to Zelazo. *Journal of Motor Behavior, 15*, 139–161.

Thelen, E. (1995). Motor development: A new synthesis. *American Psychologist, 50*, 79–95.

Thelen, E., & Adolph, K. E. (1992). Arnold L. Gesell: The paradox of nature and nurture. *Developmental Psychology, 28*, 368–380.

Theriault, J. (1998). Assessing intimacy with the best friend and the sexual partner during adolescence: The PAIR-M inventory. *Journal of Psychology, 132*, 493–506.

Thomas, A., Bulevich, J., & Loftus, E. (2003). Exploring the role of repetition and sensory elaboration in the imagination inflation effect. *Memory & Cognition, 31*, 630–640.

Thomas, A., & Chess, S. (1977). *Temperament and development.* New York: Brunner/Mazel.

Thomas, M. (2000). *Comparing theories of child development* (5th ed.). Pacific Grove, CA: Brooks/Cole.

Thomas, M., & Karmiloff-Smith, A. (2003). Connectionist models of development, developmental disorders, and individual differences. In R. Sternberg, J. Lautrey, & T. Lubart (Eds.), *Models of intelligence: International perspectives* (pp. 133–150). Washington, DC: American Psychological Association.

Thomas, R. (2005). *Comparing theories of child development* (6th ed.). Pacific Grove, CA: Brooks/Cole.

Thomas, R. M. (1990). Motor development. In R. M. Thomas (Ed.), *The encyclopedia of human development and education: Theory, research, and studies* (pp. 326–330). Oxford: Pergamon Press.

Thompson, J., & Halberstadt, A. (2008). Children's accounts of sibling jealousy and their implicit theories about relationships. *Social Development, 17*, 488–511.

Thompson, P., Cannon, T., Narr, K., van Erp, T., Poutanen, V., Huttunen, M., Lovist, J., Nordenstam, C., Kaprio, J., Khaledy, M., Dail, R., Zoumalan, C., & Toga, A. (2001). Genetic influences on brain structure. *Nature Neuroscience, 4*, 1253–1258.

Thompson, P., Giedd, J., Woods, R., MacDonald, D., Evans, A., & Toga, A. (2000). Growth patterns in the developing brain detected by using continuum mechanical tensor maps. *Nature, 404*, 190–193.

Thompson, R., & Goodvin, R. (2005). The individual child: Temperament, emotion, self, and personality. In M. Bornstein & M. Lamb (Eds.), *Developmental science: An advanced textbook* (5th ed., pp. 391–428). Hillsdale, NJ: Erlbaum.

Thompson, R. A. (1998). Early sociopersonality development. In W. Damon (Ed.), *Handbook of child psychology: Vol. 3. Social, emotional, and personality development* (5th ed., pp. 25–104). New York: Wiley.

Thompson, S. K. (1975). Gender labels and early sex role development. *Child Development, 46*, 339–347.

Thorn, A., & Gathercole, S. (1999). Language-specific knowledge and short-term memory in bilingual and non-bilingual children. *Quarterly Journal of Experimental Psychology: Human Experimental Psychology, 52A*, 303–324.

Tideman, E., Nilsson, A., Smith, G., & Stjernqvist, K. (2002). Longitudinal follow-up of children born preterm: The mother-child relationship in a 19-year perspective. *Journal of Reproductive & Infant Psychology, 20*, 43–56.

Tiedemann, J. (2000). Parents' gender stereotypes and teachers' beliefs as predictors of children's concept of their mathematical ability in elementary school. *Journal of Educational Psychology, 92*, 144–151.

Timimi, S., & Leo, J. (2009). *Rethinking ADHD.* London, UK: Palgrave Macmillan.

Todd, R. D., Swarzenski, B., Rossi, P. G., & Visconti, P. (1995). Structural and functional development of the human brain. In D. Cicchetti & D. J. Cohen (Eds.), *Developmental psychopathology: Vol. 1. Theory and methods* (pp. 161–194). New York: Wiley.

Tomasello, M., & Mannle, S. (1985). Pragmatics of sibling speech to one-year-olds. *Child Development, 56*, 911–917.

Tomlinson-Keasey, C., Eisert, D. C., Kahle, L. R., Hardy-Brown, K., & Keasey, B. (1979). The structure of concrete operational thought. *Child Development, 50*, 1153–1163.

Toomela, A. (1999). Drawing development: Stages in the representation of a cube and a cylinder. *Child Development, 70*, 1141–1150.

Toronto District School Board (2001). *Facts and figures about the TDSB.* Retrieved October 6, 2001, from http://www.tdsb.on.ca/communications/TDSBFacts.html

Torrance, P. (1998). *Torrance Tests of Creative Thinking.* Bensenville, IL: Scholastic Testing Service.

Tortora, G., & Derrickson, B. (2005). *Principles of anatomy and physiology* (11th ed.). New York: Wiley.

Tortora, G., & Grabowski, S. (1993). *Principles of anatomy and physiology.* New York: HarperCollins.

Townsend, G., & Belgrave, F. (2003). The influence of cultural and racial identification on the psychosocial adjustment of inner-city African American children in school. *American Journal of Community Psychology, 32,* 217–228.

Trainor, L., Anonymous, & Tsang, C. (2004). Long-term memory for music: Infants remember tempo and timbre. *Developmental Science, 7,* 289–296.

Trainor, L., Tsang, C., & Cheung, V. (2002). Preference for sensory consonance in 2- and 4-month-old infants. *Music Perception, 20,* 187–194.

Trautner, H., Gervai, J., & Nemeth, R. (2003). Appearance-reality distinction and development of gender constancy understanding in children. *International Journal of Behavioral Development, 27,* 275–283.

Trehub, S. (2003). The developmental origins of musicality. *Nature Neuroscience, 6,* 669–673.

Trehub, S. E., Bull, D., & Thorpe, L. A. (1984). Infants' perception of melodies: The role of melodic contour. *Child Development, 55,* 821–830.

Trehub, S. E., & Rabinovitch, M. S. (1972). Auditory-linguistic sensitivity in early infancy. *Developmental Psychology, 6,* 74–77.

Trehub, S., Hill, D., & Kamenetsky, S. (1997). Parents' sung performances for infants. *Canadian Journal of Experimental Psychology, 51,* 385–396.

Trehub, S. E., Thorpe, L. A., & Morrongiello, B. A. (1985). Infants' perception of melodies: Changes in a single tone. *Infant Behavior and Development, 8,* 213–223.

Treiman, R. (2004). Spelling and dialect: Comparisons between speakers of African American vernacular English and White speakers. *Psychonomic Bulletin & Review, 11,* 338–342.

Tremblay, R. E., Mêsse, L. C., Vitaro, F., & Dobkin, P. L. (1995). The impact of friends' deviant behavior on early onset of delinquency: Longitudinal data from 6 to 13 years of age. *Development and Psychopathology, 7,* 649–667.

Tronick, E. Z. (2007). *The neurobehavioral and social-emotional development of infants and children.* New York: Norton & Co.

Tronick, E. Z., Morelli, G. A., & Ivey, P. K. (1992). The Efe forager infant and toddler's pattern of social relationships: Multiple and simultaneous. *Developmental Psychology, 28,* 568–577.

Tsujimoto, S., Yamamoto, T., Kawaguchi, H., Koizumi, H., & Sawaguchi, T. (2004). Children: An event-related optical topography study. *Cerebral Cortex, 14,* 703–712.

Tuna, J. M. (1989). Mental health services for children: The state of the art. *American Psychologist, 44,* 188–199.

Turecki, S. (2000). *The difficult child.* New York: Bantam Books.

Turiel, E. (1983). *The development of social knowledge: Morality and convention.* New York: Cambridge University Press.

Turiel, E. (1998). The development of morality. In W. Damon (Ed.), *Handbook of child psychology: Vol. 3. Social, emotional, and personality development* (5th ed., pp. 863–932). New York: Wiley.

Turkheimer, E., & Gottesman, I. I. (1991). Individual differences and the canalization of human behavior. *Developmental Psychology, 27,* 18–22.

Turkheimer, E., Haley, A., Waldron, M., D'Onofrio, B., & Gottesman, I. (2003). Socioeconomic status modifies heritability of IQ in young children. *Psychological Science, 14,* 623–628.

Turnage, B. (2004). African American mother-daughter relationships mediating daughter's self-esteem. *Child & Adolescent Social Work Journal, 21,* 155–173.

Tynan, D. (2008). *Oppositional defiant disorder.* Retrieved October 24, 2008, from http://www.emedicine.com/ped/TOPIC2791

Udry, J. R., & Campbell, B. C. (1994). Getting started on sexual behavior. In A. S. Rossi (Ed.), *Sexuality across the life course* (pp. 187–208). Chicago: University of Chicago Press.

Ukeje, I., Bendersky, M., & Lewis, M. (2001). Mother-infant interaction at 12 months in prenatally cocaine-exposed children. *American Journal of Drug & Alcohol Abuse, 27,* 203–224.

Umberson, D., & Gove, W. R. (1989). Parenthood and psychological well-being. Theory, measurement, and stage in the family life course. *Journal of Family Issues, 10,* 440–462.

Umetsu, D. (1998). Immunology and allergy. In R. Behrman & R. Kliegman (Eds.), *Nelson essentials of pediatrics* (3rd ed.). Philadelphia: Saunders.

Underwood, M. (1997). Peer social status and children's understanding of the expression and control of positive and negative emotions. *Merrill-Palmer Quarterly, 43,* 610–634.

Underwood, M. K., Coie, J. D., & Herbsman, C. R. (1992). Display rules for anger and aggression in school-age children. *Child Development, 63,* 366–380.

Underwood, M. K., Kupersmidt, J. B., & Coie, J. D. (1996). Childhood peer sociometric status and aggression as predictors of adolescent childbearing. *Journal of Research on Adolescence, 6,* 201–224.

Uno, D., Florsheim, P., & Uchino, B. (1998). Psychosocial mechanisms underlying quality of parenting among Mexican-American and white adolescent mothers. *Journal of Youth & Adolescence, 27,* 585–605.

Urberg, K., Degirmencioglu, S., & Pilgrim, C. (1997). Close friend and group influence on adolescent cigarette smoking and alcohol use. *Developmental Psychology, 33,* 834–844.

U.S. Census Bureau. (1998). *Statistical abstract of the United States: 1998* (118th ed.). Washington, DC: U.S. Government Printing Office.

U.S. Census Bureau. (2001). *Statistical abstract of the United States: 2000.* Washington, DC: U.S. Government Printing Office.

U.S. Census Bureau. (2003). *2002, American Community Survey.* Retrieved June 18, 2004, from http://www.census.gov/acs/www/index.html

U.S. Census Bureau. (2008a). *Community population survey, 2007.* Retrieved September 7, 2008, from http://pubdb3.census.gov/macro/032008/pov/toc.htm/

U.S. Census Bureau. (2008b). *Statistical abstract of the United States.* Retrieved September 7, 2008, from http://www.census.gov/compendia/statab/index.html

U.S. Department of Energy. (2001). *The Human Genome Program* [Online report]. Retrieved July 6, 2001, from http://www.ornl.gov/TechResources/Human_Genome/home.html

U.S. Department of Health and Human Services. (2008). *Annual update of the HHS poverty guidelines.* Retrieved March 12, 2008, from http://aspe.hhs.gov/poverty/08fedreg.htm

U.S. Department of the Treasury. (2008). *Income mobility in the U.S. from 1996 to 2005.* Retrieved March 13, 2008, from http://www.treas.gov/offices/tax-policy/library/incomemobilitystudy03-08revise.pdf

U.S. Food and Drug Administration. (2004, October 15). *Suicidality in children and adolescents being treated with antidepressant medication.* Retrieved May 12, 2005, from http://www.fda.gov/cder/drug/antidepressants/SSRIPHA200410.htm

U.S. National Library of Medicine Genetics Home Reference. (2008). *Color vision deficiency.* Retrieved August 14, 2008, from http://ghr.nlm.nih.gov/condition=colorvisiondeficiency

Valentine, J., DuBois, D., & Cooper, H. (2004). The relation between self-beliefs and academic achievement: A meta-analytic review. *Educational Psychologist, 39,* 111–133.

Valiente, C., Eisenberg, N., Fabes, R., Shepard, S., Cumberland, A., & Losoya, S. (2004). Prediction of children's empathy-related responding from their effortful control and parents' expressivity. *Developmental Psychology, 40,* 911–926.

Valleroy, L., MacKellar, D., Karon, J., Rosen, D., McFarland, W., Shehan, D., Stoyanoff, S., LaLota, M., Celentano, D., Koblin, B., Thieded, H., Katz, M., Torian, L., & Janssen, R. (2000). HIV prevalence and associated risks in young men who have sex with men. *Journal of the American Medical Association, 284,* 198–204.

van Balen, F. (1998). Development of IVF children. *Developmental Review, 18,* 30–46.

van Beijsterveldt, C., Bartels, M., Hudziak, J., & Boomsma, D. (2003). Causes of stability of aggression from early childhood to adolescence: A longitudinal genetic analysis in Dutch twins. *Behavior Genetics, 33,* 591–605.

van Brakel, A., Muris, P., Bögels, S., & Thomassen, C. (2006). A multifactorial model for the etiology of anxiety in non-clinical adolescents: Main and interactive effects of behavioral inhibition, attachment, and parental rearing. *Journal of Child and Family Studies, 15,* 569–579.

van den Boom, D. C. (1994). The influence of temperament and mothering on attachment and exploration: An experimental manipulation of sensitive responsiveness among lower-class mothers with irritable infants. *Child Development, 65,* 1457–1477.

van den Boom, D. C. (1995). Do first-year intervention effects endure? Follow-up during toddlerhood of a sample of Dutch irritable infants. *Child Development, 66,* 1798–1816.

Van den Broek, P., Lynch, J., Naslund, J., Ievers-Landis, C., & Verduin, K. (2004). The development of comprehension of main ideas in narratives: Evidence from the selection of titles. *Journal of Educational Psychology, 96,* 707–718.

van der Molen, M., & Molenaar, P. (1994). Cognitive psychophysiology: A window to cognitive development and brain maturation. In G. Dawson & K. Fischer (Eds.), *Human behavior and the developing brain.* New York: Guilford.

van Doesum, K., Riksen-Walraven, J., Hosman, C., & Hoefnagels, C. (2008). A randomized controlled trial of a home-visiting intervention aimed at preventing relationship problems in depressed mothers and their infants. *Child Development, 79,* 547–561.

van IJzendoorn, M. H. (1995). Adult attachment representations, parental responsiveness, and infant attachment: A meta-analysis on the predictive validity of the Adult Attachment Interview. *Psychological Bulletin, 117,* 387–403.

van IJzendoorn, M. H. (1997, April). *Attachment, morality, and aggression: Toward a developmental socioemotional model of antisocial behavior.* Artigo apresentado no encontro bianual da Society for Research in Child Development, Washington, DC.

van IJzendoorn, M. H., Goldberg, S., Kroonenberg, P. M., & Frenkel, O. J. (1992). The relative effects of maternal and child problems on the quality of attachment: A meta-analysis of attachment in clinical samples. *Child Development, 63,* 840–858.

van IJzendoorn, M. H., Juffer, F., & Poelhuis, C. (2005). Adoption and cognitive development: A meta-analytic comparison of adopted and nonadopted children's IQ and school performance. *Psychological Bulletin, 131,* 301–316.

van IJzendoorn, M. H., & Kroonenberg, P. M. (1988). Crosscultural patterns of attachment: A meta-analysis of the Strange Situation. *Child Development, 59,* 147–156.

van Leeuwen, M., van den Berg, S., & Boomsma, D. (2008). A twin-family study of general IQ. *Learning and Individual Differences, 18,* 76–88.

van Lieshout, C. F. M., & Haselager, G. J. T. (1994). The Big Five personality factors in Q-sort descriptions of children and adolescents. In C. F. Halverson, Jr., G. A. Kohnstamm, & R. P. Martin (Eds.), *The developing structure of temperament and personality from infancy to adulthood* (pp. 293–318). Hillsdale, NJ: Erlbaum.

Van Mierlo, J., & Van den Bulck, J. (2004). Benchmarking the cultivation approach to video game effects: A comparison of the correlates of TV viewing and game play. *Journal of Adolescence, 27,* 97–111.

van Wormer, K., & McKinney, R. (2003). What schools can do to help gay/lesbian/bisexual youth: A harm reduction approach. *Adolescence, 38,* 409–420.

Vartanian, L. (2001). Adolescents' reactions to hypothetical peer group conversations: Evidence for an imaginary audience? *Adolescence, 36,* 347–380.

Vaughn, B., Stevenson-Hinde, J., Waters, E., Kotsaftis, A., Lefever, G., Shouldice, A., Trudel, M., & Belsky, J. (1992). Attachment security and temperament in infancy and early childhood: Some conceptual clarification. *Developmental Psychology, 28,* 463–473.

Venerosi, A., Valanzano, A., Cirulli, F., Alleva, E., & Calamandrei, G. (2004). Acute global anoxia during C-section birth affects dopamine-mediated behavioural responses and reactivity to stress. *Behavioural Brain Research, 154,* 155–164.

Vernon, P. A. (1993). Intelligence and neural efficiency. In D. K. Determan (Ed.), *Current topics in human intelligence: Vol. 3. Individual differences and cognition* (pp. 171–187). Norwood, NJ: Ablex.

Vernon, P. A., & Mori, M. (1992). Intelligence, reaction times, and peripheral nerve conduction velocity. *Intelligence, 16,* 273–288.

Véronneau, M., Vitaro, F., Pedersen, S., & Tremblay, R. (2008). Do peers contribute to the likelihood of secondary school graduation among disadvantaged boys? *Journal of Educational Psychology, 100,* 429–442.

Victorian Infant Collaborative Study Group. (1991). Eight-year outcome in infants with birth weight of 500–999 grams: Continuing regional study of 1979 and 1980 births. *Journal of Pediatrics, 118,* 761–767.

Vida, J. (2005). Treating the "wise baby." *American Journal of Psychoanalysis, 65,* 3–12.

Vikat, A., Rimpela, A., Kosunen, E., & Rimpela, M. (2002). Sociodemographic differences in the occurrence of teenage pregnancies in Finland in 1987–1998: A follow up study. *Journal of Epidemiology & Community Health, 56,* 659–670.

Viner, R. (2002). Is puberty getting earlier in girls? *Archives of Disease in Childhood, 86,* 8–10.

Visser, S., & Lesesne, C. (2005). Mental health in the United States: Prevalence of diagnosis and medication treatment for attention-deficit/hyperactivity disorder: United States, 2003. *Morbidity and Mortality Weekly Report, 54,* 842–847.

Vitaro, F., Barker, E., Boivin, M., Brendgen, M., & Tremblay, R. (2006). Do early difficult temperament and harsh parenting differentially predict reactive and proactive aggression? *Journal of Abnormal Child Psychology, 34,* 681–691.

Vitaro, F., Tremblay, R. E., Kerr, M., Pagani, L., & Bukowski, W. M. (1997). Disruptiveness, friends' characteristics, and delinquency in early adolescence: A test of two competing models of development. *Child Development, 68,* 676–689.

Vogin, J. (2005). *Taking medication while pregnant.* Retrieved June 7, 2007, from http://www.medicinenet.com/script/main/art.asp?articlekey=51639

Volbrecht, M., Lemery-Chalfant, K., Aksan, N., Zahn-Waxler, C., & Goldsmith, H. (2007). Examining the familial link between positive affect and empathy development in the second year. *Journal of Genetic Psychology, 168,* 105–129.

Volling, B., McElwain, N., & Miller, A. (2002). Emotion regulation in context: The jealousy complex between young siblings and its relations with child and family characteristics. *Child Development, 73,* 581–600.

von Károlyi, C., & Winner, E. (2005). Extreme giftedness. In R. Sternberg (Ed.), *Conceptions of giftedness* (2nd ed., pp. 377–394). New York: Cambridge University Press.

Votruba-Drzal, E., Li-Grining, C., & Maldonado-Carreño, C. (2008). A developmental perspective on full- versus part-day kindergarten and children's academic trajectories through fifth grade. *Child Development, 79,* 957–978.

Vuorenkoski, L., Kuure, O., Moilanen, I., & Peninkilampi, V. (2000). Bilingualism, school achievement, and mental wellbeing: A follow-up study of return migrant children. *Journal of Child Psychology & Psychiatry & Allied Disciplines, 41,* 261–266.

Vygotsky, L. S. (1978). *Mind and society: The development of higher mental processes.* Cambridge, MA: Harvard University Press. (Trabalho originalmente publicado em 1930, 1933 e 1935)

Waddington, C. H. (1957). *The strategy of the genes.* London: Allen.

Waddington, C. H. (1974). A catastrophe theory of evolution. *Annals of the New York Academy of Sciences, 231,* 32–41.

Wade, T., Bulik, C., & Kendler, K. (2001). Investigation of quality of the parental relationship as a risk factor for subclinical bulimia nervosa. *International Journal of Eating Disorders, 30,* 389–400.

Wagner, R. K., Torgesen, J. K., Rashotte, C. A., Hecht, S. A., Barker, T. A., Burgess, S. R., Donahue, J., & Garon, T. (1997). Changing relations between phonological processing abilities and word-level reading as children develop from beginning to skilled readers: A 5-year longitudinal study. *Developmental Psychology, 33,* 468–479.

Waldrop, M., & Halverson, C. (1975). Intensive and extensive peer behavior: Longitudinal and cross-sectional analyses. *Child Development, 46,* 19–26.

Walker, E. (2002). Adolescent neurodevelopment and psychopathology. *Current Directions in Psychological Science, 11,* 24–28.

Walker, H., Messinger, D., Fogel, A., & Karns, J. (1992). Social and communicative development in infancy. In V. B. Van Hasselt & M. Hersen (Eds.), *Handbook of social development: A lifespan perspective* (pp. 157–181). New York: Plenum Press.

Walker, L. J. (1980). Cognitive and perspective-taking prerequisites for moral development. *Child Development, 51,* 131–139.

Walker, L. J. (1989). A longitudinal study of moral reasoning. *Child Development, 60,* 157–160.

Walker, L. J. (1991). Sex differences in moral reasoning. In W. M. Kurtines & J. L. Gewirtz (Eds.), *Handbook of moral behavior and development: Vol. 2. Research* (pp. 333–364). Hillsdale, NJ: Erlbaum.

Walker, L. J., de Vries, B., & Trevethan, S. D. (1987). Moral stages and moral orientations in real-life and hypothetical dilemmas. *Child Development, 58,* 842–858.

Walker-Andrews, A. S. (1997). Infants' perception of expressive behaviors: Differentiation of multimodal information. *Psychological Bulletin, 121,* 437–456.

Walker-Barnes, C., & Mason, C. (2004). Delinquency and substance use among gang-involved youth: The moderating role of parenting practices. *American Journal of Community Psychology, 34,* 235–250.

Wallerstein, J., & Lewis, J. (1998). The long-term impact of divorce on children: A first report from a 25-year study. *Family & Conciliation Courts Review, 36,* 368–383.

Walters, R. H., & Brown, M. (1963). Studies of reinforcement of aggression: III. Transfer of responses to an interpersonal situation. *Child Development, 34,* 563–571.

Walusinski, O., Kurjak, A., Andonotopo, W., & Azumendi, G. (2005). Fetal yawning: A behavior's birth with 4D US revealed. *The Ultrasound Review of Obstetrics & Gynecology, 5,* 210–217.

Wang, Y. (2002). Is obesity associated with early sexual maturation? A comparison of the association in American boys versus girls. *Pediatrics, 110,* 903–910.

Wang, Y., & Lobstein, T. (2006). Worldwide trends in childhood overweight and obesity. *International Journal of Pediatric Obesity, 1,* 11–25.

Ward, S. L., & Overton, W. F. (1990). Semantic familiarity, relevance, and the development of deductive reasoning. *Developmental Psychology, 26,* 488–493.

Wardle, J., Carnell, S., Haworth, C., & Plomin, R. (2008). Evidence for a strong genetic influence on childhood adiposity despite the force of the obesogenic environment. *American Journal of Clinical Nutrition, 87,* 398–404.

Warfield-Coppock, N. (1997). The balance and connection of manhood and womanhood training. *Journal of Prevention & Intervention in the Community, 16,* 121–145.

Warren, S., & Simmens, S. (2005). Predicting toddler anxiety/depressive symptoms: Effects of caregiver sensitivity on temperamentally vulnerable children. *Infant Mental Health Journal, 26,* 40–55.

Waseem, M. (2007). *Otitis media.* Retrieved March 18, 2008, from http://www.emedicine.com/ped/TOPIC1689.HTM

Watamura, S., Donzella, B., Alwin, J., & Gunnar, M. (2003). Morning-to-afternoon increases in cortisol concentrations for infants and toddlers at child care: Age differences and behavioral correlates. *Child Development, 74,* 1006–1020.

Waterman, A. S. (1985). Identity in the context of adolescent psychology. *New Directions for Child Development, 30,* 5–24.

Waterman, A. S. (1988). Identity status theory and Erikson's theory: Communalities and differences. *Developmental Review, 8,* 185–208.

Waterman, A. S. (1992). Identity as an aspect of optimal psychological functioning. In G. R. Adams, T. P. Gullotta, & R. Montemayor (Eds.), *Adolescent identity formation* (pp. 50–72). Newbury Park, CA: Sage.

Watson, A., Nixon, C., Wilson, A., & Capage, L. (1999). Social interaction skills and theory of mind in young children. *Developmental Psychology, 35,* 386–391.

Watson, J. B. (1913). Psychology as the behaviorist views it. *Psychological Review, 20,* 158–177.

Watson, J. B. (1928). *Psychological care of the infant and child.* New York: Norton.

Watson, J. B. (1930). *Behaviorism.* New York: Norton.

Watson, J. B., & Rayner, R. (1920). Conditioned emotional reactions. *Journal of Experimental Psychology, 3,* 1–14.

Watson, M. W., & Getz, K. (1990a). Developmental shifts in Oedipal behaviors related to family role understanding. *New Directions for Child Development, 48,* 29–48.

Watson, M. W., & Getz, K. (1990b). The relationship between Oedipal behaviors and children's family role concepts. *Merrill-Palmer Quarterly, 36,* 487–506.

Waxman, S. R., & Kosowski, T. D. (1990). Nouns mark category relations: Toddlers' and preschoolers' word-learning biases. *Child Development, 61,* 1461–1473.

Webb, R., Lubinski, D., & Benbow, C. (2002). Mathematically facile adolescents with math-science aspirations: New perspectives on their educational and vocational development. *Journal of Educational Psychology, 94,* 785–794.

Webster-Stratton, C., & Hammond, M. (1988). Maternal depression and its relationship to life stress, perceptions of child behavior problems, parenting behaviors and child conduct problems. *Journal of Abnormal Child Psychology, 16,* 299–315.

Webster-Stratton, C., & Reid, M. (2003). Treating conduct problems and strengthening social and emotional competence in young children: The dina dinosaur treatment program. *Journal of Emotional & Behavioral Disorders, 11,* 130–143.

Wechsler, D. (1974). *Manual for the Wechsler Intelligence Scale for Children–Revised.* New York: Psychological Corp.

Weimer, B., Kerns, K., & Oldenburg, C. (2004). Adolescents' interactions with a best friend: Associations with attachment style. *Journal of Experimental Psychology, 88,* 102–120.

Weinberg, R. A. (1989). Intelligence and IQ: Landmark issues and great debates. *American Psychologist, 44,* 98–104.

Weinfield, N., & Egeland, B. (2004). Continuity, discontinuity, and coherence in attachment from infancy to late adolescence: Sequelae of organization and disorganization. *Attachment & Human Development, 6,* 73–97.

Weisner, T. S. (1984). Ecocultural niches of middle childhood: A cross-cultural perspective. In W. A. Collins (Ed.), *Development during middle childhood: The years from six to twelve* (pp. 335–369). Washington, DC: National Academy Press.

Weiss, L. H., & Schwarz, J. C. (1996). The relationship between parenting types and older adolescents' personality, academic achievement, adjustment, and substance use. *Child Development, 67,* 2101–2114.

Welch-Ross, M. (1997). Mother-child participation in conversation about the past: Relationships to preschoolers' theory of mind. *Developmental Psychology, 33,* 618–629.

Wellman, H. M., & Hickling, A. K. (1994). The mind's "I": Children's conception of the mind as an active agent. *Child Development, 65,* 1564–1580.

Wentzel, K. R., & Asher, S. R. (1995). The academic lives of neglected, rejected, popular, and controversial children. *Child Development, 66,* 754–763.

Wenz-Gross, M., Siperstein, G., Untch, A., & Widaman, K. (1997). Stress, social support, and adjustment of adolescents in middle school. *Journal of Early Adolescence, 17,* 129–151.

Werker, J. F., & Desjardins, R. N. (1995). Listening to speech in the first year of life: Experiential influences on phoneme perception. *Current Directions in Psychological Science, 4,* 76–81.

Werker, J. F., Pegg, J. E., & McLeod, P. J. (1994). A cross-language investigation of infant preference for infant-directed communication. *Infant Behavior and Development, 17,* 323–333.

Werker, J. F., & Tees, R. C. (1984). Cross-language speech perception: Evidence for perceptual reorganization during the first year of life. *Infant Behavior and Development, 7,* 49–63.

Werker, J. F., & Tees, R. C. (2005). Speech perception as a window for understanding plasticity and commitment in language systems of the brain. *Developmental Psychobiology, 46,* 233–234.

Werner, E. E. (1986). A longitudinal study of perinatal risk. In D. C. Farran & J. D. McKinney (Eds.), *Risk in intellectual and psychosocial development* (pp. 3–28). Orlando, FL: Academic Press.

Werner, E. E. (1993). Risk, resilience, and recovery: Perspectives from the Kauai Longitudinal Study. *Development and Psychopathology, 5,* 503–515.

Werner, E. E. (1995). Resilience in development. *Current Directions in Psychological Science, 4,* 81–85.

Werner, E. E., & Smith, R. (2001). *Journeys from childhood to mid-life: Risk, resilience, and recovery.* Ithaca, NY: Cornell University Press.

Werner, L. A., & Gillenwater, J. M. (1990). Pure-tone sensitivity of 2- to 5-week-old infants. *Infant Behavior and Development, 13,* 355–375.

West, P., Sweeting, H., & Ecob, R. (1999). Family and friends' influences on the uptake of regular smoking from mid-adolescence to early adulthood. *Addiction, 97,* 1397–1411.

Wetzel, N., Widmann, A., Berti, S., & Schröger, E. (2006). The development of involuntary and voluntary attention from childhood to adulthood: A combined behavioral and event-related potential study. *Clinical Neurophysiology, 117,* 2191–2203.

White, K. S., Bruce, S. E., Farrell, A. D., & Kliewer, W. L. (1997, April). *Impact of exposure to community violence on anxiety among urban adolescents: Family social support as a protective factor.* Artigo apresentado no encontro bianual da Society for Research in Child Development, Washington, DC.

White, M., & Glick, J. (2000). Generation status, social capital, and the routes out of high school. *Sociological Forum, 15,* 671–691.

Whitehurst, G. J. (1995, April). *Levels of reading readiness and predictors of reading success among children from low-income families.* Artigo apresentado no encontro bianual da Society for Research in Child Development, Indianapolis.

White-Traut, R., Nelson, M., Silvestri, J., Vasan, U., Littau, S., Meleedy-Rey, P., Gu, G., & Patel, M. (2002). Effect of auditory, tactile, visual, and vestibular intervention on length of stay, alertness, and feeding progression in preterm infants. *Developmental Medicine and Child Neurology, 44,* 91–97.

Whitfield, J. (2007). Semi-identical twins discovered. *Nature, 13,* 520–521.

Wicks-Nelson, R., & Israel, A. (1997). *Behavior disorders of childhood.* Upper Saddle River, NJ: Prentice-Hall.

Wiehe, V. (2003). Empathy and narcissism in a sample of child abuse perpetrators and a comparison sample of foster parents. *Child Abuse & Neglect, 27,* 541–555.

Wiesner, M., Kim, H., & Capaldi, D. (2005). Developmental trajectories of offending: Validation and prediction to young adult alcohol use, drug use, and depressive symptoms. *Development and Psychopathology, 17,* 251–270.

Wigfield, A., Eccles, J. S., MacIver, D., Reuman, D. A., & Midgley, C. (1991). Transitions during early adolescence: Changes in children's domain-specific self-perceptions and general self-esteem across the transition to junior high school. *Developmental Psychology, 27,* 552–565.

Williams, J E.., & Best, D. L.. (1994). Cross-cultural views of women and men. In W. Lonner & R. Malpass (Eds.), *Psychology and culture* (pp. 191–201). Boston: Allyn & Bacon.

Williams, J. E., & Best, D. L. (1990). *Measuring sex stereotypes: A multination study* (rev. ed.). Newbury Park, CA: Sage.

Williams, W. (1998). Are we raising smarter children today? School and home related influences on IQ. In U. Neisser (Ed.), *The rising curve: Long-term gains in IQ and related measures* (pp. 125–154). Washington, DC: American Psychological Association.

Williams, W. M., & Ceci, S. J. (1997). Are Americans becoming more or less alike? Trends in race, class, and ability differences in intelligence. *American Psychologist, 52,* 1226–1235.

Willinger, M., Hoffman, H. J., & Hartford, R. B. (1994). Infant sleep position and risk for sudden infant death syndrome: Report of meeting held January 13 and 14, 1994, National Institutes of Health, Bethesda, MD. *Pediatrics, 93,* 814–819.

Wilson, M. N. (1986). The black extended family: An analytical consideration. *Developmental Psychology, 22,* 246–258.

Wilson, M. N. (1989). Child development in the context of the black extended family. *American Psychologist, 44*, 380–385.

Wilson, W. J. (1995). Jobless ghettos and the social outcome of youngsters. In P. Moen, G. H. Elder, Jr., & K. Lüscher (Eds.), *Examining lives in context: Perspectives on the ecology of human development* (pp. 527–543). Washington, DC: American Psychological Association.

Winfield, L. F. (1995). The knowledge base on resilience in African-American adolescents. In L. J. Crockett & A. C. Crouter (Eds.), *Pathways through adolescence* (pp. 87–118). Mahwah, NJ: Erlbaum.

Wolpe, J. (1958). *Psychotherapy by reciprocal intuition*. Stanford, CA: Stanford University Press.

Wonderlich, S., Crosby, R., Mitchell, J., Thompson, K., Redlin, J., Demuth, G., Smith, J., & Haseltine, B. (2001). Eating disturbance and sexual trauma in childhood and adulthood. *International Journal of Eating Disorders, 30*, 401–412.

Wong, C., & Tang, C. (2004). Coming out experiences and psychological distress of Chinese homosexual men in Hong Kong. *Archives of Sexual Behavior, 33*, 149–157.

Wong, D. (1993). *Whaley & Wong's essentials of pediatric nursing*. St. Louis, MO: Mosby-Yearbook, Inc.

Wood, C., & Terrell, C. (1998). Pre-school phonological awareness and subsequent literacy development. *Educational Psychology, 18*, 253–274.

Wood, D. J., Bruner, J. S., & Ross, G. (1976). The role of tutoring in problem solving. *Journal of Child Psychology and Psychiatry, 17*, 89–100.

Woodward, A. L., & Markman, E. M. (1998). Early word learning. In W. Damon (Ed.), *Handbook of child psychology: Vol. 2. Cognition, perception, and language* (5th ed., pp. 371–420). New York: Wiley.

Woodward, S., McManis, M., Kagan, J., Deldin, P., Snidman, N., Lewis, M., & Kahn, V. (2001). Infant temperament and the brainstem auditory evoked response in later childhood. *Developmental Psychology, 37*, 533–538.

Worrell, F. (1997). Predicting successful or non-successful at-risk status using demographic risk factors. *High School Journal, 81*, 46–53.

Wozniak, J., Biederman, J., Kwon, A., Mick, E., Faraone, S., Orlovsky, K., Schnare, L., Cargol, C., & van Grondelle, A. (2005). How cardinal are cardinal symptoms in pediatric bipolar disorder? An examination of clinical correlates. *Biological Psychiatry, 58*, 583–588.

Wright, J., Huston, A., Murphy, K., St. Peters, M., Pinon, M., Scantlin, R., & Kotler, J. (2001). The relations of early television viewing to school readiness and vocabulary of children from low-income families: The early window project. *Child Development, 72*, 1347–1366.

Wright, K., Fineberg, D., Brown, K., & Perkins, A. (2005). Theory of mind may be contagious, but you don't catch it from your twin. *Child Development, 76*, 97–106.

Wright, V., Schieve, L., Reynolds, M., & Jeng, G. (2005). Assisted reproductive technology surveillance—United States, 2002. *Morbidity & Mortality Weekly Report, 54*, 1–24.

Wyatt, J., & Carlo, G. (2002). What will my parents think? Relations among adolescents' expected parental reactions, prosocial moral reasoning and prosocial and antisocial behaviors. *Journal of Adolescent Research, 17*, 646–666.

Xia, G., & Qian, M. (2001). The relationship of parenting style to self-reported mental health among two subcultures of Chinese. *Journal of Adolescence, 24*, 251–260.

Xie, H., Cairns, R., & Cairns, B. (1999). Social networks and configurations in inner-city schools: Aggression, popularity, and implications for students with EBD. *Journal of Emotional & Behavioral Disorders, 7*, 147–155.

Yamada, A., & Singelis, T. (1999). Biculturalism and self-construal. *International Journal of Intercultural Relations, 23*, 697–709.

Yirmiya, N., & Shulman, C. (1996). Seriation, conservation, and theory of mind abilities in individuals with autism, individuals with mental retardation, and normally developing children. *Child Development, 67*, 2045–2059.

Yonas, A. (1981). Infants' responses to optical information for collision. In R. Aslin, J. R. Alberts, & M. R. Peterson (Eds.), *Development of perception: Vol. 2. From perception to cognition* (pp. 80–122). Orlando, FL: Academic Press.

Young, A. (1997). I think, therefore I'm motivated: The relations among cognitive strategy use, motivational orientation and classroom perceptions over time. *Learning & Individual Differences, 9*, 249–283.

Young, M., & Bradley, M. (1998). Social withdrawal: Self-efficacy, happiness, and popularity in introverted and extroverted adolescents. *Canadian Journal of School Psychology, 14*, 21–35.

Young, T., Turner, J., Denny, G., & Young, M. (2004). Examining external and internal poverty as antecedents of teen pregnancy. *American Journal of Health Behavior, 28*, 361–373.

Zahn-Waxler, C., & Radke-Yarrow, M. (1982). The development of altruism: Alternative research strategies. In N. Eisenberg (Ed.), *The development of prosocial behavior* (pp. 109–138). New York: Academic Press.

Zahn-Waxler, C., Radke-Yarrow, M., & King, R. (1979). Child rearing and children's prosocial initiations toward victims of distress. *Child Development, 50*, 319–330.

Zahn-Waxler, C., Radke-Yarrow, M., Wagner, E., & Chapman, M. (1992). Development of concern for others. *Developmental Psychology, 28*, 125–136.

Zajonc, R., & Sulloway, F. (2007). The confluence model: Birth order as a within-family or between-family dynamic? *Personality and Social Psychology Bulletin, 33*, 1187–1194.

Zakriski, A., & Coie, J. (1996). A comparison of aggressive-rejected and nonaggressive-rejected children's interpretation of self-directed and other-directed rejection. *Child Development, 67*, 1948–2070.

Zamboni, B. (2006). Therapeutic considerations in working with the family, friends, and partners of transgendered individuals. *The Family Journal, 14*, 174–179.

Zametkin, A. J., Nordahl, T. E., Gross, M., King, A. C., Semple, W. E., Rumsey, J., Hamburger, S., & Cohen, R. M. (1990). Cerebral glucose metabolism in adults with hyperactivity of childhood onset. *New England Journal of Medicine, 323*, 1361–1366.

Zani, B. (1993). Dating and interpersonal relationships in adolescence. In S. Jackson & H. Rodrigues-Tomé (Eds.), *Adolescence and its social worlds* (pp. 95–119). Hove, England: Erlbaum.

Zaslow, M. J., & Hayes, C. D. (1986). Sex differences in children's responses to psychosocial stress: Toward a cross-context analysis. In M. E. Lamb, A. L. Brown, & B. Rogoff (Eds.), *Advances in developmental psychology* (Vol. 4, pp. 285–338). Hillsdale, NJ: Erlbaum.

Zeanah, C., & Fox, N. (2004). Temperament and attachment disorders. *Journal of Clinical Child & Adolescent Psychology, 33*, 32–41.

Zelazo, N. A., Zelazo, P. R., Cohen, K., & Zelazo, P. N. (1993). Specificity of practice effects on elementary neuromotor patterns. *Developmental Psychology, 29*, 686–691.

Zelazo, P. D., Helwig, C. C., & Lau, A. (1996). Intention, act, and outcome in behavioral prediction and moral judgment. *Child Development, 67*, 2478–2492.

Zelazo, P. R., Zelazo, N. A., & Kolb, S. (1972). "Walking" in the newborn. *Science, 176*, 314–315.

Zeskind, P. S., & Barr, R. G. (1997). Acoustic characteristics of naturally occurring cries of infants with "colic." *Child Development, 68*, 394–403.

Zeskind, P. S., & Ramey, C. T. (1981). Preventing intellectual and interactional sequelae of fetal malnutrition: A longitudinal, transactional, and synergistic approach to development. *Child Development, 52*, 213–218.

Zhang, R., & Yu, Y. (2002). A study of children's coordinational ability for outcome and intention information. *Psychological Science (China), 25*, 527–530.

Zigler, E., & Finn-Stevenson, M. (1993). *Children in a changing world: Developmental and social issues.* Pacific Grove, CA: Brooks/Cole.

Zigler, E. F., & Hodapp, R. M. (1991). Behavioral functioning in individuals with mental retardation. *Annual Review of Psychology, 42*, 29–50.

Zigler, E. F., & Styfco, S. J. (1993). Using research and theory to justify and inform Head Start expansion. *Social Policy Report, Society for Research in Child Development, 7*(2), 1–21.

Zill, N., Moore, K. A., Smith, E. W., Stief, T., & Coiro, M. J. (1995). The life circumstances and development of children in welfare families: A profile based on national survey data. In P. L. Chase-Lansdale & J. Brooks-Gunn (Eds.), *Escape from poverty: What makes a difference for children?* (pp. 39–59). Cambridge, England: Cambridge University Press.

Zill, N., & Nord, C. W. (1994). *Running in place: How American families are faring in a changing economy and an individualistic society.* Washington, DC: Child Trends.

Zimmerman, M., Copeland, L., Shope, J., & Dielman, T. (1997). A longitudinal study of self-esteem: Implications for adolescent development. *Journal of Youth & Adolescence, 26*, 117–141.

Zimmermann, P. (2004). Attachment representations and characteristics of friendship relations during adolescence. *Journal of Experimental Child Psychology, 88*, 83–101.

Zoccolillo, M. (1993). Gender and the development of conduct disorder. *Development and Psychopathology, 5*, 65–78.

Zoghbi, H. (2003). Postnatal neurodevelopmental disorders. *Science, 302*, 826–830.

Zola, S., & Squire, L. (2003). Genetics of childhood disorders: Learning and memory: Multiple memory systems. *Journal of the American Academy of Child & Adolescent Psychiatry, 42*, 504–506.

Zuloaga, D., Puts, D., Jordan, C., & Breedlove, S. (2008). The role of androgen receptors in the masculinization of brain and behavior: What we've learned from the testicular feminization mutation. *Hormones and Behavior, 53*, 613–626.

Créditos das Fotos

25: © Andersen Ross/Getty Images/Blend Images
27: Archives of the History of American History, Akron, OH
28: (à esquerda) © Pablo Paul/Alamy; (à direita) © David Young-Wolff/PhotoEdit
30: © David Young-Wolff/PhotoEdit
33: © Robert Nickelsberg/Getty Images
35: (acima à esquerda) © Michael Krasowitz/Taxi/Getty Images; (acima à direita) © Mel Yates/Taxi/Getty Images; (abaixo) © Liane/ Superstock
37: © Wayne Ford
40: © Ken Hayman/Stockphoto.com
41: © Andersen Ross/Getty Images/Blend Images
46: © Laura Dwight Photography
50: © Jeremy Horner/Corbis
54: © Saturn Stills/SPL/Photo Researchers, Inc.
56: (acima) Cortesia de Lisa McClellan; (abaixo) © Leroy Francis/SPL/Photo Researchers, Inc.
62: (de cima para baixo) © Motta & Van Blerkon/Photo Researchers, Inc.; © Lennart Nilsson/A Child is Born/Bonnierforlagen AB; © Claude Edelmann/Photo Researchers, Inc.; © Petit Format/Photo Researchers, Inc.; © James Stevenson/Photo Researchers, Inc.; © Petit Format/Photo Researchers, Inc.
65: (acima) Cortesia de Dr. Oliver Walusinski, www.yawning.info; (abaixo) Reimpresso com permissão de Anderson Publishing Ltd. De Brown, S.D., Estroff, J.A., & Barnewolt, C.E. (2004). Fetal MRI. *Applied Radiology*, 33(2), pp. 9–25, Fig. 2, Copyright © Anderson Publishing Ltd.
70: © Saturn Stills/SPL/Photo Researchers, Inc.
71: © moodboard/Alamy
75: (à esquerda) © George Steinmetz Photography; (à direita) © George Steinmetz Photography
83: © Elizabeth Crews/The Image Works
84: AP Images/Loyola University Health System, HO
85: © RIA Novosti /Topham /The Image Works
86: (acima) © David Young-Wolff/Alamy; (abaixo) © Suzanne Arms/The Image Works
91: © ERproductions Ltd/Getty Images/Blend Images
92: (acima) © Elizabeth Crews/The Image Works; (abaixo) © Laura Dwight Photography
97: © Elizabeth Crews/The Image Works
100: (à esquerda) © Laura Dwight Photography; (à direita) © Laura Dwight Photography
101: © Lynne J. Weinstein/Woodfin Camp & Associates
103: © Richard Meats/Getty Images/Stone
109: © Jack Hollingsworth/Getty Images/Photodisc
110: © Zena Holloway/Getty Images/Taxi
120: (da esquerda para a direita) © Laura Dwight Photography; © Jack Hollingsworth Getty Images/Photodisc; © Jose Luis Pelaez/Getty Images/Iconica
122: © Journal-Courier/Steve Warmowski /The Image Works
127: © V.C.L./Taxi/Getty Images
131: © Ed Quinn/Corbis
133: © Jose Luis Pelaez, Inc./Blend Images/Corbis
135: © Digital Vision/Alamy
145: © Michael Newman/PhotoEdit
147: © Ellen Senisi /The Image Works
149: © Michael Newman/PhotoEdit

151: Steiner, J.E., "Human Facial Expressions in Response to Taste and Smell Stimulation," em *Advances in Child Development and Behavior*, Vol. 13, H.W. Reese and L.P. Lipsitt, eds. © 1979 por Academic Press. Com permissão.
152: © Elizabeth Crews Photography
153: © Mark Richards/PhotoEdit
156: © Ariel Skelley/Blend/photolibrary
157: © David Young-Wolff/PhotoEdit
160: © Ruth Jenkinson/Getty Images/Dorling Kindersley
161: © Jorgen Schytte/Peter Arnold Inc.
163: Cortesia de Paul Ekman
166: © Bob Daemmrich/The Image Works
168: © Ellen B. Senisi/The Image Works
172: © Elizabeth Crews/The Image Works
173: © Carolyn Rovee-Collier
174: © Ericka McConnell/Taxi/Getty Images
179: (acima) © Sean Sprague/The Image Works; (abaixo) © David Young-Wolff/PhotoEdit
183: © Derke/O'Hara/Stone/Getty Images
186: © Elizabeth Crews/The Image Works
197: © Bob Daemmrich/The Image Works
200: © Albert Fanning/The Image Works
205: © Laura Dwight/PhotoEdit
206: © Ellen Senisi/The Image Works
207: © Peter Hvizdak/The Image Works
211: © Albert Fanning/The Image Works
213: © Paul Conklin/PhotoEdit
218: © Cindy Charles/PhotoEdit
224: © Mike Greenlar/Syracuse Newspapers/The Image Works
227: © Creatas/Photolibrary
228: H.S. Terrace/Anthro-Photo File
229: © Larry Williams/Corbis
233: (acima) © Creatas/Photolibrary; (abaixo) © F. Hache/Explorer/Photo Researchers, Inc.
235: © David Young-Wolff/PhotoEdit
239: © S. Villager/Explorer/Photo Researchers, Inc.
245: © Larry Mangino/The Image Works
246: © Ellen B. Senisi
249: © Michael Newman/PhotoEdit
253: © Laura Dwight/PhotoEdit
256: © Don Mason/Corbis
258: © Laura Dwight/PhotoEdit
260: © Joshua Zuckerman/Workbook Stock/Jupiter Images
262: © Geri Enberg/The Image Works
264: © SW Productions/Photodisc/Getty Images
266: © Peter Beck/Corbis
270: © Ellen B. Senisi/The Image Works
272: © Eric Fowke/PhotoEdit
279: AP Images/Paul Battaglia
281: © Camille Tokerud/Getty Images/Stone
285: © Bob Daemmrich/PhotoEdit
286: © Jeff Greenberg/The Image Works
289: (acima) © Bananastock/Superstock; (abaixo) © Bob Daemmrich/PhotoEdit
292: © Michael Newman/PhotoEdit

294: © Myrleen Ferguson Cate/PhotoEdit
296: © Laura Dwight Photography
299: © Robert W. Ginn/Index Stock/Jupiter Images
300: AP Images/Paul Battaglia
306: © Gary Conner/Jupiter Images
307: © James Marshall/The Image Works
310: © UpperCut Images/Alamy
311: © Laura Dwight/Creative Eye/MIRA.com
312: © Myrleen Ferguson Cate/PhotoEdit
313: © Lisette Le Bon/Superstock
317: © Gary Conner/Jupiter Images
318: © age fotostock/Superstock
321: © Ellen B. Senisi/The Image Works
323: © Whitaker, Ross/Image Bank/Getty Images
324: © Mark Hall/Getty Images/Taxi
326: (acima) © Spencer Grant/PhotoEdit; (abaixo) © Image Source/Superstock
330: © Bob Daemmrich/The Image Works
336: © Tom Prettyman/PhotoEdit
339: © David Young-Wolff/PhotoEdit
342: © David Young-Wolff/PhotoEdit
344: (à esquerda) © Tom Prettyman/PhotoEdit; (à direita) © David Grossman/The Image Works
351: © Kuttig-People/Alamy
352: © Kapoor Baldev/Sygma/Corbis
356: © Esbin-Anderson/The Image Works
360: © Asia Images Group/photolibrary
362: AP Images
363: © Asia Images Group/photolibrary
368: © Bonnie Kamin/PhotoEdit
373: © Will & Deni McIntyre/Photo Researchers, Inc.
375: © Yvan Dubé/Alamy
376: © Bill Bachmann/PhotoEdit
377: © GoGo Images Corporation/Alamy
379: (acima) © Michael Newman/PhotoEdit ; (abaixo) © Cindy Charles/PhotoEdit

381: (à esquerda) © David Young-Wolff/PhotoEdit; (à direita) © Bob Daemmrich/The Image Works
382: © Robert Giroux/Getty Images
385: © Bob Daemmrich/The Image Works
387: © Dennis MacDonald/PhotoEdit
395: © Chris Ware/The Image Works
399: © Barros & Barros/Image Bank/Getty Images
400: © David Young-Wolff/PhotoEdit
401: © Bob Daemmrich/The Image Works
402: © Will Hart/PhotoEdit
404: © Corbis/SuperStock
406: © Bob Daemmrich/The Image Works
410: © Mark Ludak/The Image Works
412: © Reuters/Chip East/Landov
413: © The Record/MCT/Landov
414: © Tony Freeman/PhotoEdit
416: © JUPITERIMAGES/Creatas/Alamy
420: © Laura Dwight Photography
422: © Esbin Anderson/The Image Works
424: © David Young-Wolff/PhotoEdit
428: © David Young-Wolff/PhotoEdit
431: © Thinkstock/Superstock
433: © Jocelyn Lee
434: © keith morris/Alamy
440: © Ellen B. Senisi/The Image Works
441: © Dal Bayles/The New York Times/Redux
443: © age fotostock/Superstock
446: © Laura Dwight Photography
450: © Lisette Le Bon/Superstock
452: © Laura Dwight Photography
456: © Ben Blankenburg/Corbis
459: © Lisette Le Bon/Superstock
463: © Spencer Grant/PhotoEdit
464: © David Young-Wolff/PhotoEdit
466: © Elizabeth Crews/The Image Works
468: © Ellen B. Senisi
472: © Bruce Robertson/Photo Researchers, Inc.

Índice Onomástico

Abbott, R., 248
Abdel-Khalek, A., 212
Abdelrahman, A., 140-141
Abe, J., 156, 283
Abela, J., 425
Abelson, R., 338
Aber, J. L., 409
Aboud, F. E., 289, 297, 339
Abramovitch, R., 328
Abrams, D., 138
Accardo, P., 68
Achenbach, T., 424
Adab, N., 73
Adachi, M., 156
Adam, E., 320
Adams, G. R., 288
Adams, M. J., 246, 247
Addison, T., 156
Addy, R., 128
Adelman, W., 124, 125
Adesman, A. R., 70
Adler, S., 172
Adolph, K., 97
Adolph, K. E., 29
Agnew, J., 248
Ahadi, S., 255, 261
Ahmed, E., 332
Aihara, M., 112
Aiken, L., 224
Ainsworth, M., 307, 308, 311, 315, 316, 333
Ainsworth, M. D. S., 316, 367
Akhtar, N., 242
Aksan, N., 283, 343, 347
Aksu-Koc, A. A., 245
Alan Guttmacher Institute, 130
Alansky, J., 318
Albers, L., 87
Alexander, K., 396
Alford, K., 290
Aligne, C., 75
Allen, C., 74
Allen, J., 315, 322-323
Allen, M., 249
Allesandri, S. M., 282
Alleva, E., 87
Allik, J., 258
Al Otaiba, S., 246
Alsaker, F., 293
Alspaugh, J., 397, 398
Alt, M., 244
Altwerger, B., 247
Álvarez, J., 371
Alwin, J., 389

Amatea, E., 375
Amato, P. R., 68, 69, 71, 379, 409
Amato, S., 60, 77
Ambert, A., 378
Ambridge, B., 196
Ambuel, B., 129
American Academy of Pediatrics (AAP), 102, 103, 104
American College of Obstetricians and Gynecologists (ACOG), 73, 85, 87, 89
American Demographics, 403
American Psychiatric Association, 434
American Psychological Association, 415
Amso, D., 91, 92
Anastasia, M. L., 91
Anderman, E., 397, 398
Anderman, L., 398
Anderson, C., 405
Anderson, F., 367
Anderson, M., 221
Anderson, R., 249
Anderson, S., 125
Andersson, B., 389
Andonotopo, W., 64, 65, 67
Andreou, E., 332
Andresen, J., 207
Andreucci, C., 175
Andrews, G., 185
Angelini, L., 194
Anglin, J., 234, 238
Angold, A., 126-127
Anisfeld, M., 174
Anker, M., 104
Annett, M., 117
Anteunis, I., 148
Anthony, J., 246
Antonishak, J., 323
Aoki, S., 112
Apgar, V., 89
Araki, T., 112
Aranha, M., 322-323
Arcus, D., 256
Ardila-Rey, A., 298
Arendt, R., 76
Armbruster, B., 247
Armstrong, M., 139
Armstrong, T., 343, 355
Arndt, C., 130
Arnold, G., 69
Arnold, M., 354

Aronson, J., 216
Aronson, S., 382
Arterberry, M., 146, 153
Asendorpf, J., 258
Ashby, J., 267
Asher, S., 344
Asher, S. R., 322-323
Ashiabi, G., 138
Ashmead, D., 294
Aslin, R., 30-31, 150
Aslin, R. N., 241
Associated Press, 83
Astington, J., 178, 457
Astington, J. W., 177, 195
Atkinson, J., 106, 107
Augustyn, M., 76
Austin, M., 429
Austin, S., 130
Austin, W., 380
Avis, J., 179
Azumendi, G., 64, 65, 67

Bachman, H., 394
Bachman, J., 139, 140-141, 400
Bachorowski, J., 162
Baer, J., 75, 76
Bagwell, C. L., 320-322
Bahrick, L., 156, 162
Bai, J., 74
Bailey, B., 407
Bailey, J., 130, 131, 377
Bailey, S., 378
Baillargeon, R., 159, 172
Bakeman, R., 327
Baker, C., 298
Baker, D., 286
Baker, E., 246
Baker, S., 258
Baldessarini, R., 435
Baldwin, D., 163
Ball, E., 246
Bandura, A., 41, 263-265, 281, 299, 348, 404
Bank, L., 457
Barbaranelli, C., 265
Barber, B., 326, 379
Barcelo, H., 331
Barenboim, C., 340
Barker, E., 100
Barkley, R., 425
Barner, J., 429
Barnes, H., 369
Barnett, D., 134
Barnett, W. S., 213

Barnewolf, C., 65
Baron-Cohen, S., 66
Barr, H., 75, 76
Barresi, J., 72
Barrett, G. V., 402
Barrow, F., 139
Barry, D., 416
Bartels, M., 206, 333
Barth, R., 74
Bartlett, E., 233, 234
Bartley, M., 366
Basham, P., 402, 403
Basham, R. B., 382
Basinger, K., 363
Baskirk, A., 337
Bass, E., 98
Basso, G., 405
Bates, E., 229-233, 235, 244, 245, 453
Bates, J., 255, 322-323, 389
Bates, J. E., 263, 322-323, 366, 391, 408
Bathurst, K., 381, 442
Batterson, V., 148
Bauman, A., 74
Baumeister, A., 439
Baumeister, R., 431
Baumgardner, J., 404
Bauminger, N., 319
Baumrind, D., 368, 370
Baydar, N., 217
Bayley, N., 204, 205
Bear, G. C., 354
Beardslee, W., 424
Bearinger, L., 132
Beauchaine, T., 424
Beautrais, A., 465
Beaver, K., 87
Bechtoldt, H., 404, 405
Bee, H. L., 206
Beeghly-Smith, M. H., 453
Beer, J., 219
Behrend, D., 233
Behunin, M., 319
Beilfuss, M. L., 328
Beilstein, C., 219
Beintema, D., 94
Beitel, M., 416
Belgrave, F., 411
Bell, C. C., 410
Bell, D. C., 368
Bell, L. G., 368
Bell, M., 116
Bellugi, U., 236

Belsky, J., 309, 362, 388
Bem, S. L., 296, 300-302
Benbow, C., 220
Bender, B. G., 71
Bendersky, M., 76
Benenson, B., 409
Benenson, J. F., 321-322
Bennett, A., 444
Bennett, C., 276
Bennett, M., 297, 298
Benoit, D., 320
Benson, B., 130
Berch, D. B., 71
Berenbaum, S., 295, 296, 301-302
Berger, L., 382
Berger, S., 97
Bergman, I., 69
Berk, L. E., 239
Berlin, L. J., 316
Berman, R., 113
Bernal, M. E., 415
Bernard, M., 416
Bernardo, A., 250
Berndt, T. J., 230-321, 325, 344, 465
Berninger, V., 114, 247
Berthier, N., 160
Berti, S., 114
Bertrand, J., 235
Best, C., 178
Best, D., 297
Best, K. M., 411
Betancourt, L., 76
Bettinger, T., 429
Bettner, B., 328
Beyers, W., 189
Bezman, R. J., 428
Bezruczko, N., 396
Bhadha, B., 290
Bhatt, R. S., 172
Bhullar, N., 321-322
Bialystok, E., 249
Bickhard, M. H., 29
Biederman, J., 426, 427
Bierman, K., 366
Bigelow, B., 344, 345
Bigler, R., 298, 301-302
Bigler, R. S., 339
Bilalic, M., 258
Bimbi, D., 327
Binet, A., 201
Birch, D., 130
Birch, E., 151-152
Biringen, A., 315
Birney, D., 38, 205, 206, 208, 220
Birns, B., 211
Bischoff, R., 140-141
Biswas, M. K., 87
Bivens, J. A., 239
Bjorklund, D. F., 172, 194, 197, 222
Black, J. E., 113, 453
Black, K. N., 244
Blair, C., 393, 394, 438

Blair, S. L., 381
Blake, I. K., 253
Blandon-Gitlin, I., 339
Blatt, S., 273
Blatt-Eisengart, I., 372
Block, J., 293, 371
Bloemers, E., 347
Bloom, K., 228, 236, 237
Bloom, L., 229, 239, 253
Blum, R., 130, 132
Blumenthal, J., 112
Boaz, M., 439
Bobek, C., 28, 274
Boden, J., 431
Boehnke, K., 355
Boergers, J., 436
Bogels, S., 314
Boggio, V., 151-152
Boisjoly, J., 382
Boivin, M., 100, 331
Bolger, K., 409
Bonde, E., 379
Bong, M., 286
Bookstein, F., 76
Boom, J., 363
Boomsma, D., 30, 206, 208, 209, 214, 333
Boothroyd, R., 139
Boripunkul, T., 411
Borkowski, M., 133
Born, A., 288
Bornstein, M., 68, 146, 150, 153, 244, 312
Bornstein, M. H., 153, 367
Boscardin, C., 246
Bost, K., 310
Bostwick, J., 280, 302-303
Bosworth, R., 151-152
Bouchard, T. J., Jr., 209
Bougie, E., 250
Boulerice, B., 379, 401
Boulton, T., 136
Bowen, J., 91
Bower, B., 116
Bower, T., 158
Bowerman, M., 238, 242
Bowey, J. A., 246
Bowker, A., 324
Bowlby, J., 307, 308, 310, 311, 313, 318, 333, 453
Bowlby, R., 388
Bowler, D., 177
Bowyer, J., 96
Boyd, D. R., 351
Boyle, M. H., 331
Bracken, B., 291
Bradbury, K., 379
Bradley, B., 192
Bradley, I. L., 246
Bradley, M., 267
Bradley, R. H., 34, 454, 471
Bradmetz, J., 397
Braithwaite, V., 332
Bramlett, R., 246

Brand, R., 121
Brand, S., 293
Brandon, P., 391
Brannon, C., 405
Braun, L., 327
Braver, S., 379, 380
Bray, N. W., 437
Brazelton, T. D., 89
Breed, L., 299
Breedlove, S., 302-303
Breitmayer, B. J., 471
Brendgen, M., 100, 333
Brennan, F., 246
Brent, M., 231
Bretherton, I., 309, 453, 454
Breyer, J., 140
Bridgeland, J., 402
Bridges, M., 378
Bright, S., 189
Bright-Paul, A., 191
Brinkman, J., 177
Briones, T., 29
Broberg, A. G., 389
Brobow, D., 377
Brockington, I., 76, 77, 80
Brodsky, N., 76
Brody, G. H., 328, 396
Brody, N., 207, 208, 215, 216
Broman, S. H., 210, 439
Bromley, D. B., 338, 339, 340
Bronfenbrenner, U., 32, 362, 386
Bronson, G. W., 150
Brook, J., 315, 409
Brook, U., 439
Brooks-Gunn, J., 126-127, 376, 381, 408-410, 460, 463
Brosnan, M., 219
Broverman, D., 297
Broverman, I. K., 297
Brower, S., 374
Brown, A. L., 72, 194, 221, 329, 437
Brown, B. B., 325, 326, 373
Brown, G., 310
Brown, K., 178
Brown, M., 264
Brown, N., 375
Brown, R., 219, 236, 237, 240, 253
Brown, S., 65
Brown, W., 71
Brownell, C. A., 176
Brownell, K. D., 432
Bruce, J., 134
Bruce, S. E., 409
Bruck, M., 191
Bruininks, R. H., 446
Bruner, J. S., 38
Bryant, P. E., 246
Bryce, J., 104
Bryden, P., 117
Buchanan, C. M., 380
Buchman, D., 405
Buckley, J., 439
Buhrmester, D., 324, 325, 328

Buitelaar, J., 66
Buka, S., 138
Bukowski, W. M., 327, 331
Bulevich, J., 190
Bulik, C., 433
Bullinger, A., 151
Bunch, K., 185
Bundy, D., 222
Burchinal, M., 213, 214
Burgdord, L., 429
Burgeson, R., 462
Burgess, K., 257, 283
Burgess, S., 130, 137, 138, 246, 407
Buriel, R., 310, 366, 374, 376, 380-382, 412, 414, 415
Burkham, D. T., 375
Burklow, K., 128
Burman, B., 366
Burn, S., 300-301
Burns, B., 428
Burns, K., 91
Bursuck, W., 444, 446
Burt, S., 364
Burts, D., 339
Bus, A., 246
Bushman, B., 405, 431
Bushnell, I., 154
Busnel, M., 67
Busner, C., 437
Buss, A. H., 255, 256, 262
Bussey, K., 299
Butterfield, S., 119
Buzi, R., 127
Bybee, D., 290

Cabrera, N., 211
Cairns, B., 331
Cairns, R., 331, 469
Calamandrei, G., 87
Caldera, Y., 312
Calhoun, S., 435, 437, 442
Calkins, S., 261, 295
Call, K., 400
Callaghan, T., 179, 180
Callahan, K., 398
Calleja, M., 250
Caltagirone, C., 178
Calvert, S., 404
Camaioni, L., 245
Camarata, M., 244
Camarata, S., 218, 244
Camburn, E., 399
Cameron, J., 219
Cameron, L., 200
Campbell, A., 294
Campbell, B., 127
Campbell, F. A., 213
Campbell, J., 369
Campbell, R. L., 29
Campbell, S. B., 457
Campbell, W., 431
Campione, J. C., 221, 437
Canetto, S., 132

Cannizzo, S. R., 193
Capaldi, D., 430, 457
Capdevila, A., 116
Cappella, E., 401
Caprara, G., 265
Capron, C., 210
Capute, A., 121
Caputo, R., 370, 371
Carey, S., 233
Carlo, G., 355
Carlson, C., 192, 246
Carlson, E., 316, 319
Carlson, S., 249
Carlson, V., 316
Carnell, S., 136
Caron, A., 154, 161
Caron, R., 154
Carpendale, J., 288
Carr, C., 300-301
Carrion-Basham, C., 130
Carrol, B., 389
Carson, D., 284
Carton, J., 267
Carver, P., 131
Casadio, P., 231
Casasola, M., 232
Case, A., 138
Case, R., 180, 282
Caselli, C., 231
Casey, B., 89
Casey, E., 321-322
Cashmore, J., 380
Cashon, C., 159
Casper, L., 391
Caspi, A., 134, 207, 256-258, 261, 333, 431, 456, 465
Cassidy, J., 309, 316, 319
Castejon, J., 222
Castellino, D., 299
Casten, R., 382, 414
Catalano, R., 333
Cato, J., 132
Cauffman, E., 372
Cavill, S., 117
Ceballos, E., 365
Cecchini, M., 96
Ceci, S. J., 191, 216
Cederbald, M., 411
Cederbaum, J., 325
Centers for Disease Control (CDC), 71, 73, 105, 126-129, 134-137, 139, 433, 434, 436
Chadwick, A., 230-321, 332
Chadwick, D., 73
Chamberland, C., 401
Chambers, A., 258
Chambers, C., 75
Chan, R., 377
Chan, S. Q., 376
Chance, G., 151
Chang, F., 428
Chang, L., 218, 320, 333
Channon, J., 211
Chao, R., 374

Chapman, C., 405
Chapman, K., 403
Chapman, M., 295, 329
Charlebois, P., 430
Charman, T., 178, 457
Charuvastra, A., 424
Chase-Lansdale, L., 376, 378, 379
Chase-Lansdale, P., 371
Chason, S., 319
Chau, M., 374, 407
Chavajay, P., 397
Chawla, S., 260
Chazan, R., 411
Cheah, C., 262
Chen, E., 138
Chen, H., 71
Chen, S. A., 412
Chen, X., 256, 261, 320, 337
Chen, Z., 184, 291, 373
Chenault, M., 148
Cheng, A., 103
Cherlin, A. J., 378, 379
Cherry, V., 290
Chess, S., 100, 255, 318
Cheung, V., 156
Chi, M., 197
Chiappe, P., 246
Chilamkurti, C., 339
Children's Hospital of Philadelphia, 133
Chinapaw, M., 136
Chisholm, J. S., 256
Chomsky, N., 241
Chong, B., 64
Chow, J., 410
Christakis, D., 49
Christensen, C., 246
Christensen, M., 402
Christie-Mizell, C., 369
Chuang, S., 391
Chudley, A., 75
Chudzik, L., 354
Cibelli, C. D., 430
Cicchetti, D., 134, 347, 424, 435
Cichomski, B., 212
Cillessen, A. H. N., 322-324
Cillissen, A., 329, 331
Cirulli, F., 87
Citron-Pousty, J., 38, 205
Clark, E., 233, 234
Clarke, A. D. B., 467
Clarke, A. M., 467
Clarke, M. J., 103
Clarke-Stewart, K. A., 387, 389
Clarkson, F. E., 297
Clawson, M. A., 322-323
Clayton, V., 49
Clements, W., 178
Clericuzio, C., 76
Clifton, R., 159
Clifton, R. K., 99
Cline, M., 219
Cloitre, M., 424
Coatsworth, J., 415

Coatsworth, J. D., 33, 411
Cobb, K., 139
Cobo-Lewis, A., 249
Cockington, R., 136
Cocodia, E., 203
Codd, J., 249
Coe, C., 463
Coffey-Corina, S., 115
Cogan, R., 86
Cohen, D., 70
Cohen, H., 284
Cohen, K., 93
Cohen, L., 159, 232
Cohen, P., 315
Cohen-Kettenis, P., 132
Cohn, D., 415
Coie, J., 322-324
Coie, J. D., 331, 332
Coiro, M. J., 409
Coladarci, T., 119
Colby, A., 349, 351, 363
Cole, M., 29, 32, 179
Cole, P., 163
Coley, R., 376
Collaer, M. L., 66
Collins, R., 405
Collins, W., 319
Colombo, J., 205
Coltheart, M., 178
Combrinck-Graham, L., 282
Comfort, M., 376
Compas, B., 424
Compas, B. E., 436
Condry, J., 295, 365
Condry, S., 295, 365
Conduct Problems Prevention Research Group, 343
Conger, R. D., 314, 366, 382
Connolly, K., 121
Connor, C., 394
Connor, P., 75, 76
Cooke, R., 91
Cookston, J., 379, 380
Cooper, C., 221
Cooper, C. R., 314
Cooper, H., 293
Cooper, P. J., 433
Cooper, R. P., 241
Copeland, L., 293
Coplan, R., 257, 262, 337
Corcelius, M., 75, 76
Cornwell, A., 105
Corter, C., 328
Corter, C. M., 310
Cossette, L., 365
Costa, A., 178
Costa, P. T., Jr., 257, 258
Costa, R., 310
Costello, E., 126-127, 421, 422
Costigan, K., 66, 67, 79
Cota, M. K., 415
Coulton, C. J., 410
Cournoyer, D. E., 369
Coury, D., 96, 132, 421

Cowan, N., 191
Cox, N., 398
Cox, T., 211
Coyle, T. R., 194
Craigo, S. D., 87
Cramer, P., 36
Cramond, B., 441
Creusere, M., 244
Crick, F., 56
Crick, N., 331, 333
Crick, N. R., 332
Crismon, M., 429
Crittenden, P. M., 312
Crnic, K., 438
Crnic, K. A., 382
Crocetti, E., 287
Crockenberg, S., 382, 390
Crockenberg, S. B., 275, 371
Crockett, D., 390
Crone, E., 189
Crook, C., 151
Cross, B., 289
Cross, W., 289
Crossland, J., 246
Crowe, P., 140-141
Crowe, P. A., 326
Crowell, J., 318, 320
Crutcher, R. J., 196
Crystal, D. S., 416
Cuffe, S., 426, 427
Cummings, M., 309
Cumsille, P., 368
Cunningham, M., 299, 313
Currie, A., 138, 407
Curry, C., 70
Cushner, K., 339
Cutrona, C. E., 382
Cutting, A., 344
Cuvo, A., 196

Dack, L., 178
Daher, M., 151
Daley, T., 203
Dalgleish, M., 121
Dallal, G., 125
D'Ambrosio, B., 181
Dammeijer, P., 148
Damon, W., 296, 344, 351
Danby, S., 298
Daniel, D., 416
Daniels, I., 136
Darling, N., 368, 371
Darlington, R. B., 213
Darroch, J., 129
D'Augelli, A., 132
Davey, A., 409
Davidov, M., 343
Davidson, C. E., 411
Davies, P., 112, 309
Davis, P. W., 410
Davis-Kean, P., 299, 366
Daviss, B., 86
Dawood, K., 130, 131
Dawson, G., 162

Dawson, T., 349
Day, J., 194
Day, N., 75
Deal, J., 258
de Angelis, T., 437
Deary, I., 206, 220
Deater-Deckard, K., 430
DeBell, M., 405
Debois, S., 159
DeCasper, A. J., 67, 68
Deci, E., 218, 219
Dedmon, S., 295
Deeny, K., 246
DeFrancisco, B., 174
DeFries, J. C., 211, 244
de Geus, E., 30, 208, 209
Degirmencioglu, S., 140-141
Degnan, K., 262, 389
de Haan, M., 113, 115, 161
Deike, R., 293
Deji, M., 347
de la Chica, R., 74
Delaney-Black, V., 76
DeLeire, T., 413
Delgado-Gaitan, C., 415
Dellatolas, G., 117
DeLoache, J., 174
DeLoache, J. S., 193, 221, 437
Delquadri, J., 403
de Medina, P., 66
Demo, D., 379
de Moor, J., 446
DeNavas-Walt, C., 407, 408
Deneault, J., 178
Denham, S., 284
Denissen, J., 258
Dennerstein, L., 432, 433
Dennis, T., 163
Dennis, W., 93, 148
Dennis-Rounds, J., 194
Denny, G., 267
Den Ouden, L., 121
Depinet, R. L., 402
DeRosier, M. E., 322-323, 410
de Rosnay, M., 341
Derrickson, B., 59
Derzon, J., 333
Descartes, R., 27
Deschamps, J., 33
De Schipper, J., 255
Desjardins, R. N., 155
DeSouza, A., 256
Deus, J., 116
Deutscher, B., 211
Devich-Navarro, M., 289
de Villiers, J. G., 238
de Villiers, P. A., 238
de Vries, B., 352
Dharan, V., 76
Diagnostic and Statistical Manual of Mental Disorders, 4th Edition: Text Revision (DSM-IV TR), 425, 429, 431, 434, 435, 442, 443, 444

Diamond, A., 91, 92
Diamond, L., 131
Dick, P., 133
Dickens, W., 202
Dickerson Mayes, S., 435, 437, 442
Diehl, L., 293
Dielman, T., 293
Diener, M., 284, 319
Dieni, S., 64
Dieter, J., 92, 151-152
Dieterich, S., 92
Dietrich, C., 155
Dietz, W., 118
DiFranza, J., 75
DiIulio, J., 402
Dill, K., 405
Dillingham, R., 140-141
Di Mario, S., 73, 78
DiPietro, J., 66, 67, 79
Dishion, T. J., 371, 430, 465
Distenfeld, A., 69
Dixon, M., 247
Dobkin, P. L., 430
Dobrin, A., 437
Dockett, S., 178
Dodge, K., 322-323, 333
Dodge, K. A., 322-323, 331-333, 366, 391, 408
Doesum, K., 162
Dogan-Ate, A., 130
Dolcini, M. M., 325
Domitrovich, C., 366
Donaldson, D., 436
Donati, V., 347
Dong, Q., 179, 373
Donnellan, B., 431, 432
Donnerstein, E., 404
D'Onofrio, B., 215
Donohew, R., 140
Donovan, W., 95
Donzella, B., 389
Dorn, C., 248
Dornbusch, S. M., 370, 371, 373, 380
Doty, R., 151
Douglas-Hall, A., 374, 407
Dover, A., 441
Dow-Ehrensberger, M., 397
Dowd, J., 138
Downs, W. R., 366
Doyle, A. B., 289, 297, 339
Dromi, E., 244
Drotar, D., 216
Drum, P., 195
Dubois, D., 292, 293
DuBois, D. L., 293
Dubrow, N., 410
Duncan, G., 382
Duncan, G. J., 409, 410
Duncan, R. M., 38
Dunn, J., 283, 230-321, 328, 344, 364
Dunphy, D. C., 325

Dunsmore, J., 321-322
Dupree, D., 313
Dupree, L., 413
Durbin, D., 105, 134
Durieux-Smith, A., 228
Durkin, K., 239, 339
Duvall, S., 403
Duyme, M., 210
Dwairy, M., 431
Dwyer, K., 283
Dyl, J., 433

Eastenson, A., 230-321
Easterbroooks, M. A., 411, 430
Eaton, W., 259
Eberhard, J., 85
Ecalle, J., 395
Eccles, J., 220, 285, 299, 326, 366, 398
Eccles, J. S., 382
Eckerman, C., 98
Ecob, R., 140-141
Eden, G., 248
Edgell, D., 111, 112
Edgin, J., 438
Edmonds, C., 220
Egan, S., 131, 297
Egeland, B., 211, 318, 319, 413, 469
Egolf, B., 127
Egozcue, J., 74
Ehlers, T., 397
Eidelman, A., 91
Eiden, R., 134
Eilers, R., 249
Eisen, M., 284, 285
Eisenberg, M., 137
Eisenberg, N., 266, 283, 284, 322-323, 329, 330, 341-343, 347, 355, 356, 389
Eisenberger, N., 322-323
Eisenberger, R., 218
Eisert, D. C., 183
Ekman, P., 163
Elder, G. H., Jr., 382
Elev, T., 80
Eley, T., 435
Elfenbein, D., 349
Elkind, D., 189, 190
Ellen, J., 124, 125
Ellenbogen, S., 401
Elliott, E., 191
Ellis, C., 213
Elman, J. D., 371
Elmas, C., 151
Emmen, M., 189
Emory, E., 92, 151-152
Endestad, T., 191
England, M., 276
Englund, M., 211
Ensign, J., 403
Epstein, S., 30-31, 453, 454
Erdogan, D., 151
Erel, O., 366

Ericsson, K. A., 196
Erikson, E., 35, 268, 270, 271, 325, 347, 450
Eron, L. D., 404
Escalona, K. S., 456
Escorihuela, R. M., 113
Eslea, M., 332
Espinosa, M., 203
Espy, K., 156
Estroff, J., 65
Evans, D., 255
Evans, G., 408
Ewigman, B., 391
Ewing, L. J., 457
Ex, C., 299
Ey, S., 436

Fabes, R., 331, 341, 342, 343
Fabes, R. A., 322-323, 329, 330
Faedda, G., 435
Fagan, J. F., III, 215
Fagard, J., 121
Fagot, B. I., 299
Fairburn, C. G., 432
Fallis, R., 401
Fantuzzo, J., 284
Farmer, T., 331, 401
Farrar, M. J., 241
Farrell, A. D., 409
Farrington, D., 431
Farver, J., 290
Featherman, D. L., 402
Federal Interagency Forum on Child and Family Statistics (FIFCFS), 386, 387, 400
Feigenbaum, P., 105
Feigin, N., 446
Feijo, L., 92
Fein, J., 105, 134
Feinberg, M., 276
Feinfield, K., 346
Feiring, C., 327
Feldhusen, J., 442
Feldman, D., 167
Feldman, J. F., 221
Feldman, R., 91, 309, 310
Feldman, S. S., 320
Felner, R. D., 293
Feng, J., 405
Fennig, S., 435, 436
Fenson, L., 230, 231, 232, 237, 238, 244
Fenwick, K. D., 151
Ferguson, D. L., 289
Ferguson, T., 347
Ferko, D., 246
Fernald, A., 155
Fernandez-Teruel, A., 113
Ferrara, R. A., 221, 437
Fewell, R., 211
Field, T., 92, 151-152, 389
Field, T. M., 103, 162
Fifer, W. P., 99
Figueiredo, B., 310

Finch, S., 315
Fine, L., 369
Fine, M., 367
Fineberg, D., 178
Finn-Stevenson, M., 391
Finzi-Dottan, R., 319
Fisch, H., 71
Fischer, A., 137
Fischer, K., 111, 112
Fischer, K. W., 101
Fisher, N., 344
Fisher, P., 261, 436
Fitzgerald, B., 377
Fitzgerald, D., 322-323
Fitzgerald, L. M., 387
Fitzgerald, M., 444
Fivush, R., 71, 299
Flanagan, C. A., 382
Flavell, E., 346
Flavell, E. R., 177, 195
Flavell, J., 171, 176, 179, 188, 337, 346, 466, 467
Flavell, J. H., 177, 193, 195, 197, 229, 239
Flay, B., 140-141
Fleming, A. S., 310
Fletcher, J., 192, 246
Fletcher, K. L., 437
Flett, G., 433
Flickinger, S. M., 382, 414
Flom, R., 161
Flor, D., 396
Florsheim, P., 130
Floyd, F., 327
Flynn, J., 202
Foehr, U. G., 405, 407
Fogel, A., 310
Fombonne, E., 444
Fonagy, P., 366, 457
Foorman, B., 192, 246
Foote, A., 134
Fordham, K., 322-323
Foster, E., 343
Foulder-Hughes, L., 91
Fox, G., 282
Fox, H., 206
Fox, M., 400
Fox, N., 261, 262, 318, 389
Fraleigh, M. J., 371
Francis, D., 192, 246
Francis, P. L., 89, 90
Franco, N., 292
Frank, D. A., 76
Franko, D., 78
Fraser, A., 79
Fredricks, J., 220, 285, 299
Fredriksen, K., 436
Freedman, D., 256
Freedman, J., 92
Freeman, C., 400
Freeman, N. H., 457
Fregoso, M., 332
French, D. C., 465
French, J., 140-141

French, S., 293
Freud, S., 35, 268, 269, 280, 347, 423
Frey, K. S., 295
Frichtel, M., 153
Fried, P., 76
Friedman, H., 126-127
Friend, M., 444, 446
Fry, A. F., 192
Fuchs, I., 355
Fujisawa, K., 329
Fuligni, A., 216
Fuller, B., 389, 393, 394
Fulmore, C. D., 414
Funk, J., 404, 405
Furlong, M., 402
Furman, E., 328
Furman, W., 328
Furnham, A., 220, 258
Furrow, D., 239
Furstenberg, F., 376
Furstenberg, F. E., Jr., 411
Fussell, J., 91
Fuster, C., 74

Gabbard, C., 119, 120, 121
Gagne, J., 260
Gagnon, C., 430
Galambos, D. L., 391
Galanaki, E., 322-323
Galassi, J., 398
Galbraith, K., 130
Gale, C., 210
Gallagher, C., 437
Gallahue, D. L., 121
Gallese, V., 367
Galliher, R., 131
Galvin, K., 230-321
Ganchrow, J. R., 151
Ganger, J., 231
Ganiban, J., 260
Garbarino, J., 409, 410
Gardner, A., 429
Gardner, H., 208, 223, 441
Gardner, J., 205
Garfinkel, P. E., 432
Garland, A. F., 436, 437
Garmezy, N., 33, 411
Garner, P., 321-322
Garnier, H., 401
Garrod, D., 258
Gartstein, M., 295
Garver, K., 196
Gathercole, S., 196, 249
Gaultney, J., 206
Gauthier, R., 298
Gauvain, M., 299
Ge, X., 382
Gearhardt, J., 280, 303
Geary, D. C., 218
Gee, C., 130
Geissbuehler, V., 85
Geltman, P., 307
Genel, M., 428

Genesee, F., 249
Gentile, D., 405
Gentner, D., 232
Georgieff, M. K., 78
Gerbino, M., 265
Gerhardstein, P., 172
Gershkoff-Stowe, L., 234
Gershoff, E., 284, 369
Gervai, J., 294
Gesell, A., 29, 97
Getz, K., 272, 273
Geurts, H., 430
Ghetti, S., 194
Giannetta, J., 76
Gibbs, J., 349, 363
Gibert, F., 395
Gibson, D. R., 352
Gibson, E., 153
Gibson, E. J., 156
Gibson, F., 91
Gibson, J. J., 156
Giedd, J., 112, 114, 196
Gilbertson, L., 241
Gilbertson, M., 246
Giles, J., 332
Giles-Sims, J., 369
Gill, K., 295
Gill, P., 209
Gillberg, C., 433
Gillberg, I., 433
Gillenwater, J. M., 150
Gillespie, C., 425
Gillies, V., 212, 364
Gilligan, C., 356, 357
Gilman, S., 130, 138
Gingras, J., 206
Giraldo, J., 74
Gitelman, S., 122, 302-303
Giuseppe, D., 49
Glaeser, B., 246
Glaser, N., 133
Glasgow, K. L., 370
Glass, R. I. , 103
Gleason, K., 343
Gleitman, H., 232
Gleitman, L. R., 232, 236
Glick, J., 250
Glowinski, A., 436
Glueck, E., 366
Glueck, S., 366
Gnepp, J., 339
Gobbo, C., 180
Gobet, F., 258
Godfrey, K., 210
Gogtay, N., 112
Gold, A., 197
Goldberg, S., 161
Goldberg, W. A., 379
Golden, M., 211
Goldfield, B. A., 231
Goldin-Meadow, S., 229, 230
Goldman, L. S., 428
Goldschmidt, L., 75
Goldsmith, H., 260, 343

Goldsmith, H. H., 318, 430
Goldstein, R., 98, 140
Goldstein, S., 162, 366
Goldwyn, R., 319
Goleman, D., 341, 433
Golinkoff, R., 234
Golinkoff, R. M., 234
Golombok, S., 71, 299, 377
Gondoli, D. M., 314
Gonzales, P., 218
Goodvin, R., 162, 256, 282, 341, 457
Goossens, L., 189
Goossens, R., 318
Gopnik, A., 177
Gordon, N., 113
Gordon, R., 432
Gosling, S., 258
Gottesman, I., 215
Gottesman, I. I., 430, 469
Gottfried, A., 261
Gottfried, A. E., 381, 442
Gottfried, A. W., 381, 442
Gottlieb, G., 30-31, 148
Gottman, J., 230-321
Gottman, J. M., 321-322
Goubet, N., 151
Gould, M., 436, 437
Grabowski, L., 400
Grabowski, S., 62, 68
Grafman, J., 405
Graham, J., 333
Graham, L., 398
Graham, S., 248
Granier-DeFerre, C., 67
Grant, K., 148
Grant, K. E., 436
Greaney, K., 248
Greek, A., 217
Green, E., 33
Green, F., 346
Green, F. L., 177, 195
Green, S., 178, 332
Greenberg, M., 438
Greenberg, M. T., 343, 382
Greene, K., 405
Greenfield, P., 32, 405
Greenman, P., 332
Greenough, W. T., 29, 113, 453
Gregory, A., 80
Grether, J., 444
Grice, S., 177
Griesler, P. , 410
Griffiths, J., 339
Grigorenko, E., 222, 223
Grime, R., 363
Grolnick, W. S., 396
Groome, L., 66
Grossman, E., 369
Grossmann, K., 317
Grossmann, K. E., 317
Grotevant, H. D., 314
Grotpeter, J. K., 332
Grov, C., 327

Gruber, C. P., 387
Gruber, H., 197
Gruber, R., 133
Grummer-Strawn, L., 118
Grusec, J. E., 264, 265
Gruser, J., 343
Guacci-Franco, N., 314
Guerin, D., 261
Guerin, D. W., 442
Guerra, A., 415
Guerrant, R., 140-141
Guertin, T., 436
Guglielmi, R., 249
Guilford, J. P., 224
Gular, S., 343
Gulko, J., 296
Gulledge, S., 398
Gullone, E., 137
Gunnar, M., 260, 262, 273, 320, 389
Gupta, R., 115
Guralnick, M. J., 176
Gurewitsch, E., 79
Gurnáková, J., 302-303
Guthertz, M., 162
Guthrie, I., 322-323
Guthrie, R., 217
Guttentag, R. E., 194
Guttman, A., 133
Gzesh, S. M., 175

Haan, N., 354, 461, 462
Haddad, J., 159
Hagan, R., 299
Hagerman, R. J., 121
Hahn, E., 234
Haimann, M., 365
Hakansson, G., 249
Hakimzadeh, S., 415
Halama, P., 224
Halberstadt, A., 328
Hale, J., 405
Hale, S., 192
Haley, A., 215
Halford, G., 185
Hall, G., 89
Hall, G. S., 27
Hall, L., 192, 218
Hallowell, E., 407
Halmi, K., 433
Halpern, C. T., 127
Halpern, D., 219
Halverson, C., 258, 321-322
Halverson, C. F., Jr., 296, 300-301
Ham, B., 427
Hämäläinen, M., 431
Hamilton, B., 129
Hamm, J., 290
Hammer, C., 244
Hammond, M., 365
Hamvas, A., 91
Han, W., 381, 386
Hand, P., 91
Hanish, L., 331, 333, 341

Hankin, B., 425
Hanley, J., 246
Hanlon, C., 240
Hanlon, H., 219
Hanna, E., 174
Hannan, P., 137
Hannigan, J., 113
Hans, S. L., 96
Hansen, C., 234
Hansen, J., 246
Hanshaw, J. B., 471
Har-Even, D., 74, 319
Harden, K., 210
Hardy, C., 191
Hardy-Brown, K., 183
Harkness, A. R., 207
Harkness, S., 94, 458
Harley, C., 400
Harlow, B., 56
Harold, G. T., 366
Harrington, H. L., 266
Harris, J., 435
Harris, J. R., 136, 230-321
Harris, K., 248
Harris, L., 130
Harris, P., 179, 341, 342
Harris, P. L., 177
Harrison, A. O., 376, 416
Harrison, K., 290
Harrist, A., 322-323
Hart, B., 211
Hart, C., 333
Hart, S., 162
Harter, S., 280, 282-287, 291-294, 454, 464, 465
Hartford, R. B., 105
Harton, H., 327
Hartshorn, K., 172
Hartup, W. W., 255, 320-323, 344
Harvey, A., 290
Harvey, J., 216
Harwood, R., 316
Harwood, R. L., 415
Hasegawa, T., 329
Haselager, G., 258
Hashima, P. Y., 409
Haskins, R., 213
Hasselhorn, M., 194
Hasson, A., 83
Hastings, P. D., 257, 261, 283
Hatano, G., 218, 246, 417
Hatchett, S. J., 413
Hauser, S., 318
Hautamaeki, J., 222
Havelena, J., 209
Haviland, J. M., 162
Hawkins, J., 333
Hawkins, M., 79
Haworth, C., 136
Hay, D., 230-321, 332
Hayashi, T., 463
Hayes, C. D., 66
Hayne, H., 172
Haynes, C., 246

Haynes, N. M., 396
Hayward, E., 167
He, Y., 320
Head, J., 366
Healy, B., 162
Hebert, H., 92
Heinz, P., 132
Helenius, H., 74
Helmreich, R., 301-302
Helsper, E., 404
Helwig, C. C., 349
Hembrooke, H., 191
Henderson, H., 261, 389
Henderson, H. A., 261
Henderson, K., 320
Hendrix, M., 248
Henneborn, W. J., 86
Henry, B., 333
Henry, M., 247
Hepworth, S., 111
Herald-Brown, S., 324
Herbert, J., 98
Herbsman, C. R., 330
Herman, C. P., 433
Hernandez, M., 230-321
Hernandez-Reif, M., 92, 151-152
Heron, M., 105, 106, 142, 436
Herrenkohl, E., 127
Herrenkohl, R., 127
Herrenkohl, T., 333
Herrera, N., 212
Herring, W., 439
Herschkowitz, N., 256, 311, 396, 397, 428, 442, 443
Hersey, K., 261
Hershberger, S., 209
Hertz-Lazarowitz, R., 321-322, 344, 355
Hess, E. H., 29
Hesse, E., 316, 318
Hetherington, E., 276, 378, 379, 383
Hetherington, E. M., 30
Hetherington, M., 275
Hetrick, W., 67
Hewitt, L., 244
Hewitt, P., 433
Heyman, G., 298, 332
Heymsfield, S., 119
Hickling, A. K., 195
Hieshima, J. A., 218
Higgins, D., 207
Hildreth, B., 398
Hill, D., 365
Hill, H. M., 412, 414
Hill, R., 290
Hillman, L. S., 105
Hillman, S., 320
Hilton, S., 66, 79
Hines, M., 66
Hinshaw, S., 424
Hipwell, A., 366
Hirsh-Pasek, K., 234, 240
Ho, C., 246

Hod, M., 74
Hodapp, R. M., 70
Hodges, J., 320
Hodgson, D., 66
Hoefnagels, C., 316
Hoeksma, J., 283
Hofer, C., 283
Hofferth, S., 391
Hofferth, S. L., 382, 410
Hoffman, H. J., 105
Hoffman, L., 299
Hoffman, M., 341, 342
Hoffman, M. L., 347, 348
Hohne, E., 155
Holahan, C. K., 442
Holcomb, D., 128
Holder, J., 457
Holditch-Davis, D., 67
Holland, C., 216
Hollich, G., 234
Holman, R. C., 103
Holmes, M., 400
Holobow, N., 249
Holt, V. L., 86
Homer, B., 167
Honzik, M. P., 206
Hook, B., 411
Hook, P., 246
Horenczyk, G., 290
Horn, J. M., 208
Hornstein, M., 56
Horowitz, F., 33
Horowitz, F. D., 89
Horta, B., 426
Horvath, C., 130
Horvath, J. A., 223
Hosman, C., 162, 316
Houck, G., 284
Houde, O., 178
Hough, R., 430
Hovell, M., 129
Howe, G. W., 30
Howes, C., 415
Hoyert, D., 105, 140-141
Hoyle, S. G., 230-321
Hoza, B., 327
Hsu, V., 174
Huang, H., 246
Hubel, D. H., 148
Hudziak, J., 333
Huebner, T., 430
Huesmann, L. R., 404
Huesmann, R., 405
Hughes, C., 178
Hughes, H., 131
Hughes, M. E., 411
Hui-Lin Chein, S., 150
Huizink, A., 66
Hulbert, A., 26
Hunsberger, B., 371
Hunt, J., 433
Hunter, J., 327
Hunter, K., 133
Huntington, L., 96

Hurry, J., 248
Hurt, H., 76
Huston, A., 382
Huston, A. C., 299, 409
Hutchinson, C. A., 96
Hutt, S. J., 94
Huttenlocher, J., 219
Huttenlocher, P. R., 113
Huttunen, M., 80
Hwang, C. P., 389
Hyde, J., 116, 219
Hyde, J. S., 357
Hymel, S., 322-323
Hynd, G. W., 428

Iacono, W., 364
Iaquinta, A., 247
Ievers-Landis, C., 248
Iglowstein, I., 94, 95
Inagaki, K., 417
Ingoldsby, E., 378
Ingram, D., 237
Ingrassia, M., 375
Inhelder, B., 37, 160, 170, 185-187
Insabella, G., 378
Intraprasert, S., 411
Ireson, J., 246
Isabella, R., 319
Isabella, R. A., 309
Israel, A., 425
Issanchou, S., 151-152
Itier, R., 196
Izard, C., 341, 369
Izard, C. E., 101, 283

Jacklin, C. N., 298
Jackson, D., 299
Jackson, J. S., 413
Jackson, L., 291, 371, 405
Jacobs, J., 292, 401
Jacoby, A., 73
Jacquet, A., 121
Jadack, R. A., 357
Jain, T., 56
Jambunathan, S., 339
James, W., 280
Janosz, M., 401
Janssen, I., 119
Janssen, P. A., 86
Janssen, T., 267
Janssens, J., 299, 365
Jarrold, C., 191
Jeffries, N., 112
Jeng, G., 56
Jenkins, E. J., 410
Jenkins, J., 178, 457
Jenks, J., 405
Jenks, K., 446
Jenni, O., 94, 95
Jensen, A., 208, 214-217
Jensen, A. R., 204, 216
Jensen-Campell, L., 343
Jessie, K. A., 192
Jessor, R., 139

Jirtle, R., 60
John, O., 258
John, O. P., 257
Johnson, A., 91
Johnson, C., 133
Johnson, J. W. C., 78
Johnson, K., 86
Johnson, L., 295
Johnson, M., 112, 115, 116, 191
Johnson, M. P., 381
Johnson, S., 313
Johnson, T., 66, 67
Johnson Silver, E., 409
Johnston, C., 228
Johnston, D., 117
Johnston, J., 228
Johnston, L., 139-141
Johnston, M., 154
Johnstone, E., 178
Jones, A., 319
Jones, D., 343
Jones, M. C., 27
Jones, R. S., 221
Jones, S., 405
Jonsson, P., 402, 403
Jordan, C., 302-303
Joseph, K., 89
Joseph, R., 67
Josephs, R., 219
Joyce, P., 465
Juffer, F., 209
Jusczyk, P., 155
Justice, L., 211, 246

Kado, S., 428
Kagan, J., 256, 260, 261, 311, 312, 317, 390, 396, 397, 428, 442, 443
Kagan, S., 389
Kahle, L. R., 183
Kahn, J., 267
Kail, R., 115, 192, 196, 218
Kaiser, A., 409
Kaiser Family Foundation, 403, 405
Kakouros, E., 365
Kalil, A., 413
Kaltiala-Heino, R., 126-127
Kammenetsky, S., 365
Kaminska, Z., 247
Kamps, D., 213
Kandel, D., 140-141
Kanemura, H., 112
Kann, L., 410
Kanuik, J., 320
Kaplan, N., 319
Kaplan, P., 162
Kärkkäinen, R., 220
Karmiloff-Smith, A., 220
Karns, J., 310
Karp, J., 424
Kasanen, K., 220
Kashima, Y., 32
Kato, J., 246

Katz, J., 379
Katz, L., 374
Katz, P. A., 297, 298, 301-302
Kauffman, J., 40
Kaufman, A., 217
Kaufman, J., 217
Kaufman, N., 217
Kaufman-Singer, J., 217
Kavanagh, K., 299
Kav˘sek, M., 157
Kawaguchi, H., 394
Kaye, K., 102
Kean, K., 369
Kearns, K., 230-321
Kearsley, R., 311
Keasey, B., 183
Keating, D. P., 189
Keech, R., 149
Keefe, K., 325, 465
Keefe, S. E., 415
Keen, R., 160
Keeney, T. J., 193
Keily, J. L., 90
Keller, M., 363
Keller, M. L., 357
Kelley, M. L., 409
Kellogg, R. J., 91
Kem, D., 442
Kendler, K., 130, 433
Kendrick, C., 328
Keniston, K., 460
Kennan, K., 430
Kennedy, D. M., 442
Kennedy, W. A., 210
Kent, R. D., 229
Kerns, K., 315, 322-323
Kerns, K. A., 313
Kerr, C., 93
Kessler, R., 130
Khoury-Kassabri, M., 416
Kiang, L., 291
Kidger, J., 129
Kiernan, K., 379
Kilgore, P. E., 103
Killen, M., 298, 357
Kilpatrick, S. J., 87
Kim, D., 284
Kim, H., 217, 430
Kim, K., 192
Kim, S., 328
Kim-Jo, T., 290
Kindermann, T., 326
King, R., 348
Kinney, D., 326
Kinzler, K., 158
Kirby, N., 222
Kirk, K., 131
Kirkcaldy, B., 140-141
Kirsh, S., 309
Kittler, J., 433
Kivlahan, C., 391
Klackenberg-Larsson, I., 208
Klaghofer, R., 434

Klahr, D., 38
Klar, A., 117
Klass, P., 421, 422
Klebanov, P. K., 409, 410
Klee, T., 284
Kleinknecht, E., 233
Kliegman, R., 62, 70, 73, 74, 77
Kliewer, W. L., 409
Klinger, L. G., 162
Klintsova, A., 29
Kloos, H., 159
Knafo, A., 416
Knickmeyer, R., 66
Knight, G. P., 415
Knol, D., 430
Kobayashi, M., 246
Kochanska, G., 283, 347, 367
Kochenderfer, B. J., 332
Kodituwakku, P., 76
Koechlin, E., 405
Koenen, K. C., 134
Koenig, A., 347
Koesten, J., 368
Koestner, R., 218
Kohlberg, L., 300-301, 349-355, 358
Koizumi, H., 394
Koller, O., 257
Konstan, J., 407
Koperski, J. A., 96
Koppenhaver, D., 248
Korbin, J. E., 410
Koren-Karie, N., 317
Korner, A. F., 96
Koskinen, P., 250
Kosowski, T. D., 234
Kost, K., 130
Kostanski, M., 137
Kostelny, K., 410
Kosterman, R., 333
Kosunen, E., 126-127, 130
Kotelchuk, M., 312
Kotler, J., 404
Kovacs, E., 262
Kraemer, H. C., 96
Krcmar, M., 354, 405
Kreutzer, T., 469
Kroger, J., 287
Krogh, H., 298
Kron-Sperl, V., 194
Kronlund, A., 190
Kroonenberg, P. M., 317
Krueger, C., 67
Krueger, J., 431
Krueger, R., 364
Kruuse, E., 207
Ksansnak, K. R., 297, 298, 301-302
Kuczaj, S. A. II, 238
Kuhn, D., 167, 188, 190, 354
Kung, H., 140-141
Kunz, J., 379
Kuperman, S., 430
Kupersmidt, J. B., 410

Kurdek, L., 365, 367
Kurjak, A., 64, 65, 67
Kusá, D., 302-303
Kusche, C. A., 343
Kusumaker, V., 436
Kutsukake, N., 329
Kuttler, A., 327
Kuure, O., 249

Ladd, G., 322-324
Ladd, G. W., 332
Ladewski, B., 375
La Freniere, P., 298
LaFromboise, T. D., 412
Lafuente, M., 68
La Gaipa, J., 344, 345
La Greca, A., 327, 365
Lai, B., 433
Lai, C., 96
Lai, K., 366
Laible, D., 318
Laidra, K., 258
Laird, R. D., 391
Lalonde, R., 313
Lamb, M., 134, 177, 190, 211, 361, 364
Lamb, M. E., 310, 312, 388, 389
Lambert, S., 377
Lambert, W., 249
Lamberth, R., 174
Lamborn, S. D., 371-373
Landry, S., 92
Laney, D., 104
Langdon, R., 178
Langer, G., 130
Langher, V., 96
Langlois, J. H., 154
Langrock, A., 219
Languer, J., 354
Lanzi, R., 211, 213, 456
La Paro, K., 211
Largo, R., 94, 95
Larkby, C., 75
Laros, R. K., 87
Larson, R., 326, 399
Lassonde, M., 114
Latane, B., 327
Lau, A., 104, 349
Lau, J., 80, 104
Laub, J. H., 408, 412
Lauritsen, M., 442
Laursen, B., 230-321, 327
Law, A., 405
Law, C., 210
Lawrence, V., 425
Layton, L., 246
Lazar, N., 196
Leaper, C., 299
Learmonth, A., 174
Lease, A. M., 293
Leavitt, L., 95
LeBlanc, M., 401
Lecaneut, J., 67
Lecuyer, R., 153

Lecuyer-Marcus, E., 284
Lederman, S. A., 90
Lee, D., 138
Lee, J., 119
Lee, M., 214
Lee, P., 346
Lee, S., 218
Lee, V. E., 375, 380
Lee-Kim, J., 298
Leerkes, E., 275
Leff, M., 140-141
Lehman, D., 104
Lehnhard, R., 119
Lehr, F., 247
Leichtman, M. D., 191
Leinbach, M. D., 299
Lekskul, K., 211
Lelwica, M., 162
Lemery-Chalfant, K., 343
Lenard, H. G., 94
Lengua, L., 262
Leo, J., 427
Leon, D., 125
Leonard, L., 244
Lerman, M., 74
Lerner, J., 299
Lerner, R., 28, 274, 299
Leroux, L., 357
Lesesne, C., 426, 427
Leve, C., 299
Leveno, K., 89
Leventhal, A., 325
Levin, H., 264
Levine, C., 351
Levine, J., 376
Levine, M. P., 432
Levine, S., 219, 463
Levine, T., 66, 70, 76
Levitt, J., 314
Levitt, M., 292, 314
Levorato, M., 347
Levy-Shiff, R., 56, 74
Lewis, C., 134, 177, 188-190, 310, 361, 364, 390
Lewis, C. N., 457
Lewis, J., 379
Lewis, L., 128
Lewis, M., 76, 282, 468
Li-Grining, C., 394
Liben, L., 298
Liben, S., 339
Lickliter, R., 156
Lickona, T., 336, 337, 350
Lidz, C., 217
Lieberman, M., 349
Liebkind, K., 290
Liederman, P. H., 371
Liew, J., 283, 284
Lillard, A. S., 177
Lima, M., 426
Lin, N., 177
Lincetto, O., 73, 78
Lindahl, L., 365
Linder, J., 405

Linnet, K., 75, 80
Lippa, R., 130-132, 219, 220, 296-298, 302-303
Lippé, R., 114
Litman, C., 371
Litt, I. F., 433
Liu, D., 179, 443
Liu, H., 320
Liu, J., 113
Livesley, W. J., 338, 339, 340
Livingstone, S., 403
Lloyd-Richardson, E., 436
Lobstein, T., 136
Locke, J., 27
Lockhart, C., 369
Loeb, S., 389
Loeber, R., 430
Loehlin, J., 210
Loehlin, J. C., 208, 211
Loftus, E., 190
Logie, R., 405
Lohr, D., 405
Lollis, S., 357
Lomax, L., 295
Long, C., 380
Long, J. V. F., 412
Longeway, K. P., 312
Longobardi, E., 245
Lonigan, C., 246
Loonsbury, J., 399
Lorenz, F. O., 382
Losilla, J., 116
Love, J., 390
Lubart, T., 224
Lubinski, D., 220
Lubotsky, D., 138
Lucey, H., 212, 364
Luckner, A., 211
Ludtke, O., 257
Luna, B., 196
Luster, T., 211, 293, 396, 433
Lutchmaya, S., 66
Lutz, D., 38, 205
Luyckx, K., 287
Lynam, D. R., 430, 431
Lynch, J., 248
Lynch, P., 405
Lynn, D., 432
Lynn, R., 212, 216
Lynskey, M., 435
Lyon, T. D., 195
Lyons, N. P., 357
Lyons-Ruth, K., 430
Lytton, H., 299

Ma, H., 354
Maas, F., 178, 346
Macaruso, P., 246
Maccoby, E. E., 264, 298, 301-302, 313, 321-322, 366, 370, 380, 390
MacDonald, K., 367
MacDorman, M., 106, 107
MacFarlane, A., 90

MacIntire, D., 89
MacIver, D., 395
MacLean, M., 246
MacMillan, D. L., 437
Macrine, S., 217
MacWhinney, B., 155, 230, 233, 235, 253, 245
Madsen, K., 444
Maehr, M., 398
Magarey, A., 136
Maggs, J., 391
Magiera, K., 446
Magnan, A., 395
Magnussen, S., 191
Main, M., 315, 316, 319
Main, S., 395
Maitel, S., 244
Majumder, S., 249
Makariev, D., 318
Maker, C., 224
Makino, M., 432, 433
Malamitsi-Puchner, A., 89
Malatesta, C. Z., 101, 283
Malcuit, G., 130, 365
Maldonado-Cerrano, C., 394
Maldonado-Molina, M., 415
Malina, R. M., 119, 124, 125
Malmud, E., 76
Malmus, D., 76
Mandleco, B., 333
Maniadaki, K., 365
Manni, J., 148
Manning, W., 374
Mannle, S., 239
Maratsos, M., 236, 237, 245
March, C. L., 457
March of Dimes, 74, 78
Marcia, J., 288
Marcia, J. E., 287, 464
Marcus, G. F., 238
Marcus, S., 324
Maridaki-Kassotaki, K., 457
Marini, Z., 180
Markey, C., 126-127
Markham, C., 128
Markman, E. M., 234
Marlier, L., 67
Marsh, H., 286
Marsh, P., 315, 322-323
Marshall, N. L., 391
Martín, A. F., 371
Martín, A. H., 371
Martin, C., 331
Martin, C. L., 66, 295-297, 300-302
Martin, J., 60, 78, 79, 86, 89, 90, 129, 131, 132, 134, 370, 378, 413
Martin, K., 280, 302-303
Martin, M., 249
Martin, N., 131
Martin, R., 79, 258
Martin, S., 163
Martinez, L., 368

Martini, R., 196
Martorano, S., 188
Martyn, C., 210
Marvin, R. S., 316, 367
Marzolf, D., 193
Mascolo, M. F., 101
Mash, C., 160
Mason, C., 368, 371
Mason, M., 391
Mass, A., 339
Massad, C. M., 302-303
Masse, L. C., 430
Masten, A. S., 33, 411
Maszk, P., 322-323
Matarazzo, J. D., 402
Maté, G., 230-321
Mather, P. L., 244
Matthews, R., 241
Matthews, T., 106
Maugeais, R., 67
Maughan, A., 134
Maughan, B., 369
May, K., 214
May, P. A., 76
Maye, J., 30-31
Mayes, S., 117
Mayeux, L., 329
McAdoo, H. P., 293, 396
McAllister, D., 73
McBride, B., 310
McBride-Chang, C., 246, 247, 333, 366
McCabe, K., 430
McCarty, C., 49
McClearn, G. E., 136
McClelland, A., 339
McClure, E., 295
McCord, J., 366, 412
McCourt, C., 89
McCrae, R. R., 257, 258
McCredden, J., 185
McCune, L., 242
McDonald, J., 103
McDonough, S., 93
McDougle, C., 442
McDowell, B., 93
McElhaney, K., 315, 322-323
McElwain, N., 374
McFarland, F., 315, 322-323
McGee, B., 433
McGee, R., 314
McGovern, C., 444
McGrath, D., 439
McGrath, M., 91
McGue, M., 209, 364
McGuffin, P., 80
McGuinn, M., 133
McGuire, S., 209, 328
McHale, S. M., 328
McIntosh, J., 380
McKeown, R., 426, 427
McKown, C., 216
McKillop, D., 189
McKinney, R., 132

McLanahan, S. S., 376, 379
McLean-Heywood, D., 444
McLeod, P., 258
McLeod, P. J., 241
McLoyd, V. C., 408, 409, 410
McManis, M., 261
McMaster, F., 436
McNews, S., 453
McRae, C., 378
McRorie, M., 221
Measor, L., 129
Mediascope Press, 405
Mednick, S., 114
Medwell, J., 192
Meeus, W., 287
Mehta, P., 246
Mei, Z., 118
Meighan, R., 402
Meijer, A., 96
Meisinger, E., 192
Melby, J. N., 366
Melinder, A., 191
Melson, G., 295
Meltzoff, A., 249
Meltzoff, A. N., 174, 177
Menesini, E., 332
Meng, L., 444
Merlot, A., 178
Merrick, J., 129
Merrill, M. A., 202
Mersereau, P., 78
Mervis, C., 235
Mervis, C. B., 234
Merz, F., 397
Messinger, D., 310
Metallidou, P., 332
Meyer-Bahlburg, H. F. L., 131
Midgley, C., 398
Mijuskovic, Z., 69
Mikach, S., 377
Mikulincer, M., 319
Miler-Johnson, S., 213
Miles, J., 379, 380
Miller, A., 374
Miller, B., 130
Miller, C., 298
Miller, D., 289
Miller, P., 128, 181
Miller, P. A., 341, 343
Miller, P. H., 194
Milligan, K., 178
Mills, D., 115, 116
Mills, R. S. L., 322-323
Milos, G., 434
Minnes, S., 76
Mischel, W., 266, 299
Mishra, R. C., 171, 217, 397
Misra, G., 211
Missmer, S., 56
Mitchell, J. E., 432
Mitchell, K., 56, 357
Mitchell, P. R., 229
Mody, M., 440
Mofenson, L., 73

Moffat, V., 178
Moffitt, T., 333, 431, 465
Moffitt, T. E., 134, 207, 266
Mogro-Wilson, C., 368
Mohanty, A., 250
Mohay, H., 91
Mohsin, M., 74
Moilanen, B., 102
Moilanen, I., 249
Molenaar, P., 111, 112, 116
Molinari, L., 94, 95
Molnar, P., 174
Money, J., 280
Monga, M., 363
Montemayor, R., 284, 285, 302-303
Montgomery, M., 327
Moody, E., 355
Moon, C., 99
Moon, J., 438
Mooney, K., 327
Moore, C., 72, 319, 339, 426, 427
Moore, C. F., 357
Moore, D., 438
Moore, E., 405
Moore, E. G. J., 216
Moore, K. A., 409
Moore, K. L., 63, 72, 87
Moore, R., 67
Morad, M., 129
Morelli, G., 416
Morgan, C., 105
Morgan, J., 241, 242
Morison, K., 402
Morral, S., 180
Morrison, D., 244
Morrison, F., 394
Morrison, F. J., 397
Morrongiello, B. A., 151
Morrow, R., 386
Mortensen, E., 207
Mortimer, J., 400
Mory, M. S., 326
Moses, L., 163
Mostow, A., 369
Mott, J., 140-141
Mounts, N., 431
Mounts, N. S., 371
Mueller, U., 187
Muhuri, P. K., 104
Muir, J. E., 194
Mulder, E., 66
Mulder, J., 136
Mulder, R., 465
Muller, C., 381
Munir, K., 424
Munro, G., 288
Munroe, R. H., 295
Munroe, R. L., 295
Muraskas, J., 83
Muris, P., 314
Murphy, S. O., 328
Murray, A., 218
Murray, J., 185, 211, 404

Murry, V., 329
Muscari, M. E., 432
Musher-Eizenman, D., 404
Must, A., 125, 203
Must, O., 203
Muthen, B., 246
Myers, S. J., 86

Nadel, L., 438
Nagy, E., 174
Nagy, W., 247
Nakazawa, S., 112
Nanin, J., 327
Narang, S., 290
Narvaez, D., 354
Nash, C., 146, 153
Naslund, J., 248
National Association for the Education of Young Children (NAEYC), 393
National Cancer Institute, 125
National Center for Chronic Disease Prevention and Health Promotion (NCCDPHP), 136
National Center for Education Statistics (NCES), 218, 248, 250, 395, 400, 402
National Center for Health Statistics (NCHS), 106, 107, 136, 137
National Council for Injury Prevention and Control (NCIPC), 134, 436
National Institute of Mental Health (NIMH), 432, 435, 442
Nederend, S., 300-301
Nedergard, N., 379
Needlman, R. D., 66, 76, 96, 119, 121
Neiderhiser, J., 260, 276
Neisser, U., 214, 216
Nelson, C., 113, 115, 161
Nelson, K., 231, 235, 241
Nelson, S., 346
Nemeroff, C., 425
Nemeth, R., 294
Nesdale, D., 339
Netley, C., 71
Nettelbeck, T., 203, 222
Nettelbladt, U., 249
Neubauer, A., 221
Neufeld, G., 230-321
Neulinger, K., 91
Neumann, C., 203
Neumark-Sztainer, D., 137
Neville, H., 115
Newcomb, A. F., 321-322, 324, 331
Newcomb, P., 76
Newman, D., 333
Newman, M., 219
Newman, R., 156
New Zealand Ministry of Education, 402

ÍNDICE ONOMÁSTICO

Nguyen, D., 131
NICHD Early Child Care Research Network, 162, 381, 387-391
Nicholas, P., 403
Nicholls, M., 117
Nichols, P. L., 210
Nicklaus, S., 151-152
Nijhuis, J., 67
Nilsson, A., 319
Nilsson, E,, 433
Nisan, M., 363
Nobile, C., 133
Noguchi, R., 321-322
Nomaguchi, K., 389
Norboru, T., 246
Norman, A. D., 354
Norton, A., 181
Norwood, M. K., 373
Novak, E., 160
Novak, M., 159
Noyes, J., 79
Nucci, L. P., 345
Nucci, M. S., 345
Nugent, L. D., 191
Nunes, L. R. D., 174
Nunner-Winkler, G., 347
Nussbaum, A., 216

O'Beirne, H., 319
Obel, C., 379
Oberklaid, F., 261
O'Boyle, C., 299
O'Callaghan, F., 210
O'Callaghan, M., 91
O'Connell, B., 229
Oden, M., 442
Office of Junvenile Justice and Delinquency Prevention (OJJDP), 431
Offord, D. R., 331
Ogbu, J. U., 216
Oh, S., 211
Ohde, R., 294
Oldenburg, C., 315, 322-323
O'Leary-Moore, S., 113
Olfman, S., 435
Olivan, G., 134
Oliveri, M., 178
Oller, D., 249
Olsen, S., 333
Olson, D., 369
Olthof, T., 347
Olweus, D., 293, 332
O'Malley, C., 180
O'Malley, P. M., 139-141
Ompad, D., 128
On, G., 435
O'Neal, K., 138
O'Neil, A., 300-301
O'Neill, D. K., 195
Ontai, L., 178, 299
Oosterlaan, J., 283, 428, 430
Opotow, S., 401

Opwis, K., 197
Orekhova, E., 117
Organization of Teratology Information Specialists, 77
Ornstein, P. A., 194
Osborn, J., 247
Osofsky, J. D., 409
Osorio, S., 290
Osorio-O'Dea, P., 248, 250
Overby, K., 69, 102, 103, 121, 132-134
Overton, W., 187, 190
Overton, W. F., 274
Owen, D., 203
Owens, D., 178
Owens, E., 378
Owens, G., 132
Owens, J., 133
Oyserman, D., 290
Ozmun, J. C., 121
Ozogul, C., 151

Pacheco, A., 310
Padilla, A. M., 415
Paez, D., 33
Pagani, L., 379
Paikoff, R. L., 463
Painter, M., 69
Pais, A., 310
Paiva, N., 416
Pajares, F., 398
Pajulo, M., 74
Palkovitz, R., 86
Palmer, A., 385
Palmer, J., 150
Pan, B., 241
Panagiotides, H., 162
Pancer, S., 371
Panfile, T., 318
Pantin, H., 415
Panzer, S., 405
Papini, S., 194
Papousek, H., 309
Papousek, M., 309
Pappas, K., 258
Parault, S., 196
Pardo, C., 410
Park, N., 415
Park, S., 220
Parke, R., 44
Parke, R. D., 310, 366, 374, 380-382, 412, 414, 415
Parker, K. C. H., 320
Parkin, M., 433
Parkinson, P., 380
Parmelee, A. H., Jr., 94
Parsons, J., 327
Parten, M., 230-321
Partridge, J., 85, 91, 94
Parviainen, E., 76
Pascalis, O., 154
Pasold, T., 404
Passman, R. H., 312
Pastorelli, C., 265

Pattee, L., 331
Patterson, C., 377
Patterson, C. J., 410
Patterson, G., 368
Patterson, G. R., 371, 382, 457, 465
Patterson, J., 241, 249
Paul-Brown, D., 176
Pavlov, I., 39
Pawtowska, M., 244
Paxson, C., 138
Payne, A., 230-321, 332
Pearl, R., 331
Pearson, D., 405
Pedersen, N. L., 136
Pedersen, S., 325
Pedlow, R., 261
Peeke, H., 67
Peet, S., 295
Pegg, J. E., 241
Peisner-Feinberg, E. S., 389
Pelham, W., 428
Pellegrini, D., 365
Peninkilampi, V., 249
Pennington, B., 267, 438
Peoples, C. E., 215
Pepler, D., 328
Perchet, C., 114
Pereverzeva, M., 150
Periasamy, S., 267
Perkins, A., 178
Perkins, D. F., 433
Perlman, C., 299
Perregaux, C., 250
Perry, C., 284
Perry, D., 131, 297
Perry, T., 294
Persaud, T. V. N., 63, 72, 87
Persson, A., 404
Petersen, A. C., 124, 435
Peterson, C. C., 443
Peterson, D., 288
Peterson, J., 207
Peterson, L., 391
Petrides, K., 258
Pettit, G., 322-323
Pettit, G. S., 322-323, 366, 391, 408
Pezdek, K., 339
Pezzella, F., 374
Phares, V., 424
Phillips, D., 331
Phillips, K., 433
Phillips, R. S. C., 293
Phinney, J. S., 289, 290
Piaget, J., 37, 160, 167-175, 180-183, 185-188, 196, 198, 221, 239, 250, 266, 280, 345, 348, 349, 352, 459, 460
Pianta, R., 211, 396
Pickens, J., 157
Pickering, S., 196
Pickles, A., 369
Pidada, S., 284

Pierce, E. W., 457
Pierce, M., 125
Pierce, W., 218
Pietrini, P., 405
Piha, J., 74
Pihl, R., 207
Pilgrim, C., 140-141
Pillard, R., 130
Pillow, B., 178
Pine, C. J., 376
Pinker, S., 233
Pisacane, K., 298
Pisecco, S., 286
Pittman, L., 371
Plank, S., 218
Plante, E., 244
Plomin, R., 30, 136, 211, 214, 244, 255, 256, 260, 262, 430
Plucker, J., 224
Plunkett, K., 238
Poelhuis, C., 209
Poirier, C., 159
Polanczyk, G., 426
Polderman, T., 209
Poleshuck, V., 76
Polivy, J., 433
Pollack, H., 376
Pomerantz, E., 365
Pomerleau, A., 130, 365
Ponomarev, I., 191
Pons, F., 341
Population Resource Center, 130
Porter, J., 412
Porter, M., 178, 315, 322-323
Porto, M., 67
Posada, G., 316
Posey, D., 442
Posikera, I., 117
Posner, J., 391
Posthuma, D., 30, 208, 209
Pott, M., 416
Potter, J., 258
Poulin, F., 331
Poulson, C. L., 174
Poulton, R., 134
Power, M., 178
Power, T., 299
Powlishta, K. K., 296, 297, 298
Pozzi, M., 443
Prat-Sala, M., 238
Pratt, A., 354
Pratt, J., 405
Pratt, M., 354, 371
Prechtl, H., 94
Prechtl, H. E. R., 94
Prentice, D., 289
Pressley, M., 194, 246, 248
Pressman, E., 67, 79
Price, C., 379
Prieto, M., 222
Pring, L., 178
Prinstein, M., 327, 365
Prior, M., 261
Proctor, B., 407, 408

Prodromidis, M., 388
Propper, C., 138, 407
Pruksachatkunakorn, P., 411
Pryor, E., 369
Public Health Policy Advisory Board, 140-141
Pujol, J., 116
Pulkkinen, L., 371, 431
Pullmann, H., 258
Pungello, E., 213
Purugganan, O., 409
Pushina, N., 117
Putallaz, M., 331
Putnam, J. W., 446
Putnam, S., 255, 428
Putney, J., 442
Putnins, A., 355
Puts, D., 302-303

Qi, C., 409
Qi, S., 179
Qian, M., 366
Quick Stats, 128
Quint, S., 67
Quintana, S., 291
Quinton, D., 369

Rabinovitch, M. S., 155
Raboy, B., 377
Racine, Y. A., 331
Rademacher, J., 398
Radke-Yarrow, M., 295, 329, 348
Raffaelli, M., 299
Ragnarsdottir, H., 238
Ragozin, A. S., 382
Raine, A., 113
Raja, S. N., 314
Ramey, C. T., 30-31, 211, 213, 214, 456, 471
Ramey, S., 30-31, 211, 213, 214, 456
Ramsey, D., 282
Ranson, K., 318
Raphael, B., 435
Rastam, M., 433
Ratcliffe, S., 325
Rattaz, C., 151
Räty, H., 220
Rauch, J., 290
Rauch, S., 260
Raudik, V., 203
Raviv, A., 133
Ray, B., 403
Rayner, R., 27
Ream, G., 132
Reddy, R., 436
Redfern, S., 457
Redzepi, M., 92, 151-152
Reef, M. J., 462
Reene, K., 187
Rees, J. M., 90
Rees, S., 64
Reese, H. W., 274
Rego, A., 247, 248

Reid, J. B., 371
Reid, M., 333
Reimer, J., 363
Reimers, P., 197
Reiner, W., 280, 303
Reinherz, H. Z., 435
Reinisch, J., 207
Reis, S., 220
Reiser, M., 283, 324
Reisman, J. M., 321-322
Reiss, D., 30-31, 260, 276
Reiss, N., 429
Reiter, S., 446
Remafedi, G., 130
Remer, H., 397
Rende, R., 214
Renouf, A. G., 294
Reschly, D., 437
Resnick, M. D., 130, 132, 315
Resnick, S., 318
Retz, W., 259
Reuman, D., 395
Revelle, W., 130
Rey, C., 430
Rey, J., 435
Reykowski, J., 356
Reynolds, A. J., 396
Reynolds, M., 56
Reznick, J. S., 231, 256
Rhodes, J., 130, 436
Rholes, W. S., 339
Ribas, I., 74
Richards, H. C., 354
Richards, M. H., 326
Richards, T., 114
Richardson, D., 343
Richardson, J., 140-141
Richters, J., 365
Ridderinkhof, K., 428
Rideout, V., 405
Riegel, K., 450
Rieser-Danner, L. A., 154
Rietveld, M., 206
Rigg, J., 138, 407
Riggle, E., 132
Righetti, P., 67
Riisdijk, F., 80
Rijken, M., 121
Riksen-Walraven, J., 162, 316
Rimpela, A., 130
Rimpela, M., 126-127, 130
Rinderman, H., 221
Riordan, K., 318
Ripple, C., 213
Risley, T. R., 211
Risser, A., 111, 112
Ritter, J. M., 154
Ritter, P. L., 370, 371
Rizzolatti, G., 367
Roberts, D. F., 371, 409, 414
Roberts, J., 116
Roberts, R., 128
Roberts, W., 343
Robertson, J. F., 366

Robins, R. W., 293, 431
Robinson, C., 333
Robinson, H., 441
Robinson, N. M., 211, 382
Rochat, P., 281
Roche, A. F., 124
Rock, A., 156
Roderick, M., 399
Rodkin, P., 331
Rodrigo, M., 365
Rodriguez, G., 140-141
Roeser, R., 285, 398
Rogers, J. L., 214
Roggman, L. A., 154
Rogido, M., 85, 91, 94
Rogoff, B., 397
Rogosch, F., 134, 347
Rohde, L., 426
Rohner, R. P., 369
Rollins, K. B., 396
Romney, D. M., 299
Rosario, M., 327
Rose, A. J., 302-303, 344
Rose, J., 112
Rose, R. J., 260
Rose, S. A., 111, 112, 148, 156, 221
Rose-Krasnor, L., 322-323
Rosen, C., 178
Rosenbaum, J. E., 402
Rosenberg, M., 132
Rosenblatt, P., 414
Rosenkrantz, P. S., 297
Rosenthal, D. A., 289
Rosenthal, R., 285
Rosenthal, S., 122, 128, 302-303
Rosgoth, F., 424
Rosicky, J., 163
Ross, D., 404
Ross, G., 38, 312
Ross, H., 357
Ross, M., 128
Ross, R., 119
Ross, S., 404
Rossi, P. G., 114
Rossi, S., 324
Rossor, M., 94
Rostosky, S., 131, 132
Roth, E., 197
Rothbart, M. K., 255, 256, 261, 263, 295, 424
Rothbaum, F., 416
Rotter, J., 267
Rousseau, J. J., 27
Rovee-Collier, C., 99, 172–174
Rovet, J., 71, 111
Rovine, M., 388
Rowe, D. C., 214, 333
Rowe, I., 464
Rowe, M., 241
Roy, E., 117
Rubin, D., 405
Rubin, H., 213

Rubin, K. H., 257, 261, 262, 283, 322-323, 337, 389
Rubini, M., 287
Ruble, D., 66, 295-298, 300-302, 339, 365
Rueter, M. A., 314
Ruff, H. A., 156
Ruffman, T., 178
Ruggiero, G., 434
Ruhm, C., 386
Runyan, D. K., 411
Rushton, J., 208, 214, 215, 216, 217
Russell, J., 163
Russo, M., 127
Rutter, D. R., 239
Rutter, M., 28, 33, 443, 444, 466, 469
Ruys, J. H., 121
Ryan, J., 140-141
Ryan, R., 218
Rybakowski, J., 80
Ryder, D., 189
Ryder, J., 248

Saas-Kortsaak, P., 265
Sabbagh, M., 179
Sackett, G., 148
Sadeh, A., 133
Saewyc, E., 132
Safford, P., 339
Safron, D., 400
Sagi, A., 244, 317
Sai, F., 154
Sak, U., 224
Saklofske, D., 331
Salameh, E., 249
Saluja, A., 434
Sameroff, A., 318, 411
Sampson, M., 319
Sampson, P., 75, 76
Sampson, R. J., 408, 410, 412
Sanchez, R., 429
Sanchez-Hucles, J., 409
Sandefur, G., 376, 379
Sanders, S., 207
Sandler, I., 379, 380
Sandman, C., 67, 73
Sandvig, C., 405
Sangrador, J., 354
Sani, F., 297, 298
Sanson, A., 261
Santesso, D., 156
Sasher, T., 442
Sattler, J., 207
Saudino, K. J., 30, 260
Saults, J., 191
Savage, J., 76
Savage, M., 128
Savage-Rumbaugh, E. S., 229
Savin-Williams, R., 132
Savonlahti, E., 74
Sawaguchi, T., 394
Sawdon, J., 96

Sawyer, M., 435
Say, L., 73, 78
Sayer, A., 409
Scanlon, J. W., 91
Scarr, S., 208, 209, 210, 388, 389
Scerif, G., 94
Schaal, B., 67
Schaller, M., 341
Schank, R. C., 338
Schatschneider, C., 192, 246
Schechter, R., 444
Scheres, A., 428
Schermerhorn, A., 309
Schieve, L., 56
Schiller, M., 318
Schipper, E., 283
Schlagmuller, M., 194
Schlundt, B., 148
Schmidt, L., 156, 261
Schmitz, S., 284
Schneider, B., 218, 332
Schneider, M., 413
Schneider, M. L., 79
Schneider, P. A., 96
Schneider, W., 172, 194, 197, 222
Schneiderman, M., 240
Schnyder, U., 434
Schonert-Reichl, K., 354
Schoppe-Sullivan, S., 318
Schothorst, P., 284
Schott, J., 94
Schraf, M., 321-322, 344
Schrimshaw, E., 327
Schroger, E., 114
Schuetze, P., 134
Schulenberg, J., 139-141, 400
Schultz, R. W., 119, 120
Schulz, H. R., 94
Schumm, W., 377
Schwanenflugel, P., 196
Schwartz, C. E., 260, 261
Schwartz, D., 332, 333
Schwartz, R. M., 91
Schwarz, J. C., 371
Schwean, V., 331
Schwebel, D., 178
Schweinle, A., 156
Scialli, A., 78
Scofield, J., 233
Scollon, R., 231
Scott, C., 105
Scott, J., 70, 368, 380
Scuccimarri, C., 130
Sears, R. R., 264
Sebanc, A., 230-321
Segal, N., 209
Segers, E., 246
Seguin, J., 207
Seidman, E., 293
Seifer, R., 318
Sekino, Y., 284
Selbst, S., 105, 134
Self, P. A., 89
Seligman, S., 273

Selman, R. L., 337, 344, 354
Serbin, L., 424
Serbin, L. A., 296, 297
Serdula, M., 136
Sergeant, J., 428, 430
Serpell, R., 218, 246
Shaffer, D., 436, 437
Shah, M., 117
Shanahan, M., 400, 409
Shantz, C. U., 340
Sharma, A., 128
Sharma, V., 128
Sharpe, P., 218
Shatz, M., 241
Shaver, P., 319
Shaw, D., 378
Shaw, D. S., 430
Shayer, M., 167, 220
Shaywitz, B. A., 440
Shaywitz, S., 440
Shaywitz, S. E., 440
Shearer, M., 78
Sheese, R., 180
Shell, R., 343
Shenfield, T., 249
Sherblom, S., 357
Sherry, S., 433
Shields, A., 134
Shields, M., 117, 138, 407
Shillcock, R., 238
Shimmin, H. S., 295
Shin, L., 260
Shin, N., 310
Shiner, R., 256, 261
Shirley, L., 294
Shochat, L., 404
Shope, J., 293
Shore, B., 196, 441
Shore, C., 229, 242, 245
Shorr, S. I., 321-322
Shu, H., 247
Shulman, C., 178
Shulman, S., 276
Shum, D., 91
Shupe, A., 67
Siefen, G., 140-141
Siegel, L., 246
Siegler, R., 181, 184
Siemens, L., 194
Sigman, M., 203, 211, 444
Silbereisen, R., 356
Silk, J., 313, 314
Silva, P., 286, 333
Silva, P. A., 207
Silverberg, S. B., 314
Silvia, P., 224
Simcock, G., 193
Simmens, S., 66
Simmons, R. G., 462
Simon, T., 201
Simons, R. L., 366, 382
Simonsen, H., 238
Simpkins, S., 299
Simutis, Z. M., 265

Singelis, T., 290
Singer, J., 241
Singer, L., 76
Singer, L. T., 215
Singh, A., 136
Singh, G. K., 140-141
Singh, S., 129
Sinigaglia, C., 367
Siperstein, G., 398
Sippola, L., 327
Skibbe, L., 211
Skinner, B. F., 40, 240, 347
Skwarchuk, S., 234
Slaby, R. G., 295, 404
Slanetz, P. J., 428
Slaughter-Defoe, D., 213
Slawinski, J. L., 194
Slobin, D., 241, 242, 245
Slobin, D. I., 245
Slowiaczek, M. L., 396
Smart, L., 431
Smetana, J. G., 354, 357
Smith, A., 76, 313
Smith, B., 140-141
Smith, C., 407, 408, 431
Smith, D., 73
Smith, E. W., 409
Smith, G., 319
Smith, I., 178
Smith, J. R., 409
Smith, K., 92, 391
Smith, L., 397
Smith, R., 33, 411
Smolak, L., 432
Smoll, F. L., 119, 120
Smorti, M., 324
Smoski, M., 162
Smyth, B., 380
Snarey, J. R., 352, 363
Snidman, N., 256, 261
Snow, C., 240
Society for Assisted Reproductive Technology (SART), 56
Soderstrom, M., 241
Sola, A., 85, 91, 94
Solomon, J., 315, 316
Soltis, J., 96
Somers, C., 129
Song, M., 217
Sonnenschein, S., 239
Sonuga-Barke, E., 365
Sorace, A., 238
Sorell, G., 327
Soriano, F. I., 412
Sotelo, M., 354
Soto, C., 258, 259
Sourander, A., 74
Soussignan, R., 67
Sowell, E., 114
Spangler, G., 317
Sparks, C., 295
Spelke, E., 29, 157, 158, 172
Spence, I., 405
Spence, J., 301-302

Spence, J. T., 68
Spence, M. J., 68
Spencer, M., 313
Spencer, N., 80
Spiegel, A. N., 446
Spieker, S., 162
Spindler, A., 434
Spinrad, T., 341
Spirito, A., 133, 436
Spock, B., 26
Spreen, O., 111, 112, 114, 115
Spurrell, E., 78
Squire, L., 115
Sroufe, A., 316, 318, 319, 469, 470
Sroufe, L., 276
Sroufe, L. A., 101, 283, 367, 413, 465, 468
Stabile, M., 138, 407
Stainback, S., 444
Stainback, W., 444
Stallings, V., 102, 103, 136
Stansfield, S., 366
Stanton, M., 98
Stanton, W. R., 314
Stapleton, L., 393
Starr, J., 206, 220
Stattin, H., 208
Stedron, J., 438
Steele, C., 216
Steele, H., 457
Steele, J., 117
Steele, M., 320
Stein, J., 401
Stein, R., 409
Steinberg, E., 221
Steinberg, L., 139, 313, 314, 370-373, 391, 396, 399-401, 431, 463
Steinberg, M. S., 396
Steiner, J. E., 151
Stelzl, I., 397
Sternberg, K. J., 388
Sternberg, R., 38, 205, 222, 223
Sternberg, R. J., 222
Stevenson, H. W., 218, 416
Stevenson-Hinde, J., 322-323
Stewart, A. L., 354
Stewart, M. I., 230-321
Stewart, P., 413
Stewart, R. B., 328
Stewart, S. L., 261
Stief, T., 409
Stifter, C., 428
Stigler, J. W., 218
St. James-Roberts, I., 96
Stjernqvist, K., 319
Stone, M., 326
Stoneman, Z., 396
Story, M., 137
Strange, C., 282
Straus, M. A., 369
Strauss, S., 247
Strayer, F. F., 298
Strayer, J., 343

Streigel-Moore, R., 432
Streissguth, A., 75, 76
Striano, T., 281
Strizenec, M., 224
Stroganova, T., 117
Stunkard, A. J., 136
Sturge-Apple, M., 424
Styfco, S. J., 213
Styne, D., 133
Su, M., 410
Succop, P., 128
Suchindran, C., 127
Sudarkasa, N., 413
Suess, G., 317
Suizzo, M., 393
Sulkes, S., 59, 103, 133, 134
Sullivan, K., 178
Sullivan, M., 91
Sullivan, M. W., 282
Sulloway, F., 212, 364
Sung, M., 126-127
Super, C. M., 94, 458
Suppes, T., 435
Supramaniam, R., 403
Surall, D., 140-141
Surber, C. F., 175
Surmann, A., 129
Susman, E. J., 332
Sussman, D., 130
Suzuki, L., 216
Svetina, M., 181
Swain, I. U., 99
Swank, P., 92, 286
Swanson, D., 313
Swanson, L., 192
Swarr, A., 326
Swarzenski, B., 114
Swedo, S. E., 436
Sweeney, J., 196
Sweeting, H., 126-127, 140-141
Swettenham, J., 178
Swingley, D., 155
Sy, S., 400
Sylva, K., 248
Szapocznik, J., 415

Taga, K., 126-127
Tager-Flusberg, H., 178
Takagi, R., 428
Takei, W., 230
Takimoto, H., 78
Tall, G., 246
Talmor, R., 446
Tamis-LeMonda, C., 211
Tan, U., 219
Tan-Niam, C., 180, 182
Tanaka, A., 320
Tang, C., 131, 433
Tani, F., 324, 332
Tankersley, M., 213
Tanner, J. M., 59, 61, 66, 71, 115, 116, 122-125
Tardif, T., 179

Tare, M., 241
Tasbihsazan, R., 222
Task Force on Sudden Infant Death Syndrome, 105
Tasker, F., 377
Tate, J. D., 289
Taylor, A., 219, 380
Taylor, B., 124
Taylor, D., 250
Taylor, M., 111, 196
Taylor, M. G., 297
Taylor, N., 95
Taylor, R. D., 383, 409, 414
Taylor, W., 140-141
Teasdale, T., 204
Tees, R. C., 155, 229
Tein, J., 299
Teitelman, A., 325
Tejada-Vera, B., 105
Teller, D., 150
Ter Laak, J., 259
Terman, L., 202, 442
Terracciano, A., 257
Terrell, C., 246
Tershakovec, A., 102, 103, 136
Tessier, R., 91
Teti, D., 312
Thal, D., 244
Thapar, A., 75, 428
Tharpe, A., 105
Thatcher, R., 219
Thelen, E., 29, 93, 97
Theokas, C., 28, 274
Theriault, J., 327
Thielman, N., 103
Thomas, A., 100, 190, 255, 318
Thomas, K., 113, 115, 161
Thomas, M., 43, 44, 220, 267
Thomas, R., 181
Thomas, R. M., 121
Thomasen, C., 314
Thompson, C., 72
Thompson, D., 118
Thompson, J., 328
Thompson, P., 111, 116, 208
Thompson, R., 162, 178, 256, 282, 341, 457
Thompson, R. A., 273
Thompson, S. K., 295
Thomsen, P., 379
Thorn, A., 249
Thornton, L., 130
Thorpe, G., 220
Tidball, G., 163
Tideman, E., 319
Tiedemann, J., 220
Tirimimi, S., 427
Tobena, A., 113
Tobias, S., 244
Todd, R. D., 66, 114
Tomasello, M., 239
Tomblin, B., 244
Tomlinson-Keasey, C., 183

Toronto District School Board, 248
Torrance, P., 224
Torriero, S., 178
Tortora, G., 59, 62, 68
Toth, S., 134
Toth, S. L., 435
Townsend, G., 411
Trainor, L., 156
Trautman, P., 436
Trautner, H., 294, 298
Trautwein, N., 257
Trehub, S. E., 155, 156, 365
Tremblay, R., 207, 325, 379, 401
Tremblay, R. E., 100, 430
Trentacosta, C., 369
Trevethan, S. D., 352
Trieman, R., 240, 246
Tronick, E. Z., 312
Troop-Gordon, W., 322-323
Troutman, B. R., 382
Troyer, L., 370
Trzesniewski, K., 431
Tsang, C., 156
Tsaousis, I., 258
Tse, W., 433
Tseng, V., 216, 374
Tsuboi, K., 432, 433
Tsujimoto, S., 394
Tumner, W., 248
Turecki, S., 364
Turgeon, L., 365
Turiel, E., 345, 357
Turkheimer, E., 210, 211, 215, 469
Turnage, B., 315
Turner, J., 267
Turner, L. A., 437
Twisk, W., 136
Tynan, D., 429

Uba, A., 104
Uchino, B., 130
Udry, J. R., 127
Ukeje, I., 76
Ulbricht, J., 260
Ullian, D. Z., 300-301
Umetsu, D., 133
Underwood, M., 322-323, 437
Underwood, M. K., 330
Uno, D., 130
Untch, A., 398
Unzner, L., 317
Updegraff, K., 328
Upton, G., 246
Urban, J., 276
Urban, T., 196
Urberg, K., 140-141
Urichuk, L., 318
U.S. Census Bureau, 374, 375, 377, 387, 407-409, 413, 414, 445
U.S. Department of Energy, 57

U.S. Department of Health and Human Services, 407
U.S. Department of Treasury, 407
U.S. Food and Drug Administration, 437
U.S. National Library of Medicine Genetics Home Reference, 69

Vaillant, G. E., 412
Valanzano, A., 87
Valentine, J., 293
Valiente, C., 343
Valleroy, L., 129
Van Acker, R., 331
van Aken, M., 189, 258
Van Baal, G., 206
van Balen, F., 56
van Beijsterveldt, C., 333
van Brakel, A., 314
Vandell, D., 391
van den Berg, S., 214
Van der Broek, P., 248
Van der Bulck, J., 404
van der Molen, M., 111, 112, 116, 189
van Doesum, K., 316
van Engeland, H., 284
van Goozen, S., 132
van IJendoorn, H. W., 322-323
van IJzendoorn, M. H., 209, 211, 246, 316, 318, 320, 367, 430
van Leeuwen, M., 214
Van Leeuwen, S., 191
van Lieshout, C., 258
van Lieshout, C. F. M., 255, 322-323
van Lieshout, E., 446
van Mechelen, M., 136
Van Mierlo, J., 404
Vänskä, J., 220
van Wormer, K., 132
Varghese, S., 96
Vargo, A., 139
Vaughan, J., 283
Vaughan, K., 247
Vaughn, B., 318
Vaughn, L. S., 154
Vaux, K., 75
Vedder, P., 290
Venables, P., 113
Venerosi, A., 87
Ventura, S., 129
Verbrugge, K. M., 328
Verduin, K., 248
Vergeles, M., 371
Verhoeven, L., 246
Verloove-Vanhorick, S. P., 121
Vermeulen, K., 247
Vernon, P., 221
Véronneau, M., 325
Vicary, J., 293
Victor, J., 258

Vida, J., 442
Vieira, E., 354
Vieland, V., 437
Vikat, A., 130
Vilhjalmsdottir, P., 290
Viner, R., 125
Visconti, P., 114
Vise, M., 197
Visser, G., 66
Visser, S., 426, 427
Vitaro, F., 100, 325, 379, 430
Vogel, S. R., 297
Vogin, J., 77
Vohs, K., 431
Volbrecht, M., 343
Volkow, N., 140
Volling, B., 374
Vondra, J. I., 430
von Eye, A., 299, 309
von Karolyi, C., 441
Votruba-Drzal, E., 394
Vuorenkoski, L., 249
Vygotsky, L., 37, 181
Vygotsky, L. S., 239, 250

Waddington, C. H., 468
Wade, T., 433
Wadhwa, P., 67
Wagner, E., 295, 329
Wagner, R., 247
Wagner, R. K., 222, 223, 246
Waldfogel, J., 381, 386
Waldman, I. D., 208, 209
Waldron, M., 215
Waldrop, M., 321-322
Walk, R., 153
Walker, H., 310
Walker, L. J., 352, 363, 354, 357
Walker, R. R., 409
Walker-Andrews, A. S., 162
Walker-Barnes, C., 368, 371
Wall, M., 137
Wallace, B., 414
Wallace, C. S., 113, 453
Wallerstein, J., 379
Walsh, D., 405
Walters, L., 405
Walters, R. H., 264
Walusinski, O., 64, 65, 67
Wang, L., 256
Wang, Y., 76, 125, 136
Wang, Z., 119
Wanner, E., 236
Ward, D., 403
Wardle, J., 136
Warfield-Coppock, N., 290
Warren, M. P., 126-127
Warren, S., 66
Warren, S. F., 174
Waseem, M., 104, 105

Washbrook, E., 386
Washington, R., 412
Wasow, J., 234
Watamura, S., 389, 390
Waterman, A., 287, 288
Watson, J. B., 26, 27, 28, 56
Watson, M., 413
Watson, M. W., 272
Waxman, S. R., 234
Way, N., 436
Wearing, H., 196
Webb, R., 220
Webster-Stratton, C., 333, 365
Wechsler, D., 203
Weers, D., 76
Weidman, J., 60
Weimer, B., 315
Weinbaum, D., 140-141
Weinberg, R., 211, 215
Weinberg, R. A., 208, 209
Weinfield, N., 318
Weinstein, R., 216, 401
Weisel, T. N., 148
Weisner, T. S., 460
Weiss, L. H., 371
Weiss, M., 282
Weitzman, M., 75
Wellman, H., 179, 443
Wellman, H. M., 195
Wells, Y., 380
Wenner, W. H., 94
Wentzel, K. R., 322-323
Wenz-Gross, M., 398
Werker, J., 155
Werker, J. F., 155, 229, 241
Werner, E. E., 33, 34, 411, 472
Werner, L. A., 150
Wertz, A., 260
Wessels, H., 389
West, P., 126-127, 140-141
Wetzel, N., 114
Whaley, G., 211
Whaley, S., 203
Whalley, L., 206, 220
Wharton-McDonald, R., 248
Wheatley Price, S., 138, 407
White, D. R., 297
White, K., 322-323
White, K. S., 409
White, M., 250
White-Traut, R., 91
Whitehurst, G. J., 246
Whiteman, M., 206, 315
Whitesell, N., 291
Whitesell, N. R., 293
Whitfield, J., 54
Whittlesea, B., 190
Wicks-Nelson, R., 425
Widaman, K., 398
Widmann, A., 114

Wieczorkowska, G., 212
Wiehe, V., 134
Wiesner, M., 430
Wiggins, G., 356
Wilcox, T., 156
Willerman, L., 208
Williams, A., 248
Williams, J., 297
Williams, W., 203
Williams, W. M., 216, 223
Willinger, M., 105
Wilson, C., 203
Wilson, J., 219, 429
Wilson, L., 408
Wilson, M. N., 376, 413
Wilson, V., 220
Wilson, W. J., 376, 410
Winfield, L. F., 411
Winner, E., 441
Winslow, E., 378
Winters, K., 140
Wisenbaker, J., 79
Wittenboer, G., 96
Woermann, U., 69
Wojslawowica, J., 337
Wolfe, M., 377
Wolpe, J., 40
Wonderlich, S., 433
Wong, C., 131
Wong, D., 134
Wong, F., 74
Wong, M., 319
Wood, C., 246
Wood, D., 180
Wood, D. J., 38
Wood, P., 430
Woodcock, R., 219
Woodin, E., 374
Woodward, A. L., 234
Woodward, S., 261
Worrell, F., 401
Worthman, C., 126-127
Wouters, H., 363
Wozniak, J., 435
Wray, D., 192
Wright, C., 260
Wright, D., 191
Wright, J., 87, 386
Wright, J. C., 299
Wright, K., 178
Wright, S., 250
Wright, V., 56
Wristers, K., 286
Wu, P., 140-141
Wyatt, J., 355

Xia, G., 366
Xie, H., 331
Xu, J., 105

Yamada, A., 290
Yamamoto, T., 394
Yancey, M. K., 78
Yeh, M., 430
Yeung, A., 286
Yip, T., 216
Yirmiya, N., 178
Yonas, A., 148
Young, A., 398
Young, M., 267
Young, T., 267
Youniss, J., 185
Yount, K., 244
Yu, S. M., 140-141
Yu, Y., 346

Zahn-Waxler, C., 295, 329, 343, 348
Zaia, A., 322-323
Zaitchik, D., 178
Zajonc, R., 212, 364
Zakarian, R., 444
Zakriski, A., 322-323
Zamboni, B., 132
Zametkin, A. J., 428
Zani, B., 327
Zaslow, M. J., 66
Zeanah, C., 318
Zelazo, N. A., 93
Zelazo, P., 311, 312
Zelazo, P. D., 349
Zelazo, P. N., 93
Zelazo, P. R., 93, 99
Zeskind, P. S., 96, 471
Zhang, R., 346
Zhang, X., 179
Zhou, C., 247
Zhou, H., 373
Zigler, E., 213, 391, 436
Zigler, E. F., 70
Zigmond, N., 446
Zill, N., 409
Zimiles, H., 375
Zimmer-Gembeck, M., 400
Zimmerman, F., 49
Zimmerman, M., 293
Zimmerman, R., 132
Zimmermann, P., 315
Zinser, M., 162
Zoghbi, H., 443
Zola, S., 115
Zou, H., 179
Zucker, E., 415
Zucker, K., 131
Zuckerman, B. S., 76
Zuloaga, D., 302-303
Zvonkovic, A., 378

Índice Remissivo

Abandono da escola, 400-402
Abertura/intelecto, 257-259. Ver também Controle esforçado
Abismo visual, 151-153
Abordagem
 acadêmica à educação, 392-393
 balanceada no ensino da leitura, 247-248
 de linguagem integral, 247
 do desenvolvimento, à educação, 392
 interacionista, à personalidade, 263
 psicométrica à inteligência, 220
  e diferenças de grupo, 215-220
  e diferenças individuais, 208-215
Abuso
 físico, 134
 sexual, 134
Ácido
 desoxirribonucleico (DNA), 56
 fólico, 77
Acomodação, 37, 169, 266
ACTH, 122
Acuidade
 auditiva, 150-151
 visual, 149-150
Adaptação, 37, 169-170
Adolescência, 460-465. Ver também Estágio de operações formais; Ensino médio
 abandono da escola na, 400-402
 agressão na, 465
 autoestima na, 293-294
 comportamento de risco na, 126-132, 139-141
 córtex pré-frontal na, 464
 desenvolvimento cognitivo na, 464
 desenvolvimento da identidade na, 285-291, 298, 400
 educação na, 397-402
 egocentrismo na, 189
 estirão de crescimento na, 118-119
 gravidez na, 129-130
 orientação sexual na, 130-132

relacionamento de pares na, 324-327
relacionamentos entre pais e filho na, 313-315
saúde na, 132-142
solução de problema na, 186
suicídio na, 436-437
timidez na, 140
tomada de decisão na, 188-189
transtorno da conduta de início na, 431
Afeto *versus* hostilidade, dimensão, 366-367
Agressão, 329-333
 cuidado não parental e, 389-390
 diferenças de sexo na, 331-332
 hostil, 330
 instrumental, 330
 mídia de entretenimento e, 404, 405
 na adolescência, 465
 relacional, 331-332
Agrupamento, 193, 194
Álcool
 desenvolvimento pré-natal e, 75-76
 uso do adolescente de, 128, 139-141
Alfa-fetoproteína, 70
Altering fate (Lewis), 468
Altruísmo, 329, 330
Altura e hereditariedade, 59
Amamentação
 na mamadeira, 102, 103
 no seio, 102, 103
Ambiente, 467-469
 compartilhado, 210
 desenvolvimento pré-natal e, 74
 empatia e, 343
 facilitador, 31, 33-34
 familiar na infância, 454
 hereditariedade e, 26-28, 30, 42, 214-215, 466-467
 inteligência e, 209-215, 220
 linguístico, 240-241
 modelos de influência do, 30-31
 multitarefas eletrônicas, 405-407
 não compartilhado, 211-212
 personalidade/temperamento e, 254, 261-262, 274-276

Ameaça do estereótipo, 216
Amizades
 descrevendo, 343-345
 recíprocas, 320-322
Âmnion, 61
Amniocentese, 70
Amostragem vilocoriônica (CVS), 70
Amplitude de variação, 214-215
Analgésicos,
 regionais, 85
 sistêmicos, 85
Andaimagem (*scaffolding*), 38, 181
Andrógeno adrenal, 122, 123
Andrógenos, 57, 66, 132. Ver também Testosterona
Anemia falciforme, 69
Anestesia geral, 85
Anestésicos locais, 85
Animismo, 417
Anorexia nervosa, 432-433
Anos do ensino fundamental, 457, 460
 apego nos, 313
 educação nos, 257-259, 275
 relacionamentos de iguais nos, 320-322
 saúde nos, 132-142
 visão de Piaget dos, 182-184. Ver também Estágio de operações concretas
 visão de Siegler dos, 184-185
Anos pré-escolares, 455-457
 apego nos, 312-313
 educação nos, 392-395
 reciprocidade nos, 178
 relacionamentos de iguais nos, 230-321
 visão de Piaget de, 170, 174-180
 visão de Vygotsky de, 37-38, 43, 181-182
 visão neopiagetiana de, 180-181
Anoxia, 87, 94
Ansiedade, 256
 de separação, 311-312
Antidepressivos, 437
Aparência/realidade (Flavell), 177, 178, 195, 295-296
Apego, 307-313, 453, 454
 cuidado não parental e, 388
 desapegado, 320

desorientado, 320
evitativo, 320
inseguro, 262, 275, 315-319
preocupado, 320
qualidade do, 315-320
seguro, 262, 275, 315-319, 366-367, 465
seguro/autônomo/equilibrado, 319-320
Apoio social, 274, 275, 292-293, 382-383
Aprendizagem, 98-100. Ver também Condicionamento clássico; Habituação; Condicionamento operante
 da língua inglesa, 248-250
 durante o desenvolvimento pré-natal, 67-68
 esquemática, 99
 observacional, 41-42, 264-266, 299-301
 personalidade e, 263-267
 social e comportamento do papel sexual, 299-301
Aprendizes da língua inglesa (ELLs), 248-250
Apresentação de nádegas, 87
Aproximação/sentimentalidade positiva, 256, 257
Áreas de associação, 114-115
Armazenamento, 38
Arrulho, 229
Assimilação, 37, 169
Atenção seletiva, 114
Atividades de fixação, 133
Audição, 150-151
Aulas de preparação para o parto, 85
Autoconceito, 30-31, 266, 274, 275, 280-291
Autoconsciência, 281-282
Autodefinições, 282-283
 da criança em idade escolar, 284-285
 do adolescente, 285-288
Autoeficácia, 265
Autoesquema. Ver Autoconceito
Autoestima, 291-294
 delinquência e, 431
 papel sexual e, 302-303
Automaticidade, 192
Autonomia *versus* vergonha e dúvida, 271-272
Autossomos, 57

Avós, 376, 386
Axônios, 64, 112
Baixo peso ao nascer (BPN), 34
   causas de, 90-91
   consequências de, 91-92
   pobreza e, 79-80, 471
   tabagismo e, 74-75
Balbucio, 229
Bateria de Avaliação para Crianças de Kaufman (KABC), 204, 217
Bebê de proveta, 56
Bebê pequeno para a idade gestacional, 90
Bebê pré-termo ou prematuro, 90-92, 96
Behaviorismo (Watson), 27-28, 263-264
Behavioristas radicais, 263-264
Bem-estar. Ver Saúde
Bifenil policlorado (PCBs), 74
Biofeedback, 43
Bissexualidade, 130
Black extended family, the (Martin e Martin), 413
Blastócito, 61
Bloqueios epidurais, 85
BPN. Ver Baixo peso ao nascer
Brincadeira
   de faz de conta, 178, 180
   em paralelo, 230-321
Bulimia, 432, 433
Bullying, 332
Busca de sensações, 139, 140, 407
Busca sistemática, 193
Canalização (Waddington), 468-469
Canção dirigida ao bebê, 156
Capacidade(s)
   espaciais, 219-220
   matemática, diferenças de sexo na, 220
   metalinguística, 249
Características sexuais, 123, 124
   secundárias, 123, 124
Cegueira para as cores vermelho-verde (daltonismo), 69
Cegueira para cores, 69
Células de Leydig, 122
Células germe. Ver Gametas; Óvulo; Espermatozoide
Células gliais, 64, 112
Centração, 175
Cérebro
   fetal, 63-68
   lateralização do, 115-117
   sistema nervoso e, 111-116
Cérvix (colo do útero), 86, 87
Choro de recém-nascidos, 95-97
Ciclo sono/vigília, 94-97, 133
Ciência do desenvolvimento, 26, 44-45

Cinco Grandes, 257-259
Citomegalovírus (CMV), 73, 471
Clamídia, 128
CMV, 73
Cocaína, 76
Codificação, 38
Cognição
   espacial, 116, 223
   social, 337-346
Coletivismo, 32-33, 412-414
Cólica, 96
Comboio social, 314
Comparações
   comportamentais, 340
   transversais, 48-49
Competência psicossocial, 367
Complexidade relacional, 185
Comportamento(s)
   arriscado, 126-132, 139-141
   base segura, 311, 312-313
   com o grupo de iguais na adolescência, 329-333
   de alto risco, 134
   de apego, 308
   durante o desenvolvimento pré-natal, 66-68
   estrutura familiar e, 375
   genética e, 30
   moral, 347-348, 354-355
   na primeira infância, 92-102
   promotor de busca de proximidade, 311
   pró-social, 329-330
   sexual na adolescência, 126-127
   típico do sexo, 294, 298
Concepção, 55-60
Condição social, 321-324
Condição socioeconômica (CSE), 138. Ver também Pobreza
   desenvolvimento e, 407-412
   QI e, 210-211, 410-374
Condicionamento
   clássico (Pavlov), 39-40, 43, 44, 98
   operante (Skinner), 40, 43, 44, 99
      comportamento moral e, 347-348
      percepção e, 147
      QI e, 218-219
Condicionamento instrumental. Ver Condicionamento operante
Confiabilidade de escores de teste, 206-207
Confiança básica *versus* desconfiança básica, 271
Confiança *versus* desconfiança, estágio, 36, 37
Conflito edípico, 269-270, 272-273

Confucionismo, 415
Consciência, 347
   estados de, 94-97, 133
   fonológica, 246-247
Consentimento informado, 51
Conservação, 175, 176, 178
Consolidação, 450, 452
Constância
   de cor, 157
   de forma, 157-158
   de gênero, 295-296
   de tamanho, 157
   do objeto (objetal), 157-158, 160
   perceptual, 157-158, 160
Construtivismo, 242-253
Construtos psicológicos, 340
Contexto
   biológico, 389
   do desenvolvimento, 32-33
Continuidade-descontinuidade, questão de, 28, 42
Contrações, 85-87
Contraste, princípio do, 234-235
Controle
   dos impulsos, 283-284
   esforçado, 256, 257, 343, 428
   inibitório, 283-284
   local de, 267
   parental, 367-369
Coortes, 34-35, 46
Cor da pele, 59
Cor dos olhos, 59
Cordão umbilical, 61
Córion, 61
Corpo caloso, 115-117
Corpos celulares, 64
Correlação
   de percentil, 118
   negativa, 47
   positiva, 47
   zero, 47
   correlações, 47, 51
Córtex
   cerebral, 111, 115, 367
   pré-frontal (CPF), 112, 139
      multitarefa eletrônica e, 405
      na adolescência, 464
Cortisol, 389-390, 452
CPF, 112, 139
Creches, 386, 387-390
Crenças
   culturais, 417
   falsas, 177, 178, 179-180
   na infância, 454
   teoria da mente e, 178
Crescimento
   do cérebro, 111-117
   do corpo, 117-127, 133
   do vocabulário, 231-235
Criança(s)
   agressivas/rejeitadas, 322-324

   com sobrepeso, 136, 137
   de autocuidado, 391
   difícil, 100-101, 255, 256, 261, 262, 284, 318
   em risco de sobrepeso, 136
   fácil, 100, 255, 318
   lenta para responder, 100, 255, 318
   negligenciadas, 321-323
   populares, 321-323
   rejeitadas, 321-324
   retraídas/rejeitadas, 322-323
Criatividade, 224
Cromossomo(s), 44, 45, 55-58, 66, 70, 71
   sexuais, 57
   X, 57, 66, 70
   Y, 57
CSE, 138
Cuidado. Ver Creches; Estilos de paternagem
   após a escola, 390-391
   não parental, 386-391
Cultura, 33, 417. Ver também Etnia; Culturas específicas
   afro-americana, 412-414
   asiático-americana, 415-416
   crescimento do vocabulário e, 232
   cuidado do bebê e, 312
   desenvolvimento da linguagem e, 244-245
   escores de QI e, 215-219
   estereótipos do papel sexual e, 297-298
   experiências do ensino fundamental e, 397, 460
   expressões faciais e, 163
   hispano-americana, 414-415
   pensamento operacional formal e, 190
   permanência do objeto e, 161
   qualidade do apego e, 316-317
   raciocínio moral e, 363
   raciocínio pró-social e, 355-356
   tarefas de falsa crença e, 179-180
   TDAH e, 426
   temperamento e, 256-257
   vínculo pai-filho e, 310
Curva de crescimento, 118, 133
CVS, 70
Debate natureza-criação, 26-28, 30, 42, 214-215, 466-467
Decalagem horizontal, 183-184
Deficiência
   de produção, 193
   de utilização, 194
Déficit cumulativo, 211
Delinquência, 259, 431-432

Dendritos, 64, 112, 113
Depressão, 434-437
    autoestima e, 294
    clínica, 434
    parental, 79, 162, 365-366, 382
DES, 131
Desabituação, 99-100
Descentração, 175, 455
Descontinuidade-continuidade, questão de, 442
Descrições dos outros, 338-340
Desenvolvimento atípico, 421
    educação escolar e, 444-447
    perspectivas sobre, 423, 425
    psicopatologia do desenvolvimento e, 424-425
    tipos de, 421-422
Desenvolvimento cognitivo, 167-171, 467
    cuidado não parental e, 389-389
    na adolescência, 464
    na fase de bebê, 171-174
    no ensino fundamental, 396-397, 459
Desenvolvimento da gramática, 235-238
Desenvolvimento da linguagem
    consciência fonológica e, 246-247
    crescimento do vocabulário e, 231-235
    desenvolvimento da gramática e, 235-238
    diferenças entre culturas no, 244-245
    diferenças individuais/de grupo no, 253-245
    ELLs e, 248-250
    fase pré-linguística do, 228-230
    na escola, 247-248
    pragmática e, 238-239
    teorias ambientais de, 240-241, 467
    teorias construtivistas de, 242-253
    teorias nativistas de, 241-242
Desenvolvimento moral, 346-357
Desenvolvimento muscular, 119
Desenvolvimento pré-natal, 60-61
    aprendizagem durante, 67-68
    comportamento e, 66-68
    diferenças de sexo no, 65-66
    estágios do, 61-65
    pobreza e, 79, 471
    teratógenos e, 71-80
    transtornos genéticos e, 68-70
Desenvolvimento proximal, zona de, 38
Dessensibilização sistemática, 40
Determinismo recíproco (Bandura), 266, 267

Diarreia em bebês, 103-104
Dieta. Ver Nutrição
Dietilestilbestrol (DES), 131
Diferenças de grupo
    na inteligência, 215-220
    no desenvolvimento da linguagem, 253-245
Diferenças de sexo
    demandas parentais e, 365
    desenvolvimento pré-natal e, 65-66
    na agressividade, 331-332
    na qualidade da amizade, 321-322
    nas capacidades espaciais, 219-220
    no QI, 219-220
    no TDAH, 427
    no temperamento, 295
Diferenças individuais, 35, 470-471
    na inteligência, 208-215
    no desenvolvimento da linguagem, 253-245
Dilatação, 86
Dilema de Heinz (Kohlberg), 349-352, 357
Dilemas, 271-272, 450, 469-470
Diligência versus inferioridade, 271, 272
Disponibilidade emocional do cuidador, 315
Divórcio, 275, 378-380, 383
DNA, 56
Doença de Huntington, 69
Doenças crônicas e desenvolvimento pré-natal, 73-74
Doenças sexualmente transmissíveis (DSTs), 73, 128-129
Dominância
    cerebral direita/esquerda, 115-116
    mista, 115
Dopamina, 112
Dotação, 441-442
Drogas
    antirretrovirais, 73
    uso adolescente de, 126-128, 139-141, 401
    uso materno de, 56, 74-77, 85
DSTs, 73, 128-129
Ecletismo, 44
Educação. Ver Escola(s)
    bilíngue, 248-250
    da primeira infância, 392-395
    do caráter, 336-337
    em casa, 402-403
    inclusiva, 444-447
    sexual, 129
Education for All Handicapped Children Act, 443
Efeito de facilitação, 148
Efeito Flynn, 202, 203
Eficiência operacional, 180

Ego, 36
Egocentrismo, 175-177, 178
    adolescente (Elkind), 189
Elaboração, 193
ELBW, 90
ELLs, 248-250
Elocução, tamanho médio de (MLU), 253-244
Emoção
    conhecimento de, 341-343
    expressão de, 101-102, 161-163
    moral, 346-347
    papel sexual, 298
    regulação de, 283-284, 321-322
Emotional Intelligence (Goleman), 341
Emotividade, 256, 257
    negativa, 256, 257
Empatia, 341-343
    egocêntrica, 342
    global, 341-342
Empirismo, 26-28, 146, 148-149. Ver também Debate natureza-criação
Emprego
    adolescente, 400
    dos pais, 380-382
Endorfinas, 112
Energia, 120
Ensino médio
    envolvimento/falta de envolvimento no, 399-402
    transição para, 397-402
Entonação, 155
Envolvimento do estudante, 399-402
Episiotemia, 85
Equilibração, 37, 169, 170
Escala de Avaliação Comportamental Neonatal de Brazelton, 89
Escalas Bayley de Desenvolvimento Infantil, 204, 205, 206
Escola(s)
    cuidado antes/depois da, 386-391
    ensino em casa, 402-403
    fundamental, 395-397
    primeira infância, 392-395
    secundárias, 397-402
Escore de Apgar, 89, 90
Escrupulosidade, 257-259. Ver também Controle esforçado
Espaço de armazenamento de curto prazo (STSS), 180. Ver também Memória de curto prazo
Espancamento, 368, 369
Espermatozoides, 55-57, 61
Espinha bífida, 77
Esquemas, 99, 160
    de gênero, 300-303, 457
    de Piaget, 168-174

figurativos, 168-169
grupo étnico, 339
operativos, 169, 174
Estabilidade
    de gênero, 295
    emocional, 257-259, 275
Estados de consciência, 94-97, 133
Estágio(s)
    1, gramática do, 235-236
    2, gramática do, 236-238
    anal, 36, 269
    bom menino/boa menina, 351, 352, 363
    de Crescimento Interior (Vygotsky), 181
    de expectativas interpessoais, mútuas, relacionamentos e conformismo interpessoal, 350, 351
    de latência, 269, 270
    de operações concretas (Piaget), 170, 176, 182-184
        cultura e, 460
        educação escolar e, 397
        preconceito e, 339
        transição entre 5 e 7 e, 458-459
        versus pensamento operacional formal, 187-188
    de operações formais (Piaget), 170, 185-190
    de psicologia ingênua (Vygotsky), 181
    de realismo moral, 348-349
    de relativismo moral, 349
    do desenvolvimento, 470
    embrionário, 61-63, 64
    fálico, 36, 269-270
    fetal, 62, 63
    genital, 36, 269, 270
    germinal, 61, 62
    oral, 36, 37, 269
    pré-operacional (Piaget), 170, 174-177
    primitivo (Vygotsky), 181
    sensório-motor (Piaget), 170-174
Estágio de sistema social e consciência, 351, 352, 363
Estereopsia, 153. Ver também Percepção profunda
Estereótipo(s)
    de papel sexual, 296-302
    nativos, 289
    temperamental, 365
Estilo de paternagem
    autoritária, 370, 371, 373, 374
    democrática, 370-371, 372-374, 383
    não comprometido, 370, 371
    negligente, 134, 322-323, 370, 371
    permissivo, 370

Estilo expressivo de aquisição da linguagem, 245
Estilo referencial de aquisição da linguagem, 245
Estímulo
  condicionado, 39
  não condicionado, 39
Estirões de crescimento, 111-112, 118-119, 125
Estradiol, 122, 123
Estranhos, medo de, 311-312
Estratégia(s)
  de composição, 184
  min, 184
  de ensaio, 193-194
Estresse
  depressão e, 436-437
  materno, 79-80
  pobreza e, 411-412
Estrutura familiar, 374-378
Estudos
  de adoção
    de desenvolvimento da linguagem, 244
    de homossexualidade, 130
    de inteligência, 208, 209-210
  de caso, 47, 51
  de gêmeos
    de empatia, 343
    de homossexualidade, 130-132
    de inteligência, 208-210
    de personalidade/temperamento, 260
    de TDAH, 428
    de TIDs, 443
    do desenvolvimento da linguagem, 244
  "João Bobo" (Bandura), 404
Ética
  de cuidado (Gilligan), 356-357
  e pesquisa, 50-51
Etnia. Ver também Cultura
  atividade sexual e, 127
  escores de realização/QI e, 215-219
  estilos de paternagem e, 372-374
  estrutura familiar e, 376, 377-378
  gravidez adolescente e, 129-130
  identidade e, 288-291
  mortalidade infantil e, 106-107
  raça e, 412-416
  taxas de pobreza e, 408
  TDAH e, 427-428
  transtornos genéticos e, 69
Etnografia, 50-51
Evidência anedótica, 49
Exossistemas, 362-363
Expectativas. Ver Esquemas
Experiência
  modelos internos de, 30-31

momento da, 29
no estágio sensório-motor, 170-171
Experiências, 47-49, 51
Expertise e memória, 196-197
Expressividade de genes, 58
Expressões faciais, 163, 174, 311
Extinção de resposta, 41, 264
Extroversão, 257-259
Fábula pessoal, 190
Facilitação, 467
Fala
  auto-orientadora, 239
  dirigida ao bebê, 241
  egocêntrica, 181, 239
  padrões de, 241
  privada, 239
  sons da, dos bebês, 155-156
  telegráfica, 236
Família. Ver também Interação familiar; Estrutura familiar; Teoria dos sistemas familiares
  anos pré-escolares e, 457
  cultura afro-americana e, 413-414
  cultura asiático-americana e, 415-416
  cultura hispano-americana e, 415
  escores de QI e, 210-212
  extensa, 376, 413
  homossexuais, 377
  infância e, 454
  mista, 375
  monoparentais, 375-376
  pobreza e, 408-409
Fase
  ativa do parto, 86-87
  de foco em uma ou mais figuras, 311
  de transição do parto, 87
  latente do parto, 86, 87
  pré-linguística do desenvolvimento da linguagem, 228-230
Fatores protetores para o desenvolvimento 33-34
Faz de conta compartilhado, 180
Feminilidade, 302-303
Feminização, 66
Fenilalanina, 69
Fenilcetonúria (PKU), 69
Fenótipo, 58
Fertilização in vitro (FIV), 56
Feto, 62-68. Ver também Desenvolvimento pré-natal
Fetoscopia, 70
FIV, 56
Fixação, 269, 272
Fluência computacional, 218
Fônica sistemática e explícita, 247
Fonologia, 228
Formação reticular, 114
Fontanelas, 119

Frases
  complexas, 238
  primeiras, 235-237
FSH, 122
Fusão binocular, 153
Gametas, 56-57. Ver também Óvulo; Esperma
Ganho excessivo de peso, 135-137
Gêmeos. Ver também Estudos de gêmeos
  fraternos/idênticos, 60
  semi-idênticos, 54-55
  virtuais, 209
  dizigóticos, 60
  monozigóticos, 60
Generatividade *versus* estagnação, 271
Gênero, 279, 294-296. Ver também Papel de gênero; Diferenças sexuais
Genes, 56-57. Ver também Genética
  ambiente e, 26-28, 30
  codominantes, 58
  dominante/recessivo, 58, 69-70
  lateralização e, 115
  transtornos de, 68-70
Genética
  do comportamento, 30, 424
  hereditariedade e, 58-60
  personalidade e, 260-263
Genótipo, 58
Gestos e desenvolvimento da linguagem, 229-230, 242
GH, 122
Glândula
  mestre, 122
  pituitária, 122
Glutamato, 151-153
Gonorreia, 73
Gordura corporal, 119-120
Grau de adequação, 255, 318
Gravidez
  adolescente, 129-130
  trimestres da, 60-61
Grupo-controle, 48
Grupo étnico, 339, 412
Grupo experimental, 48
Habilidades
  de monitoração de fonte, 191
  locomotoras, 120-121
  manipulativas, 120-121
  motoras, 97-98, 120-121
  motoras finas, 120-121
  motoras grosseiras, 120-121
  perceptuais, 146-147, 151-158
  sensoriais, 98, 149-152
  sociais,
    em crianças dotadas, 441-442
    na primeira infância, 100-102

nos anos pré-escolares, 456-457
TIDs e, 442-444
Habituação, 99
  memória e, 172
  percepção e, 147, 154
  QI e, 221
Hedonismo ingênuo, 350-351, 352, 363
Hemisférios do cérebro, 115-117
Hemofilia, 70
Herança. Ver Hereditariedade
Herança mitocondrial, 60
Hereditariedade. Ver também Estudos de gêmeos
  ambiente e, 26-28, 30, 42, 214-215, 466-467
  padrões de, 58-60
Heroína, 76-77
Heterossexualidade, 130-132, 326-327
HGP, 57
Hiperplasia adrenal congênita, 66
Hipocampo, 115
Hipóteses, 44-45
HIV/AIDS, 73, 129
Holofrases, 235-236
Homossexualidade, 130-132, 327
Hormônios, 122-127, 463-464. Ver também Andrógenos
  capacidades espaciais e, 219-220
  comportamento sexual do adolescente e, 126-128
  de crescimento (GH), 122-123
  desenvolvimento do papel sexual e, 302-303
  estimulador da tireoide (TSH), 122-123
  gonadotróficos, 122
  sexuais, 66, 122, 123, 126-128, 302-303
HPV, 128-129
Id, 36
Idade(s)
  atividade sexual e, 127
  gestacional, 91
  materna, 78-79
  mental, 202
  óssea, 119
  pobreza e, 408
  raciocínio moral e, 352
  relacionamentos pais-filho e, 364-365
  tarefas e, 271-272, 450, 469-470
  TDAH e, 427
Ideal do ego, 347
Idealismo, 27
  ingênuo, 187, 188
Identidade
  bicultural alternada, 289
  bicultural combinada, 289, 290

de gênero, 295
estados de (Marcia), 287-288
étnica, 288-291
étnica não examinada, 289, 290
na adolescência, 285-291, 298-299
ocupacional, 272
sexual, 272
versus confusão do papel, 271, 272, 287-288
IDM, 434-435
Imagem cerebral
TDAH e, 428
transtorno da conduta e, 430
transtornos de aprendizagem e, 440
Imagem corporal na puberdade, 126-127
IMC, 135-136
para a idade, 136
Imersão estruturada, 249
Imitação, 174, 240
diferida, 174
Implantação, 61, 62
Impressão, 29, 59-60
genômica, 59-60
Incapacidade
do desenvolvimento, 437-439
intelectual, 437-439
Inclusão de classe, 182
Índice
de compreensão verbal, 203
de massa corporal (IMC), 135-136
de memória operacional, 203
de raciocínio perceptual, 203
de velocidade de processamento, 203
Individuação, 314
Individualismo, 32-33
propósito instrumental e estágio de troca, 350-363
Individuals with Disabilities Education Act of 1990, 443
Indivíduos
andróginos, 302-303
indiferenciados, 302-303
Indução, 466
Infância
avaliação na, 89-90
comportamento na, 92-102
habilidades perceptuais na, 146-147, 154-157
relacionamentos de iguais na, 230-321
saúde na, 102-107
sinais sociais/emocionais e, 161-163
teste de inteligência na, 204-205
transições/consolidação na, 451-454
visão de Piaget da, 167-174

Infecções
de ouvido, 104-105
respiratórias na infância, 104
Infertilidade, 56
Inflexões, 235-236, 237
Influência ambiental, modelo de (Aslin), 30-31
Inibição
comportamental, 140, 256, 257, 261-262
de resposta, 196
Iniciativa *versus* culpa, 271, 272
Inseminação artificial, 56
Integridade do ego *versus* desespero, 271
Inteligência(s), 201
ambiente e, 209-215, 220
analítica, 222
componencial, 222
contextual, 223
corporal/cinestésica, 223
criativa, 222-223, 224
desenvolvimento atípico e, 422, 444-447
diferenças de grupo na, 215-220
diferenças individuais na, 208-215
emocional, 208
existencial, 223-224
experiencial, 222-223
interpessoal, 223
intrapessoal, 223
linguística, 223
lógico-matemática, 223
musical, 223
múltiplas (Gardner), 223-224
naturalista, 223
prática, 223
teoria triárquica da, 222-223
teste de, 201-208. Ver também Quociente de inteligência
visões alternativas de, 220-224
Intempestividade, 255
Intenções, 345-346
Interação familiar
dimensões da, 363-369
modelo de (Belsky), 362
Intervalos de atenção, 44-48
Intimidade *versus* isolamento, 271
Introversão, 257-259. Ver também Inibição
Irritabilidade, 256, 275
Justiça, ética de (Gilligan), 356-357
KABC, 204, 217
Lateralidade, 116-117
Lateralização, 115-117
Lei Pública (PL) 94-142, 444
Leitura compartilhada, 246
Leitura dialógica, 246
LH, 122
Libido, 36

Linguagem. Ver também Desenvolvimento da linguagem
de sinais, 230
expressiva, 197
inglês como segunda língua, 248-250
receptiva, 230
teoria da mente e, 178
total, 247
Lobos frontais, 111, 112, 114, 464
Local
de controle, 267
do cromossomo, 57, 58
Lógica
dedutiva, 182, 186-188
indutiva, 182
Maconha
desenvolvimento pré-natal e, 76-77
uso adolescente de, 139-140
Macrossistema, 362-363
Mãe
apego e, 320
desenvolvimento da linguagem e, 241
desenvolvimento pré-natal e, 71-80
Manhês (fala dirigida ao bebê), 241
Mania, 435
Manutenção, 148
Mapeamento rápido, 233-234
Marcador pragmático, 245
Masculinidade, 302-303
Masculinização, 66
Maturação (Gesell), 29
Matrizes Progressivas de Raven, 204
Mecanismos de defesa, 36
Medicamentos
da fertilidade, 56
prescritos
desenvolvimento pré-natal e, 77
uso adolescente de, 139-140
sem receita
desenvolvimento pré-natal e, 77
uso adolescente de, 139-140
Medicina materno-fetal, 74
Medidas
de competência, 206. *Ver também* Testes de realização; Quociente de inteligência
de desempenho, 205-206
Medo de estranhos, 311-312
Medula, 111
Meiose, 56
Memória, 190-197
de curto prazo, 38-39, 180, 191-192, 204, 247
de longo prazo, 38, 39
do bebê, 172-174
frequência na escola e, 396

meta, 194, 195-197
pseudo, 190
sensorial, 38
Memória de trabalho. Ver Memória de curto prazo
Menarca, 124-125
Meninice. Ver Anos do ensino fundamental
Meninos Perdidos, 307
Menstruação, 124-125
Mente, teoria da, 177-180, 456
Mercúrio e desenvolvimento pré-natal, 74
Mesencéfalo, 111
Metacognição, 195-197
Metadona, 76-77
Metamemória, 194-197
Metas
de capacidade, 398
de tarefa, 398
Metilfenidato, 428-429
Método(s)
canguru, 91
descritivos, 46-47, 51
Lamaze, 85
Montessori, 392
Meu filho, meu tesouro – Como criar seus filhos com bom senso e carinho (Spock), 26
Microssistema, 362-363
Mídia
de entretenimento, 403-407
de entretenimento e agressividade, 404, 405
relatos de pesquisa e, 49
Mielina, 114-115
Mielinização, 106, 114-115
Migração neuronal, 63-65
Mitocôndria, 60
Mitose, 56
MLU, 253-244
Modelação. Ver Aprendizagem observacional
Modelagem, 240
Modelo
de indução de influência ambiental, 30-31
de manutenção de influência ambiental, 30-31
de maturação de influência ambiental (Aslin), 30-31, 466
de pesquisa, 45-46, 51
de sintonia de influência ambiental, 30-31
funcional interno, 308-309, 318-320, 453-454
interativo da personalidade, 274-276
longitudinal, 45, 51
Reggio Emilia, 392
sequencial, 45, 51
transversal, 45, 51
Monoamina, 428

Moralidade
  convencional, 350-363
  de princípios, 350-363
  pós-convencional, 350, 351-363
  pré-convencional, 350-352
Moratória, identidade, 287
Mortalidade
  na adolescência, 140-142, 436-437
  na fase de bebê, 105-106
  na infância, 140-142
Mudanças
  não normativas, 35, 208-215, 470-471
  normativas do período etário, 34, 45-51
  normativas do período histórico, 34-35
Multitarefas eletrônicas, 405-407
Mutualidade, 309, 315-316
Narcisismo, 431-432
Nascimento(s)
  múltiplo(s), 56, 79. Ver também Gêmeos
  peso ao, 90-92. Ver também Baixo peso ao nascer
National Longitudinal Survey of Labor Market Experience of Youth (NLSY), 240
Nativismo, 26-28, 146-149, 241-242. Ver também Debate natureza-criação
Negativas na explosão da gramática, 237
Negligência física, 134
Neurônios, 63-65, 112-115
  espelho, 367
Neuroticismo, 257-259, 275
Neurotransmissores, 112
Nicotina, 74-75
Nível de atividade e temperamento, 256
NLSY, 240
No child left behind, 446
Normas, 27
  etárias, 34-35, 45-51
Nutrição
  materna, 77-78
  na infância, 134-135
  na primeira infância, 102
  plasticidade e, 113-114
Oakland Growth Study, 45
Obesidade, 135-137
Objeto transicional, 133
Observação
  cega, 47
  naturalista, 47, 57
Observadores cegos, 47
Olfato, 151
OM, 104-105
Ordem de nascimento, 212, 364
Organização (Piaget), 168
Organogênese, 62, 63

Orientação
  a princípios éticos universais, 351-363
  ao contrato social, 351-363
  de parentes, 378
  direita-esquerda relativa, 116
  do papel sexual, 300-302, 457
  e sinalização não focalizada, 311
  sexual, 130-132
Orientação a punição e obediência, estágio, 350, 352, 353
Ortografia inventada, 247
Ossificação, 119
Otite média (OM), 104-105
Óvulo, 55-57, 61, 62
Padrão
  céfalo-caudal, 97
  de expansão da fala, 241
  de herança dominante/recessivo, 58, 69-70
  de herança multifatorial, 59
  de remodelação da fala, 241
  desligado/evitante, 315-317
  desorganizado/desorientado, 315-316
  genético heterozigótico, 58
  genético homozigótico, 58
  próximo-distal, 97
  resistente/ambivalente, 315-317
  XXX, 70
  XXY, 70
Pai
  no parto, 86
  relacionamento do, com a criança, 86
Paladar, 151-152
Palavras
  aprendizagem. Ver Desenvolvimento da linguagem
  derivadas, 234
Panelinha, 325, 326
Papel de gênero, 294, 296-303, 457
Papel sexual, 294, 296-303
Paralaxe do movimento, 151-152
Parceria de objetivo corrigido, 313, 364-365
Parentes fictícios, 415
Pares, 320-333. Ver também Amizades
  abandono da escola e, 401
  abuso de substância e, 140-141
  nos anos do ensino fundamental, 320-322, 459-460
Partilha do sono (sono partilhado), 94-95
Parto(s), 85
  drogas durante, 85
  escolhas durante, 85-86
  estágio do, 86-77
  de mulheres solteiras, 378

natural, 85
  processo de, 86-90
PCBs, 74
Pecado original, 27
Pediatria, 49
Pensamento
  crítico, 49
  divergente, 224
Percepção, 97, 98
  da fala, 155-156
  de movimento, 151-152
  de objeto, 158-161
  de profundidade, 148, 151-153
  de sinais sociais, 161-163
  desenvolvimento perceptual, 146-152
  de toque, 151-152
  espacial, 116
  habituação e, 147, 154
  intermodal, 156-157
Perguntas
  capciosas e memória, 191
  na explosão da gramática, 237
Período
  crítico, 29
  sensível, 29
Permanência do objeto, 158, 161, 172, 311
Persistência na tarefa, 256
Personalidade, 254-259. Ver também Temperamento
  aprendizagem e, 263-267
  cuidado não parental e, 389-390
  genética e, 260-263
  modelo interativo da, 274-276
Perspectiva
  biológica, sobre desenvolvimento atípico, 423
  cognitiva sobre desenvolvimento atípico, 423
  da aprendizagem, no desenvolvimento atípico, 423
  de sistemas, 361
  de vida no desenvolvimento atípico, 425
  ecológica, 32-33
  psicanalítica, sobre desenvolvimento atípico, 423
  psicodinâmica, sobre desenvolvimento atípico, 423
Peso ao nascer extremamente baixo (PNEB), 90
Peso ao nascer muito baixo (PNMB), 90
Pesquisa. Ver também Estudos de gêmeos
  ética e, 50-51
  intercultural, 50-51, 244-245, 297-298
  no desenvolvimento da linguagem, 244-245
  nos estereótipos de papel sexual, 297-298

relatos da mídia de, 49
  sobre mudanças relacionadas à idade, 45-49
PKU, 69
Placenta, 61, 85, 87
Plasticidade do cérebro, 113
Plateia imaginária, 189
Pobreza, 407-412
  autocuidado e, 391
  desenvolvimento da linguagem e, 240-241
  desenvolvimento pré-natal e, 79, 471
  educação da primeira infância e, 393-394
  mortalidade infantil e, 106
  QI e, 210-211, 410-411
  saúde das crianças e, 137-139, 454
Poda, 112-113, 192
Posição ordinal, 212, 364
Pós-parto, 87
PPVT, 204-205, 240
Pragmática, 238-239
Práticas adequadas ao desenvolvimento, 393
Preconceito. Ver Tendência
Pré-fechamento, identidade, 287, 288
Princípio
  alfabético, 247
  da falsa crença, 177, 178, 179-180
  da superfície comum, 158-159
  do contraste, 234-235
Privação sensorial, 113
Problemas
  de atenção, 74, 365, 422, 425-429
  externalizantes, 422, 429-432
  internalizantes, 422, 432-437
Processamento de informação
  habilidades em, 190-197
  teoria de, 38-39, 43, 220-222
  velocidade de, 115
Processamento executivo, 112, 195-197
Processo de identificação, 270
Profundamente dotado, 441
Programa(s)
  estendido, 445
  Inglês como segunda língua (ESL), 250
  PATHS, 341, 343
  Reading Recovery, 248
Projeto
  do Genoma Humano (HGP), 57
  Fast Track Project, 343
  Perry Preschool Project, 213
Proliferação neuronal, 63
Promote Alternative THinking Strategies (PATHS), programa, 341, 343

Proporção professor/criança, na creche, 390
Protótipo de identidade, 326
Pseudomemórias, 190
Psicopatologia do desenvolvimento, 424-425
Puberdade, 122
 desenvolvimento da identidade e, 287-288, 298-299
 efeitos da, 463-465
 estágios do desenvolvimento da (Tanner), 123-124
 momento da, 125-127
 sequência de mudanças na, 123-125
Punição, 41, 368, 369
QI. Ver Quociente de inteligência de escala total, 203
Quase-experiências, 48-49
Questão
 ativa-passiva, 42
 de estabilidade versus mudança, 28, 42
Quociente de inteligência (QI), 202
 cultura/etnia e, 215-219
 delinquência e, 431
 dotação e, 441-442
 habituação e, 221
 ordem de nascimento e, 212
 pobreza e, 210-211, 410
 retardo mental e, 437-439
Raciocínio
 dedutivo, 182, 186-188
 hedonista, 355
 hipotético-dedutivo, 186-190
 indutivo, 182
 moral, 348-349
  comportamento moral e, 354-355
  desenvolvimento cognitivo e, 354-357
  entre culturas, 353
  idade e, 352
  raciocínio pró-social e, 356
  orientado às necessidades, 355
  perceptual, 204
  pró-social, 355-356
Racionalistas, 27
Raiva, 256
Rastreamento, 149-150
Raven, Matrizes Progressivas de, 204
Reações circulares, 171-172
 primárias, 171-172
 secundárias, 171-172
 terciárias, 172
Realidade, teoria da, 453-454
Realismo moral, 348-349
Reciprocidade
 aberta, 352
 nos anos pré-escolares, 178
Recuperação, 38
Recusa escolar, 40

Referenciamento social, 311
Reflexo(s)
 adaptativos, 92
 de marcha automática, 92-93
 de Babinski, 92, 93
 de Moro, 92-94, 99
 de preensão, 92, 93
 de rotação, 92, 93
 primitivos, 92-94
 tônico cervical, 92, 93
Reforço, 40-41
 comportamento do papel sexual e, 299-301
 desenvolvimento da linguagem e, 240
 intrínseco, 41-42
 negativo, 40
 parcial, 41, 264
 personalidade e, 264-266
 positivo, 40, 41
Região determinante do sexo do cromossomo Y (SRY), 57
Regras
 convencionais, 345
 morais, 345-346
Relacionamentos
 bissexuais, 130
 de iguais, 320-333, 343-345
 de irmãos, 328-329
 extensivos/intensivos, 321-322
 heterossexuais, 130-132, 326-327
 homossexuais, 130-132, 327
 mudança qualitativa/quantitativa nos, 28
 organizadores, 340
 pais-filho, 307-315. Ver também Apego; Estilos de paternagem
  comunicação no, 367-369
  idade e, 140-141, 313-315, 364-365
  no ensino fundamental, 396
Relativismo moral, 349
Relógio social, 34
Resiliência, 33-34, 208, 411-412, 471
Resolução de conflitos e contradições, 289, 290
Responsividade
 contingente, 309, 315-316, 367
 parental, 309, 315-316, 367
Resposta
 condicionada/não condicionada, 39
 de relaxamento, 40
 extinção de, 41, 264
Restrições
 à aprendizagem de palavras, 234-235
 de exclusividade mútua, 234
 do objeto inteiro, 234
 no desenvolvimento, 29
Retardo mental, 437-439

Reversibilidade, 182
Revezamento na infância, 102
Ritalina, 428-429
Ritmos circadianos, 94-97, 133
Ritos de passagem, programas de, 290
Rotavírus, 104
Roteiros sociais, 282-283, 338
Rubéola, 72-73
SAF, 75
Sais de reidratação oral (SRO), 104
Saltos do desenvolvimento, 450. Ver também Dilemas
Sarampo alemão (rubéola), 72-73
Saúde
 na infância/adolescência, 132-142
 na primeira infância, 102-107
Secção cesariana (secção-c), 88-89
Secção-C, 88-89
Self
 emocional, 283-284
 objetivo, 280-283
 subjetivo, 280-281
Semântica, 228
Senhor das Moscas, O (Golding), 360
Sensação, 97, 146. Ver também Habilidades sensoriais
Sentido vestibular, 110
Seriação, 185
Serotonina, 112
Sexo versus gênero, 279
Shiritori, 246
SIDS, 105-106
Sífilis, 73
Sílabas acentuadas, 155, 242
Símbolo, uso de
 na infância, 171-172
 nos anos pré-escolares, 174-175, 456
Sinais
 emocionais, 161-163
 sociais, 161-163
Sinapses, 64, 112-114
Sinaptogênese, 112-114
Sincronia, 309, 315-316
Síndrome(s)
 alcoólica fetal (SAF), 75
 da morte súbita de bebês (SIDS), 105-106
 de Down, 70, 94
 de desconforto respiratório, 91
 de Turner, 71
 de Klinefelter, 70
 do sábio, 201
 do X-frágil, 70, 443
Sintaxe, 228
Sintonia, 113, 148
Sistema
 endócrino, 121-127

 nervoso, 63-65, 111-116
 reprodutor, 121-127
Sítios receptores, 112
Situação estranha, 315-317
SLT, 244
Sociabilidade, 256-259. Ver também Controle esforçado
Solução de problemas na adolescência, 186
Som(s)
 correspondência com letras, 247, 248
 da fala e bebês, 155-156
 localização de, 150-151
Sorriso social, 283
SRY, 57
Stanford-Binet, 202-204, 206
STSS, 180
Subextensão, 233
Submersão, 250
Sugestões
 binoculares/monoculares, 151-152
 cinéticas, 151-153
 de interposição, 151-152
 pictóricas, 151-153
Suicídio, 142, 435-437
Superego, 36, 347
Superextensão, 233
Supernutrição, 114
Super-regularização, 237-238
Surdez, 116, 230
Surfactante, 91
Tabagismo
 desenvolvimento pré-natal e, 74-75
 na adolescência, 140-141
 SIDS e, 105
TDM, 434-435
Talidomida, 77
Tamanho médio de elocução (MLU), 243-244
Tarefa
 das três montanhas (Piaget), 175
 de classificação de matriz (Piaget), 180-181
 de orientação espacial, 219
 de rotação mental, 219
 de visualização espacial, 219
 esponja/pedra (Flavell), 177, 179, 195, 295
Taxa de homicídio, 142
Tay-Sachs, doença de, 69
TBI, 435
TC, 430-432
TDAH, 74, 365, 425-429
 tipo combinado, 425
 tipo desatento, 425
 tipo hiperativo/impulsivo, 425
TDO, 429-430
Técnicas
 de relaxamento, 85-86

de respiração, 85-86
reprodutivas assistidas, 56
Televisão, impacto da, 403-405
Temperamento, 100-101, 255-257, 274-276
　ambiente e, 254, 261-262, 274-276
　apego e, 317-318
　diferenças de gênero no, 295
　estereótipos e, 365
　estudos de gêmeos de, 260
　sistema familiar e, 364
Tendência(s)
　culturais e escores de QI, 215-217, 414
　inatas, 29
　secular, 124, 202, 204
Teoria(s)
　ambientais do desenvolvimento da linguagem, 240-241, 467
　bioecológica (Bronfenbrenner), 361, 362-363, 386, 389
　cognitivas, 37-39
　da aprendizagem, 39-42, 43, 44. Ver também teorias específicas
　da mente, 177-180, 456
　da realidade (Epstein), 453-454
　da simulação, 367
　das ondas (Siegler), 184-185
　do apego, 307-309
　do desenvolvimento, 35-44
　do desenvolvimento cognitivo (Piaget), 37, 43, 300-302
　do esquema de gênero, 300-303, 457
　dos sistemas dinâmicos, 93
　dos sistemas familiares, 361-362. Ver também Interação familiar; Estrutura familiar
　neopiagetianas, 180-181
　psicanalíticas, 35-37, 43, 267-274
　psicossexual (Freud), 35-37, 43, 268-270, 272-273
　psicossocial (Erikson), 36-37, 43, 268, 270-273

sociocognitiva (Bandura), 41-43
sociocultural (Vygotsky), 37-38, 43, 181-182
TEPT, 134, 410
Terapia
　de fala-linguagem (SLT), 244
　de massagem para bebês prematuros, 92
Teratógenos, 71-80
Teste(s)
　de Avaliação do Desenvolvimento de Denver, 205
　de Capacidades Cognitivas (COGAT), 204
　de ingresso na universidade, 206
　de Pensamento Criativo de Torrance, 224
　de realização, 205-206, 215-217
　de Usos Alternativos (Guilford), 224
　de Vocabulário por imagens de Peabody (PPVT), 204-205, 240
　Triárquico de capacidades de Sternberg, 222-223
Testosterona, 66, 122, 123, 302-303
Thimerosal, 444
TIDs, 442-444
Timidez. Ver Inibição comportamental
Tipo
　de cabelo, 58
　físico, 125
　físico endomórfico, 125
　físico mesomórfico, 125
　sanguíneo, 58
Tiroxina, 122
Tomada do papel, 354
Traço de agressividade, 332-333
Transgenderismo, 130, 132
Transições, 450. Ver também Dilemas
　entre 5 e 7 anos, 458-459
　na infância, 451-454

no ensino médio, 397-402
Transitividade, 185
Transmissão social, 170, 171
Transtorno(s)
　autista, 442-444
　autossômicos, 68-69
　bipolar (TB), 435
　bipolar infantil (TBI), 435
　da alimentação, 137, 432-434
　da conduta (TC), 430-432
　da conduta de início na adolescência, 430-431
　da conduta de início na infância, 430
　da personalidade *borderline*, 433
　de aprendizagem, 439-440
　de Asperger, 443-444
　de déficit de atenção/hiperatividade (TDAH), 74, 365, 425-429
　de estresse pós-traumático (TEPT), 134, 410
　depressivo maior (TDM), 434-435
　desafiador opositivo (TDO), 429-430
　do comportamento disruptivo, 422, 429-432
　do desenvolvimento, 437-439
　do espectro autista, 442-444
　emocionais, 422, 432-437
　invasivos do desenvolvimento (TIDs), 442-444
　obsessivo-compulsivo, 434
　psicológico, 421-422
　teoria da mente e, 178
Triárquica, teoria da inteligência (Sternberg), 222-223
Trimestres da gravidez, 60-61
Trissomia, 45, 70, 94
TSH, 122-123
Tuba uterina, 55
Turmas de adolescentes, 325-326
Ultrassonografia, 70
Umami, 151-152
Uso do computador, impacto do, 405-407

Útero, 55, 61-63
Utilidade de teorias, 42-44
Vacinações, 103, 104
Vacinas e autismo, 444
Validade de escores de teste, 207-208
Valor heurístico, 43
Variáveis, 46-48
　de desfecho, 48
　dependente, 48
　independente, 48
Ventre, 55, 61-63
Viabilidade, 63
Videogames, impacto de, 405
Viés do observador, 53
Vigília/sono, ciclo, 94-97, 133
Vila Sésamo, 385-386
Vínculo afetivo, 308, 309-310
Virtuais, gêmeos, 209
Vírus
　do herpes, 73
　do papiloma humano (HPV), 128-129
Visão colorida, 150
PNMB, 90
Vocabulário
　crescimento do, 231-235
　taxa de uso de, 253-244
Vulnerabilidade, 33-34, 471
Vulnerabilidade/resiliência, modelo de, 471. Ver também Resiliência
Waldorf, abordagem, 392
Wechsler, Escala de Inteligência Pré-Escolar e Primária (WPPSI-III), 203-204
Wechsler, Escalas de Inteligência, para Crianças (WISC-IV), 203, 206, 207
WISC-IV, 203-204, 206, 207
WPPSI-III, 203-204
Zigoto, 55, 61, 62
Zona de desenvolvimento proximal, 38, 181, 211